AF617192

FERNANDO
PÉREZ DE **LABORDA**

EUSKAL HERRÍA
LA MIRADA EXTRANJERA

Prólogo:

JOSEBA
SARRIONANDIA

PRIMERA EDICIÓN DE TXALAPARTA
Diciembre de 2023

© DE LA EDICIÓN: Txalaparta
© DEL PRÓLOGO: Joseba Sarrionandia
© DEL TEXTO:
Fernándo Pérez de Laborda Delclaux

EDICIÓN: Ane Eslava

EDITORIAL TXALAPARTA S.L.
San Isidro 35
31300 Tafalla NAFARROA
Tfno. 948 703 934
info@txalaparta.eus
www.txalaparta.eus

ISBN
978-84-19319-72-2
DEPÓSITO LEGAL
NA. 2629-2023

DISEÑO DE COLECCIÓN Y CUBIERTA
Esteban Montorio

MAQUETACIÓN: Itziar Gorrindo

IMPRESIÓN
Gráficas Iratxe
Polígono Agustinos, calle M, 5
31160 Orkoien – Navarra

"Que no se desestimase el poeta alemán porque escribe en su lengua, ni el castellano, ni aun el vizcaíno que escribe en la suya"

El Quijote, Miguel de Cervantes, 1605

"He desatendido mi latín tratando de averiguar las relaciones de la lengua de los vascos"

Gottfried Wilhelm Leibniz, 1687

"Nunca he conocido un pueblo que hubiera mantenido un carácter nacional tan marcado"

Wilhelm von Humboldt, carta a Goethe, 1799

"Si veinte muchachas vascas pueden rivalizar con los hombres en resistencia, millones de mujeres americanas podrían ser tan robustas como lo son hermosas"

Kate Field, 1873

ÍNDICE

PRÓLOGO

LAS IMPRESIONES DE LOS OTROS

Joseba Sarrionandia

Hay desde muy antiguo testimonios escritos con relación con el país y su gente. La memoria de este libro se abre con Tito Livio y su relato de las cruentas guerras sertorianas, y no falta el Aimeryc Picaud del *Codex Calixtinus*, ni el G. W. Leibniz que incluyó la lengua vasca en su proyecto de *Harmonia Linguarum*, ni los recuerdos carlistas de Felix von Lichnowsky, ni la Virginia Cowles que paseó sobre las ruinas humeantes de Guernica, ni Pier Paolo Pasolini considerando profundamente revolucionaria la defensa de lenguas minorizadas. Es una ámplia compilación que abarca más de dos mil años de mirada extranjera sobre el país de los vascos.

La cuestión de las identidades y representaciones colectivas se convirtió, sobre todo a partir de finales del siglo XVIII, en un factor importante no solo con relación al sentimiento de pertenencia a una comunidad sino con vistas a la construcción del Estado. Las poderosas monarquías de tradición imperial como Francia y España fueron configurándose como Estados nacionales, y el racionalismo liberal creó el concepto de ciudadano como individuo que se reconoce en su nación-Estado, un ámbito que proclama la igualdad legal de todos ellos. Aunque, en el plano cultural, la igualdad no se interpretaba en sentido igualitarista sino, más bien, como imposición de la cultura de clase dominante como cultura nacional común, contra los calificados como particularismos.

El proceso de formación estatal y uniformización nacional ha provocado resistencias más o menos beligerantes, algunas de las cuales han dado lugar a obras literarias tan extraordinarias como *Quatrevingt-Treize* de Victor Hugo, o *Paz en la guerra* de Miguel de Unamuno.

El francés Francisque Michel explicaba en 1857 que tanto el Gobierno francés como el español hacían lo posible por borrar las particularidades vascas de sus territorios: "Más aún que el nuestro, que sin embargo no se libra de ello, el Gobierno español trabaja, y con razón, para que el euskera desaparezca lo antes posible de las cuatro provincias".

Y con razón. *Et pour cause*, dice Francisque Michel. Por Razón de Estado, pudiera decirse. Es que, Wilhelm von Humboldt le escribía a J. W. Goethe: "Nunca he conocido un pueblo que hubiera mantenido un carácter nacional tan marcado".

La vasca era, sin embargo, una nacionalidad destinada por la Historia con mayúscula a integrarse en un Estado nacional mucho más grande, o dicho más exactamente, en dos Estados nacionales diferentes muy poderosos. El sometimiento a la uniformización fue impugnado por un nacionalismo vasco dando lugar a una confrontación entre diversos sentimientos nacionales que conviven en el país.

La mirada exterior no está, por tanto, dirigida a un tema inocuo o anodino, sino a una cuestión más o menos candente durante los últimos dos siglos.

Fernando Pérez de Laborda, licenciado en Filología Alemana por la Universidad de Hamburgo, recopila la "mirada exterior", la opinión que a los observadores exteriores les merecen el territorio vasco y sus habitantes.

Los testimonios son de personas de categorías socio-profesional y circunstancias diferentes (nobles ociosos de viaje, intelectuales, militares en acción...) con un punto de vista que determina su relato. La mirada, por otra parte, no suele ser aséptica, siempre está condicionada por los prejuicios y la particular cosmovisión de cada autor. Hay viajeros que describen la realidad que observan aplicando estereotipos muy marcados sobre "lo español", que llegan y se sienten obligados a identificar tipos quijotescos y costumbres hispanas, y hay otros que, por el contrario, llegan con el prejuicio de buscar algo arcaico y original.

En cualquier caso, en las observaciones y opiniones de todos los viajeros abunda la sorpresa. Entre lugares comunes, se descubren averiguaciones interesantes y reflexiones agudas. Y el conjunto de los testimonios conforma una fuente de información histórica de valor singular, sobre todo para la historia social, cultural y de las mentalidades.

Además, esta "mirada exterior" es un elemento activo en el proceso de construcción identitaria: el observador es agente activo en el proceso de construcción de la realidad. Cualquiera que cuenta algo forma parte de la producción de la realidad que cuenta. Ahora, leer estos textos significa postular la alteridad, la idea de que no se puede comprender la existencia sino con la mirada y el reconocimiento del otro. Uno mira a otra persona y se ve reflejado en ella, comprendiendo lo diferente y lo afín que suele ser el humano.

Fernando Pérez de Laborda recopila ahora centenares de atractivas páginas. Por suerte, no atrapa a todos los viajeros que han pasado por el país, y permite nombrar a Johannes Urzidil, judío de Praga, escritor en lengua alemana, paisano de Franz Kafka. Urzidil, quien al parecer vivió un tiempo en Sara, escribió una novela simbolista titulada *El oro de Caramablu*, ambientada en Labourd, en los años de la Guerra Civil en el lado sur de la frontera. El símbolo que atraviesa la novela es un tesoro escondido en una cueva en la montaña, adonde los paisanos acuden en peregrinación una vez al año. Se descubre en la novela que ese tesoro es la lengua, la capacidad de comunicarse entre las personas, y que no está enterrada en una sima sino en los labios de cada persona.

Johannes Urzidil, un exiliado que no volvió a su país, simplemente porque su país dejó de existir, inventó una palabra, *hinternazional*, para designar la relación con otras naciones de comunidades que quedan como fuera de juego en el concierto de las naciones. Como los judíos de Praga, sin Estado propio, ajenos a los Estados que supuestamente nos representan, los vascos tenemos en el mundo relaciones más bien hinternacionales.

INTRODUCCIÓN

En 1997, visitando un mercadillo de las pulgas de la ciudad de Hamburgo, me topé con un libro que, años después, marcaría el rumbo que habría de seguir para completar una obra como esta. El libro era de Kurt Tucholsky, su título *Ein Pyrenäenbuch* (*Un libro pirenaico*) y el texto componía un relato de viajes de factura personal que recorría en 1925, de oeste a este, toda la vertiente norte de los Pirineos. El testimonio que Tucholsky reflejaba sobre los vascos me pareció tan interesante que acabé por traducirlo y publicarlo, gracias al entusiasmo que la misma narrativa del autor consiguió trasmitir a la editorial Txalaparta.

Después de que aquel pequeño descubrimiento saliera a la luz, la misma editorial me propuso entonces indagar en el panorama literario internacional, para tantear a ver cuántos otros autores extranjeros habrían pasado por Euskal Herria sin que nosotros lo supiéramos. Fui entonces, poco a poco, profundizando en la literatura de viajes, concentrándome, sobre todo, en la alemana, inglesa y francesa que aún no estaba traducida, para buscar indicios de sus visitas y de las descripciones que hacían de nuestras costumbres y nuestro carácter.

El trabajo se complicó, sin embargo, en el mismo momento en que decidí incluir a personalidades que, aunque nunca hubieran tenido la oportunidad de visitar nuestro país, sí que dejaron sobradas muestras del interés por él. Me pareció fundamental incorporar a personalidades como el alemán Gottfried Wilhelm Leibniz (1687), el último gran erudito universal, que se había mostrado tan obstinado con sus colaboradores, que al final acabaron encargando un diccionario vasco a Pierre d'Urte; o el lingüista húngaro Ribáry (1859), que reunió una espléndida biblioteca sobre el euskera y compuso una espectacular gramática vasca sin salir de su estudio; o el italiano Pier Paolo Pasolini (1975), que con tanta vehemencia defendiera los derechos de las minorías italianas, poniendo como ejemplo de su proyecto de preservación dialectal y cultural el trabajo que en aquel momento se estaba realizando con el euskera. La diáspora vasca también debía ser tomada en consideración, dado el protagonismo que balleneros, pastores, pelotaris y misioneros habían tenido en todos los continentes.

Otras celebridades que nos frecuentaron no nos legaron, en cambio, testimonios escritos de sus andanzas, sino más bien visuales. Conformaron una colección de arquitectos, fotógrafos, cineastas y artistas que fijaron su mirada sobre nosotros. Cabe destacar algunos hermosos planos de nuestros puertos y de nuestras fortalezas más emblemáticas, cuadros de Joaquín Sorolla (1889) y de Diego Rivera (1907), pinturas de las hermanas Feillet (1834), fotografías de la Guerra Civil tomadas por la alemana Gerda Taro y su compañero Robert Capa (1937) o destacados documentales como los de Orson Welles (1945). El mosaico de Bermeo de 1783, realizado sobre una pintura de Luis Paret, es quizá la obra más espectacular de todas.

Especial atención merecen además un buen número de mujeres como la historiadora Selma Huxley (1956), la folclorista Violet Alford (1902) o las periodistas Kate Field (1873) y Dorothy Canfield Fisher (1927), corresponsales que despuntaron en sus respectivas comunidades, al implicarse en movimientos sociales que reivindicaban igualdad de derechos, y que nos aportan una perspectiva muy precisa y valiosa sobre nuestra sociedad y sobre el papel que la mujer ha jugado en ella.

El conjunto de autores que conforman este libro presenta crónicas e ilustraciones que muestran una mirada desde los ámbitos más diversos. La gran mayoría de ellos llega sin prejuicios, sin una opinión previa que pueda condicionar su relato. No se dejan influir, por lo tanto, por lo que ya había quedado anteriormente anotado por la historiografía francesa y española, Estados que atendían a sus propios intereses y cuyo credo ha marcado, por lo general, el rumbo que había de seguir el relato de la historia de Euskal Herria. Los testimonios que nos ofrecen alemanes, ingleses, norteamericanos, holandeses y demás nacionalidades son, en muchos casos, diametralmente opuestos a los apuntados en aquellas crónicas. La mayoría de ellos nos cuentan, con cierta amargura, sobre la fatalidad que supone la violenta separación que ejerce la frontera trazada en medio de nuestro territorio y sobre la paradoja política que supone ver a un pueblo dividido entre dos Estados. Ellos no conocen nuestras costumbres, no conocen nuestro idioma ni nuestro paisaje ni nuestro carácter. Pero a partir de esa mente en blanco comienzan a construir una memoria de lo observado que proyecta una estampa muy completa de lo que hemos sido y de los que somos.

Unas veces los autores no son más que sencillos viajeros o aventureros que recogen una exposición imparcial y justa de nuestro pueblo en comparación con lo que estamos acostumbrados. Otras veces son personajes ilustrados que, a pesar de observarnos con su ojo crítico, no dejan de tener una mirada condescendiente hacia un pueblo que sufre la agonía destinada para los pueblos pequeños: la lucha por intentar ganarse su espacio en el suelo europeo y no sufrir el destino de los desheredados, no correr la suerte de ser borrados, para siempre, del mapa de las naciones. Así lo expone el gran erudito prusiano Wilhelm von Humboldt al escribir en 1799 una carta al poeta Goethe donde le cuenta que nunca había "conocido un pueblo que hubiera mantenido un carácter nacional tan marcado". Él mismo es consciente, sin embargo, de la desdicha que padecía un pueblo que lo iba perdiendo todo, incluso "hasta la unidad de su nombre". Mientras el resto de los extranjeros ya admitían con naturalidad desde 1784 (Jacques Faget, *escauldens*) los nombres que se daban a sí mismo los vascos, en España todavía hoy les cuesta aceptar términos que se escapan de su control.

El empeño que muestran algunos de estos visitantes por mezclarse con el pueblo, por compartir sus aposentos y participar de sus esparcimientos y disputas, supone para ellos una implicación directa que altera el orden de las cosas. Todos ellos acaban sorprendidos por una sociedad que se rige por medio de unos valores morales y de justicia que se alejan bastante del modelo impuesto por esos poderosos relatos que promueven los Estados vecinos.

Son antropólogos que no dejan de asombrarse al presenciar costumbres que creían extinguidas, viajeros que perciben la sencilla dignidad de los habitantes, historiadores que recogen principios políticos y sociales que parecen estar fuera de época, periodistas que emiten trágicos informes desde el frente, políticos que elogian el orden que generan los fueros, soldados que escriben diarios desde las trincheras, mercenarios a sueldo que desertan por no poder hacer frente a la injusticia, feministas sorprendidas de ver la libertad de la que gozan la mujeres, sociólogas que aluden al igualitarismo social imperante o marinos que ensalzan el valor de los balleneros. Todos ellos constituyen, por lo tanto, una larga lista de analistas objetivos que componen un relato singular y diferente sobre la historia de Euskal Herria, una imagen real y auténtica del importante papel que ha jugado el pueblo vasco en la construcción de la moderna Europa. El ansia de libertad e independencia del pueblo vasco, que se repite como una coletilla a lo largo de las crónicas, no hay que contemplarla como un término negativo, como una necesidad de levantar barreras con respecto a los Estados vecinos, sino más bien como una determinación para poder interactuar sin trabas entre los propios territorios históricos y el extranjero y poder así gestionar sus propios recursos. La voz, por consiguiente, no tiene la misma consideración que la que se le otorga, a día de hoy, a la palabra *nacionalismo* o *separatismo*. Ya lo advirtió el escritor norteamericano Mark Kurlansky en 1999: “No hay palabra que peor defina a los vascos que el término separatistas”.

Este libro condensa, desde una perspectiva cercana, una mirada crítica pero afectiva de todo lo que hemos sido.

TESTIMONIOS

76 a.C. – TITO LIVIO

Historiador romano (59 a.C.-17 d.C.). La primera cita de los vascones la realiza Tito Livio al narrar las guerras sertorianas en su crónica *Períocas*. Sertorio fue un gobernador de la Hispania Citerior que se rebeló contra Roma. Desde allí mandaron al general Pompeyo para hacerle frente. Así narra los hechos ocurridos en el año 76 a.C.: "Decidió avanzar él mismo con su ejército contra los berones [La Rioja] y los **autrigones** [Encartaciones], porque había descubierto que estos

76 a.C. – Tito Livio. *Mapa General de España Antigua* dibujado por el geógrafo Juan López en 1786.

dos pueblos, mientras él asediaba las ciudades de los celtíberos, durante el invierno habían implorado la ayuda de Pompeyo [...]. Sertorio condujo pacíficamente su ejército por la ribera derecha del Ebro, por territorios ya sometidos [...]. Tras dirigirse desde allí a los de Borja, Cascante y Gracchurris [Alfaro], devastados todos sus campos, y arrasadas sus mieses, llegó a **Calagurris** Nasica, población aliada suya. [...] Conducido el ejército a través del territorio de los **vascones**, acampó en la frontera de los berones. Al día siguiente, habiéndose adelantado con la caballería, para explorar los caminos, tras ordenar que lo siguiera la infantería en formación cerrada, llegó a las proximidades de Vareia [Logroño], la ciudad más poderosa de esta región".

76 a.C. – SALUSTIO

Historiador romano (86-34 a.C.). La fundación de Pamplona por Pompeyo coincide probablemente con el invierno del 76 a.C. que tuvo que pasar este en la región en busca de avituallamiento en su guerra contra Sertorio: "Entonces el ejército romano se dirigió en busca de trigo hacia los **vascones**". "El que se dirige desde los vacceos y vascones a los pueblos del centro de Celtiberia ha de viajar cerca de los termestinos". Salustio narra también los acontecimientos que tuvieron lugar en la toma de **Calahorra**, una ciudad que desde el siglo I a.C. se tenía por vascona (Estrabón s. I a.C., Ptolomeo s. II d.C.). El asedio se inició hacia el 73 a.C. y la defensa heroica de la ciudad trascendió fronteras. Se llegó a acuñar el término *fames calagurritana*. Se recurrió al canibalismo para aguantar el asedio, "en donde osaron y padecieron alimentos nefandos... consumida una parte, ponían en sal las restantes de los cadáveres para utilizarlas durante más tiempo".

Siglo I a.C. – JULIO CÉSAR

Político y militar romano (100-44 a.C.). Este gran estadista y escritor dejó anotado en uno de sus comentarios sobre las guerras civiles lo siguiente: "Las Galias están divididas en tres partes y una de ellas es **Aquitania** que está separada de los galos por el Río Garona. Los galos están separados de los belgas por los ríos Sena y Marne. Estos tres pueblos se diferencian entre sí por el idioma, las leyes y las costumbres". Este idioma aquitano al que se refiere es, sin duda alguna, el vasco-aquitano del que la epigrafía histórica ha dejado numerosas muestras en aras votivas, con nombres de personas y dioses en euskera.

Siglo I a.C. – ESTRABÓN

Geógrafo griego (ca. 64 a.C.-19/24 d.C.). Escribió en el siglo I a.C. una *Geografía* monumental inspirada en los testimonios de Polibio del siglo anterior. Es el primer cronista que cita a los vascones basándose en viajeros griegos. En uno de sus libros trata de los montañeses que jalonan el flanco norte de Iberia: "La región está habitada por numerosos pueblos de los cuales el más conocido es el llamado de los iacetanos [Jaca, que después llegó a ser incluida como vascona]. El territorio de estos comienza al pie de los Pirineos, se extiende hasta la llanura y llega, no lejos del Ebro, hasta los alrededores de Ilerda [Lleida] y de Osca [Huesca], ciudades que pertenecen a los ilergetes. En ambas ciudades, así como en **Calagurris**, situada en el país de los **vascones**, fue en donde Sertorio libró sus últimas batallas [...]. Por las mencionadas ciudades pasa la calzada que va desde Tarraco hasta los últimos pueblos vascones de la orilla del océano, tanto en la región de **Pompelon** [Pompelona] como en la de Oeasso [Oiassona], ciudad situada al borde mismo del Océano. [...] Está sobre la Iacetania, hacia el norte, la nación de los vascones, en la cual se halla Pompelon, que es como si dijera ciudad de Pompeyo". Estrabón hace también una importante descripción etnográfica de los pueblos del norte sin especificar su origen concreto: "Tal es la vida de los montañeses, es decir, como tengo dicho, de las tribus que ocupan el lado septentrional de Iberia: los callaicos y astures y cántabros, hasta los vascones y el Pirineo". Agrupa a todas estas tribus cantábricas dentro de una sociedad afín y diferenciada del resto de la península. Habla de su ferocidad, de sus mujeres, de las costumbres después del parto, de sus comidas y vestimentas... Todos estos datos de la costa cantábrica resultan para muchos historiadores una prueba evidente de que no eran celtas, aunque sí que es verdad que en un momento determinado Estrabón llega a decir que los cántabros se parecen a los celtas. Estrabón señala, además, que los nombres de sus pueblos son absolutamente impronunciables. Eran nombres con los que no estaban familiarizados, algo que no ocurría con los celtas: "Nadie encontrará placer en oír nombres tales como los de pletauros, **bardietas** y allotrigas [¿léase **autrigones**?], y otros aún más malsonantes y oscuros". Y también apunta sobre Aquitania lo mismo que había resaltado Julio César (siglo I a.C.) sobre una lengua que puede considerarse el antiguo euskera: "Los **aquitanos** se parecen más a los iberos que a los celtas, no solo por su lengua, sino también por su apariencia física". Conviene resaltar también la alusión que hace a una costumbre que ha dado mucho que hablar en la historiografía del siglo XIX, la tradición de la covada: "Las mujeres cultivan la tierra, y apenas dan a luz ceden el lecho a sus maridos y los cuidan. Con frecuencia paren en el momento en el que se encuentran en plena labor, de forma que lavan al recién nacido inclinándose sobre la corriente del arroyo, y lo envuelven luego".

SIGLO I d.C. – VALERIO MÁXIMO:
***"Convirtieron en nefanda comida a sus mujeres e hijos, [...] no dudaron en poner en sal los siniestros restos de los cadáveres"* (Calahorra).**

31 ca. d.C. – VALERIO MÁXIMO

Escritor romano (s. I a.C.-s. I d.C.). Los pueblos sublevados debían de luchar hasta la muerte, si no querían verse usurpados de todos sus bienes y de sus familias y caer en el esclavismo. Esa es la razón por la que los vascones calagurritanos optaron por un comportamiento que causó una gran conmoción en el Imperio romano. Valerio Máximo narra los hechos que acaecieron en el asedio a Calahorra de manera muy explícita: "La macabra obstinación [de los numantinos] fue superada en un hecho semejante por la execrable impiedad de los **calagurritanos**. Estos para mantenerse más tiempo fieles a las cenizas de Sertorio, frustrando el asedio de Cneo Pompeyo, como no les quedaba ningún otro animal en su ciudad, convirtieron en nefanda comida a sus mujeres e hijos, e incluso para que la juventud en armas pudiera alimentar sus entrañas con las de los suyos no dudaron en poner en sal los siniestros restos de los cadáveres".

44 ca. – POMPONIO MELA

Geógrafo hispanorromano (ca. 0-45). Su obra *Chorographia*, una descripción geográfica compuesta con una intención didáctica, es una compleja fuente basada en un único manuscrito que data del año 1471. Muchos de los nombres que transcriben son muy difíciles de identificar. Describe la costa norte de la península ibérica, partiendo del cabo Finisterre, donde primero se encuentran los ártabros, pueblo céltico, luego los astures y a partir del río Sella se extiende la región de los cántabros y los **várdulos**. De estos últimos comenta que son un solo pueblo (*Vardulli una gens*) y que llegan hasta el promontorio de los Pirineos. Afirma que "entre los cántabros hay algunos pueblos, y ciertos ríos, cuyos nombres no pueden ser expresados en nuestra lengua". Los **aquitanos**, con los auscos como pueblo más importante, habitan entre los Pirineos y el río Garona. Su ciudad más importante es Ilumberri, hoy Auch (*in Auscis Iliumberrum*).

69 – CORNELIO TÁCITO

Político e historiador romano (ca. 55-120). Ejerció como historiador después de una larga carrera civil y en su obra *Historias* narra todo el periodo que se extiende desde el segundo consulado de Galba en el 69 hasta la muerte de Diocleciano en el 96. En el año 68 Galba reclutó en la Península una legión (*VII Gemina*) y varias cohortes, entre las que se encontraba una de vascones, que jugó un papel importante durante las sublevaciones en el Bajo-Rin (hoy Holanda), ya que salieron en ayuda de una guarnición romana que se había visto sorprendida en la sublevación contra Nerón: "Las **cohortes de vascones** conscriptas por Galba [*Vasconum lectae a Galba cohortes*], llamadas en auxilio, llegaron entonces. Guiados por el fragor de la batalla acometieron al enemigo por la espalda causando en él gran espanto, mayor del que pudiera prometer su escaso número". Se supone que esta cohorte sería la *cohors II Vasconum civium romanorum* que aparece en cinco diplomas militares que van del año 105 al 160, en lugares tan alejados como Marruecos o Britania. Cabe deducir que hubo una cohorte I de la que no se tienen noticias. Se conoce también una cohorte várdula: *cohors I vida Vardullorum civium romanorum*.

77 ca. – PLINIO EL VIEJO

Escritor y militar latino (23-79). Fue un escritor tremendamente detallista que escribió 37 libros de su *Naturalis Historia*. "En el interior y al pie de los Pirineos están los ausetanos [de Ausa, actualmente Vich] y los iacetanos [jacetanos], en el Pirineo central los cerretanos [la Cerdaña catalana], y a continuación los **vascones**". Nombra a los *andelonenses* (Andelo), *aracelitanos* (Arakil) e *iluberitanos* (Irunberri) al listar los pueblos tributarios. Entre los 14 pueblos várdulos (Gipuzkoa y parte de Araba) cita a los *alabanenses* como el más digno de mención. Plinio continúa citando ciudades várdulas: "Partiendo del Pyrenaeus y siguiendo la ribera del oceanus hallamos el bosque vascón [*vasconum saltus*], Olarso [Oiartzun], los oppida de los **Vardulli**, Morogi, Menosca, Vesperies; y el portus Amanum donde actualmente está la colonia de Flavióbriga [Castro Urdiales, quizá derivado de Castrum Vardulies]". Al mismo convento de los várdulos pertenecen los carietes (caristios) y los *vennenses*, que tienen cinco pueblos, entre ellos los *velienses* (Veleia). Para los autrigones nombra diez ciudades, entre ellas Tricio y Briviesca.

Siglo I – SILIO ITÁLICO

Político y poeta latino (25-101). En varios pasajes de su poema épico *Púnica* (el más extenso de la literatura latina) presenta al **soldado vasco** enrolado en las filas del ejército de Aníbal (247-183 a.C) que en el siglo III a. C. arremetió contra Roma. Lo cita hasta cuatro veces, mencionando la presteza con la que el vasco toma las armas y el hecho de que desprecie la protección del casco y se presente con armamento ligero: "Ni los cerretanos, antaño campamento del héroe de Tirinto, o el vasco, no acostumbrado al casco, se demoraron en tomar las armas [*Nec Cerretani, quondam Tyrinthia castra, aut Vasco, insuetus galeae, ferre arma morati*]; a quien acosaban el ágil vasco y el cántabro con una lluvia de flechas". En todas las citas utiliza el apelativo *Vasco*, en singular y sin declinar. Vascón como singular de vascones parece un concepto de la historiografía moderna. Es el único texto de la Roma clásica que alude a la lucha de los vascones contra los romanos.

Siglo I – PLUTARCO

Historiador y filósofo griego (ca. 46-120). Este autor también refiere que durante la guerra civil entre Sertorio y Pompeyo los generales tuvieron que separarse y retirarse debido a la llegada del invierno y la falta de recursos, teniendo que invernar Pompeyo donde los vacceos, que los expertos entienden como **vascones**.

Siglo I – JUVENAL

Poeta romano (60-128). Juvenal, en su sátira XV, excusa a los vascones de tener que haber recurrido al canibalismo en el sitio de Calahorra: "Cuenta la tradición que antaño los **vascones** prolongaron sus vidas con tales alimentos. [...] Estos fueron reducidos por la envidiosa fortuna, por una situación extrema de la guerra y la cruel estrechez de un largo asedio".

Siglo I – SUETONIO

Historiador y biógrafo romano (70-126). Hablando de los efectivos militares que destinaba Augusto, cuenta cómo los distribuye entre las provincias y la defensa del mar, y concluye: "Destinó los efectivos restantes, unos para la defensa de la ciudad, otros para su protección personal, licenciando en cambio el destacamento de **calagurritanos** [*dimissa calagurritanorum manu*] y luego el de germanos, a los que había tenido junto a sí formando parte de su guardia personal". La adscripción tribal y lingüística de los calagurritanos ha sido muy discutida. Estrabón (s. I a.C.) los cita como vascones, pero ya desde el 89 a.C. aparecen ciudadanos con nombres eusquéricos en el famoso Bronce de Ascoli, una placa en la que se concede la ciudadanía a los componentes hispanos de la *turma Sallutiana* (*Salduie*/Zaragoza) que habían luchado para defender una sublevación contra el Estado romano.

Siglo II – PTOLOMEO

Astrónomo, geógrafo y matemático griego (ca. 100-170). Su ***Guía geográfica*** (*Geographia*, que fue redescubierta hacia el año 1300, realizando el cartógrafo Fabricius una de las primeras representaciones), es una relación de ciudades (unas ocho mil) agrupadas de una determinada forma, con un sinfín de coordenadas de latitud y longitud, que agrupa a las ciudades según los pueblos a los que pertenecen. Por describirlo de alguna manera, una de las obras más tediosas que se hayan escrito nunca. Pero nos incumbe, de manera significativa, por el listado que enumera de nuestros pueblos.

Siglo II – Ptolomeo. Fragmento del mapa del año ca. 1300 de Fabricius entre el Mar Cantábrico y el Mediterráneo (*Fabricius 23 2º: Claudius Ptolemaeus, Geographia*, Biblioteca Real de Copenhague).

Algunos de estos topónimos son aún hoy en día reconocibles. Lo dejo a la interpretación de cada cual. De los **autrigones** (oeste de Bizkaia y Araba) cita *Uxama Barca*, *Segisamónculon*, *Virovesca*, *Antecuia*, *Deóbriga*, *Vindeleia*, *Salionca*; de los berones (La Rioja), *Trition Metallon*, *Oliba*, *Vareia*; de los **caristios** (Bizkaia y Araba), *Suestasion*, *Tullica*, *Veleia*; de los **várdulos** (Gipuzkoa y Araba), *Gébala*, *Gabálaika*, *Tulloniun*, *Alba*, *Segontia Parámica*, *Tritio Tubóricon*, *Tabuca*; de los **vascones**, *Iturisa*, *Pompailon*, *Bituris*, *Andelos*, *Nemanturista*, *Curnonion*, *Iacca*, *Gracurris*, *Calagorina*, *Casconton*, *Ergauica*, *Tarraga*, *Muscaria*, *Setia*, *Alauona*.

135 ca. – FLORO

Poco se sabe de este autor que dejó constancia de las guerras del 26 a.C. contra los astures y los cántabros (que aún no se habían sometido a Roma) que hostigaban a su pueblo vecino, los **autrigones** (oeste de Bizkaia y Araba). El mismo Augusto decidió acudir en persona para reducirlos.

Siglo II – SEXTO POMPEYO FESTO

Gramático romano. Importante dato el que nos deja el autor de *De verborum significatu quae supersunt*, una obra de aspecto enciclopédico en el que recoge el topónimo indígena *Ilurcis*, la primera denominación de Alfaro que después tomó el nombre de Graccho: "***Grachurris****: urbs Hiberae, dicta a Graccho Sempronio, quae antea* ***Ilurcis*** *nominabatur*". *Grachurris* bien podría ser una composición con el apelativo vasco "*uri/(h) iri*" ciudad, o sea, ciudad de Graco. El fragmento *Il-* de *Ilurcis* sería también una nueva variante de la misma voz, como en *Pompailon* y *Andelon*.

305 ca. – ITINERARIO DE ANTONINO

En un principio se pensó que esta guía de calzadas había sido elaborada durante la época del emperador Caracalla, de la familia de los Antoninos. De ahí su nombre. Pero se comprobó, finalmente, que fue realizada en época de Diocleciano (285-305), utilizando datos que se remontaban al siglo anterior. La guía nos ofrece información sobre la **red de caminos** del Imperio, 372 vías terrestres, de las cuales 34 se encuentran en la Península Ibérica. No se da preferencia a la disposición de las grandes urbes, sino que aparecen muchas ciudades de orden mediano ("mansiones") que servían de base a los acuartelamientos de las milicias. Apunta también las distancias entre ciudades. Hay una calzada que va de Astorga a Burdeos y entra por Briviesca, atravesando toda la Sakana y ascendiendo hasta Roncesvalles: *Virovesca* (Briviesca), *Vindeleia*, *Deobriga* (Miranda de Ebro), ***Beleia*** (Iruña-Veleia), *Suessatio* (¿Arkaia?), *Tullonio* (¿Dulantzi?), *Alba*, *Aracaeli* (Zamartze), *Alantone*, ***Pompelone*** (Iruñea), ***Turissa*** (Aurizberri), *Summo Pyrineo* (¿Ibañeta?), *Imo Pyrineo*, *Carasa* (Garrüze).

380 ca. – RUFO FESTO AVIENO

Poeta latino. Escribió un periplo marítimo, la *Ora marítima*, una descripción de las costas europeas escrita sobre fuentes de textos griegos anteriores, uno de ellos del siglo VI a.C. Menciona un río al que llama *Hibero* y comenta que los iberos toman su nombre de este y no del río que corre por entre los *inquietos* ***vasconas***. No hay, sin embargo, unanimidad sobre el hecho de que los vascones fueran citados por aquellas fuentes griego-fenicias, sino que la mención de la que parte Avieno podría haber sido una modificación posterior del texto original.

383 – AUSONIO

Poeta y rétor latino (310-395). Al ser asesinado el emperador Graciano (el mentor que le había nombrado cónsul), Ausonio se retira a sus propiedades del río Garona. Se cruza varias cartas con su alumno Paulino de Nola, que había dejado la literatura para abrazar el cristianismo. En el intercambio de cartas utilizan los términos a los que generalmente se ha recurrido siempre para hablar de los vascones y otros pueblos: *gens barbara*; *inhumano hospite*; *ipsos socia feritate colonos*... Dice Ausonio: "Dulcísimo Paulino, ¿has cambiado acaso tus costumbres? ¿Es que las boscosas montañas de **Vasconia**, los nevados albergues de los Pirineos y el olvido de nuestro cielo han producido este cambio? ¿Qué maldiciones merecidas no proferiré contra ti, tierra de Iberia? ¡Ojalá te arrasen los cartagineses!". Contesta Paulino: "En cuanto al hecho de que me reprochas el haber elegido los extensos bosques de Vasconia y los nevados refugios de los Pirineos, como si yo viviera clavado en el primer umbral de la región de Hispania y no tuviera asiento en lugar alguno, en el campo o en la ciudad, por donde la rica Hispania se extiende hasta el extremo del mundo, contemplando la puesta del sol, supongamos que mi suerte fuera el haber vivido en las cumbres habitadas por los bandoleros. ¿Acaso en este lugar bárbaro, por contagiarme de su fiereza, me he endurecido hasta convertirme en uno de esos habitantes mismos entre los que he vivido? Una mente pura no concibe el mal, ni las manchas esparcidas prenden en las fibras leves: si alguien vive sin cometer crimen en el boscoso país de los vascones, igualmente incontaminado, no contrae ningún contagio de las costumbres de su inhumano huésped. [...] Y, si hubiese vivido en el país vascónico, ¿por qué razón un pueblo bárbaro, formado en mi manera de vivir, no iba a abandonar sus fieras costumbres y adoptar las nuestras?". Esta correspondencia se convierte en la primera evidencia de la utilización del término Vasconia (*Vasconis/Vasconiae*), una voz usada también poco después por Hidacio (489, *Vasconias*) y que acabó tomando forma con el duque de Vasconia en el 601 (Fredegario 660, *Wasconiae patriam*).

383 – PULINO DE NOLA:

"¿Acaso en este lugar bárbaro, por contagiarme de su fiereza, me he endurecido hasta convertirme en uno de esos habitantes mismos entre los que he vivido?" (Vasconia).

383 – PAULINO DE NOLA

Senador romano y obispo de Nola (355-431). Su brillante carrera política se vio suspendida de golpe al descubrir su devoción cristiana y optar por una vida ascética. Llegó a ocupar la sede episcopal de Nola, junto a Nápoles. En sus primeros años como cristiano se retiró a las boscosas montañas de los vascones (véase Ausonio 383).

396 ca. – SAN JERÓNIMO

Eclesiástico de Dalmacia, Croacia (340-420). Su traducción de la Biblia, llamada la *Vulgata* ("la más divulgada") fue la oficial hasta 1979. Era un autor bastante polemista y le cogió cierta inquina a Vigilancio, un tabernero de **Calahorra** que se las daba de teólogo y al que llamaba de manera peyorativa Dormitancio. La causa de la polémica es la veneración de las reliquias de los mártires cristianos. También cita de manera confusa que, habiendo sojuzgado Pompeyo Estrabón (s. I a.C.) a los de **Pamplona**, los puso en una nueva ciudad a la que por esa razón llamó *convene* (la actual Cominges francesa).

400 ca. – HISTORIAE AUGUSTAE:

"Era un observador de las aves tan experto, que aventajaba tanto a los vascones de Hispania como a los augures de Panonia".

400 ca. – SCRIPTORES HISTORIAE AUGUSTAE

Colección de biografías de emperadores romanos escrita por seis autores diferentes. Poco se habla en la antigüedad de la religión de los vascones, y esta crónica recoge el primer dato, al encomiar las habilidades del emperador Alejandro Severo: "Estaba también muy versado en la ciencia de los harúspices [*haruspicinae*] y era un observador de las aves [*orneoscopos*] tan experto, que aventajaba tanto a los **vascones** de Hispania [*vascones hispanorum*] como a los augures de Panonia".

407 ca. – HONORIO

Emperador romano (395-423). Escribió una carta a las milicias de Pamplona (*militie urbis* ***pampilonensis***) que ha llegado a nosotros conservada en el Códice de Roda del siglo X. La situación se podía considerar de muy tensa: suevos, vándalos y alanos (*gentium barbarorum*) estaban a punto de entrar en la península (409), pero a raíz de la crisis del Imperio las posibilidades de movilización eran complicadas. En la carta el emperador ofrece ascensos y recompensas para insuflarles valor y confianza.

420 ca. – PAULO OROSIO

Historiador y sacerdote hispano (383-420). Estuvo en contacto con San Jerónimo (396) y escribió *Historiae adversum paganos*, que dejó honda influencia en la historiografía universal y fue una de las primeras obras cristianas traducidas al árabe. Habla de la toma de **Calahorra** y Aquitania y de los acosados **autrigones** (oeste de Bizkaia y Araba), de los que tiene que salir Augusto en su ayuda. También refiere los hechos ocurridos a raíz de la investidura de Constantino III como nuevo emperador. Dídimo y Veriniano, dos aristócratas del entorno de la familia del futuro emperador Honorio (407), se enfrentan a aquel y a su hijo Constante. Al no disponer de tropas regulares suficientes para hacer frente al ejército de Constantino III en el entorno del Pirineo vascón, habían tenido que recurrir a un ejército formado por esclavos y campesinos de sus latifundios de la Lusitania. Constante, después de acabar con el levantamiento, decide dejar al general Geroncio como guardián del paso pirenaico: "Se les encomendó la custodia de dichos montes y de los pasos respectivos, por haber desaparecido la fiel y útil custodia de aquellos campesinos [*rusticanorum fideli et utili custodia*]". Algunos autores identifican estos *rústicos* con los **vascones**, que habrían guardado estos pasos desde tiempos inmemoriales.

450 ca. – NOTITIA DIGNITATUM

Se trata de un documento que enumera cargos públicos y personalidades militares. Advierte que el tribuno de la cohorte *Novempopulana* residía en ***Lapurdu***, y es la primera vez que se cita el nombre de Lapurdi. El tribuno de la cohorte primera gálica residía en ***Ueleia*** (Iruña-Veleia).

452-511 ca. – CHRONICA GALLICA

La crónica se encuentra desperdigada por varios códices del siglo IX y X. Alguna información está tomada de la obra de San Jerónimo (396). Ensalza al hispano Prudencio, uno de los poetas más ilustres de la antigüedad. Recordemos que el autor del *Peristephanon* fue un **poeta vascón** nacido supuestamente en Calahorra (348-405). Este poeta, que consideraba un error que los vascones continuaran por la senda del paganismo, echa en cara a sus propios compatriotas que ese credo al que se sienten aferrados es un culto perteneciente al pasado: *bruta quondam Vasconum gentilitas*. De su discurso se deduce una avanzada evangelización para ese periodo.

463 ca. – SIDONIO APOLINAR

Obispo de Clermont (ca. 431-481). Compuso panegíricos, poemas y epístolas con mucho sentido poético. En una carta escrita a su amigo Trigetio habla de los excelentes productos piscícolas de la zona del Adur: "Aquí los pescados del Adur [*Aturricus piscis*] desafían los mújoles del Garona [*Garumnicis mugilibus*], aquí una muchedumbre de cangrejos oscuros se encuentra enfrente de las langostas de **Lapurdi** [*Lapurdensium lucustarum*]".

489 – HIDACIO

Obispo e historiador hispanorromano de Galicia (ca. 400- 469). La *Crónica de Hidacio* realiza una descripción muy fiel de los acontecimientos que acaecieron en el norte de Hispania durante el siglo V. Describe, sobre todo, los sucesos de Galicia y los problemas surgidos a raíz de las invasiones bárbaras que denominó como las cuatro plagas: el hierro, el hambre, la peste y las fieras. En lo que concierne a los vascos, narra los acontecimientos de las Bagaudas, rebeldes que procedían del medio rural y que, aprovechando la debilidad del Imperio romano, camparon a sus anchas durante unos cuantos años. Merobaudes, un yerno de Asturio, abate la insolencia de los **bagaudas *aracelitanos*** (*aracellitanorum insolentiam*). Normalmente se asocia con Arakil y el Monasterio de Zamartze, donde se ha encontrado un asentamiento romano, a lo largo de la calzada del Itinerario de Antonino (305) donde se sitúa a la mansión *Aracaeli*. Dice de Reichiario, rey de los suevos, que saquea las ***Vasconias*** (*Vasconias depraedatur*) en el principio de su reinado, en el 449. Cita también a los várdulos, cuyas costas fueron invadidas por los suevos (*Cantabriarum et* ***vardulliarum*** *loca maritima*).

500 ca. – ZÓSIMO

Historiador griego (ca. 460-?). Zósimo nos cuenta que Constante regresa con su padre, el emperador Constantino III, después de arrestar a los rebeldes Dídimo y Veriniano, dos aristócratas del entorno de la familia del emperador Honorio (407) que, al no disponer de tropas regulares suficientes para hacer frente al ejército usurpador de Constantino III en el entorno del Pirineo vascón, habían tenido que recurrir a un ejército formado por esclavos y campesinos de sus latifundios de la Lusitania. Constante decide dejar al general Geroncio como guardián del paso de Iberia desde territorio celta (que se supone zona vascona). Pero son las propias legiones romanas de Iberia las que le sugieren que, según era costumbre, se les confíe la guarda de los pasos pirenaicos a ellos y no a los extranjeros.

572 – JUAN DE BICLARO

Clérigo católico y cronista godo (ca. 540-621). Fue un ciudadano lusitano que llegó a ser obispo de Gerona. En su *Chonicron* describe a Leovigildo (568-586) ocupando parte de Vasconia (*partem* ***Vasconiae*** *occupat*), fundando la ciudad de Victoriaco (de difícil precisión, aunque se tiende a asociar con la zona de Vitoria e Iruña-Veleia) e intentando restablecer los antiguos límites de un territorio visigodo ya bastante diezmado.

580 – FORTUNATO:

"Que lo tema el cántabro y que tema sus armas el errante vasco y abandone los reductos montañosos del Pirineo".

580 – VENANCIO FORTUNATO

Escritor y obispo católico romano (ca. 530-601). Se le considera el último gran poeta romano. Sus obras tienen un aire laudatorio que condiciona bastante su fiabilidad. Generalmente nombra a los vascones junto con otros pueblos. En una carta le desea a su amigo Galactoire ser duque "para que defiendas sabiamente los confines y las ciudades de la patria y consigas, para aquel que te concede lo mejor, que lo tema el cántabro y que tema sus armas el errante vasco [***Vasco*** *vagus arma pavescat*] y abandone los reductos montañosos del Pirineo".

590 – GREGORIO DE TOURS:

"Pero los vascones, descolgándose de pronto de sus montañas, descienden hasta la llanura".

587 – GREGORIO DE TOURS

Obispo e historiador galorromano (538-594). Fue uno de los que negoció, a requerimiento de Childeberto II, el famoso Tratado de Andelot en el que se reparten los territorios francos entre los distintos reyes. *Lapurdo* pasa a manos de Childeberto y Bigorra, a las de Brunilda. Cita el *Peristephanon* del poeta calagurritano vascón Prudencio en el que se narra el martirio sufrido en esta ciudad por dos monjes de origen griego, Emeterio y Celedonio. Prudencio llegó a echar en cara a los propios compatriotas vascones que el paganismo al que se sentían aferrados era un culto perteneciente al pasado: *bruta quondam* ***Vasconum*** *gentilitas*. En su *Historia Francorum* narra primero los problemas del duque Bladasto con los vascones, ante los que perdió la mayor parte del ejército, y después los que tuvo Austrovaldo, transcribiendo un párrafo que ha condicionado durante siglos la visión francesa de la historia de los vascos: "Pero los vascones, descolgándose de pronto de sus montañas [*de montibus prorumpentes*], descienden hasta la llanura [*in plana descendunt*], arrasando los viñedos y tierras de labor e incendiando los caseríos, se llevaron consigo a algunos cautivos, juntamente con los ganados. El dux Austrovaldo salió muchas veces a su encuentro, pero no alcanzó gran venganza". Se ha tendido a considerar el año 587 como el punto de partida para la expansión vascona por Aquitania.

619 ca. – MÁXIMO DE ZARAGOZA

Obispo visigodo (?-619). Solo nos ha llegado un par de páginas de su *Chronica Caesaraugustana*. Narra lo siguiente: "Cinco reyes francos entran en Hispania por Pamplona [***Pampelonam***] y llegan hasta Zaragoza, a la que ponen sitio durante cuarenta y nueve días, atribulando a casi toda la población de la tarraconense (año 541). Por aquellos días la peste [*inguinales plaga*] ataca a casi toda Hispania (año 542)".

634 ca. – ISIDORO DE SEVILLA:

"Le dieron rehenes [...] y prometieron obediencia a su reino y autoridad y cumplir cuantas órdenes le fuesen impuestas" **(los vascones al rey Suintila).**

634 ca. – ISIDORO DE SEVILLA

Escritor y eclesiástico hispanogodo (556-636). Fue la figura más importante de la Hispania visigoda, destacando tanto en el ámbito eclesiástico como en el civil. Su obra es de un tamaño monumental (sus *Etimologías* constan de 20 libros) y de una influencia excepcional en la posterior historiografía. En su *Historia Gothorum* comenta que el rey Recadero ejercitaba a sus tropas conteniendo las correrías de los vascones: “Se trataba, más que de hacer la guerra, de ejercitar a su gente, de un modo útil, como en un juego de palestra”. Recadero acabó moviendo “sus tropas contra las insolencias romanas y las incursiones de los **vascones**”. En su *Etymologiae* sorprende con una interpretación un tanto curiosa del nombre de los vascones que ha tenido cierto éxito hasta hace bien poco. Comenta que Vacca era una ciudad junto al Pirineo de donde tomaron su nombre los vacceos: “Estos habitan las extensas soledades de las cumbres de los Pirineos. Se les conoce también como vascones, como si dijéramos vaccones con una c transformada en s [*Idem et vascones, quasi Vaccones, C in S demutata*]”. Cuenta que Pompeyo, para celebrar su triunfo, hizo descender a los vascones de las montañas y los concentró en una ciudad bautizada con el nombre de *convenarum urs*. También Suintila se las tuvo que ver con los vascones, que acabó sometiendo: “...arrojando sus armas, y dejando expeditas sus manos para la súplica, doblegaron ante él sus cuellos, suplicantes; le dieron rehenes, fundaron la ciudad goda de ***Ologicus*** [que algunos identifican con Olite] con sus prestaciones y trabajos, y prometieron obediencia a su reino y autoridad y cumplir cuantas órdenes le fuesen impuestas”. De este texto se podría extraer una idea de la independencia que llegaron a gozar los vascones en ciertas épocas.

650 ca. SAN AMANDO:

“Pueblo [...] entregado a los augurios y a todo extravío, rendía culto a los ídolos, en vez de adorar a Dios”.

650 ca. – SAN AMANDO

Misionero y obispo católico (584-679). Baudemundo, el biógrafo de san Amando, cuenta una curiosa anécdota de cuando el santo anduvo predicando entre los **vascones**: “Pueblo [...] entregado a los augurios y a todo extravío, rendía culto a los ídolos, en vez de adorar a Dios. Este pueblo vivía en los bosques de los Pirineos, disperso por las altas e inaccesibles montañas y, confiado en su agilidad en la lucha, llevaba a cabo frecuentes incursiones sobre los territorios de los francos. Pero Amando [...] se esforzó en apartarlos de su error y librarlos de la esclavitud del diablo. Ahora bien, mientras estaba predicándoles la palabra divina y le anunciaba el evangelio de la salvación, uno de los servidores del diablo, hombre de poco fuste, lúbrico y soberbio, a quien el vulgo llama ‘mimólogo’, se levantó y comenzó a burlarse de sus palabras, a reírse a carcajadas, a censurar al siervo de Cristo y a menospreciar al Evangelio que este predicaba”. El mimólogo, continúa narrando, sufrió un ataque de histeria, se le desgarró el rostro y murió allí mismo.

653 – TAJÓN

Obispo de Zaragoza (600-680). En una carta dirigida a Quirino, obispo de Barcelona, describe las tropelías provocadas en el valle del Ebro por los vascones que se habían unido a la rebelión de Froya contra el rey Recesvinto: “Por su maldad, los fieros **vascones** [*effera vasconum*], habiendo bajado de los Pirineos, asolando la tierra de Iberia con diversas irrupciones la devastan. ¡Oh dolor!, la magnitud de la desgracia hace desfallecer el propósito de contarla. Pero hay que llegar hasta lo que da miedo contar. Se derrama sangre inocente de muchos cristianos; unos son degollados, otros mueren heridos por lanzas y otras diversas armas; son cogidos una gran cantidad de prisioneros y se consiguen grandes botines”.

660 – FREDEGARIO

Cronista franco (?-660). Fue el que continuó la *Historia Francorum* de San Gregorio de Tours (590). Narra las rebeliones de los vascones contra diversos reyes merovingios: Teodoberto, Teodorico, Chariberto, Dagoberto. El primero de todos derrota y hace tributarios por primera vez a los *wascones*, nombrando a Geniale como duque suyo en el 601.

Es el comienzo de un ducado de Vasconia (se nombran los duques pero no el ducado) que alcanzaría su independencia en el siglo VII. Dagoberto, cuyos dominios llegaban ya hasta los Pirineos, acaba cediendo Wasconia a su hermano Cariberto, pero cuando este muere se la vuelve a apoderar. La movilización que realizó Dagoberto en el 635 da una idea de la importancia que concedió a la rebelión vasca: "Como diez duques se hubieran dirigido con sus ejércitos a Vasconia [***Wasconiam***] y toda la patria vasca [*Wasconiae patriam*] hubiese sido ocupada por el ejército de Borgoña, los vascones, saliendo de entre las peñas de sus montañas, se aprestan rápidamente para la guerra y, como comenzaran a luchar, al darse cuenta de que serían vencidos, vuelven las espaldas como es su costumbre, y buscando un escondrijo en los desfiladeros de los valles, se refugiaron en lugares muy seguros y se ocultaron entre las rocas de esas mismas montañas. [...] Por fin, sometidos y domeñados, los vascones piden a los ya mencionados duques el perdón y la paz". Sin embargo, el duque Arimberto con toda su corte fue arrasado en **Zuberoa** por los vascones por una negligencia suya: *"per negligentiam a wasconibus in valle Subola non fuisset interfectus"*. Los vascones vuelven, no obstante, a la carga un año después. Siendo señores de su tierra (*Wascones omnes seniores terrae illius*) fueron con el duque Aginiano de nuevo contra Dagoberto, que les derrota pero les indulta, regresando a sus tierras (*permissu Dagoberti in terram Wasconiae*). La nueva variante fonética *Wasconia* sea seguramente fruto de la influencia del romance occitano.

670 ca. – LIBRO DE LOS MILAGROS DE SAN MARCIAL

Algunos autores consideran que este documento data del siglo IX. El *Liber de Miraculis S. Martialis* nos cuenta las vicisitudes de la dinastía merovingia a la muerte de Dagoberto. Ebroino, para mantener el control franco de los territorios del sur, concede a Félix, un patricio tolosano, el poder sobre todas las ciudades hasta los montes Pirineos y los territorios de los ineptos vascones (*et super gentem nequissiman* ***wasconum*** *obtinebat*). El intento de control es para evitar un movimiento autonomista aquitano que ya estaba siendo liderado por un individuo de nombre *Lupus*. Recordemos que ya desde el 601 existe un duque de Vasconia que gobierna ambos lados del Pirineo.

670 ca. – ANÓNIMO DE RÁVENA

Cosmógrafo cristiano. Es una compilación de textos que maneja documentación de los siglos III al VI. Las diferentes copias medievales que nos han ido llegando nos aportan una realidad y una toponimia bastante confusa. Llega a situar ***Spanoguasconia*** entre el Loira e Hispania: en la hora undécima "*vasconum est patria quae antiquitus Aquitania dicebatur*" ("la patria de los vascones que antiguamente se le decía Aquitania"); "*Patria quae dicitur Guasconia, quae ab antiquis Aquitania dicebatur*"; la patria que se llama *Spanoguasconia* se sitúa junto a la misma *Guasconiam*, de dicha *Spanoguasconiam* ya los mismos filósofos afirmaron que era un país muy fortificado y bloqueado en tres de sus partes por los montes alpinos y en su cuarto lado por el ya mencionado océano; más allá del océano se encuentra un país que se llama ahora *Spanoguasconia*, "*Tangit Oceanus Guasconiam, quae Aquitania dicitur et nunc Spanoguasconia*", y allí hay ciudades como *Landinorum* (las Landas), *Elusa* (Eauze) o *Bigorrias* (Bigorra); junto a *Spanoguasconia* está la patria que se llama *Spania*, en la que se encuentran ocho provincias, *Asturia*, *Iberia*, *Betica*, ***Austrigonia*** (autrigones), etc. y varias ciudades: *Sandaquitum*, *Cambracum*, *Tenobrica*, *Ossaron* (Oiartzun), *Carta* (Santacara), ***Pompelone***, *Seglam* (Ejea), *Iturisa* (¿Aurizberri?), *Gracuse* (Alfaro), *Bedalin*, *Erguti*, *Beturri*, ***Belegia*** (Iruña-Veleia), etc.; los *Spaniguasconici*, "realmente también *Spanici*, hasta el mar antes citado".

673 ca. – JULIÁN DE TOLEDO

Arzobispo e historiador de la Hispania visigoda (644-690). Este importante historiador que consiguió hacer de Toledo la principal diócesis hispánica narra en su *Historia*

Wambae regis los acontecimientos que se sucedieron durante el reinado del rey Wamba, que asoló el territorio vascón durante siete días por haberse posicionado sus habitantes en favor del duque Paulo, un lugarteniente suyo que se había sublevado. Comenta que estos feroces pueblos de los vascones (*feroces* ***Uvasconum*** *gentes*), entregados los debidos rehenes, acabaron sometiéndose al rey y pagando su tributo. San Julián escribe dos crónicas con diez años de diferencia. En la primera ni siquiera nombra a los vascones, mientras en la segunda les concede una aparición algo sorprendente. En la línea de los intereses y objetivos que pretendía cumplir con su obra.

733-768 – FREDEGARII SCHOLASTICI CHRONICUM

Son una serie de crónicas recogidas por los continuadores de Fredegario (660). Se suceden una serie de guerras entre los duques de Aquitania y la dinastía franca en las que los *wascones* juegan un importante papel. En el 718 Eudon, duque de Aquitania, envía un ejército con soldados *wascones* en ayuda de Chilperico II en su lucha interna contra Clotario IV y Carlos Martel. En el 742 hay una rebelión de los *wascones* contenida por Pipino el Breve (ambos eran, respectivamente, abuelo y padre de Carlomagno). En el 761 numerosos soldados *wascones* que ayudaban al duque Waifre son cogidos presos y matados en la ciudad de los arvernos. Los *wascones* y su conde Uniberto prestan primero juramento de fidelidad a Pipino el Breve, aunque después reanudan la lucha y son derrotados y conducidos con sus mujeres e hijos a Francia. Las luchas entre francos y *wascones* no cesan: "*Dum ist et aliis modis Franci et* ***Wascones*** *semper inter se altercarent*". Waifre y su tío Remistano continúan su lucha con soldados *wascones* hasta el 768, año en el que estos piden la paz y prometen fidelidad al rey.

754 – CRÓNICA MOZÁRABE DEL 754

Esta crónica narra los prolegómenos de la famosa batalla de Poitiers (732) con verdadero detalle: un tal *Munnuz* (¿Munio?), de origen moro, caudillo de un territorio llamado Libia (¿la Libia riojana, hoy Herramélluri?), se subleva contra Abd al-Rahman I, que lo persigue hasta la ciudad de Cerdeña (*Cerritanenses oppidum*, junto a Andorra). A pesar de la masacre de cristianos que allí hace, el duque Eudón de Aquitania se alía con él y le entrega su hija en matrimonio. *Munnuz* es muerto por Abd al-Rahman y la hija de Eudón es llevada al califato. Es entonces cuando el emir atraviesa los Pirineos: "Entonces Abderrahman [...] atraviesa las montañas de los vacceos [confunde vacceos por **vascones**, algo usual sobre todo desde la famosa cita de san Isidoro de Sevilla 634], pasa por los terrenos pantanosos igual que por los llanos, entra en territorio franco, y tan adentro penetra castigándolo con la espada que al presentarle combate Eudo, más allá del Garona y del Dordoña, le hace huir, y solo Dios sabe el número de muertos y desaparecidos". Abd al-Rahman continúa su camino hasta toparse con Carlos Martel, que ya había sido advertido por Eudón. La batalla de Poitiers en la que vencieron los francos duró siete días y es un hito importante ya que consiguió frenar la expansión musulmana hacia Europa.

790 ca. – ANALES GERMANOS ANTIQUÍSIMOS

Son una serie de anales (*Petaviani*, *Laubacenses*, *Alamannici*, *Nazariani*...) escritos al norte del imperio carolingio, una zona bastante alejada de la región de los hechos que narra. Muchos de ellos dicen exactamente lo mismo, con las mismas palabras, pero al narrar los hechos a veces utilizan el orónimo ***Wasconia*** en vez de Aquitania, dándoles el mismo valor. Llegan a situar la ciudad de Limoges como perteneciente a los *wascones*. Los anales están muy influenciados por la autoridad que ejercía Carlomagno. Se cita a este luchando por primera vez contra los *wascones* en el año 761 a los mandos de su padre Pipino el Breve. En el 769 penetra en *Wasconia* por primera vez después de su coronación. Los más significativo es que las crónicas pasan de hurtadillas por los acontecimientos de la derrota de Roncesvalles:

Carlomagno marcha con un gran ejército a la tierra de Gallicia (*in terram Galliciam*), conquistando la ciudad de Pamplona (*et adquisivit civitatem **Pampalona***). Abitauri, rey de los sarracenos, le entrega sus ciudades y deja a su familia como rehenes. En Zaragoza le sale a recibir otro rey de los sarracenos que después le conduce hacia Francia, donde le espera la sublevación de los sajones.

801 – ANNALES REGNI FRANCORUM:

"Subyugados los hispano vascones, y también los navarros, regresaron a Francia".

801 – ANNALES REGNI FRANCORUM (O ANALES DE LORSCH)

Estos anales constan también, como los anteriores, de varias crónicas que se van acumulando. Una de ellas narra los acontecimientos de la expedición de Carlomagno en Hispania desde otra perspectiva que la anterior: pasa por Pamplona y llega a Zaragoza donde se le une otro ejército. Allí recibe rehenes de los sarracenos, pero a la vuelta destruye Pamplona, sometiendo a los *Hispani Wascones* y navarros antes de retornar a Francia: *Hispani **Wascones** sugiugatus, etiam et **Navarros**, reversus en partibus Franciae*. Otra crónica cuenta que ocupa Pamplona, que era de los navarros (*primo **Pompelonem** Navarrorum oppidum adgresus*), y pasa a describir, por primera vez, los verdaderos hechos de **Roncesvalles**: tras demoler hasta sus cimientos las murallas de Pamplona para que sus habitantes no pudieran volver a rebelarse, penetra en los Pirineos. En su parte más alta les esperan los *wascones*, quienes les ponen asechanzas ("*in cuius summitate Wascones insidiis colocantis*") y, aunque los francos eran superiores a los *wascones* tanto en armas como en ánimo, las condiciones del lugar les dejan en inferioridad y encajan una severa derrota ("*magno tumultu perturbant*"). En la crónica se comenta también que en el 806 *Nabarri et Pampilonenses* quedan en poder de Carlos.

Como se aprecia, la cita más antigua del término *navarro* aparece registrada en este cronicón de principios del IX, donde se les nombra junto con los *Hispani Wasconi*, es decir, los vascones de Hispania, y los *pampilonensis*. Se hace difícil contrastar la diferencia entre los términos *Hispani Wascones*, *Navarros* y *Pampilonensis* que parecen aludir cada uno a las diferentes perspectivas socio-políticas que se narraban en las fuentes: cuando se quería apuntar el carácter lingüístico, se les llamaba vascones; cuando se le quería dar significación a la función político-administrativa de la capital, se hablaba de Pamplona; cuando se quería hacer referencia al ámbito geopolítico y aglutinar al campesinado, se le llamaba Navarra. En los años posteriores los descendientes de Carlomagno, Ludovico Pío y Pipino I, también se las tuvieron que ver con los *wascones*. En el 824 se produce la segunda batalla de Roncesvalles: los condes aquitanos Eblo y Aznar son enviados a Pamplona con sus tropas *wasconas* del norte. Una vez cumplida su misión, en su vuelta por los Pirineos son atacados, derrotados y tomados presos. Eblo es enviado a Córdoba (recordemos que desde el 816 Enneco Aresta reinaba en Pamplona y mantenía unas excelentes relaciones con los Banu Qasi, ya que era hermanastro de Musa ibn Musa) y Aznar, como fuera de la misma sangre ("*quasi qui consanguineus eorum esset*"), se le permitió volver a su casa. De todo ello se pueden deducir dos posibles realidades: que los ataques en Roncesvalles hubieran sido ejecutados en connivencia por vascones y musulmanes y que vascones y *wascones* hubieran sido vistos ya entonces como pueblos hermanos.

805 – ANNALES METTENSES

Narra acontecimientos de la época merovingia y carolingia y compila algunas crónicas de Fredegario (660) y los *Annales Regni Francorum*. Habla de los avatares de los distintos duques de Aquitania con sus cohortes de ***wascones*** que hemos citado en las crónicas anteriores. Queda claro que la región *wascona* era lugar de refugio para los exiliados francos: Grifo, hermano bastardo de

Pipino el Breve, pide asilo con Waifre en el 749 y Hunaldo con Lupo en el 769. Se habla también de la necesidad de combatir contra pueblos que anteriormente habían estado sometidos a los francos: "*Saxones, Frisiones, Alemannos, Baiowaris, Aquitanos, Wascones atque Brittones*".

830 – EGINARDO

Monje y escritor germano (770-840). Fue el probable escritor de la biografía de Carlomagno *Vita Karoli Magni*, la primera escrita sobre un rey europeo. Cuenta que vascos, gascones y aquitanos se unieron a las revueltas de los duques contra Carlos Martel y Pipino el Breve, antes de la llegada de Carlomagno, que acaba aplastando estas rebeliones. Hunoldo, duque rebelado, se ve oblicado a refugiarse al otro lado del Garona, en territorio de Vasconia ("*et Wasconiam petere coegit*"). Carlomagno "ordena a Lupus, duque de los vascones [***Wasconum duci***], por medio de unos embajadores, que le entregue al fugitivo, añadiendo que si no lo hace inmediatamente, él está dispuesto a reclamarlo con la guerra". Lupus acabó cediendo y poniendo la provincia en manos de Carlomagno. Eginardo narra con detalle la batalla de **Roncesvalles** del 778: Carlomagno tuvo ocasión de probar la perfidia *wascona* ("*wasconicam perfidiam parumper*"). Los *wascones*, con su armamento ligero ("*levitas armorum*"), le tendieron una emboscada aprovechando que la espesura del bosque en ese lugar era propicia para ello. La pesadez de las armas francas y su peor posición jugaron en su contra. Allí mataron hasta el último hombre de la tropa que cubría la cola del ejército, entre ellos Rolando, *Hroudlandus*, duque de la marca de Bretaña. La derrota no pudo ser vengada al momento, porque el enemigo se dispersó y nadie sabía hacia dónde tirar para buscarlos. Los territorios de Carlomagno acabarían abarcando después hasta el Ebro, río nacido junto a los navarros ("*apud **navarrus** ortus*").

835 ca. – ERMOLDO EL NEGRO

Poeta e historiador franco. Estuvo ligado a la corte de Pipino I, rey de Aquitania. Escribió un poema en honor de Ludovico Pío con la intención de congraciarse con él. Relata cómo este sometió a los *wascones rabidos*, convirtiendo a estos lobos salvajes en ovejas. En su expedición a Barcelona se lleva a "*Lupus Santio, **wasconum princeps***", acompañado de su ejército de *wascones*. Todo el ejército acampa, esparcido, sobre la llanura catalana: "*Francus, Wasco, Getha, sive aquitania cohors*".

840 – ASTRONOMUS:

"Vestido con el traje de los jóvenes vascones, túnica redonda, camisa de mangas abiertas, calzones largos, calzas con espuelas incorporadas y una lanza de mano"
(Ludovico Pío ante la corte de su padre Carlomagno).

840 – ASTRONOMUS

El mismo año de la Batalla de Roncesvalles nace el hijo de Carlomagno, Ludovico Pío (778-840), también conocido como Luis el Piadoso. En la *Vita Ludovici* escrita por un anónimo llamado *Astronomus* hacia el 840 se comenta que, con siete años, el niño se presentó vestido a la manera tradicional vascona en la corte carolingia situada en Paderborn: "...túnica redonda, camisa de mangas abiertas, calzones largos, calzas con espuelas incorporadas y un misil de mano, o sea, una lanza [...**habitu Wasconum** *cum coaevis sibi pueris indutus, amiculo scilicet rotundo, manicis camisae diffusis, cruralibus distentis, calcaribus caligulis insertis, missile manuferens*]". Es la primera vez que se relata una descripción amable de los feroces vascones y queda constatado como una manera de halagar, sin duda, a sus belicosos súbditos. Se describe aquí otra pequeña batalla de los Pirineos. Ludovico Pío, después de haber sofocado una rebelión de los *wascones* del norte en el 810, continuó hasta **Pamplona**, donde se quedó un tiempo arreglando la administración del lugar. A la vuelta los nativos vascones (esta vez con v) ponen en marcha sus habituales planes de emboscada y engaño. Ahora sí fueron derrotados. Uno de ellos fue cogido preso y ahorcado. Su familia fue llevada como rehén. Se fija la frontera entre aquitanos y wascones en el mismo río Garona y se comenta que los wascones de nuestro lado (*wasconum citimi*) se rebelan contra el conde Sigwino, por lo que es depuesto por el emperador y se somete a los wascones. Un vasco llamado Lupo (*wasco Lupus*) se rebela y es hecho preso y condenado al destierro y los wascones son de nuevo sometidos por Pipino I. Hubo, además, en el 828 una gran hambruna en la región de Wasconia (*regione Wasconiae*), por lo que el emperador les perdonó el pago de la *annona*.

840 ca. – ANNALES FULDENSES

Constan de varios anales y narran también la relación entre la dinastía carolingia y los vascones. Comenta que los vascones son derrotados en el 816 en dos ocasiones y que piden la paz al emperador Carlomagno. En el 819 Lupo el vasco (***Lupus wasco***) es convicto de perfidia y condenado al exilio. Pipino I somete a los *wascones*.

840-882 ca. – ANNALES BERTINIANI

Se consideran una continuación de los *Annales Regni Francorum* (801) y fueron escritos por varios autores. En esta crónica se mencionan las continuas ofensivas de los vikingos **normandos** a las costas atlánticas, desde el 843 al 859. Aunque no se cita expresamente a Vasconia como afectada en la contienda, todos los ataques giran alrededor del territorio vasco: Burdeos, Nantes, Tolosa, Galicia y la parte inferior de Aquitania ("*inferioris Aquitaniae partes*"). Cuenta, además, que desde que Aznar, conde de la *Wasconia citerior* ("*Asenarius quoque citerioris* ***Wasconiae comes***"), fuera muerto de manera cruel por Pipino I rey de Aquitania (836), ambas familias continuaron mal avenidas. Sancho, hermano y sucesor de Aznar en el trono, acaba capturando a Pipino II y entregándolo a su tío Carlos II, que lo encierra en un monasterio.

842 – NITARDO

Historiador franco, nieto de Carlomagno (790-844). Hace una descripción de unos juegos militares celebrados en Worms, a orillas del Rin: "De repente los Sajones, los **Wascones**, los de Austrasia y los Bretones se arrojaban los unos contra los otros como si quisieran atacarse; luego una parte se retiraba protegiéndose con sus escudos como si quisieran escapar de sus camaradas que les perseguían. Después se invertían los papeles y se ponían a perseguir a los que les seguían antes. [...] Era un espectáculo digno de ser visto, tanto por la multitud de nobles que tomaban parte como por las vestimentas que llevaban".

845 – LOUP DE FERRIÈRES

Eclesiástico franco (805-862). Fue un clérigo de excelente reputación que llegó a ser considerado un precursor del humanismo. En una carta redactada entre el 12 y el 22 de noviembre del 845 deja escrito: "Los que vienen de Aquitania me han contado que los normandos acaban de hacer una incursión entre Burdeos y Saintes. [...] Me han asegurado que en esta lucha Sigwino, el duque de los Vascones [***ducem Vasconum*** *Siguinum*], ha sido cogido y matado".

850 ca. – CRÓNICA FONTANELLENSE

En el monasterio de Fontanelle, situado en el valle inferior del río Sena, en el que se conservan un conjunto de pequeñas biografías, aparece una cita un tanto enigmática: Carlos el Calvo celebra una asamblea en Verberie, adonde llegan con obsequios para pedir la paz los embajadores de Induon y Mition, **jefes de los navarros** ("*Ibi ad eum venerunt Induonis et Mitionis ducum Naverrorum dona oferentes*").

851 – EULOGIO DE CÓRDOBA

Clérigo mozárabe (800-859). *Galindo Enniconis* (el hijo del posteriormente llamado *Enneco Aresta*), fue hecho prisionero y trasladado a la corte de Abderramán I, donde vivió varios años. A su vuelta trae una carta para el obispo de Pamplona Wiliesindo. El escrito es de Eulogio de Córdoba, un cura de buena familia que acabó siendo martirizado y ejecutado y que el año anterior había estado de visita por Navarra en su intento frustrado de pasar a la Galia, primero a través de la marca catalana y después por los Pirineos: "Torciendo yo mi camino hacia las partes de Pamplona y tierras de los Seburicos [*quae* ***Pampilonem*** *et Seburicos limitat Gallia Comata*], fomentada con las facciones del conde Sancho Sánchez y levantando la cerviz, dura y porfiada, contra el ya nombrado rey don Carlos y atropellando su derecho, teniendo cogidos por las armas todos los caminos, ponía grande espanto y riesgo a los pasajeros". Eulogio enumera, con envidia sana, una relación de **monasterios** que pueblan el norte navarro: "Pero adonde principalmente me vino deseo de partir, fue al monasterio del bienaventurado san Zacarías –situado a la falda de los montes Pirineos, y a los límites de la dicha Galia donde, naciendo el Arga y regando con curso arrebatado los campos de **Zubiri** y de Pamplona [*quibus Aragus flumen oriens rapido cursu seburium et Pampilonam irrigatus*], se lanza en el río Cántabro–, el cual monasterio, decorado con famosísimos ejercicios de la disciplina regular resplandecía por todo Occidente. [...] Deteniéndome muchos días en el monasterio de Leire [*legerense*], hallé en él varones muy señalados en el temor de Dios". Manda también saludos a todos los abades de Leire, Igal y Urdaspal, en tierras navarras, y Cillas y Siresa en los valles oscenses de Ansó y Hecho.

853 – IBN HABIB

Jurista islámico de al-Andalus (790-853). Sus lecciones quedaron recogidas por ibn Abi Riqa y cuenta que Muza penetró en el país de los **vascones** hasta llegar a encontrar una tribu que iba "desnuda como bestias".

860 – ÁLVARO DE CÓRDOBA

Erudito mozárabe (ca. 800-861). Un ilustrado de gran cultura que fue amigo y biógrafo de san Eulogio, del que comenta que "llegando más allá de los territorios de los de Pamplona [***Pampilonensium*** *territoria*], entrando en el **monasterio** de San Zacarías y recorriendo con creciente devoción los cenobios de otros de esas mismas regiones se endulzó con la amistad de muchos padres". Recoge además que en San Zacarías (probablemente en Zilbeti, Erro) militaban 150 monjes regulares y que de allí se trajo una buena biblioteca: obras de san Agustín, Virgilio, Juvenal, Flacco, Porfirio, Adhelelmo, Avieno y una buena colección de cánticos de himnos católicos.

881 – Crónica Albeldense. Reyes de Navarra.

881 – CRÓNICA ALBELDENSE

Es una de las dos grandes crónicas del periodo de los reyes asturianos. Terminó de redactarse en el 881 y fue escrita por varios monjes que quedaron registrados en sus páginas (Vigila, Sarracina, García). A pesar de las dimensiones de la obra, en ningún momento se habla de grandes personalidades del momento como fueron Carlomagno o Enneco Aresta. Se habla de las distintas reyertas entre godos y vascones durante los siglos V al VII: Eurico conquistó Pamplona (***Pampilonam***); Gundemaro sometió al pillaje a los vascones ("***Uascones*** *una expeditione uastabit*"); Suintila los derrotó ("*Uascones deuicit*"); Wamba sometió a los *feroces Uascones* en los confines de Cantabria. Alfonso III humilla también con su ejército por dos veces a los vascones, y nombra a *Uigila Sceminiz* como conde de Álava. En una de las copias del códice que aparece en un monasterio se le añade un capítulo donde se hace un elogio de la figura del rey navarro Sancho Garcés I (905-925). Aparece la primera representación vernácula de los reyes de Navarra.

884 – CRÓNICA DE ALFONSO III:

"Araba, Bizkaia, Aiala y Urduña siempre se han encontrado en poder de sus habitantes, al igual que Iruña, Deio y también Berrotza".

884 – CRÓNICA DE ALFONSO III

Aunque este rey de Asturias no fuera el autor directo de esta crónica, sí que fue, al menos, su inspirador. Se conservan dos versiones que difieren sensiblemente en algunos aspectos. La primera cita de los vascones se ciñe al enfrentamiento con el rey visigodo Wamba (672-680). La crónica contiene importantes datos sobre algunos de nuestros territorios: Alfonso I (739-757) toma a los sarracenos pueblos como *Uelegia Alabense*, Miranda y **Cenicero** (*Cinisaria*), puebla lugares como **Sopuerta** (*Supporta*), **Karrantza** y las Vardulias que ahora se llaman Castilla ("*Bardulies que nunc apellatur Castella*"), mientras otras regiones como "***Alaba** namque*, ***Bizcai***, ***Aiaone** et* ***Urdunia***" está comprobado que siempre estuvieron en poder de sus habitantes, al igual que "***Pampilona** (Degius est) atque* ***Berroza***". Fruela (757-768) vence a los vascones que se habían rebelado y se casa con Munnia, hija del señor Lope de Gascuña, que era parte del botín. El hijo de ambos, Alfonso II, acabaría buscando refugio en Álava entre los parientes de su madre al apoderarse del trono su tío Mauregato. Cuando en el 843 Ramiro I es elegido rey, este se encuentra en la provincia de Vardulia para tomar esposa ("*in Bardulien-sem prouinciam*", esta es la última cita de Vardulia, un orónimo que comenzó siendo utilizado por los romanos para designar a Gipuzkoa, pero que en ese momento se identificaba con una zona entre Araba y Castilla). Nepociano aprovecha para usurpar el trono a Ramiro I, reuniendo una tropa de asturianos y vascones para hacerle frente, pero es derrotado. Ordoño I (850-866) también se enfrenta a los "*adversus Uascones rebellantes*".

889 – IBN QUTAIBA

Polígrafo iraquí (828-889). En una crónica suya llena de fantasías desbordantes sobre la vida de Muza ibn Nusayr, el conquistador de al-Andalus, narra cómo "Muza invade el país de los **vascones** y les hizo la guerra hasta el momento en que se presentaron a él en manada, como si hubieran sido bestias de carga". Fue el primero en hacerse eco de la expedición de castigo de Rodrigo contra los vascones en el 711, cuando el ejército musulmán invadió la península, un suceso que no quedó recogido por las crónicas contemporáneas (la del 754): "Rodrigo, que por entonces se hallaba ocupado en hacer la guerra a unos enemigos suyos, llamados vascones... [...] Rodrigo volvióse en seguida dirigiéndose hacia donde estaba Tarik...".

950 ca. – CHRONICON MOISSIACENSE

Una crónica compilada seguramente en el monasterio de Ripoll hacia el siglo X, donde se encuentran otros documentos de gran similitud. Se suelen estudiar todos de manera conjunta bajo el nombre *Annales Vetteres Francorum*. Habla de hechos pasados basándose en antiguas fuentes que no cita. En el 780 Carlomagno entra en *Spania* contra los ***Navarros*** y llega hasta el río Gaalz (*sic*) donde estos se entregan. Dividió la patria de los *navarri* entre los obispos, presbíteros y abades y allí mismo se bautizaron y recibieron la predicación gran multitud de gente, no solo de los *Winidorum*, sino también de los paganos vascones (***Bascanorum***). En el 815 y 816 los *wascones* se rebelan contra el emperador Ludovico Pío y escogen a *Garsimirum* como príncipe (en algunas fuentes *Garcsiam Muci*). En el 818 Ludovico los somete y mata al tirano usurpador de su trono.

977 – MUHAMMAD AL-RAZI:

"En todo el mundo se marauilla por la bondat del termino de Tudela".

977 – ÁHMAD IBN MUHAMMAD AL-RAZI

Historiador andalusí (885-955). La crónica de este prestigioso erudito musulmán conocido como el Moro Rasis la terminó su hijo en el 977. La traducción de su libro aparece en la *Cronica geral de Espanha de 1344*: "En todo el mundo se marauilla por la bondat del termino de **Tudela**, que el su pan non ha par, muchas viñas e muchas huertas e buenas tierras e crianças; e los sus frutales dan sabrosas frutas que non vos lo podria omne contar para dezir. [...] E esta villa fue fundada por mandado de Alhequim [al-Hakam I]. [...] Tudela ha muchas villas e muchos castillos e muy fuertes, de los cuales el uno es Arnit [**Arnedo**]", y nombra *Calahorra, Najara* y *Loçaira/Bocayra*. Describe también los Pirineos: "Nasçe la otra syerra en la mar de Oriente e viene por Narbona; e esta syerra parte la España de Françia, e llaman la los françeses **Rronçasvalles**; e va a par de **Viscaya** e a par de las Esturias...". Expone los hechos (fantásticos) de la fundación de España que fue poblada por Espan (de ahí su nombre), nieto de Noe: "E Ispan començo a enseñorear e a fazer villas e castillos. E el primer lugar que fizo fazer castillo es a do agora llaman Viscaya". Cita también a Recadero tomando *Viscaya* y a emir Uqba (*Cabat, fijo de Lateneur*) ganando **Pamplona** y **Navarra**.

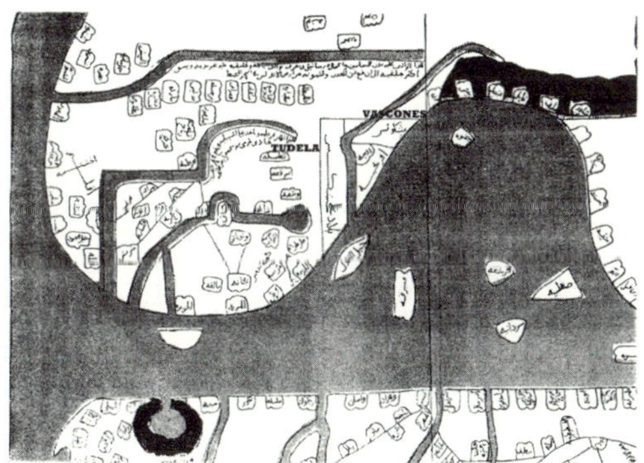

977 – Ibn Hawqal. Detalle de mapa. Registra vascones y Tudela, a ambos márgenes del Ebro.

977 – IBN HAWQAL

Geógrafo y cronista musulmán (943-988). Fue un reconocido viajero que apuntaba descripciones muy exactas de las regiones que recorría. En su *Libro de la configuración de la Tierra* aporta varios mapas muy esquemáticos del mundo. Como se muestra en el mapa representado arriba, el recuadro que corresponde al territorio de los vascones ocupa ambas márgenes del río Ebro. Debajo de los vascones se extienden las regiones de Rum (Roma) y Francos. Un poco más allá, **Tudela**. El mar que baña al pueblo de los **vascones** parece el Mediterráneo, pero esa parte del mapa está toda muy sintetizada y comprimida. Su intención era mostrar el Magreb, el occidente del mundo árabe, y estos pueblos nunca llegaron a ser conquistados por ellos.

977 ca. – IBN AL-QUTIYYA

Cronista andalusí (?-977). Escribió la *Historia de la conquista de al-Andalus*. Narra los acontecimientos que se sucedieron cuando Musa ibn Musa casó a su hija con Izrac, señor de Guadalajara, lo que provocó los recelos del emir Muhammad I, que temía la expansión de los Banu Qasi que señoreaban sobre la región de Borja y la Ribera navarra. Izrac y Musa acaban enfrentándose, quedando el suegro herido y muriendo en su camino hacia **Tudela**.

1010 ca. – IBN AL-FARAHDÍ

Historiador andalusí (962-1012). Este erudito cordobés acumuló una de las mejores bibliotecas de al-Andalus. En su libro *Historia de los sabios de al-Andalus* nos habla de los tabíes que firmaron el pacto por el que los habitantes de Pamplona (***Manbaluna***) se entregaron el 23 de septiembre de 719.

1030 ca. – IBN HAZM

Filósofo, historiador y poeta andalusí (994-1063). Es uno de los más grandes polígrafos que ha dado la cultura andalusí. En su obra *Yamharat* (*Linajes árabes*) registra a los Banu Qasi como señores de **Tudela**, *Wunat (sic)* y **Arnedo**. Al citar a Musa ibn Musa (800-862, biznieto del conde Qasi y hermanastro de Enneco Aresta) hace hincapié en su rebeldía y lo maldice ante Dios por emparentar a su familia con la dinastía Íñiga: su hija Oria (*Awriya*) fue dada en matrimonio a García, **señor de los vascos** ("*Garsiya, malik al-basákisa*"). También casó a las hijas de su hermano Lope (*Lubb*) con los hijos de Enneco Sánchez (*Wanaqo ibn Sanyo*).

1050 ca. – ABADÍA DE SAINT-SEVER

Fue una poderosa abadía benedictina fundada en el siglo X y establecida en el departamento de las Landas gasconas. Era, además, un importante foco cultural donde se desarrollaron importantes trabajos como el *Beato de Saint-Sever* y un mapa realizado hacia mediados del XI en donde se sitúa a ***UUasconia*** entre *Aquitania* y *Gallicia*. Es la primera vez que aparece en un mapa un orónimo, *Wasconia*, que hace referencia al conjunto del Euskal Herria. Hasta entonces solo había aparecido el etnónimo *vascones*.

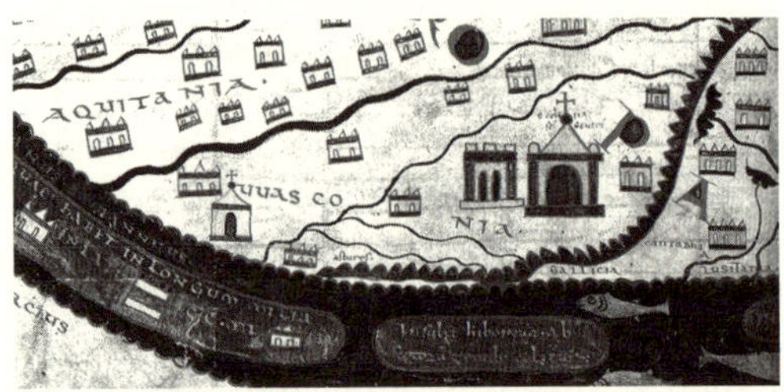

1050 – Abadía de Saint-Sever. Detalle de mapa con el nombre de *UUasconia*.

1050 ca. – AJBAR MACHMUA

Se trata de una *Colección de tradiciones* tomadas de una serie de fuentes anteriores que no se llegan a precisar. Comenta que el emir Uqba (732-739) terminó de conquistar el país, llegando hasta Narbona y el confín de Galicia, **Álava** y **Pamplona**, exceptuando la sierra donde se había refugiado Pelayo (*Belay*) con 300 hombres. En el 756 el emir Yusuf al-Fihri manda un destacamento para luchar contra los **vascones** de Pamplona que se habían sacudido el yugo musulmán. En el 781 Abd al-Rahman I devasta Pamplona y *Coliure (sic)*, arrasa a la vuelta la tierra de los vascones y de Cerdeña, acampando en el país de *ibn Belascot* (el hijo de Velasco), recibiendo el tributo personal de este y tomando a su hijo como rehén.

1065 – CANTAR DE ROLDÁN

La también llamada *Canción de Rolando* es un poema épico escrito entre 1060 y 1065, seguramente por el monje Turoldo que aparece en el último verso. La obra se compone de varios miles de versos, está escrita en antiguo francés y su importancia radica en que es el **cantar de gesta** más antiguo escrito en una lengua romance en Europa. Aunque la versión más antigua que se conoce es la del manuscrito de Oxford de hacia 1170, se da por seguro que el texto fue terminado el siglo anterior. La epopeya narra, adornada con una dimensión épica, como corresponde a ese tipo de cantares que ensalzaban las rivalidades entre imperios, los hechos que tienen lugar en Roncesvalles en el 778, con motivo de la batalla que enfrentó al ejército de Carlomagno con las tropas musulmanas. La realidad, sin embargo, es bien distinta. La batalla la recogió anotada el biógrafo de Eginardo (830) en su *Vita Karoli Magni*, en la que describe cómo el emperador tuvo ocasión de probar la perfidia **vascona** (*wasconicam perfidiam parumper*). Después de que Carlomagno arrasara Pamplona, estos le tendieron una emboscada y mataron hasta el último hombre de la tropa que cubría la cola del ejército, entre ellos Rolando (*Hroudlandus*), duque de la marca de Bretaña. El enemigo se dispersó en seguida y se perdió en la espesura, sin que Roldán pudiera ser vengado. A pesar del testimonio de Eginardo, la historiografía tardó bastante tiempo en reconocer el mérito de la victoria a los vascones. Como curiosidad, señalar que en el verso CCLXXIX del poema se cita a los vascos con la variante con "l" típica de Occitania: "*Ki pois veïst les chevaliers d'Arabe,/ Cels d'Occiant e d'Argoilles e de **Bascle***".

1068 – AL-BAKRI

Geógrafo e historiador hispanoárabe (1014-1094). Su obra *Kitab* realiza un recorrido por todo el mundo conocido, pudiendo considerarse como un libro de viajes, y muestra su interés por la historia de la península antes de la llegada de los musulmanes. Cuenta que, junto a los gallegos, está situada una gran región llamada *los vascones* (***al-Baskuns***), y que desde este país de los vascones se puede tomar el río Ebro hasta Santa María (de Albarracín). Relata una curiosa anécdota sobre una mujer barbuda de **Tudela**. El cadí manda unas mujeres parteras a reconocerla. Estas se muestran, en un principio, reticentes a ello, pero son obligadas. Al final resulta ser mujer, por lo que le ordenan afeitarse y vestir hábitos femeninos.

1075 – IBN HAYYAN

Historiador y funcionario hispanomusulmán (987-1075). Su padre fue el secretario de Almanzor, por lo que su crónica *al-Muqta-*

bis se considera un testimonio de primera mano para el conocimiento de la historia de al-Andalus. Los dos primeros datos son de cuando gobernaba Velasco bajo el mando carolingio: En 799 los habitantes de **Pamplona** asesinan a Mustarrif ibn Musa. En 816 el señor de Pamplona es *Balask al-Yalaski* (según García Gómez, porque Lévi-Provençal lee *Glashki*), que se podría traducir como Velasco el Vasco. Velasco es derrotado por Abd al-Karim, muriendo un caballero de Pamplona de nombre Sancho y otro llamado *Saltan (sic)*, el mejor caballero de los *mayus* (este vocablo podría definir el término de pagano, aunque algunos sospechan que se podría identificar con los vikingos normandos que podrían haber ocupado Baiona). Hacia el 816 (cuando comienza a gobernar ya la familia Íñigo con Enneco Aresta como primer caudillo), Ibn Hayyan narra una serie de aceifas y guerras en las que aparecen aliados la familia de Musa ibn Musa y la dinastía vascona (***al-Baskunisi***) de **Enneco Aresta** (*Wannaqo ibn Wannaqo*, "Enneco hijo de Enneco"), que eran hermanastros. En 841 Musa ibn Musa se rebela contra Abd al-Rahman II solicitando ayuda a su pariente vascón García Iñiguez (*Garsiya ibn Wannaqo*), emir de Pamplona. En 842 para vengar la anterior alianza Abd al-Rahman II realiza una primera aceifa y llega hasta *Sajrat Qays* sobre el río Arga, destruyéndolo todo a su paso y tomando cautivos. En 843 segunda aceifa contra la que se enfrenta la alianza Musa/García, a los que se unen los *Sarataniyyin* (cerretanos), *Yilliqiyyin* (¿gallegos?) y la gente de Álava y los castillos (*al-Qila*). Son apresados gran cantidad de caballeros cristianos y mulsulmanes, e *Ibn Wannaqo* (Enneco Aresta) y su hijo Galindo huyen heridos. Un gran número de caballeros cristianos de Pamplona se pasan a las filas del emir. En 844 tercera aceifa en la que se pasan de bando un hijo de Musa, *Lupp*, y otro de Enneco, *Galind*. Del 845 al 850 se suceden tres aceifas más, la última contra **Tudela**, al declararse en rebeldia Musa ibn Musa con su hemanastro Enneco. En 859 los **normandos** varan al pie de Pamplona, tienen un encuentro contra los vascones (*Baskunis*) y hacen prisionero a García Íñiguez (*Garsiya ibn Wannaqo*). El rescate se fijó en 70.000 piezas de oro. En 860 nueva aceifa de Muhammad contra García Íñiguez que se había aliado con Ordoño I, rey de Galicia. Entre el 874 y 878 dos nuevas aceifas de al-Mundir, hijo de Muhammad I, contra Pamplona.

1076 ca. – CANÇÓN DE SANTA FE D'AGEN

Cantar anónimo que narra la historia del martirio de Santa Fe, compuesto por 593 versos y escrito en los tiempos de Ramón Berenguer I. El único manuscrito que se conserva se encuentra en Holanda y fue publicado en 1902. Está escrito en catalán-occitano, un dialecto que hacia esa época todavía era considerado como el mismo idioma. El cantar acaba con una estrofa enunciando los lugares donde se puede confirmar todo lo narrado, por haber sido los vascos causa de la decapitación de la santa: "*Tota* ***Basconn***'*et Aragons/ E l'encontrada delz Gascons/ Sabon quals es aqist canczons/ E ss'es ben vera'sta razons...*". Son en concreto los vascos del valle de Arán los culpables de todo ello: "*Cisclani Bascon que son d'Aran:/ Dizon: 'Por ren viva nonn an'/ Levan la'n pes del fog tiran./ Eros l'uns la spada flameian/ Tal li doned el cab del bran/ Tota la testa'n-mog tallian/ Con fez Heros far saint Johan*" ("Silban los vascos que son de Arán/ Dicen: 'que no se vaya viva'/ La levantaron y la sacaron del fuego/ Uno de ellos alzó la espada flameante/ Un golpe tan fuerte dio con la espada/ Que separó su cabeza por completo/ Como Herodes hizo con san Juan").

1085 – AL-UDRÍ

Geógrafo andalusí (1003-1085). La obra de este cronista ha conseguido resistir el paso del tiempo gracias a las referencias hechas en otros libros. Al-Miryali, un cronista árabe del siglo XIV, se hace eco, por ejemplo, de un curioso episodio ocurrido en el 797 y apuntado por al-Udrí: en la ciudad de Huesca sucede la noticia más tempranera sobre la existencia de la lengua vasca. La tradición cuenta cómo un cabecilla de un clan tribal (seguramente converso), Bahlul ibn Marzuq, se alió con los pobladores del norte de Aragón para hacerse con las ciudades de Huesca y Zaragoza, gobernadas de manera despótica por los Banu Salama. El padre de Bahlul, *Marzuq ibn Uskara* (Marzuq hijo de **Uskara**), porta un nombre que parece indicar el origen euskaldun del abuelo. Al-Udrí relata también las distintas aceifas que se sucedieron contra Navarra desde el 842 al 879 y que ya han sido documentadas por Ibn Hayyan (1075). En el 843 **Enneco Aresta** (*Yannaqo ibn Wanniqo*) concerta un *amán* con Abd al-Rahman II por el que se reconocen sus tierras mediante el pago de 700 dinares anuales. En el 899 Alfonso II el Magno, rey de Asturias, ataca el valle de Borja con un ejército formado por gente de Galicia, **Álava** y **Pamplona** y es derrotado.

1090 ca. – FATH AL-ANDALUS

En este códice, que cuenta la historia de la conquista de al-Andalus, el mismo autor anónimo reconoce que es un resumen de una crónica anterior. Quizá sea la de Ibn Qutaiba (889), ya que comenta, como este, que Rodrigo estaba peleando con los vascones cuando Tarik entró en la península. Habla de la marcha de Abd al-Rahman I contra los vascones en el 781: "Fue después el emir Abd al-Rahman a tierra de incrédulos, recorriendo la comarca de **Pamplona** [*Nebluna*], y destruyó sus fortalezas, haciendo lo propio en las ciudades de los **vascones** que también recorrió, y que se vieron obligados a darle rehenes en pago del impuesto de guerra, sometiéndose a la obediencia del emir, el cual aceptó esto, recibiendo dichos rehenes en cumplimiento de lo pactado".

1140-1160 ca. – HUGO DE POITIERS

Hugo Pictavinus, monje benedictino e historiador francés (?-1167). Es el autor de *Historia Vizeliacensis monasterii* o *Chronicon Vizeliacense*, una importante descripción de la historia de Francia centrada en la Abadía de Vézelay, en la que, al referirse a la dote aportada por Leonor de Aquitania en su casamiento con el rey de Francia Luis VII, el cronista señala que el regente adquirió "*omnen Aquitaniam, Guasconiam,* ***Blasconiam*** *et* ***Navarriam****, usque montes Pyrenaeos er usque Crucem Caroli*", y hace alusión a la parte vasca y navarra que queda al norte de los Pirineos hasta el Alto de Ibañeta.

1150 ca. – AYMERIC PICAUD:

"Los navarros, mientras se calientan, se enseñan sus partes, el hombre a la mujer, y la mujer al hombre. Además, los navarros fornican incestuosamente al ganado".

1150 ca. – AYMERIC PICAUD

Monje benedictino francés. Es el presunto responsable (su autoría es controvertida) de la redacción de la *Guía del peregrino medieval* incluida dentro del *Codex Calixtinus*, un manuscrito que reúne sermones, himnos, milagros y relatos del apóstol Santiago y que se conserva en la Catedral de Santiago. Es considerada la primera guía turística de la historia. La guía distingue entre los vascos de Ultrapuertos y los navarros de habla vasca de la península, entre los que incluye a vizcaínos y alaveses. Merece la pena detenerse un rato para presentar la cantidad de improperios que vierte sobre **vascos** y **navarros**:

"Las gentes de esta tierra son feroces como es feroz, montaraz y bárbara la misma tierra en que habitan. Sus rostros feroces, así como la propia ferocidad de su bárbaro idioma, ponen terror en el alma de quien los contempla. [...] En ese monte, antes de que el cristianismo se extendiese por todo el territorio español, los impíos de los navarros y de los vascos tenían por costumbre, a los peregrinos que se dirigían a Santiago, no solo asaltarlos, sino montarlos como asnos y matarlos. Navarros y vascos [*navarri et bascli*] tienen características semejantes en las comidas, el vestido y la lengua, pero los vascos son de rostro más blanco que los navarros. [...] Visten mal, lo mismo que comen y beben también mal, pues en casa de un navarro se tiene la costumbre de comer toda la familia, lo mismo el criado que el amo, la sirvienta que la señora, mezclando todos los platos en una sola cazuela, y nada de cucharas, sino con las propias manos; y beben todos del mismo jarro. Cuando los ve uno comer, le parecen perros o cerdos. Y oyéndoles hablar, te recuerdan los ladridos de los perros, por lo bárbaro de su lengua. A Dios le llaman urcia; a la Madre de Dios, andrea Maria; al pan, orguí; al vino, ardum; a la carne, aragui; al pescado, aragui; a la casa, echea; al dueño de la casa, iaona; a la señora, andrea; a la iglesia, elicera; al sacerdote, belaterra, que significa bella tierra; al trigo, gari; al agua, uric; al rey, ereguia; y a Santiago, iaona domne iacue. Son un pueblo bárbaro, diferente de todos los demás en sus costumbres y naturaleza, colmado de maldades, de color negro, de aspecto innoble, malvados, perversos, pérfidos, desleales, lujuriosos, borrachos, agresivos, feroces y salvajes, desalmados y réprobos, impíos y rudos, crueles y pendencieros, desprovistos de cualquier virtud y enseñados a todos los vicios e iniquidades, parejos en maldad a los Getas y a los sarracenos, y enemigos frontales de nuestra nación gala. Por una miserable moneda, un navarro o un vasco liquida, como pueda, a un francés. En algunas de sus comarcas, en Vizcaya o Álava por ejemplo, los navarros, mientras se calientan, se enseñan sus partes, el hombre a la mujer, y la mujer al hombre. Además, los navarros fornican incestuosamente al ganado. Y cuentan también que el navarro coloca en las ancas de su mula o de su yegua una protección, para que no las pueda acceder más que él. Además, da lujuriosos besos a la vulva de su mujer y de su mula. Por todo ello, las personas con formación no pueden por menos de reprobar a los navarros".

Incluye a vizcaínos y **alaveses** como navarros, ciñendo exclusivamente la parte vasca al País Vasco continental. Presenta, como se aprecia, el primer **diccionario vasco** de la historia. En otra parte del *Codex Calixtinus* se narra el paso de Hugo Obispo de Porto por tierras de Gipuzkoa, Bizkaia y Nafarroa, donde le asiste una persona que habla la lengua vasca: "*Tunc, depositis pontificalibus vestibus cum duobus vernulis, adhibito sibi quodam indigena, qui et barbaram* ***linguam Blascorum****, et viam per invia noverat, Alpes ingreditur. Inde per Ispuciam: et per Navarram, et per Viscayam, et per Asturiam præter mare quod extremis Hispaniæ rupibus alliditur*".

1154 ca. – HENRY HUNTINGDON

Historiador inglés (ca. 1088-1157). Se le conoce por su *Historia Anglorum*, un compendio histórico de Inglaterra, en cuyo apartado 11 del libro primero hace mención a los navarros. Consulta antiguos testimonios que aseguran que los **irlandeses** proceden de comunidades que habían sido expulsadas del Mar Rojo por los egipcios, llegando a Irlanda exactamente 1002 años después desde que cruzaran Israel y atravesaran Mauritania y Hispania. Comenta que, aunque todos estos detalles sean dudosos, sí que es cierto que habían llegado a su isla procedentes de Hispania y que a los irlandeses que allí habían quedado se les llamaba navarros: "*Hoc tamen certum est quod ab Hispania Hiberniam uenerunt, et inde pars eorum egressa, terciam in Britannia Britonibus et Pictis gentem addiderunt. Nam et pars eorum que ibi remansit adhuc eadem utitur lingua, et Nauarri uocantur*".

1154 – Al-Idrisi. Parte peninsular del mapa *Tabula Rogeriana*.

1154 – MUHAMMAD AL-IDRISI

Cartógrafo y viajero árabe (1100-ca. 1165). Nacido en Ceuta y educado en Córdoba, al-Idrisi elaboró en 1154 un mapamundi orientado en sentido inverso al actual, o sea, dibujado patas arriba. El atlas es conocido como *Tabula Rogeriana*, ya que fue cartografiado para el rey Roger II que estaba establecido en la corte normanda de Sicilia. En él figuran tres ciudades vascas: ***Banbluna***, ***Tutila*** y ***Baiuna***. En su *Descripción de España* (traducida por Josef Antonio Conde) habla también de ***(G)ascunia*** al referirse a la parte de los Pirineos navarros.

1170 – GEOFFROY DE BREUIL

Monje e historiador francés (?-1184). Quien fuera Abad de Vigeois es autor de una crónica (*Chronica Gaufredi prioris Vosiensis*) que relata la historia de Francia entre 994 y 1184. Cita a los vascos y navarros como los primeros acosadores entre las huestes que, tras los normandos, se habían arrojado de manera cruel sobre Aquitania: "*Immisit Deus in Aquitania hostes crudelium populorum, quales patres nostri non viderunt a tempore Normannorum; primo **Basculi**, postmodum Teuthonici Flandrenses, et ut rusticè loquar, Brabansons, Hannuyers, Asperes, Pailler, **Navar**, Turlau, Vales, Roma, Cotarel, Catalans, Aragonès, quorum dentes et arma omnem penè Aquitaniam corroserunt*".

1179 – III CONCILIO DE LETRÁN

El reclutamiento de mercenarios para dirimir las contiendas locales e internacionales se empezó a convertir en una rutina hacia el siglo XII, cuando fueron empleados por los ejércitos cristianos para su beneficio. Estos grupos de mercenarios, sin embargo, una vez desvinculados del trabajo para el que habían sido contratados, campaban a sus anchas, siendo acusados de expoliarlo todo a su paso y de asesinar a ancianas, mujeres y niñas. El III Concilio de Trento quiso poner freno a esta práctica, que causaba verdaderos estragos también en las iglesias y monasterios, bajo la amenaza de la excomunión, emitiendo un decreto en el que se prohibía expresamente su uso como soldados a sueldo de los ejércitos cristianos. Entre estas partidas de ladrones cita también a los navarros y los vascos: "*Soggeta quindi alle medesime pene e censure certi Ladroni che si denominavano Brabanzioni, Aragonesi, **Navarri**, **Bascoli**, Coterelli, e Triavardini, li cuali alla maniera de Gentili infierivano contro li Cristiani*" (tomado del tomo VI de la *Storia critico-cronologica de Romani Pontefici* de Giuseppe Piatti de 1766). Su uso, no obstante, continuó todavía durante un tiempo.

1192 – ROGER DE HOVEDEN

Cronista inglés (?-1201). Escribió una *Chronica* sobre la historia de Inglaterra que comprende el periodo entre 732 y 1201. Hoveden recoge en sus anales el laudo arbitral otorgado por Enrique II (suegro del rey de Castilla) sobre las diferencias respecto a los territorios de La **Rioja** y La **Bureba** burgalesa (recordemos que estos territorios conservan actualmente una toponimia vasca muy importante) entre Fernando VIII de Castilla y Sancho VI de Navarra. Honeven relata con detalle la llegada a Inglaterra de las embajadas de ambos Estados en el año 1177. Cuatro días después de la llegada de ambas partes, el rey reconoce en el laudo que el rey de Castilla había quebrantado los pactos estipulados y fue condenado al pago de reparaciones, sin que ello supusiera la restitución de los territorios que Navarra perdería para siempre. Se restablecían las fronteras existentes en 1158, antes de que Navarra tomara los territorios de La Rioja. Como el Señorío de Vizcaya, gobernado por Diego López II de Haro, era proclive a Castilla, el rey navarro priorizó retener el Duranguesado y Álava. En el capítulo relata que Enrique condujo su ejército a través del territorio de "*Basclos et Navarenses*".

1230/50 ca. – ANSEÏS DE CARTHAGE

Es una canción de gesta medieval compuesta por once mil versos, escrita en un dialecto franco-italiano y basada en leyendas de godos y sarracenos. Se puede considerar una secuela de la *Canción de Roland*. Cuando se habla de mandar toda la guarnición a luchar, se citan tres reyes: "*A Lokiferne envoia pour Guion Et a Navare pour le vaillant Raimon Et si envoie a Bascle pour Yvon*". Menciona varias veces a *Ivon de Bascle*, con una variante (*Bascle*, ***Blasconie***...) muy común en la época cuando se hablaba del País Vasco continental. Otro verso canta: "*tost arons conquis cest pais ci et tote espaigne et navarre autresi*" ("todos fueron conquistados de manera pacífica, toda España y también Navarra").

1233 ca. – IBN AL-ATHIR

Historiador y biógrafo árabe o kurdo (1160-1233). Toca la cuestión de al-Andalus hasta la llegada al poder de Muhammad I en el año 884. Está basada seguramente en los textos de al-Razi. Menciona a los **vascones** haciendo la guerra contra Leovigildo en el siglo VII, al emir Abd al-Malik haciendo una expedición contra estos en el 733, al emir Uqba conquistando **Álava** en el 739, y en general todas las campañas musulmanas contra los vascones y "*Álava y sus castillos*" desde el 781 hasta el 878. En la del 860 fue hecho prisionero Fortún, hijo de García, y trasladado a Córdoba, donde permaneció durante más de 20 años hasta que fue devuelto a su patria. Hay que mencionar también las alianzas con los francos (entiéndase francos por vascones, ya que estos estaban aún en la órbita del reino franco) para enfrentarse a los musulmanes: en el 803 los miembros de una poderosa y valiente familia española (los Banu Qasi), que se habían separado de la obediencia de al-Hakam, se aliaron con los infieles. Tomaron preso a su gobernador Yusuf ben Amrus y le retuvieron preso en la peña de Qays hasta que fue liberado por los propios musulmanes (*Çachrat K'ays* es el *Sajrat Qays* que también cita Ibn Hayyan 1075, y que probablemente sea el Monasterio de Larunbe recientemente descubierto, que ejercía de control de entrada a la cuenca de Pamplona). Cita también la batalla de Guadacelete, en donde los habitantes de Toledo tuvieron que pedir ayuda al rey de Galicia y al país de los vascones, quienes les enviaron un importante ejército. Relata también, como otras fuentes, los 90.000 dinares que tuvieron que pagar los habitantes de **Pamplona** a los normandos por el rescate de su jefe García.

1260 ca. – PERO DA PONTE

Trovador gallego. Fue un escudero servidor de la casa real castellana, poeta que compuso **cántigas** y poemas satíricos, en algunos de los cuales se posiciona en favor del rey Alfonso X, criticando la actuación de embajadores y magnates navarros como García Lopez d'Elfaro y Xemeno de Aibar. Anduvo por tierras de **Aibar** y **Olite**: "*Quand'eu d'Olide saí/ preguntei por Aivar/ e disse-mi log'assi/ aquel que foi preguntar;/ Senhor, vós cred'a mi./ que o sei mui ben contar:/ Eu vos contarei quant'á daqui a cas Don Xemeno/ un día mui grand'á i, e un jantar mui pequeno./ Disse-mi, u me d'el parti:/ Quero-vos ben conserlhar:/ a jornada que daqui/ vós oï queredes filhar/ será grande, pois des i/ crás non é ren o jantar./ Poren vos conto quant'á daqui a cas Don Xememo/ un día mui grand'á i, e un jantar mui pequeño*".

1266 ca. – BRUNETTO LATINI

Filósofo y canciller de la República Florentina (1220-1295). Personaje clave del humanismo medieval italiano, en su obra inacabada *Il Tesoretto*, un poema alegórico y didáctico, escribe de su paso por Navarra: "Cumplida la misión/ que me fue encomendada,/ emprendí mi regreso/ sin dilación alguna./ Y, llegado a un lugar,/ en tierras de Navarra,/ yendo por el camino/ llano de **Roncesvalles**/ encontré a un estudiante/ llegado de Bolonia/ en una mula negra/ y que, a decir verdad,/ era listo y valiente./ Y yo le pregunté/ noticias de Toscana" ("*tanto che nel paese/ di terra navarrese,/ venendo per la calle/ del pian di Runcisvalle*").

1275 – ALFONSO X EL SABIO

Bajo la supervisión de este rey, a partir del año 1270 se comienza a escribir la *General estoria*, una extensa y ambiciosa historia universal que abarcaría desde la Creación. En el capítulo IX del tercer libro, *De los lenguages de los de Europa*, se asegura: "*De los linages de Jafet que poblaron Europa ovo ý muchos d'ellos que usaron de la lengua que dezimos latina, e otros que ovieron otros lenguages. [...] Scancia e otras islas que son en cabo de Europa a parte de septentrión an sos lenguages. Valia, que es cerca Inglatierra, e Bretaña la menor an otrossí sos lenguages departidos. E otrossí los* ***vascos*** *e los* ***navarros****".*

1290 ca. – GUILHEM DE ANELIER

Trovador provenzal (?-1291). Fue un trovador de Toulouse que se encontraba al servicio del gobernador de Navarra cuando tuvo lugar la guerra de la **Navarrería** en el año 1276, consecuencia de las imposiciones que se quisieron implantar desde la dinastía francesa en los burgos de Pamplona. Anelier, participante activo en los hechos, los narra en occitano en su poema *La guerra civil de Pamplona*: "*Quenlui es totz podes, é es dreit é razó/ Un rei ac en Navarra, guaillart plus que leo/ Lo rey Sancho ac nom, mortz es Dios lo perdo*".

1300 ca. – ANÓNIMO FRANCÉS

El ciclo carolingio produjo numerosos **cantares de gesta**, entre los que se encuentra *Los cuatro hijos de Aymón*, también conocido como *Renaud de Montauban*, en alusión a su personaje principal, que acoge en su palacio a los cuatro hijos de Aymón que están enfrentados con Carlomagno. En uno de sus pasajes, Renaud derrota en ***Bascle*** (o sea, Iparralde) y en ***Navare*** a los enemigos del rey de Burdeos, y la indicación de esta frontera hace pensar en la batalla de Roncesvalles y los sarracenos: "*Quant il vint en Gascoine, poi esties amé,/ En Bascle n'en Navare, cremus ne redotiés;/ Il a vos anemis et plaisiés et matés*" ("Cuando llegó a Gascuña, a Basco y a Navarra, apenas era querido, ni causaba miedo ni era temido. Él ha sometido y matado a vuestros enemigos").

1314 – DANTE:

"¡Feliz Navarra/ si se hubiera escudado en el monte que la ciñe!"

1314 – DANTE ALIGHIERI

Poeta italiano (1265-1321). Autor de la *Divina comedia*, obra cumbre de la literatura italiana. Este gran poeta se mantenía al tanto de lo que pasaba en los reinos cristianos de la península ibérica gracias a su maestro Brunetto Latini (1266), que había sido embajador ante el rey de Castilla y a los numerosos viajeros italianos que recorrían el Camino de Santiago, al que el mismo Dante otorgaba gran importancia. Cita varias veces a Navarra. De "el buen rey Teobaldo I" (como llama al primer rey de las dinastías francesas) destaca en *De vulgari eloquentia* su condición de buen poeta. Dante no veía con buenos ojos que Luis X el Hutin (el primer rey de la siguiente dinastía, hijo de Felipe el Hermoso y Juana I de Navarra) relegara a Navarra a un segundo plano. Dante se lamenta de que la cordillera pirenaica no sirva de barrera natural para evitar ser gobernada por esta dinastía francesa: "*e beata* ***Navarra/*** *se s'armase del monte che la fascia!*" ("¡Feliz Navarra/ si se hubiera escudado en el monte que la ciñe!"). El *Canto XXII del Infierno* se lo dedica a un navarro que sufre condena por su obra en vida: "Nací en el Reino de Navarra. Mi madre, que me había engendrado de un bellaco, arruinador de sí mismo y de sus bienes, me puso al servicio de un señor. Más tarde entré al servicio del buen rey Teobaldo y luego empecé a hacer de baratero. De ello pago la culpa ahora en este fuego". En otra de sus obras, *Epístola XI*, escribe: "*et ut* ***vasconum*** *opprobrium, qui tam dira copidine conflagrantes, Latinorum gloriam sibi usurpare contendunt, per saecula cuncta futura sit posteris in exemplum*". Se refería, sin duda, a los gascones, ya que guardaba cierto rencor al papa Clemente V, que era gascón.

1320 ca. – IBN IDHARI

Historiador magrebí. Esta fuente tardía (que cita con frecuencia las fuentes de donde toma la información) nombra por primera vez a los **vascones** siendo conquistados por Muza ibn Nusayr hacia el año 712-714. Después va comentando, una tras otra, todas las incursiones musulmanas en tierras de **Pamplona** y "**Álava** y sus Castillos" hasta el 886. De la expedición de 823 comenta que "habiendo acometido por un valle llamado Guerniq [también leído como Djernik o Charniq, que algunos identifican con Gernika] al otro lado del cual había una llanura en la que el enemigo tenía sus provisiones, el ejército cayó sobre estas llanuras; se apoderó de ellas y de las provisiones de los almacenes y lo saqueó todo: luego destruyeron cuanto encontraban al paso de poblados y alquerías, y se volvieron ricos y victoriosos". Comenta de Abd al-Rahman III el Grande que había nacido de una esclava concubina llamada *Muzna* (seguramente vascona) que enlazó con su padre Muhammad. Se sabe por el Códice de Roda que este era a su vez hijo de Abd Allah y su compañera vascona Onneca. Abd al-Rahman III tenía dos abuelas y un abuelo vasco y era, por lo tanto, tres cuartas partes vasconavarro.

1322 – GIOVANNI VILLANI

Comerciante, político e historiador italiano (1275-1348). Su profesión de comerciante le permitió viajar por toda Europa y profundizar en la historia de los pueblos. Del conocimiento adquirido surgió, a partir de 1322, su *Nuova Cronica*, un compendio de doce volúmenes sobre la historia de Florencia, obra muy estimada en su tiempo por la riqueza de información que atesora. En ella (tomo VIII, cap. LXXVII) también hay lugar para los vascos, ya que refiere la presencia de cocas bayonesas (pequeñas embarcaciones de vela) de Gascuña que navegaban por el estrecho de Sevilla, procediendo por aquellos mares como **corsarios** y haciendo mucho daño. Asegura Villani que desde entonces los genoveses, venecianos y catalanes solían utilizar este mismo tipo de naves bayonesas para navegar con menos gasto, y se observó un gran cambio en los mares: "*In questo medesimo tempo certi di* ***Baioni*** *in Guascogna, con loro navi, le quale chiamano cocche passarono per lo stretto di Sibilia e vennero in questo nostro mare corseggiando e feciono danno assai, e dállora innanzi i genovesi e veneziani e catalani usarono di navicare e chesono di menos spesa, e questo fu in queste nostre marine grande mutazione di navilio…*".

1330/43 – ARCIPRESTE DE HITA:

"Arenques é vesugos venieron de Bermeo".

1330/43 – ARCIPRESTE DE HITA

Clérigo y poeta castellano (1283-1351). Escribió el *Libro del buen amor*, donde se intercalan géneros literarios de varias clases, tanto religiosos como profanos, y en donde el autor es protagonista de distintas aventuras amorosas. En una estrofa comenta: "Fecho era el pregón del año jubileo,/ Por salvar las sus almas avían todos desseo:/ Quantos son en el mar venían al torneo,/ Arenques é vesugos venieron de **Bermeo**".

1343 – NICOLA DE VERONA

Poeta italiano que se considera el mayor exponente de la literatura francoveneciana. Se le suele atribuir la autoría del cantar de gesta *La prise de Pampelune* (*La toma de Pamplona*), un poema cimentado sobre la leyenda de Carlomagno. El poema describe la expedición del emperador a España, donde conquista ciudad tras ciudad, a veces por la fuerza y otras con artimañas, convirtiendo al cristianismo a los derrotados habitantes. Parte del epicentro de las batallas se sitúa entre **Pamplona** y **Estella**, donde sus respectivos gobernadores árabes Mauzeris y Altumajor intentan resistir al ejército de Roldán: "*E dist: 'Ay Pampelune, admirable cité!/ Ja fustes vous la flour de la Paienitié,/ Jamés ne se tint tant castel ne fermitié/ Comant vous ay tenue contre la Cristentié'*". El mismo Carlomagno se ve envuelto en una batalla con Mauzeris a la altura de Mont Garzim. Al igual que el famoso *Cantar de Roldán*, este poema no menciona en ningún momento a los vascones como coartífices de los sucesos.

1344 – PEDRO DE ALFONSO:

"Arguriega [Arrigorriaga] que tanto quer dizer por seu linguagem de vasconço como pedras vermelhas […] e hoje em este dia ássi ha nome".

1344 – PEDRO DE ALFONSO

Conde de Barcelos, poeta y noble portugués (1287-1357). El capítulo IX de su *Livro de Linhagens*, uno de los más importantes nobiliarios medievales, se titula *De como os de Biscaya por nam terem Senhor, tomarom por Senhor Froom, irmaão del Rey de Imgraterra que hi veo teer com huum seu filbo, e como delle descemderam os de Bizcaya.* Pedro de Alfonso, que mantuvo una estrecha relación con la casa de Lopez de Haro cuando fue desterrado a Castilla, relata por primera vez la leyenda de ***Jaun Zuria***, el primer señor de Bizkaia, 300 años después de los acontecimientos. Froom y su hijo Fortan Froes lucharon contra los asturianos en la famosa batalla de **Arrigorriaga**: *"Arguriega que tanto quer dizer por seu* ***linguagem de vasconço*** *como pedras vermelhas [...] e hoje em este dia ássi ha nome"*. Describe también la curiosa costumbre que el señor de Bizkaia tiene en **Busturia**, dejando las vísceras de los animales consumidos en el alto de una peña, de las que a la mañana ya no quedaba nada, y todo ello se hacía con la intención de que sus escuderos no recibieran ningún enojo: *"E cada que hi he o señor de Bizcaya em huua aldea que chaman Vusturio, todollos deuemtres das vacas que matam em sa casa, todollos manda poer e huua peça fora da aldea, em huua pena; e pella menhaa no acha hi nada, e dizem que sse o no fezesse assy que alguun nojo rreçeberia del em esse dia e neessa noite, em alguun escudeyro de ssa casa, ou em algua cousa de que sse muito doesse"*.

1350 ca. – ANÓNIMO FRANCISCANO

Realizado por un franciscano español a mediados del siglo XIV, poco después del reinado de Fernando IV, este manuscrito, de nombre *Libro del conoscimiento de todos los reinos y tierras y señoríos que son por el mundo y de las señales y armas que han cada tierra y señorío por sí y de los reyes y señores que las poseen*, va presentando, una a una, las armas de las naciones del mundo con una pequeña introducción sobre ellas. Sobre **Nafarroa** refiere: *"Parti de bayona: [...] navarra un reynado muy viaoso* [¿viejo?] *en que ay tres abdades grandes con viene a saber: panplona: tudela: estela: corren por el tres rrios grandes que son ebro: el flumen sinca: el flumen sigre: el rey della a por señales estas que se siguen"*. Presenta a continuación la bandera de Nafarroa. Los ríos Cinca y Segre que menciona se encuentran entre Huesca y Lleida.

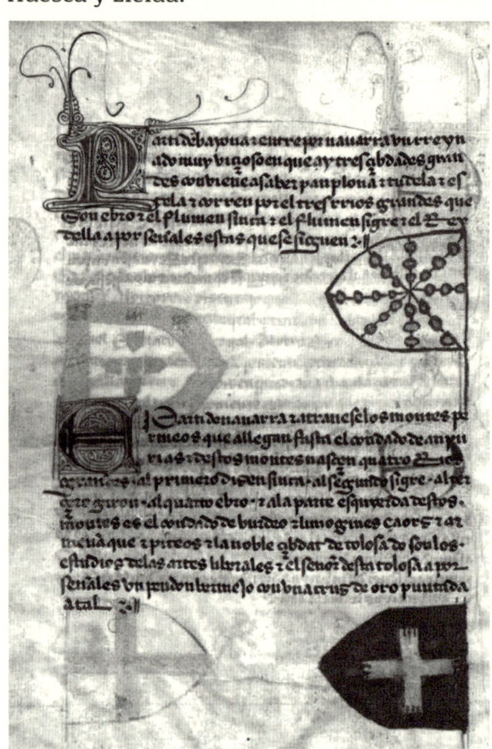

1350 ca. – Anónimo franciscano. Bandera de Nafarroa.

"Estábamos en Berlinzone, tierra de vascos, en donde se atan las cepas con longanizas [...] y había una montaña toda de queso parmesano rallado".

1350/53 – BOCCACCIO:

1350/53 – GIOVANNI BOCCACCIO

Escritor humanista italiano (1313-1375). Escribió *El Decamerón*, un libro compuesto por cien cuentos que tienen como temas principales el amor, la inteligencia y la fortuna. Sitúa a los vascos en el barrio de *Bengodi*, en tierra de vascos, en una constante bacanal gastronómica en donde atan las cepas con longanizas, las montañas son de queso parmesano, se cuecen macarrones con raviolis en caldo de capón y los regachos discurren llenos de garnacha: *"Maso rispose che le più si trovavano in Berlinzone, terra de'****Baschi****, in una contrada che si chiamava Bengodi,* *nella quale si legano le vigne con le salsicce e avevasi un'oca a denaio e un papero giunta; ed eravi una montagna tutta di formaggio parmigiano grattugiato, sopra la quale stavan genti che niuna altra cosa facevan che far maccheroni e raviuoli e cuocergli in brodo di capponi, e poi gli gittavan quindi giù, e chi più ne pigliava più se n'aveva; e ivi presso correva un fiumicel di vernaccia, della migliore che mai si bevve, senza avervi entro gocciola d'acqua*" (tercera novela de la octava jornada). También se hace eco de la belleza de la reina de los vascos: "Pero por encima de todos los demás placeres que hay, está el de las mujeres hermosas, que repentinamente son traídas allí de todas partes del mundo, siempre que el hombre lo quiera. Aquí verías a la mujer de los Barbanicchi, la reina de los vascos [***reina de'Baschi***], la esposa del soldano [*sic*], la emperatriz de Osbech..." (novena novela).

1372 ca. – ANÓNIMO ÁRABE:

"La ciudad de Tudela, Dios la reintegre al Islam por su gracia".

1372 ca. – ANÓNIMO ÁRABE

Es una recopilación que reúne pasajes de historiadores precedentes. De Zaragoza comenta que se halla a orillas del río Ebro, que nace en el **país de los vascones** y desemboca en el Mediterráneo. Habla también de Alfonso, rey de Galicia, reclutando vascones en el 794 para luchar contra Abd al-Malik en Coimbra. Cita a al-Hakam como constructor de la nueva ciudad de Tudela en el año 802. Anota una somera descripción de la ciudad: "La ciudad de **Tudela**, Dios la reintegre al Islam por su gracia. Tudela es una ciudad grande y antigua, de clima y agua saludable, y de hermosa construcción. Se halla a orillas del río Ebro, y de ella dependen numerosas aldeas. Abundan allí los bienes de todo tipo y los frutos. Fue el lugar más alejado que llegaron a dominar los almohades".

1385 – ROBERT DE WOURDRETON

En su libro de 1755, *Recueil de pièces servant de preuves aux Mémoires sur les troubles excités en France par Charles II, dit le Mauvais*, Denis-François Secousse recoge la *Confession de Robert de Wourdreton, Anglois, Vales de Watier, Menestrir Anglois, lequel Wourdreton le roy de Navarre avoit engage d'empoisonner le rroy & les Princes du Sang*. Esta confesión dice haberla consultado en el *Tresor de Chartes*, los antiguos archivos de la corona de Francia, aunque no hay rastro de este documento y bien pudiera ser un apócrifo. Se supone que es un manuscrito medieval en el que este peregrino relata haber estado en **Olite** (*Aulit*) en la corte del rey Carlos II. Wourdreton confiesa haberse entrevistado a solas con el rey, que se encontraba en su lecho con un cachorro de león ("*un lyon qui donnez lui avoit esté par le Roy de Arragon*"), y haberle pedido este atentar contra la vida de varios de sus enemigos franceses, toda clase de nobles, incluido el mismísimo rey de Francia: "Tengo en Francia muy pocos amigos y muchos enemigos, que también son los vuestros". Su plan es envenenarlos a todos: "*Petite choise seroit à vois, qui seroit grant proufit à moy. [...] Il est une chose qui se appelle Arsenic sublimat*". Le conmina a ponerle a los señores el arsénico en potages, viandas y vinos: "*de celle poudre met es potages, viandes ou vins desdiz Seigneurs*".

1400 – FERNÁN PÉREZ DE GUZMÁN

Poeta e historiador español (ca. 1377-1460). En su obra *Loores de los claros varones de España* rima algunos versos dedicados a los Reyes de Navarra. El de **Iñigo Arista** dice: "De las partes de Bigorra/ salió un varon notable,/ De memoria recordable/ Llamado Iñigo Arista". El de **Sancho Abarca**: "Como este Rey supiese/ que **Pamplona** era cercada/ De moros e muy aquexada,/ Temiendo que se perdiese,/ Non se curó aunque viese/ La tierra toda nevada/ E de yelos esmaltada, / Tanto que la socorriese./ De cueros duros e crudos/ mandando facer abarcas,/ Traspasó grandes comarcas, con los montañeses rudos,/ **Vascongados** medio mudos/ Pero ardidos e fuertes,/ Faciendo terribles muertes/ Desarmados e desnudos". Interpola lo de "vascongados medio mudos" por la dificultad que tenían en hacerse entender.

1410 – JUAN I

Rey de Portugal (1385-1433). A comienzos del siglo XV ya había relaciones comerciales establecidas entre Oporto y la costa vasca (**Bizkaia** y **Hondarribia**), como se constata en un documento sobre exenciones de impuestos suscrito por Juan I de Portugal: "Además, ordenamos que todas las cosas [y] mercancías que cualquier comerciante trajera a la dicha ciudad de Oporto, de Castilla y de Vizcaya, y de Galicia, desde Fuenterrabía hasta el río Miño [*à dita cidade do Porto, de Castela e de Biscaia, e de Galiza, desde Fonte Rabia até ao Rio Minho*] no paguen diezmos, sino en oro y en plata, y en hierro, y en acero, y en plomo, y en estaño, y en cobre, y en brea, y en resina y en madera de torno y en tornos, en barriles levantados y en telas de colores o lienzos, y en otras cosas por las que no se acostumbra a pagar peaje".

1425 ca. – MARQUÉS DE SANTILLANA:

"De Vytoria me partía/ un día desta semana,/ por me passar a Alegría,/ do vi moça lepuzcana".

1425 ca. – MARQUÉS DE SANTILLANA

Noble, militar y poeta castellano (1398-1458). Personaje crucial de la sociedad y la literatura española del siglo XV, que también tuvo, en uno de sus poemas, palabras para describir nuestro paisaje: "De **Vytoria** me partía/ un día desta semana,/ por me passar a **Alegría**,/ do vi moça lepuzcana./ Entre **Gaona** e **Salvatierra**,/ en esse valle arbolado/ donde s'aparta la sierra,/ la vi guardando ganado,/ tal como el alvor del día,/ en un hargante de grana,/ qual tod' ome la querría,/ non vos digo por hermana". La cita bien pudiera haber sido compuesta también durante el viaje que realizó con doña Blanca cuando vino a desposarse con don Enrique en 1440. La moza de Alegría la toma como guipuzcoana, quizá por ser de habla vasca.

1434 ca. – ENRIQUE DE VILLENA

Noble castellano (1384-1434). Fue un erudito que cultivó varias disciplinas como la medicina, la astronomía y la literatura, y el primero que tradujo la *Eneida* de Virgilio a una lengua vulgar. En el prólogo de la traducción parece querer desdecir lo que está en boca de todos los ilustrados del momento, dada la extensión que había tenido el euskera hasta aquel momento (La Rioja y Burgos): "Algunos dicen que la **lengua** que primero los regnos de Castilla tenían eran **vyzcaina**; pero yo nunca lo vi en lugar abtentico".

1446 – ANÓNIMO ALEMÁN:

"Seguro estoy que no hay Rey que tenga palacio ni castillo más hermoso, de tantas habitaciones doradas" (Olite).

1446 – ANÓNIMO ALEMÁN

En 1917 el historiador y bibliógrafo español Pascual de Gayangos, miembro de la Real Academia de la Historia, halla en Londres un manuscrito en el que un viajero de la nobleza alemana narra su viaje por España entre 1446 y 1448, describiendo su estancia en el castillo de Olite: "Llegué á una buena ciudad llamada **Olite**, en la cual estaba el Príncipe [Carlos, Príncipe de Viana] que por entonces era Rey de **Navarra**, pues el Reino entero le obedecía más que á su mismo padre el cual andaba enemistado con su pueblo. [...] Seguro estoy que no hay Rey que tenga palacio ni castillo más hermoso, de tantas habitaciones doradas. [...] Arrodilléme delante de la Reina; díjola el Conde [de Fox] que debía hablar alemán conmigo, pero á ella dióle vergüenza y no quiso. Insistió el Conde diciendo que debía así hacerlo, y entonces ella lo hizo oficialmente y como por ceremonia, de cuyas resultas el Conde tuvo mucha broma con ella".

1455 – BARTOLOMEO PARETO

Sacerdote y cartógrafo genovés. Es identificado sobre todo por el único **mapa** que nos ha llegado de él y que fue encontrado por un geógrafo italiano en el siglo XIX. En él figuran algunas localidades reconocibles de la costa vasca como *Baiona*, *Sanjoandeluz*, *Fonterabia*, *Pasage*, *Sansebastian*, *deva*, *motrico*, *Liqueto*, *bermeo*, *machisaco*, *bilbao*,

Galleto (Portugalete). Euskal Herria se dividiría en dos regiones: ***bischaia*** y ***navarra***, aunque esta última no esté en mayúsculas y no ostente por tanto rango de reino como *Aragon* e *Ispania*.

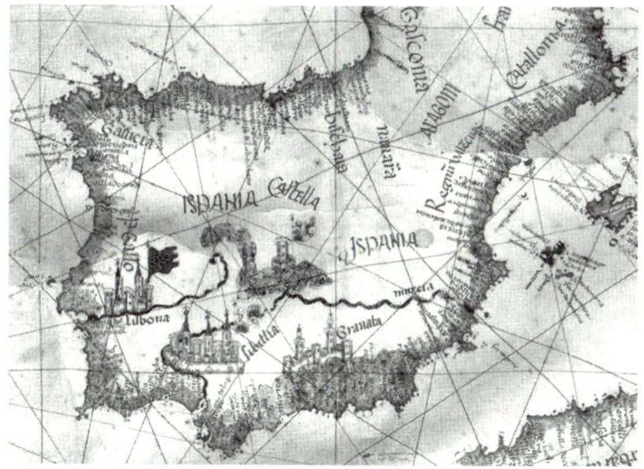

1455 – Pareto. Detalle de mapa.

1457 ca. – JORGE DE EHINGEN

Caballero de Suabia (1427-?). Este miembro de la corte austriaca recorrió toda la Cristiandad, aventurándose primero hacia Oriente para luchar contra los turcos y después hacia la península, donde combatió contra los árabes. En su recorrido conoció a diez grandes reyes que enumera uno a uno, entre los cuales se encuentra "Juan, por la gracia de Dios, Rey de Navarra y de Aragón, Duque de Viana y de Momblanc, Conde de Ribagorza, Señor de la ciudad de Balaguer". Se detuvo en **Pamplona**, cuya corte estaba regentada en ese momento por Juan II, a quien dedica un esquemático dibujo: "El rey de Navarra se llamaba Juan. Allí permanecimos sobre dos meses. El rey nos trató bien y nos festejó con cacerías, bailes, banquetes y otros regocijos".

1459 ca. – AUSIAS MARCH

Poeta valenciano (1400-1459). Abre su poesía 101 haciendo una comparación entre la desazón del poeta ante la dama y la que sentiría un **vizcaíno** enfermo en tierra extraña: "El vizcaíno que se halla enfermo/ paralítico, que no puede señalar/ si está enfermo, remedio no le puede dar/ médico del mundo, si no es de España..." (*"Lo viscahí qui·s trova·n Alemanya,/ paralitich, que no pot senyalar/ si és malalt, remey no li pot dar/ metge del món, si donchs no és d'Espanya,/ qui del seu mal haurà més conexença/ y entendrà millor sa qualitat./ Atal son yo en estrany loch posat,/ c·altre sens vós ja no·m pot dar valença"*). Utiliza el adjetivo vizcaíno en el sentido de vascongado de lengua, como es normal para la época.

1459 – FRA MAURO

Monje veneciano. Es el autor de una detallada **cosmografía** de dos metros de diámetro que compuso sin salir de su celda monástica del Monasterio de Murano y, aunque la original se ha perdido, se conserva una copia realizada dos años más tarde por él mismo. En forma de gran planisferio circular dibujado sobre un pergamino, el mapa está orientado de manera invertida, algo infrecuente para la época. Son varias las ciudades vascas que aparecen: *Aoty rauia* (Hondarribia), *Papaluni*, *Todela*, *Olit*, *Stela*, *Diana* (Viana), *Birbao*, *Berm[eo]* y *Ronzuiale* (Roncesvalles); *y tres regiones: Gascogna, Bescaia y Navara*.

1461 ca. – AL-HIMYARI:

***"Sus habitantes son pobres, no comen según sus deseos y se entregan al bandolerismo. La mayor parte hablan el vasco, lo que les hace incomprensibles"* (año 941).**

1461 ca. – AL-HIMYARI

Escritor musulmán. En su obra *Rawd al-Mitar* (*El libro del jardín flagrante*), este historiador que tuvo acceso a las fuentes árabes del siglo X nos cuenta la descripción del paisaje pamplonés en el año 330 de la Hégira (año 941), cuando gobernaba *Garda* (García), hijo de Sancho. En aquellos viejos manuscritos del siglo X que él consulta, pero no cita, se conserva la primera mención expresa de la historia sobre el **euskera**: "Se encuentra en medio de altas montañas y valles profundos; está poco favorecida por la naturaleza. Sus habitantes son pobres, no comen según sus deseos y se entregan al bandolerismo. La mayor parte hablan el vasco [بشقية: *al-bashkiya*], lo que les hace incomprensibles. Sus caballos tienen cascos muy duros, dada la aspereza de su región. Hay también gentes de este país que habitan al Norte, sobre las orillas del Atlántico". Como se ve en el testimonio, el relator no solo menciona al euskera como la lengua autóctona, incomprensible para cualquier otro hablante, sino que además la extiende hasta las orillas del Atlántico.

1466 – GABRIEL TETZEL:

"A dos millas de Burgos termina Bizkaia y comienza Hispania".

1466 – GABRIEL TETZEL

Noble checo. Tetzel fue uno de los cronistas del viaje que el barón checo León de Rosmithal de Blatna realizó desde Praga hasta Portugal, con una comitiva de 40 personas, con la doble intención de analizar la situación militar de los países y sus costumbres religiosas. Es una crónica informal que implica muchos errores en la trascripción de los topónimos. Llegando a *Biscaia*, en **Hondarribia** asegura que está "puesta en una eminencia junto al mar, por la que pasa un río que sirve de límite á cuatro regiones, á saber: Francia, España, Navarra y Gascuña. [...] En los montes que la rodean hay tanta abundancia de manzanos que no he visto cosa igual en ninguna otra parte. [...] Un solo vecino o labrador es dueño de millares de ellos: la causa de sembrar tantos manzanos es que no teniendo vino y no conociendo la cerveza hacen con las manzanas una **bebida fermentada**. Esta región, cercada de montes altísimos, se llama Vizcaya. [...] Tras ello cabalgamos a un país aún más pobre, y allí había un pueblo malvado y asesino llamado Vizcaya [*Biskein*]. En este país no hay necesidad de caballo, no hay heno, ni paja, ni cuadras y además los albergues son malos. Se lleva allí el vino en pellejos de cabras; no se encuentra buen pan, carne ni pescado en el país, pues se alimentan de frutas en su mayor parte". En la zona de *Ernanio* (**Hernani**) comenta: "Aquí vimos por primera vez las **mujeres** y las mozas con las cabezas rapadas [*feminas et puellas capite raso incedentes*], salvo algunos mechones que se dejan de cabello largo, y su vestido es tan extraño que no le hay semejante en ninguna de las regiones que visitamos". Llega a *Diuaium* (¿**Bilbao**?), ciudad populosa con excelentes minas de hierro: "*Urbs non admodùm ampla, sed populosa, inter montes ssta. Eam praeterlabitur fluuius nomine Velbada, ponte lapideo iunctus. Huic urbi montes excelst ferri fodinas habentes*". Atravesando el Cadagua cerca de **Balmaseda** les "ocurrió un caso notable; hay sobre este río un puente de madera no muy largo y en uno de sus extremos una torre de bella arquitectura [quizá la Torre de la Jara en Güeñes] en la que residen los que cobran el portazgo á los caminantes; cuando llegamos al puente, como no habíamos pagado esta especie de tributo en ninguna parte, nos negamos a hacerlo y los caballos que llevaban nuestros bagajes fueron tomados por los publicanos y demás gente que había en la torre, que nos quiso matar; para repeler el ataque, apuntamos contra ellos nuestras escopetas; pero el Señor [el barón Rosmithal] prohibió que se dispararan y se tiraran flechas [...]. Satisfecho este tributo nos volvieron los caballos y recibimos las cartas preinsertas...". Al finalizar su itinerario por tierras vascas comenta que a dos millas de Burgos termina Bizkaia y comienza Hispania: "*Citra Burgos doubos milliaribus finitur Biscaia et incipit Hispania*".

1475 – REYES CATÓLICOS:

"Por la presente vos/ confirmamos todos los dichos vuestros fueros e vsos e costunbres e priuillejos e franquesas e/ libertades...".

1475 – REYES CATÓLICOS

Como todos los reyes que eran entronizados en España, tenían el rey Fernando y la reina Isabel la obligación de cumplir con el requisito de confirmar los **fueros vascos** para poder reinar sobre el territorio. Firman el pacto en Tordesillas a día 27 de julio de 1475 y el día 30 están en Gernika para jurarlos: "Por la presente vos/ confirmamos todos los dichos vuestros fueros e vsos e costunbres e priuillejos e franquesas e/ libertades e quaderno e capitulado, e los dichos maravedis e pan de las dichas vuestras tierras e merçedes/ e de juro e quitaçiones e descuentos e quitas de pedidos e ofiçios e monesterios, e todas/ las otras cosas que tenedes e vos fueron dados por los dichos reyes, nuestros progenitores, commo/ susodicho es; e queremos e mandamos que vos sean guardadas segund que en los dichos priuillejos/ e cartas e merçedes e prouisiones, que de los dichos reyes tenedes, se contiene por la forma e/ manera e sy segund que mejor e mas conplidamente vos han seydo e fueron guardados/ en tienpo de los dichos reyes, nuestros antesçesores". Sin embargo, la tolerancia que mostraba ante las provincias vascas se convertía en intransigencia con respecto al reino de Navarra. Una vez muerta Isabel, Fernando entra en julio de 1512 con sus tropas en el reino y a finales de ese mes publica una proclama en la que pretende justificar la **conquista de Navarra**, argumentos que dos años más tarde quedan recogidos oficialmente por el jurista Juan López de Palacios (1514), en su obra *De iusticia et iure obte[n]tionis ac rete[n]tionis regni Nauarre*, concebida como alegato jurídico para expresar las razones que le asisten para su "obtención". En ella se considera a Iñigo Arista el primer rey tirano que llegó del otro lado de los Pirineos ("*Enechus arista primus rex nauarre tirannus*").

1480 ca. – HERNANDO DEL PULGAR:

"En esas tres cosas que eran las principales para las guerras de la mar eran mas instructos que ninguna otra nacion del mundo".

1480 ca. – HERNANDO DEL PULGAR

Humanista e historiador madrileño (ca. 1436-1493). En una epístola dirigida al cardenal González de Mendoza, este supuesto converso de raza hebrea se queja de la pureza de sangre que demanda la comunidad vasca: "Sabido avrá V. S. aqel nuevo instatuto fecho en **Guipúzcoa**, en que ordenaron que no fuesemos allá a casar ni morar... ¿No es de reír que todos, o los más, enbian acá sus hijos que nos sirvan, y muchos de ellos por moços d'espuelas, y que no quieran ser consuegros de los que desean ser servidores?... Pagan ahora éstos [los judíos] la prohibición que fizo Moisén a su gente que no casasen con gentiles". En su *Chronica de los muy altos y esclarecidos Reyes Catholicos Don Fernando y Doña Isabel* (comenzada a escribir a partir de 1482), capítulo XCIX (*De la armada que se fizo contra el Turco*), Hernando del Pulgar comenta que Fernando el Católico mandó ir a **Vizcaya** y Guipúzcoa a hablar con *caballeros é fijosdalgos é procuradores* para tomar naves, gentes y armas para enfrentarse al enemigo turco y conquistar Sicilia: "É porque los que moraban en aquel Condado de Vizcaya, y en la Provincia de Guipúzcoa son gente sabida en el arte de navegar, y esforzados en las batallas marinas, é tenían naves é aparejos para ello, y en esas tres cosas que eran las principales para las guerras de la mar eran mas instructos que ninguna otra nacion del mundo". De los vizcaínos que aparecen por Sevilla para instalarse en ella, comenta que ya solo piensan en "ir a poblar aquella fertilidad del Aljarafe y aquella abundancia de campiña".

1480 ca. – JUAN MARGARIT Y PAU

Historiador, humanista y cardenal catalán (ca. 1421-1484). Autores como Pieter van der Aa (1706) y Wentworth Webster (1862) se hacen eco de un libro escrito por *Jean Evêque de Gironne* (Juan Margarit) llamado *Paralipomen* (*Paralipomenon Hispaniae*), una historia de España escrita en latín en diez volúmenes. En ella Margarit comenta que los vizcaínos, "aunque profesan ser cristianos, no tienen religión ni adoran divinidad alguna". Para añadir a continuación: "No reciben ningún **sacerdote** que no tuviera su concubina, porque no creían, dice él, que haya un hombre que puede superar los desafíos de la carne, por lo que es necesario que un cura que no tenga compañera, se arroja sobre las mujeres de sus feligreses" ("*Apud illos Presbyter nullus recipitur non habens con-*

cubinam, arbitrantur enim neminém posse a carnalibuscontinere, quod quum non possent, dicunt necesse esse presbyteros ad parochianorum uxores converti").

1481 ca. – PALENCIA:

"Solo en la avaricia igualan, si no superan, a los más avaros, que aún entre padres e hijos es corriente la usura".

1481 ca. – ALFONSO DE PALENCIA

En su obra *Décadas* o *Gesta Hispaniensia*, que narra los acontecimientos del reinado de Juan II, hace una descripción del País Vasco con ocasión del viaje del rey Enrique. Al pasar por los valles que rodean **Gasteiz** comenta: "En ellos habitan los vascos, muy semejantes en lengua, traje y costumbres a los navarros, guipuzcoanos y vizcaínos, aunque con la diferencia de no dedicarse a la navegación, que tanto ejercitan los dos últimos pueblos, escasos de frutos de la tierra y sin más vino que el que pueden llevar de Navarra o de Vasconia [en alusión a Iparralde]. Los habitantes del norte de esta región [Vasconia] difieren en costumbres y lengua, pues mientras los más próximos a las faldas de los Pirineos imitan a los vascongados y navarros, los que ocupan las orillas del Garona o Gironda y los campos de Gascuña tienen grandes semejanzas con los franceses". Dice también que fruto de las guerras es la situación que se vive: "Ni obedecen las leyes ni son capaces de regular su gobierno; su idioma y sus costumbres con ningún otro pueblo tienen semejanza; solo en la avaricia igualan, si no superan, a los más avaros, que aún entre padres e hijos es corriente la usura. A las veces conceden amigable hospitalidad a los viajeros; pero, siempre sedientos de su oro, asáltanlos con frecuencia en su penosa marcha por los bosques y, como reclamando su compasión, pídenles un generoso donativo o su bondadosa liberalidad con humildes palabras".

1483 – PIERRE GARCIE 'FERRANDE'

Marino e hidrógrafo francés (1441-1502). Proveniente de una familia judeo-española que tuvo que huir de la península, Ferrande acabó siendo el primer gran **hidrógrafo** que dio el Estado francés. Consignó toda su experiencia náutica en una obra de gran valor científico elaborada en 1483, publicada por primera vez en 1520 y que disfrutó de varias reediciones en las siguientes centurias: *Grant Routier et pilotage de la mer*. En ella expone la distancia en millas de los distintos pueblos de la costa vasca y realiza una docena de **dibujos** muy esquemáticos que

1483 – Garcie. Dibujos de la isla de Izaro y el cabo Matxitxako.

reflejan la perspectiva de algunos paisajes de la costa para que se distingan desde alta mar. Aparecen pueblos como *S. Jean de Lucs*, *Fonterabie*, *Saint Sebastian* (con un dibujo que registra como *Orgueilleux*, Monte Urgull), *Passage* (con un dibujo que cita como *Rune*, Larrun, aunque los tres picos parecen indicar las Peñas de Aia), *Catharie* (Getaria, con dibujo de la ermita), *Sommaye* (Zumaia), *Deue*, *Hogoigne* (Ogoño), *Vermeo*, *Essairaut* (Izaro), *Malchessac* (Matxitxako). Tras dibujar el monte *Zadde* ("Xatte"/Jata) y la *isle de Maillart* (Isla Billao/Villano), las indicaciones que describe para la llegada a **Plentzia**, justo antes de la Galea (*latoredelagalee*) son las siguientes: *"Si tu veux poser* *au maillart, qui est devant l'entrée de Plaisance deuers le su, tu auras abry d'oest, de siroest, de su, de suest, & d'est, de nordest, & reviendra nort dessus la pointe, & oest nordest dessus l'autre pointe: il y a bon fonds, c'est vase & bonne tenue*" (extraído de la edición de 1632).

1492 – ANTONIO DE NEBRIJA

Humanista andaluz (1441-1522). Fue el autor de la primera *Gramatica castellana*, que después serviría como modelo a las demás gramáticas románicas. Según sus propias palabras, Nebrija la escribió "para que lo que agora y de aquí en adelante en el se escriviere pueda quedar en un tenor: y entenderse en toda la duración de los tiempos que está por venir". Pero el deseo parece que también esconde estrategias políticas e internacionales. Recalca que "siempre la lengua fue compañera del imperio", haciendo referencia a otras sociedades como la griega y la romana, para después añadir que "no solamente los enemigos de nuestra fe que tienen la necessidad de saber el lenguaje castellano: mas los vizcainos, navarros, franceses, italianos, y todos los otros que tienen algun trato y conversación en España y necessidad de nuestra lengua". La sola mención de los vizcaínos parece ser una prueba de un desconocimiento generalizado del castellano en las provincias vascas. Ni que decir tiene que Navarra todavía era reino propio. En cuanto a Navarra, siendo consciente de la controversia que levantaba el tema de la **conquista**, escribió un alegato en favor de la ocupación, que fue publicado en 1545 a título póstumo con el nombre *De bello nauariensis libri duo*. A diferencia de Correa (1512), que narra los acontecimientos de manera más imparcial y compasiva, Nebrija se muestra más agresivo con respecto a Juan de Albret y lo llama guerra (*bello*), más que conquista: "Como veo que muchos dudan y disputan acerca del derecho con que los españoles invadieron Navarra y después de invadirla la sometieron". En el capítulo I trata de los derechos de gentes y divinos y humanos con los que los españoles obtienen Navarra, y en el segundo asegura que el hecho de que el rey de Navarra no colaborara contra Francia era razón de peso para confiscarle el reino: "*Quod Navariae Rex fuit schismaticus, quia Gallorum Regis schismatici fautor*" ("Que el rey de Navarra era cismático, por ser partidario del rey cismático de las Galias").

1494 – MÁRTIR DE ARZENDJAN

Obispo armenio. El obispo de Arzendjan emprende la **peregrinación** a Santiago en 1494 (*Relation d'un voyage fait en Europe et dans l'Océan Atlantique à la fin du XVe siècle, sous le règne de Charles VIII*, publicado en 1827) y no solo nos ofrece la primera crónica (en armenio) del Camino del Norte, sino también la primera descripción del Pórtico de la Gloria. El camino se le hace duro, lo que no resulta de extrañar para una persona que llega desde tan lejos. Entra a Euskal Herria por Baiona, donde "los cristianos me recibieron con una gran caridad". Después de un par de días de caminata llegan al país de Vizcaya, donde comen pescado (a Hondarribia, que está "al borde del mar", también la llama *Bisgai*). Llega a *San-Sepasdian*, donde es "recibido en el albergue con una caridad ilimitada [*sans bornes*]". Durante todo el recorrido hasta Portugalete es tratado con grandes honores. A la vuelta pasa por Bilbao y se embarca en Getaria para continuar hacia Andalucía. Solo aporta detalles sobre el buen trato que recibe.

1494 – HIERONYMUS MÜNZER

Humanista y médico alemán (ca. 1437-1508). En 1494 realiza un viaje a la península con la intención de ampliar su red de contactos comerciales y entrar en relación con otros miembros de la aristocracia europea. Lo describe en su crónica *Itinerarium siue peregrinatio excellentissimi viri artium ac vtriusque medicine doctoris Hieronimi Monetarii de Feltkirchen ciuis Nurembergensis*. Entra a la península por el mediterráneo y después de dar toda la vuelta a ella, llega al reino de Navarra por Tudela (*Tudellius*), atraviesa **Pamplona** y cruza la frontera por Roncesvalles: "Pamplona, la mejor ciudad del reino, se alza en un llano, por el que discurre un río cristalino. Dicho llano, dilatadísimo y poblado de villas y fortalezas, abunda en viñas y cereales; pero en él no se ven olivares, porque hállase ya en la vecindad de los Pirineos y Roncesvalles". El coro de la catedral está aún sin terminar, pero comenta que "lujoso es el retablo mayor, decorado con imágenes de plata, y notable el claustro, muy semejante al de la catedral de Toledo". Visita a Juan de Albret, a quien besa la mano y describe como "alto, gordo y muy devoto". Dice que Albret (proclamado rey como marido de Catalina de Foix) no posee el reino pacíficamente, porque el conde de Lerín le hostiga de continuo e incluso hay sospechas de que cuente con la ayuda de Fernando el Católico. Visita **Roncesvalles,** donde reposan los restos de cientos de cristianos muertos por los sarracenos. Advierte que relata con más detalle los episodios de la batalla en su obra sobre la historia de San Jaime.

1496 – ARNOLD VON HARFF:

"Aquí se pasa sobre un puente de piedra el río que llaman Ebro, en que termina el reino de Navarra y del otro lado comienza el país de España".

1496 – ARNOLD VON HARFF

Peregrino y noble alemán (1471-1505). El texto de este peregrino fue publicado en Alemania en 1860 bajo el título de *Die Pilgerfahrt Ritters Arnold von Harff von Cöln durch Italien, Syrien, Aegypten [...] und Spanien* (*La peregrinación del caballero Arnold von Harff de Colonia por Italia, Siria, Egipto [...] y España*). Entra al País Vasco desde Orthez: "Cuando se pasa por un puente el río llamado Lugana [*Lou gave*] comienza el país de Vizcaya [*Pascaien*]". Von Harff utiliza el nombre de Vizcaya para designar a todo Euskal Herria, como comienza a ser normal en la época. En **Donibane Garazi** debe pasar por la aduana: "Debes declarar con juramento cuanto llevas contigo y pagar dos ardites por cada tres piezas de oro y un impuesto de un sou por el caballeo. Todo esto se da al rey de Navarra y ello me parece ser muy abusivo, porque no he encontrado aduana de este género ni en la cristiandad ni en los países mahometanos". Recorre la Baja Navarra y pasa por diferentes lugares como **Roncesvalles** (*Rontzefael*) y **Burguete**: "Atravesamos un hermoso monasterio o gran abadía donde el abad tiene un precioso hospital para los pobres y peregrinos. En el monasterio nos mostraron también un cuerno largo y grande y se dice que había sido el cuerno de caza del gigante Roldán". Y en **Pamplona** escribe: "Aquí, en Vizcaya [*Paskayen*], las **mujeres** llevan la cabeza vendada por arriba [*die vrauwen gemeynlich dragen eyn gewonden horn*], como lo hacen en los países paganos y llevan generalmente pieles hechas de manera extraña; además las sirvientas y las muchachas van siempre en público con la cabeza rapada y al aire libre en la calle". En su periplo por el país de Vizcaya (*Paskayen lant*) contempla los efectos de la guerra "en las aldeas incendiadas y en las murallas de las villas y castillos destruidos y conquistados". Comenta que tienen su propia **lengua** ("*In Pascayen haven sij eyn eygen spraich*") y escribe algunas palabras: *ogea* por pan; *ardoua*, vino; *oura*, agua; *aragi*, carne; *gasta*, queso; *gaza*, sal; *olua*, avena... y para contar hasta diez recoge "*bat, bij, yron, lae, boss, see, saspe, troritzey, wedeatzey, hammer*". El viajero continúa recorriendo Navarra hacia Guendulain, **Puente la Reina** y de ahí a **Estella** hasta llegar a **Viana**, de donde pasa a Logroño, "ciudad que pertenece al Rey de España; aquí se pasa sobre un puente de piedra el río que llaman Ebro, en que termina el reino de Navarra [*dat koninckrijch van Nauarnien*] y del otro lado comienza el país de España [*dat land van Hyspanien*]".

1499 – GAUBERTO FABRICIO DE VAGAD

Monje cisterciense zaragozano del siglo XV y autor de la *Crónica de Aragón* en el año 1499, donde se cita textualmente: "*Ala fama desta nueua victoria vinieron muchos estrangeros: assi de Gascueña como de vascos y de Nauarra. [...] mar que le alcança que llaman Cantabrico mar parece que toma no las solas montañas de Nauarra: do se pueblan los vascos mas llega fasta Fuenterabia: y alas mares de Vizcaya y ahun allende: tan brauos y fieros estos cantabros fueron que fasta el emperador Octauiano pusieron en afruenta: y sujuzgo los este rey con solo Sobrarbre y Ribagorça y Nauarra*".

1501 – EL GRAN CAPITÁN:

"Mucho mas quisiera ser leonero, que tener cargo de aquella nación [de los vizcaínos]".

1501 – GONZALO FERNÁNDEZ DE CÓRDOBA

El Gran Capitán, noble y militar andaluz (1453-1515). Quien fuera pariente de Fernando el Católico, destacó pronto como un notable e intrépido guerrero. En 1495 se pone al frente de la expedición que España manda a Nápoles para defenderla del ataque de los franceses. Allí se las tiene que ver con Menaut de Guerri, un corsario vizcaíno que, bajo bandera francesa, se había apoderado de Ostia, el puerto que daba salida a Roma al mar, cobrando impuesto a todo el que quisiera fondear allí. En 1501 vuelve de nuevo en otra expedición donde, esta vez sí, las **naves vizcainas** que le acompañan, con el guipuzcoano Juan de Lezcano y el navarro Pedro Navarro al frente, están de su parte. Pero estas naves vascas nunca fueron fáciles de gobernar, ya que no estaban acostumbradas a batallar fuera de sus fronteras y no atendían muchas veces a razones. Como comenta el historiador Jerónimo Zurita (1563), en *Los Anales de la Corona de Aragon* (tomo V, libro IV, capítulo 37) la comunicación estuvo llena de dificultades: "Viose el gran Capitan en mucha fatiga todo el tiempo que estuuo en Sicilia, con la gente Vizcayna, por ser demasiadamente arriscados, y atreuidos: y por no los poder tan facilmente sojuzgar: y andauan tan desmandados, que determino de castigar algunos, para que se pudiesse mejor seruir dellos: y vuo tanta dificultad, y peligro en reprimir, y sosegar aquella gente, que solia decir, que mucho mas quisiera ser leonero, que tener cargo de aquella nación".

1502 – ANTONIO DE LALAING

Señor de Montigny, noble holandés (1480-1540). Este miembro de la nobleza es el cronista de *Voyage de Philippe le Beau en Espagne*, el viaje que Felipe el Hermoso realizó por la península. Pasó por tierras vascas en enero de 1502: "Las **mujeres** de esta región son hermosas, y en vez de cofias llevan veinte o treinta anas de tela. Las muchachas llevan el pelo cortado, y no pueden llevar cubierta la cabeza hasta que no se casan. Las mujeres nobles casadas, y solo ellas, se tocan con telas azafranadas". Atraviesa el paso de San Adrián camino de Araba: "Poca gente bastaría para guardar este paso, que es la fuerza y llave principal de esta región contra el **país de Gascuña** [*pays de gascoigne*]". Dice que en Salvatierra termina la región montañosa y estéril del "*pays de Biscaye, de Puisque* [¿Gipuzkoa?] *et Basquèle*", cuyos habitantes acuden a buscar avituallamiento a puertos como "*Fontearabie, á Saincte-Marie, a Sainct-Sébastien, á Bilbault, á Sainct-Andrieu* [Santander]", de donde salen muchos navíos que están esparcidos por medio mundo: "*Desquels vient la pluspart des navires qui s'espardent par pluseurs parties du monde*".

1502 – LORENZO DE PADILLA

Formó, al igual que Lalaing (1502), parte del cortejo de Felipe I, en su camino hacia Madrid. En su *Crónica de Felipe Iº llamado el Hermoso* describe: "Y llegados a **Vitoria**, les hicieron ansí mismo muy honrado rescibimiento, y les presentaron mucho pan y cebada y vino y aves y vacas y carneros, y otras cosas para su despensa: y tres días que estuvieron en esta cibdad hobo muchas fiestas y juegos y toros". Le acompañaba también al rey la hija del condestable de Navarra María de Aragón.

1503 – HEINRICH ISAAC

Compositor y cantante flamenco (1450-1517). Es el autor de una *Missa super une musicque de Biscaye* (*Misa sobre una música de Vizcaya*), basada en *Une mousse de Biscaye* (*Una moza de Vizcaya*), una conocida canción muy divulgada en la Francia del siglo XVI y cuya música se ha conservado hasta el día de hoy. El primer testimonio de la **copla** aparece en un documento de 1503 y la versión de Isaac (que cambió *mousse* por *musicque* quizá por una cuestión de decoro) data de esta misma época. La canción narra cómo un hombre intenta hacerle la corte a una muchacha que se encuentra junto a un molino. El hombre, sin embargo, se queja de que no recibe más que evasivas de la mujer, que solo le habla en vizcaíno (como se le llamaba al **euskera**) y le exige que deje de hacerlo, *laissez votre bisquayn*, a lo que la vasca le replica cada vez el mismo estribillo: "*Zoaz, zoaz ordu onarekin*", en el sentido de "vete y déjame en paz". La canción dice así: "*Une mousse de Biscaye/ L'autre jour pres ung moulin/ Vint a moi sans dire gaire/ Moy hurtant sur mon chemin/ Blanche comme un parchemin/ Je la baise a mon aise/ Et me dist sans faire noise:/ 'Soaz, soaz ordonarequin'/ Je luy dis que de Biscaye/ J'estoys son prochain voisin:/ 'Mecton nous pres ceste haie/ En l'ombre soubz l'aubepin:/ La parlerons a butin;/ Faictes tout a ma requeste'/ Lors feist signe de la teste:/ 'Soaz, soaz ordonarequin'./ ...Par mon serment, vecy raige:/ Ce n'est Françoys ne latin:/ Parlez moy aultre langaige/ Et laissez votre bisquayn./ Mectons no besongne a fin,/ Parlons d'amours, je vous prie./ Lors me dist, n'en doubtez mye:/ 'Soaz, soaz ordonarequin'./ Avoir n'en puez aultre chose,/ Par ma foy, a ce matin,/ Fors baiser a bouche close/ Et la main sur le tetin./ ...Adieu, petit musequin,/ A Dieu soyez, ma popine./ Lors me dit la biscuayne:/ 'Soaz, soaz ordonarequin'*".

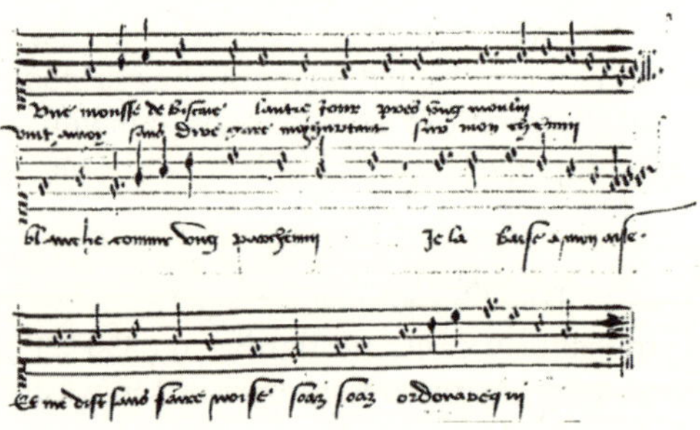

1503 – Isaac. Copla *Une mousse de Biscaye* (del Gradual de San Víctor, misal del siglo XIII con adiciones de 1567).

1511 – FRANCESCO GUICCIARDINI

Filósofo, historiador y político italiano (1483-1540). Escribió un *Diario del viaggio in Spagna* en el que narra su paso por la **Ribera** navarra, que le produce una penosa impresión: "Saliendo de Lagona comimos el día 18 en Gaglius, a cinco leguas de distancia; y de allí recorridas dos leguas por Ragona [Aragón], y entrando en el Estado del rey de Navarra, llegamos a Cortes que está a una legua de la frontera; y de allí fuimos a Tudela, tierra del reino de Navarra, que está a cuatro leguas, que hacen un total de once leguas, pero pequeñas. Lo que vi de Ragona, es un país estéril, inculto y casi deshabitado [*è paese sterile, inculto e quasi disabitato*]; hay de una tierra a otra diez o doce leguas; y también es tierra que vale poco dinero, con mucha falta de agua [*è una terra di pochi quattrini, molto penurosa di acque*]; hay muchas ovejas que dan gran cantidad de lana, y también mucho azafrán. La poca gente que hay hace que no haya carestía. Alojamientos malos y mal servidos, porque normalmente son hombres estúpidos y villanos [*uomini asini e villani*]. Tudela es la gran plaza del rey de Navarra, donde suele residir, situada sobre el río Ebro rumbo a Castilla. Me pareció, por lo poco que allí estuve, una tierra horrible [*terraccia*], y el país está despoblado, como es usual en Ragona, inculto y además sin árboles, de tal modo que por todo el país hay una carestía grandísima de leña".

Guicciardini es también el autor en 1537 de una *Istorie d'Italia* en cuatro volúmenes. En el libro III, cap. XI nos ofrece su opinión sobre todo lo acontecido entre el rey de Castilla y el de Navarra con motivo de la **conquista** del reino. El italiano comenta que Fernando el Católico "no pudiendo poseerlo [el reino de Navarra] legítimamente" consideraba la ocupación estar jurídicamente justificada "por autoridad de la Cátedra Apostólica", y la fundamentaba en la bula papal emitida contra Francia en la que se les aplicaba "todas las penas de los herejes y cismáticas, otorgando a cada uno la facultad de ocupar lícitamente los patrimonios, estados y todos sus bienes": "*Non potendo affermare di possederlo legittimamente con altro titolo, allegava la occupazione essere stata giuridicamente fatta per l'autorità della sedia apostolica*".

1512 – PIETRO MARTIRE D'ANGHIERA

Historiador y cortesano italiano (1457-1526). Humanista que, después de alcanzar puestos de relevancia en la corte romana, acabó por acomodarse en la órbita de los Reyes Católicos (1475). Atraído por el impulso unificador que ambicionaron los reyes de Castilla, contemplaba a España como un claro contraste con la división que ofrecía la península italiana. El 27 de agosto de 1512, encontrándose en Logroño con todo el séquito del rey católico en plena **conquista de Navarra**, escribe una carta (núm. 497) recogida en su epistolario *Opus epistolarum Petri Martiris Anglerii Mediolanensis*, donde comenta que había hecho entrada desde Roma una **bula** de excomunión contra el rey de Navarra, al negarse este a tomar las armas contra el rey de Francia que había sido declarado cismático: "*Ex urbe Roma plumbatae sunt membranae a Pontifice summo allatae bullae, Regem Navarrae anathematizantes quod arma sumere contra Regem Gallum, quem pro excommunicato Pontifex promulgabit, recuset*". Pedro Mártir, el único de todos los autores de la época que habla de una bula en la que se cita explícitamente al rey de Navarra como cismático.

1513 – GUILLAUME PIELLE

Escritor francés. Su obra *De anglorum fuga et hispanorum ex Navarra expulsione* (*Canto heroico a la retirada de los ingleses de Navarra*) es un canto en el que se glorifica a Francia y sus monarcas. Quizá sea esta crónica poética el contrapunto a la más realista de Luis Correa (1513) sobre la **conquista de Navarra**. Las constantes alusiones a Troya y Homero desvirtúan un tanto una crónica que presenta la agresión española contra Navarra como una especie de hecho secundario en el que observa una provocación a Francia y una intención posible de querer invadirla: "Después de haberse apoderado de los Pirineos, traman calamitosa lucha contra los navarros y, conducidos por un anciano rey, se consideran ya vencedores. Subrepticiamente se infiltran en el reino navarro, organizados en ligeros escuadrones de caballería. El valor sucumbe ante el ataque a traición. El rey hispano aparta de su trono al monarca navarro, y a pesar de que cree que su entrada en territorio francés ha pasado inadvertida, encuentra frente a sí un ejército".

1513 – CORREA:

"Los infantes no cesaban de robar cuanto podian, y como la licencia estuviese en su alvedrio, muchas doncellas, y otras, fueron forzadas".

1513 – LUIS CORREA

Correa fue un historiador que acompañó a las tropas castellanas durante la guerra de Navarra y dejó una crónica de lo acontecido en su obra *Historia de la* ***conquista*** *del reino de Navarra por el duque de Alba*. La celeridad con la que se publica el libro es una prueba de la intención política que hay detrás. Prescindiendo de su parcialidad, con la magnificación que hace de la persona del duque y de las glorias de Castilla, Yanguas y Miranda comenta en el prólogo de la edición de 1843 que el relato "descubre cierta sinceridad que facilita á la sana crítica el ejercicio de sus derechos para aproximarse á la verdad". Tanto Correa como Yanguas y Miranda no se andan con contemplaciones a la hora de utilizar el término "conquista" para denominar la maniobra que allí se generó. A pesar de la imagen de humanidad y compasión que intenta mostrar Correa a lo largo de la crónica, él mismo deja muchos testimonios que demuestran la realidad de los hechos: las palabras, por ejemplo, de Fernando el Católico, cuando prometía al *Marichal* enviado por el rey don Juan "que él tomaría por fuerza lo que él [Juan de Albret] no quería dar de su voluntad". En la oración final del duque de Alba a los jurados y ciudadanos de Pamplona, el líder les espeta "haréis á Su Alteza servicio, y el guardaros ha vuestras costumbres, buenos fueros y privilegios, asi como yo vos lo he jurado", a lo que el más antiguo de los jurados le contesta "que ellos estaban prestos de le tomar por Rey é Señor, más que rey natural no podian, en cuanto el otro era vivo, á quien tenian jurada naturaleza; mas que vasallos no podian ni lo debian jurar; pues tenian privilegios de mucha antigüedad, de no ser llamados sino súbditos". El ejército castellano continúa hacia la Nafarroa Beherea bajo el mando del coronel Villalva, encontrándose una dura resistencia en los valles de *Escua* (**Aezkoa**), **Erronkari** y **Zaraitzu,** "poblados de gente guerrera, [...] los cuales habían denegado la obediencia". Con confidencias e intrigas ("tenía sus espias entre los franceses"), el coronel "se fue a un valle de mucha población, fértil y abundoso de mucho ganado, entre Bayona é Salvatierra, llamado el valle de Zarro [**Garro**]; y puestos allí, notificó á los capitanes como aquel valle era rebelde que convenia fuese castigado. [...] Los infantes no cesaban de robar cuanto podian, y como la licencia estuviese en su alvedrio, muchas doncellas, y otras, fueron forzadas". Es esta última una manera muy poco usual en la historia de justificar las violaciones de mujeres en una guerra. Capítulo importante es también, sin duda alguna, el papel que jugó el papa en esta contienda y que más tarde denunciaron ilustres personajes como el filósofo británico Thomas Hobbes (1651). La bula del papa "daba por cismáticos al dicho rey [de Francia] y á todos los de sus reinos y señoríos", razón por la cual el Obispo Bernardo de Mesa arengó a sus tropas, dándoles "licencia para que pudiesen prender a los franceses y á sus valedores y usar dellos como de esclavos, así viejos como mozos, mujeres y niños".

Enechus arista pri mus rex nauarre tirannus.

dem incursionibus vastaretur/ ⁊ vix hec reges tuerentur/ nedum illa que pertinent ad nauarrã recuperarẽt: aduenit ex comitatu Bigorre circa annos dñi. 96. vir bellicosus strẽnuus ⁊ armis assuetus vocatus Enechus arista. hic cũ in montibus pyreneis nauarre cõtiguis (arce constructa) moraretur: inde paulatim ad planiciem nauarre descendens: plurimis prelijs viriliter ⁊ feliciter contra mauros gestis: tandẽ eos a prouincia expulit. quo facto/ diadema regni propria auctoritate sibi assumpsit ⁊ a populis illis in regẽ nauarre acceptus est: itaq3 si eius ingressum bene consideremus: vitiosus fuit ⁊ iniustus: q2 cũ pro

1514 – López de Palacios: *"Enechus Arista primer rey tirano de Navarra".*

1514 – JUAN LÓPEZ DE PALACIOS

Jurista español (1450-1524). López de Palacios es el autor de una obra escrita bajo las órdenes de Fernando el Católico, *De iusticia et iure obte[n]tionis ac rete[n]tionis regni Nauarre*, que, en su parte primera, se concibe como un alegato jurídico en el que se desarrollan las razones de derecho que le asisten al rey para la "obtención" (léase **conquista**) de Navarra. En aquella época la autoridad de papa parecía razón suficiente para privar a los reyes de sus reinos, pero en el apartado que dice *Papa Reges navarre scismaticos et lese maiestatis reos declarat et regno privat* no se habla de una **bula** expresa, sino de una condena de soslayo: "Su Santidad envió a amonestar a los dichos rey e reina de Navarra, [...] el papa en forma de derecho los declaró por cismáticos y heréticos, [...] así mismo privó a los dichos rey y reina de Navarra de su reino y concedió libre poder y facultad a Su Majestad del dicho señor rey de España y a otro cualquiera para les entrar y tomar el dicho reino de Navarra". Por si no es razón suficiente todo lo expuesto, López de Palacios termina hablando de cuestiones dinásticas retorcidas que se alejan de los razonamientos vertidos anteriormente y termina por considerar a **Iñigo Arista** el primer rey tirano que llegó del otro lado de los Pirineos (parte VI, apartado 10: *Enechus arista primus rex nauarre tirannus*).

1516 – CARDENAL CISNEROS

Arzobispo de Toledo e inquisidor general de Castilla (1436-1517). Asumió el Gobierno de España varias veces, primero por incapacidad de la reina Juana y, al final, tras la muerte de Fernando el Católico y en espera de la llegada de Carlos I. A partir de 1516, después de la conquista, procedió a derribar todas las **fortificaciones** de Navarra, una veintena de recintos amurallados, torres e iglesias almenadas, dejando al reino indefenso y expuesto a futuros ataques. El motivo lo dejó bien claro: "De esta manera el reyno puede estar más sojuzgado y más sujeto, y ninguno en aquel reyno tendrá atrevimiento ni osadía para se revelar"; "...quasi no había persona en aquel reino de quien nos pudiesemos fiar y de esta manera todo estará muy seguro y mui subiecto a Castilla y ninguno osará hacer cosa en deservicio de Sus Altezas, ni tendrá fuerzas para ello, especielmente allanados los muros, como agora se hace".

1521 – SEBALD ÖRTE

Este noble alemán procedente de Núremberg escribió *Reisetagebuch*, un diario de la peregrinación que realizó a Santiago y que fue publicado en *Mitteilungen aus dem Germanischen Nationalmuseum* en 1896 en Núremberg. No es un relato de su experiencia, sino sencillamente una sucesión de datos sobre pueblos, de los cuales solo describe algunos: "[En **Baiona** (*Wayana*)] visitamos la fortificación que el rey de Francia mandó construir, con baluarte y un gran foso a su alrededor; además vimos cómo se fabrican las grandes anclas, que pesan de 2.000 a 2.500 kilos; se necesitan cinco como estas en un barco grande; y todas las **jóvenes** [*jungfrawen*] son distinguidas. [...] De allí a **Tolosa** [*Dolosada*], tres millas. La ciudad está adoquinada con pequeñas piedrecitas. [...] ...por la subida del monte que es muy alto y se llama monte de **San Adrián** [*sant Atrion*]. El camino está excavado en la roca de forma prodigiosa".

1522 – BLAS ORTIZ

Humanista español (1485-1552). Se acercó por Gasteiz a presentar sus respetos al que fuera regente de España y recién nombrado papa Adriano VI, que en aquellos momentos se encontraba en la capital alavesa, donde por primera vez vistió los atuendos pontificios. En su obra *Itinerarium Adriani Sexti ad Hispania*, publicada en 1546, recoge un resumen de su pontificado y las semblanzas de aquel viaje. Su llegada a **Gasteiz** la narra como una odisea: "Después de una fatiga muy grande, andando completamente a obscuras por lugares inaccesibles y desconocidos, teniendo que dar alientos y exhortar a los jóvenes que me acompañaban, por la vida de los cuales temía, sobre todo cuando uno de ellos con insistencia me rogaba que 'lo dejase morir, que no podía más', llegué por fin al pueblo de **Ariñez**. [...] De todas partes acudía la gente para ver a tan gran Pontífice y para besar sus pies. De día en día aumentaba el número de personas que acudía a la ciudad y la multitud semejaba un enjambre de abejas que se encaminara a su colmena". El papa se dirige después hacia La Rioja por *Lapuebla*.

1525 – CONTARINI:

"Todos en este reino odian a los españoles".

1525 – GASPARO CONTARINI

Cardenal, teólogo y diplomático veneciano (1489-1542). Embajador de la república de Venecia en la corte de Carlos V. En un informe del 16 de noviembre de 1525 escribe al senado veneciano sobre la polarización que se manifiesta en **Navarra** en dos bandos (agramonteses y conde de Lerín) y del odio que se profesa a los españoles, deseando a su rey natural que es el señor de Albret: "*Sono in questo regno due parzialità, una degli Agramontesi, della quale è capo il gran marescalco, e questi sono Francesi; l'altra è de' Pamplonesi, e questi sono affezionati a' Castigliani. Il capo di questi è il contestabile di Navarra, che è il conte di Lerin; niente di meno universalmente tutti di questo regno hanno odio agli Spagnuoli, e desiderano il loro re naturale, che è il signore di Albret*". Monseñor Beccadelli (1501-1572), el que fuera biógrafo de Contarini, narra en uno de sus escritos el encuentro que tiene el cardenal con la reina Juana de Albret en 1538. Después de saludarse cortésmente e intercambiar unas palabras, la reina, al retirarse, "comenzó a decir en su lenguaje, nanim nanim [*cominciò a dire in suo lenguaggio, nanim nanim*]". Después, a pie de página, comenta: "Nanin y no nanim; frase usada en Bizkaia y que se corresponde a nuestro no, pero dicho de manera graciosa [*Nanin e non nanim; frase usata nella **Biscaglia**, e chi corrisponde al nostro no, ma detto con maniera graziosa*]".

1526 – JOHANNES LANGE

Médico alemán (1484-1565). En la revista *Archiv für Kulturgeschichte* se publica en 1907 *Die tagebuchartigen Aufzeichnungen des pfälzischen hoftarztes Dr. Johannes Lange über seine Reise nach Granada im Jahre 1526* (*Apuntes a modo de diario del médico de cámara palatino Dr. Johannes Lange sobre su viaje a Granada en 1526*), relato de un viaje que hace Lange camino de Granada, acompañando al príncipe Friderich Pfaltzgrave. El autor del diario comete bastantes errores en la transcripción de nombres de lugar, utilizando variantes muy diferentes para cada uno. Al comienzo dice atravesar, según este orden, *Teutz-Nacion* (Alemania), *Franckreich* (Francia), *Castanien* (Gascogne), *Pasha* (Vasca), *Pashaia* (Vizcaya), *Castilien*.... Una vez que entra en el relato, después de dejar atrás St. Vicent de Tyrosse, llega a *Das Land Peschaya* (país de Vizcaya), cuya capital es *Bagonia* (Baiona), y se dirige por *Anyou* (Ainhoa), para llegar a *Das Land Bascho* (País Vasco), por *Elysando* (Elizondo). Entonces pasa a describir *das Landt Baschko*, como lo llama ahora: "El País Vasco, el cual tiene el pueblo rudo [*unhofflich*]: una **lengua** propia, que nada tiene de común con el galo, latín, francés, alemán y español, donde las **muchachas** están completamente afeitadas [*kolbith*] y tocan el pandero [*paucken*] para la **danza**; saltan en el baile y practican toda agilidad y hasta jugar a la **pelota** está permitido a los sacerdotes". Añade que, al ritmo de la pandereta o pandero (que lo suelen tocar las mujeres), las jóvenes, agarrándose de las manos, cierran el paso a los caballeros y les solicitan un regalo: "*Diese obgemeltte Junckfrauen mit den henden anenander geschlossen und nach der paucken singende in den dorffern verhaldenden Reuttern die Strosse und begeren von in eine verehrunge*". Después de pasar *Alantza* (Lantz) entra en el *Konigreich Navarr* (reino de Navarra) y atraviesa *Pampalona*, *Varasonia*, *Tafallia*, *Peraltha*, *Serviera* (Cervera), hasta llegar al Ebro, donde termina el reino de Navarra y comienza Castilla: "*An diesen wasser endet sich das konigkreich Navar und fanget an Castilia*". Al volver por Miranda, titula el siguiente capítulo *Pystkaya das Landt* (*País de Vizcaya*), y cita primeramente a *Victoria*, "al comienzo del país de Vizcaya [*Pischaye*]". Atraviesa el puerto de *Santh Adrian*, *Secura*, *Tholosetha* y llega hasta *Fonteraui*.

1526 – ANDREA NAVAGGIERO

Escritor y político veneciano (1483-1549). En su libro *Viaggio fatto in Spagna ed in Francia*, publicado en 1563, relata su llegada a Euskal Herria por Pancorbo el 19 de mayo, demorándose diez días en nuestra tierra. Asegura que en Gasteiz todos entienden el vizcaíno: "*Parlano in* ***Vittoria*** *Castigliano, ma intendono anche* ***Basquenze****, e delle ville il più parla Biscaino*". En el resto del País Vasco las **mujeres** no hablan más que su lengua natural, dice: "*...il piú degli uomini di quel paese fa la lingua Castigliana, ma le donne non altra, que la lor naturale*". "Cada uno de los lugares", comenta, "que se ven desde Vitoria tiene su monte de encinas, que es común a todos los vecinos, y cortan la leña con medida para que cada cual tenga lo que le toca y no más". Le llama la atención la gran cantidad de **casas nobles** que hay y dice que "se tiene por cierto en toda España que la verdadera nobleza está en este país; no se puede hacer mayor lisonja a un grande de Castilla que decirle que su casa tuvo origen en aquella tierra [*...ed invero delle più nobili case e famiglie di Spagna si vede la origine di quei bosqui*]". Navaggiero describe los grandes plantíos de manzanos que sirven para hacer la **sidra,** "*ma a qui non è usato a berlo è duro da digerire, ed offende lo stomaco*", el gran número de peces que abundan en ríos y mares y lo bien que se trabaja el **hierro** en *Guipuscoa*. Dice que la gente de este país es muy alegre "*e totalmente opposita alla Spagnola, que non pensa se non in gravitá*". Al pasar a **Baiona** describe la caza de la **ballena** y el juego de la **pelota** (*palla*), que junto con los bolos es el juego habitual de entretenimiento: "*Quivi stanno gli uomini tutto il di a giocar alla palla, a'zoni, e ad altri giuochi, che ivi si costumano*".

1528 – Weiditz. *En Bizkaia (Pisgeina)* y *Las mujeres en Navarra.*

1528 – CHRISTOPH WEIDITZ

Escultor dibujante y orfebre alemán (1498-1559). Este artista alemán, famoso sobre todo como medallista, realiza en 1528 un viaje a España para entregar a Carlos V una hermosa armadura labrada. En 1927 se publica en Berlín *Das Trachtenbuch des Christoph Weiditz*, un libro de **trajes** en el que se pueden consultar 25 láminas de indumentarias vascas realizadas por él durante el viaje. Entre ellas se encuentra la representación más antigua de una **dantzari** vasca: "Así danzan las mujeres en Vizcaya". El resto de títulos suelen ser de este orden: "También van así en Vizcaya [*Bistayen*] en la frontera y en las montañas", "Así van en Vizcaya las mujeres ricas", "Vestido de las señoras vizcaínas", "Vestido de las mujeres en Pamplona", etc. (Véase Montaigne 1580).

Ansi que llaman los Vizcainos: Al cielo: Ceria. Tierra: Lurra.
Casa: Echéa. Sol: Eguzquia. Luna: Iarguía. Estrella: Içarra.
Nuue: Odéya. Pan: Oguia. Vino: Ardaoa. Carne: Araguía.
Marido: Senarra. Rio: Ibaya. Beuo: Edatendot. Leo: Iracurtédot.
Villa: Vria. Cama: Ocea. Camisa: Alcādorea. Viejo: Çarra.
Blanco: Curía. Negro: Belca. Bermejo: Gorría. Pescado: Arraya
Amar: Onerextea. Duermo: Lonaça. Veo: Bacust. Hōbre: Guiçona.
Muger: Emaztéa. Hijo: Seméa. Hija: Alauéa. Padre: Ayéa.
Madre: Amáa. Hermano: Anagéa. Hermana: [illegible] Cuerpo: gorpuçá
Fuego: Súa. Hermoso: Ederrá. Comer: Ian. Corro: Laster eguitēdot.

Tiene ansi mismo ordē de cōtar en esta manera.

Vno: Bat. Dos: Bi. Tres: Irú. Quatro: Láu. Cinco: Bost. Seys: Sey. Siete: Caspi. Ocho: Corcí. Nueue: Vedraçí. Diez: Amarr. Veynte: Oguéy. Treynta: Oguéytamar. Quarenta: Berroguéy. Cinquenta: Berroguéytamar. Sesenta: Yruroguéy. Setenta: Yruroguéytamar. Ochenta: Lauroguéy. Nouenta: Lauroguéytamar. Ciento: Eun.

1530 – Sículo: *"Note sur la langue basque"*.

1530 – LUCIO MARINEO SÍCULO

Humanista e historiador siciliano (1444-1536). Fue profesor de la Universidad de Salamanca durante doce años y capellán y cronista de Fernando el Católico. En 1530 publicó *De rebus Hispaniae memorabilibus* (*De las cosas memorables de España*, una edición ampliada de su libro de 1496 *De Hispaniae laudibus*), con un capítulo titulado *Note sur la* ***langue basque****, avec quelque mots biscayens*. Recoge la tradición de las 72 lenguas que se esparcieron después de la Torre de Babel, correspondiendo a España la *Vizcaína*: "Los primeros moradores de España, según que algunos dizen, todos usaron la lengua Vizcaína, hasta la venida de romanos y cartagineses. Los cuales entonces todos hablaban latín, aunque los Vizcaínos en todos estos siglos y mudança de tiempos nunca mudaron su lengua ni costumbres ni menos la manera de sus atavíos. [...] quedando solamente en los Vizcaínos y sus comarcanos sin mudança ninguna, por la soledad de aquellas regiones y el poco trato y conversación con los estrangeros". Aporta como novedad un **vocabulario** de palabras de "aquella lengua antigua de España".

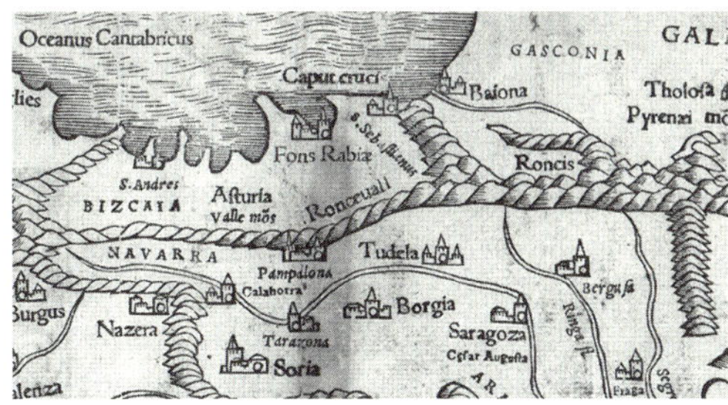

1530 – Münster. Detalle de mapa de *Hispania* (ca. 1544).

1530 – SEBASTIAN MÜNSTER

Cosmógrafo y humanista alemán (1488-1552). Importante figura de la cultura germánica cuyo retrato quedó estampado en los antiguos billetes de 100 marcos alemanes. En 1530 se fue a vivir a Basilea y se adhirió al protestantismo. Fue entonces cuando escribió su obra más importante, *Cosmographia; Oder beschreibung aller Länder Herrschafften, und fürnembsten Stetten des gantzen Erdbodens* (*Cosmografía; o descripción de todos los países, gobiernos y naciones más importantes de la tierra*), que fue publicada en 1580. Comenta que el nombre actual de los *Cantabri* es ***Bizcaia***. Enumera una lista de pueblos navarros (***Navarren***): *Pompilon, Lerina, Artaxona, Medigorea, Argueta, Olita*... A los de las provincias vascas los enumera *In Gallicien*: *Bilben, Bermen, Durangen, Mondrago, Toloss, Zumaia*... En el listado de las fortunas de cada uno de los títulos de la aristocracia señala que el condestable de Navarra, conde de Lerín, tiene una renta de 8.000 ducados. Dice que "en vez de los parlamentos [*Parlamenten*] que hay en Francia, tienen los españoles en toda España [*Hispania*] cuatro cámaras [*Kammergeri-*

cht]: Castilia, Granat, Gallicia, Navarren". De los antiguos cántabros relata algunas citas de escritores romanos, asegurando que las mujeres asfixiaban a sus hijos antes de que cayeran en manos del enemigo y un hermano podía matar a otro por orden de su padre, que le ofrecía la espada. Un temeroso hombre del Pirineo de nombre **Enecus** ("*Ein dapffer Mann mit nammen Enecus in der Graffeschafft Bigorice, die in Pyrenen Bergen ligt*"), "se peleaba a menudo con los sarracenos, y después de haber vencido le hicieron los pueblos de Navarra rey". El pequeño capítulo XXVI lo titula *Von den Königreichen Navarr un Aragonien, wie sie angefangen, und wie sie regiert seind worden biss auf unsere zeit*, donde habla de los comienzos de los reinos de Navarra y Aragón y de cómo han sido gobernados hasta el día de hoy por sus reyes. Hacia 1544 publica un mapa de España con sus montes, ríos, ciudades, reinos e islas (*Hispania nach aller seiner gelegenheit in Bergen/Wassern/Stetton/Völckern/Künigreichen und Inseln*), donde figuran *Baiona*, *Fons Rabiae*, *S. Sebastanus*, *Ronceuall*, *Tudela* y *Pampalona*.

1533 – JUAN DE VALDÉS

Humanista y escritor protestante español (1509-1541). Escribió en 1533 *Diálogo de la lengua*, ensayo en el que se hace eco de una idea generalizada: "Lo que por la mayor parte los que son curiosos destas cosas tienen y creen, es que la **lengua** que hoy usan los vizcaínos es aquella antigua española. [...] Assí como las armas de los romanos, quando conquistaron la España, no pudieron passar en aquella parte que llamamos **Vizcaya**, assí tampoco pudo pasar la lengua. [...] Se tiene casi por cierto que aquella nación conservó juntamente con su libertad su primera lengua". Pero Valdés participa también de la atmósfera que movía a muchos de estos historiadores que describían a la lengua como ininteligible: "De la vizcaína querría saberos dezir algo, pero, como no la sé ni la entiendo, no tengo que dezir della sino solamente esto, que, según he entendido de personas que la entienden, también a ella se le an pegado muchos vocablos latinos, los quales no se conocen, assí por lo que les an añadido, como por la manera con que los pronuncian. Esta lengua es tan agena de todas las otras de Spaña, que ni los naturales della son entendidos por ella poco ni mucho de los otros, ni los otros dellas".

1534 – JACQUES CARTIER

Navegante y explorador bretón (1491-1557). Este navegante, acreditado como descubridor de la desembocadura del río canadiense San Lorenzo, no solo citó el primer testimonio del nombre de Canadá, sino que reclamó también la *Terra Nova* para la corona francesa. En su primera expedición comenta que ya existen algunos nombres de lugar de origen bretón (*Baye de Brest*) y relata su encuentro con **balleneros** vascos en el estrecho de *Belle-Isle*. En su crónica añade un pequeño vocabulario de la lengua aborigen, en la que algunos pretenden ver voces de etimología vasca. Los manuscritos originales de su *Relation* desaparecieron y no se conservan más que ediciones de traducciones de otros idiomas recogidos por diversos autores. El dato aparece continuamente en los libros de historia canadiense.

1534 – ALFONSO DE CASTRO:

"En la región de Cantabria llamada Navarra, y en Vizcaya, se descubrió entre la gente de la montaña muchas supersticiones e idolatrías, en tan gran intensidad que el diablo en forma de macho cabrío era abiertamente adorado por ellos".

1534 – ALFONSO DE CASTRO

Consejero real, teólogo y jurista español (1495-1558). En 1534 publica en París *Adversus omnes haereses*, un ensayo donde va enumerando todas las herejías que se habían revelado en la Iglesia desde tiempos de los apóstoles. En el Libro XIIII hace referencia al **culto pagano** que aún se mantiene en el norte peninsular. "En la región de Cantabria llamada Navarra, y en Vizcaya, se descubrió entre la gente de la montaña muchas supersticiones e idolatrías, en tan gran intensidad que el diablo en forma de macho cabrío era abiertamente adorado por ellos. Se descubrió que esto había sido practicado en secreto por ellos durante muchos años... Lo mismo, pero no con tanta intensidad, fue descubierto en otras montañas de España, en Asturias y en Galicia y en otras, donde la palabra de Dios raramente había sido predicada. Entre ellos hay muchas supersticiones y ritos paganos, por la única razón de la falta de predicación". Como suele ser habitual para la época tras la conquista de Navarra, minimiza la importancia del reino haciéndolo parte de Cantabria.

Encores
moins, respondit Pantagruel. Adonc-
ques dist Panurge. Jona andie guaussa goussy etan behardа er remedio beharde versela ysser lāda. Anbates otoy
y es nausu ey nessassu gourray proposian ordine den. Nonyssena bayta
fascheria egabe gen herassy badia sadassu noura assia. Aran hōdouan gual
de eydassu naydassuna. Estou oussyc
eguinan soury hin er darstura eguy
harm. Genicoa plasar vadu. Estez
vous la respondit Eudemon Genicoa.

1534 – Rabelais. *Gargantúa y Pantagruel*, diálogo en euskera.

1534 – FRANÇOIS RABELAIS

Escritor humanista francés (1494-1553). *Gargantúa y Pantagruel* son un conjunto de cinco novelas con buenas dosis de humor, crueldad y violencia que el controvertido Rabelais escribió en el siglo XVI. En la de 1534, *La vie très horrifique du grand Gargantua*, inserta una conversación entre Pantagruel y Panurgo, en la que el último se expresa en varios idiomas y, como Pantagruel no le comprende, continúa en holandés, castellano, danés... y **euskera**. Es un euskera arcaico y difícilmente entendible, debido a la poca pericia de los transcriptores. Su significado está sujeto a debate: "*Jona andie, guaussa goussyetan behar da erremedio beharde versela ysser lan da. Anbates, oytoyes nausu eyn essassu gourr ay proposian ordine den. Non yssena bayta fascheria egabe genherassy badia sadassu noura assia. Aran hondovan gualde eydassu nay dassuna. Estou oussyc eguinan soury hin er darstura eguy harm. Genicoa plasar vadu*". En la edición de *Gargantúa* de 1542, también aparece la locución vasca *Lagona edatera* ("compañero a beber") entre varias expresiones latinas.

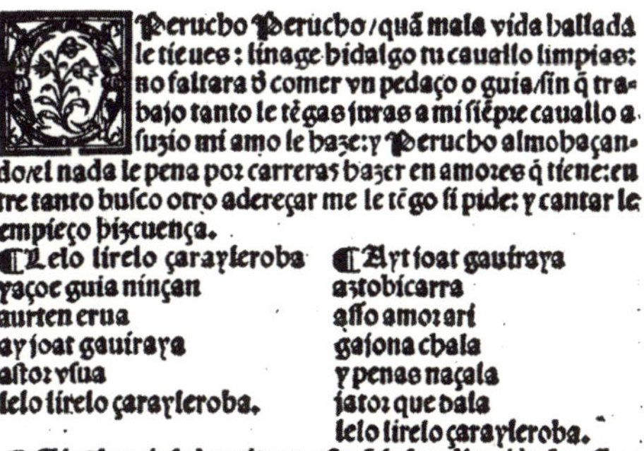
Perucho Perucho / quā mala vida hallada
le tienes: linage hidalgo tu cauallo limpias:
no faltara d comer vn pedaço o guia / sin q̃ trabajo tanto le tēgas juras a mi siēpre cauallo a-
suzio mi amo le haze: y Perucho almohaçan-
do / el nada le pena por carreras hazer en amores q̃ tiene: en
tre tanto busco otro adereçar me le tēgo si pide: y cantar le
empieço bizcuença.

Lelo lirelo çarayleroba
yaçoe guia ninçan
aurten erua
ay joat gauiraya
astor vsua
lelo lirelo çarayleroba.

Ayt joat gauiraya
aztobicarra
asso amorari
gajona chala
y penas naçala
jator que dala
lelo lirelo çarayleroba.

(Si.) Precioso borrico es este: q̃ se q̃ra d la vida q̃ passa y

1536 – Gómez de Toledo: *"Todas tenemos... dolor de cabeza en oir su lengua de estropajo y más en oler aquel tufo de vino que por la boca le sale"*. Canción de Perucho en euskera.

1536 – GASPAR GÓMEZ DE TOLEDO

Escritor español. Redactó la *Tercera parte de la tragicomedia de Celestina*. Presenta un personaje vizcaíno, Perucho, mozo de caballos de Felides, que se las da de hidalgo, pero la propia Celestina le echa en cara su cobardía. Una de las protagonistas, Elicia, se queja de que "todas tenemos... dolor de cabeza en oir su lengua de estropajo y más en oler aquel tufo de vino que por la boca le sale". La lengua y el vino, dos condiciones típicas del vizcaíno de la época. Lo más curioso del libro es la canción que entona Perucho, cuyo estribillo recuerda al apócrifo *Canto de Lelo* publicado por Iñiguez de Ibarguen hacia 1588 y recogido por Wilhelm von Humboldt (1799) como testimonio fidedigno de las guerras cántabras. Quizá fuera, sencillamente, una antigua canción de cuna: "*Lelo lirelo çarayleroba/ Yaçoe guia ninçan/ Aurten erua/ Ay joat ganiruya/ Astor vsua/ Lelo lirelo çarayleroba./ Ayt joat ganiraya/ Aztobicarra/ Esso amorari/ Gajona chala/ Y penas naçala/ Fator que dala/ Lelo lirelo çarayleroba*".

1538 – LEODIUS:

"Les rogué con súplicas y promesas que fueran en ayuda del Príncipe y de su esposa, a quienes veía desaparecer en la nieve: pero se lo rogaba en vano"
(Puerto de San Adrián).

1538 – HUBERTUS THOMAS LEODIUS

Historiador alemán (1495-ca. 1556). Acompañó a Federico II, conde palatino del Rin, en uno de los muchos viajes que este, debido a los distintos avatares de la política europea, se vio obligado a hacer a la corte madrileña desde 1520 hasta 1538. La dramática experiencia de una de sus travesías, la de 1538, queda registrada en latín en el libro de Leodius *Annalium de vita et rebus gestis Federici II Electoris Palatini libri XIV*, publicado en 1624. Merece ser contada en toda su extensión:

"Los aldeanos le aconsejaron que se apresurara a cruzar el monte [**San Adrián**] antes de que lo cerrase la nieve, que entonces caía copiosamente. Al día siguiente intentamos abrirnos paso hasta lo alto del monte, con la ayuda de muchos hombres que alquilamos para que fueran limpiando los caminos cubiertos; pero era tanta la fuerza con que soplaba el viento que nos llenaba los ojos de nieve, y nuestros guías dijeron que no era posible seguir adelante con aquel tiempo, [...] fue preciso regresar a **Segura**, donde, además de las burlas y carcajadas de que fuimos objeto, apenas si nos quisieron recibir aquellos pérfidos vizcaínos; nos lanzaron desde las ventanas bolas duras de nieve, pero no teníamos más remedio que soportarlo. Ni siquiera había allí un magistrado que castigara su atrevimiento. Tienen un alcalde, al que se puede considerar como su jefe, pero apenas si su autoridad servía de algo ante aquellos desvergonzados. A la mañana siguiente, sin embargo, conseguimos de nuevo con ruegos y regalos, un buen número de hombres que, con el alcalde a la cabeza, prometieron abrirnos camino. Cuando ya nos hallábamos cerca de la roca horadada que está casi en la cumbre del monte, sobrevino un torbellino tal de viento, que en un instante estuvo a punto de sepultarnos en la nieve, lo mismo que a nuestros caballos, sin que pudiésemos refugiarnos en lugar alguno; y aquellos bribones se dispersaron gritando que todos íbamos a perecer. Tenía yo, sin embargo, un caballo animoso que arrancó con fuerza y me arrastró, pues me había asido a su cola, hasta el interior de la abertura, en la que hallé muchos hombres que habían venido enviados desde la otra parte del monte; les rogué con súplicas y promesas que fueran en ayuda del Príncipe y de su esposa, a quienes veía desaparecer en la nieve: pero se lo rogaba en vano. Hasta que al fin apareció otro alcalde que a punta de espada los arrojó del túnel y cerró la puerta, obligándoles así a salir al camino o, en caso contrario, perecer ellos mismos". Al final, consiguieron atravesar el túnel y continuaron camino de **Galarreta**: "Exhausto finalmente el Príncipe, se dejó caer en la nieve, diciendo que no podía seguir adelante. Mas he aquí que aparece entonces un campesino trayendo de la mano a mi caballo, que estaba en el paso y que, impaciente por la tardanza, había escapado de allí. El Príncipe lo recibió como regalo del cielo y montó en él; casi en el mismo momento llegó también mi criado y le ofreció a la señora su caballo".

Llegando a Galarreta narra lo siguiente: "Ocurrió entonces un hecho desagradable: le pregunté al alcalde [de Segura] cuánto pedía por habernos guiado y abierto el camino, y me respondió que nada en absoluto quería, que él era tan noble como el Príncipe. Y cuando éste le ofreció como muestra de agradecimiento un anillo que valía veinte coronas para que se lo regalara a su esposa, rehusó vivamente aceptarlo, diciendo que su mujer no llevaba sortijas. Mas cuando el Príncipe le dio las gracias, [...] comenzó el alcalde a lamentarse y a decir que había juzgado más generoso al Príncipe, que con tan poca cosa quería compensar sus grandes servicios, y ya no recuerdo con cuántas cosas nos amenazaba. El Príncipe escuchó esto y se enfadó mucho, porque el que nada quería pedir y el que había rechazado un anillo, se quejaba ahora, en un cambio inesperado, de que no se le daba nada; así que mandó que le pagasen setenta coronas. Cuando el alcalde las tuvo en su poder, nos ofreció todo lo que tenía, toda clase de cumplidos y mil 'les beso las manos' y no dejaba de dar las gracias. 'No necesito los halagos de un bribón –le dijo el Príncipe–'; [...] El paso del monte le costó al Príncipe más de quinientas coronas. [...] Mas he aquí que se nos acercó entonces un noble español que, al verme, me reconoció, y preguntó: '¿No eres tú Humberto el Secretario, que rogaste a un vecino que me recibiera en su casa, allí en Heidelberg durante una estancia del Emperador, cuando no teníamos albergue y todo estaba cubierto por la nieve, como lo está ahora aquí?' y diciendo esto me abrazó, y añadió: 'Quiero corresponder en lo que me sea posible, ahora que el azar me depara esta oportunidad. Así que te ruego que vengas con tres o cuatro de tus amigos a mi hogar, donde acaso haya con qué tratarte más generosamente que en esta nieve'. [...] Mientras así hablaba [su mujer] dispuso una mesa cubierta con un limpísimo mantel y trajo los alimentos: primero una ensalada de lechuga y otros vegetales que, según nos dijo, había buscado bajo la nieve; después carne bien cocida; tras la cual vinieron unas perdices asadas, una liebre y un capón".

1539 – BARTHOLOMEO FONTANA

Peregrino italiano que reúne su experiencia de viaje a Santiago de Compostela en su libro *Itinerario o vero viaggio da Venetia a Roma con tvtte le città, Terre, & Castella...* A la vuelta de la peregrinación entra en *Nouara* (Navarra) por *Vianas*, y va recogiendo la distancia en leguas entre los distintos pueblos por los que pasa, *L'Arco dello Re*, *Lustella* (Estella), *Il Ponte della Ruina*, *Pampalona*, *Resogna* (Larrasoaña) y *El Ponte del Paradiso* (Zubiri), y el 29 de octubre de 1839 llega a ***Roncisvalle***, que sitúa en una campiña de un kilómetro cuadrado rodeada de árboles, donde sucedió la derrota y muerte de Roldán: "*È vna campagna che pò essere un mezzo miglio in circa per ogni verso, cinta tutta de monti. Quiui sucesse la rotta & morte de Palladini de Carlo Re de Fráncia*", y pasa a relatar la historia de **Roldán**. Fontana es testigo de haber visto el cuerno, la maza, la sepultura y el hospicio de Roldán: "*Nella estrem tà di questa campagna vi è da passre vno gran bosco de eccelse Arbori [...] à mano sinistra del grande altare, io vidi appesi, à certi chiodi, que sonno fitti nel muro, il Corno, che fo d'Orlando palladino, & la soa Mazza [...] A mezzo la chiesa vidi la Sepoltura, dove (per quanto mi fo detto) fo posto Orlando... A lincontro della chiesa è vno hospitale, che si chiama l'hospital d'Orlando*".

1539 – JOÃO DE BARROS:

"Cierto es que la limpia [lengua] castellana es mucho mejor que el vascuence de Vizcaya o el cecear gitano de Sevilla, las cuales no se pueden escribir".

1539 – JOÃO DE BARROS

Historiador portugués (1496-1570). Es considerado el primer gran historiador portugués. Publicó una *Gramatica* en la que dedica un parágrafo a las metátesis o transposiciones de sonidos dentro de la palabra. Cita ejemplos como *trocar torcar*, *apretar apertar*, y añade "*como os que falam* ***vasconço*** *que trocam huas leteras por outras*". En su obra *Dialogo em louvor da nossa linguagem* expone un discurso sobre las excelencias del portugués y del castellano, y los compara con la lengua vasca: "*Certo é que a língua castelhana, muito melhor é que o vasconso de Biscaia e o cecear cigano de Sevilha, as quaes nom se podem escrevar*". Otras veces, al referirse a términos científicos mal formados, dice "*que casy são hu vasconço de artes*". También habla de las dificultades que tienen en las Islas Molucas para entenderse entre ellos por los distintos dialectos, al igual que le ocurre al "*vasconço de Biscaia*".

1539 – FRANCISCO D'OLHANDA

Humanista, pintor y arquitecto portugués (1517-1584). De familia aristocrática, viajó por toda Europa, dibujando instalaciones militares a las que añadía de su propia cosecha detalles de antigüedades que se iba encontrando por el camino. Todo ello lo dejó plasmado en su libro de 1539 *Os desenhos das antigualhas que vio Francisco d'Ollanda*, en el que presenta un dibujo de las fortificaciones de **Hondarribia**.

1539 – D'Olhanda. *O cubo de Fonterabia*. Con las indumentarias *De Bayona* y *De Lepuzca* (Gipuzkoa).

1539 – FRAY ANTONIO DE GUEVARA

Escritor y eclesiástico cántabro (ca. 1480-1545). A comienzos del siglo XVI era bastante normal la equiparación entre cántabros y vascos. Pero cada uno tira para su lado y este cántabro lo refiere así en su obra de 1539 *Epístolas familiares*: "El Oráculo de los hispanos era Proserpina, cuyo templo estaba en Cantabria que agora se llama **Navarra**". Para él Cantabria llegaba hasta Navarra. O al revés. Sin embargo, no es buena la opinión que tiene de estos: "He tomado inmenso placer en saber que estáis ya bueno... y que salistes ya de Navarra; porque para mí tengo la gente de aquella tierra por peligrosa de conquistar y trabajosa de gobernar".

1540 – SCALIGERO:

"Nos reímos de los vascones porque para ellos vivir es beber".

1540 – GIULIO CESARE SCALIGERO

Médico, filósofo y humanista italiano (1484-1558). El dicho de "*Beati hispani quibus vivere est bibere*" ("Dichosos los hispanos para los que beber es vivir") es una sentencia apócrifa que se le suele atribuir a Julio César (siglo I a.C.) o al poeta bilbilitano Marcial. Erasmus ya había advertido en su obra de 1528 *De Recta latini graecique sermonis pronuntiatione* que en una región de Hispania (*Hispaniarum regione*) se confunden la *b* y la *v*: "*Interdum pro b pronuntiant v consonans, et contra, ut vivit pro bibit, et bibit pro vivit*". Poco después, Scaligero, en su libro *De causis linguae latinae libri XIII* de 1540, considerando el hecho de que los vascongados no diferencien entre *b* y *v*, crea un epigrama (una frase ingeniosa) que se podría traducir como que para los vascones vivir es beber: "*Vasconibus quoque hoc est vitium peculiare, vt eo modo pronuncient B, quo & Graecos dicimus. Itaque lusimus in eos epigrammate, vt eorum Viuere, Bibere, sit*" ("Este es también un vicio peculiar de los **vascones**, que pronuncian la b del mismo modo en que lo decimos los griegos. Por ello nos reímos de ellos [vascones] con el epigrama: su vivir es beber", o quizá mejor: "para ellos vivir es beber"). No he encontrado ninguna referencia anterior a esta cita de Scaligero, al que algunos autores (Moreri, Pierre Adam d'Origny) apuntan como autor del dicho. El hecho de ser tocayo de Julio César ha podido generar esta confusión.

1543 – FRAY ALONSO VENERO

Historiador y dominico español (1488-1565). En su *Enchiridion de los tiempos* de 1543, al hablar de los orígenes de Castilla y el idioma castellano, comenta que era muy parecido a la lengua hablada por los romanos y emparentada con ella. La larga estancia de los romanos en suelo español introdujo una nueva manera de hablar. Eso le lleva a pensar que el verdadero **idioma** de los castellanos era el que hablan los vizcaínos y que estos últimos son los verdaderos castellanos: "Yo affirmaria el lenguaje castellano de su nacimiento ser el de los Vizcaynos o bascongados".

1543 – FLORIÁN DE OCAMPO

Historiador y escritor español (1499-ca. 1558). Quien fuera cronista de Carlos I es el autor de la *Crónica General de España* del año 1543. En el capítulo X del primer libro hace mención al caldeo que trajo Tubal como primera lengua de España que ahora se mezcla con "nuestro romançe vulgar". Pretende probar que el habla pasada de los españoles nunca fue "la que los Vizcaynos agora hablan, como algunos cronistas deste tiempo tienen creydo". En el capítulo III del cuarto libro habla de "su lengua Bascuença que todos allí hablan" y comenta también que el linaje de los cántabros tomaba "buen pedaço de las provincias que llaman agora Vizcáya y Alaua".

1544 – Muflin/ Hogenberg. *Civitates Orbis Terrarum.* Bilbao.

1544 – JOHANNES MUFLIN, FRANS HOGENBERG, GEORG BRAUN

Artista flamenco, grabador flamenco (1535-1590), cartógrafo alemán (1541-1622). En 1575 se imprime en Colonia *Civitates Orbis Terrarum*, una obra editada por Georg Braun y concebida como complemento al *Theatrum Orbis terrarum* de Abraham Ortelius y que muestra ilustraciones de 546 ciudades de todo el mundo, publicada en seis volúmenes entre 1572 y 1617. Una de ellas es la de Bilbao, dibujada por Johannes Muflin en 1544 y grabada por Frans Hogenberg. El cuadro recoge los nombres de 18 lugares de la ciudad (*La Yglesia de los SS Juanes, Calsomera, S. M. de Vegoña, S. Pedro de deusto...*). También muestra con gran detalle, además de las calles, perfectamente definidas, todos sus edificios y el contexto montañoso que rodea la ciudad. Braun, canónigo de la catedral de Colonia, era el encargado de redactar los textos que acompañan a las imágenes. En el reverso hay una pequeña descripción del entorno de **Bilbao** y **Portugalete**, que describe como un gran brazo de mar: "*Elle de l'autre coste sur la marine vne petite villete nommee Portugalette, d'ouvne riuiere, ou pour dire mieux vn grand bras de mer, court non seulement iusques à la ville, mais aussi iusques dedans les maisons d'icelle*".

1546 – ADRIÁN DE AMBERES

Tipógrafo belga (ca. 1510-1568). Llegó a Navarra en 1546 para regentar la imprenta que poseía Miguel Eguía en Estella. Publicó 36 libros, un tercio de los que se imprimieron en Navarra en el siglo XVI, entre los cuales se encuentra la *Doctrina Cristiana* de Sancho de Elso, el primer libro editado en euskera en el País Vasco peninsular. Estuvo ingresado en la cárcel por imprimir bulas que concedían la indulgencia plenaria sin la preceptiva licencia del Consejo Real de Navarra. La confrontación entre Navarra y Castilla lo llevó a expedir un memorial denunciando la situación y reseñando el carácter euskaldun de sus habitantes: "Muy Ilustres, muy Reverendos, y muy Magníficos señores. Adrián de Anvers, impresor de libros vecino de esta ciudad dice, que en el reino de Castilla se ha vedado que ninguna cosa impresa en romance fuera del dicho reino de Castilla pueda entrar en el dicho reino, ni venderse; y como este reino sea tan pequeño, y la mayor parte de él sea **Bascongado**, se vende muy poco de lo que se imprime, y si no se da lugar a que se venda en Castilla, recibirá mucho daño el suplicante, y no podrá mantener su casa".

1548 – PEDRO DE MEDINA

Matemático, cartógrafo e historiador andaluz (1493-1567). Importante personalidad del renacimiento español, que escribió el *Arte de navegar*, obra pionera en esta materia. Compuso en 1549 su obra *Libro de Grandezas y cosas memorables de España* para que sirviera de guía en la descripción de los distintos reinos. Tiene un capítulo dedicado a *Asturias*, *Bizcaya* y *Guipuzcua*, y otro al *Reyno de Navarra*, del que solo cita acontecimientos históricos sobre sus reyes y la batalla de Roncesvalles. Sobre Bizkaia y Gipuzkoa ofrece algunos interesantes datos: "El señorio de Bizcaya y prouincia de Guipuzcua son assi mismo tierras de montañas de poco pan y vino en algunas partes comen pan de mijo que llaman **borona** beuen vino de mançanas que llaman **Sidra**. [...] Ay en estas prouincias mucha madera para Nauios: y assi se hacen en ellas mas naos y nauios de todas suertes que en ninguna otra parte de España la gente de estas prouincias son muy prestas belicosas son la mejor gente del mundo para sobre mar. Ay en estas Prouincias muchas venas de hierro y azero. Sacase tanto que bastece a muchos reynos". De Bilbao comenta que tiene tres cosas con las que un pueblo puede ser ennoblecido: "Assiento de tierra/ Abundancia de mantenimiento/trato de gentes y mercaderias". El pan "que llaman de **arregoriaga**" es excelente, "de tanto gusto y sabor que ninguno otro se le iguala". Describe también las fortalezas de San Sebastián y "una puente de madera muy hermosa de casi quinientos passos en largo sobre grandes pinçones de pinos y masteles altos y gruesos".

1548 – Pedro de Medina. Dibujo de *Fuente Rabia*.

1550 – BEUTER:

"[Hay] diversas maneras de hablar en Vizcaya, Álava, Guipúzcoa y Ruchonia que dezimos Navarra, que vienen a parecer casi lenguas estrañas".

1550 – PERE ANTONI BEUTER

Historiador valenciano (1490-1554). Escribió en 1550 la *Segunda parte de la crónica general de España* en la que rechaza la opinión generalizada, que imperaba entonces, de contemplar la lengua vasca como la primera de los pobladores de España. Cuenta que en el "vall del **Roncal** y de **Salazar**, vall de Escua [**Aezkoa**], vall de San Estevan [**Doneztebe**] y los contornos destos lugares [...] quedaron los christianos tan esentos de los moros como primero lo fueron de los romanos, conservando hasta hoy la lengua que antes tuvieran. No que crea yo ser aquella la lengua que usaron los hijos de Tubal...". Para él esta lengua estaría cimentada sobre aquel primer lenguaje, pero habría recogido vocablos de gentes advenedizas, quedando los diversos dialectos que hoy se aprecian, llegando a desfigurar hasta tal punto las lenguas, que comenta que hay "diversas maneras de hablar en Vizcaya, Álava, Guipúzcoa y Ruchonia que dezimos Navarra, que vienen a parecer casi lenguas estrañas". Llamar a Navarra Ruchonia, un antiguo topónimo que apenas aparece en la historia, es parte de la indiferencia que se mostraba hacia un reino que acababa de ser conquistado. Sin embargo, Beuter tampoco reconoce al idioma castellano ese título de primera lengua.

1554 – CARLOS I:

"Encontrándose Carlos 5.° en el camino a un arriero, le preguntó: Mandazaia non dic zatoz?".

1554 – CARLOS I

Rey de España (1500-1558). La figura de Carlos I nos interesa por dos cuestiones particulares. La primera de ellas es que este emperador, que reinó sobre media Europa, tuvo un capellán guipuzcoano euskaldun, Diego de Achega. En el *Compendio Historial de Guipúzcoa* (ca. 1622), de Lope Martínez de Isasti, se relata la siguiente anécdota: "Encontrándose Carlos 5.° en el camino a un arriero, le preguntó: *Mandazaia non dic zatoz?* (arriero, ¿de dónde vienes?), que le respondió: *Nafarroatic* (de Navarra); que le preguntó el Emperador: *Nafarroan garí asco?* (¿en Navarra mucho trigo?), y respondió el arriero: *bai iauna, asco* (sí señor, mucho); y concluyó el Emperador: *Nafarroan gari asco baíere batere ez neretzako* (en Navarra mucho trigo, pero nada para mí)". Es probable que sea una leyenda aceptada ya como dato histórico.

La segunda cuestión nos remite al **testamento** hecho por el rey al abdicar en favor de su hijo Felipe II y retirarse al Monasterio de Yuste en 1554. Según nos cuenta Auguste Galland (1648) en sus memorias sobre la historia del reino navarro (cap. IX) al testamento se añadió una cláusula ("En lo que toca al Reyno de Navarra nos remitimos a lo que va escrito en una hoja suelta firmada de nuestro nombre..."), que no se ha conservado con el testamento, pero que él transcribe y a la que también hace referencia Felipe II cuando otorgó testamento. En ella Carlos I expone su duda moral sobre la legitimidad de la **conquista** del reino navarro y propone la revisión del derecho: "En lo que toca al **Reyno de Navarra**, Dado que el Catholico Rey Don Fernando mi Señor y aguelo lo ganò y conquistò, y es muy verossimil, y assi lo creemos, que fue con iustas causas según la rectitud y gran conciencia de su Altessa, y la costumbre que siempre tuuo de iustificar sus cosas: y después de ganado el dicho Reyno lo tuuo y posseyò algunos años, y falleciendo lo dexò a la Reyna mi Señora y a mi como a Reyes de Castilla, y despues aca hauemos tenido y posseydo el dicho Reyno por nuestro, y con buena fee, todauia para mayor seguridad de nuestra conciencia Encargamos y mandamos al Serenissimo Principe Don Philippe mi hijo y sucessor entodos nuestros Reynos y Señoríos que haga mirar, y con diligencia examinar, y aueriguar ellas, y sinceramente si de iusticia y raçon sare obligado a restituir el dicho Reyno, o en otra manera satisfacer o recompensar a persona alguna: Y lo que assí fuere hallado, determinado o declarado por iusticia, si cumpla con effecto por manera que mi anima y conciencia sea descargada". Las dudas de Carlos I sobre los derechos de conquista de las Indias quedaron también plasmadas en la Junta de Valladolid de 1550, en donde se reivindicaron derechos de propiedad indígenas. Las ordenanzas de Felipe II del 13 de julio de 1573 declaraban sobre los indios: "ni les tomen contra su voluntad cossa suya sino fuese por rescate o dandoselo ellos de su voluntad".

1555 – HERNANDO DE ARAGÓN:

"Y confinando con ellos que no hay sino el río en medio, como aún en lo bajo: Sangüesa vizcaíno, Sos aragonés, y así hasta Tudela".

1555 – HERNANDO DE ARAGÓN

Historiador, arzobispo de Zaragoza y virrey de Aragón (1498-1575). En su *Historia de Aragón* dedica un apartado a describir las lenguas de Aragón y de los reinos vecinos. Asegura que la *lengua vizcaína o* ***bazcongada*** era el idioma propio de Navarra, Vizcaya (por Euskadi) y Tierra de Vascos (por Iparralde). El arzobispo pretende dejar clara cuál es el área del dominio del aragonés y señala una distinción lingüística entre la Navarra de habla vizcaína y Aragón. El río Aragón marca el límite oriental del vizcaíno: "Por el de Aragón por lo alto de los Pirineos baxando asta Sangüessa, Marcilla, Villafranca y a Milagro y da en Ebro antes de llegar a Tudela, divide y a dividido siempre a Navarra, Cantabria, Vizcaia y Vazcos. [...] Y confinando con ellos que no ay sino el río en medio, como aun en lo baxo: **Sangüesa vizcaíno**, Sos aragonés, y assí hasta **Tudela** hablan aragonés".

1555 – CONRAD GESSNER

Naturalista y bibliógrafo suizo (1516-1565). Fue un reconocido botánico pionero en ámbitos como la zoología moderna o la clasificación bibliográfica de los libros, e inventor del lápiz de grafito. En 1555 escribió *Mithridates. De differentiis linguarum tum veterum tum quae hodie apud diversas nationes in toto orbe terrarum in usu sunt*. Es una relación de lenguas en la que figura una pequeña entrada con el nombre de *Vascones* dedicada al **euskera** como idioma difícil y extendido por el Pirineo: *"Gallos audio in quadam parte Vasconiae, in collibus qui à Pyreneis extenduntur, propriam omnino linguam loqui"*.

1559 – ANÓNIMO ESPAÑOL

En 1559 se imprime en Lovaina, por parte de Bartolomé Gravio, la *Gramatica de la lengua vulgar de España*, un texto anónimo que estudiosos como Amado Alonso juzgan como bastante mediocre. Distingue en la península cuatro lenguas, por este orden: "Quatro son, i mui diferentes entre si, los lenguajes, enque hoy dia se habla en toda España: Al primer lenguaje llaman **Vazquense**, que es la lengua de Viscaia, dela Provincia, i de Navara; tiene su origen esta lengua, i reconosce por madre ala **lengua Caldea**, según dizen los dotos que la entienden: es mai notorio (como paresce alos mas graves varones) que esta es la mas antigua lengua entre todas las otras, que se hablan por toda España en este tiempo". A continuación enumera la Araviga, en tercer lugar la Catalana y, en cuarto, la Lengua Vulgar de España.

1560 – ANÓNIMO:

***"Hauia mil y quinientas luminarias, de arte que la noche parescia dia"* (castillo de Olite).**

1560 – ANÓNIMO ESPAÑOL

Un manuscrito de 1560 refiere la *Relacion de la entrada de la Sacra Catholica Real Magestad de la Reyna nuestra señora en España*, comenzando así un relato que llevó a la reina de España por tierras navarras, para visitar Roncesvalles, Pamplona, Olite y Tudela: "El miercoles a los tres de Enero de mil y quinientos y sesenta/ a la hora de las nueve llegaron a Ronces Valles...". La expedición se convertiría en un continuo besamanos, por el que pasarían un largo listado de nobles navarros y españoles: *el conde de Vreña, el duque de Najara, el heredero del marques de los Velez, el cardenal de Mendoza, el duque del Infantazgo, marquesa de Cortes, madama de los Rios...* Solo uno de ellos mereció una despedida a la altura de su categoría "besandolo en la boca": "el rey Antonio principe de Bearne". En **Olite** se deleita con las comodidades que se le ofrecen en el Castillo: "Passado todo esto ya que la luminaria por ser de noche estaua encendida/ su magestad quiso holgarse con vella/ y assi salio por la sala de los Angeles y la vido, de que rescibio muy grande contento. Hauia mil y quinientas luminarias, de arte que la noche parescia dia. En todos los passadizos infinitas hachas, unas en blandones, otras en otros ingenios. [...] Fue tan sumptuosa/ y tan cumplida la cena, que ni faltaua diuersidad de vinos/ carneros/ perdizes/ conejos/ liebres/ terneras/ gallinas de las indias/ corços/ ciervos/ jaualines/ capones/ gallinas/ y tanta diuersidad de viandas/ que por no ser fastidioso ni prolixo/ dexo de contallos".

lhederão os Castelhanos. E el rey seria de xvij. annos, & era aluo & gẽtil homẽ: estaua vestido muy ricamẽte, & tinha grãde magestade & estado, estaua acõpanhado de seus jrmãos, & de muytos mandarins. E como se criara cõ os Castelhanos sabia bem a sua lingoa: & Bizcainha, & Portuguesa; & prezauase muyto de as falar. E

1561 – Fernão Lopes de Castanheda. El rey de Tidore, en Indonesia, se preciaba de hablar la lengua vizcaína.

1561 – FERNÃO LOPES DE CASTANHEDA

Historiador portugués (ca. 1509-1559). Acompañando a su padre en el Lejano Oriente, reunió gran cantidad de información sobre los sucesos de la invasión portuguesa, para publicar después, en varios tomos, la historia del descubrimiento de la India por los portugueses. En el capítulo XXXVIII del octavo libro (*Ho Octavo liuro da historia do descobrimento & conquista da India pelos Portugueses*) cuenta que, en medio de la contienda entre los reinos de España y Portugal por hacerse con el mercado de las especies en el Lejano Oriente, los portugueses mandan a un emisario, *Luys dandrade*, a reunirse con el rey de Tidore, en las Islas Molucas de Indonesia, haciéndole este un solemne recibimiento. Castanheda comenta entonces que el rey, habiéndose criado con los castellanos, sabía no solo su lengua, sino también la **lengua vizcaína** y la portuguesa, preciándose mucho de poder hablarlas: *"E el rey seria de xvij. annos, & era aluo & gentil home: estaua vestido muy ricamente, & tinha grade magestade & estado, estaua acompanhado de seus jrmanos , & de muytos mandarins. E como se criara con os Castelhanos sabia bem a sua lingoa: & Bizcainha, & Portuguesa: & prezauase muyto de as falar"*.

1562 – FRANÇOIS DESERPS

Ilustrador francés (1525-1580). En 1562 Richard Breton imprime la primera publicación francesa dedicada a la etnografía y el costumbrismo. La obra, que está dedicada a Enrique IV de Navarra, es una colección de ilustraciones de **trajes populares** dibujadas por Deserps (que ya había trabajado con Rabelais en 1534) y llamada *Recueil de la diversité des habits qui sont de présent en usage tant ès pays d'Europe, Asie, Affrique et illes sauvages, le tout fait après le naturel*. La información la recogió de viajeros que habían recorrido el mundo y mostraba clérigos, soldados, aristócratas y campesinos con su ropaje habitual, además de peculiares imágenes de monstruos de todos los continentes. El libro va presentando indumentarias de los distintos países del mundo y, tras mostrar las de Hungría y Moscú, agrupa cinco retratos de vestimentas bayonesas, vizcaínas y navarras (como si constituyeran un grupo propio), antes de pasar a reproducir las españolas. En uno de los retratos muestra a una bayonesa con el atuendo del luto familiar y en otro a una vizcaína con un traje que dice ser poco conocido, comentando en tono jocoso: "La vizcaína que aquí aparece por la costumbre de ir rapada parece que no teme al frío". Algunas fuentes atribuyen los dibujos de esta obra al grabador italiano **Enea Vico** (1523-1567).

1562 – Deserps. Traje de vizcaína.

1562 – BARTOLOMÉ DE LAS CASAS

Filósofo, historiador y sacerdote español (ca. 1474-1566). Testigo presencial de muchos de los acontecimientos del descubrimiento de América, sus escritos relatan las primeras colonizaciones del Caribe y las atrocidades que allí se cometieron contra los indígenas americanos. En 1562 termina de escribir su magna obra *Historia de Las Indias*, en cuyo capítulo 86 del libro II narra las vicisitudes de los 39 marinos que hubieron de quedarse en la isla **La Española** en 1492, tras naufragar la nao Santa María. Cuando Colón arribó a las costas en su segundo viaje se encontró con que la fortaleza había sido quemada. La culpa parece haber sido de los **vizcaínos** que dividieron el grupo en dos bandos. El hermano del rey Guacanagari dijo que "luego que el Almirante se partió dellos, comenzaron entre sí á reñir é a tener pendencias, y acuchillarse, y tomar cada uno las mujeres que queria y el oro que podia haber". Según el relato "juntáronse ciertos vizcainos contra los otros, y ansí se dividieron por la tierra, donde los mataron por sus culpas y malas obras". Comenta después que "si no exacerbaran los vecinos, tomándoles sus mujeres, que es con lo que más se injurian y agravian, como donde quiera, nunca ellos perecieran".

1562 – NICOLAO LANDUCHIO

Escritor italiano. Importante la aportación que nos hace este escritor oriundo de Lucca, en la Toscana, que se dedicó a la labor de elaborar diccionarios y que redactó el primero conocido del **euskera**, *Dictionarium linguae cantabricae* (*Bocabularioa ezqueraz jaquiteco eta ezqueraz verba eguiteco*). No fue publicado hasta 1958 por Agud y Mitxelena y recoge seis mil términos del vocabulario del dialecto alavés, hoy desaparecido. Sus informantes, según se deduce del manuscrito, parece que fueron tres, de los cuales dos delatan una importante influencia del castellano, ya que aportan gran cantidad de romanismos. Aparecen también, sin embargo, arcaísmos que no se registran en ningún otro dialecto vasco. El manuscrito se conserva a día de hoy en la Biblioteca Nacional de Madrid.

1563 – JERÓNIMO ZURITA

Escritor e historiador aragonés (1512-1580). Cronista mayor del Reino de Aragón y fiel súbdito de su rey Fernando, Zurita es un historiador sobrio que dedicó su jubilación a completar los *Anales de la Historia de Aragón*, cuyo primer tomo aparece en 1563. En ellos (libro X, cap. VIII-X) nos describe los sucesos que tuvieron lugar con motivo de la **conquista de Navarra** por Fernando el Católico. Zurita nos explica que la intención de este para poder pelear con cierta seguridad contra Francia era, con respecto a Navarra, que "entregasse a voluntad del Rey Catholico las fortalezas de Estella, Maya [Amaia], y Sant Ioan [de Pie de Puerto], [y] a tres personas del reyno de Nauarra" como garantía y que "ambos Reyes [de Castilla e Inglaterra] le darian toda la seguridad, en lo que tocaua a su estadio de Nauarra". Pero Juan de Labrit no se rebaja y contesta que "ya estaua el Marichal en la corte del Rey Catholico con poderes bastantes, para dar la [garantía] que conuiniesse". El rey Fernando, sin embargo, no quiere descubrir sus cartas al Mariscal, mostrándose complaciente con las seguridades que le ofrecía el Rey navarro y así poder pillar a los adversarios de la Iglesia desprevenidos: "Y en este medio entretenia el rey al Marichal de Nauarra: mostrando satisfazer se de las seguridades que se le offrecian: porque en algo se descuydassen los aduersarios de la Iglesia". La conquista se consuma a partir del 21 de julio y el Duque de Alba envía una carta al parlamento navarro indicándole las razones de una movilización que en principio no parecía que tuviera una intención conquistadora, sino de ocupación momentánea para la tarea que tenían impuesta de guerrear contra Francia, "en fauor de la causa de la Iglesia, y en destruycion, y dissolucion de la cisma", asegurando que si el rey navarro no lo permitía "le era licito entrar, por qualesquier tierras que conuiniesse, para proseguirla, deliberaua entrar con mano armada". Algo más tarde aparece su estudio de 1578, publicado en 1683 a título póstumo, *Descripción de la* ***Cantabria*** *y de sus verdaderos límites*. Después de que los llamados apologistas vascos (Esteban de Garibay y Andrés de Poza) hubieran tratado de extender la idea de la identificación y equiparación histórica de Cantabria con las provincias vascas, Zurita se presenta como la primera figura que, de manera rigurosamente científica, pretende deshacer el tópico de que la Cantabria que se defendió contra Roma era la de las provincias vascas. En los *Anales* comenta que el rey don Sancho Abarca conquistó "el ducado de Cantabria que es tierra muy áspera y montañosa por las riberas de Ebro arriba hasta su nacimiento; y sujetó toda la tierra que entonces decían de vascos" (seguramente se refiere al País Vasco continental). Cuenta además la anécdota del Gran Capitán Gonzalo Fernández de Córdoba (1501) que en el año 1501 se las tuvo que ver en Sicilia con gente vizcaína a los que no conseguía contener y "solía decir, que mucho mas quisiera ser Leonero, que tener cargo de aquella Nación".

1565 – JOUAN:

"Las muchachas van rapadas a la moda vasca".

1565 – ABEL JOUAN

Es el autor de la crónica del viaje del rey Carlos IX por distintas regiones de Francia, *Recueil et discours du voyage du roy Char-*

les IX. A su llegada a Baiona contempla unas dantzaris "…en **San Juan de Luz**, se distraía viendo bailar a las muchachas que van rapadas a la **moda vasca** [*les filles à du pays la mode de Basque, qui sont toutes reston tondues*], las que no son casadas y tienen todas y cada una un tamboril [*chacun vn tabourin*] a manera de cedazo, en el cual hay muchos cascabeles [*sonnetes*, la pandereta] y bailan un **baile** que llaman 'Canadelles' y otro 'le Bendel'", danzas hoy desconocidas entre nosotros. Llega hasta *Fontarabie*, "*qui est vne belle & forte ville*", para entrevistarse con el rey de España.

1565 – Anónimo italiano. Detalle del tapiz de la escenificación de la caza de la ballena en Baiona, que en 1581 elabora el artista flamenco Lucas de Heere.

1565 – ANÓNIMO ITALIANO

Se publica en Génova un cuadernillo que relata el recibimiento que le hicieron los reyes de Francia a la reina de España en Baiona en 1565, organizando un tipo de exhibición que estuvo muy de moda por aquella época y que se estructuraba como un espectáculo de **comedia musical** bailada, al que el País Vasco tenía mucho que aportar, dada su reconocida afición al baile. El libreto lo define así: "*Li grandissimi apparati e reali trionfi fatti per il re & regina di Franza nel la città di Baiona, nell'abboccamento della regina catholica di Spagna: doue si narra l'honoratissimo accetto, il combattere uno castello incantato, combattimenti in mare, uccisione d'una balena & altri mostri marini, combattimenti a campo franco, con ninfe, soni & canti, & un castello che andaua da se stesso, & altre cose, come legendo intenderete*". El torneo-mascarada consistía en un combate sostenido por un grupo de caballeros que atacaban gigantes y diablos para liberar dos doncellas que retenían cautivas. Sobre el cauce del Adur, un desfile de personajes, ballenas, tortugas, tritones y caballos, acompañados de Neptuno, avanzaban acarreando sirenas que entonaban cantos en honor al rey. El ilustrador francés Antoine Caron (1521-1599) pintó en 1573 la escenificación de la caza de la ballena que tuvo lugar en Baiona con motivo de esta exhibición ante los reyes en 1565 y que posteriormente fue plasmada en un hermoso tapiz de la escuela flamenca, elaborado por Lucas de Heere (1534-1584).

1568 – BERNAL DÍAZ DEL CASTILLO

Conquistador español (1496-1584). Participó en la mayoría de los acontecimientos de la conquista de México y para 1568 tenía concluida su obra *Historia verdadera de la conquista de la Nueva España*, en cuyo capítulo CXV se refiere la conversación entre Moctezuma y Hernán Cortés sobre las guerras internas habidas con otros conquistadores como el castellano Pánfilo de Narváez. Los **vizcaínos** y su "enrevesada" **lengua** vuelven a jugar un importante papel. Moctezuma le advierte que estos son gentes que vienen huyendo de Castilla, de su rey y señor, y que les vienen a prender o a matar. A lo que Cortés le contesta que "Nuestra Señora Santa María, su bendita Madre", les dará fuerzas, algo que no ocurrirá con ellos, "pues que son malos é vienen de aquella manera". Y habla entonces de la diversidad de gentes que hay en el reino: "É que como nuestro Emperador tiene muchos reinos é señoríos, hay en ellos mucha diversidad de gentes, unas muy esforzadas é otras mucho más, é que nosotros somos de dentro de Castilla, que llaman Castilla la Vieja, é nos nombran por sobrenombre castellanos; é que el capitan [Narváez] que está ahora en Cempoal y la gente que trae que es de otra provincia que llaman Vizcaya, é que tienen la habla muy revesada". Le aclara entonces a Moctezuma que no tenga pesar por su partida "que presto volveriamos con vitoria", trayendo a los vizcaínos como presos.

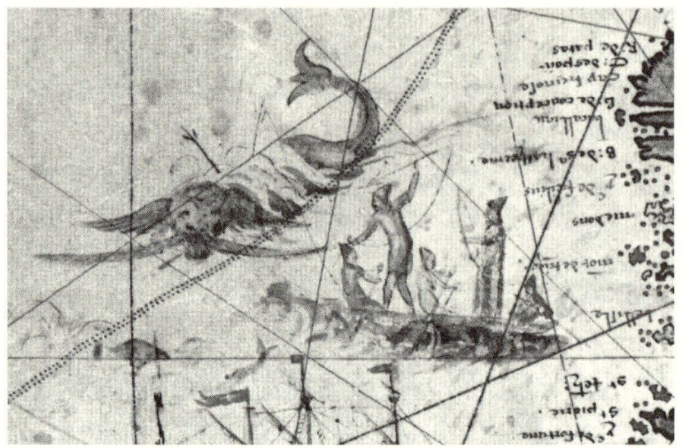

1570 - Souza. Detalle de mapa de la zona de Terranova de Pierre Desceliers de 1546, con una escena de la caza de la ballena junto a una isla llamada *bacalliau.* Los vascos son los únicos en Europa que llaman así al bacalao.

1570 – FRANCISCO DE SOUZA

Navegante portugués. En su libro *Tratado de Ilhas Novas E Descobrimento Dellas E Outras Couza* narra el episodio de ciertas naves portuguesas que se extraviaron hacia 1520 y que fueron vistas por unos vizcaínos que habían rescatado algunas pertenencias de la costa: "*Haverá 45 annos ou 50 que de Vianna se ajuntarão certos homens fidalgos, e pela informação que tiveram da terra Nova do Bacalhão se determinaram a ir a povoar alguna parte d'ella, como de feito foram em uma náo e uma caravella, e, por acharem a terra muito fria, donde ião determinados correram para a costa de Leste Oeste té darem na de Nordeste–Sudoeste, e ahi habitaram, e por se lhe perderem os Navios não houve mais noticia d'elles sómente por via de* ***Biscainhos****, que continuam na dita Costa a buscar e a resgatar muitas coisas que na dita Costa há*".

1572 – VENTURINO:

"En Vitoria [...] la plebe habla vizcaíno o vascongado, como se dice, una lengua que es dificilísima de aprender, si bien los nobles también hablan el castellano con claridad".

1572 – GIOVANNI BATTISTI VENTURINO

Viajero italiano que acompañó al cardenal Alessandrino Michelle Bonelli a una boda en Portugal. En su obra *Del viaggio fatto dall'illmo. Et revmo. Card. Alessandrini Legato, Apostólico alli Serenissimi Re di Francia, Spagna et Portogallo, con le annotazioni delle cose principali della cittá, terre e luoghi* narra cómo entran por Pancorbo el 19 de enero de 1572 y que en Gasteiz plebe y nobleza hablan **euskera**, mas solo los últimos se entienden en castellano: "*E* ***Vittoria*** *[...] le persone plebee in essa parlano Biscaino ò Bascongado, come dicono, che é difficiliss[im] a lingua d`apprendere, se bene li nobili parlano chiaramente Castigliano*". "Esta ciudad está situada en un lugar muy elevado y es de forma casi alargada; a la entrada tiene una espaciosa plaza de mercado y un hermoso hospital. Tiene diez mil hogares, sus calles están adoquinadas, y la ciudad es hermosa, limpia y llena de artesanos; tiene una muy buena armería pública con muchos hombres, en la que se trabajan buenos coseletes de Placencia, villa vizcaína que se encuentra cerca. [...] Desde Salamanca hasta aquí he encontrado el país, más cultivado, más alegre, más habitado y con más arbolado que en Castilla, con casi todos los caminos nivelados, si bien en algunos lugares tenían fango: para ser el Camino Real de la posta, los alojamientos han sido malos". A su paso por Gipuzkoa señala que es un país agradable, bien trabajado, con pueblos de casas de fachadas blancas y excelentes vistas. Desde **Tolosa** hasta **Donibane Lohizune** las casas son de madera de roble, puesto que hay grandes robledales. La gente le pareció educada y acogedora. Los hombres siempre visten pequeños gorros rojos que ellos llaman *kapellue*, largos ropajes y chaleco corto. Son fuertes, bien constituidos y de cinco pies de altura. Las mujeres llevan corsés cortos amarrados con tiras y hebillas. En la cabeza llevan una especie de turbante para no pasar frío, ya que llevan el pelo muy corto. Apunta un pequeño vocabulario (*Acha*, *Amma*, *oghia*, *Araghia*...) y frases como *Sancho'a laguzzoia* (*Jainkoa lagun deizula*).

1572 – LUÍS DE CAMÕES

Escritor y poeta portugués (ca. 1524-1580). Autor de *Os Lusíadas*, la obra es una epopeya en verso, obra cumbre de la literatura portuguesa, que trata sobre la primera expedición de Vasco de Gama a Oriente. El autor anota en ella la opinión general con la que se identifica a los vascos, personajes irascibles que soportan mal las injurias recibidas por extraños: "*Tambem movem da guerra as negras furias,/ A gente* ***Bizcainha****, que careçe/ De polidas razões, e que as injurias/ Muito mal dos estranhos compadeçe*".

1573 – AMBROSIO DE MORALES

Humanista e historiador español (1513-1591). En su obra *La corónica general de España* Morales intenta corregir la aceptada idea de identificar **cántabros** con **vizcaínos** (en el sentido de vascos), pero al final reconoce esta equiparación en varias partes de su relato. Se hace eco del pasaje del griego Estrabón (s. I a.C.) en el que habla de la dificultad de transcribir los nombres de la costa cántabra, dando por hecho que se refiere a la costa de Vizcaya. Aporta un pequeño vocabulario de palabras de las antiguas lenguas de la Península que para él nada tienen que ver con la de los vizcaínos: "No tienen buen fundamento los que quieren decir que la lengua que los vizcaínos agora tienen y llaman **vascuence** fue la común antigua de toda España".

1574 – LAMBERTO WYTS

Natural de Mechelen, en Flandes, Bélgica. Acompañó a la reina Ana de Austria en un viaje a España. En un libro de 1864 encontrado por García Mercadal (1927) en la Librería Nacional de Viena (*Notice des manuscrits concernant l'histoire de la Delgique qui existent à la Biliothèque imperiale*) Wyts habla sobre el peinado de las muchachas vascas: "Van las **mozas** en esta tierra, hasta que se casan, con el pelo cortado, dejando solo para adorno algunas mechas". En cuanto a las **mujeres**, comenta: "Envuélvense la cabeza en un lienzo casi a la morisca, pero no en forma de turbante, sino de capirote, con la punta doblada, haciendo una figura que semeja el pecho, el cuello y el pico de una grulla".

1577 – JOST AMANN, HANS WEIGEL

Amann y Weigel (1539-1591, ?) completaron un libro de **indumentarias** típicas de Europa, *Habitus praecipuorum populorum tam virorum quam foeminarum singularis farte depicti*. La imagen número 55 se corresponde con una pareja de jóvenes solteros vizcaínos. La muchacha lleva el tocado típico de la época: pelo corto y trenzas. Incorporan también las imágenes de un campesino con su ballesta y una campesina con su cofia a manera de cornucopia que utiliza en los días festivos.

1577 – Amann/Weigel. *Mozo y moza de Vizcaya: "los mozos y mozas/ que viven fuera del matrimonio/ llevan estos trajes/ cuando se conducen con vanidad y ostentación".*

1580 – MICHEL DE MONTAIGNE

Filósofo y político francés (1533-1592). Fue un reconocido humanista que necesitó de 30 años para recoger todo su ideario en su principal obra, *Essays*: "Quiero que se me vea en mi forma simple, natural y ordinaria, sin contención ni artificio, pues yo soy el objeto de mi libro". Dedica un par de citas a los vascos: "No es solo entre los vascos que las **mujeres** se encuentran más bellas con las cabezas rapadas [*non seulement en Basque les femmes se trouuent plus belles la teste rase*]". Aunque no lo relaciona directamente con las vascas, recoge la "extravagante" tradición del tocado corniforme: "Esa larga cola de terciopelo plisado que cuelga de la cabeza de nuestras mujeres con su abigarrado aparejo, y esa vana e inútil pieza que toma la figura de un miembro que no podemos nombrar decentemente, pero del que hacemos alarde y ostentación en público". Hace una comparación un poco desafortunada sobre el **euskera**, que en aquellos tiempos tenía fama de incomprensible, para justificar la difícil comunicación

1580 – Montaigne. El dibujo de Weiditz (1528), *Así van las mujeres ricas en Vizcaya,* ilustra muy bien el tocado femenino que describe Montaigne: *"Esa vana e inútil pieza que toma la figura de un miembro que no podemos nombrar decentemente, pero del que hacemos alarde y ostentación en público".*

con los animales: "*Nous ne comprenons pas non plus ni les Basques, ni les Troglodytes!*". Y habla también sobre la popular fama de ***korrikalari*** incombustible: "Ordénele beber agua a un bretón de setenta años; encierre en una estancia a un marinero; prohíba que camine a un lacayo vasco [*deffendez le promener á vn laquay Basque*]; les privarán de movimiento y, en fin, del aire y de la luz".

1580 – LUPOLD VON WEDEL

Escritor, militar y terrateniente alemán (1544-ca. 1612). Participó en campañas de guerra contra los turcos y en las guerras de religión francesas y realizó viajes por Europa, recalando en España en 1580. En 1895 se compilaron todos sus manuscritos bajo el título de *Beschreibung seiner Reisen und Kriegserlebnisse* (*Descripción de sus viajes y experiencias bélicas*). Llega a Baiona el 1 de agosto de 1580. De ahí pasa a *Zinjoandilus* (San Juan de Luz) "que dista dos millas de la frontera española [*der spanischen Grenze*], llamada en el lugar País Vasco o Vizcaya [***Landes Baska*** *oder Buschaie*], [...] hablan un **idioma** que los franceses no pueden entenderles". Comenta que tienen trigo, un vino bueno pero algo fuerte y muchas manzanas y bayas. El día 3 pasa la frontera del Bidasoa ("*ein Wasser Lepasse genant*"), llega a Irun (*Herung*). Le ponen pegas para entrar (hay guerra en Francia), pero le revisan y le dejan continuar hacia Rentería (*Runtering*). Embarca por un canal habitado a ambos lados (quizá Pasaia) y se dirige hacia Donostia (*Sanbastian*) donde contempla el castillo que protege la ciudad. Atraviesa Hernani, Tolosa, Ordizia y Segura, y antes de llegar a Alegría tiene que cabalgar ascendiendo una alta montaña "y cuando llego a la cumbre hay un agujero en mitad de la montaña, [...] la gente está convencida de que ha sido *Sebastianus* el que lo ha excavado con sus propias uñas". Llegando a Gasteiz hace una interesante descripción del trabajo de la **trilla**: "Depositan el cereal en un círculo en la tierra, colocan una tablas sobre otras como un trineo de madera, un poco levantado por delante, atravesado de agujeros con afiladas puntas como un puñal, y tiran de ello dos caballos o bueyes, se sienta un muchacho o un niño encima y lo empujan hasta que el grano y la paja están partidos y separados, después de lo cual lo amontonan y avientan hasta que la paja se vuela y solo queda el grano".

1582 – MIRANDA:

"En toda España, los niños [...] las primeras palabras que hablan son tayta, que assi llaman al padre".

1582 – FRANCISCO DE MIRANDA VILLAFAÑE

Chantre, soldado y escritor español (?-1589). En 1582 publicó en Salamanca *Dialogos de la Phantastica Philosophia, de los tres en un Compuesto, y de las Letras, y Armas, y del Honor, donde se contienen varios y apazibles subjectos*. En el *Dialogo Quarto* se queja de los doctores que dicen que quien no sabe gramática o griego no sabe nada, como si ello fuera una ampolla "que se lo beuiesse en vn momento como si fuesse xaraue". Y de ahí pasar a departir sobre la **lengua vizcaína**: "Dicen que es lengua que no se puede escreuir, y que no la habla jamas sino el que nasce en aquella prouincia. Mucho desseo saber donde tomo fundamento esta lengua Vizcayna, o Vizcuença, o como la llaman?". Comenta que lo de este lenguaje es un misterio, sobre todo el hecho de ver que, en toda España, los niños, desde su nacimiento, "traen esta lengua en los labios, porque las primeras palabras que hablan son tayta, que assi llaman al padre, y mama a la madre, que son vocablos de la lengua vascongada, en el cual al padre llaman ayta y a la madre ama", añadiendo a continuación que estos mismos niños cuando quieren hacer evacuacion dicen caca, "que assi llaman al estiercol del hombre". La lengua, dice, "se ha conseruado en aquellas prouincias, desde el Patriarcha Tubal". Pero lo más llamativo de todo sea quizá que en la edición francesa de 1587 traducen lengua vascongada como *langue nauarroise*. Los términos *vascongado* o *vizcaíno* toman fuerza del lado español, mientras del francés todavía se insiste en resaltar la voz de Navarra.

1584 – LUCAS JANSZOON WAGHENAER

Cartógrafo holandés (ca.1534-1606). En 1584 publica una exhaustiva **carta náutica** de título *Spieghel der Zeevaerdt, van de navigatie der Westersche Zee, Innehoudende alle de Custe va Vranckrijck, Spaignen en 't principaelste deel van Engelandt*, que presenta ilustraciones de los mares del Sur que incluyen la costa de Francia, España y la parte principal de Inglaterra. En ella dibuja (junto con Ioanes Doetecum) un mapa del *Mare Hispanicum*, que se extiende desde Arcachon hasta la parte de Bizkaia, que llama *tlandt von Biscaien* y *Biscaiae pars*: "Mapa de la costa marítima de Arcachon y Vizcaya [*Carte vande See Custen van Acason and Biscaye*]". Deja constancia retratada de las **ballenas**, por haber sido estas aguas el principal foco de la pesca de este mamífero a nivel mundial. Sobre la parte superior se muestra el relieve de la costa, para una mejor identificación de los paisajes desde alta mar. Del mapa, que obtuvo un gran éxito, se hicieron varias ediciones posteriores. En un mapa anterior de 1583 extiende la región de Bizkaia hasta Santander.

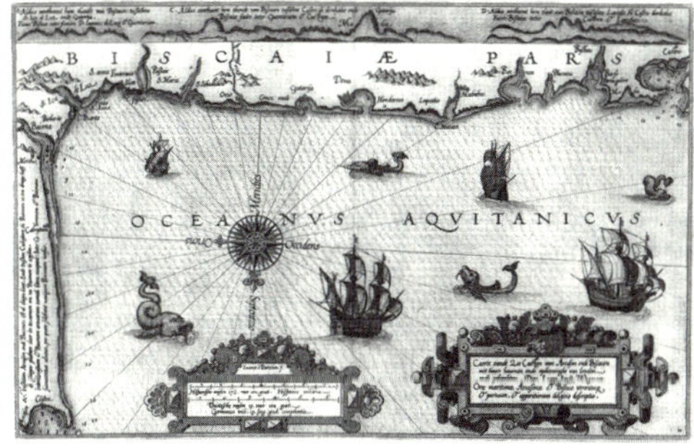

1584 – Waghenaer. Carta náutica del *Mare Hispanicum* con la región de Bizkaia.

1586 – ALFONSO RODRÍGUEZ DE GUEVARA

Médico andaluz (1520-1587). Es el autor de *Fundacion, y antiguedad de España, y conservacion de la nobleza de **Cantabria***, publicado en Milán en 1586, obra en la que se reafirma en la idea que se tenía entonces de la equiparación de cántabros y vascos, tomando como base de la argumentación la conservación del vascuence, la lengua primigenia de España. "Los guipuzcoanos todos son cántabros superiores, porque es toda una gente, una nación, una lengua, una antigüedad, y una nobleza y un valor".

1586 – WILLIAM CAMDEN

Historiador inglés (1551-1623). Fue el autor de *Britannia*, la primera descripción topográfica de Gran Bretaña, publicada en latín en 1586. En ella se hace primero eco del relato de Huntingdon (1154) donde asegura que **na-**

varros y britanos tienen el mismo origen, para pasar después a comentar que cántabros y britanos hablan la misma lengua: "*...(ut taceam Cantabros, qui angulum etiam inter Celtiberos insederunt) qui, ut unius originis, unius ita linguae, cum nostris Britannis fuere*".

1587 – MINUT:

"Llevan en la parte superior de su peinado [...] el instrumento de la conexión que se hace del hombre con la hembra para la procreación del género humano".

1587 – GABRIEL DE MINUT

Caballero francés, barón de Castéra. En su obra sobre la belleza *De la Beaute*, en el capítulo XXVII hace mención del **tocado femenino** corniforme utilizado en la época por las mujeres vascas. Es, tras Montaigne, el segundo escritor que lo asocia con la imagen de una representación fálica: "Esas burguesas más distinguidas de la ciudad de Bayona en la tierra vasca [*terre basque*], las cuales, para estar bien vestidas, llevan en la parte superior de su peinado, en lugar de alguna torrecilla hermosa y rica, la figura de aquello que los antiguos romanos solían definir como presidencia de los jardines, el instrumento de la conexión que se hace del hombre con la hembra para la procreación del género humano".

1587 – GABRIEL SOARES DE SOUSA

Explorador y naturalista portugués (ca. 1540-1591). Es el responsable del primer gran tratado que se escribió sobre Brasil, *Tratado descritivo do Brasil*, escrito en 1587. Describe en él la bahía de *Todos os Santos*: "*Quando estas baleias andam na Bahia acompanham-se em bandos de dez, doze juntas, e fazem grande temor aos que navegam por ela em barcos, porque andam urrando e em saltos, lançando a água mui alta para cima; e já aconteceu por vezes espedaçarem barcos, em que deram com o rabo e matarem a gente deles*". Y añade entonces una coletilla que alude a la fama de los vizcaínos (entendidos como vascos) en el arte de la pesca de la **ballena**: "*Se a Bahia forem biscainhos* [si en la bahía hubiera vizcaínos]".

1587 – AGUSTÍN:

"Se entiende en aquel su lenguaje barbaro, y como no tienen libros ni otras memorias escritas en aquella lengua, mal se puede saber la verdad de donde vino".

1587 – ANTONIO AGUSTÍN

Eclesiástico y humanista aragonés (1517-1586). Este arzobispo de Tarragona, un estudioso de las antigüedades de España que brilló también como filólogo, deja nota en su libro de 1587 *Diálogos de medallas, inscripciones y otras antigüedades* de que ahora "en Francia no entiendo que haya lengua muy differente de la comun, sino es la de los Bretones, y la de los Vascos". Aclara que la de los Bretones debía ser una lengua forastera que pasó de Inglaterra, a la que antiguamente se le decía Britannia, "y la de los Vascos es el **Vascuence** de Nauarra, y Vizcaya. [...] El Vascuence es la lengua antigua de España, ò la de Francia, ò la de Tubal quando vino à poblar à España, y à Francia? Quien puede afirmar esso ni essotro?". Se muestra entonces prudente al comentar que los vascos de Francia y España se entienden en "su lenguaje barbaro", y que "como no tienen libros ni otras memorias escritas en aquella lengua, mal se puede saber la verdad de donde vino".

1588 – RICHARD WHITBOURNE

Navegante y escritor inglés (1561-1635). En el cuarto volumen (libro X, capítulo VIII) de la monumental obra de Samuel Purchas (ca. 1575-1626) de 1625 *Purchas his Pilgrimes*, aparece publicada la crónica de este autor titulada *Voyages to New-found-land, and observations there, and thereof; taken out of his Printed Booke*. En ella relata lo siguiente: "Mi primer viaje a **Terranova** lo emprendí hace unos cuarenta años [el relato es de hacia 1616 y se puede situar en la década de los 80 del siglo XVI]. [...] Nos encontrábamos anclados en la Gran Bahía [*Grand Bay*] (que se halla en la zona norte del país), preparados para tratar entonces con la gente salvaje (para la que llevamos diversos productos) y para matar ballenas y producir aceite [*Train oyle*], tal y como lo hacen los **vizcaínos** [*Biscainers*] anualmente en gran abundancia". Comenta de los naturales del lugar que son toscos y salvajes y "que viven todos juntos en la zona norte y oeste del país, apenas frecuentada por los ingleses; pero los franceses y los vizcaínos (que recalaban allí para la caza de la ballena y también del bacalao) declaraban que eran un pueblo ingenioso tratable (de buenas costumbres), y que estaban listos para emplearlos con gran trabajo y paciencia en la matanza, disección y cocción de las ballenas; y producir el aceite de ballena sin esperar otra recompensa que un trozo de pan o una retribución parecida".

1589 ca. – THOU:

"Si viéramos gente en otra parte vestidos de esta manera, uno pensaría que se habrían disfrazado así a propósito para hacer reír a la gente en un teatro o para ir enmascarado".

1589 ca. – JACQUES AUGUSTE DE THOU

Historiador, escritor y político francés (1553-1617). Las *Mémoires de la vie de Jacques-Auguste de Thou* se publican en latín en 1620 y en francés en 1711. Llega a Iparralde desde el Bearne por Donibane Garazi, zona para él vizcaína, ya que asegura que "*de Biscaye on vint à Bayonne par le pays de Lapord*". Al euskera le llama *basque* y *langue Biscayenne* y en referencia a los vascos asegura que "la lengua de estos pueblos es muy singular y la ropa de sus **mujeres** no lo es menos; la tienen para cada edad y para cada estado, para el luto, el matrimonio y las oraciones públicas. Sus sastres son solo para su uso y los del pueblo; si viéramos gente en otra parte vestidos de esta manera, uno pensaría que se habrían disfrazado así a propósito para hacer reír a la gente en un teatro o para ir enmascarado [*Si l'on voyait ailleurs des gens vêtus de leur manière, on croirait qu'ils se seraient, ainsi déguisés exprès pour faire rire sur un théâtre ou pour aller en masque*]".

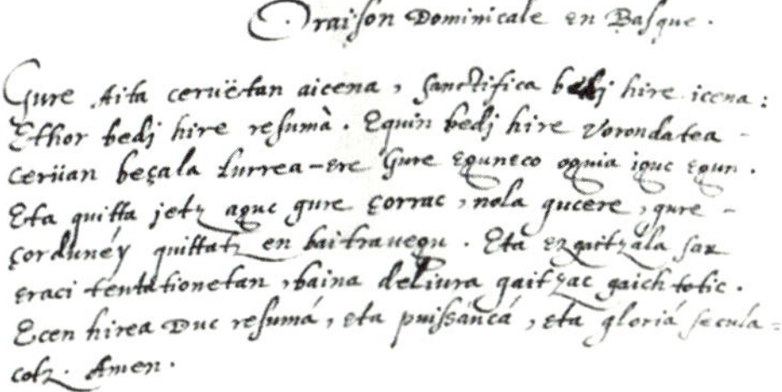
Oraison Dominicale en Basque.
Gure Aita ceruëtan aicena, sanctifica bedi hire icena:
Ethor bedi hire resumà. Eguin bedi hire vorondatea
ceriian beçala lurrean ere Gure eguneco oguia iguc egun.
Eta quitta jetz aguc gure çorrac, nola gucere, gure
çordunéy quittatzen baitraucegu. Eta ezgaitzala sar
eraci tentationetan, baina delivra gaitzac gaichtotic.
Ecen hirea duc resumá, eta puissancá, eta gloriá secula=
cotz. Amen.

1589 – Thevet, oración dominical en euskera.

1589 – M. ANDRÉ THEVET

Explorador, escritor y fraile franciscano francés (1502-1590). Publicó varios libros sobre sus andanzas por América, con descripciones de los aborígenes y de los acontecimientos históricos de la *Francia Antártica*, un asentamiento situado en Brasil. En su obra de 1587 *Description de plusieurs isles* comenta que el bretón es "*incommunicable aux aultres. Le Basque de mesmes*" y, para que el lector pueda comprobar que la **lengua vasca** es incomunicable, adjunta dos oraciones dominicales: *Oraison dominicale et Symbole des apôtres en langue basque* y *Oraison dominicale, en basque*. Esta última empieza así: "*Gure aita cerüetan aicena, sanctifica bedi hire izena: Ethor bedi hire resumá...*".

1590 – CESARE VECELLIO

Pintor italiano (1521-1601). Publicó en Venecia un libro titulado *Habiti Antichi, et Moderni di tutto il Mondo*, en el que muestra la imagen de **indumentarias** de una *Donna* y un *Huomo* de **Navarra** y *Donna di Bilbao in* ***Biscaglia*** (la traduce al latín como *Mulier Fluviobrigensis in Cantabria*), *Donna di Biscaglia, Bisclagina plebea*. En cuanto a la *Donna di Bilbao*, advierte que "este es un vestido de dama gracioso y grave que muestra en sí nobleza y sirve en tiempo de invierno: es un tanto diverso de los otros vestidos usados por las damas de las principales ciudades de España porque todos ellos llevan las caras cubiertas con su manto y esta adjunta va descubierta". Algo chocante para la época, ya que desde el obispado se conminaba a las mujeres a vestir de manera decente, dictando amonestaciones a quien llevara la cabeza descubierta. Con la *Donna di Biscaglia* adjunta un texto donde comenta que "antiguamente a Bizkaia le llamaban Numancia y produce excelentes marineros". Después pasa a describir el atuendo femenino, describiendo sus sobretodos, sus paños de ormesino, su ropa interior y el calzado: *"L' habito della sopraposta è un conziero fatto di uelo assai lungo, & appuntato, il quale queste donne si mettono in capo, [...] portano poi un panno di ormesino, [...] usano alcune sottauesti lunghe fino al collo de'piedi, [...] & si calzano scarpe bianche, ò nere di cordouano"*.

1590 – Vecellio. *Vizcaína plebeya.*

1592 – JEHAN LHERMITE

Alto funcionario belga (1560-1622). Fue ayuda de cámara del rey Felipe II, a quién acompañó, junto a Cock (1592), en su viaje a Navarra en 1592. En el año 1596 publicaron en Amberes, Bélgica, un relato suyo en francés titulado *Les passetemps* en el que narra el viaje por tierras navarras. De **Viana** dice que "debía tener unos 500 habitantes, de ellos algunos muy ricos, porque la comarca es muy abundante en pan, vino y otras muchas cosas, pero especialmente en vino, de tal manera que podrían con su sola cosecha proveer y sustentar en tiempo de necesidad a toda Navarra". De **Los Arcos**, que "desde lejos aparece muy amena por un castillo que allí se encuentra, con más de 20 torrecillas de muy antiguo sabor". De **Lizarra**, que es "una de las tres capitales del Reino y la menor de ellas, pues solo tiene unos 2.000 habitantes, cuya parte más humilde habla la **lengua Vizcaína** que ellos llaman Vascongada, la cual nos pareció muy extraña, no entendiendo de la misma ni una sola palabra". De **Gares**, que "tiene cinco parroquias y algunos conventos y parece que el terreno es bastante fértil y bien provisto de todo. También se habla allí el mismo lenguaje Vizcaino o Vascuence [*Vascoings*] y el pueblo es muy dulce y tratable". Ya en **Iruñea** salen a ver el Castillo que estaba siendo reconstruido y "que aún no estaba totalmente terminado, pero según su plano, se podía bien ver que sería uno de los mejores de la Cristiandad, no diferenciándose mucho del de Amberes", y hace una detallada descripción de la ciudad y su comarca. Continúa el viaje hacia Tafalla, Olite y Tudela.

1592 – COCK:

"Todavía proveyó Dios de hallar la gente razonable, aunque de diferente lengua, vascoñada, que no se entendía" **(Abarzuza).**

1592 – HENRIQUE COCK

Escritor holandés (ca. 1540-1598). Fue un exiliado que huyó de Holanda por motivos religiosos y terminó en la corte española, ejerciendo como cronista de la guardia de los arqueros reales. Participó del viaje a Navarra del rey Felipe II y escribió (sin entrar en cuestiones políticas) un relato que se complementa muy bien con el de Lhermite (1592), donde dedica quince páginas a su paso por Navarra, entrando por Viana y saliendo por Cascante. "A la entrada [de **Viana**] tiene una hermosa iglesia y un portal de linda fábrica, muy diferente que en Castilla, que alli no son tan curiosos; tiene ansí mismo muy lucido campanario. [En **Abarzuza**] ántes de llegar començó de llover de tal suerte que duró toda la noche sin cessar. De la torre se sacó luz y se repicó la campana para que viéssemos y oyéssemos, de manera que passamos mala noche y los cavallos no hallaron sino avena y otras semillas sin çebada; todavía proveyó Dios de hallar la gente razonable, aunque de diferente lengua, **vascoñada**, que no se entendía". Llegan hasta Pamplona y vuelven por **Barasoain**, "vino bien temprano á posar en una villeta pequeña, llamada Barasuen, patria del famoso doctor **Martín de Azpilcueta**, comunmente por su renombre dicho el doctor Navarro, el qual lugar es de poca vezindad, aunque comarca bien alegre por las muchas huertas y regadíos que tiene en derredor", continuando hacia **Olite**, que "es villa antigua situada en tierra llana y rasa y quasi en la mejor tierra del reyno, por tener abundancia de todo, y por esto se dize comunmente un proverbio: Olite y Tafalla, flor de Navarra". De camino hacia **Villafranca** de Ordizia "erramos el camino de noche por culpa de una guia, que fué con nosotros, que embevido de hablar, nos dió un mal rato de camino, yendo por unos despeñaderos, que fué misterio no mancarse muchos cavallos, porque cargó la noche bien obscura y no se pudo hallar camino, sino que yvamos á tiento. Al fin proveyó Dios que bien tarde llegássemos á puerto en la dicha Villafranca, pueblo de cerca de mil vezinos, donde uvo otro desbarato, porque el vellaco que havia aposentado, tomó donde pudo dinero, y que daron todos en quatro ó cinco mesones siendo la villa y la vezindad bastante para alojar mil cavallos".

1592 – MARIANA:

"Solo los vizcaínos conservan hasta hoy su lenguaje grosero y bárbaro, y que no recibe elegancia".

1592 – JUAN DE MARIANA

Historiador y teólogo español (1536-1623). Es uno de los numerosos autores de la época que presenta los orígenes nacionales con la llegada de Tubal, que "fue el primer hombre que vino a España". Dice que la ciudad "que antiguamente se llamó Cantabriga, y estaba puesta como se cree, entre Logroño y Viana a las riberas del Ebro, en un collado empinado que hasta hoy se llama Cantabria vulgarmente, [...] todo lo cual muestra fue la **Cantabria** en algún tiempo mayor de lo que Ptolomeo (s. II d.C.) señala, y aun de lo que hoy llamamos Vizcaya". Como todos los historiadores de la época, utiliza el nombre de Vizcaya en su sentido más amplio que engloba a "Vizcaya, Guipúzcoa, Álava y las montañas", haciendo referencia, con este último apelativo, a Navarra, una omisión que se podría considerar un castigo por la guerra con la que perdió su independencia. Su falta de objetividad se plasma cuando habla de las lenguas de la Península: "Solo los vizcaínos conservan hasta hoy su **lenguaje grosero** y bárbaro, y que no recibe elegancia, y es muy diferente de los demás y el más antiguo de España, y común antiguamente en toda ella, según algunos lo sienten. [...] Añaden que como era aquella gente de suyo grosera, feroz y agreste, la cual trasplantada a manera de árboles con la bondad de la tierra se ablanda y mejora, y por ser inaccesibles los montes donde mora, o nunca recibió del todo el yugo del imperio extranjero o le sacudió muy pronto. [...] Otros sienten de otra manera, y al contrario, dicen que la **lengua vizcaína** siempre fue particular de aquella parte, y no común en toda España".

1594 – CAMILO BORGHESE

Papa Paulo V (1552-1621). En 1594 es enviado como nuncio a la corte de Felipe II con la intención de solicitar ayuda para contener la amenaza que suponía la invasión turca. Escribe años más tarde una relación del viaje con una gran cantidad de dibujos de la **indumentaria** de la época, entre los cuales cabe nombrar: *Rusticus Piscaiensis*, *Ivvenis et Virgo Piscaiensis*, *Mulier Piscaiensis Sive.*

Dice que de Pamplona a Madrid se tardan dieciocho días y aconseja no pagar el precio por adelantado cuando no se utilizan mulas propias, "más vayan dando al mozo que fuere con ellas dineros para que dé de comer a las mulas".

1594 – Borghese. *Rústico vizcaíno.*

1595 – SHAKESPEARE:

"Navarra será el asombro del mundo".

1595 – WILLIAM SHAKESPEARE

Poeta y dramaturgo inglés (1564-1616). En una de sus primeras comedias, *Trabajos de amor perdidos*, esta figura cumbre de la literatura mundial elige a la corte navarra como escenario de la obra, acuñando una frase que ha hecho historia: "**Navarra** será el asombro del mundo". Eran tiempos de reformas (calvinismo, luteranismo) y contrarreformas (jesuitas) en el seno de la Iglesia, y se esperaba que el pequeño reino navarro liderara una etapa de apertura y libertad religiosa (sobre todo por parte de las reinas Juana de Albret y Margarita de Valois), una apertura a la que se negaba el catolicismo de la monarquía española que salvaguardaba la Inquisición. Por otro lado, en el inglés del siglo XVI se les llamaba *the* ***bilboes*** a determinados instrumentos forjados en hierro, haciendo alusión a la resistencia y la calidad del material extraído de las minas de Bilbo. En *Hamlet* comenta: "Me sentía peor que los amotinados en los bilbos [grilletes]" (último acto, escena 2ª). En *The Merry Wifes of Windsor* utiliza la voz haciendo alusión a una espada: "*I combat challenge of this latten bilbo*".

1595 – FRANCESCO VALEGIO

Grabador italiano (ca. 1560-1640). En 1595 imprime una imagen de la villa de Bilbao, cuya leyenda dice: "Bilbao, llamada en otro tiempo Flaviogalica, ciudad de los cántabros, se halla en España, célebre y abundante en las varias cosas necesarias para el sustento de la vida". La imagen no deja de ser una copia de la ilustración que reprodujera Muflin (1544) medio siglo antes.

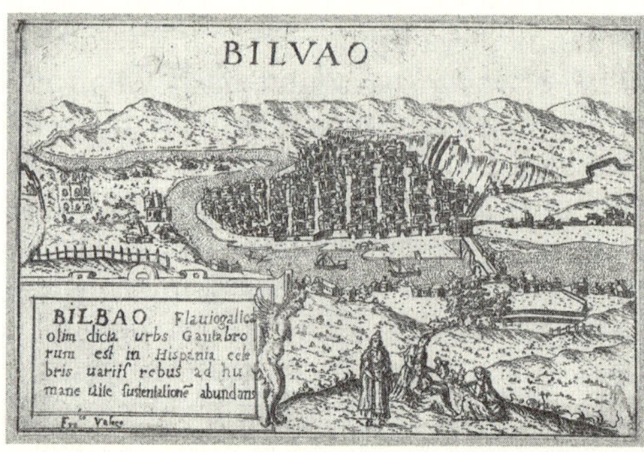

1595 – Valegio. Bilbao.

1596 – GEORG HOEFNAGEL

Miniaturista flamenco (1542-1600). Georg o Joris Hoefnagel fue uno de los primeros artistas que realizó dibujos de la naturaleza con una gran fidelidad de detalles, para lo que utilizaba una lupa. Había viajado por Francia en 1561 y por España entre 1563 y 1567, y por Italia después de que su familia se arruinara con motivo de la Guerra de los

1596 – Hoefnagel: *"Los hombres nunca van sin armas y menos aún sin arco y flecha, ni siquiera a la iglesia"*. Mujeres de Donibane Lohizune y Baiona, con el escenario de Aiako Harria al fondo, detalle del mapa *Civitates Orbis Terrarum*.

Ochenta Años. La calidad de sus dibujos le llevó a colaborar en la magna obra de ilustraciones *Civitates Orbis Terrarum*, que habían comenzado Braun y Hogenberg (1544) en 1572 y cuyo último volumen salió a la luz en 1612. En la edición de 1596 aparece una ilustración en la que se ve a una muchacha de **Donibane Lohizune** y tres mujeres casadas (con la cabeza cubierta) vizcaínas y aquitanas en **Baiona** (*"Biscainae et Aquitanae in Baiona"*). Hoefnagel las describe así: "Las doncellas no casadas van con la cabeza descubierta y llevan sobre la cabeza desnuda ánforas, vasijas y cualquier cosa no ligera... Inmediatamente después de casarse cubren su cabeza con un velo y la tapan, como con un casco, con una cinta de lienzo de color dorado que enrollan de manera que sobresale un poco sobre la frente a la manera de un cuerno. Es gente afable, elegante y alegre. Los hombres nunca van sin armas y menos aún sin arco y flecha, ni siquiera a la iglesia". El fondo de la ilustración muestra unas peñas que se pueden identificar como las de Aia (con los picos de Erroilbide, Txurrumurru e Irumugarrieta). El libro muestra también otras imágenes vascas: *Villano y Villanas Biscainas yendo al marcado en Vittoria*, *Donsellas Biscainas y Gasconas* y una vista de Donostia que sería muy repetida en posteriores autores (Zeiller 1617).

1596 – GABRIEL CHAPPUYS

Historiador francés (1546-1613). Publica en 1596 la *Histoire du Royaume de* ***Navarre***, conteniendo todo lo remarcable desde su origen y "desde que los reyes de España la **usurparon**", y lo que ha sido y ha sucedido hasta hoy por sus legítimos reyes: *"Contenant, de roy en roy, tout ce qui y est advenu de remarquable des son origine, et depuis que les roys d'Espagne l'ont usurpé, ce qui s'est faict et passé jusques aujourd'huy par ses roys legitimes; servant aussy d'abregé de l'histoire de ces derniers troubles de France"*. Como suele ser normal desde la perspectiva francesa, es una denuncia de la usurpación de Navarra por parte de los reyes de España.

1597 – VULCANIUS:

"En contra de lo que muchos crean de manera maliciosa que no se puede escribir".

1597 – BONAVENTURA VULCANIUS BRUGENSIS

Erudito y humanista belga (1538-1614). Residió en España trabajando como secretario del obispo de Burgos y de Toledo antes de volver a su país. Escribió un pequeño artículo, *Parergon sive specimen cantabricae hoc est veteris vasconum linguae*, en el que pone al vasco o vascuence como ejemplo de **lengua cantábrica**: *"Est autem Cantabrica lingua, quae hodie Vizcayna siue Vasconica vocatur [...] nunc verò vulgò Bazque siue Bazcuence appellatur"*. Además de en Vizcaya, dice, se habla en *"Alaba, Guipuzcoa, Nauarrae etiam regno, et Bearnensi ditione"*. El artículo glosa la antigüedad del euskera y asegura que, en contra de lo que muchos creen de manera maliciosa, que esta lengua no se puede escribir (*"vel alioqui maliqne sparserint, scribi non posse"*), la reina Juana de Albret publicó el *Nuevo Testamento* que encargó a Joanes Leizarraga. La obra presenta un glosario de unas cien voces tomadas de los libros de Leizarraga y Siculo (1530), y el padrenuestro que tradujo Leizarraga para su obra. Este primer padrenuestro de Vulcanius comenzó a circular desde el primer momento por varias colecciones europeas, adelantándose la versión vasca a otras lenguas de mucha más importancia.

1599 – SCALIGER:

"Dicen que entre ellos se entienden, mas yo no lo creo".

1599 – JOSEPH JUSTUS SCALIGER

Erudito francés (1540-1609). Escribió el tratado *Diatriba de europaeorum linguis*, una de las obras más prestigiosas sobre la clasificación de las lenguas europeas, donde menciona a la **lengua vasca**, y la considera como un idioma suave y harmonioso, esencialmente diferente del celta y derivado de aquel que hablaron los primitivos hispanos. Desesperado por las dificultades que presentaba la lengua, solventó el entuerto con una ocurrente cita: "Dicen que entre ellos se entienden, mas yo no lo creo [*C'est un langage estrange que le basque; c'est le vieil espagnol, comme le breton bretonnant est le vieux anglois. On dit qu'ils s'entendent, je n'en croy rien*]". En su libro *Scaligerana Ou Bons Mots, Rencontres Agreables Et Remarques Judicieuses et Savantes* comenta en el apartado L, hablando sobre las lenguas, que "los vascos son cántabros, que es, como yo creo, la vieja lengua de España, como consta por papeles que hay en las ciudades de España. Cantabria ocupó Navarra de más allá de los Pirineos [Hegoalde], los vascos de aquí [Iparralde] y parte de Gascuña".

1599 – DIEGO CUELBIS

Viajero alemán (1574-?). Fue un joven de 25 años, instruido y de vasta cultura, que en 1599 realizó, con su compañero Joel Koris, un viaje del que dejó su relato en *Thesoro chorographico de las Espannas*, escrito con un castellano bastante digno y repleto de galicismos. Permanece en Euskal Herria primero durante cuatro días y utiliza el paso tradicional que discurre por Gipuzkoa; atraviesa el paso de San Adrián, llega a Gasteiz y sale por la Puebla de Arganzón. Lo primero que le sorprende es el **peinado** femenino: "Las doncellas que traen aquí las cabezas descubiertas como a Bayona y rapado el cabello, vinieron delante de nosotros salteando a la moresqua con las castañetas y el tamboril y pidiendo cualquie merced". **Pasaia**, "una villa pequeña cercada de muros", se guardaba "de la peste y otro mal contagioso". Cuando se dirigían a San Sebastián les salieron al paso labradores, el alcalde y el clérigo "los quales mostrando la vara de justicia, preguntaban qué gente essemos, de quel estado y officio y qué negocios tiniemos para aqua". Comprobaron que eran personas decentes y les dejaron proseguir su camino. **Donostia** consta de una "gentil fortaleza asentada en un alto sobre peña viba que no se puede destruir y está siempre bien proveyda de artillería y municiones: la villa está cercada de fuertes muros doblados". En el paso de San Adrián "el camino es tan ancho y cubierto de piedras que á gran pena los caballos de la posta pueden passar sin peligro de caer en baxo, [...] y dentro ay pobre gente que pide caridad de los passageros". Después pasa por **Iruñea** y **Orreaga**, cuyo episodio lo describe como una batalla "entre los españoles y franceses". Relata que en Iruñea Carlomagno "mando derribar los muros porque los moros no pudiessen rebellarse, [...] con los moros juntáronse muchos navarros y con el ánimo de robar al rey D. Carlos se pusieron en algunas emboscadas y ciertas angosturas de sierras donde forzosamente habia de passar el exército francés". Cita el romance que entonces hicieron los españoles: "Mala la vistes franceses/ La casa de Roncesvalles,/ Don Carlos perdió la honra/ murieron los doze Pares".

1600 ca. – LOPE DE VEGA:

"Zure vegui ederroc/ Ene lastaná,/ Cativaturik nabe,/ Livrea ninzoná".

1600 ca. – LOPE DE VEGA

Poeta y dramaturgo español (1562-1635). En su comedia *Los ramilletes de Madrid* publica unos versos en **euskera**: "*Zure vegui ederroc/ Ene lastaná,/ Cativaturik nabe,/ Livrea ninzoná*", todavía vivos a día de hoy en la tradición oral vizcaína. Menciona también a las bateleras de Pasaia, que ya entonces merecían un digno reconocimiento. La limpieza de sangre vasca la presenta Lope en un par de sus obras. En *Castigo del Discreto* un guipuzcoano se jacta de su **nobleza**: "Si yo te fuere traidor,/ Pártame un rayo del cielo./ A Guipúzcoa no han llegado/ Ni aun señas de la traición;/ Nobles y hidalgos son". En *El Peregrino*, el protagonista alega su sangre vizcaína: "En las partes adonde,/ Sin haber entrado ofensa/ De sangre bárbara o vil,/ Guardó España su nobleza,/ Nací de tan nobles padres,/ Que si tengo alguna queja/ Del cielo en mis desventuras,/ Con esto pude perderla;/ En fin, en Vizcaya, archivo/ Del valor que España encierra". En *Los Bandos de Sena* apunta Lope de Vega, en cambio, su desconfianza: "Muy **vizcaíno** se halla/ Amor en vuestro lugar,/ Pues os da mano a besar/ Que quisiérades cortalla". En *El príncipe despeñado* la acción transcurre en Navarra, en lugares como Pamplona, Sangüesa, Funes y Tafalla. En su obra *Jerusalén conquistada* alude, con cierto tono burlesco, a la moda de la hidalguía que imperaba en la época: "Cien soldados navarros le seguían/ Del Valle del Baztán, hidalgos todos, /Que por derecha línea descendían/ De la primera sangre de los godos".

1602 – LÓPEZ MADERA:

"[Es un] engaño y equivocación pensar que la lengua vizcayna pudo ser la general de España".

1602 – GREGORIO LÓPEZ MADERA

Consejero de la monarquía y jurista español (1562-1649). Importante magistrado, que fue consejero del rey, y cuyos escritos versaron sobre temas no solo jurídicos, sino también políticos, históricos y teológicos. Desde el ámbito lingüístico muestra, sin embargo, ideas que para esa época ya iban quedando en desuso y que suponen un considerable retroceso. En su obra *Historia y discursos* recoge, por ejemplo, la opinión de que no solo ***la lengua vizcayna*** sino también el castellano fue una de las 72 lenguas que se dividieron en la confusión de Babilonia, y ataca a quienes sostienen que el español es corrupción del latín: "La lengua latina nunca fue la vulgar de España", porque, dice, "nunca se presume mudanza en el lenguaje vulgar de una nazión". Señala además que "la lengua de lo que agora es Vizcaya siempre fue diferente de la general de España", pero que es un "engaño y equivocación pensar que la lengua vizcayna pudo ser la general de España".

1602 – FELIPE III

Rey de España y Portugal (1578-1621). Gracias seguramente a los informes sobre la abundancia de **ballenas** que le son enviados desde Brasil por Soares de Sousa (1587), Felipe III concede permiso para embarcarse hacia la costa brasileña a dos armadores de Bilbao, Pedro de Urrecha y Julien Michel, que contratan a toda la tripulación en Castro Urdiales: "*Eu sou informado que na costa do Brazil se pescará baleas como se fazem outras. Sera grande o proveito do azeite delas por aver muitas nos mares daquela costa, pelo que vos encomendo que antes partáis procureis levar alguns biscainhos, que nesta pescaria tem mais uzo, porque fazendoa elles e ensinando outros se venha a conseguir este tamaño proveito do azeite*" (carta al gobernador de Brasil Diogo Botelho). En un mapa de la bahía de Todos os Santos de **João Teixeira Albernaz**, o Velho, de hacia el año 1626, se muestra una **toponimia vasca** en la Isla de Itaparica, que posteriormente desaparecería con la colonización portuguesa. Se aprecia una *Ponta de Biscaya* y una pequeña isla de nombre *Ypuca* que quizá se podría vincular con *Yputza*, antiguo nombre para Gipuzkoa.

1604 – MATEO LUJÁN DE SAAVEDRA

Escritor valenciano (1570-1604). A este autor, cuyo verdadero nombre es Juan Martí, se le atribuye la segunda parte apócrifa de la novela *Vida del pícaro Guzmán de Alfarache*, escrita por Mateo Alemán. Martí nos remite a un refrán que se hizo común en la época: "Viendo los **Vizcaínos** lo mucho que se significa con pocos vocablos en su lengua, pensando que es así en la castellana, quieren hablar tan conciso y abreviado, que los llaman cortos como Vizcaínos, y se ha tomado en proverbio". En esta novela halla también la razón del ingenio vizcaíno en el curioso conflicto que se produce al combinar nobleza y lengua: "La razón por que a los vizcaínos les llaman burros, es porque cuando salen de su tierra, como son gente **noble** e hidalga, salen sin doblez ni malicia, muy llanos, benignos, simples y pacíficos, que son calidades del pecho noble. Y porque la **lengua** vizcaína no se puede trocar fácilmente, por ser intrincada, y suelen tropezar y hablar cortamente en la castellana paréceles que no alcanzan mas que lo que dicen; y engáñanse, porque más ingenio arguye el darse a entender, aun en la lengua ajena, con menos palabras; y en sabiéndola, no hay vizcaíno que no pruebe muy bien en toda cosa".

1605 – CERVANTES:

"Que no se desestimase el poeta alemán porque escribe en su lengua, ni el castellano, ni aun el vizcaíno que escribe en la suya".

1605 – MIGUEL DE CERVANTES

Novelista, poeta y dramaturgo español (1547-1616). El más famoso exponente de la literatura española introduce en sus obras una gran cantidad de personajes vizcaínos. A uno de ellos incluso le dedica un título, *El* ***vizcaíno*** *fingido*, y lo describe así: "E es un poco burro y tiene algo de mentecato. [...] Y añádesele a esto una tacha que es lástima decirla, cuanto más tenerla, y es que se toma algún tanto, un si es no es, del vino; pero no de manera que de todo en todo pierda el juicio, puesto que se le turba; y cuando está asomado y aún casi todo el cuerpo fuera de la ventana, es cosa maravillosa su alegría y su liberalidad". En su famosa obra sobre el ingenioso hidalgo Don Quijote son varias las referencias al vizcaíno: "Se fue para Don Quijote y, asiéndole de la lanza, le dijo, en mala lengua castellana y peor vizcaína, desta manera: –Anda, caballero que mal andes; por el Dios que crióme, que, si no dejas coche, así te matas como estás ahí vizcaíno... –¿Yo no caballero? Juro a Dios tan mientes como cristiano. Si lanza arrojas y espada sacas. ¡El agua cuán presto verás que al gato llevas! Vizcaíno por tierra, hidalgo por mar, hidalgo por el diablo, y mientes que mira si otra dices cosa". En otra escena, un caballero le cuenta a Don Quijote que su hijo está embebido en la ciencia de la poesía clásica y que muestra escaso cariño hacia la poesía en romance. A lo que don Quijote le contesta: "El grande Homero no escribió en latín, porque era griego, ni Virgilio no escribió en griego, porque era latino; en resolución, todos los poetas antiguos escribieron en la lengua que mamaron en la leche, y no fueron a buscar las estranjeras para declarar la alteza de sus conceptos; y siendo esto así, razón sería se estendiese esta costumbre por todas las naciones, y que no se desestimase el poeta alemán porque escribe en su lengua, ni el castellano, ni aun el vizcaíno que escribe en la suya". Le honra a Don Quijote hacer una defensa tan temprana del ejercicio y la necesidad de escribir en tu propia lengua, aunque sea esta la **lengua vasca**. En *La gran sultana*, en una conversación entre el gran Cadí y el cautivo Madrigal dice así: "CADÍ: Español, ¿has comenzado a enseñar al elefante? MADRIGAL: Sí; y está muy adelante: cuatro liciones le he dado. CADÍ: ¿En qué lengua? MADRIGAL: En vizcaína, que es lengua que se averigua que lleva el lauro de antigua a la etiopía y abisina. CADÍ: Paréceme lengua extraña. ¿Dónde se usa? MADRIGAL: En Vizcaya. CADÍ: ¿Y es Vizcaya...? MADRIGAL: Allá en la raya de Navarra, junto a España. CADÍ: Esta lengua de valor por su antigüedad es sola; enséñale la española, que la entendemos mejor". Y en La señora Cornelia: "Son unos benditos, como no estén enojados, y en esto parecen vizcaínos, como ellos dicen lo son".

1606 – GERARDUS MERCATOR, JODOCUS HONDIUS

Cartógrafo flamenco (1512-1594) y grabador flamenco (1563-1612). En 1604 Hondius compró a la familia del Mercator sus planchas para editar el primer **mapa** orlado de España, *Nova Hispaniae Descriptio*, hacia 1610.

La función de la orla era completar la información y añadir un atractivo estético. Una de las ilustraciones de ciudades que aparecen en el mapa es **Bilbo**. Como se aprecia, tanto **Nafarroa** como ***Biskaia*** (incluida dentro de Castilla) abarcan territorios más extensos que los actuales. En 1606 publicaron otro mapa (*Legionis, Biscaiae et Guipiscoae Typus*) en el que aparece registrado el antiguo topónimo romano *Barduli*, que antiguamente se situaba en Gipuzkoa, entre Palencia y Burgos, como ya lo contempla Alfonso III (884).

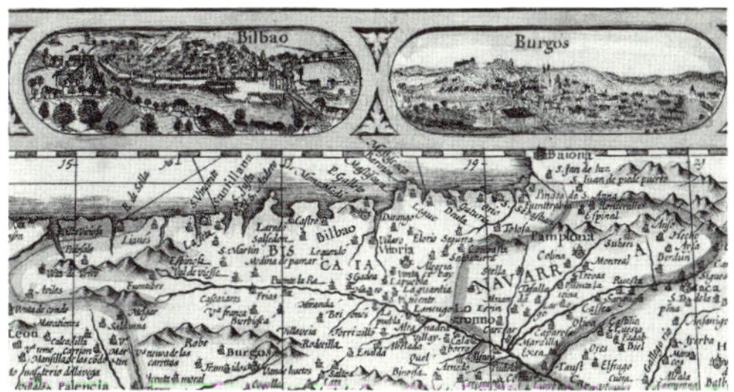

1606 – Mercator, Hondius. Detalle de *Nove Hispaniae Descriptio*.

1606 – ALDRETE:

"[El vizcaíno] es una de las setenta y dos [lenguas]. Si esto les es de consuelo, nunca por mí lo pierdan, que ahora no trato de quitárselo".

1606 – BERNARDO DE ALDRETE

Jurista español (1560-1641). A Aldrete se le define como un científico sensato, adelantado a su tiempo, que trabajaba con argumentos serios y que apostaba por la teoría de que las lenguas "se mudan en el tiempo". Deduce, por ello, que el español proviene del latín, aunque visto el clima religioso y político de la época, lo debía decir con la boca pequeña, ya que se tenía por una de las 72 lenguas que se extendieron con la Torre de Babel. Al **vascuence**, sin embargo, sí que le otorgó el estatus de lengua primigenia, aunque a regañadientes: "Esto bien lo confiessan los que dizen que fue lengua general, porque lo fue también al tiempo que vino Tubal, y que con las venidas de otras naciones se fue perdiendo y se conservó en Vizcaya y que ésta es una de las setenta y dos. Si esto les es de consuelo, nunca por mí lo pierdan, que ahora no trato de quitárselo".

1609 – Lancre, sobre las niñas vascas: *"No hay que escatimar la vida de un infante, para garantizar la de los varios que arrebataría durante su perversa vida por medio de un sortilegio"*. Niños brujos cuidando el rebaño de sapos. Fragmento del aguafuerte de Jan Ziarnko en *Tableau de l'incostance*, de Pierre de Lancre, París, 1613. Fuente: Gustav Henningsen (1965), *El abogado del diablo. Brujería vasca e Inquisición española,* 1980.

1609 – PIERRE DE LANCRE

Jurista y alto funcionario francés (1553-1631). Este abogado, cuya familia era originaria de Lapurdi, fue mandado por el Gobierno francés en 1609 a emprender medidas contra la proliferación de acusaciones de **brujería** en el territorio de Iparralde. La quema de más de 200 mujeres, sacerdotes y niños llevaron a los marineros, recién llegados de Terranova, a sublevarse en su contra, lo que implicó que fuera destituido. En 1612 publicó *Tratado de brujería vasca. Descripción de la inconstancia de los malos ángeles o demonios*, un testimonio estremecedor que nos introduce de lleno en la rutina diaria de las vascas, un mundo de prácticas y costumbres que la intolerancia de la Iglesia condenó a la hoguera, esgrimiendo razones de brujería. El libro está escrito por una especie de iluminado que, desde la perspectiva de una mente retorcida, ve a cada habitante de Lapurdi acompañado de su ángel perverso. Sobre la Sidra: "...es un país de manzanas, las mujeres solo comen manzanas, solo beben jugo de manzanas, lo cual les proporciona la ocasión para que muerdan con agrado esta manzana prohibida". Sobre el peinado femenino: "...algunas van rapadas, salvo en las extremidades, donde tienen mucho pelo; [...] Con esa bonita cabellera obtienen tantas ventajas y están tan fuertemente armadas, [...] produciendo la fascinación visual, tan peligrosa en amor como en sortilegio". Sobre el nombre del solar como apellido: "Si la mutación y cambio de apellido es en ciertos casos una variedad del crimen, por lo menos aquí es una inconstancia y ligereza, en la que se acomodan de alguna manera al humor del Diablo". Sobre los sacerdotes: "Nadie les reprocha que acudan a la taberna, al baile, que jueguen a la pelota en las calles [...] o que vayan a las fiestas de los pueblos". Las fiestas más comunes, los supuestos *aquelarres*, "de todas las noches la que más celebran es la de San Juan Bautista", se las imagina así: "Allí solo se sirven sapos, carne de personas ahorcadas, carroñas de los enterrados recientemente que son desenterrados y sacados de los cementerios, carne de niños no bautizados o bestias muertas espontáneamente". La situación debía de ser atroz para los inculpados, todos ellos monolingües euskaldunes. Les resultaba difícil encontrar intérpretes, "en algunas ocasiones obligan a los jueces a utilizar a gentes de ocasión", y estos se veían en la tesitura de tener que traducir mientras "sin interrupción eran sometidas al tormento". Para la mente criminal de este jurista, allí no se salvaba nadie, ni siquiera los niños: "No hay que escatimar la vida de un infante, para garantizar la de los varios que arrebataría durante su perversa vida por medio de un sortilegio". Y en cuanto a la ***lengua vasca*** de *le pays de Basques*, como llama a la región de Iparralde, dice: "Todo el país de Lapurdi, la baja y alta Navarra, y una parte de España la habla". Y habla de unos marineros que contaban que "toda la vida, antes incluso de que se conocieran esos lugares [Canadá], los vascos ya traficaban allí, hasta el punto de que los canadienses no negociaban con los franceses en otra lengua que la de los vascos".

1609 – LESCARBOT:

"Porque para amoldarse [los micmacs] a nosotros nos hablan en la lengua que nos es más familiar, con la que hay mucho vasco entremezclado".

1609 – MARCK LESCARBOT

Escritor y abogado francés (1570-1642). El pidgin **vasco-algonquino** fue una lengua simplificada creada por las comunidades nativas canadienses para entenderse con los balleneros vascos. Fue utilizada también por los franceses para comercializar con ellos. Martínez de Isasi ya contaba en 1625 que a la pregunta de "*Nola zaude?*", los "*salvages montañeses*" te respondían "*Apaizac obeto*". Lescarbot escribe en su *Histoire de la Nouvelle-France* cómo la tribu de los micmacs de Terranova le hablaba en una lengua que le era más familiar que la indígena y en la que había mezclado mucho vasco: "*Et (noz peuple de la Nouvelle-France) ont dés si longtemps la frequentation desdits basques, que le langage des premieres terres est à moitié de Basque*". "A través del comercio, muchos de nuestros franceses les entienden, sin embargo ellos [micmacs] tienen un idioma particular que solo es por ellos conocido. [...] Porque para amoldarse a nosotros nos hablan en la lengua que nos es más familiar, con la que hay mucho vasco entremezclado [*auquel y a beaucoup de Basque entremelé*]". En el mapa que presenta se aprecia el lugar del *Bacaillos*. Los vascos son los únicos en Europa que le llaman así al *bacalao*. Al euskaldun le llama *basquoa*, voz común en el siglo XVI. Entre las palabras que escucha anota una que utilizan para significar amigo: *adesquidés* (en vasco, *adiskide*, "compañero").

1609 – GASPAR ENS

Matemático alemán (1570-1645). En 1609 se publicó su obra *Deliciae Apodemicae et Index Viatorius, Hispaniae Indicans Itinera*, donde enumera distintos itinerarios que discurren por la península, incluyendo datos de las leguas de distancia entre localidades. Describe las ciudades más importantes: Bilbo, en la lengua vernácula, en latín *Bilbaum*, que le llamaron *Flauiobriga* y *Flauiogallica*, ciudad cántabra de Hispania, donde se sitúa también *Portugalette*, al borde de un enorme brazo de mar; Gasteiz, cabeza de Araba, vecina de los *Cántabros*, en cuyos montes nace el río Ebro: "*Victoria oppidum prope Cantabros est, in quorum montibus Iberus flumen oritur, nobis est Victoria, Alabae prouincia caput*"; *Sancti Sebastian*, llamada una vez *Hicurn*, más tarde *Don Bastia*, y corrompido *Donostia*, que en la lengua local se le dice *Donostien*; *Oeaso*, hoy llamada *Fuenterauia*; *Pompelon*, en lenguaje vulgar *Pamplona*.

1610 – CASPAR WASER

Teólogo y orientalista suizo (1565-1625). Adiestrado lingüista que publicó varias gramáticas de idiomas orientales. En 1610 sacó a la luz una revisión del *Mithridates* de Conrad Gessner (1555), pero actualizado y ampliado con el título de *Mithridates Gesneri, Exprimens differentias linguarum*. La obra es un compendio de 130 lenguas en el que incluye 22 oraciones, una de las cuales es en **lengua vasca**. El enunciado dedicado a nuestro idioma lo titula *Vascones*, y lo califica como antigua lengua cantábrica que hoy se llama *Vizcayna* o *Vasconica*, o vulgarmente *Bazque* o *Bazcuense*, y se habla, además de en Vizcaya, en "*Alaba, Guipuzcoa, Navarrae etiam regno & Bearnenti ditione*", o sea, el distrito de Bearn. Adjunta una oración de siete líneas (*Gure aita cerue tan aicena*...) que asegura ser del *Testamentu Berria* de Leizarraga, que Juana de Albret encargó traducir y que salió a la luz en 1571, años más tarde, por lo tanto, que la de Gessner, lo que bien pudiera ser un indicio del contacto que ambos mantuvieron. Añade, además, un pequeño listado de cien palabras vascas traducidas al latín: *aita, ahardi, ahoa, aker, alaba*...

1610 – GASPAR STEIN

Médico alemán. Casparo Stein realizó una peregrinación de la que dejó nota en un manuscrito en latín que se halla en la Universidad de Königsberg y que se titula *Peregrinus, sive Peregrinator terrestris et coelestis. Pro Felici peregrinatione in hac vita, et Beata emigratione in coelestem patriam*. Atravesó el territorio vasco y dejó apuntadas algunas pinceladas sobre nuestro país. De Navarra comenta: "Todavía el rey de las Españas es dueño de casi toda, excepción hecha de algunos pocos sitios que se hayan en poder del rey de Francia. [...] La **Navarra** extrema la constituye la provincia riojana, situada junto a la falta del monte Idubeda [Sistema Ibérico]. [...] Los **vizcaínos** son elegantes, afables, alegres; sostienen relaciones comerciales con los franceses, ingleses, belgas y alemanes. Los **Guipuzcoanos** son ingeniosos, ilustrados, valientes, ágiles, defensores acérrimos de sus privilegios, diestros en el manejo de las armas, fáciles de atraerlos y sedientos de grandeza".

1610 – PEDRO DE VALENCIA:

"Todo mi sentimiento y afecto se inclina a entender que [...] es torpeza carnal". "Si pueden volar y abrir puertas, ¿por qué no huyen de la cárcel y permanecen en ellas para ser quemadas vivas?".

1610 – PEDRO DE VALENCIA

Humanista, filósofo e historiador español (1555-1620). El proceso de las **brujas** de **Zugarramurdi** se instruyó en paralelo a las persecuciones que se desarrollaron en Ipar Euskal Herria como consecuencia de la deplorable expedición realizada por Pierre de Lancre (1609), después de que se le informara de que el número de brujas de Iparralde había crecido de modo alarmante. Muchos de los encausados (mataron a más de 200 mujeres y niñas) tuvieron que rebasar la frontera para buscar asilo en el lado español. Una joven que había ido a vivir a Zugarramurdi (véase Mongastón 1611) fue el detonante de un brote que se extendió por todo Hegoalde como si de una pandemia se tratara y que culminó con 2.000 denunciados, de los cuales 31 fueron encausados por la **Inquisición** en Logroño. Pedro de Valencia, uno de los más grandes humanistas que ha dado España y cronista del rey Felipe III, se hizo con una de las copias de la memoria del Auto de Fe de Logroño de 1610 para echarles una ojeada: "Leílas deprisa con horror y asco en el entendimiento y en la voluntad; así se me pegó poco de ellas en la memoria". Pero una vez leída la relación que condenaba a la hoguera a seis personas, su lectura le causó tan profundo malestar que se sintió obligado a ponerse en contacto con el Inquisidor general para realizar un estudio crítico acerca del tema. Escribió entonces, en 1610, el *Discurso de Pedro de Valencia a cerca de los quentos de las Brujas y cosas tocantes a Magia*. Valencia, en su lamento ante el tribunal, considera contraproducente redactar por escrito todos estos acontecimientos, porque ello "menoscabaría la honra de Navarra y Vasconia, que siempre mantuvieron la fe sin mácula". Valencia consideraba que en aquellos "misterios" paganos no intervenía para nada la magia, sino que todo sucedía en un plano natural y humano: "Que ruines hombres, para commeter fornicaciones, adulterios i sodomías, uvíesen inventado estas juntas secretas, en que uno, el mayor vellaco, se fingiere Satanás i se compusiese con aquellos cuernos i trage horrible de suciedad i obcenidad i, o naturalmente, o con algún miembro hechizo corrompiese las mugeres, i toda la demás impuridad fuese también postiza". Disculpa la conducta de esta gente que no busca más que lo que durante siglos ha sido natural en el humano, el contacto carnal: "Todo mi sentimiento y afecto se inclina a entender que aquéllas hayan sido y sean juntas de hombres y mujeres que tienen por fin el que han tenido y tendrán todos los tales en todos los siglos, que es torpeza carnal". Con una simple pregunta rebate, de manera racional, algunas de las acusaciones que se relatan: "Si pueden volar y abrir puertas, ¿por qué no huyen de la cárcel y permanecen en ellas para ser quemadas vivas?". Para Valencia la Inquisición quedaba expuesta al ridículo. Echa además en cara al tribunal que las sentencias leídas en público e impresas aporten tantos pormenores confesados por los brujos y brujas. Todo ello no hacía sino alentar a las almas débiles a imitar esas conductas. La relación de Valencia contribuyó a que la Suprema de la Inquisición mantuviera en adelante una posición más escéptica que la del tribunal de Logroño.

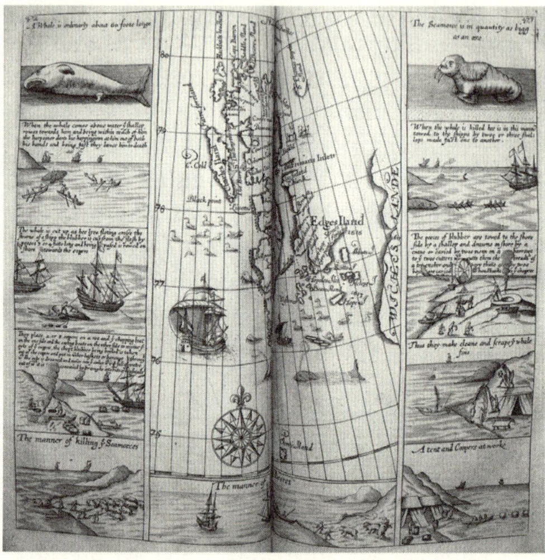

1610 – Poole. *"Los vascos eran entonces la única gente que entendía de la caza de ballenas"*. Ilustración: Proceso de caza y producción de aceite de ballena en Spitsbergen según Purchas (1625).

1610 – JONAS POOLE

Explorador y ballenero británico (1566-1612). Fue uno de los navegantes enviados por la Muscovy Company londinense a la caza de focas en las costas de Groenlandia en 1610. Se dedicó a extraer la grasa de las **ballenas** que habían varado en la costa, pero en ningún momento trató de capturarlas, "porque los vascos eran entonces la única gente que entendía de la caza de ballenas" (*"for [they] were then the only people who understood whaling"*). En el tercer volumen (libro IIII, capítulo IIII) de la monumental obra de Samuel Purchas (ca. 1575-1626) de 1625 *Purchas his Pilgrimes*, aparece una crónica suya de 1612, donde aparece ya como ballenero, de nombre *Voyage to Greenland, in the yee-*

re 1612. Poole señala que entre la tripulación tenía empleados a varios vascos (*Basks*): "El día veintitrés [de mayo] estábamos junto al cabo Cold, donde el maestro Edge y el maestro Arthington partieron con los vascos [*basks*] en sus chalupas [*Shallops*] para Crosse-rode, con la esperanza de matar una ballena". Al margen de la hoja señala "seis vizcaínos [*six Biscayners*]". "El nueve [de junio] un bote del almirante llevó provisiones y tripulación para trabajar en una ballena que habían matado los vascos. [...] Los vascos habían matado otras dos ballenas. El diez y siete un vasco llamado Chapel se llevó a cinco de nuestros hombres ingleses y cogieron la chalupa para matar la ballena. [...] El treinta, la chalupa vizcaína llegó del cabo y nos contó que se habían encontrado con tres ballenas que se les habían escapado". Aparece también en el libro de Purchas una preciosa imagen que abarca todo el proceso de caza y producción de aceite de ballena que se manufacturaba en la misma isla.

1611 – JUAN DE MONGASTÓN FOX

Impresor independiente cuyo taller se ubicaba en Logroño, Mongastón (1599-1637) fue el artífice de la crónica del Auto de Fe (*Relacion de las personas que salieron al auto de la fee...*) sobre el proceso de las **brujas de Zugarramurdi**, ejecutado en Logroño en 1610 y que él publicaría en 1611, para que "se tenga noticia de las grandes maldades que se cometen en la se[c]ta de los Bruxos". Según comenta Caro Baroja en su ensayo *Las brujas y su mundo* de 1961, el relato manifiesta "una estructura tan coherente que mejor que en ningún otro documento en éste aparece la Brujería como una secta y los actos en que participan los brujos como llenos de sorprendentes semejanzas con los que los pueblos clásicos llaman 'misterios'". Mongastón clasifica a los brujos en aspirantes-novicios, profesos, maestros y dignidades, nos narra ceremonias y misas satánicas con las palabras rituales *Aquerragoyti*, *Aquerrabeyti* (*Cabrón arriba*, *Cabrón abajo*), desenfrenos sexuales, necrofagias y vampirismo (tan bien representados por Goya): "Y a los niños que son pequeños, los chupan por el sieso, y por su natura [el ano y la vagina], apretando rezio con las manos, y chupando fuertemente, les sacan y chupan la sangre". En cuanto al famoso término ***aquelarre***, que tantos quebraderos les traía, comenta: "Con este nombre llaman a sus ayuntamientos, y con uenticulos; y en el Vascuence suena tanto como dezir, *Prado del Cabrón*: por que el Demonio que tienen por dios y señor en cada vno de los Aquelarres, muy ordinario se les aparece en ellos en figura de Cabrón". Todo comenzó cuando, a principios de diciembre de 1608 y procedente de Ziburu, una muchacha de veinte años llamada María de Ximildegui, una bruja, de cuyo nombre no se dijo más que era de nación francesa y se había criado en Zugarramurdi, había retornado a este pueblo, que le había acogido ya en su infancia, para trabajar como sirvienta en una de sus casas. María, sin embargo, arrastrada por los acontecimientos que se habían sucedido en la zona de Ziburu con las redadas del inquisidor Pierre de Lancre (1609), que había llevado 200 mujeres y niñas a la hoguera, se declaró bruja y acusó a María de Yurreteguia, que se vio obligada a reconocer que había sido bruja desde muy niña "por enseñança de Maria Chipia su tía y hermana de su madre". La plácida vida de este valle navarro se vio alterada de golpe. El abad del vecino pueblo de Urdax (con un monasterio de más de cien monjes que poseía todas las tierras del pueblo) tomó partido en el asunto, promulgando una excomunión tanto para los que no se autodelatasen, como para aquellos cristianos que, sabiendo algo de otros, lo callaran. En el caso de autoinculparse, otorgaba perdón. Cundió el pánico y el pueblo comenzó a confesar. El asunto se habría resuelto perfectamente, si no llega a ser porque todo el revuelo llegó a oídos del Santo Oficio de la Inquisición, ya que muchos de los monjes habían sido partícipes de los episodios. A partir de ahí el asunto se desmadró. La crónica de Mongastón se lee, como la de Lancre, como si fuera un relato paranormal, una declaración entre razonada y fabulada. Una cuarta parte de la población adulta de este valle navarro se vio directamente acusada de brujería. Ocho de los acusados fallecieron en la cárcel, lo que ofrece una idea de lo duros que debieron ser los interrogatorios. Graciana de Barrenechea admite, por ejemplo, haber cometido más de 20 asesinatos. Muchos acusados sufrieron destierros o cadenas perpetuas y cinco de ellos fueron quemados vivos en la hoguera (hay que decir que en Europa hubo, en cuatro siglos, unas 50.000 condenas). El espectáculo debió ser grandioso: una "de las cosas mas notables que se an visto en muchos Años: por que a el concurriò gran multitud de gente de todas partes de España, y de otros Reynos".

1611 – THOMÉ CANO

Marino canario (1545-1618). Es el autor de *Arte para fabricar, fortificar, y aparejar naos de guerra, y merchante*. El libro se escenifica en forma de diálogo en el que tres amigos Thomé, Gaspar y Leonardo conversan sobre el **arte de navegar**. En una de sus intervenciones Thomé Cano afirma que "la Fabrica tenida en común por mejor y la que yo por tal estimo, es la que se face en las Provincias de Viscaya; y la que se face en Portugal: la cual aun quieren sus naturales que sin competencia: y aviendoles de conceder, menos paresce que se les podrà negar el aver salido de entre ellos los mejores marineros y los mas animosos del mundo". Su amigo Leonardo destaca también el mérito de Juan Sebastián **Elcano**, el primero que navegó el mundo: "Primero que otro alguno me cercaste, y rodeaste, lo qual era harto conforme a lo que avia navegado".

1611 – COVARRUBIAS

Sobre las brujas: *"Otros dicen auerse llamado iorginas, del jorgin, o hollin, que se les pega saliendo (como dicen salir) por los cañones de las chimeneas".*

1611 – SEBASTIÁN DE COVARRUBIAS

Escritor y capellán del rey Felipe II (1539-1613). Publicó en 1611 *Tesoro de la lengua castellana o español*, una obra relevante por ser el primer léxico realizado en Europa en una lengua vulgar. Este diccionario es una obra monumental escrita con la intención de encontrar el sentido etimológico de las palabras y así poder relacionarlas con su origen, como ya lo había hecho antes san Isidoro de Sevilla (634) con su *Etymologiae*. La obra nos interesa por la equiparación que hace entre vizcaínos y **cántabros**, una práctica ordinaria para esa época en Castilla, ya que se encontraban con el problema de la antigüedad de la lengua vizcaína que no sabían solventar, consolidándose como una teoría que fue muy debatida entre historiadores vascos y españoles. Bajo la entrada *Guipuzcoa* afirma: "Provincia de Cantabria, y Cantabros se llaman los Vizcaynos, Guipuzcuanos y los de Santillana". En la entrada *Cantabria*: "Vulgarmente se dize Vizcaya y por otro nombre Lipúzcoa o Guipúzcoa. De los vizcaínos se cuenta ser gente feroz y que no viven contentos si no es teniendo guerra; y sería en aquel tiempo cuando vivían sin policía ni dotrina. Agora esto se ha reduzido a valentía hidalga y noble". Por otro lado, aporta como curiosidad algunas voces de origen vasco como es el caso de ***iorguina*** (*sorgina*, bajo la entrada *Bruxa*). Como "Consultor del Santo Oficio de la Inquisicion" (así aparece indicado en la portada de su libro), parece Covarrubias ser un experto en el tema: "Danles otro nombre como es Iorgina, algunos entienden estar corrompido de fugginas, del verbo fuggo fuggis, porque dicen chupar la sangre de los niños tiernos con que los consumen y matan. [...] Otros dicen auerse llamado iorginas, del jorgin, o hollin, que se les pega saliendo (como dicen salir) por los cañones de las chimeneas: y en tierra de Salamanca eniorgiñar, vale teñirse con el hollín de la chimenea. Del nombre Latino fuligo se dixo hollin, y corruptamente horgina, y jorgin". Recoge otras palabras vascas como zurrapas o çatico: "vale pedazo, vocablo español antiguo".

1611 – THOMAS EDGE

Mercader y ballenero inglés (1587/88-1624). Empleado por la Muscovy Company londinense, en 1611 comandó dos navíos que partieron hacia la isla de Spitsbergen. La crónica de aquel viaje, *A Brief Discovery of the Northern Discoveries*, apareció, según Jenkins (1921), publicada en 1625 en el libro de Samuel Purchas (ca. 1575-1626) *Purchas His Pilgrimes*. En ella relata que uno de los seis **marineros** reclutados en la ciudad francesa de **San Juan de Luz** capturó la primera ballena (*Bowhead*, la llama) "que produjo doce toneladas de aceite, siendo el primer aceite que se fabricó en Groenlandia". Los nombres de los marineros aparecen en un mandato enviado a Edge y recogido en la edición de 1906 (volumen 14, pág. 30). Se llaman Juan de Bacoyne, Juan de Agerre, Martin de Karre, Marsene de Horisada, Domingo de Sarria y Adam de Bellocke: "Al ser extraños y dejar su propio país para hacernos un servicio, no pueden tener una causa justa de queja, sino más bien ser incitados a hacernos un servicio".

1611 – JACOBO SOBIESKI

Diplomático y noble polaco (1579-1647). Hombre con fama de honorable, defensor de la tolerancia religiosa y padre de Juan III rey de Polonia. En su *Diario*, en el que relata su experiencia como peregrino a Santiago, deja nota de su llegada a **Pamplona**, hacia 1611, una ciudad que por aquel entonces hablaba **euskera**. Indica que fue robado en la posada donde se hospedaba, que se armó un tumulto y que "la posadera y su hija empezaron a vociferar en vizcaíno, que difiere tanto del español como del polaco".

1611 – GASPAR ESCOLANO

Eclesiástico e historiador valenciano (1560-1619). Es el autor de un clásico de la historiografía valenciana, *Décadas de la historia de Valencia*, publicado en 1611. En el libro I, capítulo XI, dice que "a la falda de los Pyrineos, hablan los Vascos, o Gascones el **Vazquenze** de Nauarra, de donde decienden". En el capítulo XII, *De la primera lengua que antiguamente hablaron los españoles*, indaga sobre si fue "la Vasquenza o la antigua Francesa o la que trajo a España y Francia Tubal" la lengua primera de los pobladores de España. Dice que los autores clásicos hablan de otras muchas lenguas "que de ninguna manera fueron Vasquenzes" y los nombres de lugar y de ríos "no huelen de ninguna manera a lenguaje Vasquenze". El historiador asegura, sin embargo, que "la general y primera lengua de España fue la Vasquenza. Por que si damos vna buelta a los nombres de sus reyes, rios, montes, pueblos, y ciudades, hallaremos que los mas son Vasquenzes". Añade además que, si se miran las villas y pueblos que recaen en la Iberia de Armenia, "hallaremos que los mas son Vazcongados". Concluye que siendo la lengua vasca la general, "se fue perdiendo en las demas prouincias de España, por los huespedes estrangeros que le vinieron: y solo en el rincon guardado de Cantabria se quedo pura y sin corrupcion alguna. Por no haber llegado a ella su tyrania".

1612 – ANÓNIMO FRANCÉS

En un manuscrito anónimo de título *Relation d'un voyage en Provence, Espagne, Portugal, Anglaterre et Hollande*, se describe el carácter bilingüe de los habitantes de Araba, que hablan euskera al mismo tiempo que español: "***Vittoria** est une belle petite ville, la capital du pays dit Alava qui dure cinq ou six lieues d'estendue. Ce pays a plus de 500 villages en bon pays et fertile, et là on commance a parler basque qu'ils appellent **Bascuence** et Bascongada, et les peuples le parlent egallement avecq l'espagnol*". Añade que "la ciudad de Victoria o Vittoria es bastante bella, aunque pequeña, y tienen muchas iglesias y conventos hermosos. Hay allí mucho comercio por el paso [de mercancías], y allí se pagan en dinero las aduanas de las mercaderías, al 10 por ciento, de suerte que no se puede sacar nada de España a Francia sin pagar derechos; en caso contrario, lo confiscan todo; y lo que es contrabando, como armas y caballos, queda de cualquier modo requisado. Pero siempre se puede engañar o sobornar a los guardas. Estas aduanas se llaman 'puertos secos'".

1612 – BAFFIN:

"La orden de los vizcaínos es que quien la arponee primero, es su ballena, si el hierro aguanta".

1612 – WILLIAM BAFFIN

Navegante y explorador inglés (1584-1622). El historiador inglés Samuel Purchas (1575-1626) publicó el diario de viajes de este importante marino que dibujó gran cantidad de cartas náuticas, la mayoría de ellas hoy en día perdidas. Markham (1881) realizó también una nueva reedición de estos textos en los que aparecen varias referencias a los pescadores vascos. En su diario, Baffin narra la gran labor que hacían los **arponeros** vascos contratados por los balleneros ingleses, y los llama, indistintamente, *Basks* o *Biscaines*. Habla de un contingente de 24 especialistas con las mejores facultades, "*who ar men best experienced in that facultie*", "*Biscaines of Saint Sebastian*". Estos se mostraban inflexibles en sus costumbres no dejando que nadie persiguiera una ballena que ya hubiera sido arponeada por ellos: "*For the order of the Biscaines is, that whose doth strike the first harping iron into him, it is his whale, if his iron hold*".

1612 – ANDRÉ FAVYN

Abogado del parlamento francés. En 1612 publicó ***Histoire de Navarre***, dividido en dos libros. En el primero hace una descripción de la Navarra antigua y actual, del año de la fundación de Pamplona y de la etimología del nombre de Navarra, haciendo un repaso de los invasores y de las dinastías francesas que ha tenido el reino. Según sus palabras, el nombre de gascones corresponde a los habitantes del Pirineo, mientras para los de la jurisdicción de Vizcaya les corresponde el de cántabros: "Y en cuanto al nombre de gascones que da Estrabón (s. I a.C.) a los habitantes de Pamplona, cabe señalar que es equívoco y común entre los historiadores, para todos los que vivieron en los Pirineos, tanto en la costa de Francia como en la de España. Y no se entiende para los vascos habitantes de las pequeñas jurisdicciones de Bizkaia, que en particular fueron designadas por los romanos con el nombre de cántabros, y su país Cantabria, montañeses estimados por los mismos romanos, salvajes e incultos [*Et ne s'entend pour les Basques habitants des troits iurisdictions de Biscaye, qui particulierement estoient designez par les Romains soubs le nom de Cantabri, & leur pays Cantabria, gens montagnards estimés des mesmes Romains, sauuages & mal polis*]". El segundo libro se centra, a partir de la conquista de Navarra, en las prácticas de Fernando de Aragón para la **usurpación** del reino y en el importante papel que jugaron el papa y otros personajes ilustres como Antonio de Nebrija (1492): "*Le Grammairien des Espagnols Antonius Nebrissensis s'efforce par plusieurs arguments de prouuer qu'à bon droict Ferdinand d'Aragon s'estoit emparé du Royaume de Nauarre*".

1612 – PRUDENCIO DE SANDOVAL

Clérigo benedictino e historiador español (1552-1620). Fue obispo de Pamplona desde 1612 hasta su muerte en 1620. En 1614 publicó su obra *Catálogo de los Obispos, que ha tenido la santa Iglesia de Pamplona*: "Tales fueron los Obispos de Pamplona (antigua Iruñea, antes de Pompeyo, ó de los antiquissimos Pompeyones) que desde el tiempo de los Apostoles, hasta oy dia, se han continuado". Siguiendo las **tesis cantabristas** imperantes, aclara que "la ciudad de Pamplona tuvo siempre su asiento en medio de esta Cantabria". A continuación añade que vascos son solo los de Iparralde (ni siquiera incluye al País Vasco peninsular, a los que se les solía llamar vizcaínos): "Es verdad, que autores antiguos quizá no bien informados, como Ptholomeo, Strabon, y otros, llaman vascos los pueblos circunuecinos de Pamplona: No lo siendo, sino los que caen á las vertientes de Francia". Los pamplonicas sí que son, en cambio, vascongados, por no haber abandonado su lengua: "Llamase Pamplona, en **lengua vascongada** desta tierra, Iruñea, que quiere decir buena villa. [...] Y cierto que el vascuence es la lengua original de los antiquissimos Españoles pobladores. Es argumento que antes de Pamplona, es Iruñea: y que no fueron Pompeyo, ni los Pompeyones, los que hecharon las piedras fundamentales desta Ciudad".

1613 ca. – NEUMAIER:

"Un lugar realmente encantador y agradable, nada comparado con lo que se haya visto durante el viaje por España" (Bilbao).

1613 ca. – JOHANN WILHELM NEUMAIER VON RAMSSLA

Jurisconsulto de Sajonia (1572-1641). En 1622 publica *Reise durch Welschland und Hispanien*, el relato del viaje que realizó hacia 1613 por Francia, Italia (que juntas componían lo que llamaban *Welschland*) y España. Hacia el final del libro llega al Monasterio de Rodilla, desde el que contempla la sierra y el señorío de Bizkaia (*die Herrschafft Biscaye*). Al llegar a **Bilbo** comenta que la puerta de entrada a la capital es un puente y que la ciudad está rodeada de montes, bosques y viñedos, "un lugar realmente encantador y agradable, nada comparado con lo que se haya visto durante el viaje por España" ("*Ist also ein recht anmutiger und lustige Situs, gergleichen auff dieser Reise durch Hispanien nicht gesehen worden*"). Las mujeres atienden sus puestos del mercado y el vino le parece estar a la altura del que se elabora en el Rin. Barcos de Irlanda y Holanda mercadean con el vino y la lana. En cuanto al **euskera** comenta que "a pesar de que el pueblo utiliza otra lengua absolutamente bárbara [*barbarische Sprache*], de la cual no se entiende ni palabra, parecen bastante más amables y solícitos [*freundlicher und williger*] que el resto de los españoles". De aquí hay dos caminos para llegar a Francia: el primero, por tierra, a través de los Pirineos, es inseguro, y el segundo, por mar, aunque vista la imposibilidad de encontrar de manera fácil un barco grande, decide embarcarse en una pequeña nave. A la altura de Portogallette, "una pequeña ciudad en una colina junto al mar", tiene que pasar por la aduana, donde tiene que declarar todo lo que posee. Afirma que, si te encuentran algo que no has declarado, te confiscan todo y entras en prisión. En su viaje por la costa, recala en Donostia, Hondarribia y Baiona, antes de pasar a Francia.

1613 – Fotherby. Balleneros vascos en el ártico (Colección American Antiquarian Society).

1613 – ROBERT FOTHERBY

Explorador inglés (ca. 1590-1646). En 1613 Fotherby narra en su diario de viaje a Groenlandia (*A Short Discourse of a Voyage made in the Yeare of Our Lord 1613 to the Late Discovered Countrye of Greenland*), la **expedición ballenera** que embarcó rumbo a la costa de la isla de Spitsbergen y que fue organizada, como otras muchas, por la empresa londinense Muscovy Company, que había contratado a 24 marineros vascos para así poder aprender sus técnicas, dada la buena fama que acompañaba a sus miembros como navegantes y pescadores por todos los mares del mundo ("*Basks, who are men best experienced in that facultie*"). El autor comenta que los vascos utilizan sus propias **chalupas** vizcaínas (*Biska shallop*) para la caza: "Una vez muerta la ballena los hombres atan un cabo a la parte posterior de su cuerpo y con sus chalupas amarradas entre sí la remolcan por la cola hasta las nao". Su crónica la ilustra con 12 acuarelas, en alguna de las cuales cita expresamente a los marineros vascos.

1613 – HESSEL GERRITSZ

Cartógrafo y editor neerlandés (1581-1632). Considerado uno de los grandes cartógrafos holandeses, en su crónica *Beschrijvinghe van der Samoyeden landt en Histoire du pays nommé Spitsberghe*, publicada en 1924, hace mención de la contratación de los primeros marineros especializados vascos contratados al servicio de los holandeses para la **caza de la ballena**: tres arponeros, tres timoneles y seis procesadores. (Véase el mapa de la isla de Spitsbergen en Zorgdrager 1720, donde aparece el cabo *de Biscayers hoek*).

1613 – SALAZAR:

Sobre el Auto de Fe de Logroño contra las brujas de Zugarramurdi: *"El más deplorable caso que jamás salió de las inquisiciones".*

1613 – ALONSO DE SALAZAR Y FRÍAS

Sacerdote e inquisidor español (1564-ca. 1636). Los procesos contra las **brujas** vascas han quedado bien documentados por sendos libros de Lancre (1609) y Mongastón (1611) que colman de elogios la labor realizada por la **Inquisición**. La llegada de un nuevo inquisidor al Auto de Fe que se estaba celebrando en Logroño en 1611 supuso, no obstante, un cambio de giro radical en el devenir de los acontecimientos. Aunque desde el primer momento Alonso de Salazar y Frías se enfrentó al resto del tribunal, no pudo evitar, sin embargo, firmar una sentencia con la que no estaba conforme y de la que inmediatamente se retractó. Consideraba que se había cometido una "terrible injusticia": "Cometimos culpa el tribunal... [al no reconocer] la ambigüedad y perplejidad de la materia. Cometimos [defectos] en la fidelidad y recto modo de proceder...". Decidió entonces dar un paso atrás y comenzar un viaje de ocho meses que le llevaría por toda la geografía que compone la frontera entre Navarra, Gipuzkoa y Araba, para recabar, en más de doce mil páginas (*Informe al Inquisidor General*), la información necesaria para impugnar de una vez por todas a unos compañeros de tribunal (Becerra y Valle) que le calificaban ya de *querellador*, *intrigante* y *tirano* y que lo despreciaban propagando el rumor de que el demonio había entrado ya en el tribunal.

La memoria de todo lo ocurrido la volvió a encontrar el investigador danés Gustav Henningsen (1965), después de que toda la documentación hubiera sido dada por desaparecida tras el estudio publicado por Henry Charles Lea (1906) a principios del siglo XX. En su libro *El abogado de las brujas*, Henningsen nos introduce en "el más deplorable caso que jamás salió de las inquisiciones", como el mismo Salazar lo califica. "Salazar concluía su segundo memorial con unos comentarios generales sobre el pánico producido por las brujas en las Provincias Vascongadas; pánico que, a su entender, lo mismo que al del obispo de Pamplona, había surgido de repente a causa de los rumores que cundieron por los pueblos inmediatamente después de la quema de brujos en el auto de fe de Logroño". "Todo está inficionado, creciendo de una mano a otra de suerte que no hay desmayo, enfermedad, muerte o accidente que no le llamen de brujas", concluye Salazar. Hagamos pues un repaso de todo lo que nos cuenta el inquisidor sobre cómo operaba el Santo Oficio.

A la llegada de los inquisidores, las autoridades, comisarios de distrito y sacerdotes afines (que también hacían de traductores) ya se habían encargado de facilitarles el trabajo. Para ello algunos sacerdotes encerraban en la casa parroquial a niñas y niños entre seis (!) y doce años, durante días e incluso semanas, para que fueran delatando a los vecinos. Los inculpados eran interrogados por autoridades seculares locales y se les extraía una confesión a base de tormentos, amenazas y sobornos. La epidemia brujeril se fue propagando, constituyéndose "el histerismo masivo vasco" sobre la base de "adoctrinamiento, sueños estereotipados y confesiones forzadas", según nos cuenta Henningsen. Viejos odios y rencores salieron a la luz y los linchamientos estaban a la orden del día. Todo se fue haciendo una bola de proporciones descomunales. Cuando los inquisidores realizaban sus recorridos de visitas emitían edictos de fe que se sermoneaban en las iglesias, dando la oportunidad a todo aquel acusado de brujería a que se confesara en ese momento para ser perdonado de herejía. De esta manera forzaban a las incautas campesinas y campesinos a autoinculparse. Ellos los clasificaban entonces según los estatus que poseían en los *aquelarres*, ya fueran reinas, dogmatizantes, tamborileros o atabaleros. Según la categoría del rango eran llevados a prisión a Logroño y aislados en una celda sin saber exactamente cuáles eran los cargos que se les imputaban. Mientras el acusado no supiera de qué se le acusaba no podía defenderse. Aprendieron allí, sin embargo, que si se atenían a su inocencia serían condenados a la hoguera, mientras que si confesaban ser brujos, podrían salvar sus vidas y el embargo de bienes de toda su familia. Tras dos años de cárcel, trece murieron antes de ser juzgadas, debido a las pésimas condiciones en las que vivían. Al contrario que las autoridades locales, la Inquisición no usaba la tortura más que en contadas ocasiones. A pesar de los tormentos que algunas sufrieron en el potro, no quisieron confesarse culpables de herejía. Por ello seis fueron quemadas vivas en la hoguera y otras cinco, que no habían confesado antes de morir a causa de las epidemias declaradas en la prisión, fueron quemadas en efigie, o sea, muertas.

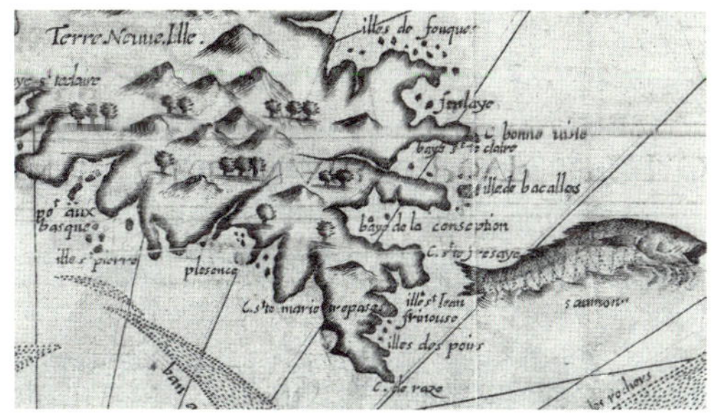

1613 - Champlain: *"Los vascos se amotinan y desprecian toda clases de leyes y ordenanzas, no les preocupan ni las licencias ni los pasaportes, [...] tal gente merece un castigo ejemplar, por ser antes piratas que mercaderes"*. Detalle de las cartas geográficas de la *Nouvelle* France, con el lugar *port aux basque*.

1613 – SAMUEL THE CHAMPLAIN

Navegante, etnógrafo y cronista francés (ca. 1567-1635). Champlain fue el fundador de Quebec y es considerado el padre de Canadá, la *Nouvelle France*. En sus escritos, los vascos aparecen en varias ocasiones, no solo como comerciantes de pieles, sino también como los más hábiles en la pesca de la ballena y el bacalao: *"Ceux donc qui sont plus adroit s à cette pesche sont les* ***Basques****, lesquels pour ce faire mettent leurs vaisseaux en un port de seureté, où proche de là ils iugent y avoir quantité de* ***Baleines****, & equipent plusieurs* ***chaloupes*** *garnies de bons hommes"*. Poco después relata con detalle el proceso de caza, remolque y disección de la ballena: "Tienen un arponero en cada chalupa, [...] se suben con prontitud a sus chalupas y, a fuerza de remos o viento, van tan lejos como pueden. [...] El arponero se apuesta delante de la chalupa con un arpón. [...] Cuando está muerta, ya no se hunde al fondo del mar: y cuando la atan con buenas cuerdas, la arrastran a tierra, al lugar donde la despachan, que es el lugar donde derriten el tocino de la dicha ballena para obtener el aceite". Muy a su pesar, los vascos terminan por encontrarse implicados en un conflicto diplomático entre dos potencias europeas, Francia e Inglaterra, que los utilizan como intermediarios entre Champlain y el general Quer. Champlain acaba mostrando su animadversión hacia los vascos por delatarlos ante los indios y por la malicia que muestran al intentar persuadir a estos acerca de las bebidas de "agua de fuego" con las que los franceses les quieren envenenar. El retrato que hace de los vascos es poco grato por no querer respetar las leyes; los considera más bien piratas antes que mercaderes y merecedores de un castigo ejemplar: *"...il y a des Basques ainsi mutins & meprisans toutes sortes de loix & d'ordonnances, ne se soucians de congers ny de passeports [...] ...n'ayans aucune apprehension de justice en leur pays, estant proche voisins de l'Espagnol: telles personnes meriteroient un chastiment exemplaire, qui sont plustost le mestier de pirates que de marchands"*.

1614 – EDWARD BREREWOOD

Erudito y anticuario inglés (1565-1613) Fue Brerewood un infatigable trabajador en ámbitos como las matemáticas o la astronomía y uno de los primeros en postular la teoría de la emigración de pueblos asiáticos hacia América. Sus manuscritos se publicaron a título póstumo en 1614, un año después de su muerte, bajo el título de *Enquiries touching the diversity of Languages, and Religions*. En el capítulo VII, *Of the Ancient Languages of Italy, Spain, France and Africk*, expone sus apreciaciones sobre la lengua vasca como la más antigua de España, sobre su extensión (hasta Asturias) y sobre la particularidad de ser un pueblo que se hubiera mostrado siempre insubordinado: "Ahora bien, la lengua antigua y más generalizada de España, hablada a lo largo del país antes de la conquista romana, lo que me parece fuera de toda duda, ha sido la **lengua cantábrica** [*Cantabrian tong*], la que todavía se habla en Vizcaya, Guipuscoa, Navarra y Asturias". Comenta entonces la afinidad que tiene la lengua cantábrica con la de Vasconia de Aquitania, "con la lengua vascónica [*Vasconian tongue*] también en Aquitania, cerca de las colinas pirenaicas, con la que tiene de buena razón (porque de esas partes de España llegaron los habitantes de Gascuña) mucha afinidad y acuerdo. Y mi opinión es que en esa parte de España, el pueblo ha continuado sin mezclarse con ninguna nación foránea, de la misma manera que no fue subyugado por los cartagineses, ni por los moros, no, ni por los romanos".

1615 – FRANCISCO BEL

Padre Bel, capuchino inglés (1590-1643). Debido a la persecución contra los católicos, se trasladó a España a estudiar en 1615, pasando entonces ya por el País Vasco. Más tarde, como responsable de la Provincia Franciscana Inglesa, el 21 de febrero de 1633 partió para el Capítulo General de Toledo. Según su diario manuscrito del viaje, que está sin publicar, recorrió el País Vasco entrando, como era costumbre, por Baiona y saliendo por Miranda de Ebro. Al salir de **Donibane Lohizune** comenta: "Desde aqui comiençan los montes y es la **Biscaya Francesa**. La gente habla lengua differente de la de Gascoña, y no nos entendian preguntando por el Convento. Es cosa digna de consideración ver como se muda siempre el traje de los hombres, y mas de las mujeres. Aquí todos los marineros andan como cavalleros, de capa negra, con bonete redondo, ancha como fanega, de paño negro. Las mujeres de Bayona llevan langosta o manera de armas de cuero o seda en la cabeza, [...] otra linda villa, que se llama **Rentería**, y todas las calles son de losas. [...] En la villa de San Sebastian nos combidaron a un pernil y cervesa y queso de Ynglatierra el Señor Souch o Roper, clerigo, y Don Richarte Rogerson, el cual tambien dio a cada uno cuchillo de Ynglatierra, y prometio de embarcarnos a la buelta". A su paso por **San Adrián** comenta: "Es peña tan derecha como torre y mas alta que dos de los mas altos torres que se han visto. Subido hasta aquel Peñasco, se passa el monte como por puerta de villa o antes de casa, entrando la puerta por la qual ha de passar por fuerça qualquier hombre o bestia que por aquella parte quiere entrar España. Debaxo de aquel Peñasco ay taverna y se halla para comer y bever todo lo que a menester un hombre. La taverna es del Rey, y coge cierta renta de los Arrieros, tanto por cada mula que entra o sale. [...] Todo era nieve, de suerte que a los mas passos caymos en nieves hasta las Rodillas y muchas vezes mas alto".

1615 – GUDMUNDSSON:

"En Vizcaya se había hecho a la mar/ esta gente ballenera hispana,/ no lejos de los confines franceses/ con ellos embarcados, hombres de este lugar".

1615 – JÓN GUDMUNDSSON

The Learned, poeta, mago y filántropo islandés (1574-1658). Gudmundsson el Sabio fue un personaje de gran erudición y versado en la magia blanca, pero que acabó siendo acusado de brujería y expulsado del país. Uno de los relatos que nos ha llegado de él fue recogido por Lonsson en 1875 y nos describe la matanza de españoles (*Spánverjavígin*) que tuvo lugar en 1615, a raíz del naufragio de dos **balleneros** vascos. *Sönn frásaga af spanskra manna skipbrotum og slagi* (*Un relato verdadero de los naufragios y luchas de los españoles*) cuenta la historia de dos capitanes, Pedro de Aguirre y Esteban de Tellaría, y otros 32 **guipuzcoanos** que tuvieron que recurrir al saqueo y al pillaje para poder sobrevivir. Como consecuencia de la confusión que todo ello generó, se emitió un decreto en el que se daba carta blanca para la caza y captura de los vascos, resultando todos asesinados. No todos vieron la masacre con buenos ojos y el mismo Gudmundsson escribe el relato para salir en defensa de los náufragos. Algunas de las estrofas versan sobre esta lucha: "En Vizcaya se había hecho a la mar/ esta gente ballenera hispana,/ no lejos de los confines franceses/ con ellos embarcados, hombres de este lugar. [...] Un hombre, violento guerrero llamado Grimur,/ dio a Martín un hachazo en la garganta./ Rebotó el golpe en su clavícula./ No fue el golpe mortal que Grimur deseaba". Aunque al principio no se le dio mucha veracidad a la leyenda, la verdad es que el decreto que se aprobó entonces ha estado vigente en Islandia hasta el 22 de abril de 2015, día en el que fue derogado por el jefe comisionado del distrito de West Fjords, Jónas Guðmundsson. El responsable del Gobierno islandés bromeó en ese momento, asegurando que los vascos ya podían aparecer por allí con toda tranquilidad: *"It's safe for Basques to come here now"*. En el 2018 Javier Irujo y Viola Migio publicaron un trabajo de investigación sobre el tema: *Jon Gudmundsson Laerdi's True Account and the Massacre of Basque Whalers in Iceland in 1615*.

1615 – PIETER VAN DER MEULEN

Pablo van Mullen, pintor y arquero neerlandés (?-1640). Se da casi por seguro que van der Meulen sea el autor de una impresionante pintura del siglo XVII perteneciente al Patrimonio Nacional español y que se conserva el Real Monasterio del Escorial. En ella se muestra el paso del rey Felipe III por la Villa de **San Sebastián** en 1615, camino de la Isla de los Faisanes sobre el Bidasoa, donde se iba a proceder a un intercambio de princesas con el rey de Francia. La colosal comitiva que se contempla no es exagerada: fueron 74 coches, 174 literas, 190 carrozas, 548 carros, 2.750 mulas de silla, 128 acémilas con reposteros bordados, otras 246 acémilas con cascabeles de plata y un total de 6.500 personas. Hasta 1855 no se descubrió que aquella pintura que se encontraba en el Palacio del Buen Retiro pertenecía a Donostia. Los galeones que pueblan La Concha, protegida por sus malecones y con sus astilleros sobre el arenal, son un indicio de la importancia estratégica que ostentaba la bahía, habiéndose convertido para aquel entonces en uno de los principales puertos corsarios de toda la península. Dominando la playa, en lo que ahora es el Palacio de Miramar, se encuentra el convento de las monjas dominicas.

1615 – Van der Meulen. *El paso de Felipe III por la villa de san Sebastián.*

1615 – PEDRO MANTUANO

Clérigo, bibliotecario y secretario español (1585-1656). En su libro *Casamientos de España y Francia, y viage del Duque de Lerma llevando la Reyna Christianissima Doña Ana de Austria al passo de Beobia, y trayendola Princesa de Asturias nuestra señora*, impreso en 1618, narra el viaje que Ana de Austria realizó a Burdeos para casarse con Luis XIII. En el discurso sexto y séptimo relata el paso de la comitiva por el País Vasco. Es más bien una crónica de los recibimientos que se van sucediendo a lo largo del trayecto, aunque deja anotaciones puntuales de algunas prácticas que observa. Advierte de **Gasteiz** que su Gobierno es el mas extraño de todos los de España, "dándoles privilegio, que dellos mismos eligiessen las justicias, y los demas oficios necessarios a su conservacion: la qual forma de govierno escrivire, para que se vea lo que importa a la paz, y quietud de los vassallos, el saberse governar". Da algunos ejemplos y después comenta que si alguno va a vivir de nuevo al barrio, se presenta ante los mayorales, quienes dan cuenta a los vecinos y al procurador general de la ciudad, "y trayendo buena fama es admitido". Añade que si alguno tiene en su posada persona de sospecha, se da parte de ello y se le notifica al encubridor para que le eche fuera de la ciudad en un día, "de suerte que ni muger soltera, ni moça sin servir, de lá qual se sienta algún rumor, no se consienten vivan en casa de porsi". Los mayorales atienden "las cosas necessitadas de justicia: y quando acaban su año estas dos personas, nombran otras por sucessoras en su oficio, haziendo honra de aver governado con cordura, y no se pueden descuydar, porque ay otro superior que advierte a la Ciudad los descuydos de los mayorales". Son ellos los que visitan "dos, o tres vezes al año todas las chimeneas para ver si están limpias". Al llegar a Gipuzkoa comenta que la provincia es llamada "muralla, y defensa de los Reinos de Castilla" y que tiene veinticuatro casas "que llaman de Parientes mayores, las quales derribo hasta el primer suelo el Rey don Enrique el Quarto", añadiendo que no son admitidas a las juntas que hace la provincia. Pasa por "la villa de **Salinas**, llamada de Leniz, y de los Guipuzcoanos en su lengua, Gaza, [...] porque a la sal llaman Gaza", **Placencia** "donde se labran gran cantidad de arcabuzes" y **Zarauz** "que con ser cosa rara en esta tierra, se crían esparragos". En Donostia "el Virrey de Nauarra tenia puestos en esquadron dos mil y quinientos infantes, ocupando toda aquella marina, y la artilleria del castillo, murallas, baluartes, y nauios hizieron una gran salua". De Hondarribia dice que "es fortificada a lo antiguo, solo tiene vn baluarte labrado a lo moderno". Hace una detallada exposición de 40 páginas de esta provincia; nombra los lugares donde se reúnen las juntas, describe sus poblaciones, la universidad de Oñate, el edificio de la Isla de los Faisanes, y nombra a Elcano y algunas de las casas de los parientes mayores con asiento en juntas: "Por esta parte se puede temer poco Francia, assi por el valor de los Guipuzcoanos, como por la aspereza de los montes, en los cuales, cortados los caminos, y echados los arboles en ellos para estoruarles el passo, poca gente basta para deshacer qualquier esquadron de enemigos".

1617 – MARTIN ZEILLER

Teólogo protestante y escritor alemán (1589-1661). Un claro ejemplo de pensador barroco que escribió más de 90 títulos a lo largo de su vida. Su obra de 1637 *Itinerarium Hispaniae oder Raiss Beschreibung durch die Königreich Hispanien und Portugal* (traducida al latín en 1656) está basada en un antiguo manuscrito de 1617, ya desaparecido, que recoge las andanzas de un alemán (de iniciales N.N.) a este lado de los Pirineos y sobre cuyo relato Zeiller va aportando información adicional. En los siete primeros apartados de su capítulo *Das ander Capitel* narra el viaje desde Baiona a Gasteiz, pasando por Bilbo (lo que es una excepción, ya que solían ir directos por el túnel de San Adrián). Comenta que el **idioma cántabro** (*Cantabrische Spraach*) se empieza a escuchar al llegar a Baiona. El vizcaíno es hablado en Navarra, Álava, Gascuña y Cantabria: *"Et quae hodier [...] tempore in Navarrae Regno, & Alaba regiuncula, ac apud Gasconiae & Cantabriae in colas in* *usu est, primun & originalem primorum Hispaniae incolarum fuisse cuidam arbitrantur. Hanc regnorum Castiliae habitatore non intelligunt, & Vasquensem apellitant*" (de la edición latina de 1656). Bilbao tiene un buen puerto donde comercian con lana unos 50 barcos al año, que parten hacia distintos lugares. Se bebe mosto de uva y hay mucha leña, fruta, castaños y nogales, minas de hierro y plomo, y en el mar se trafica

1617 – Zeiller. Dibujo de *Sanct Sebastianum* (con el santo martirizado en primer término).

con perlas. Son además excelentes marineros. Las **mujeres** se anudan un pañuelo en la cabeza como las turcas, pero las solteras van rapadas como los monjes ("*platten wie die Mönch*"), hasta que casan. Considera a San Juan de Luz municipio vizcaíno ("*so in dem Land Biskaia gelegen ist*"), siendo esta la parte vizcaína que pertenece a Francia. Dice también que "*Biscaje & Guipuscoa antiquum nomen est Cantabria*". Hace una descripción somera de Bizkaia, Gipuzkoa y Araba, y de los pueblos más importantes de las provincias. A partir de **Gasteiz**, el panorama cambia sustancialmente: "Esta es la primera población española en que los viajeros deben declarar y manifestar todo lo que llevan, y no permiten que se pase ni siquiera una camisa nueva sin que la hayan inmerso antes en agua. Comparan algunas espadas con cierto patrón que poseen, y comprueban si tienen la longitud debida. También se aconseja aquí a los viajeros que procuren cortarse el pelo al estilo castellano, si es que desean seguir su camino sin molestia alguna. Por toda España tiene el viajero que resistir las desagradables molestias de los guardias de las puertas, que piden pequeños regalos a los que salen de la ciudad, y Vitoria es el comienzo de esta desagradable costumbre de importunar al viandante. Antes de salir deben procurarse todos unas cestas muy buenas para llevar los víveres, que los españoles llaman Alforjas, así como una botella de cuero denominada **bota** o botija, donde se guarda el vino; en el resto del viaje hay muy pocas ocasiones de encontrar posadas agradables y de beber vino".

1620 – WILLIAM LITHGOW

Viajero escocés (ca. 1585-1645). Este aventurero escocés realizó un viaje por Europa de 19 años, del que solo he encontrado la traducción que se hizo al holandés en 1652, *Willem Lithgouws 19. Jaarige Lant-reyse*. En el capítulo que titula *Segundo libro de mi segundo viaje por Europa, Asia y África* (*Het tweede Boeck van mijn tweede Voyagie door Europa, Asia, en Africa*) deja nota de su paso por Euskal Herria, a donde llega el 29 de julio de 1620. En un escueto apunte, describe a ***Biscayen*** como un país fértil y montañoso, cuya ciudad principal es *Victonia*, y donde se comercia con ovejas, lana, cabras y caballos. Desde *Biscayen* pasa al pequeño reino de Navarra, cuya capital dice que es ***Pampelona***, y que sitúa entre "*Porte di S. Joanne in Bask*" (llama *Bask* a la zona de Iparralde) y *Grono* (Logroño), en la ribera del Ebro. Continuó su viaje hasta Málaga, donde fue apresado, torturado como espía y puesto nuevamente en libertad.

1620 – FERNÁNDEZ DE CASTRO:

"Desde lo alto de un álamo le descubrieron una manada de tordos ó sanchicos que en él estaban en vascuence".

1620 – PEDRO FERNÁNDEZ DE CASTRO

Conde de Lemos (1576-1622). Este gallego de alta alcurnia escribe en 1620 una fábula titulada *Historia del Buho Gallego con las demas Aves de España*, en la que se queja de que de todas las provincias de España "ninguna hay tan aborrecida como la gallega", hasta el punto de invocar el adagio antiguo que dice que "antes puto que gallego". Con una sutil ironía, echa la culpa de todo ello al Tordo **vizcaíno**: "Desde lo alto de un álamo le descubrieron una manada de tordos ó sanchicos que en él estaban en vascuence; ora fuese invidiosos de que el Buho hubiese madrugado antes que ellos, ora invidiando otra virtud más heroica que acaso conocían en él y no les estaba bien confesarla, ó por lo que ello fuese, ellos se derramaron por el prado y convocaron á las demás aves de España á que con razón ó sin ella le obligasen á dejar el prado". Sancho Garibay, vizcaíno, como representante de todas las aves, es el que dirige el escarnio contra el búho: "...criado en las cavernas de las montañas de Galicia con sapos, ranas y otras ponzoñosas sabandijas fieras y silvestres, que le dieron sangre que sólo el olor della y de su pluma y traje es bastante á contaminar y enficionar los sentidos de un mármol, si mármoles tienen sentidos: demás desto es tan tosco en su modo de orar, que no tiene palabra bien sonante ni pensamiento que á cosa de valor aspire". El conde de Lemos se inventa entonces toda una leyenda para agraviar a los vascos: un supuesto autor hispanorromano, Marco Orologio, refiere que "cuando los godos vinieron á ocupar á España, trajeron consigo mucho número de esclavos judíos, [...] á los cuales el mismo Tito dio el nombre que les convenía de Bizecaynes, por imitadores de Cayn. [...] Tuvieron muchos años la Ley de Moysen, su Mezquita, Rabí y sacerdote, como lo testifican hoy en dia, no sin gran misterio de los cielos, los nombres de los pueblos donde tuvieron sus asientos; llamándose Amezqueta el lugar de la mezquita ó sinagoga, y Aro el del sacerdote Aron, del nombre de aquel antiguo de su ley, y Fuente Rabia del rabi que la fundó". Concluye también, en su diatriba de las etimologías, que "'**navarro**' es lo mismo que 'no barro' ó 'novato', que es decir, no ser viejo francés ni viejo español".

1620 – VOLTOIRE

A este autor se le tiene por gascón y se sabe que ejerció como profesor de lengua en el Midi francés. Por un tratado que escribió sobre la actividad comercial (que incluye una colección de proverbios gascones) se apunta a que fue un comercial que, con el tiempo, se dedicó a los asuntos lingüísticos. El libro que aquí nos interesa lo escribió en 1620 bajo el título de *L'interprect ou traduction du François, Espagnol & Basque*. La obra se enmarca en la tradición de los manuales de lenguas del Renacimiento y nos presenta la primera colección de refranes, dichos y sentencias del **euskera** en Francia. En 1642 se imprime con título en euskera: *Tresora hirour lenguaietaqua francesa, espagnola eta hasquara*. La obra ofrece una introducción sobre gramática en tres columnas para los diferentes idiomas, un extenso diccionario de más de mil palabras y un colofón final con catorce diálogos trilingües.

1621 – FRANÇOIS DE BASSOMPIERRE

Aristócrata francés (1579-1646). Fue un alto mando de la corte francesa, un personaje de vida libertina, que en sus memorias, *Journal de ma vie. Mémoires du Maréchal de Bassompierre* (*Diario de mi vida. Memorias del mariscal de Bassompierre*), menciona su paso por Euskal Herria al dirigirse a España en misión diplomática en 1621. Las memorias fueron publicadas en 1655. Llega a *Socoua* en 1621, donde el rey tenía el propósito de hacer un puerto y sobre él un fuerte, y luego baja a *Sinbourre*. En **Donibane Lohizune** antes del anochecer los vascos le bailaron el más hermoso ballet posible: *"Ceux de Saint Jean de Lus danserent le soir un ballet devant moy, quy pour des Basques estoit aussy beau qu'il pouvoit estre"*. En el camino de Baiona a Donibane Lohizune vieron en el mar más de cincuenta pequeños veleros "que perseguían a una ballena que se veía a lo largo de la costa con su ballenato; y a la tarde como a las once tuvimos noticia de que el ballenato había sido apresado, [...] fuimos a verlo a la orilla donde había estado varado en alta mar, tenía unos cincuenta pies de largo (solamente) y los del país aseguraban que no tendría más de ocho días". Pasa por el puerto de San Adrián hacia Gasteiz, sin dar más detalles.

1621 – PETER HEYLYN

Eclesiástico británico (1599-1662). Aunque ya en 1621, en su obra *Microcosmus*, da un pequeño adelanto impreciso de la idea que él tiene sobre el euskera, va a ser en *Cosmographie*, publicada en 1652, donde ofrezca detalles más concretos sobre ella. Comenta de Navarra que "los antiguos habitantes de la misma eran los vascones, poseedores no solo de toda esa extensión, sino también de Vizcaya y Guipúzcoa, como ellos lo denominan: que, pasando los Pirineos, se hicieron dueños de esa provincia que ahora se llama Gascoigne por los franceses y **Vasconia** en latín". Aunque los guipuzcoanos hablan la misma lengua, da una mayor pureza al **dialecto vizcaíno**: "*Though those of Guipuscoa speak the same language also, yet is it with a greater mixture of other words (by reason of their neighbourhood with France, and commerce with strangers) than it is in Biscay: where the old naturall language, whatsoever it was, is in far more purity*"; y da pábulo también a las especulaciones de Howel (1630) sobre el pueblo vascoparlante de Las Batuecas salmantinas. Es el primero que utiliza el término de *Basquish* tomado de la traducción que Shelton hizo de *El Quijote* en 1612.

1621 – SALVADOR ARDEVINES

Médico, filósofo y escritor aragonés. Escribió *Fabrica universal y admirable de la composicion del Mundo* (1621), un tratado de cinco libros en el que, como humanista que era, versa sobre cuestiones teológicas y del ámbito astronómico y el mundo animal. Ardevines parece conocer de cerca el fenómeno brujeril al mencionar "las cosas que hazen las **Brujas**, y Brujos, de que tenemos larga esperiencia, por las montañas de Aragon, Navarra, y Quipuzqua, confines de Francia, por su propia confesion dellas". Las confesiones quedaban bien recogidas, pero no cita, evidentemente, los métodos de los que se valieron para arrancárselas... Menciona la palabra ***jorguina*** (variante de *sorgina*) que ya aparece en el *Tesoro* de Covarrubias (1611). El capítulo 19 del libro IV lo dedica al estudio de los meses y a la etimología de los mismos en latín, presentando un listado en diferentes idiomas, entre los que se encuentra el *vascongado* (también lo llama *vizcayno* y *guipuzcuano*). Le llamó la atención, sin duda, el hecho de que la procedencia de los nombres tuviera su fundamento en los gentiles: "Fuera harto mejor que aora se les diera nuevos nombres, y borrar los de los Gentiles, como lo hazen los Vascongados". Transcribe en **euskera** los siguientes nombres de meses: *hurtarilla*, *osailla*, *marchoa*, *aprilla*, *mayaza*, *garra garrilla*, *usta*, *agustua*, *burulla*, *urria*, *azaroa*, *abendoa*. Sorprende ver que algunas de las etimologías que lanza son bastante acertadas: *urtarila*, primer mes (de *urte+berri+ila*), o *osailla*, mes de la muerte de lobos.

1622 – ARCHIVO DE INDIAS:

"Parece sino que [los vizcaínos] todos por uno y uno por todos tienen hecha conjuración y república de por sí".

1622 – ARCHIVO GENERAL DE INDIAS

En sus artículos del 2005 y 2013 (*Paisanos, soldados y bandidos: la guerra entre los vicuñas y los vascongados en Potosí, 1622-1625*; *Paisanos. La etnicidad de los vascos en Potosí, c. 1600-1625*), el historiador austriaco Bernd Hausberger asegura que la **guerra** entre **vicuñas** y **vascongados** acontecida en la ciudad boliviana de Potosí "fue en el fondo un conflicto entre pobres y ricos, originado por la distribución desigual de la riqueza y agravada por las dificultades que estaba pasando la minería", un conflicto político-social de una sociedad que estaba en plena crisis económica, acrecentada por la corrupción institucional y la dificultad que conllevaba la partición en dos bandos étnicos enfrentados. En el Archivo General de Indias de Sevilla se guardan muchos testimonios referentes a estas luchas. En la Audiencia de la Provincia de Charcas (*Relación segunda* [...], Potosí, 1 de marzo de 1624, AGI, Charcas 53) se confirma en 1624 que "todas las naciones de aquella villa (digo de los perdidos de ellas) se han conmovido contra ellos [los vascongados] con título de castellanos, siendo aragoneses, valencianos, catalanes, portugueses, extremeños, manchegos, andaluces, flamencos, franceses, italianos y de todas las naciones del mundo que todos caben en esta triste villa". Los vicuñas (que acordaron llamarse castellanos a pesar de pertenecer a diferentes naciones) se reclutaban, en su mayoría, entre los pobres soldados, sobre todo después de que los altos funcionarios que los apoyaban se fueron retirando de una lucha que veían perdida. Por el contrario, dice, "los **vizcaínos** son pocos, gente unida, y que se ayudan los unos a los otros así con sus personas, en sus pendencias como con sus haciendas en cualquier pleito que importe a cualquiera de su nación, tanto que parece sino que todos por uno y uno por todos tienen hecha conjuración y república de por sí" (*Relación*, 23 de noviembre de 1623, AGI, Charcas 134, n° 18, f. 1v). Esta minoría vascongada estaba, sin embargo, bien posicionada, y sobre ellos cargó el peso de toda la protesta. Su éxito jugó en su contra, provocando la hostilidad del resto de hombres "de hábito español".

1622 – TIRSO DE MOLINA

Dramaturgo y religioso español (1579-1648). En su obra de 1622 *La prudencia en la mujer*, refiere el rifirrafe que mantenían las diferentes élites locales a cuenta de las pretensiones nobiliarias de sus linajes. Pone en boca del infante don Enrique, no sin cierta hiriente socarronería, unos versos dirigidos a don Diego de Haro: "Vos, caballero pobre, cuyo estado/ Cuatro silvestres son toscos y rudos/ Montes de hierro para el vil arado,/ Hidalgos por Adán, como el desnudos,/ A donde en vez de Baco, sazonados/ Manzanos llenos de groseros ñudos/ Dan mosto insulso, siendo silla rica,/ En vez de trono, el **árbol de Garnica**". "El árbol de Garnica ha conservado/ la antigüedad que ilustra á sus mayores,/ sin que tiranos le hayan deshojado,/ ni haga sombra á confesos ni á traidores". En su obra *La celosa de sí misma*, el árbol de Gernika personaliza la idea de nobleza: "Mas si no fuese tan limpia/ Como tu sangre merece,/ Envidiada por antigua,/ O ya que fuese tan noble/ Como el árbol de Garnica". Tirso, que considera moderado el carácter del vasco y así lo presenta en varias obras ("Más tiene de **vizcaíno**. / El amor, que de elocuente", llega a decir), pone en boca de don Diego de Haro estas palabras: "El hierro es vizcaíno, que os encargo, corto en palabras, pero en obras largo". Escrito también en esta época, en *El amor médico* su protagonista, don Gonzalo, menciona a Navarra: "Mándanme partir al punto/ porque las armas francesas,/ instantes en su conquista,/ por Navarra dicen que entran".

1624 – JAMES HOWELL

Historiador y escritor galés (1594-1666). Por su condición de comerciante y diplomático viajó a la península con asiduidad, atravesando nuestra tierra en el segundo viaje que realizó en octubre de 1624. En una carta de este año dirigida a Sir James Crohs, relata la experiencia de verse acosado por unos lobos camino de ***Bilboe***. En la carta a Lord Viscount Colchester de 1623 comenta de los vizcaínos: "Conservan hasta el día de hoy el **idioma** original de España, son el pueblo más montañoso y se les considera como las más antiguas gentes, de modo que cuando alguien va a tomar la Orden de Caballería, no hay inquisidor designado para averiguar si está libre de la sangre de los moros, como en otros lugares. El Rey, cuando llega a los confines, se quita un zapato antes de que pueda pisar cualquier terreno de Bizkaia. Y tiene buenas razones para estimar esta provincia, por razón de las diversas ventajas que saca de ella; porque tiene su mejor madera para construir barcos, sus mejores marinos y todo su hierro". Muy influenciado por la obra de Brerewood (1614), su libro de 1642, *Instructions for forreine travell*, habla de la extensión de la lengua vasca en Bearne, Navarra y Bizkaia (sección X): "*They of Bearne and Navarre speak a Language that have affinity with the Bascuence or the Cantabrian tongue in Biscaie, and amongst the Pyrenean mountaines*". Es probable, comenta, que sea la lengua más antigua de

España: "*And as is probable that the Bascuence is the primitive language of Spaine, so doubtlesse the people of that Countrey are a remnant of the very Aborigenes, of her first Inhabitants*". Para establecer una prueba concluyente aderezó su relato con la novedad de que un pueblo descubierto por los halconeros del duque de Alba en **Las Batuecas** (*Pattuecos*) salmantinas (que linda con Las Hurdes) hacía cincuenta años hablaban un dialecto parecido al vascuence: "Inserto aquí un extraño descubrimiento que se hizo hace poco más de medio siglo, en mitad de España, en Las Batuecas, de un pueblo que nunca jamás había sido conocido sobre la faz de la Tierra. [...] No comían nada que tuviera vida, pero entre ellos había excelentes frutos, raíces y manantiales; adoraban al sol y a la luna nueva, su lenguaje no era inteligible para nadie, pero, sin embargo, muchas de sus sencillas palabras eran puro vascuence y su pronunciación gutural era la misma, y una pronunciación gutural es la señal infalible de un lenguaje antiguo". Esta especulación fue tomada en consideración por otros autores como Peter Heylyn (1621), Thomas Browne (1665) e incluso Gottfried Wilhelm Leibniz (1687).

1624 – ANÓNIMO ESPAÑOL:

"La plata de nuestras Indias la metéis en Francia, por la vecindad que con ella tenéis, con quien casáis y emparentáis, con quien amáis y bebéis, y para ello, si os da gusto, decís que apeláis".

1624 – ANÓNIMO ESPAÑOL

Un manuscrito de 1624 supuestamente encontrado en una biblioteca de Madrid en 1876, *Tratado breve de una disputa y diferencia que hubo entre dos amigos, el uno era castellano de Burgos y el otro vascongado en la villa de Potosí, reino de Perú*, se hace eco del enfrentamiento que la dominación española en América trajo consigo entre los habitantes de las distintas naciones del reino de España. Tiene pinta de ser un apócrifo, pero Caro Baroja, en su libro *Los vascos*, le da verosimilitud. El escrito refleja el espíritu hostil que se vivía en Potosí, que desembocó en algo parecido a una guerra civil entre los bandos castellano y vascongado. Dos amigos, Alonso, natural de Burgos, y Martín, natural de Bilbao, no quieren "quebrantar la antigua amistad que tenían de muchos años de compañía, [...] con todo no dejaban de reñir de palabras, y contender sobre la poca ó mucha razón que había entre las dos naciones para perseguirse". Alonso pronuncia un sermón en el que da un somero repaso a las ***cuatro provincias vascongadas***, acusándolas de llevarse todo su dinero a Francia: "la plata de nuestras Indias la metéis en Francia, por la vecindad que con ella tenéis, con quien casáis y emparentáis, con quien amáis y bebéis, y para ello, si os da gusto, decís que apeláis. ¡Cuántos franceses que hablan vascongado anclan entre nosotros en las Indias, y nos llevan nuestras (riquezas)...!". El hecho de utilizar un término como *provincias vascongadas* para esta época es suficiente motivo para pensar que el manuscrito es un apócrifo.

1626 – FRANCIOSINI:

"Y Señor no es aquella Tierra del Réy de Francia?. – No Señor, porque el Rey de España se la usurpa" (Navarra).

1626 – LORENZO FRANCIOSINI

Hispanista y traductor italiano (ca. 1600-1645), primer traductor de *El Quijote* al italiano y autor de *Dialogos Apazibles*. En uno de los diálogos entre los protagonistas se asegura que Navarra fue usurpada a Francia por el rey de España. Nos aporta también un juicio ponderado sobre la tierra navarra, bastante inusual en el Siglo de Oro español. El protagonista afirma haber tomado desde **San Sebastián** "el camino por Navárra, adonde và a **Pamplona** Villa principal de aquel Reyno, y en ella el Castillo muy famoso, el cual se parece mucho al de Amberes. [...] solo diré que es una famosa Tierra, la gente muy luzída, y no mal aficionada a nuestra nación Francesa. [Y pasando el Ebro] cerca de una montaña, adonde antiguamente estúvo la Ciudad de Cantábria, la qual diò el nombre á la Provincia, que agóra contiene la Biscáya, Navarra, Guipúzcoa, y otras particulares, [...] piués se me avía olvidádo dos lugáres: el uno **Estella** de Navárra que es la Universidàd del dicho Réyno, y está situáda la Villa en lugar múy améno: el otro es la **Puente de la Réyna**, y demás de aquellos dos ay otro llamádo **Viána**, nombre corrompído de Diana, porquè antiguamente avía allí un Templo de aquella Diósa".

1627 – C. LALEMANT

Misionero francés. En uno de sus manuscritos editados por R. G. Thwaites entre 1896 y 1901 (*The Jesuit Relations and Allied Documents*), Lalemant explica cómo los nativos de Canadá llaman al sol Jesús y que se cree que fueron los vascos los que introdujeron el nombre: "*(les Montagnais) appelent lle Soleil IESVS; & lon tient en ce païs que ce sont les* Basques *qui y ont cy-deuant habité, qui sont Autheurs de ceste denomination. De là vient que quand nous faisons nos Prieres, il leur semble que comme eux nous addressons nos Prieres au Soleil*".

1628 – AGUILAR Y PRADO:

"[Traía] sobre si gran parte del Infierno, tanto era el ignifero aparato, tanto el norrísono estruendo de innumerables cohetes que de sí arroxaba" **(zezensuzko).**

1628 – JACINTO AGUILAR Y PRADO

Escritor y militar granadino. En el *Compendio histórico de diversos escritos en diferentes asumptos*, fechado en Pamplona en 1629, se publica el *Escrito histórico de las solemnes fiestas que la Antiquíssima y Noble Ciudad de Pamplona, Cabeça del Nobilíssimo Reino de Navarra a hecho en honra y conmemoración del gloriosissimo S. Fermin su Patron, este año de 1628*. Comenta que, después de pelear en Flandes, los azares de la guerra le traen a Pamplona, donde tiene la oportunidad de publicar esta pequeña memoria, cuyo 7º escrito, de diez páginas, lo dedica a Pamplona y sus fiestas de **San Fermín**. Va refiriendo, con una prosa muy pomposa y sobrecargada, las distintas fases de la fiestas: "Huvo gran variedad de danças, que con alborotado rumor de instrumentos barios alegravan la fiesta. También huvo su poquito de Gigantes. [...] Después desto divirtióse la gente en ver numerosas tiendas de todos generos de mercancías, todas significavan: todas hazían una grandiosa feria. [...] A la tarde huvo algunos Toros con cuerda, que sin suceder desgracias alegraron la gente". Asiste a una corrida que describe con detalle: "Echaron Toros al coso. Corrieronse doze con tan buen concierto y orden, que en más de dos oras causaron gustoso entretenimiento, con muchas, y buenas suertes, en que ostentaron mucha agilidad, y ligereza, gran tropa de muy diestros toreadores". A uno de ellos le echaron cuatro lebreles "que infinitas veces los volteó a todos, tratándolos tan mal que ya los tenían por muertos: pero fue tanto el teson que tuvieron en su porfía, que rindieron al feroz animal: tanto pueden Perros si llegan a emperrarse". Cuenta que uno de aquellos toros traía sobre sí "gran parte del Infierno, tanto era el ignifero aparato, tanto el norrísono estruendo de innumerables cohetes que de sí arroxaba". Era, sin duda, el ***zezensuzko***, la viva imagen del toro de fuego actual.

1628 – BALTHASAR DE MONCONYS

Monconys (1611-1665) a la edad de 17 años obtiene el permiso de sus padres para poder conocer mundo, comenzando su itinerario por España. En el libro que publica a raíz del viaje, *Voyage d'Espagne, mort de sultan Hibrahim, lettres sçauantes, algebre, vers, & secrets*, comenta que entra a la Peninsula por "*Biscaye terre montagneuse, abondante neantmoins en fer, & en fruits*". La primera villa que encuentra es ***Fontarabie***: "*Ses fortifications sont admirables; elle est tousiours munie de toute sorte de prouisions necessaires à des places qui consinent les païs estrangers. Cette ville est fort petite, & de peu de garde, n'y ayant dedans que cent soldats ne garniso*". A partir de **Vitoria**, la última ciudad de Vizcaya, empiezan las dificultades: "Y es digno de notar que allí comienzan a encontrarse los ladrones, o lo que es lo mismo, los **aduaneros**; a quienes me veo obligado a dar este nombre por los grandes robos que a diario cometen con los pobres caminantes. Para librarse de ellos se hará lo siguiente (y este consejo sirve para todas las aduanas que uno encuentra al salir de un reino y entrar en otro). Una vez que se ha entrado en la ciudad, hay que ir a buscar al oficial de la Aduana para registrar todo lo que uno lleva, ropa, vestidos, cualquier cosa nueva, joyas, todo lo que esté esmaltado, etc. [...] Hecho esto, y a punto ya de emprender el camino, encontraréis a la puerta de la ciudad, o a un cuarto de legua, o a dos leguas, a los guardias de la Aduana, que no os dejan pasar sin escudriñar todo lo que lleváis, y si encuentran algo que no hayáis declarado y que no conste en el registro que les entregáis, perdéis todas vuestras pertenencias. Se puede evitar, no obstante, este inconveniente dando a los guardias un real de a ocho, y con esto podéis pasar sin miedo".

1629 – RICHARD GUTHRY

Cronista escocés. En un manuscrito suyo fechado en 1629 habla del idioma de los indios que encuentra en *Nova Scotia*: "...su lengua no muy abundante, con palabras largas, mezclada con la **lengua de los Vascos**..." (en N.E.S. Griffiths and John G. Reid, *New Evidence on New Scotland, 1629*).

1633 – HIERONYMUS WELSCH

Autor de un relato de viajes llamado *Wahrhafftige Reiß-Beschreibung aus eigener Erfahrung* y publicado en 1633. Welsch (1612-1665) cuenta que **Gasteiz** está habitada por comerciantes que se dedican a la lana y el hierro ("*von zimlich vil Kaufleute bewohnt, hat einen Wollen- und Eisen-Handel*"). En la aduana de Gasteiz no se les permitía sacar del país más de las diez coronas estipuladas y él llevaba bastante más dinero escondido, cosido en las medias. Con algo de propina se dieron los aduaneros por contentos, no les revisaron y pudieron continuar el viaje. Con ello llegaron a ***Biscaia***, "un país salvaje y montañoso, en el que ya no se habla español, sino otro idioma extranjero que se llama vizcaíno [*Biscaianisch*], y que antiguamente era llamado idioma cantábrico". De allí pasa a *S. Jean de Lus*, "también situado en Biscaia", donde ya no tenía que temer por los problemas derivados de su religión.

1634 – Teixeira. Puerto de Donostia.

1634 – PEDRO TEIXEIRA

Cartógrafo portugués (1595-1662). Estuvo al servicio del rey Felipe IV y en 1634 publicó *La descripción de España y de las costas y puertos de sus reinos*. La de Teixeira es una obra estratégica realizada con fines defensivos, razón por la cual ha tardado en salir a la luz. Las ilustraciones no son planos, sino **dibujos en perspectiva** sin mediciones geométricas, para una mejor comprensión del terreno. Once mapas corresponden a Gipuzkoa, cinco a Bizkaia. De **Gipuzkoa** comenta: "Tiene esta provincia ocho puertos de mar. Los quatro son ríos con deficultosas y malas barras. Y tres ensenadas o plaias con muelles que son: San Sebastián, Guetaria y Motrico. Y el famoso puerto del Passaje. Y en ellos tres plaças fuertes que son Fuenterrabia, El Pasaje, San Sebastián, siendo la de mas ynportançia la de Fuenterrabia por ser frontera de Françia y tan vecina della. En todos estos dichos puertos fabrican muchos y gruesos navios, con la comodidad de la madera que la conducen a los astilleros donde azen las fábricas por la corriente de los ríos". Se cita también a la lengua "que llaman vascuence": "es la más oscura y menos entendida de España".

1635 – Janssonius. Mapa de *Biscaia, Guipiscoa, Navarra et Asturias de Santillana.*

1635 – JOHANNES JANSSONIUS

Cartógrafo holandés (1588-1664). A partir de 1635, Janssonius, casado con la hija de Hondius (1610), va publicando diferentes ediciones de su obra *Theatrum Orbis Terrarum, sive, Atlas Novus*, que gozó de un extraordinario éxito. El libro está ilustrado con gran cantidad de mapas grabados a partir de placas originales de diferentes autores (1610). Uno de ellos lo titula *Biscaia, Guipuscoa, Navarra et Asturias de Santillana*, con detalles topográficos y geográficos bastante parecidos a los de Hondius y Mercator de 1606, pero donde, por un lado, se perfila mejor la región de Bizkaia ("*Biscaja tota montosa est, silvas habet ingentes, ex quivus materia navibus exstruendis*") y, por otro, Navarra ya llega hasta el mar. Tiene también un mapa que detalla gran cantidad de pueblos de Gipuzkoa. Dice de los vascos que son por naturaleza ingeniosos, civilizados, defensores acérrimos de sus privilegios, ágiles, animosos, proclives a la malicia ("*ad malitiam proclives*"). Sus mujeres son válidas, robustas, verdaderas vírgenes, con un cuerpo bien formado.

1635 – ANÓNIMO HOLANDÉS

En un archivo de Amsterdam (*Municipal Archives Amsterdam, GAA, Notary Archives 837b/171-177*) se recoge un decreto en el que se obliga a los marineros holandeses a tratar a los vascos con respeto, conminando a los holandeses a obedecerles incondicionalmente en la caza y el procesado de la ballena. Los **balleneros** vascos especializados en la caza de la ballena recibían mejores sueldos, un hecho que pudo haber generado conflictos que se querían evitar con este tipo de normativas.

1637 – DANIEL MEISSNER Y EBERHARD KIESSER

Poeta alemán (1585-1625) y grabador alemán (1583-1631). A partir de 1623 comienzan a publicar su *Thesaurus philopoliticus* (*Tesoro filopolítico*), una colección de grabados que incorporan una pequeña poesía escrita por Meissner. En 1637 imprimen *In hoc signo vinces. St Sebastian* (*Con este símbolo conquistarás.* ***San Sebastián***), con la leyenda "*Per varios casús, per milles pericula rerum, promissam tándem tendimus in patriam/ Wers Wilde Meer der argen Wellt Durchschwimmt, und Ritterlich sich hällt/ In allem Kreutz, dem will Gott gebn die Tron der Ehrn, das Ewing Lebn*". La traducción quedaría así: "Quien surque el mar salvaje del malvado mundo y se comporte como un caballero/ En la cruz, Dios le concederá el trono de honor, la vida eterna".

1637 – Meissner/Kiesser. Donostia.

Algunos autores sugieren que el epígrafe podría hacer alusión a la llegada a Donostia de los restos de María Luisa de Carvajal, una mística poetisa extremeña y misionera católica que había fallecido en Inglaterra en 1614, tratando de combatir el anglicanismo.

1637 – HENAO:

“Que ayan sido Cantabros Vizcaynos los que pasaron à poblar à Irlanda, lo sienten, y publican comunmente los Irlandeses”.

1637 – GABRIEL DE HENAO

Jesuita español (1611-1704). Este vallisoletano fue un reconocido académico que publicó diversos escritos sobre teología cristiana y escolástica y llegó a ser rector de la Universidad de Salamanca. Su obra más estimada la publicó primero en latín en 1637 (*Vizcaya illustranda ab Academia Humaniorum litteratum Bilbaensis Scholae Societatis Jesu*), y en 1689 en castellano, bajo el título de *Averiguaciones de las antiguedades de* ***Cantabria****, enderezadas principalmente a descubrir las de Guipuzcoa, Vizcaya y Alava*. La obra es un homenaje al fundador de su orden, “San Ignacio de Loyola, cántabro, fundador y patriarca de la Compañía de Jesús, hijo de las tres provincias cantábricas, Guipúzcoa, Vizcaya y Alaba”. En el capítulo I defiende a Tubal como primer poblador de España y en el capítulo II, *Pueblan los cántabros en* ***Irlanda***, se apoya en una teoría entonces muy extendida: “que ayan sido Cantabros Vizcaynos los que pasaron à poblar à Irlanda, lo sienten, y publican comunmente los Irlandeses”. A partir de esa primera fundación, por lo tanto, comienza una conquista que se extiende por Irlanda, Inglaterra, Córcega, África y América. Su perspectiva cristiana le obliga a defender y fundamentar la tesis de que los cántabros nunca hubieran sido paganos y que, ya desde tiempos de los romanos, hubieran llevado en su estandarte la divisa de la cruz. Se opone también a la opinión de algunos autores navarros de que los alaveses hubieran sido vascones. Algunos atribuyen también al padre Henao el libro anónimo *El tordo vizcayno*, que fue publicado como contestación a *Historia del Buho Gallego* de **Fernández de Castro** (1620). “Entre las naciones Vizcaya, entre las aves el tordo”, llega a decir. Establece ese paralelismo aduciendo que “el tordo (aunque pequeño) es vivo, robusto, audaz, hermoso, y tan galante, que quando mas violentos se muestran los Elementos, sale á hacer ostentación de su brio, como lo vereis en medio del Invierno”.

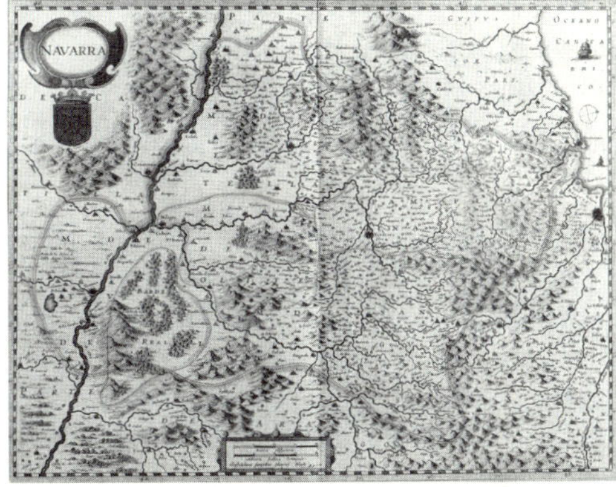

1638 – Hendrik Hondius. Mapa de Navarra. Está girado 90 grados. Cabe destacar el enorme territorio que ocupan las Bardenas Reales, representado como un inmenso bosque, propiedad de la Casa Real, que lo disfrutó en exclusiva hasta el año 1705.

1638 – HENDRIK HONDIUS

Cartógrafo y editor neerlandés (1597-1651). Hijo de Jodocus Hondius (1606), elabora un hermoso mapa de Navarra con un pequeño texto en latín relativo al reino de Navarra, en el que incluye (aunque no en el mapa) la sexta merindad de Ultrapuertos: *S. Guan di Pie di Porto*.

1645 – ESTEBANILLO GONZÁLEZ:

“¿Qué menos me podía suceder con bebida cuyo propio nombre es zagardoa, que mal azagaya le tiren al ladrón que tal me hizo beber?”.

1645 – ESTEBANILLO GONZÁLEZ

Se desconoce el verdadero autor, que se hace pasar por gallego, de la obra publicada en Amberes en 1646 *La vida y hechos de Estebanillo González, hombre de buen humor compuesto por él mesmo*. Ni siquiera se sabe con certeza si la novela, una de las últimas contribuciones a la picaresca, es pura ficción o está basada en una autobiografía. "Pasé a una legua de aquella ciudad [**Tudela**] el presuroso y soberbio río de Ebro sobre los hombros de una anchurosa y reforzada barca, en la cual compré una gran cesta de anguillas, por ser comida regalada y estimada en toda aquella comarca, las cuales, con los arrieros y pasajeros y mozos de mulas que nos habíamos juntado en el camino, nos las merendamos en una venta a cuatro leguas de Tafalla, bebiéndonos con cada una, por que no se nos pegasen a el estómago, un azumbre de vino más helado que si fuera deshecho cristal de los despeñados desperdicios de los nevados Alpes". Después de "una caída de la mula abajo", se lastima el brazo, por lo que tiene que reposar dos semanas en **Tafalla**. Tras su recuperación, le dice al posadero que "la causa de estar tan fuerte y animoso y haber estado bueno con tanta brevedad era por los milagros que había usado el vino comigo, por ser yo tan su devoto y por haberlo tenido siempre a mi cabecera. Él me respondió: –Lo que a unos mata a otros sana". Una vez en Iruñea, despluma al juego a un acemilero, llega a las manos con él, tiene que dar explicaciones al cuerpo de guardia y acaba dilapidando toda la ganancia en una parranda que le pasa factura al día siguiente camino de Gipuzkoa: "El segundo día y postrero de mi viaje, a persuasión del criado, quizá por ir él a caballo, bebí una poca de cidra por hacer gran calor y decirme que era buena para refrescar; pero apenas la había envasado por mi daño y ignorancia en la cueva de mi barriga, cuando empezó a tener alborotos con el vino que estaba adentro y andar a puñadas el uno con el otro, sintiendo yo, bien contra mi gusto, la batalla y el combate; pero ¿qué menos me podía suceder con bebida cuyo propio nombre es **zagardoa**, que mal azagaya le tiren al ladrón que tal me hizo beber? Al fin, como en muchos reinos y señoríos me han dado emperatrices, reinas y damas de calidad muchas ayudas de costa, en esta provincia la señora doña Zagardoa, marquesa del Real de Manzanares, me honró con hacerme ayuda de cámara y escudero de a pie, pues todo el camino fui a pata con los calzones sueltos y en las manos y haciendo a cada veinte pasos una parada".

1646 – RODRIGO MÉNDEZ SILVA

Historiador y geógrafo hispano-portugués (1606-1670). Fue cronista general de España y publicó la obra *Población general de España*. El libro parte de un principio admitido en la época como dogma general: España "fue poblada por el patriarca **Tubal**, hijo quinto de Iaphet, hijo de Noe, que la empeçò con sus gentes Armenias, y Caldeos, año de la creacion del mundo 1798. Del Diluuio vniversal 142. Y antes del nacimiento de Christo 2163". Sobre Navarra comenta: "Hablan sus gentes la lengua **Vasquence**, semejante a la Vizcaìna, mas diferente en varios vocablos, y sentencias. Son afables, valientes, belicosas, que han emprendido heroycas hazañas, alegres, piadosas, caritatiuas, y religiosas, inclinadas al trabajo, de pocas razones, y Rectorica; pero de buenos ingenios, cultiuados". En las provincias de "Vizcaya, Alaba y Guipuzcoa" también se habla "la primitiua Lengua", y puesto que "no quisieron admitir el Decreto de Antonio Pio Emperador, quando introduxo el Romano Idioma en España, conseruandose por partes también los trages de aquellos Siglos, especialmente en mugeres". Va realizando una corta mención de algunos de los lugares de estas provincias. De la villa de **Puente la Reina** dice: "La primera fundación parece de Cares, referidos en Carrion, quando vinieron a España, según Tarrafa años 735. antes del Nacimiento, dandola su nombre. Pero estando assolada la poblò D. Iuana Reina desta Corona, esposa de D. Felipe I. año 1304. de donde se llamò Puente de la Reina, auiendo fabricado vna sobre el rio, que hace por armas". Da también una bibliografía completa de las obras de donde ha extraído los datos.

1647 – CLEIRAC:

"[Los vascos] siguiendo esta ruta descubrieron, cien años antes de las travesías de Cristobal Colón [...] las tierras de Terranova".

1647 – ÉTIENNE CLEIRAC

Jurisconsulto francés (1583-1657). Este abogado del Parlamento de Burdeos fue el autor del tratado de 1647 *Les us, et coutumes de la mer*, una obra de gran influencia en la producción bibliográfica posterior sobre el tema de la navegación, el comercio naval y la jurisdicción marítima. Pero de mayor importancia es aún para la historia de los **balleneros vascos** al incluir un párrafo que ha traído cola durante siglos. En el apartado 39/40 del capítulo *De la pesche des balenes sur la Coste de Guyenne*, Cleirac habla de las ganancias que los habitantes de la costa vasca encontraron en la pesca de las ballenas, formando un equipo de galeones que partía hacia todas las latitudes para buscar la guarida habitual de estos monstruos de los mares, como eran considerados. Es entonces cuando, sin aportar ningún dato concreto, comenta que "siguiendo esta ruta descubrieron, cien años antes de las travesías de Cristóbal **Colón** [*ils ont découvert cent ans avant les Navigations de Christophle Colomb*], el gran y pequeño banco de bacalaos, las tierras de **Terranova**, de Capbreton y Bacaleos (es decir Moruë en su idioma), Canadá o Nueva Francia, donde los mares son abundantes y crecen las ballenas". La leyenda sobre los vascos debía estar entonces suficientemente extendida como para que Cleirac asegurara que un vasco advirtió a Colón de dónde estaban las Indias, dándole a él la dirección: "*Un basque aduertit Christophle Colomb des Indes occidentales, et luy en donna l'adrésse*". El descubrimiento de Terranova sirvió a los vascos, durante mucho tiempo, para defender sus derechos sobre la pesca de las ballenas en esas costas.

1648 – AGUSTE GALLAND

Jurista y consejero de Estado francés (1572-1637). Hijo de una familia empleada como altos funcionarios al servicio de la Casa de Navarra, Galland es el autor, a título póstumo, de *Mémoires pour l'histoire de Navarre et de Flandre*, libro que ahonda en la historia del **reino de Navarra** y en el que, como era normal para esa época desde la perspectiva francesa, contempla la restitución del reino como única respuesta a la **usurpación** del rey Fernando en el año 1512 (*Capítulo VII: Poursuites faites pour obtenir la restitution de la Navarre depuis le 21. Juillet 1512. que Ferdinand l'usurpa, iusques en l'année 1555. que le Roy de Navarre Henry d'Albret deceda*). Adjunta además el testamento de Carlos I (1554), con la cláusula que hace referencia al cargo de conciencia que le generaba la conquista del reino por parte de su abuelo Fernando el Católico.

1649 – EDWARD HYDE

Duque de Clarendon, historiador y político inglés (1609-1974). Se conservan algunas cartas que escribió a su esposa, donde repasa algunas anécdotas del viaje que realizó a España. Debió de pasar por un mal trance a su paso por el País Vasco en octubre de este año: "...llegamos a caballo (porque ni coches ni literas pueden escalar estas montañas) a esta ciudad [**Irun**]. [...] Se nos condujo a nuestro alojamiento, que era la mejor casa de la ciudad, tan buena como ninguna que tú hayas visto, sin chimenea ni vidrios de ventana, que son cosas que esta gente no conoce. [...] La mañana siguiente de nuestra llegada comenzó a llover en el grado más extremo que puedes imaginarte y así ha continuado desde entonces con un temporal violento y continuo que hace que estemos fríos y aburridos de un lugar en que se nos trata muy cortésmente. [...] Se ríen de nosotros cuando pedimos una estufa más, así que puedes creer que estoy obligado a forrarme de tantos chalecos y calzas y comodidades como yo solía usar el pasado invierno en La Haya". Es también el responsable de una confusión que tuvo cierta influencia en los años siguientes: describió la obra de Leizarraga *Testamentu Berria* como "*Nov. Test. in lingua de Berria, in confinis Biscaiae*", que algunos, más tarde, definieron como dialecto *berriense*.

1650 – LEONARDO DI FERRARI

Pintor italiano. *Plantas de diferentes Plazas de España, Italia, Flandes y Las Indias* es una extraordinaria obra con 133 dibujos mandada realizar por Gaspar de Haro y Guzmán al pintor italiano Leonardo de Ferrari y que fueron entregados en 1655. Sobre ella se plasman mapas, planos y vistas de los distintos asentamientos fortificados de la frontera española. El de la *Plaça de* ***Fuenterravia*** representa todo el entorno de la bahía de Txingudi.

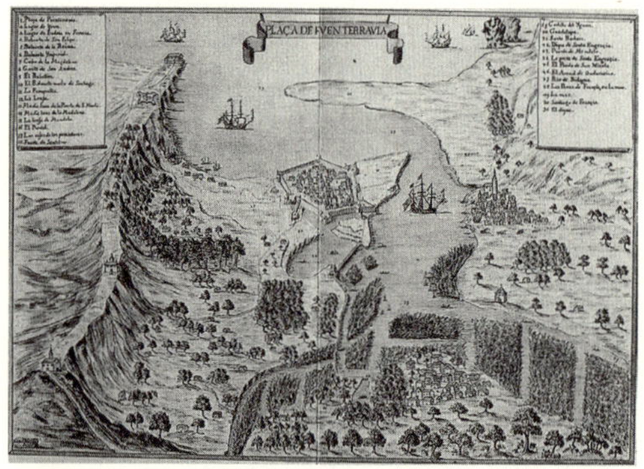

1650 – Ferrari. *Plaça de Fuenterravia.*

1651 – BALTASAR GRACIÁN

Jesuita y escritor aragonés (1601-1658). Este reconocido escritor del Siglo de Oro es el autor de *El Criticón*, una epopeya moral sobre la vida humana, publicada en tres partes de 1651 a 1657 y que muchas autoridades ponen a la altura de *El Quijote*. Con un estilo de sentencias breves y densas, a manera de aforismos, comenta que todos los humanos parecen diferentes “cada uno con su gesto y de su gusto”, y expone una tipología de las diferentes regiones de España que responde a los tópicos de la época. Distingue **vizcaínos** de **navarros** y en la descripción del navarro muestra cierta animosidad: “¿Qué dirás de los largos en todo, dando siempre largas? Verás hombres más cortos que los mismos navarros corpulentos sin sustancia”. En la *crisi octava* de la primera parte, *Las maravillas de Artemia*, cuando la sabia Artemia tiene que huir con su familia, se plantean varios lugares a los que acudir: “De Pamplona no se hizo mención, por tener más de corta que de corte, y como es un punto, todo es puntos y puntillos Navarra”. Esta sequedad es común a vizcaínos y navarros, pero pondera también la fuerza de la cultura y de lo que esta es capaz en un vizcaíno: “De un montañés hizo un gentilhombre, que fué también gran primor del arte; y no menor hacer de un vizcaíno un elocuente secretario”. En *El político Don Fernando* habla de **Catalina de Navarra**, consorte de Juan de Albret, último rey navarro: “Lustraron a muchos sus consortes y a muchos los deslustraron. Viose esta diferencia en el rey don Juan el Primero de Aragón, a quien su primera mujer le hizo amable de sus vasallos y la segunda, aborrecible”; “Con la misma ingeniosa contrariedad, dijo la reina de Navarra a don Juan de Labrit, su marido: Nunca Navarra se perdiera, si vos fuerais la reina y yo el rey”. En su libro *Agudeza y arte de ingenio* prodiga alabanzas hacia **San Francisco Javier**: “Pareció que tenía hechizado (a nuestro modo de decir) al mismo Señor, pues sudaba en Navarra un devoto Crucifijo, todas las veces que el santo padecía algún trabajo en la India”.

1651 – HOBBES:

“[Según el papa los Estados] deberán ser gobernados sin el consentimiento de ellos, por un derecho dado por Dios. [...] Esta práctica ha sido observada [...] en el traspaso del reino de Navarra”.

1651 – THOMAS HOBBES

Filósofo inglés (1588-1689). La importancia de esta insigne figura británica del siglo XVII ha llevado a muchos investigadores a considerarlo como el fundador de la filosofía política moderna. En su obra más conocida, *Leviathan, or The Matter, Forme and Power of a Common-Wealth Ecclesiasticall and Civil* (*Leviatán, o La materia, forma y poder de un estado eclesiástico y civil*, 1651) establece un ideal de derecho moderno como base de las comunidades sociales y de los Estados legítimos. En el capítulo 42 de la III parte, titulada *Of the Pope's temporal power* (*Del poder temporal del Papa*), denuncia que cuando el papa renuncia al poder civil supremo está reconociendo el derecho que le concedió Dios: *“The Pope therefore, when he disclaimeth the supreme civil power over other states directly, denieth no more, but that his right cometh to him by that way; [...] by a right given him by God*". El papa tiene la competencia de derrocar regímenes legítimos o de llamar al pueblo a la rebelión para el caso de aquellas naciones que no liberen a sus súbditos del influjo de los herejes ("*his subjects are absolved of their obedience*"). Señala que la práctica ha sido llevada a cabo por el papa en varias ocasiones, y una de ellas concierne al reino de **Navarra**: "*As in the deposing of Chilperic, king of France; in the translation of the Roman empire to Charlemagne; in the oppression of John, king of England; in transferring the kingdom of Navarre; and of late years, in the league against Henry the Third of France, and in many more occurrences*".

1653 – AARSEN DE SOMMERDYCK

En su libro de viajes *Voyage d'Espagne curieux, historique et politique, fait en l'année 1655*, se hace eco de la costumbre de las **bayonesas** de llevar la falda recogida por detrás, dejando sus pantorrillas al descubierto para taparse sus mejillas: "*Dès bayonne, on commence à s'apercevoir de l'humour de ces peuples qui ressemblent á leurs voisins, ils sont rogues et peu communicativs avec l'étranger, les femmes y marchent conservant de certains cotillons qu'elles se jettent sur leurs tetes et découvrent leurs fesses pou cacher leurs joues*".

1654 – JEAN-FRANÇOIS PAUL DE GONDI

Cardenal de Retz, político y escritor francés (1613-1679). En sus *Mémoires* escritas en 1677 relata las penalidades vividas en Francia tras los movimientos de insurrección que se sucedieron a mediados del XVII, cuando fue arrestado, pero consiguió huir y partió al exilio en España. Arribó en barco a *Saint-Sébastien* en 1654. El viaje le resulta "*assez agréablement*", hasta que llega a "*une petite ville appelée **Tudela**, où le peuple s'était soulevé contre la noblesse*". El motivo de la sublevación es que había sido prohibida la caza. El pueblo se pensó que el cardenal era algún francés insurrecto llegado para fomentar la revuelta de los labradores y tuvieron que ponerle una guardia para protegerlo. El alcalde intercedió por él y pudo continuar su camino hacia Zaragoza con una escolta.

1655 – BONNECASE:

"La inclinación de los navarros a volver al dominio de su legítimo Príncipe les garantiza las rentas".

1655 – ALCIDE DE BONNECASE

Este viajero francés publicó *Voyage d'Spagne*, en el que incluye un capítulo de 12 páginas sobre su paso por Navarra en 1655. De **Pamplona** le llaman la atención sus fortificaciones, su ciudadela y la plaza de la fiesta de los **toros**: "*La Ville n'a pas de fortifications fort considerables, elle est sur une espece de pante qui y fait trouver des montées & des descentes, mais qui sont preíque imperceptibles: il y a une fort grande place où l'on fait la Feste des Taureaux*". Comenta que los navarros gozan de unos privilegios que les son mantenidos por el temor de que vuelvan a agruparse en torno a su legítimo rey: "*L'inclination que conservent les Navarrois de retourner sous la domination de leur Prince legitime les garantit de subsides*". Acaba en Burguete haciendo alusión a la Batalla de **Roncesvalles**. Bonnecase, que tuvo que realizar todo el viaje pidiendo de la caridad y pernoctando en hospicios que le dejaron una muy mala impresión, tiene, sin embargo, buenas palabras para el de Roncesvalles que recuerda "*avec plaisir*".

1655 – ANTOINE DE BRUNEL

Noble y viajero francés (1622-1696). Publicó en 1656 un libro, *Voyage d'Espagne curieux, historique et politique*, cuyo capítulo III titula *Incomodité des Voyageurs en Espagne. Misere des Hostelleriers...*, haciendo alusión al estado de los hospedajes, aunque parece referirse más a los de Castilla, porque a pesar de que dice que *Biscaye* es un país más pobre y menos fértil que Castilla ("*plus maigre & moins fertile*"), comenta: "Verdad es que siendo frontera no está tan cargado de rentas y el pueblo es allí más libre, por eso se encuentran algunas cosas en las posadas pero las hacen pagar doble". Llegando a Gasteiz, "*la premiere ville de Castille*", atravesó "*la plus iolie plaine & la mieux cultiuée que nous ayons rencontrée*". En el capítulo XXVI narra su paso por Nafarroa. Cita a **Tutera** como una ciudad "muy bonita, pero que, encontrándose en los confines de Aragón, Castilla y Vizcaya es el refugio de muchos malhechores y granujas que han abandonado su patria para huir del castigo de sus crímenes. En fin, es una verdadera guarida de ladrones, según se nos había dicho; no obstante, yo vi algunas personas de bastante buena apariencia para hacerme creer que entre esta canallada había gente de bien; además en algunos sitios hay bastantes edificios hermosos, de donde se deduce que hay nobleza u hombres de mejor condición que la de simples refugiados que los habiten". Visita la muralla de **Iruñea**, conforme era costumbre con los viajeros distinguidos, y aunque le causa una buena impresión, le decepciona la guarnición: "A fin de que no la encontrásemos tan desprovista de todo, se había hecho entrar un buen número de ellos [campesinos], que se mezclaron con los soldados efectivos, pero no fue fácil reconocerlos, porque aparte de que muchos de ellos no tenían cara de haber manejado una espada, muy pocos la llevaban, y hacían la parada con un simple mosquete o una vieja pica; y la llevaban tan mal, que se conocía estaban más acostumbrados a manejar la azada que las armas". De los reyes de España dice que lo único que sacan de Navarra es la muralla natural de los Pirineos, pero ningún tributo. Se extraña de que en la feria de Pamplona se comercie tranquilamente con Francia a pesar de estar en guerra con España, y concluye que "los **privilegios** que los navarros se han reservado y la consideración de que

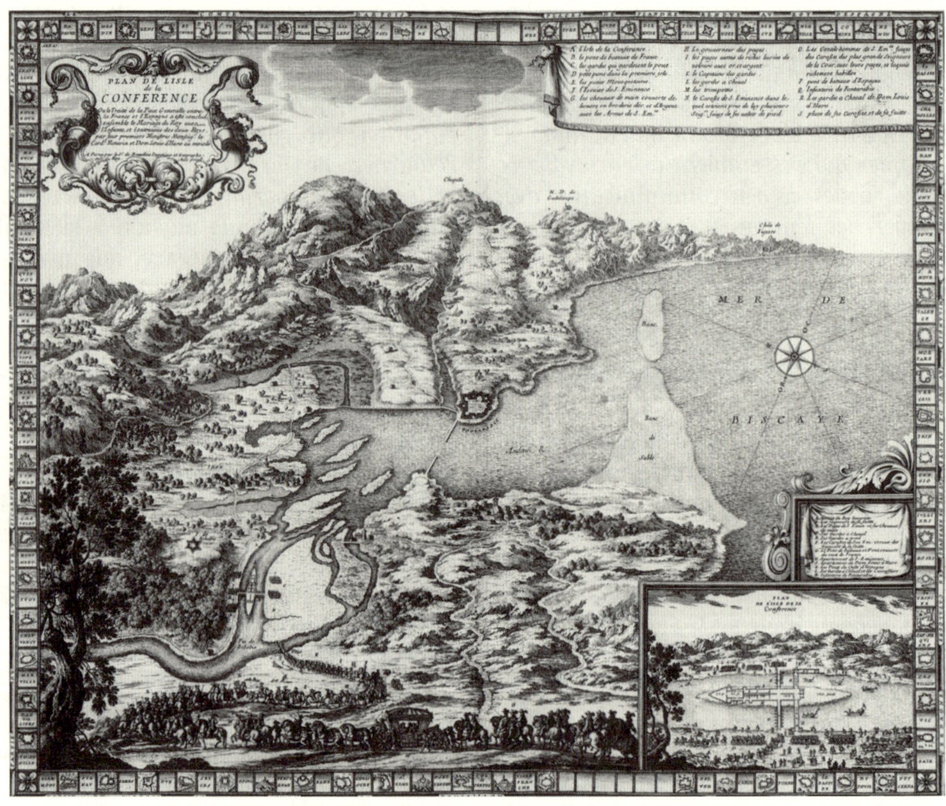

1659 – Beaulieu. *Plan de l'Isle de la Conference.*

si se rebelasen pudieran volver bajo el poder de su legítimo príncipe, y por el cual siente todavía alguna inclinación", hace que no se atrevan a cargarles impuestos.

1659 – SEBASTIEN DE PONTAULT DE BEAULIEU

Ingeniero, militar y diseñador francés (1612-1674). Considerado como el creador de la topografía militar, deja una buena muestra de sus capacidades como cartógrafo en la ilustración *Plan de l'Isle de la Conference*, que abarca una perspectiva impresionante de todo el estuario del **Bidasoa**, a la llegada a Isla de los Faisanes de la comitiva real francesa para firmar con el rey de España en 1659 el Tratado de los Pirineos que trazaba la frontera entre ambos países.

1659 – BERTAUT:

"Le preguntaron cuál de las tres que allí estaban quería que fuere a dormir con él".

1659 – FRANÇOIS BERTAUT DE FRÉAUVILLE

Abate, diplomático y escritor francés (1621-1701). Publicó en 1669 *Journal du voyage en Espagne*, donde narra el viaje que realizó en 1659 como miembro de una embajada enviada para concertar el matrimonio de la hija del rey Felipe IV. Pasa por Pamplona y accede a la ciudadela que considera bastante desguarnecida. Después de haber cambiado de mulas y haber comprado sábanas "a causa de la falta de limpieza" con que le "amenazaban las posadas", continúa camino de **Muruzabal**, "donde había una casa muy bonita" (seguramente el actual palacio). Según comenta, en *Dallón (sic)* las muchachas del alojamiento atacaron a su criado que estaba muy molesto por no poder entender lo que le decían ni hacerse entender él mismo (¿hablarían euskera?), "y le preguntaron cuál de las tres que allí estaban quería que fuere a dormir con él. Como no respondió nada o respondió mal, y dijo que él no quería ninguna, ellas le pusieron en la cama una muñeca de madera, a la que vistieron agradablemente, y eso nos divirtió".

1659 – RENÉ LE PAYS

Poeta y alto funcionario de hacienda francés (1636-1690). En 1664 publica *Amitiés, Amours, et Amourettes* (*Amistades, amores y amoríos*). La primera carta está enviada desde *Fontarabie*, con motivo del Tratado de Paz que se firmó entre los Estados de Francia y España en 1659. Allí se encuentra con una tal *Vranie*, "una amante de las lenguas extranjeras", y no se le ocurre otra cosa que prepararse un cumplido en vasco ("*un compliment en basque*"). "Mi anfitriona me ha enseñado más de doce palabras en este idioma", dice. En la segunda carta desde **Donibane Lohizune** le comenta cuán dulces y agradables son las costumbres de allí: "La alegría comienza con la vida y termina solo con la muerte [*La joye y commence avec la vie et n'y finit qu'avec la mort*]". Y confirma también la pasión que muestran los vascos por sus **danzas**: "Un niño sabe bailar antes de saber llamar a su padre o nodriza [*Un enfant y sçait danser avant de sçavoir appeler son papa ny sa nourrice*]".

1660 – LEONARDO DEL CASTILLO

Cortesano real español. En *Viaje del Rey D. Felipe IV a la Frontera de Francia*, publicado en 1667, narra el paso de Felipe IV por tierras vascas, llegando el 3 de mayo de 1660. Se apoya en Arnaut Oihenart para derivar Alaba de Alva, ciudad de los Várdulos. De Vitoria, escribe, "dizen algunos que se llamó Velica; pero con poco fundamento [...] y en vn instrumento del Rey Don Sancho de Nauarra el mayor [...] se le dá el de Gasteiz, [...] pues a, muchos pueblos de aquella region comunican dos nombres; vno, el Romance; y otro el Vascuence". Menciona los preparativos con **fuegos artificiales** y la corrida de **toros** que se ofreció en su honor al rey en la ciudad de **Gasteiz**: "tuuo principio vna consonancia pauorosa de vistosos ecos, que en ideas de fuego, robò por largo espació la atención à los oidos, y a los ojos à vn tiempo mismo. Inuencion de vn Artifice de Pamplona, de donde le auia hecho venir Victoria, ansiosa del acierto de sus festejos. [...] A la tarde tuvo la Ciudad à sus Magestades vna fiesta de toros, y prevenidas para que la viessen las casas de su Diputacion, cuyos valcones señorean la plaça; y porque antes estaua pendiente, y en cuesta el terreno de ella, le allanaron, haciendo en la vna frente un pretil, y escalera de piedra cuyas extremidades adornaron con leones, fingidos, y bien figurados. [...] No assistieron en publico sus Magestades à este festejo, y aunque no tuuo comodidad el séquito de la Corte para verle, por la falta que ay de ventanas en la plaça, y el tiempo fue contrario; porque la continuación con que llouió aquel día, y la noche antecedente, fue causa, de que estuuiesse el suelo muy lodoso; con todo, la destreza de los toreadores, que huuo de à pie, la diferencia de lançadas, y la braueza de los perros, hizieron gustosa, y entretenida la tarde". De **Gipuzkoa** dice que "vertido el suelo de intrincada espesura y regado de cristalinos despeños, de claros, y multiplicados arroyos, figura vn Pais hermoso, y deleitable". Como solía acordarse para el caso de una comitiva real a su paso por tierras vascas, sustentaban en la frontera "**diez mil hombres**, que le hiziessen guarda todo el tiempo que se detuuiesse en ella", aunque el rey rechazaba el acompañamiento y se conformaba con que le recibieran en cada población, por disponer él ya del regimiento de su guardia con 600 caballos, "consumiendo cada dia los vagages de la Corte 700 fanegas de ceuada". Pasaron por **Salinas**, "que los Guipuzcoanos la llaman Gaza, que en Vascuence, significa sal". En cada pueblo (Oñati, Zumarraga, Hernani...) por el que pasaban eran recibidos por un pequeño ejército. En **Arrasate** reúnen 200 hombres, un "trozo" de ellos "armados, de peto, espaldar y borgoñota", y en **Villafranca** hasta 500. Comenta de la costumbre que hay por las Carnestolendas de danzar en la plaza por toda clase de hombres "hasta los mas nobles, con espadas blancas desnudas, assidos vnos de las puntas y otros de los pomos, y hazer assi diferentes mouimientos, y mudanças". Una vez que dejan las espadas, entran las mujeres, de las que no faltan "ni la mas calificada". Y lo hacen "de ordinario al son de vn pifano, y de vna caxa, trauados de las manos, en ruedas, ò en hileras, hombre y muger alternatiuamente". Añade que cuando cuando el hombre invita a bailar a la mujer "que sea de esfera igual, por ningún modo se escuse sin conocida disculpa, sino que luego le de la mano, y concurra á la dança". En **Pasaia** recoge la competencia que había en las barcas de atoaje para recibir a los que van a embarcar: "Vogan mugeres en los mas, compitiendo en la agilidad, y fuerça con los hombres; y son de ver las contiendas, que tienen unas con otras, [...] comprando à costa de sus braços la invtil victoria de los remos: pero no es nueuo en el mundo poner en la fatiga la vanidad".

1661 – PIERRE BEAUCHAMP

Coreógrafo y bailarín francés (1636-1705). En 1661 Beauchamp creó la Académie Royale de Danse, la primera escuela oficial de **ballet**, estructurando los pasos de ballet por orden de Luis XIV, que elevó esta danza a un nivel de arte escénico al margen del canto. Luis XIV había enviado por toda Francia a sus profesores de danza para recoger pasos de danza del folclore popular y así poder integrarlos en los bailes de la corte. Los bailes vascos se constituyeron como fuente vital de la nueva idea que se fue estableciendo sobre la danza clásica. En el tratado que se formuló entonces quedaron anotados dos pasos con su nomenclatura de origen: ***Pas de Basque*** y ***Saut de Basque***. En la terminología que utiliza el ballet actual no se da ningún otro caso en el que se haga una reseña a otro pueblo o país. El prestigio de la danza vasca era tal que, según los archivos de dicha academia, el primer grupo de ballet estuvo formado por 25 bailarines vascos, todo hombres, ya que estos representaban también los papeles femeninos. Beauchamp participó también en algunas de las obras ambientadas en el País Vasco que compusieron Molière y Jean-Baptiste Lully en 1660.

1661 – SAMUEL SAINTHILL

Comerciante inglés que pasaría largas temporadas en **Bilbao**. Se conserva una carta suya a Thomas Browne (1665) en la que le remitía el pedido que le había solicitado: un libro de Rafael de Micoleta, "*a priest and our* *only Poet in* ***Biscay***". Espera que encuentre lo que busca en él: "*Sir, I should be fully satisfied if in this Booke you finde that which may any way answer your expectation*". En la misiva expone varias informaciones que nos interesan. Describe la situación de regresión que vive el euskera en la capital vizcaína, asegurando que ya solo lo utilizan las mujeres, los niños y los criados, y no sin cierta mezcla de castellano. La ría de Bilbao constituye la línea divisoria entre los que hablan en español y los que lo hacen en vascuence ("*speake only* ***Basquence***").

1662 – JOAN BLAEU

Cartógrafo neerlandés (1596-1673). En el taller familiar que regentaba en Ámsterdam con su padre y su hermano, comenzó a publicar, a partir de 1635, el *Atlas Novus o Geographia Blaviana*, una inmensa obra de varios volúmenes que abarcaría todo el mundo. En la edición de 1665 en alemán aparece el reino de España con diversos apartados. La información que aporta es bastante anacrónica. En el de *Biscaia und Gvipvskoa*, comenta: "Vizcaya debe su nombre al obispo Ioannis 'des Gerundeser', habitante de la antigua Baetica llamada Bastuli". "Dispone de una gran provisión de nueces, castañas y las mejores manzanas, resina, toda clase de metales, en especial el **hierro** y el plomo negro. [...] Este país lo habitaron los cántabros, que incorporaron también los territorios de Guipúzcoa y Navarra". De Gipuzkoa comenta que "su territorio está tan colmado de **acero** que no solo abastece de armas y fusiles a sus propios habitantes, sino también provee a otros pueblos de toda España". De San Sebastián afirma que en tiempos le llamaron *Iisuru*, después *Donbastia* y ahora *Donastien*, y que hablan el mismo idioma que los vizcaínos. Identifica también *Vizcaia* con *Vasconum*. Se hace extraño que una fuente tan tardía vuelva a repetir la costumbre de las solteras vascas que van rapadas y sin pañuelo y que cuando se casan se ponen el gorro con forma de cuerno. Habría que considerar que siendo cartógrafo lo único que ha hecho es transcribir información anterior de otros autores. A Navarra la incluye en el capítulo de Aragón (*Arragonia et Navarra*), pero solo aporta un mapa de ella (copia de Hondius 1638) y ningún tipo de referencia escrita. Curiosamente, en el mapa que dedica a Bizkaia y Gipuzkoa, Nafarroa llega hasta el mar.

1662 – FARNESE:

"[El Puerto de San Adrián] se puede contar entre las maravillas del mundo".

1662 – ALESSANDRO FARNESE

Eclesiástico italiano (1520-1589). Escribió el relato de un viaje hecho por el príncipe de Parma, *Itinerario et sincero racconto del viaggio fatto dall'Altezza Serenissima del signor prencipe di Parma Alessandro Farnese per la Francia, Inghilterra, Olanda, Fiandra, e Spagne*. En el capítulo *Viaggio di Spagna* cuenta que llega a **Baiona** el 17 de enero de 1662, advirtiendo su euskaldunidad: "*E ben popolata di gente, quale non parla ne Francese, ne Spagnuolo, ma vna lingua differente*". De ***Fontanarabia*** comenta que es una fortaleza que "*costa di cinque forti Baluardi*" y de *San Sebastiano* que está vigilada por un "*forte Castello ben munito*" y que, por su cualidad de "*sito naturale e per le fortificationi*", está hecha con mucho arte. Añade que los habitantes son "*cortesi & ciuili*" y que muchos de ellos portan el hábito de Calatrava, de Santiago y de Alcántara. Las calles de la ciudad son un poco angostas, pero su arquitectura, honorable. Atraviesa toda la *Bisclagia* (Bizkaia), por *Renderia*, *Segura*, *Segama*, hasta llegar al puerto de **San Adrián**, que puede contarse entre las maravillas del mundo ("*che si puole annouerare trà le merauiglie del Mondo*"). Ya en Gasteiz, habitada por gente cortés y noble, ven representada una comedia española.

1664 – JOHN EVELYN

Escritor y jardinero inglés (1620-1706). Autor de uno de los primeros libros sobre el problema que, ya para entonces, suponía en Londres la contaminación del aire, *Fumifugium*, Evelyn publica en 1664 *Sylva, or A*

Discourse of Forest-Trees and the Propagation of Timber, un discurso sobre los árboles y la reforestación, escrito con la intención de estimular la **producción de madera** para la floreciente marina británica. El capítulo XXXIII, que titula *Sobre las leyes y estatutos para la prevención y mejora de los bosques*, tiene un parágrafo que comenta: "El rey de España tiene cerca de **Bilbao** dieciséis veces el número de acres de bosque que necesitaría para obtener el carbón preciso en un año; de modo que cuando está a punto de ser cortado, un oficial marca primero aquellos árboles aptos para la construcción de barcos y se dejan en pie como sagrados y destinados a este fin. Así, las ferrerías son ampliamente abastecidas de carbón sin ningún prejuicio para la provisión de madera de las construcciones navales. En Vizcaya, además, los propietarios de bosques plantan tres árboles por cada uno que talan y la ley que así obliga se ejecuta severamente. Hay en realidad pocas o ninguna mata. Todo son árboles. Y se me asegura que la poda da lo suficiente para mantener las fundiciones de hierro". El tiempo ha constatado, sin embargo, que a pesar de las medidas, los bosques se perdieron.

1664 – WILLUGHBY:

***"No usan arado, sino que voltean la tierra con tridentes de hierro, cuatro o cinco de ellos trabajando conjuntamente, empujando sus tridentes al unísono, levantando una yarda o dos de tierra a la vez, que luego allanan y nivelan como los parterres de un jardín"* (Laya).**

1664 – FRANCIS WILLUGHBY

Ornitólogo inglés (1635-1672). En 1963 abandonó Inglaterra para embarcarse en un viaje que le llevaría por todo el continente europeo. Primero con dos amigos y, a partir de 1964, ya solo, para dirigirse a España. Sus cartas fueron publicadas en 1673 en el libro de John Ray *Travels Through the Low Countries* bajo el título *A Relation of a Voyage made through a great part of Spain*. "En **Guipúzcoa**", comenta Willughby, "no pagan impuestos u obligaciones al rey sin el consentimiento de la región. A toda la provincia se le llama más comúnmente Provincia que Guipúzcoa. Se divide en cantones de municipios y pueblos, cada uno de los cuales manda uno, dos o tres representantes a las reuniones generales, cuando hay algún asunto público que tratar. Todos los puestos son anuales y elegidos de manera diversa, de acuerdo con las diferentes costumbres de las ciudades". Entre ellos nombra al *Alcalde*, *Regidor*, *Bolser*, *Medino*, y *Argozil*. Sin distinción de clases al ser elegidos: "Guipúzcoa y Vizcaya tienen su propia y peculiar **lengua**, razón por la cual mandan a sus hijos a la escuela a aprender español (ellos lo llaman Romance)". Parte del viaje lo tuvieron que hacer de noche, alumbrados por teas, que emitían tanta luz como las antorchas. Que yo tenga noticia, Willughby es el primer extranjero que habla del instrumento característico del campesinado vasco, la **laya**, aunque sin citarla expresamente: "No usan arado, sino que voltean la tierra con tridentes de hierro [*"tridents of iron"*], cuatro o cinco de ellos trabajando conjuntamente, empujando sus tridentes al unísono, levantando una yarda o dos de tierra a la vez, que luego allanan y nivelan como los parterres de un jardín". Las condiciones de sus habitantes son algo mejores que las de los españoles, son más ricos y están más poblados, todo ello como consecuencia de sus **privilegios** (*"better government and greater liberty"*), de la abundancia de madera y hierro, y de mayores precipitaciones.

1665 – THOMAS BROWNE

Médico y erudito británico (1605-1682). La debilidad que él sentía hacia el conocimiento del medio natural lo llevó a destacar en varias facetas de la ciencia, aportando siempre un estilo ingenioso y socarrón que dio a su obra un carácter muy particular. Su interés por el euskera (*"Basquish or Cantabrian"*) fue tal, que mandó orden al mercader Samuel Sainthill de traer de **Bilbao** un libro de Micoleta que hoy en día está guardado en la biblioteca británica CELM, con una nota suya al margen en la que apunta:

"The Lords prayer in the cantabrian, visayna or present ***Bascuenza*** *Languadge out of paulus merula cosmographie part 2 lib 2"*. Sin embargo, su obra no ofrece más que una pequeña anotación dedicada al euskera en una carta a su amigo Nicholas Bacon, escrita en 1665 pero publicada de manera póstuma de 1684 con el título de *Of Languages and particularly of the Saxon Tongue*. Con el libro de Micoleta ya en sus manos, Browne señala la evidente singularidad de todo el grueso de la lengua vasca, a pesar de su influencia latina, comentando que está "formado por palabras sin afinidad unas con otras, de numerales totalmente diferentes, de diferente regla gramatical", como dice que observa en la obra del cura bilbotarra "*Raphael Nicoleta, a Priest of Bilboa*". Es uno de los primeros autores que acierta a comprender a la gramática como parte fundamental en la comparación de las lenguas.

1666 – MURET:

"Las mujeres y las jóvenes van despechugadas, sin exagerar, hasta la mitad del cuerpo".

1666 – JEAN MURET

Clérigo francés. En sus cartas a la embajada de Georger de Aubusson publicadas en 1879 como *Lettres écrites de Madrid en 1666 et 1667*, Muret hace referencia a su paso por Euskal Herria. En San Juan de Luz se encuentra con dificultades por no poder hacerse entender en francés. Al pasar a ***Hirun***, describe de una manera sorprendente a casadas y solteras, indicando que van medio desnudas: "Las **mujeres** y las jóvenes van despechugadas [*debraillées*], sin exagerar, hasta la mitad del cuerpo; no llevan pañuelo ni ninguna otra tela en el cuello, de modo que quedan a la vista los hombros y el pecho. Tampoco llevan nada en la cabeza, sino que se contentan con hacer varias trenzas de su cabello, que luego dejan caer confusamente". Marcha después por las provincias de *Guipuscoa* y *Biscaye*, entre montañas, manzanos para la elaboración de la *cidre*, maizales y arroyos: "Se marcha también a lo largo de pequeños arroyos, que forman naturalmente mil cascadas, por el sonido y aspecto al menos tan agradables como las que cuestan inmensas fortunas en las hermosas casas de París, y el agua fluye sobre un mármol de color pizarra con mil pequeñas vetas de blanco y amarillo".

1667 – ARGAIZ:

"Los Vascones que por ser de poco aliño, y limpieza, sospecho, que dieron el nombre de vascosidad a la ynmundicìa y de sus corrompidos alientos llamaron Asco los Españoles".

1667 – GREGORIO DE ARGAIZ

Religioso e historiador riojano (1602-1678). Fue un controvertido monje de la orden de San Benito que contribuyó, entre otras cosas, a propagar algunas falsificaciones como el *Chronicón de Hauberto* en su libro *Población eclesiástica de España*. No es para Argaiz el euskera la lengua de los antiguos cántabros, sino una lengua que vino a vasconizar todo el antiguo territorio cántabro que comprendía lo que es hoy Gipuzkoa y Bizkaia. Siguiendo, según él mismo dice, la teoría del suletino Arnaut Oihenart (tomo II, cuarta parte, Aera 555. Anno 517), afirma que la lengua vasca la introdujeron los vascos o vascones "entrando en España, y expeliendo los Vardulos, y Caristios, con parte de los Autrigones de las prouincias de Ipuzcoa, Alaba, y Vizcaya, [...] de aquella parte que llaman aora Gascuña, y antes Vasconia, [...] y assi se verà que nunca la llamaron lengua Cantabrica, sino Vascuence, y a sus moradores no Cantabros, sino vascos, Vascones, Vascainos, y oy Vizcainos". Ya anotaba un contemporáneo vasco suyo, Juan de Orcolaga, que en esta obra se habla "lastimando mucho con indecentes palabras a nuestra nación Vascongada y su lengua". No es para menos su queja, ya que Argaiz (en el comienzo del tomo II) se ceba con los vascos: "Los Vascones que por ser de poco aliño, y limpieza, sospecho, que dieron el nombre de vascosidad a la ynmundicìa, y de sus corrompidos alientos llamaron Asco los Españoles, a lo que ofende la vista, y el olfato, deribandolo del nombre Vasco".

1669 - Martin. *Bidassoa, Fonterabia, St. Jean de Luz, Tolozeta.*

1669 – MARTIN

Voyages faits en divers temps en Espagne, en Portugal, en Allemagne, en France, et ailleurs, un viaje realizado en 1669, pero publicado por Gallet en Ámsterdam el año de 1699 con la única inicial de autor M., parece aludir a Martin, un boticario de Luis de Borbón, llamado El Gran Conde, que este había llevado a España como médico. En Baiona les dieron de cenar espléndidamente con abundancia de vinos de Navarra, de Chalosse y de Zaragoza. Para finalizar hicieron una fiesta y les ofrecieron un baile donde se dieron cita todos los jóvenes de la ciudad. En **Bidart** se encontraron también a grupos bailando y "como los vizcaínos [*Biscayens*] estaban muy dispuestos", se detuvieron "un momento para verlos". Son varias las veces que se encuentran a la juventud bailando "*au son de la flûte & du tambour de basque*". Nada más cruzar la frontera por Irun comenzaron a percibir las malas condiciones de las posadas. Continúan por tierras guipuzcoanas y alavesas.

En **Gasteiz** son recibidos por el alcalde: "Los alcaldes son los jueces. Llevan vestidos largos y una vara blanca en la mano para que se les distinga. Son gentes muy respetadas por el pueblo, que estima mucho a sus magistrados. Vitoria es una ciudad bastante bonita e importante. Pertenece a Castilla la Vieja y está situada en un llano formado por todas las montañas de esa zona. Sus tierras parecen bastante buenas en comparación con las demás que se ven en España". A la vuelta del viaje, atravesando la muga de Aragón, empieza ya a percibir las diferencias en el peinado de las mujeres y en la talla de los navarros. Pasan por **Tafalla**, "*qui est une fort jolie petite ville & l'Université de la Navarra. On voit quantité de Jeunesse en ce lieu y faire leurs études. Les Espagnols à cause de son colége, l'appellent La Flor de la Navarra*". Llegan a **Elizondo** ("*Erizonde, qui est en Biscaye*"), donde advierte: "Creo que son las personas que tienen más ligereza y flexibilidad. Son altos, erguidos, trabajadores, resueltos, pulcros, cultivando bien sus tierras".

1670 ca. – LOUIS-NICOLAS DE CLERVILLE

Cartógrafo francés (1610-1677). Clerville fue un ingeniero de fortificaciones a quien la corona francesa mandó a cartografiar las costas occidentales del país galo en 1670. Hacia esa época se publicaría la *Carte topographique des costes maritimes de l'une et de l'autre Biscaye depuis St. Sébastien jusqu'à Bayonne* (*Mapa topográfico de las costas marítimas de la una y la otra Vizcaya desde San Sebastián hasta Bayona*), una bellísima ilustración que muestra la costa vasca con todo lujo de detalles: ensenadas, acantilados, ciudades, sierras, islotes y diques. La leyenda de la izquierda dice que el puerto de **Higuer**

1670 ca. – Clerville. *Carta topográfica de la una y de la otra Vizcaya desde San Sebastián hasta Bayona.*

(Hondarribia) no es más que una rada común a las Vizcayas de ambas naciones: "*Le port du Figuier n'est proprement qu'une bonne rade, qui est commune aux Biscayns de l'une et de l'autre nation, et où toutte sorte de vaisscaux peuvent mouiller*". Sorprende que distinga entre estas dos Vizcayas, aunque es normal para la época que Vizcaya comenzara ya en San Juan de Luz. A la derecha cita el puerto de *St. Sebastien*, la bahía de *St. Catherine* y el puerto de ***Passage***, "que puede acoger una flota de 80 galeones durante todas las temporadas y a salvo de toda clase de vientos". Sobre la escala pone: "Escala de una legua de Vasconia [*Guascogne*]".

1670 – GOURVILLE:

"[Propongo] un ejército de dieciocho mil infantes y seis mil caballos, para ir a sitiar Pamplona".

1670 – JEAN HÉRAULT DE GOURVILLE

Funcionario y aventurero francés (1625-1703). Miembro de una familia modesta que acabó como inspector de hacienda de un linaje de renombre, y obtuvo una gran fortuna. Terminó, sin embargo, en el exilio, después de que su protector Fouquet fuera detenido por maquinar contra la corona. Escribió *Mémoires de monsieur de Gourville*, obra en la que narra su paso por Navarra en el año 1670, después de preferir el camino de **Pamplona** que "*me parut plus beau que la route de Victoria*". Dice que entre Madrid y Pamplona no hay ninguna ciudad fortificada y ningún río que pasar salvo el Ebro: "Los pueblos están tan juntos unos de otros como los están en los alrededores de París y la tierra es muy fértil, que Pamplona no valía nada y que la ciudadela, única fortaleza que encontré, estaba construida sobre el modelo de la de Amberes". Confiesa que en la guerra que tres años después enfrentó a Carlos II contra Luis XIV, Herault propuso al rey poner sitio a la ciudad de Pamplona con un ejército ("*une armée de dix-huit mille hommes de pied & six mille chevaux, pour aller faire le siége de Pampelune*"), porque apenas conquistada esta, se encontraría en el corazón de España, con la seguridad de poder consolidarse en una buena parte del país.

1670 – HERRINGMAN,

sobre el molino de trigo de Pamplona:

"El mejor que haya visto nunca, [...] capaz de moler en un día 24 cargas de grano".

1670 – HENRY HERRINGMAN

Librero y editor inglés (1628-1704). Es el autor del libro de viajes *A Journey into Spain*, en el que recoge su paso por Euskal Herria. Inicia el viaje en **Tudela**, *"a pretty Town"*, que la sitúa en la frontera entre *"Castile, Arragon, and Biscay"*. Después parte por *Olitor* y *Tefallia* hacia *Pampeluna*, donde cita la *"Citadel, so famuos in the world"*. Encuentra la ciudadela bastante desabastecida y comenta además que las murallas de Pamplona necesitan de una reparación. Habla de un **molino** de trigo que puede ser utilizado con caballos, el mejor que haya visto nunca, capaz de moler en un día 24 cargas de grano: *"It is the best Engin in its kind that I have seen, it hath 4 or 5 Wheels and as many Bins, in each of which they said they could in one day grind 24 load of Corn"*.

1670 ca. – ANÓNIMO ISLANDÉS

El lingüista holandés Nicolaas Deen (1927) escribió su tesis doctoral tomando como referencia dos manuscritos del siglo XVII encontrados en Islandia por Jón Helgason, dos **diccionarios vascos** de nombre *Vocabula Gallica* y *Vocabula Biscaica*, de 16 y 10 páginas, 519 y 228 palabras vascas, respectivamente. La segunda no es original sino copiada por Jón Ólafsson en el siglo XVIII. Recoge también algunas frases cortas como *"Presenta for mi berrua usnia eta berria bura"*. El pidgin no es, por tanto, una mezcla entre euskera e islandés, sino entre euskera y diversos idiomas. Deen comenta en el prólogo de su tesis que fueron encontrados en el pueblo islandés de Vestfirdir y que proceden de dos manos distintas y utilizan, además, palabras de diferentes dialectos vascos.

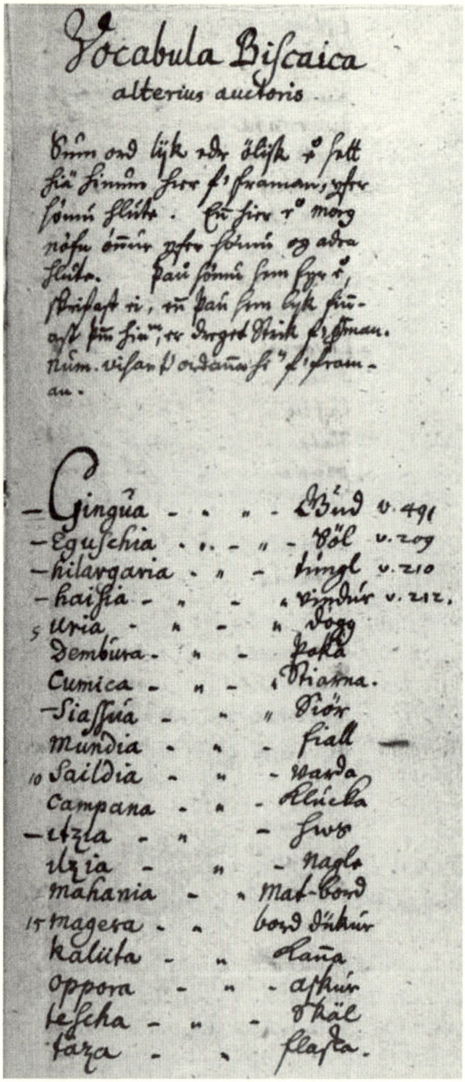

1670 ca. – Anónimo islandés. *Vocabula Biscaica.*

1671 – GRAMONT:

"Durante el carnaval es imposible hacer en el País Vasco otra cosa que bailar".

1671 – GUY ARMAND DE GRAMONT

Conde de Guiche, noble y aventurero francés (1637-1673). El 21 de febrero de 1671 el conde de Guiche fue enviado por Colbert, el primer ministro francés, a apaciguar los ánimos de los marineros vascos de Iparralde, después del reclutamiento marino decretado por este. Gramont solo puede constatar una cosa: "Durante el **carnaval** es imposible hacer en el País Vasco otra cosa que bailar [*Il est impossible de faire en Basque durant le Carnaval, autre chose que dancer*]". "A pesar de haber realizado mayores hazañas que los holandeses", comenta, "se niegan a servir en aguas que no hayan sido descubiertas por ellos mismos". Citado por Michel

(1837) de la *Correspondance administrative sous le règne de Louis XIV*.

1672 – ALBERT JOUVIN DE ROCHEFORT

Cartógrafo y viajero francés (ca. 1640-1710). De 1672 a 1676 publicó una serie de libros sobre sus viajes por Europa, *Le voyageur d'Europe, ou sont le voyage d'Espagne et de Portugal*. Dice que a partir de *Orognes* (Urruña) "*on commence a parler Biscayen*". Atraviesa *Yarsun*, *Rantery*, *Passages*... hasta llegar a *Saint Sebastien*, a la que dedica un pequeño capítulo, así como a *Le Mont S. Adrián* y a *Vittoria*. Describe los cuatro pasos por el Pirineo, entre ellos los de Roncesvalles y San Adrián, que recuerda así: "El monte **San Adrián** es un paso de los montes Pirineos que han taladrado, a fin de suprimir la dificultad de subir por encima de una roca que se eleva sobre el paso. [...] La entrada está cerrada por una puerta y una casa, que es una hospedería y hospital, completamente aislados al pie de la roca, en cuyo interior hay también una pequeña capilla de San Adrián y algunas cavernas o lugares obscuros, porque la luz no penetra allí más que por la entrada y la salida: desde aquí hay que subir todavía un poco para llegar a lo más elevado de la montaña de San Adrián, que está toda cubierta de grandes bosques de hayas. En todo tiempo se ha temido el pasar por ese agujero, a causa del encuentro que allí se hace a menudo de ladrones que se retiran a las montañas vecinas para esperar en este paso a los viajeros; de suerte que muchos van por la villa de Mondragón para evitar el peligro de esas gentes". Recita un antiguo canto: "*Quand nous fûmes à la montée/ Saint-Adrien est appelée,/ il y a un hôpital fort plaisant,/ où les pèlerins qui y passen/ ont pain et vin pour leur argent*". "Si habéis de creerme, no paséis por **Salvatierra**, dejándola a mano izquierda, porque en esa pequeña villa es donde residen los aduaneros y donde registran lo que lleváis, y si tenéis oro o plata y os los encuentran al registraros, es otro tanto de perdido". "**Vitoria** es una ciudad mayor, más hermosa y más rica que San Sebastián, y una de las más mercantiles de España. [...] Rodeada por una vieja muralla, y después por una segunda de mayor circuito, que está sin ninguna fortificación, adonde primero se llega y se entra en la plaza Mayor, adornada con un gran estanque con su fuente en el medio, y rodeada por la Casa Consistorial, su reloj, los conventos de San Francisco y Santo Domingo, la cárcel de la ciudad y varias hermosas casas".

1679 – D'Aulnoy: *"[Las barqueras del Bidasoa] constituyen una especie de pequeña república independiente"*. Dibujo de Blanche Feillet (1834) de las barqueras de Pasaia hacia 1850.

1679 – MARIE-CATHERINE D'AULNOY

Aristócrata y escritora francesa (1650-1705). Fue una mujer de vida libertina, muy reconocida por sus cuentos de hadas y por una literatura que ha generado muchas dudas sobre su veracidad. Su famoso libro de viajes, *Relato del viaje a España*, que realizó en 1679 y editó en 1691, dejó algunas impresiones sobre Euskal Herria, de las que tampoco se sabe a ciencia cierta qué es verdad, inventado o plagio. Con su particular humor llega a decir, por ejemplo, que algunas damas de **Baiona** "llevaban un cochinillo bajo el brazo, como nosotras llevamos nuestros perros falderos; cierto es que los cerdos estaban muy limpios y adornados con cintas y collares". En **Urruña** "no se habla más que vizcaíno, sin servirse para nada de la lengua francesa ni de la española". "Su idioma (si puede llamarse así tal jerga) es pobre, hasta tal punto que una sola palabra significa infinidad de cosas distintas". De las **barqueras** dice que su aspecto agrada y seduce y que “no admiten en su particularísima sociedad a otras mujeres ni a ningún hombre. Constituyen una especie de pequeña república independiente”. Cuenta que a su cocinero una de ellas le pareció hermosa y “no contento con decírselo, se atrevió a tocarla; y ella, poco aficionada por lo visto a bromas, le abrió la cabeza con un remo”. Recibió una tunda de palos por parte de todas, y la aristócrata tuvo que indemnizar a la muchachada que se fue cantando y bailando “al son de la pandereta”. En **Gasteiz**, las mujeres que asisten al teatro se ponen tanto colorete que, comenta, “nunca vi cangrejos cocidos de más hermoso color”. Repara también en el diferente concepto que el país tenía del tema de la **hidalguía**. En Bizkaia y Nafarroa “se tienen allí todos ellos por caballeros, hasta los aguadores. [...] Los hijos toman a veces el apellido de su madre, cuando es más ilustre que el de su padre. [...] Cosa singular que, a mi parecer, no existe en ningún otro país: los niños abandonados son nobles y disfrutan del título de hidalgos y de todos los privilegios propios de la nobleza”.

1679 – JOHN LOCKE

Filósofo y médico inglés (1632-1704). Según nos cuenta este ilustre filósofo, uno de los pensadores más influyentes de su época, en su libro *Locke's travels in France 1675-1679* (abril 1679 apéndice B), en Donibane Lohizune se conserva una curiosa antigua tradición: “En **San Juan de Luz** el cura, el día que dice su primera misa, ofrece un baile y él mismo lidera la primera danza, y el último cura que inmediatamente antes que él había hecho este ejercicio es convidado como invitado principal y dirige las danzas como rey del baile. El Sr. Thoynard ha estado presente en tal solemnidad donde el sacerdote recibe un reconocimiento no pequeño si puede hacer bien las piruetas [*capers*]”.

1679 – ANÓNIMO FRANCÉS

En el año 1902, en la revista *Bulletin Hispanique*, Henri Leonardon publica unos extractos de la *Relation du voyage fait en 1679 au-devant et à la suite de la reine Marie-Louise d'Orléans, femme de Charles II*, donde se relata el viaje que emprendió la princesa María Luisa de Orleáns, sobrina del rey francés Luis XIV, para casarse en Madrid con el rey Carlos II. Acompañaba a la princesa una comitiva de dimensiones colosales: 50 compañías de a caballo formadas por seis mil caballeros. Por los problemas que se producen en **Hendaia** (*Andaya*) parece que no había forma de controlar toda aquella multitud: “Ay tiendas muy ricas de mercaderes, aunque se vende mitad mas caro que en España. En este lugar hicieron algunos criados de señores y de la familia de Su Magestad algunas raterías de que se pudo orijinar algún tumulto, mas los Francés [*sic*] cedieron la raçon que les asistía, por no alterar el lugar en tiempo de bodas”. Las viejas rencillas continuaban a flor de piel y la soldadesca no parecía muy paciente. En Hondarribia quieren que la reina se hospede entre sus muros, pero, cuenta, “el alcalde de Fuenterabia fue a la casa de la conferencia, donde se han de hazer las entregas, con bara alta de justicia, dando a entender era de su jurisdicion aquella ribera, y saliendo los franceses le quebraron la vara, maltratandole de palabra”. Mientras tanto la reina esperaba en **Donibane Lohizune**: “Havia muchos y grandes bajeles, todos con su artillería de piezas de hierro, pasado el puente, que es todo de madera, de largo de 150 pasos. Las casas capazes y bien dispuestas; toda una calle de mercaderes ricos”. Se preparan las embarcaciones para el paso de la reina: “La de Su Magestad era de escultura de figuras doradas y en medio de ella, de la echura de una cama colgada, cielo y cortinas de tela pasada de oro encarnado, y las ventanas con bidrieras de christal, y a las espaldas un escudo de armas de España con su corona ymperial, y toda la barca en circulo de pinturas de nimphas en sus atributos. Llevábanla a remolque otras chalupas y los marineros biscaynos todos vestidos con sus casacas, de terciopelo negro y botones de plata. Yban en otra los cavalleros de las tres provincia[s] de Biscaya, Alaba y Guipúzcoa, con muchas y ricas galas, vestidos casi a la francesa, sin faltar señora de todas ellas que viniese embarcada, procurando dejar pobre a Milan con sus telas pasadas, propio animo de la nación española".

1687 – LEIBNIZ:

"He desatendido mi latín tratando de averiguar las relaciones de la lengua de los vascos".

1687 – GOTTFRIED WILHELM LEIBNIZ

Filósofo, matemático y político alemán (1646-1716). Leibniz, uno de los más grandes portentos intelectuales que ha dado la historia, descubridor del cálculo infinitesimal y del sistema binario de numeración, intentó durante más de 30 años encuadrar a la **lengua vasca** en su proyecto lingüístico *harmonia linguarum*. Se carteó durante todo ese tiempo con 17 de sus corresponsales sobre un idioma que él denominaba *lingua vasconica, vasconne, basque, biscaina, biscayenne, cantabrica, cantabrique*, etc. Su insistencia en el tema fue tal, que en una carta a Nicaise de 1698 declara haber desatendido el latín por culpa de esta: *"Mais j'ay perdu mon latin en cherchant à quoy se rapporte la langue des Basques"*. Leibniz mostró a varios de sus colaboradores (Ludolf en 1687) su extrañeza de que no hubiera una traducción vasca de la Biblia (desconocía la de Leizarraga) y exhortó a Chamberlayne (1714) a moverse para que **Pierre d'Urte** (al que tenía a su cargo en Londres) escribiera un diccionario vasco (que quedó sin terminar). En una carta al sueco Sparwenfeld (1689), del 27 de diciembre de 1698, queda patente el interés y lo acertado de las sospechas de Leibniz: "Me parece poder juzgar por los nombres de lugar, que la vieja lengua de Guienne [Guyena/Burdeos] y los países vecinos podría ser la misma que la Cantábrique o el Biscayenne. La Armórica o Bretón me parece medio teutona. Cuando comparé lo que vi de la Hibernois [Irlanda] con la Biscayen no noté ninguna conexión". Leibniz negaba ya entonces las teorías de Lhuyd (1707) sobre la relación celto-vasca. En la misma línea, en una disertación inserta en la obra de Chamberlayne (1714) para su *Oratio Dominica in diversas omnium fere gentium linguas versa* de 1715, Leibniz, que conocía la hidronimia europea y el testimonio de Julio César (siglo I a.C.) sobre los Aquitanos, sugiere que la antigua lengua de Hispania hubiera sido similar a la "*Biscainae vel Vasconicae*", resistiendo a los invasores ("*Romanos, Gothos, Saracenos*") por su abrupta orografía y afirmando que no habría estado extendida por la Galia, cuyo idioma era muy diferente. Leibniz sugiere siempre como una hipótesis que Hispania, antes de la llegada de los celtas, hubiera estado habitada por pueblos de origen africano (semítico), siendo los vascos un reducto de estas primitivas migraciones. Muy al estilo de Sócrates, Leibniz cierra su periodo de indagaciones en torno a la lengua vasca con un lapidario: "Como nada conozco de la lengua de los vascos, no me atrevo a decir nada sobre su relación con otras [*comme je n'ay aucune connoissance de la langue des Basques, je n'ose rien dire de son rapport à d'autres*]".

1687 – CARNOLI:

"La lengua materna de ambos [San Ignacio y San Francisco Javier] era muy distinta [de la castellana]".

1687 – LUIGI CARNOLI

En 1687 publica *Vita del Patriarca Sant'Ignatio di Loiola*, una biografía del santo que edita bajo el pseudónimo de Vigilio Nolarci. En el libro Carnoli atribuye a **San Ignacio** (que también ejerció como poeta) la autoría de uno de los sonetos más famosos de la lengua hispánica ("No me mueue, mi Dios, para quererte/ El Cielo, que me tienes prometido..."). Dejando a un lado el debate sobre la autoría de dicho poema, que algunos adjudican a **San Francisco Javier**, lo que nos interesa es la referencia que da sobre la lengua que hablaron ambos santos, admitiendo de manera implícita que es el **euskera**: "Como es bien sabido, se dedicó desde muy joven a componer versos en ese idioma [el castellano]. Pues lo aprendió con propiedad y pulcritud por medio de estudios hechos ex professo, como justamente aquí se dice en su lugar. Y también por haber vivido largo tiempo en la Corte Real de Castilla, donde florece esta lengua. Todo esto –conviene decirlo– lo ignoraba el que tradujo este mismo Soneto al latín, y lo imprimió en Alemania, atribuyéndoselo a otro santo [San Francisco Javier]. Del que no se sabe que nunca fuese aficionado a componer versos, o que por educación o por estudio llegara a adquirir la lengua castellana, mientras que sí aprendió bien, como aparece en sus cartas, la portuguesa, gracias a su trato prolongado con hombres de esa nación. Pues la lengua materna de ambos [San Ignacio y San Francisco Javier] era muy distinta [de la castellana] [*giache la materna in entrambi era molto diuersa*]".

1687 – LANCINA:

"Entre los bosques son rozos, pero sacados fuera, se despiertan para todas las artes".

1687 – JUAN ALFONSO DE LANCINA

Político y escritor español (1649-1703). En su obra *Commentarios políticos a los annales de Cayo Cornelio Tácito* (69), establece una diferencia entre el **vizcaíno** y **navarro** culto y el montaraz: "Entre los bosques son rozos, pero sacados fuera, se despiertan para todas las artes, en tierra son muy esforçados, en la mar, muy hábiles y despreciadores de los peligros: [...] suben a grandes cargos porque en los ascensos y en servir se muestran humildes y puntuales; amigos de la libertad, y en lo que emprenden tenaces".

1689 – ISAQ SCHRIJVER

Oficial y explorador holandés (ca. 1650-1712). En los archivos de Ciudad del Cabo se conservan copias de los diarios de viaje de 1689 de este aventurero que acabó explorando la región sudafricana. El navegador holandés Zorgrader (1720) relata en uno de sus libros sobre la historia de la pesca en Groenlandia que las investigaciones de Schrijver le llevan a asegurar que "los vizcaínos fueron los primeros que lideraron la **caza de la ballena** [*Des Schryvers onderzoek of de Biskayers de eerste aanleiders tot de Walvischvangst zyn geweest*]".

1689 – JOHAN GABRIEL SPARWENFELD

Filólogo y diplomático sueco (1655-1727). Fue el corresponsal más importante que mantuvo Leibniz (1687), de todos aquellos con los cuales conversó sobre el origen y el parentesco de la **lengua vasca**. Gracias a sus viajes a España (atravesó el País Vasco en 1689) pudo disponer de una buena biblioteca con ejemplares de Andrés de Poza y Gabriel Henao (1689). En una carta de 1696 le sugiere su parentesco con el idioma de Armenia: "La lengua vizcaína ¿no es una reliquia de la antigua Armenia ibérica? Estoy siguiendo sus huellas en España para informar de ello a los irlandeses, que deben ser, según algunos, una colonia que llegó a Irlanda, Hiberna, desde Guipúzcoa, Álava y Vizcaya, cuyo lenguaje se cree que es una de las antiguas lenguas de España, como dicen Poza y algunos otros". En la Universidad de Uppsala (Suecia) se conserva un pequeño diccionario trilingüe latín-vasco-irlandés elaborado por Sparwenfeld, que consta de 31 vocablos referentes al cuerpo humano (*buruà, espanac, surrá...*) que se titula *Specimen ling. Cantabrica/ Iberica et Irlandica/ Hibernica.* Es un listado escogido de manera determinada, por ser este un vocabulario que se presta a pocas variaciones con el paso del tiempo. Sparwenfeld entiende que si hubiera algún tipo de similitud entre vasco y gaélico respondería al "*origine Hebraique mere commune*". Hay que recordar que el origen del hebreo como lengua madre era una teoría generalizada durante la época y que obedecía a razones religiosas.

1690 – ANÓNIMO CANADIENSE

En la *Collection de documents relatifs a l'Histoire de la Nouvelle-France* de los archivos de la provincia de Quebec, se recogen una serie de cartas enviadas a Versalles en 1690 con motivo de un proyecto de expedición y distintas memorias e informes hasta 1701. En ellos se asegura que "los canadienses son hábiles y en poco tiempo se convertirán en expertos en capturar ballenas como los vascos [*basques*]". En otro apunte se comenta que "150 **marineros vascos** huyeron a Quebec y abandonaron sus barcos por miedo a ser capturados por estos filibusteros". Hacen también referencia a estipulaciones comerciales: "Es bueno que se cuide de que los vascos que puedan salir a pescar no abusen [*rançonnent*] de los habitantes en la venta de las pertenencias que portaran, ni en la compra de su pescado. Hay que acordar el precio y las condiciones entre las dos partes". Hablan también de los problemas que los capitanes vascos tenían con los corsarios ingleses y menciona una vez a *les Espagnols Biscayens* y a un tipo de bote llamado *biscayenne*.

1690 – Cantelli. *Regno di Navarra.*

1690 – GIACOMO CANTELLI

Cartógrafo italiano (1643-1695). Cantelli, quien trabajó para el duque de Módena, reproduce en 1690 un **mapa** que titula *Il Regno di Navarra: nelle sue Merindade o Baliaggi di Pamplona, di Sanguesa, d'Olite, di Tudela e di Estella che sono passedute dal Rè di Spagna, e nella Bassa Navarra ó Meridada d'Ultrapuertos che spetta al Rè di Francia Regno di Navarra*. A las provincias vascas peninsulares les llama *Parte della Biskaia* y al país vasco-francés *Basque*. En 1696 publica, en una obra llamada *Mercurio Geográfico*, un mapa titulado *La Biscaia: Divisa nelle sue 4 parti principali*, las cuales son *Biscaia Propria*, *Guipuscoa*, *Alava* y *Provincia delle Quattro Citta* (la provincia de las cuatro ciudades, que hoy es Cantabria).

1693 – ANÓNIMO HOLANDÉS

Claude Jordan de Colombier, impresor y librero francés (ca. 1659-1727), publica en el año 1700 el libro de un anónimo holandés que emprendió un viaje por España entre 1693 y 1696: *Zeer Gedenkwaardige en Naaukeurige Historische Reis-Beschrijvinge, door Vrankrijk, Spangie, Italien, Duitsland, Engeland, Holland, en Moscovien*. En el capítulo 43 (*Drie en veertigste hoofd-deel*) ofrece un pequeño repaso de su travesía por Bizkaia y Nafarroa, que incluye juntas en este apartado. Llega a Bizkaia después de recorrer toda la costa cantábrica desde Santiago. Dice que tiene minas de hierro y acero, a las cuales sus habitantes extraen un gran rédito. Bilbo dispone de un importante puerto que comercia con los holandeses. Pasa por Donostia, Errenteria y Hondarribia, para después atravesar el Puerto de San Adrián y llegar a Nafarroa, que considera una tierra montañosa e inexpugnable. Le llama la atención el molino harinero que se encuentra en la ciudadela de Iruñea y del que ya había dado cuenta Herringman (1670).

1693 – FELIPE DE FLORENCIA

El padre Felipe de Florencia es quien, en calidad de secretario, acompaña a Bernardino de Arezzo, general de la orden de los capuchinos, en el viaje que este realizó por la península y que quedó reflejado con el título de *Itinera Ministri Generalis Bernardini ab Arezzo*. En el primer tomo visita la provincia capuchina de Navarra (que abarcaba hasta Bizkaia), llegando a **Tafalla** desde el sur de Navarra el 15 de enero de 1693. El cronista nos deja un importante apunte sobre la euskaldunidad de la zona de Tafalla; a partir de esta ciudad se comienza a hablar la **lengua vizcaína** ("*Da Tafalla in qua comincia il linguaggio biscaglino*"). Los vizcaínos, dice, se vanaglorian de que sea la suya la verdadera lengua española, no corrompida ni por romanos ni por moros: *"Vantano però i biscaglini che la loro sia la vera lingua spagnola antica, per no essere stata corrotta né da' Romani né da' Mori"*. Asegura más adelante que *Guipúscoa*, *Alva* y *Biscaglia* forman, bajo un solo nombre de *vizcaína*, una parte de Cantabria y usan de la misma lengua vizcaína: *"Se bene tutti questi paesi si confondono sotto il solo nome di Biscaglini e sono parte della Cantabria, ed usano tutti il medesimo linguaggio biscaglino..."*.

1694 – De Fer. Detalle de mapa de 1694 con la Alta Navarra, *"usurpée par les Espagnols"*.

1694 – NICOLAS DE FER

Cartógrafo y geógrafo francés (1646-1720). Quien fuera geógrafo del rey de Francia suele ser más reconocido por la calidad artística de sus **mapas** que por la precisión de su contenido. Como muestra del carácter ideológico y provocativo con el que imprimía sus mapas, en su libro *Les frontières de France et d'Espagne*, De Fer muestra un mapa completo sobre los Pirineos y señala bajo el epígrafe de Haute Navarra: *"Usurpée par les Espagnols"*. 182 años después de la conquista de Navarra, Francia no se daba por vencida y seguía denunciando, de manera oficial, aquella sustracción. En 1701 publica *Espagne et Portugal divisés en ses principales parties ou royaumes*, mapa sobre el que alguien, posteriormente, pintó a *Biscaye* y *Navarre* en un solo reino. En 1707 publica otro mapa de nombre *La Biscaye divisée en ses 4. principales parties et La Navarre en ses merindades*. Dentro de Bizkaia incluye la *Province des 4 cites*, hermandad a partir de la cual Cantabria acabaría de nuevo teniendo nombre propio como provincia en 1778. En 1719 publica también un plano detallado de la ciudad de Iruñea.

1694 – ROMEYN DE HOOGHE

Grabador y editor holandés (1645-1708). Célebre artista neerlandés, no solo reconocido por sus grabados históricos, sino también por las sátiras que dirigió contra determinados monarcas. En el **mapa** mediterráneo de Pierre Mortier del año 1694 plasma distintas ciudades de Europa, entre las cuales se encuentran Bilbo y Donostia. En esta última aparece en primer término una representación de la caza de la ballena. Aunque la imagen de Donostia se mantiene bastante fiel a la realidad, el dibujo de Bilbo, como se aprecia, desborda bastante imaginación.

1699 – GIOVANNI FRANCESCO GEMELLI CARERI

Aventurero y viajero italiano (1651-1725). Fue uno de los primeros viajeros que dio la vuelta al mundo sin utilizar transporte propio y puso por escrito sus experiencias en varios volúmenes. Julio Verne se inspiró en alguna de sus aventuras para su relato *La vuelta al mundo en 80 días*. En el capítulo II del libro IV de la parte sexta de su extensa obra (*Giro del Mondo del Dottor D. Gio: Francesco Gemelli Careri. Parte sesta. Contenente le cose più ragguardevoli vedute nella Nuova Spagna*) cuenta que entran en Nafarroa por Cintruénigo y **Corella**, que *"tiene buone vigne, e giardini, con otimme frutta"*. Pernoctan en Marcilla y arriban a **Tafalla**, *"Città Regia, ben grande, e cinta di mura"*. Llegan a **Iruñea**, donde señala que el palacio del obispo es más grande que el del virrey. Esta ciudad, dice, es un lugar incomparable, a los pies del Pirineo, y el circuito de la muralla, que es octogonal, tiene media legua de largo. La *Cittadella* es fuerte y sus fosos profundos. *"Le case generalmente sono ottime, e le vittuaglie a buon prezzo"*. Los conventos e iglesias no son, sin embargo, de tan magnífica construcción. Los habitan-

1694 – Hooghe. Detalle de los grabados de *Bilboa* y *S. Sebastien* del mapa del Mediterráneo de Pierre Mortier.

tes de Pamplona y de Navarra son afables y amigos de los extranjeros que pasan por su país, de manera que se puede atravesar el reino *"senza temere de veruna insolenza, o ruberia"*. Parten después hacia Zubiri por un país bien cultivado y repleto de buenas aldeas. No se encuentran apenas con gente que entienda la lengua española, sino la de **Vasconia** (*"parlando tutti i contadini quella di Guascogna"*), y el portador les sirve de intérprete. Llegan a Roncesvalles, habitado por doce canónigos que tienen una renta anual de 300 ducados. Allí están las dos mazas, una de bronce y la otra de hierro, con las que se combatía antiguamente. Salen de Euskal Herria por Donibane Garazi.

1700 ca. – Nolin. Escudo de *Biscaye* y *Navarre* bajo una misma corona.

1700 ca. – JEAN-BAPTISTE NOLIN

Cartógrafo francés (1657-1708). Hacia 1700 imprimió el mapa *La Biscaye divisé en ses 4 parties principales et la Royaume de Navarre divisé en ses merindades*. Divide Bizkaia en cuatro partes: *Biscaie propre*, *Guipuscoa*, *Alava* y *Province des Quatre Villes*. Esta última correspondería a Cantabria, que poco a poco empezaría a tomar forma en los mapas de la época, partiendo de la hermandad que formaron cuatro villas costeras: San Vicente de la Barquera, Santander, Laredo y Castro Urdiales. A una parte de la bahía de Bizkaia le llama *Mer de Basque*. Los mapas se solían reeditar, variando en algunos detalles. En una de las ediciones de este mapa aparece un dibujo con los dos **escudos** de *Biscaye* y *Navarre* bajo una misma corona.

1700 – ANÓNIMO INGLÉS:

"Los sacerdotes son los únicos hombres felices que disfrutan de la compañía de las damas; […] tienen tres o cuatro hijos y no se paran a pensar en ello".

1700 – ANÓNIMO INGLÉS

El libro *An Account of Saint Sebastian* es muy probable que fuera escrito por William Frankland, cónsul inglés en Donostia de 1685 a 1700. Este fue cesado por estar involucrado en un *affaire* de importación fraudulenta de vinos. La obra comienza llamando a Gipuzkoa una república sujeta a la corona de Castilla: *"Saint Sebastian in the Province of Guiposcoa, in the Kingdom of Castile, is a free Town, in manner of a* ***Republick****; subjected* *to the Crown Castile, on Conditions approved on by the Kings of Spain*". Explica la manera de administrarse por medio de asambleas, corregidores y alcaldes electos. Para poder acceder a estos puestos se debía ser *Cavallero Dillegenzero*, o sea, **noble**, libre de cualquier parentesco con "*Jew, Moor, Turk*, or *Heretick*". Si el rey reclama sus servicios, estos se ponen a su disposición, siempre que no contravenga los derechos del pueblo vasco: "Le dicen que son un pueblo libre y que no pueden prescindir de ningún habitante para dejar a su familia y servir al rey. Pero cuando descubren que la petición no va en contra de sus libertades y derechos, son tan civilizados que le dan permiso al Rey para ordenar que haga sonar el tambor, y no se opondrán". Hace una descripción de Donostia y su castillo y de los hábitos de comida con tazas de chocolate, asados, cocidos, conejos de Navarra, perdices de Aragón y gran variedad de pescados. "En **San Sebastián** los hombres van muy elegantes con sus trajes a la moda española: largas espadas, medias de seda y zapatos acuchillados. Las **mujeres** llevan modestos y estrafalarios vestidos. Y todas ellas usan mantillas muy anchas y ajustadas en su parte inferior, de tal modo, que cuando andan, se hinchan sus mantillas como las velas azotadas por el viento. Las faldas son proporcionadas, y las mujeres, que generalmente se sientan en el suelo, lo hacen con tanta habilidad que, al extender sus faldas en redondo ocupan más sitio que la circunferencia de una piedra de molino en Inglaterra, dicho sea sin exageración. Cuando dan la vuelta, el aire se acumula en el interior de sus ropas y tarda mucho tiempo en salir, de forma que sus vestidos van cayendo poco a poco, y así, se establece una fresca brisa; refrigeración muy agradable para ellas. Las mujeres tienen bonitas facciones, ojos negros y si se atrevieran, mirarían a todas partes, como lo hacen las mujeres de otros países". Después se permite algunas observaciones que no parecen normalizadas para la época. De los **curas** dice que "son los únicos hombres felices que disfrutan de la compañía de las damas. [...] Sus ingresos son pequeños, tienen vidas alegres, comen y beben de lo mejor". Añade al final que "tienen tres o cuatro hijos y no se paran a pensar en ello [*but have three or four Children and no reflection on them*]". Las mujeres se reservan el derecho de aceptar o rechazar al marido después de la noche de bodas: "Ella tiene la libertad de pedir que su esposo venga y se muestre como un hombre: y si no lo encuentra de su satisfacción, el contrato es nulo, y ella quedaría como buena doncella [*and if she does not find him to her satisfaction the Contract is void, and she's a good Maid still*]".

1700 – BARTOLOMÉ ARZANS DE ORSÚA

Cronista peruano (1676-1736). En el año 1700 publica *Historia de la villa Imperial de Potosí*, compendio en el que nos narra, en el libro séptimo, las **guerras** que tuvieron lugar entre los vicuñas castellanos y los vascongados en la ciudad boliviana actual de **Potosí** entre 1622 y 1624. Es la historia más importante que se ha escrito sobre los hechos, aunque fuera escrita con ochenta años de retraso, razón por la que no se le concede mucha veracidad. Nos comenta para empezar que "no solo fueron estas civiles guerras contra los vascongados (motivos que tomaron para emprenderlas) mas también unos contra otros". No se posiciona con ninguno de los dos bandos y acusa al vizcaíno Juan de Medina, autor de la *Relación de las guerras civiles de Potosí*, el querer "avonar a los Vascongados con deshonor de las demás Naciones; pues dice que la destruición de los Cantabros [entendidos como vascongados], avitadores de esta Imperial Villa, fue por defender la Real corona. [...] ponderando los casos con demassiada passion enfavor de los Vizcainos, y encontra de las otras naciones. Y no hay para que abonar alos Vascongados mas que alos contrarios, que todos hizieron disparates iguales". Dice que los altercados comenzaron a raíz del nombramiento de dos alcaldes vizcaínos para el cabildo, y se "ocassionaron mayores alvorotos en la Villa, porque estos Alcaldes prendieron a cuantos les eran contrarios, desarmandolos, y multandolos en crecidas cantidades de dinero. Conesto se amotinaron mas los Andaluces,

Criollos, Estremeños, Castellanos, y Manchegos, que conestas, y las demás Naciones se malquistaron los Vascongados". Los miembros del cabildo eran en su mayoría vascos y abusaban del oligopolio que ostentaban, provocando abusos de poder y tensiones con el resto de colectividades.

1701 – DUCHÉ DE VANCI

Aristócrata francés. Fue el autor de la relación histórica del viaje de Felipe de Anjou cuando fue convocado para asumir el trono de España como Felipe V. Su crónica está recogida en el libro *Lettres inédites de Duché de Vanci*, publicado en 1830. Las cartas XXVI a XXXIII narran su paso por tierras vascas desde Baiona hasta Donibane Lohizune. Llega a Baiona el 13 de enero de 1701. Nos habla de la plaza de Baiona, que se encuentra a la orilla del río y donde se realizan las corridas de toros ("*combats de taureaux*"). Describe con detalle la suerte del *taureador* y la lucha del toro que se tiene que defender contra *dards*, golpes de espada, perros y hombres. Comenta que las corridas son comunes en España, pero que en **Baiona** hay batallas diarias de toros contra perros: "*Il y en a tous les jours de boeufs contre des chiens*". A la llegada a Donibane Lohizune se encuentra con "los jóvenes vascos más pulcramente vestidos y más hermosos del mundo. Esparcen romero delante de los caballos [...], otros cantan y bailan, con las panderetas [*tambour de basque*] en las manos". A la entrada de ***Siboure***, dice, hay un monasterio en cuyas paredes del claustro hay escritos versos piadosos, "son en parte en vascuence [*langue basque*] y en parte en francés, para que todos puedan entenderlos". Sobre la villa de **San Juan de Luz** comenta que "está en la provincia de Labort, o realmente Vizcaya [*ou vraie Biscaye*]". "Una compañía de doce vascos del mejor aspecto y de igual tamaño, habían sido elegidos y vestidos a expensas de la provincia, con jubones y calzones de damasco azul claro, adornados con cintas de color carne, con medias de seda del mismo color, con gorras adornadas con cintas a la moda del país llamadas 'cales', para bailar delante del rey y de los príncipes. Recorrían las calles bailando, marchando a la cabeza cuatro tamborileros del país vestidos muy parecidos". Describe entonces el **salterio** (en euskera *soinua*) que tocan los "*tambourins de Biscaye*": "Los que llevan estos instrumentos tocan con la mano derecha una especie de flauta [*flageolet*], y con la izquierda golpean con un palo las cuerdas del tamborín [*tambourin*] marcando todas las candencias". Llega hasta la "hermosa" villa de **Hondarribia**, donde disfruta del "*vin de Navarre*", antes de pasar a reunirse en la Isla de la Conferencia situada en el estuario del Bidasoa.

1704 – ANGUIANO:

"Y assi siento, que en La Rioja se hablò por muchos siglos el Vascuence, y que aun se hablaba en los tiempos del Rey Don Sancho Garcia".

1704 – MATEO ANGUIANO

Religioso riojano (1649-ca. 1700). Uno de los eruditos capuchinos más importantes que hubo en su época, del que se publicó en 1704, a título póstumo, *Compendio Historial de provincia de la Rioja*. Así se expresaba entonces con respecto a la extensión del euskera en **La Rioja** (libro tercero, capítulo II): "Que los Reyes de Navarra de aquellos tiempos, vsaron del Vascuence, como de lengua propia, y nativa: y de tal suerte estava estendida por estas partes de la Rioja, que apenas ay lugar, monte, ò pago, que no tenga nombre Vascongado, aunque yà muchos padecen corrupcion, y algunos se han variado totalmente. [...] Hallamos Autores graves, que afirman se hablò la lengua Vascongada en España desde el principio, y que es la que hablaron Tubal, y sus descendientes. [...] Y assi siento, que en la Rioja se hablò por muchos siglos el Vascuence, y que aun se hablaba en los tiempos del Rey Don Sancho Garcia, llamado de vnos el Noble, y de otros el de Peñalen".

1704 – WILLEM VAN DEN BURGE

Publica en 1705 la relación del viaje que había realizado por la península el año anterior en su libro *Nieuwe historische en geographische Reisbeschryvinge van Spanjen en Portugal*. En el tercer capítulo (*Derde Brief. Behelfende een beschrijvinge van Gallicien, Asturien, en Biscayen*) comenta que a Bizkaia le llaman Cantabria y que comienza en Laredo. A la parte que pertenece al rey de Francia le llaman *Franse Biscayen* y su capital es *Bajona*. Menciona a la sidra, las castañas, las minas de hierro y habla de una botella de cuero que llaman *botta*. Son famosos los buenos marinos que genera el puerto de Bilbao, uno de los mejores de España, llamado por los godos *Amanus portus*, y que comercia con lana y ovejas. De todos los pueblos de Bizkaia solo describe a Castro Urdiales. Hace una descripción de la historia de Araba y destaca la mala impresión que le ofrecen sus posadas, a las que se entra por un establo lleno de mulas, antes de subir a la habitación. De Gipuzkoa nos habla de Donostia, Tolosa, Pasaia, Soraluze, Irun y Hondarribia. De esta última ciudad, como a muchos de los viajeros que son transportados por las barqueras a la otra orilla, le sorprende la libertad y la desenvoltura con la que actúan estas mujeres, **aldeanas vascas** que se contemplan a sí mismas como una **república**: "*Dat dese rustige Bas[k]innen als een Republike op sig selben hebben*". En el cuarto capítulo (*Vierde Brief. Behelfende een beschrijvinge van Navarre, Arragon, en Catalonien*) menciona a Navarra, de la que comenta que la llamada *Navarra inferior* pertenece a los *Basques* o *Regio Vascorum in Gasconien*. La Navarra superior se divide en las merindades de *Pampelona*, *Estella*, *Olita*, *Tudella* y *Sanguesa*, de las que ofrece una pequeña descripción.

1705 – ANNE-MARIE DE LA TRÉMOILLE:

"Por todos los lados bailaban bajo mi ventana y disparaban fuegos de artificio".

1705 – ANNE-MARIE DE LA TRÉMOILLE

Princesa de los Ursinos, noble francesa (1642-1722). Después de enviudar dos veces, fue amante de Luis IV, el rey Sol, mostrando una enorme capacidad para las intrigas palaciegas y convirtiéndose, en plena Guerra de Sucesión española por obtener el trono entre los Habsburgo y los Borbones, en uno de los personajes más decisivos de la política española y de la corte de Felipe V. En 1704 emprendió un viaje a España, en el que fue recibida, a su paso, con honores de reina. En 1826 se publicaron las cartas que se intercambió con una amiga suya, bajo el nombre de *Lettres inédites de Mme de Maintenon et de Mme la princesse des Ursins*. Las cartas II a IV, del 7 de julio al 21 de julio de 1705, las escribe desde Donibane Lohizune y Gasteiz. En la última hace referencia a encontrarse "un poco cansada de los malos caminos que encontré en una tierra de montañas muy difíciles". De su travesía por nuestra tierra solo comenta: "No puedo expresarle la alegría que todos muestran dondequiera que voy. No he encontrado un pueblo en mi camino donde nadie haya estado armado". "Impedí, mientras pude, que pusieran un cuerpo de guardia en mi casa; pero eso me fue difícilmente posible, pues la provincia de **Guipúzcoa** ordenó que me honraran en todos los lugares donde me alojaba. De cualquier modo, señora, por todos los lados bailaban bajo mi ventana y disparaban fuegos de artificio, como si yo hubiera sido la reina, o como si hubiera traído la paz a España".

1706 – PIETER VAN DER AA

Librero, editor y geógrafo neerlandés (1659-1733). Van der Aa editó bajo el pseudónimo de Juan Álvarez de Colmenar *Les delices de L'Espagne et du Portugal*, un ensayo sobre las costumbres de España y Portugal. Usa el término de *Biscaye* para referirse a ambos lados del Pirineo, y extiende el territorio desde Baiona hasta Asturias: "*A Biscaye s'étend aux deux côtés des Pyrénées, le long des côtes de l'Ocean Septentrional, en France jusqu'à Bayonne, & en Espagne jusques dans l'Asturie. Mais nous ne parlons ici que de la Biscaye Espagnole*". Dedica unas 40 páginas del tomo I a nuestro pueblo, comentando aspectos históricos, tradicionales y paisajísticos de lo que observa: "Los habitantes de esta ciudad [**San Sebastián**] tienen un

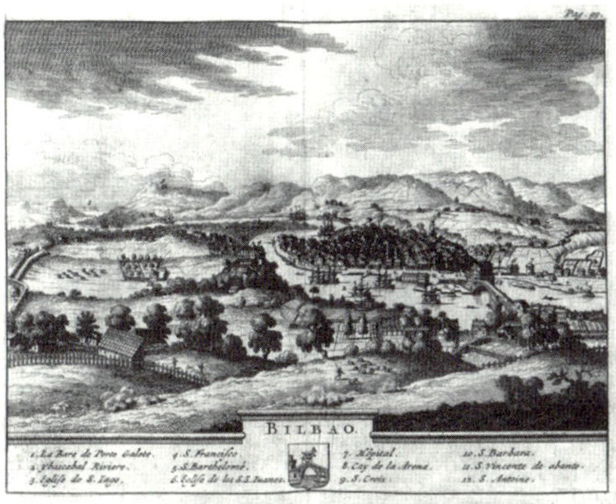

1706 – Van der Aa. Bilbao. "*[Los navarros] se sienten un poco vecinos de Francia, y son más trabajadores que el resto de los españoles"*.

privilegio singular que los hace muy gloriosos: cuando tratan con el Rey de España en persona por algún negocio, se ve obligado a descubrirse". "**Guetaria**, situada en una montaña que termina en el Océano con un fuerte castillo, bien provisto de la artillería necesaria para defenderla y fortificado con algunas obras nuevas. [...] **Deva** sobre un río del mismo nombre, es considerable por la pesca de ballenas que se realiza allí". "En las grandes **fiestas** se ven personas en camisa y calzón que bailan con espadas desnudas al son de la flauta y el tambor vasco, dando mil vueltas con mucha elasticidad. Van de casa en casa con los principales del lugar, quienes les ofrecen presentes". Las **mujeres** de Hondarribia "portan pendiente de oro y de perlas en las orejas, y collares de coral". Las mujeres vascas y sus hijas son "alegres, vigorosas, robustas, bien hechas y bastante hermosas, y tienen mucha vivacidad". En cuanto a los **navarros**, a los que dedica un capítulo aparte, comenta que "se sienten un poco vecinos de Francia, y son más trabajadores que el resto de los españoles". Dice que **Olite** en euskera se llama *Arriveri*. Transcribe un padrenuestro en euskera y ofrece un pequeño diccionario de 40 palabras y el listado de números. En 1706 publica en Leyden un mapa de Islandia que muestra una factoría de producción de aceite de ballena, en un lugar en el que se señala que había sido colonizado por los vizcaínos en 1613.

1707 – EDWARD LHUYD

Naturalista y lingüista galés (1660-1709). En 1697 comenzó un largo periplo de cuatro años por todos los países de cultura celta para la elaboración del primer volumen de su enciclopedia *Archaeologia Britannica* (1707) que abarcaría contenidos exclusivamente lingüísticos y donde deja evidencia contundente de la unidad de las **lenguas celtas**. Es uno de los primeros investigadores que plantea la relación entre estas lenguas y el euskera o, como le llama él, "lengua de los cántabros" o "antiguo español": "Algunos papeles manuscritos recibidos del erudito doctor Edward Brown, escritos en la lengua de los cántabros, he tenido un conocimiento satisfactorio como para deducir una afinidad de la otra parte con el antiguo español. Porque, aunque una gran parte de ese lenguaje se conserve en el presente, sin embargo lo encontramos mucho mejor preservado entre los cántabros". Pasa después a reproducir un listado ("*At y Kymry*") de un centenar de voces gaélicas con las correspondientes **voces vascas**, que tiene la función de acercar al lector a la comprensión de sus conclusiones. La fuente principal del vocabulario vasco está tomada del *Testamentu Berria* de Leizarraga y el *Modo Breve* de Micoleta.

1710 – Gueroult. *Vizcaínos, pequeña chalupa de navío yendo a la pesca de la ballena.*

1710 – PIERRE-JACOB GUEROULT DU PAS

Grabador, pintor e ingeniero de puentes y caminos (1654-1740). En 1710 se publica una colección de 24 estampas al aguafuerte que representan diferentes tipos de embarcaciones (*Recueil de veuës de tous les differens batimens de la mer Méditerranée et de l'Ocean...*); la mayoría de ellas están firmadas por Gueroult. Destaca una que reproduce a la popular *chaloupe* vasca y que subtitula: "Vizcaínos, pequeña chalupa de navío yendo a la pesca de la ballena".

1712 – MATURIN VEYSSIÈRE DE LA CROZE

Bibliotecario y orientalista bretón (1661-1739). Fue un religioso benedictino que tuvo que abandonar Francia tras su conversión al calvinismo. Anduvo enzarzado en una polémica con Leibniz; La Croze sostenía que el celta y el germánico no mantenían ningún parentesco. Dice que hay un "*grand nombre*" de vocablos comunes entre el euskera y el **copto** (lengua afroasiática, evolución de la remota lengua de los egipcios), aunque se limita a señalar exclusivamente uno, *beri*: "El copto igual tiene un gran número de raíces que se encuentran en el vasco sin cambiar una sola letra, como Beri, que en ambos idiomas significa nuevo. No es que quiera decir que el vasco venga del egipcio [*Je ne voudrois pas dire cela que le Basque vient de l'Egyptien*]". En su *Dissertatio de variis linguis* para la obra de Chamberlayne (1714) señala que, según Oihenart, el euskera está dividido en varios dialectos: "*Sic apud cantabros duplicemimo & triplicem Dialectum observat Oihenart in Notitia Vasconiae*".

1713 – TRATADO DE UTRECHT:

"Por parte de España se insistía que a los vizcaínos y otros súbditos de su Majestad católica les pertenece cierto derecho de pescar en la isla de Terranova".

1713 – TRATADO DE UTRECHT

Entre 1713 y 1715, tras la Guerra de Sucesión Española, se firmaron una serie de acuerdos de paz conocidos en su conjunto como Tratado de Utrecht. El conflicto entre las diferentes naciones (España, Reino Unido y Países Bajos) se generó como consecuencia de la muerte sin descendencia de Carlos III de España en el año 1700. En esta lucha de poderes europeos, los vascos también jugaron su pequeño papel al pretender defender sus derechos sobre la **pesca de la ballena**, ante la posibilidad de que los dominios de Francia en Terranova fueran a pasar a manos de Inglaterra. En representación de la monarquía, el marqués de Monteleón solicita ante la Corte de Londres que se mantenga "a los guipuzcoanos y a otros vasallos de Su Majestad Católica en el inmemorial y libre uso que han tenido hasta ahora [...] de navegar, comerciar y hacer la pesca de ballenas y vacallao en tierra nueva". El definitivo artículo 15 recoge esta reivindicación: "Y porque por parte de España se insistía que a los vizcaínos y otros súbditos de su Majestad católica les pertenece cierto derecho de pescar en la isla de Terranova, consiente y conviene su Majestad que a los vizcaínos y otros pueblos de España se les conserven ilesos todos los privilegios que puedan con derecho reclamar". En el texto en latín aparece *cántabros* por *vizcaínos*.

1714 – Chatelain. Mapa del reino de España.

1714 – HENRY ABRAHAM CHATELAIN

Pastor hugonote y cartógrafo francés (1684-1743). Trabajador incansable, publicó con su familia más de siete volúmenes con más de cien **mapas** sobre geografía, etnología, historia, heráldica, etc. En uno de 1714 presenta la *Carte Genealogique des Rois de Navarre, de Castille, D'Arragon, de Portugal et de Grenade rangee en parallele avec la carte d'Espagne qui distongue les diverses situations de leurs* *etats, leurs armes et alliances*. El reino de Navarra abarca las cuatro provincias vascas peninsulares y está completado con el árbol genealógico de todos los reyes de la península. El color aplicado a las fronteras de los reinos es posterior.

1714 – JOHN CHAMBERLAYNE

Escritor y traductor inglés (1666-1723). Fue un miembro de la Royal Society londinense que contribuyó al conocimiento de las lenguas. Este generoso mecenas británico mandó escribir por encargo al labortano **Pierre d'Urte** la primera gran gramática vasca. D'Urte se encomendó a la labor de escribir la *Grammaire Cantabrique* mientras se mantuvo exiliado en Inglaterra por razón de su conversión al protestantismo. Es sorprendente que la lengua vasca sea el elemento que marque el rumbo de buena parte de la correspondencia entre Chamberlayne y **Leibniz** (1687). Leibniz le muestra en una carta su extrañeza por el hecho de que no hubiera ni un **diccionario vasco** ni una Biblia traducida al euskera (desconocía la de Leizarraga). Pero en una carta del 18 de febrero de 1714, Chamberlayne le sorprende con la noticia de que tiene empleado a un "desgraciado sacerdote vizcaíno [*Poor Biscayan Priest*]" que le está elaborando una gramática vasca: "Porque he visto el Nuevo Testamento completo en dicho idioma impreso en Bourdeaux, hacia mediados del siglo pasado, y el Dr. Hudson, guarda de la Biblioteca Bodleiana [de Oxford], fue tan amable de conducirme a su custodia, de donde transcribí una de las versiones del padrenuestro, porque otra me la dio antes un desgraciado sacerdote vizcaíno (ahora protestante), a quien he empleado por caridad para compilar una copiosa gramática de esta lengua, y si lo cree conveniente, le daré un buen diccionario de latín o francés y le haré traducirlo al vascuence, del cual todavía no hay en el mundo, que yo sepa, ni gramática ni léxico existente". Chamberlayne acabó cumpliendo con los deseos de Leibniz y puso a d'Urte a trabajar tanto en su *Biblió Saindua* como en el *Dictionarium Latino-Cantabricum*, obras que d'Urte dejó inacabadas. En la obra de Chamberlayne *Oratio Dominica in diversas omnium fere gentium linguas versa* de 1715 hay tres versiones de padrenuestros en lengua vasca.

1714 – NICOLAS FRÉRET

Historiador y lingüista francés (1688-1749). Trabajó sobre la relación entre los distintos grupos étnicos de la prehistoria europea, sobre todo, de los franceses y celtas. Le resulta inevitable acabar ocupándose también de los vascos, sobre los que muestra un interés inusual, ya que, estando confinado en La Bastilla durante más de tres meses por sus ideas político-religiosas, el 16 de marzo de 1715 solicita a las autoridades que le devuelvan las dos obras sobre el **euskera** que había escrito y le habían sido confiscadas (*Vocabulaire basque* y *Essai d'une grammaire de la langue basque*): "*Dans le pacquet intitulé Iberica, un vocabulaire et un essay de grammaire de la langue basque, et une dissertation sur le dieu Endovellicus*". Esta última es, básicamente, la traducción al francés de la obra de Oihenart de 1638 *Notitia utriusque Vasconiae*. No fue publicada hasta el 2002 por Bernhard Hurch. El manuscrito le sirvió a Humboldt (1799) de mucha ayuda, ya que aseguraba que era muy completo, tenía pocas inexactitudes ("*Im Anfange finden sich wenige Unrichtigkeiten*") y recogía algunos auxiliares ya desaparecidos. Se le podría considerar un precursor de la tesis **vascoiberista** de Humboldt: "Los cántabros y los pueblos del extremo occidental de los Pirineos han conservado la antigua lengua ibérica, de la que los vascos todavía hablan un dialecto en la actualidad".

1718 – VAYRAC,
en defensa del euskera.

"Porque ¿dónde está la lengua, por rica y abundante que sea, que no tiene infinidad de palabras, cada una de las cuales significa varias cosas?".

1718 – JEAN DE VAYRAC

Abate e historiador francés (1664-1734). Después de haber pasado más de veinte años en diferentes partes de España, a su vuelta a París publicó en 1718 *État présent de l'Espagne*, un compendio en cuatro volúmenes sobre la geografía histórica del reino. Vayrac nos cuenta que la *Biscaye* fue antiguamente, según nos dice Plinio (77), la morada de los cántabros. Pero estos no se restringieron a esos límites originales, sino que se fueron extendiendo hasta las cercanías de Logroño, donde una colina aún conserva el nombre de **Cantabria**. El nombre, aparte de a la ***Biscaye*** propiamente dicha, une ahora al resto de provincias: "*de forte, qu'outre la Biscaye proprement dite, on y comprenoit les Provinces de Guipuscoa & d'Alava, la Navarre & un petit païs qu'on appelle le païs des Montagnards*". La historia de *Biscaye* incluye hasta Laredo y nos habla de su sidra y de su vino y del comercio del aceite de ballena y del hierro. Tal es la cualidad de los hombres y mujeres de esta tierra que el rey de España les dejó en posesión de diversas excedencias de las que se muestran muy celosos, como cuando en 1632 les quisieron exigir un impuesto sobre la sal. Da un pequeño repaso a las ciudades más importantes del País Vasco. A **Bermeo** lo describe como un buen puerto de mar y "*un terroir très-fertile en oranges*". En Bizkaia dice que "los días de fiesta se ve a la gente en camisa y calzón, bailando con las espadas desenvainadas, al son de la flauta y el tamboril vasco, y girando sobre sí con gran elasticidad". Sobre el río Bidasoa apunta que este separa a *Guipuscoa* del *pays des Basques*. Con bastante juicio señala sobre la **lengua vasca** que, aunque algunos autores han afirmado que es muy estéril (*sterile*), ya que una palabra puede significar varias cosas, pero la prueba le parece endeble, ya que cualquier lengua hace uso de este recurso: "*Car où est la Langue, quelque riche & abondante qu'elle soit, qui n'ait une infinité de mots, dont chacun signifie diverses choses?*".

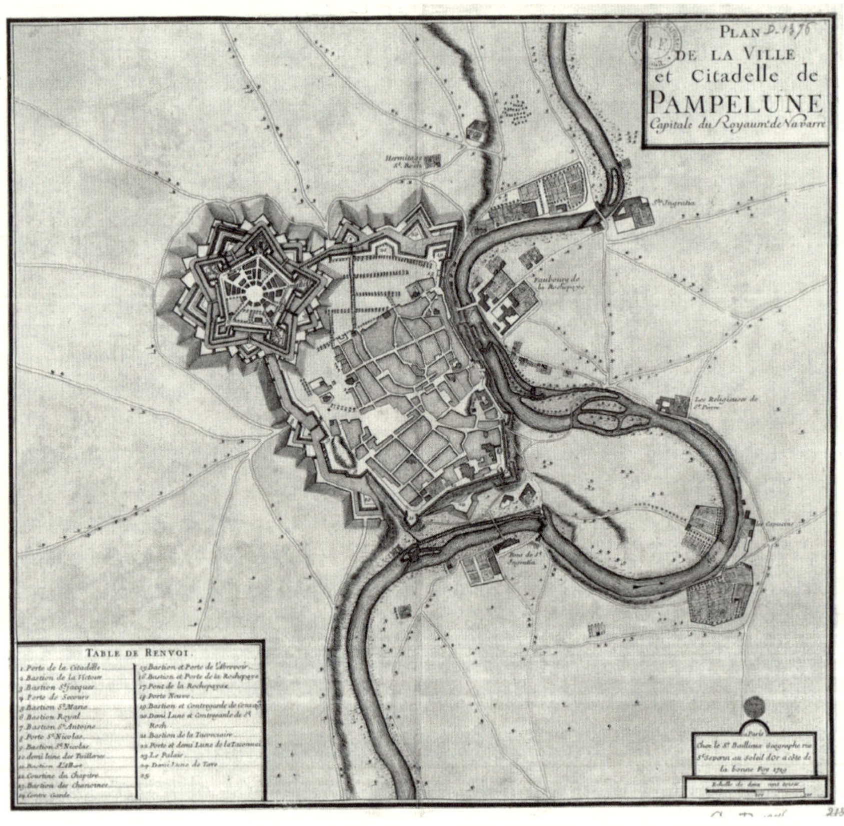

1719 – Anónimo. *Plano de la villa y ciudadela de Pamplona.*

1719 – ANÓNIMO FRANCÉS

En 1719 se edita en francés el *Plan de la Ville et Citadelle de Pampelune, Capitale du Royaume de Navarre*. Se detallan, en concreto, las puertas de entrada a la villa de Pamplona y los bastiones, lo que aporta una idea de la función militar con la que fue diseñada. En el extrarradio de la ciudad se pueden apreciar también los distintos conventos que la rodeaban y las huertas de que disponían.

1720 – Van den Berge. Bilbao.

1720 – PIETER VAN DEN BERGE

Dibujante y grabador holandés (1659-1737). En 1720 publica *Theatrum Hispaniae exhibens regni urbes, villas ac viridaria magis illustria*, una colección de grabados de villas y ciudades de toda la península ibérica. Muestra una panorámica de la ciudad de Bilbao. La leyenda, en cuatro idiomas, dice: "*Bilbao, ciudad de Biscaya, situado sobra un Brachio del Mare de Biscaya*". La obra muestra también un dibujo del paso del monte San Adrián en Gipuzkoa.

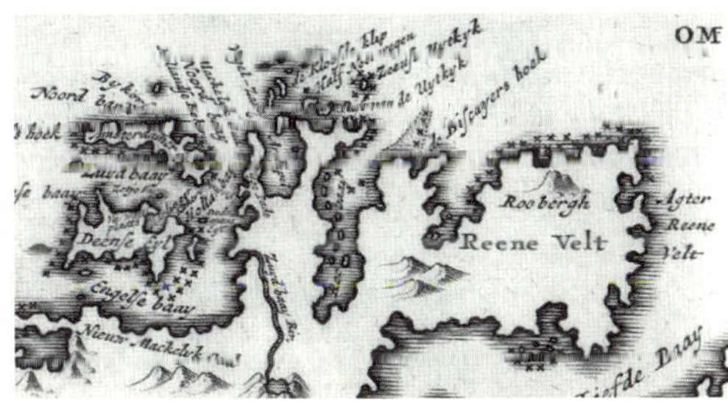

1720 – Zorgdrager. Detalle de mapa de la isla de *Spitsbergen*, con el cabo de *Biscayers hoek* en el noreste.

1720 – CORNELIS GIJSBERTSZ ZORGDRAGER

Navegador holandés (ca. 1660-?). A partir de 1690 anduvo embarcado como capitán de un ballenero en las costas de Groenlandia. Fruto de la experiencia adquirida como maestro ballenero, en 1720 publicó la obra *Bloeyende opkomst der aloude en hedendaagsche Groenlandsche visschery 1720* (*Eclosión floreciente de la pesquería antigua y contemporánea de Groenlandia*). En su capítulo octavo (*Achste Hoofdtstuk*) el encabezamiento dice así: "Investigación de si los vizcaínos fueron los primeros en dirigir la **caza de ballenas** y los primeros que llegaron a Holanda para servir de arponeros [*onderzoek, of de biskayers d' eerste aanleiders tot de Walvischvangst zyn geweest...*]. Comenta que los *Basques of Biscayers* fueron muy apreciados como arponeros y que en las costas de Vizcaya las ballenas eran capturadas de forma salvaje. Elaboró un mapa en el que se cita el lugar *de Biscayers hoek*. El lugar es conocido hoy como *Biskayerhuken*.

1721 – LOUIS DE ROUVROY

Duque de Saint-Simon, cortesano y memorialista francés (1675-1755). Sus *Mémoires* son un clásico del género autobiográfico que escribió después de retirarse de la vida política. En el capítulo XII del tomo 18 refiere su paso por Euskal Herria en 1721 como embajador francés, con el objetivo de casar a Luis XV con una infanta española. Se desvió de su ruta para poder disfrutar del **Santuario de Loyola**, y encontró allí algunos jesuitas "muy amables y muy entendidos, que cuidaban del prestigioso edificio que allí han emprendido para más de cien jesuitas y una infinidad de estudiantes, con la intención de hacer de esa casa un noviciado, un colegio, una casa profesa, que sirva a todos los usos a los que están destinados sus diferentes casas y casa principal". En cuanto a la casa de San Ignacio, afirma, "sería todo lo más la casa de un cura y jamás se pareció nada a un castillo". "La iglesia nueva estaba casi acabada, en rotonda, de un tamaño y de una altura que sorprende, [...] el oro, la pintura, la escultura, los adornos de todas clases y los más ricos repartidos por todo

1721 - De Rouvroy. Grabado del Santuario de Loyola según Villaamil (1844). *"Uno de los edificios más soberbios de Europa, el mejor entendido y el más magníficamente adornado"*.

con un arte prodigioso, pero prudente; una arquitectura correcta y admirable, los más exquisitos mármoles, el jaspe, el pórfido, el lápiz, [...] en una palabra, uno de los edificios más soberbios de Europa, el mejor entendido y el más magníficamente adornado". A su regreso pasó por Iruñea y Orreaga.

1726 – JORGE PRÓSPERO VERBOOM

Ingeniero militar flamenco (1665-1744). Tras el sitio sobre la ciudad de San Sebastián en 1719, con motivo de la guerra que enfrentaba a Felipe V con Felipe de Orleans, algunos lienzos de la muralla presentaban grietas que habían de ser reparadas. La monarquía borbónica, que persistía en mantener seguras las fronteras del reino, hizo traer desde Flandes al ingeniero flamenco que, una vez establecido en Iruñea con su hijo Isidro, dirigió tres importantes proyectos en nuestra tierra: las fortificaciones de **Iruñea, Donostia** y **Hondarribia.** El proyecto de las murallas de San Sebastián se convirtió en el más extenso de todos los redactados hasta entonces dentro de la frontera española y constaba de 37 planos.

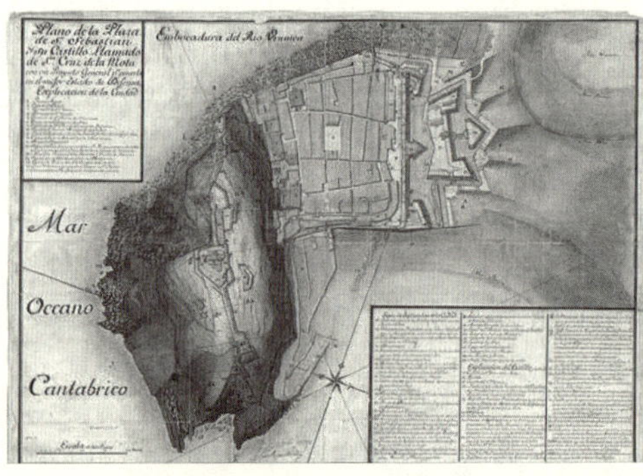

1726 - Verboom. *Plano de la Plaza de San Sebastián y su Castillo llamado de Sta. Cruz de la Mota.*

1726 – MANIER:

"Vimos por primera vez tal cantidad de muchachas y mujeres vestidas tan hermosamente, que parecía estar en un lugar de ensueño" (Irun).

1726 – GUILLAUME MANIER

Sastre francés (1704-?). Manier emprendió la peregrinación a Santiago, acompañado por un par de amigos, nada más licenciarse del servicio de armas con 22 años. El viaje queda reflejado en el capítulo VI de su obra *Voyage d'Espangne*, escrita en 1736. Parte del capítulo lo encabeza diciendo *Entrée en Spagne par la Haute-Navarre*, aunque en realidad entre por **Irun**, a la que considera villa navarra. Nada más cruzar la frontera queda arrebatado por la belleza de las féminas. Le sorprende, sin embargo, que las **mujeres** vayan con mangas a la marinera (¿quizás las barqueras arremangadas?): "Vimos por primera vez tal cantidad de muchachas y mujeres vestidas tan hermosamente, que parecía estar en un lugar de ensueño, con trenzas en el pelo, corsés azules o rojos, paseándose, caras lindas más allá de lo que uno se pueda imaginar. Se podría decir que esta ciudad se distingue por un sexo tan bello como se pueda ver en cualquier otra ciudad de Europa y, al contrario, por la fealdad de los hombres. Las mujeres tienen las mangas a la marinera, como los hombres". Habla también de la exquisita **sidra** que se produce en San Juan de Luz y del chirrido que emiten las carretas. El mayor bochorno le produce el tener que entenderse por signos, como los mudos, ya que allí todos hablan el *biscayen*: *"C'est d'avoir perdu tout à coup l'usage de la langue française et d'entendre pas parler, même espagnol, mais biscayen, langue plus difficile que l'alemant"*. Pasa por *Arnannhis* (**Hernani**), *"qui est un des plus beaux villages de l'Espangnes"*. Ya de regreso a casa, sufre una desagradable experiencia a la altura de Ágreda, poco antes de entrar en Navarra, cuando se le acercan cuatro jóvenes con mulas cargadas de trigo. Le preguntan si es francés y él contesta que es *savoyard*, ya que sabe del odio que se profesa a los franceses. A la pregunta de si lleva dinero, cuenta, "uno de ellos, cuchillo en mano, se abalanza contra mí, para golpearme y hacerme 'rasibus cujus' y luego colgarme de un árbol cercano que me había mostrado. Me hubiera cortado la garganta, si no hubiera sido por la pena que uno de ellos tuvo de mí, que me conminó a largarme de allí". De los alrededores de **Iruñea** dice que apenas están habitados de casas de campo o pequeños castillos construidos a la manera de casas burguesas. La ciudad se levanta sobre un campo llano, bien poblado, adornado con una hermosa plaza. Por Atarrabia y Zubiri llega a Orreaga y Donibane Garazi, antes de volver a **Baiona**, *"ville capitale de la Basque ou Biscaye"*.

1729 – ÉTIENNE DE SILHOUETTE:

"El puerto más hermoso que hay en el océano" **(Bahía de Pasaia).**

1729 – ÉTIENNE DE SILHOUETTE

Político francés (1709-1767). Su fama de tacaño como ministro de finanzas ayudó a acuñar el término de "silueta" para significar aquello que carecía de rasgos distintivos. Realizó un viaje a España que retrató en su libro *Voyage de France, d'Espagne, de Portugal et d'Italie (1729-1730)*. Sus conocimientos sobre economía le llevan a analizar sociedades como la **Real Compañía Guipuzcoana de Caracas**: *"On y a établi en 1728, une Compagnie de Commerce qui enrichira cette Province; elle s'appelle la Compagnie de Guipuscoa, la biscaye íe divisant en trois partie, l'Alaba, [...] la Biscaye propre, [...] & le Guipuscoa"*. En **Pasaia** le llaman la atención, como a otros muchos, las bateleras y, sobre todo, el puerto, con barcos del vecino Donibane Lohizune instalados para pasar el invierno, con tres "navires de guerra" en construcción. *"Le plus beau Port qu'il y ait sur l'Océan. [...] Si lo limpiasen"*, comenta; "cabrían más de mil barcos siempre a flote". Ensalza el libro de Henao (1689) sobre las antigüedades de Cantabria, destacando que la *Biscaye* nunca fue conquistada por los romanos, ya que conservó su propia lengua. Al margen de la industria del hierro y de la madera, afirma que su tesoro más valioso "son los hombres animosos y los diestros marineros. [...] Las mujeres y las muchachas son alegres, sabias, vigorosas, robustas y bien formadas. Los reyes de España concedieron a estos pueblos la mitad de su voluntad y la mitad de su fuerza para exenciones de las que disfrutan y de las que están extremadamente celosos".

1729 – MERCURE DE FRANCE

En noviembre de 1729 la revista literaria francesa fundada en el siglo XVII *Mercure de France* informa que en localidades como Baiona y Donibane Lohizune se manifiestan algunas demostraciones de júbilo con motivo del nacimiento del delfín de Francia. El gascón Pierre Cuzacq en su libro de 1902 *La naissance, le marriage et le décès* nos describe el pasaje aparecido en esta revista, donde se asegura que el 4 de octubre de 1729 se bailó en Baiona la ***Pamparruque***, "compuesta por alrededor de 160 personas de distinción, hombres y mujeres, con sus más hermosos encajes, trajes y alhajas. [...] Nunca hemos visto a la gente tan extasiada de alegría y estuvimos noche y día escuchando música y bailes". Continúa contando que en San Juan de Luz "hubo más de treinta bailes a la moda del país, desde el mediodía hasta las nueve de la noche; estos bailes o balanceos en fila se reunían a veces en una calle, en número de cinco o seis, haciendo diferentes recorridos, creando una confusión muy agradable. [...] Una singularidad que no se debe pasar por alto es que el segundo día de fiesta, cincuenta hombres mayores de sesenta años se juntaron con otras tantas mujeres de su misma edad y dieron la vuelta a la ciudad en Pamparruque, tras lo cual bailaron un salto vasco [***saut basque***] en la plaza principal con toda la agilidad natural del país". "El salto vasco es una danza elegante y ligera, de tal vivacidad que a los ojos resulta difícil seguir los movimientos del cuerpo, de los brazos y de los pies de los danzantes". Le acompaña "una flauta de tres agujeros y un tamborín [salterio o *soinua*], compuesta por una especie de caja de resonancia decorada con cuatro cuerdas de tripa tensada" que se tocan con un palito.

1735 – JOAQUÍN DE SANTA ANA:

***"La octava maravilla, si de España laurel, de cielo esmalte"* (Bilbao).**

1735 – JOAQUÍN DE SANTA ANA

Este fraile de probable origen portugués, pero que estuvo residiendo en Bilbao, es el autor de un curioso panegírico en verso, publicado en 1735, de nombre *Breve descripción de la Villa de Bilbao*, que dice así: "Yace Bilbao; no yace, se levanta,/ adorno excelso de un vistoso prado./ Tanta es su majestad, su pompa tanta,/ como de montes todo coronado./ El mar le besa la florida planta, no ya orgulloso,/ no precipitado,/ sino antes bien para besarla envía/ los mansos labios de serena ría". Según él, es esta, la ría, el elemento vertebrador geográfico y económico de su entorno: "Conducto es este a quien debe la Villa/ los preciosos caudales que atesora,/ tributando a su margen, a su orilla/ cuanto engendran los reinos de la aurora./ Una y otra feliz nadante quilla,/ de su mismo interés aduladora,/ la solicita, porque en su conducto/ tributo pagan sin pagar tributo". El fraile dibuja un Bilbao tradicional, noble ("aquí el concurso de nobleza y plebe,/ esta no, que en Bilbao todo es nobleza") y pulcro ("la octava maravilla, si de España laurel, de cielo esmalte").

1737 – CARL LUDWIG VON PÖLLNITZ

Escritor y aventurero prusiano (1692-1775). Viajero infatigable que en su quinto tomo de *Lettres et Memoires du Baron de Pöllnitz*, publicadas por Changuion en 1737, describe su travesía de Gasteiz a **Bilbo**, un territorio encantador, extremadamente poblado y en donde, a cada paso, se encuentra un caserío y una forja: "*Il y a aussi une quantité prodigiose de Forges, dont on prétend que le fer est le meilleur qui soit en Espagne*". Considera a Bilbao la villa más bonita, "*la plus jolie que j'ave vue en Espagne. Ses promenades surtout sont d'une grand beauté*". "En el pasado fue puerto franco, lo que contribuyó en mucho a hacer florecer el comercio, pero Felipe V suprimió sus franquicias y estableció una aduana, lo que no se hizo sin causar muchos problemas". Comenta que en las revueltas se cometieron mil excesos y se mató a varias personas. Las revueltas fueron al final apaciguadas, pero capturaron a los que habían causado el tumulto, siendo ahorcados varios de los amotinados, de manera que el ejemplo obtuvo su golpe de efecto entre la multitud. Dice que se actuó con ellos con bastante gentileza, porque podrían haberse aprovechado del tumulto para privarlos del número extraordinario de **privilegios** que disfrutan, contrarios, de alguna manera, al bien público. En Vizcaya no se puede condenar a muerte por cualquier crimen, a no ser que sea contra su majestad o una herejía: "*Tous les autres, quelque énormes qu'ils soient, ne sont punis que par la Prison, ou par les Galères*".

1737 – MAYANS:

"Si se observan sus raices, unas seràn Latinas, otras Españolas, otras Francesas, otras de otras Lenguas, i poquissimas puramente Vascongadas".

1737 – GREGORIO MAYANS Y SISCAR

Historiador y lingüista valenciano (1699-1781). Este erudito que llegara a ser bibliotecario del Rey es para Antonio Tovar (1938) el que "hizo el mayor esfuerzo que un no vasco había hecho hasta entonces por informarse sobre el euskera". En su obra *Orígenes de la lengua española* bebe todavía de la fábula de la confusión babélica y colige, estudiando a los clásicos, que debieron ser diversas las lenguas primitivas de la península. Es esta la razón por la que se niega a otorgar al vascuence la prioridad de ser la lengua más antigua de España. Consulta diccionarios como el de Landuchio (1562), con muchos romanismos, e intenta quitarle importancia al euskera, a pesar de su reconocida antigüedad: "...si uno toma en las manos los Diccionarios mas copiosos de las Lenguas de hoi, no hallarà en el **Vascuence** voces correspondientes a muchissimas otras: i las que hallarà, si se observan sus raices, unas seràn Latinas, otras Españolas, otras Francesas, otras de otras Lenguas, i poquissimas puramente Vascongadas. Si esta lengua tuviera impresso algun Diccionario, que lo deseo mucho, [...] se avia de observar, i vèr lo que digo". Acusa al euskera de no ser lengua erudita y de no ser tan incorrupta como los apologistas vascos sugieren: "...pero no me persuado que aun aquellas Voces, que se tienen hoi por puramente Vascongadas, sean las mismas que antiguamente; porque, si vemos que hoy para decir poco, los Vascos dicen guchi, los Navarros guti, i los Vizcainos guichi, i a èste modo hai muchissimas Voces mui diferentes entre sì, los quales forman unos Dialectos mui diversos; còmo hemos de creer lo que suponen, que sola èsta Nación en el Mundo tiene el privilegio especial de conservar sus Voces incorruptas...?". En contestación al planteamiento de Mayans, el padre Manuel Larramendi, que ya había publicado en 1727 un tratado sobre gramática vasca (*El imposible vencido*), publica el primer diccionario en euskera en 1745.

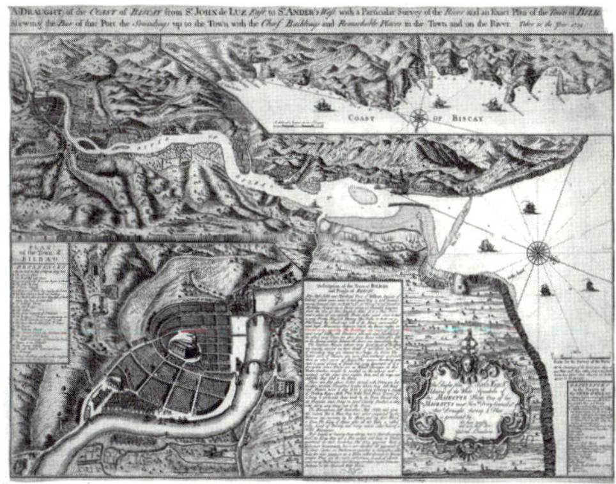

1739 – Baudwin. Mapa de Bilbo, la ría y la costa de Bizkaia.

1739 – GABRIEL BAUDWIN

Militar británico. En 1739 elabora, con fines militares, un hermoso mapa de la desembocadura de la **ría de Bilbo** que no se publica hasta 1742. *A Draught of the Coast of Biscay from St. John de Luz East to St. Andero West* (*Bosquejo de la costa de Vizcaya desde San Juan de Luz Este hasta Santander Oeste*). Realiza una breve descripción de Bilbao y, sobre todo, de las vizcaínas: "La **mujer** común trabaja muy duro; portan sobre sus cabezas mercancias de hierro. [...] Las mujeres de clase alta son más libres, corteses y civilizadas [*free, courteous and civil*] que las del resto de España". Sobre el mapa se muestran los dos puentes de piedra que tuvo Bilbao. El 13 de agosto de 1740 publica una vista de **Donostia** con un mapa incorporado de la ciudad. La describe como "una plaza fuerte y de buen comercio", donde la **Compañía de Caracas** se había establecido unos años antes (en 1728). La ciudad fue finalmente tomada por el duque de Berwick en 1719. Pero la información más importante que nos ofrece es el comentario que adjunta al final: "Ha sido un lugar muy notorio para los **corsarios** que han hecho más capturas que cualquier otro puerto en ese reino [*It hath been a most noted place for privateers they having made more Captures tan any one port in that Kingdom*]". Efectivamente, verdad es que la bahía de San Sebastián había sido desde principios del siglo XVII el primer puerto corsario de la península. A falta de dinero para poder costearse marinas propias, la famosa patente de corso (que se acabó convirtiendo en un arma estratégica) daba autorización a los dueños de los barcos a atacar a los navíos enemigos, hacerlos presos y confiscar todos sus bienes (armamento, telas, azúcar y, por qué no, esclavos...). A Donostia llegaron durante más de un siglo una media de cuarenta naves presas al año, razón por la que su economía se reavivó, ya que hasta Donostia se acercaban los mercaderes franceses para comprar el género apresado. Todo aquel movimiento acabó generando un nuevo impulso financiero en el ámbito de los armadores. La llamada Guerra de la Oreja de Jenkins (1739-1748) que tenía lugar por esos años, conllevó un resurgir del corso vasco, cuyas plazas fuertes más importantes eran Bilbao y Donostia. La inestabilidad que generaban las guerras creaba represalias que después se plasmaban en más capturas realizadas en alta mar. En la leyenda inferior se van enumerando los lugares más importantes de la ciudad.

1739 – DAVID REDINGER

Grabador suizo (1698-1760). Bajo el título *Ilustración del gran* ***pez ballena*** *que fue capturado con sus crías en la costa de Vizcaya a finales del pasado mes de invierno de 1739*, Redinger presenta un grabado (copiado seguramente de un dibujo anterior de Konrad von Metzel), en el calendario suizo *Basler Hinkenden Boten* del año 1741. La imagen, que sirvió de patrón para posteriores publicaciones (*Nouvelliste François* de 1783), pretendía atraer, por medio de una representación exagerada y grotesca, a un público fascinado por las criaturas del mar y que vivía bastantes lejos de los acontecimientos. En el mismo almanaque de 1754 se vuelve a presentar la imagen con este comentario: "Por la noche, cuando llegan a tierra, emiten un graznido y un aullido tan terrible como el clamor de una legión de ranas y urogallos entre sí. Se esconden en la orilla como cocodrilos y si algún animal vivo se les acerca, lo atacan con impetuosidad, de modo que incluso los hombres deben tener cuidado con ellos; algunos de ellos han sido asesinados".

1739 – Redinger. *Ilustración del gran* ***pez ballena*** *que fue capturado con sus crías en la costa de Vizcaya a finales del pasado mes de invierno de 1739.*

1739 – RELATIONIS HISTORICAE SEMESTRALIS

Almanaque alemán que relataba anualmente los episodios contemporáneos más importantes de Europa. En la sección de cosas notables y curiosas incluye la representación de la captura de una **ballena** franca y su cría en **Castro Urdiales** bajo el epígrafe: "Pesca afortunada de la ballena en la costa vizcaína en España [*Der glückliche Walfischfang an der Biscaysche Küste in Spanien*]". El anuario aclara que los pescadores "arrojaron un arpón sobre la ballena pequeña que

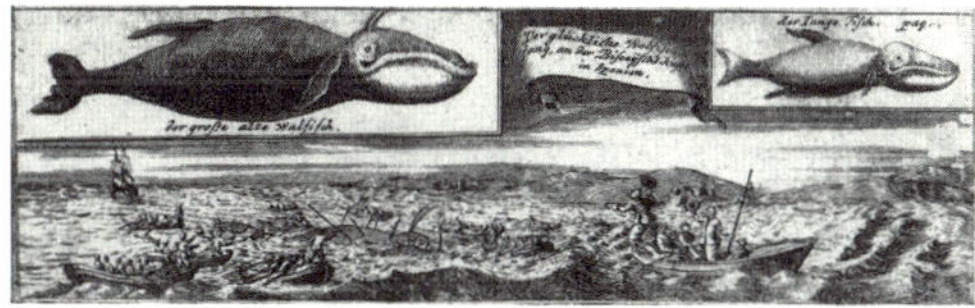

1739 – Relationis Historicae Semestralis. *Pesca afortunada de la ballena en la costa vizcaína en España.* Fuente: Barthelmess Whaling Collection, Colonia.

se quedó flotando en el agua. Aquello atrajo a su madre, que igualmente fue herida profundamente con tres arpones. El mar, teñido de sangre en un cuarto de milla a la redonda, estaba muy agitado por los movimientos de aquel monstruo. Al final, tras haber destrozado de un coletazo un bote con doce hombres a bordo, la mataron a dos millas de la costa. 130 hombres se afanaron en llevar a tierra aquellos peces enormes. [...] Los ojos de la madre no eran mayores que los de una vaca. La carne parecía de perro, pero sabía como buey, y la gente corriente solía marinarla en sal".

1741 – Hensel. Detalle de mapa de Europa con el padrenuestro en euskera.

1741 – GOTTFRIED HENSEL

Presbítero y cartógrafo alemán (1687-1765). Al inicio de la Ilustración, en 1741, este erudito alemán publica un espléndido **mapa**, por lo que tiene de original y minucioso, llamado *Europa Polyglotta*, en el que muestra el padrenuestro en muchas de las lenguas que poblaban los continentes, sin hacer distinción entre lenguas mayoritarias y minoritarias y procurando presentar los sistemas de escrituras oriundos de cada región. A lo largo de la costa cantábrica peninsular presenta la **lengua *Biscaina***/*Cantabrica*: *"Gure aita zerue tan aicena Sanctifica bedi sure Icena"*. Conviene recordar que a la lengua vizcaína se le llamaba en latín *Cantabrica*.

1746 – ISLA:

"Siendo tan inclinada a divertirse la nación Navarra, como todo el mundo sabe, y bastando ella sola para divertir a todo el mundo...".

1746 – JOSÉ FRANCISCO DE ISLA

Novelista y religioso español (1703-1781). José Francisco de Isla fue un leonés de mente superdotada que ya con 11 años se había graduado como bachiller en leyes. Ejerció como profesor de Filosofía y Teología en el colegio de la Compañía de Pamplona y en 1746 escribió *Triunfo del amor y de la lealtad, día grande de Navarra* con motivo de la proclamación del virrey don Antonio Pedro Nolasco de Lanzos que comienza, con su estilo socarrón, de la siguiente manera: "Siendo tan inclinada a divertirse la **nación Navarra**, como todo el mundo sabe, y bastando ella sola para divertir a todo el mundo...". "Como iba diciendo de mi cuento, ya sabe el mundo lo que es el reino de Navarra, y lo sabe tan de allá, que cuando el mundo andaba a la escuela, aprendió a leer por las glorias de este reino. [...] La historia de Navarra es la historia del mundo universal, o por mejor decir, la historia del mundo universal es la historia de Navarra; porque no habrá imperio, no habrá reino, no habrá provincia en todo lo descubierto, en cuyas glorias no anden mezclados los navarros, como dicen que anda la sal elemental en todos los mistos". Esta generosidad de elogios que desprende contrasta con la minusvaloración posterior, que hace de la "nación" Navarra una parte de Cantabria: "Pero se advierte, por excusar juicios temerarios, que aunque los individuos de la Diputación que se nombran por parte de las comunidades, representan al común, no por eso pertenecen a lo que en Castilla se llama estado general; que esa diferencia de estados está poco admitida en Cantabria, de quien Navarra hace una parte tan notable". Emite, con su excelente prosa, pequeñas semblanzas de algunos de los altos funcionarios de la administración navarra como síndicos, diputados y secretarios, a los que dedica incluso versos sueltos. Después pasa a realizar una descripción de la fiesta de la proclamación, presentando una ciudad engalanada para el evento: "Hasta los de **Valderoncal**, que se hallaron por casualidad en esta corte, tuvieron sus pujos de petimetres, pues hubo roncales que se atrevió a echar medias de punto y zapatos con hebillas; bien que después en el valle lo hicieron abjurar de levi, obligándole a pedir perdón por el escándalo, y declarándose ante el fiel de fechos que no debía servir de ejemplar ni traerse a consecuencia". En sus *Sermones* de 1792 también tienen buenas palabras para con el vecindario de **Donostia**: "...está reputado por uno de los más juiciosos, de los más modestos, de los más píos que se hallaran en todo la Cristiandad", para, a continuación, censurarles que durante los carnavales "se renuevan durante estos tres días aquellas mismas **fiestas Bacanales** que los propios Gentiles trataban de inverecundas, de insolentes, de torpes, de intolerables, de profanas, de sacrílegas".

1748 – JEAN BONNECAZE

Sacerdote bearnés (1726-?). En el libro *Priez pour nous à Compostelle*, de Barret y Gurgand de 1978, se incluye el relato publicado en 1777 *Testament politique du sieur Jean Bonnecaze*, sobre el camino que realizó este **peregrino** hasta Compostela en 1748. Parte de viaje a la aventura, sin permiso de sus padres, acompañando a un grupo de conocidos que sí llevaban los pasaportes en regla. En la frontera de **Orreaga** le esperaban un destacamento de soldados franceses para alistarles en el ejército, pero consiguen escabullirse y pasar la frontera: "Pasamos por la nieve hasta las rodillas; pero disminuyó cuando salimos de la montaña; pasamos la llanura de Roncesvalles, donde los doce pares de Francia fueron asesinados. Todavía pueden verse en el hospital de este lugar las espuelas y la espada de Roland. [...] Esta marcha forzada, mezclada con frío y sudor, me hizo daño; me causó una hemorragia de sangre por la nariz y la boca. La lluvia, todos los días, casi durante un mes, en el cuerpo, y aún descalzo, me sobrecargó. Tuve que detenerme para dejar fluir la sangre, lo que duró quince días. [...] nos perdimos en una arboleda de olivos y nos vimos obligados a dormir bajo un olivo, y esa noche hizo una gran helada; nos pusimos uno encima del otro para ahuyentar el frío". Sus camaradas se cansaron de él en **Viana** y lo abandonaron: "En esta pequeña ciudad, cada uno nos distribuimos un barrio para pedir limosna; tomé la calle principal para esperarlos fuera de la ciudad, los esperé hasta la noche, nadie apareció". Se los volvió a encontrar en Santiago. En el camino de vuelta sufre lo indecible y ve morir mucha gente en los hospitales. "Llegué a Roncesvalles con gusto, no había más soldados, me quedé dos días en el hospital para descansar; el segundo día me fui después de la cena. Daban tres comidas en este hospital real, media libra de pan para el desayuno, una libra de pan para la cena, media carne y una pinta de vino y sopa, y otro tanto por la cena".

1750 – RHYS:

"Consideran que el suelo está contaminado dondequiera que pise un obispo".

1750 – UDAL AP RHYS

Viajero galés. Autor del relato de un viaje a España y Portugal: *A Tour Through Spain and Portugal, &c. Giving an Account of the Most Remarkable Places and Curiosities in Those Kingdoms*. Entra por *Ondarribaya*, "que en la lengua vasca [*basquish*] significa 'playa sobre el río'". "Las jóvenes **campesinas** de esta zona llevan el pelo recogido y trenzado con cintas, y sobre él una especie de pequeño velo musulmán que cuelga por sus cuellos. Visten pendientes de oro con perlas y collares de coral. [...] Se dice que viven en comunidades bajo la dirección de ciertas matronas". "Las muchachas tienen el privilegio de transportar a todos los pasajeros a través del río antes mencionado, en pequeñas embarcaciones adornadas con serpentinas doradas. [...] Tienen el aire más alegre [*gayest air*] que uno se pueda imaginar". Da algunas referencias sobre Donostia, Arrasate, Azpeitia, *Sant Adriano* y el castillo de *Quevare*. Comenta que la lengua de la provincia es la vasca (*Basque*), "que es con toda probabilidad una rama del celta". Y deja un llamativo comentario final: "Esperan que todos los **sacerdotes** dispongan de su concubina, por la seguridad de sus esposas e hijas. Y lo que es todavía más particular, aborrecen de una manera tan supersticiosa a los obispos que consideran que el suelo está contaminado dondequiera que pise un obispo [*that they look upon the Ground to be polluted where-ever a Bishop treads*]".

1751 – DIDEROT. ENCYCLOPÉDIE:

"Atribuimos el descubrimiento de los bancos de bacalao a los pescadores vascos que llegaron allí persiguiendo ballenas, cien años antes del viaje de Colón".

1751/1772 – DENIS DIDEROT, JEAN LE ROND D'ALEMBERT

Escritor y filósofo francés (1713-1784), matemático y filósofo francés (1717-1783). Ambos fueron los creadores de la *Encyclopédie*, un proyecto de 20 años que no fue ni el más grande ni el único que se había hecho hasta el momento, pero para el cual supieron rodearse de los mejores colaboradores como Rousseau, Montesquieu o Voltaire. El trabajo gozó de la aprobación de la crítica por pretender promover un pensamiento libre, acorde con la revolución y enfrentado al poder político de Francia, incluida la Iglesia y la Corona. Bajo la entrada "Morue" (bacalao) se atribuye el descubrimiento de los bancos de **bacalao** a los pescadores vascos que llegaron a la región persiguiendo a las ballenas, cien años antes del viaje de Colón (dato tomado seguramente de Cleirac 1647): "*On attribue la découverte du grand & petit banc des morues à des pêcheurs basques qui y arriverent en poursuivant des baleines, cent ans avant le voyage de Colomb*". Llama vascos exclusivamente a los habitantes de Iparralde: "*BASQUES (les) s. m. pl. Géog. petit pays de France, vers les Pyrenées, entre l'Adour, les frontieres d'Espagne, l'Océan, & le Bearn ; il comprend le Labour, la basse Navarre, & le pays de Soule*". En cuanto a Bizkaia la extiende hasta Asturias y su **lengua** dice ser de origen céltico: "*BISCAYE, (Géog.) province d'Espagne, qui a au nord la mer de Biscaye, à l'occident les Asturies, au midi la Castille vieille, & à l'orient le territoire d'Avala*". "Es rica en minas de hierro", continúa, "y contiene 21 ciudades amuralladas. Se afirma que el idioma que se habla allí es el antiguo idioma **celta**, que es común de los vizcaínos con los bajo-bretones y con los que viven en la provincia de Gales en Inglaterra". Para la Nafarroa Beherea recurre al viejo tópico de que fue conquistada por los vascos en el siglo VI: "Navarra, la baja. [...] Este país fue ocupado primero por los vascones o gascones, cuando cruzaron las montañas, para establecerse en Novempopulania a finales del siglo VI: también todos los habitantes son vascos y hablan la lengua vasca, que es la mismo que la de los vizcaínos españoles".

1752 – MURILLO:

"[Los Navarros son] ligeros para correr, saltar, y jugar à la pelota, y en especial para torear de a piè, en que hay muchos tan diestros, que juegan con un Toro, como pudieran con un Perrillo".

1752 – PEDRO MURILLO VELARDE Y BRAVO

Jesuita, músico, historiador y jurista andaluz (1696-1753). Es el autor de *Geographia historica, de Castilla la Vieja, Cathaluña, Navarra, Portugal, y otras provincias*. En el acpítulo IV, *Del Reino de Navarra*, comenta de **Navarra** que "llamòse en tiempo de Griegos, y Romanos 'Ruconia', y después 'Navarra', por las llanadas, que hay al baxar de los Pyrinèos, y de la voz 'Nava', que en Castellano, y en Vascuence significa Llanura; y de la voz 'Erri', que en Vascuence significa Tierra, se compuso Navarra. [...] Tambien se llamaron estos Pueblos los Vascos, y Vascones". Sobre la **conquista** de Navarra indica lo siguiente: "Su Rey Juan de Labrit, confederado con el francés, no quiso dàr passo à nuestras Tropas. El Rey Don Fernando el Catholico mandò entrar en Navarra su Exercito; [...] y aunque al principio el rey Catholico entro como depositario del Reyno, despues hizo, que le jurasen en Pamplona como Rey, y Señor de Navarra la Alta, quedando Juan de Labrit con la Bassa Navarra, passados los Pyrineos. El derecho de este Reyno, y su conquista defienden varios autores". "La gente es de honra, empeño, valor, ingenio, y fidelidad; es política, despierta, y afable, [...] ligeros para correr, saltar, y jugar à la pelota, y en especial para torear de a piè, en que hay muchos tan diestros, que juegan con un Toro, como pudieran con un Perrillo. En las Villas, y Lugares mas retirados se habla **Vascuence**: en las Ciudades la lengua castellana". Describe además algunas de las villas y los monasterios más importantes de Navarra. En el capítulo V, *De las provincias de Vizcaya, Guipuzcoa y Alaba*, comenta: "Los naturales de estas tres Provincias se llaman en lo comun de España **'Vizcainos'**, especialmente los de Vizcaya, y Guipuzcoa, por mas que ellos pretendan, que los distingan con el nombre especifico de cada Provincia: también se llaman Vascongados, y Cantabros". Hace un repaso de las fuentes clásicas, situando a autrigones, várdulos, caristios y vascones en sus correspondientes lugares, aunque se lamenta de que "mientras mas se lee para liquidar la verdad, resulta mayor confusion; de fuerte, que parece, que todos se explican en Vascuence, aun quando escriben en el Castellano mas puro". Contradice a Juan Margarit (1480) cuando menciona su paganismo: "No solo son muy católicos, sino por lo general de buenas costumbres, piadosos, compasivos, y muy reverentes al Estado Eclesiastico: hombres de verdad y de palabra. De noble corazón liberales. Amantísimos de su Nacion". "Abunda la tierra de Mijo, y Frutas, especialmente Manzanas: hacen cierto alimento de Maìz, que llaman Borona; beben Chacolin, y Cidra, que hacen de Manzanas; gastan Aceyte de Ballena. Hay Lino, mucha Pesca, grandes Bosques de Madera para fabricar Navìos, mucho Hierro, y Acero, de que hacen muchissimas armas, y instrumentos, que llevan à otros Reynos. [...] En Castilla se hospedan; en Andalucìa, se avecindan, y congenian tanto con sus Naturales, que están como Paysanos". Aporta un corto relato de la historia de las tres provincias y sus villas más destacadas.

1752 – BOWLES:

"Quien busque la sencillez, la robustez, y la verdadera alegría, las hallará en aquellas montañas, y conocerá que sí, por lo general, sus habitadores no son los mas opulentos, son esencialmente los mas felices, los mas amantes del pais, y los que viven menos sometídos á los poderosos".

1752 – WILLIAM BOWLES

Naturalista irlandés (1705-1780). Reconocido botánico y metalúrgico que en 1752 entró al servicio del Gobierno español y fue puesto al mando de un grupo de trabajo que realizó un viaje por España para analizar los recursos y las particularidades del medio ambiente peninsular, denunciando ya entonces la tala indiscriminada de árboles a nivel estatal. Le gustaba residir en **Bilbao**, ciudad de la que se muestra gran admirador: "Yo he visto tres de estas avenidas [riadas], y en una de ellas me pareció que si hubiese durado pocas horas más, hubiera quedado destruida una de las más graciosas ciudades marítimas de Europa". Así lo comenta en su libro de 1775, impreso en castellano, *Introducción a la Historia natural y la geografía física de España*, en el que dedica un capítulo de 75 páginas a Bilbao y al Señorío de Vizcaya. Bowles es observador y juicioso y realiza una de las mejores descripciones que se han hecho sobre paisajes, usos y costumbres vascas. Introduce en las descripciones gran cantidad de palabras locales: *borto*, *sebes*, *otea*, *otaca*, *laya* (con una buena descripción del trabajo), *echejaunas*, *carricadanza*, *guizones*, *abarcas*, *chimbos*, *angulas*, *xibiones*, *arragoan*, *castina*, *musgaños*, *chirpía*..., y se muestra contundente con algunas afirmaciones: "Todo el mundo sabe que no hay en Europa mina tan fácil de fundir, ni que dé hierro tan suave como esta de **Somorrostro**". Parece un adelantado a su tiempo cuando se le oye hablar del ***chacolí***: "...no piensan más que en hacer mucho, sin cuidar de la calidad, que pudiendo ser bastante buena en su género, por lo común es muy inferior. Vendimian antes de tiempo; y así el vino sale áspero, acedo y sin sustancia. El que se hace mejor, tiene bastante de lo que llaman agujas; pero si dexasen madurar bien la uva á fin de que se perfeccionase su xugo, y sin mezclar la madura con la que no lo está, ó con la podrida, [...] fermentaría completamente, cobraría vigor, y templándose con el dulce el demasiado raspante y ácido que ahora le queda, se haría 'petillante', y parecido al vino de Champaña; el qual entonces dexaria de ser único en el mundo, y solo podría pretender la preferencia de hermano mayor del 'chacolí'. [...] Es cosa muy rara hallar un borracho, siendo tan común en otros países. Yo creo proviene la diferencia de que los vizcaínos rara vez beben sin comer bien. Hombres y mujeres almuerzan, comen, meriendan y cenan". En el trayecto de Orduña a Bilbao, cuenta que no vio "una casa caída ni abandonada; pero sí muchas nuevas, algunas de ellas grandes y bien construidas". Señala también el esmero que se pone en una **educación** sin presunciones: "Las hijas particularmente se crían allí de un modo bien distinto del que se usa en los países donde el luxo ha corrompido las costumbres. Aun las más principales y de mayores conveniencias se glorían de hacer con perfección todas las labores y haciendas necesarias en una casa, sin que se desdeñen de lavar la ropa, de amasar el pan ó el maíz, ni de guisar los manjares que ha de comer la familia. [...] ...quien busque la sencillez, la robustez, y la verdadera alegría, las hallará en aquellas montañas, y conocerá que sí, por lo general, sus habitadores no son los mas opulentos, son esencialmente los mas felices, los mas amantes del pais, y los que viven menos sometidos á los poderosos". Esta actitud "los induce á pensar y executar cosas que parecen superiores á las fuerzas de un territorio reducido, donde la agricultura es de corto producto, y hay pocos ramos de industria. Buena prueba de esto son los magníficos caminos que para comodidad de los viajantes y del comercio acaban de construir". "En Bilbao se respira siempre ayre tan húmedo que enmohece los muebles en los quartos terceros, llena de orín el hierro y el cobre, hace sudar el pescado salado disolviendo la sal, y multiplica las pulgas á lo infinito, sin embargo de lo qual, es el pueblo más sano que yo conozco, y gozan sus moradores los quatro bienes más apreciables en qualquier clima, esto es, fuerza y vigor corporal, pocas enfermedades, larga vida, contento y alegría de ánimo". Esta favorable ventilación es la causa del vigor que muestran las mujeres vascas: "En Bilbao ellas son ganapanes y mozos de cordel de la Villa, que cargan y descargan los navíos. Van descalzas de pie y pierna, y desnudos los brazos y por la robustez de los músculos que se las ven, se puede conjeturar la fuerza que alcanzan, [...] sostienen y llevan sobre la cabeza fardos tan pesados, que son menester dos hombres regulares para ponérselos encima, [...] quando han acabado las faenas, vuelven á sus habitaciones sin dar la menor seña de cansancio, muchas veces baylando por las calles al son del tamboril entrelazadas de las manos unas con otras". Describe también someramente el trayecto navarro desde Elizondo hasta Valtierra.

1754 – JEAN-BAPTISTE BULLET

Teólogo e historiador francés (1699-1775). Aparte de por un tratado que escribió en el que demuestra la existencia de Dios, Bullet es conocido por su obra compuesta entre 1754 y 1760, *Mémoire sur la langue celtique*, un extenso ensayo (muy influenciado por Lhuyd 1707) de tres tomos sobre la lengua céltica, en cuyo capítulo decimocuarto del primer tomo comenta sobre los vascos que nunca fueron dominados, pudiendo conservar su lengua, un dialecto del **celta**: "Este pequeño pueblo defendido por el país que habitan rara vez ha conocido otros maestros que no sean sus príncipes naturales. Al no haberse mezclado nunca con ninguna otra nación, ha conservado su lengua primitiva, que es un dialecto del celta. El paralelismo que haré en mi diccionario del vasco [*basque*] con el bretón y el galés demostrará, perceptiblemente, que el primero de estos idiomas es, como los otros dos, un dialecto de la lengua gala". Queriendo avalar su propia teoría, él mismo comenta: "Lo experimenté yo mismo un día que tuve en casa a un caballero bretón bajo, un viajero de Gales y un vizcaíno, cada uno de ellos creyendo que su lengua era ininteligible para cualquiera que no fueran sus compatriotas: hicieron un intento y se sorprendieron de poder entenderse y hablar entre ellos". Realiza continuas comparaciones de voces vascas para demostrar el vínculo con el celta. En el capítulo *L'Espagne* ofrece etimologías de ríos como *Urrola*: "*'Wr', riviere. 'Rhull' ou 'Rholl' qui e précipite, qui coule avec impétuosité*". En el apartado *La Biscaye* dice que la provincia estuvo antiguamente habitada por los **cántabros** y da etimologías de algunos pueblos como *Durango*, que lo traduce como "obreros de acero": "*'Dur', 'Duran' acier. 'Gof', ouvrier. 'Durangos', ouvriers en acier*".

1755 – Vernet. *Tempête (Tempestad, 1765)*. ¿Sokoa? Fuente: Museo del Hermitage, San Petersburgo.

1755 – CLAUDE JOSEPH VERNET

Pintor francés (1714-1789). Este célebre paisajista francés que recorrió media Europa recibió el encargo de Luis XV de retratar algunas ciudades costeras francesas. De Baiona dejó dos estampas: *Le port de Bayonne* y *Vue de la ville et du port de Bayonne. Prise de l'allée de Boufflers près de la porte Mousserole.* A pesar de la insistencia por parte de Luis XV de que retratara en estos cuadros a los barcos corsarios, Vernet no lo quiso así por razones que se desconocen. Como imagen de entrada he preferido poner su pintura *Tempestad*, que podría estar ubicada en Sokoa, a la entrada del puerto de San Juan de Luz, famoso por lo complicado que resultaba fondear en él en días de tormenta.

1760 – BARETTI:

"La necesidad que fuerza a las mujeres de Vizcaya a conocer más de una lengua está lejos de disminuir su belleza, pues no se puede aprender una nueva lengua sin adquirir nuevas ideas; y cuantas más ideas tenga una mujer más agradable será".

1760 – GIUSEPPE MARCO ANTONIO BARETTI

Escritor y viajero italiano (1719-1789). Baretti fue un personaje de carácter rebelde y humor polémico que le granjeó muchos enemigos en Italia, razón por la que tuvo que exiliarse en Londres, en donde en 1770 editó en inglés *Viaje de Londres a Génova a través de Inglaterra, Portugal, España y Francia*, traducido y editado en castellano en 2003. Es un viajero consecuente que disfruta sentándose a la chimenea sobre un taburete de tres patas: "La gente remilgada considerará que es muy duro verse forzado a sentarse en un círculo tan sucio; pero yo siempre lo encontré lo mejor del día". Este escritor pasional, que se nota que conoció a fondo el País Vasco, nos deja un importantísimo testimonio sobre nuestro pueblo, redactado con una prosa atractiva y amena. El libro se compone de varias cartas. En la del 23 de octubre de 1760 dialoga con un canónigo que le informa de los dialectos que va a escuchar en su viaje:

"El más difícil de aprender para nosotros es el **'bascuence'**, también llamado la lengua 'bascongada', que es el lenguaje que se extiende desde la ciudad de **Irún** a la de **Tafalla** por un lado, y a la de Santander por otro. [...] Irún, Tafalla y Santander forman una especie de triángulo del cual Santander es el punto más agudo. Dentro de ese triángulo se incluye el principado de Vizcaya, la pequeña provincia de Guipúzcoa, la mayor parte de Navarra sin exceptuar su capital y un estrecho distrito llamado Álava. Dentro de este triángulo no se habla ningún dialecto de la lengua española, sino la lengua (mucho más antigua que nuestra monarquía) llamada 'bascuence', como dije, o lengua 'bascongada'. He residido durante más de doce meses en Vizcaya y algunas partes de Navarra, y he intentado aprender esa lengua pero con poco resultado porque es de una naturaleza completamente diferente al latín, español y francés".

En la carta del 24 de octubre de 1760 hace una digresión a cuenta de un viaje que hizo varios años más tarde: "Muchas de las **mujeres** vizcaínas de la clase más baja, cuando son jóvenes, van a servir a las provincias vecinas, donde su vestido y peinado, bonito y peculiar, las hace distinguirse a la primera vista. [...] La necesidad que fuerza a las mujeres de Vizcaya a conocer más de una lengua está lejos de disminuir su belleza, pues no se puede aprender una nueva lengua sin adquirir nuevas ideas; y cuantas más ideas tenga una mujer más agradable será. Pero las mozas vizcaínas usan sus naturales y adquiridos encantos para no otro fin que el de la coquetería. [...] Siempre seductoras, siempre encendiendo la esperanza y siempre frustrando. [...] Respecto a los hombres de Vizcaya se dice comúnmente en España, como también en Francia, que prefieren robar a mendigar; no porque sean notables por robar, sino porque desprecian pedir. En Vizcaya y en las otras provincias donde se habla el bascuence tienen una tradición según la cual uno de sus antiguos reyes los declaró a todos **hidalgos**; y esta es la razón de que ningún vizcaíno, guipuzcoano ni alavés se rebaje pidiendo limosna". Aunque añade que "no es ese el caso de los navarros, pues uno se encuentra en ese reino muchos de ambos sexos que no desdeñan mendigar". Comenta al final que ni los escoceses de Inglaterra ni los saboyanos de Italia vuelven a su patria después de ejercer fuera, pero "el perpetuo retorno de los vizcaínos a su lugar de nacimiento es la causa de que se vean, incluso en las montañas más ásperas, muchas casas grandes que están muy bien construidas".

Consulta *El imposible vencido* que posee de Larramendi, pero no consigue hacerse con el *Diccionario trilingüe*, y le hace gracia que una frase como "para aquel que lo come" se diga *"jatenduenarentzat"*. Deja al juicio del lector la decisión de relacionar el vizcaíno con el irlandés transcribiendo dos padrenuestros enteros: *"Gure Aita ceruetant zarena erabil bebedi.../ Ar nahir ata ere neave..."*. Le asombra también la costumbre que tienen las amas de casa y los hombres para que no escasee el combustible: "...todos juntos, tienen la costumbre de ir una vez al año, un día fijo, al bosque que han cortado, y allí, cada uno de los hombres planta dos árboles jóvenes que llevan del plantel de su propio jardín". Habla del *chacolín*, de unos instrumentos con forma de H (**layas**) y de las *angullas*. De Bilbao y Orduña comenta: "Nunca he visto ninguna ciudad más agradablemente situada que esas dos. ¡Tantas colinas fértiles alrededor de ambas!".

1762 – ROUSSEAU:

"Cuando se ve cómo en el pueblo más dichoso del mundo, un montón de campesinos arreglaba bajo un roble los negocios del Estado, conduciéndose siempre sabiamente...".

1762 – JEAN-JACQUES ROUSSEAU

Filósofo, escritor, músico y naturalista suizo (1712-1778). Un pensador comprometido con la evolución de los ideales sociales y políticos de la época, que tuvieron una gran influencia sobre la posterior Revolución francesa. Fue gran amigo de Manuel Ignacio de Altuna, miembro de la Real Sociedad Vascongada de Amigos del País, y mostró gran interés por la singularidad de nuestro pueblo. Algunos autores parecen ver una alusión al pueblo vasco cuando asegura en su obra de 1762 *El contrato social*, un ensayo sobre la **libertad** y la igualdad del ser humano, lo siguiente: "Cuando se ve cómo en el pueblo más dichoso del mundo, un montón de campesinos arreglaba **bajo un roble** los negocios del Estado, conduciéndose siempre sabiamente, ¿puede uno dejar de despreciar los refinamientos de otras naciones que se vuelven ilustres y miserables con tanto arte y tanto misterio?".

1762 - Cruz de Belefonte. Encuentro de la goleta vasca La Gata con un navío holandés.

1762 – JUAN CRUZ DE BELEFONTE

Cruz de Belefonte era hijo de un irlandés y de una probable francesa, residentes en **Donostia**. Con 24 años, llegó a ser capitán y armador, y realizó en 1762 una campaña corsaria de escaso éxito, pero de la que dejó un inusual diario que presenta una serie de dibujos realizados seguramente de su propia mano. El diario causó tal impresión para la época que fue publicado por la *Gazeta* de Madrid el 18 de mayo de 1762. El marino irlandés, vecino de San Sebastián, poseía una goleta en propiedad tripulada por 60 hombres (la mayoría guipuzcoanos) llamada *La Gata*, con la que pudo solicitar a la corona de España la autorización de una patente de corso. Era esta una licencia que expedían los gobiernos con la intención de ahorrar en gastos navales, ya que otorgaban a los propietarios de los barcos las mismas facultades que a los barcos de la armada. Podían abordar, apresar, retener y confiscar bienes y personas, con la sola condición de que el barco apresado navegara bajo la bandera de un país enemigo. Cruz de Belefonte nos describe con detenimiento, en el diario presentado al secretario de Marina Julián de Arriaga, lo que habría sido el viaje estándar de una de aquellos buques corsarios que se echaban a la mar a la búsqueda de alguna víctima. Parte de **Pasaia** el 2 de abril de 1762 y a lo largo del camino tiene varios desencuentros con barcos neutrales y enemigos, de los que muchas veces tuvieron que salir a toda vela: un barco francés, un navío holandés, un corsario inglés y un corsario francés. El capitán y la tripulación deciden penetrar en aguas cercanas a la costa británica a la búsqueda de alguna presa, sabiendo que las bases navales enemigas se encontraban muy próximas, lo cual era una temeridad. Tienen una pequeña disputa a cañonazos en la fortaleza irlandesa de *Corqui* y acaban tomando dos presas inglesas, antes de ser perseguidos por un paquebote inglés y regresar a Santander un mes después. El doble dibujo que muestra la entrada revela el procedimiento a seguir: a la izquierda, la goleta, mostrando la Cruz de Borgoña con el fondo blanco, enseña mercante de España, dispara un cañonazo de aviso; a la derecha envía un bote para inspeccionar los documentos de navegación del barco con bandera holandesa, ya que muchas veces se enarbolaban banderas falsas o se descubrían mercancías no declaradas.

1764 – CARL CHRISTOPH PLÜER

Sacerdote alemán (1725-1772). Este ilustrado alemán, gran amigo de Mayans (1737), pasó varios años en España como capellán luterano de la embajada danesa. En 1777 publicó el relato de su viaje por España realizado en 1764, *Reise durch Spanien*: "Ningún país de Europa merece tanto como esta península ser visitado por un viajero atento y deseoso de saber". En la introducción Plüer pone sobre aviso al viajero, dándole consejos y preparándolo para las incomodidades que se pudiera encontrar: posadas, caminos, postas de correo, comida y salteadores de caminos. Dedica unas 15 páginas al trayecto que le lleva desde **Baiona** hasta la ribera del Ebro navarra. Describe primero la capital de Lapurdi, con sus nuevos y viejos castillos, y comenta que los judíos portugueses que se alojan en el barrio del St. Esprit son unos 300 y que tienen prohibido pernoctar en el centro de la ciudad. Le llama la atención que se utilicen mulas y no caballos para el tiro de las carrozas, pero los tortuosos caminos así lo aconsejan. En la subida a **Orreaga** ponen al frente de la posta a varias parejas de bueyes: "Todo su adiestramiento, su comportamiento flemático y su obediencia ciega a su amo daba confianza desde el principio. Da gusto ver con qué cuidado y seguridad pisan estos animales y con qué energía caminan cuesta arriba". A la bajada hacia la colegiata, dos de los bueyes caminan detrás ejerciendo de freno al carruaje. La posada es mala y en la iglesia, pequeña, vieja y sin mucho ornamento, salvo el altar, se conservan algunas antigüedades, como dos antiguas mazas y las cadenas que el rey de Navarra le había ganado a algún príncipe árabe. De **Iruñea** comenta que se encuentra en "una vasta planicie, desde la que se divisan a lo lejos, por sus cuatro costados, altas cordilleras. Es más larga que ancha y de tamaño medio, rodeada de muros, fortificaciones y fosos, tiene calles malas, sucias y apestosas [*schlechte, schmuzige und* übelriechende Strassen]". Se lleva, sin embargo, mejor impresión de **Tafalla**, donde encuentra una posada limpia y decente: "Es más bonita en cuanto a la belleza de sus edificios y la limpieza de las calles. Está rodeada de una muralla. Junto a la ciudad se encuentran numerosos huertos y frutales. El convento de los capuchinos es un edificio vistoso y rebosante de vida". Termina hablando de la pelota: "Vi aquí una especialidad del juego de **pelota** que después también pude contemplar a menudo en Madrid. Dos españoles golpeaban con la mano que llevaban cubierta con un guante de cuero. Las mozas bailaban al ritmo de un cedazo, sobre el cual una de las compañeras repiqueteaba con la mano y cantaba. Se oía a otros españoles jugar y cantar al ritmo de las vibraciones. La música, las campanadas y los paseos duraban hasta bien entrada la noche".

1765 – Greatheed. Castillo de Shirburn de Lord Macclesfield, junto a Oxford (dibujo de 1830).

1765 ca. – SAMUEL GREATHEED

Político y esclavista inglés (1710-1765). La pista de las obras que **Pierre d'Urte** escribiera por encargo de Leibniz (1687) y Chamberlayne (1714) se pierde durante años hasta que en la revista *Archaeologia, or miscellaneous tracts relating to Antiquity* de 1812 se publica un artículo sobre unas anotaciones en unas cartas que Greatheed escribe sobre el origen de los habitantes de las Islas Británicas (*Inquiries respecting the Origin of the Inhabitants of the British Islands, in three letters from the Reverend Samuel Greatheed to John Wilkinson*). En ellas se hace mención tanto de un ***Diccionario** latín y cantábrico* (como se le llamaba entonces al vizcaíno) como de una Biblia en el mismo idioma, preservados ambos en la biblioteca privada de Lord Macclesfield en el castillo de Shirburn, cerca de Oxford: "Estoy mayormente en deuda con Lord Macclesfield, quien, a instancias de Lord Leicester y del Obispo de Durham, me ha ayudado con el uso de algunos sumamente curiosos y valiosos manuscritos que comprenden un diccionario de latín y cántabro y una versión del Génesis y el Éxodo en este último idioma". No sería hasta cien años después que Edwards (1864) volvería a mencionar los libros, esta vez sí, con el nombre de su autor. Bastante más tarde, Thomas

(1894) acabaría reeditando el *Viejo Testamento* inacabado.

1765 – ANÓNIMO:

"Este reino [Navarra] ha sido ganado por el derecho del más fuerte por Fernando el Católico".

1765 – ANÓNIMO FRANCÉS

Cuenta García Mercadal (1927) que en la Biblioteca Mazarino de París se halló un manuscrito de un viajero anónimo que pasó por Navarra en 1765. Dijo que "el clima es muy sano y muy templado. Hay allí una buena caza, buenas frutas y buen vino, sobre todo el de **Peralta**, vino de licor muy renombrado. [...] La alianza bien cimentada de Francia con España hace a este país mucho menos esencial que en otro tiempo y muy poco interesante; sin embargo, los españoles, gentes siempre inclinadas a su hábito, no han cambiado de opinión: Han establecido allí el primer gobierno militar después de Cataluña, y allí tienen grandes guarniciones, mientras dejan las fronteras de Portugal desguarnecidas y sin defensa. Los navarros son un poco más semejantes a los franceses, sus vecinos, que los españoles; sin embargo, la sangre no es muy buena y son perezosos y orgullosos. Gozan de **privilegios** muy grandes y todos sus asuntos son juzgados por un consejo supremo del país, residente en Pamplona. Este reino ha sido ganado por el derecho del más fuerte por Fernando el Católico, a favor del cual el papa, como padre de los fieles, hizo su concesión muy justa, primo occupanti, en vida del rey legítimo de la casa de **Albret**, porque el pobre rey Juan era amigo de Luis XII y del Concilio de Pisa".

1766 – FRANCISCO MÉNDEZ

Religioso y bibliógrafo español (1725-1803). Amanuense y compañero de viajes de Enrique Flórez (1786), dejó registro de su paso por Navarra en el libro *Noticia sobre la vida, escritos y viajes del Rmo. P. Mtro. Fr. Enrique Flórez*. En **Cascante**, escribió, "los racioneros cantan los oficios divinos con capellanes como en catedral", transcribiendo una versión de una copla burlesca de cuando Cascante pagó por el título de Ciudad: "Cascante se hizo ciudad/ Año de mil y quinientos:/ Los bobos están contentos;/ Al pagar me lo dirán". Por Tudela y Olite se dirigen a **Tafalla**, señalando que en ella se conserva "un palacio de los Reyes antiguos, de mucha extensión, con dos jardines. El uno tiene en la pared que le sirve de cerca unos como cenadores, con una silla de piedra en el medio de la pared de testera, que denota antigüedad y majestad. [...] El antepecho que con la pared exterior forma calle para dar vuelta al jardín, es de altura de medio cuerpo poco más; y todo él tienen en la superficie de arriba que mira al cielo una canal que conducía agua alrededor y la recibía por la columna de un arco, que con trozos de canales bajaba formando una casada (o brollador) con murmullo y buena vista. En otro jardín persevera un bello mirador con balcones de hierro por todos lados. En el tejado hay veletas, que antes formaban armonía al moverse con los vientos, y un cura, dicen, las clavó por no gustar del ruido que hacían algunas noches de viento". En Pamplona, dice, "hay una **casa de Misericordia**, donde recogen todos los pobres, sin permitirles pedir por la ciudad más que en Jueves y Viernes Santo, y en la feria de San Fermín y víspera de Navidad. A los peregrinos les hospedan tres días, y la catedral les da de comer. También hay hospital, casa de doctrinos y galera de mujeres". Pasa por Roncesvalles y comenta lo complicado de la bajada en carreta hacia Iparralde: "Siguen los bueyes hasta la cumbre en cuatro pares: allí se quita un par y prosiguen tres pares, quitando a veces dos pares y poniéndolos según los pasos de la subida. En la bajada atan dos bueyes a la zaga para que contengan, y los otros dos van sueltos". La novedad del relato es que vuelven a Iruñea para los **Sanfermines** y nos hacen una interesante descripción de ellos: "En la víspera de San Fermín se junta la ciudad en su casa pública, día 6 de julio. [...] Van delante de la ciudad cuantos instrumentos quieran concurrir, gaita, violín, vihuelas, etc. A cada uno dan dos pesos. Concurren también danzas de valencianos, de Navarrete y Aoiz. [...] Al otro día sale la ciudad de su casa, precedida de tamborileros, clarines y cofradías con sus estandartes a la catedral, donde se incorporan los canónigos y religiones. [...] Por la tarde van a la plaza y repiten los danzantes su diversión; y corren dos toros. La concurrencia de los tamborileros es muy extraña; pues el conjunto forma un ruido extraordinario y molesto al oído. Más de ochenta contamos entre todos, y dicen que cada año van aminorando. El día 8 son los toros por la mañana y tarde. Concurren de toda Navarra, Aragón y Castilla. La feria (que es ahora) atrae mucha gente de Francia con tiendas, que hacen muy divertida la ciudad". Los viajeros continúan hacia Estella, Los Arcos y Lodosa.

1769 – HARRIS:

"Aldeas habitadas por seres que apenas parecen humanos y cuyas chozas parecen orzuelos; de hecho, ellos y sus cerdos conviven juntos y apenas son distinguibles".

1769 – JAMES HARRIS

Conde de Malmesbury, diplomático inglés (1746-1820). Miembro de la diplomacia inglesa establecido en Madrid durante varios años y que en el primer tomo de sus memorias (*Diary and Correspondence of James Harris, First Earl of Malmesbury*) describe de manera franca las impresiones que percibe a su paso por Euskal Herria, a donde que llega en enero de 1769: "Al pasar Baiona, el pueblo y la lengua cambian radicalmente. Le llaman el País de los Vascos [*Pays des Basques*], y poseen una peculiar lengua propia. [...] Desde aquí hasta **San Juan de Pie de Puerto**, una pequeña ciudad al pie de los Pirineos, hay una distancia de unas 25 millas, toda ella compuesta de terreno irregular, que se va haciendo más abrupto y escarpado hasta finalizar en estas formidables montañas. Nada se puede imaginar, de todos modos, más romántico que estas. [...] En cada valle encontrarás un arroyo límpido, jornaleros trabajando por todas partes y prados hermosos y ricos". Ya camino de **Orreaga**, habiendo atravesado la frontera, sus impresiones, sin embargo, cambian: "Dondequiera que el valle sea lo suficientemente ancho, se encuentran aldeas habitada por seres que apenas parecen humanos y cuyas chozas parecen orzuelos; de hecho, ellos y sus cerdos conviven juntos y apenas son distinguibles [*they and their swine all live together, and they are scarcely distinguishable*]". Después de atravesar los Pirineos en plena tormenta de nieve con precipicios de mil pies, llega a una espantosa posada (*horrid inn*), donde tiene que esperar hasta que llega su equipaje. De **Iruñea**, tanto de lo mismo: "Su ubicación es atractiva, y no sería desagradable en sí misma, si no fuera tan especialmente sucia". Una vez atravesada Iruñea, generaliza bastante sobre el camino entre la capital navarra y Madrid, sin acabar de distinguir a qué región se refiere: "En sí mismos, los pueblos y las casas superan en suciedad e inmundicia a todo lo que había concebido. En las posadas no encuentras nada, salvo chocolate, y camas en las que nadie desearía acostarse. Es absolutamente necesario llevar todo contigo; y cuando llegues a una ciudad, compra tus provisiones y prepáralas con tus propios asistentes". "La paciencia, los libros y la pluma y la tinta, son los compañeros más útiles para los viajes españoles". Se queja, por último, de que, a pesar de que los huertos ofrecen leña, no encuentran ninguna manera mejor de calentarse que un *braziero*.

1771 – MARGAROT:

"Cuando se refieren a Su Majestad Católica, [...] jamás le dicen nuestro rey, sino el rey nuestro Señor".

1771 – MAURICE MARGAROT

Reformista inglés (1745-1815). Fue miembro de una importante sociedad londinense que abogó por la defensa de los derechos sociales y la derogación de la monarquía. En 1780 publica *Histoire ou relation d'un voyage qui a dure pres de cinq ans*, una descripción de sus experiencias de viaje por la península a partir de 1771. En el primer tomo comienza cruzando el Bidasoa y extiende el relato de su paso por nuestra tierra durante 40 páginas. Y sin entender ninguno de los dos idiomas que hablaban ("sus habitantes hablan vasco y un español corrupto") se dirige a un grupo de mujeres que esperan con sus botes para hacer el trasbordo de orilla a orilla. Su paso de la ría se convierte en toda una odisea. Se quiere bajar del bote, pero las barqueras le arredran a no amilanarse: "Temiendo ser tragado por las olas, me propuse desembarcar y esperar nuestro cruce al día siguiente, incluso se lo pedí encarecidamente, pero mi elocuencia fue inútil, me conminaron a tener coraje y me dijeron que, a pesar del mal tiempo, llegaríamos al puerto".

Dice de **Donostia** que es una de las plazas fuertes de España, una península prácticamente inaccesible defendida por un castillo, "es muy pequeña, las casas son extremadamente estrechas y altas, las calles muy angostas, por lo que los habitantes deambulan por allí, hay muchos comerciantes y artesanos extranjeros, especialmente franceses, lo que hace que su idioma sea muy común". Sobre **Durango** afirma que "es un pueblito muy lindo al pie de la montaña, rodeado por un río que desciende de ellas, el cual salva canales y esclusas muy útiles para los habitantes, tanto porque hace girar a una gran cantidad de molinos harineros, como para facilitar las forjas que explotan las minas de hierro, la fabricación de espadas, la curtiduría y otros trabajos". **Bilbao**, dice, es una ciudad de unos seis mil habitantes, encajonada entre montañas, y su situación es la causa de las grandes avenidas que tiene que soportar regularmente. Habla largo de su comercio, de sus paseos marítimos, del muelle de Olabeaga, del tráfico con Terranova y de sus **mujeres**, que son trabajadoras y tienen "*un esprit propre pour le commerce*". Dice que trabajan mucho más que los hombres y se desempeñan como porteadoras, resultando una curiosidad verlas descargar un barco de bacalao con sus cestas en la cabeza.

A la provincia de Vizcaya se le denomina Señorío: "Cuando se refieren a Su Majestad Católica, [...] jamás le dicen nuestro rey, sino el rey nuestro Señor". Señala que el euskera es el idioma común de la gente y que "*on l'imprime, il y a des histoires, des poëmes, des romans, & des chansons en langue Basque*". Y añade: "Conocí en Cádiz a un abad de este país que era sumamente consciente de la belleza y la antigüedad de la lengua y que entonces estaba trabajando, con gran entusiasmo, en un nuevo diccionario y en una disertación que tuvo una amplia difusión sobre el asunto" (quizá se refiera a Larramendi). De **Gasteiz** comenta que "es una gran ciudad con una buena muralla y diez puertas, aunque más grande que Bilbao, que no tiene tantos habitantes. Es conocida por haber sido refugio de Felipe V y también por la amabilidad y el tamaño de sus palomas, que son estimadas en toda España: su mayor rival a este lado es Madrid, y sus habitantes se jactan de cuatro cosas notables y superlativas, es decir, pan, vino, agua y palomas". Por último, Iruñea es, según Margarot, una ciudad mediana con varios puentes, y "rodeada de varios cerros en una gran llanura con buenos pastos, tiene muy hermosos y buenos jardines".

1772 – CHARLES VALLENCEY

Militar inglés (1731-1812). Enviado a Irlanda para un sondeo militar, se consagró al estudio de la antigua cultura irlandesa, convirtiéndose en una autoridad en el tema. Aunque muchas de sus teorías hayan quedado obsoletas, dejó escrita mucha información sobre documentos ya desaparecidos y, sobre todo, buena muestra de lo que vio, gracias a su buena mano para el dibujo, que se concretó en una numerosa colección de ilustraciones. En 1772 escribió el libro *An Essay on the Antiquity of the Irish Language*, en cuyo subtítulo destaca el apéndice que dedica a corregir los errores de otros estudiosos en relación a los vínculos entre el **irlandés** y la lengua vizcaína ("*Biscayan or Basque*"). Arremete, pues, contra las teorías de Lhuyd (1707) y Bullet (1754) sobre la relación de ambos idiomas, aduciendo que, consultando la gramática vasca de Larramendi y realizando una comparación, no se encuentra la más mínima afinidad: *"On comparing the Bascongada or Biscayan language with the Irish, there does not appear the least affinity"*. Critica también a Baretti (1760), poniendo en duda las dos versiones, vasca e irlandesa, que transcribe del padrenuestro, en comparación con las de Wilkins, Megiserius y Reuterus. Toma nota de las dos para que puedan ser comparadas. Reconoce, sin embargo, que si hay una lengua a la que se parece el irlandés es a la púnica (y también al fenicio y al hebreo).

1772 – Duhamel du Monceau. Ballenero con horno para fundir grasa de ballena dibujado por Charles Milsan.

1772 – HENRI LOUIS DUHAMEL DU MONCEAU

Físico, botánico y agrónomo francés (1700-1782). En el tomo II de 1772 de su tratado sobre la pesca *Traité général des pesches et histoire des poissons qu'elles fournissent*, Duhamel describe a la ***txalupa***, a la que llama *yola* o *vizcaína*, en el artículo XI, parágrafo 15, *Des Yolles ou Biscayennes*: "Estos pequeños bateles son propiamente las lanchas que se utilizan en los puertos para embrear y sacar a los buques. Están construidas como góndolas, muy ligeras en sus extremos, sin puente, teniendo solo bancos para tirar de los remeros. Tienen de 18 a 20 pies de largo; y 5 a 6 pies de ancho. Se utiliza para nadar cuando hace buen tiempo, y es suficiente para navegar cuando hace buen tiempo y también para pescar con palangre cerca de la costa. Estos botes van con más frecuencia a remos que a velas; sin embargo, a veces están equipados con un pequeño mástil y una pequeña vela". Ya en el tomo IV, parte II, artículo VII, *De la péche des Sardes, ou petit Baleines*, afirma que a las pequeñas ballenas se las llama también *sardes*. Como comenta Allen (1910), es esta una voz vasca **"sarda"**, que viene de denominar al banco de peces que va en manada. De las ballenas decía Duhamel que los armadores de los barcos vascos y del norte retienen para ellos las barbas del pescado: *"Les propriétaires des navires Basques & du Nord ont pour eux les fanons des poissons"*. Comenta además que "la pesca que se llama del Norte fue practicada por los vascos y holandeses. Durante la época en que esta pesca estuvo en vigor, partían todos los años desde **San Juan de Luz** 25 o 30 navíos". En el tratado aparece además, firmado por Charles Milsan, un aguafuerte de la sección del casco de un ballenero con un horno para fundir grasa de ballena, como los que seguramente utilizarían los vascos acostumbrados a procesar el saín a bordo, y unos operarios, seguramente vascos de Iparralde, refinando la grasa. Presenta también un dibujo con el tipo de indumentaria de los balleneros vascofranceses.

1775 – PETER THE FABLE

No está claro quién se esconde bajo este pseudónimo que en 1775 escribió una *Reseña de **Bilbao** y de su vida social en 1775*. El vizcaíno Estanislao de Labayru reproduce el texto en su *Historia general del Señorío de Bizcaya* (tomo VI, capítulo XIV) y lo describe como una guía del Nervión en dicha época. Labayru llama al autor asturiano y algunos apuntan a Gaspar Melchor de Jovellanos (1791), aunque por lo adelantado de la fecha parezca poco probable. Realiza una larga descripción de las calles y una relación de las familias distinguidas. De la vida diaria comenta que "el retiro de las gentes era, de ordinario, de nueve a nueve y media de la noche, los hombres, después de acudir a la oración mental en la iglesia de Santiago, se reunían en lugares repartidos (y por número dado) que sustentaban con una módica mensualidad, en donde charlaban o se divertían en juegos; y el bello sexo por cuarteles o reuniones de señoritas amigas, que se visitaban o tertuliaban en número de catorce a veinte un día en una casa y otro en otra, y la que recibía obsequiaba a las asistentes con un refresco; y si alguna era huérfana de madre, obsequiaba con un día de campo el día que le correspondía recibir la visita de las de su cuartel. Fuera de esto, apenas se visitaba a las personas, aunque sí a los forasteros. De nueve a nueve y media, que era la hora del retiro general (hasta la que reinaba en la villa un sepulcral silencio), comenzaba una serie de aldabonazos al llamar cada uno en una casa, o en la de los contertulianos para que bajasen, que ensordecía los oídos y llamaba poderosamente la atención de los extraños. Son tan generales los golpes de aldaba a esta hora, que parece estar en el astillero del Ferrol, y disonante al forastero que no está hecho a semejante contradanza". Señala que el juego más común era el *truco* (un juego de bolos), que define como "especie de juego de billar con tablillas, troneras, barras y bolillo". El esparcimiento de muchos era "la merienda en los chacolíes".

1775 – SWINBURNE:

"Donde quiera que se derriba uno de estos [árboles], se tiene cuidado de reemplazarlo por otro joven como de cuatro pies de alto".

1775 – Henry Swinburne

Escritor, viajero e hispanista inglés (1752-1803). Después de residir algún tiempo en Burdeos acompañó a un amigo suyo a un largo viaje por España que comenzó en Perpiñán. Después de recorrer toda la península, escribe, al final del libro *Travels through Spain in the years 1775 and 1776*, un par de páginas sobre su paso por nuestra tierra. Entra por *Puebla de* ***Triviño***, "despidiéndose de los malos caminos y de las infames posadas [*villainous inns*]": "Entramos en Álava, una parte de Vizcaya, y allí comenzaron las mejores carreteras imaginables, que se conducían por todo el señorío de Vizcaya, hasta la frontera de Francia". Después de un día de viaje, llega a **Gasteiz** entre lo que quizá sea el campo más fértil de Europa, "*through the finest plains perhaps in Europe*", y le sorprenden los felices rostros de faena de las personas que volvían del mercado: "Aquí se sigue el mismo método que usan los moradores de los Pirineos franceses en la plantación de árboles destinados a suministrar madera de construcción: donde quiera que se derriba uno de estos, se tiene cuidado de reemplazarlo por otro joven como de cuatro pies de alto". Comenta que en su recorrido por todo el País Vasco apenas encuentra gente que hable castellano.

1777 – BOURGOING:

"En muchos aspectos su país se supone que está más allá de las fronteras de España".

1777 – JEAN FRANÇOIS BOURGOING

Diplomático francés y Barón de Bourgoing (1748-1811). Entre 1777 y 1795 realizó diversos viajes por la península. Publicó en 1789 *Nouveau Voyage en Espagne* y en 1797 *Tableau de L'Espagne Moderne*. En este último trabajo (tomo I, capítulo I) comenta que no es que quiera ridiculizar a los castellanos, cuyas virtudes admira, pero los considera silenciosos y tristes como sus llanuras ("*silencieux et tristes comme leurs plaines*"). "En **Vizcaya** hay otra complexión, [...] otra fisonomía, otro carácter", señala. "Libres, alegres y hospitalarios, parecen sentir su felicidad y quieren compartirla con los que la presencian". Para Bourgoing "estos vizcaínos, tan diferentes de los castellanos, también parecen vivir bajo otra dominación. En muchos aspectos su país se supone que está más allá de las fronteras de España [*Ces Biscayens, si différens des Castillas, semblent aussi vivre sous une autre domination. A plusieurs égards leur pays est censé au-delà des frontières de l'Espagne*]". "Como **Vitoria** es, por la parte de Castilla, la última ciudad de Vizcaya, hay que someterse en ella a formalidades a menudo severas, y siempre desagradables. Se registra con todo rigor cuanto entra y sale: se interceptan las cartas sospechosas; se descifran las misteriosas; y aun los correos, incluidos los oficiales, son a veces detenidos cuando se aprovechan de su salvoconducto para hacer contrabando, sobre todo para exportar numerario, el cual parece ser en España el menos perdonable de los delitos contra el fisco". Asegura que las carreteras se pueden citar entre las mejores de Europa "a pesar de que lo abrupto del territorio oponía innumerables dificultades a su realización. Las tres provincias unieron sus actividades en tal propósito, como lo hacen siempre que se trata del bien común". Recuerda la sorpresa que se llevó al toparse con unos aldeanos de **Ordizia** (*Villa-Franca*) con los que no había manera de entenderse más que con el primitivo lenguaje de signos: "*Mais nous ne pouvions nous figurer que dans une province depuis si long-temps soumise à L'Espagne on ignorât absolument le langage du souverain*". Del reino de **Navarra** dice que "conquistado por Fernando el Católico a Jean d'Albret, forma, como la Vizcaya, una región aparte, que ha conservado sus costumbres, sus privilegios y su tribunal particular y que en algunos aspectos se considera como independiente de las fronteras. La mayor parte de las mercancías procedentes del extranjero entran en Navarra libremente, sin pagar derechos, y no son inspeccionadas hasta Ágreda, primera aduana de Castilla por aquella parte".

1777 – ARTHUR LEE:

"Utilizan una especie de horquilla con púas de unos sesenta centímetros de largo, con la que remueven la tierra de una manera monótona y laboriosa" (laya).

1777 – ARTHUR LEE

Político y diplomático estadounidense (1740-1792). Publicó algunos ensayos contra la esclavitud. Se adhirió a los movimientos revolucionarios y en 1777 fue enviado a España para pedir ayuda para la Guerra de la Independencia. Las impresiones de este viaje las dejó escritas en sus cartas y en un diario, en el que habla de la labor tediosa de las **layas** y del trabajo igualitario de hombres y **mujeres**: "En Guipúzcoa, la primera provincia, la gente es robusta, bien alimentada y vestida, el país montañoso, la tierra esta suelta y fértil y, aparentemente, se cultiva solo para el consumo propio. En lugar de un arado, utilizan una especie de horquilla con púas de unos sesenta centímetros de largo, con la que remueven la tierra de una manera monótona y laboriosa, y solo practicable en terrenos tan livianos y espacios tan reducidos. Las mujeres y los hombres trabajan por igual en el campo".

1777 – JUAN DE LA CRUZ CANO Y OLMEDILLA

Cartógrafo y académico español (1734-1790). Quien fuera admitido como miembro de honor de la Real Sociedad Vascongadas de Amigos del País inicia en 1777 la *Colección de* **trajes** *de España, tanto antiguos como modernos, que comprehende todos los de sus dominios*. En esa obra presentaba tanto trajes de la plebe como de la nobleza, pero quedó finalmente inconclusa por la muerte prematura del autor. En el quinto cuaderno presenta las siguientes ilustraciones: *roncalés roncalesa, criada de Bilbao, ciudadana de Bilbao, aldeana de las cercanías de Bilbao y jebo o aldeano de las cercanías de Bilbao*. El autor solicitaba que le mandaran dibujos desde los distintos ámbitos de la geografía para después ir publicándolos él en su colección. Los dibujos de los bilbaínos están realizados por el pintor Luis Paret (1783), establecido en Bilbao, y los de los roncaleses por la navarra **Agustina Azcona**, de la que se sabe que nació en Iruñea en 1755 e ingresó en la Real Academia de Bellas Artes de San Fernando en 1781.

1777 – Cruz Cano. *Criada de Bilbao.*

1777 – JARDINE:

"El vizcaíno, o el catalán, se ofende ante esta denominación [de español]".

1777 – ALEXANDER JARDINE

Militar, escritor e hispanista inglés (1736-1799). Su relación con España comenzó cuando fue destinado a la defensa del peñón de Gibraltar en 1763 y, a partir de 1777, realizó labores de espionaje, haciéndose pasar por un oficial retirado en viaje de recreo. Recorrió entonces el norte de la península, dejó nota de su viaje en el libro *Letters from Barbary, France, Spain, Portugal*, publicado en 1789, en el cual dedica los cuatro primeros capítulos del segundo volumen a la travesía vasca. Se adentra por Gipuzkoa "desde las pesadas arenas y malas carreteras de Guienne a las nuevas y excelentes de esta provincia". "Los habitantes de estas tres o cuatro [incluyendo Navarra] provincias de España son, creo yo, una raza más robusta, resistente y saludable que el resto. [...] Son lo suficientemente distinguibles de aquellos de las otras provincias, en carácter, tipo y semblante para cualquiera que viva en España, pero no para los extranjeros que consideran a todos habitantes del mismo reino: pero el vizcaíno, o el catalán, se ofende ante esta denominación [*but a Biscayan, or a Catalan, is offended by this appellation*]". Según Jardine, es notoria la libertad de la que gozan en estas provincias: "Estas tres provincias vascongadas, Guipúzcoa, Álava y Vizcaya, junto con Navarra, son los últimos refugios de **libertad** que quedan en la península [*are now the only remaining asylums in the peninsula for Liberty*]", pero añade que los legisladores españoles ya están intentando persuadir al Gobierno "que son demasiado libres, que son súbditos malos y desleales: y el gobierno interino está comenzando a creerse esa doctrina y mostrar celos fatales e injustos de su prosperidad". La situación y el éxito de estos vascos, comenta, bien merece una reconsideración del viajero y podría proporcionar útiles lecciones políticas a otras naciones y sus dependencias; incluso para la misma España, por haber seguido máximas contrarias con sus lejanas colonias. En Bergara le sorprende encontrar una sociedad y academia para el fomento de las artes y el conocimiento, fundada recientemente sobre buenos y benévolos principios. El responsable, el **conde de Peñaflorida**, que prefiere su residencia en el campo a la de la ciudad, parece ser el padre de toda una nación ("*the father of a whole country*"). Dice que es la única región de España donde la ley obliga a plantar árboles cuando se talan. Otra de las escenas que más le sorprende de este país es la política tolerable de **Pamplona** "en la provisión y gestión de sus pobres; una de las partes más difíciles de la economía pública", dado que el clero se hace cargo de promover la asistencia de esta gente.

1777 – JOSÉ DE VIERA Y CLAVIJO

Sacerdote, biólogo y escritor canario (1731-1813). El máximo exponente de la Ilustración canaria recoge en su obra *Viages a Francia, Flandes, Italia y Alemania por los años de*

1777 á 1781 algunos datos sobre Euskal Herria: "Al paso por los lugares de **Mondragon**, Yllaraza y otros salian los tamborilleros asalariados á obsequiar con sus tocatas nuestros coches, como lo tienen de costumbre sin querer admitir propina. [...] Encuentranse las mujeres trabajando en el campo; y todas las que son casadas usan de pañuelo en la cabeza. Notase mucha escasez; cultivase mucho maiz. Los bueyes son muy pequeños. Corridas 7 leguas llegamos á Vergara cerca de medio dia con tiempo fresco. Alojamonos en casa del Marques Lilli, muy bien adornada. **Vergara** es una villa de mas de 100 vecinos, donde ya no se habla sino el **vascuence**. Estuvimos en el nuevo colegio de los estudios patrióticos, donde habia á la sazón 40 jóvenes. En el gabinete de historia natural hay una momia de un **guanche** de Tenerife". En Tolosa "asistimos en la posada que no es del todo mala. Hay una plaza dilatada con un largo corredor para ver correr los novillos. Estubimos en la fábrica de espadas". Después fueron a Irun: "Pasamos el rio en una gabarra ó barca que tiene ese destino, á cuyo tiempo sacaban unos pescadores del agua una redada con cinco hermosos salmones. Los coches pudieron vadear el reflujo de la marea. Luego seguimos en ellos nuestra marcha por mal camino, dejando al paso el lugar de Turoña el primero de Francia. Encuentranse algunas casas dispersas hasta el lugar de **san Juan de la Luz**, ciudad pequeña y pobre junto á un riachuelo con una ria y puerto. Aqui tomamos un refresco de frutas y seguimos por mejor camino con caserios de campo, y tierras muy bien cultivadas, bosquecillos y muchachos de ambos sexos, que corren tras de los coches cantando en Vascuence, y pidiendo limosna".

1778 – TALBOT:

"Los nativos se trincan todo el hierro de Vizcaya en vino foráneo".

1778 – JOHN TALBOT DILLON

Viajero e hispanista irlandés (1735-1805). Un personaje que parece que dedicó más tiempo a aliviar el apetito de su pasión por los viajes que a cumplir con sus tareas domésticas como titular de un escaño en el Parlamento irlandés. De su ruta por la península en el 1778 publicó tres años más tarde *Travels through Spain with a view to illustrate the natural history and physical geography of that kingdom in a series of letters*, un libro con una excelente acogida y que fue inmediatamente traducido a varios idiomas. Toma como referencia trabajos anteriores de William Bowles (1752) y Antonio Ponz (1783) para completar muchas de sus apreciaciones. En la primera parte de su libro hay un capítulo dedicado a Navarra y varios a las vascongadas. Talbot evita más bien entrar en cuestiones políticas y tiende a concentrarse en aspectos paisajísticos, aprovechando sus conocimientos botánicos y geológicos, como cuando se extiende en explicar durante dos páginas el proceso de extracción de la mina de sal de **Valtierra**, cuando comenta que los pilares de la capilla real de Madrid proceden de las canteras de **Mañaria** o cuando habla de las minas de hierro de **Arrasate**, con cuyo mineral se fundían las mejores espadas de Toledo, aunque, dice, todavía anden un poco retrasados en el proceso de conversión del hierro en acero: *"They are yet unacquainted with the secret of converting iron into steel, or tempering it properly, and even in the making of tools, are far inferior to the artists in England"*. En Guipúzcoa, comenta, "el suelo de las colinas y valles es de una arcilla tenaz, formada por la descomposición completa de piedra arenisca, pizarra y vegetales podridos. Los granjeros solían abonarlo con cal para disminuir la fuerza de la arcilla y absorber su ácido, pero ahora comienzan a usar marga". Nos cuenta de ***Echejaunas***, *Sardinas*, *Lagus* y ***Chacolis***, teniendo a este por un vino mísero (*"a very poor wine"*). Los bilbaínos no tienen más remedio que recurrir a La Rioja: "Se suele decir 'que los nativos se trincan todo el hierro de Vizcaya en vino foráneo'. Incluso ingleses y alemanes son personas de gran sobriedad en comparación con muchos vizcaínos; es muy raro, sin embargo, ver hombres borrachos por las calles, porque están acostumbrados a comer con entusiasmo en estas distracciones del beber. Tanto hombres como mujeres desayunan, comen, meriendan y cenan abundantemente, disfrutando, aún así, de una salud encomiable". Elogia la laboriosidad vascongada: "No puedo ofrecer mayor prueba de su diligencia que esas excelentes carreteras que han construido entre Bilbao y Castilla, del mismo modo que en Guipúzcoa y Álava". Le impacta, sobre todo, el camino real de Orduña: *"When one sees the passage over the tremendous mountain of Orduna, one cannot behold it without the utmost surprize and admiration"*. Hace una descripción de Bilbao en la que ensalza el trabajo realizado por las mujeres, de ojos vivos y buena complexión, y cuyo idioma es el *vascuense*: "La esposa no le va a la zaga en fuerza al marido, ni la hermana al hermano, y después de un buen vaso, aunque sea muy cargado, continúan prestas, regresando a casa por la noche, sin ningún síntoma de fatiga, agarradas a menudo del brazo y bailando y cantando al ritmo del tambor y la flauta".

1778 – LAGLANCÉ:

"Estas mujeres que llaman cargueras, [...] en este género de trabajo no entra hombre alguno á ayudarlas, por ser ocupacion y ganancia peculiar de ellas solas".

1778 – JUAN LAGLANCÉ

Es un funcionario parmesano de Italia que estaba al servicio del infante Don Carlos y que se alojó en **Bilbao** durante los dos meses de verano de 1778. Nos deja una interesante semblanza de la villa que fue recogida por Valentín de Ozamiz en la revista *Euskal-Erria* de 1887. Aunque "bonita y alegre", era Bilbao, para Laglancé, una ciudad pequeña, hermética y de difícil acceso para todo advenedizo, a no ser que se estuviera casado "con señoras de la tierra". Pero una vez entrado en ese círculo, el esparcimiento parecía asegurado con bailes dominicales y **romerías** donde cuadrillas compuestas por jóvenes de ambos sexos merendaban y bailaban a su libre voluntad. Las personas distinguidas, por el contrario, alquilan ***cuarteles***, "donde juegan y pasan el tiempo para alivio de sus incesantes trabajos". "Tanto los ricos como los pobres son inclinados a comer bien", comenta, y nos deleita con el menú recibido en uno de ellos: "Dos sopas y una solemne polla cocida en el medio; esto levantado pusieron cinco platos de asado, esto levantado pusieron cinco platos de diferentes pasteles de diferentes picadillos y muy sustanciosos, luego cinco principios; a continuación cinco platos de finales y menestras; en cinco platos se puso el contenido de la olla, como son verdura, saladillos, etc.; por dessert o postres una crema, dulces y frutas, después el café, y por último vinos generosos y bizcochos". Se disfrutaban también los **chipirones** "a la marinera con su mismo licor negro" y las angulas. Le impresionaron las "**cargueras** que portan sobre sus cabezas hasta siete arrobas de carga": "En el dilatado número de estas mujeres que llaman cargueras, y que tanto trabajan y cargan sobre la cabeza, es notable que léjos de haber tan solamente una corcovada, todas son derechas, digamos con extremo; en este género de trabajo no entra hombre alguno á ayudarlas, por ser ocupacion y ganancia peculiar de ellas solas". El sentido de igualitarismo social que imperaba impedía que nadie llevara pajes, salvo el diputado general, al que lo acompañaban solo cuando ejercía el cargo.

1778 – PEYRON:

"Nunca he visto menos confusión en un lugar, en el que me pareció natural que se produjera mucha" **(fandango).**

1778 – JEAN FRANÇOIS PEYRON

Escritor y diplomático belga (1748-1784). Escribió el relato de viajes *Nouveau voyage en Espagne fait en 1777 et 1778*. Después de recorrer toda la península, termina señalando que el Ebro no solo separa Castilla de Araba, sino que el río sirve además de barrera a la especie de libertad que se disfruta en Bizkaia ("*sert de barriere à l'espece de liberté dont on jouit dans la Biscaye*"). **Gasteiz** no le produce una buena impresión: "Nada notable hay en Vitoria, si no es su gran plaza, que parece estar situada fuera de la ciudad; ni su regularidad ni los hermosos edificios que la rodean la hacen estimable, sino más bien dos iglesias que se alzan en anfiteatro y algunas galerías adornadas con columnas al gusto antiguo. Las otras casas que la bordean están bastante mal edificadas: las calles de la ciudad, estrechas y obscuras, vienen casi todas a dar a esta plaza: están cerradas por unas puertas que les dan el aspecto sombrío de una prisión". Bajo los árboles del paseo de Gasteiz es testigo de una **danza** vasca que abre el alcalde mismo y en la que también participan las mujeres: "Después de un cuarto de hora de saltos y giros, todavía al son del tambor, y durante el cual los jóvenes miran a sus señoritas, envían dos delegados a la fila que forman las mujeres, para ir a buscar a las primeras que han elegido; [...] poco a poco las dos bandas forman una sola. [...] Muy pronto, al aire del fandango, toda la pradera aparece en movimiento. [...] Nunca he visto menos confusión en un lugar, en el que me pareció natural que se produjera mucha". Habla de pasada de las minas de sal de ***Salinas*** y de las de hierro de ***Mondragón***, "*sa situation est très-agréable*", y de ***Vergara***, "*fameuse par son académie*", donde "se reúnen los mejores maestros de todas clases para educar allí a la joven nobleza de los alrededores". Se deleita con el paisaje que contempla en su recorrido por Gipuzkoa: "*Tous les verds imaginés par la nature sont ici rassembles & confondus*". Y añade: "Esas colinas parecen haber sido amontonadas para el sentimiento y la poesía, y, sin embargo, no están habitadas más que por herreros renegridos y algunos labradores. Son fértiles en granos, en frutos y, sobre todo, en manzanas, de la que hacen una sidra que todos los viajeros han alabado, pero que en vano he pedido, porque siempre me han contestado que no había".

1778 – HERVÁS:

"Demostraré con pruebas incontestables que el vasco se habló en gran parte de Italia y que la lengua latina y sus dialectos han tomado del mismo muchísimas palabras".

1778 – LORENZO HERVÁS Y PANDURO

Jesuita y lingüista español (1735-1809). Fue el primero que clasificó las lenguas del mundo y se le considera el padre de la lingüística comparada y uno de los autores que con más fuerza rechazó las tesis vasco-celtistas impulsadas a partir del siglo XVII, sosteniendo la teoría del **vasco-iberismo** que recibió elogios del mismo Humboldt (1799). Con la expulsión de los jesuitas marchó a Italia donde publicó *Idea dell'Universo* (1778) en 21 volúmenes. En esa obra ya muestra su interés por el problema del origen del euskera al citar la obra *Tratado sobre la lengua vascongada* de José de Beobide, con el que acabó colaborando. Siempre mantuvo una excelente relación con los lingüistas vascos (Pablo Pedro Astarloa, Juan Antonio Moguel...) y sintonizaba bastante con los sentimientos de corte ideológico de estos, pero sin llegar a participar de sus polémicas. Los temas IV, V, VI de su *Catalogo delle lingue conosciute e notizia della loro affinita', e diversita'* (1784), que comienzan con la dedicatoria "A las tres nobilísimas provincias de Vascongados españolas", son considerados una auténtica apología del euskera. El tema VI lo titula: "El idioma vascuence [*Bascuenze*] o cántabro fue la lengua de los antiguos españoles, es de hermoso artificio. Se habló antiguamente en Italia, y el latín, italiano, español, francés y otras lenguas europeas han tomado muchas palabras del vascuence". En el artículo pretende probar que "que éste [el vascuence] ha sido la lengua antigua de los españoles; pondré de manifiesto la noble perfección de su carácter [...] Demostraré con pruebas incontestables que el vasco se habló en gran parte de Italia y que la lengua latina y sus dialectos han tomado del mismo muchísimas palabras". En 1948 se encontró en Roma su manuscrito *División primitiva del tiempo* *entre los bascongados embiado a 1º de 1808 a d. Tomás Sorreguieta en Tolosa de Guipuzcoa*, en el que dice: "...ofrezco al público el presente tratado consagrado a la ínclita gente española de los vascongados, a quienes no pocas pruebas en mis obras italianas y españolas he dado de mi deseo de ilustrar su idioma". Para Hervás no solo fue la lengua más antigua de España, sino también su lengua universal. Su vinculación con el euskera fue en aumento hasta culminar con el nombramiento como socio de la Real Sociedad Bascongada en 1805.

1779 – MANUEL RISCO

Sacerdote e historiador riojano (1735-1801). En el tomo 32 de su monumental colección *España Sagrada* sobre la historia eclesiástica española, Risco incluye el capítulo *La Vasconia. Tratado preliminar a las santas iglesias de Calahorra, y de Pamplona: en que se establecen todas las antigüedades civiles concernientes a la región de los Vascones desde los tiempos primitivos hasta los Reyes primeros de Navarra*. Es la de Risco una obra seria y bien fundada, pero que adolece de partidismo al pretender hacer del pueblo vasco y su idioma un simple apéndice del **celtíbero**, tomando como referencia a antiguos autores que en ningún momento lo mencionan. Hablando, en el primer capítulo, sobre "la gente que habitaron Vasconia", comenta que la autoridad de Estrabón (s. I a.C.) es prueba irrefutable "del establecimiento de los celtas lusitanos y artabros en todas las regiones de la costa septentrional, incluyendo la Vasconia", ya que todas esas tribus "seguían en todo el mismo género de vida que los lusitanos, los cuates son los celtas más antiguos de que tenemos noticia". "Infiérese de lo dicho, que no es inverosimil, sino muy probable la sentencia de los eruditos, que sostuvieron haber sido uno mismo el idioma de los lusitanos que el de las otras regiones septentrionales hasta la Aquitania, y que este fué el que hoy llamamos vascuence". A pesar de ser cierto que Estrabón mencionó que los cántabros se parecen a los celtas, en realidad agrupa a todas estas tribus del norte peninsular como un grupo diferenciado del celtíbero y culturalmente muy homogéneo.

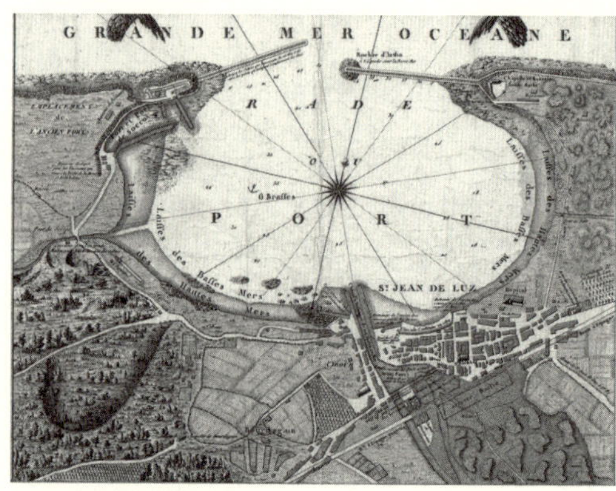

1780 – Adams: *"Este pueblo extraordinario ha conservado su idioma antiguo, genio, leyes, gobierno y modales, sin cambios y por más tiempo que cualquier otra nación de Europa".* Mapa de Donibane Lohizune de 1784. Fuente: Thouars et Dupuis Graveur.

1780 – JOHN ADAMS

Abogado y político estadounidense (1735-1826). Quien llegara a ser el segundo presidente de los Estados Unidos pasó por Euskal Herria camino de París para negociar un tratado de paz entre Gran Bretaña y las colonias norteamericanas. En la tercera parte de su *Autobiografía* narra cómo entra por **Orduña** el 14 de enero de 1780, donde paga peaje por el mantenimiento de una carretera serpenteante, para llegar a un valle que le produce una sensación ambivalente: "Daba vergüenza ver el hermoso valle de Orduña devorado por un grupo de gandules [*hives of drones*]. Es un paraje hermoso, fértil y bien cultivado". Pero después de la desagradable impresión que le produce su paso por León y Burgos, le sorprende el movimiento de mercancías camino de **Bilbao**: "Habíamos visto grandes cantidades de mulas cargadas con mercancías de Bilbao. Las mulas y sus conductores tenían bastante buen aspecto en comparación con las que habíamos visto antes. Sus cargas eran pescado salado, sardinas, bacalao y un tipo de pescado que vimos aquí, muy abundante, llamado 'Besugo'". Explica cómo eligen sus representantes la Cámara de la Junta de Comercio, visita Bilbao en compañía de la familia Gardoqui, que proveía de enseres a las tropas de George Washington, y la primera buena impresión se torna decepcionante: "No encontramos nada que nos diera una buena imagen de Bilbao [*Bilboa*] o Vizcaya como país comercial, aunque había varias tiendas y almacenes, bastante grandes y llenos de mercancías". Solo al llegar a **Donibane Lohizune** se siente liberado de las penurias de su viaje al encontrarlo todo más limpio y confortable: "las Casas aquí [en Bilbao], así como en cualquier otro lugar, carecían de chimeneas, fuegos o ventanas". En el debate generado a raíz de la ratificación de la constitución de Estados Unidos, Adams publica entre 1787 y 1788 sus tres volúmenes de *A Defense of the Constitutions of Government of the United States of America*. En el primer volumen, *Letter IV*, una larga carta titulada *Biscay*, parece sostener una perspectiva más positiva de nuestro pueblo y subraya que "este pueblo extraordinario ha conservado su idioma antiguo, genio, leyes, gobierno y modales, sin cambios y por más tiempo que cualquier otra nación de Europa". Hace una confusa introducción a nuestra historia (somos, dice, de extracción celta) y comenta de nuestro carácter: "Activos, vigilantes, generosos, bravos, vigorosos, inclinados a la guerra y a la navegación, han gozado, durante dos mil años, de la reputación de ser los mejores soldados y marinos de España, e incluso los mejores cortesanos, habiendo sido muchos de ellos, por su ingenio y modales, elevados a cargos de importancia en la corte de Madrid". Asegura que su floreciente **comercio** se debe más probablemente a su libertad que a su situación geográfica. Sin embargo, les señala a los americanos una advertencia en referencia a la elección de diputados, ya que estos deben ser nativos, nobles y no tener ocupación en el comercio: "El pueblo mismo ha establecido por ley una aristocracia contratada, bajo la apariencia de una democracia liberal". Aunque fuera "tan democrático como algunos piensan", continúa, no se podría inferir de ello la conveniencia de tales instituciones para otro país.

1783 – Paret. *Vista de Bermeo*. Fuente: Museo de Bellas Artes de Bilbao.

1783 – LUIS PARET Y ALCÁZAR

Pintor español (1746-1799). De padre francés y madre española, Paret tuvo que afincarse en Bilbao desde 1779 hasta 1786, como consecuencia de un destierro forzado por culpa de la vida disoluta de su estimado amigo el infante don Luis. Allí recibió el encargo del rey Carlos III de dibujar los puertos de la bahía de Bizkaia. Con un estilo muy personal, más cercano al rococó que al neoclasicismo, su **cuadro** *Vista de* ***Bermeo*** del año 1783 es una obra de alto grado estético, una de las primeras obras maestras pintadas en un País Vasco, que se encontraba falto de pintores de ese nivel. En el año 2017 fue comprado por el Museo de Bellas Artes de Bilbao. El éxito del cuadro impulsó al Real Laboratorio de Mosaicos y Piedras Duras del Buen Retiro a elaborar una réplica que se considera uno de los **mosaicos** más excepcionales que salieron del taller. En su cuadro *Vista de* ***El Arenal*** *en Bilbao* representa una escena de **estibadoras** en la que se aprecia el trabajo de las mujeres que, descalzas y con las sayas arremangadas, descargan la mercancía de los botes, como era usual en la época. Realizó también pinturas de los puertos de Pasaia y Donostia para que decoraran las casas de campo de Carlos III. Otros dos cuadros suyos, *Escena de aldeanos* y *Vista de Fuenterrabía*, pertenecieron a la colección privada de José Bonaparte. Diseñó, además, edificios y fuentes públicas de Bilbo e Iruñea.

1783 – Real Laboratorio de Mosaicos y Piedras Duras del Buen Retiro. *Vista de Bermeo.*

1783 – REAL LABORATORIO DE MOSAICOS Y PIEDRAS DURAS DEL BUEN RETIRO

Fundado en el año 1756 por Carlos III, este taller de artesanía de jades, lapislázulis y otros tipos de piedras preciosas puestas de moda a partir del Renacimiento italiano nos legó numerosos tableros de estética exquisita que nada tienen que envidiar a la de las famosas obras italianas. El **mosaico** *Vista de* ***Bermeo*** es considerado como uno de los más excepcionales que salieron del taller y muestra una interpretación del cuadro homónimo del pintor Luis Paret (1783).

1783 – ANTONIO PONZ

Historiador, pintor y viajero español (1725-1792). Académico de la historia y miembro de la Real Sociedad Bascongada, este notable personaje de la Ilustración es el responsable de un monumental *Viage de España* en 18 tomos publicado entre 1771 y 1792. Su paso por Euskal Herria lo resume, sin embargo y curiosamente, en su obra *Viage fuera de España*, publicada en 1785, dos años después de su viaje. Las cartas I y II hablan del recorrido entre **Gasteiz** y Baiona y la XII entre Baiona y Tutera. “Saliendo de Miranda y al entrar en la Provincia de Alava, todo muda de semblante respecto á los caminos, á la comodidad de las posadas, caserías en el campo, etc. [...] Sirven estos recintos [los paseos de Vitoria] inmediatos á la poblacion (de que debian estar provistas todas las grandes, y medianas de España) primeramente para su adorno y hermosura: en segundo lugar para que la frondosidad de los árboles absorva las malas qualidades de la atmosfera, en caso que las haya: contribuyen á la mayor unión, sociedad, y trato de los vecinos, que allí se juntan, particularmente los dias festivos”. Describe las parroquias de San Vicente y de San Miguel, la iglesia del convento de Santo Domingo, el hospicio y la iglesia del convento de Descalzos. “Hay muy buen caserío en Victoria, como generalmente lo es el de estas Provincias de Alava, Vizcaya y Guipuzcoa; executadas por lo regular las casas principales de Cantería. También son amigos sus dueños de tener buenos muebles, y los ornatos competentes. [...] Se ha proyectado y llevado a efecto en Victoria la construcción de una nueva plaza con uniformidad de edificios, sencillez de Arquitectura, y limpieza de todo ornato extravangante”. Se pregunta si es posible trasladar la dispersión de poblamiento de las provincias vascas al resto de España: “Lo sería; y aún fácil, con tal que inflamados todos los poderosos de sus Provincias y Ciudades del mismo zelo que inflama á los de este pais, pensasen como ellos mismos en beneficio de sus Pueblos; [...] que lo que no es trabajar en beneficio de su patria, ó con sus brazos, ó con el ingenio, es hacerse indigno de vivir en ella". En Bergara se detiene en algunos aspectos de la **Real Sociedad Bascongada**: "Los Caballeros y personas acomodadas de esta y de las demas tierras de las tres Provincias, merecen mucha alabanza por su buena unión, zelo, y armonía en promover la felicidad pública en quanto les es posible, y así les ha sido fácil perfeccionar el útil establecimiento de la Sociedad Bascongada". "Hizo su solemne apertura el 4 de Noviembre de 1776. [...] Cada una de las tres provincias se encarga cada quatro meses de la dirección del Seminario. [...] Para cada siete seminaristas hay un criado, [...] y un Gefe que responde de su aseo, y compostura. [...] Se enseña Aritmética, Gramática Castellana, la Latina, Poética, Retórica, Humanidades, Geografia, lenguas extrangeras, Matemática, Física, Historia Natural, Química Metalurgia, Dibuxo, Bayle, Música, pagándose por el Seminario todos estos ramos de enseñanza, a excepción de la Música, y lengua inglesa".

Cuenta también que, en el viaje de regreso de Europa, al salir de Baiona al carruaje "se le tronchó una de las varas, [...] fue preciso ir á pie hasta un caserío de un pobre Labrador, á quien nos dimos a entender como se pudo; pues en el campo no entienden más que el Gascón, ó Bascongado". Saliendo de Donibane Garazi "el camino es tan malo como los peores de España", dice. Pasa por Orreaga, donde no ve "el zapatón de Bernardo del Carpio" (aquel que, presumiblemente, derrotara al ejército franco en la segunda batalla de Orreaga del 808), antes de llegar a la capital: "**Pamplona** se ha mejorado mucho de algunos años á esta parte, así en la limpieza de sus calles como en el excelente enlosado: es lástima que las asombren y afeen no poco los grandes aleros de los tejados, el resalto demasiado de los balcones, y las zelosias en las ventanas". Describe la catedral, "el monstruoso ornato" de la capilla de San Fernando en la parroquia de San Lorenzo, "el tremendo retablo" de las Monjas Recoletas, y el retablo mayor de la iglesia de los Padres Dominicos, "digno de consideración": "No es poco que no haya tenido mal paradero, como otros infinitos de esta clase, y del que estuvo amenazado, para poner en su lugar una mamarrachada". De la parroquia de Santa María de **Tafalla** dice que "el tal retablo es una alhaja, y de los más peregrino que existe, [...] mejor que lo de Becerra, y lo de Berruguete". En **Tutera**, asegura, "son muy malas sus calles, y muy inmundas"; al retablo mayor y a los laterales de la catedral "les llegará su día, y más ahora que esta iglesia ha subido en dignidad; pero si ha de ser haciendo obras como la de la capilla de Santa Ana, y de la Concepción de enfrente, [...] mucho mejor será que [...] permanezcan como están; porque aquellos son de lo más rematado que puede darse, sin arte, ni concierto".

1783 – Viero. *Ciudadana de Bilbao.*

1783 – TEODORO VIERO

Miniaturista y grabador italiano (1740-1819). Es el autor de una serie de dibujos compuesta por personajes de distintas partes del mundo: *Raccolta di 126 stampe, che rappre-*

sentano figure, ed Abiti di varie Nazioni. Uno de ellos retrata a una *Cittadina di Bilbao del regno di Espagna*.

1783 – JUAN FRANCISCO MASDEU

Jesuita e historiador español (1744-1817). Exiliado en Roma como Hervás, en su *Historia crítica de España y de su cultura* (1783-1807), que comprende 20 volúmenes, también tiene un hueco para el origen del euskera. Masdeu admite una doble procedencia para la población española, desde los linajes de Tarsis y Tubal: "La lengua de los tarsianos fue probablemente la ibera, y de los tubalitas, la céltica". Este idioma **céltico** es "el mismo que hoy subsiste con el nombre de vascuence". El aislamiento geográfico de la ***Vasconia Cántabra*** ha salvado a esta "lengua matriz". Sigue en algunos puntos a Larramendi, advierte que los mismos griegos tomaron palabras del cántabro y llegó a discutir con ilustrados italianos que los vascos fueron etruscos que hablaron latín.

1784 – POLVEREL:

"Quienes dudan de que Navarra pueda conservar su independencia no conocen ni sus montañas, ni la intrepidez de los vascos, ni su amor por la libertad. [...] Francia, si comprende bien los intereses, será la primera en reconocerla como una República, en aliarse con ella, en ofrecerle su protección".

1784 – ETIENNE POLVEREL

Abogado aquitano (1738-1795). Vivió los tiempos convulsos de la Revolución francesa y se comprometió en aspectos bastante progresistas para la época. Fue un declarado defensor de los derechos de los esclavos que venían revelándose desde 1791 y convenció a la Asamblea Legislativa francesa, en su condición de fiscal del Tribunal de París, para que votara a favor de la abolición de la esclavitud. Fue nombrado también administrador de los estados de Navarra en la década de 1780. En 1789 publicaba *Tableau de la Constitution du Royaume de Navarre et de ses rapports avec la France*, obra en la que avisaba sobre el afecto que tienen los vascos a su **independencia**: "Quienes dudan de que Navarra pueda conservar su independencia no conocen ni sus montañas, ni la intrepidez de los vascos, ni su amor por la libertad [*Ceux qui doutent que la Navarre pût conserver son indépendance, ne connoissent ni ses montagnes, ni l'intrépidité des Basques, ni leur amour pour la liberté*]. [...] Francia, si comprende bien los intereses, será la primera en reconocerla como una República, en aliarse con ella, en ofrecerle su protección". Por sus méritos como defensor de los derechos de la Baja Navarra para que no fuera sometida al derecho común francés y del título de rey de Navarra que había suspendido la Asamblea Nacional, los navarros le otorgaron, tanto a Polverel como a sus descendientes, una entrada en el cuerpo de la nobleza. En 1784 publicó *Mémoire à consulter et consultation sur le francaleu du royaume de Navarre*, un alegato de corte elitista sobre la nobleza vasca. Cuenta que los vascones son un pueblo indígena que habitó la región navarra desde la más remota antigüedad, no percibiéndose ni rastro de inmigración de cualquier otro pueblo, excepto la romana. Y que, a partir de esta desocupación, los vascones pasaron a ser libres e independientes de toda otra nación, conservando la libertad que derivó de su naturaleza, del derecho de gentes y del derecho romano.

1784 – JOHANN GOTTFRIED HERDER

Filósofo, teólogo y crítico alemán (1744-1803). Precursor del Romanticismo alemán, Herder fue en 1773 el coautor, junto con Goethe, del libro *Sobre el estilo y el arte alemán*, que preconizaba el *Volksgeist*, el espíritu del pueblo, defendiendo la idea de que tiene que ser el entorno cultural directo el foco del que parta la inspiración del genio, mostrándose en contra de la Ilustración que abogaba más por la instauración de un modelo a seguir. En 1784 publica *Ideen zur Philosophie der Geschichte der Menschheit* (*Ideas para una Filosofía de la Historia de la humanidad*), donde, en el primer capítulo del libro XVI, que se llama *Basken, Galen und Kymren*, consulta a Moret,

Oihenart y Larramendi para hablar durante dos páginas de nuestro pueblo. Destaca que, como muestran muchos nombres de ciudades y ríos, probablemente estuvo extendido por toda la península, y que siempre fue un fiel garante de su independencia, como lo demostró ante romanos, godos y árabes y ante el mismo Carlomagno en la batalla de Roncesvalles. Espera Herder poder conocer en un futuro más sobre el idioma, las costumbres y la historia de nuestro pueblo, y que, como ya ocurrió con Mac-Pherson entre los galos, un nuevo Larramendi investigue los restos del antiguo **espíritu nacional vasco**: "*Zu wünschen wäre es, daß wir die Sprache, die Sitten und die Geschichte dieses raschen und frohen Volks mehr kenneten, und daß, wie Mac-Pherson unter den Galen, ein zweiter Larramendi unter ihnen etwa auch nach Resten ihres alten vaskischen Nationalgeistes forschte*".

1784 – Grasset. *Femme de Navarre.*

1784 – JACQUES GRASSET DE SAINT-SAUVEUR

Escritor, diplomático y dibujante francés (1757-1810). En su obra *Costumes civils actuels de tous les peoples connues*, publicada entre 1784 y 1787, incluye un capítulo titulado *Notice sur la Navarre, Haute et Basse*. En él realiza una pequeña introducción sobre las dos Navarras y presenta a una pareja de navarros con indumentaria típica del valle del Roncal.

1784 – FAGET:

"Ya sea en sus buenas o malas cualidades, difieren de los demás y solo se parecen a sí mismos".

1784 – JACQUES FAGET DE BAURE

Político, jurista e historiador francés (1755-1817). Noble bearnés que dejó gran cantidad de obras manuscritas, entre las cuales destaca un libro de viajes titulado *Souvenirs de voyage en France et en Espagne*, en el que narra su estancia en el País Vasco. Faget, que viajaba en un cabriolé ligero tirado por un solo caballo, constata una gran diferencia entre los distintos valles del País Vasco: "*Le Guipuzcoa offre des perspectives agréables, de belles prairies et una forêt de pommiers; la côte depuis Irun jusqu'à Bayonne est au contraire aride et stérile*". Curiosamente le dedica más atención a Iruñea que a Donostia, igual por ser esta una ciudad "*à la française*". El hábitat de **Pamplona** le parece más en consonancia con las costumbres naturales del lugar. Le sorprenden los balcones que no eran, como los de Francia, simples barandillas, sino "pequeños pabellones adosados en cada cruce, [...] cerrados con enrejados, pintados de varios colores y semejantes a grandes jaulas". También la situación de las cocinas y el hogar central que servía de chimenea le chocan hasta el punto de compararlas con la choza de un salvaje ("*la hutte du sauvage*"). Parece hacerle hasta gracia cuando relata su costumbre de calentar la leche y echarle piedras calentadas al rojo vivo, "*un exemple de l'industrie naturelle des sauvages*". Tuvo además la oportunidad de confraternizar con la alta sociedad pamplonesa y asistir a "refrescos" en Iruñea, que consistían en "limonada con bolados [*sucre rosso*]", confituras secas, pastas y chocolate, "sin el cual no hay comida en España". Acudió a bailes organizados en palacios y casas particulares y amenizados por una orquesta de violines y guitarras. Según cuenta, los emparejamientos de los concurrentes los decidía un maestro de ceremonias. Se bailaban minués franceses y contradanzas inglesas, cerrando la velada con fandangos españoles. Le llamó especialmente la atención la asistencia de sacerdotes a los bailes. Entendía su presencia, habida cuenta de que no había familia que no hubiese dado varios eclesiásticos. En su visita a una casa de Huici le sorprende la biblioteca que posee su propietario, capaz también de mantener una conversación sobre poesía anacreóntica y Góngora: "*Je vis sa bibliotèque: on y trouvoit quelques bons livres de presque toutes les langues de l'Europe*". Comenta también la indumentaria que el pueblo ha preparado durante todo el año para las fiestas de **Sanfermín**, calificándolas de novelescas: "No me sorprende que los descendientes del Cid y los abencerrajes se aferren a este disfraz; es como su imaginación, brillante y romántica". Pinta a los ***Escauldens*** (euskaldunes) como simples, alegres, hospitalarios, pero también vindicativos y, sobre todo, diferentes a otros pueblos, pareciéndose solo a sí mismos: "*Soit dans leurs bonnes, soit dans leus mauvaises qualités ils différent des autres peuples et ne ressemblent qu'à eux-mêmes*". "En Pamplona", comenta, "se habla español y vasco, la gente del pueblo usa indistintamente las dos lenguas. [...] En lengua vasca se llama Irouna".

1785 – JOHANN JACOB VOLKMANN

Escritor alemán (1732-1803). Autor prolífico y obstinado viajero (al que acompañó Goethe) que publicó 98 volúmenes de contenido artístico, topográfico y económico sobre las más diversas regiones de Europa. Editó un compendio sobre arte, comercio, economía e industria española, integrado por datos recogidos de primera mano y de diferentes fuentes, llamado *Neueste Reisen durch Spanien vorzüglich in Ansehung der Künste, Handlung, Oekonomie und Manufakturen, aus den besten Nachrichten und neuern Schriften*. En el capítulo titulado *Séptima carta* (*Siebenter Brief*), de 25 páginas, describe su paso por Euskadi: "En los antiguos mapas, los parajes de Guipúzcoa y Álava están comprendidos dentro de la denominación general de Provincia de Vizcaya que constituye un Señorío singular. En realidad, los tres están separados entre sí y cada uno de ellos conserva sus propios derechos, de los cuales se sienten muy celosos". Dice que Gipuzkoa es un territorio rico en madera y frutos, Araba en cereal y vino, y Bizkaia en pescado y fruta, y todos ellos juntos se complementan a la perfección. Sin embargo, cree que la fabricación de barcos y las ferrerías está acabando con sus bosques, en los que ya se empiezan a ver claros: "Si no se toman medidas, podrían sufrir una escasez en los próximos siglos". La **lengua vasca** se divide en tres dialectos, según Volkmann: "El auténtico vizcaíno [*Biscaysche*] se habla en la región de Bilbao y Orduña, el navarro [*Navarrische*] en una gran parte del reino de este nombre y el vasco [*Basquische*] en la demarcación que pertenece a los franceses y que se llama Pais de Basque". En Gipuzkoa su trayecto abarca Hondarribia, Donostia, Tolosa, Oñati, Arrasate y Leintz-Gatzaga; en Araba, solo Gasteiz, y en Bizkaia, Urduña y Bilbo. Realiza una breve descripción de todos estos lugares. De **Oñati** comenta que "su universidad se encuentra en unas condiciones lamentables. Todas las pequeñas y grandes aldeas de esta región producen buenos alimentos y están muy pobladas debido a la gran cantidad de cuevas y minas de hierro que se encuentran. La capilla universitaria, el pasillo de columnas y las míseras estatuas del Colegio resplandecen con su piedra arenisca". Entrando a Bizkaia apunta que sus valles y colinas están abarrotadas de aldeas, haciendas campesinas, pastos y campos cultivados: "Todo ello resulta tan encantador y hermoso que ofrece un panorama verdaderamente romántico [*einen recht romantischen Anblick*]". De **Urduña** dice que "tiene dos parroquias y cultiva mucho vino". De ahí a Bilbo el camino se le hace agradable, porque se compone de un único pueblo: sus casas con jardín se disponen, una tras otra, en pequeñas distancias a lo largo del camino. Cuando el río se desborda, no es difícil ver a los habitantes de Orduña navegar por las calles con sus canoas. Sube también al monte Gorbea y describe su orografía y su flora. En Bilbo disfruta del besugo, las ostras, las angulas y las sardinas. En la carta 33 dedica 18 páginas a Nafarroa. El viejo reino, que dice que habla su propio dialecto vasco, tiene para él "muchas similitudes con Aragón, ya que hay una alteración constante de montes, valles y mesetas que son atravesados por numerosos pequeños riachuelos. Aunque tiene una ventaja con respecto a Aragón: que no hay tantas y tan grandes zonas desérticas como allí". Describe aspectos geológicos y topográficos de los Pirineos y productos que se producen en la provincia como el cereal, el aceite, el vino y la sal. Recorre Tutera, Caparroso o Tafalla, antes de llegar a **Iruñea**: "Tiene callejones sucios y malos y las casas no son especialmente buenas; las mejores están en la gran plaza donde se corren las corridas de toros. Aparte del mercado cubierto, hay otros dos, el de la carne y el de las especias". Sale de Nafarroa por Orreaga.

1785 – BARTHÉLÉMY-JEAN-BAPTISTE SANADON

Obispo francés de Olorón y miembro de la Convención revolucionaria (1729-1796). Escribió un *Essai sur la noblesse des basques, pour servir d'introduction à l'histoire générale de ces peuples*, basado en los manuscritos del militar vasco Jean Philippe de Bela, escritor en lengua vasca. El libro habla sobre la historia general de los vascos y defiende la tesis vasco-cantabrista, partiendo de una tribu descendiente de Tubal que habitó toda la península. A partir de ahí, pretende demostrar su **noble origen**, anterior a cualquier ley feudal que pretende someterlos: "*Ils sont affranchis de tous les droits de la féodalite, auxquels on voudroit les affervir*". "Durante más de treinta siglos, los vascos, de los que forman parte los navarros, son de sobra conocidos a través de la Historia y han sido considerados el resto preciado de los primeros habitantes de España". Según este obispo, el País Vasco comprende los siete territorios: "Ahora entendemos todos los nombres de los vascos, los altonavarros, los alaveses, los guipuzcoanos y los vizcaínos [*les hauts Navarrois, les Alavains, les Guipuzcoans & les Bizcayens*], que reconocen al rey de España: los bajonavarros, los suletinos y los labortanos [*les bas Navarrois, les Souletins & les Labourdins*], que obedecen a la corona de Francia". "Todos estos pueblos", termina diciendo, "tienen una misma lengua", que es anterior a todas las invasiones extranjeras, que la han conservado en su primitiva pureza y que ha estado aislada en las montañas de Cantabria, lejos de la avaricia de las naciones extranjeras: "*Tous ces Peuples ont une même langue, appelée par les Castillans, 'Bascuense'; par les Français, 'Basque'; & par les naturels du Pays, 'Huscara'*". Sus **privilegios**, añade, son un caso singular "que ninguna nación de Europa puede disputar a los vascos, ni siquiera compartir con ellos, preservando desde los tiempos más remotos sus costumbres, su carácter y, sobre todo, su lengua".

1786 – ENRIQUE FLÓREZ

Religioso e historiador español (1702-1773). El padre Flórez es una de las grandes figuras de la Ilustración española. Nacido en Burgos e hijo de un funcionario de alto rango, su vida literaria se compone de una vasta obra (escribió los 29 tomos de *La España Sagrada*) que abarca todas las disciplinas de la historia. En ella alude repetidas veces a la identificación de **cántabros** y vascos, un debate que había comenzado con Garibay en el siglo XVI y que tanta controversia generaría en aquella época, posicionándose Flórez en contra de Larramendi. En *La Cantabria. Disertación sobre el sitio y extensión que tuvo en tiempo de los romanos*, del año 1786, Flórez zanja la polémica deduciendo que los **autrigones** que ocupaban la Bizkaia actual quedaban fuera de los límites de la antigua Cantabria: "El vascuence actual no escluye la sugeción del terreno a los romanos, probando únicamente la poca estensión y permanencia que allí tuvo el idioma latino, por no codiciar los de este idioma meterse en sitio calificado del más áspero y terrible de España, y sin ninguna utilidad... La Cantabria legítima [...] se hizo al lenguaje romano y perdió el antiguo cantábrico por el mucho comercio con romanos, y después con los reyes godos y de León, de suerte que ni en lo más fragoso de Asturias y Montaña se conoce el Vascuence... Lo mismo sucedió en la tierra meridional de los vascones; pero aunque lo boreal fue igualmente conquistado, perdió menos su lenguaje, por mantenerse con mayor abstracción y menor trato con el resto de las gentes. Lo mismo entre autrigones y várdulos". Afirma que el nombre de Cantabria tuvo una extensión tardía hacia La Rioja y denuncia que el nombre de Rucones (como, efectivamente, antes había llamado Beuter, 1550, a los navarros) no es más que una mala interpretación de manuscritos.

1786 – MATTHIEU CHINIAC DE LA BASTIDE

Escritor francés (1739-1802). En 1786 publicó *Dissertation sur les* ***Basques. Langue*** *des Basques. Noms des Lieux*, una obra entusiasta que abarca más de 500 páginas y en la que define al País Vasco como "*peuple singulier*", "que, al ser parte de Francia, parece sin embargo estar de alguna manera separado del resto de este bello imperio, por sus costumbres y su lengua. [...] Esta lengua es un remanente de la de los **fenicios**: los vascos son una de sus colonias". Afirma que, junto con los etruscos, los vascos son, por consiguiente, una emanación de los fenicios que habían ocupado el Mar Egeo y Grecia y que, más tarde, se asentaron a ambos lados del Pirineo, en la zona de Aquitania y el norte de España, incluyendo una parte de Castilla la Vieja y Aragón. En la obra se encuentran todo tipo de especulaciones etimológicas para demostrar el origen fenicio de los vascos. Entre ellas, *Ir-una*, nombre vasco de Pamplona, desde vasco *hiri* y el hebreo *Kiria*, "villa"; y la de *guiçon*, del Hebreo *ish*, "hombre", con una aspiración que, según él, también aparecería en *esc-uaraz* y *esc-uéne*, que daría *vascuéne*. Basándose en esta teoría de La Bastide, el senador lapurtarra Dominique Joseph Garat quiso convencer a Napoleón de la necesidad de crear un Estado vasco autónomo con dos provincias (Bizkaia y Nafarroa) de nombre *La Nouvelle Tyr* y *La Nouvelle Sidon*, convirtiéndose así en una especie de precursor del nacionalismo vasco.

1786 – LE GRAND DICTIONNAIRE GÉOGRAPHIQUE, HISTORIQUE ET CRITIQUE

Importante diccionario geográfico, histórico y crítico editado en Francia bajo la supervisión de más de una docena de autores. Bajo la entrada ***Basque*** recoge, de manera muy superficial, únicamente a los territorios de Iparralde. Tiene una entrada para *Vizcaya* que incluye las cuatro villas de la costa cántabra (*Laredo*, *Castro de Úrdales*, *Santa Andero* y *San Vicenta de la Varquera*) y otra para ***La Biscaye Françoise*** que remite a la entraba *Basque*. También tiene su espacio la Alta y la Baja Navarra en apartados diferentes, *Alava* o *Alaba*, "una de las merindades de Vizcaya", y *Guipuscoa*, que "fue parte de la Vizcaya, pero que ya hace tiempo que se separó y que formó su gobierno particular".

1786 – PETER SIMON PALLAS

Naturalista y geógrafo prusiano (1741-1811). En su obra *Linguarum totius orbis vocabularia comparativa* (1786-1789), que toma como fuentes a Lhuyd (1707) y Bullet, considera el **euskera** como idioma céltico. Sin embargo, ante las críticas contrarias de otros autores, acaba deduciendo él mismo la coexistencia de dos lenguas diferenciadas en el norte y sur de Euskal Herria, la de los vascones de Hispania y la de los vascos de la Galia: "*Quae dialectos Basconicae titulo introducta est, non erit confundenda cum Vasconum Hispaniae lingua, a Celticis omnibus longe diversa; sed est illa quam in Gallia le Basque vulgo appellant*". Pallas hace una comparación de 200 lenguas, entre las cuales se encuentra el euskera. La trascripción y los resultados de la comparación con las voces vascas no muestran ninguna fiabilidad.

1787 – ARTHUR YOUNG

Escritor y economista inglés (1741-1820). Realizó varios viajes por Europa que registró en su libro *Travels during the years 1787, 1788, and 1789* (*Viajes durante los años 1787, 1788 y 1789*), publicado en 1792. Llega a Euskal Herria por Donapaleu el 13 de agosto de 1787 pero la describe sin mucho detenimiento; su entrada a **Hasparren** (*Anspan*), en cambio, la detalla de la siguiente manera: "Día de feria y el lugar repleto de campesinos; vi la sopa preparada para lo que deberíamos llamar una comida lugareña ordinaria. Había una montaña de rebanadas de pan, cuyo color no atraía en absoluto; amplias provisiones de repollo, grasa y agua, y carne como para varias decenas de personas, tanta como habrían comido media docena de campesinos ingleses, y todavía refunfuñaban con su anfitrión por ser una comida escasa [*short commons*]". Describe después a Baiona como "con mucho la ciudad más bonita que hubiera visto en Francia [*by much the prettiest town I have seen in France*]".

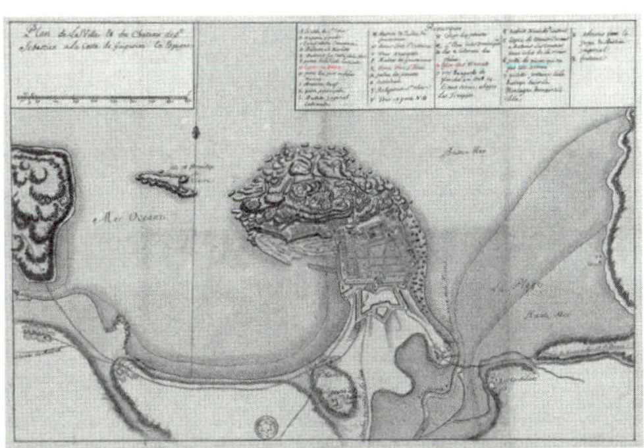

1787 – Anónimo. Plano de la villa y castillo de San Sebastián.

1787 – ANÓNIMO FRANCÉS

Un autor anónimo publica el *Plan de la Ville et du Chateau de St. Sebastien a la Coste de Guipuscoa* en 1787. Se detallan con exactitud fortificaciones, bastiones y baterías situadas en torno a la ciudad y al monte Urgull, lo que hace suponer que el plano tenía una función militar. También se recogen hospitales, colegios y conventos religiosos que se encontraban extramuros de la ciudad.

1787 – BAUMGÄRTNER:

"No parece que la Policía, ni ningún cómplice suyo, sea conocida en esta parte de España, por lo que he podido comprobar hasta ahora".

1787 – FRIEDRICH GOTTHELF BAUMGÄRTNER

Abogado y bibliotecario alemán (1759-1843). Escribió un relato de viajes, *Reise durch einen Theil Spaniens*, a manera de epistolario. La primera carta está fechada en Tolosa el 1 de enero de 1787. Baumgärtner es un buen observador que hace un minucioso examen de 50 páginas sobre nuestras costumbres: "En esta región se habla la **lengua vizcaína** [*biskajische Sprache*]; difiere totalmente del francés, pero al oído no es que resulte más desagradable. Hay mucha harmonía en ella". De **Donibane Lohizune** comenta que los *arrantzales* se dedican a la caza de la ballena, "para lo que poseen muchos conocimientos y son por ello famosos". Sobre el puerto dice que tiene fuertes corrientes y todos los años naufragan barcos en sus costas. A partir de aquí ya no ve diligencias, sino carros con tiros de hasta doce mulas. Le llama la atención el cultivo del nabo, algo parecido a su patata, pero que es consumido tanto por humanos como por animales, y el trabajo de campo realizado por medio de una horca de hierro ("*durch eiserne Gabeln, mit einem eisernen Stiel*"). "No parece que la **Policía**, ni ningún cómplice suyo, sea conocida en esta parte de España, por lo que he podido comprobar hasta ahora", observa. De las posadas comenta que "el vino era rojo y sabía tan asqueroso y desagradablemente dulce que lo tuvimos que tirar. [...] Es imposible que te guste el aceite de los españoles, si no estás acostumbrado a él desde joven. [...] Se prensan las aceitunas medio podridas, así que tiene un olor espantoso y un sabor horrible. [...] Los dormitorios no disponían de ventanas de cristal, sino de contraventanas de madera, sin pestillos en las puertas, sin estufa, sin chimenea, nada más que una mesa y sillas trenzadas de paja". "A la noche me cubría con dos trajes y el abrigo, sin poder sacudirme el frío de encima, ya que sus camas son francamente malas. No hay camas de pluma, sino colchones rellenos de cáscara de grano turco o lana de oveja. [...] La lana se ha juntado formando nudos, y no parece sino que el viajero estuviese echado sobre una cadena de montes. Si se quiere cambiar de posición, se corre el riesgo de caerse desde la cama al suelo". Del pan dice que "es de harina de maíz, sin fermentar; es por ello seco, basto y dulce. Aquí se sirven de molinos de agua. Todavía no me he topado con molinos impulsado por viento: quizá los haya destruido todos Don Quijote". "Cuando el 'pipimiento roso' [*sic*] todavía está verde lo meten en vinagre, como nosotros los pepinillos, y se los comen como ensalada. No hay en todo el mundo un alimento que queme tanto como la piel verde de este pimiento". "Todavía no he visto a ningún círculo o familia que comiese junta. Si alguien tiene hambre, pone una cebolla al fuego y cuando está asada, se la come con un pedazo de pan, o coge una especie de cacerola y se prepara un huevo con algo de aceite. Sus únicas especies son ajo, cebolla, sal y pimienta roja".

En **Tolosa** "el adoquinado es malo, en la plaza del mercado ni siquiera lo hay, por ser esta la plaza donde los lugareños juegan a **pelota** [*Ball schlagen*]", afirma. "Todos los días y a todas horas se ven personas, jóvenes y mayores, entretenidos con la pelota. [...] Estuve presenciándolo durante dos horas y puedo asegurar que en el juego de la pelota no hay ninguna nación que pueda con los españoles". En las iglesias observa mucha pompa y poco gusto. En un pueblo, por no querer él asistir a la misa, una de las hijas del posadero le llamó, con todo su fanatismo religioso, "*maledetto christiano*" y le dejó de hablar. "No se puede acusar precisamente de perezosos a todos los españoles. La actividad en Vizcaya es tan de admirar, como el orgullo, la indolencia y la suciedad de los nuevos y viejos castellanos". Presenta la factura de una posada: "10 reales por la Stanza; 6 por la Cama; 3 por el Luce; 5 por el Fuego; 4 por la Casa, por las molestias que he ocasionado en la casa, a voluntad [*für die Unruh, die ich im Hause gemacht, nach meinem Belieben*]".

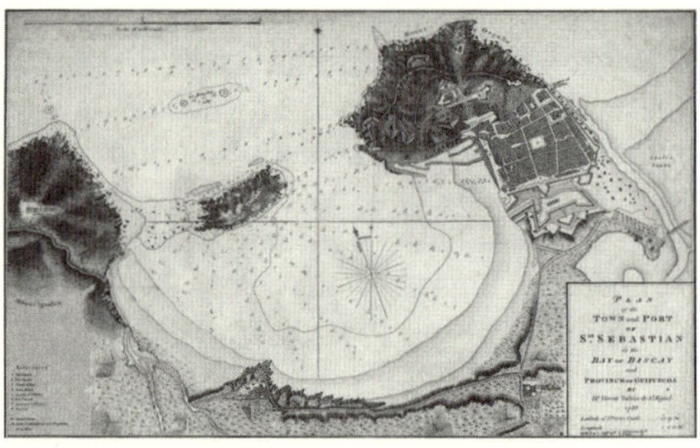

1788 – Tofiño. Plano de la ciudad y puerto de San Sebastián.

1788 – VICENTE TOFIÑO DE SAN MIGUEL

Almirante de la armada y cartógrafo andaluz (1732-1795). En 1789 publica *Derrotero de las costas de España en el Océano Atlántico y de las islas Azores o Terceras, para inteligencia y uso de las cartas esféricas*, con una colección de cartas de la costa de España hechas en 1788, que incluye mapas y descripciones de la concha y muelles de Donostia, del puerto de Pasaia, del río, barra y puerto de Baiona y de la concha y río de Bilbo.

1790 – JOSEPH HAGER

Orientalista y lingüista italo-austriaco (1757-1819). Este viajero vienés publica en 1790 su diario de viaje de Viena a Madrid, *Reise von Wien nach Madrit im Jahre 1790*. Los capítulos XVI a XIX los dedica a su paso por Euskal Herria. Comenta que ***Bayonne***, la capital de la provincia vasca ("*der Provinz die man Basques nennt*"), se diferencia de *Aix* o *Toulousse* por su alto bienestar, su limpieza y su industria. Señala que, junto con la limítrofe *Biscaya*, se habla un **idioma** que fue traído hasta aquí por Tubal y que suena bastante "babilónico": pan se dice *ogiya*, vino *arnoa*, agua *ura*. Le sorprende no encontrar viajeros ni peregrinos, pero sí muchos gitanos que tienen el mismo aspecto que los húngaros. Al llegar a **Donibane Lohizune** narra lo siguiente: "Cuando entré a la iglesia me pareció estar en una mezquita turca. Mujeres y muchachas, envueltas en velos, descansaban sentadas en un suelo cubierto de esterillas de paja, ya que no había en toda la iglesia ni una sola silla, a la manera oriental, sobre las plantas de sus pies". Dice de **Gipuzkoa** que "no hay un solo palmo de tierra improductiva y hasta los cerros más escarpados crían sus frutos. La provincia está bastante poblada y uno cree encontrarse transportado a la Lombardía o a un segundo Tirol". Aunque la primera posada de **Irun** se encuentra muy lejos de los estándares europeos, le parece bastante aseada y ordenada. Les atiende una joven vizcaína (*Biscajerin*), reservada y pudorosa como los hombres, pero más amable y afectuosa que ellos: "*Eingezogen und sittsam, wie die Männer, aber freundlicher und holdseliger als sie*". Para cenar les ofrecen la llamada "olla podrida": alubias, carne de vaca y de carnero, verdura, embutido y tocino. De postre, olivas y leche fría con una rebanada de pan con azúcar. Duermen en alcobas con escaso mobiliario.

1790 – KAUFHOLD:

"La primera vez en mi vida que una joven posadera me ordenaba lo que tenía que hacer".

1790 – LEOPOLD ANTON KAUFHOLD

Viajero alemán. Este viajero que se mueve a caballo entre la Ilustración y el Romanticismo saca a la luz en 1797 un libro sobre su experiencia de viaje por la península ibérica entre los años 1790 y 1792, *España en el presente, desde una perspectiva física, moral, política, religiosa, estadística y literaria* (*Spanien wie es gegenwärtig ist, in physischer, moralischer, politischer, religiöser, statistischer und literarischer Hinsicht*), en el que ofrece una impresión objetiva y directa del paisaje y las poblaciones peninsulares. En **Baiona** se encuentra con un mercader que en menos de un mes había perdido dos barcos encallados. La ley asiste al Estado el derecho de desvalijar los barcos que acaban varados en la costa. La autoridad anuncia la venta del barco por medio de una trompeta. Dice que la rapacidad del fisco impide que se cambie la ley abusiva que arruina a un montón de comerciantes. Partió de Baiona en una carroza tirada por siete mulas y pagó 263 reales por su viaje hasta Gasteiz. Las circunstancias políticas españolas ahuyentaban a los viajeros, y en su soledad, camino de la frontera, arrinconado entre el mar y la montaña, disfrutó de "uno de los mayores espectáculos de la naturaleza. [...] Nunca había contemplado una exhibición tan excelsa de la naturaleza". Ya pasada la frontera cuenta que "al mediodía no comía más que sopa, verdura y carne y me bebía media botella de vino navarro, y por todo ello tenía que pagar 15 reales. Aprendí a entender que los hosteleros españoles saben timar a los extranjeros mejor que en otros países; todavía estaba en suelo navarro [a pesar de que está llegando a Tolosa], la región ofrece un vino exquisito, tanto blanco como tinto; también se produce, por haber mucha fruta, una buena sidra que es muy asequible". En **Tolosa** "oía por todas partes cantar y tocar las castañuelas y todo parecía animado y divertido. Encontré un buen puñado de personas hermosas; destacaba, sobre todo, la mujer. [...] Se la ve llena de vida y alegre. Lamento que no pudiera entenderla, ya que aquí se habla, por lo general, el vasco [*basquische*], el idioma vizcaíno. [...] La pernoctación costó 21 reales, pero tuve un buen servicio". De la subida a **San Adrián** comenta que "era como si naturaleza hubiera desparramado, con toda su ira, montones de peñas descomunales y sobre ellas hubiera pronunciado una maldición; aquí amenazaban con desprenderse las rocas colgantes, allí se abalanzaban los barrancos, haciendo un ruido aterrador, desde los escarpados riscos y provocaban tal espanto que a uno se le ponían los pelos de punta". Comenta que el trabajo de los campesinos había cultivado todo el terreno y que todo estaba plagado de caseríos aislados, componiendo todo ello una panorámica entretenida y hermosa. Al llegar a la posada de **Gasteiz**, "una gran, bonita y limpia ciudad", le revisan el equipaje de arriba abajo para buscar mercancía de contrabando. Allí se encuentra con un alemán con el que se queda de cháchara hasta altas horas, hasta que llega una moza, coge el candil y les dice, con cajas destempladas, que ya va siendo hora de que se vayan a dormir: "La primera vez en mi vida que una joven posadera me ordenaba lo que tenía que hacer [*Das war das erstemal in meinem Leben, dass eine Wirthsmagd mir vorschrieb, was ich thun sollte*]".

1791 – JOVELLANOS:

"¡Cuán fácil no fuera, con sólo extender tan sencillas instituciones [los Fueros], lograr los mismos inestimables bienes en otras provincias!".

1791 – GASPAR MELCHOR DE JOVELLANOS

Escritor y político asturiano (1744-1811). Es una de las más ilustres figuras de las letras españolas. Durante su confinamiento en Asturias por posicionarse a favor de Cabarrús, un noble financiero acusado de fraude, realizó varios viajes al País Vasco y escribió sus *Diarios*, así como una *Memoria sobre espectáculos*. Su llegada a Bilbao por el barrio de Desierto en **Barakaldo** le sorprende gratamente: "Bellísima vega [...] que sorprende por su hermosura, número de caseríos plantados, tierras de labor y casas de particulares acomodados". Muestra, en general, abundantes elogios a las costumbres de nuestra tierra: "Es ciertamente de admirar cuán bien se concilian en estos sencillos pasatiempos el orden y la decencia con la libertad, el contento, la alegría y la gresca que los anima. Allí es de ver un pueblo entero, sin distinción de sexos ni edades, correr y saltar alegremente en pos del **tamboril**, asidos todos de las manos, y tan enteramente abandonados al esparcimiento y al placer, que fuera muy insensible quien los observase sin participar de su inocente alegría. [...] ¡Cuán fácil no fuera, con sólo extender tan sencillas instituciones, lograr los mismos inestimables bienes en otras provincias!". Habla de extender todas estas maneras vascas, incluida la del **régimen foral** que favorece el comercio local, incluso hasta su tierra natal gijonesa: "Caminos y la franquicia del puerto de Gijón debe ser el objeto de sus deseos". Realiza también una detallada descripción del modo de trabajar en la **armería** guipuzcoana: "Los cañoneros saben incrustar perfectamente las miras y puntos de plata y las piezas de adorno de oro en el hierro, y empavonarle con la mayor perfección". Describe a los aldeanos del mercado de **Tolosa**. "Los hombres visten camisa bien limpia, calzón de lienzo o paño, justillo atacado sin mangas, de bayeta o estameña. [...] Las mujeres, con justillo; en mangas de camisa; medio pañuelo al pecho". Visita las **ferrerías** de Gipuzkoa y lanza a sus propietarios un consejo algo inusual para aquellos tiempos: "Le aconsejo que se venga aquí los veranos; que vea y sea visto de sus colonos; que los socorra; que inspire a su hijo los mismos sentimientos; que aquí será verdaderamente un señor. Indico el mal de las provincias, de la ausencia de los propietarios; la consecuencia del lujo; la esclavitud de la Corte". Del **euskera** comenta: "¡Qué lástima que no se cultive esta lengua, para averiguar sus orígenes!". En 1801 recorre también la Ribera navarra, y se detiene en **Tutera** para describir sus campos, sus cultivos y sus plazas.

1791 – JEFFERSON:

"La caza de ballenas fue notificada por las naciones del sur de Europa por primera vez en el siglo XV, por los mismos vizcaínos y vascos que abrieron el camino hacia la pesquería de Terranova".

1791 – THOMAS JEFFERSON

Presidente de Estados Unidos (1743-1823). Tercer presidente norteamericano y autor de la Declaración de Independencia de 1776. Durante su época como Secretario de Estado con Washington, Jefferson publica, el 1 de febrero de 1791, un informe en el Senado americano sobre la pesca del **bacalao** y la **ballena**: *On the subject of the Cod and Whale Fisheries*. Tomando seguramente como punto de partida el testimonio de Cartier (1534), Jefferson comenta que ya para 1517 se podían avistar en *Newfoundland* hasta cincuenta navíos, y que fueron los primeros que llegaron allí vizcaínos (se refiere a Hegoalde) y vascos (Iparralde): "Se nos dice que ya en 1517 o 1519 se veían cincuenta barcos allí al mismo tiempo. Los primeros aventureros en esa pesquería fueron los vizcaínos de España, los vascos y bajo-bretones de Francia, todos unidos antiguamente por la lengua y aún por los hábitos y la pobreza extrema [*Biscayans of Spain, the Basques and Bas-Bretons of France all united anciently in language, and still in habits and extreme poverty*]. Esta última circunstancia les permitió durante mucho tiempo retener una parte considerable de la pesca. En 1577 los franceses tenían ciento cincuenta barcos allí; los españoles aún tenían cien y los portugueses cincuenta, cuando los ingleses solo tenían quince". Señala también que "la pesca de la ballena se dio a conocer por primera vez en las naciones del sur de Europa, en el siglo XV, por los mismos vizcaínos y vascos [*by the same Biscayans and Basques*], quienes abrieron el camino hacia los caladeros de Terranova. Comenzaron en sus propias costas, pero pronto descubrieron que la residencia principal de la ballena estaba en los mares del norte, por lo que la persiguieron. En 1578 empleaban veinticinco barcos en ese negocio". Con el tiempo les fue creciendo a los vascos la competencia, sobre todo a raíz de la alianza de naciones, hasta que la guerra de 1745 alteró definitivamente el equilibrio de fuerzas: "La pesca vasca, sostenida solo por la pobreza, había mantenido una existencia débil, ante competidores, ayudada por las recompensas de su nación, y fue, en definitiva, aniquilada por la guerra de 1745, al final de la cual la recompensa inglesa fue aumentada hasta los cuarenta chelines. A partir de esta época, su pesca de ballenas se mantuvo entre los límites de veintiocho y sesenta y siete barcos, hasta el comienzo de la última guerra".

1791 – ROBERT WILKINSON

Cartógrafo inglés (ca. 1768-1825). En 1791 publica el **mapa** *Spain and Portugal*, en el que, por colores, extiende *Biscay*, incluidas *Guipuscoa* y *Alava*, hasta *St. Ander*, y a *Navarre* la incluye dentro de Castilla la Vieja (*Old Castille*). En 1794 edita *The General Atlas of the World*, un trabajo que fue actualizado en varias ocasiones. En la reedición de 1809 revisa ya algunos detalles del anterior y a Navarra la sitúa fuera de Castilla. En la leyenda de este mapa enumera los territorios de *Castille*, *Andalusie*, *Leon* y *Aragon*, y añade a continuación: *"With the Independent States of Biscay y Navarre"*, "con los **Estados independientes** de Vizcaya y Navarra".

SPAIN
and
PORTUGAL
contain
CASTILE
Old Castile .... New Castile ....
Estremadura .... Murcia ....
ANDALUSIA
Seville .... Cordova ....
Jaen .... Granada ....
LEON
Leon .... Asturias ....
Galicia, or .... the Groyne ....
ARAGON
Aragon .... Valencia ....
Catalonia .... Balearic Isles ....
with the Independent States of
Biscay .... Navarre ....
PORTUGAL
Entre Douro'e Minho. Tras los Montes ....
Beira .... Estremadura ....
Alentejo .... Algarve ....

1791 – Wilkinson. La leyenda que distingue a los Estados independientes de *Biscay* y *Navarre*.

1795 – FRANCISCO DE ZAMORA

Funcionario, escritor y viajero español (1757-1812). Zamora fue un burócrata de éxito, miembro del Consejo Real de Castilla y estrecho colaborador de Godoy (1836) durante la Guerra de la Convención contra Francia entre 1793 y 1795. Algunos políticos españoles como Cánovas del Castillo (1873) o hispanistas como el francés Louis Viardot (1836) interpretaron la postura de las provincias vascas como de connivencia con los invasores franceses. Tras el Tratado de Basilea, en carta del 10 de agosto de 1795, Zamora anima al primer ministro Godoy a combatir los **fueros** vasconavarros y aprovechar la coyuntura para acabar con esta supuesta ambigüedad de las provincias vascas: "Si a esta paz seguía la unión de las Provincias al resto de la Nación sin las trabas forales que las separan y hacen casi un miembro muerto del Reino, había V. E. hecho una de aquellas grandes obras que no hemos visto desde el Cardenal Cisneros o el grande Felipe V. Estas épocas son las que se deben aprovechar para aumentar los fondos y la fuerza de la monarquía".

1796 – CADALSO:

"El señorío de Vizcaya, Guipúzcoa, Álava y el reino de Navarra tienen tal pacto entre sí, que algunos llaman a estos países las provincias unidas de España".

1796 – JOSÉ CADALSO

Militar español (1741-1782). Este militar, muerto prematuramente en combate y que disponía de ciertas dotes para la literatura, hace una descripción de las distintas regiones de España en la carta XXVI de sus *Cartas marruecas*: "En efecto, los cántabros, entendiendo por este nombre todos los que hablan el **idioma vizcaíno**, son unos pueblos sencillos y de notoria probidad. Fueron los primeros marineros de Europa, y han mantenido siempre la fama de excelentes hombres de mar. Su país, aunque sumamente áspero, tiene una población numerosísima, que no parece disminuirse con las continuas colonias que envía a la América. Aunque un vizcaíno se ausente de su patria, siempre se halla en ella como encuentre con paisanos suyos. Tienen entre sí tal unión, que la mayor recomendación que puede uno tener para con otro es el mero hecho de ser vizcaíno, sin más diferencia entre varios de ellos para alcanzar el favor del poderoso que la mayor o menor inmediación de los lugares respectivos. El señorío de Vizcaya, Guipúzcoa, Álava y el reino de Navarra tienen tal pacto entre sí, que algunos llaman a estos países las **provincias unidas** de España".

1797 – LINK:

"Las posadas en Vizcaya son como las de las pequeñas ciudades francesas: ofrecen buenas camas, una buena comida, aunque las habitaciones no sean del todo bonitas".

1797 – HEINRICH FRIEDRICH LINK

Médico y naturalista alemán (1767-1851). Fue uno de los últimos eruditos alemanes que supo manejarse con acierto en todas las disciplinas de las ciencias naturales. Trabajó mano a mano con Humboldt (1799) y en 1797 emprendió un viaje a Portugal para realizar un estudio botánico del país. Sus observaciones fueron publicadas en 1801 bajo el título *Bemerkungen auf einer Reise durch Frankreich, Spanien und vorzüglich Portugal, 1797-1801*. Los capítulos VI y VII los dedica al País Vasco: "El estilo constructivo de **Bayona** es bastante español; se ven por doquier balcones delante de las ventanas, y en los callejones hay soportales delante de las casas. [...] En Bayona se escucha muy a menudo entre la gente común el viejo idioma vizcaíno o vasco [*biscanische oder baskische Sprache*]. Me aseguran que los idiomas de los vascos franceses y españoles son tan diferentes que muchos de sus pueblos no se entienden entre ellos". Al cruzar la frontera entra en *Guipuscoa*, una parte de la provincia de *Biscaya*, "que se distingue por sus amplias libertades y sus escasos impuestos. [...] No debemos creer que nos encontramos en la auténtica España y esperar encontrarnos durante el viaje las mismas comodidades que aquí". "Se cometería una gran injusticia con los vizcaínos si se les considerara como un pueblo perezoso como al resto de españoles", afirma. Sobre las **mujeres**, dice que no tienen "su belleza [de las francesas] y tienen un aspecto convencional. Llevan un pañuelo alrededor de los cabellos como las portuguesas, con las cuales comparten semejanzas, tanto con respecto a su vivacidad [*Munterkeit*] y sus modales [*Höflichkeit*], como a la lengua española corrompida". Comenta que **Hernani**, para ser una pequeña ciudad de provincias, posee buenas casas, aunque falten las ventanas de vidrio. Es un pueblo animado [*lebhaft*], con gran cantidad de frutales en su entorno. Atraviesa Tolosa, "con una hermosa gran plaza", **Arrasate**, "con un montón de herrerías donde se funde el mineral de hierro", y Leintz Gatzaga, antes de cruzar la muga de Araba. Considera a **Gasteiz** "un lugar sucio y mal construido, con muchas casas pequeñas y miserables, pero con una plaza pública amplia y bonita, embellecida con elegantes casas. [...] Todo tiene un aspecto totalmente español". "Las posadas en Vizcaya son como las de las pequeñas ciudades francesas: ofrecen buenas camas, una buena comida, aunque las habitaciones no sean del todo bonitas y se hallen construidas sobre la cuadra de caballos, en la que los cascabeles de las mulas molestan al viajero durante el sueño", añade.

1797 – BRANET:

"Las monjas capuchinas cuya regla es tan austera [...] hicieron que una joven novilla corriera dentro de su convento" (Tudela).

1797 – JOSEPH BRANET

Clérigo gascón (1750-?). Branet debe abandonar Francia por motivos religiosos y atraviesa la frontera para quedarse en la península durante seis años. En el tercero de sus cuatro cuadernos de diario nos habla sobre su estancia de nueve meses en **Tutera** en el año 1797: *D'après les notes d'un émigré gascon*. Comenta que los días que preceden a las fiestas navideñas se dedican a hacer regalos: "No hay barril de buen vino que no sea perforado. Se sacan jarras llenas de mosto cocido y miel, una cantidad prodigiosa de queso, mazapán, pasteles amasados con huevos y leche, de hecho todo lo que el país pueda producir. En estos días no hay cerdo que no esté condenado a muerte, no hay corral donde el gallo no quede viudo. Pavos y capones atados por los pies airean en las calles y las carreteras el desafortunado destino que les espera". De la ciudad señala que la calles son malas y sucias, "*les rues y sont mauvaises & malpropres*", estrechas y sinuosas, "una precaución necesaria para protegerse del calor del sol que de otra forma sería insoportable". Enumera parroquias y conventos, y afirma que la Plaza Nueva "donde se hacen las corridas de toros y las novilladas es hermosa y de forma cuadrada".

Dice que los navarros son muy celosos de su nobleza y para ello decoran sus fachadas con las armas de su linaje y que se comercia con vino, aceite, regaliz, jabón y salitre. Un vecino le explica el proceso de producción de **regaliz**: "Los hombres la cortan en pedazos que luego se trituran bajo una gran muela de piedra que los caballos giran verticalmente. Ponemos las raíces aplastadas en una caldera grande donde se pone agua para hervirlas. Después de un tiempo de cocción determinado, estos trozos de regaliz medio cocido se colocan en bolsas de mano colocadas horizontalmente una encima de otra y que se presionan fuertemente con dos tornillos. El jugo que sale de esta prensa se vierte en otro tanque donde se cuece nuevamente y durante la cocción se vuelve negro. Cuando el líquido comienza a hacerse más denso, llevamos este jugo a las mesas donde las niñas le dan la forma de rollos con las manos: lo cogen cuando la masa aún está muy caliente, sin que se rompa, para recibir la forma que queremos darle". Dice Branet que este producto se comercia en abundancia y que los holandeses lo usan para su cerveza. Realiza asimismo una larga descripción de las ceremonias eclesiásticas y la novillada, en mitad de la cual se ofrece una merienda: "El refresco que me ofrecían las señoritas Guirao consistía en agua con leche, sorbetes de varios tipos, galletas, mazapán y chocolate. Los regidores estaban atentos a aparecer a intervalos en el balcón y arrojar peladillas o almendras dulces a las personas que, durante el refrigerio, estaban en medio de la plaza comiendo, bebiendo, haciendo cabriolas y divirtiéndose, acercándose con frecuencia al puchero y más a menudo a la bota".

El entusiasmo por las novilladas era tal que incluso las monjas capuchinas hicieron correr una joven novilla por el interior del convento, según cuenta. Dice que la fiesta de San Fermín y la de Tudela se disputan el honor de ser la más brillante y a la que la gente viene de Pamplona *"pour juger de la bonté des taureaux, de l'adresse du torero, pour jouer & se divertir"*. Los domingos las mujeres juegan a las cartas: "Una práctica común en Tudela es que casi todos los domingos y festivos, si el tiempo lo permite, las mujeres y las niñas se sientan en corros en los zaguanes jugando a las cartas". La Mejana le produce una excelente impresión: "La plana llamada La Mejana, que se encuentra entre el Ebro y el canal del molino, ofrece excelentes resultados. Los alrededores de la ciudad producen apio silvestre, espárragos naturales que, si se transplantaran, podrían ser mejores". Habla de las rondas y de la curiosa costumbre que tienen las mujeres de montar en las caballerías, por parejas y sobre sillas situadas a ambos lados de los lomos. Percibe cierta diferencia entre la indumentaria, el genio y las costumbres de los navarros y sus vecinos: "No sé si esto se debe atribuir a su particular gobierno o a su clima". "Los albergues, aunque sucios y malos, son menos que en Aragón", añade. Por último, se queja amargamente de la manía de arrojar toda la basura por la ventana, que generalmente se encuentra sobre la puerta principal de la casa. En cuanto escuchaba un "*¡agua va!*" se echaba a un lado, aunque un día la suerte jugó en su contra y quedó empapado del agua infecta.

1797 – FISCHER:

"Dudo que ninguna otra ciudad marítima tenga un acceso de entrada desde el mar tan idílico y romántico" **(Bilbao).**

1797 – CHRISTIAN AUGUST FISCHER

Escritor y viajero alemán (1771-1829). En sus libros hace una importante contribución para el estudio de las costumbres vascas a finales del XVIII. Dedica al País Vasco las cartas XI a XXV de su libro *Reise von Amsterdam über Madrid und Cadiz nach Genua in den Jahren 1797 und 1798*. Recorre toda la costa hasta desembarcar en **Bilbo** y se lleva una excelente primera impresión al navegar por una ría flanqueada por **Portugalete**, con su iglesia en lo alto, y una aldea entre bosques y viñedos. Y entre todo ello, gran cantidad de barcos anclados. Duda de poder encontrar un acceso de entrada tan pintoresco en ninguna otra ciudad marítima: *"Ich zweifle, ob irgend eine andere Seestadt einen so ländlichen romantischen Zugang von der Meerseite habe"*. El casco antiguo le parece, salvo un par de calles, viejo y feo ("*alt und hässlich*"). Menciona dos paseos principales, el de "los caños" y el de "los Augustinos", aunque considera que todo Bilbao es un único paseo: *"Die ganze Gegend um Bilbao ist ein einziger"*.

Durante las fiestas del Corpus de este año presencia una corrida de toros y la procesión de **gigantes**, y hace una bonita semblanza de la época: "Abrían la marcha cuatro figuras gigantescas con vestidos ridículos. Eran dos hombres y dos mujeres con fisonomías sumamente grotescas. Portaban pelucas largas de cera y tocados de papel encerado colorado; vestidos patriarcales de ceremonia de viejas casullas y Adriennen de cortinas de cocina en desuso. Tenían tabaqueras para rapé, grandes como platos y abanicos largos como varas; buscaban a la gente de los balcones, a las que golpeaban para besarlas y bailaban en cada esquina un divertido **fandango**. ¿Cómo es posible esto? De la manera más natural del mundo. Todas las figuras con excepción de cabeza y brazos no son otra cosa que armazones de aros sobre los cuales se cuelgan los vestidos y bajo los cuales se esconde un portador". Habla también de la gracia con la que muchachas y muchachos bailan lo que se podría considerar un aurresku y de la indecencia que su práctica esconde: "...cada bailarín se encuentra frente a una danzante y entonces comienza un fandango cuyos movimientos son más libres y expresan una cosa que es más fácil de adivinar que permitirlo el nombrarla".

1798 – NICOLÁS DE LA CRUZ Y BAHAMONDE

Militar y escritor chileno (1760 -1828). Afincado en Cádiz desde muy joven, de la Cruz es el autor de una extensa crónica llamada *Viage de España, Francia é Italia*, publicada entre 1806 y 1813. El tomo X, en su libro decimonono, capítulo I, lo titula *Entrada en España: Itinerario hasta Vitoria y descripción de esta Ciudad: viage á Bilbao por el camino viejo, se describen sus cosas singulares: continuacion hasta Burgos con la relacion de los objetos mas curiosos*. Recala “en la antigua Vasconia” el 25 de mayo de 1798: “El viajante, amante del orden y de la regularidad, que vienen de Italia y Francia en tiempos tan calamitosos; con cuanto gusto observa la tranquilidad que ocupa los animos de estas gentes!”. Atraviesa las tres provincias, palmo a palmo, dejando constancia de su paso por todos los pequeños pueblos, aunque sin dar muchos pormenores. Cita el *seminario bascongado de Azpeytia*, la Sociedad Vascongada de Amigos del País de Vergara, las minas de hierro, acero y cobre de Mondragón. Como se aprecia en la ilustración de arriba, llega a relatar con detalle el modo de hacer el hierro en las ferrerías. “Las gentes de campo”, afirma, “usan el calzado sostenido con correas desde la mitad de la pierna. En estos tiempos que se afecta la sencillez, lo han tomado por modelo las damas de París, pero sus **abarcas** son de tafilete encarnado, sostenidas por cintas del mismo color”. Es partidario de impulsar el comercio de Gasteiz, que “antiguamente era un pueblo denominado **Gazteiz**” y que, por su falta de puerto, se encuentra en desventaja con respecto a las otras dos capitales: “Un país que su riqueza consiste en su industria es acrehedor mas que otros, á la indulgencia del gobierno, porque si los derechos gravan las manufacturas demasiado, seguramente decaerá la venta de ellas, y por consiguiente se arruinarán los establecimientos”.

Camino de **Bilbo**, observa que “son muchos los arbolados para el carbon de las fabricas de fierro de Viscaya, y de dichos pueblos que se encuentran baxando de la otra parte de Araca. Los terrenos son montuosos, abundantes de ganados de cerda, mular y vacuno”. De la villa comenta que “sus casas por lo comun son de dos y tres altos cubiertas de texa; y algunas pintadas. Las calles están empedradas de piedra menuda, y enlozadas por los lados, asi el piso es mui comodo. Todas ellas tienen espaciosos conductos subterraneos para dar salida á el agua pluvial que se introduce por varios resumideros que hai distribuidos de trecho en trecho”. Cree que en todas estas poblaciones se podrían sacar ventajas del hierro manufacturado: “Se trabajan tixeras cuchillos, instrumentos de cirugia, y algunas piezas delicadas. Si adoptaran la construcción de toda especie de quinquillería a la inglesa sacarian gran partido de la primera materia para el comercio ultramarino”. Sobre las **mujeres**, dice que “en Vizcaya como en Francia [Iparralde], cultivan la tierra, á la par de los hombres: guian las cavalgaduras por los caminos: y en Bilbao unas cargan las pacas de lana hasta el muelle; y otras manejan las barcas para atrabesar el rio”. Para esclarecer el origen del **euskera** menciona a Manuel Larramendi, Arnaut Oihenart, Pablo Pedro Astarloa, Martin Harriet, Joannes d’Etchebarri y Alderete, pero añade que “solamente podremos convenir en que la vascongada es lengua antigua inmemorial; que no es poca gloria para las tres Provincias”.

1799 – HUMBOLDT:

“Ha perdido este desdichado pueblo hasta la unidad de su nombre”.
Carta a Goethe: *“Nunca he conocido un pueblo que hubiera mantenido un carácter nacional tan marcado”.*

1799 – WILHELM VON HUMBOLDT

Lingüista, diplomático y noble prusiano (1767-1835). Sus amplios conocimientos sobre filosofía, historia y lenguas antiguas le granjearon la amistad de Schiller y Goethe. Algunos consideran que la influencia de Humboldt en el sistema educativo alemán es mayor que la de estos dos últimos: reformó el sistema educativo, creó la Universidad de Berlín y llegó a tener un ministerio.

Quiso sentar las bases de una constitución, pero Prusia y su rey quisieron seguir otro camino y aplicaron medidas de opresión y persecución contra los liberales. Acabó destituido en 1819. A ningún otro idioma le dedicó tanto tiempo y trabajo como al ***Euscara***, *Eusquera* o *Escuara*, como lo llama, con el que se mantuvo ocupado 20 años. Su interés antropológico y lingüístico por los vascos y su idioma data de 1799, cuando realiza un primer viaje con su familia hacia el sur de España. Humboldt se ve impactado por lo que oberva al atravesar Euskal Herria, y le cuenta a Goethe en una carta del 28 de noviembre de 1799 que nunca había conocido un pueblo que hubiera conservado un carácter nacional tan marcado: "*Nie ist mir ein Volk vorgekommen, dass einen so echt nationalen Charakter, eine sich schon auf den ersten Anblick so originell ankündigende Physiognomie behalten hat*".

Vuelve en 1801, ya solo, y conoce a personalidades como Moguel y Astarloa. Quiso aplicar de una manera sistemática y metódica los nuevos conceptos científicos que dominaban en la época, pero se le achaca, a pesar de ello, el haber idealizado demasiado al pueblo vasco: "El que yo haya elegido a los vascos como objeto [de estudio], ha sido en primer lugar obra de la casualidad. Mi viaje a España hizo que me interesaran esa nación y país, que me llegaron a ser más queridos en su más especial sentido cuando emprendí otro viaje [...] y permanecía allí algunas semanas en las más alejadas comarcas de la montaña". Su manera de proceder se la comenta a Goethe en una carta: "Pero ciertamente para comprender una nación extraña, para obtener la clave de explicación de su singularidad en cada especie, e incluso solamente para comprender muchos de sus escritores completamente, es absolutamente necesario haberla visto con los propios ojos". Le sorprende que, a pesar del uso continuado que él mismo hace del término "**nación vasca**" ("*dass alle Vasken eine Nation ausmachen*"), no haya apenas unanimidad para referirse a este pueblo, que ni siquiera goza de una voz común que los aglutine a todos: "Cuando se quiere nombrar a todo el conjunto de la nación vasca cae uno en perplejidad y se busca en vano el término aceptable a la vez por españoles, franceses y alemanes. Los franceses no conocen ninguna denominación general. Dicen *biscayens*, cuando hablan de los de la Península; *basques*, cuando hablan de los vasco-franceses; y en caso necesario recurren al nombre antiguo, *cantabres*. Los españoles limitan el nombre Vizcaya solo al señorío, y dicen por lo demás del país las provincias *bascongadas*, y del idioma el *bascuence*. Los habitantes mismos se nombran según las provincias: vizcaínos, guipuzcoanos, alaveses. Así, ha perdido este desdichado pueblo hasta la unidad de su nombre". Afirma que el verdadero nombre indígena del pueblo es *Euskalerria* o *Eusquererria* y que a sí mismos se llaman *Euskaldunac*.

Un buen día se quedó incomunicado en **Gernika** debido a una fuerte tormenta. Partiendo de esta anécdota nos podemos hacer una idea de las penalidades que tenían que padecer estas ilustres personalidades en sus viajes: "Encerrado aquí 3 días en un miserable albergue, mi situación no tenía nada de agradable. Es verdad que hallé felizmente un Don Quixote, que rara vez falta en una posada española, solo que se me había asignado como habitación un cuarto completamente oscuro, de manera que para leer no me quedaba otro cuarto que el de mi posadero, y aun de este, todas las tardes, cuando quería él disponerse a su no breve siesta, de un modo muy cortés, pero no por esto menos perentorio, se me remitía a la cocina". Como otros muchos viajeros, habla también, en su *Esbozo de viaje por Vizcaya* (*Reiseskizze aus Biscaya*), de la "triste y melancólica" impresión que le produce el sonido de los carros, "monótonos tonos de lamento que ya pertenecen, por así decirlo, a la fisonomía del país". Algunos dicen que es para levantar el ánimo de los pobres bueyes. En cualquier caso, comenta, el silbido ha dado origen a un típico proverbio vizcaíno: "*Idiac erassi beharrean gurdiac*". Que traducido quedaría algo así: "En vez del buey, se queja el carro". Después de que algunos autores vascos como Oihenart y el jesuita conquense Hervás (1778) hubieran asegurado que los vascos provenían de los iberos, Humboldt fue el primero que hizo un análisis profundo de esta relación vasco-ibérica –que fue después refutado por Julien Vinson (1866) y Willem Jan van Eys (1865)–. Considera, gracias al estudio de la toponimia, que el euskera estuvo extendido por toda la península y amplias partes de Francia e Italia. Se ocupó de todos los temas concernientes a la cultura vasca, incluida la *laya* y las pastorales de Zuberoa. Y fue, como muchos otros, pesimista con respecto a la supervivencia de la lengua: "En menos de un siglo quizás desaparezca el vascuence de la lista de las lenguas vivas".

1801 – LA TOUR D'AUVERGNE-CORRET:

"Parecen ser más una colonia extranjera trasplantada a Europa que un pueblo francés o español civilizado. Solo se parecen a ellos mismos".

1801 – THÉOPHILE-MALO DE LA TOUR D'AUVERGNE-CORRET

Militar francés (1743-1800). Este bretón que había estudiado con los jesuitas dedicó buena parte de su vida al estudio de las viejas lenguas. En 1801 se publica a título póstumo *Origines Gauloises*, un estudio sobre los pueblos más antiguos de Europa, que se centra, sobre todo, en la Armórica celto-bretona. El libro contiene un pequeño capítulo sobre el euskera, *De la langue basque, regardé comme un dialecte de la langue des Celtes*. Después de analizar todos los libros escritos en **lengua vasca**, niega el vínculo entre ambas lenguas y llega a la conclusión de que el euskera es diferente al resto de lenguas europeas, "*qu'elle différoit entiérement de toutes les langues de l'Europe*". "Quienes han contribuido al éxito y la gloria de nuestras armas en los Pirineos occidentales parecen ser más una colonia extranjera trasplantada a Europa que un pueblo francés o español civilizado. Solo se parecen a ellos mismos", afirma.

1801 – SERVANDO TERESA DE MIER

Fray Servando, fraile y escritor mexicano (1765-1827). Con motivo de un sermón en el que aseguraba que el cristianismo era precolombino, fue condenado al exilio español. Allí escribió *Relación de lo que sucedió en Europa al doctor don Servando Teresa de Mier después que fue trasladado allá por resultas de lo actuado contra él en México desde julio de 1795 hasta octubre de 1805*. En 1801 tuvo que refugiarse en Baiona, y dejó relación de su trayecto por tierras vascas, mientras huía de los guardias que le perseguían después de haber escapado del convento: "Al salir de Aragón para Navarra, vi las extravagancias despóticas y ruinosas de España, pues se hace un registro más riguroso del dinero que uno lleva de reino a reino que en las fronteras". Después de atravesar Ostitz, el Baztan, Bortziriak y Urdazubi, comenta que durmieron "en Añoa [**Ainhoa**], primer lugar de Francia, es decir de los vascos o vizcaínos franceses, porque **Vizcaya** es parte de España y parte de Francia, y de una y otra vienen a América como españoles, así como de la Cataluña francesa y española". Sobre las mujeres, dice que hasta Dax "son blancas y bonitas, especialmente las vascas". De las francesas "en general", dice que "son, y están formadas sobre el tipo de las ranas: malhechas, chatas, boconas y con los ojos rasgados".

1802 – DICCIONARIO GEOGRÁFICO-HISTÓRICO:

"Llevada a cabo con verdadero talento, también esta obra testimonia parcialidad evidente contra los vascos" (Lande 1877).

1802 – DICCIONARIO GEOGRÁFICO-HISTÓRICO DE ESPAÑA

Este diccionario de la Real Academia de la Historia publicado en 1802 es un claro ejemplo de las oscuras intenciones y la presión que se quiso ejercer desde las instituciones españolas para manipular la opinión pública en contra de la foralidad de las provincias vascas. El diccionario, que debía abarcar todas las provincias de España, se quedó estancado en su primer volumen sobre Navarra, Álava, Vizcaya y Guipúzcoa, "como si en tal forma su finalidad se hallara suficientemente cumplida", como comenta Lucien Louis-Lande (1877). Y añade: "Llevada a cabo con verdadero talento, también esta obra testimonia parcialidad evidente contra los vascos". También Haverty (1843) señala sobre el *Diccionario* que "trata la noción de la independencia y soberanismo de las provincias vascas como 'un trozo de ilusión, prejuicio estúpido e ignorancia ciega' [*a piece of illusion, stupid prejudice, blind ignorance*]" y asegura que el tratado arguye "que los fueros no eran más que el efecto de la gracia real, revocable según voluntad". Tovar (1938), en su libro *Mitología e Ideología sobre la lengua vasca*, también es consciente de esta polémica que propagaba el *Diccionario* como proclama de un "planteamiento gubernamental en el que el progreso del unitarismo y centralismo político y administrativo encontraba un obstáculo en los fueros vascos". Uno de sus autores, Joaquín Traggia, demuestra una cierta intencionalidad política al querer despojar a los navarros de su procedencia autóctona, atribuyéndoles un "origen godo español" (véase Traggia 1802). Otro de ellos, Francisco Martínez Marina, tiene feas palabras con respecto a la lengua vasca (véase Martínez Marina 1805). El tomo I, *Comprehende el Reyno de Navarra, Señorío de Vizcaya y Provincias de Álava y Guipúzcoa*, está escrito por cuatro historiadores: Joaquín Traggia (1802) es el encargado de escribir sobre Navarra y las merindades de Pamplona y Estella; Manuel Abella, sobre las Merindades de Sangüesa, Tudela y Olite; Vicente González Arnao, sobre el Señorío de Vizcaya; Francisco Martínez Marina (1805), sobre Álava, y entre los cuatro recogen toda la información de Guipúzcoa. El diccionario registra, por orden alfabético, todos los pueblos de las cuatro provincias.

1802 – TRAGGIA:

"A principios del siglo XII se veía aún, á lo que parece, en el pais vasco un pueblo extranjero conocido con el nombre de Navarros, y de él hay memoria desde el siglo VIII".

1802 – JOAQUÍN TRAGGIA URIBARRI

Escritor, historiador y lingüista aragonés (1748-1802). Miembro de la Real Academia de la Historia, Traggia es el encargado de escribir una buena parte del tomo de Navarra del *Diccionario geográfico-histórico de España* (1802), que ya hemos mencionado en su correspondiente entrada. Este autor merece, sin embargo, un espacio aparte por ser el autor del artículo XIII que el tomo II del libro de la Academia dedica al **euskera**, *Del origen de la lengua vascongada*, y que comienza así: "Uno de los fenómenos mas admirables de la Vasconia es el idioma particular que se habla en muchos pueblos de Navarra y en las provincias vascongadas, y tierra de Labort en Francia". Con una visión algo más moderna de la historia y de la lingüística que los lingüistas del siglo anterior, a Traggia le parece "vano empeño querer persuadir que el vascuence nació en Senaar". Sin embargo, admitiendo los dogmas propios de la Iglesia, que menciona una y otra vez, asegura que "quedan muy débiles los fundamentos para atribuir al vascuence una antigüedad coetánea a la población del mundo después del diluvio". A partir de ahí intenta demostrar, por medio del análisis de algunas voces como *España*, *gurdus*, o *Iberia*, que estas bien podrían derivar de cualquier otra lengua y que quizá sea la lengua vascongada la que "se haya enriquecido de las ruinas y escombros de los idiomas anteriores usados en España", y admite además la influencia que han podido tener en su evolución las lenguas vecinas. Tiene buenas palabras hacia la lengua, aunque algo interesadas, al querer restarle antigüedad y pretender demostrar su modernidad: "Siendo el vascuence una lengua rica, llena de artificio y de reglas muy exactas, fecunda en variar los nombres y los verbos, suave y nada bárbara, capaz de energía y número, es increíble que sea una de las lenguas primitivas, siendo las que conocemos por tales pobres y faltas de todo esto". Pero lo más sorprendente de todo son las enigmáticas palabras que ofrece sobre los **navarros**, a los que considera extranjeros de origen probablemente godo que acabaron siendo asimilados por los vascos: “A principios del siglo XII se veía aún, á lo que parece, en el pais vasco [también lo llama país vascongado] un pueblo extranjero conocido con el nombre de Navarros, y de él hay memoria desde el siglo VIII. En otro lugar hablamos de él, y manifestamos nuestras sospechas sobre su origen godo español. Los antiguos monumentos nada nos dicen acerca de su lengua. Verosímilmente no usáron la del país hasta que se confundiéron con los naturales, y ayudáron no poco a fundar el actual vascuence”. Efectivamente, en un pasaje anterior había vinculado a los navarros con los *Nabaroi* que Ptolomeo (s. II d.C.) cita en el norte de Europa. Traggia manifiesta aquí la intencionalidad política que le imputaban varios autores al *Diccionario* de 1802. Casi se puede considerar el criterio de Traggia como un preludio de la posterior teoría de la Vasconización Tardía, cuando advierte que el vascuence es “una coleccion de voces tomadas con mas ó ménos alteracion de las lenguas antiguas del pais, de las vecinas de España y Francia. [...] Así en el siglo XII debió comenzar á tener forma y consistencia la lengua empezada á introducirse á mediados del siglo VIII para figurar sus naturales total independencia del extrangero”. La culpa de esta aversión hacia lo extraño lo tiene, por supuesto, el fuero, “que unido á lo poco grato y rico del pais aleja de él al extrangero”.

1802 – KARL VON JARIGES

En 1802 publica la experiencia de su viaje a la península titulado *Bruchstücke einer Reise durch das südliche Frankreich, Spanien und Portugal* (en la traducción española *Fragmentos de un viaje por el sur de Francia, España y Portugal en 1802*) y publicado como autor anónimo en 1810 en Leipzig por Johann Friedrich Gleditsch. En la *Revista Internacional de los Estudios Vascos*, *RIEV*, hace Gárate una reseña del viaje llamada *Viaje de von Jariges desde Bayona a Vitoria, Bilbao y Burgos en 1802*: “El adulto conductor [...] estaba tan alegre y lleno de chistes [*Schwënke*] como un Gascón y cantaba como una chicharra, en medio del calor del mediodía, su cancioncilla navarra para pasar el rato. [Los carros] producen un rechinar [*Gekreisch*] insoportable, [...] según se dice, deben servir para asustar a los lobos. [...] En una posada en Orean [!] ...como ambas jóvenes señoras francesas encontraban todo lo Español malo e insoportable y, en su boca, París era siempre la tercera palabra, se puede deducir ya su total indiferencia respecto al idioma Castellano, del que sin embargo, no podían prescindir. Especialmente fueron objeto de sus burlas los frailes y los curas. [...] Son muy características la apostura y la marcha de las **damas** españolas: se expresa en ello una orgullosa dignidad que se puede mejor sentir que describir, [...] la naturalidad de su conducta y de todo su proceder es tan verdadera y sencilla, que en Alemania la vemos rara vez”.

Una vez en Bilbao, nos habla de sus fiestas: “Las informes figuras [los **gigantes** de las fiestas] son de tal altura que llegan hasta el segundo piso de las casas; especialmente sirven para diversión de la juventud que salta a su alrededor bromeando. [...] La **romería** consta principalmente de bailes en una plaza de césped amplía y rodeada de árboles, en la proximidad de una capilla. [...] Entonces comienza el verdadero baile, una especie de **fandango**. Este, como lo baila el pueblo, es muy monótono, pero además, de una extraordinaria vivacidad, sobre todo hacia el final. A menudo se mueven durante varios minutos los danzantes, uno frente a la otra en un solo lugar y el cuerpo entero se presenta como un violento y febril temblor; parece expresar el deseo más impaciente de aproximarse entre sí. [...] Antes de que uno se descuide [*versieht*] se recibe de una danzante, al dar su vuelta, un golpe tan fuerte en las posaderas, de modo que no puede pensarse en seguida en responder a la broma [*Schäkerei*]. Los vizcaínos son en general un pueblo alegre y despierto y esta alegre delicadeza [*Sinnigkeit*] se debe en primer lugar a su bienestar y este se debe a los importantes **privilegios** de los que goza la pequeña ciudad, regida casi totalmente por sus propias leyes. [...] A las diversiones públicas pertenecen también las **novilladas**, [...] para ellas se utilizan toros jóvenes o novillos, pero a los cuales no se mata, sino que se les irrita puramente con pequeños dardos que están adornados con oropel [*Flittern*] variopinto, en la plaza del Mercado; como las barreras no son altas ni firmes, no es raro que suceda que el asustado animal, pase por encima de ellas y salte en medio del montón de espectadores. Por eso, se les ha cortado las puntas de los cuernos que están cubiertos con masas de cuero. [...] No lejos del paseo, está la plaza para el juego público de **pelota** que se ve jugar con mucha frecuencia y con mucho ardor y extraordinaria agilidad y ello por jóvenes varones de la clase media; a veces deben hacerse apuestas considerables".

"[Al entrar en Castilla por Orduña] Mi portamantas [*Mantelsack*] fue revisado por un aduanero de la frontera y yo tuve que expiar, mediante un duro [*Piaster*], mi imprevisión al llevar conmigo algo de tabaco. Ya este desagradable suceso me recordó que no me encontraba en la libre Vizcaya [*Biscaya*] y no había avanzado mucho en mi viaje, cuando eché de menos la música y el baile, las habitaciones más limpias y el vestido rico de ambos sexos; todo a mi alrededor, tanto las personas como la naturaleza, adquirió un aspecto austero y triste; era como si la vida se deslizara solo en el mínimo necesario y que bajo los cuidados cotidianos, por la mera alimentación y vestido, hubiera muerto toda diversión y alegría. [...] Como los castellanos hablan muy bien su lengua, es natural que a ellos muchos errores [*Schnizzer*] de la lengua que los euskaldunes corrientes cuando hablan castellano suelen efectuar, pueden servir a la hilaridad [*Kurzweile*]".

1803 – DICCIONARIO DE LA ACADEMIA, sobre el vascuence:

"Cierto idioma. Lo que está tan confuso que no se puede entender" **(edición de 1826).**

1803 – DICCIONARIO DE LA LENGUA CASTELLANA

En la edición de 1803, compendio del gran *Diccionario de la Academia* que, por su volumen, no es de fácil acceso al público, se define al **vascuence** de la siguiente manera: "El idioma vascongado. Cantabrica lingua – met. [Metafóricamente] Lo que está tan confuso y oscuro, que no se puede entender". En el *Diccionario de la Academia Española*, publicado en París en 1826 por Cristóval Pla y Torres, va todavía un punto más allá en su desprecio y minusvaloración: "Cierto idioma – Met. Lo que está tan confuso que no se puede entender".

1803 – MOUTIER:

"En Bilbao, la lengua de la gente es casi siempre la lengua vasca, y muy a menudo también la de las clases altas".

1803 – RENÉ MOUTIER

El epistolario *Lettres sur quelques provinces d'Espagne, écrites à Mme de C**** es el fruto del viaje que realizó este autor desconocido al norte peninsular, concentrando casi toda su experiencia en la descripción de la villa de **Bilbao**. A partir de la segunda carta va relatando su llegada al puerto en barco por Portugalete: "La ría por la que navegamos desde el mar hasta Bilbao es tan pequeña que en verano podría vadearse fácilmente en muchos lugares. [...] A medida que avanzamos, vemos macizos que reverdecen en la cresta de las montañas, pequeños bosques, selvas en las alturas, viñedos de poca extensión, caseríos y algunas casas de campo". "Una tropa de **mujeres** del pueblo escudriñaba, desde las primeras horas de la mañana, el momento en que nuestras mercancías iban a ser desembarcadas; y tan pronto como las veían subir a las barcas que las iban a llevar a tierra, se lanzaban a ellas en tropel, compitiendo entre sí, durante un rato, por ser la primera. [...] Ellas son las que ejercen en este país la fatigosa profesión de porteadoras de cargas. [...] Por la noche, se les ve a menudo entrar en los cabarets para olvidar allí, bebiendo, las fatigas y disputas del día; en los vapores del vino encuentran las fuerzas para el día siguiente". El paseo marítimo posee, según el autor, "un muy bonito juego de pelota, donde se hacen apuestas a menudo ruinosas". Dice que la ciudad es "alegre, limpia y bonita, pero no gana, como piensan muchos de sus habitantes, el premio a la belleza sobre todas las de España". Cuenta que nadie en Bilbao tiene "derecho" a tener coche, "los ricos y los pobres van a pie". Sobre la lluvia, "que entristece, ensucia, embarra, por todas partes, las ciudades", dice que en este caso "le da a esta un aire de alegría y una limpieza que agrada: lava un pavimento que clarea y que adquiere un color rojizo". Elogia el paseo de ***Los Caños***: "El gran silencio que suele reinar allí; hermosas cascadas; el canto suave y rítmico de los ruiseñores; el gorjeo de mil pájaros más; pequeños prados salpicados de flores; una cordillera escarpada; jardines bastante bien cultivados". Recordando quizá la Guerra de la Convención contra los franceses, distingue entre vizcaínos civilizados e incivilizados, "ese animal, a veces manso, a veces feroz, a veces capaz de las más bellas hazañas, a veces capaz de los más grandes crímenes". Dice también que "Vizcaya no tiene tantos lazos con la Monarquía como las demás provincias del Reino; es una especie de pequeña **República** [*c'est une espèce de petite République*]. Tiene sus propias leyes, y está imbuida de un respeto tan sagrado por ellas, que nunca se desvía de ellas, ni siquiera cuando están en juego los mayores intereses. Su código es su talismán". Los vizcaínos le parecen "muy vivaces, afables, alegres, ingeniosos, amables, hospitalarios y aficionados a la fiesta", e incondicionales de la *Romería* y del ***Fandango***, al que "se le podría reprochar algunas posturas poco decentes, algunas actitudes desvergonzadas, algo que lleva a la lascivia [*quelque chose qui porte à la lascivetè*]". "En Bilbao", afirma, "la lengua de la gente es casi siempre la lengua vasca, y muy a menudo también la de las clases altas [*la langue du peuple est presque toujours la langue Basque, et très souventaussi celle des Grands*]. Están obligados a usarla muy a su pesar, con sus sirvientes, sus labradores y toda la gente del campo. El campesino de Vizcaya no sabe más español que el campesino de Gascuña sabe el francés [*Le paysan de Biscaye ne connoît pas plus l'Espagnol, que le paysan de Gascogne le Français*]".

1804 – JOSÉ ANTONIO CONDE

Cura de Montuenga, historiador español (1766-1820). Uno de los muchos académicos que participaron de la polémica con los vascos que defendían la antigüedad y originalidad del euskera. Hombre erudito y bien conocedor de las lenguas clásicas, publicó *Censura crítica de la pretendida excelencia y antigüedad del vascuence* en el que arremete contra los apologistas de la lengua vasca que se jactan de que los latinos cogieron muchas palabras prestadas a los vascos: "¡Y el culto y excelente Virgilio usó en sus poesías voces hurtadas á los feroces vascones! Harta modestia es menester para no reirse de las exposiciones etimológicas del Sr. Astarloa, que procura no quedar en zaga del P. Larramendi". "La mención que nuestras antiguas historias hacen de este pueblo es siempre de gente bárbara y rebelde". Asimismo, dice que, como se corresponde a un pueblo bárbaro, "su lengua ha sido de pueblo sin cultura". Larramendi "procuró en su diccionario darle equivalente á la castellana y latina" y para ello, dice, acomodó y forzó el "guirigay", como lo llama Conde, "de donde nace que sus voces no son las que usa el pueblo vascongado". "Astarloa quiere que los vascongados hayan estado siempre en España, y que no han podido venir en tiempo de su población", o sea, que habrían poblado la antigua Cantabria ya con la llegada de **Tubal**. No discute Conde lo de Tubal, pero sí lo de que fuera la lengua primigenia de España.

1805 – FRANCISCO MARTÍNEZ MARINA

Jurista, filólogo y sacerdote asturiano (1754-1833). Un clérigo ilustrado que participó en todos los acontecimientos de la época y llegó a asegurar que había que "moderar la riqueza del clero en beneficio de la agricultura", adelantándose en sus ideas a la desamortización de Juan Álvarez Mendizábal. Fue además director de la Real Academia de la Historia y uno de los responsables del tomo sobre las provincias vascas del polémico *Diccionario geográfico-histórico de España*

(1802). En 1805 publicó sus *Memorias*, en las que aparece un ensayo sobre el origen del castellano. En el aspecto lingüístico, su carácter cultivado, elitista y liberal le lleva a afirmar que "el romance castellano debe su origen a la ignorancia, negligencia y descuido de los españoles en cultivar su antigua lengua latina". Si lanza estas palabras contra su propio idioma, qué no dirá contra la **lengua vasca** (posicionándose en contra de Astarloa), a la que alude, pero, por desprecio, ni siquiera nombra: "Bien es verdad que en algunos ángulos del norte de nuestra península, en los valles, así como en las montañas, se habla hoy por algunos, especialmente por la gente rústica, una cierta algarabía a que se ha pretendido dar el nombre de lengua original, y aun de lengua sabia, y todavía no ha faltado quien la haya reputado por madre en gran parte de la nuestra. [...] se debe reputar en su origen por una confusa mezcla del dialecto común con otras muchas voces accesorias llegadas de otras partes, pero tan alteradas, variadas y corrompidas a causa de la ignorancia de los pueblos, del ningún uso que ellos hicieron de la escritura por espacio de algunos siglos...".

1805 – PIERRE-LOUIS-AUGUSTE DE CRUSY

Marqués de Marcillac, oficial y escritor francés (1769-1824). Este militar que sirvió a las tropas francesas durante su campaña en España en la Guerra de la Convención publicó en 1805 *Nouveau voyage en Espagne*. Es poco lo que cuenta en el primer capítulo, *Route de Saint-Sébastien à Saragosse*. Sobre **Iruñea** comenta lo siguiente: "Al día siguiente llegué a esta ciudad, situada en una altura que domina la llanura del lado de donde venía. Las fortificaciones parecían estar en buenas condiciones y susceptibles de defensa. La ciudadela podría haber resistido durante mucho tiempo, a pesar de que la ciudad estaba en poder de los enemigos. Sirve como prisión estatal y en el momento en que la visité, el caballero de Urquijo había reemplazado al conde de Florida-Blanca, liberado y exiliado en sus tierras. Al caballero de Urquijo [**Mariano Luis de Urquijo**, bilbaíno y secretario de Estado] se le atribuía la introducción de la epidemia [de fiebre amarilla] que devastó las provincias meridionales de España". En 1807 publica *Aperçus sur la Biscaye, les Asturies et la Galice: précis de la défense des frontières du Guipuscoa et de la Navarre*. Nada más empezar asegura: "Pasando de Burdeos a Bayona nos encontramos con las costumbres y los usos españoles: la gaceta de Bayona está escrita en español...". "La Vizcaya, división mantenida en sus tres provincias distintas por sus privilegios y sus derechos, no formaron más que una bajo el nombre de Cantabria". Va entonces recorriendo todos los pueblos de Gipuzkoa y Bizkaia, relatando sus maneras de gobernarse y la industria que producen (armas, astilleros, minas...). Realiza una pequeña introducción histórica, antes de pasar a describir sus privilegios. Se detiene también en Bilbao, donde describe la ciudad con detalle.

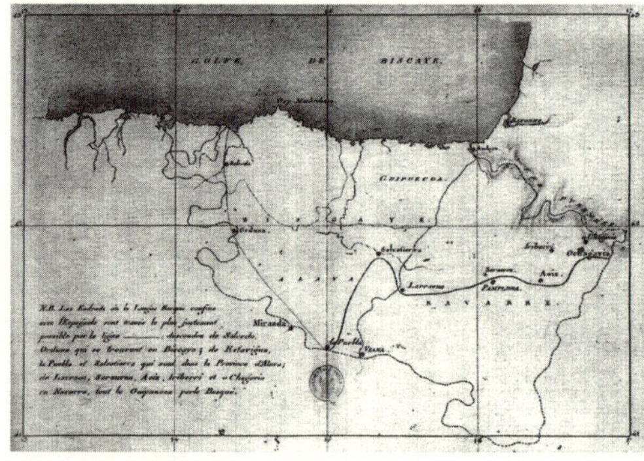

1806 – Coquebert de Montbret. Primer mapa en el que se precisa la extensión del euskera en 1807.

1806 – EUGÈNE COQUEBERT DE MONTBRET

Alto funcionario y orientalista francés (1785-1847). Coquebert de Montbret, que estaba al cargo de la oficina de estadística del Ministerio de Interior, recibe el encargo de hacer la primera **encuesta geo-lingüística** de Euskal Herria. Castellane, el prefecto de los Bajos-Pirineos, le envía un informe en el que traza una línea marcando los límites de la zona vascófona y los pueblos que son bilingües. En la carta que acompaña al mapa, Castellane resalta la singularidad del municipio del Bearn que habla euskera:

"Votre Excellence remarquera que la commune d'Esquiule qui appartenait au Béarn et fait aujourd'hui partie de l'arrondissement d'Oloron, a été portée en dedans de la ligne. On y parle en effet la langue basque, et le béarnais n'y esat presque pas en usage". También recibió información de los delegados que tenían en el País Vasco los cónsules franceses en España. Desde Santander le mandan una carta en la que se anota: "La lengua vasca se habla no solo en el territorio de toda la provincia de Guipúzcoa, sino también en Navarra, desde la frontera del Baigorri francés hasta Sangüesa, en todas las montañas de Navarra colindantes con el territorio de la provincia de Guipúzcoa y de Álava". "*Ce dialecte se parle à Pampelune, Estella, Punta [Puente] de la Reyna, Cizauqui [Zirauki], Arios [Adios] et Viana, qui som situés en deça des plaines avoisinantes les montagnes de son territoire*". Gasteiz aparece en este estudio en la zona euskaldun: "*La langue basque ou escuare qui se parle [...] sur le territoire espagnol dans le Guipuscoa, l'Alava, une partie de la Biscaye, de la Navarre et des montagnes de Santander*". Presenta un mapa de 1807, enviado por el embajador de Francia en Madrid, que sitúa la muga del euskera en Navarra entre *Salvatierra, Larraona* y *Ochagavia*. Aquel trabajo que nunca vio la luz fue continuado y publicado en 1831 con el nombre de *Mélanges sur les langues, dialectes et patois, renfermant, entre autres, une collection de versions de la parabole de l'enfant prodigue en cent idiomes ou patois différents, presque tous de France 1831*. En el libro transcribe la parábola de *l'Enfant Prodigue* en francés, bretón y euskera: "*Bainan semeac erran cion: ene aita, bekhatu eguin dut ceruaren contra eta çure aitcinean; eta ez naiz guchiago gay çure semea deithua içaiteco...*".

1806 – JOSÉ ANTONIO LLORENTE

Canónigo español (1756-1823). En su libro *La paz y Los Fueros*, Joan Mañé i Flaquer (1876) dedica unas duras palabras contra el encargo que le hizo el primer ministro Godoy (1836) a Llorente para que escribiera un tratado en contra de los **fueros**: "Á fin de preparar la opinion encargó al venal, corrompido falsificador de la historia, al futuro famoso historiador de la Inquisición, al canónigo Llorente, para que escribiera un libro contra los fueros". El resultado del encargo de Godoy es el libro *Noticias históricas de las tres provincias vascongadas y el origen de sus fueros*, publicado en cuatro tomos entre 1806 y 1808, donde se hace una crítica implacable sobre los fundamentos históricos y legales de la autonomía vasca, que comienza así: "He notado que muchos escritores de los últimos siglos han propagado una opinion falsa por amor malentendido hácia su patria, y por falta de crítica, sobre el estado civil antiguo de Alava, Guipúzcoa y Vizcaya. [...] Dicen que Alava, Guipúzcoa y Vizcaya fuéron repúblicas libres, soberanas, independientes, hasta que por su voluntad [...] entregaron su soberanía, independencia y libertad á los reyes de Castilla, baxo los pactos y condiciones de que se les conservarian sus exènciones, leyes y franquezas...". Lande (1877) comenta que "lo más curioso es que algunos años más tarde, después de la caída de Godoy, hallándose él mismo emigrado en Francia, ofreció a las Provincias Vascas escribir otro libro en refutación del que había publicado contra ellas, ofrecimiento que, por un sentimiento de dignidad de parte de los diputados, no fué acogido de ningún modo".

Llorente es además el autor de la *Historia crítica de la Inquisición de España* de 1817-18, en cuyo capítulo XXXVII, artículo II (*Secta de los Brujos*) analiza los hechos del Auto de Fe de Logroño de 1610 contra las mujeres acusadas de brujería en el pueblo de Zugarramurdi. Llorente remite a Pedro de Valencia (1610) al afirmar que si "viviese ahora confirmaría con esta observación su dictamen de que unas cosas eran efectivas, pero puramente naturales; otras solo imaginarias, mas creídas como verdaderas; y otras solo fingidas por ideas particulares" e insiste, a estas alturas en las que estaba a punto de abolirse oficialmente la Inquisición española, hecho sucedido en 1834, en buscar razones para condenar los *aquelarres*.

1807 – MANUEL GODOY

Noble y político español (1767-1851). Primer ministro de Carlos IV, Godoy, el Príncipe de la Paz, es, para bien o para mal, una de las personalidades españolas más importantes, no solo por haber ejercido un cargo que se equiparaba al de la realeza, sino también por haber tenido que enfrentarse en España a la política expansionista de **Napoleón**. A pesar de cerrar un trato con él (Tratado de Fontainebleau de 1807), no pudo evitar la invasión napoleónica en 1808, lo que le costó el puesto, el destierro y la confiscación de todos sus bienes. La publicación de sus memorias en París se convirtió en un acontecimiento a nivel europeo, por ser un documento de primera mano de todos los sucesos políticos que ocurrieron entonces. En lo que a nuestro territorio respecta, en el capítulo XXXI parte II de sus *Memorias* publicadas en 1836, asegura que en la reunión que su enviado Izquierdo sostuvo con Napoleón en Fontainebleau en 1807, Napoleón "no podía menos de fortalecerse especialmente en las provincias españolas fronterizas de la Francia, y que tales podrían venir los sucesos, que se viese obligado á establecer en ellas gobiernos militares y á ocuparlas hasta un año despues de haberse hecho y consolidado las paces jenerales; que en la ejecucion de esta medida S. M. el emperador no podia menos de encontrar todos los inconvenientes que lleva consigo una manera de existir precaria y preternatural, cual habria de ser en tal suposición la de aquellas provincias, y que aun sobrado como S. M. I. podía hallarse de antecedentes históricos y de razones políticas para añadirlas al imperio, ó establecer al menos entre las dos naciones una potencia neutra que fuese un valladar entre una y otra, se limitaba á indicar un cambio favorable á las dos partes, que era ceder el Portugal entero contra un equivalente en las **provincias fronterizas** de la Francia". Godoy, que desde la Revolución francesa llevaba años patrocinando, por medio de Llorente (1806) y Zamora (1795), la abolición de los fueros vascos, no pudo ver con buenos ojos ese trueque de Portugal por las provincias vascas, a las que parece referirse.

1807 – FRANZ XAVER RIGEL

Escritor y militar prusiano (1783-1852). Publica en 1819 su experiencia como militar del ejército francés durante la **Guerra de la Independencia** española (*Erinnerungen aus Spanien, aus den Papieren des Verfassers des Siebenjährigen Kampfes auf der Pyrenäischen Halbinsel von 1807 bis 1814*). Después de atravesar Gipuzkoa por Tolosa y Villareal y encontrarse con una férrea resistencia, a partir de la página 45 comienza la descripción de Bizkaia: "Los valles eternamente verdes no tienen suficiente espacio para contener a la creciente población; el vasco [*der Baske*] se acerca al nido del águila, construyendo su caserío blanco y pulcro al borde de las nubes. Aquí pervive la salud y la naturaleza no profanada. La fuerza de los hombres se revela aquí en una fuerza muscular integra y sin debilitar. Las principales características de su personalidad son: la honestidad junto a una terquedad indomable, el amor a la libertad [*Freiheitsliebe*] junto al orgullo, la bondad junto a una manifiesta cabezonería. En sus facciones se revela un carácter apasionado; la ira es una de sus mayores pasiones. Es hospitalario y sociable". También se toma su tiempo para observar a las **mujeres**: "La limpieza, la actividad doméstica, el esmero en el desempeño de las tareas se combinan con buenas cualidades morales y forman una corona que exalta la belleza de estas amables criaturas de la misma manera que el oro seduce a las piedras preciosas". Añade, además, que todos alardean de ser hijosdalgo y propietarios terratenientes. No es este, precisamente, el retrato desalmado que se espera de un pueblo contra el que se está luchando.

1807 – GEORG AUGUST FRIEDRICH GOLDMANN

Teólogo y filósofo alemán (1785-1855). Publicó un ensayo exhaustivo de 70 páginas que analiza las diferencias entre el **euskera**, el gaélico y el bretón: *Commentatio qua trinarum linguarum vasconum, belgarum et celtarum, quarum reliquiae in linguis vasconica, cymry et galic supersunt, discrimen et diversa cuiusque indoles docetur*. Utiliza como libros de consulta las obras de Manuel Larramendi y Martin Harriet y realiza una comparación lingüística de números, fonemas, raíces, artículos, flexiones verbales y unas 200 voces de los antiguos idiomas de vascos, belgas y celtas, para llegar a la conclusión de que son lenguas diferentes. Algunas de las composiciones gramaticales que forma el euskera le generan verdadera curiosidad. Por ejemplo, ***Aitarenarenarenganicacoarenarena***, que traduce como *ille illius illius illius illius patris*.

CONDE DE REILLE, GENERAL Nafarro-coa Governadorea, eta Ayudante-Campo Emperadore-ena naizan partez.

Mariscal Duque Istriaco-ac mana-tu du Nafarro-aco Reino-ac paga dezala oguei milloi erreal vellon-en multa.

Multa onen paguraco Conde Dorsenne Norte España-co General en Guefe Jaunac disponitu du ametitu daite-ce-la tropai entregatu zaizcaten alimentu, ta gauza guzti-en bonac urte onetaco Otsaillas gueros, amar milloi-etaraño.

Disposicio onen vistan preciso da multa au paga dezaten Brigante-ac dituzten Erriac, ta oro-bat oi-ei ongi eguite-co deseoa eracutsi duten-ac: baña ez Briganteric duten Erri-ac, ta deseoa, ta vorondate ona-requin Govierno-aren orden-ai zuzen obedeci-tu dioten-ac; oiec beardute izan osoqui libre multa onetatic. Onen vista decreta-cen dut modu onetan.

ARTICULO I.

Edocein modutan tropai urte onetaco Ilbeltzaren lenvicico egun-etic eman zalozcaten gaucen errecibu, edo Bonac, izanen dira ametitu-ac oguei milloi erreal vellon-en multa Gararguillaren zorzico ordenean bota zenaren paguraco amar milloi etaraño; bada beste gañeraco amar milloi-ac, beardute izon pagatu-ac diru-tan.

Erreinuco Diputacioa dago encargatua Erri-ac aurretatu dituzten gauzaguci-en bo-nac ecusteco, eta contu-etan errecivi-tzeco; bañan etz ditzala ametitu nonta legalidade guztiarequin presenta-cen ez diran.

ARTICULO II.

Briganteric Quadrill-etan ez duten Erri-ac izanen dira libre multà onetatic, bañan gueldit-cen dira obligatuac pagacera Abuztuco illerañoco mensualidade guzti-ac.

ARTICULO III.

Brigante-ac dituzten Erri-ac pagatu-co dute bacoizagatic berro-guei peceta aste-oro; ta gañera beardute pagatu bereala mensuali-dade zor duten gucia. Cergatic da nere vorondatea Brigante-ac di-tuzten Erri-ac pagacea multa guztia ala berai toca-cen zaiotena, nola beste libre gueldicen diranen partea.

ARTICULO IV.

Articulo onetan manacen-den multaren paguraco, Gobernuac uztendu Erriaren Arfaborian Bringanten ondasunac, zeiñac edazen baitira, Aitara, Amara, Anayera, Arrebara, Semearen eta Illobaren graduarayno, Mariscal Duque Istriac erraten-duen becala bere decretuan illaren Garagarzaruaren bosgarrenian pasatuan.

1808 – Suchet. Detalle del decreto del conde Reille, general de División, promulgado en Navarra en castellano y euskera en 1811.

1808 – LOUIS-GABRIEL SUCHET

Duque de la Albufera, militar y político francés (1770-1826). En 1829 se publican las memorias del mariscal Suchet, tanto en castellano como en francés (*Memorias del mariscal Suchet: duque de Albufera, sobre sus campañas en España, desde el año 1808 hasta el de 1814*). Fue general en jefe del Ejército de Aragón durante la **Guerra de la Independencia** y se las tuvo que ver en Navarra con las primeras guerrillas organizadas: "Sin plazas fuertes, sin depósitos y sin apoyos conocidos, las bandas interiores se habian organizado, aumentado impunemente, y extendídose por dó quier; en la época en que hablamos, cortaban é interceptaban ya todos los caminos, se apoderaban de nuestros correos, y podia decirse por último con toda verdad, que la autoridad del gobernador de la Navarra no se extendia realmente mas allá del glácis de la plaza de Pamplona. Un joven estudiante, llamado Mina, que habia salido de dicha ciudad el año anterior, era el autor de este desórden. [...] Y bien que se emboscase en el Carrascal, que es un bosque harto peligroso entre Tafalla y Pamplona, en donde nos atacaba muy a menudo; bien que se pusiese en marcha y maniobrase con el objeto de acometer alguno de nuestros puestos fortificados, ó bien que fuese en retirada, cuando le ibamos al alcance muy de cerca, se le recibia por todas partes, se le temia y se le obedecia, sin haber sido jamas ni vendido ni descubierto". Narra, por lo tanto, el tira y afloja que mantuvo con **Francisco Javier Mina** (nacido en Otano, Navarra, y pionero en la guerra de guerrillas) hasta que fue hecho prisionero: "Este acontecimiento desembarazó al ejército frances de un partidario en extremo audaz é incómodo, y calmó por algun tiempo los desórdenes de la Navarra. Pero no tardarémos en ver á su tio Espoz y Mina, que vendrá á sucederle y reemplazarle, y que tomará por grados un vuelo muy superior al del joven estudiante su sobrino".

1808 – JUST-JEAN-ÉTIENNE ROY

Escritor francés (1794-1871). Escribió gran cantidad de libros bajo diferentes pseudónimos. En 1856 publicó *Les Français en Espagne. Souvenirs des guerres de la Péninsule, 1808-1814*, un libro que reúne sus recuerdos de soldado durante la **Guerra de la Independencia**. Del País Vasco no recuerda más que el chirrido de las carretas: "Apenas habíamos cruzado el Bidasoa cuando el estruendo de los carros vizcaínos nos anunció que estábamos en un país extranjero. Estos pequeños carros rústicos son arrastrados por bueyes; se conducen sobre ruedas de madera maciza y se fijan al eje, que gira con las ruedas; esto hace que la fricción sea más fuerte y más extensa". Un campesino se queja de que "el ruido de estos carros se puede escuchar desde una gran distancia y advierte a los oficiales de aduanas de los convoyes que se acercan y así dificulta el contrabando". Roy comenta que "viendo el aspecto miserable de los campesinos que conducían estos carros, el mal estado de su vestimenta, la misma ausencia de calzado en algunos en la estación más dura del año, entendí que el orgullo del español hubiera preferido culpar a la administración de aduanas de esta muestra del atraso de su país, en lugar de confesarnos la verdadera causa, es decir, la ignorancia de sus compatriotas".

1808 – BRANDT:

"¿Por qué semejantes estampas deben ser ensuciadas, con demasiada frecuencia, por escenas de carnicería?" (foz de Lumbier).

1808 – HEINRICH VON BRANDT

Militar y escritor prusiano (1789-1868). Tomó parte por Napoleón en la **Guerra de la Independencia** española y escribió sus memorias en *Souvenirs d'un officier polonais: scènes de la vie militaire en Espagne et en Russie (1808-1812)*. Dedica los capítulos II y XXIII-XXV a los sucesos de Navarra. Se dirigen "*à travers le pays basque sur Saint-Jean-Pied-de-Port*": "Justo allí había un depósito de enfermos y heridos de la división a la que nos íbamos a unir; sus palabras no eran muy alentadoras". En Roncesvalles preguntó a algunos lugareños por "el famoso paladín"; "sabían menos de lo que yo había aprendido en la universidad". En **Zubiri** (*Oubiri*) se tiene que hacer entender en latín con su anfitrión Juan de la Torre. Se dirigieron hacia Alagón, donde, salvo la pequeña ciudad de Tudela, todo estaba absolutamente devastado: "Dormimos en terreno desnudo, la paja es un lujo desconocido en el país. Los soldados cortaron los olivos, arrancaron las puertas y ventanas de las casas desiertas para alimentar los fuegos del campamento". **Iruñea**, dice, "ofrecía un aspecto bastante animado y parecía más limpia que cualquier otra ciudad española del momento, lo que no era difícil. Pero esta animación era ficticia: en los paseos solo se veían soldados franceses; los cafés, los cabarets españoles, aunque menos decentes que los demás, eran frecuentados solo por lugareños". Desde Tafalla, designada como el almacén de Mina, se dirigen hacia **San Martín de Unx**. Allí fueron recibidos a tiros desde las ventanas, motivo por el cual los soldados entraron a saco para darles una lección, "*afin de donner une leçon aux habitants. Franchement la leçon était un peu forte*". "Llegado a la altura de Lumbier", cuenta, "en el valle del Irati realicé un reconocimiento río arriba hasta el pintoresco desfiladero que emerge entre rocas escarpadas; luego nos unimos al regimiento por el Puente del Diablo [*Pont du Diablo*]. El sitio era tan hermoso que hasta mis propios soldados estaban asombrados. ¿Por qué semejantes estampas deben ser ensuciadas, con demasiada frecuencia, por escenas de carnicería?". En **Izal** ("*Izaal, bourgade enfouie dans les montagnes du Salazar*"), interrogan al alcalde para saber si hay partisanos en el lugar. Como no confiesa le aplican, como primera advertencia, una veintena de azotes ("*une vingtaine de coups de bâton*"). Cuando van a redoblar la dosis, un vecino intercede por el alcalde y les indica unos pajares a las afueras, en donde encuentran gran cantidad de munición.

1808 – ANÓNIMO ALEMÁN

En 1814 se publica en Wiesbaden, Alemania, un libro titulado *Ansichten von Spanien während eines sechsjährigen Aufenthalts in diesem Lande*, una visión de España cuyo autor anónimo es un oficial alemán del ejército invasor francés que recorrió la península desde 1808 a 1813. Transmite una imagen muy generalizada y superficial sobre los usos y costumbres españolas, sin diferenciar apenas entre regiones. Comenta de pasada que "la verdadera lengua original seguía siendo la de los habitantes de Vizcaya y las zonas limítrofes del Pirineo, que mantuvieron con firmeza su libertad e independencia y se mantuvieron a sí mismos y a su lengua sin mezclar, mientras que los pueblos extranjeros fueron subyugando las otras provincias en diferentes épocas. Su lengua es una especie de patois que los otros españoles ya no entienden".

1808 – GROLMAN:

"Me odiaban de manera indescriptible, todos ellos, sin exceptuar a la criada que todas las mañanas me regañaba en vasco. Pero en general, con toda su malicia, eran gente benévola, que mostraban cierto interés en mí, porque creían que se podían reír a mi costa".

1808 – LUDEWIG VON GROLMAN

Militar alemán (1775-1813). Fue un oficial que peleó con Francia en la **Guerra de la Independencia** española y dejó anotado un diario de su experiencia que, tras su muerte, fue editado por Rehfues (1808) en 1814 con el nombre de *Tagebuch eines deutschen Offiziers über seinen Feldzug in Spanien im Jahr 1808*, y que incorpora una larga biografía de Grolman. Nada más cruzar la frontera del Bidasoa dice percibir una gran diferencia: "Te encuentras entre personas que parecen tan diferentes a los franceses como puedan ser los rusos". Observa que las provincias vascas (las llama *Biscayer*) tienen su propio idioma que es tan diferente del castellano como el gascón de la lengua de Voltaire. Le impresiona el paisaje y dice que pocos países se encuentran en Europa donde la naturaleza y sus habitantes desprendan tanta intensidad y trabajen la tierra con un celo tan vivo: "*Wo eine kräftigere Natur von kräftigern Menschen bewohnt, und mit regerem Fleisse angebaut wird*". Nos cuenta de la sidra y el *chacolí* "que no es malo de sabor". Percibe entre sus gentes un espíritu muy diferente al del resto de España, sobre todo en la libertad de sus movimientos y en su mirada viva y directa: "*An ihrer freyeren Bewegung und dem lebhaften, nicht niedergekehrten Blick*". Las mujeres, comenta, no visten de manera tan triste como, por lo demás, en España. Recorre con el ejército las pequeñas villas que se ubican en la frontera entre Bizkaia y Gipuzkoa (Bergara, Zumarraga, Elorrio...) y las Encartaciones.

En **Durango** es hospedado como oficial en una de las buenas casas del pueblo, y nos ofrece la descripción de una velada familiar: "Me odiaban de manera indescriptible, todos ellos, sin exceptuar a la criada que todas las mañanas me regañaba en vasco. Pero en general, con toda su malicia, eran gente benévola, que mostraban cierto interés en mí, porque creían que se podían reír a mi costa". El padre, con el que se hacía entender en latín, le contaba que las provincias vascas eran de por sí una república que pagaba una contribución anual al rey, pero ningún impuesto, que allí eran todos nobles y que no acudían a filas, sino que disponían de un ejército de apoyo: "Quizá en ningún otro lugar de Europa se ha mantenido durante tanto tiempo una libertad e igualdad como entre este tranquilo y enérgico pueblo de los vizcaínos, y en ningún otro sitio ha habido tanto orgullo y amor patrio. Estos hermosos, pero cada vez más extraños fenómenos van desapareciendo poco a poco con las nuevas formas. [...] La señora arremetía contra mí, despotricaba contra el emperador y se mondaba de risa. La gente vivía de una manera muy modesta. A la mañana cada miembro de la familia se tomaba un buen tazón de chocolate y un vaso de agua fresca; al mediodía comían sopa y un guiso de carne; a la noche, un plato sencillo, p. ej., pescado al horno. Bebidas fuertes no había, solo el dueño de la casa se permitía un vaso de licor para comer. Durante todo el día se asaban manzanas y castañas. [...] La señora apoyaba su cabeza sobre el regazo de la chica, dejaba que esparciera su cabello y que le buscara los piojos". Comenta entonces que al anochecer se reunían todos los señores para fumar tabaco e informarse sobre todas las novedades. Una de las curiosidades que presenta este relato es la excursión que realiza por el Duranguesado para subir lo que quizá sea el monte **Anboto**: "Después de muchos intentos infructuosos, con esfuerzos indecibles y mucho peligro, nos encontramos, medio tambaleándonos, sobre la roca pelada desde la cual hacia delante veíamos Mañaria y Durango y a nuestras espaldas el Ugachun. A nuestro alrededor, un universo de macizos diseminados de manera caótica. Parecía haber sido el campo de batalla de titanes contra truenos". A la bajada se interna en una cueva y la recorre hasta el fondo, al que solo llega gateando, hasta que de repente, en plena oscuridad, se encuentra con que el suelo desaparece ante sus pies... Un reflejo desde el fondo le induce a pensar que allí bien pudiera haber una salida, pero decide volver sobre sus pasos hasta la salida. ¿Nos está hablando de la cueva de Mari?

1808 – LABORDE

"[En el juego de la pelota] las mujeres son excelentes y compiten a este respecto con los más hábiles".

1808 – ALEXANDRE DE LABORDE

Escritor y político francés (1773-1842). Laborde no llega a alcanzar la categoría científica de Humboldt (1799), pero en el primer tomo de su *Itinéraire descriptif de l'Espagne* dedica más de 100 páginas a hacer un análisis de la historia, el comercio y las costumbres generales de las tres provincias vascas y el reino de Navarra. Comenta que *Euskaldunia* es "la otra denominación de la nación vasca": "Los vascos han formado a través de los siglos una nación distinta, totalmente independiente de sus dueños efectivos". Según costumbre de la época, los identifica con los antiguos cántabros. Los vascos que devinieron navarros ("*une partie des Basques, devenus Navarrais*") constituyeron su propio reino pirenaico. Refiere también la teoría que les otorga un origen común con los irlandeses: "*Une opinion assez reçue donne une origine commune aux Biscaïens et aux Irlandais*". Se lleva una excelente impresión del papel que juega la mujer en la sociedad vasca, que trabaja con más diligencia que el hombre como campesina, barquera o estibadora: "Las vizcaínas modernas no han degenerado: trabajan en el campo como hombres y con más asiduidad [*elles travaillent aux champs comme les hommes et avec plus d'assiduité*]; las vemos más ocupadas que los hombres en los puertos marítimos: conducen las barcas y trabajan también como estibadoras". También caracteriza a las **mujeres** que, dice, trabajan en el campo como los hombres, incluso con más asiduidad: "No portan armas, ni combaten, pero sirven a sus esposos en el combate, apoyando su coraje e instigando su venganza. Motivadas por un orgullo heroico, ellas quieren ser libres y, descartando cualquier idea contraria, prefieren la muerte a la servidumbre". Incluso en el juego de la pelota les llegan a hacer sombra, según comenta: "Las mujeres son excelentes y compiten a este respecto con los más hábiles". Quizá se refiera a Tita de Cambo, que ya destacaba por aquella época. Le sorprende la atención que se dedica en Navarra a preservar el estado de los caminos: "Distínguese Navarra por la hermosura y comodidad de los caminos carreteros, desde la capital a todos los extremos del reino, los que se construyeron y repararon en el virreinato del Conde de Gages, hacia 1750, y actualmente su conservación se mira por las autoridades del país con el mayor interés y celo". Influido por la cita del historiador galorromano Gregorio de Tours (590), Laborde comenta: "Todos los pueblos conocidos entonces bajo el nombre de vascones decidieron abandonar un país que solo ofrecía violencia y persecuciones: cruzaron los Pirineos y se detuvieron en el país que se extiende desde el pie de estas montañas hasta las orillas del Garona, y que tomó, de sus nuevos colonos, el nombre de Vasconia o Gascuña [*Vascogne o Gascogne*]".

1808 – STEINMETZ:

"Los Caminos Reales entre Baiona y Gasteiz y Bilbao y Orduña están entre los más bellos y mejores de Europa".

1808 – FRANZ FRIEDRICH CHRISTIAN STEINMETZ

Militar alemán (1769-1809). En los archivos de la familia de Alexander de Savornin Lohman (1837-1924), en La Haya (Holanda) se conserva una copia holandesa antigua de un manuscrito, ya desaparecido, de nombre *Spaans Avontuur* (*Aventura española*) y realizado por el teniente coronel Franz Friedrich Christian Steinmetz, que participó en la **Guerra de la Independencia** integrado en el 4° batallón de artillería. En el capítulo IX nos transmite, durante treinta páginas, su valoración de la contienda en tierras vascas. Steinmetz llega en 1808 a **Baiona** y observa que era un lugar rico, cuyo comercio y bienestar habían sido completamente aniquilados. Dice de los comerciantes franceses que no tienen ningún reparo en robar y enriquecerse a cuenta de los demás. Atraviesa Oiartzun, Hernani y Tolosa hasta llegar a **Arrasate**. "En esta población había un buen número de casas grandes y bellas, que tienen un buen aspecto exterior y todas ellas están construidas según el estilo español con balcones" ("*Er zyn hier eenige groote en goede huizen die een tamelyk schoon anzien van buiten hebben en van grote steenen gebouwd zyn, alle op de Spaansche wyze met balcons*"). Le sorprende además la falta de cristales en las ventanas y elogia la belleza del paisaje y de los valles estrechos y profundos, con tierras fértiles y montañas pobladas de árboles.

Contemplando los paisajes de **Durangaldea** muestra su extrañeza por el hecho de que las tropas españolas hayan sido incapaces de derrotar a las francesas con semejantes emplazamientos. De **Gasteiz** dice que, si ya las casas suelen ser sucias en Francia, en España lo son aún más y que es incomprensible que los humanos puedan vivir entre tanta suciedad: "*In Frankryk is het smeerig, maar in Spanjen nog smeeriger en het is onbegrypelyk hoe de menschen hier zo leven kunnen*". De **Bilbo** dice que va perdiendo importancia por culpa de los españoles que obligan a los barcos que vienen de América a atracar en puertos españoles antes de que estos arriben al puerto vizcaíno, con el único fin de generar impuestos. Indica que los vizcaínos hacen valer sus derechos y libertades, incluso contra las pretensiones de los reyes, y especialmente contra los franceses y castellanos que deseaban instalarse en Bilbao. A pesar de las críticas vertidas (estaba en el bando enemigo), al atravesar el Ebro comenta que no se puede salir de este país sin admirarlo. Considera que los Caminos Reales, sobre todo aquellos entre Baiona y Gasteiz y Bilbao y Orduña, "se pueden considerar, en efecto, entre los más bellos y mejores de Europa [*kan men in de daad als de schoonsten en besten in Europa aanzien*]". Continúa diciendo que "ya que este país es tan montañoso, se ve por todas partes que la laboriosidad de los vizcaínos contrasta con la holgazanería de los castellanos [*de yazere vlyt der Biscayaners, die zeer contrasteert net de luiheid der Castillanen*]". Menciona a las tres provincias con el nombre general de Biscaye, y las considera atalaya y refugio de la laboriosidad y de la libertad ("*de toevlugt of schuilplaats der industrie en der vryheid is*"), cosas que en el resto de España en vano se podrán encontrar de la misma forma que en el País Vasco. Destaca los privilegios que poseen, con representantes elegidos por cada municipio, que después se reúnen en las juntas. Comenta Steinmetz que los franceses se equivocaron al pensar que con la invasión este tipo de Gobierno popular iba a aceptar sin reparos los principios de la revolución. Y añade que los vascos, sin embargo, contemplaban a su rey como su protector.

1808 – JOSEPH LÉOPOLD SIGISBERT HUGO

General francés (1773-1828). Quien fuera padre de Victor Hugo (1843) acompañó a José I Bonaparte en su aventura española, dejando apunte de todo ello en su libro de 1823 *Mémoires du général Hugo, gouverneur de plusieurs provinces et aide-major-général des armées en Espagne*. En el capítulo II del segundo tomo afirma, tras su llegada a España en 1808: "Acompañé al rey en todas las operaciones en Vizcaya y Navarra, antes y después de la batalla de Tudela. Aunque la guerra había cobrado mucha actividad, la gente seguía viajando sin escolta por las provincias que acabo de mencionar. [...] Algunos pueblos de Vizcaya, en el camino de Orduña a Bilbao, fueron abandonados; otros, en su mayor parte, habían retenido a sus habitantes". En el capítulo XXXIV del tercer tomo hace una descripción de la batalla de Gasteiz del 21 de julio de 1813 y de su retirada hacia Iruñea. A **Gasteiz** la contempla así: "Vitoria, capital de la provincia de Álava, se sitúa en medio de una accidentada llanura de dos leguas de extensión, delimitada por un lado por las montañas que separan Álava del Señorío de Vizcaya y, por el otro, por la cadena de los Pirineos Orientales. Tres carreteras principales conducen a Vitoria por el lado del Ebro, las de Logroño, Bilbao y Burgos; estos tres caminos estaban cubiertos por las posiciones del ejército francés frente a la ciudad. En el lado de Francia, dos carreteras principales conducen a él: son la carretera principal de Bayona y la de Pamplona. Esta última sale de Vitoria a través de una gran cantidad de marismas, barrancos y acequias que cortan esta parte de la llanura". Camino de Iruñea pasa por Salvatierra *de Biscaye* y **Uharte Arakil**, donde "unos pocos destacamentos de guerrilleros, encaramados en peñascos inaccesibles y protegidos por el río, dispararon impunemente contra el ejército durante toda su travesía". Cuando llegaron a Iruñea, aún no se habían enterado del desastre de Gasteiz. "En nuestro camino de **Bera** a Urruña, ascendimos los empinados senderos de las altas montañas, que separan estos dos puntos de diferente naturaleza. Disipadas las nieblas, cuando estábamos en la cima de estas montañas, saludamos con lágrimas en los ojos la tierra sagrada de la patria que no había sido vista, durante más de cinco años, por ninguno de nosotros".

1808 – JEAN-BAPTISTE-ANTOINE MARCELLIN DE MARBOT

Militar francés (1782-1854). Participó en las guerras napoleónicas y dejó escritas sus memorias en el libro *Mémoires du général baron de Marbot*. En el tomo II narra su campaña por Euskal Herria. Es más bien un relato que ofrece una imagen sobre los aspectos militares de la **Guerra de la Independencia**. Describe su paso por Arrasate, Gasteiz y Tutera. En **Arrasate** comenta una anécdota: "Después de haber pasado la noche en Mondragón, salí al amanecer y me indigné al ver al postillón español que nos dirigía detenerse bajo la horca y azotar un cadáver que estaba suspendido en ella. Dirigí fuertes reproches a este miserable hombre, quien respondió entre risas: 'Este es mi jefe de correos, que durante toda su vida me dio tantos latigazos que me alegro de devolvérselos'. Este rasgo bastaría, por sí solo, para dar a conocer el carácter vengativo de los españoles de la clase baja".

1808 – VON REHFUES:

"La mayor curiosidad actual consiste en los rumores de que se podrían separar de la monarquía española".

1808 – PHILIPPE JOSEPH VON REHFUES

Escritor alemán y decano de la Universidad de Bonn (1779-1843). En 1813 publica su libro *Spanien nach eigener Ansicht im Jahr 1808 und nach unbekannten Quellen bis auf die neueste Zeit*, una visión de España extraída del viaje que había hecho cinco años antes. Dedica un capítulo entero a las tres provincias vascas y al reino de Navarra, haciendo una descripción amable de su espíritu emprendedor y del ansia que demuestran no solo en guardar su **independencia**, sino también en reivindicarla: "La mayor curiosidad actual consiste en los rumores de que se podrían separar de la monarquía española". Y más adelante añade, en referencia a la actitud española: "Ciertas ideas políticas obsoletas no saldrán de sus cabezas a corto plazo, y cualquier español sería más propenso a ceder todas las colonias americanas que un solo dominio en su propio suelo" ("*Jeder Spanier würde leichter alle amerikanische Kolonien, als eine einzige Herrschaft auf dem festen Lande aufgeben*"). Dice que la fama de la obstinación vizcaína llega hasta tal punto que Gonzalo de Córdoba, el Gran Capitán (1501), hubiera preferido domar leones que domesticar vizcaínos: "*Er wollte lie-*

ber Löwen bändigen, als Biscajer zähmen". De la Iglesia comenta que en Bilbao solo hay un único monasterio y que la mayor prebenda no alcanza los 120 reales anuales, lo que le impide mantenerse inactivo y vivir de las rentas. El estado de bienestar de los vizcaínos es muy parecido, razón por la que el ánimo para trabajar se mantiene siempre igual. Tienen sentido de la honradez, son valientes, alegres y amables sin servilismos. Habla del trabajo con la ***Laya***, de los campos de fresas de Bilbao, del chirriar de los carros, de las danzas con espadas y del árbol de Gernika. La **higiene** de las posadas está a la altura de las demás naciones, sobre todo en las cocinas, y mientras en Francia se entiende de por sí que hay que compartir cama, aquí no se le exige a nadie que lo haga. Las **mujeres** "no les andan a los hombres a la zaga ni en carácter ni en vigor corporal, y les acompañan en los trabajos más duros. [...] No solo el servicio interno sino también el externo de las casas se deja en manos de las muchachas, algo que, como se sabe, es contrario a todos los hábitos de los países del sur. Por lo general, estas no hablan más que la lengua vasca". Nota un cambio radical al llegar al Ebro: "Es claramente perceptible cómo, a partir de aquí, todo cambia. El alegre traje de los vizcaínos se transforma en vestimenta marrón y negra, de corte anticuado, y, sobre todo, los bonetes rematados en punta, de aspecto bastante feo".

1809 – JOHANN CHRISTOPH ADELUNG

Bibliotecario, lexicógrafo y germanista alemán (1732-1806). Publicó en 1809, junto con Johann Severin Vater (1771-1826), *Mithridates oder Allgemeine Sprachenkunde mit dem Vater Unser als Sprachprobe in beynahe fünfhundert Sprachen und Mundarten*, un compendio lingüístico que presenta padrenuestros en casi 500 idiomas diferentes. En el segundo tomo de la obra, el primer capítulo de 20 páginas se titula *Cantabrisch oder Baskisch*, y es un ensayo elaborado recurriendo a los trabajos de Hervás (1778). En una edición posterior de este libro, Humboldt (1799) ayudó a Vater a completar este capítulo. Comienzan haciendo una pequeña introducción, situando al **euskera** en una rama de idiomas que hablaron cántabros, aquitanos, iberos y ligures. De todos ellos, actualmente solo queda un resto que proviene de los antiguos vascones y que debe su conservación a su aislamiento entre montañas. Según a qué lado de la frontera te sitúes, los españoles hablan de vascongado y vascuence, y los franceses de vasco e idioma vizcaíno: "*Die Spanier nennen dieses Volk Bascongados, und die Sprache Bascongada und Bascuence. [...] Bey den Franzosen heissen die Einwohner Basques und Biscaines*". Pero añade cómo se llaman los vascos a ellos mismos y a su idioma: "*Sie selbst nennen sich Escualdunac und ihre Sprache Euscara*". Enumera una lista de unas treinta palabras que tienen en común el germánico y el euskera (*Cilhar/Silber*, *Dorrea/Thor*, *Landa/Land*, *Sendoa/gesund*, *Titikoa/Titte*...), y otras cincuenta con el latín. Muestra además un listado de otras 50 palabras originales vascas que empiezan por la a: *Arria*, *Adina*, *Ametza*... En cuanto al carácter de la lengua, dice que es conocido que tiene un vínculo muy estrecho con los sonidos vocales: *Ahoa*, *Aochoa*, *Aoboa*... Es polisilábico (*Anditosuna*, *Arguitzallea*...), no conoce género y tiene los seis casos de la declinación. La conjugación es complicada por haber un montón de complementos que se incorporan al verbo. Distingue cuatro dialectos: el vizcaíno proveniente de los autrigones; el guipuzcoano de los várdulos; el alto-navarro y alavés y el bajo-navarro que también le llaman *le basque*. Presenta entonces varios padrenuestros tomados de Hervás (1778), Liçarraga y Chamberlayne (1714).

1809 – FÉE:

"La población de estas montañas [Burguete] no es más española que francesa; ella es vasca, y yo no tenía nada que temer de ella". "Lo que mis ojos no pudieron ver, lo escucharon mis oídos" (agresiones a mujeres).

1809 – ANTOINE-LAURENT-APOLLINAIRE FÉE

Botánico y farmacéutico militar francés (1789-1874). En el capítulo II de *Souvenirs de la Guerre d'Espagne dite de l'Indépendance 1809-1813*, publicado en 1861, recoge cómo llega a España con el ejército francés en plena **Guerra de la Independencia**: "Era la primera vez que veía montañas y no podía apartar la mirada de ellas. [...] En las alturas, vastos bosques de pinos y grupos de vigorosos enebros que crecían entre las rocas". Llega a **Antzuola**, donde el alcalde recibe al ejército a regañadientes. Alrededor se van congregando numerosos observadores con lo que le parecen intenciones inciertas. Cogen provisiones que pagan escrupulosamente. "Todo lo que nos rodeaba se volvió hostil y adquirió un aspecto amenazador", sigue contando. "Tuvimos que tomar una decisión; después de haber pedido alojamiento colectivo y de haber sido rechazado, resolvimos instalarnos por la fuerza en la casa del alcalde y mantenerlo como rehén. Dicho y hecho. Cerramos las puertas y comenzamos a construir las barricadas". La guerrilla les acecha a lo largo de todo el recorrido. "Me gustó bastante el traje jaspeado de los vizcaínos, sobre todo el de las mujeres, cuyos peinados dejaban entrever hermosos cabellos negros, recogidos en largas trenzas y adornados con cintas de llamativo color". En el capítulo XXIII explica cómo, ya de vuelta, toma parte en la Batalla de Gasteiz de 1813. Su huida por Nafarroa la relata con detalle. Dice que a **Iruñea** la encontró triste, "pero las disposiciones de ánimo en que entonces me encontraba permiten invalidar mi juicio, emitido bajo influencias que hacen sospechar imparcialidad. [...] Vi, mientras caminaba por ella, algunos edificios y casas hermosas. Las fortificaciones no son muy considerables; hay dos castillos, uno fuera de las murallas y otro dentro de su mismo recinto, donde descansa la defensa. El castillo extramuros es la ciudadela". Camino de **Auritz** observa a sus habitantes, que no hablan ni español ni francés, bastante pobres y desanimados: "A uno de ellos, que pareció comprenderme, le señalé la tierra, queriendo insinuarle que allí estaba toda la riqueza del hombre; pero él se imaginó otra cosa y gritó: ¡Sí, sí, la muerte!, expresando que su única esperanza ahora era la muerte". Advierte que la población de estas montañas no es más española que francesa, sino que es vasca y que nada tiene que temer de ella: *"La population de ces montagnes n'est pas plus espagnole que française; elle est basque, et je n'avais rien à craindre d'elle"*. El paisaje se iba haciendo cada vez más imponente. Llegando a otro pueblo, una quincena de mujeres le salen al paso y, viendo su uniforme de oficial, se ponen bajo su protección. Aquellas desgraciadas mujeres no querían más que defenderse de los abusos de los soldados. Se le acercaron un par de franceses: "Quería razonar con ellos, pero solo recibí insultos y uno de ellos tomó su rifle, lo montó y me ordenó que abandonara el pueblo lo antes posible. Era necesario obedecer. La razón del más fuerte, si no es la mejor, es ciertamente la más irresistible y la menos discutible". Mientras se alejaba, volvió su mirada: "Lo que mis ojos no pudieron ver, lo escucharon mis oídos [*et ce que mes yeux ne purent voir, mes oreilles l'entendirent*]".

1810 – HEINRICH ADOLPH SCHUEMBERG

Llega al País Vasco como miembro del ejército francés en 1810 durante la **Guerra de la Independencia**. Reúne sus recuerdos en su obra *Erinnerungen an Spanien, belehrenden und unterhaltenden Inhalts*. El relato, que comienza en Donibane Lohizune, es bastante desordenado y lleno de imprecisiones. Cuenta la rutina diaria y se detiene poco en los pormenores que le ofrece el paisaje. En el primer capítulo habla de los Pirineos: "Especialmente bonitos son los valles de Baztán, Roncesvalles y Roncal. Hay carne de venado, hermosos bosques y gran variedad de hierbas y plantas tan extrañas como provechosas". **Irun** le resulta "un lugar triste y monótono". Comenta el trabajo de la trilla: "Los españoles, demasiado comodones para manejar el trillo como lo hacen nuestros granjeros, dejan patear su cereal por sus caballerías y bueyes guarnecidos, sobre plazas pavimentadas de adoquines y guijarros cortantes y afilados, que recuerdan a nuestros graneros. De aquella manera se rompe y tritura la paja". Le resulta un misterio por qué los españoles llaman a **Tolosa** "la hermosa":

"Es algo que no puedo entender, si no fuera por la rima". Pasa por Arrasate y Gasteiz antes de llegar a Miranda del Ebro.

1810 – DAMIEN DE SCHALLER

Oficial alemán (1784-1863). Escribió la memoria de su vida en el libro *Souvenirs d'un officier fribourgeois, 1798-1848*. En el capítulo IV, *Campagne d'Espagne*, comienza diciendo que la campaña de la **Guerra de la Independencia** devino en un desastre para la armada francesa. El 22 de febrero de 1810 atraviesa la frontera del Bidasoa, y comenta que "hasta **Tolosa**, el país era rico y fértil, la población inteligente y activa, las comunicaciones fáciles, pero estas felices impresiones no durarían". "Nos vimos obligados a dejar la provincia de Guipúzcoa para ir a Vizcaya por Villafranca, Villareal y Vergara. El camino estaba perfectamente despejado, pero había un rastro creado por carros de municiones y suministros, y de los enfermos y heridos de los distintos cuerpos que regresaban a Francia. En Vergara nos alojamos con el corregidor, un hombre de muy buena sociedad y que hablaba bien el francés. [...] Nuestro batallón estaba en muy buen estado y al día siguiente partimos rumbo a Durango, Zornoza y Bilbao, donde íbamos a encontrar al enemigo, comandado por Porlier el marquesito, sobrino del marqués de La Romana. [...] A paso rápido llegamos a **Valmaseda**, temprano para intercambiar algunos disparos con el cuerpo del marquesito, cerrar el camino a la montaña y conducirlo de regreso hacia el mar". El camino de Balmaseda a Pancorbo, tomado seguramente por el norte de Burgos, lo describe así: "Caminamos de seis a siete leguas por España sin encontrarnos con un solo pueblo. Las casas de los habitantes son pobres chozas sin ventanas, en las que conviven hombres, mujeres, niños, cerdos, aves y ovejas. Preferimos mil veces el vivac a estos barrios marginales llenos de humo, infestados y podridos. Además, el país estaba tan devastado por la guerra que las requisas eran muy escasas y el transporte imposible. Así que habíamos perdido a muchos rezagados y merodeadores. Tuvimos que rehacernos en Pancorbo". "La carretera real de Vitoria a Burgos y Valladolid es una de las más bonitas que he visto en Europa. Este ancho camino, bordeado de aceras y perfectamente conservado, fue construido, se dice, durante el reinado de Carlos III".

1810 ca. – Bacler d'Albe. *Le tambourin Basque. Entorno de San Sebastián (España).*

1810 ca. – LOUIS ALBERT GUISLAIN BACLER D'ALBE

Ingeniero militar y dibujante francés (1761-1824). Hombre de confianza de Napoleón durante la Guerra de la Independencia, acabó siendo director del servicio topográfico francés. Durante su estancia en la campaña española no perdió la oportunidad de dejar plasmados varios de los escenarios que tuvo la opción de conocer, como Pasaia o Baiona, y numerosos **grabados** que muestran las costumbres de nuestro pueblo y las penurias que tuvieron que soportar los soldados franceses durante la guerra. En el que mostramos arriba, realizado en el entorno de Donostia, se representa a un grupo de música con un *tambourin basque*, un salterio o *soinua*, instrumento típico de la cordillera pirenaica.

1811 – GEORGES DE MAILLARD DE BOIS SAINT LYS

Dibujante y militar francés (1766-?). Fue capitán adjunto mayor de la plaza de Vitoria en 1811, durante la invasión francesa en la

Guerra de la Independencia. Realizó una bonita perspectiva aérea de la villa de Bilbao y sus arrabales, *Plan de la Ville de Bilbao et de ses Environs*. La villa nunca dispuso de unas fortificaciones como las de Donostia (1726) e Iruñea (1719) y su defensa se fiaba al cinturón de colinas que la rodeaban.

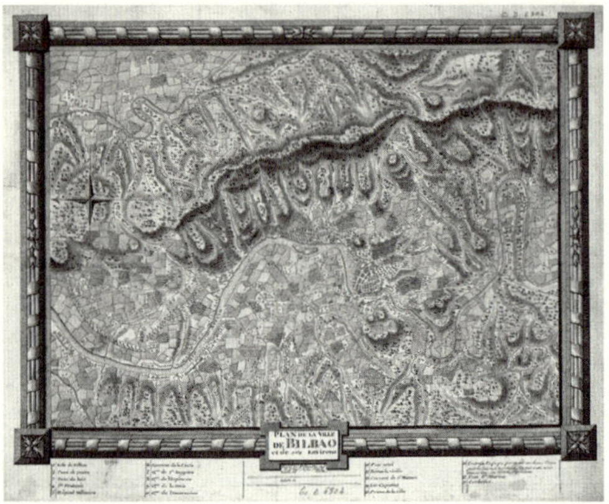

1811 – Maillard. Plano de la Villa de Bilbao.

1811 – DEPPING:

***"Los vascos, como los orientales, tienen también un género de poesía particular, libre de la complicación de la métrica y consistente solamente en la harmonía de los sonidos y el ritmo de las voces"* (bersolarismo).**

1811 – GEORGES BERNARD DEPPING

En su *Histoire générale de l'Espagne*, en el primer tomo, libro segundo, dedica dos capítulos a *Les Cantabres*, donde incluye a las tres provincias vascas, y *Les Vascons*. Bebe de fuentes locales, como Larramendi, Astarloa, Juan Bautista Erro, Tomás de Sorreguieta y José de Moret, y extranjeras, como Gabriel Chappuys (1596) y André Favyn (1612). Realiza primero un repaso general de la historia de los vascones, sus fronteras, sus ciudades, sus monedas y los testimonios que se han anotado sobre ellos. Después se pregunta si el euskera fue la lengua extendida por toda la península, dada la numerosa toponimia que aparece en los viejos manuscritos: *Yliberri*, *Uria*, *Ylurcy*... Compone además un esbozo bastante detallado de "*la langue* ***euscara***, *escuara ou eusquera*", de su gramática, morfología y conjugaciones del verbo y de su posible origen. Señala que "los vascos, como los orientales, tienen también un género de **poesía** particular, libre de la complicación de la métrica y consistente solamente en la harmonía de los sonidos y el ritmo de las voces [*dans l'harmonie des sons et dans le rythme des mots*]". Sobre los vizcaínos escribe un curioso hábito que se lleva a cabo durante los días de duelo (quizá el de las plañideras): "A la muerte de un ser querido, emiten gritos agudos, hacen oír sus lamentos en la distancia y acompañan el funeral con actos violentos que se asemejan a la desesperación y a la rabia. En el pasado, los desórdenes que se cometían en estas ocasiones eran incluso tales, que el gobierno se vio obligado, finalmente, a ponerles remedio por medio de una ley", y copia a continuación un extracto de la Ley 6 del *Fuero nuevo de Vizcaya*.

1811 – FERNÁNDEZ DE MORATÍN,

sobre las brujas de Zugarramurdi:

"Y por estas burlas hubo prision, tormento, sambenito, corozas, soga, velas verdes, burro, azotes, multas, confiscacion de bienes, destierro, cárcel perpetua, afrenta pública, pena capital, garrote y brasero".

1811 – LEANDRO FERNÁNDEZ DE MORATÍN

Dramaturgo y poeta español (1760-1828). Máximo exponente del romanticismo español, Fernández de Moratín fue un autor que cultivó la comedia, razón por la cual se animó a escribir en 1811 *Arte de la brujería y relación del Auto de fe celebrado en la ciudad de Logroño en los días 7 y 8 de noviembre de 1610*, una crítica irónica sobre la obra compuesta por Juan de Mongastón (1611) en la que se narran los hechos del proceso contra las **brujas de Zugarramurdi**. Fernández de Moratín trata "de dar una idea justa de lo que fue la **inquisicion**, de lo que hizo, de los absurdos que creyó, que promovió, que divulgó, de lo perjudicial que fue su existencia á la ilustracion, y á la moral pública; en una palabra, siendo mi objeto retratarla, crei indispensable proseguir mi tarea, presentando el original entero, por ser obra que ella misma dictó, y leyó en la plaza de una ciudad principal de España, delante de muchos millares de personas, y por fin imprimió para que lo leyesen los que no lo oyeron". Una obra que, afirma, "en tan corto volumen reune mas que ningun otro decididos rasgos de ignorancia, de atrocidad, de torpeza y ridiculez, se verá lo que dos siglos hace creía el vulgo, castigaba la Inquisicion, y toleraba el gobierno, viviendo Mariana, los Argensolas, Góngora, el Conde de Villamediana, Quevedo y Cervantes: sugetos todos capaces de pintar con todo su horror, ó de escarnecer con el azote de la sátira tan inicuos procedimientos, á no haber temido la prision, la tortura, la afrenta y la muerte". Cuando Mongastón describe cómo "se animan á cometer todo género de maldades, y se huelgan y entretienen bailando y danzando al son de tamborino y flauta, que en el Aquelarre de Zugarramurdi [...] le tañia uno que se llamaba Joanes de Goyburu, y á son de atambor, que le tañia otro que se llamaba Juan de Sansin". Moratín apunta con tono irónico: "Se ve que el Demonio se acomoda al uso de la tierra. A donde fueres, haz como vieres. En Valencia gustan mucho las brujas de atabalillos y dulzainas, y cantan la jota; en la Mancha tocan panderos y tiples; en Andalucia sonajas y panderetas; en Galicia gaytas; en Portugal guitarras; y en Zugarramurdi se huelgan con la flauta de Goyburu y el tamborino de Juan Sansin". Como conclusión final, Moratín advierte que "por estas burlas y las que se han referido, condenó la Santa Inquisicion de Logroño á cincuenta y tres personas, a cinco estatuas y a cinco esqueletos. Y por estas burlas hubo prision, tormento, sambenito, corozas, soga, velas verdes, burro, azotes, multas, confiscacion de bienes, destierro, cárcel perpetua, afrenta pública, pena capital, garrote y brasero".

1811 – ANDREW THOMAS BLAYNEY

Lord Blayney, militar irlandés (1770-1834). Desembarcó en Cádiz en 1810 para tomar parte en la **Guerra de la Independencia** española contra los franceses. Tras ser capturado, fue conducido a Francia y pasó por Gasteiz en 1811. En 1814 publicó su diario de viaje *Narrative of a forced journey through Spain and France, as a prisioner of war, in the years 1810 to 1814* (*Narración de un viaje forzado a través de España y Francia, como prisionero de guerra en los años 1810 a 1814*). Así habla de **Gasteiz**: "Bajo todos los conceptos Vitoria es ciertamente una de las más hermosas ciudades que he visto en España, y da, en general, sensación de ser laboriosa y agradable. Es la capital de Álava, formalmente una de las provincias de Vizcaya, unida ahora a Castilla la Vieja [*It is the chief town of Alava, formerly one of the provinces of Biscay, but now united to Old Castile*]; dispone de un considerable número de ferrerías, cuya producción se envía a varias partes de España. Fue también en otros tiempos depósito de productos de las colonias, pero ha perdido este privilegio casi en su totalidad a causa de los decretos restrictivos de Napoleón. Sin embargo, conserva aún sus manufacturas de lana, seda y algodón y existe un gran número de talleres de objetos de paja, zinc y sillerías". En *Biscay* contempla la labor de la **laya** con un tenedor de tres puntas y cómo hierran a un buey, algo que se le hace extraño. Se alza el buey con un aparato parecido al que utilizan en su país, quedando este suspendido en el aire, ofreciendo un aspecto bastante ridículo; "*a strange ludicrous appearance as if going to fly*". La estampa de dos muchachas montadas balanceándose sobre sillas dispuestas a ambos lados de una mula le resulta también digna de quedar plasmada por el pincel de un artista.

1812 – JOHN MILFORD

Militar y periodista británico. Publica en 1816 el relato de su paso por la península con el ejército inglés, en plena **Guerra de la Independencia**, camino de la frontera francesa: *Peninsular Sketches, during a recent Tour*. El comienzo del capítulo VII lo dedica a su paso por nuestra tierra, y lo abre con un párrafo lapidario: "En 1793 Francia abolió, por ley, la existencia futura, ordenando que en cada cementerio se erigiera la figura del sueño señalando las tumbas y decretando que este sueño fuera eterno". Y añade, con un punto de ironía, que es una pena que "no decretaran también que dentro de sus dominios no pudiera usarse vinagre para las ensaladas". Narra de manera somera su paso por tierras vascas. De **Gasteiz** dice que se encuentra "en un valle bien cultivado donde, bajo la mirada de las distantes montañas, se esparcen innumerables aldeas en todas direcciones. La ciudad está configurada de manera angosta y deficiente [*close and ill*]. Algunas de sus calles son ahora considerablemente anchas. La Plaza Mayor es elegante, con pequeñas plazas alrededor, mientras la uniformidad de las casas ofrece un aspecto precioso". De **Tolosa** comenta que "es una antigua ciudad situada en un estrecho y fértil valle. [...] Los alrededores presentan un aspecto grandioso y espectacular".

1813 – BUCKHAM:

"[Elorrio] es el lugar más sociable que he visto en la Península". "[Los vascos] son muy coléricos y creo que traicioneros; pero tienen el carácter de ser extremadamente honestos cuando se encuentran unidos".

1813 – E. W. BUCKHAM

Soldado profesional, miembro del ejército británico en la **Guerra de la Independencia** española. Plasmó sus memorias en el libro *Personal Narrative of Adventures in the Peninsula During the War in 1812-1813*, publicado en 1827. La carta XVII la escribe desde **Gasteiz** el 13 de septiembre de 1813. Llega a la ciudad después de la batalla: "Huesos de hombres y caballos, fragmentos de platos, trozos de guata, gorras viejas, residuos de chaquetas y cartucheras, pedazos de trapos, botones y zapatos, todo ello recuerdos explícitos de este glorioso y sangriento día". Las mujeres gasteiztarras, en su conjunto, son, según él, las más atractivas del mundo ("*the finest in the world*") y le resultaría difícil encontrar una ciudad donde la fealdad sea tan excepcional ("*it would be difficult to find a city where ugliness is so rare*"). La carta XVIII, del 16 de octubre, la envía desde **Bilbo**: "El país por el que pasamos, aunque extremadamente montañoso, mostraba una fertilidad encantadora. [...] Sin embargo, el vino, que aquí se llama chacolí, es extremadamente malo; la fruta excelente, y en gran variedad. [...] Las granjas se exhiben por todas partes y te sorprenden a menudo en lugares apartados, donde menos esperas encontrártelas". Dice que sus propietarios son hidalgos, a pesar de poder sorprender a sus hijas en el río haciendo la colada. Del **euskera** comenta que "para oídos desacostumbrados suena como una lengua tosca y bárbara, pero quienes la entienden la consideran muy expresiva y altamente figurativa". Añade un pequeño vocabulario de 11 palabras, entre las que se encuentra *Skarriscatzo* (*Eskerrik asko*). Comenta que es difícil entenderse con ellos ya que apenas hablan el castellano. "Los habitantes recaudan sus impuestos y, después de restar lo necesario para los gastos públicos de su señorío, ofrecen el resto como donación al rey. [...] Son tan celosos de sus privilegios, que no permiten que ningún comerciante extranjero se establezca dentro de su señorío. [...] Son muy coléricos y creo que traicioneros; pero tienen el carácter de ser extremadamente honestos cuando se encuentran unidos". Dice que en Bilbao ha tenido la suerte de encontrarse "con algunos jóvenes españoles que tienen más gusto por la literatura de lo que generalmente evidencian los jóvenes de este país", y menciona a un tal "*Fables of Uriarte*". Las corridas de toros no están prohibidas, aunque, según Buckham, dejan bastante que desear: los toreros parecen criminales y granujas ("*butchers and blackguards*") y hasta el toro parece una bestia degenerada. El 8 de diciembre manda la carta XIX desde Ustaritz, en Iparralde.

Durango le parece "una ciudad limpia y populosa, muy célebre por su fábrica de cañones. Los mejores están hechos con herraduras viejas de caballos y mulas, y su soldadura es tan fuerte que casi el doble del peso del hierro de cada cañón se pierde en la operación". En cuanto a **Elorrio**, donde participó de alguna tertulia, dice que "las casas son muy buenas, casi todas tienen los blasones de la familia estampados en la puerta y están habitadas por personas que no ejercen ningún oficio. De hecho, no vi una sola tienda en el lugar y en las calles crecía la hierba. Aunque todo parecía tan paralizado, se encontraba lejos de ser aburrido, y creo que es el lugar más sociable que he visto en la Península". Habla de un curioso instrumento en forma de horca con dos púas ("*a fork consisting of two prongs*") que utilizan los aldeanos de Tolosa para labrar el campo, o sea, la **laya**. Lo utilizan mujeres y hombres en línea de a tres: "La escasez de ganado en esta parte de España los ha llevado, sin duda, a discurrir este invento; ello les permite, sin embargo, cultivar lugares donde ningún buey podría haber arado". Da la sensación, al hospedarse en **Urruña**, junto a Donibane Lohizune, como de que todavía no hubiera penetrado en Francia: "Aproveché esta oportunidad para entrar en el caserío de un campesino al borde de la carretera. Un niño era el único miembro de la familia que hablaba francés; el resto, compuesto por una anciana, algunas niñas y dos adultos, no hablaba más que vasco [*Basque*], que es casi el mismo que se usa en Vizcaya. Su alegría por la derrota parcial que habían sufrido sus compatriotas era tan descarada, que saltaban como bufones por la habitación".

1813 – ANDRÉ-FRANÇOIS MIOT

Conde de Melito, erudito y hombre de Estado francés (1762-1841). Acompañó a Bonaparte durante toda la campaña bélica de la **Guerra de la Independencia** en España, de la que escribió sus memorias en tres tomos: *Mémoires du comte Miot de Melito, ancien ministre, ambassadeur, conseiller d'État et membre de l'Institut*. Pasó por Euskal Herria durante la retirada del ejército francés en 1813 dejando nota de todo el procedimiento de retirada. Las tropas son atacadas desde el primer momento que llegan a Araba en la zona de **La Puebla** y **Subijana**. El 18 de junio llegan a Vitoria y el 21 tiene lugar la batalla. Miot nos da una idea del caos que se vivió tras la derrota al asegurar lo siguiente: "Uno de los grandes errores de la jornada [...] fue no haber previsto que la retirada, en caso de contratiempo, tendría que hacerse por **Salvatierra**. [...] No solo no se había reparado la carretera, ni siquiera se había reconocido el terreno. Solo se sabía que Salvatierra estaba al este de Vitoria y no se encontró otro guía que un habitante de esta última ciudad, empleado en la casa que habitaba el rey y que se ofreció a servirla". Atraviesan Irurtzun e Iruñea antes de llegar a **Elizondo** en el Baztan. Al cruzar la frontera comenta que "la imagen de la guerra y la desolación se reproducía bajo nuestros pies y la amable ilusión que, a primera vista de la tierra de Francia, nos había seducido por un momento, se desvaneció por completo para dar paso a la realidad más triste".

1813 – JOSEPH MOYLE SHERER

Oficial, viajero y escritor británico (1789-1869). Escribió sus memorias sobre su participación en la **Guerra de la Independencia** española, *Recollections of the Peninsula, during the late war*. Participó en la Batalla de Vitoria de 1813 y fue hecho prisionero en Amaiur y conducido a Baiona, donde fue recluido durante dos años. **Vitoria**, relata, "es una ciudad muy limpia, tiene una plaza muy hermosa, excelentes casas, buenas tiendas y un mercado bien abastecido. La tez de los habitantes era mucho más clara que la que había visto antes; algunas de las mujeres, de hecho, tenían los ojos azules, el cabello castaño y las mismas mejillas saludables de nuestras propias compatriotas; nada sorprendente, ya que el clima es fresco y agradable. El país que atravesamos hasta Pamplona es de carácter llamativo e interesante. Te desplazas constantemente a través de desfiladeros y en medio de montañas. En torno a las aldeas, la mirada se posa con agrado sobre viñedos y campos de maíz encaramados, unos sobre otros, en las laderas de las alturas, y arroyos y riachuelos resplandecen a su alrededor". **Iruñea** le parece que ostenta una de las mejores fortalezas de España, "*one of the finest* *and most perfect fortresses in Spain*". Camino de **Ostitz**, cuenta, arroyos "cuyas orillas están engalanadas con arbustos y flores de manera alegre y salvaje, le dan un carácter sumamente rural y romántico" al entorno. En **Amaiur**, antes de ser apresado, señala que "la gracia y la agilidad naturales de la fina raza de hombres que habitan estos valles montañosos no son propias de quien ha nacido en las ciudades y se ha criado en la llanura. Su paso ligero para ascender a las montañas más altas, su agilidad al saltar de un pedazo de roca a otro mientras cruzan los barrancos salvajes y los torrentes que a menudo se cruzan en el camino, y la rapidez segura, pero intrépida, de su curso por las pendientes más peligrosas, son realmente asombrosos a los ojos de un extraño".

1813 – GLEIG:

"También aquellos edificios que ayer habían escapado de las llamas fueron incendiados sin motivo y fueron perpetrados todo tipo de excesos que permitieron las circunstancias"
(Donostia, 31 de agosto).

1813 – GEORGE ROBERT GLEIG

Militar, escritor y sacerdote escocés (1796-1888). A la edad de 17 años se unió a las tropas de Wellington en plena Batalla de Vitoria durante la **Guerra de la Independencia** española. Su experiencia de 18 meses la narra en su libro *The Subaltern*, una obra que en principio fue publicada en 1825, sin autor conocido, por el editor William Blackwood. Gleig acabó realizando una importante carrera militar y su libro ha sido tenido en cuenta por muchos autores e historiadores posteriores como testimonio fidedigno y directo de los acontecimientos que se sucedieron. De la quema de **Donostia** el **31 de agosto** comenta el último esfuerzo desesperado que realizó el mariscal francés Soult por levantar el asedio a la ciudad. Soult cruza el Bidasoa a la cabeza de una columna de quince mil infantes y ataca las alturas de San Marcial. Las tropas españolas cedieron casi de inmediato, pero después, unidas a dos brigadas de soldados británicos, consiguieron mantener su posición con resolución. Todo ello en medio de una tormenta espantosa: "Mientras tanto, los cielos tronaban de una manera horrible y la lluvia caía a torrentes. En una palabra, fue un día que jamás será olvidado por aquellos que lo presenciaron. Un día que yo, al menos, nunca olvidaré. Es imposible describir, con ningún grado de fidelidad, el aspecto que presentaba San Sebastián cuando, en la madrugada del 1 de septiembre, se hicieron visibles los detalles. [...] [Las tropas] se aplicaron, con mayor diligencia que nunca, al negocio del saqueo, [...] incluso las ruinas fueron inspeccionadas con el entusiasmo más rapaz, no tanto por las joyas y otros objetos de valor, sino por el vino y los licores. Por desgracia, se descubrieron muchas bodegas que, en la prisa y la confusión de la noche anterior, habían escapado a su localización. La consecuencia fue que, en muy pocas horas, la embriaguez se hizo dueña de todo el ejército. Entonces, también aquellos edificios que ayer habían escapado de las llamas fueron incendiados sin motivo y fueron perpetrados todo tipo de excesos que permitieron las circunstancias [*Then, too, such buildings as had escaped the flames of yesterday, were wantonly set on fire; and every species of enormity, which circumstances would admit of, was perpetrated*]".

Gleig pretende ser hasta tal punto objetivo que intenta que su relato se distancie del elemento cultural y geográfico que gira alrededor de él. Aduce dos motivos para alejarse de ello. En primer lugar, por ser de sobra conocido que los hábitos de los vascos (*habits of the Basques*, su lengua, su indumentaria, su aspecto, sus mujeres) son muy diferentes: "Son una raza totalmente distinta, y esencialmente diferente en casi todos los aspectos, ya sea de los españoles o de los franceses. Hablan un idioma propio, el euskera [*Basque*]. [...] Son una tribu singular, y parecen enorgullecerse de esas peculiaridades que les impiden fusionarse con cualquiera de las naciones entre las que habitan [*They are a singular tribe, and appear to take a pride in those peculiarities, which keep them from coalescing with either of the nations among whom they dwell*]". En segundo lugar, por evitar el deseo que le confiere la oportunidad de dárselas de entendido en la materia, de entrar en ella *con amore*. Nadie enrolado en un ejército invasor debería pretender llegar a intimar con sus habitantes: *"No man who journeys through a country, in the train of an invading army, ought to pretend to an intimate acquaintance with the manners and customs of its inhabitants"*.

1813 – Locker. Sorauren, lugar de la batalla contra los franceses en julio de 1813.

1813 – EDWARD HAWKE LOCKER

Militar y artista inglés (1777-1848). Locker fue un personaje inquieto y singular que realizó varias misiones en el extranjero para el Gobierno británico y visitó Euskal Herria en 1813, en plena **ocupación francesa**. Sus impresiones las dejó plasmadas en *Views in Spain* (1824), libro en el que aprovecha para mostrar sus dotes artísticas con la incorporación de gran cantidad de acuarelas de gran calidad. A cada una la acompaña un texto con la descripción del lugar tras los estragos del conflicto. El recorrido de las 17 acuarelas es el siguiente: *Tudela, Noain, Tafalla, Pamplona, Sorauren, Velate, Cohaya, Sunbilla, Vera, Irun, Fuenterrabia, San Sebastian, Villabona, Tolosa, Villa Franca, Vittoria, La Puebla*. La aproximación a **Tutera** es por un valle densamente poblado de árboles y en sus cercanías hay hermosos paseos plantados con avenidas de olmos. Sus casas son defectuosas y estrechas ("*ill and narrow*"), excepto la que desemboca en el Ebro. Uno de los arcos del puente había sido destruido y lo estaban reconstruyendo. El castillo también había sido volado por Mina unos meses antes. **Tafalla** le causa una buena impresión al acercarse: "El castillo y las antiguas murallas, flanqueadas por enormes torreones cuadrados cubiertos de hiedra, tienen una apariencia pintoresca. Algunos conventos de la entrada al lugar habían sido completamente destruidos por los franceses". En **Bera** se encuentra con una población asustada, después del paso del ejército francés y la llegada de 90.000 soldados ingleses. Al llegar a **Hondarribia** apunta: "Había llegado al extremo norte de Guipúzcoa, que, aunque es un cantón de Vizcaya, disfruta de algunas de las distinciones de una provincia peculiar. Los antiguos Cantabri todavía se distinguen [...] por su carácter resistente, activo e independiente". Señala entonces algunos de los **privilegios** de los que gozaban: los impuestos eran una concesión libre (*free gift*), se les eximía de las tasas del tabaco, la seguridad estaba en manos de tropas locales y la mayoría de las leyes estaban al margen de la corona. "Todos estos derechos fueron vulnerados por Bounaparte y no se espera que vuelvan a ser restituidos". La distribución en pequeños pueblos preserva una simplicidad patriarcal (*patriarchal simplycity*) y la influencia del afecto doméstico (*domestic affections*), "cuyo descuido es la mayor causa de la inmoralidad [*demoralization*] en las grandes ciudades". En Tolosa, opina, las **mujeres** son "extraordinariamente bonitas, con una constitución que no es normal contemplar en las provincias del sur. Esta lozanía [*bloom*] se realza con un ramillete de cintas oscuras que lucen alrededor de la frente, con el pelo bellamente trenzado por detrás; y encima de la cabeza aparece una elegante pañoleta, colocada con mucho gusto. [...] Para realzar el conjunto exhiben cantidad de pendientes y collares, que añaden gran esplendor a su aspecto. Los hombres, aunque bien parecidos [*handsome*], desmerecen un tanto a su lado. La capa marrón y calzones, chambergo y polainas, les confieren un aspecto desaliñado [*awkward look*]".

1813 – KINCAID:

"Tenía la sensación de que la mayoría de ellos eran salvajes [...] y me resultó divertido escuchar un día a un paisano [...] trazando su descendencia desde el primer hombre".

1813 – JOHN KINCAID

Miembro del ejército británico que persiguió a las tropas francesas en su retirada durante la **Guerra de la Independencia**. Es autor del libro *Adventures in the rifle brigade* (Glasgow, 1981), en el que dedica un par de capítulos a Euskal Herria, adonde entra por Salinas de Añana: "Debemos estar cerca del mar", exclama un soldado, "el agua sabe salada". La primera batalla contra los franceses se la encuentra en el pueblo de Tres Puentes. Las colinas circundantes están llenas de espectadores. La impresión que tiene de los vascos le resulta extraña: "Tenía la sensación de que la mayoría de ellos eran salvajes, como sus árboles, sin padres ni madres, y me resultó divertido escuchar un día a un paisano, con una gorra de Tam O'Shanter y sus piernas al aire, trazando su descendencia desde el primer hombre y manteniendo que también hablaba su mismo idioma". Kincaid comenta entonces con socarronería que "podría haber agregado, si se deseaban más pruebas, que también llevaba los mismos zapatos y medias" (*"he might have added, if further proof were wanting, that he, also, wore the same kind of shoes and stockings")*. Se hospedaron en **Atarrabia**: "Paramos durante todo el día y fuimos bien provistos de pescado, mantequilla fresca y huevos traídos por las aldeanas de Vizcaya [*Biscay*], que son el grupo de **mujeres** más masculinas que jamás haya visto". Al llegar al **Bidasoa,** "con caseríos limpios y respetables, y pequeños pueblos, rodeados de montañas estupendas, pintorescas y frondosas", comenta que "en ninguna otra parte del mundo" ha visto nada, "natural o artificial, que rivalice con la complexión de las damas".

1813 – ANÓNIMO ESCOCES

Journal of a soldier of the seventy-first, or Glasgow Regiment, Highland Light Infantry, from 1806 to 1815 es un diario anónimo publicado en Edimburgo en 1819 que da cuenta de las penurias por las que tenían que pasar las tropas al atravesar los Pirineos durante la **Guerra de la Independencia**. Al llegar a Gasteiz, su autor comenta que ha visto hermosos paisajes en todo su viaje, pero particularmente bellos al cruzar la frontera del Ebro. Aun así advierte que no es momento para deleitarse con ello. Su llegada a **Orreaga** en noviembre del 1813 es una muestra del drama que vivían aquellos soldados: "El tiempo era espantoso; siempre teníamos nieve o granizo, el granizo a menudo tan grande como nueces. Nos vimos obligados a ponernos las mochilas sobre la cabeza para protegernos de su violencia. En esos momentos las mulas solían correr de un lado para otro gimiendo, lastimadas por las piedras. La helada fue aún más dura, acompañada de fuertes vientos. A menudo, durante días y noches enteras, no podíamos agenciarnos una tienda de campaña. Muchos de nosotros acabamos congelados y otros fueron encontrados muertos en sus puestos. Maldije en aquel momento mi duro destino y lloré por aquel sinsentido. Me despertaban con frecuencia, durante la noche, los sollozos de los que me rodeaban en la tienda; más especialmente los de los jóvenes soldados que no habían estado mucho tiempo lejos del hogar de sus madres. A menudo pasaban la oscuridad de la noche lloriqueando. El tiempo era tan espantoso que al 92° regimiento le sirvieron unos pantalones grises: no podían vivir con sus faldas escocesas; el frío los hubiera matado".

1813 – PATTERSON:

***"El amante de la naturaleza en sus más variadas y románticas formas podría disfrutar aquí de una perspectiva de la que sería imposible de transmitir con palabras ni siquiera una idea mínima"* (Baztan).**

1813 – JOHN PATTERSON

Publica en 1837 *The adventures of Captain John Patterson*, sus memorias sobre la

Guerra de la Independencia. Los capítulos del XVII al XIX los dedica a su paso por Euskal Herria en 1813, en la última de las campañas peninsulares del ejército inglés durante la confrontación. Pasa por Gasteiz camino de Iruñea hacia el Baztan, aunque se dedica a relatar únicamente acontecimientos bélicos y encuentros con los franceses. Solo al llegar al **Baztan** se detiene un momento para anotar que es el más maravilloso escenario que uno se pueda imaginar: *"The whole extent of the vale of Bastan presents, on every side, the most beautiful scenery that can be imagined"*. "El amante de la naturaleza en sus más variadas y románticas formas podría disfrutar aquí de una perspectiva de la que sería imposible de transmitir con palabras ni siquiera una idea mínima", concluye.

1813 – ANÓNIMO BRITÁNICO

Miembro del ejército británico que persiguió a las tropas francesas en su retirada durante la **Guerra de la Independencia**, autor de la obra *History of the fifteenth hussars*, H. C. Wylly, Londres, 1914. Nos habla de **Artajona**, "un pequeño, bonito, limpio y buen pueblo, situado en la ladera de un monte", y de sus vaquillas, un espectáculo "mal llamado corrida de toros". Así lo describe: "Ofrecía un deporte excelente, al estar desprovisto de esas sangrientas y desagradables escenas que caracterizan a similares exhibiciones en las ciudades. El lugar seleccionado para el deporte era un espacio abierto, una plaza en medio del pueblo, y todas las calles que allí conducían estaban barricadas y valladas. Se soltaba un toro, cuya calma y tranquila apariencia no daba indicaciones de estar pensando malas acciones. Esta serenidad de temperamento no era permitida por mucho tiempo, pues media docena de atormentadores (picadores sin pica) comenzaban un ataque, ondeando sus blusas en su cara y tocándole en las costillas y en otras partes de su cuerpo. El mercurio del temperamento del animal comenzaba a ascender y la salsa de la diversión llegaba gradualmente, ascendiendo desde cero al punto de ebullición. Cuando se ponía furioso y el peligro avecinaba, se le retiraba y era reemplazado por uno fresco".

1813 – LOVELL BENJAMIN BADCOCK

Capitán de dragones ligeros. Miembro del ejército británico que persiguió a las tropas francesas en su retirada durante la **Guerra de la Independencia**, autor de las *Cartas originales* mecanografiadas por F. A. Buckle en 1973. Escribió, sobre el valle del **Baztan**, que "es el más rico y uno de los más hermosos valles imaginables, con varios pequeños pueblos muy cuidados: La gente detesta a los franceses y parecen una buena raza de aldeanos. Hablan la lengua vasca. Tenemos cantidad de una sidra tolerable, a la que me he aficionado, y no me desagrada". Dice que los habitantes del Baztan "alegan un derecho de nobleza", y que "cada casa del distrito ostenta el mismo escudo de armas, que consiste en un ajedrezado en blanco y negro". Añade que "el vestido, la lengua y las costumbres son diferentes de las del resto de España". Sobre el valle de **Lantz**, asimismo, dice que su paisaje "es muy bonito y pintoresco, pero está totalmente cerrado al resto del mundo. Toda esta región está dividida en valles cerrados por montes, y los habitantes tienen muy poca comunicación más allá de su valle".

1813 – JOHN BLAKISTON

Destinado en una unidad del ejército portugués que persiguió a las tropas francesas en su retirada durante la **Guerra de la Independencia**. Escribió *Twelve years military adventure in three quarters of the globe*, publicado en 1829. En la crónica cuenta cómo se encuentra con dos hermosos bueyes pastando en el bosque, que son atrapados, muertos y comidos: "El propietario, en vez de protestar por su pérdida o amenazarnos con una denuncia al cuartel general, como esperábamos, nos dijo que lo disfrutáramos, y al ofrecerle el pago correspondiente lo rechazó con indignación, añadiendo que, como vencedores de los opresores, teníamos derecho a ello". En **Doneztebe**, en cambio, se encuentra con un cura, del que dice que "lo que principalmente excitaba su ira era la abolición por Bonaparte de la Santa Inquisición. Para él esta inquisición era el gran soporte de la religión católica y apostólica".

1813 – WILLIAM BRAGGE

Miembro del ejército británico que persiguió a las tropas francesas en su retirada durante la **Guerra de la Independencia**. En el libro *Journal of the Society for Army Historical Research* (Cambridge, 1966), escribe sobre **Tafalla** que "estamos en una ciudad encantadora, rodeada por kilómetros de huertos, en los que abundan la fruta y la verdura y dentro hay posada, mesa de billar y pista de tenis". También estuvo en **Larraga**, conde cuenta "haber estado jugando a cincos en la pared de la iglesia por dos horas". Los británicos tenían un juego parecido a la pelota que llamaban *fives*, "cincos".

1813 – BROUGHTON:

"Todas las sillas, camas, ladrillos y baldosas están llenas de bichos, y aunque no me pican son muy desagradables".

1813 – SAMUEL DANIEL BROUGHTON

Cirujano de la caballería de la Casa Real. Miembro del ejército británico que persiguió a las tropas francesas en su retirada durante la **Guerra de la Independencia**. En el libro *Letters from Portugal, Spain and France, 1812-1813-1814* (Londres, 1815), cuenta que le sorprende el primitivo método que se utiliza para trillar, digno de los mismísimos judíos de los escritos de Moisés: "Se coloca una plataforma circular encima del suelo, apoyada por una estructura de planchas de madera, y caballos y mulas enganchados a un pesado **trillo** son empleados para tirar alrededor del círculo, colocándose el cereal en fajos, para que sea trillado por esta rudimentaria maquinaria al pasar por encima. Algunas veces, un hombre con las riendas se coloca encima del trillo para conducirlo, y a los niños se les permite divertirse subiéndose también, para aumentar el peso". De Bizkaia pasa a Nafarroa, y sobre esta comenta que la actitud de este lugar puede servir de "botón de muestra del espíritu de la nación en general y de sus sentimientos sobre la liberación de este país": "Hay muchos sinceros y agradecidos amigos de los ingleses, no tengo duda, aunque estoy igualmente convencido de que la mayoría, en sus corazones, por una variedad de causas y prejuicios prefieren a los franceses".

De su viaje entre Iruñea y Logroño escribe: "El civismo y atenciones hospitalarias removían cualquier sentimiento desagradable que podría haber surgido de sus limitados medios para ofrecer una cómoda recepción. [...] La gente alejada de las ciudades parece muy poco familiarizada con la civilización de otros países europeos. La manera de estar agachados en círculos delante de sus puertas, sus ropas, o más bien falta de ellas, sus costumbres y hábitos de vivir, tienen más de la naturaleza y disposición de los moros, en los primeros y bárbaros periodos de su historia, que los de cualquier otra nación. [...] Su manera de **cocinar** es sumamente buena. Pequeños pucheros de barro, que ellos llaman 'pinellos', son colocados al lado del fuego de leña para cocer los alimentos. La ventaja que poseen sobre los nuestros, metálicos, es muy manifiesta en la preparación de guisos, cocidos, sopas y otros platos". Hace además una detallada descripción del trabajo de las layas y de la ciudad de Pamplona, "lugar elegible como residencia para aquellos dedicados a negocios o a placer" por su situación intermedia entre la costa vasca y Cataluña. Sobre la **lengua** dice que "el dialecto de sus habitantes parece asemejarse mucho al vascuence [*Basqueueze*], así como el de una considerable porción de la provincia. En otras partes de Navarra mezclan su dialecto todavía más con el de Vizcaya". Pero también tiene un par de quejas: "En primer lugar, no puedes cabalgar fuera del pueblo sin verte cubierto por una nube de paja. Segundo, no puedes dormir, comer o beber al atardecer sin tragar una legión de moscas. Tercero, todas las sillas, camas, ladrillos y baldosas están llenas de bichos, y aunque no me pican son muy desagradables".

1813 – GEORGE EASTLAKE

Abogado de la Marina británica. Miembro del ejército británico que persiguió a las tropas francesas en su retirada durante la **Guerra de la Independencia**. Autor del *Diario editado y publicado por S. G. P. Ward*, 1992. Los oficiales del ejército se tenían que conformar con los aposentos que les cedían en los pueblos, y Eastlake describe así el de **Lesaka**: "Todas las casas que vi en España eran sucias, y esta no era de las más limpias. El cuarto donde me acomodaron era muy grande y como era habitual tenía dos huecos con camas, una de las cuales había sido preparada para mí. El coronel Campbell y yo fuimos a un cuarto al fondo, donde estaba la familia de la casa, la abuela, el padre, la madre, los niños, empleados en cocinar, comer y de niñeros. [...] Pronto me dejó y me encontré solo con esa gente, con la que estuve un rato y después fui a mi cuarto. Nada podía ser más desangelado e incómodo. Había cinco ventanas sin cristales, así que tenía la elección de oscuridad total o el aire de la noche, [...] dormir en tanta suciedad era imposible. Todo en la casa parecía estar hecho de la forma más rudimentaria, y lo mismo en la mayoría de las casas. Los techos de madera estaban sin enyesar y por sus grietas caía el polvo como si fuera un pajar. Inmensos arcones curiosamente tallados para guardar la ropa...".

1813 – GRAHAM:

"He visto hombres con los pies llagados entrar a pisar uva".

1813 – WILLIAM GRAHAM

Miembro del ejército británico que persiguió a las tropas francesas en su retirada durante la **Guerra de la Independencia**. El autor de *Travels through Portugal and Spain during the Peninsular War* (Londres, 1820), nos relata cómo, acampados en Tajonar, se van de **caza** durante varios días: "El primer y segundo día no vimos más que lobos, a muchos de los cuales disparamos para divertirnos. Estos formidables animales nos atacaban al ser heridos y solo podíamos defendernos atravesándolos con nuestras lanzas. [...] Aquí pudimos inspeccionar un valle de casi cinco kilómetros, que era inaccesible, donde pudimos ver al jabalí en su estado primitivo. De las patas se hacen unos excelentes jamones, un poco duros y negros, pero muy dulces". Al pasar por **Gares**, comenta: "Está casi rodeados por grandes colinas, sobre las que hay unas excelentes carreteras, en algunos sitios cortadas en la roca. [...] El pueblo es bastante limpio, aprovechando la ventaja del río que lo cruza, el cual está bien surtido de peces. Existen las ruinas de un magnífico convento, y parece maravilloso que no haya sido reparado nunca. También tienen un excelente mercado, bien provisto y constantemente suplido de provisiones. La calle principal que es totalmente recta, tienen buenas tiendas, particularmente de tejidos y joyeros. Nos enteramos que el lugar es el refugio general de trotamundos de Pamplona, está lleno de ellos". En **Mendigorria**, dice, "hay poco que recomendar, aparte de una hermosa iglesia de estilo gótico mezclado con decoraciones modernas. El interior está decorado de una manera soberbia". En **Lodosa** probaron "algunos de los mejores licores" que "jamás" habían degustado: "Cómo se hacen y preparan no pudimos saberlo, pues el anfitrión mantuvo su secreto, siendo él el único que los hacía en España", cuenta. En **Lerín** vieron que los hombres se reunían los domingos por la noche para comer y, una vez que los curas habían hecho acopio de viandas y se retiraban, llegaban las mujeres y todos se ponían a bailar: "Los movimientos son muy lentos, como la tonada de un himno, y otras veces muy rápidos, el baile marcando el tiempo; pero todo esto es muy lento para un inglés", describe Graham. "Los bailes consistían en enlazar los brazos los hombres y las mujeres, los hombres giraban a las mujeres, hasta que estas les daban la espalda, entonces giraban ellos, hasta que los brazos de ambos se cruzaban en el pecho, con las manos de cada uno en los hombros". Añade que le desagrada la forma de pisar la uva: "He visto hombres con los pies llagados entrar a pisar uva, y otros que venían de las sucias calles expresamente para ayudar, con los pies llenos de barro".

1813 – GEORGE HENNELL.

Miembro del ejército británico que persiguió a las tropas francesas en su retirada durante la **Guerra de la Independencia**, autor del libro *A Gentleman Volunteer, The Letters of George Hennell* (1979). Cuenta durante el relato de la persecución al ejército francés que pararon en una aldea "a unos ocho kilómetros de Pamplona". Comenta de la angustia que vivían los vecinos que "en cuanto se acercaban [los franceses], los habitantes huían al monte con todo lo que podían llevarse. [...] Según estaba preparando mi cena, mi patrón y patrona llegaron del monte. Ella estaba pálida y fatigada y permaneció quieta al entrar, exclamando con cada mirada, ¡Oh, Jesús! Todo estaba roto. [...] Los vizcaínos [*biscayans*] hablan su propia lengua". Llama a los navarros vizcaínos, porque así se le llamaba entonces a la lengua vasca. En **Atarrabia**, cuenta, "exigieron al más rico del pueblo, un cura, todas sus camisas e incluso le quitaron las botas. Él les dio un vino excelente y porque no quiso o no pudo darles más, le cortaron la lengua y le apuñalaron". En **Bera** dice que llueve "casi todo el día" y hay "poco forraje", por lo que su único consuelo es que hay "mucha leña y agua". Describe así las casas de dicha localidad: "La mayoría de las casas tienen tres pisos –contando la planta baja–. El de arriba está abierto por detrás y ahí ponen el cereal según lo cortan. Los tejados tienen aleros de casi un metro y todas las casas tienen balcones corridos en las fachadas. Si duermes en una casa puedes estar seguro de cubrirte de pulgas, y si no es de las mejores, también de piojos".

1813 – LARPENT:

"Venden todo como los judíos y son por naturaleza exorbitantes, rapaces y avariciosos".

1813 – FRANCIS SEYMOR LARPENT

Juez encargado de organizar los consejos de guerra. Miembro del ejército británico que persiguió a las tropas francesas en su retirada durante la **Guerra de la Independencia**. De su diario privado *The Private Journal of Judge-Advocate Larpent* (Londres, 1854), se pueden extraer interesantes extractos sobre los modos de vida: "Ya te he hablado de las **ferrerías** de estas partes [**Lesaka**] y su sencilla construcción. Sin embargo, creo que hacen un hierro excelente. Para ello mezclan el mineral de aquí, que es muy quebradizo, con el que traen de las cercanías de Bilbao, que es muy dúctil y blando, y los dos forman una excelente mezcla con la que solían abastecer gran parte del sur de Francia". Se queja de que "traemos cantidad de dinero al país, a pesar de nuestra mala paga, y ellos nos despluman por todo lo alto. Venden todo como los judíos y son por naturaleza exorbitantes, rapaces y avariciosos". Larpent nos narra también un par de anécdotas bastante insólitas. Nos cuenta primero cómo adelantaron "a 14 o 15 monjas con sus hábitos que estaban tan agotadas que nos pidieron un poco de ron, pero desgraciadamente no teníamos", y nos habla después de que "un toro furioso, que creo que pertenecía a intendencia, irrumpió en las dependencias del intendente general sir Robert Kennedy, consiguiendo llegar a las oficinas de los funcionarios. [...] Después de alterar algunas cosas, el toro salió al jardín y saltó la valla sin causar graves daños. La broma fue que el dueño había ingeniado esto, porque no le habían pagado una demanda suya". "Durante las últimas dos semanas hemos encontrado a la gente de Navarra muy estúpida, y su lengua ininteligible. No entiende buen castellano, porque tienen un **idioma** propio muy bárbaro".

1813 – ROBERT LONG

Miembro del ejército británico que persiguió a las tropas francesas en su retirada durante la **Guerra de la Independencia**. En la edición de 1923 *Cartas editadas y mecanografiadas por M. T. Gretton*, Long nos relata cómo, "estando ansioso por ver el famoso desfiladero de **Roncesvalles**, [...] fue muy gratificante la belleza del escenario, [...] que casi iguala la de muchos lugares de Suiza. [...] Hay un establecimiento religioso muy respetable y que antiguamente era muy rico. Poseían muchos recuerdos de la antigüedad, pero los franceses se los llevaron con la excepción de dos mazas medievales de guerra".

1813 – EDWARD PAKENHAM

Miembro del ejército británico que persiguió a las tropas francesas en su retirada durante la **Guerra de la Independencia**. En sus *Cartas en microfilm* (Londres), parece que nos hable del **irrintzi**: "Los habitantes son buena gente, pero hablan una jerga que no hay manera de entenderles. El vasco, en mi opinión, es tan poco parecido al francés o español, como el galés al inglés, y lo que es curioso, los montañeses al hablar o llamarse el uno al otro, levantan la voz con el mismo chillido que los galeses".

1813 – SCHAUMAN:

"En la zona pasado Vitoria la gente habla vasco". "Eran tan celosos [en Olite], que ningún húsar estaba seguro si le veían bromeando con una chica. Mataron a dos hombres del 10 de húsares cerca de la puerta de la ciudad y les sacaron los ojos".

1813 – AUGUSTUS SCHAUMAN

Miembro del ejército británico que persiguió a las tropas francesas en su retirada durante la **Guerra de la Independencia**. En su libro *On the Road with Wellington*, publicado en Londres en 1924, nos cuenta primero la situación apocalíptica que se vivía en los alrededores de Gasteiz en aquel momento, con caballos muertos, heridos y exhaustos en las cunetas de la carretera. Según explica, todas las familias españolas ricas y de rango emprendían la huida hacia Francia, cargando con sus pertenencias y pasando la frontera como si fueran mendigos. Sobre la lengua, dice que "en la zona pasado Vitoria la gente habla vasco [*Basque*], y como esta lengua no tiene semejanza con ninguna otra viva o muerta, nos resultaba incomprensible". Nos narra también su mala experiencia vivida en **Erriberri**: "La llanura sobre la que se encontraba el pueblo era polvorienta, el calor terrible y los habitantes oscos y maleducados. Esto era especialmente cierto de los peones agrícolas que solían andar por las noches en cuadrillas y llevaban carabinas debajo de sus capas. Eran tan celosos, que ningún húsar estaba seguro si le veían bromeando con una chica. Mataron a dos hombres del 10 de húsares cerca de la puerta de la ciudad y les sacaron los ojos". Sin embargo, él mismo presume de sus conquistas en esa localidad: "En Olite tuve cantidad de amoríos". Enumera desde las hijas de un rico terrateniente hasta la esposa legítima de un organista. En **Oskotz**, en el concejo de Imotz, "los habitantes solo hablaban vasco", asegura. "Las chicas eran guapas y llevaban el pelo en dos trenzas largas, cuyas puntas ataban con cintas de seda azul raso. No tuvimos tanta suerte con estas chicas vascas como habíamos tenido con las mujeres españolas [¿las de Olite?], ya que eran tímidas y no entendíamos su lengua". Al pasar el pueblo se va cruzando con campesinos vizcaínos (*Biskay peasent*); generalmente usa la palabra vizcaíno para referirse al que habla vasco. Ya en Iparralde, en **Bardoze**, donde los lobos bajan del Pirineo para devorar los restos de la batalla, ve que las mozas cantan canciones en vasco y bailan las danzas nacionales acompañadas de la dulzaina (*shawm*) y el *Basque Tambourine* (el salterio o el tamboril).

1813 – HARRY SMITH:

"¡Yo soy navarro! ¡Nací libre de toda invasión extranjera!".

1813 – HARRY SMITH

Miembro del ejército británico que persiguió a las tropas francesas en su retirada durante la **Guerra de la Independencia** y autor de la obra *The Autobiographie of Lieutenant Harry Smith* (Londres, 1901). A partir del capítulo XI nos relata la campaña de la batalla de Gasteiz y su avance hacia Bera. Nos cuenta datos más bien técnicos de los movimientos. Pasado Iruñea, pernoctan en un pueblo llamado *Offala*. Su anfitrión le lleva entonces a la bodega para mostrarle algo, y le dice: "¡Aquí yacen cuatro de los diablos que pretendían subyugar a España! ¡Yo soy navarro! ¡Nací libre de toda invasión extranjera y esta mano derecha clavará el cuchillo en mi corazón como lo hiciera en el de ellos, antes de que yo y mis compatriotas seamos subyugados!".

1813 – RICHARD HUSSEY VIVIAN

Coronel británico. Miembro del ejército británico que persiguió a las tropas francesas en su retirada durante la **Guerra de la Independencia**. En 1897 se publicaron en Londres sus memorias, *Richard Hussey Vivian, first baron Vivian, A Memoir*. Llega el 29 de agosto de 1813 a **Bilbo**, situado, según él, en un paraje magnífico: "*Its situation is beautiful, as I have already told you; on a river in the midst of magnificent mountains; and, in peace, when things are neat and settled, I have no doubt it is a delightful residence*". Describe el proceso de prensado de la uva: "Las uvas se traen en grandes cubos a lomos de mulas, y se rocían con cal fina; dicen que para darle más color al vino. Después se tiran en un suelo de ladrillos sucios, que probablemente no ha sido limpiado en siglos. Estos suelos tienen una inclinación gradual hacia el centro, donde hay un embudo que conduce el zumo de las uvas a unas cubas inmensas situadas abajo. Cuando el suelo está lleno de uvas, cuatro o cinco mugrientos desdichados, sin zapatos ni medias, y con los pies cubiertos de toda especie de porquerías que tanto abundan en las calles de las ciudades españolas, entran y empiezan a pisar. [...] Los pellejos de la fruta se retiran de la prensa y se llevan al alambique para hacer brandy". No dejó, sin embargo, de beber vino por ello. A su paso por la **Ultzama**, le describe así la hermosura del paisaje a su mujer en una carta del 7 de noviembre: "Si los pobres caballos pudieran admirar el panorama como nosotros, se verían compensados por sus esfuerzos, porque francamente no te puedo describir la belleza del escenario por el que pasamos". En **Bera** comenta que "sus habitantes son medio franceses. Su lengua es el vasco, perfectamente ininteligible".

1813 – WOODBERRY:

"Los fandangos hacían furia. Los bailaban las mujeres y algunas de una manera muy inmodesta".

1813 – GEORGE WOODBERRY

Miembro del ejército británico que persiguió a las tropas francesas en su retirada durante la **Guerra de la Independencia**. Publicó en 1896 el libro *Journal du Lieutenant Woodberry. Campagnes de Portugal et d 'Espagne*, en el que recoge su paso por Euskal Herria. Tras conocer **Erriberri,** comenta que "este país es ciertamente un paraíso en algunos aspectos, comparado con Inglaterra". Woodberry nos relata el suceso de un soldado que fue visto a las afueras del pueblo paseando con una mujer y al día siguiente fue asesinado, "por lo tanto es muy posible que se trate de un asunto de celos". En Erriberri hubo varios asesinatos de soldados. Él mismo fue invitado a una fiesta y comenta: "No, no mis dulcineas, no quiero intrigas con vosotras. No quiero ser asesinado". Dice que "los fandangos hacían furia. Los bailaban las mujeres y algunas de una manera muy inmodesta". Hace varios comentarios sobre la "mujer española": "Lleva el pelo en una trenza, atada con una cinta muy cerca de la cabeza, y que le cuelga por detrás. En general colocan la trenza sobre el hombro izquierdo cayendo sobre su pecho. Lo cual es muy atractivo". "Las españolas tienen una costumbre que para un inglés es muy descarada: si le estás dando la espalda a una mujer, y esta quiere hablar contigo, no te tocan suavemente en el hombro, o te hacen volver con zalamería, no. Tienen un método muy distinto; te dan un azote en el culo. Así fui saludado esta mañana por una de mis amigas en el mercado. Todo el mundo se echó a reír y no fue por su cortesía, sino por mi sonrojo y confusión". También presencia las vaquillas de Olite, a las que llama "engañatoros" y no corridas. Sobre **Lesaka**, en cambio, nos cuenta cómo se organizan los nativos con las comidas: "La primera comida de la mañana, bien en la cama o justo después de levantarse, es chocolate con pastas o pan tostado, después de beber un vaso de agua fría que siempre te traen con el chocolate. Se almuerza entre las doce y las dos. [...] La comida consiste en sopa y una variedad de fuentes con comida colocadas alrededor del centro de mesa. Cada persona sentada enfrente de una fuente, ya sea de carne, pescado o verduras, llena su plato o trincha el contenido y la pasa al de al lado". Dice que las carnes las cubren con aceite y ajo, las sopas y postres son buenos, que se sirven del pan para ayudar y que apenas usan sal y pimienta. Y que no se brinda. "No existe esa reserva y respeto que mantienen los criados que sirven la mesa en Inglaterra. [...] Los sirvientes, tanto hombres como mujeres, son sucios, desaliñados y torpes". En **Errotz**, junto a Irurtzun, asegura que los campesinos "no tienen camas y duermen en cualquier rincón seco en el suelo, envueltos en sus capas o mantas, incluso con el peor tiempo. Nunca se quitan la ropa hasta que está desgastada, o hasta que se casan".

1815 – JEAN-BAPTISTE BRETON DE LA MARTINIÈRE

Taquígrafo y periodista francés (1777-1852). En 1815 edita un interesante ensayo sobre los usos y costumbres de España y Portugal: *L'Espagne et le Portugal ou moeurs, usages et costumes des habitans de ces royaumes*. Incluye dos capítulos sobre Bizkaia y Nafarroa. "Las tres provincias de la Vizcaya tienen un modo de administrarse muy semejante a aquellas que nuestras provincias francesas llama 'pays d'états'", afirma. "Se gravan sus impuestos ellas mismas y solo pagan el excedente de sus gastos al tesoro real a título de donación gratuita, 'donativo'". Toma datos de Aulnoy (1679) y Bourgoing (1777) sobre la declaración universal de nobleza vasca y pasa a hablar de los derechos de la española, de sus caballeros, ricoshombres e hijodalgos. Describe brevemente a Bilbao, Hondarribia y Donostia. "Les gusta mucho el vino y la buena mesa, y no poseen la misma sobriedad que los demás españoles; pero saben contenerse en sus propósitos y es raro que lleguen a la borrachera". "Los hombres del campo tienen calzones de lona o tela blanquecina, una gorra de tela cuya forma varía según los cantones y se asemeja mucho a la simple gorra del catalán". "Apasionados de la danza, tienen una muy particular de nombre **'Zorcicos'** y la ejecutan al son del chistu [*galoubet*], el tamboril y la pandereta [*tambour de basque*]". Sobre Navarra comenta que su administración "apenas se parece a la del resto de Europa: está regida por un virrey". Menciona a Pamplona, Tafalla y Tudela y dice que los habitantes de esta provincia son "fieros y bravos, pero más reservados y más serios de lo que cabría esperar de los pueblos vecinos de los vascos, que son los antepasados de los gascones". Sobre el euskera, afirma que "por una singular fatalidad, el antiguo idioma vasco se ha conservado mejor en la parte que queda incorporada a Francia".

1815 – Breton. Aldeanos del reino de Navarra.

1817 – JOUY:

"La pequeña nación vasca no se parece a ninguna otra, pues todo lleva carácter original, todo va marcado con ese viejo sello que la roña del tiempo hace aún más respetable".

1817 – ÉTIENNE DE JOUY

Periodista y escritor francés (1764-1846). En 1817 recorrió el País Vasco, plasmando sus impresiones en 30 páginas del primer tomo de *L´hermite en province ou observations sur les moeurs et les usages français au commencement du XIX siècle*, publicado en 1821. Lo primero que le llama la atención en **Baiona** es la ***Pamperruque***, una danza que se dispensa para hacer los honores a las personalidades. Al salir de Baiona se topa con un campesino que le pregunta si es extranjero. De Jouy le dice que ha nacido en Francia, pero que como ha vivido en los cuatro continentes tiene bagaje suficiente para elegir una patria, a lo que el aldeano le contesta: "No lo dudarías si tuvieras, como yo, la dicha de ser vasco [*Vous n'hésiteriez pas, si vous aviez, ainsi que moi, le bonheur d'être Basque*]. Como tú, he viajado por muchos países, pero siempre vuelvo a mis montañas; y cuanto más observo este pedacito de tierra, cuanto más lo comparo con todo lo que he visto, más razón encuentro para justificar ante mis propios ojos la preferencia que le doy". Enumera las **siete provincias**: "Los vascos habitan sobre las vertientes opuestas de los Pirineos occidentales; la mayor parte de esta nación está sometida [*soumise*] a España y forma la población de Navarra, Álava, Vizcaya y Guipúzcoa. Los vascos franceses ocupan a lo largo de los Pirineos septentrionales un pequeño territorio dividido en tres comarcas que se designan por Basse-Navarre, Soule y Labour. [...] Los vascos españoles y franceses son de una sola y misma raza de hombres; su talla es media, pero esbelta y bien proporcionada; sus rasgos son pronunciados, su fisonomía a la vez dulce y altiva; son vivos, laboriosos y de una agilidad proverbial". Añade que la "pequeña **nación** vasca" (*"la petite nation basque"*) no se parece a ninguna otra, "pues todo lleva carácter original, todo va marcado con ese viejo sello que la roña del tiempo hace aún más respetable".

1817 – FRIEDRICH PARROT

Médico, naturalista y alpinista alemán (1792-1841). En el año 1817 emprende un viaje a los Pirineos que relata en su libro de 1823 *Reise in den Pyrenäen*. Recorrió la cordillera cargado con un enorme maletín con el que transportaba un barómetro y que generaba desconfianza, dado que lo confundían con un contrabandista. "Allí me las tuve que ver con los vascos [*Basken*], este pueblo, que por su lengua, que hasta ahora ningún otro reconoce como materna, por sus costumbres reglamentadas, por el valor personal en la defensa del propio rebaño, satisface con creces su reputación de simplicidad, dulzura, legitimidad y originalidad [*Einfalt, Sanftmuth, rechtlichkeit und Originalität*]", relata. Comenta que supuestamente descienden de los iberos y que otorgaron a los gascones su nombre. Describe su indumentaria y las ***espartilles***, "un calzado muy duradero y el más apropiado para caminar en zonas pedregosas, ya que cada protuberancia se agarra a la gruesa y suave suela". Uno de los guías de **Aldude** le obliga a levantarse a las dos de la mañana para poder estar de vuelta de la excursión para la misa de las nueve del domingo, por lo que comenta: "Sería asombroso, casi inaudito, que este pequeño pueblo, limitado por una parte por la superstición y por otra por la cultura superior, se preservara en esta pureza de forma tan íntegra y para siempre". El **arado** vasco ofrece para él el testimonio de la rusticidad que todavía prevalece en el campo: "Es el más inútil [*ungeschickste*] que haya contemplado nunca. En cada mano el labrador sostiene un grueso palo de más de dos metros de largo; a uno de ellos, el del lado izquierdo, se sujeta la reja horizontal mediante dos travesaños verticales; en el centro del otro se inserta la llamada cuchilla, apuntando oblicuamente hacia delante, y los extremos delanteros de estos pesados palos están unidos cada uno de ellos por una cadena al yugo de los bueyes de labranza de manera bastante inestable...". Sobre la forma de hablar del vasco (*Baskische*), comenta que su pronunciación es "fuerte pero melodiosa", y como muestra ofrece un pequeño vocabulario de palabras –*oïhïa*, pan; *ekhïa*, sol; *aranja*, pescado...–, así como los numerales.

1818 – CHRISTIAN GOTTLIEB VON ARNDT

Historiador y filólogo alemán (1743-1829). Su obra de 1818 *Ueber Den Ursprung Und Die Verschiedenartige Verwandtschaft Der Europäischen Sprachen* es un libro que trata del origen y parentesco entre las diferentes lenguas europeas. Dedica a la **lengua vasca** diez páginas del primer capítulo, *Die baskische oder kantabrische Sprache*, en las que aclara su denominación en los diferentes idiomas: en francés *le Basque*; en castellano *Basquenze*; y en vasco *Euskera* o *Uskera*. Presenta un pequeño vocabulario para realizar una comparación lingüística con otras lenguas de Oriente. Dice que los *Euskaldunak* conservan en su idioma un tipo de numeración que los hace singulares en el mundo de las lenguas, ya que cuentan de veinte en veinte, y comenta la influencia que el euskera hubiera podido tener sobre las lenguas celtas. Como colofón, presenta un verso de tres estrofas en *uskera*, para que el lector pueda comprobar la sonoridad del idioma. La primera dice: "*Vizcai guraso sendo/ Martis emaliac./ Erroma arrotubar/ Macurtu baguiac./ Gastelaco Erregue/ Carlos laugarena/ Pozez beteric diño/ Dala bere Jauna*". Si se quiere encontrar algún tipo de parentesco con otras lenguas, asegura que habría que buscarlo entre las lenguas samojedas del norte de Siberia o entre las finesas.

1818 – RASMUND RASK

Lingüista danés (1787-1832). Especializado en la fonología y morfología comparada, este eminente lingüista (autor también de una gramática española en 1824) escribió en 1818 *Undersøgelse om det gamle Nordiske eller Islandske Sprogs Oprindelse*, una investigación sobre el origen de la lengua de Islandia. En el capítulo III, *Vaskisk*, de dos páginas, comenta que su relación con la lengua celta aún no ha sido suficientemente desarrollada. Parte de su vocabulario deriva de la influencia romana y goda. Dice que no encuentran similitudes entre el **groenlandés** y el **euskera**. Echa en cara a algunos eruditos el haberlo exaltado demasiado, sin profundizar en su construcción y comparación con otros idiomas, y haberlo considerado como el idioma del paraíso. Concluye que los *Euskaldunan*, como los llama, no están en conexión directa con los pueblos godos, ni emparentados con ellos en rasgos generales. Comenta el irlandés William Wilde en 1849 que Rask decía que los aborígenes del oeste de Europa debían de ser de raza vasca, de la cual derivaron los iberos, y que ligaba el euskera con las lenguas finesas, laponas y danesas.

1819 – JOHN LINGARD

Sacerdote e historiador inglés (1771-1851). Autor de una monumental *Historia de Inglaterra* (*The History of England*), en ocho tomos y publicada en 1819, Lingard nos cuenta que hubo una ocasión en la que el rey de Inglaterra se expuso en la mar a grandes peligros que casi acaban con su vida. Hablando en el volumen III, capítulo II (*Victory at sea over the Spaniards*), de la victoria naval de Eduardo III sobre los españoles en la Batalla de Winchelsea del año 1350, el historiador nos informa del tremendo combate que allí se libró y del importante papel que jugaron los marineros vascos: "En los puertos españoles del golfo de Vizcaya vivía una **raza de marinos** robustos y aventureros [*a race of hardy and adventurous seamen*], famosos por la pericia náutica y las empresas comerciales, deseosos siempre de ejercitar su animosidad contra los marineros ingleses, sus principales competidores en el Océano. Las naves de dichos puertos formaban una armada considerable que había subido por el canal de la Mancha hasta el puerto de Sluys al mando de D. Carlos de la Cerda. Su objeto era traficar con las ciudades de Flandes, pero al paso anduvieron cometiendo actos de piratería y, siendo amenazados con represalias, pretendían osadamente el dominio de los mares, retando a aquellos que habían perjudicado". Eduardo decidió castigar la insolencia por sí mismo, poniéndose entonces al mando de una flota en Winchelsea. La lucha entablada por ambos bandos fue tremenda y tuvieron que acudir en ayuda del barco del rey, que ya hacía aguas por todas partes. A pesar de la victoria inglesa, "los vizcaínos no se arredraron por la pérdida [*the men of Biscay* *were not dismayed by their loss*], y al descubrir que la querella era perjudicial para los intereses de ambas partes, se ajustó en Londres una tregua de 20 años entre el rey de Inglaterra y 'las ciudades marítimas del rey de Castilla'". Los nombres de los puertos que iban copiando de unos documentos a otros acaban corrompiéndose de tal manera que al final se hacen casi incomprensibles: *Fonte Arabie, Sant Sebastián, Gatary, Mortico, Lagety, Vermeye, Gornis, Pontegalac.*

1819 – BOUCHER:

"...de actores ruidosos que eran, sus compañeros de repente se convirtieron en oyentes atentos. Él canta; las estrofas se suceden; la poesía fluye de sus labios de manera natural" (bertsolaris). *"Un vasco nunca verá en otro hombre más que un igual".*

1819 – M. BOUCHER

Subinspector de aduanas francés. Durante los años 1822 y 1823 va publicando en los números 49/54 de la revista *Journal des voyages, découvertes et navigations modernes* una serie de artículos que titula *Souvenìrs du pays Basque et des Pyrénées, en 1819*. En ellos nos cuenta de las provincias que restan *"de l'ancienne confédération cantabrique"*. A saber, *"en France, de basse Navarre, Saule et pays de Labourt, et en Espagne, de haute Navarre, Guipuzcoa, Alava et Biscaye"*. Realiza primero una introducción histórica y nos habla del euskera que tanto ensalza Astarloa. Advierte desde un principio que "quizás no haya ningún país donde la desigualdad de fortunas y condiciones se sienta menos en las relaciones habituales de la vida. Un vasco nunca verá en otro hombre más que un igual, y cuando le hable, será siempre conservando su actitud libre y el sentimiento de su dignidad humana". Recorre entonces Euskal Herria de Baiona a **Hernani**, donde asiste a una corrida de toros que describe con detalle. En **Lezo** es testigo, el 14 de septiembre, de una gran romería en la que convergen individuos de todos los rincones del País Vasco. Se baila *zorzico*, ***carica-dansa***, *trompa dansa* y *fandango* y se toca el *violon* (¿salterio?) y la *chirola*. Transcribe una canción entera en euskera que comienza así: *"Isat batee cerutic claritates betheric/ Gauras ire arguicendu berce ororen gainetic/ Dudatcen dut baduyenetz mundu unitan pareric"*. El ambiente distendido da lugar a "peleas y riñas", pero, dice, "no son la parte menos divertida de la fiesta". "No pasa el día sin que una buena mitad de toda esta gente esté completamente borracha, y por la noche todos los que todavía pueden mantenerse en pie, se dan una vuelta cantando a todo pulmón, para la mayor gloria de Dios". Más allá de los placeres y los juegos, le llama la atención cuando el vasco despliega *"sa brillante imagination"*. Describe entonces una velada de **bertsolaris**. Un invitado, excitado por el vino y la buena comida, "se siente inspirado; se levanta; cesa el tumulto; el silencio más profundo se instala, y de actores ruidosos que eran, sus compañeros de repente se convirtieron en oyentes atentos. Él canta; las estrofas se suceden; la poesía fluye de sus labios de manera natural. Su canto es serio y mesurado; aire, palabras, todo lo encuentra sin buscarlo, y su rica imaginación le proporciona constantemente nuevas ideas, ya sea por tomar como tema los elogios de cada uno de sus invitados, bien por servir la crónica del país como texto para sus canciones. Cantará así durante horas y horas. Pero otro se siente, a su vez, inspirado; comienza una especie de lucha pastoral, la escena se vuelve aún más interesante. Cobra aún más vida cuando se mezcla el baile y forma una especie de acompañamiento a la letra. Los dos rivales cantan y bailan por turnos; los pasos se adaptan a la canción; a ver quién hará lo más hermoso y difícil sin dejar nunca de medir ni desviarse del espíritu de la pieza".

1820 – ANÓNIMO ALEMÁN

En 1820 se edita en Düsseldorf la *Charte von Spanien und Portugal*, un mapa peninsular que muestra a España dividida en tres reinos: el de Castilla, el de Aragón y el de Navarra. La carta presenta unidas a Navarra y las "provincias vizcaínas", englobándolas bajo el título de "Reino de Navarra". La leyenda dice: *Reich (reino) Navarra. Biscaysche Provinzen: Guipuscoa, Alava, Vizcaya.*

1820 – Anónimo. Mapa con Navarra y las *provincias vizcaínas* unidas.

1820 – CHARLES BEAUFAY

Publica en 1846 el libro *Journal of a ride post through Portugal and Spain, from Lisbon to Bayonne* que resume su viaje por la península con el correo postal durante 1820. Pasa de manera fugaz por nuestro territorio, y narra sus bellos paisajes y las laderas cultivadas en la zona de Bergara a Tolosa, cuyos habitantes mostraban una salud envidiable. Las mujeres se hacían cargo de las vacas y "las hijas de los cocheros eran hermosas y sus maneras y vestidos muy por encima de su estilo de vida: en una palabra, parecía como si la región a la que había llegado fuera muy superior a todo lo que había contemplado desde que salí de Lisboa".

1822 – GEORG HASSEL

Geógrafo alemán (1770-1829). En la entrada *Basken*, suscrita por Hassel, de la **enciclopedia** alemana de la ciencia y el arte *Allgemeine Encyclopädie der Wissenschaften und Künste* de 1822, de los editores Johann Samuel Ersch y Johann Gottfried Gruber, aparece que los vascos ocupan ambas partes del Pirineo. Según dice, en España estuvieron extendidos por las provincias vascas, así como por Navarra, Andorra y otros valles pirenaicos, mientras en Francia ocuparon una parte de Gascuña. Comenta que "descienden claramente de los antiguos **cántabros**, pero estos [los vascos] no son el mismo pueblo que los vascones, sino que estos últimos son, como lo demuestra su idioma, de origen galo [se refiere seguramente a los aquitanos], mientras que la lengua vasca, [...] es la auténtica lengua cántabra y un idioma primigenio". Los vascos son, según Hassel, de carácter alegre, y las vascas tienen más ánimo y resistencia (*Frische und Ausdauer*) que otras mujeres del sur, y comparten tareas agrícolas con los hombres. Tienen, asimismo, su propio baile nacional, ***Zorticos***, y una especie de corrida de toros (*Ochsenhetze*), *"die Novillos"*. Añade que conservan sus privilegios desde el siglo XIII.

1822 – MICHAEL JOSEPH QUIN

Escritor hispanófilo irlandés (1796-1843). Visitó España durante la época del Trienio Liberal, y dejó nota de su viaje, primero en el diario *Morning Herald* y después en su libro *A Visit to Spain, detailing the transactions which occurred during a residence in that country, in the latter part of 1822, and the first four months of 1823*. En el capítulo II y III recorre durante 20 páginas el trayecto de Baiona a Miranda de Ebro. Llega a Euskal Herria en noviembre de 1822 en pleno Trienio Liberal y por el camino se encuentra muchos curas huyendo de España después del establecimiento de un Gobierno de carácter liberal. Comenta el hermoso efecto que produce en las **mujeres vascas** de Iparralde (*basque women*) el tocado que llevan, con un pañuelo de cuadros violeta y azul anudado en la cabeza. Se les ve llegar a los mercados montadas sobre cestas a ambos lados de sus caballos. Pasada la frontera en una *gabarre*, se encuentra con rostros de un carácter "totalmente diferente"; "hombres laboriosos de apariencia miserable, con los pies desnudos atados con sandalias toscas; mujeres sin siquiera sandalias o zapatos de ningún tipo, con el cabello oscuro cayendo hacia atrás hasta la cintura, prolijamente trenzado, grandes ojos oscuros y una cordial expresión en sus rostros, nos aseguraban que el Bidasoa no era la frontera ideal". Para ir a misa los hombres vestían de domingo: "Un sombrero de hojas anchas vuelto hacia arriba a los lados, chaqueta y pantalones marrones, un chaleco generalmente de patrón alegre, una faja de estambre roja atada a la cintura, medias blancas de algodón y sandalias, junto con una capa. [...] Las mujeres solían aparecer con un pañuelo blanco, amarrado holgadamente alrededor de la cabeza y por debajo del mentón. Por detrás caía su largo cabello trenzado, del que parecían estar particularmente orgullosas". Todo ello le recordaba al vestido de las mujeres irlandesas. Habla de la mala costumbre de enterrar en la iglesia y de que el clero sermonea cada domingo sobre la **Constitución**: *"The clergy explained the Constitution every Sunday from the pulpit"*. Villarreal es el primer pueblo que encuentra donde se muestra cierto entusiasmo por esta: *"This was the first place that I observed any signs of enthusiasm in favour of the Constitution"*. Camino de Salinas les interceptan una patrulla de ladrones, de los que ya habían sido advertidos en Baiona ("nos informaron de que teníamos muy pocas posibilidades de llegar a Madrid sin ser robados"), y les dejan partir habiéndoles pedido dos coronas por cabeza. En Vitoria, dice, comienzan los preparativos para la guerra (la invasión de los Cien Mil Hijos de San Luis).

1822 – LÜDEMANN:

"Fuera de sus montañas, él no conoce ninguna patria y todavía habla siempre de Francia como de un extraño país".

1822 – WILHEIM VON LÜDEMANN

Escritor de viajes y alto funcionario alemán (1796-1863). Persistente viajero, dejó testimonio de sus viajes en varias publicaciones. De los episodios vividos en su peregrinaje por los Pirineos nos transmitió un ensayo llamado *Züge durch die Hochgebirge und die Thälern der Pyrenäen im Jahre 1822* (*Viaje por las altas cordilleras y valles de los Pirineos*). En el primer apéndice del volumen 2, *Das Land der Basken* (*El país de los Vascos*), hace una detallada descripción de nuestro pueblo, que cita como *Hescual-herriac* y se compone de las siete provincias. Comienza haciendo algunas alusiones a la vida de los habitantes: "El labrador es propietario del terreno, goza de relativo bienestar y es respetado. [...] Esa clase intermedia, que incluye a todos los que se tratan de '**Etcheco-Jauna**' (señor de la casa), es el núcleo y la gran masa de la nación. [...] Se transporta aquí en parejas en un 'cacolet' y se ven entonces largas filas de estos extraños vehículos. Esto es una cesta doble que es colgada sobre los lomos de una mula que así lleva una persona a cada lado". Comenta que el dicho "'Ágil como un vasco' es una bien fundada expresión, proverbial a lo largo del país". Define además al vasco como un individuo que "ama apasionadamente juegos que permitan desarrollar su valor y su destreza, así como la guerrilla; fuera de sus montañas, él no conoce ninguna **patria** y todavía habla siempre de Francia como de un extraño país. [...] Una marcada tendencia de los Vascos es una pulcritud casi Holandesa en el exterior como en el interior de sus viviendas; cada una reluce continuamente con blancos revoques".

Hace Lüdemann también una detallada y bonita descripción de lo que sería un día de bailes en la plaza: "Pero el foco de toda alegría se concentra para los Vascos en el 'Mushiko', su antiquísima **danza** nacional. En los días de fiesta, tras concluir el culto divino, reunido todo el vecindario, va con el 'auzapeza' [alcalde] en punta, llevando en la mano laureles y gajos de boj, ante la misma iglesia, por parejas, sobre la plaza despejada de la aldea. Acá, quien puede se arma con el tamboril nacional, provisto de campanillas, de la flauta de cinco agujeros ('Chirula') o una especie de violín, cuyas cuerdas son tañidas con un palito [está describiendo el salterio o *soinua*]. Como la música se torna vivaz, se apresura el paso: entonces se alcanza la plaza, y el 'auzapeza' da la señal de comenzar. Inmediatamente, toda la multitud se mueve danzando en cien vueltas, luego en círculos, luego por grupos, unos contra otros se enredan y desenredan, de modo que la vista pierde, a cada mirada, el hilo de este ovillo. Pero son indescriptibles los millares de explosiones del máximo entusiasmo con el que el bailarín efectúa esta danza: todos gritan, cloquean con la voz, caminan, hablan, gargantean la **'Irrincina'** (así se llama en los Pirineos al canto jubiloso de suizos y tiroleses) y los brazos y pies, todo el cuerpo y todos sus miembros, expresan el máximo arrebato que se intenta desahogar con las palabras más apasionadas" (la traducción es de Garate y Zubiría de la edición de Berlín de 1825. En la edición de Viena de 1826 que yo he revisado no sale ninguna mención a los vascos).

1823 – La Motte. *Théatre de la guerre.* Mapa de 1835.

1823 – BON DE LA MOTTE

Este militar retirado publicó en 1835 la obra *L'Espagne, tableau politique, civil, religieux... de la péninsule, suivi d'une description détaillée des Provinces Vascongades et de la Navarre*. El mismo título (*España, cuadro político, civil, religioso... de la península, seguido de una descripción detallada de las Provincias Vascongadas y de Navarra*) es muy expresivo del contenido del libro. Centra el capítulo V en las notas tomadas durante el año 1823: "Estas descripciones y el mapa topográfico que las acompaña, son en gran parte fruto del reconocimiento militar realizado en el lugar en 1823, durante la estancia del ejército francés en España". En el mapa que se muestra con la entrada no solo aparecen las cuatro provincias peninsulares, sino que también se esmera en detallar Iparralde, como si fuera parte inherente al territorio. En cuanto a la lucha de los vascos durante la **Guerra Carlista** de 1833, esta es, para La Motte, "una **insurrección** que va tomando cada vez más la importancia de una guerra real, no del tipo donde los destinos de un pueblo entero se resuelven en una sola batalla, sino de una guerra de artimañas, sorpresas, estratagemas, donde cada día conlleva un combate, cada noche favorece un movimiento para cambiar de posición, cruzar un torrente, pasar un desfiladero, franquear una montaña". Realiza una descripción física, estadística, agrícola (también sobre la laya), industrial, comercial, administrativa, histórica y costumbrista, primero de las tres provincias vascas y después de Navarra. Sobre el **euskera** (*Basque ou Vascon*), explica que "se cree que fue común en toda la península hispánica, a juzgar por las etimologías de una gran cantidad de nombres de ciudades, ríos, montañas o provincias de España". Esta lengua le parece "dura" para quienes no están acostumbrados a ella. "Como todos los lenguajes primitivos, abunda en expresiones extraídas de imágenes y observaciones tomadas en la naturaleza. Se pensaba, sin embargo, que en ella había trazas de una civilización anterior a todo aquello que las tradiciones habían aprendido durante la primera edad del hombre". Siguiendo la tradición que identifica a los cántabros con las tribus del norte peninsular, La Motte señala que los "*anciens **Cantabres***" abarcarían, "los várdulos en Álava, los amanes [*sic*] en Vizcaya, los autrigones en Guipúzcoa y los vascones al pie de la gran cadena de los Pirineos". Al final ofrece una serie de itinerarios a través de todas las provincias.

1823 – ANGER DE KERNISAN

En 1850 Kernisan realiza una copia de un **plano** de la villa de Donostia elaborado en 1823 para servir de orientador de las operaciones que se estaban haciendo con motivo de la invasión del ejército francés de los Cien Mil Hijos de San Luis. Los franceses penetraron en España durante el Trienio Liberal para restaurar el absolutismo e instalar a Fernando VII en el poder. El plano original se titula *Plan de la ville et des forts de St. Sebastien pour servir aux opérations de 1823*. Donostia e Iruñea fueron algunos de los lugares donde más oposición encontraron.

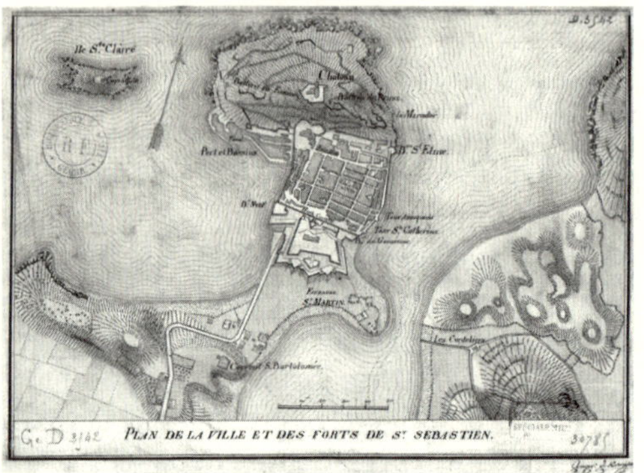

1823 – Kernisan. Donostia.

1823 – DANIEL LESSMANN

Escritor y poeta alemán (1794-1831). El nombre del segundo tomo su libro, que se publicó a título póstumo en 1832, *Das Wanderbuch eines Schwermüthigen* (*Diario ambulante de un melancólico*), ya deja entrever el temperamento emocional de un poeta que acababa de suicidarse y que gozó de cierto reconocimiento en los círculos literarios de la época. En su relato nos clasifica como descendientes de los antiguos cántabros: "¿Qué país puede presentar una región comparable al trayecto entre el **Bidasoa** y **Tolosa**? Con astuta benevolencia derrocha la naturaleza todos sus encantos para atrapar presto y para siempre al recién llegado. ¡Qué condición tan robusta y espléndida la del hombre, qué nobleza, qué elegancia la de la mujer! Hay, por tanto, un rincón en la tierra, en el que todavía no ha penetrado nuestra dantesca cultura [*heillose Kultur*], donde aún se pueden hallar las auténticas y patriarcales costumbres de los tiempos dorados. Allí se encuentra un vástago de cántabro delante de su solitaria morada. [...] El mismo pueblo que los romanos ya habían retratado como recio, elegante, valiente y perseverante. Junto a él, su mujer, alegre y lozana, con una mirada viva y benévola; de complexión fuerte, pero noble y harmónica". Añade que así, ambos unidos, salen a bailar *fandangos* a la plaza al ritmo del txistu (*Pfeife*) y el tamboril (*Trommel*). Le gusta Gasteiz ("*freundliche y liebliche Stadt*"), que por unos días se convierte en el centro de su existencia. "Tenéis cuatro parroquias y otras muchas iglesias, seis monasterios y monjes bien alimentados en ellos, tenéis canónigos y sois felices. Haced lo que os plazca [*Tut was euch beliebt*]", acaba proclamando.

1823 – ISIDORE-SEVERIN-JUSTIN TAYLOR

Real comisionado del teatro francés (1789-1879). En 1826 publica el relato de un viaje realizado en 1823 llamado *Voyage pittoresque en Espagne, en Portugal et sur la côte d'Afrique, de Tanger á Tetouan* y en 1827 un álbum dedicado exclusivamente a las ilustraciones, entre las que se encuentran una vista de Donostia y dos de Tolosa, con una pequeña descripción de ambas ciudades. Su viaje comienza con el capítulo de *La Biscaye*. Después de una larga entrada en la que expone el tratado que se firmó en la Isla de los Faisanes, apela primero al viejo mito de Tubal, comentando que los cántabros se encuentran entre las primeras tribus de la Humanidad y provienen del Cáucaso. "*La Cantabrie se divisa bientôt en Navarre, Guipuzcoa, Alava et Biscaye*", división que, según afirma, sigue siendo la de nuestro siglo. Comenta que al ser derrotados por los romanos, los cántabros aceptaron la paz y permanecieron libres: "Entonces se redactó la primera constitución que iba a aprobar sus privilegios". Estas franquicias devinieron con el tiempo en los "fueros que jugaron un papel tan importante en las guerras civiles de la península". El primer jefe de los vascones de Navarra fue nombrado *bon fils de la patrie* y juró defender las franquicias y los privilegios, según afirma Taylor, que pasa a enumerar los artículos de estos privilegios. Dice que las tres provincias vascas se juntaron, sin embargo, bajo la divisa de *Irurakbat*. Habla de los fueros, el árbol de Guernica, la herencia para el progenitor, los comunales, los hospicios donde se atiende a los pobres, como si todo ello se hubiera originado ya en tiempos de los cántabros. Dice que el comercio por medio del intercambio acuñó el término de *artu emon*, "tomar y dar" y que la constitución de Bizkaia "es la de una república democrática y sus diputados se reúnen dos veces al año bajo la encina de Guernica".

Considera a navarros y vascos, a día de hoy, diferentes en sus costumbres: "*Aujourd'hui les Navarrais et les Basques forment en réalité deux peuples différents de moeurs et de langage*", aunque también distingue a los alaveses, "que tienen mucho del carácter de los castellanos". Después de recorrer varios pueblos de Gipuzkoa, llega a **Durango**, que define como "una vasta fragua, sus calles están negras del hierro y sus casas negras del humo". Sobre el entorno de Bilbao opina que está muy bien cultivado y su vegetación es vigorosa: "*Bilbao est une des villes d'Espagne les plus belles et les plus commerçantes*". Dice que la ciudad se muestra orgullosa de su puente suspendido, el primero construido en España. A cinco leguas de Bilbao se encuentra con la pequeña villa de **Bermeo**, "conocida por la reputación de sus pescadores de atún": "Aún se aprecia la mansión que perteneció a la familia del poeta Ercilla, autor de La Araucana.

1823 – Taylor, sobre el bertsolari: "*Se levanta, animado por el amor y el placer, y canta con una voz grave y mesurada, en una melodía que descubre, tan espontáneamente como las palabras, las súbitas inspiraciones de su viva imaginación*". Vista de Tolosa con el convento de San Francisco.

Esta villa tiene asiento y vota la primera, por delante de Bilbao, en las juntas provinciales de Guernica". En la isla de **Izaro** distingue las ruinas de un convento: "El día que se celebra 'saint Patin' de Bermeo, los remeros la convierten en el objetivo de una regata sobre el agua. Cada año, el Ayuntamiento toma posesión de la roca para consagrar el derecho de propiedad que solo la tradición ha perpetuado", cuenta. Recorre la ría de **Mundaka**, "tan alegre como pintoresca, gracias al aspecto salvaje de sus densas montañas cubiertas de árboles, gracias a las sinuosidades de sus estrechos valles regados por una ría engalanada de numerosas embarcaciones", y llega a **Orozko**, en cuyos alrededores hay una roca calcárea con una gruta llamada *Sapelagar*.

Dice de las **mujeres** que se encargan de la venta del pescado y que a menudo viajan descalzas varias leguas hacia el interior para venderlo: "Estos viajes se realizan durante la noche, con una marcha uniforme y rápida. Se reúnen por grupos, precaución que las costumbres del país hacen innecesaria. Una joven puede caminar sola, en cualquier momento, por los caminos más montuosos; su sexo es su mejor defensa". Asegura que los crímenes son, por estas tierras, inusuales. Habla de la laya, la pelota y la afición al **juego de la barra**, "que consiste en lanzar lo más lejos posible una barra de hierro muy pesada que debe de caer de una manera uniforme y convenida". El mismo Carlos IV estaba orgulloso de destacar en este juego. Observa asimismo que en las romerías de Urkiola y Bakio disfrutan de los *zorcicos*: "Cualquiera que sea la solemnidad, las danzas se prolongan durante toda la noche. La lumbre de la gran hoguera de luz rojiza, provoca un efecto satánico en estos juegos; los gritos de los bailarines y sus cabezas tambaleantes dan a estas escenas el aspecto de un nuevo pandemonium". Taylor también habla de los bertsolaris. Dice que, durante los domingos, en los alrededores de Bilbao las comidas se disfrutan con chacolí, y es entonces cuando "su imaginación se desborda y se reproduce en suaves harmonías; se levanta, animado por el amor y el placer, y canta con una voz grave y mesurada, en una melodía que descubre, tan espontáneamente como las palabras, las súbitas inspiraciones de su viva imaginación. Esta improvisación deviene frecuentemente en un combate poético parecido a aquellos de los antiguos **trovadores**". Otras ilustraciones de Taylor sobre Euskal Herria son: *Intérieur de l'eglise principale a St. Sebastien*, *Place de port des Passages*, *Rue principale de Fontarabie*, *Embochoure de la Bidassoa*, etc.

1823 – BOURGOING:

"En ningún país hay una administración más ilustrada, más independiente, más paternal y más aplicada con los intereses que se le confían. [...] Imposibles de conseguir en un país organizado como Francia".

1823 – ADOLPHE DE BOURGOING

Militar y político francés (1797-1879). Este viajero, que había escrito varios libros de temática social, llega a España por primera vez en 1823 y así lo plasma en su obra publicada en 1834 *L'Espagne. Souvenirs de 1823 et de 1833*. Bourgoing, que llama a los vizcaínos y a los habitantes de Araba "belicosos e indomables cántabros", señala que, dentro de la empatía que demuestra el clero español para mezclarse en la vida social, "en las provincias del norte", los domingos ven descender de la montaña a jóvenes "entonando sus cánticos nacionales y haciendo sonar las campanillas de sus **tambores vascos** [*tambours de basque*, panderetas o panderos]": "Vienen a la plaza de la iglesia a bailar en el intermedio de la misa de vísperas. Los **sacerdotes** caminan en medio de la multitud danzante y su presencia no obstaculiza en modo alguno los placeres de este pueblo que, acostumbrado a convivir con los ministros de religión, los ve como amigos y no como jueces severos". "No hay pueblo que no tenga una hermosa iglesia, una gran plaza, una hermosa fuente pública y, casi siempre, un ayuntamiento que en la mayoría de nuestras ciudades de Francia sería de tercera categoría", añade. Además de las iglesias, explica que todos los pueblos y aldeas de Bizkaia tienen "un lugar para que los habitantes de esta provincia practiquen el juego de **pelota** que disfrutan con pasión". Alaba la administración de "este país", de la que dice que es "más ilustrada, más independiente, más paternal y más aplicada con los intereses que se le confían" que ninguna otra. "De esta **independencia** de las provincias, esta fuerza y esta autoconfianza, surgieron resultados inesperados, imposibles de conseguir en un país organizado como Francia. En España, la capital es solo la primera ciudad del reino, el centro de las administraciones, pero no la ciudad déspota que somete todo, bajo su yugo, a la voluntad de su capricho". Su ruta le lleva primero a Bilbo y después a Gasteiz, pero apenas da algún dato de relevancia.

1823 – Hullmandel. Tudela desde la campa de la Batalla.

1823 – CHARLES JOSEPH HULLMANDEL

Litógrafo inglés (1789-1850). Un experto en técnicas de impresión litográfica que se acercó hasta **Tutera** para plasmar una preciosa imagen de los alrededores, desde la campa de la Batalla de Tudela de 1808 en la Guerra de la Independencia contra los franceses. Cuando Locker (1813) llegó a Tudela a final de la guerra pudo contemplar no solo los restos de la batalla, sino también los estragos causados por la destrucción del castillo y las murallas ordenados por Espoz y Mina.

1823 – CLERJON DE CHAMPAGNY

Llega a la península acompañando al ejército francés (los Cien Mil Hijos de San Luis) que entró en España en 1823 para restituir al rey Fernando VII y lo narra en los tres primeros capítulos de su *Album d'un soldat pendant La campagne d'Espagne en 1823*. En Hondarribia comenta que, aunque "existen varios informes sobre los países vascos [*les pays basques*] y las costumbres de sus habitantes", no se habla lo suficiente sobre "la vivacidad del espíritu de estos, sobre su flexibilidad, su agilidad y la belleza de sus formas. [...] Ricos y ocupados, los vascos son excelentes ciudadanos". Del **euskera** dice que "su lenguaje salvaje es más ininteligible que el bajo-bretón; nunca he escuchado una sola palabra allí que tenga la menor equivalencia con cualquier idioma conocido". La frase que sus "cazadores y húsares" más facilmente han recordado, afirma, es "*Inda sou mou souba*"; es decir, "*indazu muxu bat*", "bésame". Se encuentra con un monje trapense que organizaba bandas de criminales para ir a la guerra: "En lugar de ejercitar la disciplina de sus soldados y armarse de armas, el trapense buscaba enjuiciarlos mediante milagros. [...] Vi que uno de sus acólitos le disparaba con una pistola para hacerlo creer invulnerable, y su tropa se arrodillada y le adoraba en silencio. No había nada malo en el rostro de este malabarista; solo se le reflejaba la astucia. Sin embargo, causó grandes males y fue incapaz de oponerse a las crueldades del pueblo que había armado". Al ver regresar a un suboficial con la cabeza envuelta en un pañuelo, pensaron que igual había sufrido alguna escaramuza. La realidad es que al querer rondarle a las **mujeres** de San Sebastián, se había acercado lo suficiente para "recibir un sopapo", por lo que comenta: "Estas damas recibieron con muy poca cortesía los avances de nuestros guerreros. ¿Fue virtud?, no lo creo; ¿espíritu de fiesta?, lo más probable. Me han dicho, sin embargo, que cuando un galán usa modales demasiado arrogantes con ellas, hablan claramente de arrojarlo al mar; es muy probable que lo hagan en el sentido literal de la palabra. Su traje es sencillo y de material tosco".

1823 – Adam. *Vista de Pamplona.*

1823 – VICTOR ADAM

Pintor y litógrafo francés (1801-1866). Autor de algunos **dibujos** compuestos con motivo de la incursión del ejército francés de los Cien Mil Hijos de San Luis. Una de ellas en una vista de Pamplona (*Vue de Pampelune. Affaire d'avant-postes entre les troupes françaises et les contitutionnels espagnols*). Otras ilustraciones son: *Passage de la Bidassoa*, *Plaine de Ronceveaux*, *Vue de St. Sebastien*.

1823 – HUBER:

"Son uno de los pueblos más emprendedores, activos y joviales que haya".

1823 – VÍCTOR AIMÉ HUBER

Viajero, escritor y político alemán (1800-1869). En 1823 realizó un viaje a España que fue publicado en 1829 bajo el título de *Skizzen aus Spanien* (*Boceto de España*). El tema vasco no lo toca más que en la introducción del libro, haciendo hincapié en las diferencias entre vascos y españoles. Arremete contra los prejuicios de los viajeros europeos que recorren el país sin pararse a pensar lo que de verdad había detrás de todo ello. Y pone un ejemplo: "Según la opinión general los españoles tienen un rostro moreno y oscuro, ojos negros, visten gorro ancho, el pelo recogido con una red y abrigos bien amplios, son andrajosos [*zerlumpt*], sucios [*schmuzzig*], miserables [*elend*] y perezosos [*faul*]. Sin embargo, esta imagen se corresponde solo con determinadas partes de algunas provincias, pero para otras, p. ej., los habitantes de las provincias vascas [*der baskischen Provinzen*], es absolutamente incorrecta. Los vascos son más rubios que morenos, no visten ni gorro ancho ni el pelo recogido ni abrigo, en general tienen un buen nivel de vida [*wohlhabend*], no son de ninguna manera andrajosos [*zerlumpt*] y son, en cualquier caso, uno de los pueblos más emprendedores [*betriebsam*], activos [*fleissig*] y joviales [*frohsinnig*] que haya". Al final del libro, en plena Alhambra de Granada, se encuentra con una plaza para jugar *Ballspiel*, un juego de **pelota**, según cuenta, muy extendido por todo el territorio.

1823 – JOHN BRAMSEN

Escribió *Remarks on the North of Spain*, una crónica fiel de las circunstancias de la **guerra civil** en el norte de España de 1820-1823. Bramsen narra cómo el bando constitucionalista busca partisanos para su causa entre las clases medias y bajas, pero comenta que sus habitantes se muestran indiferentes (*listless*), más como *passive observers* de la causa, ya que bastante tienen con sus ocupaciones agrícolas. De los soldados habla bien y cuenta que nunca escuchó ni insultos ni expresiones ofensivas a una mujer por parte de ellos. En general se lleva una impresión decepcionante de nuestro país, que llevaba ya unos cuantos años encadenando guerras. Los alrededores de **Irun** le parecen fértiles, los caseríos con jardines los ve repletos de verduras y frutales, aunque la apariencia general de la ciudad no le resulta muy alentadora. Contempla una escena de baile: jóvenes y ancianos y ancianas danzas juntos un fandango y oficiales y soldados confraternizan en un ambiente de camaradería, algo que le extraña bastante. Come *Bacallao a la Biscayan*. Camino de Tolosa el paisaje le resulta salvaje y pintoresco. Pero cree que los pueblos son tristes (*gloomy*), las casas son miserables y mujeres y hombres tienen un aspecto pobre y enfermizo. El pavimento de las carreteras le parece penoso y las camas están infestadas de insectos. Ve a un grupo de gente jugando a pelota. La mayoría de los comercios de **Tolosa** han tenido que abandonar el curso de sus ocupaciones y las calles están sucias. Por las posadas por las que pasa las caballerías han sido confiscadas por los facciosos y la entrada a **Durango** ha sido destruida.

Dedica un par de capítulos a **Bilbo** y nos cuenta que "la Posada de San Nicholas es la mejor" que ha visto "en España" y que hay "dos cafés en la Calle del Correo, regentados por dos hermanos, nativos de Suiza". En el *Campo Volantil*, lleno de soldados, toca la banda de música y hay numerosas *Tabernas*. No ve apenas soldados "ni borrachos ni pendencieros" y los oficiales le parecen educados. En la plaza de la Constitución presencia lo que parece un aurresku. Marineros ingleses y suecos borrachos lo interrumpen, comportándose de manera desagradable con las mujeres, pero los espectadores les conminan a salir de manera educada. Intenta integrarse en Bilbao, pero la guerra y la antipatía mostrada hacia los extranjeros se lo impiden. Dice que muchos vecinos son adictos al tabaco y se dedican al juego, dejando sus negocios en manos de sus mujeres. Le sorprende comer ostras en casas de Francisco de Mazarredo, que habla un perfecto inglés. Bilbao, en general, no sale muy bien parada. No se cultivan las ciencias, se le atiende mal en la farmacia, y las librerías escasean de libros nuevos. Echa en cara a la administración tener un espíritu anticomercial. Comenta que "si se le informa al viajero, como a mí, que Bilbao es la ciudad más limpia de España, no encontrará una opinión muy favorable del resto. Innumerables insectos de todo tipo, incluido ratas y ratones, pululan y continúan, sin ser molestados, su depredación diurna y nocturna". De Bilbao se dirige a **Orduña**, donde reciben a los soldados con "miradas que no expresan mucha satisfacción". Sabiendo que se acercaban las tropas, se han llevado bueyes y carros a las afueras para no tener que dejárselos al ejército. Hay algunas casas elegantes, pero el aspecto de la ciudad es triste y sus vecinos, de apariencia pobre. El paisaje, sin embargo, es "realmente pintoresco". Le produce bastante mejor impresión **Gasteiz**. Nos cuenta también, al final, la narración de un soldado que ha visitado los calabozos de la Inquisición madrileña.

1824 – Salneuve. *Villarreal* (de Urretxu).

1824 – JEAN-FÉLIX SALNEUVE

Pintor francés (¿1794-1862?). Es el autor de un precioso **dibujo** de Villarreal de Urretxu grabado por Charles Le Camus y perteneciente a la publicación *Itineraire pittoresque du Grand Quartier Général pendant la campagne de 1823 en Espagne*. Tiene otra ilustración de Villarreal y también de *Montdragon*, Gasteiz y Tolosa.

1825 – THOMAS STAUNTON ST. CLAIR

Oficial británico (1785-1847). Un militar nacido en Gibraltar y bastante reconocido por los cuadros que pintaba al agua. Se acercó hasta nuestra tierra para realizar una hermosa **acuarela** con una amplia panorámica de tres metros de largo sobre la concha donostiarra y sus valles interiores, que fue adquirida en Londres por la Diputación Foral de Gipuzkoa.

1825 – STEWARD:

"[Los vascos] se distinguen de los súbditos de los dos reinos a los que pertenecen por su aspecto corporal y sus hábitos, así como por un alto espíritu de independencia y el orgullo de su ascendencia".

1825 – DAVIS STEWARD

Militar y escritor escoces (1772-1829). Fue un *Major-General* que, con su libro sobre el carácter y las maneras de los escoceses (*Sketches of the character, manners, and present state of the Highlanders of Scotland*), se convirtió en el impulsor de la imagen moderna de los *Highlanders* de Escocia. Compara a los escoceses con los vascos e indica que estos "se distinguen de los súbditos de los dos reinos a los que pertenecen por su aspecto corporal y sus hábitos, así como por un alto espíritu de independencia y el orgullo de su ascendencia [*as well as by a high spirit of independence, and pride of ancestry*] y, en muchos aspectos, exhiben marcas sorprendentes de una raza original y sin mezcla. Los vascos usan un gorro azul de la misma forma, textura y color que el que usan los montañeses escoceses; y en su aire erguido, paso elástico y apariencia general poseen un notable parecido con la antigua raza de los montañeses".

1825 – JUAN CARRAFA Y JOSÉ RIBELLES

Grabador español (1787-1869) y pintor español (1778-1835). Son los autores, en catorce cuadernos, de las 112 estampas de la *Colección de trajes de España*, continuadora de la obra de Juan de la Cruz (1777). Son varias las estampas correspondientes a nuestra tierra, que se componen de layadores, menes-

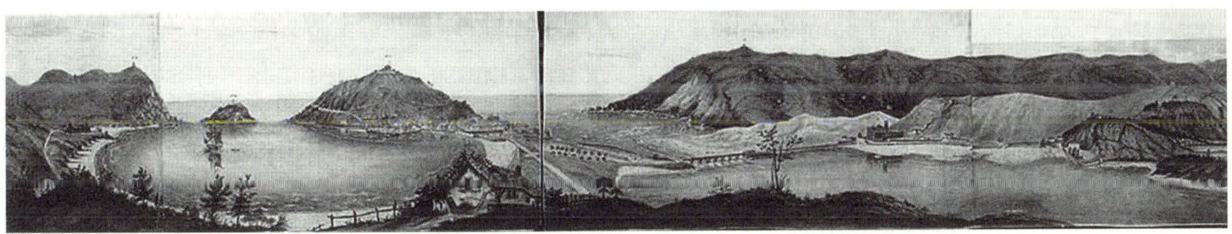

1825 – Staunton. Panorámica de la concha donostiarra.

trales, marineros, tanto de Bizkaia como de Nafarroa, sin faltar, por supuesto, las habituales figuras de los y las roncalesas.

1825 – Carrafa/Ribelles. *Aldeano de Vizcaya.* Imagen n.º 54 del Cº-14.

1826 – JÉRÔME-ADOLPHE BLANQUI

Economista francés (1798-1854). Emprendió un viaje a Madrid que lo trajo hasta el País Vasco en 1826. Narró su estancia en los capítulos II a IV de su obra *Voyage á Madrid*. Así describe su llegada a nuestras tierras: "Al otro lado del Bidasoa el escenario cambia de manera muy notable. Un soldado harapiento abre la puerta del puente, extiende la mano y pide limosna: 'Algo para echar un trago'. Estas son las primeras palabras que escuché en España". Detrás de él, un aduanero aún más sucio y miserable le conmina a cumplir con la prerrogativa de la limosna si quiere pasar. Le resulta chocante el contraste entre los hermosos alrededores de **Hernani** y **Oiartzun** y "el aspecto interior de los pueblos que está lejos de responder a estos buenos augurios. Las casas son horriblemente sucias, viejas y ruinosas". Como economista que es advierte que "el cultivo de la tierra, el cuidado de los rebaños y las fábricas de hierro ocupan casi a la totalidad de los habitantes de Guipúzcoa. Todas las demás industrias están absolutamente descuidadas". Pasado **Bergara** se encuentra con un inmenso laberinto de bosques y rocas: "Es allí donde el célebre guerrillero Jáureguy, conocido como el Pastor, hombre oscuro e intrépido, había establecido el teatro de sus hazañas durante la primera guerra de independencia". De Arrasate dice: "Nos parecía compuesta enteramente por monjes y voluntarios reales; estos holgazanes ocupan el cruce de caminos solo durante las horas de trabajo. Doy fe de que tal espectáculo dice más que un volumen de historia". En **Gasteiz**, en cambio, vieron que "el comercio y la industria de sus habitantes la salvaron de esta decadencia que se manifiesta con claros síntomas en las demás provincias de la Península". Como otros muchos autores, comenta que el consabido reparto de propinas a los aduaneros para salir de la ciudad se convierte en una rutina.

1826 – LÉCLUSE:

"¿Cuál es entonces esta maravilla que ha llegado a brillar en mis ojos con un brillo tan repentino?" **(euskera).**

1826 – FLEURY LÉCLUSE

Lingüista francés (1784-1845). Fue un profesor de griego y hebreo de la Universidad de Toulouse que, después de bregar durante muchos años entre las lenguas clásicas, descubre el **euskera**, un idioma ancestral y vivo, cuyo estudio le ocuparía toda su vida: "¿Cuál es entonces esta maravilla que ha llegado a brillar en mis ojos con un brillo tan repentino?", se preguntaba. "Es el idioma de los vascos; pueblo singular, que, a pesar de ser parte de Francia, parece estar de alguna manera separado del resto de este hermoso reino, por sus costumbres y por su idioma". Lécluse es autor de un par de importantes obras de la historiografía vasca, publicadas en 1826, *Dissertation sur la langue basque* y *Manuel de la lanque basque. Premiere Partie; Grammaire basque. Deuxième Partie: Vocabulaires*. En el primero analiza el verbo vasco con breves notas sobre formas masculinas, femeninas y respetuosas usadas en guipuzcoano, vizcaíno y labortano, y en el segundo trata no solo del verbo, sino que también nombra otros aspectos de la lengua como etimologías, dialectos, el alfabeto o los prefijos. Participó, además, de la polémica sobre unos versos que aparecen en el V acto de la obra *Poenulus* de Plauto; algunos aseguraban que estos versos estaban en euskera, aunque la realidad es que están en la lengua púnica. Lécluse contesta de manera irónica al carmelita de Markina-Xemein Bartolomé de Santa Teresa, que defendía el origen vasco de los versos, con un opúsculo del año 1828 de título *Plauto poligloto, ó sea, hablando libremente hebreo, cantabro, céltico, irlandés, hungaro, etc.* y que firma con el pseudónimo de *Lor. Urhersigarria*.

1827 – BRIAND:

"Es cierto que beben y comen mucho; pero también son laboriosos, activos, trabajadores y no se ve entre ellos esta muchedumbre de mendigos perezosos que deambulan por el resto del reino".

1827 – PIERRE CÉSAR BRIAND

Abogado francés (1763-1839). En 1827 publica el volumen quinto de su libro *Les jeunes voyageurs en Europe*, en cuya Carta LIII atraviesa las provincias vascas, entrando, como no suele ser habitual, desde Santander. Comenta la cantidad de formalidades que tiene que efectuar un extranjero para poder establecerse en la villa de **Bilbao**. El camino hacia **Orduña**, dice, "está lleno de casas de campo, sencillas, hermosas, alegres y bien cuidadas. Allí todo se anima y uno disfruta del placer de poder escuchar a los vizcaínos ocupados en el cultivo mezclar sus cantos con el de los pájaros". **Gasteiz** le parece que está llena de preciosos paseos urbanos: "Encontramos por todas partes un ambiente animado, vivo y alegre". Eran las fiestas patronales, "sencillas, pero conmovedoras y muy aptas para preservar la pureza de las costumbres antiguas". Atraviesa Gipuzkoa camino de Hondarribia. De los vizcaínos, en su sentido más amplio, comenta que "son menos sobrios que los habitantes de las demás provincias de España. Es cierto que beben y comen mucho; pero también son laboriosos, activos, trabajadores y no se ve entre ellos esta muchedumbre de mendigos perezosos que deambulan por el resto del reino". "Las virtudes sociales son la base de su felicidad doméstica. Las mujeres allí son buenas, fieles, atentas al cuidado del hogar; los niños, sumisos y respetuosos". Habla de los *zorcicos* y del juego de la pelota, en el que sobresalen las **mujeres**, que compiten con los más hábiles: *"et rivalisent à cet égard avec les plus adroits"*.

1828 – JULIUS VON KLAPROTH

Lingüista y orientalista alemán (1783-1835) En su *Mémoires relatifs a l'Asie* de 1828 incluye un capítulo, *Comparaison du Basque avec les idiomes asiatiques, et principalement avec ceux qu'on appelle sémitiques*, en el que reproduce un **vocabulario** comparado de unas 150 palabras vascas tomadas de Humboldt (1799) y Adelung (1809). Comenta que el euskera apenas ofrece analogías, ni en el vocabulario ni en la gramática, con las lenguas semíticas.

1829 – CUSHING:

"Los campos se hallaban bien cultivados y repletos de trabajadores de ambos sexos, aunque en muchos casos el número de mujeres predominaba sobre el de hombres".

1829 – CAROLINE ELIZABETH WILDE CUSHING

Emprendió un viaje por Europa que inició en 1829 junto a su marido Caleb Cushing (1829), senador estadounidense. Se conservan las cartas que Caroline (1802-1831) enviaba a su padre, que fueron publicadas a título póstumo como *Letters descriptive of public monuments, scenery, and manners in France and Spain*. Describe su paso por Euskal Herria en sus dos primeras cartas del segundo tomo. Por cada uno de los pueblos por los que pasaba "la iglesia era siempre un objeto destacado, y presentaba a veces un aspecto venerable y llamativo entre las miserables viviendas que la rodeaban", cuenta. Sobre la lengua, dice que "todas las personas hablan el dialecto vasco que se supone era el idioma primitivo de la antigua España". Describe el *coche de colleras*, al que van atados "tres mulas y un caballo, todos animales de buen aspecto, mantenidos en las mejores condiciones, como resultaba evidente por su pelo lustroso y la redondez de sus extremidades, tan diferentes a los delgados y miserables caballos de diligencias que venía yo observando con frecuencia en algunas partes de Francia". Encuentra gran cantidad de **miqueletes** empleados por el Gobierno y distribuidos a lo largo de los caminos para protección de los transeúntes. Siempre tienen un hombre armado como protección. No encuentra ningún motivo para temer a los salteadores de caminos de los que tanto ha oído hablar. Tras la Guerra de la Independencia y el Trienio Liberal, eran tiempos inestables y el paisaje en decadencia y la **pobreza** que percibía bien pudieran ser causa de todo ello, opina: "Los pueblos que vimos antes de llegar a Tolosa eran pocos en número y, en general, tenían una presencia ruinosa [*wretched appearance*]. Las casas eran viviendas de aspecto miserable [*miserable looking*], sin chimeneas y sin cristales en las ventanas. [...] Los habitantes llevaban todos la huella de la extrema pobreza, a pesar de comentarse que eran notablemente laboriosos y sobrios en sus hábitos". En cambio, "unos kilómetros después de salir de Tolosa", encuentran los campos "bien cultivados y repletos de trabajadores de ambos sexos, aunque en muchos casos el número de mujeres predominaba sobre el de hombres". Al pasar Bergara dice entrar en Araba. Comenta que, en general, las posadas son buenas y que solo una de las cinco en las que pernoctan está por debajo del mínimo nivel exigido.

1829 – CALEB CUSHING

Político y diplomático estadounidense (1800-1879). Senador norteamericano y marido de Caroline Cushing (1829), con quien realizó un viaje a Europa que le trajo a Euskal Herria en 1829. Lo contó en 1833 en la obra *Reminiscences of Spain, the country, its people, history, and monuments*, en cuyo primer capítulo, *The Pyrenees, a Frontier Sketch* (*Los Pirineos un bosquejo de frontera*) ofrece un par de impresiones sobre **Iparralde**, camino de la frontera: "Si bien la naturaleza ha hecho mucho por mostrar interesantes todas estas localidades, el trabajo del hombre ha contribuido a su belleza actual; porque aunque pensamos que estas montañas son ásperas, escarpadas y salvajes, el asunto es bien diferente. Campos fértiles de maíz verde claro, huertas pequeñas, ocasionalmente un viñedo, a veces sabrosos pastos con ganado que se alimenta de su hierba; tales son las formas familiares de cultivo que se muestran a lo largo de la suave pendiente de las montañas". Señala, para aquel que esté dispuesto a ir a pie, que probablemente pueda "adelantar a una **muchacha** vasca de ojos negros que viaja por el camino de guijarros de manera despreocupada, pese a ir descalza, acarreando, desde el mercado de la ciudad de Bayona, una pesada carga sobre su cabeza, con la indiferente soltura de un cuerpo robusto y un corazón ligero". Añade que ella seguramente le animará el "camino con una alegre charla en francés o en español, un poco salpicada, quizás, por la aspereza dórica de su vasco nativo, pero aún inteligible y clara". "Pertenece a esa raza de montaña que, como los galeses en Gran Bretaña, afirman ser los señores primitivos del país y conservan el espíritu de laboriosidad y firme independencia que distinguía a sus progenitores".

1830 – FORD:

“Sobrevalora su propia ignorancia tanto como menosprecia la inteligencia de los otros. Si el castellano ve doble a favor de sí mismo, el vasco ve cuádruple”.

1830 – RICHARD FORD

Hispanista inglés (1796-1858). En 1830 se estableció en Sevilla y se empezó a interesar por la sublevación de los vascos, defendiendo a los **carlistas** vasconavarros y sus fueros. Editó en 1845 un libro de viajes, *A handbook for travellers in Spain, and Readers at home*, publicado por la editorial John Murray (1864), que se considera una obra maestra dentro del género de la literatura de viajes. En ella se dedican largos capítulos a las tres provincias vascas y uno al reino de Navarra: “Los vascos se llaman a sí mismos ‘Euscaldunac’, a su país ‘**Euscaleria’** y a su lenguaje ‘Euscara’”, cuenta. Se interna en la historia y la **lengua vasca** con poco rigor científico, fiándose de un diletante como Juan de Perochegui, que afirma que vasco deriva de *bayascogara*, “sí, somos bastantes”. Hace continua alusión a la **Guerra de la Independencia**: “El trato que nuestros soldados han recibido a manos de los vascos [...] ha sido siempre todo lo contrario de lo que se entiende por amistoso, incluso cuando estábamos luchando sus batallas”.

Los vascos salen, por lo general, bastante mal parados en su texto, algo que, por cierto, se deja notar también a lo largo de sus comentarios plagados de prejuicios sobre las demás regiones peninsulares: “Agresivos como los galeses, orgullosos como Lucifer y combustibles como sus propios fósforos, estos empobrecidos aristócratas se encienden en cuanto se pone en duda su árbol genealógico. [...] Es ultralocalista y raras veces se va siquiera de su parroquia, y por lo tanto sobrevalora su propia ignorancia tanto como menosprecia la inteligencia de los otros. Si el castellano ve doble a favor de sí mismo, el vasco ve cuádruple”. **Bilbao** se lleva una buena porción de sus reproches: “Respiran un aislacionismo local mezquino y un monopolio rígido, y detestan todo lo que huela a comercio libre. [...] Su categoría como nobles es mucho más alta que como seres inteligentes”.

De los habitantes de Navarra (“la antigua **Vasconia**”), tanto de lo mismo: “Su educación moral la constituyen la caza, el contrabando y un poco también el robo. [...] La necesidad les ha forzado a estar siempre en guardia contra sus vecinos, a quienes temen y odian. De esta manera arde en sus corazones un espíritu de nacionalismo que late con indeleble memoria en torno a agravios nunca olvidados o perdonados. [...] Belicosos, pero no militares, prefirieron su forma de guerra ruda e indígena, aunque ‘poética’. [...] Y su puntillo de honor era también el mismo de los iberos, no el del soldado moderno: no consideraban vergonzoso volver la espalda y correr cuando una intentona fracasaba”. A pesar de la actitud crítica que muestra hacia los vascos, en sus descripciones le sale la vena carlista: “**Vergara** [...] es una ciudad como las de Suiza, en las orillas del Deva, cuyo agradable curso está cercado por montañas”. Habla entonces del tratado que se cerró en esta ciudad, el Abrazo de Bergara, definiéndolo como el acto de una traición: “Aquí fue concluido, después de largas negociaciones, el famoso, o infame, convenio o capitulación carlista del 3 de agosto de 1839, entre Maroto y Espartero, por la cual el primero, empapado en la sangre de sus camaradas, a quienes había hecho ejecutar en Estella, consumó su carrera traicionando a su rey y señor”.

1830 – INGLIS:

“Es imposible describir los rostros extraños, ridículos y terribles de los jugadores. Al principio me quedé atónito de asombro, luego convulsionado de risa. [...] Era un juego vizcaíno llamado ‘mus’”.

1830 – HENRY DAVID INGLIS

Periodista y viajero escocés (1795-1835). Publica en 1831 su libro *Spain in 1830*, firmado con su verdadero nombre, Derwent Conway, en cuyo primer capítulo del primer tomo, de título *Biscay*, traza una semblanza de nuestra tierra. Sobre **Gasteiz** cuenta que "entre doscientas y trescientas niñas, de ocho a trece o catorce años, se reunían en medio de la plaza, bailando entre sí, al son de un pífano y un tambor; [...] los bailes eran lentos y se realizaban con la mayor solemnidad; todas parecían sentirse comprometidas en un asunto tan importante y entre los doscientos o trescientos rostros, apenas se apreciaba una sonrisa". Camino de **Durango**, para en un pueblo y visita la plaza del mercado: "Observé con placer y no sin sorpresa que todos estaban aseados y bien vestidos. No fui abordado por un solo mendigo". Baja por Urkiola hacia Durango, donde pernocta en una excelente posada, y asegura que "el camino está construido sobre los principios más técnicos, [...] y es tan ancho y uniforme como los mejores caminos de cualquier país". El casero, al percibir su sorpresa por el gran número de curas que se ven, le pregunta cuántos habría en Inglaterra en una ciudad como Durango: "Le contesté que uno o dos; '¡O Dios!', dijo, '¡aquí tenemos más de cuarenta!'". No considera a **Bilbo** especialmente resaltable por su belleza y su limpieza; casi diría que su olor es ofensivo y no cree que sea una ciudad sana (*"I can scarcely think Bilbao a healthy city"*). Considera a los habitantes de Araba y Bizkaia de una raza distinta y, en lo que respecta a las mujeres, comenta: "Vi poca belleza en Bilbao y menos elegancia; y en las maneras de las mujeres noté la misma aspereza que caracteriza a los hombres". Sin embargo, alaba la franqueza, bondad, honestidad e inteligencia de los vizcaínos, así como la sencillez y uniformidad que destaca en su mesa: "Sea del rango que sea, toma su taza de chocolate y pan, seguida de una copa de azúcar y agua"; el resto del día, un pan excelente, puchero, carne guisada, garbanzos y lechuga hervida para cenar. "El vizcaíno tampoco gasta nada en entretener a sus amigos; no es que sea antisocial; es social según la costumbre de su país", añade. Nos va exponiendo información sobre los conventos, las escuelas de caridad y el hospital, en el que existe un área reservada para extranjeros que pueden alojarse por medio dólar al día: "Difícilmente puedo concebir un espacio inteligente mejor recibido por un desafortunado extraño, preso de una grave enfermedad en un lugar extranjero, que la existencia de una institución como esta".

En el Café Suizo de la villa, al que acude todos los días, es testigo de uno de los momentos más hilarantes de su viaje: "Al entrar a la cafetería vi a cuatro caballeros sentados en una mesa de juego y al principio no les presté especial atención; pero al posar mi mirada, distraídamente, sobre ellos mientras tomaba mi café, me sorprendió ver a uno de los jugadores guiñar un ojo, sacando al mismo tiempo la lengua de su boca; mis ojos se desviaron hacia el otro que, al mismo tiempo, entrecerró los dos ojos y adelantó su labio inferior: entonces me percaté de que era una sucesión constante de muecas, mientras todo el juego continuaba. Es imposible describir los rostros extraños, ridículos y terribles de los jugadores. Al principio me quedé atónito de asombro, luego convulsionado de risa y, al mismo tiempo, me moría de curiosidad por conocer el motivo de una exhibición tan grotesca. Era un juego vizcaíno llamado '**mus**'".

1830 ca. – ADELBERT VON CHAMISSO

Poeta franco-alemán (1781-1838). Un personaje de ideología liberal, cuya afición por la botánica le llevó a viajar a lo largo de todo el mundo durante tres años. Cartografió la costa de Alaska y su *Diario* es un relato fascinante en el que describe la existencia de nuevas especies. En una de sus poesías (*Des Basken Etchehon's Klage*, publicada en 1886) se hace eco de la leyenda de Pierre Topet, *Etxahun*, un gran **bertsolari** y bardo vascofránces cuya desgraciada vida traspasó fronteras. Etxahun, creador de cantos satíricos como el de *María Solt eta Kastero*, comenzó su trágica historia matando a un amigo al confundirlo con un amante de su mujer y murió como mendigo enseñando a leer a los niños. La primera estrofa dice así: "*Gensdarmen, ausgesendet,/ Zu fahen den Etchehon,/ Ihr sucht ihn vergeblich zu Barcus;/ Er ist zu den Bergen* *entflohn*" ("Gendarmes enviados/ a la caza de Etxahun/, en vano le buscáis/ se ha escapado a las montañas").

1830 – LONING:

"Un navarro en harapos, con el fusil en la mano y el vino colgando del odre de cuero, se encuentra, por decirlo de alguna manera, en su estado natural".

1830 – ADOLF LONING

Escritor y militar alemán. Llegó a España en 1830 y en el 34 se unió al ejército **carlista** de Tomás de Zumalacárregui, resultando herido en la Batalla de Mendigorria. Su experiencia inicial en el viaje la dejó plasmada en su libro *Das spanische Volk*, publicado en 1844 y en el que analiza las costumbres del pueblo español. Pero un año antes había publicado ya un pequeño volumen, de título *Die **Fueros** des Königreichs Navarra und der Baskischen Provinzen Alava, Biscaya und Guipuzcoa*. La primera parte de este libro es un alegato sobre la ilegitimidad cometida por Fernando VII por abolir, sin haber consultado a cortes, la ley sálica que había sido promulgada por Felipe V en 1713, lo que suponía la investidura de su hija Isabel II como reina, en perjuicio de su hermano Carlos. En la segunda parte examina, una a una, la historia de las cuatro provincias sublevadas, analizando el origen y la estructura de sus respectivos fueros, esa sagrada joya de los vascos ("*dieses allen Basken heiligen Kleinod*"), la fuerza moral de este pueblo ("*die moralische Kraft dieses Volkes*"). "Navarra fue, como ya se sabe, **conquistada**. Fernando el Católico maniobró, con respecto a Navarra, no como lo hizo Felipe V con la Corona de Aragón, que contemplaba a estas como provincias conquistadas y a las que usurpó sus derechos y libertades. Fernando consagró y acató los fueros y prestó un juramento que tuvo que ser ratificado por todos sus sucesores hasta Fernando VII", explica. "Aquí [en Navarra] Maroto no encontró ningún ambicioso que se hubiera reconvertido en traidor a su patria, como ocurrió en el resto de las provincias vascas, principalmente en Vizcaya y Guipúzcoa, que no han tenido que sufrir ni un uno por ciento de las calamidades que ha tenido que padecer Navarra". En la guerra parece encontrarse el navarro en su salsa, dice: "Un navarro en harapos, con el fusil en la mano y el vino colgando del odre de cuero se encuentra, por decirlo de alguna manera, en su estado natural". Remarca que esta población que representa una vigésima parte de España se enfrentó durante seis años a toda una poderosa monarquía, en una pelea a vida o muerte, para salvaguardar íntegra la herencia de sus ancestros.

En el libro de 1844 que hemos mencionado más arriba sobre el pueblo español, divide el capítulo en dos episodios: el primero abarca desde la muerte de Zumalacárregui (que sintió como "una puñalada en el corazón") y el sitio de Bilbao, y el segundo gira sobre los sucesos en torno a la Batalla de Mendigorria, donde él fue herido. Habla de las *chapinuas* y las *abarcas*, recorre Bera y Lesaka y asiste a una boda en Doneztebe, en donde 50 muchachas bailan solas un **fandango**, ya que los hombres se han tenido que incorporar al ejército carlista. Mientras tanto las tropas liberales de **Espoz y Mina** avanzan por Elizondo, donde emiten un comunicado advirtiendo "que todo ciudadano que haya asistido a carlistas heridos deberá ser ejecutado, a no ser que abone una multa impuesta según mi conveniencia", y por Lekaroz, donde el horror ("*diese Gräuel*") se plasma en una proclama: "¡Navarros! La guerra ha comenzado en Navarra, el pueblo de Lecároz ha sido pasto de las llamas y uno de cada cinco habitantes ha sido ejecutado a causa de sus actos criminales. Toda la población va a correr la misma suerte, afectando a cada individuo que siga el ejemplo de los habitantes de Lecároz". Apenas se puede encontrar una cita donde Loning denuncie los abusos carlistas, pero hay un caso bastante sorprendente. habían pillado por segunda vez a una distinguida señora de Vitoria enviando un fajo de correspondencia a Bilbao, algo que estaba estrictamente prohibido. Si hubiera sido hombre lo habrían fusilado. Como mujer le esperaba un trato humillante que, según dice, ningún hombre habría aceptado y que el mando militar llama "**emplumar**": "Se les corta a las mujeres el cabello lo más corto posible, se les desnuda hasta la cintura, se les unta con miel las partes desnudas y la cabeza y se les cubre de plumas las partes untadas. La mujer es entonces montada sobre un burro, con las manos atadas a la espalda, y paseada por el pregonero, con desprecio y escarnio, por las calles del lugar [*Das Frauenzimmer wird dann, mit auf den Rücken gebundenen Händen, auf einen Esel gesetzt und unter Hohn und Spott vom prevonero, durch die Strasse des Ortes gezogen*]". Con respecto a **Maroto**, termina diciendo que "si uno reflexiona sobre la sangre vertida, sobre este pueblo destrozado, si admira las acciones memorables, el extraordinario esfuerzo del pueblo vasco, sus victorias, su obstinación y su valor, y uno piensa que todo esto ha finalizado con una traición, le surgen a uno las dudas, habiendo vivido todo ello, de que exista una justicia divina".

También menciona el **euskera**. Asegura que el carácter navarro se manifiesta, sobre todo, en el respeto al clero, a la limpieza de sangre y a su idioma: "La lengua es para los navarros, como para todos los vascos, un bien preciado no solo porque sea suya, sino también por ser un recuerdo digno de gloria que testimonia su **independencia**". Dice que los habitantes del reino de Navarra, así como de las provincias vascas, "que suman en total 700.000 almas", "con salvadas excepciones, todos hablan el mismo idioma", y concreta que, en Álava, en los pueblos cercanos a la Burunda navarra y en Aramayona, aún se habla euskera.

1830 – JOHN FRANCIS BACON

Cónsul británico. Bacon fue un liberal moderado y anticlerical que estuvo destinado en Bilbao desde 1830 hasta 1837. En su obra *Six years in Biscay* (traducida como *Historia de la revolución de las provincias vascongadas y Navarra. 1833*-1837) narra su experiencia como diplomático y relata los sitios de Bilbao durante la Primera **Guerra Carlista**. Es una obra que evidencia cierta propaganda política escrita no solo con la intención de desviar la opinión pública de su país hacia el bando liberal, sino también como contestación a "algunos anglo-carlistas defensores acérrimos de los privilegios efectivos que disfrutaban las Provincias y que quieren concederlas tal distintivo de independencia..." (se refiere a Henningsen 1834). Antes de entrar en la densa materia del libro, ofrece una introducción con la intención de realizar algunas observaciones "sobre esta dura lucha de principios y dinástica que está desolando España; de las cuales las Provincias Vascas son, y han sido el principal escenario". El capítulo III se titula *The Basque Provinces and Navarra*. Comienza comentando de los vascos que por las similitudes extraordinarias que observa con galeses e irlandeses "puede más bien asegurarse que procedan de una rama céltica" y que simplemente quedaron aislados de posteriores influjos. Tras una pequeña introducción histórica comenta que las provincias ignoran lo que son las personas privilegiadas, por la sencilla razón de que en ellas abundan los campesinos independientes y de que son raros los asalariados. Añade que "el gobierno municipal es admirable y está tan bien organizado, tan conforme a las necesidades y deseos de la gente, que no cabe ni sustituirlo ni desearle uno mejor". Y sentencia después: "No sucede lo mismo en el resto de la Península, en donde la clase media [...] no se halla en aptitud de emprender nada por sí misma". Realiza entonces un análisis de las desigualdades entre ambas administraciones, enumera los **privilegios** de los que gozan los vascos (exención de quintas, impuestos al vino, autogobierno...), elogia sus fueros y muestra su impresión por el orden con el que se gestionan las instituciones vascas. De los carlistas, señala que "tributan todos los pueblos y en especial los de las montañas, un estricto homenaje a las costumbres antiguas, y conservan un instinto de horror a toda especie de mutaciones". Dice que a ellos se unieron curas y abogados para hacer causa común contra las villas. Afirma que Don Carlos "vive bien persuadido de que la nación española en su totalidad odia ciegamente a los privilegios de Vizcaya" y concluye asegurando que "no hay nada de común entre la rebelión de las Provincias Vascongadas, y los fueros que poseían; que se lanzaron a proclamar al supuesto rey de España antes de que se hubiese oído una voz, o escrito una sola línea en contra de sus privilegios". "Los habitantes de las Provincias, lejos de simpatizar y amparar a los oprimidos en la contienda para recobrar sus libertades, inventaron todos los medios y tocaron todos los recursos para impedirlo".

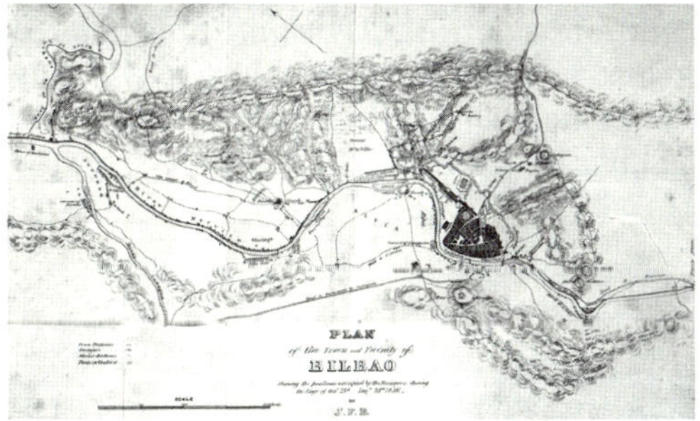

1830 – Bacon: *"El gobierno municipal es admirable y está tan bien organizado, tan conforme a las necesidades y deseos de la gente, que no cabe ni sustituirlo ni desearle uno mejor".* Plano de Bilbao.

1831 – ASTOLPHE DE CUSTINE

Marqués de Custine y escritor francés (1790-1857). En el capítulo V de su obra *L'Espagne sous Fernando VII*, publicada en 1838, narra la travesía que realiza en 1831 por Euskal Herria para ir a Madrid por el camino tradicional de Gipuzkoa. Ya en la introducción señala que es posible "que no tenga derecho a emitir mi opinión sobre los problemas que asolan a día de hoy a España, ya que se originaron dos años después de mi estancia en este país; pero si no he visto el drama, he visto la escena, que ya es bastante". Apunta entonces el autor que "no es una guerra de sucesión, una disputa entre príncipes que agita España, es una lucha de objetivos, un conflicto de intereses: los pueblos del norte de la península ya no pueden estar de acuerdo con los del sur, y el combate que libran solo terminará en la **independencia** de Vizcaya y las provincias limítrofes del Ebro". A partir de la quinta carta señala que la primera impresión no es buena. Los sucesivos conflictos por los que ha tenido que atravesar el País Vasco parecen ir pasando factura (Guerra de la Independencia, Trienio Liberal...): "Las **posadas** son sucias; al principio parecen vacías y crees que estás en el mercado o más bien en abadías abandonadas y te pierdes antes de que la gente de la casa venga a recibirte. Las literas apestan, están llenas de chinches [*Les lits sont puants, pleins de punaises*]. [...] Solo puedes encontrar guisos llenos de ajo y aceite rancio. Con un poco de experiencia, el viajero aprende a obtener excelentes huevos frescos y aves de corral hervidas o asadas bastante pasables". En otras partes de España a uno no le va mejor: "Uno tiene que aportar él mismo las provisiones y entonces pagar muy caramente el derecho de alojamiento en una especie de albergue, llamado posada, palabra que en español significa una casa con cuatro muros". En **Hernani** "sus puertas se parecen a aquellas de las fortalezas de la Edad Media; en muchas de sus calles se levantan mansiones señoriales defendidas por enormes rejas emplazadas en sus ventanas y puertas. [...] La enorme dimensión de sus escudos de armas testifica la nobleza y el orgullo de su dueño. La venta de esta especie de propiedades se considera en Vizcaya un acto de deshonra".

1831 – COOK:

"El país rebosa de trabajo, pero esto es debido, en gran medida, a las mujeres, a las que a este respecto nadie supera en la tierra".

1831 – SAMUEL EDWARD COOK

Militar y escritor inglés (1787-1856). Su verdadero nombre era S. E. Widdrington y fue un militar que, una vez retirado de la Armada británica, comenzó un viaje por España que reflejó en *Sketches in Spain during the years, 1829-30-31, 32*, publicado en 1834 en dos volúmenes. Parte del capítulo IV y VI de su primer volumen la dedica a describir su paso por Euskal Herria. En otoño de 1831 contrata en **Bilbao** a un guía, *"a Biscayan, by name Claudio Padura, a perfect model of his class"*, un compañero imposible de encontrar en ningún otro sitio salvo en España, "especialmente en las provincias del norte". "Tan pronto como se aleja uno de las **provincias libres** [*"free or Basque provinces"*, las suele llamar], [...] se puede decir que la ilustración cesa; está limitada a unos pocos ámbitos". Más tarde entra a Navarra por el Bocal de Tudela, por cuyo canal lo llevan en un bote tirado por mulas. De allí se dirige a Pamplona, de cuyas fiestas ha oído hablar, los ***St. Firmin***; pero al llegar no encuentra más que un apartamento que tiene que compartir con un monje y un cura, algo que allí se hace sin escrúpulos. Al día siguiente se celebra una corrida: "No hay anfiteatro, o 'plaza de toros', pero la gran plaza de la ciudad [la del Castillo, se supone] se acondiciona para tal propósito. Es rectangular, abierta por un extremo. Se habían dispuesto andamios de manera circular, cerrando una especie de espacio ovoide de una longitud inoportuna. Las casas que miraban a la plaza estaban construidas a propósito con sus frentes llenos de ventanas". Habla de toreros y picadores (todos ellos fueron heridos) y de los molineros que tenían el privilegio de poder matar todos los días un toro *embolado*, empuñando una larga pértiga con punta de acero. Describe a los toros navarros como más pequeños y de patas más largas, razón por la que los molineros podían aguantar las embestidas. Ya camino de Bizkaia habla de sus **privilegios** y de las consecuencias que estos tienen: "Las maneras y los hábitos de estas gentes están naturalmente impregnadas por sus leyes y sus costumbres. Son alegres y trabajadores, hallándose el país perfectamente cultivado. [...] Las clases más bajas son fiables y honradas hasta el máximo. En ninguna parte de Europa los superan en laboriosidad [*In no part of Europe are they excelled in industry*]". Continúa diciendo que los navarros se parecen al resto de la gente de las provincias del norte: "Las clases altas son más ilustradas que en la mayoría de los sitios [...] Son perfectos republicanos, y de la mejor clase, siendo más refinados, y libres de la ruda grosería, la vulgaridad y el interés propio del suizo común. Están orgullosos de sus maneras, especialmente los vizcaínos, que son todos nobles por derecho de nacimiento". También son destacables sus comentarios sobre las **vascas**: "Las mujeres llevan las más pesadas cargas, pasando de una labor a otra con una rapidez y jovialidad imposibles de ser sobrepasadas. Constituyen una raza garbosa y bella y han sido siempre célebres por su moralidad". Añade que la responsabilidad de gestionar un país tan abundante en trabajo es de las vascas, a las que a este respecto nadie supera en la tierra: *"The country abounds in industry, but in great measure it is due to the women, who are excelled in this respect by none on earth"*.

1832 – Roberts. Irun.

1832 – DAVID ROBERTS

Pintor escocés (1796-1864). Pintor de la escuela romántica que entre 1832 y 1833 emprendió un viaje por la península con destino a Tánger. A su paso por tierras vascas realizó bellas **ilustraciones**, ninguna de las cuales fue publicada en su trabajo de 1837 *Picturesque Sketches in Spain.* Sin embargo, algunas de estas litografías (Irun, Hondarribia, Gasteiz) fueron aprovechadas por escritores como Édouard Magnien (1835) y Thomas Roscoe (1837) para ilustrar sus libros. El aire romántico que imprimió a sus dibujos ayudó a difundir una idea bucólica del paisaje y la sociedad peninsular al estilo de lo que sucedió con Próspero Mérimée (1840) y su novela *Carmen*.

1833 – LE PLAY:

"El país por el que estamos viajando ahora está formado por 4 provincias que gozan de una libertad casi total. [...] Son verdaderas repúblicas".

1833 – FRÉDÉRICK LE PLAY

Ingeniero de minas, político y reformador social francés (1806-1882). Le Play emprende un viaje de cuatro meses por España, que recoge en su libro *Voyages en Europe, 1829-1854, extraits de sa correspondance*, en cuyo capítulo *Voyage en Espagne (1833)*, comenta al llegar a Baiona: "Tuve cuidado de no partir sin haber aprendido las dos frases requeridas para un viajero, [...] 'Nouda Bidarray rat goraiteco bidia?', [...] 'sambat horren emenlic Bidarray?'", refiriéndose al camino de la frontera. Como botánico que es se recrea con los brezos y liliáceas que crecen en el cementerio de **Itsasu,** "para admirar esa sencilla decoración tan bien apropiada al carácter del lugar; [...] una lección que aprender con respecto al buen vasco de Itsasu". Llega a **Tolosa** el 19 de abril, tres días después de salir de Baiona, cuando aún no se preveían los estragos que iba a causar la guerra: "El país por el que estamos viajando ahora está formado por 4 provincias que gozan de una libertad casi total, Navarra, Guipúzcoa, en la que nos encontramos, Álava y Vizcaya, que están solo bajo la soberanía de España; tienen una administración especial, no envían al rey ninguna contribución en hombres ni en dinero y son verdaderas **repúblicas** [*véritables républiques*]; todos los bienes extranjeros se importan con aranceles muy bajos, establecidos por los gobiernos provinciales, razón por la que disponen del estado más próspero. La configuración del terreno es muy montañosa y hemos estado todo el día atravesando un país admirable, por la cultura, la vegetación y la belleza de las gentes". De **Gasteiz** cuenta que se aprovechó de todas las riquezas que fueron dejando en su retirada las tropas francesas tras la batalla de 1813: "Todas esas riquezas cayeron en manos de los habitantes de Vitoria y la prosperidad de este pueblo data de esa época; se construyó entonces un nuevo distrito que le da a la ciudad un aspecto muy agradable".

1833 – MARIANO JOSÉ DE LARRA

Escritor y periodista español (1809-1837). Esta figura destacada del Romanticismo español que falleció a los 27 años escribió, en el n.º 106 de la *Revista Española*, del 18 de octubre de 1833, una pequeña **sátira** sobre el carlismo vasco que se puede encuadrar en el contexto de los prejuicios que se difundieron por Madrid durante la **primera carlistada**: fueros, curas, ladrones, peajes...: "¿Por qué no ha de tener España su portero, cuando no hay casa medianamente grande que no tenga el suyo? En Francia eran antiguamente los suizos los que se encargaban de esta comisión; en España parece que la toman sobre sí algunos vizcaínos. Y efectivamente, si nadie ha de pasar hasta hablar con el portero, ¿cuándo pasarán los de allende si se han de entender con un vizcaíno? El hecho es que desde París a Madrid no había antes más inconveniente que vencer que 365 leguas, las landas de Burdeos y el registro de la puerta de Fuencarral. Pero hete aquí que una mañana se levantan unos cuantos alaveses (Dios los perdone) con humor de discurrir, caen en la cuenta de que están en la mitad del camino de París a Madrid, como si dijéramos estorbando, y hete que exclaman: –Pues qué, ¿no hay más que venir a pasar? ¡Nadie pase sin hablar al portero! De entonces acá cada alavés de aquellos es un portero". Los curas revisan los equipajes como si buscaran "pecados por entre los pliegues de las camisas", y cuando encuentran libros comentan: "Apunte usted, secretario; estas gentes vienen a estudiar; me parece que los enviaremos al tribunal de Logroño...".

1833 – GUILLERMO VON RAHDEN

Militar y escritor alemán (1793-1860). Fue un militar experimentado en varias guerras que llegó a España como voluntario en 1833 para luchar en las filas **carlistas**. Se le concedió de inmediato el grado de coronel y llegó a alcanzar el de general de brigada. Tras ser herido y retirarse en Alemania, se dedicó a escribir aquellas memorias que dejó recogidas en *Wanderungen eines alten Soldaten* (1846), traducido como *Andanzas de un veterano de la Guerra de España (1833-1840)*. Solo cruzar la frontera supone para él ya una aventura. Parte de Baiona camuflado con ropas de paisano como miembro de una columna de campesinos. Les conminan a quitarse el bigote, pero su compatriota alemán se niega por ser símbolo de dignidad militar. Él prefiere recortárselo para disimular mejor su aspecto nórdico. El ritmo es rápido. Se paran en una venta a comer un manjar de dioses (*Göttermahl*). El grupo va disminuyendo hasta quedar reducido únicamente a tres personas: él, el contrabandista que le guía hasta la frontera y un viejo soldado vasco. En un descuido el contrabandista tira de su cinturón, se lo arranca y sale corriendo con todos sus cuartos. Se queda solo en mitad de la nada, con el viejo soldado que le sirve de guía. Llegan a una cuadra de cerdos y se echa a dormir de puro agotamiento. Cuando despierta, el soldado había desaparecido, sin llevarse nada, porque tampoco tenía nada que pudiera llevarse. Se encontraba entumecido y con los dientes castañeando lastimosamente (*"All mein Blut schien erstarrt, und mit den Zähnen klapperte ich jämmerlich"*). Se arrodilla y se pone a rezar. En ese momento alguien le toca el hombro por detrás. Era el viejo vasco (*der alte Baske*) desaparecido que había ido en busca de un desayuno caliente. Continúan el camino y cuando estaban a punto de llegar a la frontera se encuentran con una pareja de gendarmes que les acechaban como un cazador a su presa. El miedo a caer en el último momento en manos de los gendarmes le atenaza. El viejo vasco le empuja al río. Nadan hasta la otra orilla y suben por una pendiente empinada hasta pasar la frontera y llegar a Zugarramurdi, donde es blanco de las bromas por su aspecto sucio y desharrapado. Sin embargo, le dan cobijo y alimento. Así lo deja escrito en su diario: "Hoy, 15 de abril, es para mí un día de sorpresas de lo más extrañas, abandonado por la mañana por todo el mundo, huyendo como un ladrón, y acosado y tiroteado como un maleante, hambriento y tiritando de frío, y acabando por ser burlado y ridiculizado. Pocas horas después nutrido, cuidado y rico como el rey Creso".

1833 – Rahden: *"La lucha heroica de siete años de vascos y navarros [...] eleva el esplendor de su guerra a la gloria inmortal. Cualquier tiempo venidero de la historia mundial deberá reconocerlo".* Mapa de las cuatro provincias.

Como colofón, dos sorpresas: primero ve con estupor cómo se le acerca el guía que le abandonó y le devuelve todas sus pertenencias y él le paga lo acordado. Cuando el alemán le dice que le gustaría saber quién era el viejo soldado vasco que le había ayudado, el guía le dice que es el peor de todos los ladrones nocturnos, asesino por lo menos de media docena de gendarmes. La opinión que le queda de los vascos al final de su experiencia es bastante satisfactoria: "Vascos y navarros [...] son, sin lugar a duda, los más vigorosos y leales hijos de la península ibérica. Libres como sus montañas, en ellos vive el concepto verdadero y correcto de los **derechos humanos**, y la gradación entre las partes dominantes y obedientes de la población de estas exuberantes y nobles provincias del norte desaparece en la relación benevolente de dependencia, que es una condición esencial de la convivencia social, pero es también el criterio de la felicidad mutua. La lucha heroica de siete años de vascos y navarros que han combatido ante nuestros ojos por los más sagrados bienes de la vida, por los derechos hereditarios y la religión, eleva el esplendor de su guerra a la gloria inmortal. Cualquier tiempo venidero de la historia mundial deberá reconocerlo". El libro muestra, además, un mapa detallado de las cuatro provincias.

1833 – RAMÍREZ ARCAS:

"Debian venir á estudiar la antigua legislacion navarra. [...] Hé aquí el verdadero comunismo".

1833 – ANTONIO RAMÍREZ ARCAS

Militar andaluz (1809-1865). En 1833 es nombrado miembro de la Plana Mayor de los Ejércitos del Norte en la Guerra Carlista, y participa durante varios años en gran número de batallas a lo largo de toda Euskal Herria (Belaskoain, Bilbo, Mendigorria, Gasteiz...). En 1848 publica *Itinerario descriptivo, geográfico estadístico y mapa de Navarra*. Aunque el objetivo principal del libro es hacer una descripción militar de la provincia para que sirva de guía al ejército para "mejor triunfo de sus operaciones", en un momento dado realiza un pequeño comentario, como consecuencia de "las cuestiones políticas y filosóficas que en el día se ventilan en Europa", que merece ser transcrito en su totalidad: "Al hacer la descripcion de los montes de Navarra y sus accidentes, no puedo menos que recordar la presente situacion de Europa y la lucha que se va despertando entre los que no tienen contra los que tienen, sirviendo de base para ello las doctrinas comunistas y socialistas, con las que se quiere arrancar lo que cada uno ha podido adquirirse por sí. Los inventores de estas escuelas debian venir á estudiar la antigua legislacion navarra, respecto á **comunismo**, y en ella aprenderian sabiendo que hay un pais comunista por sus leyes, pero no comunista de lo que se tiene adquirido con el sudor y con la inteligencia, sino de lo que ha ofrecido la naturaleza. El alma del hombre filantrópico recibe una espansion al leer que entre los habitantes navarros lo mismo el noble que el plebeyo, el poderoso que el jornalero pueden entrar en sus montes, los unos con sus ganados á que disfruten de los pastos; y todos á cortar madera y leña para sus casas. En fin; todos tienen un igual derecho al pasto y leña de los montes: al terreno para fabricar casas: derecho igual de poder hacer molinos y presas en los rios; como tambien sacar piedras, hacer yeso, cazar, pescar y roturar los montes. Aun hay mas: cuando los terrenos son susceptibles de cultivo, el primer ocupante, sea el que sea, adquiere el derecho y no puede ser despojado de él sino cuando deja la heredad yerma por espacio de tres años. Hé aquí el verdadero comunismo".

1834 – HERMANN DU-CASSE

Barón y militar francés (1807-1870). En 1840 publicó *Echos de Navarre* (en castellano traducido como *Ecos de Navarra o Don Carlos y Zumalacárregui. Hechos históricos. Detalles curiosos y recuerdos de un oficial carlista*), un relato sobre todo lo acontecido durante su estancia al servicio de Zumalacárregui en la Primera **Guerra Carlista**: "La guerra civil esta representada por el amigo que cierra la puerta de su casa al amigo que busca un asilo, por un padre que hiere á su hijo, por una madre que estiende inútilmente sus brazos entre dos hermanos que van a despedazarse". "Estas provincias [...] no se armaron de ningún modo por el único interés de conservar sus privilegios. [...] Las provincias se pronunciaron llevadas del sentimiento de su proverbial fidelidad, que precisamente les valió de los soberanos el otorgamiento de los antiguos privilegios". Cuando esperaba toparse con una banda de guerrilleros, dice encontrarse con un ejército bastante bien organizado: "Estas boinas, camisas y alpargatas eran las únicas prendas de vestuario que se distribuían. [...] Una chaqueta parda, una faja de estambre ò de seda encarnada, un pantalón ancho de terciopelo, la manta, una canana y un morral blanco de lienzo completaban el trage". Pero el mayor mérito del libro es que ofrece una imagen bastante sincera del carácter que poseía **Zumalacárregui**: "A imitación de su apellido que es moruno y vascuence, reunía Zumalacárregui en su rostro el tipo de carácter de estos dos pueblos. Su fisonomía espresiva, imponente, y un si es no es feroz, tomaba de vez en cuando un aire particular de finura y afabilidad. Cuando estuve en su presencia [...] comenzó el general por decir con tono brusco que lo que necesitaba es soldados y no oficiales, que los que quisieran charreteras debían ganarlas con el fusil al hombro, y que un hombre que no hubiese muerto o salido herido en tres meses, era á sus ojos un cobarde". Cuando Elliot propuso un canje de prisioneros suscribiendo un artículo adicional para favorecer a los generales, Zumalacárregui lo rechazó: "Esto no puede arreglarse, señores, porque nosotros no tenemos generales, todos somos iguales, voluntarios". Cuando tomaron **Ordizia** prendieron fuego a la torre de la iglesia en la que se habían parapetado los vecinos que simpatizaban con los cristinos. Cuando salieron las mujeres y los niños, Zumalacárregui "recibía á cada una con un latigazo". "A las infelices mugeres se les había cortado el pelo, que es el adorno mas hermoso y que mas en estima tienen las españolas: y después de emplumadas se les hizo montar en asnos. En este estado se les había entregado á la rechifla, á los insultos, y á los golpes de una soldadesca y un populacho crueles". Cuando bajaron los hombres "con sus cabellos chamuscados y sus rostros desencajados", Du-Casse se pregunta, ante lo que les espera: "¿Cuál era su crimen? Haber sido vencidos". "En Lecumbier [*sic*] tuvo lugar la ejecución". En **Los Arcos** los cristinos huyen y, en su precipitada fuga, abandonan en el hospital a más de doscientos heridos. En contra de lo que muchas veces había hecho Mina, el general perdona la vida a los prisioneros y a todo aquellos que les asistieron: "Yo soy Zumalacárregui y en nombre del rey os concedo la vida y la libertad". Sin embargo, después de perder la batalla de **Etxarri-Aranatz**, a los oficiales les despoja de su grado y a los soldados les espera una condena algo más escabrosa: con un saco de pedacitos de papel blanco y negro se realiza un sorteo para ver a quién le toca ser fusilado... Estos dos actos "responden mejor que todas las palabras, á lo mucho que se ha dicho en contra de aquel hombre acusándole de cruel y fanático".

1834 – ANASTASE DE TANDÉ

En 1869 aparecen publicadas las memorias de este soldado francés que combatió como voluntario en la Primera **Guerra Carlista**: *Campagnes et aventures d'un volontaire royaliste en Espagne*. Tandé llega a Euskal Herria tras la revolución francesa de 1830, al verse obligado a huir, y se alista en el ejército carlista en 1834. Llega en *cacolet* (un burro con dos sillas a los lados) hasta una villa en las inmediaciones de Baiona y, como solía ser habitual, lo visten de vasco para pasar la frontera por Zugarramurdi: "En el trayecto del cuartel real [Abartzuza] al general [Zirauki] me encontré con gran cantidad de batallones y escuadrones acantonados en algunos de los muchos pueblos de los que está llena Navarra. Todos los soldados se hallaban útilmente ocupados. Maniobras de detalle o de conjunto, instrucción de reclusos, limpieza de armas, todo se hacía simultáneamente y con un orden perfecto", cuenta. Aunque no quiere trazar un retrato de Zumalacárregui, comenta: "No puedo ocultar la enorme impresión que me produjo el aspecto noble y severo del célebre guerrero". Explica que, en la época en la que prestó el servicio a la armada, Navarra y las tres provincias vascas presentaban "un aspecto admirable" y la población se prestaba "a todos los sacrificios", no solamente con resignación, sino con "buen humor y espíritu". "Mientras todos los hombres jóvenes portaban el fusil en las filas, el cultivo de las tierras se realizaba con el mismo esmero que durante los tiempos de paz. Los ancianos, las mujeres y los niños, multiplicaban sus esfuerzos". Va repasando, sobre todo, las batallas de "*Mendaza, d'Arquijas, Larraga, del Puerto de Azaburo, d'Arroniz, et de las peñas de Abarruza*", el sitio de Bilbao y la muerte de Zumalacárregui, la batalla de Mendigorria, Getaria y las ventas de Arlaban, y menciona en especial a personajes como Sagastibeltza y el cura Merino.

1834 – NODIER:

"[El bajo-bretón y el vasco] revelan una nacionalidad individual, [...] son lenguajes propios, son lenguajes que ostentan el mismo título que el francés de la Academia, y que solo carecen de unas pocas grandes obras literarias [...] para ocupar su lugar junto a él".

1834 – CHARLES NODIER

Escritor y bibliotecario francés (1780-1844). Autor prolífico de una numerosa obra que destacó por su vasta erudición y su promoción del Romanticismo, esta ilustre figura causó una honda influencia en el zuberotarra **Augustin Chaho**, que no solo frecuentó el salón de Nodier en París, sino que su obra más célebre, *Voyage en Navarre pendant l'insurrection des basques (1830-1835)* (1836), estuvo inspirada en un ensayo parecido al que Nodier realizó sobre los escoceses. En su obra de 1834 *Notions élémentaires de Linguistique*, en el capítulo que repasa los dialectos (*Patois*), habla Nodier de ciertas lenguas que son específicas de algunas regiones del territorio francés, "que revelan una **nacionalidad individual** [*une nationalité individuelle*], otro origen y otro genio, el bajo-bretón de la Armórica y el **vasco** de los valles cispirenaicos. Son lenguajes propios, son lenguajes que ostentan el mismo título que el francés de la Academia y que solo carecen de unas pocas grandes obras literarias, como el holandés sublime de Vondel y el eslavo sublime de Gondola, para ocupar su lugar junto a él. El inglés mismo, una lengua bastarda si alguna vez hubo una, y de la que conocemos el padre y la madre adúlteros, luchan hoy por la gloria con todas las lenguas clásicas de antiguos y modernos, porque produjo un Shakespeare, un Milton, un Scott y un Byron".

1834 – J. L. LACOUR

En su libro *Voyage pittoresque dans les Basses-Pyrénées*, Lacour hace una descripción bastante singular de un viaje al País Vasco continental con excursiones a numerosas villas (Kanbo, Ustaritz, etc.). Dice que el vasco es elegante y coqueto: "*Rarement le basque est mal vêtu. Il y a de la coquetterie dans sa mise*". Asegura que "los vascos españoles se distinguen de los nuestros por ser menos elegantes y limpios [*par moins d'élégance et de propreté*]; pero por otro lado, por un semblante imponente, por unos rasgos masculinos casi salvajes; y por su tosco ropaje, representando para mí las almas condenadas de Fra-Diavolo". Le atrae la **danza** vasca, cuyo baile forma, dice, un círculo perfecto: "Todos toman su lugar sin distinción de sexo y se sitúan allí completamente libres: es decir, los bailarines y bailarinas ni siquiera se ofrecen a unir sus manos. El cuerpo, la cabeza y los brazos van participando poco a poco del movimiento de la danza. Solo los pies proceden con elasticidad y ligereza". Le sorprende, además, que sea tolerado por los curas ("*Le saut basque est toléré par les curés*"). Comenta que las mujeres saben manejar bien la coquetería, posando con un arte que sorprendería a los mismos parisinos. Habla de *Luzian* y de ***Perkain*** (lo escribe con k), dos famosos pelotaris del momento, y de la ***maquilla*** como símbolo de la autoridad vasca. Cree que el grito salvaje del ***Irrincina*** (irrintzi), "que parece el relincho de un caballo vigoroso", puede ser un grito de convocatoria o uno de guerra: "Los vascos lo usan para que se escuche a largas distancias y se contestan sin problemas de una colina a otra".

1834 – ANÓNIMO INGLÉS

Un autor anónimo (seguramente Henry David Inglis) publica en 1834 un relato, *Spain. Yesterday and Today* (*España. Ayer y hoy*), que describe en tercera persona el viaje por la península de un hombre de negocios, Mr. Delville, con su mujer y sus dos hijos. Dedica el tercer capítulo a la provincia de Bizkaia: "De Bayona a Vizcaya el itinerario más corto es por la costa, pero el camino tenía tan mala fama por los ladrones, que el señor Delville se vio obligado a dar la vuelta por **Vitoria**". La primera novedad con la que se topa el viajero en Gasteiz, explica, es la capa española (*spanish cloak*): "El color que usaba la clase baja era marrón; el de la superior, negro o azul". La mantilla, añade, no se usa tan al norte. El mercado rebosa de todo tipo de panes, que alaba así: "Habían oído hablar mucho de la delicadeza del pan español y lo encontraron totalmente a la altura de su reputación". Cuenta que las mujeres en cuanto dejan sus bártulos se ponen a danzar. En Gasteiz se encuentra con trescientas muchachas bailando en la plaza al son del txistu y el tamboril ("*flageolet and a Basque drum*"): "Sus movimientos eran lentos y solemnes, y apenas se percibía una sonrisa en ninguno de sus jóvenes rostros. [...] Nada de lo que habían visto hasta entonces les había mostrado con tanta vitalidad la diferencia entre los modales continentales y los de ellos". "Habría lamentado perderme este genuino espectáculo nacional", le comenta a su hijo. Al llegar a **Bilbo** se quedan impresionados con "la belleza poco común del lugar". Atraviesan el puente viejo y deben aparcar su vehículo: "No se permite a nadie entrar con el carruaje a Bilbao, a fin de preservar la pureza de sus aguas". La chavalería le representa, en mitad de las calles, la simulación de una corrida de toros, con todos los ingredientes que se contemplan en ellas: los picadores, las lanzas, los toros, las capas y los toreros.

1834 – VON ROSEN:

"La gente no quiere renunciar a su reputación de pertenecer al país navarro por muchas razones, y ni siquiera les gusta que les llamen españoles". "He visto con mis propios ojos en Vitoria cómo soldados de los cuerpos francos desnudaban a prisioneros carlistas, les cortaban la nariz y las orejas, para después echarlos vivos al fuego".

1834 – GOTTLIEB VON ROSEN

Militar alemán. Poco se sabe de él, pero dejó buen testimonio de su experiencia como legionario en la guerra de Argelia y en la **carlistada** de España a partir de 1834. En 1844 publica *Bilder aus Spanien und der Fremdenlegion*, obra en la que muestra sus apreciaciones sobre la guerra en territorio vasconavarro como integrante del ejército liberal isabelino. Dedica el segundo tomo entero a las provincias vascas. De entrada comenta que la atención de Europa se centró en nuestro pueblo, como si hubieran sido los únicos sublevados: "*Seitdem richtete sich während des ganzen unseligen Bürgerkriegs die Aufmerksamkeit Europa's auf dieses Land, als wenn es sich allein erhoben habe*". "En el afán por la preservación de sus libertades y **derechos** secundaron el estandarte del absolutismo contra un ejército que no simpatizaba de ninguna manera con sus libertades, que más bien intentaba arrebatárselas cuando entraran en conflicto con cuestiones nacionales generales". Habla de abarcas, boinas, zamarras y de la pelota, por supuesto: "En ningún pueblo [...] falta una amplia plaza con una superficie bien adoquinada y un ancho muro de piedra dedicado al juego de la pelota, un juego que aman con pasión y que es jugado por personas de todas las edades y clases sociales, [...] en donde la pesada pelota es lanzada con un guante especial elaborado de madera". En cuanto a la **religión** asegura que, aunque el campo sigue atrapado en su superstición y fanatismo ("*des Aberglaubens und Fanatismus befangen*"), la ciudad es más abierta en cuestiones religiosas: "El clero, respetado por todas las clases sociales, resulta bastante más ilustrado y de opiniones más libres y razonables que en las otras provincias". Sobre las variedades del **euskera**, que comenta que desaparece ya en las llanuras de Navarra y Álava, cuenta la anécdota de los once vascos de distintas regiones que fueron donde un comerciante a comprar la misma cosa, pero este no entendió a ninguno de ellos lo que querían, aunque se hicieron comprender.

Tiene la suerte de poder cumplir uno de sus mayores deseos, asistir a una **corrida de toros** en San Fermín ("*am Tag des heiligen Firminus*"). Von Rosen describe en varias páginas el ambiente colorido de las miles de personas que se congregan en la Plaza del Castillo, armadas con toda clase de artilugios, cornamentas, flautas y tamboriles para contribuir al bullicio de la fiesta. A pesar de la muerte de 8 toros y 19 caballos, von Rosen le disculpa al carácter español este acto de brutalidad. Después de atravesar toda Nafarroa (Zubiri, Urrotz, Gares, Artaxoa...), llega hasta Lerin, donde, dice, ya no se habla vasco (*Baskisch)*, "como en general a todo este lado de la sierra situada entre Pamplona y Puente la Reina". "Aun así, la gente no quiere renunciar a su reputación de pertenecer al país navarro por muchas razones, y ni siquiera les gusta que les llamen españoles. 'Navarros somos', acostumbran a responder de manera correctiva".

Ya desde una perspectiva estrictamente bélica, señala que las **legiones extranjeras** no solo habían de combatir contra los carlistas, sino también contra otra serie de penalidades como el hambre, la sed o el frío. Intentan resarcirse de todos estos padecimientos por medio de saqueos consentidos por los generales (en el valle de Lantz, por ejemplo) o dándose a la bebida, difundiendo la mala fama que estas legiones tenían debido a los excesos que cometían cuando se emborrachaban, llegando muchas veces a las manos con sus mismos correligionarios españoles. A pesar de la amenaza de la ejecución, las deserciones en las filas liberales estaban a la orden del día y todos esperaban alguna maniobra que les acercara a la frontera para poder huir a Francia, ya que estos no extraditaban desertores. Los carlistas también fomentaban una cierta desazón al divulgar "la imagen de que los soldados carlistas estaban bien pagados y siempre abastecidos de dinero, vino y provisiones". Habla de los cuerpos francos, grupos paramilitares que se adaptaban mejor al terreno que los regimientos regulares, que actuaban a la manera de las guerrillas carlistas y estaban formados por soldados españoles y apenas por vascos y navarros. La única excepción eran los ***Chapelgorris*** que actuaban en la zona de Donostia y Bilbo. El hecho de que actuaran de manera incontrolada ocasionaba actuaciones inhumanas: "He visto con mis propios ojos en Vitoria cómo soldados de los cuerpos francos desnudaban a prisioneros carlistas, les cortaban la nariz y las orejas, para después echarlos vivos al fuego". Acabó adhiriéndose al movimiento *Paz y Fueros* que promovió **José Antonio Muñagorri**, al que define como un comerciante vasco arruinado por la guerra al que le daba igual quién estuviera en el trono, mientras respetaran sus privilegios. Sus últimos meses en Sara disfrutando de los bailes y las canciones vascas, el juego de pelota y las "*nescochias gastias*" le resarcen ampliamente de tanto padecimiento sufrido.

1834 – WALCKENAER:

"La Navarra española no está incluida en este título oficial de provincias bascongadas; pero, no obstante, es un cantón vasco".

1834 – CHARLES ATHANASE WALCKENAER

Naturalista francés (1771-1852). Le Baron Walckenaer es el autor de un artículo de la enciclopedia francesa (*Encyclopédie des gens du monde*) sobre los pueblos del mundo, que se publicó en 22 volúmenes desde 1833 a 1844. En 1834 se publica el tercer tomo, con una entrada de siete largas páginas sobre los vascos que encabeza como *Basques* (*Pays ou Provinces*): "En el extremo occidental de la frontera pirenaica se extienden, sobre las dos vertientes, los cantones habitados por la población vasca y que, por esta razón, se llaman de la parte francesa el País Vasco [*le pays basque*] y de la parte española provincias bascongadas [*sic*], es decir provincias vascas [*provinces basques*]. Estas son tres y portan los nombres de Vizcaya, Álava y Guipúzcoa o Ipuzcoa. [...] La Navarra española no está incluida en este título oficial de provincias bascongadas, pero, no obstante, es un cantón vasco [*mais elle n'en est pas moins un canton basque*]". Tiene a continuación otro epígrafe que titula *Basques* (*peuple et langage*) y que habla sobre su pueblo (*Escaldounac*), su país (*Eskalerra*) y su lengua (*eskouara*). Comenta que en España siempre se refieren a "las naciones bascas" (él lo cita así mismo, en castellano), como queriendo diferenciar las distintas territorialidades que hay dentro de Euskal Herria. Nos habla de sus usos y costumbres y de la carencia de literatura escrita que padece el idioma. Afirma que el vasco tiene todas las cualidades y todos los defectos asociados a un estado social propio del salvaje y del hombre civilizado. O sea que es duro, impetuoso y hostil, pero también fiel amigo, franco y sincero, laborioso pero aficionado a las fiestas. Y el trato con las **mujeres** le parece de lo más indecoroso: "Hemos visto con frecuencia en medio de la plaza de San Juan de Luz, en días de mercado, chicos y chicas jóvenes en medio de la plaza y a la vista de todos, no solo besándose, sino entregándose a las caricias, que en cualquier otro lugar habrían sido vergonzosas, sin que nadie prestara la menor atención".

1834 – LATAILLADE:

"Que [las cuatro provincias] puedan federarse y concluir tratados [...], todo bajo la garantía del rey de los franceses".

1834 – LATAILLADE

En su informe al Ministerio de Marina francés del 16 de noviembre de 1834, *Question actuelle d'Espagne*, este funcionario francés expone su particular opinión del conflicto foral, definiendo a las instituciones vascas como "un régimen de libertad e igualdad, el más absoluto, el mejor entendido y mejor obedecido, porque es obra de todos". Y sostiene lo siguiente: "Pudiendo mesurar el habitante de las cuatro provincias insurgentes, desde el más sabio al más ignorante, el alcance de los sacrificios de todo orden que se le quieren imponer mediante el abandono forzoso de sus derechos de nacionalidad, hará guerras buenas o malas, pero siempre guerras al fin de conservarlos y defenderlos contra cualquiera que pretenda impugnarlo". Para terminar de una vez por todas con la **Guerra Carlista** propone por un lado ofrecer a Zumalacárregui la restauración de la **independencia** nacional de las cuatro provincias "que puedan federarse y concluir tratados [...] todo bajo la garantía del rey de los franceses", pero por otro conservar sus fueros si deponen las armas ante la Cuádruple Alianza.

1834 – Blanche Feillet. *Bilbao, vista tomada del camino de Bermeo*, ca. 1850.

1834 – HÉLÈNE FEILLET Y BLANCHE FEILLET

Pintoras y litógrafas francesas (1812-1889, 1815-1886). Hélène y Blanche Feillet fueron dos hermanas que se establecieron con su familia en Baiona en el año 1834. Habían adquirido amplios conocimientos de **pintura** en París de la mano de su padre y su abuelo y, una vez emancipadas como artistas, exploraron terrenos diferentes: Blanche se concentró en el grabado y el dibujo, mientras Hélène exponía pinturas en salones e ilustraba libros de temática científica. Sin embargo, ambas participaron como ilustradoras en una obra muy emotiva, la del baionarra Charles Hennebutte (casado con Blanche) que escribió en 1851 *Le Guide du Voyageur de Bayonne à Saint-Sébastien*. Para la obra tuvieron que adentrarse en pleno corazón del País Vasco, obteniendo unos primeros apuntes que después plasmarían en **litografías** de paisajes y de temas cotidianos de gran valor etnográfico. Las hermanas Feillet nos han legado una gran cantidad de imágenes de todos los rincones de Euskal Herria (entre ellos un hermoso dibujo de una pareja de campesinos con una laya), aunque todavía está por hacer un inventario completo de toda su obra. Mientras Blanche se movió más al margen de las tendencias románticas de la época, Hélène realizó, en 1840, por encargo del ministerio francés, un impresionante lienzo que detalla la entrada en Baiona de los duques de Orleans. En la segunda parte del álbum *France et Espagne: album des deux frontieres*, publicado hacia 1860, aparece una preciosa vista de Bilbao realizada por Blanche, tomada desde el camino de Bermeo. Véase también Morel (1836).

1834 – GOEBEN:

"Consideran extranjeros al resto de los españoles y como tales los desprecian".

1834 – AUGUST KARL VON GOEBEN

Militar prusiano (1816-1880). Abandonó el ejército prusiano con veinte años para enrolarse en España y luchar en la Primera **Guerra Carlista** en 1834. Los cinco años al servicio de Don Carlos, en los que tuvo que pasar por innumerables penurias, le sirvieron para volver a Prusia triunfante y hacer carrera en el ejército hasta llegar a capitán del Estado Mayor. En 1841 publicó sus memorias sobre lo acontecido: *Vier Jahre in Spanien...* (*Cuatro años en España. Los Carlistas. Su levantamiento, su lucha y su ocaso. Esbozos y recuerdos de la Guerra Civil*). Cuenta que, así como durante el reinado de Fernando VII buena parte de los privilegios vascos se mantuvieron inalterables, con Isabel se extendió una atmósfera de descontento y preocupación por las medidas que se estaban tomando. Las aduanas vascas eran motivo de celos y envidias, ya que con ellas "las Provincias" (dice que las llamaban así) alcanzaban un nivel de vida que en España se traducía en pobreza. No tardó mucho en saltar la chispa. Los carlistas, cargados con un arma rescatada de su escondrijo y que llamaban "el abuelo" (véase Miranda 1844), se lanzaron a una guerra que les fue proveyendo de armas según las confiscaban al enemigo. Las condiciones de los prisioneros de ambos bandos eran tan calamitosas que despertaron preocupación y aversión en las instituciones europeas. Se envió a Lord Elliot para promover intercambios de prisioneros, pero la medida solo surtió efecto en las provincias vascas. Goeben echa aquí en cara a los cristinos que la solicitud de Zumalacárregui de extender el acuerdo de intercambio a toda España fuera explícitamente rechazada por el Gobierno liberal (*"Die Antrag [...] wiesen die Verkünder 'der Aufklärung und Zeitgemässer Ideen' entschieden zurück"*). Los carlistas formaban un ejército deambulante, sin un punto de apoyo concreto, más que aquel que le ofrecía el propio terreno, que marchaba por las provincias ocasionando al enemigo tanto daño como pudiera, sin aspirar a otro provecho que el de debilitar al rival. A los vascos los retrata con los consabidos tópicos: serios, buenos anfitriones, fieles y nobles (*"Die Basken sind ein hohes, kräftiges Geschlecht, ernst und zurückhaltend, aber edelgesinnt, in hohem Grade gastfrei und ihrem Worte treu"*). Un pueblo orgulloso de su origen y de su independencia, y acostumbrado a contemplarse como privilegiado, que considera extranjeros al resto de los españoles y como tales los desprecia (*"sie sehen die übrigen Spanier wie Fremde an und verachten sie al solche"*). A las mujeres las ve a la altura de los hombres y las considera en el cumplimiento de sus deberes familiares y domésticos muy por encima de las españolas.

1834 – FREDERICK HENNINGSEN

Escritor y mercenario escocés (1815-1877). En 1836 publica en Londres *The Most Striking Events of a Twelvemonth's Campaign with Zumalacarregui in Navarre and the Basque Provinces*, un libro de éxito que tuvo ediciones en varios idiomas. Fue el primer biógrafo de **Zumalacárregui**. Henningsen es testigo directo, a partir de 1834, del sitio de Bilbao y en su relato se hace eco del grado de barbaridad del que solo son testigo las guerras. Pone como ejemplo las penalidades que tuvo que pasar Zabala, uno de los líderes carlistas, cuando los cristinos le tomaron a las hijas como rehenes y las utilizaron como escudos, poniéndolas por delante en sus ofensivas. Al final Zabala pudo recuperarlas. El tercer capítulo del libro se lo dedica al pueblo vasco y a su **lengua**, de la que reproduce un padrenuestro completo. Hablando de guipuzcoanos y vizcaínos comenta su semejanza con los navarros: "Los habitantes también se parecen mucho a los navarros; pero, aunque algo más civilizados y laboriosos, son de carácter menos firme y resuelto. Su traje no difiere en nada: la boina azul, la faja roja y las alpargatas o sandalias de cáñamo, el material trenzado en una suela plana y sólida y sujetado por una cinta azul o roja al pie, son comunes a ambos". Desde allí donde gustan de vivir sus antiguas costumbres y tradiciones hasta las orillas del Ebro percibe que hay un mundo, y una gran diferencia en la fisonomía y en el aspecto de sus habitantes, según se aleja de la montaña: *"They become gradually darker and of a different stature, till, on the banks of the Ebro, they are to all appearance a new race"*. De Navarra comenta que "por encima de los límites de este pequeño reino, los navarros miran a los demás españoles más bien como súbditos que como compatriotas". En Navarra, explica, dos terceras partes de la labor del campo la realizan las mujeres con la laya, que él llama pala de tres puntas (*three-pronged spade*). Sobre el interior de las casas, Henningsen comenta que la decoración y el mobiliario de los hogares deja entrever que vivieron tiempos mejores y que los antepasados dispusieron de una vida más rica y lujosa, y explica que la Guerra de la Independencia, que destrozó y quemó muchos de estos pueblos, tuvo buena parte de la culpa de todo ello. La fecundidad de la tierra en las provincias del norte, advierte, es un elemento que ha contribuido a volver a levantar los pueblos arrasados y ha conseguido mantener la llama de la guerra encendida durante tanto tiempo. En 1834 realizó una acuarela de un lancero navarro.

1834 – AUGUSTE HENRI DUFOUR

Geógrafo francés (1795-1865). En 1834 publica, por encargo del Gobierno central, el **mapa** *Navarra y Provincias Vascongadas con las nuevas divisiones*. En la leyenda se indica que tanto la población navarra como "los Vascongados ó 'Escualdunacos' pertenecen al 'tronco vascón'". Asegura que "son de un carácter franco y divertido, valientes, activos vigorosos, de costumbres sencillas y muy adictos á sus privilegios, que los hacen en cierto modo **independientes**". La parte que corresponde al País Vasco continental muestra bastante más detalle toponímico y orográfico que las otras regiones limítrofes con Castilla o Aragón. Presenta además anotaciones de carácter geográfico, económico e histórico e inserta dos ilustraciones de la cuenca de Pamplona y la ciudad de Donostia. En 1856 publica con Victor Adolphe Malte-Brun la obra *Précis de la géographie universelle*, en la que muestra un mapa de la península ibérica donde aparecen los ***Basques*** ocupando todo el territorio de Navarra.

1834 – Dufour. *Navarra y Provincias Vascongadas con las nuevas divisiones.*

1834 – EDWARD GRANVILLE ELIOT

Lord Eliot, político y diplomático británico (1798-1877). Fue comisionado del Gobierno británico en la Primera **Guerra Carlista** y gestor principal del *Convenio de Canjes y Humanización de la Guerra*. Años después de los hechos, en 1871, se publicaron los papeles relacionados con su misión, *Papers Relating to Lord Eliot's Mission to Spain in the Spring of 1835*. En un informe del 16 de abril de 1935 le comenta al duque de Wellington: "La impresión es que el gobierno de la reina es incapaz de acabar con la insurrección de las provincias vascas y que la causa carlista va ganando terreno en esa parte de España. Zumalacárregui cuenta con 18.000 a

20.000 hombres, la mayoría de ellos buenos soldados, y con excepciones bien armados y equipados; las provisiones son abundantes. [...] Las tropas de la reina, reclutadas en Castilla y otras provincias, desertan de camino en una gran proporción. [...] De una cosa estoy convencido, y es que la entrada de una fuerza extranjera es esencial para restaurar la autoridad de la reina en el norte de España [*Of one thing I am convinced, and that is, that the entrance of a foreign force is essential to the restoration of the Queen's authority in the North of Spain*]". Aunque pudo poner fin a los fusilamientos indiscriminados de prisioneros durante la guerra, esta no le fue muy bien a los británicos y al final tuvieron que tirar de diplomacia, con la intercesión de Hay (1839), para reconciliar a ambos bandos y firmar el Abrazo de Bergara.

1834 – JOHN GURWOOD

Militar inglés (1790-1845). El coronel Gurwood acompañó a Eliot (1834) como comisionado del Gobierno británico en la Primera **Guerra Carlista**. En una carta a Lord Fitzroy, de su diario del 20 de abril de 1835 que publicó Eliot, Gurwood comenta que "de la ventaja obtenida por un gobierno regular, con tropas y dinero a la orden del día, se podría pensar que el ejército de la reina debería haber puesto fin a esta guerra civil; pero como la experiencia ha demostrado todo lo contrario, no son difíciles de adivinar las causas aparentes del fracaso evidenciado hasta ahora". Enumera las causas: el respeto por la autoridad del rey, la enemistad nacional de los vascos por cualquier gobierno que no respete sus fueros ("*there is a national enmity in the Navarrese and Provincials to any Government that would interfere with their fueros or privileges*"), la admiración por Don Carlos y su escrupulosa religiosidad y el entusiasmo de sus batallones y de sus generales, en especial Zumalacárregui.

1835 – ÉDOUARD MAGNIEN

Escritor francés (1795-1864). En 1835 realizó un viaje por la península que contó al año siguiente en la obra *Excursions en Espagne ou chroniques provinciales de la péninsule*. La segunda excursión o volumen la dedica a *La Biscaye et les Castilles* (1837). Desde Baiona toma el curso hacia la montañosa Bizkaia: "*Elle se dubdivise en districts de Guipuscoa, d'Alava et de Biscaye proprement dite*". "Los vascos", continúa, "que suponemos que provienen de los belicosos cántabros, a los autores primitivos no les parecían ni galos ni iberos". Dice que su idioma se conserva "como una reminiscencia, como un eco de la antigüedad", y que su **inmunidad** es "exorbitante": "Ellos no se someten a ninguno de los monopolios del Estado, tales como los del tabaco, la pólvora, etc., que cada cual es libre de fabricar y de vender. No se acepta el timbre de papel. Solo paga al gobierno, a título de donación gratuita, el impuesto a la propiedad, que evalúa y distribuye entre los cantones de su territorio". Atraviesa Durango, Tolosa, Hernani, etc., hasta llegar al Parador de Vitoria. El libro está ilustrado por David Roberts (1832).

1835 – Magnien. Plaza de Vitoria dibujada por David Roberts (1832).

1835 – CHARLES DIDIER

Escritor, poeta y viajero suizo (1805-1864). En su libro *Une année en Espagne*, publicado en 1837, Didier estudia el papel que jugó **Francisco Xavier Mina** durante la Guerra de la Independencia, después de haber creado, con un grupo de partisanos (entre ellos su tío Espoz y Mina), la primera guerrilla que se enfrentaba a los franceses en Navarra. Se le acusa del doble reproche de desconfianza y crueldad, "*on faità Mina le double reproche de défiance et de cruauté*": "Exasperados por los desastres de Navarra, los franceses se desentendieron y comenzaron una guerra bárbara, durante la cual dispararon y mataron a tantos oficiales y soldados como pudieron y deportaron a muchas familias españolas a Francia; hubo un precio por la cabeza del mismo Mina. Mina efectuó represalias y el 14 de diciembre de 1811 publicó una proclama cuyo primer artículo dice: 'En Navarra, declaramos la guerra a muerte y sin cuartel, sin distinción de soldados u oficiales, incluso del Emperador de los franceses'. Esta atroz guerra continuó durante algún tiempo. Por oficial español ejecutado por el enemigo, Mina fusilaba veinticuatro soldados por uno. Siempre mantuvo en la reserva del valle de Roncal un número considerable de prisioneros dedicados a estas horribles ejecuciones". Comenta que **Zumalacárregui** jugó en Navarra, durante la Guerra Carlista, el mismo papel que había jugado Mina anteriormente: "Pero no solo es un hombre de inspiración, el estudio ha regulado sus instintos guerreros sin quitarles nada de su ardor o espontaneidad. [...] Es cierto que hay acusaciones de actos de ferocidad poco común, pero la ferocidad es el carácter de cualquier guerra civil y sobre ese terreno sangriento ambos bandos han cometido agresiones y no tienen nada que reprocharse".

1835 – PONCEAU:

"La lengua vasca existe como un monumento aterrador de la inmensa destrucción producida a lo largo de los siglos".

1835 – PETER STEPHEN DU PONCEAU

Lingüista, filósofo y jurista franco-americano (1760-1844). Presidente de la American Philosophical Society y notable analista de las **lenguas indígenas de América**, gana en 1835 el premio Volney del Instituto Francés con *Mémoire sur le système grammatical des langues de quelques nations Indiennes de l'Amérique du Nord*. Comenta cómo descubre la lengua vasca con Humboldt, *"une langue qui, je crois, n'a pas sa pareille dans tout le reste du monde"*. "La vi, con asombro, conservada en un rincón de Europa por unos pocos miles de montañeses, el único fragmento que nos queda de quizás cien dialectos, todos formados en un mismo plano y de acuerdo con un mismo sistema que probablemente existió en una época muy temprana y que, en general, se habló en gran parte del antiguo continente". Y añade, haciendo una comparación con los mamuts y las conchas encontradas de animales extintos, que la contempla como un monumento aterrador de una gran destrucción de siglos: *"La langue basque existe comme un monument effrayant de l'immense destruction produite par une longue suite de siècles"*. Al principio creyó ver una relación con las lenguas aborígenes de América, pero tras su estudio se ha percatado de que sus estructuras son totalmente diferentes: "Es imposible no percibir la inmensa diferencia que existe entre ellas".

1835 – ANÓNIMO INGLÉS

En 1835 se publica el relato anónimo *A summer in Spain, a tour made in 1835*, la excursión de un verano por España, en cuyo capítulo VII, ***San Sebastian***, *etc*., el autor narra su estancia en el País Vasco, del que "tienen razones justas para estar orgullosos, ya que nunca fue conquistado". Aquí se habla la lengua vasca, dice, "un dialecto incomprensible para los dioses y los humanos", y las mujeres montan sobre sillas a ambos lados de la cabalgadura, manteniendo el equilibrio: "Se dice que cuando la Duquesa de Berri frecuentaba los balnearios de los Pirineos, a menudo aprovechaba para mostrar las gracias de su persona, 'a la vasca'". El autor tiene que atravesar la bahía de Txingudi de noche, tumbado sobre el bote, para evitar ser localizado por las tropas carlistas apostadas en Hondarribia. Tras cinco horas de navegación llegan a San Sebastián, tomada por los isabelinos. Allí se hospeda en el mejor hotel que haya conocido en España y, al caer enfermo, cuenta que "nada podría exceder la atención de la casera y de la chica que me atendió; de hecho, nunca olvidaré su amabilidad". "Los habitantes de Navarra y Vizcaya siempre han estado más apegados a sus privilegios que a sus príncipes. Fue, en efecto, un error imperdonable del gobierno no reconciliarse con estas provincias, cuando tenían los medios en sus manos". Se establece en la Bella Easo durante tres semanas y allí es testigo de la batalla de San Sebastián, cuya disputa se libra frente a su ventana, que mira hacia la carretera de salida hacia Hernani. Ya camino de vuelta en Francia se indigna con las cifras que ofrecen los periódicos franceses sobre las víctimas inglesas y españolas, que cifran en 600, cuando solo habían sido cien. Describe a los **Chapelgorris**, la compañía de vascos de ambos lados del Pirineo bien ataviados que peleaban en el bando liberal por *"a franc per day"*. Comenta de los carlistas que, desde la muerte de Zumalacárregui, "su crédito está en el punto más bajo". "Las fuerzas unidas conformarán un ejército suficiente para someter y ocupar las provincias insurgentes y, aunque los vascos puedan ofrecer una fuerte resistencia, no puede haber dudas sobre el resultado". Este autor anónimo no se podía ni imaginar entonces que aquella cuádruple alianza no sería capaz de derrotar a los insurgentes vascos.

1835 – HARDMAN:

"[Las romerías] tienden, probablemente en no poca medida, a mantener el sentimiento de nacionalidad entre vascos y navarros".

1835 – FREDERICK HARDMAN

Periodista y escritor inglés (1814-1874). Personaje de vida azarosa que en 1835 se alistó en la Legión Auxiliar Británica para luchar a las órdenes de los isabelinos en la Primera **Guerra Carlista**. Pasó tres años como teniente a las órdenes de Espartero y, ya de regreso a Inglaterra, comenzó una dilatada carrera literaria. En 1846 publicó *Peninsular Scenes and Sketches* (traducido al castellano como *La Guerra carlista vista por un inglés*) dividida en tres partes: *Guerra de la Independencia*, *Primera Guerra Carlista* y *Viaje por las provincias vascas*. La crónica de la guerra de Hardman es una sucesión de relatos que tienen como protagonistas a paisanos corrientes y comunes que se ven envueltos en la maraña de la guerra. Son episodios redactados en un estilo romántico que mezclan lo real y lo ficticio, como en el caso de "el mudo", un personaje al que se le acaba dando garrote en la Plaza Nueva de Vitoria ante la expectación del gentío. El capítulo de 15 páginas sobre la **Venta de Armentia** cuenta la historia de su posadero, Pablo Quintanar, un mozoviejo, filósofo a su manera, que se guarda para sí su opinión política, asegurándose la protección de ambos bandos en un entorno bastante desfavorable. Quintanar recibe la visita de un oficial cristino y este le ofrece aposento, pero le advierte del peligro que corre, por la cercanía de las tropas carlistas. Cuando estas llegan, el oficial es descubierto y ambos, militar y posadero, son ejecutados. Se decanta, como es lógico, por la causa liberal y, aunque no parece que guarde rencor ni odio hacia la carlista, la mira con cierto desdén: "Los cuerpos francos carlistas eran más numerosos y mucho menos escrupulosos que los de los cristinos; de hecho tendían más a comportarse como bandidos. Eran de muchas clases: cada partida constaba de varios cientos de hombres, de ordinario oscilaban entre 200 y 1.000, y eran mandadas en la mayoría de los casos por jefes que, además de ser de carácter valiente y hasta temerario, se creían expertos militares; [...] Además de estos contingentes grandes, había otros menores, sobre todo de caballería, de 50 a 200 caballeros cada uno, que aparecían repentinamente en las aldeas donde no se les esperaba y ni siquiera se tenían noticias de su existencia, y, después de saquear a los infortunados habitantes, se las arreglaban, a marchas forzadas y gracias a su gran conocimiento del terreno, para eludir a las tropas enviadas contra ellos". Valora a las *romerías* como los festivales que mantienen el sentimiento de nacionalidad vasca: *"Probably tend in no small degree to keep up the feeling of nationality among the Basques and Navarrese"*. Enumera entonces una larga lista de singularidades típicas de nuestra tierra: *zorcicos*, el txistu y el tamboril (*"the Basque pipe and tabor"*), el traje regional (*"the dress both of men and women peculiar to the country north of the Ebro"*), *dancers*, *trinquete...*

1835 – CORNILLE:

"Vizcaya, Álava y Guipúzcoa debían formar un estado separado. [...] Sus derechos y privilegios están abiertamente amenazados: el contrato se ha roto".

1835 – HENRI CORNILLE

Cornille, que ya había escrito un libro de viajes sobre Oriente Medio, *Souvenirs d'Orient*, editó en 1836 *Souvenirs de Espagne*. En los capítulos I al VIII del primer tomo narra su paso por Euskal Herria en 1835 durante la **Guerra Carlista**. En su análisis sobre las causas que habían precipitado a los vascos a la guerra, se pone de su lado: "La esencia de España es la diversidad; se diferencia de sí mismo incluso más que de otros países [*L'essence de l'Espagne, c'est la diversité; elle diffère d'elle-même, plus encore quedes autres contrées*]". "Vizcaya, Álava y Guipúzcoa debían formar un **Estado separado** [*devaient former un état séparé*]. Unidas por las vicisitudes de sus destinos, así como por la naturaleza de su suelo, estas provincias compartieron, como hermanas, la desgracia y la prosperidad". "El último de los campesinos vascos os dirá que sus padres aún no habían sido sometidos a ninguna ley cuando toda la Península estaba ya doblegada bajo el yugo; y que, finalmente, cansados de sus repúblicas [*las de leurs républiques*], entregaron a los reyes de Castilla el depósito de su independencia, para que la protegieran de su poder, y no para que extendieran sobre ella la espada de su omnipotencia". "Esta resistencia de las Provincias Unidas [*Provinces-Unies*], nacida de un espíritu de independencia y de amor nacional, crece aún más por un sentido de interés público: sirven a la causa del aspirante, porque esa causa es la suya propia, y les importa poco luchar bajo la bandera del despotismo cuando luchan por la libertad. [...] Es una guerra de conservación, una lucha sagrada, cuyo resultado concierne tanto al pasado como al futuro". Señala, sin embargo, que "las garantías se han desvanecido; sus derechos y privilegios están abiertamente amenazados: el contrato se ha roto". Después de atravesar toda Gipuzkoa (Tolosa, Ordizia, Bergara, Arrasate) llega a **Bilbo**. Allí, aldeanos de chaquetas rojas, capas marrones y sandalias de cuero crudo y muchachas con sus faldas de lona y sus largas trenzas se dirigen a la **romería**: "Un certamen para adultos y niños, para ciudadanos ricos y aldeanos pobres, que un día al año se encuentran uno junto al otro, empujándose, molestándose, equiparándose, por así decirlo, porque no buscan más que el placer y no hay etiqueta ni rivalidad en la alegría". Sobre las campas se baila al ritmo de las canciones y las castañuelas: "Deberíais haber visto a estos bailarines jadeantes, estas figuras tan características, tan nobles, con una expresión tan ingenua y tan profunda", expresa Cornille. En **Gasteiz** asiste al teatro, pasea por el parque de La Florida y es testigo de unas fiestas de larga tradición, en donde se saca a las autoridades a bailar en lo que parece un aurresku. **Iruñea**, por el contrario, le parece que "no inspira más interés que el de una naturaleza simple y modesta, cuyo aspecto no tiene nada de feliz, pero tampoco nada de triste y cansado. Su comercio es demasiado pequeño para animarla". Explica que cada año, el día de San Fermín, se celebran las fiestas patronales, que "duran unos días y arrojan un rayo de vida sobre esta ciudad languideciente". Al igual que sucedió con las Provincias Unidas, Navarra, dice, "vio cómo el fragmentado edificio de sus constituciones caía pieza por pieza, pero los escombros que había conservado aún podían llegar a ser imponentes. Sus tribunales, cortes y virreyes sobrevivieron a su derrota y todavía dan testimonio de sus libertades primitivas". "Más allá de la cuenca de Pamplona el país toma un aspecto diferente: los últimos vestigios de la cultura expiran en Sangüesa".

1835 – VOCALTHA:

"El vasco rechaza el epíteto de soldado como contaminado de servilismo y se llama a sí mismo un campesino armado".

1835 – M. VOCALTHA

Cuando en 1935 se publica *Zumalacarreguy et l'Espagne, ou Précis des événemens militaires qui se sont passés dans les Provinces Basques depuis 1831*, un resumen de los hechos bélicos ocurridos en las provincias vascas desde 1831, es ya en ausencia del autor del libro y tras la muerte de **Zumalacárregui**. Comienza Vocaltha realizando un apasionado juicio sobre el sentido de las revoluciones: "Abro la historia al azar y veo que todas las revoluciones son el resultado de un hecho espontáneo e imprevisto. Una causa, sin duda, les dio a luz. [...] Es cierto cuando se dice que cualquier **revolución** es la consecuencia inevitable de derechos no reconocidos, de principios olvidados. Nadie puede reclamar gloria exclusiva por ello; es un hecho logrado por la audacia de muchos; es la voluntad de todos resumida en fuerza, o el genio de unos pocos. [...] El ciudadano es libre, obedece las leyes que él defiende. La ley es la fuerza moral, la fuerza constitutiva del pueblo: la tiranía es su fuerza bruta, su fuerza oculta; fuerza de disolución. Y, sin embargo, la tiranía tiene sus leyes. Pero, repito, la tiranía no puede constituir un hecho político racional, porque la violencia de sus leyes carece del elemento de libertad". Con todos esos argumentos, entiende la razón de la movilización vasca: "Es por eso que España se movilizó, cuando el pacto fundamental fue quebrantado por Fernando; por eso las provincias de Navarra se levantaron en armas; por eso encontraron a un hombre llamado Zumalacárregui para llevarlos a la victoria". Para el autor, el vasco ("*le Basque ou Cantabre*") fue siempre más amigo de la libertad que de su existencia ("*plus ami de la liberté que de son existence*") Vocaltha plantea las pocas semejanzas que encuentra entre los vascos y sus vecinos, resaltando la poca confianza que le inspiró la revolución francesa: "Las diferencias de modales y lengua, el pequeño contacto que siempre ha existido entre Francia y Navarra; pero mejor que todo eso, el espíritu de trabajo, de independencia y de nacionalidad de las provincias vascas ha obstaculizado hasta nuestros días y obstaculizará, sin duda, durante mucho tiempo la acción emancipadora de los círculos de demolición. Tampoco el lenguaje revolucionario de estos encontró simpatía ni eco en la tierra de la lealtad y el coraje. El vasco rechaza el epíteto de soldado como contaminado de servilismo y se llama a sí mismo un campesino armado... 'paysano y no soldado'".

1835 – PIETRO Y ANTONIO CALÀ ULLOA

Militares y escritores italianos (Antonio, 1807-1889). Esta pareja de hermanos militares escribe un ensayo llamado *Delle Biscaglie e della Navarra*, con una serie de consideraciones para poder llegar a comprender mejor los acontecimientos de la **Guerra Carlista**. Componen en general una pequeña semblanza de *Biscaglia* (las tres provincias) y *Navarra*, repasando carácter, costumbres y orden político y social: "Cada pueblo de Vizcaya se rige por sus propias leyes y forma una especie de república, 'infanzonado' [*formano una specie di repubblica, 'infanzonado'*] y en el centro de cada municipio se encuentra la iglesia parroquial. Bajo un roble centenario se juntan a votar los procuradores, se hacen las elecciones y se realiza la primera asamblea". Los vizcaínos son más proclives al placer; los guipuzcoanos, al juego. Incluso las **mujeres** juegan a pala con gran destreza: "*le donne rivaleggian cogli uomini e co' più destri*". Añaden los hermanos que los vascos sienten una gran pasión por la caza de toros jóvenes y el zortziko, un baile "de movimientos vivaces, rápidos, apresurados, ejecutados con vigor y agilidad" ("*e '**Zorcico**' si dice il nazionale, ed è di movimenti vivi, rapidi, precipitati, eseguito con vigore e agilitá*").

1835 – JOHN MOORE

Bajo el pseudónimo de Poco Mas se esconde el periodista británico John Moore, corresponsal de *The Morning Chronicle* que en 1945 publicó *Scenes and adventures in Spain from 1835 to 1840*. Primero se instala en Iruñea, en donde participa en la fiesta de San Fermín: "Hacia las cuatro de la tarde de la 'víspera' del día del Santo, los seis **'gigantes'**, que tienen una especial relevancia durante el festival, salen apresuradamente de su castillo –la catedral– rodeados de una escolta formada por un grupo de chiquillos. [...] Los gigantes, cuyos cuerpos eran esqueletos construidos de una estructura ligera de madera cubierta por vestiduras, eran puestos en danza por hombres ocultos bajo el ropaje". Relata también la tradición del baile de máscaras: "Los disfraces no eran llamativos, pero predominaba el colorido y el buen humor". Señala asimismo una curiosa costumbre efectuada el día de San Antonio de Padua: "Señoras y caballeros de primera condición social se acercan a los cafés para jugar con el pueblo llano [*gamble with the lower classes*], hombres y mujeres". Después se reúnen todos en la iglesia y "se sacan almas del purgatorio". Es también testigo de un baile con una "ama" y cuatro muchachas, en presencia de un cura que, cuanto más se anima la fiesta, más aplaude y se motiva. El flautista (*piper*) era un vizcaíno que comenzó a tocar una de sus melodías locales con la *silba*, usando solo una mano, mientras con la otra lo acompañaba con un tamboril llamado ***tun-tun***: "De estos sencillos instrumentos extraía un sonido verdaderamente harmonioso". Después de danzar unos boleros, un tal Bartolomeo se sitúa en mitad de la habitación y se dispone a bailar lo que parece un extraño baile (¿un **aurresku**?): "Comenzó a ejecutar una peculiar serie de movimientos. Se puso, poco a poco, en estado de excitación hasta que, finalmente, corriendo al frente de la mesa, al final de la cual estábamos sentados, se arrodilló ante él y comenzó a sonreír de la manera más espantosa, mostrando sus dos colmillos que parecían los dientes de un rastrillo podrido".

Después de Iruñea se acercó a Bilbo para seguir los acontecimientos de los diferentes sitios que vivió la ciudad. Describe con precisión de detalles la dura batalla que tuvo lugar en **Lutxana**, de la que deja testimonio un dibujo evocador. Llega hasta **Orduña**: "Un extenso y fértil valle se extendía ante unos ojos sorprendidos, como una moqueta verde decorada y salpicada de agradables pueblos y aldeas que se acomodaban en lugares pintorescos, rodeados de mechones de árboles y caminos serpenteantes". Ante la llegada del ejército liberal, los carlistas abandonan el lugar sin siquiera defenderlo y convencen a los habitantes para que huyan asegurando que son incendiarios y saqueadores: "Que yo sepa no comentaron nada de que fuéramos devoradores de niños y estranguladores de mujeres", comenta con sorna. Al cabo de unos días los vecinos empezaron a volver a casa. Sobre Amurrio explica que la distribución de los caseríos "muestra el feliz estado de este país cuando no se ve perturbado por guerras y conflictos, en los que personas simples y trabajadoras rara vez toman parte por su cuenta propia". Comenta que fueros hay por toda España: "*Spain is in fact a nation of republics, a federative monarchy*", y que las provincias vascas y Navarra no solo difieren en el carácter de sus fueros, sino también "en el dialecto, los hábitos y las costumbres".

1835 – Moore (Poco Mas): *"La gente parecía dispuesta a tener paz con o sin los Fueros, que, en su mayor parte, les eran indiferentes".* Lutxana y escena de combate en vísperas de Nochebuena de 1836.

En Gasteiz tiene, a mitad de agosto, una insólita experiencia al encontrarse en fiestas con un novillo en mitad de la calle. Sale del apuro haciéndole un quite como había visto hacer a los toreros. La escena fue recibida con "Vivas" desde los balcones. En Durango, "una villa limpia", comienza ya a percibir el cansancio de la gente por la causa de Don Carlos y es recibido "de un modo cívico por no decir entusiasta". Era el final de la guerra y les llegaban ya desertores de las filas carlistas. “Es imposible describir de manera adecuada el júbilo general por la pacificación. Conversé con algunos de los habitantes que me aseguraban que la presión que habían soportado había sido tremenda”. “La flor de su juventud había sido víctima de la guerra, el comercio había sufrido la bancarrota y la ruina, propietarios de las fincas y esposos habían sido abocados a la miseria por las constantes invasiones de sus propiedades. Las artes y el comercio habían participado del estancamiento que había causado la ruina de infinidad de familias”. Hace Moore entonces una afirmación bastante sorprendente: “La gente parecía dispuesta a tener paz con o sin los Fueros, que, en su mayor parte, les eran indiferentes”. Quizá fuera fruto del cansancio general del pueblo, porque poco después parece desdecirse, cuando asegura que en zonas del Levante español el alzamiento no fue fruto de los fueros como en el norte: *“It was not a question of Fuéros as was the case, for a time, with regard to the Basques and Navarrese”*. “Cientos de miserables que habían estado cometiendo ultrajes y horrores, ante los cuales la humanidad se estremecía, y que, en la restauración del orden, si hubieran permanecido en el suelo que habían contaminado con sus crímenes, habrían sufrido un castigo condicional por la sentencia de la ley, escaparon a Francia”.

1835 – LAGARDE:

“Emigran y prefieren una vida vagabunda y miserable, pero independiente, que la sujeción al servicio militar”.

1835 – PROSPER DE LAGARDE

Escritor francés. Editó la descripción de un viaje a Euskal Herria titulado *Voyage dans le Pays Basque eta aux Bains de Biarritz, contenant des observations sur la langue des Basques…*, que publicó en 1835. “El origen de los vascos se pierde en la noche de los tiempos”, advierte al principio del relato. El libro glosa a los *Escualdunac*, que llaman a su lengua *Escuara*, y a los rasgos particulares de su carácter y de sus costumbres. En plena guerra civil es capaz de asegurar lo siguiente: “En general, los vascos y los navarros fueron el terror de los países donde hacían la guerra; pero perdieron su **carácter belicoso**. [...] Emigran y prefieren una vida vagabunda y miserable, pero independiente, que la sujeción al servicio militar”. Dice que todos en el país son vivos, ardientes, “arrogantes e invencibles en su hogar, sacrifican todo por la libertad que ellos estiman más que su propia existencia”; dóciles al buen trato, “con dulzura se puede conseguir lo que se quiera de ellos, pero a la menor violencia se vuelven indómitos”. Cuenta que su mayor pasión es el juego de la pelota, la ocupación favorita de toda la población, y que el espectáculo está envuelto en un ritual que se lleva a rajatabla, con uniformes, jueces, apuestas y la participación de toda la población. Es imposible ver a un mozo sin su pelota, pero “en la parte vascoespañola incluso las **mujeres** se entregan a la diversión”.

1835 – BARÓN DE LOS VALLES

Louis Xavier Auguet de Saint-Sylvain, militar y aventurero francés (1796-1857). Establecido en Madrid como librero en 1833, este controvertido personaje tomó simpatía por el bando carlista y terminó trabajando en labores diplomáticas para el pretendiente **Don Carlos**. En 1935 publica *Un Chapitre de l'Histoire de Charles V*, en el que señala las razones de Don Carlos para ostentar el trono de España; los comienzos del movimiento carlista dirigidos por el marqués de Valdespina en Bilbao y todas la provincias vascas *“qui s'étaient soulevées en masse contre les troupes de la reine régente”*; así como el fusilamiento en Pamplona del reconocido militar navarro y héroe de la Guerra de la Independencia Santos-Ladrón, que supuso una sublevación general en esta región y el incipiente comienzo del gobierno del *“brave colonel* ***Zumalacárregui****”*, a partir del cual el movimiento comenzó a crecer exponencialmente. Fue quien abrió los ojos a Europa de la figura de Zumalacárregui. En una de las cartas que incluye del general cristino que está al mando del Ejército del Norte, Gerónimo **Valdés**, titulada *Habitans de la Navarre* *et des Provinces Basques*, el militar asegura que su "misión es esencialmente pacífica y que depende de vosotros solos que esta no pierda su carácter. [...] Es indispensable, repito, que esta desastrosa guerra termine, y que se os devuelvan los días de tranquilidad y felicidad que disfrutasteis antes de que la perfidia y la traición os deleitaran. Esta es, habitantes de Navarra y de las provincias vascas, la noble tarea que Su Majestad me ha encomendado y que llevaré a cabo a toda costa. Conocido por vosotros desde hace mucho tiempo, sabéis por experiencia que soy humano e indulgente...". Fue entonces cuando Valdés sufrió ante Zumalacárregui su más severa derrota en la fatal acción de Artaza en las Améscoas. Al final, Auguet de Saint-Sylvain aporta un mapa en el que no se cita a Vizcaya, sino a *Guipuscoa*.

1836 – VON LAURENS:

"Zumalacárregui fue un Dios para su pueblo, y se hablaba de proclamarlo rey de las provincias vascas sin ningún tipo de reserva". "Los vascos se mantendrán firmes, y debieran formar en sus peñascos infranqueables un reino propio".

1836 – A. VON LAURENS

Laurens fue un oficial del ejército prusiano que llegó al País Vasco en 1836 para unirse al **bando carlista** durante siete meses. En 1839 publicó el relato de su estancia: *Mein Aufenthalt in Spanien während des Jahres 1836*, en el que hace un repaso sincero y neutral de toda su aventura. Para empezar, entrar en España requería de cierta perspicacia y una dura travesía. Llega a Baiona haciéndose pasar por un turista más, ya que las autoridades francesas se habían posicionado a favor de la reina regente. Una vez conseguido el salvoconducto para poder moverse en el territorio ocupado por los carlistas, le visten de aldeano y le ofrecen un guía para atravesar la frontera. La caminata se le hace eterna y cuando el guía divisa unos gendarmes, le dice que hay que doblar el paso para llegar al portillo de arriba y pasar la frontera. Llega un momento en el que Laurens se desploma de cansancio. El guía le dice que le pague lo acordado y que él se larga. Entonces saca su puñal (*ich zog meinen Dolch*) y le obliga a guiarlo hasta pasar la frontera. Después de un rato caminando, el guía se ve en la obligación de cargarlo sobre sus espaldas (*auf den Schultern meines Führers*). En Eugi constata que estos montañeses vascos (*diese baskischen Gebirgsbewohner*) están acostumbrados a toda clase de duros trabajos y fatigas. Con el tiempo, Laurens consigue permiso para formar un batallón exclusivo con soldados extranjeros. Comenta que en el bando contrario los mercenarios eran muchos, gente con un pasado delictivo a la que no era difícil engañar para que se pasara de bando ofreciéndole un poco de dinero. En plena batalla, a veces les bastaba un simple grito para conminarles a venir, "*Kommt herüber, hier ist besser, als bei euch!*", para que al día siguiente tuvieran diez desertores más en sus filas. Dice que el robo entre los soldados vascos está bastante extendido, aunque en los siete meses de permanencia no hayan sido más que pequeños **hurtos** los que ha sufrido: un día le robaron la calderilla (*Baarschaft*), otro la boina y otro el sombrero. La infantería le tenía un miedo atroz a la caballería. Contemplaban los amplios valles de Iruñea y de Gasteiz con nostalgia, sin atreverse a salir de sus desfiladeros por haber avistado hombres armados a caballo. Comenta también que las **ejecuciones** estaban a la orden del día y eran sumariales y necesarias. Alcaldes, ciudadanos y campesinos eran ejecutados si tenían pruebas concluyentes. Un doctor de *Escuriaza* fue ejecutado por mantener correspondencia secreta con los cristinos. A Laurens le resultó bastante cruel (*grausam genug*) que se obligara a la familia a presenciar su ejecución. De los vascos comenta: "Este pueblo ha disfrutado durante siglos de derechos y privilegios que siempre han empleado para beneficio del reino español. [...] **Zumalacárregui** fue un Dios para su pueblo, y se hablaba de proclamarlo rey de las provincias vascas sin ningún tipo de reserva". "¡Menudo pueblo! [*Welche ein Volk!*]. Habían dado todo por alimentar al monstruo [*Unthier*] que asfixiaba a sus hijos, y sin embargo bailaba en las plazas públicas y se regocijaba con los tamboriles y las flautas [*Trommel und Pfeife*] que acompañaban a sus piruetas". La última frase del libro es la siguiente: "*Die Basken aber werden sich behaupten, und sollten sie in ihren undurchdringlichen Felsengebirgen ein eignes Reich bilden*", "Pero los vascos se mantendrán firmes, y debieran formar en sus peñascos infranqueables un **reino propio**".

1836 – SABATIER:

"[Espartero] plantó en medio de ella un letrero que decía: AQUÍ ESTUVO GUERNICA".

1836 – ALEXIS SABATIER

Militar francés. Estuvo, bajo las órdenes de Zumalacárregui, al mando de una de las compañías del tercer batallón de Navarra. Durante su convalecencia por una herida, escribió en Francia el relato de la guerra *Tío Tomás: souvenirs d'un soldat de Charles V*. Es una narración exhaustiva de todos los acontecimientos que vivió como oficial durante una campaña que le llevó por toda el territorio vasco. Entre los muchos sucesos que narra sobre los excesos de las tropas isabelinas, nos quedamos con los de Lekaroz, Gernika y Mañeru. Después de una de las muchas derrotas que Zumalacárregui infringió a Mina, este se vuelve sobre sus pasos, entra en **Lekaroz** y fusila a todo aquel que haya atendido a un herido carlista, declarando, según Sabatier, como crimen capital cualquier acto de humanidad: "*Enfin, rien n'est respecté, tout acte d'honneur et d'humanité est par lui déclare crime capital*". En **Gernika** es Espartero quien, para vengarse de la derrota de Iriarte, castiga a los habitantes de la villa prendiéndole fuego y plantando en medio de ella un letrero que dice "AQUÍ ESTUVO GUERNICA": "*Punir les habitants du secours qu'ils avaient prêté aux volontaires, fit mettre le feu à la ville, et au milieu des cendres et des décombres, fut, par ses ordres, élevé un poteau portant l'inscription suivante: ICI FUT GUERNICA*". En **Mañeru**, para celebrar el pequeño éxito cosechado el día anterior, el militar isabelino Luis Fernandez de Córdova, al mando del ejército del Norte, da vía libre al saqueo de la villa por haber colaborado en el rescate de los heridos carlistas.

1836 – VIARDOT:

"¿Por qué no hacer de las provincias vascas y de Navarra una confederación independiente y neutral, una 'Suiza de los Pirineos'?".

1836 – LOUIS VIARDOT

Escritor, periodista e hispanista francés (1800-1883). Fue uno de los muchos que descubrieron al pueblo vasco, su lengua y sus costumbres a raíz de la internacionalización del conflicto de la Primera **Guerra Carlista**. En 1836, publicó en la *Revue des Deux-Mondes* un artículo titulado *La Navarre et les Provinces Basques* que incluye extractos de su ensayo de 1835 *Études sur l'histoire des institutions en Espagne*, en el que ya mostraba una primera visión de la particularidad de los fueros vascos, "*la devise* ***Irurakbat***", una situación "de dependencia exterior e independencia interior" que habían sabido canalizar desde la época de los romanos. Considera al carlismo como una "causa desesperada y maldita" que los vascos habían tenido la desgracia de asociar "a la justa causa de su independencia", pero que no iba a levantar ninguna simpatía en el resto de España. Las "cuatro provincias exentas" fueron despojadas de sus libertades por los liberales en 1820, y eso "explica la razón por la cual el nombre de D. Carlos, rey absoluto, está inscrito en sus banderas republicanas", expone Viardot. Cree que la guerra tiene difícil solución, pero si se reconoce "que Navarra y las provincias vascas solo luchan por su independencia y no por la causa carlista, la cuestión se simplifica [*que la Navarre et les provinces basques ne combattent que pour leur indépendance, et non pour la cause carliste, la question se simplifie*]". Considera que la conducta adoptada por las provincias vascas en la Guerra de la Independencia es muy diferente a la de la Guerra de la Convención de 1794, en la que

Aldamar, Diputado General de Gipuzkoa, "estipulado como poder ejecutivo de un país independiente, cerró un tratado con el general Moncey por el que autorizaba el paso libre a las tropas francesas". Viardot propone entonces retomar ese proyecto y hacer una **confederación independiente**: "¿Por qué no hacer de las provincias vascas y de Navarra una confederación independiente y neutral, una 'Suiza de los Pirineos'? [*Pourquoi ne ferait-on pas, des provinces basques et de la Navarre, une confédération indépendante et neutre, une 'Suisse des Pyrénées'?*]".

Termina el autor realizando un elogio de las singularidades de nuestro pueblo: "Es fácil probar que todo este país, naturaleza, instituciones y costumbres, concurren, mucho mejor que en el caso de Suiza, a la formación de un estado independiente. Las provincias vascas y Navarra, entre los Pirineos y el mar, de un lado; el Ebro del otro y los altos picos o profundos valles, en sus flancos de Aragón y Asturias, tienen sus límites naturales mejor trazados que Suiza, entre el Jura, Saboya y el Tirol. Tienen, por otra parte, la costumbre inmemorial de su organización y vida federal que ha venido funcionando como en Suiza. Posee, asimismo, sus leyes civiles, comerciales y criminales. En la Confederación Helvética, algunos cantones hablan francés, otros alemán y otros italiano. En las provincias vascas, no solo se habla la misma lengua, sino que ellas tienen su lengua propia, que no pertenece más que a ellas. Lo que hará siempre de ellas una nación aparte, a pesar de cualquier unión forzada a la que la política quiera someterlas. [...] Ellas no se han considerado jamás como parte de España; han conservado siempre su nacionalidad; combaten desde hace tres años para no perderla jamás y para conservar las ventajas que les son inherentes".

1836 – LORD CARNARVON:

"Ahora que se les han suprimido los privilegios, cómo es posible que el Gobierno en bancarrota de Madrid pueda pretender otorgárselos".

1836 – LORD CARNARVON

Henry John George Herbert, aristócrata inglés (1800-1849). Relata la **contienda carlista** en su libro de 1836 *Portugal and Galicia, with a Review of the social and political State of the Basque Provinces: and a few remarks on recent events in Spain*. Dedica un capítulo entero de 160 páginas a la cuestión vasca. Primero remite a las causas que generaron el conflicto, con el levantamiento de 1822, al querer suprimir el gobernador los límites provinciales, a imitación de lo que ocurrió en la Revolución francesa. La dura **represión** que empleó el Gobierno implicó que la gente se uniera *en masse* al conflicto. Lo que en un principio se circunscribió a las *Basque provinces* (o *Bizcay*) y *Navarra*, acabó extendiéndose a otros territorios. Comenta los síntomas externos que se aprecian al entrar en nuestro territorio: "Cualquier viajero que penetre en las provincias vascas por la frontera castellana se queda impresionado por la repentina mejora que se aprecia en el aspecto de la población, en su vestimenta, en sus campos de cultivo, en sus bestias de carga; [...] Al entrar en Navarra por el lado de Aragón le sorprenden también los indicios de una mayor prosperidad, [...] la notable mejora en los caminos que apenas son transitables hasta que se llega a la frontera de Navarra, pero que luego son anchos, lisos y se mantienen a su más alto nivel". Lord Carnarvon hace un exhaustivo repaso de las circunstancias en las que se gestaron esos **privilegios** en la Edad Media y de cómo funciona el sistema legislativo y ejecutivo, para acabar comparando a las provincias vascas con los cantones suizos, dado que no aceptan ningún cambio sin el previo consentimiento de sus habitantes: "*...the Basques Provinces were freer than the freest canton in Switzerland [...], no change could take place in any of the provinces without the previous consent of its own inhabitants*".

Le produce dolor e indignación ("*sorrow and indignation*") contemplar la desolación en la que se ha convertido la pasada prosperidad obtenida gracias a la libertad de los vascos. Y le produce también pesar que esa prosperidad le sea ahora cercenada para ser gobernados por un país en bancarrota: "...*are now entitled to no privileges, but such as a bankrupt Government at Madrid may please to confer upon them*". Habla del fracaso de la diplomacia británica para poner fin al conflicto y de que el modelo centralizador comenzado por la Revolución francesa va extendiendo sus raíces tanto en Gran Bretaña como en España: "La casa del vizcaíno es su fortaleza, en el sentido más profundo de la palabra. Ningún magistrado puede violar ese santuario; no se le puede ejecutar, ni se le pueden incautar sus armas o su caballo; no puede ser arrestado por deudas, ni ser encarcelado con ningún pretexto, sin una citación previa manifestada bajo el viejo árbol de Guernica, donde se le traslada el delito que se le imputa y se le pide su defensa".

Lord Carnarvon hace también hincapié en el distinto trato que se les ofrecía a los prisioneros: mientras del lado del general **Zumalacárregui** "los constitucionalistas enfermos y heridos eran llevados a los hospitales carlistas y atendidos con esa generosa solicitud que un hermano en la adversidad recibe de hombres corteses" ("*with that generous solicitude which a brother in adversity receives from gallant men*"), por el contrario, **Mina** emitía un decreto por el que se castigaba con la muerte a todo aquel que auxiliara a un carlista ("*any medical assistance to a wounded or even dying Carlist was punishable by death*"). "Resulta curioso observar", añade, "la perseverancia y el completo éxito con el que los vascos han derrotado cualquier ataque contra su libertad. [...] Todos los vizcaínos son iguales ante la ley, desde el propietario de una casa solar hasta el más humilde de los campesinos. Todos participan igualmente del beneficio de los fueros, están sujetos igualmente a la ley y obtienen la justicia con la misma proporción". Todas estas son razones suficientes para que un vasco bien le pueda espetar con justicia al Gobierno que "no desea la nueva constitución que le quieren imponer; que le dejen poseer en paz los antiguos privilegios y costumbres con los que obtuvieron su prosperidad y su bienestar anterior; nada tiene que ganar, sino más bien que perder con el cambio".

1836 – CHARLES JOSEPH EDMOND DE BOIS-LE COMTE

Noble y diplomático francés (1796-1863). Fue embajador en Madrid en 1836, y estuvo destinado en el País Vasco para estudiar las posibilidades de intervenir en el conflicto de la **Guerra Carlista**. Ese mismo año publicó *Essai historique sur les provinces Basques: Alava, Guipuzcoa, Biscaye et Navarre, et sur la guerra dont elles sont le theâtre*, una semblanza de la época que explica la paradoja carlista desde la visión de un diplomático liberal. Comienza repasando la historia del pueblo vasco y, después de describir las diferentes invasiones que sufrió, agrega que "cada país adoptó la forma y la organización de gobierno más favorable al objetivo hacia el cual se dirigió la acción común. Así se formaron el reino de Navarra, el condado de Vizcaya, las cofradías de Álava y las repúblicas de Guipúzcoa". Detalla la trascendencia que tienen los privilegios "*des **nations basques***", ya que, tras la rebelión de 1820, navarros y vizcaínos vinculan el restablecimiento de sus privilegios con el del poder absoluto de Fernando VII. De **Navarra** comenta que, abandonada por los franceses en 1520 y adheridos a la Corona de Castilla, esta misma "ha reconocido siempre los servicios por causa de una ejecución no menos puntual de los pactos que le ligan a la nación navarra". Añade que existen además otras influencias morales "que contribuyen poderosamente a unir a los navarros a su nacionalidad: la religión, la nobleza, el idioma y la gloria militar". Del idioma escribe que es querido de los navarros "no solo porque es de ellos, sino porque sigue siendo un recuerdo de gloria, ya que da fe de su independencia: está asociado a todos sus hábitos, siendo tanto los apellidos como los nombres de lugar todos vascos [*atteste leur indépendance: il se marie à tous les usages, les noms patronymiques comme ceux des localités étant tous Basques*]".

1836 – Lyde. *Behobia Gate of Irun with the Royal Irish Storming, May 17th. 1837.*

1836 – RICHARDS Y THOMAS LYDE HORNBROOK

Militares británicos. Son padre e hijo que llegaron al País Vasco en 1836 enrolados en las filas del ejército inglés. Eran excelentes acuarelistas y el hijo llegó a gozar de bastante fama como pintor. Doce de sus dibujos fueron reproducidos en litografías y publicados como "*Twelve views in the Basque Provinces illustrating several of the actions in which the British Legión was engaged with Carlist Troops*".

1836 – MICHAEL BURKE HONAN

Periodista irlandés (?-1853). Fue corresponsal del *Morning Herald* y cubrió el **conflicto carlista** desde primera línea, con la intención de no tomar partido por ninguna de las dos partes, aunque sí que deja entrever que la causa de Don Carlos es justa y que de algún modo ha sido traicionado por su propia familia. Escribió un extenso relato de su periplo: *The Court and Camp of Don Carlos; being the results of a late tour in the Basque Provinces and parts of Catalonia, Aragon, Castilla and Extremadura*. Durante su paso por tierras vascas (Bera, Irun, Donostia, Tolosa, Oñati...) recibe un excelente trato por parte del pueblo y las autoridades debido a su condición de inglés que, en general, es contemplado con simpatía. Cuenta como curiosidad que no encuentra nada remarcable en las mujeres de **Baiona**, salvo una cosa: la manera en que montan a caballo. Al encontrarse con una muchacha, cuenta, "se me subieron los colores y, habiendo llegado a la edad de la sensiblería, apenas podía aventurarme a mirar el tobillo demasiado expuesto y el montón de enaguas recogidas sobre el pomo de la silla, sin sentir que la hija de Eva en el País Vasco llevaba sus prerrogativas un poco demasiado lejos. [...] ...es impactante [*shocking*], es inmodesto [*immodest*]". En la posada de **Bera** le recibe una mujer con sus cuatro hijos en el frente. Como devota de la causa, comenta que daría la vida de su hijo más joven como regalo al rey ("*I will give his cuerpo as a regalo to my king*"), pero también daría su vida para preservar la de sus hijos, porque todo lo que tiene le pertenece y sus riquezas y sus hijos están a su servicio. "La hija era espléndida, montaba sobre el lomo como una amazona y hablaba como si tuviera ella misma el coraje de ir a la guerra", añade el periodista. Se encuentra con un País Vasco que, tras tres años de guerra, experimenta un pequeño estado de decadencia (hasta el correo funciona por medio del contrabando), pero que, a pesar de la guerra y el alistamiento en las cuatro provincias de 32.000 voluntarios, no desatiende sus labores para con el campo. Encuentra estos tan impecablemente labrados como los de Inglaterra y lanza un consejo a sus compatriotas sobre la manera de cultivar tan provechosa que tienen aquí: "No sé cuántas cuadrillas diferentes nos topamos atareadas en preparar el suelo para que estuviera tempero, de una manera tan original y peculiar de esta provincia. Ocho o diez hombres se ponían en fila, cada uno sosteniendo un tenedor largo de dos púas que hincaban a la vez en el suelo, levantando un largo terrón de tierra que una mujer que estaba enfrente rompía inmediatamente en pequeños pedazos con una especie de azada, o si se prefiere una azuela, colocada al final de un mango de madera" ("*Eight or ten men stood in a line, each holding a long two-pronged fork, which they drove into the ground together, and raised one long sod, which a woman who was in front immediately broke into small pieces with a kind of hoe*"). Cuenta que las armas se producían en ***Eybar***, las carcasas y los cartuchos en ***Elorrio*** y la pólvora en *Zudaria* (**Zudaire**), "*in the Amescoas*", lugares de producción que los campesinos conocían de sobra, pero que nunca eran delatados. Al final subraya que estas provincias son la única parte de España que se puede atravesar sin ser robado: *"These provinces are the only parts of Spain in which a traveller may pass on his way without being robbed"*.

1836 – BELL STEPHENS:

"Me mezclé con este singular pueblo, viví con ellos, compartí sus aposentos y aseos y tomé parte en sus peligros y en sus esparcimientos, hasta que lo que me sorprendía al principio, dejó de sorprenderme".

1836 – EDWARD BELL STEPHENS

Periodista británico. Bell arriba a Baiona el 3 de septiembre de 1936 como corresponsal del *Morning Post* para recorrer durante cuatro meses un País Vasco acorralado en plena **Guerra Carlista**. Al año siguiente publicó *The Basque Provinces: Their Political State, Scenery and Inhabitants*. En el prólogo mismo ofrece al lector una primera impresión de lo que se va a encontrar: "El contexto de las provincias vascas muestra el fenómeno perfecto en la historia de los conflictos armados. Los campesinos de un pequeño rincón del reino han estado desafiando, durante cuatro años, el esfuerzo obstinado de un gobierno perfectamente organizado y apoyado, como así ha sido, por los recursos de dos de las naciones más poderosas de Europa". Confiesa que se extrañaba de que un grupo de guerrilleros fueran la causa de la duración de la guerra, pero añade: "Me mezclé con este singular pueblo, viví con ellos, compartí sus aposentos y aseos y tomé parte en sus peligros y en sus esparcimientos, hasta que lo que me sorprendía al principio dejó de sorprenderme". Algo le pone sobre aviso cuando, antes de llegar, atravesando las Landas, observa que se acerca un grupo de ocho o diez de los caminantes más miserables que jamás hubiera visto, desprovistos de cualquier ropaje; eran desertores ingleses. Alaba entonces la laboriosidad de los labradores: "He oído y leído mucho sobre la ociosidad española [*Spanish idleness*], pero hasta donde puedo observar, no se puede aplicar al campesinado vasco. Cada pulgada de tierra del valle del Bidasoa está cultivada con la azada". Asegura que los *vizcaínos* son un pueblo "inteligente, sociable y amable": "Poseen la cortesía natural del campesinado irlandés, pero sin ninguna señal de servilismo; la sagacidad de los escoceses, pero sin síntomas de degenerar en picardía; y la firme autoestima que caracteriza a las clases altas de Inglaterra, pero libre del cuajo de la estupidez sajona". En su recorrido por las cuatro provincias jamás fue insultado o injuriado, a pesar de haber viajado solo e indefenso. La seguridad se manifestaba también en la desenvoltura con la que las **campesinas** vascas se movían sin ningún miedo a ser agredidas, como si todo el pueblo fuera una panda de amigos, según explica; *"It was to them only a large assembly of friends and acquaintances where they were as safe and free from insults as in their own houses"*. Compara a la mujer vasca con la francesa: "Una mujer francesa puede sonreír con sus hombros, cejas o dientes, sin ayuda de los labios, pero la hermosa paisana vasca lo hace infinitamente mejor con la mera relajación de la suya, retratando todas las fases de amabilidad e inteligencia sin abrir la boca. No hay afectación en el asunto; es pura energía" (*"There is no affectation in the matter; it is pure power"*). Esa energía se manifestaba también entre las mozas más chicas, dado que, pasando con el *ferry* de Irun a Behobia la hija del barquero (*"the daughter of the boat"*) se mostraba tan eficiente como cualquier otro, saltando al agua y empujando como si fuera un anfibio, según cuenta. De lo que no se lleva un buen recuerdo es de las posadas: *"Never enter a Posada, except as a matter of necessity"*. Considera al País Vasco como "un pueblo que lucha a la vez por la lealtad y la libertad, por el principio de legitimidad y el ejercicio de la libertad práctica; por los derechos de su soberano y sus propios privilegios constitucionales".

1836 – MACKENZIE:

"[Los baztaneses] viven bajo una forma municipal de gobierno que es esencialmente democrática".

1836 – ALEXANDER SLIDELL MACKENZIE

Militar e historiador estadounidense (1803-1848). En 1831 publicó su relato de viajes *A Year in Spain by a young american*. Este libro causó un profundo malestar en la corte española debido a la veracidad con la que describe la vida cotidiana madrileña. Es, sin embargo, en su segundo trabajo sobre España, *Spain revisited* (1836), donde habla largo y tendido sobre los vascos, dedicando los siete primeros capítulos de su primer tomo a su paso por Euskal Herria, desde Baiona hasta Tudela. Con el hastío y la intranquilidad que le producía el viaje que le llevaría desde **Baiona** a ascender las duras pendientes pirenaicas en un día lluvioso, para penetrar en un país inseguro y abandonado a los horrores de la guerra civil, llega a la primera fonda: "Un lado de la **cocina** estaba ocupado por un aparador con hornillos, sobre el cual una alta **mujer** montañesa tostaba pan y molía chocolate. Tenía un aspecto bastante descuidado, con el cabello moreno y lacio que le colgaba en desorden, arrastrando tras de sí un par de zapatos remendados; era, además, de lengua ágil y desenfadada, de agudo ingenio, libre de cualquier refinamiento particular, expresándose por turnos en francés, español o vasco, con una picardía que parecía sacar sonrisas de aprobación del grupo reunido en torno al fuego, compuesto principalmente por arrieros españoles". En una posada a diez millas de la frontera le ofrecen un **menú** de vigilia: "Sopa de pan, aceite y agua, aliñada con pimienta roja casera; seguido de alubia verde y bacalao guisado; después se sirvió un pescado fresco bañado en un mar de aceite, para terminar con una tortilla u omelet, tras la cual llegó un postre consistente en pasas, nueces e higos, acompañado de un buen café y un vaso de brandy". Cuenta que los hombres vestían como los de *Ustariz* y *Anoa* (Ainhoa) en el País Vasco francés y la diferencia en la vestimenta la vuelve a apreciar al llegar a la frontera con Aragón. El **Baztan** le sorprende gratamente: "La de los baztaneses es un raza temperamental, espartana y laboriosa, bastante sencilla y patriarcal en sus costumbres y modo de vida, que disfrutan de grandes privilegios políticos, a los que tienen un apego inquebrantable, y que viven bajo una forma municipal de gobierno que es esencialmente democrática". Respecto a las casas, al entrar en la villa de *Ariscum* (**Arizkun**) se sorprende por el tamaño y la "excelente construcción" de estas, "comparado con aquellas que ocupan las mismas clases en Francia". A la salida de misa de **Elbete,** Mackenzie se percata de que la religión en Navarra no solo es una necesidad, sino también un resorte para la acción, ya que sus sacerdotes han incitado al pueblo a tomar las armas tres veces en un siglo: "*Religion in Navarre is at once a universal want and a great spring of action; at the bidding of its ministers, the Navarrese have three times flown to arms in the present century*". Camino de **Iruñea** sufren un atraco por un par de individuos pertrechados con sendos trabucos: "¡La bolsa o la vida!". Su guía, *Sylbeti*, reconoce, sin embargo, en uno de ellos a un antiguo conocido. Este le saca la cara y le dice a su compañero de atraco que le devuelva la faja a Mackenzie y algo del dinero o le vuela los sesos allí mismo. Este obedece y todos continúan su camino. Al acercarse a Iruñea contempla las primeras tropas isabelinas y al entrar en la ciudad ironiza sobre sus tiendas: "Las plantas bajas, reconvertidas en tiendas, ofrecían baratijas, suministradas por las toscas y primitivas fábricas, que se hallaban en el mismo sitio donde las habían dejado los moros". La mayoría de los habitantes de la ciudad parecía apoyar la causa de Don Carlos. Navarra, cuenta, "todavía conserva parte de su individualidad; le llaman reino, la gobierna un virrey designado por el rey, pero en buena medida controlado por un consejo supremo elegido por los navarros, que se reúne a menudo en Cortes para deliberar sobre los asuntos de máximo interés". Y así va recorriendo Tafalla, Caparroso, Valtierra, hasta llegar a

Tudela donde "todo ofrece el aspecto de una antigüedad remota; el puente, la muralla de la ciudad, las torres de las iglesias, la melancolía de los olivos, las áridas colinas de arena de aspecto agostado, cortadas por profundos barrancos que acotan el paisaje. Había un elemento, sin embargo, que durante la estación más animada del año debía ser más que hermoso; una pequeña isla en medio de la corriente, denominada con el bonito nombre de **La Mejana**, primorosamente cultivada y dividida en pequeños jardines y huertos".

1836 – ANÓNIMO FRANCÉS:

"Sería conveniente que el territorio puesto bajo el cetro de don Carlos, cuyas capitales naturales serían Pamplona y Vitoria, se denominase en adelante reino vasco-navarro".

1836 – ANÓNIMO FRANCÉS

La Navarre et l'Espagne, ou Véritable nature de la question débattue par les armes dans la péninsule ibérique et solution possible des difficultés qu'elle présente (*Navarra y España, o la verdadera naturaleza de la cuestión debatida por las armas en la Península Ibérica y la posible solución de las dificultades que presenta*) es un folleto de 20 páginas editado por Debécourt en París en 1836 y firmado por G. D. Llama *Euscaldes* a los vascos y *Euscarie* al País Vasco y a su lengua, y viene a contar que "todas las fuerzas de España continuarán fracasando por mucho tiempo contra este puñado de héroes de moral primitiva". Insinúa que no basta que las provincias españolas, en comparación con las *provinces euscariennes*, puedan proporcionar en la **Guerra Carlista** "batallones diez veces mayores", sino que además se nutren de todos los *cottereaux*, adjetivo que aplica de manera despectiva, ya que se llamaba así a las bandas de saqueadores que asolaron Francia en el siglo XII. En el folleto se propone un posible acuerdo como se hizo en el siglo XVII con la paz de Westfalia entre católicos y protestantes: "La misma solución podría ser aplicada aquí, *y con igual éxito* [cursiva en el original]; porque don Carlos es el rey de los vascos como Isabel es la reina de los españoles. Observe, Señor, que el reino que habría de instituirse no sería nuevo. [...] Es en efecto a la corona de Navarra, a la que los vascos, nobles y libres, han reconocido siempre". Alude el autor al grito de guerra "*Nafartarren arraça/ Hil-da, edo lo-datça?*" (La raza navarra/ muerta, ¿o solo está dormida?). Comenta entonces que "sería conveniente que el territorio puesto bajo el cetro de don Carlos, cuyas capitales naturales serían Pamplona y Vitoria, se denominase en adelante **reino vasco-navarro** [*royaume basco-navarrais*]". Concluye que es un temor muy mal fundado pensar que la *Basco-Navarre*, "una vez erigido en Estado independiente", se convierta en semillero de intrigas en contra del Gobierno francés.

1836 – FREDERIC W. VAUX

Publicó en 1838 el libro *Rambles in the Pyrenees; and a Visit to San Sebastian* (*Paseos por el Pirineo y visita a San Sebastián*), en cuyos capitulos de X a XIII retrata, sobre todo, su estancia en la ciudad de San Sebastián en 1836 durante la **Guerra Carlista**. Para ir a Donostia pasa por **Baiona** y su primera impresión no es buena: "El aspecto de esta célebre ciudad me causó una pequeña decepción. Las calles son estrechas y lúgubres y uno busca en vano edificios hermosos, de los cuales las ciudades continentales de orden superior se muestran tan distinguidas". Encuentra su compensación, sin embargo, en la belleza de las **mujeres** de la ciudad: "Su peinado, compuesto por un fino pañuelo de lino, anudado de diversas maneras, según el gusto de quien lo lleve, sus risueños ojos negros y su tez española, unido a una cierta 'picantería' de figura y andares, hacen que las bayonesas sean, para mí, las mujeres más bonitas de Francia". En **Biarritz** dice que "los hombres llevan una especie de calzones abrochados a la cintura; y, aunque la escena tal vez no sea exactamente compatible con nuestro ideal de comportamiento, confieso que, por la ausencia total de cualquier vestido, las maneras de bañarse en algunos de nuestros baños me parecen mucho más objetables". En el consulado español solicita el visado para embarcarse hacia **Donostia** por una costa que se encuentra por fin, gracias a la labor de la legión inglesa, en manos de las tropas isabelinas. Pero, "desde el comienzo de esta desafortunada coalición", expresa, "a uno le saca de quicio la repetida historia de la traición y la cobardía española; y todo inglés, al lamentar el gasto inútil de la sangre y el valor de sus compatriotas, debe sentirse enojado por el frío agradecimiento observado por ese gobierno". Las calles de la ciudad "estaban llenas de militares, la mayoría de los cuales se encontraban en unas condiciones de lo más deplorables", añade. A pesar de la hermosa sensación que le produce Donostia, le resulta "imposible contemplar las escenas de ruina y desolación que se encuentran a cada paso sin una mezcla de desazón y melancolía". Más de cien jóvenes locales se afanan en curar a los heridos: "¿Con semejantes enfermeras quién no quisiera ser un soldado convaleciente?", se pregunta. Inspecciona también

1836 – Vaux. Mujer en un balcón de Donostia.

la situación en Pasaia y Hernani y constata un hecho que ya había sido subrayado por otros viajeros a raíz del incendio de Donostia de 1813, la inclinación por la bebida: "Produce cierta inquietud ver que la relación de nuestros hombres con las tropas nativas haya tenido un efecto perjudicial sobre estas en un particular sorprendente; verbigracia, al introducir entre ellos nuestro vicio nacional, que, en el entonces desorganizado estado de la Legión, se manifestó en una proporción desmesurada; un vicio del que los españoles han estado proverbialmente exentos".

1836 – FARR:

"Es la única parte de España por la que se puede viajar con seguridad". "Admiraba su carácter, pero no era consciente de su extrema crueldad".

1836 – THOMAS FARR

Reverendo británico. Farr no solo viajó por la península antes de la **Guerra Carlista**, sino que también fue espectador de esta durante un buen número de días en plena batalla de San Sebastián. Su libro de 1836, *A Traveller's rambling reminiscences of the Spanish war* (*Reflexiones de un viajero en la guerra española*), lo escribe en defensa de las falsedades y calumnias que se habían vertido sobre el general Luis de Evans. Su llegada a Donostia es bastante accidentada, dado que se topa con su ejército en plena retirada. Algunos de los soldados le comentan: "No nos han dado nuestras raciones; no hemos tenido nada para comer y no nos quedan fuerzas y muchos de nuestros desgraciados compañeros han desfallecido de debilidad y han sido machacados [*skivered*] por los carlistas que están matando a todos nuestros heridos". "Nos han derrotado, señor, porque esos canallas [*rascally*] españoles han huido y nos han vuelto a vender". Durante una escaramuza, los carlistas hicieron cinco prisioneros que fueron conducidos a Hernani: "Se ha afirmado positivamente que las mujeres ayudaron a matarlos con sus tijeras; pero creo que, en realidad, las mujeres no las clavaron en sus cuerpos hasta que estuvieron muertos". Le honra al general Evans haber tenido la delicadeza de tomar precauciones y alejar a una colina próxima a la legión de los **Chapelgorris**, antes de que comenzara el asalto a la capital, "ya que estos no daban cuartel y mataban a cada uno igual que cada uno les mataba a ellos". Dice de los carlistas que temen el enfrentamiento con la caballería a campo abierto y siempre buscan un parapeto "desde el cual poder atacar a su enemigo o alejarse de él, como mejor les convenga".

Sobre el **campesinado** vasco cuenta que no era la primera vez que entraba en contacto con ellos: "Admiraba su carácter, pero no era consciente de su extrema crueldad". Dice que los vascos de ambos lados de la frontera "tienen un sentimiento mutuo, amable y amistoso entre sí. [...] Estoy de acuerdo con todo lo que el señor Carnarvon [1836] comenta, en cuanto a que el vasco es un pueblo feliz y contento; que tienen una excelente administración municipal; que son laboriosos, hospitalarios y amables con sus amigos, pero ¡ay de sus enemigos!; que su país es la imagen de la industria, la riqueza y la productividad, así como de un cultivo de montaña limpio y cuidadoso; que son audaces, activos, atrevidos y nada temerosos de la muerte. Incluso admitiré más: que es la única parte de España por la que se puede viajar con **seguridad**". "Cualquiera podía haber viajado con una bolsa de oro en la cabeza y otra en la mano, sin que se la hubieran robado", con solo ir acompañado por un nativo del país. "Por muy crueles que sean con sus enemigos, la defensa de la Venta de Hernani y Urnieta contra un ejército abrumador provisto de todo el material de guerra, da un ejemplo memorable. Cuán diferente es a la conducta general de los cristinos". Antes de verse acorralados en Urnieta, los vascos habían conseguido huir sin dejar atrás a un solo herido. Dice que no pretende "fundamentar ningún argumento sobre el balance de la legitimidad o la valentía de los vascos, o la naturaleza de sus privilegios", pero asegura que los vascos son más extranjeros para nueve décimas partes de España que los irlandeses para Inglaterra: "Sin embargo, ya que están dispuestos a sacrificar sus vidas para continuar con los beneficios del contrabando y con la esperanza de poseer la prometida propiedad confiscada de sus terratenientes, asesinos y contrabandistas se convierten en héroes y víctimas de la opresión, y nadie será legítimo soberano de España, sino quien sea elegido por ellos".

1836 – Morel. *Vista de la Catedral de Baiona*, realizado por Hélène Feillet (1834) para el libro.

1836 – FELIX MOREL

Periodista francés. En 1836 publica una monografía, *Bayonne, vues historiques et descriptives*, a la que acompañan un par de ilustraciones de Hélène Feillet (1834). **Baiona** no es para Morel "*ni une ville béarnaise, ni une ville basque*", "es el gran mercado donde los bearneses y los vascos se reúnen para sus intereses, sin confundirse nunca, y donde el comercio y la ganancia acumulan por un momento manifiestas antipatías que pronto se restablecen". Nos relata al detalle la historia de Baiona desde su fundación hasta la Guerra de la Independencia y cómo afecta a la ciudad la insurrección que en ese momento tiene lugar en Hegoalde. Realiza una descripción física de sus alrededores y sus monumentos, detalla las villas costeras que recorre hasta la frontera, refiriéndonos la función que han cumplido en la vida social su viejo idioma, su vida marinera y su *bilzaar* (*biltzar*). "Del 15 al 20 de agosto, y durante unos veinte días, las poblaciones vascas de Lapurdi [*Labourd*], Zuberoa [*Soule*] e incluso de Baxe Nafarroa [*Basse Navarre*] se precipitan allí e invaden toda esta parte del pueblo que toca su costa favorita. Es para los vascos un tiempo de ocio y de buena comida; la pandereta y la flauta nacional, en gran parte pagados, se instalan en todos los lugares donde pueden reunirse los bailarines. La infatigabilidad de los vascos es maravillosa; nunca se cansan de golpear el suelo con sus pasos monótonamente cadenciosos y he visto sus danzas al aire libre durar toda la noche". "El País Vasco francés justifica ampliamente el culto y el entusiasmo de sus habitantes; estas tradiciones, estos juegos, este lenguaje, defendido a nivel común por una imponente barrera de montañas, seducen a los vascos".

1836 – FRIEDRICH CHRISTIAN DIEZ

Romanista alemán (1794-1876). Este experto en la poesía de los trovadores occitanos acabó plenamente dedicado a la etimología y la gramática de las lenguas romances. En su gramática de los idiomas romances (*Grammatik der romanischen Sprachen*, 1836, cap. 2, parr. 3), ya contempla algunas palabras castellanas como derivadas del vasco (*balsa*, *ganzua*, *garabito*, *garbanzo*, *gurrumina*, *sarracina*, *socarrar*, *zahurda*...). En su **Diccionario etimológico** (*Etymologisches Wörterbuch der romanischen Sprachen*, 1853), una obra de notable éxito que gozó de varias reediciones, asegura en el prólogo que "si en Italia las antiguas lenguas nacionales fueron erradicadas hasta tal punto que ninguna de ellas alcanzó como ente autónomo ni siquiera la era augusta, en España, por el contrario, la lengua ibérica originaria continúa viva en el vascuence actual. Pero este idioma es también testigo de hasta dónde se extendió la violencia destructiva de los romanos, en donde una nacionalidad debía ser exterminada. El hecho de que lograran continuar sobreviviendo en una remota zona montañosa dice poco en contra de la derrota general". Comenta que tanto Estrabón (s. I a.C.) como Columela, Cicerón y Tácito (69) hablaron de las lenguas de los aborígenes hispánicos: "Pero desde la adquisición de la ciudadanía romana, los pueblos españoles como los italianos se transformaron muy pronto en romanos". Rechaza, en general, la mayoría de las etimologías romances que **Larramendi** hace provenir del euskera y pone en duda muchas de las analogías del sistema fonológico: "Ni siquiera hay un número significativo de palabras vascas en las lenguas romances vecinas: no llegarán al centenar, incluidas algunas dudosas".

1836 – MANUEL LASSALA

Militar y político catalán (1801-1894). Con la muerte de Fernando VII se posicionó con el bando carlista, y participó en el asedio de Bilbao y la batalla de Lutxana de 1836. Después de ser reacogido por la reina Isabel II tras el Abrazo del Bergara de 1939, luchó en adelante en contra de las distintas sublevaciones carlistas. En 1841 publica *Historia política del* ***Partido Carlista***, una obra centrada en Don Carlos, su partido, sus divisiones y el Convenio de Vergara. Lassala dice defender con franqueza al partido carlista de no merecidos ataques, un partido "que habiendo nacido débil, en los campos de batalla llegó á robustecerse hasta el punto de tener suspenso mas de una vez en muy dudosa balanza el destino de la monarquia española. [...] El partido declarado por Don Cárlos en las provincias Vasco-Navarras cuenta sus mejores páginas en el periodo de la guerra que comprende todo el año de 1834 y una gran parte de 1835. Todo carlista era en aquel tiempo un arrojado y útil vasallo de su invocado rey: la juventud con las armas en la mano corria de combate en combate y sin orden militar adelantado, sin particular instrucción, con escaso armamento, y con unos cuantos cartuchos, batallaba contra fuerzas numerosas regladas, provistas de cuanto necesita la guerra y mandadas por generales de reputacion". En un momento del libro parece desentenderse de la causa de Don Carlos criticando su conducta, no así, sin embargo, de la actitud del pueblo vasco: "Al presenciar los increibles sacrificios que los vascongados hacian de sus hijos, de sus bienes, de sus hogares, de sus sutento y de su sangre, apenas les dirigia palabras de dulce gratitud".

1836 – HÖFKEN:

"La mayoría de los habitantes de estas montañas no entiende ni palabra de francés, aunque el idioma sea obligatorio en las escuelas, pero allí se instruye en lengua vasca, como también en la iglesia".

1836 – GUSTAV HÖFKEN

Periodista y político alemán (1811-1889). Höfken era un periodista cuya posición antirreaccionaria le había llevado a trabajar para el periódico *Rheinische Zeitung* de Karl Marx. En 1840 publicó en *Das Ausland* (*El extranjero*), un diario sobre el conocimiento de la vida espiritual y moral de los pueblos, una serie de artículos del viaje que le llevó desde Baiona hasta Iruñea en el invierno de 1836, en plena **Guerra Carlista**. Salieron a la luz entre el 21 de enero y el 18 de febrero de 1840 con el título de *Reise von Bayonne über die Pyrenäen nach Pamplona* (núm. 21-43). Comienza diciendo que las tres divisas carlistas eran Dios, los fueros y el rey, pero que, al final, el clero se acabó entendiendo con los liberales. Como el camino por Tolosa estaba cerrado se dirige con el correo postal hasta Donibane Garazi y de ahí en adelante alquila dos burros por 50 francos, uno para el equipaje y otro para él, que le debían trasladar hasta Iruñea en cuatro días. Admira a aquellos animales, a los que había visto caer de cabeza por las laderas de los montes y "cuando había creído que se habrían roto todos sus huesos, volvían, una vez puestos en pie, a continuar confiados con su viejo y tranquilo paso".

En la primera venta en la que pernocta, a cuatro leguas de **Baiona**, tanto la posadera como su hija le hablaban en un idioma que sonaba "intenso y agradable"; "no entendían nada de francés, solo hablaban vasco, y allí recibí el primer indicio de que los vascos de aquellas montañas, tanto de Francia como de España, perseveraban de manera firme y leal en mantener el idioma y las costumbres de sus antepasados". Allí le reciben con una jarra de vino y le ofrecen una jícara de chocolate, una tostada de pan y un vaso de agua. Continúa así la descripción del territorio y su gente: "Los caseríos son perfectamente compactos, están idílicamente ubicados junto a la carretera, en las alturas o en las hondonadas y a menudo cercados por muros y rodeados de frutales. [...] Por doquier se veían personas en plena tarea, las mujeres en la cocina, cosiendo, haciendo punto, hilando con lino y lana, y algunos telares. [...] La mayoría de los habitantes de estas montañas no entiende ni palabra de francés, aunque el idioma sea obligatorio en las escuelas, pero allí se instruye en lengua vasca, como también en la iglesia". "Solo un paraje montañoso así, con un alto cerco amurallado por un lado y, por el otro, fácilmente defendible, podría, a lo largo de tantos milenios, haber mantenido a un pueblo sin destruir sus costumbres, su idioma y sus modos, y del que, por otra parte, no se encuentra ninguna otra huella" (*"Die Basken sind in ganzen Europa die einzigen Ueberreste ihres ganzen, alten Stammes"*). Una vez pasado **Orreaga** es testigo de una reunión familiar en una humilde casa de pueblo: "Uno no se podría imaginar un lugar más edificante y animado para el invierno que un hogar como aquel que es a la vez cocina, cuarto de estar y habitación de invitados". Höfken observa que lo que identifica a los vascos es que se alimentan del respeto por sus costumbres, del amor a las viejas libertades, de su fuerza moral, de la frescura y la majestuosidad de las montañas, e incluso de la soledad de los valles: *"die Achtung vor der alten Ehrenhaftigkeit und den Sitten des Landes, die Liebe zu den alten Freiheiten, der moralische Schwung, welchen die Frische und Hoheit der Gebirge, ja selbst die Einsamkeit der Thäler"*.

Atravesando los valles del Pirineo navarro, se topan con una patrulla carlista; su guía escapa, pero a él lo atrapan y teme por su vida: "Estrangero, Cristino, Puñatero, higo de una...", le gritan llenos de furia. Consigue que le lleven ante el oficial de la compañía y lo retienen durante nueve días en una celda. Ante la proximidad del ejército cristino, los carlistas se ponen en marcha y en un descuido de estos, el periodista y político alemán salta a la desesperada por una pendiente y consigue huir. Una vez que localiza al ejército cristino, al que acompaña la legión extranjera compuesta mayoritariamente de alemanes como él, continúa con ellos por **Zubiri** y Uharte hasta llegar sano y salvo a **Iruñea**. Höfken ya había estado antes en España en 1835 combatiendo por el bando liberal. Su experiencia en la guerra la había dejado plasmada en su libro de 1841 *Tirocinium eines deutschen Officiers in Spanien* (*Instrucción de un oficial alemán en España*). Comenta que a pesar de que en España sea raro toparse con personajes desagradables, el vasco que le acompañaba en la galera camino del sur era pura vanidad (*Eitelkeit*): "Para acreditarse como hombre de mundo, no hacía más que criticar a los españoles y al mundo. [...] Pensaba que el patriotismo era una estupidez, por no haber sido nunca recompensado por la patria, si no es con ingratitud". La marquesa que les acompaña replica al vasco diciendo que el patriotismo hay que sentirlo independiente de cualquier gratificación, a lo que él contesta con un "*Was liegt mir noch am Vaterland?*": "¿Y a mí qué me importa la patria? [...] ¡Larguémonos a Inglaterra, hacia el norte, allí donde uno se siente libre y no falta el dinero!".

1837 – HENRY JOHN TEMPLE

Vizconde de Palmerston, político británico (1784-1865). Quien fuera entonces encargado de asuntos exteriores y llegara a ser primer ministro del Parlamento británico fue también quien concibiera el plan de la cuádruple alianza para la pacificación de la península ibérica. El 19 de abril de 1837 pronunció un discurso sobre la **Guerra Carlista** en la Cámara de los Comunes. En él, de manera contradictoria, ensalzó primero los fueros vascos para pedirles después que renunciasen a esa realidad de siglos para unirse a lo que a los vascos les sonaría como una utopía, una ensoñación futura fruto de su fantasía: "Estos **privilegios** fueron grandes y preciosos mientras el resto de España estaba sujeto a un gobierno arbitrario y a un rey despótico. [...] Pero cuando toda España sea gobernada, y yo confío que lo será por una constitución libre, con tribunales imparciales e independientes, por leyes convenientemente administradas, por un gobierno ejecutivo responsable, entonces los vascos verán que es mucho más ventajosos para ellos el estar incorporados al resto de la nación española". "Yo ruego señor que no oigamos hablar más de la conmovedora pasión por los vascos, que luchan por sus privilegios. Los pobres vascos son víctimas de personas que aspiran a otras cosas que al bienestar de Vizcaya, y cuyo real objeto es establecer un poder arbitrario en España".

1837 – SOUTHERN:

"Eso significaba que las provincias contribuyeran de manera equitativa a las cargas del Estado; pero la forma de distribuirlo debe dejarse de su mano, ya que su sistema de administración interna es excelente".

1837 – HENRY SOUTHERN

Periodista y diplomático inglés (1799-1853). Llegó a España en 1833 como secretario personal del embajador inglés, estableciéndose unos años en Madrid. Probablemente sea el autor de un manuscrito anónimo llamado *The Policy Of England Towards Spain: Considered Chiefly With Reference To a Review Of The Social And Political State Of The Basque* (*La política de Inglaterra hacia España: considerada principalmente con referencia a una revisión del estado social y político de los vascos*), una obra en la que acusa a Lord Carnarvon (1836) de haber escrito prácticamente una novela (*Romance*) con su libro sobre el estado social de la cuestión en las provincias vascas en la **Guerra Carlista** ("*that interesting people*"). Considera la contienda como una guerra "de principios, de privilegios, de dinastía, y aun de religión, según el término que le otorgan los sacerdotes". La insurrección partió de los Voluntarios Realistas (cuerpo creado por Fernando VII por la desconfianza que tenía hacia el ejército español), a los que se unieron los sacerdotes, que tenían una gran influencia sobre el sencillo e ignorante campesinado vizcaíno (*"the simple and ignorant mountainners of Biscay"*), exoficiales de la guardia, desertores y contrabandistas. "Los carlistas, ocupando el centro de las provincias insurgentes, se han visto capaces de dirigir sus tropas contra cualquier parte del territorio ocupado por el ejército de la reina, estableciendo una serie de señales en las cimas de las montañas, por las cuales cualquier movimiento de la armada real en Vitoria es inmediatamente comunicado al comandante en jefe carlista". El ejército de la reina atravesaba entonces un país que parecía despoblado y el conflicto parecía eternizarse.

Señala que hace tiempo que los fueros "dejaron de tener existencia real y práctica". Se exagera la importancia, dice, de aquellos privilegios que afectan realmente al pueblo. Para replicar a Lord Carnarvon expone entonces unos ejemplos de cómo han sido dejados de lado los privilegios vascos con el consentimiento tácito del pueblo en casos de inquisición, levas o contribuciones al rey. Las provincias vascas "han sido tratadas, en lo que respecta al comercio, como una nación extranjera por el resto de España", dice. Añade que las consecuencias son que "sus productos quedan excluidos de un mercado rentable, mientras que la gente del interior y los que habitan junto a la frontera son violentos defensores del sistema, porque crea el enorme comercio de contrabando con el que se han enriquecido". Subraya que la reina regente declaró que no pretendía operar ningún cambio de sistema y que los fueros, por tanto, nada tienen que ver con la guerra. Resalta que los exoficiales de la guardia que allí combaten no tienen ningún interés en ellos y que existe "una amplia diferencia de opinión política, así como perspectivas muy opuestas" con respecto a ellos, desde el Roncal hasta Bilbao: "Si los vascos están luchando por sus privilegios, ¿cómo así que la villa de Bilbao ha estado luchando contra ellos?". "La real intención de los carlistas fue la de quemar y destruir cada casa de la ciudad" y "solo cesaron cuando se les agotaron las municiones". "La liberación de Bilbao es una espléndida hazaña de armas", concluye. "Solo una voluntad despótica podía haber mantenido intactos los privilegios: toda persona razonable ha sido durante años de la opinión de que eran necesarias algunas modificaciones cuando llegara el momento adecuado; eso significaba que las provincias contribuyeran de manera equitativa a las cargas del Estado; pero la forma de distribuirlo debe dejarse de su mano, ya que su sistema de administración interna es excelente, [...] y nunca ha sido la intención del gobierno español desde la muerte del rey el alterarlo". "La naturaleza del país prolongará la guerra, a no ser que intervenga un tercer partido para proponer un acuerdo". Efectivamente, al final fueron los propios ingleses (véase Hay 1839) los que se ocuparon de alcanzar un acuerdo que se suscribió en Bergara.

1837 – Brand. *Chapel-gorris (tropas de la reina).*

1837 – BRAND

En 1837 se publica en Leipzig un cuadernillo titulado *La* ***guerra civil*** *española. Bocetos característicos de los diferentes estilos de las tropas regulares e irregulares de las que se componen los ejércitos de Don Carlos y la reina Isabel...* (*Der Bürgerkrieg in Spanien. Characteristische Skizzen der verschiedenen regelmässigen und unregelmässigen Truppen-Gattungen aus welchen die Armeen des Don Carlos und der Königin Isabelle bestehn, nebst bildlichen Darstellungen von interes-*

santen militärischen Operationen und Trachten verschiedener spanischer Bewohner). La gran mayoría de los dibujos están firmados por Brand, pero en la portada se especifica únicamente que el cuadernillo está realizado por un oficial británico del Estado Mayor de la reina. La entrada está ilustrada con la pintura firmada por Brand ***Chapel-gorris*** (*Truppen der Königin*), en la que aparecen los soldados del batallón formado por liberales vascos descansando en la playa de Ondarreta de Donostia.

1837 – WILLIAM WALTON

Walton fue un escritor inglés que publicó una historia sobre las revoluciones españolas del primer tercio del siglo XVIII: *The Revolutions of Spain from 1808 to the end of 1836*. A raíz del panfleto publicado por Henry John Temple (1837) en contra de los carlistas, Walton, que tenía ya muy trabajado el tema, le replica con una obra de más de 200 páginas: *A Reply to the Anglo-Cristino Pamphlet, Entitled "the Policy of England Towards Spain"*. Cuenta Walton que, discutiendo en la sesión del 18 de mayo de 1836 de la sala de procuradores el poder de las leyes sobre el Estatuto Real, uno de los diputados vascos, el señor Gaminde, saltó indignado, replicando que la **Inquisición** jamás había tenido jurisdicción sobre las provincias vascas y que hombres que habían sido perseguidos en otras partes de España y Europa habían pedido allí asilo. Añade que incluso Rousseau se lo estuvo pensando para pedir refugio en aquel santuario ("*even Rousseau at one time thought of taking refuge in that sanctuary*"). Martín de los Heros, diputado por Bilbao, defendió también la libertad legal y la igualdad de derechos que habían existido "*from time immemorial*". Recordaba que estos derechos no eran **privilegios**, observando que el principio de nobleza era igualitario, mientras que en cualquier otro país era todo lo contrario ("*the principle of nobility was equally, while in every other country it was the reverse*"). La contestación desde el hemiciclo se ciñó exclusivamente a declarar que las libertades vascas no eran compatibles con el estado existente de las cosas ("*were incompatible with the existing order of things*").

1837 – LORD RANELAGH

Este noble fue acusado en Inglaterra por su activa participación con los carlistas, pero se defendió diciendo que él luchó contra los isabelinos y no contra el ejército inglés. Sobre el **sitio de Bilbao** escribe el 26 de enero de 1937 una carta al editor del *Morning Post* en la que concluye dejando testimonio del valor del pueblo vasco y de su paciencia ante tan graves provocaciones: "*I cannot conclude my letter without bearing testimony to the humanity of the brave Basque people, and to their forbearance under very severe provocations*". Y continúa: "Más allá de que su modo de guerra sea sanguinario o bárbaro, como proclaman constantemente los enemigos interesados, tanto españoles como ingleses, puedo dar fe de que se ha llevado a cabo de una forma mucho más civilizada de lo que el público británico cree. De hecho, hablando desde mi propio conocimiento de todo lo que aconteció en el sitio de Bilbao, me siento justificado a declarar que ellos (los carlistas) actúan sobre principios mucho más humanos que los de sus oponentes, que parecían no perder ninguna oportunidad de indignarse de ira".

1837 – VON TRESKOW:

"Un pueblo que, sin armas, sin dinero y sin apoyo extranjero, tiene el valor de proclamar, frente a un potente ejército y sin los tratados de dos naciones poderosas, la causa de su legítimo rey".

1837 – ALBERT CONSTANTIN GOTTHILF VON TRESKOW

Treskow estuvo alistado en el bando carlista durante un año y es, por tanto, un buen conocedor de la situación. Tradujo al alemán el diario de Henningsen (1834) sobre la **Guerra Carlista**: *Die merkwürdigsten Ereignisse eines zwölfmonatlichen Feldzuges unter Zumalacarregui in Navarra und den baskischen Provinzen*. En su introducción comenta que quiere presentar al público alemán una obra que refleja las adversas condiciones de vida de un pueblo en plena guerra civil. En el prólogo denuncia primero el partidismo de la prensa inglesa, que solo ha cantado los triunfos del bando de la reina, y comenta después que por fin se hayan dado cuenta de que la victoria de los cristinos en las provincias vascas será imposible sin ayuda extranjera. El éxito de los carlistas vascos radica, asegura, en el talento de Zumalacárregui: "El éxito solo es una nueva prueba de lo que es capaz el espíritu decidido de un pueblo y el talento de un líder, un pueblo que, sin armas, sin dinero y sin apoyo extranjero, tiene el valor de proclamar, frente a un potente ejército y sin los tratados de dos naciones poderosas, la causa de su legítimo rey, incluso cuando casi tuvo que creer que este habían renunciado a sus pretensiones".

1837 – WILKINSON:

"La guerra comenzó por el intento del gobierno español de privar a los vascos de sus exenciones, y se convirtió en la lucha de un pueblo libre por la independencia". "Zumalacárregui estuvo en aquel tiempo casi determinado a aceptar una corona de Navarra que el pueblo estaba dispuesto a entregársela, para todos juntos separarse de España y que les gobernara como Don Tomás I, rey de Navarra y señor de Vizcaya".

1837 – T. T. WILKINSON

Es probable que bajo estas siglas se esconda el inglés Thomas Turner Wilkinson (1815-1875), que pudo haber estado luchando por la reina Cristina en su juventud, antes de recibir en 1838 el puesto de asistente en una escuela y comenzar una carrera como escritor y profesor. Según cuenta Somerville (1837) en el capítulo XII de su libro, Wilkinson se pasó al bando carlista a causa de los malos tratos recibidos por sus compañeros por un lío de faldas. En un artículo publicado en el *Morning Herald* el 11 de marzo de 1838, Wilkinson expone su opinión sobre los acontecimientos, desde una perspectiva que a Somerville le parece la más correcta de cuantas ha leído, ya que cambió de bando debido a la situación tan incómoda que estaba viviendo: "La guerra comenzó por el intento del gobierno español de privar a los vascos de sus exenciones, y se convirtió en la lucha de un pueblo libre por la **independencia** [*The war commenced by the attempt of the Spanish government to deprive the Basquese of their immunities, and was then the struggle of the free people for independence*]". "Los vascos", continúa, "hicieron bien en defender sus libertades, pero su política de intentar forzar a Don Carlos frente a los españoles era errónea: luchaban por la libertad en casa y por el absolutismo fuera. Las provincias de Vizcaya, Álava, Guipúzcoa y Navarra han disfrutado, como es sabido, desde tiempos inmemoriales de unas exenciones singulares, que varían según las provincias, pero que, por lo general, se aplican sus propios impuestos, se gobiernan por sus propias leyes, se administran por los alcaldes de los diferentes distritos que son elegidos libremente por su pueblo. Los asuntos de la provincia se tratan por una junta, o encuentro de todos los alcaldes, que son el gobierno mencionado por innumerables remotos autores que, por cierto, también citan a su lengua, la misma que hoy utilizan, salvo algunas variantes fraseológicas. Se rastrea la lengua, el gobierno y las costumbres, antecediendo a la conquista romana, por entre la monarquía goda, la época mahometana y, después, a través de todas las vicisitudes que han agitado a España". "Zumalacárregui estuvo en aquel tiempo casi determinado a aceptar una corona de Navarra que el pueblo estaba dispuesto a entregársela, para todos juntos separarse de España y que les gobernara como Don Tomás I, rey de Navarra y señor de Vizcaya [*Zumalacarregui at this time nearly determined to accept the crown of Navarre, which the people were ready to confer on him, and altogether separating the four provinces from Spain, to govern them as Don Thomas I., King of Navarre, and Senhor of Biscay*]".

1837 – MICHEL:

"Había hablado en euskera con los niños de su edad en Olite, hace treinta y cinco o cuarenta años".

1837 – FRANCISQUE LYON MICHEL

Escritor, viajero y **vascólogo** francés (1809-1887). Este reconocido escritor francés y perseverante rastreador de archivos comenzó a interesarse por los vascos (*Euscualdunac*) y su misteriosa lengua (*escuara*) a través de la historia de Navarra. Editó en 1837 *Chanson de Roland*, cuyo manuscrito original encontró en una biblioteca de Oxford, y en 1856, traducida al francés, *Histoire de la guerre de Navarre (1276-1277)*, poema que recoge los hechos de la guerra del burgo de la Navarrería. En 1857 publicó *Le Pays Basque. Sa population, sa langue, ses moeurs, sa littërature eta sa musique*, la primera gran monografía sobre las siete provincias, muy reconocida en su momento por sus contemporáneos y que engloba importantes elementos que hasta entonces apenas se habían analizado: música, poesía, creencias, gitanos, contrabandistas, poesía, etc. En la actualidad, aunque a veces incurre en algunos errores importantes, se puede decir que todavía conserva buena parte de su valor. En la misma recoge el dato de un vecino de **Erriberri**, que afirmaba que 35-40 años atrás hablaba vasco con sus amigos en esa localidad (habría que remontarse entonces hasta 1800). Dos años más tarde editó *Le romancero du Pays Basque*, que tuvo una traducción en San Sebastián en 1963, titulada *Poesías populares de los vascos*. Un maestro navarro de Heleta, Etcheverry, le ayudó en sus trabajos. Sus obras están plagadas de coplas y poesías, y conceden también una gran importancia al ámbito de las pastorales. En el prólogo de esta obra de 1857, contradiciendo a George Henry Borrow, que en 1838 decía que los vascos "no están faltos, en verdad, de canciones, baladas y coplas, pero de carácter tal, que no puede llamárseles poesía", Michel reivindica el **genio poético** de estos: "He intentado, durante estos últimos años, reivindicar el genio poético de los vascos, tan osadamente puesto en cuestión". En una carta a Mérimée del 12 de diciembre de 1854, Michel reivindica el teatro vasco: "Solo me queda un deseo, señor, y es que el teatro vasco, ya debilitado por pérdidas inevitables, sea pronto publicado, con traducción y notas, por un hombre familiarizado con las obras análogas que nos legó la Edad Media". Michel también se queja amargamente del desprecio hacia la **lengua vasca**: "Más aún que el nuestro [el Gobierno francés], que sin embargo no se libra de ello, el Gobierno español trabaja, y con razón, para que el euskera desaparezca lo antes posible de las cuatro provincias [*le gouvernement espagnol travaille, et pour cause, à faire disparaître le plus promptement possible la langue basque des quatre provinces*]".

1837 – LUIS DE EVANS

Publica en 1837 *Memorias de la guerra de Navarra y las Provincias*. El libro es una sucesión de acontecimientos de la guerra, que narra en primera persona como capitán que fue del ejército cristino. Al comienzo de su libro lanza una pregunta que da una idea de las dificultades con las que se encontraban los mandos militares en las **Guerras Carlistas**: "¿Qué hacer con un enemigo que corrompiendo las bases de la milicia por convenirle así en su clase de guerra de puestos y partidas, su virtud militar consiste en el desórden, la dispersión y la fuga?". El lenguaje que utiliza parece más adecuado para hablar de partidarios que de adversarios: "El lenguaje exótico de los habitantes de estas provincias, la fiereza de sus costumbres unida á una sencillez y dulzura dignas de compararse con los tiempos patriarcales, la frugalidad en las comidas, los sencillos alimentos, el escaso uso de los licores fuertes, y su situación topográfica que les obliga a correr con riesgo y sin temor sobre los precipicios, despreciando los peligros y batiéndose á mano fuerte con las fieras, les mantiene puros, respirando el aire fresco de sus elevadas montañas, y robustos, ejercitando su fuerza que continuamente crece y no vegeta". Echa en cara a algunos mandos el no haber rematado la faena en muchos casos: "...la posición de **Puente la Reina** satisfizo toda sed de triunfos, no ignorando que no es victoria aquella en que se dejan de adquirir ventajas en que se pudieron".

1837 – VON LICHNOWSKY:

"Los vascos unen a una gran altivez aristocrática ciertas ideas de libertad republicana y hasta en las clases inferiores se encuentra una urbanidad que no he visto en ninguna parte".

1837 – PRINZ FELIX VON LICHNOWSKY

Aristócrata y político prusiano (1814-1848). Su espíritu aventurero le llevó a dejar la armada prusiana y entrar al servicio de Don Carlos en la Primera **Guerra Carlista** en 1837. Escribió su experiencia en una obra de dos tomos, *Erinnerungen aus den Jahren 1837, 1838 und 1839*, publicada en 1841 (traducida al castellano como *Recuerdos de la Guerra carlista, 1837-1839*). A su llegada a Sara pusieron a su disposición un traje de aldeano con la famosa *barette* vasca, una boina que ya conocía de los lienzos de Velázquez y que se había convertido en el emblema (*Feldzeichen*) de los carlistas. Así que cuando se la colocó, le pareció como una especie de solemne investidura (*eine Art feierlicher Investitur*). Para evitar los controles de los gendarmes antes de cruzar la frontera, su acompañante le hablaba en euskera y él contestaba a todo con un "*bay yauna*", haciéndose pasar por uno de sus jornaleros (*Knecht*) al que le daba órdenes. Su impresión al cruzar la frontera es desoladora: "Zugarramurdi es un pequeño pueblo navarro de la peor y más sucia clase [*schmutzigste Gattung*]". Su primer encuentro con el coronel carlista Rafael Ibarrola le resultó bastante cómico. A la pregunta de si hablaba español o vasco, le dijo que era extranjero. Le preguntó a continuación si era francés, inglés o portugués, y cuando se lo negó, el general le espetó: "¡Pero si ya no hay más!". La posterior aclaración de que era alemán o prusiano le pareció inexplicable, pero se dio por satisfecho. A su llegada a Irun, Hondarribia y el **Bidasoa**, a Lichnowsky le cautiva el paisaje: "Estaba absorto en la observación de la mágica imagen que me reconciliaba por completo con la región que atravesaba". El menú de la posada de Irun, regado con vino navarro, le resulta suculento. En el camino hacia **Andoain** se encuentran con carreteras dignas de la ingeniería romana. Comenta que, a pesar de los cuatro años de guerra, se encuentran muy por encima del nivel de las francesas. El Santuario de **Loyola** le causa una gran impresión: "Cuando penetré en sus salas, me pareció que estuviera rodeado por la historia viva de los últimos siglos, y me sentí conmovido [*eine heilige Scheu erfasste mich*]". Desde Tolosa, atravesando la Sakana y la Sierra de Urbasa, llega hasta **Lizarra**. Sus plazas irregulares, las casas de aspecto palaciego, las iglesias y monasterios, el cerco de la muralla y dos fuertes en altura dan a este municipio "una apariencia muy respetable". Puertas adentro, sin embargo, el aspecto es muy diferente. En general, encuentra las casas navarras más sucias y los alimentos y el vino peores que los de las provincias vascas, y añade que "el carácter es asimismo muy diferente. Los vascos unen a una gran altivez aristocrática ciertas ideas de libertad republicana y hasta en las clases inferiores se encuentra una urbanidad que no he visto en ninguna parte [...] Cuando os aborda un navarro, su Usted, saliendo del fondo de las fauces, suena ya como una altanería".

1837 – CHARLES VAN ZELLER

Militar británico. Participó en la Primera **Guerra Carlista** como oficial adjunto del bando cristino. Se mostró, sin embargo, como un excelente artista que compuso gran cantidad de **dibujos** (en *Civil War in Spain*, publicado por Dickinson en Londres en 1837) que muestran una amplia perspectiva de la guerra: escenas de asalto a un fuerte carlista, un hospital de campo, enterramientos de los muertos, Zumalacárregui y sus tropas, la Plaza Nueva de Vitoria, los Chapelgorris, las guerrillas. De una plasticidad muy especial son los grabados adquiridos por el Museo Carlista de Madrid, donde se exhiben seis variedades diferentes de uniformes carlistas.

1837 – Zeller. Soldado de caballería de la provincia de Álava: *"Siempre les ha de costa echar nos fuera de un pays tan quebrado".*

1837 – ALEXANDER SOMERVILLE

Periodista y soldado escocés (1811-1885). Acudió a la **Guerra Carlista** a luchar durante dos años por el bando isabelino. En 1837 publicó en Glasgow un primer esbozo de lo que después sería *History of the British Legion, and War in Spain*, obra publicada en 1839. Ávida como estaba la opinión pública de noticias frescas ("*literal facts without any colouring*"), esa primera edición de cuatro mil ejemplares fue vendida en un mes. Para empezar, deja en evidencia a la legión inglesa que vino a luchar, ya que allí solo se mandaba a aquellos de los que nada mejor se podía esperar (el dicho "*better could not be expected of him*" era *vox populi*), a la escoria de la sociedad ("*the scum of society*"). Somerville asegura que los vascos luchan por sus **fueros**, "que por un lado significan 'leyes', pero que en las provincias del norte siempre han expresado 'el derecho del pueblo' o el derecho de la herencia de la propiedad, unido al derecho a legislar sus propias leyes". Siente la influencia de las instituciones eclesiásticas en la sociedad, pero también advierte que no hay terratenientes, todos tienen su propio trozo de tierra y la Iglesia no dispone de grandes propiedades. Todo ello implica que haya mucha igualdad, "y en gran parte muy superior a las mejores zonas de Inglaterra". Reconoce que los vascos tenían **privilegios** desconocidos en muchas otras partes del mundo ("*It must be admitted that the inhabitants of the North of Spain had privileges not known in many other parts of the world*"). Acusa a Don Carlos de querer retomar el absolutismo y la inquisición y de aborrecer la constitución. Asegura que el rey de España nunca fue el rey de los vascos, sino solo su Señor ("*Now the king of Spain was never king of the Basques, but only their Senhor*") y que tomaron las armas contra la corona de la reina regente por lo que esta les quería obligar a cumplir. Añade entonces que los vascos pretendían imponer a los españoles un yugo (el del absolutismo) mucho más pesado del que ellos mismos rechazaron, obligando a los españoles, que comenzaron la guerra como agresores, a continuarla como defensores, y disgustando también a los gobiernos francés e inglés. En resumen, tenían razón, pero luchaban puertas adentro por la **libertad** y puertas afuera por el absolutismo: "*It must be admitted 'that the Basques did well to defend their liberties, but their policy was erroneous in attempting to force Don Carlos upon the Spaniards; they fight for freedom at home and absolutism abroad'*". Comenta que, además, las deserciones y sublevaciones del lado de los isabelinos estaban a la orden del día, sobre todo cuando el salario tardaba en llegar. Uno de los casos más sonados fue el del oficial Wilkinson (1837).

1837 – CUVELLIER-FLEURY:

"En cuanto a la facilidad con que las provincias del Norte repararon los males de la guerra y retomaron esos hábitos de bienestar y esa fisonomía de felicidad que recordé durante mi triste viaje por Castilla la Vieja, solo una palabra, molesta de escribir, explica esta diferencia. Las provincias del Norte se gobiernan a sí mismas".

1837 – ALFRED-AUGUSTE CUVELLIER-FLEURY

Periodista y escritor francés (1802-1887). En 1854 publica el libro *Voyages et voyageurs 1837-1845*, en cuyo capítulo VIII describe su entrada a la península por **Irun** en 1837, una villa que presentaba "*un aspect lamentable*", al verse bloqueada por las tropas carlistas: "Nada es más triste que el espectáculo de los soldados que padecen la miseria". Pero Cuvellier no considera a Irun más que "una fiel introducción de este hermoso y pintoresco poema que se extenderá ante sus ojos todo el camino hasta Vitoria". La ruta que conduce de Irun a Burgos es lo que vulgarmente se llama temeraria (*casse-cou*). En unos casos esta ruta le parece de una ingeniería admirable, pero durante el descenso del puerto de la **Descarga**, dice, "se convierte en demencial, como uno de los desafíos más atrevidos que la ingeniería civil haya podido hacer a la intrepidez del mayoral". Le impacta la diferencia tan flagrante que se aprecia entre unas regiones y otras: "Sería bastante injusto atribuir al gobierno actual de la monarquía española el perjuicio de ese contraste que existe entre la **prosperidad** de ciertas provincias y la miseria de otras. El mal viene de lejos. [...] En cuanto a la facilidad con que las provincias del Norte repararon los males de la guerra y retomaron esos hábitos de bienestar y esa fisonomía de felicidad que recordé durante mi triste viaje por Castilla la Vieja, solo una palabra, molesta de escribir, explica esta diferencia. Las provincias del Norte se gobiernan a sí mismas. Actualmente, como en los tiempos de Augusto, los indóciles cántabros resisten las leyes de la metrópoli. 'Cantabrum indoctum juga ferre nostra', decía Horacio. [...] Ellas forman en el umbral de la monarquía española, una pequeña Suiza, activa, floreciente y libre, que no tiene más que el inconveniente, muy grave a mi entender, de dar la razón a los que sueñan con una **España federada** por ley como lo fue por naturaleza [*de donner raison à ceux qui rêvent une Espagne fédéralisée par la loi comme elle l'a été par la natura*]".

1837 – Roscoe. Hondarribia (dibujo de Roberts 1832). *"Un pueblo sobrio, pulcro y laborioso, que extrae del rudo suelo, al que está unido con entusiasmo, con qué mantener una vigorosa independencia".*

1837 – THOMAS ROSCOE

Viajero inglés. Dedica a Euskal Herria los dos primeros capítulos de su libro *The tourist in Spain: Biscay and the Castiles*. Se demora unos días en Baiona para tomar fuerzas antes de adentrarse en un país en plena guerra civil. A pesar de las comodidades que le ofrece la ciudad, arde en deseos de partir. A la altura de San Juan de Luz habla de esa tierra de nadie en la que se encuentra, habiendo salido de Francia, pero sin acabar de entrar en España: "*Travellers have always remarked that at St. Jean de Luz one feels already out of France without being exactly in Spain*". En el camino a Gasteiz se cruza con una tropa de **carlistas** detenidos y conducidos ante el pelotón de fusilamiento: "No levantaron la cabeza cuando pasamos; la fortuna los había humillado; parecían estar contando los pasos, los minutos que les faltaban para la muerte", expresa. Entre ellos reconoce a un compatriota inglés enrolado en las filas carlistas y que había conocido en Baiona. En un intento por ayudarle y sacarle del apuro, este le ruega que lo abandone a su destino: *"Leave me to my fate. God bless you!"*. La realidad de la guerra parece despiadada y las atrocidades se pagan con atrocidades y los asesinatos con asesinatos: "Los españoles han retomado las prácticas, comunes a la invasión francesa, de ejercer sobre las esposas y madres de sus enemigos la venganza que no pudieron practicar, o no se atrevieron, con los maridos e hijos". De **Gasteiz** se lleva una buena impresión. Reseña la fama de la que goza el **Parador Viejo** como mejor hostería de España, lo que tampoco es mucho decir por el bajo nivel que encuentra en el camino. En su opinión está a la altura de lo que pudiera esperar un inglés: *"It is, in many respects, not unworthy to be compared with a good English inn"*. De los vascos dice que le gustaría verlos asociados culturalmente con los irlandeses y que son trabajadores vinculados a su tierra, de la que extraen su **independencia**: "Un pueblo sobrio, pulcro y laborioso, que extrae del rudo suelo, al que está unido con entusiasmo, con qué mantener una vigorosa independencia", *"A sober, cleanly, industrious people, who extract from the rude soil, to which they are enthusiastically attached, wherewith to maintain a sturdy independence"*. Las ilustraciones del libro son de David Roberts (1832).

1838 – BORROW:

"Entre los vascos, las mujeres no son contempladas con toda la estima que se merecen. [...] Las mujeres [...] son rápidas y vivaces, y en general tienen mucho más talento".

1838 – GEORGE HENRY BORROW

Escritor y viajero británico (1803-1881). Fue un ilustrado políglota que anduvo por Euskal Herria haciendo apostolado de la doctrina protestante. Aprendió algo de euskera y pudo defenderse bastante bien: *"Was enabled to understand the spoken language to a certain extent, and even to speak it, but always with considerable hesitation"*. En 1838 publicó en euskera el *Evangelio según san Lucas en Guissan*. Relata el desagradable suceso de tener que ver su edición decomisada: "Se incautaron de unos ejemplares del libro en cuestión [en romaní] e igual número del san Lucas en vascuence... Como nadie se preocupaba del **evangelio vasco**, se trasladó, con otros objetos confiscados invendibles, al depósito de la comisaría". Visitó Euskal Herria en 1838, cuando la Primera **Guerra Carlista**, y en 1842 publicó *The Bible in Spain* (traducido por Manuel Azaña), una síntesis de las experiencias de viaje acumuladas alrededor de toda la península. Ya en la introducción comenta que "se suponía que Vizcaya era la fortaleza del carlismo y que sus habitantes eran religiosos fanáticos que creían en peligro su religión. La verdad es que a los vascos les importaba poco Carlos de Roma, y mayoritariamente tomaron las armas solo para defender ciertos derechos y privilegios suyos. [...] Si usaron el nombre de Don Carlos fue meramente como grito de guerra [*merely took up arms to defend certain rights and privileges of their own*]". El pequeño capítulo 37, *Euscarra – Basque not Irish – Sanskrit and Tartar Dialects – A Vowel Language – Popular Poetry – The Basques – Their Persons – Basque Women*, lo dedica al País Vasco. Alude a las teorías etnocéntricas, señalando al vasco como un pueblo ignorante (*"but the Basques are a very ignorant people, and know nothing of the philosophy of language"*), y a las teorías fenicias, célticas y sánscritas sobre el origen del **euskera**, aunque él lo sitúa entre las lenguas tibetanas o tártaras: "Abunda en palabras sánscritas hasta el punto de que su superficie parece sembrada de ellas. Pero sería erróneo el denominarle dialecto del sánscrito; porque en la colocación de dichas palabras se observa claramente la forma tártara". "No están faltos, en verdad", asegura, "de canciones, baladas y coplas, pero de carácter tal, que no puede llamárseles poesía. He puesto por escrito, al oírlas recitar, una considerable porción de lo que llaman poesía; pero el único ejemplo de versos tolerables que encontré es la siguiente copla, que después de todo, no merece excesivos elogios: *Ichasoa urac aundi,/ Estu ondoric agueri/ Pasaco insaqueni andic/ Maitea icustea gatic*". Señala también que en lo físico los vascos son de estatura regular, ágiles y atléticos, que en general tienen bellas facciones y hermosa tez y que se parecen no poco a ciertas tribus tártaras del Cáucaso. Afirma que su bravura es indiscutible: "Son los vascos gente fiel y honrada, capaz de adhesión desinteresada. [...] No hay en el mundo pueblo más orgulloso que el vasco, pero el de ellos es un orgullo republicano [*a kind of republican pride*]. Entre ellos no hay clase aristocrática y no toma a nadie como superior a los demás. El carretero más pobre tiene tanto orgullo como el gobernador. [...] Odian servir, al menos fuera de su tierra, y aunque la situación le impulsa muchas veces a buscar amos, no es habitual ver a un vasco como criado normal. Andan de mayordomos, secretarios, contables". Comenta de su criado vasco que siempre le trató "más como a un igual que como a un amo". Sobre las mujeres vascas concluye que "no tienen ningún reparo en entrar en las casas como sirvientas. De hecho, entre los vascos, las mujeres no son contempladas con toda la estima que se merecen, y se les considera poco adecuadas para realizar oficios, como sucede en Oriente, donde se les ve como sirvientas y esclavas. Las mujeres vascas difieren ampliamente en carácter de los hombres; son rápidas y vivaces, y en general tienen mucho más talento. Son famosas por su habilidad como cocineras, y en las casas más respetables de Madrid se puede encontrar una mujer vizcaína en la cocina, reina suprema del departamento culinario".

1838 – ANÓNIMO INGLÉS:

"La privación de estos privilegios fue, durante largo tiempo, el plan primordial de los castellanos, y fue usada en vano la violencia, astucia, soborno, persuasión e intimidación para poder despojárselos".

1838 – ANÓNIMO INGLÉS

Bernhard Friedrich Guttenstein fue un editor y escritor alemán que tradujo del inglés un libro anónimo, *Fahrten und Wanderungen in Castilien, Asturien, Aragon, Navarra, Biscaya, Catalonien, Andalusien und andern spanischen Provinzen*, sobre las andanzas de un ciudadano británico en 1838 en plena **Guerra Carlista**. Al comienzo de la obra anónima se puede leer que "España está hecha para considerarla un país de Estados, una aglutinación de provincias que disponen de un idioma, una religión y una tradición común, pero que no pueden renegar de su individualidad". En los capítulos del XV al XVIII el autor describe su paso por Euskal Herria y afirma que "se puede considerar a las cuatro provincias de este lado del Ebro como una élite en comparación con las otras". Llega en barca, por el canal de Tudela, la mejor manera de transitar, dadas las pésimas condiciones de los caminos. El paisaje es un páramo desolado y solo a partir del Bocal se comienza a ver arbolado. Tras parar en **Tudela**, "una ciudad medieval rodeada de murallas", parte hacia **Valtierra**, cuya galería principal de sus minas de sal "recorre más de doscientos pies bajo tierra y descansa sobre capiteles de sal". Su intención es visitar las fiestas de **San Fermín**. Consigue un lugar en la plaza de toros, en cuyos balcones, reservados por el ayuntamiento, se instalan las élites (y donde destacan las *mantillas*), mientras el vulgo disfruta del graderío. Presencia los novillos *embolados* y los toros. A la entrada de la plaza se produce, sin embargo, un tumulto. Los de cierto barrio de Pamplona exigen que se retiren los soldados a los que se les había permitido el acceso, "una cuadrilla de jóvenes desenfrenados que habían sido colocados, de manera desacostumbrada, en los bancos junto al público". El graderío se altera, por lo que este visitante teme "que todo él ceda y se venga abajo". Interviene la autoridad y parece que todo se va a salir de madre. El virrey, sin embargo, "con el tacto y la firmeza de un viejo militar, [...] se niega a dejar entrar en la plaza a los soldados al día siguiente". Durante la corrida muere un picador y los toros navarros, "de largas patas, bien formados y muy vivos, saltan el vallado como si fueran gamuzas". El torero Montes sale a hombros, una costumbre que "no es del gusto de los andaluces". Al pasar por Euskadi, comenta: "Las tres provincias de Álava, Guipúzcoa y Vizcaya están sometidas a la corona española solo de nombre, ya que por sus leyes y sus instituciones locales son tan libres e independientes como cualquier cantón suizo". De los **fueros** dice: "La privación de estos privilegios fue, durante largo tiempo, el plan primordial de los castellanos, y fue usada en vano la violencia, astucia, soborno, persuasión e intimidación para poder despojárselos". Las clases altas, opina, tienen un "carácter de anciano inglés", o sea, "sensato, abierto y honesto"; las bajas son "dignas de confianza y honradas en grado extremo". Las mujeres trabajan "con una habilidad y serenidad digna de reconocimiento, sobre todo, por parte de los españoles", afirma. Asegura que "en ningún sitio se habla el viejo idioma de los cántabros de manera más pura que entre Orduña y Bilbao". De **Bilbao** le sorprende que "no se contemplen mendigos ni pingües abadías [*fette Kloster*]". Llegando a **Tolosa** comenta que "en las altas esferas sociales se cultiva la música y en algunos conciertos a los que asistí, se escuchaban magníficos aficionados [*Dilettanten*]". Describe con detalle el paisaje agrícola (también la laya), ganadero y minero de toda la geografía vasca.

1838 – EUGEN VON VAERST

Militar y escritor alemán (1792-1855). Personaje extravagante, muy amigo del famoso escritor alemán E.T.A. Hoffman, con el que emprendió varios viajes por Europa, von Vaerst fue el autor que definió por primera vez el arte de la gastrosofía, la ciencia del apetito. En 1847 publicó *Die Pyrenäen*, una obra en la que rememora los acontecimientos de la primera **Guerra Carlista**. Como preámbulo al capítulo X de la segunda parte (*Die baskischen Provinzen*), recurre al tópico que citara el Gran Capitán Gonzalo de Córdoba (1501) sobre amansar leones y vizcaínos: "*Quisiera mucho masser leonore que tener carga de Biscagnos*". Primero nos da una visión global del problema, para después narrar su experiencia como soldado en la guerra. "Para comprender la dependencia de los vascos de Don Carlos", comienza diciendo, "una dependencia que le hizo a este posible resistir durante años al gobierno de Madrid, a todo el ejército español y a las tropas aliadas de Inglaterra, Francia y Portugal, es absolutamente necesario conocer la Historia del país en el cual únicamente se encuentra las razones de ese hecho". Para el autor es indiscutible que tras la Restauración de 1823 estaba claro el convencimiento de que "los privilegios de los vascos se veían amenazados por el gobierno y la corte y por todas aquellas nuevas ideas, y que solo el rey absoluto los mantendría". Señala que en este periodo de imposición que abarca un par de décadas, las tropas son siempre las mismas y solo los líderes cambian.

Von Vaerst realiza una pequeña síntesis de la historia de cada una de las **cuatro provincias** y señala que el motivo sempiterno de la independencia de los vascos lo constituye la situación geográfica de su país, que limita entre las altas montañas de los Pirineos y el mar Cantábrico y que ha permitido a estos mantener su idioma, demostrando con ello la primitiva independencia de cualquier influencia extranjera: "*Durch die Sprache beweisen die Basken ihre alte Unabhängigkeit von jedem fremden Einflüsse*". A pesar de los esfuerzos de Zumalacárregui por armar un ejército en condiciones y bien alimentado, había escasez de pólvora y se pagaba, calzaba y vestía mal, pero las tropas se mantenían contentas. Sus convicciones se asentaban en el influjo que ejercían los fueros, "gracias a los cuales no solo mantenían vivo el viejo espíritu de la independencia, sino también su bienestar material". Tras la muerte de Zumalacárregui, se incrementó con fuerza la rabia y el odio hacia las tropas de la reina, debido a "las atrocidades contra los prisioneros de guerra, la destrucción de los pueblos ocupados, los saqueos y las quemas de muchas localidades". El extranjero no se puede hacer una idea de lo que esa rabia acumulada ha sido capaz de contribuir "a la superioridad de los carlistas en las cuatro provincias". Como todos los que se incorporaron al ejército carlista, tuvo que pasar la frontera de manera clandestina tras una larga caminata: "Me dolían todos los miembros de las continuas caídas, temblaba de dolor, sangraba de pies y manos y el sudor me resbalaba por la frente y la espalda. [...] Solo uno de los guías chapurreaba el francés, al que yo entendía lo mínimo. Toda la escena se asemejaba a una novela de Walter Scott ambientada en las Highlands escocesas en tiempos de las guerras jacobinas". Más tarde se enteró de que las autoridades francesas le anduvieron buscando hasta en Alemania, después de que hubieran constatado su desaparición y el temor de que se hubiera unido a los carlistas. Como gourmet que era, von Vaerst ensalza el chocolate ("nada que ver con la pastosa papilla con la que nosotros insultamos al chocolate") y el pan que le ofrecen. Le sorprende también que después de haber disfrutado de las costillas, espalda, delantera y muslo de un buen carnero, al final le ofrezcan de postre "la piel disimulada bajo alguna fina cobertura". Por lo que nos cuenta Lichnowsky (1837), von Vaerst invitó a todo el séquito de oficiales a una fastuosa comida "para la cual hizo traer de Bilbao, por medio de contrabandistas, vinos franceses y pasteles trufados".

1838 – DEMBOWSKY:

"La lucha ya no se sostiene sino gracias a la admirable tenacidad que caracteriza a los Navarros y a los Vascongados, y a su odio innato a los españoles que consideran como dominadores extranjeros".

1838 – CHARLES DEMBOWSKY

Ingeniero, viajero y escritor italo-polaco (1812-1881). Fue un noble barón cuya vida se vio comprometida por los diversos duelos a los que se enfrentaba por cualquier fruslería. Después de matar a un conde en Milán tuvo que refugiarse en Suiza. Emprendió entonces un viaje con el propósito de contemplar con sus propios ojos la devastación que producía la **guerra civil** en un país que había sido idealizado por el romanticismo. En 1841 editó *Deux ans en Espagne et en Portugal pendant la guerre civile (1838-1840)*, una recopilación de cartas que había enviado a familiares y amigos, el escritor Stendhal entre ellos, durante su estancia en el país. En una de ellas, en la que Dembowsky comienza diciendo que escribe para distraerse del miedo, retrata muy bien la situación: "Nadie se atreve a viajar con su verdadero pasaporte. Al pasar lista a los viajeros esta mañana, ninguno ha respondido por su nombre verdadero. Veíanse barbas postizas, bigotes, afeitados y trajes que olían a disfraz desde una legua y de que me habría reído con gusto si no hubiera presenciado las tristes despedidas de los viajeros y sus familias, porque ¿quién puede prever los peligros del camino? Figuraos que para conjurarlos no tenemos más que un miserable esbirro que, sentado en la imperial, pasa el tiempo saludando con escopetazos a las maricas y a los cuervos". Presenta la razón que llevó al pueblo a levantarse en armas de manera muy clara: "Presintiendo además las masas que la libertad nueva impuesta por los constitucionales no podía igualar aquella que ya gozaban, todo el país se puso en conmoción". Afirma que, por su parte, la burguesía veía "su riqueza mejor garantizada por la Constitución que por los Fueros". Avanzada la contienda, en 1838 afirma que "es evidente que la lucha ya no se sostiene sino gracias a la admirable tenacidad que caracteriza a los Navarros y a los Vascongados, y a su odio innato a los españoles que consideran como dominadores extranjeros". En 1840, dice de Navarra que "la gran cuestión que agita aquí todos los espíritus es saber si el Gobierno de Madrid respetará los Fueros".

1838 – SCHWARZENBERG:

"El vasco no abandona nunca [...] cierta sencilla dignidad que, debido a que no es artificiosamente adquirida, es sentida como propia y ancestral, tan distante del ridículo orgullo, de la obstinada petulancia y del rastrero servilismo".

1838 – FRIEDRICH VON SCHWARZENBERG

Militar y escritor austriaco (1800-1877). Nació en un ambiente aristocrático vienés que abandonó para dedicarse a las armas y a las letras, un ideal por entonces muy extendido en la capital del futuro Imperio austrohúngaro. Vida social, conciertos y lecturas agudizan su ingenio y le conducen a pelear en España. Así lo describe en sus memorias, *Aus dem Wanderbuche eines verabschiedeten Lanzknechtes* (*Diario de andanzas de un lansquenete licenciado*). En la cuarta parte, publicada en 1845 bajo el título *Fragmente aus dem Tagebuche eines Facciosos 1838* (*Fragmentos del diario de un faccioso 1838*), escribe sobre la **Guerra Carlista**. Cuenta que, al llegar a Zugarramurdi, se encuentra con el quinto batallón de Navarra formado. Su aspecto le resulta desolador: "No hay un soldado que se parezca a otro. Oficiales y soldados calzados en su mayoría con sandalias, solo un tercio del grupo con abrigos grises, el resto con cualquier tipo de uniforme desastrado de algún soldado inglés o cristino muerto, ¡vestidos de amarillo, azul o verde!". Su odisea le lleva a recorrer toda Euskal Herria en poco más de un mes (Zugarramurdi, Tolosa, Durango, Lizarra, Balmaseda...). Según explica, el odio mutuo entre los diferentes pueblos de la península (*Navarrese, Castilier, Catalone und Andalusier*) hace que a veces surjan rencillas y tengan que ser separados por escuadrones. Las marchas son interminables: "Los navarros con sus sandalias inventaron, creo yo, la marcha. [...] y si no tienen otro entretenimiento [...] oficiales y soldados juegan a la tarde a **pelota** en la plaza más cercana, un juego que los navarros aman con pasión, que es practicado por jóvenes y mayores, plebeyos y notables". Comenta que la energía con la que las provincias defienden su carácter y su individualidad, en esa obsesión por la uniformidad de la sociedad moderna y la creación de nuevas denominaciones departamentales, no conseguirá borrar de la historia los nombres de *Navarra*, *Biscaya*, *Alava* y *Guiposcoa*. Un compañero suyo se encuentra con la sobrina de Zumalacárregui, ocupada en la tarea de desgranar alubias, y le lleva a reflexionar sobre el hecho de que en Alemania cualquier dama se hubiera sentido turbada de verse sorprendida de esa guisa. Sin embargo, opina, "el vasco no abandona nunca, como es el caso de los orientales, cierta sencilla **dignidad** que, debido a que no es artificiosamente adquirida, es sentida como propia y ancestral [*selbstgefühlt und angestammt*], tan distante del ridículo orgullo, de la obstinada petulancia y del rastrero servilismo. En general, el vasco me parece un pueblo encantador [*ein herrliches Volklein*]. Espiritualmente vivo, inteligente, osado, activo; de constitución fuerte, perseverante, ágil. [...] Nada, ni en la apariencia ni en el comportamiento de los vascos, nos llevaría a definirlos como lo que nosotros entendemos como maliciosos [*gemein*]. Sus leyes e instituciones son casi **republicanas**, y probablemente tengan razón al defenderlas contra la centralización y la fusión con aquellas partes del resto de la península que en muchos aspectos no son ni similares ni equivalentes". Estando en Estella se percata de que la calle está a rebosar de gente. Escucha entonces un griterío, carreras, resoplidos y bramidos, y ve pasar, de repente, un **novillo** salvaje desbocado. Se entera de que es una curiosa costumbre local (*Curioser gebrauch!*).

1838 – ROBERT DE CUSTINE

Aristócrata y viajero francés. Acompañó a la princesa de Beira desde Salzburgo hasta el territorio carlista durante la Primera **Guerra Carlista**. En 1838 visitaron Elizondo, Tolosa y Azpeitia, donde se entrevistaron con el comandante carlista Juan Antonio de Urbiztondo y regresaron. El viaje lo plasmó después en el libro *Les Bourbons de Goritz et* *les Bourbons d'Espagne* (1839). Admiraba la tenacidad de los batallones vasconavarros que luchaban en inferioridad de condiciones: "Allí es donde vi por primera vez a estos terribles andadores de Navarra, cuyos pies parecen devorar las distancias. Los cincuenta hombres de nuestra escolta marcharon tan deprisa como los caballos durante las ocho leguas que tuvimos que recorrer y, por la noche, me quedaba admirado al verlos bailar en las calles". Pero se equivocó en su veredicto, al asegurar que las provincias vascas nunca volverían al dominio cristino: "Podemos afirmar con certeza que pase lo que pase, las provincias vascas nunca volverán a estar bajo el dominio de [la reina] Cristina [*jamais les provinces Basques ne rentreront sous la domination de Christine*]; sus soldados nunca osarían entrar en él y el ejército extranjero que los provocó encontraría allí, de manera infalible, su tumba. Para convencerse de esto baste recordar que fue en las montañas de Navarra, Guipúzcoa y Vizcaya, y con recursos muy inferiores a los que el rey actualmente posee, donde estos valientes soldados dispersaron o destruyeron tres ejércitos; y aniquilaron por completo un cuerpo de diez mil ingleses, junto con la legión extranjera, que por su disciplina y valentía valía al menos tres veces ese número".

1838 – HENRY WILKINSON

Médico británico. En 1835 pasó a formar parte como cirujano de la legión británica que luchó en las **Guerras Carlistas** del lado cristino. Dejó escritas sus memorias en su crónica *Sketches of Scenery in the Basque Provinces of Spain* (traducido como *Apuntes paisajísticos y musicales de las provincias vascas*), en la que muestra sus capacidades no solo como etnólogo, sino como artista. El mismo prefacio da buena cuenta de su contenido, haciendo la primera referencia a la **jota** bailada: "Reúne ejemplos de la mayoría de las melodías nacionales de España, como Hotas, Fandangos y Boleros; pero el autor confía en que aportará una gran novedad con algunos Zorcicos o aires de carácter y acentuación peculiar, restringidos exclusivamente a las provincias de Álava y Guipúzcoa. Teme que estas últimas más hermosas melodías pierdan considerablemente en su adaptación al inglés. La lengua a la que se la ha vinculado hasta ahora es el vasco o bascuense, un dialecto que difiere del castellano puro como el galés del inglés. Oído en ese país salvaje, en medio de grandiosas escenas de naturaleza y brotando sin arte entre grupos de chiquillos, estos aires poseían un encanto indescriptible y producían un efecto que sería inútil intentar imitar en un salón inglés". Ya en pleno relato de los hechos, comenta que después de liberar **Irun** del bloqueo carlista, al llegar la noche, 800 soldados liberales se congregaron frente a la iglesia para saquearla. Al forzar la portezuela de un recoveco oculto, quedaron deslumbrados por gran cantidad de objetos que aparentaban plata: "La disputa que siguió hubiera podido terminar con un derramamiento de sangre, pero los saqueadores se percataron de que los artículos no eran de plata. Tan pronto como la iglesia fue totalmente desvalijada, el grupo de hombres se dirigió hacia las casas situadas en el cercado, donde cometieron innumerables injusticias contra los indefensos habitantes". El valle de **Hernani** le maravilla, "aunque muy poco tiempo antes había sido el campo de batalla de poderosos ejércitos; es curioso observar la tierra en un estado de cultivo excelente, repleta de vida vegetal y, en profundo contraste, ver las casas en ruinas, presentando, en las vigas ennegrecidos y los muros amenazantes, las huellas del poderoso

1838 – Wilkinson. Alza, Rentería y Lezo.

elemento con el cual habían sido destruidos". Señala que ejército liberal está constituido de toda clase de individuos y que se percibe también una gran variedad entre los españoles, marcando una amplia diferencia la gente de las provincias en cuanto a sus maneras, sus costumbres, su atuendo y, sobre todo, su aspecto físico: *"Amongst the Spaniards themselves, there was a singular variety. The people of the provinces differ widely in manners, customs, and dress, but still more remarkably in physical conformation"*. Las ilustraciones originales del libro tienen una calidad excelente.

1839 – M. ADOLPHE MAZURE

Filósofo e historiador francés (1799-1870). Este profesor de filosofía e historia del Collège Royal de Pau es el autor del libro *Histoire du Béarn et du Pays Basque. Faits, législations, diocèses, races, monumens de archéologie et d'art, idiomes, poésie nationale, etc.*, publicado en 1839. Habla de los vascones, del reino de Navarra, de los vascos en la Edad Media, de la primitiva población de Aquitania –vasca de origen–, y de que los vascos ("*Escualdunac, qui est le nom national du peuple basque*") son iberos. El capítulo VI del segundo libro hace un análisis del verbo y la sintaxis de la **lengua vasca**, de las conjeturas históricas sobre su origen y de la literatura. Presenta un listado por orden cronológico de los manuscritos consultados durante su investigación en el Trésor de Pau. También editó en 1841 la *Histoire du Royaume de Navarre, sous les Princes des Maisons de Foix, Béarn et Albret.*

1839 – KARL VON ROTTECK

Historiador, político y politólogo alemán (1775-1840). En 1839 publicó la obra *Spanien und Portugal*, una descripción geográfica, estadística e histórica de la península. Rotteck señala que la condición de los habitantes de la península se compone de una mezcla de los diferentes pueblos que fueron ocupándola y de un influjo acorde al poder que ostentaron, salvo una extraña excepción, la de los vascos ("*Vasken oder Basken*"), que viven en la zona oeste de los Pirineos y en la Cordillera Cantábrica, principalmente en "*Navarra, Guipuzcoa, Alava und Biscaya*": "Los habitantes de estas provincias –llamados antiguamente Aquitanos, Cántabros o Vascones, recientemente también Euscaldunac, Bascongados o Bascos– se diferencian del resto de pueblos españoles por su propio idioma, llamado lengua Bascongada (en francés *langue basque*)". Vincula, sin embargo, la **lengua vasca** con la irlandesa y gaélica, catalogándolos como un remanente de **celtas** que quedaron aislados: "*Die Basken tragen noch die reinen Charaktere des, von Norden gekommenen, celtischen Urstammes an sich*". El viejo idioma, asegura, "indica ya de por sí que los vascos son genéticamente diferentes del resto de habitantes de la península, y aclara de esta manera la gran diferencia que se percibe en algunos rasgos que hay entre ellos y la masa de la nación española y portuguesa".

1839 – JOHN HAY:

"Nunca en el pasado se miraron los unos a los otros como miembros de la misma familia"
(vascos y castellanos).

1839 – JOHN HAY

Militar británico. Este almirante inglés, establecido en Bilbao en la armada británica que luchó en la **Guerra Carlista** con los cristinos, jugo un papel importante como diplomático, explorando las oportunidades para hacer fructificar la finalización de la guerra. El 27 de julio de 1839 entrega un documento a Maroto en el que expone que "estaría Gran Bretaña en posición de proponer una suspensión de hostilidades en las Provincias Vascongadas y Navarra y de interponer su mediación para procurar el reconocimiento de los fueros, como base necesaria de un arreglo final". El 20 de diciembre de 1839 se fecha en Pasaia una carta redactada por él en la que comenta los motivos del pueblo vasco para apoyar la causa carlista: "La diferencia de lengua, hábitos y carácter de los vascos y castellanos, y la diferencia de las instituciones bajo cuya influencia se desarrollan y crecen, son las razones por las cuales ellos nunca en el pasado se miraron los unos a los otros como miembros de una misma familia". Según asegura en su libro *Historia contemporánea* el guipuzcoano Juan de Olazábal y Ramery, que combatió el nacionalismo vasco en la guerra civil y acabó víctima de la contienda, John Hay ya había enviado una carta a la reina regente en diciembre de 1838, donde manifestaba el sentir de la nación británica con respecto a la Guerra Carlista: "La importante cuestión que yo someto al juicio de Vuestra Majestad es, si no sería posible obtener la paz sin sacrificar más sangre y más tesoros". Los vascongados, continúa, "consideran sus fueros como la causa principal de su antigua prosperidad y temen que, si la causa de V. M. triunfa, queden suprimidos". "Temen, también, que aún cuando D. Carlos fuese hecho prisionero o arrojado de España, continuaría aún la lucha, porque, levantándose entonces el estandarte de los fueros, todos los vascongados volarían a su defensa; una fuerza más compacta y poderosa que el actual ejército carlista pelearía en defensa de las libertades vascongadas. [...] Y ¿podría el resto de la Nación vencer a los vascongados en tales circunstancias, cuando es dudoso que puedan hacerlo ahora que pelean por una causa que les es extraña?".

1839 – MITCHELL:

"Los vascos nunca olvidarán que fueron vendidos como esclavos" (Abrazo de Bergara).

1839 – M. GEORGE MITCHELL

Escritor francés (1794-1880). En su crónica del Abrazo de Bergara *Le camp et la cour de D. Carlos* revisa todo lo acontecido al final de la **Guerrra Carlista**, sin ocultar las simpatías que le provoca el pueblo vasco: "Los vascoespañoles son uno de los pueblos más originales y quizás los menos desmoralizados de Europa. Una gran cantidad de ellos, más por amor al trabajo que por necesidad, zarpan hacia América del Sur y acumulan allí una considerable riqueza: a pesar de ello, mantienen el amor por el país natal, pero sin producir ese abatimiento, esa tristeza que generalmente se percibe en los emigrantes de otras naciones; y si los vascos tienen la ambición de mejorar su existencia, uno nunca los ve, sin embargo, tomando servicio en los ejércitos de cualquier potencia extranjera". "Los vascos difieren tanto del carácter del resto de España como de las leyes que los gobiernan y que son peculiares de su país". Mitchell es de la opinión de que en "la insurrección vasca y navarra la conservación de los fueros no jugó el papel principal, porque si hubiera sido así, los habrían aceptado cuando se los ofreció el gobierno de Madrid, y de este modo habrían puesto fin a la guerra y a las abominables torturas que se les infligieron como resultado de su negativa a obedecer al gobierno cristino". En cuanto al Abrazo de Bergara, sostiene la tesis de la **traición** de Maroto: "Los vascos nunca olvidarán que fueron vendidos como esclavos. No es el destino de las armas lo que se ha declarado en contra de ellos; han sido vencidos por la traición más infame, han sido heridos no solo en su afecto, sino también en su orgullo. [...] Los vascos lucharon por la defensa de sus opiniones, pero no por la de ciertos intereses materiales". Mitchell no quiere dejar de mencionar la circunstancia que se dio el 27 de agosto de 1839 cuando Aldave se puso en contacto con Lanz (al mando de los batallones insurgentes que no querían firmar la paz) para informarle que el general Elío estaba listo para declararse contra Maroto, con la condición de que Navarra fuera independiente. Lanz y sus compañeros respondieron que no querían la **independencia** y que estaban decididos a defender a su Rey, hasta la última gota de su sangre: "*Aldave lui dit qu'Elio l'avait chargé de lui faire savoir qu'il avait 12 bataillons Navarrais et la cavalerie de ce royaume, et qu'il était prêt à se déclarer contre Maroto, sous la condition que la Navarre serait indépendante*".

1839 - Crocket/Barker: *"...el más amable, más hospitalario y más prevenido del mundo cuando el extranjero es un visitante en paz. El vasco es un león excitado cuando el pie de un invasor profana su suelo libre".* Dibujo de *Las lavanderas*.

1839 – SYDNEY CROCKET, BLIGH BARKER

Estos dos militares ingleses presentan 23 **grabados** de gran calidad sobre el carácter y las costumbres de los vascos, bajo el título *Sketches from the Basque Provinces of Spain*. Describen de la siguiente manera al vasco: "Dedicado a la agricultura y ocupaciones pastoriles, contento y sin ambición, sobrio en todo, modesto e inofensivo de conducta, el más amable, más hospitalario y más prevenido del mundo cuando el extranjero es un visitante en paz. El vasco es un león excitado cuando el pie de un invasor profana su suelo libre y apela a sus energías en defensa de su amada libertad que le fue transmitida desde tiempo inmemorial". Hay grabados de localidades como Gasteiz, Pasaia y Hondarribia y también de hábitos diarios como lavanderas, arrieros, aguadoras y fandangos. La leyenda de *Las Lavandaras* (*sic*) describe el trato de confianza que se daba en estas reuniones entre paseantes y mujeres que se levantaban el refajo enseñando sus muslos desnudos: "*Their cheerfulness and flow of spirits during the occupation, are displayed in a series of banter and repartee, frankly exchanged and with extraordinary readiness, between them and such passengers or lookers on as are attracted by the rather liberal display of their well turned limbs*".

1839 – ALPHONSE DE BARRÉS DU MOLARD

Militar francés (1810-1893). Ascendió hasta coronel del ejército carlista hacia 1839 y dejó escritas sus memorias en el libro *Memoires sur la guerre de la Navarre et des Provinces Basques* que publicó en 1842. El ensayo es una narración técnica y detallada de los acontecimientos que se sucedieron y de sus figuras destacadas de la **Guerra Carlista**. Al comienzo reseña el coraje que tienen los vascos que, con una población que no llega a setecientas mil almas, es capaz de plantar cara a un país que multiplica por diez este número. Comenta además que los habitantes de las provincias vascas y la montaña navarra se levantaron en armas para defender sus fueros y que todos tienen el mismo carácter y hablan el mismo dialecto, una **lengua vasca** que va desapareciendo de la llanura, y que alrededor de **Estella** ya apenas la gente mayor conserva el hábito de hablarlo: "*...cependant cet idiome se retire de plus en plus vers les sommités des monts, pour disparaître du plat pays, au point que dans les villages des environs d'Estella il n'y a plus guère que les vieillards que aient conservé l'habitude de parler basque*".

1839 – ANTONIO DE CASARES

Padre capuchino andaluz. De temperamento belicoso y controvertido, se unió a los **carlistas** desde su tierra natal y acabó peleando en el País Vasco, mostrándose en contra de los fusilamientos de **Maroto** en Lizarra, por lo que tuvo que huir a Baiona. Una vez instalado en la villa, colaboró con Mitchell (1839) para intrigar por medio de folletos, con su lengua vivaz, en contra de los acuerdos de Bergara. Allí publicó el cuadernillo *Defensa que hace del ejército y pueblo vasco-navarro D. Antonio Casares*, en el que dice: "El pueblo Vasco-Navarro [...] tuvo la dicha de espresar su indignacion contra el espíritu de novedad con un movimiento simultáneo y espontáneo. La santa religión de sus mayores, las costumbres antiguas y sagradas, y el espíritu de piedad que heredaron de sus primeros padres, estos eran los objetos que tuviesen á la vista los Vasco-Navarros en los dias de su admirable alzamiento". "Los revolucionarios, [...] convencidos de la experiencia de que frente á frente no vencerían á los Vasco-Navarros, [...] y temiendo por otra parte que el ejército creado en las montañas sin recursos, sin medios y sin elementos, y como por encanto, desarrollaria un dia sus fuerzas, para dar un golpe mortal á la revolución española, á vista de este riesgo, [...] trazaron el plan horroroso que Maroto llevó á cabo". Nombra entonces las medidas de sus "depravados intentos": "meter su mano en la direccion del gobierno carlista", "ganar algunos generales y varias personas influyentes del pais", "introducir la desmoralizacion en el pueblo y en el ejército", "sembrar máximas de irreligion y de impiedad", "desacreditar los hombres que podrian contrariar los planes de la revolucion", "ahogar el pais con impuestos".

1839 – JEAN ALEXANDRE BUCHON

Historiador y político francés (1791-1846). En 1839 asistió en Urdatx-Santa Grazi a la representación de la obra teatral *Les trois Martyrs*, y posteriormente realizó la primera descripción de una **pastoral** vasca, que dejó anotada en su publicación *Représentation d'un mystère dans le Pays basque, Memorial des Pyrénées*. Por lo que parece duró 12 horas y los actores no se aprendían sus papeles, sino que repetían cada verso después del apuntador. En una noticia de *Le Capitole de Toulouse*, Buchon nos cuenta que, estando de visita donde el pastoralista Saffores, en la localidad de Atharratze, le compró a este una colección de unas setenta pastorales, una de las cuales parecía ser del siglo XVI, aunque a día de hoy se encuentra desaparecida.

1840 – ANÓNIMO INGLÉS

En 1845 se publica un libro anónimo de título *Spain, Tangier, etc., visited in 1840 and 1841*. En las cartas de I a III describe su paso por nuestro territorio, en el que entra por Baiona y sale por Pancorbo. En la costa de **Biarritz** "el aire es tan estimulante, las arenas tan deliciosas, las rocas tan osadas y la vista al mar, desde sus colinas bajas y verdes, tan deliciosa, que produce en mi mente un encanto inexpresable, del que muchos lugares mucho más hermosos no pueden presumir", escribe. Durante el viaje por el País Vasco peninsular les acompañan dos *zeladores*, cuya función es guardar el camino, no para saquearlos, dice, sino para protegerlos de los que pudieran hacerlo, ya que el paso se considera peligroso y lleno de "mala gente": "Generalmente son ellos mismos (creo) bandidos jubilados, a quienes los buenos salarios inducen a servir como protectores y rehenes de aquellos a quienes, de otro modo, habrían sido los primeros en atacar. Tengo entendido, efectivamente, que los propietarios de los carruajes pagan su peaje a las bandas de ladrones, o lo hicieron no hace mucho, para asegurarse de pasar indemnes". Sobre el acomodamiento, comenta: "Aunque parezca extraño, cuanto más nos acercábamos a la capital (o, para resolver el misterio, cuanto más nos alejábamos de Francia y de las fértiles y industriosas provincias vascas), más incómodo nos resultaba todo".

1840 – GUSTAVE FLAUBERT

Escritor normando (1821-1880). Flaubert, autor de obras inolvidables como *Madame Bovary*, llega al País Vasco en 1840, con 19 años, para realizar un viaje iniciático cuya exposición quedó recogida en sus *Obras completas* de 1873. Son apuntes en los que se percibe su afición por el arte monumental y por las gestas de las civilizaciones. Se muestra impresionado con **Baiona**, con sus crepúsculos y sus aguas azules. Allí se encuentra con una joven que porta su cántaro de agua como una antigua estatua griega, y le asalta el deseo de quedarse a vivir en ella: "Aquí hay aguas azules, y la caída del crepúsculo les daba un matiz oscuro, y sin embargo las barcas, los árboles de la ribera se reflejaban en ellas temblando. El carruaje rodaba lentamente sobre el pantalán, y una joven española, con su cántaro de barro colgado del brazo como una estatua clásica, venía hacia nosotros. Era uno de esos tiernos espectáculos que te hacen sonreír de placer y que uno inhala por todos los poros. Hasta ahora me encanta Bayona y me gustaría vivir allí [*Jusqu'à présent j'adore Bayonne et voudrais y vivre*]". Cruza la frontera para examinar **Hondarribia**, "una ciudad en ruinas": "La calle principal es recta y empinada, y está rodeada de grandes casas negras provistas de balcones podridos, en los que cuelgan unos harapos rojos que se secan al sol. [...] Cada casa, cada puerta, cada viga está acribillada a balas, la iglesia recibió proyectiles de cañón, los obuses enemigos llegaron hasta Behobia". En su *Dictionnaire des idées reçue* cita a los vascos como "*le peuple qui court le mieux*" ("la gente que mejor corre").

1840 – Flaubert. *Paysanne basque (province de Biscaye),* dibujo de Doré (1855) para el libro de Davillier (1862).

1840 – RAMÓN DE MESONERO ROMANOS

Escritor y periodista español (1803-1882). Reconocido cronista de la sociedad madrileña, en 1841 publica *Recuerdos de viage por Francia y Bélgica en 1840 á 1841. Su autor el Curioso parlante*. Con buena prosa y gran sentido del humor, Mesonero nos narra en el primer capítulo su paso por las provincias vascas en su salida hacia Francia. Comenta que el primer verano después de la guerra de seis años que asoló el norte peninsular motivó a los habitantes de Madrid a moverse más allá de su "acostumbrada órbita": "La carrera de las provincias Vascongadas era principalmente la que por entonces llamaba la atencion, ya por más análoga á la estacion ardorosa, ya por el deseo de visitar los célebres sitios de Luchana y Mendigorría, Arlaban, Vergara, etc. La vida confortable de San Sebastian, los celebrados baños de Santa Águeda, las gratas romerías de Bilbao, y sobre todo, el próximo aniversario del abrazo de Vergara, eran razones más que suficientes para determinar a la mayor parte de los **viajeros madrileños** hácia aquellas célebres comarcas; y con efecto, fué tal el deseo de visitarlas, que los asientos de las diligencias tenian que tomarse con un mes de anticipacion, y las más elegantes tertulias se daban cita para Cestona y Mondragon". "Cada paso que avanzábamos, cada giro que daba el coche, se desplegaba a nuestra vista el más delicioso panorama que una imaginacion poética pudiera imaginar. Cuando considerábamos que aquellos campos, ora apacibles y tranquilos, que aquellas colinas risueñas, que aquellos pueblecitos felices, acababan de ser teatro de todos los horrores de una **guerra** fratricida, parecíanos un sueño, y por tal lo tomariamos, á no hallar de vez en cuando algun caserío quemado, algun puente roto".

1840 – KARL AUGUST FRIEDRICH MAHN

Romanista y **vascólogo** alemán (1802-1887). Fue colaborador de la revista *Euskara* de Berlín y publicó varios artículos sobre el euskera. En 1857 publica *Denkmaeler der baskischen Sprache* (*Monumentos de la lengua vasca*), una introducción al euskera basada en los trabajos de Leizarraga, Axular, Oihenart,

Garibay y Mogel. Vinson (1866) la describe así en su artículo de la revista *RIEV* de 1922 *Le Docteur Mahn et la langue basque*: "Topé en ella con 80 páginas de textos variados, muy bien seleccionados, precedidos de una introducción que me pareció bastante interesante... Porque, sobre todo en España, hay algunas personas que creen y dicen que el estudio científico del vascuence ha sido empresa no iniciada sino por los alemanes a lo más hace treinta y cinco o cuarenta años. Es una equivocación garrafal. Además, los alemanes a los que se alude son de la escuela moderna de los neogramáticos, formada al otro lado del Rhin después de 1870; desdeñosos con los trabajos de los predecesores, desconocedores del verdadero carácter de la lingüística, que es una ciencia puramente natural, confunden los hechos y los accidentes de la evolución y con error evidente de método concluyen demasiadas veces de lo simple a lo compuesto. El doctor Mahn pertenecía a la escuela positiva de Bopp y Schleicher". En el diccionario alemán de 1857 *Deutsches Staats-Wörterbuch*, se recoge un artículo suyo de 14 páginas sobre los vascos (pág. 659-673), hablando de sus costumbres, historia, lengua, etc., hasta del *pas de basque* del **ballet** clásico, un paso valseado que lleva el nombre de los vascos porque se tomó de ellos. En 1840 escribió *Baskisches Wörterbuch*, el manuscrito inédito de un diccionario vasco en dos tomos. Era, como Humboldt, partidario de la teoría **vascoiberista**.

1840 – MÉRIMÉE:

"Entre Burgos y Vitoria hay al menos cuatrocientos años de civilización".

1840 – PRÓSPERO MÉRIMÉE

Escritor e historiador francés (1803-1870). Este reconocido escritor francés al que siempre le gustaron las historias más misteriosas e insólitas realizó siete viajes a España de 1830 a 1860 y toda la correspondencia referente a la experiencia vivida en ellos quedó recogida en varios volúmenes que fueron publicados en los años cuarenta del siglo XX. Después se publicó toda ella en una obra de título *Viajes a España*. Mérimée tiene una visión del País Vasco de 1840 bastante amable –era un romántico–, y se admira de su progreso, a pesar de haber pasado una guerra de siete años. De los paseos de Gasteiz dice que son "el Prado, pero perfeccionado, ya que se puede pasear en todo momento". Se reitera en su opinión cuando asegura que "entre Burgos y Vitoria hay al menos cuatrocientos años de civilización". Se postula, sin embargo, recién acabada la guerra, con las ideas liberales, cuando advierte que "desgraciadamente, tienen opiniones menos puras. No aprecian el glorioso pronunciamiento como en Burgos, y he oído proferir las opiniones más espantosamente moderadas". Se quedó prendado de la belleza de las **baserritarras** vascas, con las que incluso se atrevía a hablar en euskera. A una de ellas de Irun hasta le preguntó si se quería ir a Francia con él, "*Nai desu nerequi etorri Franciera*", y recibió un "*Esgarric asco*" como respuesta. En una de sus cartas habla de una bella mujer, originaria de las *Provincias Vascas*, que vivía en Madrid. Esta se enamoró locamente de Iradier, su profesor de piano que fue el autor de la inolvidable *La paloma*, y su familia la encerró "para devolverla al País Vasco". Maruja, que así se llamaba, "es de Navarra y su apellido, que termina en etchea, tiene doce o quince sílabas y hay que respirar tres veces para pronunciarlo".

La **novela** *Carmen* de Mérimée, publicada en 1847 e inmortalizada por Georges Bizet en su ópera de 1875, bebe de aquellos encuentros que el escritor tuvo con vascos, y tiene como protagonistas a dos vascongados navarros que viven entre andaluces un idilio inviable. Una es Carmen, la **gitana** de Etxalar, y otro José Lizarrabengoa, el **pelotari** de Elizondo, al que llaman José Navarro porque, según Mérimée, "tenía otro nombre vasco que ni usted ni yo podremos pronunciar nunca". El narrador, un arqueólogo francés, cuenta cómo en una venta andaluza, José pide la guitarra y entona "con voz dura, pero agradable", una copla triste y extraña, "si no me equivoco –le dijo– no es una canción española... se parece a los *zorcicos* que he oído en las Provincias y la letra ha de estar en vascuence". José le contesta que es vasco y viejo cristiano: "*pour que mon nom vous diseaussi tôt que je suis Basque et Vieux chrétien*". Y poco a poco le va confesando las facetas de su vida. Que en el juego perdió todo: "Cuando jugamos a pelota, nosotros los navarros nos olvidamos de todo". Que, siendo soldado en Sevilla, detuvo a una gitana, Carmen, y que durante el camino a la prisión esta intentó seducirlo inútilmente; pero, de pronto, adivinó que era vasco y al hablarle en su lengua desarmó a su paisano: "Nosotros, los naturales del País Vasco, tenemos un acento por el que nos reconocen fácilmente los españoles, en cambio no hay uno solo de ellos que pueda aprender a decir *bai, Jauna*. Así pues, Carmen no tuvo dificultad en adivinar que yo soy de las provincias vascongadas...". José acaba enamorándose de Carmen y convirtiéndose en bandido, pero el desdén que muestra la gitana hacia él lo encoleriza de tal modo que, debido a los celos, termina matándola. Se entrega y es condenado a muerte. La novela y la ópera *Carmen* han inspirado películas de cine y obras de teatro y son, sin duda, una de las referencias más internacionales de personajes navarros. La euskaldun Carmen ha sido interpretada por divas del cine como Pola Negri, Theda Bara (junto con Charles Chaplin), Edna Purviance, Raquel Meyer, Imperio Argentina, Sara Montiel o Rita Hayworth, esta última acompañada por el "pelotari navarro" Glenn Ford.

1841 – Bayot. Vista de Pasaia.

1841 – ADOLPHE JEAN-BAPTISTE BAYOT

Litógrafo y dibujante francés (1810-ca. 1871). De su estancia en el País Vasco legó varios dibujos que realizó para distintas obras literarias como las de Jenaro Pérez Villaamil (1844), *L´Espagne pittoresque, artistique et monumentale* (Emmanuel V. Guendias 1846) o *Souvenirs des Pyrénées* (Victor Petit 1841).

1841 – M. A. BRUCE-WHYTE

En la *Histoire des langues romanes et de leur littérature depuis leur origine jusqu'au XIVe. Siècle*, firmada por este autor, hay un capítulo V de 40 páginas, titulado *Analyse de la langue basque*. Bruce-Whyte consulta a Astarloa y Larramendi para realizar un análisis de la lengua y demostrar que esta conserva sus rasgos primitivos en muchos de sus elementos como el alfabeto, la composición de las palabras, las declinaciones, los auxiliares de los verbos, etc. Termina por deducir que el euskera es un descendiente de la misma lengua madre que dio a luz al bretón y al resto de los **idiomas celtas**: "*Nous considérons cet idiome comme descendant de la même langue-mère qui donna le jour à l'ancien breton et aux autres idiomes*". En suma, nuestra lengua es, según él, "un testimonio vivo que atestigua que la lengua, en los primeros períodos de la sociedad humana, estaba compuesta únicamente por nombres sustantivos, de los que se derivan todas las demás partes del habla. Los cántabros, casi al margen de cualquier contacto comercial con naciones extranjeras, aislados incluso del resto de los españoles, conservaron probablemente, más o menos, sus dialectos en este estado primitivo. [...] El vasco es una lengua concisa, enérgica e incluso melodiosa. [...] El vasco es análogo, en toda la aceptación de la palabra, tanto por su carácter como por su mecanismo, al viejo bretón y al armórico".

1841 – ARNIM:

"Nada se veía de todo aquello que hasta ahora había llamado España".

1841 – KARL OTTO LUDWIG VON ARNIM

Escritor alemán (1779-1861). Militar que realizó varios viajes por Europa de 1835 a 1850. En 1841 publica *Flüchtige Bemerkungen eines Flüchtig-Reisenden* (*Comentarios fugaces de un viajero fugaz*). Al final de la tercera parte del libro comenta: "Desde Burgos hasta la frontera francesa por las provincias vascas cambia completamente el carácter de la región. [...] El paisaje recuerda a Alemania. [...] Las facciones de la gente comienzan a perder el tipo del sur". De **Gasteiz** dice que la plaza estaba "abarrotada de gente, las mujeres estaban sentadas, los hombres se detenían frente a ellas o continuaban. Se hacía la corte y todos parecían felices". "El día siguiente fue uno de los más destacable de todo mi viaje, iba a ver las provincias vascas, donde habían ardido durante años las antorchas de la guerra, y esperaba encontrar casi todo destruido, después de una guerra tan terrorífica", cuenta. Pero apenas se topa con algún puente o caserío en ruinas: "Allí donde se había quemado una casa, se volvía a reconstruir". Von Arnim reconoce que no se veía nada de todo aquello que hasta ahora había llamado España: "*Von demjenigen, was ich bis jetzt Spanien genannt, sieht man dort eigentlich nichts*". "Pernoctamos en **Astigarraga**, pero acomodados en una gran posada, [...] la comida estaba muy por encima de la de España, el aceite desapareció, pero, por el contrario, [...] el vino era peor", añade.

1841 – JAMES COWLES PRICHARD

Médico y etnólogo británico (1786-1848). Fundador de la ciencia de la Antropología en el Reino Unido, se considera que ejerció una gran influencia sobre Charles Darwin, debido a sus teorías sobre la evolución de la raza humana. Contribuyó a probar la existencia de la rama europea de las lenguas indoeuropeas, comprobando la relación de las lenguas celtas con las germánicas, eslavas y pelásgicas como el griego y latín. Disiente totalmente de los que defendieron la teoría de que el euskera estaba relacionado con el celta. Todo ello lo cuenta en el tercer volumen de su libro sobre la humanidad de 1841, *Researches Into the Physical History of Mankind*. El capítulo II, de treinta páginas, lo titula: *Of the* ***Euskaldunes****, Aborigenes of the South-Western Parts of Europe*. Se muestra de acuerdo con Humboldt en que el ibero (incluido el *Euskara, Eusquera, Eskuara*) es el idioma europeo cuya naturaleza ha sufrido menos cambios, y que los nombres de lugar (*Asta, Uria, Ura, Iturria*) diseminados por todo el territorio hispano-galo son una muestra palpable de la antigua vasconización de estos territorios (lo llama *Euskalerria* o *Eusquererria*). También recoge algunas sílabas iniciales (*al, ar, as, bae*...) que tienen su correspondencia en el vasco actual. Afirma que incluso en territorios cántabros son los topónimos celtas minoría en comparación con los preindoeuropeos. Constata también que en Italia se registran muchos topónimos que se repiten en el área vascónica (*Uria, Asturga, Asta, Biturgia*): "*From this it is an obvious conjecture that the aboriginal people of Italy were akin to the Iberi*". Para él son el fruto de una emigración vasco-ibérica hacia el sur mediterráneo. Lo que no tiene claro es quién llegó antes a la península, si estos o los celtas.

1841 – LAFUENTE,
sobre el aurresku:

"Se intima la fraternidad, y animados todos de un espíritu de socialismo a que no ha alcanzado el mismo Fourier con toda su Teoría Societaria. [...] en el péle-méle, más libre y más democrático que concebirse puede".

1841 – MODESTO LAFUENTE

Historiador y escritor satírico español (1806-1868). Con el pseudónimo de Fray Gerundio publicó *Capillada estraordinaria. Bilbao, 24 de Agosto de 1842*, en la que inserta, con su punto de humor, una descripción detallada de lo que parece un **aurresku**. Le sorprende cómo "se intima la fraternidad, y animados todos de un espíritu de socialismo a que no ha alcanzado el mismo Fourier con toda su Teoría Societaria". Y lo resume así: "La igualdad es absoluta: la dueña del vestido blanco y la casera de las desnudas piernas; la señorita de elegante capota y la mozuela que pregona por las calles 'sardiña frescua'; el comerciante que está esperando una fragata de New-York, y el labriego que suspendió el ejercicio de la esteva para acudir a la romería; el abogado que estuvo despachando expedientes hasta las doce, y el marinero que le pasó en la lancha del otro lado de la ría; el cabo de 9.° de línea que defiende la Constitución, y el ex-sargento de 1.° de Vizcaya, que se batió con él en la peña de Orduña; todos bailan en fraternal mezcolanza, y en el péle-méle, más libre y más democrático que concebirse puede". En su libro *Viajes de Fray Gerundio por Francia, Bélgica, Holanda y orillas del Rhin*, publicado en 1842, dice el acompañante de Fray Gerundio al comienzo del viaje que inicia en 1841 que las vascas "son más guapas y más curiositas", pero que, sin embargo, "no tienen mas sino que defienden sus fueros como unas perras". Camino de **Arrasate** describe el paisaje: "Dando aquí principio las colinas sembradas de robles, hayas, castaños y manzanos, lino, judías, nabos y exquisitas berzas, alternadas con las casas de campo, fuentes, arroyuelos, deliciosos paseos, molinos harineros y ferrerías, movidos la mayor parte por las aguas del Deva". "Embelesado iba él de su laboriosidad y su belleza, mientras yo contemplaba con admiracion un país trabajado por siete años de guerra civil, y en cuyo aspecto nadie conoceria que habia habido semejante guerra. [...] Ménos agradable y halagüeño aspecto presentaba la villa de **Urnieta** con sus casas quemadas y sus edificios derruidos; rastros y reliquias de la filantropía del hermano O'Donell".

1841 – GIUSEPPE GASPARO MEZZOFANTI

Cardenal italiano (1774-1849). Despuntó desde niño por su inteligencia precoz y terminó siendo un reconocido políglota, profesor de lenguas orientales y griego, con unas capacidades nemotécnicas que le permitieron dominar hasta 30 lenguas diferentes. Además hablaba con fluidez otros doce idiomas y tenía conocimientos básicos de varias docenas. En la biografía de Mezzofanti de Charles William Russell (*The Life of Cardinal Mezzofanti*, 1858), el autor apunta que, cuando el vasco Antonie d'Abbadie, otro reconocido políglota, se encontró con Mezzofanti en Roma en 1839 y este le retó a que eligiese un idioma para hablar, aquel le propuso la **lengua vasca**. Mezzofanti, sin embargo, renunció a ello. Quizá sea por eso que cuando, dos años más tarde, tuvo la oportunidad de aprender el idioma con el publicista alemán Guido Görres, la aprovechó. Cuenta Russell que en 1841 el cardenal entró en contacto con Görres, que narra su experiencia en el volumen 10 de su magna obra *Historisch-politische Blätter*, en la que asegura: "Al mencionarle que una vez se había aventurado en el vasco, me propuso que lo hiciéramos juntos". Para el año 1844, no solo ya había aprendido el corpus general de la lengua, sino que también dominaba sus varios dialectos, hasta ser capaz de conversar en "*Labourdin and the Souletin*". Cuando el abad vasco M. Dassance le visitó en 1844 le preguntó directamente "*Mingo zitugu?*" y le comenzó a hablar en el dialecto de Lapurdi.

1841 – MIGUEL RODRÍGUEZ FERRER

Escritor, político y humanista andaluz (1815-1889). Fue jefe político de Álava desde 1841 hasta 1843. A partir de ahí desempeñó distintos cargos políticos y comenzó a desarrollar una estrecha relación con la cultura vasca. Construyó en **Legutio** una granja modelo de 270 hectáreas que llamó *El Retiro* y que, en su momento, llegó a gozar de una gran fama. En 1873 editó *Los vascongados, su país, su lengua y el príncipe L. L. Bonaparte*, un detallado compendio de 400 páginas sobre las cuatro *provincias vascas* o *vascongadas* en las que recoge vocablos como ***euscalherria***, *euskara* y *euscaldunac*. En la obra propone reunir "cuanto pudiera interesar la curiosidad del propio y del extraño sobre el país vascongado, su arqueología, su crítica histórica, las noticias de su suelo, las condiciones de la raza y el monumento vivo de su lengua". Habla de su agricultura y su paisaje, de su historia y su literatura, de su organización interna por medio de los fueros y de costumbres como el *zortzico*, el *koblakari* o *versulari* o las supersticiones en forma de *sorguiñas*, *laminiac*, *Bassa Jaon*, *aquelarres*. En el libro cita un decreto municipal de 1486 en el que se prohíbe la ***Espatadantza*** "por los escándalos y derramamiento de sangre que se ocasionaban con ellos". Pero sobre todo le interesa la lengua vasca. Llegó a participar en el debate sobre el origen de este idioma, del que se mostró gran conocedor de sus teorías. Se le podría considerar como un precursor del lingüista soviético Nikolái Marr (1920) ya que califica de jafética (venida de Armenia) la relación **vasco-caucásica**. Es partidario del vascoiberismo y dedica un capítulo entero al príncipe Bonaparte. Es para él el euskera un idioma en continua regresión: "Restos las provincias de Álava, Vizcaya, Guipúzcoa, y Navarra, con la Soule y Labourd francesas, de aquella gran Confederación que en retirados tiempos repasó no sólo los límites de nuestra Iberia, sino que llegó por una parte hasta las tierras del Atlas, y por otra hasta Liguria, allá en Italia. [...] La región vascongada es hoy para nosotros como una reliquia de otro mundo". La redacción del libro le pilla en plena guerra de las dos facciones de un pueblo al que ama ("Aunque no [soy] vasco por nacimiento, lo soy por simpatía"), y se queja de que en ella "se ven las consecuencias de gobernar á los pueblos, ideólogos y no hombres de Estado". En descargo de los vascos que, de nuevo, se rebelan contra el gobierno central liberal, comenta que no es "la república ideal que se encuentra en el fondo de sus instituciones [vascas], como vulgarmente se cree, sino la monarquía constitucional" y comenta que, a partir de 1868, tanto el partido democrático como la república federal "han prescindido por completo de los caracteres históricos de España y de los principales organismos de sus respectivas provincias, queriéndolos amoldar todos al nivel de la utopia ó al fanático ódio de algunos por la creencia católica".

1842 – CHALLAMEL:

"Estas palabras, 'no soy francés', pronunciadas por el habitante de Urruña, resuenan en mi oído de manera continua y desagradable".

1842 – AUGUSTIN CHALLAMEL

Historiador francés (1818-1894). Autor de una numerosa obra de libros sobre la historia francesa, Challamel relató también su paso por nuestro país en el primer capítulo (*De Bayonne à Burgos*) de *Un été en Espagne* (*Un verano en España*), publicado en 1843. Como muchos otros, nos trasmite su sensación de que en **Baiona** empezaba España: "*J'étais à Bayonne, et là, l'Espagne commençait pour moi*", con las calles "*pleines de Navarrais, de Basques*". "Los vascos ejecutaban al aire libre sus danzas favoritas, con interminables saltos, al son de una especie de flauta muy primitiva y de una guitarra, una variedad de la especie, hecha en forma de carcasa y provista de solo cinco cuerdas. Estos músicos tocan siempre, más o menos, la misma melodía, y el guitarrista, sin duda para obligar a los bailarines a seguir el tiempo, golpea su instrumento con un palo [está describiendo el **salterio**, véase foto Rowe 1955]. El baile finaliza con un allegro muy animado. El traje del vasco es una boina azul, un cinturón de lana o seda roja, calzones cortos sin corbatas y una chaqueta que, arrojada casualmente sobre su hombro izquierdo, deja los brazos al descubierto. Su calzado es muy característico. [...] Sin embargo, el tipo de figura española no existe". Añade que la vivacidad de las **mujeres** es tal que "las esposas de los pescadores de San Juan de Luz vienen descalzas en invierno o en verano, ya llueva o nieve, aun corriendo, a vender su pescado a Bayona". Enumera una serie de diferencias entre el País Vasco y Francia: la indumentaria, el aspecto desolado de dos o tres pueblos casi enteramente arruinados por la guerra, las cruces de granito, los magníficos balcones de hierro de Bizkaia, las fachadas de casas toscamente pintadas al fresco, las puertas de madera bordadas con clavos de hierro, las puertas de entrada de ciudades o pueblos, con su aspecto orgulloso y marcial, el sublime espectáculo de las montañas y la multiplicidad de ornamentos en las iglesias y la ausencia de sillas y bancos. De **Gasteiz** señala que "hay dos poblaciones, una que vive a la sombra, en calles estrechas, en casas con paredes de sótano, la otra que respira el aire fresco, eligiendo las calles anchas donde el sol hace una larga visita, las casas de aspecto hermoso, amplias y confortables". Sin querer detenerse a analizar en profundidad el tema de los fueros, todavía muy latente tras la guerra, comenta: "Creo que es una opinión muy arriesgada creer en la inminente reunión de todos los vascos entre sí, es decir, en la **incorporación** de estas provincias españolas a Francia. En verdad, preferiría temer el hecho contrario: estas palabras, 'no soy francés', pronunciadas por el habitante de **Urruña**, resuenan en mi oído de manera continua y desagradable". Nos ofrece también su particular visión de la guerra civil: "El fervor político parece que haya reemplazado al fervor religioso en el corazón de los españoles. Para algunos, el fanatismo solo les ha cambiado de chaqueta; para la mayoría, el fervor político es el resultado de su sincero amor a la patria, tan profundo, tan loable y tan necesario para la nacionalidad de un pueblo. El patriotismo es el fuego que da vida a una nación; mientras haya una chispa, hay esperanza de ver brillar de nuevo la llama".

1842 – ANÓNIMO:

"Se suele decir que para ver España hay que cruzar el Ebro; yo no estoy de acuerdo".

1842 – ANÓNIMO FRANCÉS

Un autor anónimo publica en 1843 su diario de viajes *Voyage en Espagne, 1942*. El viaje comienza en **Baiona** y pasa bastante de largo por nuestra tierra: "De Bayona a Behobia, los pueblos ya casi no son franceses; el aspecto de Behobia ha cambiado completamente". Desmiente un dicho popular, cosa que ya dice mucho sobre la opinión generalizada: "Se suele decir que para ver España hay que cruzar el Ebro; yo no estoy de acuerdo [*On dit souvent que pour voir l'Espagne il faut passer l'Ebre; je ne suis pas de cet avis*]. En **Irun** todo cambia: las calles estrechas, las casas con balcones enrejados por fuera y de un parecido exacto a nuestras pajareras, los trajes de las mujeres y finalmente el atalaje que ponemos a los coches; todo nos dice que estamos en la península". Observa, sin embargo, que "la Guipúzcoa que recorremos es la Suiza de España", por lo que algo tiene de "continental". En **Hernani**, cuenta, "nos detenemos en una encantadora plaza cerrada como el patio de un palacio y adornada con balcones, cuyas cortinas de todos los colores indican que las casas están listas para una fiesta". Efectivamente, ante la mirada de los sacerdotes que se encuentran a la entrada de la iglesia, mozos y mozas comienzan a bailar al son de "*un tambour et un flageolet*". En **Gasteiz** se encuentra más de lo mismo: "De lo que disfrutamos mucho fue de los bailes que, en plena noche, se apoderaron de todos los lugares. Esta provincia, desolada hace tan poco por la guerra civil, no se contenta solo con descansar, sino que, más bien, se abandona al placer".

1843 – LADY CHATTERTON

Viajera, escritora y aristócrata inglesa (1806-1876). Georgiana Chatterton, después de tener que mudarse a Italia por motivos de salud, tuvo la ocasión de imbuirse de la floreciente cultura italiana y comenzó a escribir novelas y libros de viajes. En su libro *The Pyrenees, with excursions into Spain*, dedica los capítulos del IX al XIII a su recorrido por Euskal Herria. Lo primero que comenta es el lazo que unió a los dos reinos de Inglaterra y Navarra, gracias al matrimonio de Ricardo Corazón de León con **Berengaria**, la hija mayor de Sancho VI, que sería entonces reina de Inglaterra. Ricardo, comenta, rompería su compromiso con Alicia de Francia para, una vez coronado rey, pedir la mano de aquella muchacha que había conocido en un torneo ofrecido por el rey de Navarra. Ya centrada en describir la ruta, se muestra cautivada por la villa de **Hernani**: "Estábamos impresionados del aire noble que mos-

1843 – Lady Chatterton: *"Algunas mujeres toman el instrumento [guitarra] alternativamente y nos deleitan con sus graciosas y melancólicas maneras de cantar. Entendí que en esta sociedad existía la máxima igualdad". Castillo y pueblo de Oiartzun.*

traban todos los campesinos que veíamos, y su majestuoso porte me recordaba a lo último que había leído del interesante trabajo de Lord C---- [seguramente Lord Carnarvon (1836)]. Él comentaba que [...] 'una vez cruzada la frontera de las provincias vascas, me sentí de golpe en un país libre, entre una raza de hombres que ostentaban y merecían la libertad'". Cuenta entonces la anécdota de un mercader que se compadece de uno de los integrantes de la caravana, un vasco que se encuentra calado hasta los huesos y que le contesta: "Soy yo el que se tiene que compadecer de usted, señor mercader; ¡porque yo soy noble!". Su mirada percibe el destrozo que ha generado la guerra y reflexiona sobre las consecuencias: "Los realistas destruyen cada casa: algunas han sido reparadas, pero aún hay un buen número de ruinas que muestran la manera imparcial con el que fue ejecutado el trabajo de destrucción". Explica entonces por qué los vascos son tan celosos carlistas: "Si Maroto no les hubiera traicionado, la guerra continuaría devastándolo todo [*had not Maroto benn a traitor, the war would still be raging*]". Durante la procesión de San Sebastián acude a la casa del señor Ybar. Después de que dos señores cantaran hermosas canciones españolas (*beautiful spanish airs*) acompañados de la guitarra, cuenta, "algunas mujeres toman el instrumento alternativamente y nos deleitan con sus graciosas y melancólicas maneras de cantar. Entendí que en esta sociedad existía la máxima **igualdad**". En **Pasaia** ve que las mujeres asisten a la fiesta con sus mantillas y se bailan fandangos, "pero la favorita parece ser una vieja danza vasca", que le recuerda a un baile que danzaba de pequeña, "en el que el elegante 'pas de basque' ocurría de continuo; pero lo hacían de una manera más sencilla y grácil". Los bocetos de los dibujos de Hondarribia, Hernani, Donostia y Oiartzun son suyos, pero acabados de pintar por Alphonse Bichebois.

1843 – QUINET:

"¿Por qué nos abandonan? [...] ¿Es que nuestra tierra francesa no atrae a sus viejos habitantes? [...] ¿Es la necesidad de independencia?".

1843 – EDGAR QUINET

Escritor e historiador francés (1803-1875). Este intelectual académico se unió a los amotinados de la revolución de 1848, pero, tras el golpe de Estado de Napoleón III, tuvo que exiliarse en Bélgica y Suiza. Por su ideología anticlerical mantuvo fuertes disputas con los jesuitas y otras doctrinas. En 1846 publicó el libro de su viaje a España en 1843, *Mes vacances en Espagne*. Pasa de soslayo por nuestra tierra: "Atravesamos las calles tenebrosas de **Tolosa** y **Bergara**. De todas las pasiones frenéticas que han ensangrentado estos lugares, nada se agita, a esta hora en la que el vigilante, armado con una lanza, va de calle en calle cantando su lamento". Sin embargo, en el capítulo VI de su libro *L'Esprit nouveau* de 1875, comentando las causas de la despoblación que afectan a los grandes imperios por culpa del avance del catolicismo, lanza una pregunta al aire. "*Expliquez-moi pourquoi notre population basque se sépare de nous, pourquoi elle émigre chaque année en si grand nombre dans l'Amérique du Sud?*". "¿Explíquenme por qué el pueblo vasco se separa de nosotros? ¿Por qué **emigran** en tan gran número a América del Sur? Sin embargo los vascos son los más antiguos habitantes de nuestro suelo, anteriores a los celtas, a los galos. [...] ¿Por qué nos abandonan? [...] ¿Es que nuestra tierra francesa no atrae a sus viejos habitantes? [...] ¿Es la necesidad de **independencia**? Prefiero creerlo así. Mientras vivieron ignorados, vivieron libres sin pensar en emigrar. Hoy los tratamos como si estuvieran conquistados. Nuestra disciplina les aterra. Para huir de la dependencia de una civilización rígida, atraviesan el océano y se van a vivir a los desiertos".

1843 – MANUEL CAÑETE

Periodista y escritor andaluz (1822-1891). Visitó Navarra en 1843, y publicó una serie de artículos sobre el viaje. Cuenta que una de las "pasiones dominantes" de los navarros es la del vino: "Pero logran la fortuna de no ponerse ebrios, aun cuando lo beban en gran cantidad. Tanto en Pamplona como en Tudela sucede que a veces pasa uno por algunas calles en las que se oye un ruido de voces casi comparable al de una asonada, y esos ruidos indican que está próximo algún despacho de vinos; pues allí los hombres se reúnen en cuadrillas de más de treinta, todos armados de sus cazuelas pequeñas vidriadas". Se suma a la fiesta de **San Fermín,** que describe así: "Desde que el sol amanece hasta que se reclina en el ocaso en un lecho de arreboles, multitud de cuadrillas de aldeanos con sus camisas de un solo color, sus boinas y sus anchísimos pantalones, traje que hace sobresalir sus elevadas estaturas y gallardos continentes, cruzan por todas las calles y plazas, bailando con la sencillez de los pastores primitivos, tocando el tamboril y la dulzaina, y a veces entonando los melodiosos cantares y zorzicos, a que dan una particular expresión las acentuadas palabras del vascuence, armonioso en extremo por los muchos diptongos que las engalanan".

1843 – VICTOR HUGO:

"Se nace vasco, se habla vasco, se vive vasco y se muere vasco".

1843 – VICTOR HUGO

Poeta, dramaturgo y novelista francés (1802-1885). Victor Hugo, quien fuera un consumado viajero, es una de las figuras más representativas de la literatura mundial. De los apuntes del viaje que realizó a Euskal Herria en 1843 parte la obra póstuma de título *Les Pyrénées* que se publicó en 1890. En la exposición de paisajes que realiza antepone la mirada de un viajero romántico que reflexiona sobre cuestiones de la vida cotidiana con un fino sentido del humor y una gran calidad literaria. Lo primero que hace cuando llega a **Baiona** es buscar la casa donde se había instalado con su madre en el año 1811 para reunirse con su padre (Joseph Léopold Sigisbert Hugo 1808) que era oficial del emperador. Recuerda de aquella primera estancia la presencia de "un charlatán de plaza" que no era otro que el director del teatro de Baiona que iba a venderles su abono mensual. A partir de ahí la personalidad vasca le cautiva: "Apenas se es español en **San Sebastián**; se es vasco. [...] Aquí un vínculo secreto y profundo, y que nada ha podido romper, une, incluso a pesar de los tratados, esas fronteras 'diplomáticas', incluso a pesar de los Pirineos, esas fronteras naturales, a todos los miembros de la misteriosa familia vasca. La antigua palabra Navarra no es una palabra. Se nace vasco, se habla vasco, se vive vasco y se muere vasco. La **lengua vasca** es una patria, he dicho casi una religión. Decid una palabra vasca a un montañés en el monte; antes de esa palabra, apenas erais un hombre para él; ahora sois su hermano. La lengua española es aquí una extranjera, como la lengua francesa. [...] Ni Francia ni España han podido disgregar el grupo vasco. Bajo la historia nueva que se superpone desde hace cuatro siglos, todavía es perfectamente visible como un cráter bajo el lago".

Entre las muchas anécdotas que cuenta Victor Hugo está la de la conversación que tuvo en su pensión de Donostia cuando comentó que iba a ir a instalarse en **Pasaia**: "Eso causó un espanto general. –¿Qué va usted a hacer allí, señor? Si es un agujero, un desierto, un país de salvajes. ¡Pero si no encontrará ni tan solo hostal! –Me alojaré en la primera casa que encuentre. Siempre se encuentra una casa, una habitación, una cama. –Pero si no hay techo en las casas, ni puerta en las habitaciones, ni colchón en las camas. –Debe de ser curioso. –Pero ¿qué comerá? –Lo que haya. –Solo habrá pan enmohecido, sidra picada, aceite rancio y vino de pellejo de chivo. –Probaré. –¿Cómo, señor, está usted dispuesto? –Decidido. –Hace usted lo que nadie se atrevería a hacer aquí. –¿De verdad? Eso me tienta. –Ir a dormir a Pasajes, ¡no se ha visto nunca!". Pero Victor Hugo se atrevió y acabó participando en la vida pasaitarra como uno más. En la línea de otros viajeros que vinieron después, Victor Hugo no le augura un destino amable al pueblo vasco y reflexiona sobre la misteriosa química según la cual se hace y se deshace la humanidad. "Las revoluciones", escribe, "maltratan el pasado. Todo lo que tiene un pasado las teme. Para las revoluciones el antiguo rey de España era un abuso, el antiguo alcalde vasco era otro. Ambos abusos sintieron el peligro y se unieron contra el enemigo común. [...] Y he aquí porque, ante la gran extrañeza de los que solo ven la superficie de las cosas, la vieja república guipuzcoana luchó para el viejo despotismo castellano contra la constitución de 1812". Incluye frases y locuciones vascas en obras como *El hombre que ríe*, *Nuestra Sra. de París*, *Los trabajadores del mar*, *Orientales* y *La leyenda de los siglos*. En esta última escribe un poema sobre Navarra y Pamplona, una ciudad que le seduce: "***Olite** tend les bras à **Tudela** qui fuit/ Vers la pâle Estrella sur qui le brandon luit/ Et **Sanguesa** frémit, et toutes quatre ensemble/ Appellent au secours **Pampelune** qui tremble*". Sobre **Vitoria,** en *Notre Dame de París* la pone a la altura de Núremberg y Vitré: "Gótica, entera, completa, homogénea".

1843 – SOLDAN:

"Navarra sufrió la suerte reservada a los pueblos pequeños en toda conflagración internacional: fue borrada del número de las naciones".

1843 – WILHELM GOTTLIEB SOLDAN

Historiador y parlamentario alemán (1803-1869). La primera toma de contacto de Soldan con nuestra historia sucede en 1843, a raíz de una publicación de la historia de las brujas (*Geschichte der Hexenprozesse*), en cuyo capítulo XV del volumen I toma como ejemplo, para una presentación clara del tema, el texto de José Antonio Llorente (1806) sobre los ***aquelarres*** navarros. La posterior investigación que realizó sobre la difusión del protestantismo en Francia le despierta el interés por todo lo sucedido con la Casa de Albret en el momento de la **conquista** de Navarra. En 1849 publica en el número 10 de la revista especializada *Historisches Taschenbuch* un largo artículo de 50 páginas titulado *Wie Navarra spanisch ward und blieb* (traducido como *De cómo España conquistó Navarra y la retuvo*). El trabajo es un análisis claro y preciso, donde el autor maneja una buena bibliografía sobre el tema y mantiene una postura muy crítica con los reyes de Castilla. La situación de Navarra, comienza, "daba al pequeño reino una singular posición estratégica y política. [...] No es de extrañar, pues, que la política de ambos estados se dirigiera a asegurarse de Navarra". Tras la guerra entre el rey francés Luis XII y el papa Julio II, este último, Fernando el Católico y Enrique de Inglaterra forman una Liga Santa para protegerse y recuperar territorios, pero, sobre todo, para asegurar "la unidad católica frente al cisma inminente [que fomentaba Francia]". Enrique VIII quería recuperar Guyenne (Gascuña) y Fernando el Católico le abriría paso por Navarra: "Este fue el especioso pretexto que le permitió dar los pasos conducentes a apoderarse de Navarra, para siempre". Fernando, sin embargo, siempre había apoyado a Catalina y había honrado su coronación: "Vemos, pues, que no hay sombra que acompañe el explícito reconocimiento por parte del Rey Católico del derecho perfecto de Catalina al trono de Navarra, derecho que ni una vez en su vida osó atacar".

Argumenta Soldan que los reyes navarros no fueron, "en ninguna de las maneras, favorecedores del cisma". Navarra intentaba exhibir su neutralidad, pero se encontraba entre la espada y la pared, acusada de **cismática** por los españoles o de felonía por los franceses. Fue entonces cuando el rey de Castilla acusó al rey navarro Juan de Albret de cismático, por negarse a coger las armas contra el rey francés, y decidió invadirla. Consumado el hecho el 21 de julio de 1512, el 30 de julio Fernando publicó una proclama que justificaba "la ocupación de Navarra por la necesidad en que se encontraba de remover los obstáculos que se oponían al triunfo de la Santa Liga". Lo que prueba, según Soldan, que ni "trató de buscar la justificación de su conducta en ninguna reclamación dinástica" ni "se había realizado sin ninguna clase de autorización papal". Soldan comenta, no obstante, que en aquel momento no existía ninguna **bula** donde los reyes navarros fueran explícitamente declarados cismáticos por el papa (efectivamente, esta bula, *Pastor Ille Caelestis*, se emitió después, a petición del monarca, con la intención de poder dar cobertura a la conquista). Muerto Julio II, el rey de Francia se congració con el nuevo papa y el rey Fernando. "Navarra", concluye Soldan, "sufrió la suerte reservada a los pueblos pequeños en toda conflagración internacional: fue borrada del número de las naciones ['*wurde auf immer untergesteckt*' se podría traducir mejor como 'silenciada para siempre'], mientras que los poderosos y abiertamente favorecedores del cisma, el emperador Maximiliano y Luis XII, resultaron indemnes".

1843 – EUGÈNE DE MALBOS

Pintor francés (1811-1858). En 1843 publica *Une visite au bon Henri, suivie d'une excursión en Guipuscoa par Bayonne*, obra ilustrada con hermosos **dibujos**, que dan buena muestra de sus dotes para la pintura (dos de Baiona y Hondarribia, uno de Atharratze y Donostia). Malbos nos habla de la caza de brujas de Pierre de Lancre (1609), de los sucedidos de Juan de Albret y de **Baiona**, cuyo orgullo principal son sus famosos paseos marítimos, "admirables sobre todo por su posición, por la ciudadela que, en su

1843 – Malbos. *"Guipúzcoa soportó [...] la más cruel de las guerras: saqueos, devastaciones, torturas, incendios que devoraban casas y cosechas; nada frenó su coraje".* Donibane Garazi.

verde y risueña loma, los domina; por el arsenal, que, a sus pies, muestra a los paseantes sus almacenes y sus astilleros; por el bello y ancho río que les da vida con sus barcos". "Los habitantes de los distritos de Bayona y Mauléon descienden de la antigua familia vasca, de estas 'gentes de montaña, salvajes y sin pulir, que fueron los últimos en sufrir el yugo romano'". Llega a **Gipuzkoa**, "una de las tres provincias privilegiadas e **independientes**, cuyos fueros han sido suprimidos tan arbitrariamente". Explica que esta provincia, "antes de 1200, era aliada de los reyes de Navarra. Por aquel entonces se puso voluntariamente bajo la protección de Alfonso VIII, rey de Castilla, y desde entonces nunca vaciló su lealtad hacia el soberano español, su defensor más que su señor". "Libres por sus fueros, los vascos aman la monarquía tanto como la libertad [*les Basques aiment la monarchie autant que la liberté*], estos dulces principios que tan bien se compenetran y que siempre se han unido para hacerlos felices. Durante seis años lucharon por conservarlos; durante seis años Guipúzcoa soportó por este noble propósito la más cruel de las guerras: saqueos, devastaciones, torturas, incendios que devoraban casas y cosechas; nada frenó su coraje. Y después de tanto esfuerzo, ¡la traición fue quitarle sus franquicias y someterla al régimen de la espada!". Se deshace en elogios hacia sus pobladores, *agiles montagnards, constitution robuste, marcheus infatigables,* *loyaux, hospitaliers...*, que conservan con orgullo la tradición de sus ancestros. De las **mujeres** vascas dice que "no se parecen más a las castellanas que las frescas montañas de Guipúzcoa a las duras y áridas montañas de Sierra-Morena. [...] Si te encuentras con alguna de estas jóvenes de perfil griego, con el pelo trenzado bajo la cadera, respeta este gracioso y modesto símbolo de virginidad. Para obedecer la antigua costumbre, la joven guipuzcoana debe arreglarse el pelo de esta manera y enredar el nudo que lo detiene, para que ella sola tenga la clave. Su prometido tendrá que deshacerlo, en secreto, el día de su boda y al día siguiente la trenza de la nueva novia flotará libremente sobre sus hombros blancos". Excelente en el juego de pelota y en los combates de toros, la pasión del guipuzcoano es, dice, la danza y, en concreto, el ***zorçico***, "un baile adiestrado y difícil en el que se suceden los pasos más lentos y los saltos más desmesurados".

1843 – HAVERTY:

"Las provincias vascas eran verdaderos Estados unidos a la corona, pero separados por sus fueros y privilegios [...] de las demás provincias españolas".

1843 – MARTIN HAVERTY

Historiador y periodista irlandés (1809-1887). En 1843 realiza un largo viaje por España que retrata en un libro de dos volúmenes publicado al año siguiente: *Wanderings in Spain in 1843*. La primera mirada sobre el paisaje le sorprende: "Valles verdes y ricamente cultivados, salpicados de pintorescos pueblos y aldeas, rodeados de grandes y elevadas montañas, atravesados por caminos excelentes y bien cuidados, regados por arroyos límpidos y habitados por una raza valiente, honesta, virtuosa y trabajadora". Se toma entonces la tarea de adjuntar un apéndice final, *The Basque Provinces*, donde intenta explicar al lector las razones que llevaron a este pueblo, tan afortunado a primera vista, a levantarse contra el Gobierno central y enredarse en una **guerra**. Primero cita dos opiniones contrarias a los **fueros**, la de Llorente (1806) y la del Diccionario geográfico-histórico (1802), que "trata la noción de la independencia y soberanismo de las provincias vascas como 'un trozo de ilusión, prejuicio estúpido e ignorancia ciega' [*a piece of illusion, stupid prejudice, blind ignorance*]" y asegura que el tratado arguye "que los fueros no eran más que el efecto de la gracia real, revocable según voluntad". Por el otro lado, cita un artículo escrito en la *Revista de Madrid* con una visión "tolerante y liberal [*enlightened and liberal*]" que arremete contra Llorente y que concluye que "las provincias vascas eran verdaderos Estados unidos a la corona, pero separados por sus fueros y privilegios, por su gobierno administrativo y normativa interna, de las demás provincias españolas; y que la independencia existía, por lo menos, desde el siglo XIII". Define los **privilegios** en cinco puntos: derecho a representación, juramento del rey, libertad de impuestos, nobleza y libertad de comercio. Opina que "la inflexibilidad de su posición y el propio espíritu indomable" de los vascos les permitieron mantenerlos en vigencia hasta la refriega de los últimos años. Independientemente de estos derechos, añade, "no cabe duda de la antigüedad de su lengua, [...] es probable que hubiera sido la lengua de los primitivos iberos, y más probablemente de los aquitanos"; una lengua que describe como "agradable y musical". Y para demostrarlo copia un padrenuestro: *"Aita gurea ceruetan zaudená..."*.

1844 – JENARO PÉREZ DE VILLAAMIL

Pintor gallego (1807-1854). La influencia del pintor romántico David Roberts (1832) fue decisiva para desarrollar una carrera que le llevó a ser pintor de cámara de la reina Isabel II. En agosto de 1844 llega a Euskal Herria procedente de París, y aquí compone varios **dibujos** para su obra *La España Artística y Monumental. Vistas y Descripción de los sitios y monumentos más notables de España*, en la que llevaba trabajando desde 1837. El tomo tercero de 1850 presenta 18 estampas de Irun, Hondarribia, Azpeitia, Loiola, Tolosa, Bilbo, Iruñea, Erriberri y Tutera, entre las

1844 – Villaamil. *Un aurrescu en Begoña.*

cerca de treinta que apunta en su diario de viaje. Sus cuadros son escenas cotidianas en las que se muestran interesantes aspectos de la vida social del pueblo vasco; por ejemplo, uno de ellos es el ***Aurrescu de Begoña***. Pérez de Villaamil afirma que "las Provincias Vascongadas ofrecen á la contemplación del observador filósofo dos fenómenos simultáneamente, que al parecer debian excluirse el úno al otro, á saber: el de no haberse atrasado en civilización, y el de conservar al mismo tiempo mas puras y fieles que ninguna otra porción del territorio Español las tradiciones de sus mayores. La agricultura en efecto, la arquitectura civil, la educación del pueblo, y cierto refinamiento en los goces de la vida son anteriores en el **país Vasco**. [...] El éxito de la guerra civil ha destruido, ó por lo menos abierto enorme brecha en la moral barrera, que las defendía. Mas tarde ó mas temprano, fuerza les será asimilarse al resto de España en lo cual ganará la unidad política del Estado; y deseamos que ganen en bienestar las Provincias mismas".

1844 – FERNANDO MIRANDA

Ilustrador español. Considerado uno de los dibujantes más importantes de la época, dejó buena muestra de sus cualidades en el *Álbum de las tropas carlistas del norte*. Casi todas las ilustraciones de batallones, caballerías y zapadores vascos son suyas, salvo algunas como la lámina 6 que aquí presentamos, *Guias de Navarra*, realizada por el litógrafo que grabó todas ellas, Leopoldo López de Gonzalo. La leyenda dice: "Constaban de 800 hombres sacados voluntarios de los demas cuerpos hasta 1836. Uniforme: Casaquilla gris con ojaladura amarilla en el pecho; pantalon grans [*sic*], boina encarnada; morral y alpargata. Desde el año 1836 usó el mismo uniforme que el resto del ejército. Armamento: Fusil, bayoneta y canana [cinturón para cartuchos]. El cañon representado en esta lámina era uno muy viejo, desbocado y desfogonado: por esta razon era conocido por el 'abuelo'. A pesar de su estado contribuyó á las glorias de Zumalacárregui pues era el único que poseía el egercito á la toma de las Casernas de los Arcos, Echarri,

Arana, Villafranca de Guipuzcoa y Ochandiano". En verdad, el batallón no era navarro, sino que estaba formado por brigadistas extranjeros y prisioneros a los que se les había dado la oportunidad de alistarse con las tropas carlistas y que, dado su arrojo, fue empleado en las acciones más arriesgadas.

1844 – Miranda. *Guias de Navarra.*

1844 – FRANCES CHENEVIX TRENCH

Pastor anglicano y escritor inglés (1805-1886). En 1844 realiza un viaje por España que publica un año más tarde como parte del segundo tomo del libro *Diary of travels in France and Spain: chiefly in the year 1844*. En los cuatro primeros capítulos pasa por Gipuzkoa y Nafarroa. El escenario alrededor de **Pasaia** le recuerda "un poco a un estrecho lago suizo": "La anciana vivaracha y parlanchina que remaba en nuestro bote con la ayuda de una hermosa jovencita parecía una verdadera reina de las aguas. Mientras embarcábamos y desembarcábamos, una multitud de muchachos y mujeres parecía obedecerla". De **Donostia** comenta que bien merece una visita, a pesar de que "el casco antiguo fue quemado y destruido por el terrible asalto del lugar, tan meritorio al valor de nuestros compatriotas como vergonzoso en cuanto a su conducta tras el éxito". Encuentra a la ciudad engalanada para el Domingo de Ramos: "Las cuatro calles principales de la ciudad, formando un cuadrado, estaban cubiertas de arriba a abajo con cortinas, tapices, colchas y todo tipo de cortinas de colores alegres. Los juncos estaban abundantemente esparcidos a lo largo de la misma área". Camino de **Tolosa** (que presenta con una bellísima imagen de **Richard Bentley**), cuenta, "en cada aldea tenían lugar juegos y bailes rústicos, generalmente realizados en un espacio liso y alargado cerca de la Iglesia, evidentemente preparados y mantenidos en orden para ese propósito. Muchos jugaban a un juego que me recordaba al tenis y que es muy popular en España". También es testigo de algunos bailables al aire libre con una música que a sus oídos sonaba "muy chirriante y monótona". Los movimientos, en cambio, le parecían "simples y graciosos". Comenta que en la posada dormían no menos de cincuenta viajeros: "Sin embargo, teníamos un apartamento excelente, muy limpio y bien amueblado. Para una persona que duerme mal la gran objeción hubiera sido el ruido extremo, el bullicio y la agitación durante toda la noche. Los cocheros debían partir a distintas horas, comenzando a las tres. [...] Las mulas pataleaban, los caballos relinchaban, las campanillas del arnés tintineaban, los hombres vociferaban mientras llevaban cada diligencia a la puerta y uncían a su equipo". Hace una excursión a **Azpeitia** para ver el balneario de aguas minerales cercano (quizá el de Zestoa) y el Monasterio de Loyola, donde hace alusión a su casa natal: "Su forma simple contrastaba de manera curiosa con el tamaño, la grandeza y la magnificencia de todo lo contemplado a su alrededor". Atravesando **Dos Hermanas** "las águilas volaban alrededor de sus escarpadas e inaccesibles cumbres", escribe, y constata entonces el cambio radical del paisaje: "No habíamos recorrido una milla que no hubiera sido verde y variada, rica en sus primeros planos y grandiosa en las distancias. Ahora, sin embargo, no solo se desplegaba un país desnudo a nuestro alrededor, sino que de repente el camino, a lo largo del día bastante irregular y accidentado, se volvió indescriptiblemente malo, peor de lo que jamás me había encontrado en las carreteras de cualquier país". Entonces, cuenta, "afortunadamente" apareció ante sus ojos Pamplona, que los animó por su aspecto "noble y particular": "Su posición provocativa, ya que se eleva desde una llanura sin árboles, las largas líneas y la amplitud de sus muros a la vista, totalmente sin decoración, su color monótono, de un marrón oscuro que se asemeja al tono de la arcilla quemada, los minaretes de sus iglesias y una o dos altas y finas torres que se elevan sobre la ciudad; estas y otras particularidades, que no puedo describir con más detalle, me recordaron poderosamente a las ciudades orientales [...] y daban a Pamplona un carácter grandioso y poético [*a grand and poetical character*]". Su moral religiosa de cura asoma al ver cómo mujeres y niños se entretienen con el juego: "Nunca vi cartas más sucias o desgastadas disponibles para sus perniciosos propósitos". Se fija en un grupo de convictos: "Uno de los presos tenía la mejor figura que recuerdo haber visto nunca. Era una combinación perfecta de fuerza, tamaño, proporción y agilidad. Nada era más pintoresco que su vestido, que no era la indumentaria de un preso, sino el traje de los vascos, incluido el ancho fajín rojo. No pude menos que desear conocer su historia y su crimen".

1844 – Trench. *"Estas y otras particularidades [...] me recordaron poderosamente a las ciudades orientales [...] y daban a Pamplona un carácter grandioso y poético".* Tolosa, dibujo de Richard Bentley.

1844 – LOUISA STUART COSTELLO

Escritora angloirlandesa (1799-1870). Una mujer que dedicó su vida, además de a la confección profesional de manuscritos ilustrados, a escribir relatos de viajes y de la historia de Francia. Uno de ellos es el publicado en 1844, *Bearn and the Pyrenees, a legendary Tour to the country of Henry IV*, cuyo capítulo XIII dedica a Euskal Herria. *The Basque Country*, comenta, en el que la antigua ciudad de *Bayonne* o *Lapurdum* ocupa un lugar principal, se divide "de manera desigual" entre Francia y España; una parte está compuesta por *La Soule, Basse Navarre* y *Labourd*, y se extiende sobre una superficie de "aproximadamente ciento cuarenta leguas cuadradas"; la otra parte comprende *Haute Navarra, Alava, Guipuscoa y Biscay*. Habla de la singularidad de la lengua que no conoce la escritura, pero que genera una literatura oral de gran belleza: "Un hecho singular con respecto a este misterioso dialecto es que no posee libros escritos o impresos de más de dos siglos de antigüedad; y no se ha descubierto ningún alfabeto que le pertenezca; en consecuencia, no tiene literatura; pero ha conservado muchas canciones y romances, algunos de gran delicadeza y belleza; y sus **improvisadores**, de oficio, son tan fructíferos como los italianos [*and its improvisatore, by profession, are as fruitful as the Italians*]". Describe a los vascos de la siguiente manera: "La moderación y la persuasión funciona con ellos, la severidad nada: son de carácter colérico, pero pronto se aplacan; sin embargo, son implacables en su odio y resueltos en su venganza. Listos para complacer, si se sienten halagados; inquietos y activos, trabajadores; habitualmente sobrios y de buena actitud, e intensamente vinculados a su religión y a sus sacerdotes. Rara vez conocen la fatiga, ya que, después de un arduo día de trabajo, apenas se lo piensan para marchar cinco o seis leguas hasta una fiesta, y ser privados de esta diversión sería muy fastidioso para ellos".

1844 – MIGUEL AGUSTÍN PRÍNCIPE

Poeta satírico, dramaturgo y periodista español (1811-1863). Es el autor del ensayo *Guerra de la Independencia*, una narración histórica de la época de la invasión napoleónica. En el capítulo IV comenta que en Gipuzkoa y Nafarroa la **Guerra de la Convención** de 1793 comenzó con un alzamiento de escaramuzas sin consecuencias notables. Pero el conflicto fue en aumento, con incendios por parte de los franceses y terribles represalias de los naturales. El general Caro manifestó entonces a la diputacion de Guipúzcoa el interés que sus representados tenían "en prestar auxilio al ejército, levantándose en masa contra la invasion á que se preparaban los franceses". "La Diputacion de Guipúzcoa se manifestó bastante tibia en el particular, y oponiendo sus privilegios á los deseos del general Caro, encubria con ellos tal vez la complacencia, ó á lo menos la poca repugnancia, con que miraba los triunfos republicanos. Cuando el conde de Aranda decia que el reclamo de la libertad era muy poderoso y de mucha influencia para los pueblos, no parece otra cosa sino que profetizó este incidente y los demas peligros que se nos debian ofrecer en las **provincias exentas**, gobernadas por un sistema harto democrático para que no simpatizasen sus moradores con la Francia moderna, propagadora ardiente de todas las ideas populares", explica Príncipe. Realiza un recorrido por los acontecimientos que se sucedieron en Euskal Herria, como la entrega de San Sebastián, el alzamiento de los vizcaínos o el derribo del monumento de Roncesvalles, una pirámide que honraba la victoria sobre Carlomagno.

ATAQUE DE ELGOIBAR

1844 – Príncipe. Los franceses confiscan todos los bienes en la Guerra de la Convención de 1793 ante la desesperación del pueblo. *"[Estaban] gobernadas por un sistema harto democrático para que no simpatizasen sus moradores con la Francia moderna".*

1845 – FRANCISCO DE PAULA MADRAZO

Taquígrafo y periodista catalán (1817-?). En 1845 publica *Historia militar y politica de **Zumalacárregui***, una crónica sobre la vida del famoso general carlista. En uno de los episodios, le achaca a Vicente Quesada una derrota en Cataluña por no haber previsto la innata aversión que demuestran los navarros a pelear fuera de su país: "Son los **navarros** valientes y serenos en el combate, y una vez agrupados á una bandera, la defienden animosa y resueltamente hasta que la muerte ó el triunfo vienen á poner término á su incansable teson. Pero ese ánimo y esa resolución, esa serenidad y esa constancia quieren solo ostentarla en su propio pais, en defensa de su familia y de su hogar; allí no les duele verter generosamente su sangre, porque cuando esta se derrama sobre el suelo natal, creen ellos que contribuyen é fecundizar y á fortalecer la felicidad y la independencia de sus paisanos". Se deshace en elogios hacia los batallones navarros: "La creación del batallon de guias de Navarra, escitando una justa rivalidad en las demás provincias Vascongadas, impulsó á cada una de ellas á formar su batallón de guias. Pero ninguno pudo colocar tan alto su reputacion como el de Navarra; y si algunos otros, merced á su disciplina y á sus repetidos actos de valor, tuvieron la pretension de irle á los alcances, fueron sin duda el tercer batallon de la misma provincia, llamado del **Requeté**". En la huida de los cristinos por las Améscoas de Tierra Estella, después de haber perdido una batalla, vagando sin dirección, acosados por la sed y el hambre y por los mismos aldeanos que la habitaban, comenta que "hubo paisanos [...] que dejándose arrastrar por los malos instintos, se entregaron á la sombra de los vencedores á todo género de inhumanidades y de excesos. A garrotazos y pedradas, y sin oponer la menor resistencia, fueron muertos muchos de aquellos desgraciados, [...] se les oia vanagloriarse con jactancia de tan inhumanas acciones. [...] Este hecho, á todas luces cruel, es tanto más lamentable y digno de censura, cuanto que hubiera podido empanar el blasón de un pueblo de carácter menos leal y menos generoso que el vascongado. Pero cometido en aquel suelo [...] prueba solo hasta qué punto de ferocidad pudo llevar las pasiones de algunos el encono de una lucha civil que tenía allí su principal asiento". De la determinación con la que Zumalacárregui dirimía sus asuntos de guerra, cumpliendo todo el mundo con sus mandatos con pronta rapidez, dice: "Tan pronto se le veia dar á un confidente dos onzas de oro por el tino con que había sabido desempeñar una comision, como mandar que se diesen á otro cincuenta ó cien palos á su presencia, y medio duro despues de terminado el castigo con la órden sobre la marcha de que fuesen en el acto á cumplir su obligacion". Añade que, para entenderse con toda esa gente, no usaba otro idioma que el "guirigay de su lengua guipuzcoana".

1845 – Fernández de los Ríos. Alaveses y vizcaínos.

1845 – ÁNGEL FERNÁNDEZ DE LOS RÍOS

Periodista, político y escritor español (1821-1880). Diputado a cortes y director de varios periódicos, este autor dejó un legado importante de obras, entre las cuales nos interesa *Itinerario descriptivo, pintoresco y monumental de Madrid á París*. Comienza llamando fanáticos a los vascos, lo que predispone al lector sobre su ideario: "Los habitantes tienen otras singularidades de su sistema foral, de que tan fanáticos son, la de contribuir por capitación á razón de 10 reales mensuales por vecino. [...] Su unión á la monarquía española fue acompañada de grandes exenciones y privilegios. [...] Como si fuera un país unido, pero con sistema especial de administración y sin contribuir apenas para los gastos del gobierno central". Sobre la **guerra,** descalifica al bando carlista con argumentos muy generales y sin ninguna base que los avale: "Al carácter siempre terrible de una lucha intestina, con todos sus excesos, con todas sus tropelías, vejámenes é injusticias, habia que añadir las atrocidades y crueles venganzas que se ejercía por parte de la facción". Al atravesar los valles de **Oñati** y **Bergara** comenta que el viajero "experimenta un sentimiento de envidia al pensar que escasos son los habitantes de las ciudades que gozan de tanta dicha como estos, y cuyas necesidades están tan satisfechas". Describe a **Tolosa** como una villa que bulle de actividad: "Hay en Tolosa fábrica de chapa y utensilios de cobre, de bayonetas y machetes, quincalla, alambres, tenerías, sombreros finos, vidriado, ebanistería, mantas y paños ordinarios, y excelente papel continuo para escribir como para impresiones. [...] La villa produce trigo, maiz, castañas, nueces, lino, avichuelas, habas, toda clase de hortaliza. Alguna fruta, mucha manzana de la cual se hace sidra, y pastos".

1845 – TERENCE MACMAHON HUGHES

Escritor, viajero e hispanista angloirlandés (1812-1849). Residió en España durante siete años, recogiendo sus observaciones en *Revelations of Spain in 1845*. Comenta que las simpatías por Don Carlos iban declinando incluso en la Cámara de los Comunes y que guerrillas facciosas entraban todavía por la frontera con la intención de pescar en aguas revueltas. Sin embargo, mientras los contrabandistas llenaban sus redes, los **carlistas** no pescaban más que piedras. En las Vascongadas, dice, ya no se generan nuevas simpatías populares para con los carlistas, y se procede contra las guerrillas facciosas, junto con los aragoneses, para dispersarlas o acabar con ellas: "*In the Basque provinces, and in Navarre, no popular sympathies could be again enlisted; and the Vascongados, like the Aragonese, rose against the factious guerrillas, and dispersed or slew them in detail*". Dedica el capítulo XII a Salustiano de **Olózaga**, un riojano de Oion, miembro de una familia acomodada de ideología liberal, que llegó a ser preceptor de Isabel II y cónsul de España en Francia. Comenta con socarronería que, como ya parece seguro que los vascos descienden de los tártaros, la Cámara española cree haber atrapado a un tártaro en este vasco. "*I am sure that the Camarilla* *are of opinion that in this Basque they caught a Tartar*". Al año siguiente publicó *An Overland Journey to Lisbon at the Close of 1846; with a picture of the actual state of Spain and Portugal*, descripción de una corta estancia de tres semanas. En la frontera le registraron el equipaje con rigurosa meticulosidad y descubrieron una docena de libros que estaban estrictamente prohibidos por venir encuadernados. Se alojó en el Hotel Lafitte de **Donostia** y pudo comprobar de primera mano los albores de la irrupción de gentes de alto poder adquisitivo para disfrutar de los baños de verano. Se tramitaban en Madrid "no menos de novecientos pasaportes para San Sebastián, con lo que la población estival aumenta en unas dos mil o tres mil almas. Las reinas y su corte acostumbran a venir también durante el verano". Aparte de la caza, la pesca y las excursiones, los visitantes se entretenían asistiendo a danzas y deportes vascos los domingos y fiestas de guardar, añade.

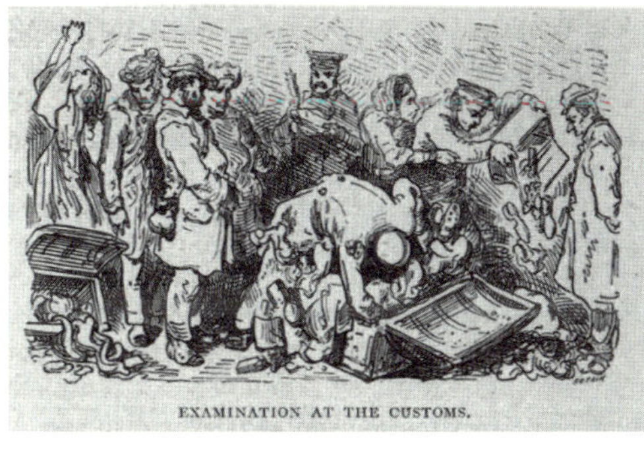

1845 – MacMahon Hughes. Revisión del equipaje según Manning (1870).

1845 – THÉOPHILE GAUTIER

Escritor y fotógrafo francés (1811-1872). En su libro de viajes *Voyage en Espagne* dedica los capítulos II-IV a su paso por tierras vascas. A Gautier se le ha considerado el precursor de la literatura modernista y la verdad es que en esta obra deja buenas pinceladas de su estilo. Comienza en Baiona, "*une ville presque espagnole pour le langage et les mœurs*", y a partir de ahí dice entrar en un país "*extrêmement pittoresque*". En **Donibane Lohizune**, cuenta, las casas tienen "una apariencia sanguinaria y bárbara debido a la extraña costumbre de pintar de rojo anticuado o sangre de buey las persianas, puertas y vigas que sostienen los compartimentos de mampostería". De la famosa ***Isla de los Faisanes***, la que fuera fruto de varias conferencias importantes, comenta, en tono jocoso, "que no es mayor que un lenguado frito de tamaño medio". Se dirige por **Astigarraga** hasta **Oiartzun**, donde le ofrecen como vianda una tremenda ración: "Parte de la composición de un plácido puchero sería un cuarto de vaca, un trozo de cordero, un pollo, unos trozos de salchicha llamada chorizo, rellenos de pimienta, chile y otras especias, rebanadas de tocino y jamón, además de una contundente salsa de tomate y azafrán; esto por la parte animal. La parte vegetal, llamada verdura, varía con las estaciones; pero las coles y los garbanzos sirven de fondo. El garbanzo apenas se conoce en París y no podemos definirlo mejor que diciendo: Es un guisante con la ambición de pretender ser un frijol y que goza de demasiado éxito". Su descripción de las **carretas** de bueyes vascas en su libro nos da una idea de sus habilidades como escritor y de su fino humor: "Un ruido extraño, inexplicable, ronco, espantoso y risible, me preocupaba al oído durante algún tiempo; se dijera que una multitud de gallos desplumados vivos, de niños azotados, de gatos en celo, de sierras afilándose los dientes sobre dura piedra, de calderos rascados, de goznes de cárcel girando sobre la roña y obligados a soltar su prisionero; creía por lo menos que era una princesa ahogada por un nigromante salvaje; no era sino un carro de bueyes que subía por la calle de Irun y cuyas ruedas mayaban horriblemente por falta de sebo, prefiriendo el conductor sin duda poner la grasa en su sopa. Ese carro no tenía seguramente nada que no fuera muy primitivo; las ruedas eran macizas y giraban con el eje, como en los carritos que hacen los niños con corteza de calabaza. Ese ruido se oye desde media legua y no desagrada a los naturales del país".

Le deja totalmente atónito la proeza que supone atravesar el paso de **San Adrián**: "La montaña rusa no es nada comparado con esto y, ante todo, la idea de que un carruaje pudiera atravesarla parece tan ridícula como pretender caminar por el techo boca abajo como una mosca. Este prodigio se llevó a cabo gracias a los seis bueyes que fueron enganchados a la cabeza de las diez mulas. Nunca en mi vida había escuchado semejante alboroto: el alcalde, el zagal, los escopeteros, el postillón y los conductores consiguieron el asalto a gritos, invectivas, latigazos y puyazos; se impulsaban sobre el canto de las ruedas, sostenían el carro por detrás, tiraban de las mulas por el cabestro y de los bueyes por los cuernos con un ardor y una furia increíbles".

1846 - Lambla. Bergara.

1846 – JULIO LAMBLA

Pintor alsaciano. Ejerció su actividad artística sobre todo en España. En el libro editado en Bilbao por Adolfo Péan y Compañía, *Revista pintoresca de las Provincias Bascongadas*, aparecen algunos de sus **dibujos**, como el de la Casa de Juntas de Gernika, el titulado *San Pedro de Deustua* o una preciosa estampa de Bergara con una lavandera en primer plano.

1846 – GRAF VON MOLTKE:

"Aquí, donde la guerra se ha desatado durante tanto tiempo, todo ofrece testimonio del trabajo y la actividad de los habitantes".

1846 – HELMUTH KARL BERNHARD VON MOLTKE

Graf von Moltke, conde y mariscal de campo alemán (1800-1891). Importante figura militar que fue jefe de Estado mayor prusiano durante treinta años. Escribió un libro sobre sus andanzas por Europa en 1846, *Wanderbuch. Handschriftliche Aufzeichnungen aus dem Reisetagebuch*, que publicó en 1879. En el capítulo *Tagebuchblätter aus Spanien* (*Diario de España*) anota, al entrar al País Vasco viniendo de Madrid, un escueto comentario: "En las provincias vascas [*baskische Provinzen*] adquiere la región un carácter totalmente distinto. Aquí, donde la guerra se ha desatado durante tanto tiempo, todo ofrece testimonio del trabajo y la actividad de los habitantes. La vista de los picos nevados de los Pirineos es magnífica. El camino sube y baja constantemente, ahora sigue un río, ahora se fusiona con otro cauce fluvial. Los pueblos están construidos con gracia [*zierlich*] y la zona recuerda a Suiza. Praderas verdes, arroyos tempestuosos y árboles refrescan la vista. Muchos caseríos portan enormes escudos de armas tallados en piedra para mostrar que sus dueños son nobles".

1846 – AMÉDÉE ACHARD

Novelista y dramaturgo francés (1814-1875). Parte hacia España en 1846 para cubrir, para el *Courrier de Paris*, el viaje que el duque de Montpensier realizó con ocasión de su matrimonio. De todo ello deja constancia en su libro *Un mois en Espagne (octobre 1846)*. Relata su entrada al territorio vasco en los capítulos II y III: arriba a **Baiona**, *"une ville de guerre"* sobre la que expiran ese "conjunto de montañas que llaman el Pirineo". Comenta al pasar la frontera que los aduaneros no son jamás de ningún país. Ellos son, simplemente, aduaneros. Asegura que "Dios ha prodigado todo en esta tierra: el esplendor del cielo, la fertilidad de la tierra, la abundancia de agua, el calor y la luz; ¡todas las cosas bellas juntas! A las mujeres les dio gracia, a los hombres les dio fuerza". Sin embargo, lamenta, "tantas revoluciones han traído a las provincias vascas la **guerra** y la devastación, y la mayoría de estos bienes no son más que frutos maduros perdidos en las sombras". Ahora que ha vuelto la paz, dice, "todos los elementos de la **prosperidad** están germinando y pronto se borrarán las huellas de un pasado siniestro. [...] Unos años más y quienes hayan visto el país de Álava, Guipúzcoa y Vizcaya antes de 1840, ya no lo reconocerán". En **Tolosa** recibió a la comitiva del duque, "un coro de hermosos muchachos, ataviados con vestidos blancos con flecos de oro. Una diadema de estrellas brillaba en sus frentes y en sus dedos vibraban las molestas cuerdas de los laúdes [...] Después de la comparsa vino el 'fandango' y el 'sorsico'. Entonces, de repente, un espectáculo de fuegos artificiales iluminó las impetuosas aguas del Oria". Presencia los caseríos donde nacieron *"le héros de l'insurrection basque"*, como el de **Zumalacárregui**: "La vista de estas aldeas ignoradas, de estos caseríos solitarios, donde un día nacieron hombres cuya influencia y mando mantuvieron en jaque a una monarquía, asombra y prende más que el aspecto de las grandes ciudades, siempre animadas y ruidosas". En **Gasteiz** se repite el homenaje de "orgullosa hospitalidad" a los príncipes: "Todo el pueblo bailó el 'fandango', el 'jaleo', el 'bolero' y la 'cachucha' con un entusiasmo prodigioso, siguiendo el movimiento de las castañuelas y los tambores vascos, y alternando uno u otro baile, según el capricho de los músicos".

1846 – GALERÍA MILITAR CONTEMPORÁNEA

Extensa obra en dos tomos, que se compone de una descripción detallada de las campañas del norte y Cataluña durante la primera **Guerra Carlista** y se documenta por medio de diarios de la época y manuscritos inéditos, siendo publicada en Madrid en 1846. Sigue pormenorizadamente, a través de cada uno de los rincones de Euskal Herria, todos los acontecimientos ocurridos durante la guerra civil. El capítulo I comienza así: "Ufanos con el recuerdo de sus glorias pasadas y son el sentimiento de sus fuerzas presentes, los vizcaínos (bajo este nombre comprendemos aquí a los vizcaínos, guipuzcoanos y alaveses) y navarros no se sintieron dispuestos á ceder á las exigencias en materias políticas que llevaban consigo las ideas admitidas por las córtes de Cadiz y del 20 al 23. En estas ideas veian ellos echados por tierra el edificio de su **cuasi nacionalidad**, y á la voz de ¡vivan los fueros! se acaloraban los unos á los otros, y se disponían para defenderlos con las armas en la mano. Estos fueros, que son verdaderas exenciones de ciertos tributos y palpables privilegios en el órden legislativo, ejecutivo y judiciario, estaban y aun estan en el dia encarnados, por decirlo asi, en el corazon de todos los provincianos y navarros". La obra, para referirse al territorio, utiliza términos como *tropas vasco-navarras-alavesas*, *pueblos vasco-navarros*, *territorio vasco* y *ejército vasco-navarro*. Como apéndice incorpora biografías de los oficiales más importantes: Valde-Espina, Uranga, Zumalacárregui, Espoz y Mina, Zaratiegui...

1846 – Galería Militar. Hernani. *Vista tomada por la parte de Tolosa* (litografía realizada por C. Carpenter).

1846 – ADOLF ELLISSEN

Político e historiador de literatura alemán (1815-1872). Este importante político prusiano que llegara a ser presidente de la Cámara de Hannover nos presenta en 1846 una obra, *Versuch einer Polyglotte der europäischen Poesie* (*Ensayo políglota de la poesía europea*), cuyo primer capítulo de doce páginas titula *Die Kantabrer oder Basken* (*Los cántabros o vascos*). Emparenta a los vascos con los iberos (siguiendo a Humboldt 1799) y los considera descendientes de los antiguos cántabros. Dice que se llaman *Basken* o *Bascongados*, pero a sí mismos responden como *Escualdunak* y a su idioma le dicen

Escuara o **Euscara**, y está compuesto por tres dialectos principales y repleto de ricas onomatopeyas, de un doble nominativo (el hoy llamado ergativo) y una intrincada conjugación. Presenta al lector tres textos en euskera: el *Canto de Lelo* recogido por Humboldt, el *Cantar de Beotibar* de Garibay y la poesía *Euscara* que cantó un guipuzcoano en Salamanca a la muerte de Luis I y que recoge Larramendi en 1729.

1846 – JOHANN GOTTLOB VON QUANDT

Mecenas e historiador de arte alemán (1787-1859). Escribió *Beobachtungen und Phantasien über Menschen, Natur und Kunst auf einer Reise durch Spanien*. En estas "observaciones y fantasías" de su viaje a España, después de rodear la península partiendo desde Cataluña, acaba en tierras vascas, anotando de manera fugaz su paso por Gasteiz hasta Irun. Entra por **Pancorbo**, un lugar ideal para caer en manos de bandidos, y después de atravesar de noche el desfiladero durante más de una hora, sin ver una sola alma, la visión de dos carabineros de a pie le reconforta: "La primera vez en mi vida que me alegro de la presencia de la policía". A medio camino de Irun cruza por un pueblo, en el que, "junto a un camino rural, se hallaba una lisa pista de baile y lugar de esparcimiento para niños. Al ser día de fiesta, se habían congregado con sus hijos muchas mujeres bien vestidas. Alrededor de veinte niñas bailaban con gracia y alegría al son de una guitarra, y a cierta distancia los niños practicaban disparos con bulones". Añade que los vascos parecen "más vivos [*lebendiger*], más astutos [*schlauer*], más desenvueltos [*gewandter*] que los españoles y en su fisonomía suele haber un aire que oscila entre la melancolía [*Schwermuth*] y la ira [*Zorn*], mientras el rostro de un español expresa prudencia, alegría y calma".

1846 – FRANCISCO DE PAULA MELLADO

Geógrafo, periodista y escritor andaluz (1818-1876). Ambicioso editor de periódicos y libros que llegó a publicar la primera enciclopedia en español. Sacó a la luz varias guías de España y escribió el libro *Recuerdos de un viaje por España* que realizó en 1846 y que publicó en dos volúmenes entre 1849 y 1851. Aparte de anécdotas insulsas y chascarrillos sin mucho fundamento, los capítulos del I al VI describen con precisión paisajes, monumentos y costumbres de toda la geografía vasca en un diálogo continuo con su compañero Mauricio. Comienza por la ciudad vieja de **Gasteiz** en cuyas calles se encuentra con una niña jugando: "La niña se dejó besar y hacer fiestas con la mayor amabilidad del mundo, mas a las preguntas que Mauricio le dirigia le contestaba siempre en **vascuence**, sin que pudiéramos entenderla mas palabra que 'zenzain', que quiere decir niñera", cuenta. Ante la indiferencia que muestra la niñera, comenta: "Las **mugeres** en este pais están menos acostumbradas que en la corte á ser objeto de atencion. Mas adelante las verás empleadas en las labores del campo y dedicadas á los trabajos mas rudos y penosos. ¿Y los hombres que hacen? Trabajar tambien; aqui nadie huelga". Las mujeres bailan incluso con la *rada* en la cabeza: "No hay gente mas alegre en el mundo que los vascongados, y el zorcico los saca de quicio". Y le entusiasma la pelota: "No creimos nunca que tanta diversion proporcionara, ni tal entusiasmo produjese un partido de pelota".

El camino que de Tolosa conduce a Bilbo, continúa describiendo, "es una obra atrevida del genio vascongado, abierto al través de enormes montañas, cuya cumbre se eleva á veces por encima de las nubes y presenta á cada paso sorprendentes vistas que cautivan la atencion del viagero". Al llegar a **Loiola** les recibe "un ex-lego de la compañia, italiano de nacion", que "reune la circunstancia de haber refundido en su idioma el castellano y el vascuence". "¿Para qué sirven aquellas camisas de niño recien nacido, que hay tendidas en el primer oratorio de la Santa Casa?", le preguntan: "Son camisas para hijos tener". Recorren **Azpeitia**, "que consta de tres calles rectas, con buenos edificios, empedradas y enlosadas con esmero", **Deba**, "un puerto de mar que en la temporada de baños comparte la concurrencia con San Sebastian" donde "la vida es quieta y tranquila; es una vida campestre, sana y agradable", y **Mutriku**, donde "existen dos muelles construidos en distintas épocas, y cerca del puerto una caverna, en la que se entra embarcados, y tiene la particularidad de presentar un capricho de la naturaleza que imita un crucifijo". Comenta que a Vizcaya se le llamaba anteriormente Cantabria y abarcaba también lo que en ese momento designan "con el nombre de Rioja y montañas de Santander". De **Bilbo** dice que "dificilmente puede formarse una idea, por mucho que se diga, de lo delicioso, ameno y pintoresco de las inmediaciones de esta última ciudad".

En el capítulo XLVIII cuenta cómo entra a Navarra por **Viana,** "ciudad poco notable situada en una colina, y dominando una llanura, en la que pastan multitud de ganados lanar y vacuno, y que produce vino en abundancia, aceite, granos, legumbres y otros frutos", pero con una larga historia tras de sí. Advierte, entonces, las desigualdades que evidencia en Navarra: "Las costumbres son en general morigeradas y buenas, mas se advierte notable diferencia entre el carácter y usos de los habitantes de la ribera y los de la montaña, pues aquellos muy semejantes á sus vecinos de las provincias inmediatas, tienen modales toscos, y son algun tanto dados al uso de licores espirituosos y al esceso en la comida, y los de la montaña son mas frugales, dulces y amables, y participan de la civilidad francesa". Después de anotar reseñas geográficas e históricas de la antigua Vasconia, llega a **Lizarra**, que también llama Lizarra, y cuenta que está "en un ameno valle cubierto de árboles de todas clases, viñedos, y circundado de peñascos y le prestan la mas bella vista". Para terminar, al salir de Navarra por Fitero, transcribe una copla: "Harto era Castilla pequeño rincon/ Cuando Amaya era cabeza y Fitero mojon".

1846 – HEINRICH BERGHAUS

Cartógrafo alemán (1797-1884). En 1846 publica un mapa de título *Übersicht von Europa mit ethnograph. Begränzung der einzelnen Statten* (*Visión de Europa con fronteras etnográficas…*), en el que destaca la región vasca bajo el apelativo de *Vasken*. En 1847 publica otros dos que nos atañen: el **mapa etnográfico** de Europa (*Ethnographische Karte von Europa*), en el que el pueblo vasco destaca con el nombre de *Basken*, y el *Sprachkarte von Frankreich* (*Mapa de idiomas de Francia*), donde apunta: "*Basken, Vasken, Euscaldunac, mit drei Mundarte* [con tres dialectos]*: 1. Labortanisch. 2. Guipuzcoanisch. 3. Vizcayisch*".

1846 – Berghaus. *Mapa etnográfico de Europa (1847).*

1846 – ALEXANDRE DUMAS

Novelista y dramaturgo francés (1802-1870). Ilustre y prolífico escritor que compuso algunas de las obras más célebres de la literatura universal, como *El Conde de Montecristo* y *Los tres Mosqueteros*. Cruzó Euskal Herria con motivo del viaje que realizó a Madrid para asistir a la boda de su amigo el duque de Montpensier con la infanta Luisa Fernando, hermana de Isabel II. De la travesía que completó con dos amigos y su hijo (el autor de *La dama de las camelias*) en octubre de 1846 se editó un libro de nombre *Impressions de voyage. De Paris à Cádix*, cuyo tercer capítulo retrata algunas pinceladas de su paso por nuestro territorio. Nada más salir de **Baiona** percibe ya una primera impresión del cambio que se produce a su alrededor. Ve que son franceses por poder disfrutar de los derechos civiles, pero "en lo referente a la lengua y a su indumentaria", asegura, "ya no se les puede considerar como tales. En este aspecto no hay nadie más alejado de un alsaciano que un vasco o incluso un gascón". Consigue pasar por la frontera, con el temor a que se las confiscaran, seis cajas que contenían rifles, pistolas y cuchillos de caza. Dumas, que había sido cocinero, se aplica en **Tolosa** a la búsqueda de algún lugar donde poder desayunar y relata una pequeña anécdota, en donde la primera impresión de desconfianza se torna en satisfacción. Entran a un café donde se encuentran dos personas, "*un homme fumait, une femme se chauffait a un brazero*", pero ninguno de los dos hace ademán de moverse. Su guía se les acerca "como un vecino que vendría a visitarlos" y comienza una conversación: "Le preguntó al hombre noticias sobre su salud, le preguntó a la mujer si tenía hijos y reavivó su cigarro en el cigarro del fumador. Luego, habiendo alcanzado el grado de familiaridad que creía necesario, se atrevió a preguntar: ¿Podríamos, por casualidad, tomar un chocolate?". "Lo más grande que se pueda", interfiere Dumas. "Las tazas son tazas", le contesta el hostelero de manera lacónica. "Cinco minutos después, el muchacho entró con cinco dedales llenos de un espeso licor negruzco parecido a alguna bebida preparada por una bruja de Tesalia. La misma bandeja contenía cinco vasos de agua y una canasta llena de objetos que desconocíamos; eran una especie de panecillos blancos y rosas, de forma alargada, y que se parecían a esos utensilios que uno pone en la jaula de jilgueros para afilar su pico". "*Le chocolat était excellent*", concluye. En **Gasteiz** la cena se compone "*d'une soupe au safran, d'un puchero et d'un plat de garbanzos*", "una de las más maravillosas sopas que jamás haya tomado", dice Dumas. Sin embargo, el puchero, opina, es una macedonia de cosas buenas cada una (vaca, cordero, pollo, tocino, jamón, tomate, *choriso*), pero desafortunadamente mezcladas. Los garbanzos, del grosor de una bala de calibre, al que su estómago no logró acostumbrarse.

1847 – AUGUST MOMMSEN

Filólogo y profesor alemán (1821-1913). En la revista *Zeitschrift für die Wissenschaft der Sprache* publicó en el año 1847 el artículo de siete páginas *Über anlautendes f im Baskischen* (*Sobre la f sonora en vasco*). Comenta que en el **euskera** se hace un uso muy limitado del sonido *f*, y si lo hay es por influencia de los idiomas vecinos (*faborea*). Para evitarla, añade, dependiendo de los dialectos, echan mano de otros sonidos más suaves o más fuertes (*h*, *b*...): *fuertea/bortitza, haruna/farina, facegatzea/pacegatzea, farra/barrea.*

1847 – RUDOLF KEYSER

Arqueólogo e historiador noruego (1803-1864). Autor de importantes trabajos sobre el origen de los pueblos noruegos (como *Om Nordmaendenes Herkomst og Folkeslaegtskab*), Keyser también se interesó sobre el tema vasco. En una carta dirigida al antropólogo sueco Anders Retzius el 21 de abril de 1847, aquel comenta: "Durante largo tiempo he considerado a los vascos como descendientes de los **iberos** y pertenecientes al gran género de raza que yo llamo 'turánica', es decir, el mismo género que la familia chud o escítica en un sentido más amplio. Esto ya lo mencioné en mi tratado sobre el origen y el parentesco de los hombres del norte, basado en las explicaciones sobre el idioma vasco que se dan en el Mithridates de Adelung [1809], y en las declaraciones de Rask [1818] sobre lo mismo en su estudio del origen del antiguo idioma nórdico (pág. 93, etc.). Pero ninguno de estos autores declara expresamente que la **lengua vasca** pertenezca a la misma clase que la finlandesa, lapona, etc., pero ello parece derivarse directamente de su descripción de las particularidades de la morfología de la lengua. Rask dice que el vasco no pertenece a la misma clase que las lenguas celtas, sino que se acerca en su morfología más bien al groenlandés; en otras palabras, la clasifica en una amplia gama de lenguas que, debido a sus peculiaridades gramaticales, se han dado en llamar polisintéticas, y a la que pertenecen, indiscutiblemente, todas las lenguas chuds. Que los vascos sean descendientes de los antiguos íberos, los primitivos habitantes de España o, al menos, los habitantes más antiguos históricamente conocidos, es algo que está fundamentado por numerosos datos históricos. Pero los íberos no se circunscribieron en exclusiva a la península pirenaica. Constituyeron, con toda probabilidad, la población indígena tanto de Italia como de la Galia y, tal vez, de otros varios países, y no es ninguna suposición ligera pensar que fueron los iberos los que formaron la población que utilizó la piedra (¡*sit venia verbo*!), aunque hubiera sido en tiempos lejanos, mientras fueron, por así decirlo, dueños del país, habiendo ascendido al estatus de una cultura superior. En casi todos los lugares donde se sabe que vivieron los iberos, los datos históricos inequívocos demuestran que fueron invadidos por hordas celtas que utilizaron el cobre, y exterminados o fusionados con ellos. [...] Es muy probable que los íberos también formaran parte de la población indígena de Irlanda y de varias partes del Imperio Británico, y que hubiera sido el pueblo que allí utilizó la piedra y de quienes se pueden encontrar restos".

1847 – Guendias: *"Los vascos no reconocen a España como su madre patria, ni al pueblo español como su pariente consaguineo".* Bilbao, mujeres descargando mercancía.

1847 – EMMANUEL V. GUENDIAS

Autor de habla germana que en 1847 publica el libro de viajes *Spanien und die Spanier*. El capítulo I, de 40 páginas, lo dedica a *Cantabrien*, que antes estuvo formada por los tres *Baskenländer* (países vascos), Navarra y la provincia de Santander. Nada más cruzar la frontera nos vaticina el encuentro que más tarde va a tener con una sorprendente colonia independiente de mozas (*freie Mädchencolonie*, seguramente habría leído a Aulnoy 1679), un lugar que opera en Hondarribia, donde se hace realidad la **emancipación de la mujer** (*Frauenemancipation*). Desvela después que la colonia no es otra que el grupo de barqueras del Bidasoa: "Sus adiestradas y bravas manos son, sencillamente, delicadas, finas y transparentes manos angelicales que despertarían la envidia de cualquier dama en Europa", expresa. Estas seductoras sirenas (*verführerische Syrenen*) invitan al viajero a hacer el paso del Bidasoa por mar, más que por tierra. Le explican que las leyes que allí rigen son estrictas y en cuanto una de las mozas se casa, debe dejar su puesto en tres días. Y lo más inhumano de todo: un hombre no puede, en ningún caso, demorarse más de una hora en aquel pequeño país de mujeres. En el puerto de Bilbao se encuentra con una imagen parecida, pero no tan elegante. Aquí no se andan con melindres ("*an übertriebener Sprödigkeit scheinen sie nicht zu leiden*"): las mujeres estibadoras que ayudan a descargar las mercancías de los barcos, no solo muestran sus desnudas piernas, sino que levantan su delantal para no mojarlo, y a veces bastante más de lo que debieran. Por lo que Guendias ve, las mujeres en el País Vasco están tan presentes que incluso ayudan en el contrabando. También prueba la ***Sagardua***, que le parece diez veces mejor que la de Normandía y cien veces mejor que el *Apfelwein* de su tierra, y admira la plaza de **Tolosa**, punto de encuentro para los aldeanos que se reúnen a jugar a pelota, donde no solo se pierde dinero, sino a veces también un ojo, por la violencia con la que se lanza la pelota, parecida a la de una bala de pistola. Habla también de la situación política, de la lucha por la independencia vasca que tuvo lugar durante la **Guerra Carlista**: "¿Sorprende que los vascos, acostumbrados a semejantes libertades, no quieran saber nada de los nuevos superiores y de la constitución española de despacho que les conllevaría centralización, sujeción burocrática y contribución a quintas?". "Se podría decir que el alcalde es el jeque y el cura el papa de su pueblo". "Se puede considerar la guerra vasca como una lucha por su propia independencia. [...] No hay que olvidar que los vascos no reconocen a España como su madre patria, ni al pueblo español como su pariente consanguíneo. Al igual que ocurrió con los romanos y los godos, así mismo se posicionaron ante los españoles como compatriotas o vasallos". Es también el responsable de la publicación, junto con V. de Féréal, de la obra del año 1848 *L'Espagne pittoresque, artistique et monumentale: moeurs, usages et costumes*, una traducción del libro *Recuerdos de un viaje por España* de Paula Mellado (1846).

1847 – CESARE CANTÚ

Historiador, político y escritor italiano (1804-1895). A pesar de la fama que le dieron algunas de sus novelas, el nombre de Cantú está asociado, sobre todo, a su magna *Storia universale*, una obra de 35 volúmenes, en cuyo apéndice final (*Famiglie delle lingue*) del primer tomo de la edición de 1847, afirma de la lengua vasca que antiguamente fue hablada "en la mayor parte de España, en el sur de la Galia, y ahora solo por los euskaldunes, es decir, por los vascongados o vascos [*Unica è l'Escuara o Basca, parlata anticamente in gran parte della Spagna, al sud della Gallia, e ora dai soli Escualdunac, ossieno Bascongados o Baschi*]". Apenas aporta unas nociones básicas sobre la lengua, y señala además el carácter pobre de su literatura, cuya canción *Lelo i Lelo*, afirma, es la más antigua. En el capítulo sobre los primeros habitantes de Italia menciona, asimismo, la correspondencia entre algunos de los nombres de la geografía italiana e hispánica: "Sin poder averiguar la época y la procedencia de otros países, encontramos en el vasco la etimología y los homónimos con los nuestros". Cita entonces topónimos del ámbito italiano como *Iria*, *Uria*, *Urce*, *Biturgia*, etc., y remite a Humboldt, quien confirmaba la presencia de los iberos en Italia.

1847 – JEAN LOUIS ARMAND DE QUATREFAGES DE BREAU

Zoólogo y antropólogo francés (1810-1892). Durante el invierno de 1847-48 se alojó en **Donostia** dejando constancia de su estancia en sendos artículos publicados en la *Revue des Deux Mondes* en enero y marzo de 1850 bajo el título de *Souvenirs d'un naturiste: La Baie de Biscaye*. Arremete durante varias páginas contra el ejército anglo-portugués que quemó Donostia: "El incendio y el saqueo de San Sebastián dejó más de 1.500 familias sin techo, sin pan, prácticamente sin ropa. Cuatro meses después, un tercio de esta población habría muerto de miseria y hambre". La ciudad publica un manifiesto para denunciarlo ante Europa: "Las aserciones vagas y contradictorias del general inglés respaldan los términos del manifiesto. [...] ¿Qué razón pudo motivar, de su parte, un comportamiento tan extraño como odioso? [...] Siempre fue esta política implacable la que encontramos en el fondo de todos los actos de Inglaterra, y que les haría quemar la mitad del mundo solo para poder vender algodón a la mitad restante". En sus escritos antropológicos sobre los vascos hace un repaso bastante preciso de las teorías sobre su origen. Echa en cara a los historiadores vascos –relata la **leyenda de Aitor** que Agustín Chaho inventó– el atenerse a impresiones que son difíciles de aceptar y pretender haber abarcado la raza vasca todo el ámbito mediterráneo, aunque es verdad que les concede bastante espacio: "Como vemos, hasta el día de hoy los historiadores vascos han escrito bajo el influjo de preocupaciones que apenas permiten que sus ideas sean aceptadas. [...] La combinación de los datos que aporta este estudio, con algunos pasajes de historiadores griegos y romanos, nos lleva a admitir que la raza vasca tuvo en su día una extensión mucho mayor que la actual. Es probable que ocupase gran parte de Italia, las costas orientales de la Galia, la España entera, y que compartiera las islas del Mediterráneo con los libios [*Il est probable qu'elle occupait une grande portion de l'Italie, les côtes orientales de la Gaule, l'Espagne tout entière, et qu'elle se partageait les îles de la Méditerranée avec les Libyens*]".

1847 – LOUIS LUCIEN BONAPARTE

Filólogo y político francés (1813-1891). Bonaparte era sobrino de Napoleón I y primo de

Napoleón III, que le otorgó el título de príncipe. La pensión a la que tuvo acceso durante toda su vida le permitió dedicarse con holgura a su gran pasión, las lenguas, siendo uno de los primeros que profundizó en el estudio de la lingüística comparada. Pronto se empezó a interesar por el **euskera**, ya que en su primera publicación de 1847 tomó este idioma como referencia (vinculaba al euskera con la **lengua finesa** que había estudiado con profundidad). Era tal su dominio del idioma que, para cuando realizó su primer viaje a Euskal Herria en el verano de 1856, pudo dirigirse al público en euskera en las fiestas vascas de **Urruña**. Llegó a disponer de una ingente red de colaboradores que acabaron también contagiados de su entusiasmo y que le traducían textos y catecismos a distintos dialectos. Realizó además trabajos de campo para cotejar toda la información. Sus dos publicaciones más importantes fueron *Cartes des Sept Provinces Basques montrant la délimitation actuelle de l'Euscara et sa division en dialectes, sous-dialectes et variétés*" (1866) y *Le verbe basque en tableaux* (1869). Las exigencias que manejaba para poder incluir a una región en la zona vascófona eran muy rigurosas, tal y como lo cuenta Francisco Ondarra: "Extrañará a los no iniciados, y hasta les sonará a cuentos de hadas, el que se diga que hace un siglo había vascoparlantes o euskaldunak autóctonos y no advenedizos en esos lugares, sobre todo en **Puente la Reina**. Pero no hay duda ni error, si se tienen en cuenta las medidas que tomaba el Príncipe para estar bien enterado y los baremos que utilizaba para calificar la supervivencia de la lengua vernácula en determinado lugar. No se contentaba con que hubiera gente que supiese la lengua, debía además hablar en ella con sus vecinos. En carta a Echenique escrita entre los meses de mayo y agosto de 1862, afirma, refiriéndose a varios lugares de Alava, que desde el momento en que esas personas no usan el euskara más que con los campesinos que residen fuera de los lugares en cuestión, y no en estos, no les cuadra el nombre de vascos ni siquiera en minoría". En una de las muchas polémicas que sostuvo con Vinson (1866), Bonaparte le reprocha el odio que siente hacia el euskera y el pueblo vasco, que para Vinson era de un nivel cultural bastante bajo. Le responde que a toda persona le desea la inteligencia, la honradez y la lealtad que se encuentra en esta noble raza: "*Quant à nous, qui n'avons l'honneur d'être basque que par le coeur, nous souhaitons à tout individu de n'importe quel pays, sans excepter M. Vinson, l'intelligence, l'honnêteté, la bravoure, et surtout la loyalité qui se trouvent chez l'immense majorité des membres de cette noble race*". Suena, la verdad, como un gran anacronismo que en aquella época alguien le hubiera dedicado tanto tiempo y tanto dinero a nuestro idioma. Su obsesión llegó hasta tal extremo que los médicos se lo echaron en cara cuando enfermó hacia 1872. Después de enviudar acabó casado con una vasca, la cuñada del poeta Claudio Otaegui. En 1906 las diputaciones de Nafarroa, Bizkaia y Gipuzkoa compraron en una librería de Londres, por medio de Resurreción María de Azkue, un conjunto de 69 manuscritos para poder preservar su legado.

1847 – ROCHAU:

"Vitoria no tiene el aspecto de una ciudad española".

1847 – AUGUST LUDWIG VON ROCHAU

Publicista y político alemán (1810-1873). Fue hecho prisionero en el levantamiento de 1833 y condenado a cadena perpetua. Consiguió huir con ayuda de unos amigos y emigrar a Francia donde trabajó de corresponsal. Escribió *Reiseleben in Südfrankreich und Spanien* (*Relación de viaje por el sur de Francia y España*), donde narra en 70 páginas sus andanzas desde Gasteiz hasta Pasaia. Hace una excelente descripción de los paisajes vascos en la coyuntura social e histórica del momento, demostrando una curiosidad por el romanticismo que desprende el pueblo vasco, al que ya sentía espiritualmente unido: "*So sehe ich mich denn endlich in den romantischen Baskenlande, das ich so oft im Geiste durchwandert habe, in diesem Lande der wilden naturs-*

chönheiten und des gesetzlichen Menschenfleisses". En **Gasteiz** dice poner la oreja para poder escuchar el viejo idioma del pueblo, "*die alte Landessprache*"; pero el intento resulta inútil. Le comentan que el idioma ya hace tiempo que ha desaparecido incluso de toda Araba, excepto de las zonas colindantes de Bizkaia y Gipuzkoa. En Iruñea, le sorprende que se puedan gastar tanto dinero en las corridas de toros. Asiste a una en la que también se encuentra toda la corte madrileña y en donde se torean **toros** navarros, que confirma como los mejores de España: "*Die navarresischen Stiere gelten für die besten in ganz Spanien, und ich kann ihnen das Zeugnis geben, dass sie wenigsten die tapfersten sind, die ich gesehen habe*". También ve una **tuna**, algo que hasta ahora le había pasado desapercibido. En **Tolosa** se queda prendado de la grandeza de la ciudad y de la naturaleza que le circunda. Allí, comenta, sí que se escucha mucho euskera y lo hablan hasta los hombres de letras: "*Selbst diejenigen Einwohner der Stadt, welche durch ihre Bildung und ihre Verhältnisse einem grössern als den provinziellen Lebenskreis angehören, sind der Volkssprache mächtig*". Cuanto más penetra hacia el corazón del País Vasco más mendigos ve, debido a la desolación sufrida por la guerra. No le gusta dar limosna a los niños, pero hace una excepción con uno que le grita "*¡Un Tschampon!*", y se lo concede a modo de honorario, dice, por su primera clase de euskera. Del emplazamiento de la bahía donostiarra dice que si estuviera en el Mar del Norte sería el balneario más importante de Europa. Allí se une a una romería que parte hacia **Lezo**, a pie y en barco, donde se celebra algún tipo de fiesta nacional que une a gente de ambos lados del Pirineo. Describe la romería con mucho detalle y se sorprende que en plena postguerra sean capaces de celebrar semejantes fiestas. Al ir a montar en una de las barcas, la barquera le empuja para montarle en otra y así cobrarle por separado el triple del billete, algo que no se toma a mal, dejándose embaucar por la ladrona: "*So liess ich mich denn lachend von der Räuberin entführen*". Entre los espectáculos que presencia en Lezo están la **pelota** y el baile favorito de los vascos, el ***Zorcico***. Ya que no sabe cómo describirlo lo compara con el *Cancan*, y verlo allí bailado le produce cierto desasosiego: "*Der Cancan in den jungfräulichen Gebirgen des züchtigen Baskenlandes! Ich werde mich lange nicht darüber beruhigen*". A pesar de la imagen idealizada que el libro destila de los vascos ("*wer mir nicht auf's Wort glauben will, der komme her mit eignen Augen zu sehen*"), no encuentra una explicación para el empeño que muestran estos en seguir pagando el diezmo a la **Iglesia**, pese a que este ya hubiera sido abolido. Mientras en otras partes de España el volumen de vocaciones va descendiendo, aquí mantiene todo su vigor, e incluso crece. De **Pasaia** cuenta una anécdota que escuchó de los paisanos, en la que se narra cómo el general Evans salió a dar un paseo y acabó topándose con el frente carlista. El soldado de guardia le dio el alto y le ordenó que retrocediera o le pegaba un tiro ("*Zurück oder ich schiesse!*"). El general levantó su sombrero y se retiró. Al cabo de media hora, un corneta inglés se acercó al puesto para mostrar al soldado su agradecimiento.

1847 – BORDAS I MUNT:

"[Las provincias vascongadas] en su levantamiento no hicieron una guerra de opinion, sino de intereses; no una guerra civil, sino una guerra de independencia".

1847 – LLUÍS BORDAS I MUNT

Historiador y escritor catalán (1798-1875). En su obra *Hechos históricos y memorables acaecidos en España: desde la última enfermedad de Fernando VII hasta la conclusión de la Guerra de los Siete Años*, Bordas aduce que son exclusivamente los fueros la razón del levantamiento de las provincias vascongadas y Navarra en la **Guerra Carlista**. Desde su visión crítica de la insurrección, en el capítulo 5 sostiene que las provincias bien comprendieron "que los liberales tendian á restablecer un sistema de igualdad en toda España, y entonces se mostraron mas decididos á defender á D. Carlos, que no dudaban mantedria todos sus fueros y privilegios, como los habian heredado de sus antepasados". En el capítulo 14 asegura que las provincias "no pueden sufrir un régimen que los iguale con los demas españoles ó una uniformidad de leyes que los una con las restantes provincias de España. Así que en su levantamiento no hicieron una guerra de opinion, sino de intereses; no una guerra civil, sino una **guerra de independencia**".

1848 – M. MANES

Publica en 1848 un pequeño análisis geológico, mineralógico e industrial del suelo del País Vasco, *Quelques aperçus sur les Provinces Basques du Royaume d'Espagne*. Comenta que "las tierras cultivadas de Guipúzcoa y Vizcaya no solamente ocupan los valles y laderas, sino también las partes bajas de las montañas: son tierras fuertes, que se trabajan a la mano y que se voltean a gran profundidad por medio de un instrumento de dos puntas denominado '**Laya**'. Producen generalmente algo de trigo, pero mucho maíz, legumbres de todo tipo y una cantidad de pimientos que alcanzan un tamaño extraordinario y son el principal alimento de los campesinos. Al borde del mar y en torno a Bilbao se plantan vides que producen los racimos con los que se hace el vino que llaman 'Chacoli', de gusto delicioso. Los vergeles ofrecen frutos de todas las especies, principalmente de castañas que son abundantes y constituyen un objeto de exportación y de las manzanas con la que se hace una buena y densa sidra que se bebe por todo el país". Sobre los habitantes de estas tierras, dice que son "de un carácter franco y alegre, son vigorosos, valientes e industriosos, afables y hospitalarios hacia el extranjero". "En su trayecto hacia Bilbao, Manes puede apreciar el reguero de ruinas que la **Guerra Carlista** ha dejado en el camino. Resarcir de todo esto "solo habría sido posible si el pretendiente hubiera podido disponer de considerables sumas de dinero para asegurar un pago justo a los campesinos que guardan en su corazón el recuerdo de las traiciones de las que fueron víctimas y que recuerdan las privaciones de todo tipo que tuvieron que sufrir".

SAN SEBASTIAN Y BIARRITZ.

II.

BAYONA, AGOSTO DE 1850.

Dije á vd. en mi carta anterior, que las dos cosas notables de Biarritz, son el Faro y la Cueva de Amor; hoy puedo añadir que lo mas notable de todo es la bajada de los vascongados, que como una nube, se precipitan de lo alto de las montañas á la llanura. Es imposible formar idea, no viéndola, de esta escena pintoresca. Figúrese vd. una inmensidad de personas de ambos sexos, vestidas casi uniformemente con limpieza y esmero al uso del pais, descendiendo á un tiempo por entre las cortaduras de las rocas, y calcule qué variedad de grupos y qué infinidad de combinaciones no ofrecerán á la vista del observador. Esto se verifica un domingo hácia fines de agosto, y la poblacion de Bayona se traslada en masa á Biarritz para presenciarlo. Por el camino de la montaña, como los senderos son estrechos, los viageros andan despacio aunque sin pararse nunca; pero en bajando á la llanura se ponen á bailar, pues ya sabe vd. que los vascongados bailan siempre, y bailan por todo y en todas partes, desde niños en los brazos de la nodriza, hasta que se mueren. En todos los ángulos de Biarritz resuena el ruido de los instrumentos, los cantares y la griteria, produciendo un ruido espantoso. El objeto de la espedicion es bañarse en el mar, en un sitio señalado hace ya muchos años para este objeto, y por

25 de Agosto de 1850. TOMO VIII. 22

1849 – Anónimo: *"Los vascongados bailan siempre, y bailan por todo y en todas partes, desde niños en los brazos de la nodriza, hasta que se mueren".*

1849 – ANÓNIMO ESPAÑOL

La revista *Museo de las Familias. Lecturas agradables e instructivas* es una publicación ilustrada de ampuloso título que recoge relatos históricos, religiosos, geográficos y morales de lo más variopintos. En el tomo VIII del año 1849/1850 se firma, en dos capítulos separados, un artículo escrito por un madrileño anónimo, *Estudios de Viages, San Sebastián y Biarritz*, con algunas hermosas ilustraciones. El autor comenta, sobre las **posadas**, que "desde Burgos para acá se encuentra mejor servicio, [...] pero muy distante todavia de lo que debía ser y es en otros paises". Contempla a Biarritz y Donostia como émulos irreconciliables, "pero de esta emulacion de buen género fecunda en mejoras progresivas". Describe a **Biarritz** como “una población muy pintoresca, con magníficas fondas, con elegantes cafés y pastelerías y con casas para hospedaje, cómodas, lujosas y aseadas, [...] pero su playa es pequeña y hasta peligrosa”. Destaca el faro, “una linterna del sistema de Fresnel”, y la Cueva de Amor, de la que cuenta la leyenda de Lorenzo y Sara. Cuenta que **Donostia**, “posee una playa o concha hermosísima, grande, segura y resguardada. [...] Sus contras consisten en hallarse la playa muy distante de la ciudad”. Las casetas y el servicio de los bañeros se han mejorado en los últimos años, dice, “pero distan bastante aun de las de Biarritz”. “En San Sebastián no se conocen los jardines, ni aun los patios. [...] Una población de más de seis mil almas, aglomerada en un espacio poco mas o menos igual al que ocupa la plaza mayor de Madrid”. La rivalidad se plasma también en que en Donostia “supera la naturaleza al arte y que en la de Francia el arte suple á la naturaleza”. La estancia no deja de ser al final suficientemente fastidiosa e incómoda, ya que “ni uno solo de los emigrados de verano hay ejemplo de que haya emprendido con pena el viage de retorno á la córte”.

Describe la bajada a Biarritz de los vascongados desde las montañas para bailar en los días de fiesta, que retrata en una bonita ilustración que abre la entrada al segundo capítulo: “Los vascongados bailan siempre, y bailan por todo y en todas partes, desde niños en los brazos de la nodriza, hasta que se mueren”. En contraste con la ciudad de **Baiona**, le fascina la campiña vascofrancesa: “Su aspecto es triste en lo general, [...] pero en cambio sus cercanías son un verdadero paraíso”. “He hecho varias incursiones á los pueblos y caseríos comarcanos, y cada vez admiro mas la laboriosidad, el aseo, y el carácter de estos campesinos. Los vascongados de las inmediaciones de Bayona difieren muy poco de los de las provincias contiguas de España, asi en trage, como en costumbres y hasta en lenguaje”. Cuenta la anécdota de un joven español que se acababa de instalar en Baiona y que se anima a dar un paseo en las ***artolas***, “una especie de sillas de madera que se colocan en el lomo de una caballería como las aguaderas, y sirven para dos personas”. Le echó cuatro flores a la joven conductora, siendo este rechazada por ella. Al insistir, “la joven, para acabar de una vez, pegó un salto de la artola al suelo, [...] á Emilio le faltó de pronto el contrapeso, cayó en tierra y se rompió la cabeza, que aun lleva vendada”. Este carácter femenino le produce cierto desconcierto: “A los que no hemos visto más mundo que nuestra villa heroica, nos sorprende el uso que se hace de las **mujeres**, lo mismo en Francia que en nuestras provincias del Norte. Aquí van al campo como los hombres, guían las carretas, son vendedoras en las plazuelas ó mercados en el mostrador, y hasta hacen de peones conduciendo espuertas de tierra y piedras en las obras de los caminos; y jamás las ve vd. ociosas”.

1849 – JOHN ESAIAS WARREN

Diplomático norteamericano. El viaje que titula *Notes of an Attaché in Spain in 1850* lo inicia desde Baiona en octubre de 1849: “La transición entre Francia y España era repentina y llamativa. [...] Tan pronto como pasamos el pequeño arroyo, [...] sentimos que ya estábamos en España y el sentimiento estaba, ciertamente, muy lejos de ser desagradable”, cuenta. Llega a **Irun**, “de presencia más bien pintoresca, cuyo paisaje circundante tiene un aspecto vigoroso e impresionante”. La carretera hacia **Donostia**, explica, “continúa excelente y bordeada de árboles ornamentales. [...] El aspecto general del país era el de naturaleza y soledad extrema”. En ningún momento menciona al País Vasco. A pesar de la belleza del escenario, se alegra de partir de Donostia, pues su experiencia es insatisfactoria, por culpa de una comida lamentable. El viaje en la diligencia lo realizan de noche, parando a cenar en Tolosa. Las calles de **Gasteiz** “presentan un aspecto alegre y animado, mientras sus alamedas y paseos públicos están bien dispuestos y provistos de esculturas y fuentes”, afirma.

1849 – ENGELS:

“Estas escorias de pueblos [...] persisten, hasta su completa extinción o desnacionalización, en portadores fanáticos de la contrarrevolución”.

1849 – FRIEDRICH ENGELS

Filósofo y comunista revolucionario alemán (1820-1895). En un artículo de título *Der magyarische Kampf* (*La lucha magiar*) publicado en el periódico *Neue Rheinische Zeitung* el 13 de enero de 1849, el que fuera, junto a Marx, pilar fundamental de la teoría marxista y coautor del célebre *Manifiesto comunista*, arremete contra todas las **minorías** europeas que marchan contra corriente de la revolución, incluidos los vascos, que para entonces ya se habían encontrado envueltos en la Primera Guerra Carlista: “No hay país en Europa que no disponga en alguno de sus rincones de uno o varios despojos de pueblos [*Völkerruinen*], residuos [*Überbleibsel*] de antiguas poblaciones, arrinconadas y sometidas [*unterjocht*] por la nación que con posterioridad se convierte en portadora del desarrollo histórico. Estos restos de **naciones**, como dice Hegel, machacadas sin piedad por la marcha de la historia, estas escorias de pueblos [*Völkerabfälle*], se convierten constantemente y persisten, hasta su completa extinción o desnacionalización, en portadores fanáticos de la contrarrevolución, así como toda su existencia es una protesta contra la gran revolución histórica. Ocurre en Escocia con los gaélicos, sostén de los Estuardo desde 1640 a 1745. En Francia con los bretones, sostén de los Borbones desde 1792 hasta 1800. En España con los vascos, sostén de Don Carlos [*So in Spanien die Basken, die Stützen des Don Carlos*]”.

1849 – WALLIS:

“El reino de España contiene más de elementos federales que ninguna otra nación que yo conozca en Europa”.

1849 – SEVERN TEACKLE WALLIS

Abogado y político estadounidense (1816-1894). En 1853 publica su relato de viaje *Spain: her institutions, politics, and public men. A sketch*. Cuando comienza el viaje, en Baiona, en diciembre de 1849, no solo le preocupan las previsiones climáticas, sino las perspectivas que genera la inseguridad de la zona tras la guerra: “Las habladurías de los clientes del hotel de Bayona eran terribles, con relatos de robos a lo largo de la carretera a la capital madrileña”. La crónica de su correría por el territorio vasco la describe al final del libro, en el capítulo XXIX, a la salida de España. Llega a **Bergara**, “una pequeña hermosa ciudad en un desfiladero sombrío y romántico, demasiado bonito para haber sido testigo de un conflicto antinatural y cruel. [...] Cada puñado de tierra estaba preparado para rendir el doble de puñados de productos”. Después llega a **Loiola**, donde “el buen padre que nos hacía de guía me enseñó un magnífico boceto en el que se reflejaban, como en un espejo impoluto, la ciudad, el alegre valle y las colinas del entorno”. Wallis percibe “el carácter totalmente divergente de las provincias vascas, comparado con el resto del reino, en contra de aquellos relatos que tratan a España de manera tan homogénea en su evolución física, moral, industrial y agrícola. [...] En vez de ‘dehesas’ y ‘despoblados’, agostados e inhabitados, campas silvestres sin cercas ni setos, aldeas dispersas y miserables, llanuras y laderas peladas, tiene pequeñas granjas, bien boscosas y cercadas, con bordas radiantes con deliciosas pequeñas campas, donde no hay, como ya he comentado, ni una sola pulgada que no pague su contribución al granjero. [...] La relación entre el dueño y el arrendatario es tan bien avenida y, en general, tan satisfactoria, que apenas genera problemas”. Sin embargo, asegura que las “buenas cualidades” de los vascos a menudo “llegan al extremo”, y a veces se muestran “obstinados, secos, mezquinos y perversos”. “‘Larga y angosta, como alma de vizcaíno’ [en castellano en el original] es el proverbio con el que sus compatriotas caricaturizan sus peculiaridades”. Este norteamericano termina constatando que "el reino de España contiene más de elementos federales que ninguna otra nación que yo conozca en Europa [*more of the federal elements than any nation*]". "La creciente tendencia hacia la **centralización** parece contemplada en todos los ámbitos (excepto en el de los gobernantes y sus inmediatos seguidores) como el mayor mal de la época [*the leading evils of the times*]". Comenta entonces que los fueros "habrían sido eminentemente compatibles con la existencia de una federación, [...] pero eran la fuente de un tremendo descontento y aún más sangre enfermiza [*ill blood*] entre el resto de las provincias que no encuentran razón para que los vascos sean privilegiados".

1850 – AUGUST SCHLEICHER

Lingüista alemán (1821-1868). A Schleicher se le considera el fundador de la clasificación de los idiomas según la teoría del árbol genealógico. Publicó en 1859 *Die Sprachen Europas* (*Los idiomas de Europa*), en cuyo capítulo sobre los idiomas aglutinantes dedica un apartado de diez páginas al euskera, *Vaskischer Sprachstamm*. Lo considera el resto de un idioma en otro tiempo mucho más extendido: "*Als Rest eines ehedem viel weiter verbreiteten Sprachstammes lebt die Vaskische (Baskische) oder* ***Euskarische*** *Sprache*". Comenta que sigue el principio de la aglutinación de palabras para hacer composiciones (con posposiciones), donde una sílaba, e incluso una letra, suele tener significado propio. Añade como singularidad que la lengua posee ocho pronombres personales, ya que la segunda persona del singular es triple. Dice que en el trato de confianza se distingue entre mujer y hombre, y que también hay un trato cortés. Se centra en el análisis de los auxiliares del verbo (*dot*, *deutsut*, *nachazu*...) para extraer sus conclusiones. Schleicher toma sus datos de los trabajos de Humboldt (1799) y Adelung (1809). Aunque encuentra algunos paralelos con las lenguas indígenas norteamericanas y el húngaro, considera que por su estructura es un idioma aislado y que no se halla nada parecido en nuestra parte del mundo: "*Namentlich findet sich im Bereiche unseres Welttheils nichts Analoges*".

1850 – BAXTER:

"Estos montañeses no reconocían ese principio de centralización que se ha convertido en una obsesión total de los gobernantes de Europa".

1850 – WILLIAM EDWARD BAXTER

Empresario, político y viajero escocés (1825-1890). En 1852 publica la relación de su viaje por la península ibérica en el primer tomo de su libro *The Tagus and the Tiber; or, notes of travel in Portugal, Spain and Italy in 1850-1851.* Llega al País Vasco en el capítulo XI, después de recorrer toda España, y deja apenas algunas pinceladas del paisaje, pero, eso sí, una contundente visión de la función que cumplían sus **privilegios**. Vistos los agravios que los habían alejado para siempre de la herética casa de los Habsburgo, "las pasiones de sus súbditos más nobles son las que arrojaron a los vascos en brazos de Don Carlos", afirma. "Incapaces de distinguir entre individuos y medidas, abrazaron la primera oportunidad que se les presentó de derrocar a los gobernantes que los traicionaron". Explica que los **Fueros** "ofrecían al pueblo la regulación de los impuestos y las milicias, les liberaba del reclutamiento y garantizaban su independencia de las molestas aduanas de Castilla. Estos montañeses no reconocían ese principio de centralización que se ha convertido en una obsesión total [*an absolute mania*] de los gobernantes de Europa. Cada concejo o distrito, con sus alcaldes y curas, actuaba sobre sus propios asuntos, fuera del control de más altos funcionarios, ya fueran laicos o religiosos".

1851 – ALEXIS DE GARAUDÉ

Compositor y pedagogo musical francés (1779-1852). Recoge las impresiones de su viaje por España como turista en su libro *L'Espagne en 1851, ou impression de voyage d'un touriste dans les diverses provinces de ce royaume.* En las cartas XXI a XXXIII recorre las provincias vascas, dejando pequeñas descripciones de Bilbo, Gasteiz y Donostia. Llega a **Portugalete** desde Santander y lo primero que le sorprende es que el desembarco se hace de una manera “bastante original”: “Hermosas muchachas, cuyas enaguas se recogen en lo alto, entran al río y, como son las **porteadoras** del país, ellas transportan las mercancías y los efectos de los viajeros”. Apenas deja una breve descripción del paisaje: “Entramos en las provincias vascas que son el paraíso de España por sus vistas tan pintorescas sobre el mar, las montañas, los campos bien cultivados y las villas donde reina una gran prosperidad”.

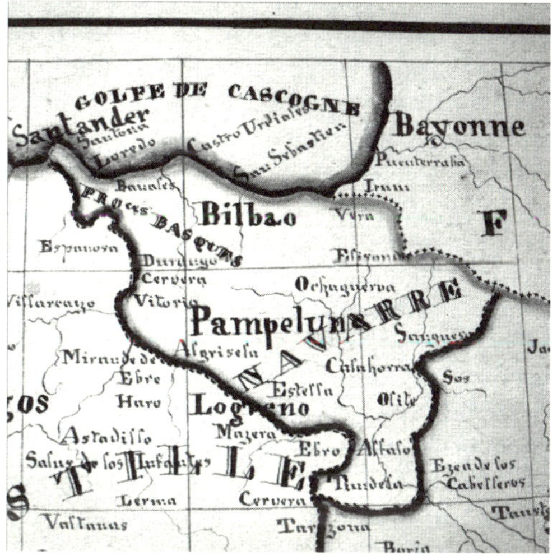

1850 – Vanden Broeck. Detalle de mapa de España y Portugal.

1850 – ANNA VANDEN BROECK

La Biblioteca Nacional de España compra en 1917 un curioso **mapa** manuscrito coloreado de España y Portugal, fechado en 1850 y suscrito por esta autora que lo habría realizado con la intención de bordarlo en un bastidor. Presenta varias curiosidades: Cantabria está unido a Castilla la Vieja, Asturias al reino de León, y Navarra y Euskadi aparecen juntos e incluyen a Santander. Aunque la dibujante es de procedencia probablemente neerlandesa, la toponimia está transcrita en francés.

1850 – HEYMANN STEINTHAL

Filólogo y filósofo alemán (1823-1899). En su ensayo sobre la clasificación de las lenguas (*Die Classification der Sprachen*) hace una pequeña reseña, al final del libro, asegurando que “el parecido del vasco con los **idiomas americanos** parece bastante evidente”. Hofrath George Phillips (1870) le echa en cara a Steinthal hablar de los celtas y los iberos (de los que descienden los vascos) como “pueblos de espíritu débil, sin conciencia histórica, habiendo sido salvajes y bárbaros, que solo a raíz de su mezcla con la sangre y el espíritu germánico han podido tomar parte activa en la Historia”. No ve Phillips ninguna razón para confirmar este vínculo sanguíneo entre vascos y alemanes.

1851 – HENRY DRUMMOND WOLFF

Diplomático y político inglés (1830-1908). *Madrilenia; or, Pictures of Spanish Life* (*Madrileña; o imágenes de la vida española*) es una colección de artículos escritos cuando Wolff aún no había iniciado su posterior carrera política y en los que recoge la visión de un turista que contempla la península desde la perspectiva que le ofrece su diligencia. Relata en el capítulo I cómo pasa por territorio francés en un trasporte local, el peor del mundo, comenta, y se encuentra con una región francesa “aburrida, plana e improductiva”, que desentona con “el hermoso contraste del País Vasco [*Basque country*]”. Llega a **Hondarribia** (a cuyos habitantes llama *bizcayennes*) y a **Donostia**, donde encuentra uno de los mejores paradores de España. En la plaza rodeada de soportales “se oye, desde las ventanas, guitarras y pianos, a pesar de encontrarnos demasiado al norte como para escuchar los boleros y las intrigas de una arboleda de pueblo”, cuenta. La criada que le atiende en su habitación entra sin llamar y no solo no se sorprende de verle desnudo (*déshabille*), sino que le pregunta si su amigo ya está despierto. Wolff le conmina a despertarle y “ella me concede la petición asestándole un fuerte cachete que le saca de sus, quizás, hogareños sueños. Y lo hizo con una sangre fría que mostraba que no estaba desacostumbrada a despertar a viajeros perezosos". Se fija en la iglesia de la ciudad, "un edificio espléndido, pero desfigurado por sus vírgenes y por las pequeñas maquetas de barcos [...] que cuelgan delante de las imágenes de los santos". La procesión le parece "un gran espectáculo que, visto de manera abstracta, debe ser beneficioso para un pueblo cuyos ardientes sentimientos, profundamente teñidos de una religión supersticiosa, están mayormente cultivados por la pompa externa". Camino de Gasteiz la diligencia es asaltada por un grupo de bandidos que, cuando ya tenía preparado su bastón de mano para defenderse, resultaron ser un retén de miqueletes, "sujetos empleados a manera de agentes especiales que asisten a la 'guardia civil'" para mantener la paz en los caminos reales.

1851 – MARCH:

"El amor idólatra por la libertad y las montañas; sus fueros inmemoriales y los sabios gobiernos locales, dignos de ser imitados por el resto de España".

1851 – LEOPOLD MARCH

Militar y vicecónsul británico. Este autor pretende, con su libro *A walk across the French frontier into North Spain* (*Un paseo a través de la frontera francesa al norte de España*), corregir la abrumadora diferencia de relatos de viajes que se han escrito entre el norte y el sur de España: "No está de moda viajar a las provincias vascas. Mucho mejor. No nos molestaran con su presunción garrula, sus ordinarios prejuicios, su juicio ignorante y la soberbia de la cartera llena", expresa. Habla de las *Basque Provinces*, "con su majestuoso idioma y tierno romanticismo, sus costumbres patriarcales; el amor idólatra por la libertad y las montañas; sus fueros inmemoriales y los sabios gobiernos locales, dignos de ser imitados por el resto de España". Comienza haciendo una pequeña excursión a Biarritz desde Baiona. Pretende tomar un caballo de los que aguardan a los turistas, pero "sus costados abatidos, espaldas irritadas, cabezas decaídas y huesos asomando a través de sus ásperas pieles, haciendo como si fueran sigilosas pero agudas apelaciones a la caridad de una ración de maíz" le convencen para ir a pie. De **Biarritz** dice que "la salubridad del clima, su pintoresca ubicación y hermosas playas le han otorgado fama en Europa" y que la construcción se ha convertido en una obsesión (*Buildingmania*). En **Kanbo** afirma que "su atmósfera pura y estimulante, delicioso escenario y alegre sociedad son parte importante de las milagrosas curas de sus fuentes termales". En su cementerio, "llamado poéticamente 'ilherri' por los vascos, 'lugar de los muertos', cada tumba se señala con una piedra o un trozo de madera negra con la forma de un trébol" (el lauburu quizá), cuenta. Realiza entonces una amplia descripción de la excursión que hace hasta Roncesvalles para cazar un oso. En la iglesia de **Donibane Lohizune** observa que las mujeres visten sus abrigos negros, tocadas "con capuchas con flecos de encaje" y que la costumbre de sentarse en sillas en las iglesias "comienza a ser introducida gradualmente". Sobre **Hendaia** dice que "es un revoltijo confuso de basura arquitectónica, en medio de la cual se evidencian los restos de la antigua prosperidad". **Hondarribia** le causa un efecto parecido: "Los huecos que se hallan con frecuencia se llenan de basura, y el armazón de las mansiones de proporciones nobles, sus zaguanes alfombrados con una vegetación variopinta y sus escudos y alféizares de ventanas cuidadosamente esculpidas, rodeadas de flores silvestres y maleza, muestran que la gloria de Fuenterrabía ya está en declive". Describe el arduo trabajo de la ***laya***, "nada puede ser más primitivo que este apero", y sentencia que "observando la robusta constitución de los hombres y la atractiva corpulencia de las mujeres empleadas en ello, dejamos de preguntarnos cómo pudieron los vascos, provistos únicamente de palos, arreglárselas para derrotar a los soldados de la reina durante la última guerra civil". Nos cuenta entonces la **leyenda** de un hermano y una hermana, *Izar* y *Lanoa*, que ascienden al pico de *Aquelar* y acaban en manos de las brujas en el *Infernu Erreka*. En Rentería son fiestas y contempla un ***zorzico***: "Comienza con una serie de saltos en el aire. El suelo que pisaba parecía sacudirlo cada vez que lo tocaba". La fiesta continúa con una corrida de toros, el ***baile de pollos***, en el que se decapita con los ojos vendados una gallina enterrada hasta el cuello, y el ***juego de ganzos***, como el que, a día de hoy, se realiza en Lekeitio. Se lleva una decepción en su visita a las bateleras de Pasaia ("da la impresión de que no son mujeres") y dedica un largo capítulo a Catalina de Erauso, la Monja Alférez, y otro al Santuario de Loyola.

1851 – G. A. HOSKINS

En su crónica de viaje *Spain as it is* (*España como es*) dedica el capítulo XVI del segundo tomo a su paso por Euskal Herria, ya de vuelta al hogar. Marcha por **Salvatierra**, "pintorescamente situada, los muros y torres de piedra y buena mampostería parecen indicar que fue lugar de más importancia de la que hoy tiene". "Los campesinos son fuertes y laboriosos, y los fértiles cultivos son más agradables a la vista que los más finos de Castilla", opina. **Iruñea** le parece un lugar "floreciente": "Se están levantando edificios que darían crédito a ciudades mucho más grandes, especialmente el nuevo consistorio. Las calles no son pintorescas, pero la plaza es hermosa y se ve alegre, cada balcón cubierto con su toldo. [...] La catedral bien merece una visita". Después se encamina hacia el **Baztan**, un valle hermoso, con todas las necesidades de la vida bien baratas: *"This is truly a happy valley, so much beauty, and all the necessaries of life good and cheap"*.

1852 – ROBERT GORDON LATHAM

Etnólogo y filólogo inglés (1812-1888). Abandonó su carrera de medicina para dedicarse de pleno a la etnología, llegando a ejercer como director del departamento de etnología del mítico The Crystal Palace. El capítulo II de su libro *The Ethnology of Europe* comienza con una descripción de lo que él denomina *euskara*, *euskaldunac* y *euskerria*, donde comenta que, a pesar de que las grandes capitales como Baiona, Iruñea o Bilbo son francesas o españolas, el pueblo persiste como vasco: *"Here it is where, although the towns, like Bayonne, Pampeluna, and Bilbao, are French or Spanish, the country people are Basques or Biscayans - Basques or Biscayans not only in the provinces of Biscay, but in Alava, Upper Navarre, and the French districts of Labourd and Soule"*. Vasco y navarro sería la denominación francesa y española para lo que ellos mismos se denominan *euskaldunac*: *"The Basques and Navarrese are Euskaldunac, under French and Spanish designations"*.

1852 – ZIEGLER:

"[En 1350] el poder naval de los vascos fue de gran importancia y sus habitantes costeros constituían un pueblo libre e independiente que disponía de la fuerza suficiente para cerrar, sin Castilla, un acuerdo con un vecino tan poderoso [como Inglaterra]".

1852 – ALEXANDER ZIEGLER

Escritor, viajero y consejero de Estado alemán (1822-1887). En 1852 publica *Reise in Spanien*, un relato de viajes por la península que salió a la luz en dos tomos. El séptimo capítulo del segundo tomo lo titula *Navarra* y el octavo *Die Baskischen Provinzen*. Un testimonio de la meticulosidad con la que Ziegler maneja los detalles es que, a su entrada por Navarra, dedica más de diez páginas a la construcción del Canal Imperial de Aragón que comienza en el **Bocal del Rey** de Fontellas. A partir de ahí inicia un recorrido que le va a llevar por toda Euskal Herria. Desde la isla de la **Mejana** de Tutera, "famosa por las hierbas culinarias [*Küchenkräuter*] y las frutas [*Obstsorten*] que obtienen por medio del riego artificial, y que es contemplada por los habitantes como un pequeño paraíso", pasando por Tafalla, que gozaba de cierta popularidad por su clima saludable, de tal manera que "cuando se declaraba una epidemia en el país, toda la corte y sus habitantes se refugiaban aquí", llega hasta a Iruñea, situada "en un emplazamiento romántico que, unido a la higiene que reina en el interior, causa al extranjero una impresión placentera" (a pesar de que después se queje de las chinches). Dice que Pamplona ("que la hacían llamar Atanagria, Martua, Irunia o Santsueña") está orgullosa de su colegio franciscano que imparte educación a 130 niños y niñas y escuela elemental a otros 550, de los cuales las tasas de la mitad son financiadas por la sociedad. Habla del hierro de **Goizueta**, de los hornos de **Bertizarana** y **Aezkoa** y de las salinas de **Undiano**, **Obanos** y **Arteta**. Las causas de la Guerra Carlista son para Ziegler bastante evidentes: lo que impulsó "a los bravos navarros y a los vascos que viven en Biscaya, Alava y Guipuzcoa" a sublevarse no fue solo su apego al pretendiente y a su justa causa, sino también "el recelo que mostraban hacia la reina consorte de Madrid y el temor a que fueran abolidos unos fueros que habían conseguido mantener vigentes desde su subordinación a Alfonso el Sabio [1221-1284]". El montuoso terreno, la climatología, la fertilidad de la tierra y el preciso conocimiento de cada rincón ayudaban a las tropas carlistas a sobrellevar mejor los inconvenientes de la guerra. Es por ello que siempre se mostraron reacios a salir fuera de sus fronteras ("*der Grund, warum es Don Carlos schwer wurde, die Basken zum Einmarsch nach Aragonien und Castilien zu bewegen*"), asegura Ziegler. Desde Navarra ("la antigua Vasconia") se dirige a las provincias vascas, que rebosan de canteros y productores de armas, aperos y cualquier clase de mercancía de hierro. Hace un repaso de sus colegios, negocios, industria y agricultura, además de la historia de las provincias. Destaca sobre todo la pesquería y una **industria naviera** que les llevó a fundar una bolsa en pleno Brujas en el año 1348. Los celos de Inglaterra ante la superioridad náutica de los vascos les condujeron a una batalla naval que tuvo lugar en Vinchelle en 1350, tras la cual hubieron de suscribir un convenio: "De todo ello se deduce que, en aquellos tiempos, el poder naval de los vascos fue de gran importancia y sus habitantes costeros constituían un pueblo libre e independiente que disponía de la fuerza suficiente para cerrar, sin Castilla, un acuerdo con un vecino tan poderoso". Comenta que, ya por el siglo XIV, los vascos se habían acercado hasta Terranova para pescar. Menciona el trabajo en el campo con la laya de hombres y mujeres, el juego de pelota y las danzas (*Zortzico*, *Broquel danza* y *Espata danza*) y con respecto al *Euscara* ("o sea, la lengua del pueblo, 'eusi', entonar, sonar, hablar") lo cataloga como distinto del irlandés y el céltico.

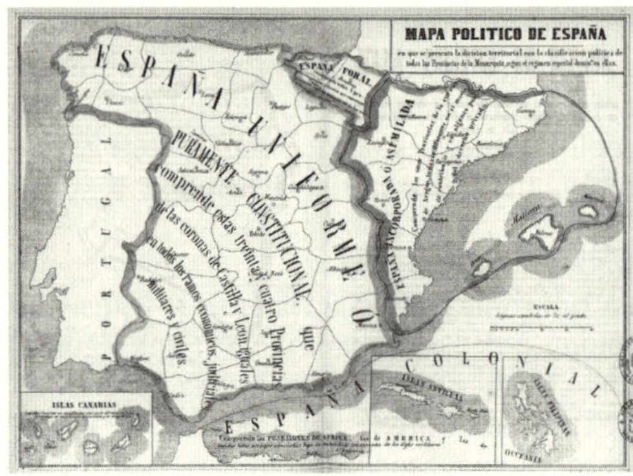

1852 – Torres. Mapa político de España.

1852 – FRANCISCO JORGE TORRES VILLEGAS

En su *Cartografía hispano-científica* de 1852 presenta el ***Mapa** político de España*, que divide el país en cuatro partes: la España foral, la asimilada, la uniforme y la colonial. En la foral incluye, exclusivamente, las cuatro provincias vascas peninsulares, añadiendo como leyenda: "Comprende estas cuatro provincias llamadas forales que conservan su régimen especial diferente del de las demás". En 1857 publicó otro *Mapa militar de la Península y de todas las posesiones é islas españolas…* en el que también reproducía, de manera conjunta, a las cuatro provincias.

1852 – BÉGIN:

"A los vascos les da igual ser españoles que franceses; solo quieren ser ellos mismos, y les complace la idea de formar una república federal independiente con los aragoneses y los catalanes".

1852 – ÉMILE BÉGIN

Médico e historiador francés (1802-1888). Tras varios libros de viajes escribió en 1852

Voyage pittoresque en Espagne et en Portugal, en el que dedica unas 50 páginas a los vascos, manifestando que no quieren ser ni franceses ni españoles, sino ellos mismos: *"Les Basques ne se soucient pas plus d'être Espagnols que Français; ils ne veulent être qu'eux-mêmes, et l'idée de former avec les Aragonais et les Catalans une république fédérative indépendante leur sourit"*. De las mujeres comenta que no son "menos robustas ni menos ágiles que los hombres, entregándose al mismo trabajo. Núbiles a los catorce años, se casan ocho o diez años después, luego se vuelven muy fuertes y disfrutan de una excelente salud. Generalmente las campesinas y las criadas caminan descalzas, excepto los domingos; pero mientras la mujer pueda disponer de ellas, usa medias toda la semana. Cabello peinado con cuidado, trenzado y flotando sobre los hombros; cabeza cubierta, ya sea con montera, sombrero de fieltro o por un pañuelo de muselina cuyos extremos caen hacia atrás o cuyos ángulos forman tres cuernos sobre las orejas y la frente; corpiño recogido por la cintura, con mangas estrechas y una falda bastante floja pero corta; ropa generalmente blanca los domingos y adornada con cintas rosas o azules, este es el traje actual de las muchachas del país vasco". En cuanto a la diferencia entre vascos y navarros castellanoparlantes comenta: "Su fisonomía, su lenguaje difieren entre sí, pero en general es el mismo vigor, la misma agilidad, el mismo espíritu de independencia y patriotismo, el mismo valor en los peligros, la misma constancia en el trabajo". En **Bilbao** tiene la oportunidad de contemplar un **fandango**: "En verano, estas romerías tienen lugar casi todos los domingos bajo frondosos árboles, en las inmediaciones de una posada".

1852 – FRÉDERIC ANTOINE OZANAM

Escritor y académico italo-francés (1813-1853). Nacido en Italia, desarrolló toda su obra literaria en Francia, llegando a ocupar el puesto de profesor de la cátedra de Literaturas Extranjeras de la Universidad de La Sorbona. Su pensamiento progresista, que condena la esclavitud, las desigualdades sociales y las injusticias sociales, tuvo un gran eco en la sociedad francesa. Por su labor de evangelización y como precursor de la ideología de la democracia cristiana fue beatificado por el papa Juan Pablo II en 1997. En su libro *Un pèlegrinage au pays du Cid* dedica el segundo capítulo, *Le Chemin de Saint-Jaques*, al peregrinaje que realiza desde *Fontarabie* hasta *Miranda de Ebro*. Las cimas abruptas, las laderas boscosas desde las que se divisa el mar, la suavidad de la brisa, la viva y fresca vegetación hacen de este país, dice, "un paraíso en la tierra, pero un paraíso ensangrentado por las pasiones de los hombres". Suben por una calle de ***Fontarabie***, "la más española que te encuentres desde aquí hasta Toledo, toda rodeada de casas antiguas, con el escudo de armas en la puerta, con balcones, galerías y puertas desde las cuales las damas de este mundo ven y se dejan ver". Camino de **Tolosa** se topa con "la misma naturaleza, el mismo pueblo vasco con su industria y su actividad. Ni una pulgada de tierra desperdiciada en estas colinas; los pueblos se suceden numerosos y bien construidos. Es lugar de hilanderías y forjas". De vuelta por la misma ciudad les hicieron el honor de bailarles una animada polca a la entrada de la iglesia: "Sin embargo, esta música pagana no perturbó la piedad de los fieles: vi a hermosos jóvenes postrados en una profunda adoración, muy capaces de hablar sobre los fueros de la provincia y de apoyarlos con un mosquete en la mano. Las mujeres se agolpaban para la ofrenda, cada una con un pan blanco y una vela; las viudas se arrodillaban sobre una alfombra negra, entre dos antorchas, implorando oraciones por sus pobres muertos".

1862 – WOLZOGEN:

"Difícil encontrar otro pueblo sobre la tierra que haya sabido conservar tan intensamente tal ansia de independencia [...] como este pueblo piadoso, trabajador y absolutamente conservador". "Los vascos no quieren ser más que vascos, y ni siquiera españoles".

1852 – ALFRED VON WOLZOGEN

Jurista y agente teatral alemán (1823-1883). En 1852 emprende un viaje a España, que recoge en el libro *Reise nach Spanien*, publicado en 1857. En el primer capítulo del libro, *Von Paris nach Madrid*, relata su llegada al País Vasco (***euscaleria*** le llama), después de haber tenido el gusto de conocer en París a un tal señor Goytia: "Canciones vascas que fluían con un estilo melancólico habían sido interpretadas al piano durante semanas, acompañadas a menudo por la guitarra de Goytia". Llega a **Baiona** el 24 de septiembre: "Aquí se ve la boina vasca en la cabeza de todos los hombres. La chaquetilla española empieza ya a sustituir a la blusa francesa. [...] En Bayona casi se escucha más el español que el francés. [...] Además, en Bayona y sus aledaños todavía se utiliza el incomprensible 'patua de Gascogne'", describe. En **Irun**, que tras la destrucción de las guerras "ofrece un aspecto moderno y precioso" y donde le ofrecen moscatel con bizcochos, plasma su primera impresión sobre el pueblo: "Difícil encontrar otro pueblo sobre la tierra que haya sabido conservar tan intensamente tal ansia de **independencia** y, al mismo tiempo, tanto tacto para la conservación de este preciado bien hasta los miserables tiempos actuales de vanaglorias [*heutige morsche Cäsarenzeit*], como este pueblo piadoso, trabajador y absolutamente conservador. Así que su primitivo idioma, a pesar de que la escuela pública, los sermones y todas las tramitaciones administrativas se tienen que realizar en castellano, el idioma nacional propio se ha mantenido incluso entre la clase más alta". Las vascongadas y "la parte norte de la vecina" Navarra "se conducen de la mano con una particular rudeza de sus costumbres, además de una misma climatología", asegura. Se hace eco de la buena impresión que le causa a Laborde (1808) el papel que la mujer vasca juega en la sociedad, pero comenta, sin embargo, que allí donde se ha alterado el orden terrestre establecido por Dios en su creación, no solo pierde atractivo el encanto de la mujer, sino también la vida familiar: "La **mujer vasca**, a lo que parece, no solo es capaz de trabajar sin descanso en el campo junto a su marido, sino que, por encima de ello, destaca además como una ama de casa excelente". Pasa a describir las particularidades de los fueros vascos y comenta: "Igual que a ningún inglés se le ocurriría jugar a ser cosmopolita, lo mismo los vascos no quieren ser más que vascos, y ni siquiera españoles". El resto del viaje en la diligencia lo realiza prácticamente de noche, dejando apenas alguna descripción del paisaje.

1852 – PERKINS:

"Su diversión después de varias horas de trabajo suele consistir en el juego de la herradura, la barra de hierro y el levantamiento de piedras. [...] Los mexicanos les miran con una especie de estúpido asombro. No pueden comprender que los vascos realicen grandes ejercicios físicos por mera diversión".

1852 – WILLIAM PERKINS

Es el autor de *Three Years in California: Journal of Life at Sonora, 1849-1852* (*Tres años en California. Diario de mi vida en Sonora, 1849-1852*). Los campamentos mineros del sur de **California** acogían gran cantidad de vascos que conformaban una importante colonia que se hacía notar como grupo étnico propio. Perkins dedica en el capítulo 32 un pequeño apartado a describir el carácter de esta comunidad, sus costumbres y distracciones: "Ayer se trajo del campamento de Los Coyotes a un vasco muerto. Fue tiroteado por agentes de la justicia en un intento de rescatar a un prisionero. Sus paisanos le enterraron ayer por la noche a la luz de las antorchas y de acuerdo con una de sus singulares tradiciones, dispararon sobre la tumba varias cargas de mosquetería. Estos vascos son una gente extraña y contamos con un amplio número de ellos entre nosotros, hablando en términos generales, son apacibles, hombres que trabajan duro, pero cuando se desatan las pasiones son muy peligrosos. Son probablemente el pueblo más antiguo de Europa que ha conservado sus costumbres y su lengua original, a excepción quizás de los galeses. Son hombres atléticos muy fuertes; su diversión después de varias horas de trabajo suele consistir en el juego de la herradura, la **barra** de hierro y el **levantamiento de piedras** [*their amusements after a hard days work being pitching quoits, and the iron bar, or heaving heavy stones*]. Podrían ser los mejores soldados del mundo, pero son demasiado orgullosos como para enrolarse en cualquier servicio. Su lengua es una mezcla de un viejo y bárbaro francés y de un español más viejo, y no es entendido por los nativos de ninguna de las dos vertientes del Pirineo. Los mexicanos les miran con una especie de estúpido asombro. No pueden comprender que los vascos realicen grandes ejercicios físicos por mera diversión".

1852 – HEINRICH MORITZ WILLKOMM

Botánico alemán (1821-1895). Con poco más de 20 años, a partir de los años 40, comenzó a realizar viajes a la península ibérica y se acabó convirtiendo en una autoridad sobre la flora de la región. Los dos libros que publicó son una relación detallada sobre la **botánica**, geología y geografía física y política de la península: *Die Strand- und Steppengebiete der Iberischen Halbinsel* (*Las zonas costeras y esteparias de la Península Ibérica*, 1852) y *Die Halbinsel der Pyrenäen: eine geographische-statistiche Monographie* (*La península de los Pirineos, una monografía geográfica-estadística*, 1855). En este último realiza un pequeño repaso de la historia, la economía y el carácter de cada región. En el capítulo 34, *Die baskischen Provinzen*, comenta lo siguiente: "Como resultado de la Guerra Carlista los vascos perdieron, sin embargo, gran parte de sus privilegios y de sus fueros y se convirtieron en súbditos formales de la corona española, razón por la que tuvieron que tolerar que sus Estados fueran declarados simples provincias de la monarquía española y que fueran clasificados, al igual que el resto, en distritos electorales y judiciales. [...] A consecuencia de su inteligencia, su perseverancia y su dinamismo y a través de sus sabias instituciones estatales, que favorecen el desarrollo de los intereses materiales, los vascos han logrado elevar a su país a un alto nivel de cultura y hacer a su pueblo feliz y próspero". En el capítulo 35, *Navarra*, compara a los navarros con los vascos comentando que observan la misma perseverancia en sus tareas y la misma firmeza a la hora de preservar sus fueros: "Los habitantes de las regiones pirenaicas y de las montañas del oeste son, en gran parte, de **ascendencia vasca**, por lo que en todas esas regiones se habla mucho vasco o un castellano corrupto fuertemente mezclado con palabras vascas; los habitantes de la llanada solo hablan castellano".

1853 – Pérez de Castro. *Costa de Portugalete*. Entorno de la Peñota, del que se conserva el nombre pero no el arco. Fuente: Archivo gráfico de Portugalete.

1853 – PEDRO PÉREZ DE CASTRO

Pintor y litógrafo español (1823-1902). Un importante artista de la época, que fue mayordomo del rey y publicó diversas obras, entre las que destaca *Álbum de vistas y paisajes de España*, que contiene 25 **litografías**, entre las cuales se encuentran algunos paisajes vascos. De su incursión por nuestra tierra se puede destacar la colección de dibujos que dejó de Portugalete y todo su entorno costero y de otras localidades de la costa como Lekeitio, Zarautz, Deba o Mutriku.

1854 – FRANZ LORINSER

Teólogo y escritor alemán (1821-1893). Este sacerdote alemán, traductor del sánscrito y del castellano, y que ya había pasado por Euskal Herria en un primer viaje en 1854, publicó en 1958 *Neue Reiseskizzen aus Spanien* (*Nuevos apuntes de viaje por España*). Antes de introducir al lector en tierra española, comenta que "son inevitablemente necesarias algunas observaciones sobre el país de los vascos [*das Land der Basken*] y sobre varios aspectos de sus muy extraños habitantes". Nos describe como "un monumento vivo de un pasado lejano al que no alcanza la historia". Señala que las provincias vascas aún conservan sus propias Cortes y que bajo el Árbol de Guernica se reunían los reyes españoles para jurar los fueros, pero que "los franceses derribaron la gloria, el venerable árbol, quizá el más viejo que exista en Europa, durante la Guerra de la Independencia". Los mismos reyes, señala, debían jurar que gobernaban sobre "un pueblo libre y nunca podían abusar de su poder [*über ein freies Volk herrschten und ihre Macht nie missbrauchen durften*]". Como sacerdote que es ofrece numerosos datos de los conventos por los que pasa y, sobre todo, del Santuario de Loyola. Admira el excelente nivel de las calzadas, "cuya causa es, principalmente, que no están costruidas por el gobierno negligente, sino por diligentes municipios que son muy conscientes de sus ventajas". Un niño de unos ocho años se les une y les acompaña durante un largo rato agarrado por fuera del carruaje: "Podría haber sido el más educado y con los mejores modales de cualesquiera padres de alta condición, si la pequeña gorra violeta [*Baskisches Birret*] que cubría su cabeza no hubiera delatado [...] que tenía ante mí a un sencillo campesino vasco".

Al pasar **Elorrio** tuvo que superar, con la ayuda de bueyes, el paso de una inmensa montaña. El camino era tan accidentado que incluso una de las mulas "pinchó". Reconoce que la comarca que atravesaba y el panorama que se le abría le parecía todavía "más sublime e imponente" que las zonas de Sierra Nevada que había conocido. En **Durango**, dice que "tanto la ubicación como el estilo arquitectónico le otorgan a la ciudad un carácter casi suizo. La exhuberante frondosidad de sus magníficos jardines la rodea por todas partes". Considera que lo más representativo y original de Durango es

1854 – Lorinser, sobre las sardineras: *"Figuras pintorescas con pañuelos amarillos y largas coletas y de movimientos sumamente gráciles, a pesar de que la mayoría vistieran harapos de colores". La sardinera, tipo vascongado*, pintura de Valeriano Bécquer (1864).

el enorme pórtico de su iglesia, que produce la impresión de una estación de tren cubierta. A **Bilbo**, "una rica y próspera ciudad industrial", le augura un futuro envidiable, cuando se construya el ferrocarril: "La misma ciudad está muy bien construida, posee, junto a las numerosas casas nuevas y elegantes y los antiguos y pintorescos aleros que sobresalen, muchas pequeñas iglesias realmente hermosas y una alameda a orillas del río, una de las más bonitas que se puedan contemplar en España. Solo en la calle principal se permite la circulación de vehículos; los callejones interiores, casi todos ellos pavimentados con adoquines y que se distinguen por su gran limpieza, solo pueden ser transitados a pie". Lorinser se mostraba tan entusiasmado por el aspecto paradisiaco del paisaje (*in dieser paradisischen Gegend*) que se aventuró a ir andando hasta **Portugalete** por la orilla de la ría: "Se me acercaron, portando sobre sus cabezas cestas repletas de peces, un montón de mujeres con delantales, que a buen paso, más corriendo que andando, llevaban su carga a la ciudad, figuras pintorescas con pañuelos amarillos y largas coletas y de movimientos sumamente gráciles, a pesar de que la mayoría vistieran con harapos de colores". En el camino de vuelta come en una posada encantadora, asiste a una corrida de toros, visita Begoña y una venta en **Artxanda**, donde le ofrecen un mal chacolí y desde la que se divisa Bilbao "como un pequeño joyero en lo profundo del valle". Uno de los lugares más brillantes de su viaje por la península.

1854 – KARL MARX

Filósofo, economista y político alemán (1818-1883). Padre junto con Engels (1849) del socialismo científico y autor de obras emblemáticas como el *Manifiesto comunista* y *El capital*, este influyente filósofo demuestra un conocimiento profundo de los entresijos de la política española en sus artículos publicados en el *New-York Daily Tribune* entre el 9 de septiembre de 1854 y el 23 de marzo de 1855. Comienza diciendo, con un tono jocoso: "España nunca ha adoptado la moda francesa moderna [...] de comenzar y realizar una revolución en tres días. Sus esfuerzos en esta línea son complejos y más prolongados". Dice que Carlos I comenzó atacando uno los pilares de la libertad española, como eran los Ayuntamientos. La vida social española se había formado en base "a la independencia de sus provincias y municipios", y se había "desarrollado históricamente por la forma separada en que las diversas provincias se emanciparon del dominio moro y formaron pequeñas mancomunidades independientes". Comenta que "la Constitución de 1812 es una reproducción de los viejos fueros leídos a la luz de la revolución francesa y adaptados a los deseos de la sociedad moderna". Hacía tiempo que el clero y la aristocracia habían dejado de formar parte de la política "cuya existencia constituía la base de la composición de las antiguas Cortes", según Marx. "De las provincias en las que las Cortes poseían todavía un poder real en la época de la invasión francesa, continuó **Navarra** la vieja costumbre de convocar las Cortes por estamentos; pero en las **Vascongadas** las asambleas enteramente democráticas no admitían ni siquiera al clero [*but in the Vascongadas the altogether democratic assemblies admitted not even the clergy*]", concluye.

1854 – ALEXANDRE BAUDRIMONT

Químico, lingüista y etnógrafo francés (1806-1880). Fue un profesor de química de la Universidad de Burdeos que se interesó por el pueblo vasco publicando dos libros: *Histoire des Basques ou Escualdunais primitifs* (1854) y *Vocabulaire de la langue des Bohémiens habitant les Pays Basque Français* (1862). En el primero elige al pueblo vasco como tema de investigación por no haber otro que represente de una manera tan significativa la historia entera del género humano. El segundo es un interesante ensayo sobre el **erromintxela**, el habla caló de los gitanos vascos. Baudrimont se lamenta de que la **nación** vasca no tenga historiografía propia: *"Les anciens Basques n'ont point eu d'historien qui nous ait fait connaître les principaux faits qui se sont accomplis dans leur nation"*. Consigue un estudio muy completo sobre la lengua desde una perspectiva etnográfica, costumbrista y social. Ofrece un extenso **vocabulario** de más de mil palabras traducidas al castellano, francés y latín.

1854 – MARIE JEAN BLANC SAINT-HILAIRE

Editor, romanista y vascólogo francés (1805-1890). Dos fueron los trabajos que dedicó a Euskal Herria: la traducción de la gramática de Manuel de Larramendi *El imposible vencido* (1854) y la monografía histórica *Les euskariens ou Basques, le Sobrarbe et la Navarre. Leur origine, leur langue et leur histoire* (1879), un volumen de 450 páginas en el que toca un amplio abanico de temas de lo más diversos. Comienza por el **origen** de los vascos: "Los 'euskariens', bajo el nombre de iberos, ocuparon España, originalmente, en toda su extensión, su lengua era la de todo este hermoso país. Las tribus de esta nación habitaron gran parte de la Galia y la Italia primitiva, un hecho histórico que hoy es indiscutible. También ocuparon el norte de África y el sur de Asia". Se atreve a conducirlos incluso hasta el Japón (*"les coïncidences frappantes qui existent actuellement encore entre la langue Basque et la langue Japonaise"*), aportando un pequeño vocabulario para demostrarlo. "El euskera de Italia", señala además, "tras la invasión de los celtas proporcionó al latín muchas más palabras que las que los dialectos vasco-cantábricos han recibido de él en los últimos dos mil años". Partiendo de estas premisas que otorgan a las **siete provincias** del pueblo vasco un estatus primigenio, comienza a repartir por capítulos los temas de su ensayo: leyendas, costumbres, supersticiones, historia, sistema feudal, fueros, cruzadas, vascones, reino de Navarra, Juana de Albret, San Ignacio de Loyola, carlismo... Los últimos capítulos los dedica a sus usos y costumbres, como la laya, con un pequeño apartado dedicado a cada una de las cuatro provincias peninsulares.

1854 – CÉNAC-MONCAUT:

"Esta nacionalidad compacta, hablando la misma lengua, compartiendo las mismas visicitudes, se encuentra destruida por una violenta separación en dos partes que nada puede justificar".

1854 – JUSTIN CÉNAC-MONCAUT

Arqueólogo, historiador y viajero bearnés (1814-1871). Editó en París el libro *Histoire des Pyrénées et des rapports internationaux de la France avec l'Espagne: depuis les temps les plus reculés jusqu'a nos jours: annales de la Catalogne, de l'Aragon, de la Navarre, du Pays Basque, du Béarn*. Describe a los vascos según los clichés de la historiografía francesa: *"Généreux, franc, hospitalier, le basque fut et est resté amoureux des plaisirs agités, des courses lointaines et des aventures"*. "Sabemos el ansia con el que aprovecharon la oportunidad de llevar la vida preferida de los 'guerrilleros'. Cuando la guerra les fallaba, la piratería les llamaba para otros peligros, especialmente como filibusteros. Hoy en día, antes que la agricultura sedentaria, prefieren las posibilidades de contrabando que ofrecen sus montañas o las del comercio con América del Sur". Desde la perspectiva histórica se adhiere a la tesis, muy extendida entre los analistas franceses contemporáneos, de que los **vascones**, con motivo de las guerras civiles que tuvieron lugar en el Ebro, se expandieron en época romana por los pirineos galos, llegando por el Garona hasta el océano: *"Il faut donc considérer l'occupation des Pyrénées gauloises par les vascons comme contemporaine de Pompée et de César"*. Asegura que "las poblaciones pirenaicas no son mejor tratadas" por las dos naciones que las han gobernado, considerando a sus habitantes como separados por la cresta de las dos vertientes: "Esta nacionalidad compacta, hablando la misma lengua, compartiendo las mismas vicisitudes, se encuentra destruida por una violenta separación en dos partes que nada puede justificar". En 1861 publicó *L'Espagne inconnue. Voyage dans les Pyrénées de Barcelone a Tolosa*. El libro tiene tres partes: *Les Provinces Basques*, *La Navarre* y *La Catalogne*. Pone especial interés en describir Navarra, que muchas veces queda al margen de los caminos. Los viajeros, explica, "tienen tanta prisa por soñar a la sombra de los sicómoros de Granada y de bañarse en las poéticas aguas del Guadalquivir, que atraviesan las provincias pirenaicas desdeñando mirar alrededor suyo hasta llegar a Madrid". En **Donostia** es semana de fiestas. Hace una detallada descripción de lo que ofrece: *irinzina* (irrintzi), pelota, fuegos artificiales, carreras, toros de fuego, fandangos y más de 30 páginas dedicadas a una corrida de toros. También explica el espectáculo que ofrecen las **regatas:** "Medio centenar de luchadores con indumentarias ligeras de pescadores napolitanos libran su batalla con olas espumosas y verdeantes. Millares de espectadores, escalonados en las faldas del monte, en el camino cubierto que conduce a la ciudadela, suspendidos como racimos en las rocas, devoran esta batalla con sus ojos, aplaudiéndolos con sus bravos ensordecedores". Le inspira admiración "la fuerza, la destreza muscular, las actitudes plásticas, el desgaire con que esta especie de tritones chocan, se disputan, se baten en ese elemento agitado", cuando compiten en la cucaña, la caza del ganso, las regatas o el concurso de natación. Llegando a **Zangoza** desde Tutera, comenta: "Pasamos del desierto a un auténtico huerto... No conozco viñedos comparables a los de este pequeño cantón navarro. Burdeos y Borgoña pueden envidiar estas ramas vigorosas y tupidas, estos lechos de vides cuidados tan hermosamente".

1855 – GUSTAVO DORÉ

Artista alsaciano francés (1832-1883). La extraordinaria capacidad de trabajo de Doré (diez mil obras realizadas y un taller de colaboradores) y la calidad que se manifiesta en sus dibujos le han llevado a ser considerado como el más famoso **ilustrador** del si-

1855 – Doré. *Lechera vasca (Donostia)*, del libro de Davillier (1862).

glo XIX. Ha participado en las reediciones de importantes obras de autores clásicos como Cervantes (1605), Rabelais (1534) o Dante. En 1955 viajó hasta la costa vasca junto a su amigo Gautier (1845) para ilustrar el libro de Taine (1858) *Voyage aux eaux des Pyrénées*, en el que, sin embargo, aparece muy poca información sobre Euskal Herria. A principios de 1862 Doré emprendió un viaje por España con la intención de inspirarse para la elaboración de una nueva edición sobre *El Quijote*. De aquella aventura que realizó junto con otro compañero de andanzas, Jean Charles Davillier (1862), surgió un libro, *Voyage en Espagne*, que reúne más de 300 ilustraciones dibujadas a lo largo de toda la península. De su paso por el País Vasco deja algunas bellas estampas como la paisana vasca de larga melena y pañuelo anudado, calzada con zuecos y sosteniendo de manera natural una herrada sobre la cabeza (véase Flaubert 1840), un pastor vasco (Davillier 1862), el mercado de Gasteiz (Guimet 1862), la costa vasca (Blackburn 1864) y esta hermosa ilustración de la lechera vasca con su hija.

1855 – JACQUES BOUCHER DE PERTHES

Antropólogo, arqueólogo y prehistoriador francés (1788-1868). Fue uno de los primeros arqueólogos que trabajó aplicando métodos científicos a la disciplina. En 1855 emprende un viaje que retrata en *Voyage en Espagne et en Algérie*, dedicando los capítulos VI al VIII a su paso por tierras vascas, "un pueblo, como Polonia, que está partido en vascofranceses y vascoespañoles". Llega en plena epidemia de cólera y le ofrece más distracción la propia diligencia que la región que atraviesa. Se detiene a observar a los bañistas de **Baiona**: "Entre el número de estos jóvenes, había algunos que pertenecían a las clases acomodadas, por lo que pude juzgar por su bañador cuando llegaron; pero, ricos o pobres, jugaban todos juntos, porque ese traje era el de la igualdad. Todos estaban bien hechos y no vi uno feo". "Los bayoneses son, como los bordeleses, unos entusiastas de su país, y con razón". No se detiene en Irun, que le resulta "bastante lejos de ser un paraíso terrenal". Llega a Donostia, según él, la patria de **San Ignacio de Loyola**, "el organizador de la más formidable armada que jamás haya emprendido la conquista del mundo. Las comunidades macedonias, las legiones del César, los soldados de Aníbal, de Atila, de Tamerlan, los invencibles compañeros de Cortés, los pretorianos, [...] las terribles batallas de Napoleón, ninguno se podía comparar a esta formidable milicia". De **Tolosa** menciona que "es, hasta donde puedo ver, una ciudad limpia para ser una ciudad española". Pasa por Ordizia, Beasain, Ormaiztegi, etc., "ciudades desconocidas, que diccionarios y mapas no siempre se dignan a mencionar y que deben ser mencionadas, aunque solo sea por la pintoresca posición que ocupan". Por Bergara y Aretxabaleta llega a **Gasteiz**, "desierta a aquella hora, de una tristeza mortal; sin embargo se veían grandes mansiones, un pórtico y una bella plaza, la Plaza Nueva; además de muchas iglesias a las que no pude entrar, pero que, según me dijeron, especialmente la de Santa María, acogen algunos bellos cuadros de Ribera".

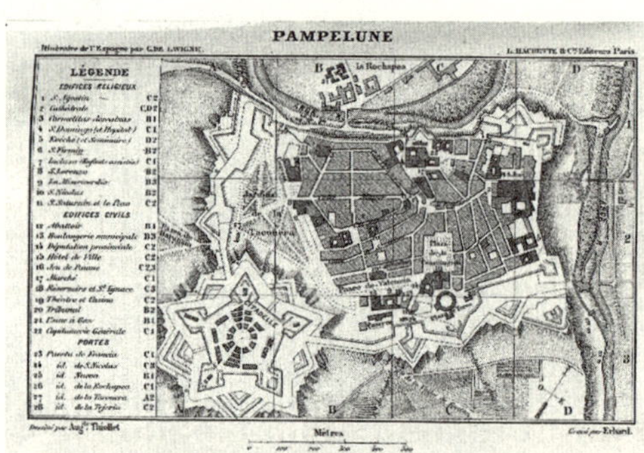

1855 – Germond: *"La constitución de un poderoso reino pirenaico, bajo el nombre de Navarra, fue [...] un medio para que parte de los vascos, devenidos en navarros, consagraran su separación de los demás pueblos de España".* Plano de Iruñea.

1855 – ALFRED GERMOND DE LAVIGNE

Funcionario, escritor y traductor francés (1812-1891). Quien fuera redactor jefe de *Gazette de eaux* publicó en 1866 una guía de viajes llamada *Itinéraire descriptif, historique et artistique de l'Espagne et du Portugal*, realizando un recorrido por carreteras, paisajes, historias y monumentos. Dice que las *provinces vascongades ou basques*, que también llama *Euskaldunia*, han conformado a través de los siglos "una **nación** distinta, totalmente independiente de sus dueños efectivos", sin mezclarse con ellos y formando una pequeña federación de repúblicas: "La constitución de un poderoso reino pirenaico, bajo el nombre de Navarra, fue, durante un cierto periodo, un medio para que parte de los vascos, devenidos en navarros, consagraran su separación de los demás pueblos de España". Va describiendo pinceladas de los pueblos por los que pasa, como hace con **Otsagabia**, *"possède en outre de belles promenades, et, dans les environs, deux sources sulfureuses qui ne sont pas exploitées"*, o **Gares**, *"jolie ville de 3000 hab. [...] entourée d'une belle promenade, elle compte cinq ponts, [...] produit de très-bons vines"*. Reseña también algunas de nuestras costumbres: "En domingos y festivos toda la población se reúne en la plaza pública y realiza, al son del tambor y el pífano, figuras coreográficas muy complejas que la tradición conserva desde tiempos primitivos". Sobre la **pelota** relata la anécdota de los catorce soldados del mismo regimiento que partieron sin permiso desde la frontera del Rin para organizar un partido de pelota en Baigorri en la Nafarroa Beherea. Después de ganarlo, llegaron al frente justo a tiempo para participar en la Batalla de Austerlitz.

1856 – FRIEDRICH GESTÄCKER

Novelista alemán (1816-1872). Autor de una numerosa colección de novelas, Gestäcker viajó también al oeste americano para narrar el episodio que constituyó la **fiebre del oro** que se desató en California en 1848. Comenta que, dentro de toda esa farándula de personas que llegaron para hacer negocio a costa de los buscadores de oro, había una gran multitud de franceses, en su mayoría vascos (*"zum grossen Theil Basken"*). A costa de la promulgación de una ley que obligaba a todo el que quisiera instalarse en la región al pago de una pequeña cuota, muchos de los grupos étnicos (incluido americanos) se unieron entre sí para protestar ante lo que consideraban una infamia, según explica: "Los vascos sacaron rápidamente sus mosquetones y fusiles [*die Basken holten ohne weiteres ihre Musketen und Flinten vor*], proclamando que lo mejor era ponerse en estado de defensa inmediato, para que los estadounidenses pudieran ganarse el respeto". Dedica también un capítulo a la "Revolución francesa" que tuvo lugar en la comarca instigada, seguramente, por vascofranceses, después de enterarse de que uno de sus compañeros vascos había sido apresado. Se puso fin de manera rápida a la rebelión al constatarse que no había sido más que un rumor.

1856 – ANÓNIMO INGLÉS:

"Los vascos viven aislados, en gran parte, porque odian al resto de los pueblos que les rodean; y este sentimiento forma el principio fundamental de su política exterior. Con respecto a la condición social, estaban en un estado muy superior al resto de razas de España que me tocó visitar".

1856 – ANÓNIMO INGLÉS

En 1856 se publica de manera anónima un libro que describe un viaje a través de la frontera pirenaica, *Border Lands of Spain and France. With an account of a visit to the Republic of Andorre*. El capítulo II lo encabeza con el nombre de *Visit to the Basques*. Sobre el País Vasco (*Basqueland*) describe, para empezar, "un justo pero imperfecto sumario de su carácter": "Eran, de hecho, la caricatura viviente de cualquier teoría de gobierno y una paradoja viviente de cualquier principio de vida doméstica. Eran los más orgullosos y casi los más necesitados de la humanidad. Eran los más duros trabajadores del campo y los aristócratas más exclusivos del mundo. Envidiaban la riqueza y la ascendencia del gobierno central de Madrid y rechazaban a la antigua nobleza de Castilla como lo más rancio de la sociedad. Sus terratenientes no poseían, en general, más que unos pocos acres de tierra y habrían ridiculizado como absurdas las pretensiones del príncipe Liechtenstein o del príncipe Estherhazy. [...] Se consideraban, por excelencia, los caballeros de Europa; y constituían por ellos mismos, por excelencia, los patanes [*boors*] de España". Sobre las mujeres, afirma que, "como las sardas y las suizas", "trabajan a menudo en el campo", y también los niños. "Del trabajo que acostumbraban a hacer las mujeres, los hombres de casi todas las otras naciones habrían rehuido", asegura. "Recuerdo haber visto una tropa de mujeres vascas medio gitanas corriendo a buen trote, con cestas de pescado sobre la cabeza, desde **Hondarribia** rumbo a Baiona, una distancia de unas treinta millas, ¡que recorrían generalmente en cinco o seis horas! ¿Qué necesidad de bestias de carga en una tierra donde la naturaleza había otorgado tales capacidades al hombre?".

A su llegada a **Hernani** comenta que "este escenario de naturaleza agreste y de aislamiento social parece haber sido creado para ilustrar el carácter independiente de los vascos". El alcalde y el cura le hacen de anfitriones, obsequiándole con la hospitalidad "que caracteriza a los vascos". Esa unión entre ellos era, sin embargo, "cualquier cosa menos una unión moral". A solas aprovechaban la oportunidad para criticar al otro. Según este autor, el "aislamiento político" de los vascos provocó que estos no desarrollaran "las artes, ni siquiera en sus capitales": "Su arquitectura era de un carácter bastante ordinario; y el sarde [la laya] o pala en punta [*fork or pronged spade*], que constituía el principal apero en el campo, habría resultado una imagen desaborida en cualquier feria agrícola inglesa". Pero, de la misma manera que ve "tanto que admirar como que criticar", opina que, en el carácter, eran "suficientemente obstinados y testarudos como para beneficiarse de las lecciones que un propagandista social o político hubiera tratado de imponerles". "'Haber sido' era, para los vascos, algo infinitamente mejor que 'ser'; o más bien, quizás, 'ser' estaba totalmente incluido en la idea de nobleza". Sobre el hecho de vivir "aislado", explica que lo hacen "en gran parte, porque odian al resto de los pueblos que les rodean; y este sentimiento forma el principio fundamental de su política exterior". "Con respecto a la condición social, estaban en un estado muy superior al resto de razas de España que me tocó visitar. Eran bravos y patrióticos; eran a menudo honestos y justos; eran, en general, trabajadores e indiferentes a las penurias. Al mismo tiempo, eran engreídos e ignorantes, altaneros y desdeñosos [*supercilious and disdainful*], petulantes y orgullosos más allá de la razón", añade. Considera que la música instrumental "*is singularly inharmonious*", mientras sus canciones son más o menos agradables. Para terminar, acaba hablando de las libertades: "Los **privilegios** de los que estas provincias habían disfrutado simplemente implicaban que sus habitantes eran hombres libres y no esclavos". "Esos derechos protectores son esenciales para la seguridad de comunidades pequeñas en esta era civilizada, igual que cuando fueron concebidos en contrapartida a la violencia de los tiempos feudales".

1856 – HANS WACHENHUSEN

Corresponsal de guerra y escritor de viajes alemán (1823-1898). Emprende un viaje a España en 1856 que retrata en su libro *Reisebilder aus Spanien*, en cuyos capítulos III y IV narra su paso por Euskal Herria. En **Baiona**, comenta, se habla "un dialecto que no le es comprensible al extranjero ni por medio del español ni del francés. También las blusas francesas desaparecen en Baiona, dejando espacio a la chaquetilla española y, por momentos, a la capa". Añade, además, que la lengua francesa "se repliega ante la española" ("*weicht hier das franzosische vor dem spanischem zurück*"), un detalle que hacen notar muchos viajeros, de la misma manera que las iglesias vacías de bancos: "Se les habilita una esterilla sobre las losas de piedra y se arrodillan sobre ella con elegancia y humildad". A pesar de los muchos medios de transportes con los que ha recorrido el mundo, las **diligencias** españolas están adecuadas para remover al viajero más intrépido a un hastío constante: "Las ventanas nunca habían sido limpiadas y estaban cubiertas por una costra de suciedad impenetrable". En el intento por abrir un hueco por el que poder ver, cuenta, "la suciedad española se resistía a todos los métodos de limpieza de la civilización". Asimismo, las tres personas que se relevaban a las riendas (zagal, mayoral y delantero) formaban un trío "que hubiera averiado el tímpano" a cualquier individuo. Llevan un arma, pero asegura: "Estoy convencido de que en caso de asalto esta gente sería la primera que saldría corriendo". Le extraña el trabajo realizado con la **laya**: "Que este trabajo necesita un tiempo diez veces mayor que cualquier otro método de trabajo, no hace falta ni mencionarlo, pero persisten en esta manera de proceder por estar acostumbrados a ella". "Los vascos son uno de los pueblos más originales", continúa diciendo. "Son, en cierta medida, como un Estado, una república en sí misma o no dejan que se les recorte ni el más mínimo título de sus privilegios". Se mantienen tan **independientes** ("*so unabhängig*") de España como de Francia, añade, "haciendo valer sus propias administraciones elegidas por ellos mismo, su propia constitución garante y sus propias leyes criminales, civiles y comerciales".

1856 – ALMEIDA:

"Conservaron el fantasma, nada más, de sus instituciones y franquías, de sus privilegios tan queridos, de sus libertades tan caras".

1856 – RODRIGO ANTONIO D'ALMEIDA

Profesor de filosofía y lengua portugués (1805-1856). El sacerdote d'Almeida, en su libro *A questao de Iberia en duas Partes* (también *A questao de Iberia – Isso nuncal Protestaço patriótica contra os manejos ibéricos*), destaca el **peligro ibérico** que se palpa en aquellos momentos, a causa de los conflictos que se suceden en España y anima a los portugueses a recordar la restauración portuguesa como estímulo patriótico para contrarrestar la propaganda ibérica y no acabar como las Vascongadas y Navarra: "Ved el engaño perpetrado en España contra ellas, que se dejaron seducir. Avasalladas y sujetas a la España de otros tiempos, ellas conservaron el fantasma, nada más, de sus instituciones y franquías, de sus privilegios tan queridos, de sus libertades tan caras; bien o mal, les respetaron sus fueros. La España liberal, prometiendo de nuevo guardarlos, [...] trocó sus promesas seguidamente por el más negro abuso de la buena fe, de la ingenuidad que jamás fuera acreditado". A pesar de su oposición a una monarquía descentralizadora y a la república federal, comenta que la unión solo sería ventajosa "manteniendo cada cual, aparte de la comunidad, sus propios derechos y su fuerza propia, sin herir la existencia y apenas restringir la independencia de las propias nacionalidades".

1857 – JOHN LEYCESTER ADOLPHUS

Escritor y abogado inglés (1795-1862). Escribe la crónica de un viaje a la península que compone en forma de epistolario en su libro *Letters from Spain in 1856 and 1857*. Relata su estancia entre nosotros a partir de la carta XIX, fechada en Irun el 19 de junio de 1857. Dice que el País Vasco comienza "en **Bidart**, una triste aldea en la pendiente de una colina cerca del mar". De **Hondarribia** comenta: "Estuve encantado de haber conocido el lugar y encantado de largarme". En el coche de caballos en el que se mueve le acompañan dos mujeres vascas, de las que dice: "Me resultó chocante la diferencia en la manera de hablar entre la gente de aquí y los andaluces. Todo lo que decían las mujeres, a pesar de su locuacidad, era en un tono suave y dulce". En Irun se aloja en la Fonda Echandia y en Pasaia en la Fonda de Beraza: "Estoy muy bien hospedado aquí, mirando al mar, pero, a intervalos, con malas vistas y olores". Después llega a San Sebastián, del que opina que "tiene un aspecto grandioso y gibraltareño, pero no es comparable al peñón en grandeza". Se encuentra con una pequeña exhibición de dantzaris en la plaza del mercado y le sorprende que los músicos sean un servicio público pagado por el Ayuntamiento.

Se dirige después hacia Bera por excelentes carreteras, que "están bajo supervisión provincial, no gubernamental", "lejos de los 'caminos perdidos' de la pobre Andalucía". Atraviesa los "hermosos y angostos desfiladeros de Yanzi y Echalar", hasta llegar al Baztan, donde para en la Posada Archea de **Elizondo**, donde encuentra "un alojamiento confortable y un paseo vespertino agradable". El 24 de junio escribe desde **Iruñea**, "una pequeña ciudad de juguete": "Su belleza es compacta y regular y reside en pocas particularidades. Ninguna parte de ella ha traspasado todavía las murallas, que siguen siendo importantes como fortificación". "Escribo desde el lugar de aspecto más español que he visto durante el viaje de este año, y el clima, a mediados de verano, favorece esta impresión. [...] La catedral es pobre, pero me adentré en el claustro y me quedé encantado". Encomia la labor que hace la **Casa de Misericordia**: "Era delicioso ver los buenos modales y el asumido entusiasmo de estas bondadosas mujeres. [...] Las habitaciones y servicios eran notablemente buenos y de aspecto inglés". En una taberna se encuentra con un grupo de chavales ("de las clases bajas") que celebran una boda. Por lo que parece "se han casado por lo civil [*by proxy*], algo que no es infrecuente en España". La gracia está en echar habas por debajo de la mesa, "atizando no solo a los de su grupo, sino a todo el resto: creo que mayoritariamente son tiradas por las mujeres". Según le comenta un paisano, es tradición en la zona, "pero solo en las casas pudientes se utilizan bombones". En el entorno de Belate se encuentra con robles que en Inglaterra habrían sido considerados "el orgullo del país". Admira dos hermosos mosaicos romanos, uno de ellos está a los pies de la escalera del ayuntamiento, donde también contempla la edición de un Nuevo Testamento en euskera editado por Bonaparte (1847). Pasea además por la **Taconera**: "Jamás he visto un escenario de este tipo tan hermoso", expresa. Acaba partiendo en dirección Tafalla y Tutera, sin ofrecer muchos datos sobre ellas.

1857 – DIDIER PETIT DE MEURVILLE

Pintor y diplomático francés (1793-1873). Padre de Louis Petit de Meurville (1874, quien escribiera un relato sobre sus andanzas por el País Vasco), Didier ejerció como cónsul en Donostia durante 16 años a partir de 1857 y, como apasionado de la **pintura**, nos ha legado un conjunto de hermosas estampas de la capital guipuzcoana y de muchos de los pueblos de su entorno. Trabajaba sobre soportes pequeños, en los que plasmaba gran cantidad de detalles, apuntando en algunas ocasiones un pequeño toque impresionista. En sus cuadros ofrece una visión muy completa tanto del paisaje y la arquitectura vasca, como de la rutina diaria de sus habitantes. Realizó, además, gran cantidad de dibujos sobre las costumbres y los trajes regionales de las **mujeres** vascas.

1857 – Petit de Meurville. Donostia (1860).

1857 – ANTONIO CAVANILLES Y CENTI

Historiador y jurista gallego (1805-1864). Miembro de la Real Academia de la Historia, Cavanilles permaneció durante dos meses en **Lekeitio**, dejando plasmada su labor de investigación en el libro *Lequeitio en 1857*: "He hallado en Lequeitio lo que no esperaba; un número crecido de personas instruidas que me han dispensado su amistad, que me han facilitado la vista de documentos y á quiénes no ha fatigado mi escesiva curiosidad". Comenta que la agricultura es "escasa y decadente... maiz, castaña, trigo, uva y tal cual palmero y olivo, naranjo y limonero que crecen al abrigo y resisten el aire del mar". Las **mujeres**, sin embargo, le parecen "incansables"; "sobre sus cabezas de piedra berroqueña, llevan enormes pesos. Sirven de correos entre los diferentes pueblos, de propios para llevar encargos hasta Pamplona y Francia; trabajan en las labores agrícolas, y superan a los hombres en fuerza y robustez". Nos relata la historia de la localidad, nos habla de su iglesia, su fuero (que lo transcribe entero), del hospital, de los conventos, del colegio donde 220 veinte niñas reciben educación, de las siete puertas de sus murallas y de las tres fuentes. Detalla numerosas estadísticas y de su escuadra dice que "diez y ocho buques de mayor porte navegan por el Pacífico y hacen el comercio con China". Comenta que los crímenes son muy escasos: "Cuando visité à **Marquina**, cabeza de un partido judicial de mas de 16.000 almas solo habia un preso en su cárcel. ¡Cuánto no dice esto en abono de Vizcaya!". Revisa gran cantidad de información sobre documentos del XVI y XVII que encuentra en los archivos, algunos tan curiosos como las "partidas a favor de los que venian á conjurar las mieses y las viñas", o sobre que "los clérigos se sometiesen á no tener hijos ni mancebas en sus casas, que no anduviesen armados ni vestidos como los legos". También obtiene datos sobre las ballenas, como que en el año de 1545 mataron una ballena delante de la isla de San Nicolás, "lo que prueba lo mucho que se acercaban a tierra" o que en 1662 se mató la última ballena en la costa. Y se cuestiona la eterna pregunta: "¿Cómo es que en el archivo de esta Villa ni en ninguno de que tengamos noticia, no se encuentra un solo documento en vascuence?". En fiestas se corre a veces una vaca, se juega pelota ("Ni se abaten por perder, ni se llenan de orgullo por salir victoriosos. A veces en la pelea va el honor de pueblos rivales: aplauden al vencedor; pero no mortifican al vencido") y se bailan todo tipo de bailes como el *zorcico*, *aurrescu*, *carricadanza*, *fandango* y *arin arin*, al son del tamboril vasco y del pito; todos, mozos y mozas. La *espata danza*, sin embargo, está en desuso. "Para ir à Lequeitio en carruaje no habia hace pocos años camino alguno". "No hay una fonda ni buena ni mala, ni hay botillerías ni cafés en su verdadera significacion"; sí, en cambio, "un café y un villar para los marineros". Explica también que en verano "una gondoleta de siete asientos recorre trabajosamente en nueve horas la distancia" entre Bilbao y Lekeitio. Aconseja visitar el magnífico palacio que el señor Uribarren, el bienhechor de la villa a quien dedica el libro, está construyendo en ella. "Compárese al Lequeitio de hace diez años con el actual y se comprenderá la prosperidad que le espera cuando el puerto adquiera mejores condiciones, y cuando nuevos caminos le pongan en fácil comunicacion con el resto del mundo".

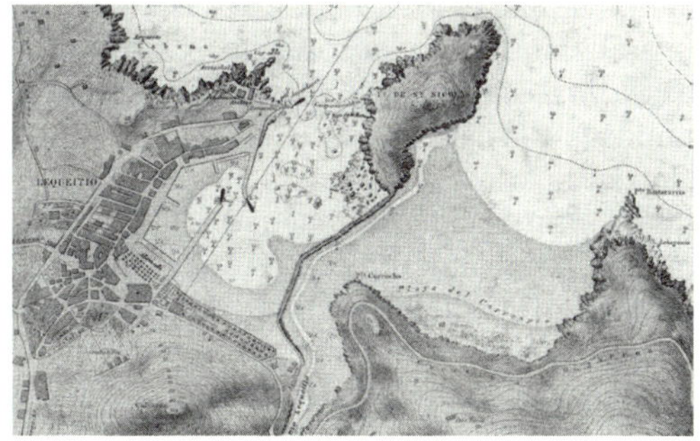

1857 – Cavanilles. Detalle del *Plano del puerto de Lequeitio* de J. Palmerola, levantado en 1901 por la Comisión Hidrográfica, poco después de como lo habría encontrado Cavanilles.

1857 – BRYANT:

"Los dos espectáculos más sublimes de la naturaleza son el mar y la montaña; y no suele ocurrir en ninguna parte del mundo que se vean juntos en todo su esplendor" (Donostia).

1857 – WILLIAM CULLEN BRYANT

Poeta, periodista y crítico estadounidense (1794-1878). Durante más de 50 años fue el editor principal del *New York Evening Post*, traductor de literatura española al inglés, poeta apreciado y reconocido defensor de los derechos humanos y de la abolición de la esclavitud. En 1857 emprendió un viaje por la península ibérica que le trajo hasta el País Vasco y que dejó relatado en su libro *Letters from Spain and other Countries in 1857/1858*, publicado en 1859. Las cartas V a VIII dan testimonio de su paso por nuestra tierra en diligencia por el camino habitual desde Baiona hasta Pancorbo. Comenta de los alrededores de **Baiona** que el caserío, con sus paredes encaladas de blanco y las ventanas pintadas de verde y rojo, tiene un aspecto suizo: "Esa es la usanza de la arquitectura vasca, ya que nos encontramos entre la raza vasca, a pesar de hallarnos a bastantes millas de la frontera. El camino estaba repleto de campesinos y campesinas que iban y venían; los hombres con sus gorras planas y azules, chaquetas cortas y zapatos de madera, algunos de los más jóvenes vistiendo fajas escarlatas, y las mujeres, la mayoría descalzas, con un alegre pañuelo de algodón anudado a la cabeza y sus enaguas arremangadas por la inconveniencia de andar por la carretera mojada. Una buena proporción de ambos sexos tenían el aspecto de una vejez prematura". La impresión que le produce la villa de **Irun**, donde tuvieron que parar para el consabido control de equipajes y el pago de las tasas, es parecida: "La calle limpia y un caserío bien construido nos ofrecía una idea favorable del país al que acabábamos de entrar". Atraviesa la bahía de **Pasaia**, "cuya entrada está custodiada por castillos que no tienen nada que vigilar. Tres navíos atracados en un lugar que podría albergar de las tormentas a toda una armada. Estaban amarrados junto a una pequeña villa de aspecto mísero. 'Es un puerto noble', comentó mi compañero de viaje, 'pero descuidado, como otras muchas cosas en España'". De **Donostia** dice que "los dos espectáculos más sublimes de la naturaleza son el mar y la montaña; y no suele ocurrir en ninguna parte del mundo que se vean juntos en todo su esplendor". Sin embargo, la ciudad le parece la más ruidosa en la que nunca haya estado: "Parecía estar continuamente en medio de una manada de chiquillos que acabaran de soltar de la escuela, [...] chillando, llorando, cantando, soplando gaitas y chasqueando castañuelas. Se oían también a los artesanos de cualquier comercio ocupados en sus tareas. [...] Los loros se gritaban entre ellos por toda la calle y los bueyes arrastraban sus pesados carros que marchaban sobre ruedas de tablones sin radios que crujían de manera lamentable a medida que avanzaban. Y de fondo los más extraordinarios aullidos de perros de San Sebastián. Cada diez minutos es azotado un perro o alguien le pisa la cola o una pata y se recorre toda la ciudad con sus quejidos". Las casas no tienen cerrojos, las habitaciones de las posadas tampoco. Le dicen que no hacen falta, que nunca ocurre nada. No hay ladrones, y tampoco un pequeño incordio de lo que no se libra ninguna parte del continente, no hay mendigos: "*Of one nuisance, from which I had found no other part of the continent wholly free, I had seen nothing here; there are no beggars*". "¿Qué hacéis con vuestros mendigos?", pregunta. Y le llevan a un largo edificio que está al otro lado del Urumea, un convento franciscano en donde les dan cobijo y los mantienen ocupados. De camino hacia **Leintz Gatzaga** comenta que en España tienen grandes nombres para aldeas feas: "*They have grand names in Spain for ugly villages – Mendragon, Archivaleta, Escoriaza, Castanares*". Ya en Salinas puede observar "los manantiales de sal que brotan de la tierra, cuya agua es detenida en su camino al río y evaporada en sal calentándola de manera artificial. Veíamos el humo que ascendía de las fábricas de sal trescientos o cuatrocientos metros por encima de nosotros". De **Gasteiz** aprecia, no tanto el casco viejo ya algo degradado, sino el nuevo ensanche que se está construyendo y los parques de la Florida y la Alameda. "El castellano es", dice, "la lengua de la ciudad, aunque en el campo también se hable el vasco".

1858 – HIPPOLYTE TAINE

Filósofo e historiador francés (1828-1893). Taine, considerado uno de los principales teóricos del naturalismo, es autor de gran cantidad de libros, entre los que destaca *Viaje a los Pirineos* ("ese caos de cimas monstruosas que se amontonan y se quiebran como un tropel disperso de leviatanes"), del que se ha hecho un buen número de ediciones, algunas ricamente ilustradas por Gustave Doré (1855). Del puerto de **Baiona** dice que "es una larga avenida de viejos árboles al borde del Adour. Es muy alegre y pintoresco, hay bueyes graves y serios con la cabeza baja que tiran de los postes que se descargan; también cordeleros, ceñidos con una cuerda de cáñamo que retroceden apretando el hilo al tirar del cable que se alarga. Las casas en filas se amontonan en el muelle. Las cuerdas dibujan sus laberintos en el cielo, y los marineros penden de ellas agarrados como arañas a su tela. Los toneles, fardos, las piezas de madera están amontonados sobre las losas. Aquí se siente con placer como el hombre prospera y trabaja. Y aquí la naturaleza es tan feliz como el hombre". Consigue que le abran la biblioteca y el director le conduce a "una mesa con los documentos de una hermosa historia llena de encanto; es una **pastoral** de la Edad Media y no tengo nada mejor que hacer que contarla". Taine cuenta entonces con su pluma curiosa y su estilo entusiasta la vieja leyenda de Pé de Puyane, alcalde de Baiona, que se enfrentó a los productores de sidra vascos que no querían pagar sus impuestos.

1858 – Taine: *"Aquí la naturaleza es tan feliz como el hombre"*. Villa de Baiona.

1858 – HARRIS NEWMARK

Empresario, filántropo e historiador judioamericano (1834-1916). Emigrado desde Prusia a Estado Unidos, se acabó convirtiendo en un importante hombre de negocios que nos legó un manuscrito en el que narra todas sus vivencias, *Sixty Years in Southern* ***California****: 1853-1913* (*Sesenta años en el sur de California: 1853-1913*). En el capítulo XXII nos ofrece, describiendo el caso concreto de un matrimonio de vascos, una visión de cómo estos se las ingeniaban para prosperar y ganarse la vida: "Franceses del País Vasco [*Frenchmen from the Basque country*], entre los que se encontraban Miguel Leonis, Gastón Oxarart, Domingo Amestoy y Domingo Bastanchury, habían comenzado a aparecer por aquí en 1858 para criar **ovejas**; de modo que en 1859 trajeron grandes rebaños al sur de California, teniendo las ovejas un precio de tres dólares y medio por cabeza. [...] La mayoría de los primeros pastores prosperaron y con el tiempo compraron grandes extensiones de tierra para sus rebanos, y con todos ellos tuve tratos de mayor o menor importancia. La carrera de Amestoy [que llegó a construir un importante edificio en California] es digna de mención especial como ejemplo de las tres virtudes cardinales de los negocios: honestidad, aplicación y frugalidad [*honesty, application and frugality*]. Él y su esposa se encargaban de lavar y mientras el marido iba de casa en casa, conduciendo un caballo con una gran cesta atada a cada lado, para recoger y entregar la ropa, la mujer se afanaba en la tina. Al final, lo que habían ahorrado juntos se convirtió en la base de sus importantes inversiones en ovejas y tierras"

1858 – GUSTAVE COLIN

Pintor francés (1828-1910). En 1858 se instaló en Ziburu, comenzando a reunir una importante colección de pinturas sobre el paisaje y las costumbres del País Vasco. En el Museo Vasco de Baiona se conserva una de las más espectaculares, *Partie de pelote sous les remparts de Fontarabie*, del año 1863, que muestra la pasión con la que se vivía la pelota en las calles de Hondarribia. Retrató además numerosas escenas sobre la fiesta de los toros en pueblos como Lezo o Pasaia.

1858 – Colin. Partido de pelota en las murallas de Hondarribia.

1859 – CORDIER:

"Dice un dicho entre los vascos españoles que nunca su país está mejor cultivado que cuando los hombres van a la guerra y las mujeres son las únicas que se ocupan del campo".

1859 – EUGÉNE CORDIER

Folclorista e historiador francés (1823-1870). Cordier tiene una larga bibliografía de ensayos sobre las tradiciones pirenaicas, y se ocupó también de los usos y costumbres del País Vasco en tres de sus trabajos: *Le Droit de famille aux Pyrénées: Barège, Lavedan, Béarn et pays basque* (1859, sobre el **derecho** de la familia), *Croyances des anciens Basques* (1867, sobre las **creencias**) y *De l'organisation de la famille chez les Basques* (1869, sobre la **organización familiar**). Continuador de las teorías de Humboldt con respecto a la afinidad de vascos e iberos, Cordier va un paso más allá que aquel, hasta contemplar también dentro de esta clasificación a cántabros, túrdulos, lusitanos y celtíberos, cuando estos últimos se tenían ya entonces como una tribu de origen celta. "Los vascos han sufrido menos que otros pueblos los graves cambios que las invasiones y las revoluciones, el contacto entre las razas y las grandes crisis sociales aportan necesariamente a las costumbres de una nación", comenta al inicio de este último trabajo. El autor hace continua referencia a los escritores clásicos, como cuando alude al importante papel que estos atribuyeron a la **mujer** dentro del entramado social y familiar de los pueblos del norte de la península. Retoma, como otros hicieron, el viejo mito de la covada (el marido toma el relevo a la mujer en el cuidado del recién nacido en la cama, una vez que esta ha parido) y pretende ver en la transmisión de esta tradición (que solo la conoce, en principio, de estos textos antiguos) una prueba de la persistencia del genio particular de los cántabros. Equipara las costumbres de bearnesas y vascas a la hora de llevar el sostén familiar, adjudicándoles a las mujeres los más duros trabajos, entre ellos el de la laya y el de portear "pesados fardos sobre la cabeza, la comida en cestas, el heno en ganchos, los largos fardos de leña sobre los hombros, sosteniendo grandes sacos de carbón sobre el cuello inclinado que una correa sujeta a la frente, e incluso cuidando a sus hijos más pequeños". "Dice un dicho entre los vascos españoles que nunca su país está mejor cultivado que cuando los hombres van a la guerra y las mujeres son las únicas que se ocupan del campo", añade. También describe prácticas funerarias y nupciales, como el transporte del mobiliario del recién casado, el cortejo de invitados o la recepción en el zaguán de la casa del marido.

1859 – PIERRE-ANDRÉ BOUDARD

Historiador, lingüista y numismático francés (1797-1870). Boudard, además de profesor de matemáticas, es el autor de una interesante obra de nombre *Essai sur la numismatique iberienne précédé de recherchés sur l'alphabet et la langue des ibères*, en la cual maneja una amplia bibliografía. Confiesa que, aunque no es un erudito, el análisis detallado de los finales de los epígrafes de las **monedas** revela el idioma que hablaban las personas que las habían acuñado: "Se podría suponer que estarían escritos en una de las lenguas celtas o fenicias; después de una larga investigación fue necesario admitir que no pertenecían a uno ni al otro; fue la identidad de algunos sufijos y la explicación de algunas leyendas lo que me hizo concluir que debían atribuirse a la lengua vasca [*se furent l'identité de quelques suffixes, et l'explication de quelques légendes qui me firent conclure qu'on devait les attribuer à la langue Basque*]". El trabajo de Boudard se concibe, por lo tanto, como un intento "de probar la identidad de la **lengua ibérica** y vasca, por medio de la identidad de los sufijos, de la combinación de vocales, de la formación de las palabras, de esas mismas palabras y de sus radicales". En el capítulo IV, *Alphabet et suffixes ibériens et basques comparés*, señala que los vascos, que se llaman a sí mismo *Eskualdunac*, a su pueblo *Eskualleria* y a su idioma ***Eskuara*** (todas ellas con k), "*ne se compose que de* ***sept petites provinces****, qui sont en Espagne, la Biscaye, le Guipuzcoa, l'Alava, et la haute Navarre, en France dans le département des Basses-Pyrénées, le Labourd, la basse Navarre, et le pays de Soule*". Realiza un serio estudio comparativo tomando como base los sufijos del actual euskera y la antigua toponimia ibérica: *iliberi*, *ilurcis*, *salduba*..., que le lleva a concluir que "la lengua ibérica y vasca son la misma, y que los ibéricos y los vascos son el mismo pueblo en cuanto a raza e idioma".

1859 – ROBERTS:

"La población del vecindario no tiene nada de española en su fisonomía o expresión".

1859 – RICHARD ROBERTS

Reverendo inglés (1814-1885). Fue un sacerdote que también ejerció como viajero y escritor, y contó en su libro *An Autumn Tour in Spain in the Year 1859* la experiencia de su paso por la península, dedicando los cinco primeros capítulos a Euskal Herria. Su primera impresión de los vascos que le atienden en el hotel de **Baiona** es que "parecen muy bondadosos y serviciales, con semblante y complexión de gitanos y con los agradables modales del campesinado galés". En **Biarritz** observa que "los enjambres de carruajes elegantes y ómnibuses abarrotados que el entusiasmo imperial ha convocado para una existencia veraniega le dan al vecindario un carácter bastante suburbano". El paisaje a través de Gipuzkoa, dice, se vuelve "pintoresco": "Pasamos por una sucesión de valles pastoriles, verdes como la esmeralda, de brillante hierba otoñal y regados por tentadores arroyos de truchas que serpenteaban entre colinas henchidas, sobre las cuales bosquecillos de robles, castaños y avellanas extienden su manto umbrío". En **Tolosa**, un pueblecillo diminuto y sucio ("*a poky, dingy little town*"), disfruta de su "primera experiencia de una posada española": "Nos sorprendió gratamente encontrar cosas más prometedoras de lo que habíamos previsto, todo luciendo limpio y cómodo, la atmósfera cerrada de las habitaciones enmendada con una apertura diáfana de las ventanas". La comida, sin embargo, le ofende: a la sopa le otorga "la advertencia desfavorable de ser absolutamente inaceptable, y si no logra despertar el apetito, tampoco ofende al gusto, que es más de lo que se puede decir de esos espantosos garbanzos, la verdura universal de la Península". Sobre la población, dice que "no tiene nada de española en su fisonomía o expresión; de hecho, podría encontrar en una aldea de Dorsetshire a representantes mucho más realistas del Don [entendido como prototipo de señor español] que los que vimos en cualquier lugar entre Irún y Vitoria". Los vascos, comenta, parece que son el blanco de la península y se hacen muchos chistes a sus expensas, a causa de su orgullo, su lengua y su pronunciación. Señala de **Gasteiz** que es un pobre lugar, con un aire moderno descuidado y vulgar ("*is a poor place, with a shabby modern air, that in this old-fashioned country has quite a vulgar look*"). Eso sí, tiene una posada impecable.

1859 – CONDE DE CHARENCEY

Lingüista francés (1832-1916). Fue un erudito que se movió en el ámbito de las culturas precolombinas. El **euskera** le llamó la atención ya desde 1859 y acabó dedicándose a su estudio elaborando, durante cuarenta años, un *Dictionnaire étymologique de la langue basque* que dejó sin terminar. La calidad de esta publicación fue puesta en duda ya por Azkue, cuyas etimologías calificó a menudo de fantasiosas. El mismo Hugo Schuchardt (1884) acuñó el término *Charencey immethodic*, que, según Lacombe, le lleva a acertar en algunos étimos, debido más bien a una *dialectique illogique*. Charencey afirma que no se encuentran similitudes entre las lenguas americanas y las asiáticas, mientras que sí que hay una semejanza destacable entre las estructuras de las lenguas amerindias y la vasca. Encontró además similitudes en el vocabulario vasco y las lenguas **finesas** y **urálicas**, pero no en sus gramáticas.

1859 – FERENC RIBÁRY

Historiador y escritor húngaro (1827-1880). Este profesor de la Universidad de Pest muestra ya en 1859 su interés por el **euskera** al encargar una gramática en una librería de su ciudad. A partir de 1862 comenzó a leer las obras de Bonaparte (1847), con el que mantuvo contacto, y en 1866 publicó en la revista *Nyelvtudományi Közlemények* una excelente introducción de 100 páginas dedicadas a la gramática vasca titulada *Á baszk nyelv ismertetése* y traducida por Vinson (1866) al francés en 1877 como *Collection Philologique: Septième fascicule. Essai sur la lengua basque, par François Ribáry, professeur à l'université de Pest, traduit du hongrois par J. Vinson*. La obra tuvo una excelente acogida en el extranjero –le impresionó a Archibald Henry Sayce (1874)– y es, sin duda alguna, una muestra de los lazos y las colaboraciones que surgían entre lingüistas de países tan alejados. Al final del libro hay una excelente bibliografía que registra toda la documentación que manejó.

1860 – THIENEN-ADLERFLYCHT:

"No hay en San Sebastián ningún vagabundo, ni uno solo, digo, puesto que se podría recorrer el mundo entero sin encontrar una segunda ciudad, cuyos habitantes pudieran presumir de este privilegio".

1860 – KARL VON THIENEN-ADLERFLYCHT

Diplomático y escritor de viajes alemán (1835-1900). Proveniente del importante linaje de los Thienen-Adlerflycht, dedicó su vida a la literatura de viajes, y editó las experiencias de su viaje a España en su obra *In das Land voll Sonnenschein. Bilder aus Spanien* (*Al país del sol radiante. Imágenes de España*). Nos ofrece su visión de Euskal Herria en los dos primeros capítulos, *Die baskischen Provinzen* y *Navarra*. Admira la arquitectura de **Hondarribia**, aunque percibe cierta decadencia, y lanza una pregunta: "¿Dónde ha quedado su esplendor perdido?". Sobre su iglesia señala que "el lujo que el edificio hace presagiar en su exterior se revela también en el interior, y utensilios dorados, cuadros dorados y altares dorados resplandecen en las brillantes naves". "Una ciudad llena de ruinas", concluye, "y una iglesia llena de oro fue lo primero que nos encontramos en España". Del **euskera** comenta: "A pesar de lo pequeña que es el área del uskarah [*sic*], se habla diferente en cada valle, [...] de manera que los vascos de las zonas más alejadas apenas se pueden entender entre ellos". Y ofrece un pequeño vocabulario: *agur*, *egonhun*, *neschkatoqua ederra*, *nescatcha pulita*, *haugin houat* (ven), *bay jauna*. **Donostia** le causa una buena impresión: "En general, debido a la inteligente distribución del pequeño espacio, todo se encuentra tan limpio en la pequeña ciudad, que a uno le resulta muy atractiva". La casa de beneficencia hace su labor, según cuenta: "No hay en San Sebastián ningún vagabundo, ni uno solo, digo, puesto que se podría recorrer el mundo entero sin encontrar una segunda ciudad, cuyos habitantes pudieran presumir de este privilegio. [...] Predomina un bienestar medio de vida. Algo que es aplicable a todo el País Vasco. Es por ello que está habitado por un pueblo tan divertido y alegre, que está tan dispuesto a trabajar como a disfrutar, cada uno a su tiempo, siendo más laxo en esto que en aquello". Narra la célebre leyenda de Fernando y Dolores y los versos que él le dedicaba: *"Adios, Adios lore ederra,/ Ju gatic nua mundutic/ Estud eranen ser gatic/ Jeren es baita combeni:/ Ei* *de mi, ei de mi/ La la la la la la la la la!"*. Continúa hablando del Santuario de **Loyola**, donde "reinaba el silencio y mi pecho parecía percibir la paz. Levanté la mirada hacia arriba. La sensación se desvaneció; la iglesia no parecía, en el sombrío lujo de su mampostería de mármol, convocar a la paz". Pasa por **Zestoa** para ver sus baños, y por **Tolosa**, donde se compra un par de alpargatas de cómoda apariencia. Anota lo que el español comenta del vasco, que "es de provincias" y que "los vascos se llaman a sí mismos republicanos que reconocen la soberanía del rey". Llega a **Iruñea**, donde le llaman la atención las hermosas tallas del coro de la catedral y el claustro, que describe con detalle. Afirma que cuando Carlos V conquistó Navarra, su posesión se había convertido para él en una necesidad, "porque la corona de Navarra había caído en manos de príncipes franceses que se habían convertido en avanzadillas del enemigo de España". Acaba atravesando la Ribera en el segundo piso de una berlina cuya parte baja había sido reservada por un obispo: **Tafalla**, de "edificios palaciegos, grandes monasterios, hermosas iglesias", que le recuerda "a las bonitas murallas de Aviñón"; **Caparroso**, donde una multitud salió a recibir al obispo; y **Tutera**, cuya catedral destaca "por la exquisita belleza de algunos de sus componentes".

1860 – EMIL HÜBNER

Lingüista alemán (1834-1901). Después de obtener su grado de doctor en lenguas clásicas por la Universidad de Bonn, Mommsen (1847) encargó a Hübner en 1858 la elaboración del tomo sobre Hispania del *Corpus Inscriptionum Latinarum* que recogía todas las inscripciones epigráficas del Imperio romano. Hübner comenzó primero confeccionando una colección de **inscripciones** publicadas e inéditas de los archivos alemanes, para después emprender en 1860 un viaje que le llevaría a visitar las ciudades romanas más importantes de la península ibérica. En aquel viaje debió de pasar de largo por Álava y Navarra en el recorrido que hizo de Burgos a Zaragoza. En los años 80 realizó de nuevo varios viajes sin que ninguno de ellos le trajera por estos lares. Su relación de colaboradores fue muy extensa y entre ellos se puede citar a Federico Baraibar en Álava. El tomo del *Corpus* que fue publicado finalmente en 1869 (con un *Supplementum* en 1892) contiene 6350 inscripciones latinas antiguas no cristianas (o sea, votivas, imperiales, municipales, militares, miliarios, etc.), estructuradas de manera geográfica según la antigua división administrativa romana de tres provincias: *Lusitania*, *Baetica* e *Hispania Citerior*, con sus correspondientes conventos jurídicos. En su libro de 1893 *Monumenta linguae Ibericae* Hübner se unió a las **tesis vascoiberistas**, ya que era partidario de contemplar un gran pueblo ibero que abarcaría Sicilia, Cerdeña y Córcega, el sur de Francia e incluso las Islas Británicas. Los vascos eran, para él, nada más que un pequeño residuo de toda aquella raza. El descubrimiento de una piedra con inscripciones bilingües en latín e ibero le serviría para avanzar en sus conclusiones. Sin embargo, con el desciframiento posterior que hizo Gómez-Moreno (1925) de la escritura ibérica, buena parte de las interpretaciones que había hecho tuvieron que ser rechazadas, lo que no quita mérito al ingente trabajo realizado por el alemán. A pesar de ello, muchas de sus observaciones siguen siendo, a día de hoy, perfectamente válidas.

1860 – DANIEL ESCHRICHT

Médico y zoólogo danés (1798-1863). Fue el primero en denominar a la *eubalaena glacialis* como ***balaena biscayensis***. Fue reconocida con este nombre por ser la presa preferente de los vascos como consecuencia de su docilidad y de la tendencia a mantenerse cerca de la costa, desde donde salían los balleneros al avistarla.

1860 – LOUIS DE BAECKER

Abogado y erudito francés (1814-1896). En 1860 publica *Grammaire comparée des langues de la France, par Louis de Baecker. Flamand, allemand, celto-breton, basque, provençal, espagnol, italien, français, comparés au sanscrit*. En el capítulo sobre las lenguas indoeuropeas hace una reseña sobre el euskera y después de hacer una pequeña introducción en la que nombra a autores como Humboldt (1799) o Chao, deduce que "de acuerdo con estas consideraciones, clasificaremos el vasco entre las lenguas **indoeuropeas**, en la proximidad del celta y el gótico, puesto que, por un lado, el señor Humboldt reconoció rastros del celta en los nombres de ciudades y pueblos de casi toda la mitad occidental de la península ibérica y, por otro lado, M. Aug. Chao encuentra entre el vasco y el sánscrito lo que él llama analogías de vocalización, especialmente en la parte académica y teogónica de su vocabulario". Baecker incluye siempre al euskera en el detallado análisis comparativo que hace de las lenguas indoeuropeas.

1861 – VICTOR PETIT

Diseñador de arquitectura, litógrafo y escritor francés (1817-1871). En 1861 publica una obra con 32 litografías de toda la cordillera pirenaica titulada *Souvenirs des Pyrénées.* Una de ellas, a doble página, muestra toda la costa de Biarritz justo antes del incipiente desarrollo que sufrió con motivo de la llegada de la aristocracia francesa a pasar las temporadas de verano.

1861 – ANÓNIMO RUSO:

"Es un espectáculo grandioso. En ningún otro lugar he contemplado una vista más hermosa. Me parece que estoy en el Cabo de San Jorge, en la costa de Crimea"
(Isla de Santa Clara).

1861 – ANÓNIMO RUSO

El *Journal de Saint-Pétersbourg* era la gaceta oficial del Ministerio de Asuntos Exteriores ruso publicado en lengua francesa desde 1825 hasta 1914. Entre septiembre y octubre de 1861 se publica, por entregas y de manera anónima, el relato *Souvenirs d'Espagne. Lettres à un ami* (*Recuerdos de España. Cartas a un amigo*). El viajero inicia su viaje por **Biarritz** el 10 de septiembre de 1861, contemplando sus playas, hoteles y casinos, mientras va escuchando de fondo su música local, como cuenta en su texto: "La venta de sardinas se anuncia a lo largo del día con el particular grito de las jóvenes hijas de los pescadores. Este grito, imposible de olvidar, es una modulación aguda, extraña y larga en lengua vasca, que es imposible de reproducir. Esta modulación, y cierta melodía que se escucha en un instrumento, grande o más bien pequeño como el canto de un pájaro, el pastor vasco, que, por la mañana y por la tarde, trae un rebaño de cabras de orejas larguísimas". Antes de partir hacia Madrid en diligencia, hace una excursión a **Donostia**, donde se desplaza hasta la Isla de Santa Clara, de la que dice que es "un espectáculo grandioso": "En ningún otro lugar he contemplado una vista más hermosa. Me parece que estoy en el Cabo de San Jorge, en la costa de Crimea".

1861 – JULES MICHELET

Historiador francés (1798-1874). Fue un librepensador anticlerical, autor de una monumental obra, *Historia de Francia*. Tocó el tema de Euskal Herria en muchas de sus

1861 – Petit. Panorámica de Biarritz.

obras. En uno de sus libros más famosos, *La Mer*, una composición intermedia entre lo científico y lo ficticio, habla de los balleneros: "Muchos piensan que los primeros que se aventuraron en una empresa tan peligrosa como la caza de **ballenas** tenían que haber sido excéntricas mentes calenturientas. De acuerdo con los que piensan esto, ese peligro nunca podría haberse originado con los hombres prudentes del norte, sino que debió haber sido iniciada por los vascos, esos audaces cazadores y pescadores que estaban tan acostumbrados al caprichoso mar del Golfo de Gascuña, donde pescaban el atún. Allí vieron por primera vez a las enormes ballenas en acción y las persiguieron de manera frenética por la esperanza de una presa tan enorme, las persiguieron siempre hacia adelante, sin importar adónde, incluso hasta los confines del mundo. Allí, el pobre Coloso, que creía sentirse a salvo, porque no podía ni imaginarse que alguien estaría lo suficientemente desesperado como para seguirlo hasta allí, relajó la guardia. Pero nuestros locos vascos se acercaron sigilosamente y en silencio. Apretando su faja roja alrededor de su cintura, el más audaz y activo de los marineros vascos saltó desde la cubierta directamente sobre la parte posterior del monstruo dormido y, sin miedo o despreocupadamente, condujo el arpón hasta el ojo. ¡Pobre ballena!". Michelet tiene en tal estima a los marineros vascos, que echa la culpa de la pérdida de la Armada Invencible a los castellanos: "Los reyes de Castilla siempre sospecharon de sus súbditos, los vascos, cuyos **privilegios** los convertían en una especie de república dentro de una monarquía y que, además, eran bien conocidos por su audacia y su riesgo. Fue este sentimiento el que produjo el fracaso de los príncipes en más de una empresa. Solo necesitamos mencionar una de ellas, la miserablemente arruinada Armada, tan orgullosa y absurdamente llamada Invencible. Felipe II, que tenía dos veteranos almirantes vascos, concedió el mando de la Armada a un castellano. El consejo de los veteranos fue desoído, y de ahí el desastre".

1862 – JEAN-JACQUES AMPÈRE

Filólogo, escritor e historiador francés (1800-1864). Ampère fue miembro de la Academia Francesa y uno de los precursores de la literatura comparada que ahondaba en los vínculos entre sociedades y buscaba analogías entre fenómenos culturales. En el capítulo IV del primer tomo de su *L'histoire romaine à Rome* sobre los primeros ocupantes del suelo romano, comenta que toda esa zona de Italia habría sido ocupada por los **ligures** y pueblos afines. De estos ligures, que habitaron la región fronteriza mediterránea entre Francia e Italia hasta parte de la Toscana, comenta que "formaron parte de la gran raza ibérica que una vez poseyó una parte considerable de España y el sur de la Galia, donde precedió a la raza celta; retornada de regreso a los Pirineos, estuvo allí confinada en los altos valles, unos franceses, los demás españoles, donde ha mantenido con increíble tenacidad su nacionalidad y su idioma, que no se asemeja a ninguna otra lengua conocida. Este rescoldo, que se diría indestructible, de los íberos, son los vascos [*Ce débris, qu'on dirait indestructible, des Ibères, ce sont les Basques*]. Los íberos de Italia o Ligures eran, por tanto, los hermanos mayores de los vascos, hablaban un dialecto de la lengua que aún hoy se habla; diferentes topónimos de Liguria tienen raíces que se encuentran en el vasco y el mismo nombre de la nación es vasco". Y aquí remite a Humboldt, que traduce *Iligor* como lugar elevado de un país montañoso (quizá de *ili*, ciudad, y *gora*, arriba). Contempla, por lo tanto, a aquel pariente del euskera como lengua prearia del Lazio.

1862 – ÉMILE ÉTIENNE GUIMET

Industrial y coleccionista de obras de arte francés (1836-1918). Hombre de negocios y creador de *Viajes Emile Guimet*, supo canalizar el interés que sentía por las civilizaciones que visitaba y adquirir una colección de objetos de arte que le llevaron a fundar el Museo Guimet de arte asiático. *A travers l'Espagne* es su diario epistolar del viaje a España. Llegó a Bayona en abril de 1862, y describe así a su gente: "Solo llegando a **Bayona** asume la gente, en su plenitud, el aspecto vasco. Los habitantes tienen trajes que portan con orgullo y los usan de manera muy informal; me sorprendió la limpieza de su ropa. Los hombres son pequeños y bien hechos; sus rostros son distraídos y risueños al mismo tiempo; están, en un momento dado, muy animados y, poco después, se colocan en una posición de indiferencia de la que no se mueven durante media hora". Su impresión de **Gasteiz**, en día de mercado, es otra muy diferente: "No voy a describir lo pintoresco de sus trajes y sus fisonomías; tantos individuos, tantos tipos diferentes, cada uno con su propio carácter particular del que solo se puede tener una idea cuando lo ves. Los colores de los trajes son un poco llamativos; los abrigos, de todas las formas y colores, juegan un gran papel; los hay coloridos con pompones, los hay negros, marrones, rojos, grandes, cortos, muchos mugrientos, algunos tan parcheados que ya no se encuentra la tela original, otros tan llenos de agujeros que se convierten en redes de pescadores. Abundan los sacerdotes con sus enormes sombreros en forma de teja y, como broche final, las señoras con sus mantillas negras".

1862 – Guimet. Ilustración de Doré en *Voyage en Espagne* de Davillier (1862), un buen reflejo del ambiente que describe Guimet en el mercado de Vitoria.

1862 – JEAN-BAPTISTE HUYSMANS

Pintor belga (1826-1906). Artista reconocido por sus escenas orientalistas, su vida itinerante le trajo hasta España para retratarla en su *Voyage illustré, en Espagne et en Algérie*, publicado en 1865. Llega a **Baiona** el 16 de marzo de 1862: “Si Bayona no ofrece nada al viajero, **Biarritz** le otorgará el espectáculo siempre nuevo e imponente que ofrece el mar, al borde del cual la emperatriz Eugenia hizo erigir un gracioso y vasto palacio”. Se traslada directamente hasta **Iruñea**, “patria del célebre San Ignacio de Loyola”. “Está bien fortificada y defendida por una ciudadela. [...] Sus plazas son bellas, sobre todo la del Castillo”, cuenta. Pasa a describir la catedral y el claustro, “de enorme belleza y en un estado de perfecta conservación”, y el ayuntamiento, que considera “bastante mediocre”. El 19 de marzo está en **Tutera**, cuyos alrededores, dice, “producen cantidad de olivas y excelentes frutas”. “Posee una catedral de la que se puede destacar su hermosa portada gótica. [...] Su gran altar, igualmente gótico y adornado de pinturas, tiene la desgracia, como tantos otros encontrados en las basílicas españolas, de haber sido recubierto de oro”. Ya montado en la diligencia camino de Madrid, comenta: “Montados en una execrable diligencia arrastrada por una docena de mulas, solo nos compensa [...] la contemplación de la naturaleza, tan salvaje como grandiosa, que se extiende ante nuestros ojos”.

1862 – LEÓN GODARD

Clérigo e historiador francés (1825-1863). En 1862 publicó un libro de viajes titulado *L´Espagne, moeurs et paysages, histoire et monuments*. Describe a los vascos como “descendientes de los antiguos **cántabros**, [...] laboriosos, ágiles y robustos, bravos y apasionados por la independencia que han podido ser subyugados pero jamás dominados por las águilas romanas”. Y a sus habitantes así ataviados: “Las mujeres de pueblos y villas, visten con la ‘bayeta’ o un jubón a rayas y un corsé de color, y se distinguen especialmente por su cabello recogido en dos trenzas decoradas con cintas y caídas sobre los hombros. Las chicas jóvenes portan sus cabezas desnudas, pero las mujeres casadas llevan un pañuelo de batista o muselina negra, cuyas puntas caen por detrás. Calzan ‘abarcas’ o sandalias de cuero. Los hombres, con pantalones de lona, chalecos rojos, capuchas de tela y vestidos con boinas azules o rojas, tienen, como las mujeres, una postura notablemente digna. Sus cuerpos, sin embargo, no se ven lastrados por esa fatiga que da a los campesinos de la mayoría de las provincias de Francia un aspecto tan pesado y una fisonomía tan vulgar”. Recurre también a los tópicos de los *zorçicos*, de las danzas que bailan “*au son du tambourin et de la chirola, o flûte â troistrous*” y, sobre todo, de su idioma.

1862 – WEBSTER:

“No hay ninguna región en Europa que sea mejor administrada que las provincias vascas”.

1862 – WENTWORTH WEBSTER

Clérigo inglés (1828-1907). Llegó a Biarritz en 1862 y estuvo destinado como capellán de los residentes anglicanos ingleses en Donibane Lohizune y Sara desde 1869 hasta su muerte. Fue una gran **euskaltzale** que mantuvo contactos estrechos con figuras influyentes que giraron en torno a la cultura vasca como Abbadie, Menéndez Pelayo, Manterola, Urquijo, Vinson (1866) y Schuchardt (1884). Escribió sobre la cultura vasca en gran cantidad de revistas y periódicos ingleses (incluida la Enciclopedia Británica), franceses y españoles. Se posicionó a favor de las tesis de Humboldt (1799) y en contra de los antropólogos vasco-celtistas, a los que avisaba de que el problema vasco (*the* ***basque problem***) hay que atacarlo conjuntamente desde todas las disciplinas científicas, porque si no, se puede caer en las redes de la radicalidad. Su libro de 1877 *Basque Legends*, escrito con Vinson (1866), incluye un suplemento titulado *Basque Poetry* y una serie de **leyendas** escuchadas por él mismo de boca de las mujeres que vivían a su alrededor, convencido del valor que encerraba toda esa sabiduría. En su último libro de 1901, *Les Loisirs d'un étranger en Pays Basque*, que trata sobre la geografía y la cultura vasca, comienza diciendo que, a pesar de los cambios generados en la última generación, aún se percibe la **autonomía** latente en el pueblo: *"L'ancienne autonomie est tout à fait passée, mais l'honnêteté et la fierté qu'elle a engendrées persistent toujours"*. Este libro es importante dentro de la historiografía vasca por revelar siempre las fuentes con las que trabaja, dando a la obra un aire de seriedad y veracidad. Rodney Gallop (1927), quien dice que "los vascos temen a su Dios más que le aman", cuenta que para Webster "la **brujería** entre los vascos no ha llegado aún al estado de leyenda, [...] los cuentos que tratan de brujas los relatan [...] como narrarían cualquier incidente acontecido a ellos mismos". Webster conjetura con la posibilidad de que el conde de Leicester, que impusiera a Enrique III en 1258 el primer Parlamento británico, hubiera aprendido en Gascuña, entonces bajo influencia inglesa, las fórmulas de democracia parlamentaria que después aplicaría allí. Webster señala que el conde pudo adquirir aquellos conocimientos de "gascones, vascos, provenzales, catalanes y españoles". Asegura que no hay ninguna región en Europa mejor administrada: *"Il n'y avait certainement aucune région en Europe qui fût mieux administrée que les provinces basques"*. Él mismo recibió en Sara al rey Eduardo VII, en cuyo honor se jugó un partido de pelota.

1862 – GEORGE EDMUND STREET

Arquitecto inglés (1824-1881). Realizó una larga travesía por España que dejó reflejada con dibujos y descripciones detalladas en su libro de 1862 *Some Account of Gothic Architecture in Spain*. El capítulo XIX lo titula *Tudela, Olite, Pamplona*. La catedral de **Tutera** le cautiva: "Su escala es bastante buena sin acercarse a ser grandiosa, y ofrece, por lo tanto, una buena imagen del gran poder que los arquitectos medievales sin duda poseyeron, dando una impresión de vastedad, incluso con dimensiones muy moderadas, y asegurando un efecto completamente parecido al de una catedral. [...] Puedo, con seguridad, calificar esta pequeña iglesia de Tudela entre las mejores que he tenido la suerte de visitar en cualquier parte de Europa; y hay mucho en su iconografía y en sus detalles esculpidos que recompensarían un estudio mucho más prolongado de lo que podía permitirme". Comenta que **Erriberri** es *"a very squalid and miserable place"*, con el tiempo se ha vuelto "triste, desolada y ruinosa [*dreary, desolate, and ruinous*]"; y que, aunque **Tafalla** parece un poco más próspera, también "ha perdido su reclamo formal como título de flor". El castillo de Olite continúa siendo según él "una ruina imponente, con un gran lienzo de muro de cierre, del cual se elevan varias elegantes torres". Acaba su periplo en **Iruñea** con buenas sensaciones: "Las torres y muros de Pamplona se divisan bastante antes de alcanzarla. [...] Su ubicación es realmente encantadora, disfrutando la región de un aspecto completamente montañoso y alzándose la ciudad sobre una loma elevada que emerge de un vasto y próspero valle rodeado de elegantes colinas. [...] Las vistas desde la catedral y las murallas son muy hermosas, y como la ciudad es grande y está muy bien diseñada, con una gran plaza porticada en el centro, da una impresión muy favorable de España a quienes la convierten en su primer lugar de descanso en su gira española. [...] Por mucho que yo haya disfrutado de la travesía española que finalizó en Pamplona, tal vez no haya ninguna otra parte de la que haya disfrutado más que esta".

1862 – JEAN CHARLES DAVILLIER

Noble, escritor y coleccionista de arte francés (1823-1883). Una importante personalidad de la cultura francesa que, gracias a sus viajes y su inmensa fortuna, pudo reunir una gran colección de obras de arte que a su muerte legó al Museo del Louvre. En 1862 publicó el libro *Voyage en Espagne*, en el que narra el viaje que hizo al sur de los Pirineos con el famoso ilustrador Gustave Doré (1855). El libro tuvo una gran acogida entre el público y fue traducido a varios idiomas. Pone a Cervantes (1605) y Scaliger (1599) como ejemplo de la mala fama que lleva el euskera

1862 – Davillier: *"Nos limitaremos, para terminar, a citar la chanza que los Españoles atribuyen a un Andaluz: Los Vascos escriben Salomón y pronuncian Nabucodonosor". Pastor vasco,* ilustración de Doré.

como medio de comunicación: "Ya se ve que no es asombroso que el proverbio 'hablar como una vaca española' venga, como se ha pretendido, de otro proverbio más antiguo: 'hablar cómo un Vasco español'". Hablando de las *provincias vascongadas* o *Provinces Basques*, comenta que los vascos se denominan a sí mismo *Euscaldunac*, a su lengua *Euscara* y a su país ***Euscaleria***. Deja bastante claro que el *vascuence* no es de su gusto y se permite hasta un chiste: "Se ha pretendido que su pronunciación es armoniosa; otros, al contrario, afirman que es dura y difícil; en cuanto a nosotros, confesaremos que, sin comprender de ella ni una sola palabra, nos ha parecido siempre bastante ruda. No tenemos, por lo tanto, la pretensión de resolver la cuestión y nos limitaremos, para terminar, a citar la chanza que los Españoles atribuyen a un Andaluz: Los Vascos escriben Salomón y pronuncian Nabucodonosor". De **Donostia** comenta que "es el Trouville, el Biarritz de España, el punto de cita de la sociedad elegante de Madrid y de las grandes ciudades españolas durante la estación de los baños de mar. A pesar de la vecindad de la frontera, San Sebastián tiene carácter español bien pronunciado, con su plaza rodeada de arcos y en que se celebran las corridas de toros, con casas de balcones y miradores". Por el contrario **Tolosa** le sorprende gratamente: "Una de las villas más bonitas del país vasco [*pays basque*] y una de las más industriales; sus talleres y fábricas son numerosas, y sus edificios de ventanas alineadas muy regularmente, contrastan singularmente con las fachadas esculpidas y blasonadas de las casas solariegas, mansiones de antiguas familias nobles, arruinadas en parte. Aparte de las casas solariegas, que ascienden la mayoría a varios siglos, Tolosa no posee otro edificio interesante si no es la iglesia gótica de Santa María, una de cuyas torres está sobrepuesta de una estatua colosal de San Juan Bautista. Observamos al entrar en el templo esta inscripción, que muchas veces habíamos tenido ya ocasión de leer en otras partes: 'Hoy se saca ánimas'. Este aviso a los fieles es una de las tradiciones de la vieja España católica". Un par de peculiaridades le llaman la atención. Cerca de **Zumarraga** se encuentra con una familia de nómadas, "cosa rara en las provincias vascas. De todas formas, alrededor de Pamplona y en otras partes de Navarra se ven en abundancia, y algunos se quedan a vivir; además de la lengua de los **gitanos**, dicen que hablan perfectamente el euskera". Otra curiosidad es el ruido de los carros de bueyes, un tema recurrente entre los viajeros que recalan aquí: "Sobre todo en ocasión de las bodas es cuando se complacen en escuchar rechinar a los carros que conducen a casados e invitados; y ello a pesar de la multa de una peseta con que los alcaldes de ciertas aldeas amenazan a los aficionados a música tan extraña". Y en cuanto a la bebida: "Algunos valles están plantados de manzanos: se creeria uno en Normandía. La **sidra** [*zagardúa*], que se fabrica en las Provincias Vascas en bastante grande cantidad, no vale seguramente tanto como la de Isigny o del Devonshire; no obstante, la que hemos bebido alguna vez era muy agradable, particularmente en San Sebastián. En cuanto al vino, el país produce poco y apenas puede darse este nombre a un brevaje áspero, agrio y sin sustancia que los Vascos llaman '**chacolí**'". Reconoce, al final, la excepcionalidad del pueblo vasco en la conservación de sus **tradiciones**: "Probablemente no hay pueblo en Europa que haya conservado con tanta pureza sus viejas tradiciones de raza, carácter y lengua. Estos montañeses sin miedo, que con éxito hicieron frente a romanos, godos y árabes, han conservado con gran esmero su independencia y libertad; hace siglos que tienen algunos derechos o privilegios –los fueros– y por eso a estas provincias las denominan 'exentas'. Uno de los principales privilegios de los vascos es el de no estar sometidos como los demás españoles a la quinta o contribución de sangre". La obra contiene más de 300 dibujos de Gustavo Doré (1855) y Henri Théophile Hildibrand.

1862 – FRANÇOIS SAINT-MAUR

Abogado y escritor francés (1825-1901). Realiza una pequeña excursión de cinco días por Navarra que relata en un pequeño librillo de nombre *Cinq jours d'un Parisien dans la Navarre espagnole*. La primera impresión le hiere: "Es un sentimiento doloroso desde el punto de vista de la autoestima nacional darse cuenta de que Valcarlos, que debería ser totalmente francés, es en cambio totalmente español. Y, sin embargo, estas poblaciones están completamente separadas de España, con la que solo pueden comunicarse atravesando los caminos casi inaccesibles e intransitables del paso de Ibañeta; por tanto, todas sus relaciones son con Francia y los vemos acudir al mercado de San Juan de Pie de Puerto". **Burguete**, continúa, "es un bonito pueblo situado en el centro del valle, a una altitud relativamente considerable. [...] El aire es fresco, puro y no demasiado caliente. Es un asentamiento de unos 40 o 50 fuegos que bordea la carretera que desde allí llega a Aoiz, descendiendo por laderas boscosas y adentrándose en el valle de Irati. Llegamos allí lloviendo (debe ser bastante común) y nos encontrábamos necesitados de hospitalidad honesta, refugio y un buen fuego". Llegan al albergue del señor Iñarrea donde pasan la velada "reunidos en torno a uno de esos fogones primitivos de forma original". "En el centro de la cocina está el fuego, alimentado por árboles que arden vivamente y proyectan un enorme calor. Dos o tres vigas transversales sostienen las ollas y los estantes, y es alrededor de este original hogar donde los habitantes y los invitados de la casa se reúnen en círculo para la vigilia. [...] Esta población tiene una fisonomía honesta que agrada y hay cordialidad en la bienvenida que dan a los extranjeros". Los anfitriones sacan una guitarra y una mandolina y, después de una pequeña introducción, acometen "esas melodías esbeltas y algo monótonas, pero no exentas de encanto, que se escuchan en todas partes de España". Baja por Villanueva y Nagore hacia **Aoiz**, donde visita la iglesia, y de allí parte para **Pamplona**, que "no es solo una ciudad curiosa, rica en recuerdos y en gloria, sino también una ciudad hermosa, donde más de un municipio francés podría ir a tomar lecciones de administración y mantenimiento de carreteras". Aún le queda tiempo para admirar sus iglesias, antes de tomar el camino de vuelta.

1862 – HANS CHRISTIAN ANDERSEN

Escritor y poeta danés (1805-1875). El famoso escritor de cuentos para niños como *El patito feo* anduvo diez años de su vida recorriendo Europa, publicando varios libros extraídos de sus experiencias de viaje. En su libro *I Spanien* rodea la península entrando por Cataluña y saliendo por el País Vasco (*Lande der Basken*), al que dedica el último capítulo. Hace transbordo en **Olazagutía**, donde se tiene que abrir camino hasta la posada con la nieve hasta las rodillas. Le sirven comida y bebida, que describe así: "El pan estaba decididamente duro, el jamón viscoso y seco, el vino nos despertó el deseo de agua de lluvia tibia con anisete o alguna otra amarga mezcla". Se ponen en marcha y atraviesan los escenarios de las sangrientas luchas de guerrillas de la guerra civil: "Todo estaba tranquilo y solitario y hacía un frío invernal, como si marcháramos en plena Navidad por entre las crestas de alguna montaña entre Noruega y Suecia y no entre España y Francia. Nos encontrábamos en el país de los vascos, experimentando su duro clima de invierno". Llegan a **Donostia** y se detienen en una fonda que sorprendía por su pulcritud e incluso por su elegancia: "La cocina relucía y la muchacha vasca que allí atendía también sabía hacer que sus ojos resplandecieran. ¡Qué negros y qué hermosos eran! Lo que decían era más fácil de comprender que el idioma vasco que hablaban por su boca. En el idioma local se le llama '**Escuara**', y los entendidos dicen que proviene del sánscrito. [...] Nos encontramos entre la raza de los primitivos pobladores del país, con los fornidos y perseverantes iberos, en su idioma local llamados Escualdunac".

1863 – Broca. Mapa de la extensión del euskera (versión publicada por **Perron** en la *Neuvelle Géographie Universelle* en 1875).

1863 – PAUL BROCA

Médico y antropólogo francés (1824-1880). Este eminente antropólogo, descubridor, entre otras cosas, del centro del habla del cerebro, ahora llamado área de Broca, publica en 1875 *Sur l'Origine Et La Répartition De La Langue Basque*, una pequeña monografía de 50 páginas dividida en tres capítulos que versan sobre la antigua extensión de la lengua vasca, la introducción de esta en Francia y su extensión actual en la que ilustra una *Carte de la Langue Basque*, que abarca las siete provincias y en la que señala los límites del idioma hacia esa época. Broca se metió en un terreno lingüístico que no era de su competencia y acabó echando mano del famoso testimonio (muy recurrido en la historiografía francesa) del dato de san Gregorio de Tours (590) que sitúa la expansión vascona por **Aquitania** en el año 587, afirmando que "los guerreros vascones encontraron la oportunidad favorable de recuperar en Aquitania lo que perdieron en España; cruzaron los Pirineos y rápidamente conquistaron no solo toda la cuenca del Adour, sino también una parte de la propia Aquitania. Derrotados varias veces por los francos, tuvieron que retirarse más allá del Adour, hasta que en el 602 Thierry II, rey de Borgoña, sobre quien recayó la soberanía del sur de Aquitania, decidió tratar con ellos. Les cedió, a cambio de un tributo, el territorio que ocupaban entre el Adour y los Pirineos, y este territorio tomó, del nombre de sus nuevos amos, el nombre de Vasconie o Pays des Basques". Como prueba concluyente de esta invasión presenta su estudio sobre los **cráneos** (*Sur le Caractère des Crânes Basques*, 1863): "Durante mucho tiempo he probado que los vascos españoles son dolicocéfalos. Los vascos franceses, por el contrario, son en su mayor parte braquicéfalos; por lo tanto, pertenecen a otra raza". Donde sí que acierta es en su análisis sobre el retroceso de la lengua. Broca era consciente de este hecho para las dos últimas generaciones y aporta un dato interesante sobre el euskera de **Gares** a principios del siglo XIX, citando la existencia de dos fuentes familiares diferentes que testimonian la utilización de este idioma unos sesenta años antes: "*Je tiens de deux sources différentes que quelques familles parlaient encore cette langue, il y a une soixantaine d'années, a Puente-de-la-Reina, ville située aujourd'hui en dehors de la ligne basque, á cinq lieues au sud de Pampelune*". Comenta además el dato de Francisque Michel (1837) sobre un navarro de **Erriberri** que afirmaba que hablaba vasco con sus amigos cuando era pequeño.

1863 – ANÓNIMO FRANCÉS:

"Cuando se le pregunta a este montañés si es francés, responde invariablemente: Soy vasco".

1863 – ANÓNIMO FRANCÉS

Un autor anónimo nos lega una obra de 1863, *De Biarritz en Espagne. Aperçus pittoresques et historiques par un paysagiste*, relato donde describe su pequeña inmersión turística por el País Vasco continental, Hondarribia e Irun. El País Vasco (*Pays Basque*) *"compte en France trois régions: le Labourd, la Basse-Navarre et la Soule; quatre en Espagne, à savoir: les 'Provinces Vascongades' de Biscaye, d'Alava et de Guipuzcoa, puis la Haute-Navarre"*, y añade que fueron mencionados a lo largo de la historia con la denominación de cántabros. "El vasco es, en efecto, un tipo aparte y notable. [...] La larga cabellera del vasco anuncia el amor a la libertad; así como su estatura erguida y más bien orgullosa está llena de dignidad", asegura. "El amor a la **independencia** que una vez lo expuso –¡tan victoriosamente!– a todos los peligros de la guerra, todavía hoy lo vence a menudo en la distancia para escapar de la dominación". "El patriotismo, que en el hombre, desde el corazón, se eleva a la virtud, no podía ser un sentimiento ajeno al vasco, poseyéndolo en alto grado. Sin embargo, cuando se le pregunta a este montañés si es francés, responde invariablemente: soy vasco [*Je suis Basque*]". Menciona la *makhila*, las *abarcac* y *ezpartiñac*, pastorales, bertsolaris (*improvisateur*) y los *Irrincina* que anuncian las fiestas públicas. Asegura que en **Donibane Lohizune** se hablan todas las lenguas, "el francés, el gascón, el dialecto, el español, el inglés, etc., pero sobre todo el vasco, ese idioma (lengua madre) tan expresivo y tan rico que se presta a todos los matices, incluso a los más sutiles y caprichosos, de la idea". En **Hondarribia** es testigo de un desfile popular que describe con bastante detalle.

1863 – GRAF BASTIANO:

"Los vascos están orgullosos de su viejo árbol, y con razón, porque es un símbolo de su independencia y de generación en generación se hereda la antigua costumbre de celebrar las juntas bajo él".

1863 – GRAF BASTIANO

Aristócrata alemán. El conde Bastiano publica en 1865 el relato del viaje a la península realizado entre 1863 y 1864, *Im Süden. Reisesskizzen von Graf Bastiano* (*En el Sur. Apuntes de viaje del conde Bastiano*). Al cruzar la frontera percibe el traje de baño de las mujeres como casi demasiado atrevido (*zu kühn*): "El brazo se podía ver en toda su extensión y la chaquetilla estaba recortada, así como las mangas que cubrían las piernas eran demasiado cortas". "En las calles se echaba en falta el arquetipo de los caminos de España; hombres y mujeres eran altos, las últimas tenían ojos claros, raros entre las españolas", añade. La llegada a **Donostia** le parece apoteósica: "La grandiosidad armoniza con el encanto". "Es una pena que los españoles tengan en tan poco aprecio a la naturaleza, ya que el encantador extrarradio de la ciudad ofrece una gran variedad de paseos". La vista desde lo alto del monte Urgull es para él de "una excelencia indescriptible". Señala, sin embargo, que "las provincias vascas han sido, de siempre, escenario de acontecimientos bélicos y los caseríos de los pobres aldeanos están a menudo arruinados". Ciudadanos y veraneantes se limitan a los paseos marítimos, a los que consideran un deber acudir. Le causa cierto escrúpulo tener que alquilar un traje de baño reutilizado, que apenas se deja secar al sol sin haberlo lavado, e, insistiendo, consigue uno limpio. En uno de sus paseos se topa con unos conocidos, una de las muchas familias madrileñas que llegan a San Sebastián a veranear. Comienza a hacer la corte a las hijas. Acude a la zarzuela del teatro, a la misa, al casino, a la verbena, a la procesión... En la explanada se reúne una multitud vestida con sus trajes típicos para bailar el "*pas de basque*", "que ha encontrado acogida incluso en el ballet". Al anochecer tiene lugar la suelta del "toro de fuego", del que comenta: "Es curioso comprobar cómo se implica al toro en cada entretenimiento del español".

Desde Donostia se embarca hacia **Bilbo**, donde contempla una ciudad bonita y pintoresca, pero una corrida de toros más bien pobre. Desde Bilbao se aventura en coche de caballos, sin ningún motivo aparente, hacia Mundaka, lo que le convierte casi en un intrépido explorador, ya que era esa una ruta que se encontraba al margen de toda recomendación. Camino de **Mungia** constata: "Durante mi solitaria travesía me encontré con muchas mujeres que llevaban, según la costumbre local, grandes cestos en la cabeza; sus vestidos no tenían nada de especial, salvo que llevaban alpargatas que se anudaban con largos cordones. Las muchachas jóvenes eran estiradas y parecían fuertes. A algunas les colgaban los cabellos en largas trenzas. Me llamaron la atención sus grandes ojos grisáceos, una singularidad de los vascos". El escenario de caseríos y grupos de mujeres trajinando en los zaguanes tenía para él cierto aire suizo. En Mungia el cura le consigue un guía (que iría a pie) y un caballo. Asciende la sierra de Sollube y se les echa la noche encima, lo que le inquieta profundamente: "La situación se podía considerar, en ciertos aspectos, penosa". Se arrepiente de haber dejado el revólver en la maleta. Pero el "infatigable" acompañante le guía sin contratiempos hasta Bermeo y continúa hacia **Mundaka**, adonde llega a horas intempestivas. Al despedirse del "bravo vasco", este se niega a cobrar: "Había sido un servicio de fraternidad cristiana por parte de los sacerdotes del pueblo". Sobre Mundaka dice que "era la encarnación del aburrimiento", y a pesar de ello se convirtió en su residencia durante dos semanas. Dedica a **Gernika** una corta visita para ver su casa de juntas y su legendario roble, del que los vascos se sienten tan orgullosos, con razón, ya que es símbolo de su independencia, y bajo el cual, generación tras generación, se celebran las juntas: "*Die Basken sind auf ihren alten Baum stolz, und mit Recht, denn er ist ein Zeichen ihrer Unabhängigkeit, und von Geschlecht zu Geschlecht erbt sich die alte Sitte fort, unter ihm Gericht zu halten*".

1863 – PASCAL BLANCHARD

Pintor francés (1907-1900). Realizó, para diversos rotativos gráficos, numerosos **grabados** sobre la segunda carlistada que tuvo en el Pirineo catalán un importante centro insurgente. En la revista *L'Illustration, Journal Universel*, del 17 de octubre de 1863, Blanchard realizó, sobre un croquis esbozado por el III duque de Valmy (1802-1868), un hermoso grabado de la visita que el emperador Napoleón III hizo a la playa de San Juan de Luz para observar una ballena varada en la costa. Al fondo se puede ver el fuerte de Sokoa.

1863 – Blanchard. El emperador Napoleón III visita la ballena varada en la playa de Donibane Lohizune. Al fondo, el pueblo de Sokoa.

1863 – EDWARD BARRY

Historiador y epigrafista francés (1809-1879). Profesor de Historia en la Facultad de Letras de Tolosa, realizó varios estudios sobre la mitología y la epigrafía pirenaica. En 1863 publicó *Inscriptions inédites des Pirénées*. "La región central de los Pirineos, a la que pertenecen todas las **inscripciones** que vamos a intentar interpretar, es sin duda una de las más ricas de Francia en monumentos epigráficos", explica en el libro. En este ensayo Barry ya se cuestiona la información que se esconde detrás de algunos de los **antropónimos** aquitanos que después se ha demostrado que pertenecían al protovasco. Observando algunos de los nombres como *Bihotarris* y *Sembexso* (de *bihotz*, corazón, y *seme*, hijo) se pregunta "si un país que tenía estos nombres en las clases superiores no había permanecido fiel al idioma del que estos nombres formaban parte, igual que había permanecido fiel a sus costumbres, a su vestimenta y a su culto nacional, y si estas denominaciones características no tuvieran, a su vez, alguna información que darnos sobre el origen y el carácter de las poblaciones que se sucedieron, suprimieron o superpusieron en el suelo de la antigua Aquitania".

1864 – EUGÈNE P. DE BOURAMBOURG

Escribe una crónica, a modo de epistolario, de lo que fue un acontecimiento para la época, por lo complicado de su construcción: la inauguración de la línea de ferrocarril entre Irun y Madrid, *Inauguration du chemin de fer du Nord de l'Espagne. Dix jours en Castille*, donde cuenta 27 túneles en el tramo vasco. La primera carta la manda desde Donostia el mismo día de la inauguración, el 15 de agosto de 1864: "El programa anunciaba un vestuario en **Irun** para lavarse: ¡qué decepción, querida! ¡Un cobertizo oscuro, sin muebles, sin agua, sin toalla! [...] Miramos con deleite los bellos parajes que la locomotora, puesta de nuevo en marcha hacia Donostia, hacía pasar frente a nosotros: **Hondarribia**, cuya situación pintoresca disimula sus ruinas tras largas luchas, Rentería y la deliciosa bahía de **Pasaia**, donde las ninfas de las montañas, al parecer, acuden solas a bañar sus hermosos cuerpos, ya que nuestras damas aún no han traído la moda a esta encantadora playa". Comenta de **Donostia** que "la ciudad está regularmente edificada; las calles son rectas; todas las casas son amarillas; la iglesia principal, en forma de basílica, produce un efecto llamativo, aunque de pequeñas proporciones". Suben al Monte Urgull y comentan que "en lo alto de la batería 'de las Damas' la vista es magnífica; las aguas del mar que vienen a batir los acantilados de duras rocas son de un color hermoso: en las colinas circundantes hay una gran cantidad de cultivos; más allá, las sólidas cimas del Pirineo". La travesía que realiza por Gipuzkoa le resulta "encantadora y merecería la pena el viaje: es una sucesión de valles, prados, campos, huertos, arroyos, casas, fábricas, todo ello intercalado con altas montañas y precipicios".

1864 – THOMAS SOPWITH

Empresario inglés (1838-1898). Publica en 1865 *Notes of a visit to France and Spain in 1864*. De **Biarritz** comenta que "su ubicación natural es impresionante y cada día se vuelve más atractiva debido a la enorme suma gastada en mejoras. [...] Los visitantes disponen de una gran variedad de paseos marítimos con grandes vistas al mar, y la comodidad de unos accesos fáciles es un añadido al encanto de su belleza natural". Camino de **Donibane Lohizune** se encuentra con grupos de "cuatro, seis u ocho **mujeres**", que lleva cada una una cesta plana en la cabeza. "Las cestas contenían sardinas cubiertas por una tela. [...] Estaban descalzas y su paso era muy regular. [...] Parece inevitable que el tránsito del tren ponga fin a esta ocupación de mujeres corredoras", comenta. "Me llamó la atención la energía y dedicación de las mujeres que trabajaban en los campos o realizaban otras ocupaciones de esposos". De Hondarribia comenta la catedral, "cuyo interior ha sido recientemente restaurado", y las calles, "singularmente pintorescas". El escenario que se divisa desde el tren a Donostia le resulta "agradable y diverso, pero de ninguna manera destacable, salvo por el interés que uno no puede sino sentir cuando San Sebastián se abre a la vista". Visita la iglesia y el fuerte, desde el que admira las vistas. El hostal era modesto pero limpio y la cena era "equiparable al nivel de las buenas cenas servidas en los mejores hoteles provinciales de Francia". En Beasain tiene que hacer transbordo en diligencia hasta **Olazti** ya que la línea de ferrocarril está incompleta: "Todo el viaje fue una sucesión continua de las más magníficas vistas, y fue casi que nos encontramos al final del viaje con una sensación de pena". "¡Qué lugar tan pintoresco!", dice del pueblo navarro, donde se encuentra una buena fonda, admira el paisaje y visita la iglesia, "oscura, pero bien ornamentada, como todas las iglesias españolas incluso en los municipios más remotos". De las aldeas más pequeñas dice que ostentan enormes edificios religiosos y que la diferencia con las de Inglaterra es manifiesta.

1864 – BLACKBURN:

“San Sebastián [...] no es España, y queremos insistir en ello, porque es justo aquí donde muchos de nuestros compatriotas emprenden el camino de regreso”.

1864 – HENRY BLACKBURN

Escritor y editor británico (1830-1897). La apertura de la nueva línea de ferrocarril entre Irun y Madrid es el foco de atracción para muchos viajeros como Blackburn, que emprende el viaje en 1864 y lo plasma después en su libro *Travelling in Spain in the present day* (*Viajando por España en el presente*), publicado en 1866. Según cuenta, algunos de sus colegas habían realizado una visita a **Donostia** a modo de avanzadilla, pero al regresar no informaron de manera favorable: “Dijeron que la ciudad era ‘cara y sucia’ [*dear and dirty*], que estaban ‘muertos de hambre’, que ‘no había mucho que hacer’, y que ‘estaban encantados de no tener que adentrarse más allá en España’”. Pero Blackburn reconoce que esta “no es una ciudad característica, [...] y por ‘no característica’ entendemos no española, y aquellos que solo hayan estado en San Sebastián han contemplado una ciudad que quizá sea más atractiva y pintoresca que cualquier otra cosa de Castilla, pero no es España, y queremos insistir en ello, porque es justo aquí donde muchos de nuestros compatriotas emprenden el camino de regreso”. Lo más llamativo le parece su “soleado aspecto italiano”. “Los edificios no son de interés, pero como San Sebastián es el balneario favorito de españoles y franceses, la ciudad se está modernizando”, añade. Continúa su viaje hacia Burgos y apunta que atraviesan algunos valles, “probablemente bastante miserables para vivir en ellos”, pero que “observados desde la distancia, como parte del paisaje, resultaban encantadores”. En su libro de 1867 *The Pyrenees*, ilustrado por Gustavo Doré, Blackburn dedica el último capítulo a **Biarritz** y Donibane Lohizune. Describe la vida de balneario y acompaña el texto de algunas estampas.

1864 – HADRIAN SÉGOILLOT

Escritor francés. El libro de viajes *Lettres sur l’Espagne* fue publicado por Ségoillot, que recorrió España en 1864, acompañado del artista Zacharie Astruc, para constatar de primera mano las emociones que les había trasmitido Gautier (1845) en su último libro. La carta XI la manda desde **Bilbao** el 11 de marzo de 1864: “Las montañas rodean la villa por todas partes, al sur-este son exageradamente altas, están en fila doble y sus cimas son muy onduladas. Esta pequeña villa es deliciosa. En verano duerme en el fondo de un pequeño lago de vegetación. Estamos en el corazón del país vasco [*pays basque*]; la boina es la gorra popular. Veo la fisonomía de la meseta [*des landes*] mezclada con las figuras blandas y rubias de otro clan pirenaico”. Nos cuenta de los “bueyes arrastrando trineos o enganchados a cisternas con ruedas macizas a modo de mesas redondas", de los marineros españoles, los chiquillos y los “internados llenos de jóvenes muchachas tan hermosas como sus corazones”. Describe algunas de sus iglesias y la plaza Nueva con detalle.

1864 Laurent. *Muelle de Ripa.*

1864 – JEAN LAURENT

Fotógrafo francés (1816-1886). Habiendo aprendido las técnicas de la revolucionaria fotografía en su Borgoña natal, Laurent se consolidó en España como uno de los pioneros de la **fotografía**. A partir de 1855 comenzó a recorrer la península con un pequeño carruaje tirado por un burro, un laboratorio rodante que le servía para preparar y revelar todas las fotos que iba haciendo. No fijó tanto su mirada en los conflictos políticos que se sucedían, sino más bien en aspectos tradicionales, culturales, monumentales y paisajísticos. Pasó por el País Vasco y de su experiencia reveló hermosas fotos como la de *Los baños de mar de **Las Arenas***, en la que se observa cómo las casetas de los bañistas son transportadas por mulas hasta la misma orilla del mar. Entre otras fotos nos dejó una del *Muelle de Ripa* y una *Vista de la Isla* de la Peña en Bilbao, una de Pasai San Pedro y también la primera imagen que hay de la villa de **Portugalete**, *Vista de Portugalete*, tomada desde el arenal de Sestao.

1864 – EDITORIAL JOHN MURRAY

Esta editorial, que lleva el nombre de su fundador, publicó a partir de los años treinta la **guía de viajes** *Hand-book France*. En la edición de 1864, capítulo primero de la sección IV, comenta que "algunos de los mejores paisajes de Francia se encuentran entre los **Pirineos**, que, aunque de menor altura y, en general, menos grandeza de paisajes, de número de picos nevados y zonas glaciares que los Alpes, sin embargo, poseen bellezas propias de sí mismos, de las cuales los Alpes no pueden presumir". "El paisaje del lado español de los Pirineos es quizás más grandioso y salvaje que el francés. Aquellos que intenten explorarlo deben estar preparados para 'amansarlo' [*to rough it*]; se encontrarán con gente salvaje, pueblos rudos, alojamientos de la peor clase, pero muy caros, caminos apenas transitables y una cocina nauseabunda para los que no están acostumbrados a ella, debido al aceite y al ajo". Y sobre los vascos señala que "ocupan en Francia solo una pequeña parte del suroeste, [...] pero están bastante más extendidos por España, donde forman el conjunto de la población de 5 [*sic*] provincias. Los vascos de España y Francia se distinguen por su habla y también por su vestimenta, que consiste en la boina roja, un gorro parecido al del pastor de las tierras bajas de Escocia, una faja roja alrededor de la cintura, sandalias de cáñamo llamadas 'Espartillas' en los pies y un palo robusto en la mano".

1864 – EDWARD EDWARDS

Librero y biógrafo británico (1812-1886). En su obra de 1864 *Libraries and Founders of Libraries*, en la descripción de la biblioteca de Lord Macclesfield en Shirburn, junto a Oxford, Edwards nos descubre las tres obras de **Pierre d'Urte** que todavía se conservan allí y que ya habían sido citadas por Greatheed (1765) cien años antes, aunque sin mencionar el autor de los escritos: "*Of the Linguistic MSS., the most valuable are the **Latino-Basque** (or Latino-Cantabrian) Dictionary (unfinished), and the Basque Grammar, of Pierre d'Urte, together with a translation of the Books of Genesis and Exodus into Basque, the whole extending to seven volumes, in folio*".

1864 – RUDOLF CRUEL

Poeta, ensayista y director de escuela alemán (1820-1892). En la revista *Euskera* del año 2018 Bernhard Hurch presenta el hallazgo de un manuscrito de 1864 que se conserva en la *Lippische Landesbibliothek* de Detmold, en Renania del Norte Westfalia, Alemania. El documento inédito es un monumental **diccionario bilingüe** de 780 páginas de euskera-alemán y 300 de alemán-euskera que Rudolf Cruel elaboraría de manera meticulosa (14.000 entradas), pero que jamás llegaría a ver la luz. Según dice su biografía, Cruel, después de estudiar teología, no entró directamente a ejercer como pastor, sino que se dedicó a la docencia, ocupando el puesto de director de escuela durante una década. A causa de una enfermedad tuvo que adelantar su jubilación y a partir de los sesenta se dedicó plenamente a lo que le seducía, la escritura. El diccionario no es un trabajo original, en el sentido de que no se dedicó al estudio de la lengua, sino que se sirvió de los de Larramendi y Lécluse para conformar un trabajo escrupuloso que sobre todo le serviría a él para extraer conclusiones sobre los trabajos de lingüística comparada en los que andaba ocupado. En 1883 publica un libro que analiza la situación de las lenguas europeas antes de la llegada de los árabes (*Die Sprachen und Völker Europas vor der arabischen Einwanderung. Streifzüge auf turanischem Sprachgebiet*), donde el euskera juega un importante papel. En el estudio sitúa al ibero, junto a las lenguas ugrofinesas, dentro de las **lenguas turánicas** (del Turquestán, junto al Mar de Aral) y al euskera como descendiente directo de estas. Uno de sus poemas publicado en 1881 lo titula *Altabiscar*, versioneando de esta manera a la supuesta antigua leyenda vasca. Una suerte, pues, el descubrimiento de esta pequeña joya firmada por un vascólogo totalmente desconocido.

1864 – Valeriano Bécquer. Playa de Ereaga, Algorta.

1864 – GUSTAVO ADOLFO BÉCQUER Y VALERIANO DOMÍNGUEZ BÉCQUER

Poeta y narrador (1836-1870) y pintor e ilustrador (1833-1870) andaluces. Gustavo Adolfo Bécquer es un maestro de la prosa lírica, célebre autor del libro *Rimas y Leyendas* ("Volverán las oscuras golondrinas...") y máximo exponente del romanticismo español. Murió muy joven, al igual que su hermano Valeriano, reconocido pintor, con quien mantenía una estrecha relación y colaboró a menudo, explorando también el arte de la pintura. Establecida su residencia en Madrid, entablaron amistad con Antonio de Trueba, encartado de Galdames, que les convenció para emprender un viaje a tierras de Bizkaia y disfrutar de sus baños de mar, tan necesitados por ambos hermanos, debido a su frágil estado de salud. Así lo hicieron en 1864. Mientras Valeriano dibujaba sobre papel el contorno de los acantilados del Puerto Viejo de **Algorta** y las siluetas de su playa, Gustavo Adolfo completaba la escena tomando nota en su memoria para plasmar, ya de vuelta a los calores de Madrid, sus ensoñaciones: "¡Ola fresca, transparente y verde, que en la playa de Algorta me brindaste con tu música de murmullos halagadores y tu espuma dispersa al aire en menudo rocío, si el eco de mis lamentaciones llega en alas de la brisa a la distante playa a donde, después de besar las costas españolas, habrás ido a tenderte de nuevo, duélete de mí y perdóname, que harto cara pago mi incalificable tontería!". Fue colaborador habitual de la revista ilustrada *El Museo Universal*, en la que insertó un par de pequeños artículos de título *Pescador* y *Sardinera*, como estereotipo de *Tipo vascongado de la costa*. De estas últimas comenta: "La repartición de la sardina entre la turba de mujeres, que disputan entre sí y hablan y manotean todas a la vez, procurando ser las primeras en turno para llegar a buena hora al mercado, da lugar a escenas tan pintorescas y animadas que sólo tienen comparación con las que ofrecen después, reuniéndose en grupos para limpiar y aderezar su mercancía o corriendo a lo largo de la playa ligeras como el aire". Bécquer frecuentó también los baños de Fitero y dedicó una breve reseña a Roncesvalles publicada en la *Revista Bascongada* en 1897.

1865 – WILLEM JAN VAN EYS

Lingüista y vascólogo holandés (1825-1914). Realizó dos viajes por Euskal Herria entre 1866 y 1868, en los que estudió la biblioteca franciscana de Zarautz. Es considerado uno de los más destacados investigadores de la lengua vasca y, junto con Bonaparte, uno de los primeros lingüistas que empezó a prescindir de los elementos irracionales para la investigación del **euskera**. Mantuvo airadas polémicas lingüísticas con sus contemporáneos Vinson (1866) y Bonaparte (1847). Se mostró siempre contrario a las tesis vascoiberistas. Su trabajo sobre la lengua vasca es ingente. Tiene cuatro gramáticas vascas escritas, además de estudios sobre el verbo y un diccionario. En 1896 publicó el libro *Proverbes basque-espagnols. Refranes y sentencias comunes en Bascuence, declaradas en Romance*, el manuscrito de 1596 que había descubierto en una biblioteca de Alemania.

1865 ca. – Whately: *"No pedían nada y solo se sentaban a observar nuestro comportamiento, y al recibir pan y trozos de galleta, los dividían sin brusquedades ni alborotos. Hablaban en vasco entre ellos; pero todos entendían el español, excepto los más pequeños"*. Manning (1870) retrató a la escritora rodeada de niños vascos.

1865 ca. – ELIZABETH JANE WHATELY

Escritora religiosa (1822-1893). En el libro de Samuel Manning (1870) *Spanish pictures drawn with pen and pencil*, este autor transcribe párrafos enteros de las vivencias del viaje que Miss Whately realizó por Euskal Herria, atravesando el país por Donostia, Tolosa e Iruñea, para volver de nuevo al Bidasoa. Al sentarse junto a la playa de **Donostia** para realizar unos apuntes comenta: "Al principio nos sentimos algo fastidiados al hallarnos rodeados; pero pronto descubrimos que estos niños vascos se comportaban tan bien que no nos molestaban. No pedían nada y solo se sentaban a observar nuestro comportamiento, y al recibir pan y trozos de galleta, los dividían sin brusquedades ni alborotos. Hablaban en vasco entre ellos; pero todos entendían el español, excepto los más pequeños". "Algunos amigos nos habían advertido de que las posadas de Vizcaya eran sucias, la comida muy mala y la gente incivilizada", continúa. "Nuestra corta experiencia había sido exactamente lo contrario. La posada de **Azpeitia** era muy decente, así como maravillosamente pintoresca". Añade, además, que jamás ha conocido modales más agradables que los de los vascoespañoles: *"I have never met pleasanter manners than those of Spanish Basques"*. "Los caseríos del campesinado vizcaíno eran un incesante objeto de admiración, de formas pintorescas, con colores blancos o azules, con techos de tejas rojas y pequeños balcones de madera con parras; simplemente, la feliz mezcla de cuidado y descuido que mejor se adapta al paisaje; en general, muy superior a la de los franceses". La tierra le parece fértil, pero toscamente trabajada: "Los hombres, conduciendo un simple arado o trabajando la tierra con grandes horquillas [las layas], eran usualmente atendidos y ayudados por sus pequeños; y las mujeres, con mangas blancas y faldas azules remetidas para mostrar una enagua roja, se ocupaban de desherbar". De Tolosa a **Iruñea** el aspecto cambia; no encuentra más que aldeas miserables, donde nadie pararía a dormir: *"Nothing but miserable villages, where no one would sleep unless in very sore necessity"*. "La cocina española goza de mala fama, al menos en el norte. Tenemos buena comida en todas partes; y esta era una mera posada, frecuentada por nativos. El pan excelente y el buen vino, con una astringencia bastante agradable, eran suministrados generosamente". De la capital navarra dice que "aunque es una ciudad pequeña para la importancia que tiene, está bien construida, es compacta y limpia". Sus mujeres "son todas elegantes y, con chales de colores bajo las mantillas, parecen retratos perfectos". Comenta que la montaña alrededor de **Mugaire** se podría equiparar con los mejores paisajes suizos. En una casa del pueblo le ofrece a un aldeano una Biblia: "Ah, la palabra de Dios", le dice el hombre, "poco sabemos de eso aquí. Aquí no tenemos la palabra de Dios", le añade con una mirada entre triste y desconcertada (*"half-sorrowful, half-puzzled"*). Llegando al Bidasoa se encuentra con "una buena anciana con tres hermosas niñas, todas lavando en un riachuelo cerca de la casa. Pedí agua y me trajeron sidra con la más cortés hospitalidad. Eran vascoespañolas, bastante más guapas que las vascofrancesas, como se suele decir".

1865 – CAMILLE BRAYLENS

Es el autor de un pequeño libreto, *Un pied en Espagne. Guipúzcoa*, dedicado a una excursión que emprendió por tierras guipuzcoanas. Comienza por **Hondarribia**, "construida de forma muy pintoresca sobre una enorme cresta rocosa cuyos pies son acariciados por el mar". En su iglesia le impacta el extraño ritmo de una canción que acompañaba un excelente organista: "Esta música no carecía ni de solemnidad ni de grandeza, y aunque al principio sonaba con dureza a nuestros oídos franceses, ya que difería sustancialmente de nuestros cantos litúrgicos, sin embargo nos acostumbramos a ella y su carácter religioso se impuso en nuestras espíritus". Al salir de la iglesia, les "asaltó literalmente" un "hormiguero de niños pobres y harapientos": "Apelaban a nuestra generosidad: '¡*Oun so*, *monzón*, *oun so*!' La mendicidad me parece una institución en este país. Arrojamos unos cuantos cuartos verdes grisáceos a la famélica juventud y tomamos el camino del mar". Acude Braylens al teatro de **Donostia** que, aunque su "exterior no tiene la más mínima pretensión arquitectónica, es por dentro una auténtica, elegante y coqueta caja de caramelos". Comenta que "se emplearon varios centenares de obreros en la demolición de las fortificaciones que, desde abajo, abrazaban la ciudad en un círculo de piedras, como si el mar no la asfixiara ya, a derecha e izquierda". Dedica varios capítulos a **Hernani**, "en el fondo de su cama excavada en la montaña", y se hospeda en la Posada de Santiago, en la que "dos camas muy duras y viejas y un espejo del tamaño de una mano decoraban una especie de alcoba". Entrarles a robar sería fácil, dice, "pero los crímenes aquí son raros". La entrada a la iglesia le parece "muy hermosa y de un trabajo escultórico muy distinguido". El interior, en cambio, no cumple "las expectativas" del exterior. Junto a ella hay una plaza de toros con una capacidad para tres mil personas. Torea la cuadrilla de *Vicente Garcia Villaverdi* con toros de *Don Pedro Galo de Florz de Peralta*. El panorama que le ofrece el tren desde Hernani a Tolosa "es una sucesión de encantos y sorpresas de las que uno no se cansa: el ojo se declara insaciable para estas bellezas". En **Tolosa** se aloja en la *Fonda Mendia*, "un asilo muy confortable". Señala que en Guipúzcoa todo el mundo tiene derecho a cultivar tabaco: "Este es uno de los privilegios más valiosos de los que goza Guipúzcoa: incluso creo que dicha franquicia se está extendiendo a otras provincias del norte de España. La competencia estimula a los fabricantes, y se fuman excelentes puros a precios relativamente moderados". Visita la catedral en cuyo interior "resplandece una obscuridad muy poética". "El movimiento comercial de la ciudad es bastante importante, y algunas industrias locales, como fábricas de papel, curtidurías, telas, velas, bares, etc., mantienen allí una actividad continua". Acaba regresando por Donibane Lohizune y Baiona.

1866 – LADY HERBERT:

"[Loyola] tiene una gran escuela diurna de niños pobres, a los que se les enseña en vasco y castellano".

1866 – ELIZABETH HERBERT

Baronesa Herbert of Lea, escritora, traductora y filántropa (1822-1911). Fue una figura católica de relevancia en la sociedad inglesa que no quiso usar de su título y que dedicó su vida a la caridad, fundando en su barrio un colegio de misioneros católicos. En 1867, ya viuda, publica *Impressions of Spain in 1866, 1867*, una obra que recoge sus impresiones del viaje a España que había realizado con sus hijos, un doctor y dos amigos y que acababa de concluir. Comienza su recorrido por **Donostia** que define como un segundo Biarritz. Da paseos por sus calles, visita las iglesias y sube hasta lo alto del castillo, donde se encuentra una guarnición custodiando una prisión y las tumbas de los ingleses muertos durante la Guerra Carlista. Camino de Loyola comenta que "los campesinos son todos pequeños propietarios. Cultivan sus campos de la manera más primitiva, padre, madre e hijos trabajando la tierra con un tenedor de dos puntas como este [lo dibuja] llamado por ellos **'laya'**; pero el resultado es ciertamente satisfactorio. [...] Son un pueblo dichoso, feliz, próspero y sensato, que rara vez abandona su propio país, al cual se sienten apasionadamente unidos". Una vez en **Loiola** señala que "la entrada al monasterio es de buenas y atractivas proporciones, y los pasillos y la escalera son muy hermosos". Observa con detenimiento todo el monasterio y penetra hasta la misma alcoba donde nació el santo: "El convento contiene 30 padres y 25 hermanos laicos. Hay alrededor de 120 estudiantes, una excelente biblioteca, refectorio, etc. Tienen una gran escuela diurna de niños pobres, a los que se les enseña en **vasco** y castellano". Comen con el cura de la localidad y este les ofrece sidra, confesando el doctor que es mejor que la de Inglaterra: "Algunas de sus costumbres parecen derivar de la época pagana, como la de ofrecer pan y vino en las tumbas de sus seres queridos en el aniversario de su muerte".

1866 – POITOU:

"La población de Pamplona no difiere mucho de la del País Vasco".

1866 – M. EUGÈNE POITOU

Escritor y viajero francés (1815-1880). Realiza un viaje a España en 1866 que narra en *Voyage en Espagne* (1869), cuyo primer capítulo titula *Le Pays Basque-Pampelune*. La primera impresión que recibe es que no hubiera cambiado de país: "*...même aspects des champs et des villages, mêmes cultures, même population et même costume. C'est qu'en effet vous êtes toujours en pays basque; c'est le même peuple sur les deux rives de la Bidassoa* [es el mismo pueblo a ambos lados del Bidasoa]". El mismo pueblo "inteligente y enérgico, espiritual y bravo, aventurero y audaz; pueblo de agricultores y de cazadores, de soldados y de marinos, que ha conservado intactos desde veinte siglos y a través de incesantes luchas, su idioma, sus usos, sus costumbres y su amor por la **libertad**". Cree que Pamplona no difiere mucho del resto del País Vasco: "*La population de Pampelune ne diffère pas beaucoup de celle du pays basque*". Y añade que "son también los que han defendido durante más tiempo sus antiguos **privilegios**. Les quedan aún algunos vestigios que el poder real no ha osado quitarles. Los Navarros, como los Vascos, tienen sencillez de maneras y de lenguaje, dignidad noble y franca, costumbres benévolas y hospitalarias que no se encuentran en ninguna otra parte de España. No se ven en Pamplona esas nubes de vagabundos y mendigos que en todas las demás partes asaltan y persiguen al viajero. Me ha ocurrido aquí un caso inaudito, inverosímil: dos veces en un día se me ha rechazado una propina".

1866 – CORDIER,

sobre Baiona:

"Si esto ya no es Francia, tampoco es todavía España".

1866 – ALPHONSE CORDIER

Político francés (1820-1897). En 1866 publica la relación de su viaje por Europa *A travers la France, l'Italie, la Suisse et l'Espagne, 1865 et 1866*. Narra en el capítulo XIII cómo entra a Euskal Herria desde Pau: "El ferrocarril nos conduce a **Bayona**, ciudad fortificada y, sin embargo, de aspecto bastante pacífico. Allí admiramos varias hermosas iglesias góticas y, en especial, la catedral, cuyo exterior es particularmente elegante y produce un gran efecto. [...] Las calles de Bayona son, en general, estrechas, sinuosas y ascendentes. Circulan ya algunas mantillas y sombreros vascos; las tiendas y los carteles muestran una extraña apariencia; pero si esto ya no es Francia, tampoco es todavía España". "Durante todo el trayecto de Irun a Burgos, apenas pude percibir nada del hermoso país que atravesaba, salvo los hermosos valles en cuyo fondo corrían rápidos arroyos. De vez en cuando veíamos una bonita aldea en medio de ricos cultivos; luego masas de roca, cortadas a pico, entre las cuales nuestros carros rodaban, y después precipicios con profundidades de vértigo. Todo esto pasaba a ambos lados de nuestro vagón con una velocidad que hacía daño a los ojos. Los túneles aparecían de repente y nos engullían en su espesa oscuridad".

1866 – LUCIEN DUBOIS

En la revista *Revue de Bretagne et de Vendée* del año 1866 publica un artículo de nombre *A toute vapeur. Cinq heures en Espagne* (*A todo* vapor. *Cinco horas en España*). Comenta, para empezar, que en la costa vascofrancesa se contemplan "elegantes villas (ante todo la gran y hermosa residencia imperial), suntuosos hoteles, ricos bazares. Todos nacieron ayer, enmarcados en una costa intercalada por playas de arena fina y enormes rocas, dentadas, horadadas, excavadas en cuevas, ahuecadas en arcos, batidas sin cesar por el océano pleno que surge del mar". De **Hondarribia** dice que es "un negruzco montón de casas coronando un cerro; barrios enteros, destripados por las bombas, han quedado diseminados como esqueletos de piedras, tal como los dejó el cañón. Desde la pasada guerra, la pereza española no ha encontrado el momento de recoger estos escombros y colocarlos en su sitio. El turista tampoco se queja y, gracias a este descuido, Fuenterrabía ha conservado un caché especial, una fisonomía singular". Contempla **Pasaia** desde el tren: "Paisaje encantador, hermoso puerto natural del que la negligente España nunca ha podido hacer nada. Contemplamos los miles de campos de maíz y manzanas de la que se extrae la sidra". Describe **Donostia** como "una península que termina en forma de pico, [...] como al abrigo de él, la ciudad agrupada en un bloque casi compacto; en la cima de la elevación, una fortaleza que desempeñó un papel activo en nuestras disputas con España; luego el mar y su inmensidad. A la izquierda de la ciudad, el puerto, sus dársenas bordeadas de edificios con diversas banderas, su playa de arena y sus cabañas de bañistas; a la derecha, una bahía, donde rompe ruidosamente una barra con enorme oleaje. Paisaje marino y terrestre a la vez, el cuadro estaba, en su conjunto, lleno de gracia y grandeza".

1866 – MRS. BYRNE:

"Esta población singular y exclusiva se niega a reconocer cualquier conexión con cualquiera de las dos naciones y se arroga [...] una individualidad nacional separada e independiente".

1866 – JULIA CLARA BYRNE

Escritora británica (1819-1894). La mayoría de los libros de esta autora británica salieron a la luz bajo el nombre de Mrs. Wm. Pitt Byrne, tomando como referencia la firma de su marido William Pitt Byrne, editor de periódicos británico (1806-1861). Una de sus obras es la que publicó en 1866 bajo el título de *Cosas de España. Illustrative of Spain and the Spaniards as they are*. A partir del capítulo II narra su llegada a **Baiona** y cómo comienza a percibir algunos pequeños detalles diferenciadores, bastante más numerosos de lo esperado, empezando por la misma lengua que escucha, que la contempla como un ejemplo práctico del viejo proverbio: *"Parles Français comme des Basques (como corrupción de 'Vaches' [Vacas]) Espagnoles"*. "Los vascofranceses son igualmente diferentes de los galos [...] y sus características distintivas son algo más que provinciales", añade. **Biarritz**, que pertenece a la ***French Biscaya***, como la llama, le causa una sensación dispar: "La tranquilidad de la pequeña ciudad y el carácter pacífico de sus usos actuales contrastan singularmente con lo salvaje de su emplazamiento y la naturaleza desolada de su entorno. [...] La belleza romántica del lugar se ve considerablemente empañada por la barbarie de algún decorador moderno, cuyo torpe genio ha erigido parapetos, asientos y puentes de rusticidad artificial en medio de las obras más salvajes de la naturaleza". Las "aldeas dispersas" por las que continúan sus pasos exhiben, dice, "muestras de una vida rural vasca que cuentan su propia historia: una historia de pobreza, sencillez y aparente satisfacción [*a tale of poverty, simplicity, and apparent contentment*]". Opina que las provincias vascas, "que comprenden Guipúzcoa, Vizcaya y Álava", forman un "episodio geográfico sin parangón entre dos países". "Esta población singular y exclusiva se niega a reconocer cualquier conexión con cualquiera de las dos naciones y se arroga, junto con ciertos privilegios e inmunidades prácticos, llamados fueros y poseídos con una tenacidad invencible, una individualidad nacional separada e independiente. [...] Los vascos han adquirido una extraña idea de su importancia territorial, más bien deberíamos decir de su insignificancia territorial. Sin embargo, lo definan como lo definan, lo cierto es que consideran el país como el más favorecido, su raza como la más noble de la naturaleza humana y su población trabajadora como el 'mejor campesinado del mundo'". Comenta que las **pastorales** y los dramas se hacen valedores de un especial análisis, entre otras cosas porque son organizados mediante una costumbre de la que no ha oído hablar en ningún otro lugar: "Es la de hacer que los actores paguen una gran suma por el privilegio de actuar, e incluso así, persuadir a la audiencia para que se quede fuera del espectáculo, seduciéndolos con refrescos mientras dura". Expone la autora que cada vasco es heredero de una patente de **nobleza** simplemente por el mero hecho de haber nacido vasco: "Sin embargo, como cada uno se iguala a la par de sus compatriotas, su rango deja necesariamente de ser una distinción dentro de su propio país. En consecuencia, hay muy poca idea de casta o clase y el resultado es una gran nivelación de la condición social. Cada uno es un propietario, con su pequeña parcela y su castillo, ya que la casa de un vasco es realmente su castillo, aunque, como ha observado Pierre de Lancre [1609] con cierto desprecio, 'no sea mejor que una pocilga'". Los vizcaínos (entendido como vascos peninsulares), que "poseen muchos atributos casi ignorados en España", "están contentos con su suerte –que tampoco es que sea nada brillante, pues no son lo que se podría llamar un pueblo próspero–, pero han sabido adecuar sus necesidades a sus recursos". Y así continúa la señora Byrne su periplo por Donostia, Olazti y Gasteiz.

1866 – AUGUSTE MALENGREAU

En 1866 publica su libro *Voyage en Espagne et coup d'œil sur l'état social, politique et matériel de ce pays* (*Viaje a España y una mirada al estado social, político y material de este país*). Los capítulos I a III narran su paso por Euskal Herria: "Lo primero que llama la atención al entrar en **Bayona** es el lenguaje de su pueblo, una mezcla entre español y francés, y la vestimenta tan pintoresca de los vascos. [...] Bayona es, en más de un sentido, una ciudad española". Comenta que la mayoría de los abonos del teatro son de familias judías: "Se hace notar de manera bastante singular que la asimilación de los representantes de esta raza entre la población no es completa". En **Biarritz** no encuentra nada remarcable: "Es una villa frecuentada por unos cuantos bañistas, cuando una voluntad imperial la transformó completamente". Habla también de las sardineras: "De vez en cuando pasan junto a nosotros una tropa de mujeres de **San Juan de Luz** en enaguas cortas y descalzas. Portan sobre sus cabezas enormes cestas repletas de pescado fresco que llevan a Bayona. A menudo estas pobres mujeres tienen que hacer dos veces el recorrido, que mide más de treinta kilómetros, con la esperanza de vender una segunda cesta". Comenta, asimismo, que "la pérdida de las posesiones marítimas francesas, sobre todo las de Terranova, asestaron un golpe mortal a la prosperidad de esta ciudad vasca". Continúa por **Donostia**, donde le ofrecen en la fonda el correspondiente puchero ("*cette Babylone culinaire*"), complementado con "*tous les produits de la création*", pero sobre todo de garbanzos. Del vino dice que "es áspero y las pieles de cabra donde se transportan emanan un olor muy desagradable". A la altura de **Salinas** le enganchan seis bueyes delante de las mulas. Llegando a la cima "el frío es intenso. Las cimas cubiertas de nieve, iluminadas de lleno por los tenues rayos de la luna, se parecen a gigantescos fantasmas en la noche de la montaña". Al llegar a la **Llanada Alavesa** observa que sus habitantes tienen una manera "muy singular" de trabajar la tierra: "Se sirven, para tal efecto, de una horquilla que se llama '**laya**'". Señala Malengreau que "el elemento montañés de la población de Vizcaya ha conservado sus virtudes primitivas que son la base de su felicidad doméstica, así como de la grandeza de su pueblo". "¿Este orgullo y sus privilegios no son una salvaguarda contra la corrupción de sus costumbres y una manera de preservar la degeneración de la raza?", se pregunta, y afirma que "se sienten orgullosos de la antigüedad de su raza [...] por la misma lengua de la que se sirven".

1866 – ARTHUR STAHL

Escritor alemán (1830-1876). Publicó un relato de su viaje a España titulado *Spanien, Reiseblätter*. Comenta de manera muy rápida el paso por nuestra tierra: "El mayor encanto de **Bayona** consiste en que aquí se percibe el elemento español en el idioma, la fisionomía y el atuendo de la gente, en los negocios que siempre son redactados en ambos idiomas y en la mayor oferta de servicios españoles que franceses". Se topa con la estampa de una muchacha cabalgando su burro, con sendas espuertas cargadas de verduras para el mercado de Baiona. Su aspecto español y su pañuelo enrollado a la cabeza le recuerda a escenas de *El Quijote*, *"erinnern sie auf komische Weise an die Bilder der Dulcinea von Tobosa"*. Además comenta que nadie se debe perder el paseo en ómnibus que va de Baiona a **Biarritz**, que es como Niza, "pero aquí la habitual pleamar es aún más magistral; como si retuviera en su interior el pecho de la tierra y tomara aire". Del **euskera** comenta que, como el latín, no contiene artículos y que es expresivo (*bilderreich*) y constante (*kühn*). Le asombra la obra que supuso la construcción del **ferrocarril**: "El curioso viaducto de Ormaiztegui, el gran túnel de Villarreal, en el que se encadenan tantos que uno ya deja de contarlos, las obras de Vitoria, los pasos elevados del agreste desfiladero de Pancorbo, sitúan a este ferrocarril entre las más curiosas y osadas construcciones del presente".

1866 – JULIEN VINSON

Lingüista francés (1843-1926). Estudió en la Escuela Forestal de Nancy y en 1866 ya estaba destinado en Baiona como subdirector de bosques. Acabó convertido en un experto profesor de lenguas orientales de París (su adolescencia la pasó en la India) y un reconocido **vascólogo** que se sumergió en el estudio del euskera, divulgando varias publicaciones sobre los mitos, las costumbres y el idioma y colaborando también en la reedición de antiguos textos vascos. Su entusiasmo llegó a tal punto que aprendió húngaro en un año solo para traducir la *Grammatica vasca* de Ribáry (1859), en cuyo prólogo muestra su pesimismo por el futuro de la lengua, asegurando que todos los indicios apuntan a una muerte inminente de ella: "*Dans les endroits où le contact avec les étrangers est le plus fréquent, où l'activité de la vie moderne se fait le plus vivement sentir, à Saint-Sébastien et à Saint-Jean-de-Luz, le langage devient d'une incorrection choquante. Tout fait prévoir la mort prochaine de l'escuara ou euscara*". Con su juicio frío y racional, la opinión que le merecen los vascos y las vascas muestra dos caras muy diferentes. Por un lado, los define como inteligentes, independientes y dotados de gran autoestima. Pero, por otro, comenta que, a pesar de la amabilidad que muestran en el trato, pueden resultar bastante irascibles cuando se enfadan. Menciona que están llenos de prejuicios y creencias que el **catolicismo** no ha podido desenraizar: "No hay nada verdaderamente liberal en los fueros que, en realidad, son la reglamentación de una oligarquía clerical autoritaria", afirma. Reimprimió algunos clásicos vascos, editó en 1891 una **pastoral** junto con Victor Stempf (1890) y anduvo siempre muy activo a la hora de alentar polémicas con Bonaparte (1847), van Eys (1865) y otros vascólogos. Se mostró con-

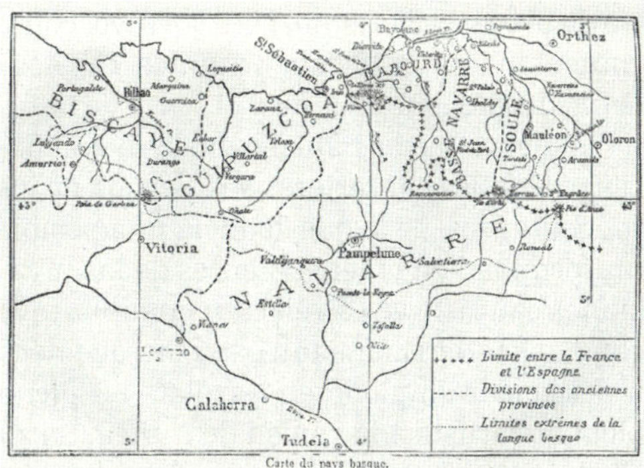

1866 – Vinson: *"No tienen nada de original, nada es propio de ellos en realidad, excepto su idioma". "No hay nada verdaderamente liberal en los fueros que, en realidad, son la reglamentación de una oligarquía clerical autoritaria"*. Límites del euskera en 1882.

trario al vasco-iberismo, pero sostuvo, como comentaba en la revista británica *The Academy* de 1883, que el oeste y el norte de Europa pudieron haber hablado euskera en épocas paleolíticas anteriores a la llegada de los indoeuropeos, de lo que deducía una posible uniformidad en la lengua antes de las invasiones caucásicas. La relación que mantuvo con Euskal Herria fue tan estrecha que llegó a descender en globo en Gazolatz en pleno bloqueo carlista a la ciudad de Iruñea. En su obra de 1882, *Les basques et le Pays Basque*, muestra un mapa con las **siete provincias** y los límites extremos de la lengua: "Uno se ve obligado a reconocer", asegura, "que no tienen nada de original, nada es propio de ellos en realidad, excepto su idioma".

1867 – FRANZ IGNAZ PRUNER

Médico y antropólogo alemán (1808-1882). Reconocido oftalmólogo, también llamado Pruner-Bey, fue un colaborador habitual del *Bulletin de la Société d'Anthropologie de Paris*, en la que publicó dos artículos de título *Sur les caractères du crâne basque* y *Sur la langue euskuara parlée par les Basques*. Por razones de fonología y estructura gramatical, a Pruner le parece obvio que "hay demasiadas coincidencias entre las **lenguas americanas** y el vasco para que no se les otorgue el mismo lugar en el sistema de clasificación". Según él, el euskera sería un "documento vivo de un pasado que muy probablemente pertenece al período paleontológico [*appartient à l'époque paléontologique*]". En cuanto a los **cráneos** estudiados en el ámbito del sur francés, distingue, al contrario que Broca (1863), dos tipos diferentes: el ibero, conocido ya del ámbito ligur, y el celta. Pruner no tiene claro que vascos e iberos hubieran sido un pueblo invasor, pero dice que en un momento determinado hubieron de retirarse a las islas mediterráneas donde sirvieron de auxiliares a romanos, cartagineses, etc.

1867 – ELISÉE RECLUS

Geólogo y teórico anarquista francés (1830-1905). En un largo artículo de 30 páginas, *Les Basques, un peuple qui s'en va*, publicado en la revista *Revue des deux mondes*, analiza a nuestro pueblo tomando como punto de partida la **emigración** masiva a América que hubo en el siglo XIX. Comenta con cierta tristeza que, a pesar de mantener su espíritu propio (al contrario que suizos, alemanes, ingleses...), no hacen suficiente número para crear una nueva *Biscaye*: "Demasiado escasos en número para crear otra Vizcaya en el Nuevo Mundo o incluso para mantener su lengua en medio de estas poblaciones de orígenes diversos que toman el español como idioma común, los 'Euskariens' de La Plata han perdido completamente el nombre y la nacionalidad vasca. Por encima de todos los demás inmigrantes, suizos, alemanes, ingleses o norteamericanos, conservan su fraternidad de raza y de lengua; en los días de fiesta no dejan de reunirse en multitud para jugar a la pelota y cantar los himnos de la patria; pero, a pesar de su espíritu de cuerpo, acaban por convertirse en hispanoamericanos [*mais, en dépit de leur esprit de corps; ils n'en finissent pas moins par devenir Hispano-Américains*]". Prevé un negro futuro para nuestra pequeña nación vasca oprimida por 17 millones de españoles y 42 millones de franceses y desangrada

1867 – Reclus. Mapa de la extensión del euskera en Iparralde según Broca, incluido en *Nueva geografía universal de 1890.*

por la emigración a América. En el tomo II, capitulo IV, de su libro de 1890 *Nueva geografía universal: la tierra y los hombres*, Reclus incrusta un mapa con la extensión del **eus-**

kera en Iparralde realizado por Broca (1863) y nos cuenta que "los nombres de lugares en los Pirineos franceses son ibéricos y romanos, pero no célticos, lo que hace suponer que eran de lengua eúskara los habitantes del país antes que los Romanos conquistaran la Galia meridional; si se tuviera una lista completa de aquellos nombres, daría mucha luz acerca de la distribución de los habitantes en el periodo romano".

1867 – JOHN WILLIAM CLAYTON

Clayton (1833-?) narra su experiencia en España en el libro de 1867 *The sunny South. An autumn in Spain and Majorca* (*El soleado sur. Un otoño en España y Mallorca*). Nos conciernen los capítulos II y III. Comenta que en el hostal de Baiona es imposible "haber dormido cómodamente después de las 2 de la mañana en un lugar así. Porque una diligencia tras otra, que venía de un lugar o de otro y que tomaba la misma dirección, pasaba cada cuarto de hora justo por debajo de nuestras ventanas, acompañada de fuertes gritos, chasquidos de látigos y tintineo de campanas". Describe con humor la impresión que le produce el turista urbanita: "La gente de **Biarritz** parece estar en un estado crónico de carnaval. En algunos la enfermedad adopta una forma grave y maligna, en otros, simplemente, la de una locura leve e inofensiva. Individuos fieros y sucios merodean por las calles con lo que popularmente se supone que es el traje español, es decir, terciopelos raídos de manera indescriptible, chaquetas cubiertas de un estallido perfecto de botones y bolillos y las pantorrillas de sus piernas envueltas en vendas de lino, como si estuvieran en un estado general de cataplasma. [...] Casi todas las damas encuentran necesario, por alguna razón por ahora inescrutable –que, sin embargo, como otros misterios, algún día se dará a conocer– caminar con una varita blanca delgada con un clavo en el extremo". En **Donostia**, cuenta, "diez mil madrileños acuden a bañarse en la temporada de verano, cuando las orillas de la pequeña bahía se convierten en un perfecto campamento de tiendas, pabellones y máquinas de baño. [...] El paseo de la Alameda se llena de cientos de personas con pintorescos trajes vascos. La plaza de toros y el teatro son entretenimientos favoritos de los habitantes y visitantes". "La gran belleza de las mujeres de esta bella raza celta semibárbara tienta a veces al viajero a quedarse un día o dos en esta curiosa y agradable ciudad". Ya en el tren camino de Burgos pasan por "maravillosos y primitivos pueblos, en su mayoría en ruinas, construidos entre las hendiduras de rocosas montañas y habitados por hombres y mujeres de aspecto salvaje".

1867 – AUGUSTE CÉLESTIN JUDAS

Judas (1805-1872) fue un experto en lengua fenicia que en 1867 publicó en *Annales de Philosophie chrétienne* un artículo de 16 páginas llamado *Affinités des noms de nombres basques avec plusieurs langues de l'Orient, particulièrement avec les langues altaïques*, en el que pretende rellenar la laguna de las afinidades lingüísticas entre la lengua vasca y las **altaicas** (turco, mongol, japonés...). Es un minucioso trabajo de lingüística comparativa, en donde va repasando los **numerales** vascos y buscando afinidades con otros idiomas.

1867 – PÁL HUNFALVY

Lingüista, etnógrafo y político húngaro (1810-1891). Este académico comenta en una reunión del Boletín de la Academia de Ciencias Húngara, después de haber leído a Ribáry (1859): "La **lengua vasca** difiere de tal manera de las actuales lenguas altaicas que hay que abandonar la opinión sostenida aún por muchos de que el vasco pertenece a los idiomas altaicos, o como suele decirse a los del Turán. Se tendrá que abandonar también el planteamiento que alimenta el orgullo ario según el cual la Afrodita lingüística aria, la última y más bella manifestación del espíritu creador de idiomas, emergió de la mar lingüística de Turán".

1867 – BAUMSTARK:

"Nada más perder de vista la catedral de Burgos me pareció encontrarme fuera de España".

1867 – REINHOLD BAUMSTARK

Político, historiador e hispanista alemán (1831-1900). Fue traductor de Cervantes (1605) y Calderón de la Barca y escribió un libro sobre su excursión a España, *Mein Ausflug nach Spanien im Frühling 1867*. El viaje finaliza en Burgos, cuando asegura que al perder de vista la catedral le pareció encontrarse fuera de España: "*Als ich Sie aus dem Auge verloren hatte, glaubte ich nicht mehr in Spanien zu sein*". Le hubiera gustado ir al atractivo Bilbao ("*im reizenden Bilbao*"), pero el tiempo tan desapacible lo desaconsejó, así que se dirige directamente a la frontera. Comenta que le hubiera gustado reflejar todo lo que vio en el trayecto en tren, "pero hubiera sido en vano, porque no tengo la más mínima esperanza de que el lector tuviera una digna impresión de lo que pudiera describir". Así que se limita a mostrar unas pocas pinceladas. Desaparece la capa castellana y comienza a escuchar la lengua vasca: "El cambio en el paisaje se antojaba aún mayor que en los habitantes. [...] Esta cordillera cantábrica es tan magnífica como la de los Pirineos, y en ningún país alpino he visto jamás bellezas naturales tan extraordinarias como las de aquí".

1867 – WILLIAM DWIGHT WHITNEY

Lingüista y orientalista estadounidense (1827-1894). Reconocido erudito americano y miembro destacado de numerosas academias científicas, en 1867 publica *Language and the Study of Language: Twelve Lectures on the Principles of Linguistic Science*. En la Conferencia IX (*Lecture IX*) habla de la **lengua vasca**, que cataloga entre las lenguas que se han resistido a cualquier tipo de clasificación: "Su carácter obstinado y persistente y la inaccesibilidad de su refugio en las montañas han permitido a su idioma nativo resistir con éxito las influencias asimiladoras ejercidas por las sucesivas conquistas y dominaciones celtas, romanas y góticas. [...] Parece natural conjeturar que es el único vestigio superviviente del habla de una raza original que pobló alguna parte de Europa antes de la inmigración de las tribus indoeuropeas, quizás antes de los escitas. La posibilidad de que así sea le otorga un interés especial". Dice también que tiene algunas similitudes con las lenguas aborígenes americanas.

1867 – H. PEMBERTON

Bajo este pseudónimo se esconde una viajera que escribió algunos libros de notable éxito. En 1868 publicó la experiencia de su viaje por tierras peninsulares, *A winter tour in Spain* (*Un paseo invernal por España*), realizado durante el invierno anterior. Primero visita Baiona, una ciudad "luminosa y alegre"; "apenas es francesa, pero escasamente es española [*it is scarcely French, yet hardly Spanish*], una mezcla de las dos en todo sus elementos, hábitos, modales, vestimenta e indolencia". Pasa un día en **Biarritz**, "un lugar encantador, en todos los sentidos; particularmente limpio y bien construido". Visita los conventos de las Bernardines y La Refuge, donde se alojan 550 mujeres: "Las mujeres, llamadas 'penitentes', son acogidas con o sin contribución de dinero: no tienen más que demostrar que son sinceras". "La visita a las Bernardines te produce cierta tristeza, te deja un peso en el alma; muchos días te venían a la cabeza, trayendo consigo cualquier cosa menos alegría". Las llega a llamar "*that terrible Order!*". En el momento en que entra en **Donostia** lo que "más singular" le parece es la mantilla "que, por supuesto, todas las mujeres llevaban, desde las más pobres hasta las más ricas, asemejándose, a ojos inexpertos, a monjas". El paisaje de los alrededores le parece "muy hermoso", pero dice que para disfrutarlo, "así como los paseos y las excursiones, hay que pasar un mes". Paran en la Fonda Nueva de Beraza: "Es la mejor y bastante cómoda; las habitaciones eran buenas y las cenas mejores que las que tuvimos en Bayona; incluso la cerveza amarga de 'Bass' era tan buena aquí como en París. Solo se podía poner una objeción a la entrada de la casa; parecía como si estuviéramos ascendiendo los establos de un granero".

1868 – JOANNE:

"Los gobiernos de Francia y España hicieron todo lo posible para destruir la lengua vasca".

1868 – ADOLPHE JOANNE

Periodista y erudito francés (1813-1881). Publicó una extensa serie de libros de viajes, uno de los cuales lo dedicó a los Pirineos: *Itinéraire descriptif et historique des Pyrénées de l'océan a la Méditerranée.* Describe rutas que engloban la zona de Baiona, Donostia e Iruñea, describiendo monumentos, lugares de interés y ascensiones. Comenta que en cuanto se atraviesa la frontera del Bearn se percibe cómo cambia el estereotipo del vasco: "En lugar de los rostros ligeramente cautelosos de los campesinos bearneses, en lugar de sus sonrisas casi pérfidas, vemos cabezas erguidas hacia atrás con nobleza, miradas francas, gestos intrépidos". Y asegura: "*On se croirait transporté sur au autre continent*". Del euskera comenta que "los Gobiernos de Francia y España hicieron todo lo posible para destruir la **lengua vasca**, aunque de los alrededor de 840.000 vascos que habitan los dos países, solamente 500.000 continúan hablando su lengua natal". Considera al euskera "*une langue admirable*", que "tiene la dulzura del italiano y la sonoridad masculina del español". Describe también a los cagots, las pastorales y el juego de la pelota.

1868 – CRÓNICA GENERAL DE ESPAÑA

En la *Crónica General de España* (1865-1871), en la que se hace un análisis provincia a provincia, aparecen en un mismo tomo, de 1868, Navarra, Guipúzcoa, Vizcaya y Álava. Las crónicas están escritas por Julio Nombela (Navarra), Francisco Rodríguez García (Vizcaya), Fernando Fulgosio (Guipúzcoa) y José Bisso (Álava). Aportan datos sobre diferentes aspectos regionales como estadística, biografías de personalidades, descripción geográfica y panorámica, historia, legislación, agricultura, industria y comercio. El parágrafo V del sexto libro sobre Navarra (*Instrucción pública, espíritu y carácter de los pueblos*) asegura lo siguiente sobre su pueblo: "Las condiciones en las que todos viven les proporcionan el bienestar que da fisonomía á la provincia. Conservar lo que tienen debe ser su único pensamiento político. Navarra es por estension tan grande como las tres provincias Vascongadas, y como es su vecina y le unen con ella grandes lazos, aspira á consolidar su unión con la creación de instituciones que puedan engrandecer á las cuatro provincias. La **union vasco-navarra** es hoy el pensamiento que domina en la Diputacion y cuenta con muchos partidarios, aunque quisieran otros con razón que los vascongados se mostrasen mas hermanos de hechos, rompiendo las fronteras comerciales y dando lo que quieren recibir". La

1868 – Crónica General de España. Plaza del Castillo, Pamplona.

crónica pone como ejemplo del impulso que se le quiere dar a esta alianza entre hermanas un proyecto de la Diputación en el que se dice que "el **idioma vascongado**, que es su lenguaje primitivo y general, se conserva y se conservará perpétuamente en este país y servirá de glorioso escudo al pueblo euskaro para preservarse de las venenosas doctrinas que esparce con inquieta mano por todos los ámbitos del mundo el espíritu revolucionario. [...] Para responder á este propósito ha invitado esta Diputacion á sus antíguas hermanas á estudiar el proyecto de una **universidad vasco-navarra**".

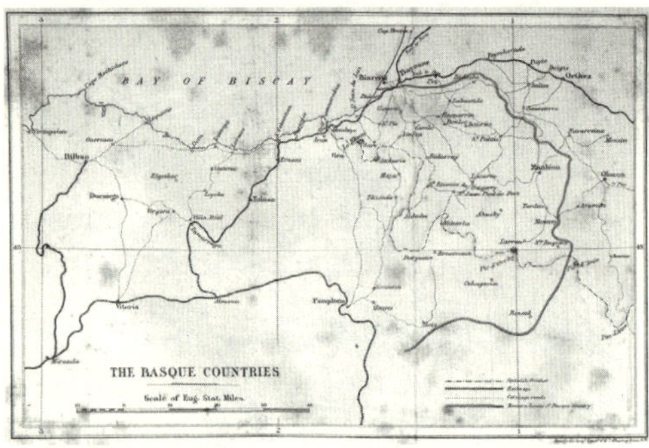

1868 – Russell. Mapa de *los Países Vascos*. Marcada en rojo, la frontera oriental del País Vasco (es decir, el límite de la lengua vasca). Dibujado por Standford.

1868 – HENRY RUSSELL

Aristócrata y geólogo francés (1834-1909). Fue un conde, miembro de la Sociedad Geográfica y Geológica de Francia y destacado viajero que dedicó su vida a recorrer los **Pirineos**. Era un humanista y ecologista adelantado a su tiempo que se preocupó por mostrar al público las bellezas y las culturas que albergaba la cordillera. Muchos le consideran el padre del pirineísmo. En 1873 publica el libro *Biarritz and the Basque Countries*, en el que escribe: "Siempre es difícil guiar a un turista [...], cuando el país que trata de describir el autor no es aún famoso ni popular, y nadie puede estar seguro de que lo que 'él' ama o admira sea acogido de la misma manera por aquellos que le hagan el honor de seguir sus mismos pasos y advertencias". El libro reúne información sobre algunos itinerarios que se pueden realizar por las distintas regiones salvajes y románticas de los Pirineos vascos. En él aparece un mapa con las siete provincias, trazando una línea de demarcación oriental en la que todavía se mantiene viva la lengua vasca, que incluye Erronkari, Agoitz e Iruñerria. En 1890 publica *Pau, Biarritz, Pirineos*, un testimonio de la cordillera en el que realiza una ocurrente combinación de informaciones prácticas con impresiones poéticas.

1868 – PIRALA:

"No se sabe cuáles fueron las miras secretas de Zumalacárregui, aunque hay barruntos para creer que trataba de declarar la independencia de las provincias".

1868 – ANTONIO PIRALA

Historiador español (1824-1903). Es el primer gran historiador sobre la **Guerra Carlista**, que escribió una gran obra monumental, *Historia de la guerra y de los partidos liberal y carlista, aumentada con la regencia de Espartero*, basada en una anterior de 1853, *Anales de la guerra civil*. El Capítulo XIV, *País vascongado*, del primer tomo, comienza diciendo: "Examinando el retrato que nos han legado de estos naturales, hallamos poco distintos sus hábitos antiguos de sus costumbres actuales. Hoy les vemos tan sóbrios como en su vida pastoril nos cuentan; y los que eran infatigables y amigos de los ejercicios propios para fortalecer el cuerpo, son hoy incansables y aficionados á los juegos de la pelota, de la barra y la carrera. [...] Y así como se someten gustosos por su voluntad á la mayor servidumbre, sacrificarán su bienestar y su vida antes que someterse a una esclavitud odiada, ó perder su libertad querida. Orgullosos de ella desde sus primitivos tiempos, consideran su más sagrado deber el conservarla, y saben que no es tan fácil arrebatársela, porque se la defiende su suelo. [...] Agiles, flexibles, nerviosos y muy vivos en sus danzas, que no han sufrido variacion alguna, al son de un tamboril y de una flauta de tres agujeros...". En el capítulo

XIII del segundo tomo muestra una carta de 1835 que considera "digna de la publicidad, aunque no de entero crédito en todas sus partes". La animadversión hacia **Zumalacárregui** crecía dentro de las filas carlistas y, por lo que parece, también los rumores, puesto que una "persona respetable", de la que no cita el nombre, cuenta lo siguiente en la carta: "Así es que se asegura que Zumalacárregui, tomado que hubiese á Bilbao y con los recursos que esa villa le hubiese proporcionado, pensaba sublevar las provincias limítrofes y hacerlas marchar en masa sobre Madrid con Carlos á la cabeza, quedando él con sus fuerzas sobre el Ebro. No se sabe cuáles fueron las miras secretas de Zumalacárregui, aunque hay barruntos para creer que trataba de declarar la independencia de las provincias". En 1876 publica en su obra *Historia Contemporánea* un *Mapa itinerario de las Provincias Vascongadas y Navarra*. En 1885 edita el tomo *Provincias Vascongadas*, correspondiente a la colección *España. Sus monumentos y artes. Su naturaleza e Historia*, donde se encomienda como tarea presentar nociones históricas básicas "que puedan dar idea del modo de ser de las tres provincias aisladamente". Utiliza términos como *pueblo vascongado* o éuscaro e incluso *euscalrriacos* para referirse a ellos y se convierte en el primer español que utiliza este término, cuando los extranjeros ya llevaban un siglo usándolo. Se lamenta de que no conoce "país más desprovisto de antiguos documentos" que le puedan servir para su investigación, aunque se hace una pregunta: "¿Qué libro sería comparable á ese concierto vivo de un millón de voces...?". Señala, además, la afición de los *versolaris* a la improvisación. En su libro *Historia contemporánea* (1875-1906) realiza una semblanza de la vida del **cura Santa Cruz**.

1868 – HENRY REGNAULT

Pintor orientalista francés (1843-1871). Después de recibir una beca para poder continuar con sus estudios en Italia, en 1868 emprende un viaje hacia España con un amigo. Sus observaciones han quedado recogidas en su correspondencia, *Correspondance de Henri Regnault, recueillie et annotée par Arthur Duparc*, publicada en 1872. Hace un rápido apunte de su paso por **Bilbo**, ciudad a la que llega coincidiendo con el primer día de la semana de fiestas de septiembre. No son pocos los elogios que le merece la villa: "Antes de cenar nos fuimos al paseo público y vimos, en muy gran número, las más bonitas mujeres que cabe soñar; puede decirse que todas están bien; unas preciosas y las otras (las peores) llenas, sin embargo, de gracia. Esta noche hemos recorrido la ciudad, de aspecto encantador y limpieza irreprochable. [...] Los españoles me han parecido hasta ahora de una cortesía y una amabilidad perfectas". Al día siguiente asiste al **encierro**, *"à six heures du matin, l'arrivée des taureaux et leur entrée dans les écuries. C'est très-amusant"*. Después presencia la **corrida** que encuentra, por momentos, *"très-désagréable"*: "Es terrible ver a estas pobres bestias hostigadas y completamente aturdidas por tantos enemigos con capa y por los gritos de la muchedumbre. [...] Entre los hombres los hay que se presentan con tal soltura y elegancia que, pasando por alto la cuestión moral y humana que pudiera haber, hallamos un espectáculo lleno de interés desde el punto de vista artístico". *"J'y retournerai demain"*, termina afirmando.

1868 – FRANCESC PI I MARGALL

Político, ensayista e historiador catalán (1824-1901). Este político partidario de un modelo federal para el Estado confiesa en su obra *Las nacionalidades* de 1877: "Allá al Norte, desde las orillas del Ebro al mar de Cantabria se extienden por las dos vertientes de los Pirineos tres pequeñas provincias, que junto con la de Navarra, a ellas contigua por Oriente, forman un grupo de rara y especial historia". En *El principio federativo* de 1868 alude a los **fueros**: "Los pueblos, adviértase bien, aman por instinto el régimen federativo... Las provincias que se fueron agregando sucesivamente á la corona de Castilla no perdieron de pronto sus fueros, y al verlos atacados después por los reyes, se alzaron y vertieron por ellos torrentes de sangre. Hoy, después de siglos de haberlos perdido, ¡con qué sentimiento no recuerdan aún que los tuvieron! Un pequeño grupo de provincias, las Vascongadas, han logrado salvar los suyos: temerosos de perderlos bajo el gobierno de Isabel II las hemos visto en nuestros mismos tiempos levantando bandera por D. Carlos y sosteniendo una lucha de siete años". Con motivo de la Gamazada de 1893, Pi i Margall comenta en un artículo de título *La cuestión navarra* del periódico *El Nuevo Régimen* del día 24 de febrero de 1894: "Se acusa de rebelde á Navarra por la resistencia que ahora opone á los deseos del Ministro de Hacienda; mas sin causa. Rebelde sería el Gobierno si se empeñase en lograr por la fuerza lo que no ha podido conseguir hasta aquí por el consentimiento. No sólo violaría la ley de 1841, sino que también se excedería de la autorización que las Cortes le han concedido".

1869 – HENRY STANLEY

Explorador y periodista galés (1841-1904). El controvertido aventurero que encontrara en mitad de África al desaparecido doctor Livingstone anduvo por nuestras tierras ejerciendo como corresponsal del periódico *The New York Herald*. El 26 de julio de 1869 escribió una detallada crónica bajo el título de *Graphic Description of the Basque Provinces and People*, donde ilustra a los lectores americanos sobre las costumbres del País Vasco. En ella elogia a la **Llanada Alavesa** asegurando que "tal abundancia de trigo o de otros cereales no puede crecer en ningún otro sitio del mundo, tan intensa y radiante vegetación no puede verse en ningún otro lugar; tan magníficos chopos, cerezos, prados, prósperas granjas, no existen en ningún otro país". Le sorprende también la utilización del **euskera** entre la población: "Nada más apearme en la estación de Vitoria me vi asaltado por una multitud de lugareños con boinas azules y rojas que, en puro vasco, anunciaban los nombres de los hoteles que representaban".

1869 – JULES CLARETIE

Escritor e historiador francés (1840-1913). En 1870 publica su relato de viajes *Journées de voyage. Espagne et France*. La primera carta del capítulo VII la manda desde **Baiona** el 2 de junio de 1869. "Los vascos pasean con sus boinas azules, bien gráciles, elegantes, robustos, hablando esa lengua que solo ellos entienden y que, según algunos, es la lengua primitiva. Las mujeres llevan, erguidas y orgullosas, sus herradas sobre la cabeza. Las vendedoras de sardinas, descalzas y negras como el sol, lanzan su extraño y estridente grito: ¡Sardinas frescas! Han viajado siete leguas para venir hasta aquí a vender su pescado". En **Hondarribia** asegura que no hay nada tan "encantador" como la vista desde la calle principal, a través de la puerta de la ciudad. "Esto es España, un compendio de España. La calle sube, estrecha, sinuosa, colorida, oscura con ese tinte ocre peculiar de estos países. Los tejados de las casas, tallados, sostenidos por molduras, parecen unirse, formando como un terciopelo sobre la calle inclinada y las aceras resbaladizas. Pero hasta la propia oscuridad es luminosa". Ya montado en el tren comenta que "estos pueblos enterrados entre árboles, estos rincones de setos, o los vascos con boina, sentados, charlando o comiendo, estos pueblos quemados, con tejados de vino, estas montañas cuyas nubes envuelven las copas como una suave estopa, estos fondos soberbios, esta salud viril de hombres y objetos, este verdor donde se siente el hierro, esta sangre de las venas donde se adivina el azufre de razas fuertes, se apodera de ti".

1869 – HENRY O'SHEA

Miembro del cuerpo diplomático español que se estableció en Biarritz, O'Shea (1838-1905) fue el primer investigador que estudió de manera seria las antiguas **estelas** vascas (*La tombe basque*, 1889), contrastándolas con las antiguas estelas irlandesas y etruscas y suponiéndoles un origen oriental. En 1886 publicó además *La maison basque. Etude historique*, una obra que marcaría un referente importante para el desarrollo de la **arquitectura** neovasca que estaba empezando a despuntar en los alrededores de Baiona, de mano de la nueva burguesía lapurtarra. "Los **caseríos** de los pueblos vascos no son, como en otros lugares, envases uniformes que se distingan por su número", asegura. "Son mucho más que objetos, son casi personas, dotados de derechos, sujetos a muchos deberes; tienen su estado civil registrado encima de la puerta y, en lugar de recibir el nombre de su dueño, le dan el suyo". En uno de los capítulos elucubra lanzando al aire un par de preguntas: "¿Los vascos no serán los vestigios –las ruinas humanas– del gran monumento de la civilización turdetana que los Atlantes erigieron en el centro de España? ¿No lo serían?; ¿O no eran originariamente una rama de la gran **raza turánica**?". De hecho, comenta sobre la estela discoidal, "la más antigua de las estelas vascas", que "fue introducida por los hititas en Etruria y en España", y llega a llamar a los vascos *"les Hittites Euskariens"* (los hititas fueron un importante pueblo de la península anatólica). En su *Guide to Spain and Portugal* de 1869 comenta: "En su lengua llamaban a su idioma eskara [*sic*], y a ellos mismos Eskualdunac, que significa manos fuertes". "Los navarros tienen un carácter muy parecido a sus vecinos los aragoneses, especialmente los habitantes de la llanura; los de las regiones montañosas se parecen a los vascos, cuya lengua hablan". También menciona la *laya*.

1869 – O'Shea: *"[Los caseríos] son mucho más que objetos, son casi personas, dotados de derechos, sujetos a muchos deberes; tienen su estado civil registrado encima de la puerta y, en lugar de recibir el nombre de su dueño, le dan el suyo".* Dibujo *Estelas discoidales vascas.*

1869 – FRANÇOIS DUCUING

Periodista y político francés (1817-1875). En 1868 publica *Études historiques. La guerre de montagne (Navarre 1834-1835, Kabylie 1841-1847)*, una semblanza bélica sobre la **Guerra Carlista** y la colonización francesa, por parte de dos pueblos separados por una gran distancia (navarros y cabilios, bereberes del norte de Argelia), pero que lucharon por defender sus derechos encaramados a sus respectivas montañas. En el libro I, de 90 páginas, *Navarre 1834-1835. Zumalacarregui*, comienza citando a Napoleón cuando comentaba que "las tres grandes potencias de Europa tienen cada una su propia guerra de montaña: Rusia en el Cáucaso, Inglaterra en Afganistán, Francia en el Atlas". La **guerra de montaña** tiene sus características propias y, según Ducuing, "es el agresor quien tiene las probabilidades más desfavorables en su contra". Navarra es un buen ejemplo de ello: "¿No es el propio Mina, héroe de la independencia en 1812, quien perdió en la ofensiva contra los navarros la gloria que había ganado al resistir con ellos la invasión de nuestros ejércitos?". La guerra defensiva que presentó Zumalacárregui gozaba de ventajas considerables con una población cómplice que la secundaba y aprovisionaba y que conocía cada rincón para sorprender al rival. El autor retrata a los navarros como gente celosa de una independencia salvaguardada por sus fueros y que les otorga una libertad pareja a la de los reyes: *"Jaloux de leur indépendance, ils tiennent á leurs coutumes locales, á leurs fueros, comme á une superstition. 'Libres comme le roy', disent-ils d'eux mêmes"*. El libro repasa toda la campaña de Zumalacárregui en las provincias vascas.

1869 – GUSTAV RASCH

Periodista y escritor alemán (1825-1878). Conocido por sus polémicos textos y por sus ideales anti-prusianos, recorrió Europa describiendo la lucha de las sociedades y pueblos marginados. En 1869 publicó *Vom spanischen Revolutionsschauplatze. Spanische Zustände, Charakteristiken und Geschichte* (*De los escenarios de la revolución española. Situación, características e Historia española*), el relato del viaje que había hecho ese mismo año a España. Los dos primeros capítulos se ocupan de la travesía vasca. En Baiona, describe: "La calle principal que atraviesa la ciudad, con sus avenidas de plátanos, sus ricos almacenes, cafés y tiendas decoradas a la manera francesa, los majestuosos y amplios muelles a ambos lados del Adur, que fluye por el centro de la ciudad con sus hermosas y altas casas, los intensos destellos de la naturaleza meridional y el elemento meridional que, atravesando los Pirineos, envuelve los alrededores de Bayona, hacen que pronto desaparezca el carácter sombrío y oscuro [*düstern und finstern*] de algunas docenas de estrechas calles transversales". De su excursión a **Biarritz** no se lleva ninguna buena impresión, y despotrica contra la nueva arquitectura que se impone: "Me resulta incomprensible cómo, con todos los recursos que se han dedicado, se ha podido conseguir algo de tan poco gusto". **Irun**, dice, es la primera ciudad de Gipuzkoa, "uno de los tres países de los vascos [*Baskenländer*] y tiene un aspecto bastante lóbrego [*trübselig*]", del que solo salva a la iglesia, como suele suceder a lo largo del país. Durante el resto del viaje, como lo realiza en el tren recientemente inaugurado, entra en conversación política con los compañeros de vagón y se limita a contar los túneles que van pasando.

1869 – MARGUERITE TOLLEMACHE

Artista y escritora inglesa (1818-1896). Mujer religiosa, culta e interesada por el arte, acompañó a su marido en misiones diplomáticas por varios países, y se dedicó tanto a la pintura como a la escritura. En 1870 publica *Spanish towns and Spanish pictures. A guide to the galleries of Spain* (*Ciudades y cuadros españoles. Una guía por las gallerías de España*), sobre el trayecto que había realizado el año anterior por el territorio estatal. "La primera iglesia española que se visita causa un extraño efecto en la mente, y aunque el ejemplar de **San Sebastián** no es más que un pobre modelo, sin embargo te despoja de todas las ideas preconcebidas sobre el interior de una iglesia. Lo primero que llama la atención es el espléndido retablo que ocupa toda la parte oriental hasta el techo. No es que uno lo admire, sino más bien lo contrario; pero esta masa de oro bruñido tiene un extraño efecto bárbaro; su majestuosidad contrasta con la ausencia de ornamento en otras partes; y, además, el espacio abierto, sin bancos de ningún tipo, tiene un aspecto novedoso para los viajeros ingleses, aunque no posea ningún otro encanto". Durante el trayecto en tren observa que "a cada lado se eleva una cadena montañosa nevada, mientras que arboledas de robles desmochados, castaños y nogales bordean las laderas del valle: los arroyos de montaña, borboteantes y espumosos, caen sobre las rocas por las que pasa el camino y luego desaparecen entre ollagas y retamas silvestres que ahora florecen". Al pasar por Ormaiztegi, recuerda a **Zumalacárregui**: "Incluso las cabezas de los españoles se asomaban por las ventanas, embargados de emoción, para ver el lugar de nacimiento del hombre cuya muerte supuso la extinción de las esperanzas carlistas en 1839".

1869 – JEAN-FRANÇOIS BLADÉ

Etnólogo y escritor gascón (1827-1900). Publicó una extensa y minuciosa monografía de 500 páginas sobre el **origen** de los vascos titulada *Études sur l'Origine des Basques*, en la que hace un repaso de las **siete provincias** a través de la historia (los vascones, los iberos, el reino de Navarra), antropología (caracteres físicos y morales), filología (singularidades propias y comparación con otros idiomas), numismática (ibérica), costumbres (fueros) y leyendas (cantos heroicos), ofreciendo gran cantidad de bibliografía sobre el tema vasco. Bladé es, además, el autor de importantes trabajos sobre la época romana en Aquitania, obras que fueron desvelando gran cantidad de vestigios, itinerarios, *civitates* y monumentos epigráficos. Se posiciona con la teoría de Oihenart cuando este asegura que la lengua vasca es de reciente entrada en Iparralde, como viene siendo tradición al otro lado de la frontera desde la cita de Gregorio de Tours del 590: "Esta expansión se extendió durante los siglos VI y VII a la vertiente Norte de los Pirineos occidentales, donde ningún testimonio histórico constata, antes de esta fecha, la presencia del elemento éuscaro". Es también de la opinión de que Iberia no es más que un término estrictamente geográfico y que la teoría vascoiberista, en contra de lo que decía Humboldt (1799), no es más que el fruto de una fantasía.

1870 – Manning. Dibujo de cómo Miss Whately (1865) atravesó "el paso de los Pirineos por Azpeitia".

1870 – SAMUEL MANNING

Reverendo británico (1822-1881). Después de viajar por diferentes países, completando varios álbumes ilustrados por diferentes autores, Manning llega a España para escribir *Spanish pictures drawn with pen and pencil* (*Dibujos de España pintados a pluma y lápiz*). En el primer capítulo, *Paris to Madrid*, atraviesa el País Vasco entrando desde Cantabria, y dice que "**Bilbao**, sin tener mucho atractivo para el viajero, es una ciudad interesante y evocadora. Las calles estrechas e irregulares –demasiado estrechas para admitir dos carros al mismo tiempo– las casas macizas, con inmensos aleros, los pintorescos vestidos del campesinado vasco y la vida y el bullicio inseparable de un puerto marítimo, incluso en España, hacen que se puedan pasar unas agradables horas". Cuenta de los vascos "que mantienen una orgullosa independencia de todo control extranjero y que se niegan a someterse a los impuestos regulares o al reclutamiento militar. En lugar de esto, proporcionan un subsidio voluntario anual y supeditado al gobierno español. Aunque son católicos romanos intolerantes [*bigoted*], conservan muchos usos paganos en su culto, como ofrendas de comida en las tumbas de amigos fallecidos, para el uso del espíritu difunto". Describe a **Gasteiz** como una ciudad donde "las calles son oscuras y sucias, pero sin embargo sus alamedas –la Florida y el Prado– son brillantes y alegres". Muestra una instantánea de Bilbao que es una copia de una de Skelton de 1862 para el rotativo *The Illustrated London News*. Aporta una larga reseña de la experiencia de viaje de Miss Whately (1865) por tierras vascas.

1870 – PHILLIPS:

"El asunto no está mejor en España, en donde –si se quiere dar crédito al testimonio– se ha utilizado hasta hace bien poco un método milagroso para despojar a los niños de su idioma materno".

1870 – HOFRATH GEORGE PHILLIPS

Lingüista alemán (1804-1872). En 1870 publicó en una revista alemana (*Sitzungsberichte der k. k. Ak. der Wissenschaften*) una pequeña introducción sobre el **euskera** y un par de ensayos sobre algunos elementos propios del idioma: *Eine baskische Sprachprobe nebst Einleitung und Commentar*; *Ueber das baskische Alphabet...*; *Über das lateinische und romanische Element in der baskischen Sprache*. Hace un interesante análisis reflexivo (que suena a lamento) sobre la razón por la que los académicos alemanes no han continuado con el estudio de tan singular idioma: "Ninguno de nuestros compatriotas ha seguido el ejemplo de Humboldt y se ha animado a dispensarle una visita al tradicional pueblo vasco [...] para profundizar aún más en el alma del Euskuara [*sic*]". Comenta que la importancia de este idioma está suficientemente reconocida para que así haya sido.

Que varios lingüistas alemanes lo han tratado de refilón, pero sin ahondar demasiado en él. Por otro lado, explica que en Francia sí que se encuentran investigadores que lo han examinado con más detenimiento, entre ellos los lapurtarras Duvoisin (del cual menciona la extraña forma que tienen los vascos de cazar la paloma torcaz) y Darrigol. Señala que del lado español, por el contrario, apenas se puede esperar nada, ya que ni siquiera se ha divulgado la ciencia de la lingüística. "De la misma manera que el pueblo de los vascos es un misterio etnológico, también lo es su idioma. [...] El territorio heredado de ellos [los vascones] está dividido por una frontera política: una parte se encuentra bajo el protectorado español; la otra pertenece a Francia". Comenta entonces que son **siete provincias** donde todavía hoy se puede encontrar población vasca (*baskische Bevölkerung*) y hablantes del euskera: "La división de los vascos bajo dos gobiernos diferentes ha resultado ser una influencia muy negativa para el idioma, si bien el pueblo se considera uno solo, a pesar de las barreras fronterizas de diferentes colores". Sobre las penalidades que ha tenido que soportar la lengua, comenta lo siguiente: "En su tierra se utilizan varias maneras de disminuir el uso de la lengua vasca; en Francia no hay prácticamente casi ningún tipo de enseñanza en el idioma propio del país y los procesos judiciales se proceden en lengua francesa, de manera que a la población, aparte del trato entre ellos, no les queda más que el catecismo y los sermones en su propia lengua. El asunto no está mejor en España, en donde –si se quiere dar crédito al testimonio– se ha utilizado hasta hace bien poco un método milagroso para despojar a los niños de su idioma materno". Y aquí cita a van Eys (1865), que refiere el castigo que tenían que soportar los niños que hablaban euskera en clase. Quiere aportar su granito de arena con un pequeño análisis lingüístico basado en la traducción de las Letanías lauretanas a los dialectos de Lapurdi y Gipuzkoa, extrayendo algunas palabras del texto para realizar algunas comparaciones etimológicas. Le genera dudas la singularidad del euskera, haciendo una comparación entre la flexión y la aglutinación, y le sorprende que haya 206 conjugaciones diferentes para el verbo.

1870 – Sprenger. Reclutas españoles en San Sebastián escribiendo cartas (1873).

1870 – RUDOLF SPRENGER

Alto funcionario alemán (1843-1933). Después de ser rechazado como soldado por las graves heridas sufridas en 1866, Sprenger toma el camino del cálido sur y acaba recalando en España, donde se instala como cónsul del Imperio alemán. Pone entonces también en práctica su formación como litógrafo, recogiendo bellas estampas de la vida cotidiana que observa en muchos de los viajes que tuvo que realizar por todo el país. Estuvo al final de su vida instalado en **Donostia**, donde falleció y posee su panteón. Son muchas las litografías firmadas por él (mapa de Gipuzkoa, plano del Abra con los rompeolas de Arriluze y Santurtzi), pero conviene destacar la de la revista semanal ilustrada alemana de 1873 *Die Gartenlaube* (*Pérgola de jardín*), número 46, donde aparece un grabado en madera que representa un grupo de reclutas de la **Guerra Carlista** descansando en una fuente de Donostia. En 1870 realizó también una hermosa vista del viaducto del **Ormaiztegi**.

1871 ca. – LOUIS PETIT DE MEURVILLE

Hijo de Didier Petit de Meurville (1860), quien fuera pintor y cónsul francés en Donostia. Louis Petit de Meurville (1841-1927) publica en 1874 un relato sobre sus andanzas por el País Vasco hacia 1871, poco antes de la guerra, *Blancos y negros. Excursion en Pays Carliste*, en el que escribe: "Es un país singular el de las provincias vascas y Navarra". Cuenta que los Pirineos tienen una formación continua que lo recorre de lado a lado y "una serie de colinas que se enredan y corren al azar en todas las direcciones". Nos presenta como un pueblo que "es beligerante por naturaleza, es esencialmente rebelde contra cualquier servicio activo en los ejércitos. Su independencia es lo más importante para él; ante todo, él es vasco". Las **mujeres** son duras trabajadoras que escardan los campos y cavan las tierras: "*Ce sont rudes travailleurs, sarclant les camps, bêchant la terre, faisant les récoltes, et, quand elles sont trop vieilles, ce sont elles qui font la cuisine*". Son tres los divertimentos públicos que tienen los vascos: "*la dance, les taureaux de corde, et les taureaux de feu*", de nombre ***cezenzusco***, un maniquí de cartón, con forma de toro, sobre cuya columna vertebral se dispone una traca de petardos. Comenta de la lengua que se le han encontrado analogías con el hebreo y el sánscrito y que no puede probar lo contrario, porque jamás ha entendido más que *eskerric asco*, *saguardua* y *necacha polita*, además del curioso nombre de un caserío: "*C'est tout ce que j'ai pu apprendre, en y ajoutant le nom d'une ferme, de la langue de Noë. [...] La ferme en question est située dans l'Álava et s'appelle:* ***Iturriberrigorrigoicoerrotacoechea***".

1871 – AUGUSTUS JOHN CUTHBERT HARE

Escritor y humorista inglés (1834-1903). Escribió e ilustró el libro *Wanderings in Spain* (*Paseos por España*). Comienza en **Altsasu**, donde tuvieron que pernoctar inesperadamente, debido a la suspensión del servicio de tren de esa noche: "Nos trajeron candiles para guiarnos, a través de una calzada resbaladiza y un lodazal de barro rojo, hasta una humilde posada tipo cabaña, donde una mujer con la cabeza atada con un brillante pañuelo rojo y amarillo nos dio una cálida recepción, rodeada de sus cinco gatos y otros tantos niños. Encontramos todo mucho mejor de lo que esperábamos; los pequeños cuartos tenían suelos de tablas limpias, aunque no había más muebles que los absolutamente necesarios, y los colchones de paja estaban cubiertos con ropa de cama limpia. No había chimeneas, pero, por la noche, cada una se calentaba durante un tiempo con un brasero lleno de brasas de madera humeantes. [...] Después de una humilde cena de caldo, huevos cocidos y patatas, nos agrupamos alrededor de un fuego de leña en la habitación inferior, aumentando nuestro grupo con el jefe de estación y dos mochileros que nos divertían con sus diversas experiencias". De **Iruñea** comenta que, al entrar en la ciudad, el aspecto resulta "totalmente español": "Las casas pintadas de colores vivos y con balcones de hierro forjado; las pequeñas plazas con sus iglesias grises, delante de las cuales se ven grupos de sacerdotes mezclados con los alegres trajes del campesinado; la gran plaza rodeada de sólidos soportales; las avenidas y los jardines, sobre todo, el llamado 'La Taconera', el lugar preferido de las hermosas señoras vestidas de negro con sus mantillas". En la catedral le sorprende la solemnidad de la misa navideña: "La misa de Navidad en la catedral de Pamplona fue magnífica. Ninguna misa en Italia puede compararse con los solemnes estallidos de música que siguen a los emocionantes solos cantados en estas viejas iglesias españolas, donde todos los instrumentos posibles se ponen al servicio de la orquesta; y no es menos sorprendente el efecto de la multitud de figuras veladas que se arrodillan en la tenue luz entre el coro y el altar".

1872 ca. – FRANCISCO VILLAMARTÍN

Militar español (1833-1872). Con una importante bibliografía militar escrita, aunque murió joven, Villamartín destacó por sus dotes como analista de guerras. En el volumen de las *Obras selectas de Francisco de Villamartín* publicada, a título póstumo, en el año 1883, aparece, en su última página, un **mapa** de las Provincias Vascongadas que incluye todo el territorio vasconavarro ocupado por el enemigo.

1872 ca. - Villamartín. Provincias Vascongadas.

1872 – ALFRED ELWES

Escritor y filólogo británico (1819-1888). Escritor, sobre todo, de cuentos para niños, Elwes deja en su libro *Through Spain by Rail in 1872*, publicado en 1873, algunos apuntes sobre Euskal Herria. En el capítulo VI hace referencia al trabajo de la **laya** que contempla desde su asiento del vagón al atravesar Gipuzkoa: "Observé algunos ejemplos de labranza con la pala española, que parece excesivamente laboriosa y debe ser muy ineficaz en un país como éste, ya que la pala nunca penetra más allá de la misma profundidad, lo que naturalmente hace que el subsuelo sea duro como la piedra y poco apto para recibir las raíces de las plantas tiernas. Tres jornaleros (de los cuales dos eran generalmente **mujeres**) clavaban sus palas puntiagudas en el suelo en fila y luego, a una señal, todos juntos levantaban el tormón. El resultado era un surco muy irregular, y yo diría que un arado, incluso de la construcción más simple, haría el trabajo mejor en un tercio del tiempo". En el capítulo XVIII llega a Iruñea, que le agrada "bastante más que cualquiera de las ciudades de España" que ha visto hasta entonces, excepto Madrid. "Es un lugar limpio, de aspecto próspero, con muchas casas señoriales, como lo demuestran los escudos sobre las puertas. Al estar situada en una altura, tiene un aspecto imponente y, cuando el ómnibus te traslada desde la estación, descubres que te estás acercando a lo que debió ser una ciudad fuertemente fortificada, cuyas defensas están ahora totalmente en ruinas. Las vistas desde los baluartes abandonados son magníficas".

1872 – MRS. RAMSAY:

"No había [...] nada de lo que se pensara como español; ni siquiera un burro". "Ninguno tenía lo que en nuestro mundo entendemos como calcetines o zapatos".

1872 – CLAUDIA HAMILTON RAMSAY

Escritora y traductora escocesa (1825-1902). Vivió durante varios años en Italia y tradujo la Divina Comedia al inglés. En 1872 inicia un viaje por España que publicó con el nombre de *A Summer in Spain*. Tras preparar todo el equipaje para realizar un viaje de verano, Mrs. Ramsay –como era llamada– recibe la noticia de que ha estallado la **Guerra Carlista**. Ante sus dudas, un amigo le comenta: "Si no te gustan las revoluciones, ¿para qué planeas un viaje a España?". Decide ponerse en camino y confiar en la fortuna, sin tener la absoluta certeza de poder completar el viaje. El cónsul inglés de Baiona no le pone inconveniente alguno, pero le advierte que Zumárraga está en manos de los carlistas, aunque dejan pasar convoyes mientras no lleven armas. En la aduana le conminan a abrir sus baúles y el aduanero trata sus prendas con el mismo mimo con el que lo hubiera hecho una sirvienta. Le sorprende encontrar una esponja y le pregunta para qué sirve. Al darle las correspondientes explicaciones, el aduanero le espeta: "Pudiera ser, pero hasta ahora nunca había visto una". Se dirige a **Pasaia** y le sorprende su puerto, que compara con los lagos escoceses o los fiordos noruegos: "*It is like a Scotch loch or a Norwegian fiord, only more completely landlocked*". Decide no entretenerse mucho por tierras vascas y continuar el viaje: "Los caminos, cuando los había, eran extremadamente fangosos; no había polvo, ni resplandor, ni sol; nada de lo que se pensara como español; ni siquiera un burro. [...] Aquellos valles verdes debían ser la mejor cobertura para los carlistas y otras bandas guerrilleras. Ninguna tropa regular habría tenido allí una oportunidad". Para cuando llegan a **Zumarraga**, esta ya ha sido tomada por los realistas: "Ninguno tenía lo que en nuestro mundo entendemos como calcetines o zapatos. Solo sandalias, [...] un trozo de cuero mal compuesto (o mejor dicho de la piel de un animal, ya que difícilmente se le podía haber llamado cuero), atado, puntera y talón, con un trapo sucio alrededor del tobillo. [...] Era particularmente fea. [...] Ya lejos de allí, cuando cayó el atardecer, el escenario se hizo magnífico; crestas y picos extraordinarios parecían precipitarse sobre nosotros: semejante al caos de un mundo inacabado [*it was like the chaos of an unfinished world*]".

1872 – LOUIS TESTE

Escritor y periodista francés (1844-1926). Es el autor de *L'Espagne contemporaine. Journal d'un voyageur*, publicado en 1872. Inicia el viaje por Donostia: "**San Sebastián** no tiene ningún carácter especial; es mitad francesa, mitad española. La sociedad habla francés con más facilidad, la clase media español y el pueblo vasco. En los alrededores, este último idioma es el único conocido. Viajando por Guipúzcoa, Álava y Vizcaya no te harás entender por los campesinos hablándoles en francés o en español. Solo saben vasco. [...] Como su idioma, los vascos han mantenido sus rostros con rasgos secos, duros, conmocionados, pero no vulgares. Se casan entre ellos y desprecian al aragonés como el castellano desprecia al andaluz. Forman un pequeño pueblo aparte". Comenta del obispo de Baiona que puso un gran empeño en aprender euskera y lo consiguió: "Hoy, en sus sermones pastorales, predica en vasco y predica muy bien". "Lo que mantiene este carácter de sencillez en las provincias vascas es su organización política", asegura. "Viven de forma aislada e **independiente** de España. El gobierno no les aplica ningún impuesto de sangre o fiscal. Solo tienen la obligación de entregarle cada año, como regalo, una suma que varía según las necesidades y una tropa de voluntarios, a sus expensas, en tiempo de guerra. La industria y el comercio pagan solo un impuesto insignificante a las patentes. Los derechos que se imponen a los productos alimenticios cuando entran en los tres territorios vascos forman el presupuesto provincial: los derechos de concesión, el presupuesto municipal. Teniendo pocas cargas, estos hombres tienen pocas necesidades y, por lo tanto, pocos deseos". Sobre los caseríos, comenta que son "uniformes": "Son grandes barracas de piedra, perforadas por pequeñas ventanas. Pero están sucias, negras, humeantes, rajadas, agrietadas, muertas, sepulcrales y todos los desagradables epítetos que te conceda el diccionario. Con eso, se ven tan antiguas, venerables y medievales que no puedo evitar contemplarlas con respeto. Me creí transportado al siglo XIV".

1873 – KATE FIELD

Periodista, actriz y editora estadounidense (1838-1896). Fue una figura única en la historia del periodismo americano que, en su trayectoria como crítica de arte, música y literatura, rompió con todos los estereotipos vigentes. De raíces italianas, visitó Europa con frecuencia, y editó un relato de su paso por España en *Ten Days in Spain* (*Diez días en España*, 1873). Después de recibir en Biarritz una primera advertencia de que no se acercara por territorio **carlista**, ya que eran todos unos bandoleros ("*All Carlists are brigands*"), se embarca en la aventura para, por un lado, poder "mirar a la cara a un carlista y preguntarle a ver en qué siglo estaba viviendo" y, por otro, encontrar a un republicano y poder preguntarle: "¿Qué vais a hacer con Cuba?". Su carácter se manifiesta cuando llega a San Juan de Luz, "que posee un hermoso entorno bastante más colorido que el de Biarritz", pero que no sea tan popular como Biarritz es una "prueba de la sumisión humana a los dictados de una mujer estúpida, que es aún más estúpida por ser una Emperatriz". Ni siquiera el **euskera** se libra de su reprobación: "La lengua vasca combina los vicios de la francesa, italiana y española, pero sin ningún tipo de virtud. Es intolerable al oído e incomprensible al entendimiento". Conoce a Jeannete, una **mu-**

chacha vasca que se muestra orgullosa de la libertad que le da su emancipación y permanecer soltera: "Estaría obligada a cuidar de dos personas en vez de una". En uno de sus dibujos una de estas mujeres le espeta a un hombre: "¡No me pillarás casada!". Se muestra sorprendida de la fuerza física que desprende: "Jeannette podía recorrer no sé ni cuántos kilómetros con no sé ni cuántos kilos sobre su bien formada cabeza. Todo ello desmiente la sentimental y miserable teoría de que las mujeres han nacido para ser frágiles muñecas. Si veinte muchachas vascas pueden rivalizar con los hombres en resistencia, millones de mujeres americanas podrían ser tan robustas como lo son hermosas. [...] Los enemigos de los derechos de las mujeres temen que estas, obteniendo poder político, pierdan su encanto. Nunca he considerado que tratar a las mujeres como seres inteligentes y responsables les prive del más mínimo ápice de belleza o fascinación". Después de tener que embarcarse a Santander y de dar toda la vuelta a la península, penetra de nuevo en Euskal Herria por Tafalla para ir al encuentro de la **guerra** en un ómnibus ("Si puedo atravesar el agua, puedo atravesar el fuego"). El primer encuentro se torna, no obstante, en una pequeña decepción. La diligencia es detenida por una patrulla carlista en la zona de Campanas: "Nos detuvimos. Era el enemigo. Siete hombres, tres mujeres, un chaval, un bebé y un loro rendidos ante un hombre y su fusil. El enemigo me disgustó penosamente. No abrió la puerta del ómnibus para proferir ¡La bolsa o la vida! [*Your money or your life!*], ni me despojó de mi reloj, ni me arrancó de manera colérica los anillos de los dedos. De hecho, ni siquiera nos miró. Limitó su conversación al conductor y, después de exigir el peaje que todos debían abonar, nos permitió continuar con nuestro viaje. ¡Y me había dejado mis joyas en Francia! Fue humillante". A partir de Iruñea ella y su guía viajan solos en la diligencia. El movimiento de gente que gira alrededor de esta durante todo el trayecto hasta la frontera le hace sospechar algo que su compañero le confirma: la diligencia está siendo utilizada para pasar contrabando. En cuanto a las causas de la guerra, comenta que las provincias vascas "se convirtieron en carlistas hace cuarenta años, porque se les hizo creer que al instaurarse la constitución estarían al mismo nivel que el resto de España, mientras que la Monarquía Absoluta respetaría sus **privilegios**. Hoy son carlistas por la misma razón".

"Catch me marrying!"

1873 – Field: *"Si veinte muchachas vascas pueden rivalizar con los hombres en resistencia, millones de mujeres americanas podrían ser tan robustas como lo son hermosas".* Dibujo *"¡No me pillarás casada!".*

1873 – JEAN-HENRI BURGAUD DES MARETS

Lingüista francés (1806-1873). Gracias a la situación acomodada que vivía su familia, Burgaud pudo dedicarse de lleno a su pasión por la literatura. Su holgada posición económica le permitió ir adquiriendo una excepcional colección de libros, centrada, sobre todo, en los dialectos e idiomas minoritarios. Se interesó desde un principio por la lengua vasca y cultivó la amistad de algunos de los vascófilos más importantes del momento como Antoine d'Abbadie y Louis-Lucien Bonaparte (1847). Poco a poco fue reuniendo en su **biblioteca** un importante número de obras de tema vasco que tuvieron que ser puestas a la venta poco antes de su muerte en 1873, debido a las estrecheces económicas que atravesó a causa de la guerra franco-prusiana. En el catálogo de la sala de subastas Maissoneuve de 1873 figuran 293 libros de temática vasca y en el de 1874, 43. La importancia que se da a los libros vascos queda plasmada en el hecho de que figuren en el primer apartado del catálogo. La **British Library** se hizo con la mayoría de ellos, aunque, por error, no adquirió dos de los ejemplare más raros: el *Kalendrera* de Leizarraga de 1571 y la primera edición de *Ghero* de Axular de 1643, que la compró van Eys (1865). El director William Rye debió pensar que tenía ambos, pero no era así: del primero tenía el Nuevo Testamento y del segundo, la segunda edición 70 años posterior. La British Library adquirió finalmente 136 libros entre 1873 y 1874. El libro por el que más pagó fue el *Imitatio Christi* de Michel Chourio de 1720.

1873 – CÁNOVAS DEL CASTILLO:

"Lejos yo de desear que desaparezcan de allí instituciones semejantes [los Fueros], queríalas yo comunicar, si fuera posible, al resto de España".

1873 – ANTONIO CÁNOVAS DEL CASTILLO

Político e historiador andaluz (1828-1897). Fue el creador y máximo dirigente del Partido Conservador y presidente del Gobierno de España. Las tensiones que sostuvo con el entorno anarquista fueron la causa de su asesinato por un anarquista italiano. En el libro de Rodríguez Ferrer (1841) *Los vascongados, su país, su lengua y el príncipe L. L. Bonaparte* publicado en 1873 se incluye un extenso prólogo suyo de 68 páginas, en el que dice que "bien notorio es que los **vascos** ni devuelven ni pagan muchos [servicios] que de otros españoles reciben. Esa ley natural [...] bastaría á anular los **títulos históricos**, aún dándolos todos por auténticos e incontestables. [...] Por descontado, que nada de lo que acabo de decir sobre los privilegios se extiende á la autonomía local, al peculiar régimen administrativo, al organismo interior. [...] Lejos yo de desear que desaparezcan de allí instituciones semejantes, queríalas yo comunicar, si fuera posible, al resto de España". "Por contrarios que seamos á la causa que defienden, ¿cabe desconocer que hay mucho en eso que merece respeto y no poco de grande?". Para Cánovas la razón de la guerra es exclusivamente religiosa: "No todos han de ser libres pensadores en este mundo; y de grado ó por fuerza aprendereis al fin, que la idea de **Dios** es más fuerte que todas vuestras elucubraciones confusas en el órden de la vida". Y ve en el "vascuence ó euscaro" la razón del espíritu tradicional y religioso que había retraído a los vascos (también los llama *euscaros* o *vascongados*) a su visión del mundo tan particular: "Encerrado el vasco [...] en su idioma solitario, que toda otra nación ignora, todavía más y mejor que en inexpugnables montañas, ha desafiado hasta aquí la impetuosa corriente de las ideas nuevas". Habla sobre todo de cuestiones históricas, para poder corroborar que jamás hubo "verdadera independencia de las provincias vascas". Unos años después el mismo Cánovas acabaría suprimiendo los **fueros** e instituyendo un concierto económico. Como argumento para justificar la necesidad de esta supresión relata la supuesta traición que quisieron cometer las provincias vascas y Navarra contra la monarquía de Carlos IV durante la Guerra de la Convención (entre España y Francia, 1793-1795) y que llevaron a justificar los proyectos vengativos de Zamora (1795) y Godoy (1836).

1873 – AUGUSTE MEYLAN

Periodista suizo (1840-1897). Escribía sobre todo relatos de viajes que realizaba por Europa por cuenta de los grandes periódicos francófonos. Sus experiencias del País Vasco en plena **Guerra Carlista** las recoge en dos capítulos de los dos primeros viajes de su libro *A travers les Espagnes*. Entra primero por Araba, recalando en la prisión de Gasteiz, donde encuentra un grupo de prisioneros formado por una amalgama de personajes bizarros. Allí se encuentra con un carlista, un muchacho "reconocido como desertor que probablemente será fusilado y que juega a la pelota con toda la franqueza del alma". Allí por donde pasa (Tolosa, Arrasate...) la soldadesca baila al ritmo de la guitarra y el tamboril y juega a pelota sin cesar. Por la Llanada Alavesa el chofer de la diligencia les canta con una mandolina una armoniosa canción en euskera. El doctor que les acompaña le comenta que no es una canción sediciosa, sino una serenata dedicada a la *niña Pepa*. El 15 de febrero es domingo de **carnaval en Donostia**: "Al amanecer las calles rebosan de gente, máscaras y disfraces, todos radiantes de poder mostrar su deslumbrante disfraz y correr por las calles, mientras las orquestas enmascaradas deambulan por la ciudad tocando las canciones más alegres, sin pensar que allí, a lo lejos, Bilbao está siendo asediada y numerosos proyectiles caen sobre la desafortunada capital de Vizcaya", cuenta. En la Plaza de la Constitución se organiza una corrida de toros. Meylan dice que si Don Carlos quisiera proscribir las corridas de toros sería un monarca acabado. Del **euskera** señala que el pueblo persiste en conservarlo con la misma solicitud con la que defiende sus fueros: "Ni el desarrollo del comercio y el tráfico, ni la introducción del ferrocarril han podido ganar terreno para la lengua española en la populación esencialmente local". Y añade, además, un par de ejemplos de su posible relación con el bereber. "El emblema de las tres provincias es una triple mano que porta esta divisa: Irurac bat". "Son provincias que tienen vida propia, independiente y federativa, vía independiente que el gobierno de Madrid casi siempre ha respetado, pero que tendrá que desaparecer en la amalgama, esa fusión que los siglos disponen por mil circunstancias de cada día. Esto es lo que entienden los vascos y navarros, y esto es lo que los impulsa a aumentar las filas del pretendiente que quiere defender su autonomía". Para Meylan el **clero** juega el mismo papel que en las revoluciones anteriores. Define al cura **Santa Cruz** como "un digno hijo del país, de una fuerza hercúlea, tiene treinta y tres años, desprecia el peligro y se hace respetar por sus hombres por su austeridad y la rigidez de sus costumbres". En **Bera** tiene trato con ellos: "Son buena gente estos curas carlistas; no son todos, como generalmente creemos, fanáticos armados con espadas y trabucos, amenazándote con un revólver en una mano, mientras con la otra te muestran la cruz y el cielo; son buenas personas, remuneradas con muy poco y que son enviadas a un pueblo perdido en los valles, donde llevan una existencia bastante simple y retirada".

1873 – GRESAC:

"Bloqueo absoluto por mar y tierra. Incendio de todas las mieses: tala de todos los bosques y del arbolado de toda especie; destruccion de todos los puentes y obstruccion de todos los pasos estrechos excepto en las vias generales".

1873 – V. GRESAC

Bajo el posible pseudónimo de Gresac se firma en Madrid en 1873 un folleto de 30 páginas con un título bastante llamativo, *El Quid. La pacificación de las Provincias Vascongadas obtenida pronto, sin sangre y para siempre*. La necesidad de ocultar su nombre se evidencia cuando se lee el interior de un librillo que propugna métodos bastante expeditivos para acabar con el problema vascongado: "Es preciso buscar medios especiales para combatirla de tal modo que, ni vuelva á reproducirse, ni sea tan gravosa á la nación en sangre y en dinero". "Existe alli, pues, un foco inextinguible de desafeccion á la idea liberal". "Las provincias son **fanáticas** por sus fueros". Comenta que, sin embargo, los *fueros* "están intactos y seguramente no serian más completos si el pretendiente llegase –que no llegará– á ocupar el trono de San Fernando. No hay nada más apuesto al absolutismo que el fuero". "En la zona que tiene por lema '**Irurac-bat**', las cosas siguen como estaban", añade. Dice que "los fueros no entran ni como razón ni como pretexto" en la guerra, aunque en contra de Gresac se podría argüir que los fueros sí que se habían visto recortados. Señala que la religión es su otro móvil de lucha: "Allí existe la fé pasiva en su plenitud. Los vascongados no sabrán tal vez qué es ser cristiano ni porqué lo son. Pero... lo son y seria temeridad combatir directa ni indirectamente esa fé admirable". En las vascongadas, concluye, nunca se ha intentado imponer ningún credo: "La fe está intacta como lo están los fueros".

Enumera entonces los crímenes realizados por el **cura Santa Cruz** y el jesuita Goiriena, que descarrilan "un tren para asesinar á mansalva" y que fusilan a mujeres (de nada de ello hablan, sin embargo, los autores contemporáneos). Añade que por medio de la **guerrilla** ("una sombra", la llama) "brota del seno de la tierra una facción de 50 ó de 500 ó de 5000 hombres, que desaparece como se formó". Como "llevarlo todo á sangre y fuego [...] haria demasiado duro el castigo y exigiria todo un ejército", propone otra solución, "un procedimiento nuevo, riguroso en el fondo, suavísimo en la forma; un poco lento pero decisivo". Vaticinaba, probablemente, lo que sucedió en 1936, cuando, después de tres años de guerra civil a sangre y fuego, se estableció un régimen franquista de 40 años de represión: "Las tropas cubriendo las capitales y puntos bien fortificados. Columnas combinadas y sistemas telegráficos para tener en comunicacion a los diversos cuerpos. Acaparamiento de todas las subsistencias. Bloqueo absoluto por mar y tierra. Incendio de todas las mieses: tala de todos los bosques y del arbolado de toda especie; destruccion de todos los puentes y obstruccion de todos los pasos estrechos excepto en las vias generales: reconcentracion en los puertos leales hasta de la última lancha de pesca. Paso franco á todo el que quisiera emigrar...". "Todo el que permaneciera en el país seria, pues, considerado como enemigo y quedaria responsable, no solo de su propio daño, sino del del país". "Las tropas se concentrarian en las capitales ó en puntos fuertes por naturaleza, que se fortificarian además de una manera formidable, y que fueran á la vez posiciones estratégicas, [...] recorrerian el país al principio columnas numerosas, haciendo una requisa general de ganados y de alimentos, [...] y reconcentrando todas las subsistencias en los puntos en que se refugiare la poblacion pacífica y las tropas. [...] Se tomarian mil personas en rehenes, bajo la salvaguardia de la nacion...". Para terminar, acaba poniéndose fraternal y reconociendo que la gestión y administración vasca está por encima de la española: "No nos guia ningun pensamiento hostil á las provincias vascongadas. Por el contrario, sentimos hacia ellas un cariño especial. [...] y deseariamos para las provincias del interior una organizacion semejante y las virtudes en las que se funda".

1873 – H. CASTILLON

Viajero francés. En enero de 1873 los periódicos franceses anuncian que va a estallar una nueva **insurrección carlista** en España. Castillon coge todos sus bártulos y se encamina hacia Baiona, el centro de las operaciones carlistas. Comenta que siempre le ha sorprendido el entusiasmo con el que los vascos defienden la causa carlista *"par intérêt ou par conviction"*, o por ambas razones al mismo tiempo. En la revista *L'Ilustration. Journal Universel* de 1873, publica una serie de artículos con el nombre de *Un voyage en Espagne, pendant l'Insurrection carliste*. Se dirige hacia las Cinco Villas, donde se realizan los preparativos para la insurrección. En **Igantzi** explica que "hay una soberbia fábrica de porcelana y alfarería, cuyo propietario, M. D..., es muy rico y de reputadas opiniones liberales". Para Castillon, un carlista y un liberal son, "en las provincias insurgentes, dos adversarios despiadados. Nada hay más arraigado en este país que el odio político". Continúa contando que "la banda comandada por el coronel Martínez [...] se apoderó de la persona del señor D., propietario de la fábrica de Yanci, y le llevaron prisionero a Vera". El rescate exigido era de 25.000 francos, aunque por acuerdo mutuo se redujo a la mitad. Su hombre de confianza se llama Francisco, un contrabandista que vive junto a la frontera, en una casa que había sido construida por sus antepasados "para el contrabando a gran escala". "Los escondites en los subterráneos no tenían otro destino que frustrar todos los registros de los funcionarios de aduanas y de la gente de la justicia provincial". "El vasco", prosigue, "es en general trabajador, sobrio, muy religioso, juguetón y un gran aficionado a la danza. Las buenas cualidades prevalecen sobre sus defectos. Su actividad para el trabajo, ya sea agrícola o industrial, es indiscutible. Basta con haber atravesado el país y estar algún tiempo en las ciudades para estar convencido de que la agricultura y la industria disponen de un amplio reconocimiento. Los campos cultivados en los valles e incluso en las laderas de las montañas producen tres y cuatro cosechas cada año; fábricas y fábricas establecidas en los núcleos de población más pequeños, y minas de hierro, plomo y plata explotadas en tiempos de paz por miles de trabajadores en todas partes dan testimonio de la merecida reputación de infatigables trabajadores adquirida por navarros, guipuzcoanos, vizcaínos y alaveses". Tiene bien claras las causas que provocaron las carlistadas: "Cuando se instauró el régimen constitucional en España, se comenzó a restringir algunos de los derechos de que gozaban las cuatro provincias. Las sometió, sucesivamente, a obligaciones que les imponía, tales como contribuir al impuesto general, suministrar hombres al contingente del ejército, sacar suertes (la quinta), etc.; en definitiva, intentó quitarles en lo sucesivo parte de sus privilegios. De ahí nació la repulsión que los vascos siempre han mostrado hacia el régimen constitucional y que aún hoy se manifiesta contra el régimen republicano". Señala también que la pelota, juego nacional, y los txistularis o *txun-txun*, alegran sus fiestas. La guitarra, añade, es el instrumento indispensable en todas las ventas y posadas.

1873 – M. E. DOUSSAULT

En la revista semanal francesa *Le Tour du monde* (un proyecto que pretende divulgar la ciencia al gran público) se edita el artículo *Fontarabie* que suscribe M. E. Doussault. Este cuenta que a la salida de **Baiona** se encuentra con un animado grupo de jóvenes muchachas junto a sus mulas, con "un gran sombrero de paja, de extensas alas, adornado con grandes cintas de colores vibrantes. Del sombrero salían dos largas trenzas que flotaban libremente sobre sus hombros; y

1873 – Doussault: *"Hay un efecto similar al que se produce a la primera llegada a Florencia, con la vista de sus palacios señoriales".* Dibujo *Grande rue de Fontarabie (calle Major), vue prise de l'église.*

un chal rojo envuelto alrededor del corpiño". Intrigado, le pregunta a un paseante por aquellas mujeres: "Son '**cacolétières**'. Te llevarán adonde quieras, e incluso a Madrid, si te apetece", le responde. Doussault no lo duda: "Iba a entrar en España de una forma realmente original". Afirma que estas muchachas "no solo hablaban, en toda su rareza, el más puro vasco, sino que tenían a disposición de sus oyentes un tesoro de historias, de cuentos, que habrían llegado a emular con facilidad a los hermanos Grimm". Pasa la frontera en plena Guerra Carlista lo que le obliga a tener que abortar el viaje una vez. Una vez adentrado en el territorio, le impacta la primera impresión de **Hondarribia**, al ascender por la Calle Mayor: "Hay un efecto similar al que se produce a la primera llegada a Florencia, con la vista de sus palacios señoriales: todo el siglo XVI en Italia adquiere de repente una vida desconocida y emerge, por así decirlo, de las sombras grises [...] para entrar en una luz radiante". "Los hombres, en medio de las ruinas de su ciudad, han conservado este gusto por la independencia, este orgullo sombrío, este orgullo ingenuo que es el carácter indeleble del vasco". Tiene también la oportunidad de presenciar la fiesta del toro ensogado.

1873 – Konarzewski. El cura Santa Cruz y su partida en Bera en 1873.

1873 – LADISLAV KONARZEWSKI

Konazerwski (1865-1945) llegó al País Vasco desde su Polonia natal, huyendo de un país que había sido ocupado por Rusia. Se instaló en **Donibane Lohizune**, se casó con una vasca y se dedicó a la **fotografía**, siendo en Iparralde un pionero en este arte y dejando constancia de las primeras fotos de la villa marinera: un pueblo atrapado entre las aguas, que, con la explosión turística que vivió, habría de soportar una transformación drástica en su vida. La colección de fotografías del atelier que mantuvo durante 50 años y que había sido conservada por su familia ha sido recientemente publicada (2010). Apasionado también de las guerras carlistas, cruzó la frontera para contemplar los escenarios de la guerra y realizar fotos de las partidas carlistas, como la del cura Santa Cruz en 1873 (véase O'Shea 1873).

1873 – LOUIS GÈZE

Vascólogo francés (?-1906). Escribió en 1873 una gramática vasca de 350 páginas *(Éléments de grammaire basque, dialecte souletin, suivis d'un vocabulaire basque-français & français-basque)* basada en el **dialecto de Zuberoa** que llama üskara. Lo tuvo claro desde el principio, *"J'ai voulu apprendre le basque"*: "Quería aprender el vasco. Desde la primera investigación, me llamó la atención la ausencia, para los dialectos franceses, de un tratado que abarcara metódicamente las diversas partes de la gramática y que fuera para el vasco lo que la gramática de Lhomond es para el latín". Es, cuando menos, bastante sincero y explícito: "El suletino me pareció ofrecer las formas verbales más completas y mejor conservadas. El resultado de mi trabajo puede ser más útil para otros que para mí; lo entrego para imprimir. No buscaré justificar mi método. Si este libro es bueno, no necesita comentarios; si no tiene utilidad, la disculpa más hábil no podría dársela". En una publicación de 1883, *De quelques rapports entre les langues berbères et le basque*, toca el tema de la relación del euskera con el bereber y las lenguas amerindias.

1873 – CORDEIRO:

"La libertad es vieja y el despotismo nuevo. Solo el despotismo no puede suprimir los fueros de las Vascongadas, como peleara con la espada y el verdugo los fueros de Aragón, de Castilla y del resto de España".

1873 – LUCIANO CORDEIRO

Escritor, historiador y político portugués (1844-1900). En 1874 publica *Viagens. Hespanha e França*, en cuyo capítulo XI (*De Santander a S. Sebastião. O 'Portugalete'. Duas palabras a respeito da Vasconia e outras duas acerca da política hespanhola*) relata su llegada a San Sebastián en el barco de vapor Portugalete en plena **Segunda Guerra Carlista**: "De vez en cuando se intercambiaban tiros en las cercanías, atravesaban las calles algunos heridos, las delicadas damas de la Cruz Roja se turnaban en los hospitales, las boinas de los voluntarios se cruzaban en todos los sentidos, mas la ciudad y la bahía conservaban un aspecto alegre y tranquilo". Comenta entonces que ninguna de las ciudades importantes está con Don Carlos, que todas son liberales, y se hace una pregunta: "*E porque é que as Vascongadas teem sido o baluarte da reacção do despotismo e do clericalismo?*". Apunta, a continuación, que las *tres Vascongadas* son tres repúblicas: "*A Biscaia, uma republica democratica, a Guipuzcoa, uma republica oligarchica, Alava, uma republica mixta, as tres uma federação –* '***Irarakbat***'". Señala algunas de las razones por las que estas provincias han conservado sus fueros, y sentencia: "*Tudo esto prova, como diz Viardot [1836], que a libertade é velha e o despotismo novo*". "Solo el despotismo no puede suprimir los fueros de las Vascongadas, como peleara con la espada y el verdugo los fueros de Aragón, de Castilla y del resto de España". "La constitución, emancipando a España, igualando los deberes y los derechos públicos, vio en los fueros de las Vascongadas un privilegio. Vio la excepción donde debía ver, hasta cierto punto, la regla. [...] Tomó las Vascongadas por tres provincias y no por una **nacionalidad** y por un Estado que era de verdad, y olvidó que en vez de un privilegio se trataba de un contrato. [...] Las Vascongadas son una región etnográficamente e históricamente distinta del resto de España y de Europa".

1873 – PEDRO PABLO SIMÓN DE CASTELLA

General francés de origen suizo. En 1874 publica *Une visite à Don Carlos: impressions de voyage*, el relato de su visita al pretendiente Don Carlos durante la segunda **Guerra Carlista**. Llega a la villa de *Saint-Estevan* (**Santesteban**), y tras dirigirse a la fonda del pueblo, comenta: "Todas las posadas españolas son iguales. La nuestra estaba especialmente animada esa tarde, rodeada de carros de todos los tamaños. [...] Allí, en un largo y humeante pasillo, una especie de sala de reuniones, tenuemente iluminada por una lámpara de hierro suspendida del techo por medio de un estante de madera, había unas cuarenta personas, caballeros, señoras, arrieros, etc., hablando por grupos sobre la guerra, fumando cigarrillos y esperando la cena". En **Elizondo**, más de lo mismo, pero afirma que "hablaban en vasco, del que ni yo ni mis acompañantes entendíamos una palabra, salvo el nombre de Don Carlos, que se repetía a menudo; es el único tema de conversación en el país". **Bergara**, continúa, "no es un pueblo para que el turista pase por alto. Hay una importante fábrica de algodón, una hermosa plaza, algunos edificios interesantes, entre ellos, el seminario con su gabinete de física al completo. Las columnas de madera tallada de la capilla son una pequeña maravilla. La iglesia principal, con su maciza y elegante torre, su vasta y alta nave, produce un gran efecto". Se encuentra con Don Carlos en Durango y le acompaña en su viaje a **Gernika**, donde es recibido con vítores y aclamaciones: "Estas poblaciones valientes y religiosas, entre las cuales el espíritu de independencia está tan vivo y que nunca han apoyado otra dominación que la de su propio placer [*chez lesquelles l'esprit d'indépendance est si vivace, et qui n'ont jamais supporté de domination que celle de leur bon plaisir*]. [...] A aquellos que critican y discuten la gran popularidad del joven rey en el norte de España o que la atribuyen a un impulso fanático y a la obra del clero; a estos les digo: vayan y comprueben por sí mismos si los habitantes inteligentes de las provincias vascas son susceptibles de dejarse influir por cualquiera en sus afectos". "El ejército carlista no es lo que muchos piensan, un conjunto de bandas desorganizadas, indisciplinadas, que viven del rescate de los habitantes y dirigidas por feroces cabecillas que siembran el terror a su paso. Es cierto que al principio el ejército carlista tuvo que comenzar con bandas compuestas, no por gente sin confesión, sino por honrados paisanos devotos de su legítimo Rey y de su religión, obedeciendo a hombres conocidos y honorables, cabecillas de corazón y energía cuyos nombres se han hecho legendarios en el país". Entre todos ellos, presta especial atención al general **Elío**.

La comitiva continúa su camino y por Urbasa se dirige a Estella-Lizarra. "La Sierra de **Urbasa** es famosa por las guerras carlistas y ha visto muchas batallas, muchas emboscadas, muchas escenas de sangre", cuenta el general francés. "Este paso tiene una cierta importancia estratégica y los carlistas del pasado y del presente siempre han luchado en ella con éxito contra sus adversarios". De **Eulate** dice que todo el pueblo "se encontraba iluminado y, desafiando a la lluvia, había acudido con linternas delante del Rey. La buena y cálida hospitalidad que recibimos allí reparó nuestros daños físicos y morales". Llega a **Lizarra**, "una pequeña y agradable ciudad de 7.000 habitantes, regada por un río cristalino y asentada en el fondo de una cuenca verde formada por colinas, algo montañosas en su elevación y cuyas cimas terminan en agudas aristas". "La ciudad se iluminó de noche. Una banda tocó melodías nacionales bajo la ventana del Rey. En un abrir y cerrar de ojos, la plaza se transformó en un salón de baile. Una multitud de muchachas de Estella acudió a unirse al paseo de los nativos de la plaza, y a dejarse invitar por los soldados carlistas, sin que se les pidiera demasiado, a ejecutar, con esa gracia inimitable de los españoles, los bailes del país, el fandango, la habanera y la jota aragonesa, con evoluciones a veces suaves y apasionadas, a veces brillantes y vivas". Relata también el drama que se vivió en esta villa con motivo de las ejecuciones de Maroto en la Primera Guerra Carlista. Los dos documentos que el general escribió para justificarlas, comenta, "son obras maestras de perfidia e hipocresía".

1873 – O'SHEA:

"Hospitalarios y fanáticos, leales e ignorantes, comedidos y sucios, tales son los rasgos más destacados del carácter de los bravos vascos de las comarcas rurales que querían gobernar España, pero que no eran españoles ni de raza, ni de lengua, ni de temperamento, ni de sentimiento".

1873 – JOHN AUGUSTUS O'SHEA

Soldado, novelista y periodista irlandés (1839-1905). Corresponsal en numerosas guerras, en 1872 se dirige a la península para informar al *Standart* sobre la **Segunda Guerra Carlista**. Sus observaciones y sus vivencias personales le animan a escribir *Romantic Spain: A record of personal experiences*, un ensayo sobre la guerra que publica en 1873. En los capítulos VIII-XIII del tomo II describe todos los pormenores de su misión de penetrar hasta el cuartel general de las tropas carlistas para dar un informe justo y completo de sus movimientos. Cruza la frontera con un guía. Impresionado por el paisaje asegura que "la naturaleza ha sido pródiga en dones, y el hombre, en lugar de utilizarlos, los ha desviado ingratamente durante generaciones a las porfías de la guerra de guerrillas". En la plaza de **Bera** se encuentra formado el 5º batallón de Navarra, "un conjunto de hombres vigorosos y enérgicos, que impresionan al ojo experimentado como una excelente materia prima para soldados, aunque vestidos con trajes muy parecidos a los de los bandidos de la Ópera Cómica". En estas fuerzas irregulares había, según O'Shea, demasiada familiaridad hacia los superiores: "Las bases carecían de ese temor y respeto hacia los oficiales que son el mortero más fuerte del tejido militar". "Estos espantosos y sanguinarios [*bloodthirsty*] carlistas resultan ser individuos amables al trato". El cura de Bera le dispensa un trato muy cívico: "Como reputados descendientes de colonos de Bilbao [lo comenta por la creencia de que los vascones poblaron Irlanda], teníamos derecho a participar plenamente en todos los privilegios de la provincia de Vizcaya. [...] Fue un consuelo saber que era una ventaja ser irlandés en algún lugar bajo el sol". Repasa parte de la historia de las provincias para cerciorase de lo que tenía entendido: "Estos vascos florecieron bajo la más amplia medida de autogobierno y dispusieron, bajo otro nombre, de todos los beneficios de la ley del Habeas Corpus, mucho antes de que esa ley fuera legalizada por el parlamento de Carlos II. Los vascos amantes de la libertad eran tolerantes e independientes. A la Inquisición nunca se le concedió un respiro entre ellos".

Se mueve posteriormente entre Donostia y Pasaia, hasta que se vuelve a Navarra para buscar y entrevistar al **cura Santa Cruz** (veáse foto Konarzewski 1873), el rumor de cuyas hazañas había prendido en el extranjero: "Va vestido como el mejor de los campesinos, lleva sandalias, pantalones de lona, un chaleco gris pardo claro y tiene un gran cinturón de cuero, como la cincha de un caballo, alrededor de la cintura. [...] Este cura, presentado en los casinos de Madrid como bailando medio borracho y de manera lasciva, era el más abstemio y charlatán de los hombres y ni fumaba ni bebía vino". Le comentaba Santa Cruz que el sacerdote no es quién para derramar sangre y los acontecimientos de Endarlatza de los que se le acusa y en los que murieron 23 carabineros republicanos, tuvieron su motivo: "Habían enarbolado una bandera blanca en el puesto de guardia. Ordenó que cesara el fuego y avanzó para negociar las condiciones de la rendición. El enemigo, que le había invitado a acercarse, por la bandera blanca, disparó e hirió a uno de sus hombres". Mató a todos. Simplemente no creía en medias tintas: "Era un fanático, un huraño obstinado con una sola idea: el éxito de la causa". La celosa rivalidad de alguno de sus mandos, que no hacían carrera con él, le obligó a desterrarse. Acabó sus días en México como jesuita. Publica también O'Shea una supuesta carta que mandó el pretendiente Carlos a su hermano Alfonso: "El pueblo español es favorable a la descentralización, y así será; y bien sabes, querido Alfonso, que si se cumplieran mis deseos, en lugar de asimilar las provincias vascas al resto de España, que es lo que el espíritu revolucionario quiere llevar a cabo, el resto de España se equipararía en la administración interna con aquellas afortunadas y nobles provincias". Comenta que, tras la toma de Estella, el rey indultó a todos los prisioneros, una muestra de las falsas leyendas difundidas por los republicanos sobre la crueldad de los carlistas con los cautivos. El clericalismo vasco, añade, es el carácter opuesto al liberalismo español.

1874 – Webb. *View of San Sebastian.* Fuente: National Maritime Museum. Londres.

Poseían profundas convicciones religiosas, pero no eran ningunos amargados: "Cuando se terminaban las oraciones, reían y bromeaban, jugueteaban como colegiales en el recreo y al menor tintineo musical se ponían a bailar. Hospitalarios y fanáticos, leales e ignorantes, comedidos y sucios, tales son los rasgos más destacados del carácter de los bravos vascos de las comarcas rurales que querían gobernar España, pero que no eran españoles ni de raza, ni de lengua, ni de temperamento, ni de sentimiento [*but who were Spaniards neither by race, nor language, nor temperament, nor feeling*]".

1874 – JAMES WEBB

Pintor inglés (1835-1895). Especializado en paisajes marítimos, Webb nos lega dos hermosos cuadros de Donostia, uno pintado desde la playa de Ondarreta (*San Sebastian*), en 1874, y el otro desde la Isla Santa Clara (*View of San Sebastian*), también en los años 70. Aunque muchas veces se tomara licencias en sus obras para realzar el efecto dramático, la imagen evocadora e imponente del Monte Urgull con el castillo de la Mota en primer plano y la enorme masa de las Peñas de Aia como fondo es, sin duda, una de las mejores vistas que se hayan captado de la bahía donostiarra. El cuadro se conserva en el National Maritime Museum de Greenwich en Londres.

1874 ca. – DICK DE LONLAY

Escritor, periodista y diseñador francés (1846-1893). De verdadero nombre Georges Hardouin, fue un periodista gráfico que trabajó en distintas guerras europeas, y se estableció como corresponsal para *Le Monde Illustré* en el cuartel general del ejército liberal durante la **Segunda Guerra Carlista**. Documentó las batallas del frente de Irun y Errenteria, dejando plasmadas sus observaciones en diferentes **dibujos**. Hacia 1874 pasó por Gares para realizar una pintura que fue reproducida en un diario alemán con la leyenda "*Ansicht von Puente la Reyna. Aus dem Carlistenkrieg in Spanien. Nach Zeichnungen von Dick de Lonlay*".

1874 ca. – Lonlay. Vista de Gares durante la segunda carlistada.

1874 – THIÉBLIN:

"En ningún sitio encontré nada que no fuera hospitalidad".

1874 – NICOLÁS THIÉBLIN

Periodista estadounidense (1834-1889). Es el autor de *Spain and the Spaniards*, una de las descripciones más sinceras y neutrales que ha dado el relato de las **Guerras Carlistas**. En Baiona, un hervidero de carlistas, empieza a ver ya un cambio de costumbres con respecto a Francia: "*It is not an exaggeration to say that Spain begins at Bayonne and Biarritz*". En **Donibane Garazi** se encuentra ya con el auténtico País Vasco: "Todo existe aquí desde antiguo, la devoción, la virtud de la gente, su singular agudeza, su lengua, su vestimenta, la agilidad de sus movimientos, sus boinas azules y 'alpargatas' blancas (sandalias de cáñamo), e incluso hasta los gritos insoportables de las vendedoras callejeras". Explica que a los ancestros de los vascos, "que siempre anduvieron peleando pero nunca fueron conquistados", les otorgó "nobleza" el príncipe "a quien juraron lealtad" y, en consecuencia, "el vasco ha conservado, hasta el día de hoy, una especie de orgullo que le da coraje a su aspecto y le hace hablar con usted en igualdad de condiciones". En ***Ainhoue*** se topa con la perfecta heroína de leyenda, Marie Osacar: "Además de posadera, esta digna solterona es prestamista de dinero, agente político para D. Carlos, agente de policía para el prefecto francés, mercader de comisiones, jefe de una banda de contrabandistas y la maestra perfecta de todos los gendarmes, oficiales de aduanas y cualquier tipo de autoridad local, tanto española como francesa". Atravesó Euskal Herria durante seis meses con un guía navarro de quince años y no encontró más que **hospitalidad**: *"Nowhere did I meet with anything but hospitality"*. Solo fue robado en una posada, algo que consideró una cuestión de negocios. Si él no hubiera tenido un duro, le habrían atendido igual: *"It was not the innkeeper's fault that I had money, for if I had had none he would have given me the same fare without asking me a penny"*. Cuando ve por primera vez a las tropas carlistas percibe un ambiente de camaradería propio de las tropas anarquistas de posteriores guerras: "De disciplina, tal y como se entiende en un ejército regular, no había prácticamente nada. Soldados y oficiales parecían estar en perfecto pie de igualdad y familiaridad. Los voluntarios sentados en las posadas no siempre se levantaban cuando entraba el general Elío, y algunos de ellos parecían no conocerlo en absoluto. Si un voluntario carlista conoce a un oficial, cualquiera que sea su rango, le estrecha la mano sin ningún otro tipo de saludo". De los pueblos que atraviesa comenta: "Debo decir con toda franqueza que las imágenes que vi en estos y los siguientes paseos contenían mucho de fealdad, suciedad, ignorancia y superstición; pero también muchos elementos de ese tipo de virtud primitiva, abnegación y coraje que siempre ofrece la mirada más refrescante a una mente intoxicada y perpleja por la contemplación de todas las bendiciones de nuestra tan celebrada civilización". Si pasa una columna carlista, cuenta, niños y niñas avisan de antemano y toda la familia "se encontrará en la puerta de entrada lista con jarras de agua fresca, o incluso vasos de vino para los cansados soldados"; "todos los curas del pueblo se ponen en marcha para organizar con el alcalde acuartelamiento, raciones, establos y cualquier cosa ansiosamente reclamada por hombres que han recorrido veinte o treinta millas". Y lo que más le sorprende de ello es que no esperan nada a cambio, ni siquiera que acudas con ellos a misa: *"while giving you their best hospitality, they did not at all expect you to go to church with them"*. Si la entrada se realiza por la noche, toda la aldea, viejos y jóvenes, sale a recibirles con antorchas.

1874 – CARLOS DE BORBÓN Y AUSTRIA-ESTE

Carlos de Brobón y Austria-Este (1848-1909) fue el pretendiente carlista a la corona de España (como Carlos VII) durante la última **Guerra Carlista** y nieto de Carlos V, responsable de la primera guerra de 1833. Según narra Thiéblin (1874) en su libro, el periodista se reúne con él en un lugar secreto de Iparralde, al que llega de noche en una carroza totalmente ciega. Le comenta que la desconfianza hacia el carlismo en el extranjero es por el miedo a que restaure el absolutismo en lo político y el ultramontanismo en lo religioso. Don Carlos le contesta: "Nunca he dado razones para creer que, después del acceso al trono, permita a la religión interferir en la política. [...] Admiro a muchos hombres sacerdotes, pero los admiro en la Iglesia, y seré el primero en oponerme a su interferencia en cualquier asunto que se salga de su esfera. [...] Las provincias vascas y Navarra, han poseído, desde tiempo inmemorial, los **privilegios** de la mayoría de las naciones libres. Siempre he declarado enérgicamente que dejaré el marco de una constitución española a la acción de las Cortes libremente elegidas. Me pregunto cómo todavía puede existir una duda sobre mi intención a este respecto".

1874 – EMILIO CASTELAR

Político, historiador y escritor español (1832-1899). Quien fuera un excelente orador y presidente del Poder Ejecutivo de la Primera República tiene numerosos discursos exaltando a los fueros vasconavarros, aunque después se erigiera como uno de los responsables de su abolición. El 26 de mayo de 1874, en plena guerra, Castelar se queja en Granada amargamente del mal uso que han hecho los vascos de sus libertades: "Entre nosotros, las poblaciones semi-separatista por excelencia son las poblaciones vascas... los que han nacido bajo el árbol de Guernica, el monumento más antiguo de la democracia en el mundo, los que han salvado a sus repúblicas de todas las invasiones, haciéndolas tan fuertes como las montañas contra las que rompen las bravas aguas del mar Cantábrico. [...] Ellos han hecho de su hierro, que habían jurado emplear en defensa de sus libertades, espadas contra nuestros corazones, cadenas para nuestros brazos; ellos son hoy los esclavos de un rey absoluto y los parricidas asesinos de la patria. En el fondo de la guerra vasca, hay una tendencia separatista". El 16 de julio de 1876, sin embargo, tomó en el Congreso la palabra a favor de los **fueros**: "Las provincias del Norte parecen resignadas a perder exenciones, sin las cuales apenas concebían su existencia. Aquí asistimos a los funerales de la libertad de una raza, con el recogimiento y el dolor con que se asiste siempre a todas las sublimes tristezas de la muerte. [...] Y hay que decirlo: algo grande sucede hoy a la nación española. Mueren las libertades antiguas que unían a la virtud del Derecho el prestigio de la poesía y de la Historia. Pero, ¡ah!, que al oír a los euskaros defender con desesperación los últimos crepúsculos de sus Fueros, me parece oír la voz de sus padres que les dicen, cómo, las libertades adquiridas y conservadas con la sensatez y por la prudencia, se pierden por las locuras y las insensateces de la guerra". Su talante demócrata le lleva a firmar, en un discurso dado en la Real Academia Española el 25 de febrero de 1883: "¿Quién será osado á proponer que desaparezcan lenguas tan primitivas como el vasco, tan tiernas como el gallego, tan dulces como el bable, tan músicas como el valenciano, tan vigorosas y onomatopéyicas como el catalán? La poesía no crece á su arbitrio en las academias y en los palacios; necesita el aura popular".

THE GRAPHIC
AN ILLUSTRATED WEEKLY NEWSPAPER
VOL. VIII. No. 251
Regd at General Post Office as a Newspaper
SATURDAY, SEPTEMBER 19, 1874
WITH EXTRA SUPPLEMENT
PRICE SIXPENCE
Or by Post Sixpence Halfpenny

THE CARLIST WAR IN SPAIN—EMBARKATION OF DISABLED CARLISTS ON BOARD THE "SOMORROSTRO," CHARTERED BY THE ENGLISH SOCIETY FOR AIDING THE SPANISH SICK AND WOUNDED

1874 – Kennet-Barrington. Portada del diario inglés *The Graphic* del 19 de septiembre de 1874: *La Guerra Carlista en España. Embarque de carlistas heridos a bordo del 'Somorrostro', fletado por la Sociedad Inglesa de Ayuda a Enfermos y Heridos Españoles.* A la derecha, con bombín y brazalete, se puede apreciar a Kennet-Barrington supervisando las operaciones.

1874 – VINCENT KENNET-BARRINGTON

Abogado y escritor altruista británico (1844-1903). Se implicó en proyectos para proveer de ayuda humanitaria a los distintos bandos en varias guerras europeas, y recaló en la **Guerra Carlista** en 1874. La experiencia vivida durante la guerra está recogida en 18 cartas y algunas anotaciones de su diario que fueron publicadas por su nieta Alice Lascelles en 1987. Lo primero que le sorprendió a este popular benefactor, que había llegado empleado al servicio de la Orden Hospitalaria de los Caballeros de San Juan de Jerusalén, es que ni siquiera la Cruz Roja se hubiera comprometido al principio a ayudar al bando carlista al no reconocerlo como milicia legítima: "El Gobierno español nunca reconoció oficialmente a sus oponentes como un ejército beligerante, lo que intensificó la hostilidad entre ambas partes". Para paliar la situación, la orden se encargó de intervenir en diferentes operaciones para el cumplimiento del "Derecho de guerra". El traslado marítimo desde **Santurtzi** que muestra la ilustración que abre la entrada es "la primera ocasión en que un buque navegó en alta mar bajo la bandera de la Cruz Roja". "Nunca había visto nada tan magníficamente organizado como los hospitales de Santurce", comenta Kennet-Barrington. "Era curioso ver cuánta hermandad y amor parecía existir entre los carlistas. Ellos están completamente convencidos de que luchan por una causa noble y buena, la causa de Dios y de su rey, pero no dudan en admitir que también están luchando por sus libertades y fueros, que el resto de España no parece estar dispuesto a permitirles". Su empeño por garantizar los derechos básicos para ambos bandos de la contienda "no obtuvieron una acogida favorable en algunos cuarteles, donde se consideraba que tales acuerdos constituirían un apoyo directo a la causa carlista". De hecho, estando en Logroño, un corresponsal español, que en sus artículos se cebaba contra los carlistas, citó su nombre como fuente de los sinsentidos que revelaba: "Un oficial [gubernamental] me dijo que esto era un viejo truco: trataban de conseguir que algún inocente fuera ejecutado para crear mal ambiente. [...] Tomé la determinación [...] de volver directamente a las líneas carlistas con el periódico de Madrid en el bolsillo. Los oficiales Alfonsinos parecían aterrados cuando pedí la orden para pasar el puente y volver con los carlistas". La buena voluntad de los carlistas resolvió el malentendido. "Estos carlistas son gente decidida, y creo que lucharán hasta el final", comenta. Le escribe a su madre en este tono: "Ahora que he hablado tanto sobre los carlistas, no debes pensar que he tomado partido en la guerra. No simpatizo realmente con ninguna de las partes, pero me dan pena los soldados cuyo destino es vivir en un país donde, o bien luchan, o son una deshonra para sus pueblos y familias". En verdad, la ferocidad de la guerra era tal que comenta que le llegaban heridos con 10 estocadas de Bayoneta y en la batalla de Lácar fallecieron más de 950 soldados liberales. Una de las conductas que más le duele y horroriza es el cruel maltrato al que son sometidos los **animales**: "La crueldad de esta gente con los animales es repugnante. Estoy a cargo de los establos e intento detenerla en vano. Se ríen ante la idea de humanidad hacia las bestias, y las golpean y atormentan para su disfrute". Les amenaza y comenta: "Los españoles no se pueden controlar entre ellos mismos si no es a fuerza de coacción, y están acostumbrados a esto. El único problema es que todos los navarros llevan grandes navajas en sus cinturones y las usan cuando están completamente enfadados". Comenta en **Lesaka** que el pueblo le está eternamente agradecido por su trabajo: "Es tan satisfactorio (¿será vanidad?) que te reciban aquí con tanta honestidad y gratitud".

1874 – Anónimo: *"Si el famoso árbol de Gernika da este fruto, procuremos que no vuelva á retoñar".*

1874 – ANÓNIMO ESPAÑOL

En una caricatura aparecida en el periódico satírico ilustrado catalán *La Madeja Política* del 2 de mayo de 1874, se representa a una mujer con un hacha que simboliza al Estado y al general Manuel Gutiérrez de la Concha, Marqués del Duero, retratado como serrucho, como protagonistas a los que se les confiere la misión de echar abajo el árbol de Guernica. La leyenda dice: "Si el famoso árbol de Gernika da este fruto, procuremos que no vuelva á retoñar". Las raíces del árbol de Guernica encarnan al absolutismo, la intolerancia y el fanatismo y las ramas a las tres provincias vascongadas. Carlistas y curas aparecen parodiados como frutos, setas y ratas. La botella de petróleo es el ingrediente incendiario que hace alusión a Don Carlos.

1874 – ACHILLE LUCHAIRE

Historiador y filólogo francés (1846-1908). Desde su cátedra de la Facultad de Letras de Burdeos y de La Sorbona se empezó a interesar por el pueblo vasco desde muy temprano y fue un firme defensor de la teoría **vascoiberista**, aunque se mostraba contrario a su extensión hasta la península italiana. Luchaire es uno de los investigadores que más ha contribuido a aclarar la historia de la lengua vasca al descubrir algunas de las estelas aquitanas que contienen antiguos **antropónimos** vascos que son perfectamente comprensibles para cualquier hablante del euskera actual: *nescato*, *andere*, *cixon*, *bihoxus*... Tras establecer una relación estrecha entre la antigua lengua aquitana y la vasca actual asegura que "es legítimo y científico suponer que el gascón, dialecto romance que ha remplazado, y casi exactamente en los mismos límites, al **antiguo aquitano**, debe a este mismo idioma no solamente la mayoría de los caracteres fónicos originales que posee en común con el euskera [...], sino que también quizá un cierto número de palabras con fisonomía evidentemente éuscara". Encuentra una clara afinidad fonética entre los teónimos aquitanos, como por ejemplo *Herauscorritsche*, y parte de la toponimia de las localidades de la zona como *Baicorrix*. Fue el primero que, bajo la formalidad de un método científico, trabajó por ofrecer una cierta seriedad a toda la toponimia del ámbito pirenaico que hasta entonces había adolecido de una metodología medianamente digna.

1874 – MOHR:

"La insurrección de las tres provincias vascas es, sencillamente, una locura. [...] De la estupidez y la confusión no se puede construir nada ni medianamente serio".

1874 – WILHELM MOHR

Periodista alemán (1838-1888). Entre 1874 y 1875 estuvo acompañando a la campaña del rey Alfonso contra los **carlistas**, y dejó nota de toda su experiencia en el libro publicado en 1881, *Achtzehn Monate in Spanien* (*Dieciocho meses en España*). Después de atracar en Santander con un barco de vapor de rueda se dirige a **Somorrostro**, donde penetra hasta la sala de oficiales del cuartel de los carlistas sin que nadie le pida en ningún momento la documentación. Se presenta y consigue un salvoconducto para moverse libremente por todo el territorio. Se dirige al frente, situado entre Somorrostro y Castro, y allí ve por primera vez una trinchera carlista: "Contemplé de manera impaciente con unos prismáticos a estos camaradas que, en aquel entonces, para mí, todavía tenían un cierto halo romántico. Se distinguían una media docena de ellos. Se veían las boinas redondas, los largos faldones grises, el destello de los cañones de los fusiles". Desde su posición neutra como periodista que acompaña al ejército liberal, el halo romántico que menciona se ve reemplazado, con el tiempo, por un odio explícito hacia el carlismo: "San Sebastián", señala, "por su ubicación y su entorno una de las ciudades más poéticas del mundo. [...] Ligada a la tierra de una manera pacífica, solo el fanatismo salvaje del **cura Santa Cruz** pudo arrastrarla a los brazos de la furia bélica. Este cura, que no conocía ni el respeto ni el perdón, fue quien hizo acopio de armamento, rearmó a los primeros muchachos con ganas de aventura, zurró a los ancianos que ocultaban a sus hijos y fusiló a las mujeres sospechosas de espionaje, hasta que aquel terrorismo sangriento conquistó toda la provincia para Don Carlos". "La insurrección de las tres provincias vascas es, sencillamente, una locura. [...] De la estupidez y la confusión no se puede construir nada ni medianamente serio".

Además de Gipuzkoa, que había sido aterrorizada por el cura Santa Cruz, dice que Araba, que no tiene carácter, había sido secuestrada por clérigos de distintas órdenes; el campesinado (*Jaunchus*) de Bizkaia no conocía nada más allá que su terruño y odiaba a su capital, Bilbao. Los navarros, finalmente, que estaban hechos de una sustancia bastante más dura que la de los habitantes

1874 – Riudavets. Lekeitio.

de las tres provincias vascas, no querían más que mantener sus fueros, siendo sus **mujeres** "las más fanáticas de toda España y, en su fanatismo, despojadas de cualquier sentimiento humano". Con la seguridad que le otorgaba el salvoconducto republicano y la protección de las tropas de Alfonso XII, Mohr se adentra en una guerra que desprecia, dando gran profusión de detalles en un periplo que le lleva a través de todo el territorio vasco: Bilbo, con una iglesia de Begoña acribillada a cañonazos; Gasteiz, bloqueada por las partidas carlistas; Peñacerrada-Urizaharra, donde la juventud había huido y se mantenía escondida; Gares, donde "en ninguna otra parte ha cristalizado la Navarra medieval una estructura arquitectónica tan peculiar"; Tutera, donde la gente es "grosera [*derb*] y casi bruta [*grob*], como auténticos aragoneses", y Lizarra, en la que se encuentra, en plena huida, a un proveedor del ejército liberal que había sido apresado y conducido por un grupo de mujeres hasta una sima donde le habían desnudado, molido a palos y prendido fuego a su pelo y su barba ("*Bart und Haare in Brand gesteckt*").

1874 – JOSÉ MARÍA RIUDAVETS I MONJÓ

Dibujante e ilustrador balear (1840-1902). Trabajó para publicaciones periódicas como *La ilustración Española y Americana*, para la que realizó xilografías de Bermeo y Lekeitio. Bajo el título de *Apuntes de las provincias vascongadas* presenta varias imágenes de esta última villa costera vizcaína: *Concha de Lequeitio, Alto de Lequeitio, Puerto, Puente Isunsa, Detalle de la costa.*

1874 – ARCHIBALD HENRY SAYCE

Orientalista y lingüista inglés (1845-1933). Fue un pionero en la investigación de las lenguas asirias que era capaz de escribir en veinte lenguas diferentes y que otorgó una gran importancia a la arqueología como evidencia para profundizar en la investigación lingüística, como así lo constató con el pueblo hitita. Él mismo comenta en su libro de 1874 *Principles of Comparative Philology* que sus primeras lecciones del **euskera** las recibió de una muchacha vasca. "El verbo vasco", comenta, "presenta el fenómeno de la incorporación en un grado asombroso; no solo los casos objetivos de los pronombres, sino también los dativos y el indicativo del plural se insertan en el cuerpo de la palabra y el conjunto se ha fusionado por la influencia de la decadencia fonética en una unidad apenas distinguible". Afirma que este idioma "ha existido durante siglos como una lengua no escrita, separada del resto de sus parientes y luchando por la supervivencia en un pequeño rincón del país. Si queremos descubrir las afinidades de su léxico, debe ser conociendo cuáles fueron las formas primitivas de sus palabras" (el reconstructo del euskera que años después comenzó Mitxelena). Compara las lenguas norteamericanas y esquimales, donde el verbo se conjuga incluyendo las relaciones personales, algo que también le sucede en el caso del euskera: "*Much the same phenomenon reappears in Basque, a different form being employed for addressing a superior, an equal, a child, or a woman, and in reference to an object in the first, second, or third persons singular and plural*". El libro va ofreciendo continuos ejemplos tomados del euskera para realizar algunas comparaciones lingüísticas, sobre todo con el acadio, lengua semítica del Medio Oriente. En uno de sus análisis compara el acadio *aria*, "agua" con "*Basque ura, eri, 'city', and Basque hiria*". Para Sayce el euskera pertenece, probablemente, al conjunto de la familia uraloaltaica (que a día de hoy ya no se contemplan como una unidad). En un artículo publicado en Londres en la revista *Nature* ensalza el libro del húngaro Ribáry (1859) sobre la **gramática** vasca, asegurando no conocer ningún otro estudio que ofrezca una muestra mejor de la maquinaria de su verbo: "*Prof. Ribáry's exposition of the intricacies of Basque grammar is singularly clear, and I know of no work from which the foreign student could gain a better insight into the machinery of the verb or a better key to its multitudinous forms*".

1874 – GALLENGA:

"Una raza de montaña colocada como barrera, inmutable, imposible de asimilar, incompresible; nada de francesa, nada de española; en muchos aspectos inferior a ambas, en algunos mejor que ninguna".

1874 – ANTONIO CARLO NAPOLEONE GALLENGA

Escritor italiano (1810-1895). Implicado en numerosas conspiraciones políticas en Italia, Gallenga se vio en la obligación de emprender un viaje que le llevó hasta Nueva York, antes de instalarse definitivamente en Londres. En 1883 publica la experiencia de su viaje por la península entre 1865 y 1879, *Iberian Reminiscences. Fifteen years' travelling impressions of Spain and Portugal* (*Reminiscencias ibéricas. Impresiones de quince años de viaje por España y Portugal*). Llega a Bayona en agosto de 1874 (tomo I, libro III, capítulos I-VII) y se aloja tres meses en **Hendaia** para seguir y notificar los acontecimientos que se suceden durante la **Guerra Carlista**. Gallenga reseña primero algunos de los factores (turismo, cólera, guerras...) que han llevado a esta pequeña región francesa a ser denominada como la "Pequeña España" (*Little Spain*). "La masa de la población de la parte norte y sur –Francia y España– de las montañas son de la misma raza vasca y por ella corre la misma sangre carlista". "Una raza de montaña colocada como barrera, inmutable, imposible de asimilar, incompresible; nada de francesa, nada de española; en muchos aspectos inferior a ambas, en algunos mejor que ninguna". Relata la iniciativa de un tal M. Dupressoir que había conseguido abrir un casino en la zona de **Hondarribia**, adonde acudían los clientes franceses (los españoles tenían prohibida la entrada por ley) y que se mantenía abierto incluso a pesar de ser el "infierno en la tierra" (*hell upon earth*). Incluso se animó a organizar, en medio de aquel infierno, una gran regata de *Trainiéres* con importantes premios para los vencedores. Una vez acabada la guerra, no habría "ningún lugar más hermoso o encantador, o más adecuado para los propósitos de un balneario internacional". Pero al pueblo parece no importarle la prohibición: "El verdadero vasco rara vez juega y nunca se baña, y tampoco simpatiza con los que lo hacen. Se dedica a sus humildes labores durante seis días a la semana y el domingo tiene su misa dentro de la iglesia y su baile fuera de ella". La música es interpretada por un solo anciano: "Nada más inocente, nada más estúpido. Un anciano desdentado al tamboril constituye toda la orquesta". Continúa su viaje en **Irun**, que, "a diferencia de Hendaya, estaba bien pavimentada e iluminada, y perfectamente limpia", y pasa por **Endarlatsa** al reino de Navarra: "No se puede uno imaginar una puerta más imponente que esta para entrar a un reino". En **Bera** describe de la siguiente manera a sus habitantes: "Me pareció que nunca antes había visto unas caras tan largas, unos rasgos tan alargados, unas complexiones tan terrosas; nunca había oído unas voces tan graves, apagadas y sepulcrales. Los hombres eran lo suficientemente robustos, los soldados carlistas más bien truculentos, los oficiales sosos y corteses; pero la mirada seria y algo baja, biliosa, de perro colgado, era común a la mayoría de ellos. [...] El vasco no me parece que se presente, de ninguna manera, bajo una apariencia boyante, cordial y simpática. La característica es la apatía [*dulness*] y la limitación [*narrowness*]". Considera a los Miqueletes los soldados más sucios del mundo y de los carlistas dice que, "como ladrones, no te ponían ningún impedimento si les pagabas en negro". "La confianza de estos carlistas y la ausencia de toda sospecha sobre los viajeros que, después de todo, podrían haber sido espías republicanos me sorprendió enormemente", admite. "Por fin llega el gran día", comenta en referencia al asedio que van a efectuar los carlistas sobre la villa de Hondarribia. Va arribando un tren tras otro y la multitud se reúne por miles al otro lado del Bidasoa: "Un bombardeo a tan gran escala, observado a tan poca distancia, en un escenario tan bello y en absoluta seguridad, era un espectáculo que un hombre solo podría contemplar una vez en la vida". El bombardeo resulta, sin embargo, "una mera farsa", puro "fuego de artificio". "Solo ha habido un par de bajas", le comenta una chica, "ni mujer, ni hombre, solo un cura". "Si hubiera dicho 'solo un burro', sus maneras no habrían sido más despectivas", añade.

1874 – GUSTAVE DE COUTOULY

Poco se sabe de Coutouly, que fue el enviado especial de la **segunda carlistada** que trabajó para el diario *Le Temps*. El 14 de noviembre de 1874 escribe, con un tono cercano a la trama de un drama romántico, lo siguiente: "Si no hubiera tenido tanta prisa, me hubiera gustado pasear durante una buena media hora por las calles de **Rentería**. Este pintoresco pueblecito, ubicado frente al hermoso puerto de Pasajes, me resultaba muy conocido. Más de una vez me había detenido en él en tiempos de paz y lo había encontrado bastante digno de haber sido cantado en un romance. ¡Pero qué lejos está esta vez! Muros almenados construidos a prisa encierran a la afable Rentería, que ha adquirido ahora un aire feroz. Gran número de casas tienen las ventanas tapiadas y, del lado que mira al campo, no se ven más que siniestras aspilleras. Alrededor de la iglesia hay empalizadas de tierra, corredores estrechos entre parapetos dispuestos para proteger a los transeúntes del fuego de un enemigo encaramado. Las calles están repletas de soldados, caballos y bestias de carga que cruzan en todas direcciones. Es este un pandemonio de locura. [...] Por todas partes nos tropezamos, chocamos, gritamos, reímos, luchamos. Son acontecimientos que cautivan y retienen al apasionado amante de las escenas pintorescas; pero la batalla estaba por comenzar, había que apresurarse para ver el primer acto. Así que no pude más que pasar por encima de aquel belicoso hormiguero".

1874 – Pellicer. El cuartel general del mariscal Serrano en Somorrostro.

1874 – JOSÉ LUIS PELLICER

Dibujante y pintor catalán (1842-1901). Pellicer es otro más de los muchos corresponsales que anduvieron por Euskal Herria enviando crónicas sobre la **Segunda Guerra Carlista**. Realizó una gran cantidad de dibujos para la sección *La guerra civil en Cataluña y en las Provincias Vascongadas* que tenía la revista *La Ilustración Española y Americana*. Pellicer no rehuía la proximidad del peligro y muchos de sus dibujos fueron realizados en el mismo campo de batalla, plasmando con un realismo sorprendente la atmósfera general que se percibía. De la aglomeración de periodistas que allí concurrían da testimonio uno de los artículos publicados: "En la cadena o barraca del portazgo de este pueblecillo [**La Rigada, Muskiz**] alojáronse los que permitió la escasa superficie de un cuartucho de tres metros de largo por dos de ancho. Bautizóse el local con el pomposo título de Hotel de las cuatro naciones, por ocuparlo individuos de España, Francia, Bélgica y Suiza".

1875 – CURROS:

"No se comprende un país tan pintoresco [...] con unos moradores tan infames y tan crueles como los que aquí sostienen esta guerra".

1875 – MANUEL CURROS ENRÍQUEZ

Poeta gallego (1851-1908). Fue un importante representante del periodo literario gallego llamado *Rexurdimento*. Su obra, de fuerte contenido social, dada su ideología republicana y progresista, se despliega tanto por medio de su poemario gallego, como de artículos de periódicos y crónicas de guerra editadas en Madrid y que cubren la **segunda carlistada**. Desde diciembre de 1875 hasta febrero de 1876 publica para el periódico *El Imparcial* una sección titulada *Cartas del Norte*. Del camino que le lleva de Donostia a **Pasaia**, cuenta lo siguiente: "¡Cuánta maravilla topográfica, cuántos preciosos accidentes y hermosas perspectivas he podido contemplar en el camino! Por todas partes huertas, jardines, árboles y flores, esmaltando las faldas de estas montañas e inclinándose como para llorar misteriosos pesares sobre las silenciosas aguas de la ría. Por todas partes pintadas alquerías, bellas casas de campo, moradas señoriales, blancas ermitas de sencilla y galana arquitectura, diseminadas todas y alejándose unas de otras como dispersa bandada de palomas que han de juntarse un día para arrullar a coro a nuestra patria, cuando suene la hora de la paz y de la unión de sus hijos". El ensueño, sin embargo, se deshace de golpe: "No, no se comprende un país tan pintoresco, una naturaleza tan feraz, tan sonriente, tan plácida, con unos moradores tan infames y tan crueles como los que aquí sostienen esta guerra. ¡Infames y crueles! Este es el nombre de los que ayer, a favor de las sombras, bajaron, como bajan los lobos de la sierra, al camino de Rentería para asesinar a un sargento que venía custodiando a un hospital de sangre, a dos soldados heridos en nuestras trincheras, y a los cuales remataron miserablemente". Curros tuvo también tiempo para cultivar la cultura local y cantar, en castellano, un verso de alabanza al bertsolari **Bilintx**, quien fuera víctima de una de las acometidas carlistas que sufrió Donostia: "En la chocita blanca del monte inculto,/ donde a la patria rinde sagrado culto,/ del amor de sus hijos puesto al amparo,/ vive Vilinch, el tierno poeta éuscaro./ Allí fue donde, alegre, cantó otros días/ del hogar las venturas y los amores,/ de los campestres bailes las armonías,/ de Conchesi los ojos fascinadores [...] Tú de Vilinch las quejas has desoído,/ el que de ti imploraba paz y concordia:/ ¡ya que del pobre vate no la has tenido,/ nadie te tenga nunca misericordia!".

1875 – Rodríguez Tejero. Estampas de Pasaia (1878).

1875 – ÁNGEL RODRÍGUEZ TEJERO

Pintor y militar español (-1908). Fue un militar de vocación artística, testigo de las batallas que tuvieron lugar en el frente de Errenteria en 1875 durante la segunda carlistada y autor de una gran cantidad de dibujos en torno a ellas. El periódico *La Ilustración española y americana* del día del 8 de agosto de 1878 reproduce una **pintura** suya con distintas estampas del pueblo de ***Pasages*** que titula: *Tipos de la gente del puerto. Una calle en Pasages de San Juan. Frente del mediodía en Pasages de San Pedro. Casas de lavanderas, entre Pasages y Rentería.*

1875 – ROBERT ELLIS

Académico inglés (1820-1885). En 1875 publica *Peruvia Scythica. The Quichua Language of Peru*, un ensayo sobre la lengua **quechua** que subtitula *Including the Basque, the Lycian and the Pre-Aryan Language of Etruria*. Que incluya la lengua vasca en portada nos da una idea del importante papel que tiene a lo largo del libro. Hace un exhaustivo estudio comparativo de los numerales y algunas palabras concretas como "plata", "pájaro" o "noche" y concede un origen común a todas las lenguas que giran en torno al Mediterráneo: etrusco, vasco, armenio, etíope y lenguas trans-saharianas. Deduce que las máximas afinidades de las lenguas americanas están con las turanias (uralo-altaicas) y las ibéricas: "*The nearest affinities of the American race would be with the Turanians and the Iberians*". En 1886 publica *Sources of the Etruscan and Basque Languages*.

1875 – M. CERQUAND

Cerquand fue un inspector de la Academia de Burdeos que en 1875 publicó *Légendes et récits populaires du Pays Basque*. En la introducción asegura que "junto a los proverbios de excelente factura y las canciones mediocres", se preguntaba si los vascos disponían también de otro tipo de monumentos literarios con los que pasar las veladas invernales. Tras una breve estancia en Iparralde para asistir a una conferencia escolar, planteó a los profesores de los cantones de Atharratze, Maule, Donapaleu y Donibane Garazi si era posible reunir algún tipo de **leyendas** sobre supersticiones o brujerías: "Y así se abrió la brecha, y pude reunir sesenta textos vascos reales de origen popular". "Recomendé a mis colaboradores que transcribieran los relatos con la misma fidelidad con la que reproducirían una respuesta del catecismo o una definición de matemáticas, y que conservaran precisamente las ideas, los hechos, las palabras que les parecieran más extrañas. Les prohibí añadir algo, cambiar algo con el pretexto de la elegancia y la claridad", explica. Cerquand reúne así parábolas, leyendas mitológicas, cuentos de brujería, leyendas históricas y cuentos de todo tipo, tanto en francés como en euskera. Como muestra transcribimos uno de los 21 que escribió en euskera: "*Aphez batec galdeguin zacon chuberaco herri batian catichiman zabilan muthico bati: Zer da escontza? Escontza da arimaren gorphutzetic berechtea. Eta guibeleco aldian zagon atxo batee erran zin: 'Etchit ez, haurra, bainan huillan bai" (Récité par M. Oçafrain, Jean, de Bancet, transcrit par M. Blandé. – Dialecte navarrais)*". Traducción: "En una parroquia de Zuberoa, el cura preguntó a un niño: ¿Qué es el matrimonio? El matrimonio es la separación del alma y del cuerpo. Y una anciana, que estaba al fondo, dijo: 'No, no, mi hijo, pero no por mucho'".

1875 – BONILLA:

"Para mucha gente en Navarra, un castellano es un extranjero".

1875 – CARLOS DE BONILLA

Publica en Baiona en francés *La* ***Guerre Civile*** *en Espagne, 1833-1848-1872*. El libro relata una exposición pormenorizada de las contiendas y las campañas carlistas e indaga también en sus causas. Según Bonilla, lo que en principio se contempló desde Europa como algo tan legítimo como apelar al espíritu caballeresco de un país y reclamar una corona con la espada tenía un fondo mucho más complejo que dejaba entrever los desequilibrios y las diferencias que se observaban: "...para quienes conocen el carácter vasco y navarro, estos eventos no ofrecen nada extraordinario y pueden explicarse perfectamente por los hábitos de un pueblo guerrero que las delicias de la civilización aún no ha conseguido indignar". "Hay en esta guerra civil de España una cuestión de principios y una cuestión de provincialismos. Para mucha gente en Navarra, un castellano es un extranjero [*un castillan est un étranger*]; distinción inoportuna que podría tener algún día pésimas consecuencias. Los reyes que dieron los fueros al **país vasconavarro** no pretendieron hacerlo en detrimento de la unidad nacional" ("*Les rois qui ont donné les fueros aux pays Vasco-Navarrais n'ont pas entendu le faire au détriment de l'unité nationale*").

1875 – POTT:

"El vasco, dijo Ampère, ha compartido con el celta el privilegio de decir sobre él inumerables extravagancias".

1875 – AUGUST FRIEDRICH POTT

Lingüista alemán (1802-1887). Muy reconocido por sus trabajos en el ámbito de la lingüística, escribió sobre Humboldt (1799) y se especializó en el indoeuropeo, creando un método para el análisis comparativo de la formación de raíces de las palabras. Rechazó rotundamente las especulaciones racistas de Arthur de Gobineau sobre las desigualdades de las razas humanas al carecer, en su opinión, de fundamentos. Publicó un trabajo en tres tomos sobre nombres de personas y topónimos. De ahí su interés por los **apellidos** vascos, sobre los que escribió una pequeña obra, *Ueber Vaskische Familiennamen*, publicada en 1875. En 1887 publica *Zur Literatur der Sprachkunde* (*Sobre literatura de la Lingüística*), donde incluye un apartado sobre el euskera en el que recoge toda la **bibliografía** publicada hasta ese momento sobre la lengua vasca tanto nacional como internacional. En él afirma para finalizar que "hay que secundar a Van Eys [1865] cuando dice: El vasco, dijo Ampère [1862], ha compartido con el celta el privilegio de decir sobre él innumerables extravagancias". Pott se mostró en contra de la teoría fenicia de Hannemann (1884).

1875 – SATURNINO JIMÉNEZ ENRICH

Escritor y periodista menorquino (1853-1933). Jiménez Enrich fue un personaje inquieto que saciaba su ansia de conocimiento por medio de los viajes y sus ocupaciones como corresponsal de guerra. En 1876 publicó *Secretos e intimidades del campo carlista en la*

1875 – Jiménez, sobre las mujeres de Puente la Reina-Gares: *"Ustedes al batirse sueñan en el resultado de la propuesta; nosotros, al batirnos, soñamos en la libertad de la patria". Tirso Lacalle, el cojo de Cirauqui.* Fuente: José Luis Pellicer (1874) para *La ilustración Española y Americana* del 22 de agosto de 1875.

*pasada **guerra civil*** y en 1877 unas *Memorias de la pacificación*, que comprenden, como él mismo observa en el subtítulo, "la descripción pintoresca de todo el País Vasco-Navarro". El periodista llega a Euskal Herria en 1975, cuando el carlismo estaba dando sus últimos coletazos, y acompaña al ejército liberal ejerciendo una doble función como reportero y como informador, enviando partes de sus observaciones a la plana mayor. El libro I comienza con una descripción de Pamplona y va atravesando Navarra para culminar con la subida al castillo de Santa Bárbara de **Tudela**, donde contempla "toda esa inmensa llanura de verdor y de arboleda en que la vista se esparce y el corazón se dilata, cruzada por rectos y bien cuidados caminos carreteros, que es esta una de las especialidades en que parecen haber puesto todo su amor propio las diputaciones del país vasco-navarro". Describe tipos legendarios de la guerra civil como el célebre contraguerrillero Tirso Lacalle, "conocido vulgarmente por el **Cojo de Cirauqui**": "Tuve el gusto de apreciar las escelentes dotes de su trato personal. [...] Era Tirso Lacalle capitán de voluntarios de su pueblo natal, Cirauqui, en ocasión del último ataque de los carlistas. Sabido es que de los treinta y dos voluntarios que sostuvieron la defensa, diez y siete murieron fusilados inhumanamente después de rendirse, y el resto sucumbió durante la acción. Tirso Lacalle pudo esconderse dentro de una cuba, y allí permaneció tres dias y tres noches sin probar alimento, mientras los carlistas habitaban la misma casa en que él se hallaba oculto. [...] Púsose al frente de una contraguerrilla que organizó con muy pocos hombres, y que, aumentando con el tiempo su personal, ha venido á ser el terror de los carlistas".

Describe también la lucha que se genera en los alrededores de Donostia, que es acosada a diario por granadas y proyectiles. La batalla se desarrolla caserío a caserío, palmo a palmo, enumerando gran cantidad de nombres de caseríos con una perfecta transcripción. Relata al detalle las operaciones por parte de ambos bandos en fuertes, trincheras, parapetos, troneras y baterías. Relata desgraciadas hazañas carlistas como la de una muchacha de 16 años a la que "le entró el casco por la región abdominal izquierda, habiendo salido fuera parte del epiploon; otro casco la hirió levemente en la mano izquierda. Esta niña, hija de un casero de Errotaburu (que en idioma vascuense significa cabeza de molino), bajaba diariamente á San Sebastian, desde dicho caserío, próximo á Montevideo, á vender leche. Colocada sobre un colchón, sufrió con admirable serenidad la primera cura; no exhaló ni una queja, ni profirió un lamento, ni vertió una lágrima. Me contestó sin esfuerzo á todas las preguntas que la dirigí. Y sin embargo, aseguró el dictamen facultativo que la herida era mortal. [...] Después he sabido que felizmente curó". Cuenta también el caso de "cierto individuo de San Sebastian, al parecer empresario de Carruajes", que "quiso pasar solo por aquel sitio, no obstante la incomunicación, y los carlistas destacados en Ganchusqueta se apoderaron de él, y sin forma de proceso lo fusilaron. Al dia siguiente fué hallado aquel infeliz con la cabeza separada del tronco". Jiménez Enrich cuenta, asimismo, cómo vivió los hechos que sucedieron con el bertsolari Indalezio Bizkarrondo, **Bilintx**, en cuya casa cayó un proyectil causándole gravísimas heridas, por causa de las cuales se le hubo de amputar una pierna: "Mueve mas á compasión la inesperada desgracia del pobre Vilinch, si se recuerdan ciertos antecedentes que hacen del herido una figura simpática é interesante. Abundan en el país vasco los coblaçari ó **verzolariz** (que en nuestro idioma equivale á improvisadores), que manejando con singular facilidad la lengua euskara, improvisan dulces canciones al amor, á la amistad, á los placeres del alma, sin salirse nunca, por lo general, de la esfera de la ternura; y versolariz hay que subsisten á espensas de su oficio de trovadores, siendo llamados á amenizar las bodas y regocijos de todo género, lo que cumplen á maravilla con los raudales de su inagotable vena. En las sidrerías, ó bodegas donde se expende la sagardúa, suele ponerse un versolariz enfrente de otro, y elegido por cualquiera de los circunstantes, un pié, un tema fútil, luchan horas enteras los improvisadores, hasta ver quien se rinde antes, en desarrollar el tema que se les ha propuesto. Los versolariz de Guipúzcoa no se diferencian mas que en el idioma de los glosadors, de la isla de Menorca, en donde las tabernas suelen ser asimismo el palenque de estas originales luchas del ingenio. Ahora bien; Vilinch es reputado como uno de los principales versolariz de esta tierra, y mas aun, es tenido como uno de los mejores entre los poetas euskaros". El bertsolari murió a los pocos meses, seguramente a causa de las heridas.

En el libro II recorre de nuevo todo el País Vasco, dando la vuelta por el valle de Arakil, Lizarra, Araba y Bizkaia, acompañando ya al triunfante ejército liberal con Alfonso XII a la cabeza. En **Gares** tiene una conversación con las **mujeres** que le alojan, que le dicen lo siguiente: "Nuestra opinión es que la guerra no ha terminado, como ustedes creen; que hemos sido víctimas de una gran traición, y que los voluntarios que vuelven á sus casas están mas animados que nunca y en disposición de comenzar nuevamente, aunque solo sea para castigar á los traidores. [...] Y si es preciso, nosotras empuñaremos el fusil, marcharemos con los hombres, porque con nosotras no los engañarán, pues somos menos confiadas que ellos. [...] Ustedes al batirse sueñan en el resultado de la propuesta; nosotros, al batirnos, soñamos en la libertad de la patria". En **Hernani** ya había constatado que "la mujer es el alma de la resistencia que opone Hernani á los facciosos, y la mujer es la gran figura que se destaca en ese sombrío cuadro de desdichas y catástrofes que ha trazado en las márgenes del Hurumea, la mano esterminadora de la guerra civil". Según va atravesando el viejo reino, va percibiendo el cambio cultural que se manifiesta: "Al abandonar y entrar en tierra de Los Arcos, cambia un poco la fisonomía del país, que pierde algo de su tinte navarro y adquiere un marcadísimo tinte castellano. Ya no se oye hablar el vascuense, que todavía suele oirse, mas ó menos adulterado, en muchos pueblos del interior de Navarra".

1876 – JOAN MAÑÉ I FLAQUER

Periodista y escritor catalán (1823-1901). Joan Mañé, que en su juventud adoptó una ideología liberal radical, acabó siendo director del *Diario de Barcelona* durante más de 30 años, y fue respetado por su independencia de criterio y su ideario descentralizador. En 1876 editó *La paz y los fueros*, un discurso bien fundamentado en defensa de los **fueros vasconavarros**: "Los fueros tienen a su favor el derecho consuetudinario y además la consagración de este derecho [...] en la citada ley de 1839. Esto hemos adelantado con un siglo de enseñanza política que está gozando ó sufriendo Europa desde la revolución francesa ó desde el famoso descubrimiento de los inmortales derechos del hombre y del ciudadano, que las provincias vasco-navarras disfrutan hace seis siglos sin ninguno de los males que nos ha traido la importación francesa".

Para el autor el castigo que se pide para los vascos carece por completo de las principales condiciones que ha de reunir toda pena: "La pena ha de ser personal, es decir, que recaiga solo en la persona ó personas de los culpables". Y plantea una pregunta: "¿Supuesto que el delito de rebelion carlista ha sido comun á varias provincias de España, por qué se ha de castigar solamente á las tres provincias hermanas y á Navarra?". "Cataluña y Aragón se sublevaron de 1847 a 1849 y en 1855, es decir, que han sido rebeldes mayor número de veces". En la comparativa alude también a las colonias americanas: "¿Por qué no piden el mismo rigor para Cuba? En Cuba hace siete años, no tres como en la Península, que los insurrectos sostienen una guerra que nos desangra, nos empobrece, nos deshonra y nos crea dificultades de suma gravedad". Como conclusión final aduce lo siguiente: "Nosotros comprenderíamos que, así como los vizcainos y guipuzcoanos dijeron un dia: 'supuesto que para gozar la mayor suma de derechos es necesario ser hidalgo, hagámonos todos hidalgos', se dijera ahora: 'supuesto que los vasco-navarros tienen unas libertades que les hacen felices y á nosotros las nuestras nos hacen desgraciados, troquemos las malas por las buenas'".

Las diputaciones vascas le ofrecieron un homenaje, motivo por el que realizó un viaje a Euskal Herria en 1878 que reflejaría en su relato *El oasis: viaje al país de los fueros*. Es un libro de viajes que repasa la historia y el paisaje vasco. Haciendo una alusión a José Cadalso (1796) comenta: "La opinión ilustrada de España en el siglo pasado proclamaba la identidad de origen y de costumbres, la confraternidad, la union, el 'Laurac-bat' (cuatro en una) que yo me limito á reconocer entre Navarra y las Provincias Vascongadas". Hace una precisa descripción de un **pastor bardenero**: "Viste camisa de cáñamo grueso, chaleco de pana negra que aun llaman 'justillo', faja ancha de lana morada, calzon de piel de cabra, que ellos llaman de 'cabruna', de color de ante achocolatado con refuerzos pespunteados de la misma piel en la entre pierna, con calzoncillos de algodon blanco de tela debajo, medias de lana larga, cubriendo el pié y hasta la mitad de la pierna con un calcetin de bayeta blanquecina que llaman 'peal', y alpargata abierta de cáñamo, sujeta ó atada con cintas de algodon negro á la aragonesa. Al hombro lleva una elástica, que ellos llaman 'elástico', de lana azul turquí ribeteada de encarnado, pero en invierno usan zamarra. En la cabeza ostenta airosamente un pañuelo de seda de cuadros de diversos colores muy vivos, preponderando el rojo. [...] Le dan el nombre de 'zorongo'". Como preámbulo de la parte tercera de su obra, Aranzadi cita a Mañé cuando dice: "El idioma no es más que la vestidura de nuestros pensamientos y de nuestros sentimientos; cuando los vascos piensen y sientan como los que les combaten, su idioma no tendrá razón de ser".

1876 – Mañé i Flaquer: *"El 'Laurac-bat' que yo me limito á reconocer entre Navarra y las Provincias Vascongadas". "El idioma no es más que la vestidura de nuestros pensamientos y de nuestros sentimientos; cuando los vascos piensen y sientan como los que les combaten, su idioma no tendrá razón de ser"*. Dibujo de pastor de la Ribera.

1876 – JOSÉ OLIVER Y HURTADO

Sacerdote e historiador andaluz (1827-1887). En 1875, después de quedar vacante la plaza episcopal de la diócesis de Pamplona, Oliver y Hurtado fue promovido para cubrirla como figura de prestigio que había dejado tras de sí un importante legado de estudios históricos. Tomó posición del cargo de la diócesis en 1876, recién terminada la Guerra Carlista, en un momento en que el mismo clero se hallaba altamente politizado. Preocupado por las consecuencias que podía acarrear la libertad de culto que se estimulaba desde el Gobierno central, el prelado constata que esas sectas protestantes "deslizan evangelios en castellano y en **vascuence** impresos en Londres" (véase Borrow 1835). Le inquieta también la cuestión de que la enseñanza de la doctrina cristiana debe ser asumida por el párroco y no dejada de la mano de los maestros, en quienes no confía para la labor. El *Boletín Oficial eclesiástico del obispado de Pamplona* del 4 de noviembre de 1876 decreta entonces, en su tercera y cuarta disposición, que "en las vascongadas se seguirá aquel Catecismo que se tenga en uso y sea más conforme al vascuence que se hable en el país" y que "el párroco cuidará de conservar la doctrina en vascuence donde hablen este idioma, pues está observado que la entienden mucho mejor que en castellano, aunque sepan esta lengua".

1876 – FRANCISCO CALATRAVA

Publica en 1876 *La abolición de los fueros vasco-navarros*, un alegato en contra de estos **privilegios** que comienza de forma contundente: "Estos fueros, vetusta reliquia de unas ideas, de unas necesidades y de una edad que hace mucho tiempo pasaron, para no volver, son hoy el mayor de los anacronismos, la más insigne de las inconsecuencias y de las imprevisiones políticas, el más injusto y odioso de los privilégios, y una perenne causa de perturbaciones y guerras, de duelos y calamidades, de vergüenzas y desastres". Teocracia, absolutismo y privilegio estrechan lazos y se confabulan para ser "los verdugos de nuestra patria". Ve una oposición, un antagonismo, entre la nueva idea del pueblo español y "el principio que constituye el modo de sér actual del pueblo euskaro". Todo para Calatrava, la industria, el Gobierno, la ley, las artes, las letras, la filosofía, las universidades, la religión, la lengua, todos esos elementos que representan "la vida íntima de las provincias vasco-navarras", son contrarios al espíritu renovado del pueblo español. "No hay necesidad sino de hacer lo que se hizo en Francia, que fué ahogar, extirpar el espíritu de provincialismo, y sacar á flote, é íntegra, la nave del Estado".

1876 – ORTIZ DE PINEDO:

"No tiene más existencia social, [...] que la marcada por su catecismo escrito en vascuence y comentado en este idioma por su cura, [...] como él fanático, intransigente, amante de la inmutabilidad del fuero y de la Iglesia".

1876 – MANUEL ORTIZ DE PINEDO

Escritor y político andaluz (1829-1901). El que fuera diputado español por el Partido Democrático escribe un largo prólogo de 50 páginas para el libro de Francisco Calatrava (1876) sobre la abolición de los fueros. En él echa la culpa a las provincias vascas del chantaje que hizo Francia en el Tratado de Basilea (1795), cuando la Guerra de la Convención, después de haber ocupado todas las capitales vascas y encontrarse a las puertas de Iruñea: "La República francesa sostuvo tenazmente que no volvería las provincias conquistadas mientras no le diéramos la isla de Santo Domingo en compensación. [...] La nación se desprendió de aquella isla que fue el precio puesto á la recuperación de un territorio...". "Esas provincias ingratas, no contentas con resistir dura y tenazmente la unificación legal establecida; con defender á sangre y fuego sus privilegios y exenciones, no hay sacrificio que no nos hayan impuesto". Arremete también contra la Iglesia, por proteger esta a las **cuatro provincias** "contra el poder absorbente de los reyes absolutos". "Para hacer más activo su aislamiento, Roma les autoriza á orar en vascuence. En esta lengua les dirigen la palabra desde el púlpito los pastores, y en vascuence escuchan en el confesionario sus culpas y pecados. [...] La campaña de la Iglesia dirige la vida pública del vascongado, [...] que no tiene más existencia social, ni mueve su espíritu dentro de otra esfera que la marcada por su catecismo escrito en vascuence y comentado en este idioma por su cura, vascuence como él, y como él fanático, intransigente, amante de la inmutabilidad del fuero y de la Iglesia".

1876 - Campion: *"Lo que este país necesita es una revolución, no una serie de conspiraciones militares".* Dibujo de Tudela.

1876 – J. S. CAMPION

Militar y viajero británico. Visitó el país justo al final de la última **Guerra Carlista**. Su viaje lo reflejó en el libro *On foot Spain. A Walk from the Bay of Biscay to the Mediterranean. Illustrated by original sketches* (1879). Comienza con un grabado de **Tutera** y dedica más de 150 páginas a su paso por Guipúzcoa y Navarra. Hay pocas referencias a la cultura vasca y hasta la pelota le parece un deporte jugado en el norte de España. En San Sebastián, dice, "la banda daba una impresión deplorable; [...] sus instrumentos tenían, en tono y acorde, el nivel de una banda callejera de música alemana en Londres. [...] Los instrumentos [...] parecía que nunca hubieran sido limpiados desde su fabricación". Se lamenta de que la plaza de toros de San Sebastián esté cerrada "porque Guipúzcoa es famosa por sus finos y fuertes toros; y a pesar de todo lo que se pueda decir en contra de las corridas, sin duda es un espectáculo para ver de vez en cuando". Los campesinos guipuzcoanos y navarros le parecen honestos por dedicarse al contrabando, *"they are smugglers"*, pero le desaconsejan viajar solo más allá de Iruñea, porque en este país la ocasión hace al ladrón: *"In this country occasion makes the robber"*. Le comentan que solo en las posadas le pegarán el sablazo y le enseñan un refrán: "Ventera hermosa, mal para la bolsa". Respecto al paisaje, este le impresiona: "Tomen todas las montañas de Gales, norte y sur, despedacen las raíces, tírenlas a montones por todo el país; cubran las partes más altas con brezo; vistan los tramos inferiores, cuando no sean tan empinados como para ser roca desnuda, con matorrales y bosques de roble y castaño; llenen cada barranco y hueco con arroyos que se batan, que tengan orillas cenagosas y bordeadas de pendientes recubiertas; diseminen a través de ellas, donde sea que el suelo tenga una condición para el trabajo, campos pequeños y aislados de un cuarto a media docena de acres; coronen cada colina con fortalezas antiguas y modernas; coloquen antiguas y ruinosas mansiones de piedra, pueblos perdidos, aparentemente levantados en la Edad Media, y grandes y viejas iglesias en cada valle; enciérrenlo todo en un mar de rocas y altas cadenas montañosas... y ahí lo tienen".

A la altura de **Betelu**, llega a casa de Don Ramón, para el que tiene una carta de recomendación. Aunque Campion quiere continuar su camino, el anfitrión le agasaja con un "donde comen cinco, comen seis": *"Where there is enough for five to eat, [...] there is plenty for six"*. La sobremesa con varios altos cargos del negocio del hierro se extiende hasta las seis de la mañana y el anfitrión le acaba cediendo su propio cuarto para dormir. A mitad de noche comienzan los cánticos en euskera. El coro es profano pero se compenetra bien, y causa en Campion un gran afecto: *"Until then I had no idea how fine were the old Basque songs, or, more correctly speaking, chants; some of them being perfectly charming"*. En las iglesias solo ve mujeres elegantemente vestidas de luto y hombres de aspecto pordiosero. En Iruñea acaba bailando **jotas** en una posada: "Esta mañana las chicas me oyeron silbando 'El Coro de los conspiradores' de la ópera 'Madame Angot'. Estaban bastante contentas de que la supiese y dijeron que era 'buen carlista' y se unieron con letras 'rebeldes'. Preguntando, supe que el tono tiene un toque de vasco antiguo. Lo que no sé es si esto es una falsa ilusión [...] o si en realidad es un canto vizcaíno, y ha sido utilizado por Lecocq, el autor de la ópera. [...] Que su música tiene un tono o ritmo vasco es indudable". Lanza también un desafío: "Lo que este país necesita es una revolución, no una serie de conspiraciones militares". Después de tres guerras civiles, dibuja también un escenario bastante decadente del paisaje vasco del sur: "Tome una gran porción de la meseta central de Arizona, sustituya castaños y robles por pinos y piñones, ríos vivos por regachos secos y arroyos; [...] ponga cada acre disponible de trigo, vides o aceitunas; pegue [...] grandes iglesias, monasterios, ruinas antiguas, fortificaciones de todas las épocas alrededor, en laderas de montañas, en pináculos rocosos, en valles, llanuras y huecos; agregue algunas ciudades fortificadas que tengan la mayoría de las mejoras modernas; coloque en el campo abierto una población escasa de campesinos mal vestidos, ignorantes, crédulos, pero bien alimentados y trabajadores; [...] deje que el vestido, los utensilios, los modales y las costumbres sean los de veinticinco siglos, tan mezclados y remezclados, tan indisolublemente confusos como para ser inutilizables, y usted tiene el país y sus habitantes desde San Sebastián hasta Tudela". Contiene una ilustración de Tudela y Pamplona.

1876 – VICTOR DE ROCHAS

Médico francés (1830-1878). Autor de varios trabajos antropológicos sobre las colonias francesas africanas y americanas, en 1876 publica un estudio sobre los **agotes** y los **gitanos** pirenaicos: *Les Parias de France et de l'Espagne (Cagots et Bohemiens)*. En la introducción realiza una pequeña síntesis del problema: "Si hay un fenómeno social capaz de despertar la curiosidad y solicitar la reflexión, ese es la existencia entre nosotros de ciertas clases de parias comparables a las de la India. Aparecidos en torno a la Edad Media, se han mantenido hasta la era moderna sin revelar el secreto de su enigma y sus nombres aún continúan siendo discutidos". "Los historiadores", comenta, "se han esforzado al máximo por resolver, por un lado, los problemas históricos y sociales que los gitanos planteaban ante ellos y, por otro, la múltiple categoría de parias conocida bajo los diversos nombres de Gagots, Gahets, Gacous. [...] Sin embargo, esto no ha impedido hacer una biografía especial de los gitanos de nuestro territorio, observándolos y mostrando que los del País Vasco son hoy una verdadera familia aparte".

1876 – JUSTO ZARAGOZA

Historiador, geógrafo y americanista español (1833-1896). Aunque la obra *Castellanos y vascongados, tratado breve de una disputa...* no está firmada, se atribuye a Justo Zaragoza. Es esta una obra escrita para denunciar el excesivo poder y los favoritismos concedidos a los vascongados durante el Siglo de Oro, una de las razones de las guerras civiles que acaecieron en **Potosí** entre vascongados y demás naciones de España. Se queja el autor del excesivo papel que jugó la **Compañía Guipuzcoana** en el siglo XVIII, poniendo en boca de los *euskaros* el dicho de que "ántes que español, el vasco es vasco". En satisfacción de la vanidad vascongada, afirma, "se inventó aquella conocida anécdota del Montmorency, que decía á un vasco: Debéis saber que nosotros datamos de mil años atrás. A cuyo arranque respondió con este, no menos presuntuoso, el eúskaro: Nosotros no datamos". El autor de la obra hace un repaso sobre lo más siniestro de la historia vasca (la brujería, Lope de Aguirre, Juan de Rada, que fue el asesino de Pizarro...) para concluir el anacronismo que supone a esas alturas que las provincias vascongadas mantengan sus **fueros**.

1877 – ABEL HOVELACQUE

Lingüista, antropólogo y político francés (1843-1896). Fundador de la Escuela de Antropología francesa, en donde fue profesor de Etnografía lingüística y ejerció el cargo de director, en 1877 publicó un tratado sobre lenguas titulado *La Linguistique*. En el capítulo IV, que abarca a las lenguas aglutinantes, dedica el apartado 16 de 20 páginas al **euskera**. Comenta que el País Vasco (*pays basque*) se compone (se refiere, sobre todo, al ámbito lingüístico) "de la provincia española de Vizcaya casi por completo, Guipúzcoa, la parte septentrional de Álava y casi la mitad de Navarra. También incluye un municipio del distrito de Olorón, Mauleón y el distrito de Bayona, casi en su totalidad. Estos se corresponderían con las antiguas divisiones locales de Sola, Baja Navarra y Labort". Desarrolla a continuación una pequeña introducción al *escuara*, *euscara* o *uscara*, con la que Bonaparte (1847) se muestra muy crítico: "Si tuviéramos que identificar todas las inexactitudes, todas las falsas apreciaciones y, sobre todo, todos los errores que abundan en la compilación de M. Hovelacque, necesitaríamos un libro aún más grande que el que acaba de publicar". Considera Hovelacque al euskera como un idioma aislado y comenta que es posible la pretendida identidad del euskera con el ibero, pero los hechos acumulados no pueden más que exponer una hipótesis plausible, pero sin demostrarla.

1877 – FORESTA:

"En otros tiempos, el País Vasco comprendía todo el litoral cantábrico. 'Desde Bayona á Bayona', es decir, de Bayona en Francia hasta Bayona en Galicia. [...] Se puede decir que no tardará mucho en desaparecer el pueblo vasco como población autónoma y diferenciada".

1877 – ADOLFO DE FORESTA

Magistrado y político italiano (1825-1886). En 1877 publica la experiencia de su viaje a España en el libro *La Spagna. Da Irun a Malaga*. En el capítulo III recorre Euskal Herria en tren. Comenta de **Pasaia** que es uno de los sitios "más pintorescos" que ha visto: "Imagina el mar, que se interna, en bonitos meandros, entre medio de las colinas y va a mezclarse con un pequeño río, que desemboca allí; las orillas están salpicadas de casas, iglesias, villas y casas de campo, el terreno arbolado, el paisaje risueño y el agua clara y tranquila. [...] Me dijeron que allí se hace un vino, llamado 'chacoli', que es ligero y muy agradable". Llega un año después de terminar la segunda carlistada, por lo que comenta que "no es de extrañar que aún hoy existan tantas señales de la guerra carlista, si se piensa en el tiempo que duró y en la forma en que Don Carlos se estableció en las provincias vascas y en Navarra". Para Foresta el problema vasco tiene un claro trasfondo religioso: "Como el **carlismo** no vive más que de su alianza con la superstición y el fanatismo clerical, tal vez pueda todavía levantarse con fiereza en aquellas montañas donde permanece, pero nunca se extenderá al resto de España, porque, como tendré ocasión de decir más adelante, los curas ya no tienen ninguna influencia allí".

Ofrece entonces su visión de la cuestión vasca: "Desde la frontera hasta Miranda, el ferrocarril atraviesa el famoso país de los vascos [*paese dei basqui*], las tres provincias vascongadas, Guipúzcoa, Vizcaya y Álava. Estas provincias formaron en su día la Vasconia [*Vascogna*] y disfrutaron, junto con la vecina Navarra, de los famosos privilegios conocidos como '**fueros**'. Los habitantes de estas provincias, los antiguos 'euscari', son conocidos desde la antigüedad por su valor, su heroísmo y su amor a la independencia. [...] En otros tiempos, el País Vasco comprendía todo el litoral cantábrico. 'Desde Bayona á Bayona', es decir, de Bayona en Francia hasta Bayona en Galicia. [...] Se puede decir que no tardará mucho en desaparecer el pueblo vasco como población autónoma y diferenciada [*non tarderà il giorno, in cui i baschi scompariranno come popolazione autonoma e distinta*]". Y añade: "Ahora, con la gradual abolición de los fueros y la introducción del reclutamiento militar, ese gran factor de unidad, ese poderoso vehículo de civilización entre los agricultores y montañeses, y con la paulatina penetración del ferrocarril, la enseñanza obligatoria y las demás artes del progreso, del germen destructor de la ignorancia, el aislamiento y el fanatismo, las cosas cambiarán de aspecto, y le ocurrirá al campo vizcaíno, como ya le ha ocurrido a sus ciudades".

1877 – FRANCESCO VARVARO POJERO

Escritor italiano. Publica en 1882 el libro *A traverso la Spagna*, un viaje realizado en 1877, un año después de terminar la segunda carlistada. A partir del capítulo XXXV del segundo tomo dedica tres apartados a Bilbo, Iruñea y Donostia. En **Amurrio** es testigo de un "*triste specttacolo*": se encuentra con un cortejo de curas y soldados que preceden a un carro "sobre el cual hay tres hombres vestidos de negro. A paso lento avanza el cortejo hacia una graciosa pequeña colina, encima de la cual hay tres horcas. [...] Son un padre, un hijo y un amigo de ambos, acusados de haber robado y asesinado a pedradas a un caminante en la montaña". Los aldeanos de los alrededores se afanan para llegar a tiempo a la ejecución. El escritor se pregunta: "Si se cree útil la venganza de pagar sangre con sangre, ¿a qué viene toda esta pompa?". Llega a la Fonda Antonia de **Bilbo**, un "*buonissimo albergo*", como apenas se encuentran en España. Bilbao, que a pesar de ser pequeña tiene todo el aire de una capital, le resulta "*una graziosa città, pulita, elegante, allegra, come la camariere dell'albergo*". Dice Varvaro que *Euscaleria*, los *Euscaldunac* y su lengua, el *Euscara*, se han conservado puros gracias a la conservación de los fueros, que han establecido un "*reggimento autonomo, quasi republicano*". Sin embargo, observa que el idioma vasco solo aguanta "en el campo"; en la ciudad "el español ostenta decididamente la prevalencia". Se dirige con el tranvía a contemplar los famosos establecimientos balnearios de **Portugalete** ("*un bel gruppo di case*") y **Las Arenas**, "dispuestos en fila sobre la hermosa playa del mar que está cubierta de finísima arena, [...] que forman uno de los principales atractivos de la estación balnearia a la moda". Recorre los paseos, plazas, callejones y las catedrales de las cuatro provincias. De **Iruñea** dice que "no es una ciudad grande", pero es una ciudad que le "agrada". "Sus calles bien pavimentadas y limpias, bellas plazas, casas bien construidas, buenas tiendas, paseos amenos, mujeres encantadoras, amables y vestidas siempre con una cierta elegancia. Una ciudad que ha progresado mucho. Pero quién lo iba a decir. Pamplona es una ciudad retrógrada, una ciudad carlista". Su simpatía por la causa carlista, dice, "*è venuto a rompere la monotonia della sua esistenza*". Estos prejuicios sobre los carlistas contrastan con su opinión sobre el servicio público de Iruñea que "*è regolato in modo ammirevole, è fa grande honore all'amministrazione municipale della città*". Le impresiona también **Donostia**, su ciudad vieja ("*oscure, tortuose*"), reconstruida tras ser devastada por el incendio de los ingleses ("*commettendo nefandità incredibile*"), y la parte nueva ("*con grandi edifici, con vaste piazze*"), erigida tras demoler sus antiguas murallas.

1877 – LOUIS-LANDE:

"No solamente eran mirados siempre los vascos franceses como hermanos por los Vascos de la otra vertiente, sino que en el resto de España disfrutaban de los mismos favores que sus congéneres".

1877 – LUCIEN LOUIS-LANDE

Periodista y escritor francés (1847-1880). La revista *Revue de Deux Mondes* envió en 1877 a Lande al País Vasco para que documentara el desenlace final de la última Guerra Carlista y el estado actual de sus fueros. Su experiencia de tres meses la recoge en la obra titulada *Trois mois de voyage dans les Pays Basque* (traducida por Martín de Anguiozar): "Seguramente las instituciones libres, comparadas con las leyes que rigen a un estado despótico, pueden pasar por **privilegios**; pero en el sentido exacto de la palabra, no hay privilegios cuando un pueblo ha heredado de sus antecesores la tierra natal e instituciones libres; entonces son verdaderos derechos, y les es permitido mantener y defender esos derechos. Tal sería el caso del Pueblo Vasco". Comenta que el organigrama (concejo, juntas y diputación) está fundado en las costumbres del pueblo. De la hidalguía dice que "esa nobleza universal de los Vascos no mantenía grados ni clasificación", no disfrutaba de los privilegios propios de la Edad Media, era una "nobleza de tierra, general, tal como no se ha conocido, en ninguna otra parte".

Señala que Navarra, "en gran parte poblada de Vascos", se gobernó también "con sus propias leyes civiles y políticas". Desde 1841, al final de la Primera Guerra Carlista, puede decirse "que Navarra estaba virtualmente equiparada a las demás provincias de la monarquía", afirma. Incluso en **Iparralde**, "los habitantes de Labort, Baja Navarra y Zuberoa formando juntos la parte vasca del territorio francés disfrutaron hasta 1789 de privilegios verdaderamente inauditos". "No solamente eran mirados siempre los vascos franceses como hermanos por los Vascos de la otra vertiente, sino que en el resto de España disfrutaban de los mismos favores que sus congéneres", asegura. "Los principios de unidad y de igualdad proclamados por la revolución francesa" van reclutando partidarios en España: Godoy, con la ayuda de Llorente (1806) y Zamora (1795) comienzan a embarullarlo todo y a preparar el advenimiento del final de los fueros.

Un año después de *Trois mois* saca a la luz *Basques et Navarrais. Souvenirs d'un voyage dans le Nord de l'Espagne*. Lande vuelve a insistir en que Navarra forma parte del *pays basque* "desde el doble punto de vista etnológico y etnográfico". La descripción que hace en este libro de la sala de subastas (una lonja con forma de herradura y "asientos de madera dispuestos en gradas") de la cofradía de pescadores de **Bermeo** es muy representativa. Mayoristas y pequeños comerciantes se disputaban los lotes. La subasta se realizaba con la ayuda de un curioso artilugio, llamado *la bola*, que hoy en día aún se conserva en el museo del pescador de Bermeo, una especie de ruleta que contenía todas las bolitas de los compradores: "Una de las personas colocadas en primera fila juzga llegado el momento, empuja con el dedo el botón de cobre del brazo derecho de su asiento, el alambre desplaza la bola y la hace caer con ruido a la pequeña casilla abierta bajo ella; el que pregona se acerca entonces y, leyendo el número, pregunta al comprador la cantidad de pescado que desea; después continúa la venta hasta que las cifras previstas hayan sido cubiertas". En 1878 publica *Les Cagots et leurs congénères*, un libro que desmonta el mito de los *cagots* repartidos por las distintas regiones como pueblo común.

1877 – M. L. CAPISTOU

Un autor del que apenas se sabe más que en 1977 publicó *Guide du voyageur dans la province basque espagnole du Guipúzcoa (Espagne): avec carte et vocabulaire franco-basque*, en cuyo prólogo define el libro como una "compilación sucinta" y un tributo a algunos autores vascos como Soraluce y Manterola. La guía comienza con un resumen histórico preliminar sobre el **origen** de los vascos, en donde remite a los estudios que dicen que el pueblo vasco "*vint des régions asiatiques, à la suite des ibères*", y que perteneció después a la "*ligue cantabrique*", aliada y enemiga de Roma, pero que jamás fue sometida. Transcribe entonces dos antiguos cantos que se han demostrado apócrifos, el de *Lelo* (en la crónica de Ibargüen-Cachopin de 1588) y el de *Altabizcar* (publicado por el lapurtarra Monglave en 1834). Pasa entonces a hablar del papel que desempeñaron las instituciones forales en el desarrollo de las **guerras carlistas**, contradiciendo a los liberales que aseguran que los fueros son la única causa del conflicto: "Es bastante evidente que los fueros de los vasco-navarros no fueron la causa del follón [*gáchis*] en el que se movieron todos los partidos políticos de España". Hace un análisis pormenorizado de estadísticas de la provincia de Gipuzkoa, recorre distintos itinerarios y, al final, presenta un largo vocabulario de 30 páginas de palabras vascas traducidas al francés y al castellano.

1878 – Oberländer. *Basken.*

1878 – RICHARD OBERLÄNDER

Escritor y cartógrafo alemán (1832-1891). Publicó en 1878 *Der Mensch vormals und heute: Abstammung, Alter, Urheimat und Verbreitung der menschlichen Rassen*, un libro que trata sobre el origen, la edad, la patria y la expansión de las razas, y en cuyo capítulo IX, *Die mittelländischen Rassen*, dedica cinco páginas a los vascos. Considera a los vascos y a los **caucásicos** el único resto de las razas hamíticas y semíticas que poblaron el medio oriente: "Los vascos se llaman en su propio idioma Escualdunac [*daraus französisch Euscarien, spanisch Vascongados: Gascogner*]". Son descendientes de los iberos y su toponimia se encuentra extendida por toda la península: "Es orgulloso, voluntarioso, leal y bravo. Como descendiente que es de los antiguos pueblos, se siente por encima de los españoles. Es totalmente pragmático, sobrio, especulativo y, en ningún caso, un idealista soñador". Dice que tienen talento musical y habla de su indumentaria, alpargatas y boina, sus bailes, el juego de pelota, la **laya**, la ***Zagardua*** y su dedicación profesional como herreros o marineros. Afirma que son emigrantes e instruidos, ya que la escuela es obligatoria, y que han vivido libres en sus caseríos sin ningún tipo de imposición feudal ("*Feudalherrschaft hat es nie gegeben*").

1878 – F. H. DEVERELL

Nada se sabe de este viajero que en 1883 recorrió toda España en coche de caballos y tren y nos dejó en su libro publicado en 1884, *All round Spain by road and rail, with a short account of a visit to Andorra*, un capítulo X que titula *Astorga to Pamplona*. Le consideraron un aventurero audaz cuando se alojó en un hostal en **Iruñea** por primera vez en 1878: "Recuerdo bien que después de haber encontrado el camino hacia una escalera oscura en un rellano, me llevaron a otra escalera aún más oscura, y me alojaron en un apartamento sucio, [...] donde tenían serias dudas e incertidumbre de lo que me podría pasar". Asegura que el alojamiento en los hoteles de Iruñea es "de lo peor" que ha encontrado en "cualquier ciudad considerable de España y peor que en algunos lugares pequeños". Comenta también que Iruñea "es una fortaleza de primera clase. [...] Cuenta con algunos buenos jardines públicos. Su plaza principal es una de las mejores de España y está en curso de reconstrucción; pero la ciudad sigue siendo bastante anticuada y sucia". Le sorprende el uso que se hace de la iglesia. Las mujeres, cuenta, estaban "sentadas en el suelo, en la manera peculiar, pero elegante y sencilla, de las mujeres españolas en la iglesia". Los feligreses encendían sus velas y ofrecían sus pequeñas hogazas de pan (las llama *robos*) por la redención de las almas. "La cuestión de que el pueblo haya mantenido hasta hoy una costumbre que tomó del paganismo hace muchos siglos es un hecho de maravilloso interés. [...] Muestra lo aisladas que han quedado estas personas, de qué manera tan efectiva se han recluido del mundo exterior y han vivido en su pequeño mundo propio. [...] Vi la misma costumbre en Sangüesa en 1880". Es una costumbre propia del área de habla vasca: "*This custom is observed in the Basque provinces, and in Navarre which is the only other province where the Basque language is spoken*".

A continuación llega a **Auritz** y dice de su alojamiento que "el dormitorio contaba con una buena cama, una mesa con libros, un sillón, un lavabo y otras señales de civilización: en resumen, era una pequeña habitación muy agradable". Pero añade: "No es la casa y sus accesorios, por muy útiles y deseables que sean, es el tipo humano que alberga, la mente, el corazón, el alma, lo que nos alegra". Deverell se encontraba en medio de Navarra, donde los vigorosos vascones habían defendido su libertad ("*the asylum of independence where the hardy vigorous and liberty-loving Vascons in times past defended themselves*"). "Era un lugar para congratularse, libre del estruendo del mundo, de luchas y envidias, con un aire puro y una naturaleza hermosa y con un acontecimiento histórico tan conmovedor relacionado con él". Visita **Orreaga** en cuya biblioteca "hay más de siete mil volúmenes, incluida la 'Filosofía de Confucio', en caracteres chinos". De **Zangoza** dice que es una ciudad "desagradable, sosa, marrón, pesada, pobre; calles enteras con apenas un cristal en las ventanas; pero muchas de las casas portan sus escudos de armas. [...] Tal vez los propietarios de algunas de estas casas fueran vascos, puesto que las personas de raza vasca son todas 'nobles'". Cuenta que llegan desde Aragón muchos muleros vestidos a la aragonesa, siguiendo los canales comerciales establecidos. Son gente sencilla "pero como los pobres de España, en general, y a diferencia de los pobres de Inglaterra, suelen tener una buena dosis de poesía en su alma". Paga a un mozo joven para que le lleve en burro hasta Tafalla. La intención del chico parece ser la de huir a Francia para evitar el reclutamiento militar a Cuba: "El reclutamiento está mal visto en España. [...] Para comprar la exención la pena es de 60 libras (trescientos dólares), y para pagar esta suma se dice que muchos hombres, especialmente los pequeños agricultores, inmovilizan sus bienes e incluso les llevan a la ruina". Al llegar a **Tafalla** le rechazan en la posada por llegar en un burro y tomarle por una persona "de otra clase social". Tras convencerles de que no es así, la posadera se muestra muy solícita. Ya una vez en el tren, contempla las **Bardenas**, "colinas pedregosas, marcadas por profundos barrancos, desoladas, pardas, desnudas y estériles. [...] El lugar es algo horrible. Luego, a medida que nos acercamos a **Tudela**, la tierra se vuelve espléndidamente fértil".

1878 – Laporte. *Barrio de Saint-Esprit en Baiona.*

1878 – ALBERT LAPORTE

Escritor francés (1837-?). Después de conocer los Alpes se dirige a los Pirineos para compensar su autoestima como viajero y escritor y poder así suplir su desconocimiento sobre la cordillera. Publica entonces en 1878 *Aux Pyrénées, le sac au dos* (*Por el Pirineo en mochila*). Tras visitar de manera rápida Baiona y Biarritz recala en **Getaria** (Lapurdi), donde se confronta con la realidad del día a día de los pescadores: "Todos los habitantes de Getaria son pescadores y marineros. Pero las olas, que no llegan a las cabañas, se vengan de los barcos, como para dar razón a su legendaria ira. El peligro afecta en poco a Getaria y estas palabras de un pescador lo dice todo: 'El océano avanza. Nosotros retrocedemos. Si retrocediera, nosotros avanzaríamos' [*L'Océan avance. Nous reculons. S'il reculait, nous avancerions*]. Y este otro es aún más expresivo: 'El océano puede llevárselo todo; no necesitamos la tierra para vivir. El día que se ahogue todo, los vascos estarán allí para repoblar el mundo'". Sobre los vascos deja escrito: "El vasco no tiene el rostro cauteloso y la sonrisa indecisa de un campesino corriente. Su cabeza está noblemente echada hacia atrás. Su mirada es franca, su gesto intrépido. 'Nunca ha sido esclavizado y todavía lleva el signo de la libertad en la frente'". Va intercalando episodios históricos (la leyenda de Pé de Puyane y el *Cantar de Roldán*) con descripciones geológicas del terreno. Camino de **Orreaga** se encuentran con una mujer, que les cuenta que todo el valle vive únicamente del contrabando: "El puerto de Roncesvalles está demasiado vigilado por los aduaneros, por lo que todos los pasos, especialmente los más peligrosos, son aprovechados por los vascos que, junto a los españoles, pasan vino, alcohol y tabaco en grandes cantidades. Su hijo y su marido regresaban esa noche de España. Iban a incorporarse a la carretera de San Juan de Pie de Puerto por Lecumberri, después de haber escondido sus mercancías en galerías de minas abandonadas que hay por los alrededores. Nos había oído venir de lejos y temiendo, por nuestra marcha vacilante, que fuéramos aduaneros, nos cerró el paso para dar tiempo a los contrabandistas de terminar su trabajo". Continúa hacia Atharratze y Urdatx-Santa Grazi, en Zuberoa, para salir hacia el Bearne.

1878 – FABIÉ:

"Los reinos de León y de Castilla tuvieron casi siempre entre sus Estados, los lugares y territorios del país vasco, salvo los que constituyeron desde muy antiguo el reino de Navarra".

1878 – ANTONIO MARÍA FABIÉ

Político, filósofo e historiador andaluz (1832-1899). El artículo del tomo XXX del año 1897 de la Real Academia de la Historia, *Estudio sobre la organización y costumbres del País Vascongado*, que firma Fabié comienza transcribiendo el documento que, sobre los fueros de Vizcaya, confirma y jura Isabel la Católica: "Difícilmente podría encontrarse un documento que diera más luz acerca de la naturaleza y condiciones del fuero general de Vizcaya y de la ocasión y motivo en que fué ampliamente confirmado y extendido". En el artículo utiliza el término País Vasco para referirse a los cuatro territorios: "Los reinos de León y de Castilla tuvieron casi siempre entre sus Estados, los lugares y territorios del país vasco, salvo los que constituyeron desde muy antiguo el reino de Navarra". En un artículo publicado en la *Revista Bascongada* en 1888, titulado *El País Basco juzgado por los extraños*, se muestra muy crítico con la política del Estado español: "Abolidos en todas las constituciones y leyes españolas modernas los vínculos y mayorazgos y las exenciones y **privilegios** de todas las clases sociales, sólo subsiste el poder omnímodo del Estado que ejerce el Gobierno supremo de la nación, erigido sobre el polvo impalpable de los individuos, habiéndose creado de éste modo bajo la apariencia de la libertad una tiranía apenas soportable. [...] El ejemplo que nos dan esas provincias debiera aprovecharse para modificar en el propio sentido los preceptos aplicables á las demás de España, empezando por abandonar su actual división y formando otra nueva, fundada principalmente en los antecedentes históricos y en las circunstancias naturales de las diversas regiones de la Península".

En 1897 publicó un *Estudio sobre la organización y costumbres del país vascongado con ocasión del examen de las obras de los Sres. Echegaray, Labairu*, en el que volvió a achacar al advenimiento de la dinastía de Austria muchos de los problemas crónicos que asolan España: "Si bien reconocemos los inconvenientes que suele ocasionar el espíritu regionalista que ha dominado en nuestra Península desde los orígenes de su historia, no es posible ocultar tampoco aquellos á que dió lugar la tendencia excesivamente centralizadora, hija de ideas extrañas, especialmente importadas de la vecina Francia". Para él, las provincias vascas deben convertirse en un ejemplo a seguir: "Las disposiciones legales que de la constitución de la familia se derivan y forman parte de los fueros más o menos auténticos de las Provincias vascongadas, no solo son reliquias venerables de su civilización peculiar, sino que debieran ser modelo á que volvieramos los ojos, en medio de la anarquía social á que se ha llegado en las demás provincias de España". Como historiador y académico de la Real Academia de la Historia, es bastante prudente a la hora de clasificar a la raza vasca: "Los vascos o *éuskaros* ofrecen caractéres etnográficos distintos de los de aquella raza [Cromañón], por lo cual y por otras razones parece que proceden de una inmigración posterior á la época en la que ya existía la raza Cromagnon en la Península, siendo verosímil que esa inmigración fuese de los iberos y procedente de África". En 1879 publica además *Notas y apuntes de un viaje por el Pirineo y por la Turena hecho en el verano de 1878*.

1878 – STÉPHANE PANNEMAKER

Dibujante y grabador belga (1847-1930). Comenzó a grabar bajo la dirección de su padre, profesor de la Escuela Imperial de Diseño. Publicó ilustraciones en las revistas más importantes y en otras obras como la de Mañé i Flaquer (1876), *El oasis: viaje al país de los fueros*, publicada en 1978. En ellas mostró su talento al retratar figuras como la del pelotari o las vendedoras de pescado de Ondarroa y el baile de la *bordon-dantza*.

1879 – M. FAUCHER DE SAINT-MAURICE

Escritor, político y periodista canadiense (1844-1897). Es el autor, junto con **Joseph Marmette** (novelista y ensayista canadiense, 1844-1895) y **Nazaire LeVasseur** (escritor canadiense, 1848-1927), de un cuadernillo a modo de epistolario enviado al conde de

1878 - Pannemaker. Vendedoras de pescado de Ondarroa.

Primo-Real, cónsul general de España en Canadá, publicado en 1879 y titulado *Le Canada et les Basques*. En sus cartas los autores asignan a los vascos un papel predominante en los descubrimientos hechos en **Terranova** y Labrador. Saint-Maurice abre su turno de palabra con una pregunta que lanza al aire: "*Qui a decouvert Terreneuve et le Labrador?*". Basándose en los testimonios de Cartier (1534) y Lescarbot (1609), concluye que "de acuerdo con tradiciones similares y situado ante tales afirmaciones, es difícil de concluir el descubrimiento de Terranova y Labrador por ingleses y portugueses. Esta gloria se la llevan los vascos". Marmette confirma también que los vascos, en materia de pesca, "*furent les premiers découvreurs du Canada*", y LeVasseur señala que "*tous les documents relatifs à l'histoire du Canada, mentionnent les excursions des Basques dans le golfe*".

1879 – FIDEL FITA COLOMÉ

Arqueólogo, filólogo e historiador catalán (1835-1918). Jesuita que acabó como director de la Real Academia de la Historia, en su discurso de ingreso a esta Fita se muestra contrario a las tesis vascoiberistas de la tradición alemana iniciada por Humboldt e intenta aplicar el celta a las etimologías clásicas de la península como *Lauro* o *Iluro*. Algunas más modernas como *Arga*, *Aragón* y *Araxes* son para él, no obstante, de clara procedencia vasca. Fita descubre también en la toponimia de la Iberia oriental de la **región cau-**

cásica afinidades con el vasco. En una crítica sobre el libro de Vinson (1866, *Les basques...*) del boletín de la Academia de la Historia del tomo II del año 1883 comenta: "Como toda ciencia histórica, como lo es la del lenguaje aplicado á la etnología, requiere y exige, no teorías à priori como la ibérica de Humboldt, sino hechos positivos y demostrados, seguíase forzosamente de aquella negación una consecuencia harto lamentable, cual es, un castillo en el aire, puesto que no se puede sostener que la lengua vascongada sea la primitiva y universal de Iberia, mientras no nos conste que siquiera en su propia región permaneció esencialmente la misma".

1879 – JOAQUIM PEDRO DE OLIVEIRA MARTINS

Historiador, economista y político portugués (1845-1894). Fue uno de los intelectuales portugueses más destacados del final del XIX y autor de la *Biblioteca de las Ciencias Sociales*, en la que incluyó la *História da Civilizaçao Ibérica*, escrito con la intención de subsanar el escaso conocimiento general sobre la materia que observaba en Portugal. En el apartado II de la introducción, *La raza*, Oliveira demuestra, por lo menos, estar al tanto de las diferentes teorías que se ofrecen sobre el euskera: "Los recientes trabajos de Van Eys y Vinzon combatiendo la teoría de Humboldt, que demuestran la falta de pruebas de identidad entre el actual medio millón de vascongados y un pueblo ibero que habla la misma lengua, no consiguen, sin embargo, explicar el extraño fenómeno del **vascuence**, cuya antigüedad están demostrando patentemente los nombres geográficos, a pesar de escasear o faltar por completo monumentos escritos". El autor se atreve a especular sobre una supuesta "afinidad entre los pueblos primitivos de España y los que aún hoy representan las poblaciones del África septentrional. [...] La lengua kabila o berberisca es afín a la de Egipto; y si se probase que también lo es del vasco, desaparecería la singularidad de este fenómeno lingüístico, aclarándose definitivamente la cuestión del origen de las poblaciones". Oliveira haya en las instituciones y en las formas sociales de la península y el norte de Argelia claras similitudes como para lanzar una hipótesis de argumentos poderosos.

1879 – HERMANN ZSCHOKKE

Obispo auxiliar católico austriaco (1838-1920). Zschokke escribió las memorias de sus viajes por Europa en varios libros. Su paso por Euskal Herria lo trata en dos de ellos: *Reise-Erinnerungen aus Südfrankreich* (1879) y *Reise-Erinnerungen aus Spanien* (1880). En el primero narra sus experiencias en el capítulo *Von Irun nach Biarritz*, en el que comenta que en Hendaia se esmeran en producir aguardiente y que el gran número de casas vascas le otorgan a Donibane Lohizune un aire medio español. Precisando después que en **Baiona** el carácter es "(vasco) español", "*spanisches (baskisches)*", y que hablan español con fluidez. Se detiene a describir su fortaleza, su catedral y su puerto. Se acerca también a visitar **Biarritz**, donde nos habla de sus balnearios y la costa vasca, así llamada porque los vascos "marchan en fila en agosto hacia las olas del mar para nadar un domingo al son de los cánticos y la música". En el tomo II, *Von Cadiz nach Irun*, del segundo libro, Zschokke se detiene en localidades como **Loiola**, Irun y Donostia.

1879 – BENITO PÉREZ GALDÓS

Escritor y político canario (1843-1920). Ilustre escritor canario dotado de una verborrea poco común y de una ideología liberal que, al entrar en política, se acabó transformando en socialismo moderado; se mostró abiertamente anticlerical y contrario a la Guerra del Rif. Pérez Galdós, máximo exponente de la novela realista del XIX, se atreve a publicar, a partir de 1873, una gran crónica de todo lo acontecido en ese siglo: los *Episodios Nacionales*. Siendo su abuelo materno oriundo de Azkoitia, el autor se ocupó en numerosas ocasiones de documentar los acontecimientos que tuvieron lugar en Euskal Herria, sobre todo durante ese complejo periodo que fue el comienzo del siglo XIX. En su ensayo *Un faccioso más y algunos frailes menos*, impreso en 1879, que trata sobre las conspiraciones que tuvieron lugar con motivo de la **Primera Guerra Carlista**, el autor pone en boca de un protagonista llegado "de su excursión por el reino de Navarra y por Álava y Vizcaya", que "en todo aquel religioso país hasta las piedras tienen corazón para palpitar por D. Carlos, hasta las calabazas echarán manos para coger fusiles". "El día que haya guerra los hombres de aquella tierra serán capaces de conquistar Europa, mientras las mujeres conquistan el resto de España". Durante el bienio 1898/99 describió además varios episodios sobre la Guerra Carlista que había desolado el norte peninsular a principios de siglo: *Vergara* (1899), *Zumalacárregui* (1898), *Mendizábal* (1898) y *Luchana* (1899). En su libro de 1898 *De Oñate a La Granja* cita textualmente la denominación *país vasco*: "No veía las santas horas de recobrar su salud para correr hacia el país vasco, pues tanto tiempo sin saber de Aura en extremo le afligía". En *Fisonomías sociales* dedica también sendos artículos a Donostia y Bilbo. En algunos de sus libros también alude a Nafarroa. Los hechos que se suceden, por ejemplo, en su drama *Los Condenados* fueron ideados durante un viaje por tierras navarras del que no queda constancia escrita. Otro drama suyo, *Sor Simona*, se desarrolla en Lodosa y Dicastillo, entre otros lugares de Nafarroa, durante la época de la Restauración. A pesar de las buenas palabras que, por lo general, Galdós dispensa hacia el pueblo vasco, siempre guardó una cierta animadversión hacia el catolicismo y el provincialismo vasco y hacia todo lo que tuviera un perfil carlista. En uno de sus artículos de 1884 escritos en el periódico *La prensa* de Buenos Aires se muestra manifiestamente contrario al uso de las lenguas minoritarias como el **euskera**; no se muestra partidario de su uso y le desagrada su fonética.

1880 – KARL SPRUNER VON MERZ Y THEODOR MENKE

Militar y cartógrafo alemán (1803-1892), y geógrafo alemán (1819-1892), respetivamente. En 1880 editan un atlas general (*Hand-Atlas für die Geschichte des Mittelalters und der neueren Zeit*), donde presentan el **mapa** *Iberische Halbinsel seit dem Anfange des XVI. Jahrhunderts* (*La Península Ibérica desde comienzos del siglo XVI*), en el que incorporan, en su esquina inferior derecha, un recuadro con un mapa adjunto de *Navarra und die Vascongadas*. Comenta lo siguiente: "Tras la unión de los dos reinos de Castilla y Aragón, con lo que el nombre de España se hizo habitual, Felipe I conquistó en 1512 la parte de Navarra que se encuentra a este lado de los Pirineos, es decir, las Merindades de Pamplona, Estella, Olite, Sangüesa y Tudela. El otro lado –la Merindad de Ultrapuertos– permaneció en la casa de Albret, los herederos de la de Foix, pasó a los Borbones y después, con el primer regente de esta casa, Enrique IV, a los reyes franceses junto con el título de Navarra".

1880 – Spruner/Menke. *Navarra und die Vascongadas.*

1880 – SKENE:

"La palabra vasca para agua es 'ur', y la similitud nos lleva a reconocerla en los ríos llamados Oure, Urr, Urie, Orrin and Ore [de Escocia]".

1880 – WILLIAM FORBES SKENE

Abogado e historiador escocés (1809-1892). Autor del ensayo *Celtic Scotland*, en su capítulo IV reconoce que un pueblo vasco o ibero precedió al celta en las **Islas Británicas**: "*An Iberian or Basque people preceded the Celtic race in Britain and Irland*". "Los escritores tradicionales han descrito a estas naciones

–britanos, pictos, escoceses y sajones– como colonias de razas extranjeras que llegaron a Britania en diferentes periodos. [...] La Arqueología nos permite trazar la existencia previa de un pueblo de raza diferente, indicios que se pueden encontrar de una manera limitada en las primeras noticias de Britania y en su toponimia". "La palabra vasca para agua es 'ur', y la similitud nos lleva a reconocerla en los ríos llamados Oure, Urr, Urie, Orrin y Ore".

1880 – Robida. Hondarribia, Calle Mayor.

1880 – ALBERT ROBIDA

Dibujante, periodista y escritor francés (1848-1926). Fue un personaje inquieto que se movió por distintos ámbitos de la cultura, en la que llegó a destacar como visionario de la vida moderna, y que escribió novelas que algunos consideran todavía más audaces que las de Julio Verne. Ilustró novelas y guías de viaje y dejó constancia de su talento para manejar el lápiz y la pluma al publicar una colección de libros que recogía las ciudades antiguas más significativas de Europa. En los dos primeros capítulos de su volumen sobre España, *Les vieilles villes d'Espagne*, se ocupa de dos de nuestras ciudades, *Fontarabie* y *Vitoria*, e incorpora un texto descriptivo y dibujos de gran calidad artística. **Hondarribia** le seduce: "*Énorme tas de ruines entouré de vieilles murailles noires comme du charbon de terre, accroché à la porte de l'Espagne, comme une antique armure rouillée et bosselée qui servirait d'enseigne à la boutique d'un marchand de curiosités*". A **Gasteiz**, sin embargo, la contempla como un conciliábulo de personajes siniestros con capas negras y sombreros de copa: "Que España desconfíe. Vitoria es un lugar encantador, pero es un foco de conspiraciones espantosas. [...] Vitoria no tiene habitantes, sino sombras de habitantes misteriosamente envueltas en sus capas". Robida empezaba a mostrar ya los primeros signos de una imaginación desbordante que le conduciría a escribir libros de ciencia ficción.

1880 – HEINRICH OBERSTEINER

Médico alemán (1820-1891). Después de retirarse como director de una residencia de enfermos psíquicos en 1872, cediendo el puesto a su hijo, famoso neurocirujano del mismo nombre, Obersteiner se dedicó a viajar y llegó a España en 1880 para escribir sus recuerdos de viaje en el libro *Nach Spanien und Portugal. Reise-Erinnerungen aus den Jahren 1880 und 1882*. Su primera impresión al llegar a la frontera, después de atravesar las Landas, es magnífica: "Por todos lados una vegetación exuberante, campos cultivados, una población hacendosa y numerosa, [...] en una palabra, nada de todo aquello que le había atenazado a uno hasta ahora. Efectivamente, la provincia de Guipúzcoa [...] es sorprendente por sus cultivos y su belleza paisajística". Las ruinas de **Hondarribia** ofrecen según él "una triste imagen del auténtico carácter español". Se encuentra en el país de los vascos ("*im Lande der Basken*"), donde sus conocimientos básicos de castellano no le sirven para poder descifrar nombres como *Gainchurisqueta*, *Astigarraga* o *Ormaiztegui*. De **Donostia** comenta que "la ciudad apenas ofrece nada característicamente español". Señala que solo el feo coso taurino y la estación adyacente dan una pista sobre el país donde uno se encuentra. Opina que merece la pena callejear y contemplar en el mercado "la vida y la animación española o, mejor dicho, vasca [*spanisches oder vielmehr baskischen Leben und Treiben*]". "No le falta a nadie la boina vasca, azul o roja, e incluso los niños más pequeños se cubren con ella". Su llegada a Burgos le resulta chocante: "Si San Sebastián se manifiesta al viajero como demasiado cosmopolita, en Burgos se verá suficientemente compensado por ello. Aquí todo es español en un sentido positivo y negativo".

1880 – MARIE-NOÉMI CADIOT

Escultora, periodista y escritora francesa (ca. 1828-1888). Bajo el nombre de Noémie Rouvier (apellido de su tercer marido), Marie-Noémi publicó en 1880 *Vingt jours en Espagne*, una pequeña reflexión de prosa fluida y cuidada, en cuyo primer capítulo recorre el País Vasco: "**San Juan de Luz** tiene al menos una bonita bahía, un aspecto pintoresco de pequeña ciudad histórica, una simplicidad antigua, la casa de Luis XIV y la de la infanta; con ello un carácter francamente vasco, una población primitiva". **Hondarribia**, sin embargo, le parece "una ciudad fantasma, tan grande como una mano, y donde una docena de palacios en ruinas, encerrados en fortificaciones desmanteladas, ascienden en procesión, a lo largo de la única calle, hacia la catedral. [...] Los partisanos y la dejadez han arruinado los palacios construidos por los gobernadores provinciales". Para finalizar, asegura que **Donostia** posee "una maravillosa playa donde sobre la fina arena se precipita un mar tan azul como el Mediterráneo; montañas boscosas cubiertas de elegantes villas en anfiteatro, todo un conjunto que parece transportar el río Génova a este pequeño golfo del mar Cantábrico". Incluye una foto de cada una de estas ciudades.

1880 – Cueto. Palankari en postura de lanzamiento hacia 1920. Fuente: José Galle (1920).

1880 – LEOPOLDO AUGUSTO DE CUETO

Marqués de Valmar, escritor y político español (1815-1901). Fue un colaborador habitual de la revista *Euskal-Erria* que a lo largo de 1880 publicó, en varias entregas, *La* ***mujer*** *de Guipúzcoa*. En este texto, Leopoldo Augusto de Cueto asegura que "los romanos llegaron á comprender todos estos pueblos montañosos en la denominación general de Cantabria: así cántabros-várdulos, cántabros-autrigones, etc.", y que generalizaban, haciendo alusión a todas estas tribus, cuando aseguraban que "sobre la mujer recaía el grave peso del sostén de la familia, y representaba y poseía los intereses económicos del hogar. [...] Mataban a sus hijos por no verlos caer en la servidumbre extranjera". A partir de ahí comienza un discurso (o mejor diatriba) en la que repasa más el mérito que acumularon los hombres que el de las mujeres, citando únicamente a **Catalina de Erauso**, la Monja Alférez, a la que llega a llamar "monstruo moral", "de ser ciertas algunas aventuras", un calificativo que no se plantea para los hombres en ningún momento... Cita también a doña **María de Urazandi** por ser madre de don Álvaro de Luna (y no por méritos propios, según parece). No pueden faltar tampoco las brujas y pone en boca de un caballero guipuzcoano lo siguiente: "Varias muchachas de mi país he conocido, que habiendo llegado de solteras casi hasta la prostitucion, han sido despues ejemplares casadas". Habla de los **juegos de fuerza** y destreza de los guipuzcoanos, "el salto, la lucha, **la barra**, la piedra colocada primero en la cabeza y arrojada despues con ambas manos á gran distancia, las regatas, el juego marino de los ánades, y por último, la pelota", a algunos de cuyos juegos se animan las mujeres y comenta que es un "gozoso espectáculo verlas correr en competencia por las laderas". Las **romerías**, explica, "son las grandes diversiones de las muchachas guipuzcoanas. [...] Las doncellas guipuzcoanas nada tienen que envidiar en esta parte al refinamiento y al lujo. Probablemente, en su candoroso contento, sus avellanas, sus tortas, su sagardúa y su chacolí, son, para su campestre apetito, más sabrosos que el inevitable salmon, el jamon en dulce, las chochas y los faisanes, para nuestros paladares saciados, exigentes y melindrosos".

1881 – F. R. MAC CLINTOCK

Este o esta turista que viene de vacaciones a España nos trasmite su relato a partir del libro *Holidays in Spain; being some account of two tours in that country in the autumns of 1880 and 1881*. El Capítulo XII, *San Sebastian-Fontarabia*, narra su estancia entre nosotros durante un par de días. **De Donostia** comenta que la nueva ciudad que ha surgido desde el incendio de 1813 "es demasiado limpia, luminosa y próspera para ser artísticamente interesante, y apenas merece la pena entrar en las iglesias". Las vistas desde el monte Urgull "son, sin embargo, magníficas, y el campesinado que principalmente se contempla de mañana en la plaza del mercado, muy interesante. Las damiselas vascas son especialmente bonitas de ver". "La música es muy buena, y se puede ver a grupos de campesinos bailando al son de la misma, siempre que el ritmo se lo permita". De **Hondarribia** advierte que a pesar de lo diminuto que sea, "es, a su manera, una perfecta pequeña joya, en cualquier caso para todos aquellos que siguen la moda de contemplar las cosas desde un prisma artístico o de anticuario. Para empezar tiene un marcado carácter español, que ya es más de lo que se puede decir de San Sebastián".

1881 – PIERRE LOTI

Escritor y oficial francés (1850-1923). Su verdadero nombre era Julen Viaud y en 1881 fue destinado a un barco de la armada anclado en el Bidasoa. Este reconocido escritor impresionista que vivió y murió en Hendaia empatizó de tal manera con la tradición y el modo de vida vasco que en 1897 lo retrató en una **novela** de gran éxito en Francia, *Ramuntcho*, donde resalta el costumbrismo del País Vasco Norte a través de las aventuras de un pescador contrabandista. El alemán Tucholsky (1925) lo describe así: "Es una historia perfumada que exhala un buen aroma a flor de campo..., pero nada más que eso, aroma y no flor de campo. [...] Rodean al espíritu campesino con una pizca de misterio que es inútil buscarlo ni encontrarlo allí. A veces se tiene la impresión de que Loti haya anotado en un papel todas las expresiones habituales de los vascos y que, por diversión, haya revestido con ese traje a una de sus novelas románticas". En 1930 se publica una colección de impresiones de Pierre Loti, *Pays Basque: recueil d'impressions sur l'Euskalleria*, en la que su editor Duhourcau lo califica como "cantor del espíritu vasco". En el capítulo *L'agonie de Euzkalerria* (febrero de 1908) Loti arremete contra todo el nuevo modelo de arquitectura vasca que se está imponiendo entre los nuevos colonizadores de la costa vasca: "Antes era esto un terreno exquisito, alfombrado y bordado de esas plantas delicadas que exigen siglos de quietud para producirse: musgos de un velludo especial, de siemprevivas olorosas y de clavellinas rosadas que perfumaban el contorno con sus aromas silvestres. [...] Pero ¿cuál es la mentalidad de estos malhechores inconscientes que intentan arreglar nuestra playa? ¡Han oído, sin duda, hablar confusamente –puesto que han venido– del hechizo de Euskalerria, y no se dan cuenta de que todo lo destruyen!". Y lanza la pregunta de si realmente se podría mantener ese encanto simplemente con copiar la arquitectura de algunas casas pintorescas: *"Ce charme, ont-ils vraiment cru pouvoir le maintenir ici, rien qu'en recopiant, ou à peu prés, l'architecture de quelques maisons surannées?"*. En *La Revue de Paris* de 1894 publica un artículo titulado *Au couvent de Loyola*. La dimensión de su obra fue reconocida por la Academia Francesa, de la que acabó siendo miembro.

1881 – CLEMENTS R. MARKHAM

Explorador, escritor y geógrafo inglés (1830-1916). Fue un importante personaje, presidente de diferentes sociedades británicas y pionero en la exploración de las zonas polares, que fomentó entre sus paisanos el reconocimiento de regiones inaccesibles. Es el autor de un artículo de diez páginas sobre los **balleneros** vascos, *The Whale-Fishery of the Basque Provinces of Spain*, publicado en el volumen 49 de la revista *Zoological Society of London* en 1881. Markham comenta que, durante sus investigaciones sobre el ártico, le atrajo la atención el hecho de que los navíos ingleses siempre llevaran a bordo "una tripulación vasca para arponear a la ballena". La *Balaena biscayensis* que frecuentaba las costas del golfo de Bizkaia en el siglo XVII se había extinguido y los vascos habían comenzado a perseguirla hasta cerca del círculo polar ártico; "de ahí que los vascos se hubieran convertido en hábiles pescadores de ballenas mucho antes de que cualquier otro pueblo europeo hubiera entrado en esa peligrosa actividad". Recorre toda la costa vasca en el verano de 1881 para revisar los archivos y recoger toda la información necesaria, sobre todo del País Vasco peninsular, del que, según comenta, andaba escaso de referencias. Para Markham, los pescadores vascos "son una raza magnífica, [...] bravos, honestos y trabajadores" y "tanto hombres como mujeres son alegres y divertidos [*cheerfull and light-hearted*]". De sus pesquisas infiere que tenían "un considerable comercio estable en el siglo XII, que probablemente existiera desde, por lo menos, dos siglos antes". "En Getaria existía la tradición de ofrecer el primer pescado de la temporada al rey". Le llaman la atención los escudos de armas donde se representa a las ballenas y las torres de vigía ("*Talaya-mendi*") desde donde se avistan las ballenas. Según cuenta, la influencia de los vascos sobre la pesca de la ballena en Europa ha sido tan grande, que "arpón [*Harpoon*] deriva de la palabra vasca 'Arpoi', siendo la raíz 'ar', 'coger de manera rápida'" (es voz común al francés y castellano, pero es, efectivamente, de etimología desconocida, según la RAE). Markham, buen conocedor del diario del explorador William Baffin (1612) que había reeditado poco antes, nos cuenta las andanzas de los vascos como tripulantes de naves extranjeras. Señala que el ballenato cazado en Donostia en 1854 fue adquirido por el profesor Eschricht (1860) en Iruñea y que ahora se encuentra expuesto en Copenhague. Señala también que el que se cazó en 1878 está expuesto en Donostia.

1881 – GEORGES DESDEVISES DU DÈZERT

Escritor e hispanista normando (1854-1942). La concesión de una beca francesa le permitió sondear el Archivo General de Navarra a partir de 1881 para escribir su tesis doctoral sobre la **condición femenina** y el régimen matrimonial en el *Fuero de Navarra* (*De conditione mulierum juxta Navarrensium*, 1888). El autor, al estudiar el fuero, contradice la usual imagen que se tenía sobre los derechos de las hijas segundonas que no heredaban. Constató que el fuero tolera la unión natural entre personas libres y define cuidadosamente los derechos de los hijos ilegítimos. Con ello se verifica que las salvaguardias de los derechos de la mujer primogénita heredera en los códigos de derecho vasco tienen su paralelo en disposiciones precisas para las mujeres que entran en parejas menos legales. Carlos el Noble de Navarra regularizó, de hecho, la posición de las "amigas" de los sacerdotes haciéndoles pagar sus impuestos (véase *Unions irrégulières en Navarra sous le régime du Fuero General*, publicado por Desdevises du Dèzert en 1892). De 1887 a 1889 publicó en dos tomos bajo el título *L'Espagne de **l'ancien régime***, un ensayo donde se tratan los siguientes temas por capítulos: agricultura, industria, comercio, enseñanza pública, ciencia, literatura y música y artes. El país castellano ofrece, con respecto a las Vascongadas, Navarra y la antigua corona de Aragón, un contraste de lo más llamativo y lamentable ("*le plus frappant et le plus pénible*"): "El colono hereditario hizo fortuna en Guipúzcoa y Vizcaya, donde una raza enérgica y orgullosa hizo producir al suelo todo lo que podía dar. Establecido sobre la tierra desde tiempos inmemoriales, tan noble, tan apasionado de sus derechos como su dueño, el campesino vasco fue para la mayor parte de los españoles objeto de asombro y envidia" ("*le paysan basque était pour la plupart des Espagnols un objet d'étonnement et d'envie*"). No deja en muy buen lugar ni al chacolí ni a la sidra vasca, a la que considera muy inferior a la inglesa, ya que estos no emplean más que manzanas perfectamente maduras, retirando la fruta en mal estado. Menciona la *laya* y habla también de las pésimas condiciones en las que se encuentra la red de **carreteras** en tiempo de Fernando VII, del esfuerzo que se ha hecho en Gipuzkoa por arreglarlas y de la propuesta de reparaciones hecha por Navarra a Castilla en 1780 y que fue rechazada por esta.

1881 – LÉON DE ROSNY

Etnólogo y lingüista francés (1837-1914). Este reconocido orientalista francés y gran conocedor de las culturas mesoamericanas llegó a Euskal Herria en 1881 y dejó constancia de su viaje en los seis primeros capítulos de su libro *Souvenirs du voyage en Espagne et en Portugal*, publicado un año después. Llega con la intención de despojarse de las ideas preconcebidas y de disipar su ignorancia para realizar un brillante relato de los vascos. Su laboratorio está "*dans les rues, sur la place publique, dans les lieux de réunion populaire, dans les tavernes bien ou mal fré-*

1881 – Rosny. *"Creí haberle dicho que era vasca; no hay españoles en mi familia". "Pamplona ya no debe considerarse una ciudad vasca, a pesar de su antiguo nombre de 'Iruña'. Sin embargo, uno siente que los españoles aquí son extranjeros, casi intrusos. Por todas partes se encuentra el tipo vascón fácilmente reconocible; y, si bien es cierto que en el conjunto de la sociedad se habla el castellano, no es menos cierto que entre el pueblo llano, en las tabernas y cabarets, por ejemplo, se oye conversar en 'euskarien'".* Dibujo *Interior de un establecimiento en el Paseo de Valencia.*

quentées". "Mientras que en la mayor parte de Europa el traje local ha desaparecido para desesperación de los viajeros, por el contrario en el País Vasco se ha conservado lo suficiente como para dar a la población una fisonomía original y pintoresca", comienza diciendo. Es testigo del baile del ***mutchiko*** donde mozos y mozas "interpretan todo tipo de figuras con imperturbable gravedad y aplomo", mientras los espectadores beben *pitarra*, una suerte de sidra. La cena es irreprochable, aunque el servicio deja bastante que desear: "¡Paciencia!, me dice mi compañero. Apenas estamos en España. **San Sebastián** es por ahora Francia. Ya verá usted más tarde". El buen ambiente y el generoso vino le impulsan a cantar un estribillo aprendido no sabe en qué antología: "*La, la, la, la, la, la, la, leu! Mementono* *bat egon gaiten. La, la, la, la, la, la, la, lu! Oraino untsa guituçu*".

En la taberna entra en conversación con una mujer de **Zarautz** que sabe echar cartas y que aún está esperando a su novio que desapareció en la última Guerra Carlista: "Habiéndole dicho inadvertidamente que era española, su semblante se turbó; con acento de reproche, respondió con un tono altivo: 'Creí haberle dicho que era vasca; no hay españoles en mi familia' [*Je croyais vous avoir appris que j'étais Basque: il n'y a pas d'Espagnols dans ma famille*]. Un español era un extranjero para ella; las Castillas no son su país: '¡Azerri, otserr, país extranjero, país de lobos!', como dice el proverbio". Rosny pretende averiguar hasta qué grado tienen los vascos desarrollado su sentido de la autonomía: "Este sentimiento me pareció débil, pero existe. Existe en estado latente, [...] se necesitaría muy poco para darle fuerza y futuro. ¿Veremos algún día una nacionalidad vasca a ambos lados de los Pirineos? Lo ignoro. Sin embargo, creo que si la educación estuviera más extendida en el país, bien podrían manifestarse los síntomas precursores de la regeneración de los estados y los pueblos". Rosny considera a la "*race Euskarienne*" dentro de la rama de una "*famille Basque*" que incluye a "*les Aquitains, les Ibéres et les Ligures de l'antiquité*".

De Donostia se dirige a Iruñea por **Altsasu**, "una villa grande y bonita": "Las calles son anchas y muy irregularmente construidas, lo que no le despoja en absoluto de su aspecto pintoresco. [...] Este gusto por la geometría elimina toda la poesía de nuestras ciudades modernas". Su primera impresión en la posada pamplonesa no le agrada demasiado: "En la 'Fonda de Europa' solo podemos conseguir una habitación para tres, ¡y vaya habitación! No hace falta decir más: estamos en España". Sin embargo, de vuelta al corazón de la ciudad, pasean por las calles, que les parecen "bastante originales". "Pamplona ya no debe considerarse una ciudad vasca, a pesar de su antiguo nombre de 'Iruña'. Sin embargo, uno siente que los españoles aquí son extranjeros, casi intrusos [*On sent cependant que les Espagnols y sont des étrangers, presque des intrus*]. Por todas partes se encuentra el tipo vascón fácilmente reconocible; y, si bien es cierto que en el conjunto de la sociedad se habla el castellano, no es menos cierto que entre el pueblo llano, en las tabernas y cabarets, por ejemplo, se oye conversar en 'euskarien'". Desde Iruñea se dirige a **Bilbo**, donde constata que la población de montañeses posee, al mismo tiempo, remarcables aptitudes para la navegación marítima. "El vasco, como individuo, está lleno de energía y de vigor; como nación es débil y apática [*faible et indolent*]. ¿Debemos concluir, como Garat, que 'ha llegado el momento de acabar con los vascos'? No lo creo, y estoy convencido de que todavía existen entre los vascos algunas de las cualidades esenciales que son suficientes para salvar a un pueblo, o al menos para hacer posible su renacimiento". Comenta para finalizar que los vascos son conscientes de que "no son ni españoles ni franceses, y que se les enseña que su patria es, para unos, España, y para otros, Francia". Pero les resulta difícil encontrar en los archivos las huellas de sus gestas, como "para determinar sus derechos a la autonomía, si no a la independencia".

1881 – Andree. *Mapa de los pueblos de Europa.*

1881 – RICHARD ANDREE

Geógrafo y cartógrafo alemán (1835-1912). El *Andrees Allgemeiner Handatlas* es un atlas general alemán publicado a partir de 1881, que lleva el nombre de su editor y que fue elaborado con nuevas técnicas que le permitían ofrecer más detalles. Una de las láminas de la primera edición recibe el nombre de *Völkerkarte von Europa* (*Mapa de los pueblos de Europa*) y muestra, en el ángulo superior derecho, un recuadro que representa el ámbito de extensión de la lengua vasca en aquella época. El mapa fue reeditado en el año 1900 en Londres por *The Office of The Times* con el nombre de *Ethnographic Map of Europe*.

1882 – MORTARA:

"Era un políglota que se empeñó en hablar vascuence y lo consiguió" (Unamuno).

1882 – EDGARDO MORTARA

Sacerdote católico italiano (1851-1940). La historia de la vida del padre Mortara es un relato digno de quedar plasmado para la posterioridad en las distintas disciplinas artísticas (pintura, ópera, literatura, cine...). Nacido en una familia judía, a los nueve años fue bautizado por el rito católico por una criada que lo veía enfermizo y quería salvar su alma. Este acto bautismal implicaba la retirada inminente de la custodia, al no tolerar la Inquisición su permanencia como católico en una familia judía. Fue entonces secuestrado por orden vaticana del propio Pío IX y trasladado a un centro educativo. La repercusión internacional del suceso llegó hasta tal extremo, que estuvo a punto de costarle la beatificación a Pío IX, a pesar de que este lo trató siempre como si fuera un hijo adoptivo. El padre Morata, que era un apasionado de los idiomas y se destacó como un reputado políglota, se mostró desde un principio fascinado por la lengua vasca. Hacia 1882 fijó su residencia en Oñate, adonde llegó para fundar un seminario menor y donde aprendió la lengua, y llegó a dominarla con tanta soltura que predicaba sermones y escribía poesía en nuestro idioma. El mismo Miguel de Unamuno lo recuerda, en su libro *Contra esto y aquello*, predicando por las parroquias de Gernika: "Era un políglota que se empeñó en hablar vascuence y lo consiguió".

Fue además **profesor de euskera** de la reina María Cristina durante sus estancias estivales en la costa vasca y su apego por la lengua le condujo a firmar un manifiesto a su favor en 1899. "Que llegue pronto", comentaba en su artículo *El Bascuence en el extranjero* de la revista *Euskal-Erria*, "el dia de la rehabilitación del bascuence en esas hermosas y clásicas tierras, y que sea esta una señal precursora del retorno á los sanos y tradicionales principios patriarcales que tanto enaltecieron á los antiguos euskaldunas". Otros artículos suyos son *El Bascuence y el Sánscrito*, *Idiosincrasia y germanismo del idioma bascongado* y *La Euskal Erria y el Tirol austríaco*, en el que rompe un poco con el mito del libre aldeano vasco, si lo comparamos con el tirolés: "El régimen que preside á la economía rural es sin embargo distinto del que priva en la Euskal-erria. Los labradores tiroleses no son inquilinos y arrendatarios dependientes de sus respectivos amos y propietarios, sino verdaderos dueños de sus tierras y casas, quienes por serlo tienen derecho á votar en época de elecciones, lo que coloca á los labradores de aquel país en una posicion si no superior nada inferior, políticamente hablando, á la de los demás ciudadanos". En 2017 David I. Kertzer publicó un libro sobre él, *El secuestro de Edgardo Mortara*.

1883 – JOSEPH HALLER

En 1883 publicó su obra *Altspanische Sprichwörter* (*Antiguos refranes españoles*), en cuyo capítulo XXIV se ocupa de los vascos y de su "antiguo idioma cantábrico" ("*alte cantabrische Sprache*"), hablado "en las tres provincias vascas, en la mayoría de Navarra (en toda la Alta Navarra) y en la zona anteriormente llamada Lapurdi de la Guyena francesa". "Muchas ciudades y nombres de lugar españoles son de origen indiscutiblemente vasco, lo que indica que los vascos, antes de la dominación romana en España, era el pueblo dominante, un pueblo primitivo, como no hay ningún otro en Europa", asegura. "En virtud de los Fueros, la **lengua vasca**, así como era la única antiguamente admitida en el trato general de los habitantes de la provincia entre sí, también era la únicamente permitida en la iglesia y la escuela, ante los tribunales y en la Administración, así como en los acuerdos de las juntas generales y particulares". Desde 1805, sin embargo, la tendencia centralista del Gobierno español "prohibió la utilización de la lengua vasca" en todas esas instituciones, según explica Haller. Apunta algunos aspectos históricos sobre los vascones, transcribe unas frases religiosas en vasco, numerales y un vocabulario básico. Cita, entre otros, los trabajos de Larramendi, Borrow (1838) Davillier (1862), Venero (1543), Poza, Madoz y Marineo (1530). "Que el primitivo pueblo vasco viene de Oriente, en ello coinciden las conclusiones de las investigaciones científicas", afirma. Copia algunas etimologías tomadas de los apologistas vascos que con el tiempo se han demostrado totalmente inconsistentes: *eskualdunac*, compuesta por tres palabras, *escu*, mano, *alde*, hábil, y *dunac*, poseedor.

1883 – PLANTÉ:

"Un pueblo no muere cuando, [...] con todo el ardor de su orgullosa independencia, [...] ama, como tú, la fe de sus padres".

1883 – ADRIEN PLANTÉ

Político e historiador bearnés (1841-1912). Autor de una monografía sobre la provincia de **Gipuzkoa** titulada *San Sebastian. Notes de Voyage*, en la que describe aspectos generales de la capital donostiarra como la ciudad vieja, la plaza de la Constitución, la casa consistorial, puentes, hoteles, iglesias, desfiles militares; aspectos de la vida política como el carlismo, la administración provincial, las quintas; aspectos culturales como su literatura, vascófilos como Bonaparte y poetas; aspectos socioeconómicos que giran en torno al puerto y los barcos pesqueros; y por supuesto, los toros, además de reseñas sobre otras localidades como Tolosa, Azpeitia, Loiola y Pasaia. En 1898 publica *Les Basques ont-ils une histoire?* (*¿Tienen los vascos una Historia?*), una conferencia ofrecida en Donibane Lohizune el 16 de agosto de 1897 con motivo de un congreso etnográfico nacional. La federación vasca (*fédération basquaise*), dice, "comprende las poblaciones que viven a ambas márgenes de los Pirineos, justo hasta la ribera izquierda del Ebro". "*Basques, Vascons, Navarrais, forman un seul peuple*", "habiendo elaborado en un origen común una constitución única, habiendo conservado una lengua única que respeta, a través de los siglos, la misteriosa armonía de la misma". Después de ofrecer un pequeño repaso sobre la historia de Euskal Herria, termina diciendo: "Todo se transforma pero solo una cosa permanece inmutable: el amor del hombre por todo lo que debe ser amado. [...] Un pueblo no muere cuando, [...] con todo el ardor de su orgullosa **independencia**, ama a los gobernantes de dos mil años de una historia, tal vez insuficientemente conocida, pero suficientemente afirmada por actos irrecusablemente gloriosos. [...] No muere un pueblo que ama, como tú, la fe de sus padres, resistiendo todas las pruebas e invasiones, [...] que ama su lengua materna...".

1883 – THEODOR GUSTAV DIERCKS

Historiador, orientalista y etnólogo prusiano (1852-1934). Se trasladó a España en 1877 por razones de salud y fue nombrado miembro de la Real Academia Española de la Historia. En 1883 publicó *Das moderne Geistesleben Spanien*, un ensayo para el conocimiento del estado contemporáneo de la cultura española, en el que afirma que "si nos dejamos llevar por la apariencia sobre la situación del territorio y el carácter de la nación española, esta representa solo una unidad ante el extranjero, pero en boca de muchos españoles pervive como 'Las Españas' [en castellano en el original], y por su naturaleza se fragmenta, efectivamente, en una variedad de provincias". Sobre los vascos comenta que son de rasgos atractivos y hermosos y tienen un cierto parecido con los germanos. Cita a la boina como una característica de su indumentaria, como vascos y carlistas. Se lleva también la capa. Las mujeres de las clases medias llevan mantilla y velo. Las campesinas, un pañuelo colorado. Nos caracteriza así: "Desconfianza y picardía, sobriedad y diligencia, amor a la libertad y a la patria, valentía y sentido de la independencia". Comenta que las **nodrizas** más valoradas en España son las vascas y gallegas, a las que se les cede totalmente la educación de los hijos por la confianza que ofrecen: "*Ihnen wird zuweilen die Erziehung der Kinder ganz überlassen, weil sie sich durch ihre Zuverlässigkeit ebenso wie die galizischen vor allen andern spanischer Nationalität auszeichnet*".

1883 – Regoyos. Mercado en Durango (1907).

1883 – DARÍO DE REGOYOS Y ÉMILE VERHAEREN

Pintor asturiano (1857-1913) y poeta flamenco (1855-1916). Regoyos tuvo una estrecha relación con el País Vasco desde que en 1883 viajó a Gipuzkoa después de una larga estancia de formación en Bruselas. Se instaló definitivamente en nuestra tierra a partir de su matrimonio en 1895, y pintó gran cantidad de cuadros costumbristas y paisajistas de gran colorido, como era costumbre entre los **impresionistas**. En la capital belga conoció a Verhaeren, fundador del Modernismo, y entablaron una amistad que en 1888 les llevaría a emprender un viaje que dejaron plasmado diez años después en *La España Negra*, cuando Regoyos decidió traducir los manuscritos ya publicados por Verhaeren e incorporar algunas xilografías suyas. Ambos acometieron entonces la tarea de mostrar lo más siniestro, oscuro y primitivo del paisaje, sobre todo, castellano y vasco (al que llama ***país Eúskaro***). Con una prosa sublime se recrean con los rituales y ceremonias de la muerte, con las siluetas y las sombras de figuras y paisajes. "Buscábamos algo nuevo y distinto de lo que ambicionan los ingleses. [...] Buscábamos una diligencia –decía– la más desvencijada, la más semejante a una caja de contrabajo, la más rechinante que hubiese. Esto tenía que encontrarse en un país con aldeas construidas como á bofetadas contra las laderas de la costa Cantábrica, país salvaje con caminos apropósito para equilibristas de cuerda floja. [...] Un armario amarillo y negro tirado por caballos, mulas, y en las cuestas por bueyes, que aparejados juntos sudaban obedeciendo á los latigazos entre sapos y culebras lanzados por la boca del mayoral. Entre ¡aida y arrayua! se vencen las cuestas. [...] Luego aquellas entradas alegres en los pueblos desempedrando calles y rechinando hierros que parece debían romperse los cristales de las ventanas á nuestro paso".

Hablan de la *laya* y en Tolosa asisten a un **aurresku**: "Las notas claras que se movían entre la masa negra eran niños formando una cadena de pañuelos cogidos de mano en mano y el pequeñuelo de un extremo como una dama diminuta bailaba paseando por las calles una antigua danza llamada aurresku. Parábanse ante la casa del alcalde ó la de algún noble que ostentaba su escudo sobre el muro. Allí una flauta y un tambor estrecho y largo tocan un aire que parece que descarrila y que pierde el compás para después volver á tomarlo. [...] La comida se componía de pirámides de frutas, montañas de sorbetes, fuentes de limonada". El capítulo IV lo titula ***San Fermín*** *Chico en Pamplona* y en él dice que "el despertar en la calle Estafeta para el que consigue dormir aquella noche no se parece al de ningún país. Toda la noche cantan los borrachos, roncan los huéspedes tumbados por el suelo en cama redonda, y entre pitos y gaitas del Roncal, tocando aires pastoriles de montaña y las murgas que ya á las cinco empiezan a alborotar á la población, se pasa la noche alegremente figurándose uno que ha dormido". Disfrutan de los encierros ("parece imposible que para tan poca cosa haya gente que repita el bromazo de la mala noche y lo hagan con el mismo entusiasmo todos los años"), las corridas, el carro con toros y caballos camino del matadero, los fuegos artificiales y el jaleo andaluz que se escucha detrás de las murallas.

1883 – HORATIO HALE

Filólogo y etnólogo canadiense (1817-1896). Es el autor de una conferencia sobre las lenguas indígenas americanas, *Indian Migrations, as Evidenced by Language*, en la que retoma el mito de la lengua vasca (hace referencia a Whitney 1867) como idioma relacionado con las **lenguas amerindias**: "En el oeste de Europa existe una comunidad que habla una lengua que, en su estructura general, manifiesta cierta similitud con las lenguas indias. De todas las razas del viejo continente, los vascos o Euskarians del norte de España y sudoeste de Francia tienen un lenguaje con ese carácter altamente complejo y polisintético que distingue a las lenguas de América. [...] Hay razones para pensar que Europa [...] fue ocupada en los antiguos tiempos por una raza que dispone de algunas de las características, físicas y mentales, de los aborígenes americanos. [...] Los vascos son los únicos supervivientes que han retenido la lengua originaria".

1883 – MARVIN R. VINCENT

Presbítero estadounidense (1834-1922). En 1883 publica el libro de viajes *In the shadow of the Pyrénées: from Basque-land to Carcassonne* (*A la sombra del Pirineo: desde el País Vasco a Carcasona*), en el que dedica *largos* capítulos a nuestro territorio. "**Biarritz** no es ni francesa, ni inglesa, ni española ni

1883 - Vincent. Hondarribia: *"Entramos por una estrecha calle ascendente y nos preguntamos si aquello no es un sueño".*

vasca", comienza. "Como en cualquier otro centro turístico similar, el colorido local ha sido modificado o lavado por sucesivas olas de turistas". A pesar de ello, cuenta, algunos días de agosto acuden los campesinos de la zona con sus instrumentos nacionales ("*flageolet, tambourine, violin, and drum*") a bailar el *mouchico*. En los partidos de **pelota** que enfrentan a vascos de ambos lados de la frontera, continúa diciendo, "la multitud de gente es enorme, y el entusiasmo está en flagrante contraste con el ordinario taciturno [*saturnine*] hábito de los vascos. Estos campeonatos no solo representan a las clases más bajas, sino que muchos de ellos son propietarios y dignatarios oficiales; incluso los sacerdotes sustituyen alegremente la blusa por la sotana y entran en las listas con sus parroquianos". Explica, asimismo, que hay escuelas públicas "para ambos sexos" y "profesores y profesoras en los pueblos más pequeños", y en las ciudades se puede contemplar a la policía "acompañando a los niños vagabundos al colegio".

Sobre los **fueros** señala que con Felipe II dejaron de existir, salvo los de Navarra y las provincias vascas, y estas últimas formaron "*a confederation of small republics*", "gobernadas por jefes elegidos por ellos mismos, disponiendo de una cámara parlamentaria, tarifas, policía y armada". "No estaban obligados a presentarse ante ningún tribunal más allá de su propio señorío". Con la Revolución francesa, Iparralde tuvo que adaptarse a las nuevas reglas, pero el trabajo de integración chocaba frontalmente con "el miedo insuperable al **servicio militar** forzado. [...] Incluso una vez alistado, las deserciones son frecuentes. [...] El joven, bravo y más inteligente vasco prefería elegir el exilio antes que el reclutamiento". Sobre la complicación que ofrece el "*eskara or euskara*" muestra un ejemplo de *Sesquipedalia* (palabra de desmesurada amplitud) ofrecido por Garat: *Azpilcuetagaraycosaroyarenberecolarrea*, "el terreno inferior de la alta colina de Azpilcueta". Nombra a la *metchoura* (pan), la *pittara*, la *chirola* y el *muthico* (o *saut basque*).

Entre tanta fiesta, el poeta vasco despliega todo su poder, asegura: "Los vascos han desarrollado su instinto poético a un alto nivel. Sobre los bancos de las corrientes donde se reúnen las lavanderas, en los campos donde los arados abren los surcos, el '**coblacari**', o poeta innato, improvisa pastorales, serenatas y elegías". A pesar de que Garat comenta que las mujeres no estaban permitidas en los bailes, Vincent asegura: "Me he detenido a menudo a contemplar a los grupos de baile enfrente de las tabernas o en las praderas, y jamás he visto a uno compuesto solo por hombres". Para pasar a Pasaia utiliza el paso tradicional con las **barqueras** "que manejaban los enormes y torpes remos con una facilidad y destreza musculares que explican por qué Felipe IV, en 1660, se llevó un número de estas vigorosas remeras a Madrid para remar en los botes de recreo del retiro". Según Vicent, a todo aquel que le quiera estudiar "la vida y las singularidades de una raza noble y de fuerte carácter", **Donostia** le brinda "un atractivo especial", dado que resulta difícil encontrar, o ni siquiera imaginar, "una combinación más elegante de montañas y mar, de ciudad y jardín, que la que presenta San Sebastián". Le cautivan también las fachadas esculturales y "el jardín zoológico de bestias heráldicas" que encuentra en **Hernani**, y en **Hondarribia** entra por una estrecha calle ascendente y se pregunta "si aquello no es un sueño". Asegura que "aquellos que se empeñan en considerar a este rincón de España como el hogar de una raza semi-bárbara, se sorprenderían del gran número y variedad de industrias que se extienden por aquellos tranquilos valles".

1883 – EUGEN GELCICH

Profesor de náutica austriaco (1854-1915). En 1883 publica en la revista *Zeitschrift der Gesellschaft für Erdkunde zu Berlin* el artículo de 37 páginas *Der Fischfang der Gascogner und die Entdeckung von Neufundland* (*La pesca de los gascones y el descubrimiento de Terranova*). Hace un repaso histórico de la **naviera vasca** y señala que "en el siglo XV la marina de las localidades costeras del Cantábrico se desarrolló hasta el punto que requería el creciente comercio marítimo". Comenta que el manuscrito más antiguo de la costa cántabra son los estatutos de Zarautz concedidos por Fernando III en 1237, un texto que advierte que pueden mercadear con la **ballena** desde la cabeza hasta la cola: "*Et si mactaverites aliquam ballenam, detis mihi unam tiram a capite usque ad caudam, sicud forum est*". Habla de **cofradías** vascas, escudos, manufacturas, impuestos y privilegios, de la demanda de arponeros vascos y de disputas y altercados con otras naciones. Explica que durante el siglo XVII incluso se llegó a condenar a la pena capital a los marineros que emigraban a otras tierras. Comenta que la harmonía entre vascos de ambos lados de la frontera era tal que no reconocían las fronteras impuestas por los dos imperios. Para el equipamiento de la tripulación, de hecho, no distinguían entre labortanos y vizcaínos: *"Bei der Ausrüstung der Schiffe machte man keinen Unterschied zwischen den Einwohnern von Labort und Spaniern"*. Gelcich apunta que estos vascos (también los llama *Gascogner*) entablaron comercio con los irlandeses, siendo muy probable que, arrastrados por la climatología o en persecución de las ballenas, hubieran llegado hasta las costas de **Terranova**. Para él fueron los vascos (*Gascogner*), independientemente de su nacionalidad española o francesa, los primeros balleneros y los descubridores del bacalao.

1884 – HUGO SCHUCHARDT

Romanista austriaco-alemán (1842-1927). Fue un romanista con unas capacidades innatas para la investigación y que se especializó en lingüística comparativa. Para él era fundamental el "estudio de las causas que hacen que cambien la forma en la que se expresan los conceptos y las ideas". Era un enfoque nuevo y renovador sobre la disciplina lingüística que tuvo su influencia en Saussure. En 1886 pasó un verano en Sara y se comenta de él que aprendió la lengua en seis meses. Intentó emparentar el euskera con otras familias, sobre todo la **afroasiática** (semíticas, nubio), pero sin resultados aparentes. Fue también de los primeros que planteó la hipótesis de que el idioma estuviera relacionado con las lenguas del **Cáucaso**. Desarrolló la tesis **vascoiberista** (*Die iberische Deklination*, 1907) estudiando las inscripciones ibéricas sobre la lectura que de estas había hecho Hübner. A pesar de la seriedad que aplicaba en su procedimiento, con el desciframiento de la escritura ibérica por parte de Gómez-Moreno (1925), buena parte de las interpretaciones de Hübner tuvieron que ser rechazadas, con lo que la tesis de Schuchardt perdería su punto de apoyo. En 1923 publicó su introducción al euskera, *Primitiae Linguae Vasconum. Einführung ins Baskische*, un cuadernillo de 40 páginas concebido desde el deseo de poder facilitar el estudio del euskera, dado el aumento del atractivo que la cultura vasca ejerce sobre la sociedad alemana, *"wo ja stets ein lebhaftes Interesse für die baskische Sprache geherrscht hat"*. Reimprimió a Leizarraga junto con Linschmann (1886).

1884 – Altadill. Vista parcial de Estella (clisé de Roldán, 1918). Merindad de Tudela: *"Tan vascos fueron, por su origen é historia, los habitantes de la zona alta como los de la baja"*.

1884 – JULIO ALTADILL Y TORRENTERAS

Militar e historiador español (1858-1935). Nacido en Toledo, fue miembro de la Academia de la Historia y condecorado con varias órdenes militares por su labor en las operaciones de ayuda a la guerra de Cuba y en la campaña del Rif. Estudió en el Seminario de Pamplona, ciudad a la que volvió para instalarse definitivamente y convertirse en uno de los referentes de la cultura navarra con gran cantidad de publicaciones. Diseñó por encargo de la Diputación la **bandera de Navarra** junto a Campión e Iturralde y Suit. Fue el encargado de redactar los dos tomos sobre Navarra en la *Geografía General del País Vasco-Navarro* de 1918. Sobre la merindad de **Tudela** comenta lo siguiente: "No son tan abundantes como en Pamplona, Aoiz y Estella los nombres propios vascos en esta comarca, debiéndose esta circunstancia á olvido de la lengua euskara, á su preterición hace ya muchos años y no á diferencias de origen, pues tan vascos fueron, por su origen é historia, los habitantes de la zona alta como los de la baja, y la invasión castellana, así en las armas como en las costumbres, vino siempre del Ebro para el Pirineo [...], el ambiente asfixiante que envenena á la raza más pura". En 1936 se publica a título póstumo su obra *Castillos medievales de Na-*

varra, en la que comenta: "El pueblo de las cuatro cabezas –el **lauburu**– que habitó en las primitivas cavernas de la tierra euskara, sin distinción de clases, pacífico y tranquilo, sin otra aspiración que su libertad e independencia". El fondo fotográfico del Archivo General de Navarra conserva más de mil fotos realizadas por Altadill.

1884 – FRANZ ROLEF

Sacerdote católico y profesor de la Universidad de Friburgo. En 1887 publica sus *Cartas de viaje desde España y Marruecos* (*Reisebriefe aus Spanien und Marokko*), en las que mencionada su paso fugaz por el País Vasco. Lo cuenta en su carta desde Baiona del 19 de abril de 1884: "Desde Miranda hasta la frontera francesa se habló mucho vasco. Desgraciadamente nada comprendo de esta difícil lengua, pero los vascos comprenden todos el castellano. El resto de los españoles se ríen de esta lengua [*die übrigen Spanier machen sich über diese Sprache lustig*] y dicen que el diablo la estuvo estudiando 7 años en Vizcaya y que durante ese tiempo no aprendió más que 7 palabras. [...] El País Vasco [*Baskenland*] me ha gustado extraordinariamente, [...] todos estos montes están cubiertos de verde vegetación y la tierra parece ser en extremo fértil. Solo puedo parangonar este hermoso país con Suiza y el amado Tirol [*ich kann dieses schöne Land nur der Schweiz und dem lieben Tirol an die Seite stellen*]".

1884 – LOMAS:

"El más gruñón de los viajeros debe reconocer su pretensión de ser hermosa y un lugar para ser deseado" (Donostia).

1884 – JOHN LOMAS

Viajero inglés. En 1884 publica *Sketches In Spain from Nature, Art And Life*. De este libro sobre la naturaleza, el arte y la vida nos atañen tres capítulos, el I, *San Sebastián and Azpeitia*, el XVIII, *Zaragoza and Tudela*, y el XIX, *Bilbao to Oviedo*. De **Donostia** comenta lo siguiente: "Con sus calles bien construidas y plazas sombreadas, donde los pájaros todavía cantan entre los tamarindos y el geranio y el heliotropo están floreciendo en noviembre, con su pintoresco casco viejo y su brillante doble playa, sobre la que rompen en cadena ininterrumpida las magníficas olas del Atlántico, [...] el más gruñón de los viajeros debe reconocer su pretensión de ser hermosa y un lugar para ser deseado". Le gusta más la iglesia de San Vicente que la de Santa María: "El interior sería realmente satisfactorio, por sus elegantes líneas e impresionante sencillo trabajo, si pudiera ser eliminada la abominable y omnipresente capa de pulido [*buffwash*]". Nota entonces que "en España no es necesario hacer ningún esfuerzo para escuchar música de iglesia. Excepto en ocasiones extremadamente raras y festivas, la tierra es aún más estéril de actuaciones decentes que la propia Italia". Se ve que disfruta contemplando el paisaje desde el tren: "El paisaje del fecundo valle de Urumea tiene un aspecto maravillosamente inglés" y el camino hacia el Santuario de **Loyola** es "de una belleza que es difícil encontrar en España". "La primera panorámica de cerca no defraudará al más exigente". De **Tudela** describe la catedral y la iglesia de la Magdalena. Desde la altura del castillo contempla la ciudad: "La pequeña masa compacta de edificios gris oscuro en la hondonada que da al sur, de color uniforme y sin mancha alguna salvo la del tiempo, solo se ve aliviada por las elegantes torres de Santa María, San Nicolás y algunas de las iglesias del convento. Más allá se extiende la verde y suave vega bañada por el brillo del sol tardío". Camino de **Bilbao** contempla a layadoras y layadores: "Hay filas de hombres y mujeres en los campos que se extienden a ambos lados de la línea [de ferrocarril], inclinados sobre enormes tenedores de púas y realizando su trabajo con una diligencia de lo más animosa y una curiosa organización en cuestiones de marcha y tiempo".

1884 – JOHN RHYS

Celtista galés (1845-1915). Fue el primer profesor de la lengua celta en la Universidad de Oxford. A la búsqueda de manuscritos celtas, Rhys visita en 1884 la biblioteca de Lord Macclesfield en el castillo de Shirburn y descubre de manera casual los documentos de **Pierre d'Urte** que habían sido citados por primera vez por Greatheed (1765). Estos ya habían sido redescubiertos por Edward en 1864, aunque el descubrimiento no hubiera gozado de ninguna propaganda entre los filólogos vascos. Esta vez el celtista se pregunta por el valor lingüístico de estos trabajos y deja su valoración en manos del experto Bonaparte (1847), al que le escribe una carta. En su perspectiva general de las lenguas del occidente de Europa, Rhys defiende que los topónimos de la península ibérica aportan datos suficientes para inferir una antigua extensión de los vascos hacia el sur. La migración de los vascos hacia el norte fue también sugerida basándose en los nombres de los jefes pictos, ese misterioso pueblo escocés del que apenas se sabe nada.

1884 – FRIEDRICH MÜLLER

Lingüista austriaco (1834-1898). Fue un estudioso de la filología clásica y del sánscrito y trabajó en una obra etnográfica monumental de seis tomos (*Die Sprachen der lockenhaarigen Rassen*) donde ofrece una imagen de todos los idiomas conocidos del mundo. En el capítulo *Ueber die Sprache der Basken* (*Sobre el idioma de los vascos*) fue de los primeros en postular la teoría **vasco-caucásica**. Los etruscos fueron para él también parte de un pueblo de idioma común relacionado con el euskera que pobló el oeste de Europa. Fue, asimismo, el primero que formuló la conexión entre los idiomas camíticos y semíticos.

1884 – KARL HANNEMANN

Cofundador con Linschmann (1886) de la Sociedad Vasca de Berlín que promovió la revista *Euskara*. En 1884 escribió *Prolegomena zur baskischen oder kantabrischen Sprache*, un breve tratado, "una clara visión general de la esencia de este interesante lenguaje", prolegómeno de más de 100 páginas de una posterior gramática que se proponía escribir. La **lengua vasca**, comenta Hannemann, "ofreció una dura resistencia a todos los investigadores, o al menos se comportó de manera extremadamente reservada hacia tales esfuerzos". "Uno se extraviaba y, en lugar de iluminar la oscuridad que envolvía al lenguaje, este se oscurecía, por el contrario, aún más y más". A pesar de los intentos de algunos vascos como Larramendi, Erro o Astarloa, aquel que puso fin a ese desconocimiento, dice, fue Humboldt. No solo acepta la teoría vascoiberista de Humboldt, sino que va algo más allá y se atreve a asegurar que la madre del euskera actual es el **fenicio** preegipcio (Pott 1900 se lo echa en cara), algo que se demuestra, según él, recurriendo a las palabras y raíces comunes y a las inscripciones encontradas en pleno territorio ibérico. Según expuso en su artículo de 1886 *Eine Lanze zu Gunsten des Baskischen als Universal Sprache* (*Una lanza en favor del euskara como lengua universal*), Hannemann señalaba que ni el esperanto ni el volapük (lengua artificial creada por un sacerdote alemán de nombre Schleyer en 1879) no tendrían ningún futuro para la comunicación y que había que buscar una nueva lengua universal. Según comentaba Julio de Urquijo en una conferencia dada en 1919, para Hannemann, de todas las lenguas existentes, vivas o muertas, la única que reunía las condiciones necesarias para desempeñar la función de lengua universal era la vasca.

1885 – MARS ROSS Y H. STONEHEWER-COOPER

Estos dos aventureros ingleses llegan a la península ibérica en 1885 para recorrer la costa cantábrica y adentrarse en los lugares más recónditos de los Picos de Europa. Dejaron plasmada su experiencia en el libro *The Highlands of Cantabria or Three days from England* (*Las Tierras Altas del Cantábrico*), una obra que descubriría a los ingleses los impresionantes paisajes montañeses del norte peninsular. Llegan a Euskal Herria remontando el estuario del Nervión, que describen con todo detalle (capítulo II-VI). Hablan de sus ferrerías, de la villa vieja de **Portugalete** ("es difícil de creer que este apacible y diminuto lugar hubiera sufrido, hace once años, uno de los más severos bombardeos de los tiempos modernos"), **Algorta**, Las Arenas y Desierto, de la pesca del bacalao, de la necesidad que hubo de construir un espolón para evitar la barra de entrada a la ría y de cómo, poco a poco, se va canalizando esta: "Los boteros, con su chaqueta vaquera y sus pantalones azules y la universal boina escarlata, que recuerda a la ancha gorra de las Highlands, son sumamente pintorescos". Y se muestran, además, tremendamente pacientes con las **mujeres** que llevan sus mercancías a los mercados: "Las mujeres trabajan, y con ganas; en el desembarco del carbón o en el acarreo del mineral de hierro, en la venta ambulante de percal y sábanas, en la cosecha del trigo o en el laboreo del campo, las mujeres están en un primer plano, siempre trabajando, cantando y, aparentemente, siempre felices. [...] Desde la más temprana edad las chiquillas aprenden a llevar cestas sobre la cabeza de manera continua y con el paso de los años la mercancía se incrementa hasta que cantidades verdaderamente sorprendentes de carbón y hierro son transportadas con la naturalidad de una lechera".

1885 – Ross/Stonehewer: *"El conocimiento no depende del todo de los libros y, por eso mismo, aunque el aldeano vizcaíno sea [...] totalmente inculto, está indudablemente versado en el ejercicio de las facultades que guarda en su fuero interno sobre los asuntos que tiene a la vista".* Foto de *Las orillas del Nervión.*

Se montan en el *Tramway*, un tranvía tirado por caballos, para llegar al centro de **Bilbao** y les sorprende oír el idioma inglés entre los usuarios. Bilbao les parece una ciudad limpia, lejos de la fama de sucia que tiene España: *"The oft-used English expresision, Spanish dirt, cannot apply to the Cantabrian provinces"*. Tan limpia como la mayoría de los caseríos de los pueblos de las montañas, en los que "hasta un ama de casa holandesa estaría más que satisfecha". Ven al vecindario de Bilbao pacífico y, salvo en las zonas portuarias, no encuentran apenas ningún indicio de criminalidad ni de mendicidad. "En la solitaria ladera de la montaña, ya sea como pastor o jornalero, el campesino tiene tiempo para esa reflexión grave que es tan peculiarmente española. El conocimiento no depende del todo de los libros y, por eso mismo, aunque el aldeano vizcaíno sea, y probablemente es, totalmente inculto, está indudablemente versado en el ejercicio de las facultades que guarda en su fuero interno sobre los asuntos que tiene a la vista. Un fuerte sentimiento de independencia recorre toda la vida de este pueblo". Una vez acabada la tarea se reúnen para cantar y bailar el *zorcico* al ritmo del *tamboril* y del *pito*. Comentan, para finalizar, que cerca de Bilbao se encuentra una pequeña villa de nombre *Yturriberrigorrigoicoerotecoelhea*, fenómeno verbal que intentan traducir, como pueden, al inglés.

1885 – 'EL GUADALETE'

Periódico político y literario de Jerez de la Frontera, Cádiz. El 22 de marzo de 1885 el periodista N. B. publica en este periódico gaditano un artículo de corte misógino que titula *Mujeres* y que comienza así: "¡Radicales, digo, ciudadanos, á defenderse! Que ya está visto que las señoras ciudadanas tiran á emanciparse en absoluto, que es como si dijéramos que tiran á dar". Entre toda una variedad de rarezas a las que según él aspiran las mujeres, como fumar, ir de caza, ser candidatas a la Diputación o ejercer de toreros, destaca una que le resulta insólita: "ahora les da por jugar a la pelota. Y ahí está la jóven esa de Lazcano que no me dejará mentir". Se refiere el periodista a la joven lazkaotarra **Josefa Ignacia Albisu, *Joxpinixi*** (1859-1950), que desafió a pelota a mano a varios hombres en la década de los 80, cosechando triunfos y llenando plazas. Su fama, a lo que parece, traspasó fronteras y puso de los nervios a lo más reaccionario de la sociedad española: "Ahora se pondrá de moda este juego entre las señoras mujeres, y con esto habrán dado un pasito más en el camino de su emancipación absoluta".

1885 – 'El Guadalete'. Josefa Ignacia Albisu, *Joxpinixi,* homenajeada por un grupo de raquetistas en 1938. Fuente: *La increíble historia de la pelota vasca* de Santiago Lesmes.

1885 – W. SHEPHERD

Comandante estadounidense. En 1885 publica *Prairie Experiences in Handling of Cattle and Sheep* (*Experiencias de la pradera en el manejo de ganado vacuno y ovino*). Shepherd relata la constante disputa, en la región de Wyoming, entre los vaqueros propietarios de las tierras y los pastores vascos y portugueses ("*Basque and Portuguese owners of bands of sheep*") que tienen que atravesarlas en su trashumancia hacia las montañas. Comenta también que "a la hora de elegir pastores de ovejas, los mejores se encontrarán entre los mexicanos, los vascos y los portugueses. Estos dos últimos, por regla general, únicamente trabajan con su propia gente, su aspiración última es la de poseer una participación en los rebaños y llegar a la posición de propietarios". Efectivamente, como comenta Douglass (1963), los pastores vascos cobraban su parte del dinero en salario, pero también se quedaban con algunos de los corderos nacidos para poder formar en cinco o seis años un rebaño propio con el que poder emanciparse. Algunos de ellos lo vendían al final del ciclo y se volvían a Euskal Herria con una buena ganancia.

1885 – BORDES:

"¿Por qué no se intentaría crear en pleno País Vasco un centro con objeto de reclutar bailarines?".

1885 – CHARLES BORDES

Compositor y maestro de capilla francés (1863-1909). Fue un **etnomusicólogo** de desbordante actividad que comenzó a interesarse por la música vasca en 1885 al asistir en el Círculo Saint Simon de París a una audición de canciones populares en la que se cantó el *Chorinoak Kaiolan*. A partir de ahí no dejó de acudir al País Vasco para explorar, recopilar y apuntar toda esa tradición musical. En 1889/90, por encargo del Ministerio de Educación francés, publicó en *Archives de la tradition Basque* un cuadernillo con **canciones** vascas que denomina *Chansons populaires basques*. Su publicación más famosa quizá sea *Douze chansons amoureuses du Pays Basque*, editada en 1910. Bordes comenta de los vascos que "reconcentrados en sí mismos, teniendo poco contacto con sus vecinos, y siendo siempre grandes individualistas, no encontraron los vascos en su propia historia temas para los poemas épicos". Como compositor escribió en 1888 *Suite basque* para flauta y cuarteto de cuerda y *Rapsodie Basque* para piano y orquesta; en 1891 *Euskal Herria, Musique de fête pour acompagner une partie de paume au Pays basque*, que refleja el hábito de amenizar los partidos de frontón con música, y *Erregue Jan*, una obertura de tema vasco para piano y orquesta que permanece inédita. Trabajó además en óperas que quedaron inconclusas y otras publicaciones que recogieron el acervo musical vasco. La admiración que despertó en Bordes la **danza vasca** le llevó a preguntarse: "¿Por qué no se intentaría crear en pleno País Vasco un centro con objeto de reclutar bailarines?".

1885 – PEDRO DE MADRAZO KUNTZ

Pintor, escritor y jurista español (1816-1898). Fue un importante crítico de arte, director del Museo de Arte Moderno de Madrid, redactor del primer catálogo del Museo del

Prado y publicista de una colección sobre los monumentos y artes de España. Fue durante seis años colaborador de la Revista *Euskalerria*. En 1865 realizó, junto con el pintor Jaime Serra, un viaje por Navarra en el que documenta el patrimonio monumental y obras de arte a lo largo de un recorrido que atraviesa Tutera, Erriberri, Tafalla, Iruñea, Orreaga, Leire, Zangoza, Lizarra, Gares, y los monasterios de Aralar, Iratxe, La Oliva y Fitero. La obra publicada en 1886, *España. Sus monumentos y artes. Su naturaleza e historia. Navarra y Logroño*, consta de tres tomos dedicados a ambas provincias. Es un compendio histórico y monumental de la que vamos a tomar un par de fragmentos.

1885 – Madrazo Kuntz. Santa María de Ujué.

Describe Madrazo los desmanes de Luís de Beaumont, Condestable de Lerín, para desestabilizar el Reino: "Las coplas cantadas por los vascones en el teatro de la capital, le habian engreído: *Labrit, eta Erregué/ Ailú, Semé diráde,/ Condestable Jauna/ Arbizate Andie.* Un día, pues, vieron de lejos los habitantes de **Artajona** venir hacia ellos por la parte de Larraga gran tropel de soldados, cuyas armas brillaban con reflejos siniestros por entre las nubes de polvo que los envolvían. [...] Niéganse los vecinos á reconocerle por señor, alegando que pertenecen al rey que les ha prometido no segregar nunca la villa de su corona". Las autoridades acuden a la Corte Real de Pamplona y se consigue restablecer el orden: "Logró por fin el rey D. Juan quitarle sus estados y hacerle salir del reino, pero él se acogió á su cuñado el rey Católico, quien le dió el marquesado de Huesca y recibió en trueque, con beneplácito del navarro, las villas y señoríos del Conde, que mantuvo en su nombre su capitán general D. Juan de Ribera hasta el año 1500, en que, por intercesión del mismo rey Católico, perdonaron al rebelde los reyes de Navarra y le devolvieron la Condestablía y sus estados; no el señorío de Artajona.– Pero los Beaumont tenían el espíritu sedicioso en la médula de los huesos: en 1507 volvió á sublevarse, tomó por fuerza de armas á Viana".

De **Uxue** comenta que "el nuevo pueblo tomó el nombre de Usua, abandonando el antiguo que no ha llegado á nosotros, porque 'usua' en idioma vasco significa paloma". De la iglesia dice que es más castillo que templo: "Descuellan en ella un gran torreón cuadrangular con corona de matacanes y almenas junto á su fachada de mediodía, y una torre menos corpulenta, pero almenada también y con matacanes, en su ángulo sudoeste. [...] El pueblo se presenta como precipitado por la vertiente abajo de la montaña por los lados de mediodía y oriente, ó como hueste de sitiadores que sube al asalto de una fortaleza. [...] Al rededor todo es desnudez, tristeza y desamparo".

1886 – JOANNE:

"Todos han disfrutado desde tiempos inmemoriales, no de los mismos privilegios, sino de los mismos derechos; y este derecho, que se ha convertido, con el tiempo, en el derecho común de la Europa moderna, es la igualdad de todos ante la ley".

1886 – PAUL JOANNE

Editor de guias de viajes (1847-1922). Fue el director de la colección de **guías de viajes** publicadas por *Hachette* con el nombre de *Guides Joanne*, una serie creada por su padre Adolphe Joanne (1868) a mediados de siglo. En 1886 publicó *Itinéraire général de la France. Les Pyrénées*. Preguntándose en el prólogo (capítulo VI y VII) por el origen y la filiación de las tribus pirenaicas (*Basques ou Vascons*), plantea la siguiente cuestión: "¿Y los vascos actuales, que todavía designan al hacha, al cuchillo y al pico con palabras cuyo radical significa 'roca', son los vascos los últimos testigos en el Pirineo de los hombres de la Edad de Piedra?". Amparándose en la tesis de Humboldt (1799) y Bonaparte (1847), admite la hipótesis de quienes ven en el euskera el último representante de una familia lingüística que antiguamente habría dominado toda la península. "Podemos decir en general que la región pirenaica, Francia y España, fue, en la Edad Media, una de las regiones de Europa que menos sufrió la opresión feudal; y tal vez el único lugar donde toda una provincia supo protegerse por completo del **feudalismo**. Esta provincia es el país vasco [*pays basque*]", explica. "No rechazan el feudalismo, solo lo ignoran. [...] Lo que se había convertido en una condición existencial, una verdadera necesidad social, en la tierra llana donde el campesinado, amenazado por todos lados, le decía al guerrero 'Protégeme, yo te serviré', no es de ninguna utilidad para un pueblo de guerreros, labradores y pastores, que empuña el arco con la misma facilidad que la 'laya'". Los vascos (que para Joanne habitan las siete provincias), como dueños de su casa que son, "todos son iguales al más rico, todos iguales al más pobre, todos han disfrutado desde tiempos inmemoriales, no de los mismos privilegios, sino de los mismos derechos; y este derecho, que se ha convertido, con el tiempo, en el derecho común de la Europa moderna es la igualdad de todos ante la ley o la tradición, es la exención de todo servicio, la exención de toda sujeción, es el respeto absoluto de la libertad del hombre como persona y en sus bienes".

Aparte de la pelota, otros de los esparcimientos de los vascos son, según recoge Joanne, "correr, algo por lo que los montañeses de los Pirineos siempre han sido famosos; simples saltos con los pies juntos, con o sin la ayuda de un palo; jugar a los **bolos**; lanzar enormes **barras** de carro o pesadas piedras. No hace mucho tiempo que en Zuberoa se jugaba a los juegos de hacha y jabalina, armas que los navarros de la Edad Media y los antiguos cántabros solían lanzar con tanta habilidad. En algunas partes del País Vasco español se sigue bailando la danza de la espada. Tanto las mujeres como los hombres practican varios juegos de fuerza y habilidad". Sobre el retroceso que está sufriendo la **lengua vasca** (*euskarien*), sentencia: "Cada gran carretera, cada línea de ferrocarril que penetra en el territorio vasco abre una brecha en la propia lengua". La obra registra 20 **rutas** que parten de Iparralde y que nos van llevando por todo el Pirineo vasco desde Hondarribia hasta el Roncal. De **Otsagabia** comenta: "Esta pequeña villa es la capital del valle de Aezkoa, enteramente poblada de vascos de un tipo magnífico, que, a día de hoy, casi todos hablan la lengua española".

1886 – JOSÉ ORTEGA MUNILLA

Escritor y periodista español (1865-1922). Quien fuera miembro del partido isabelino moderado y padre del célebre filósofo Ortega y Gasset (1897) desarrolló una amplia trayectoria como escritor. En 1886 emprende un viaje que le lleva por todo el norte peninsular, y publicó al siguiente año su relato *Mares y montañas*. Trata el tema vasco a partir del capítulo *En cualquier pueblo de los Bajos Pirineos*, en el que afirma que "los poetas eúskaros de una y otra raza se tienden las manos y entonan sus cantos al heroísmo invencible y á la libertad foral perdida". Expone entonces una crítica que rememora rencillas recientes como la última Guerra Carlista: "El Pirineo ha sido siempre el cuartel de invierno de nuestras guerras civiles y la sala de armas de los caudillos fratricidas. De allí ha bajado el aluvión sangriento; de ahí ha caído la avalancha. Ved algunos pueblos fronterizos, la conspiración ha sido para ellos una renta constante".

La amalgama de fino humor y pincelada poética nos va empujando a lo largo de su relato. **San Sebastián** es para él "una bellísima población que parece construída para servir de demostración práctica de los sueños de un arquitecto". Es verano y parece estar en la corte: "Rostros, trajes, conversaciones, beldades, todo es madrileño. Diríamos que San Sebastián es el barrio más bonito de Madrid". "¡Qué hermoso será San Sebastián cuando vivan en él los guipuzcoanos!", llega a afirmar. Mientras Sevilla necesita un siglo para emprender un ensanche, "San Sebastián nos parece un pueblo de otra raza, gobernado por hombres, educado en una religión de trabajo, que eleva en su altar mayor al dios del progreso: la voluntad". Asiste a un partido de pelota de ***Chiquito*** contra el *Manco* ("tiene cortado el brazo derecho a cercén") con todo el ornato de jueces y corredores que vociferan apuestas. Observando a los vascos de ambos lados de la frontera en un día como ese, constata que "no hay diferencia alguna, pues, entre los vascos de Francia y los vascos de España".

Ya camino de Bilbao se lamenta de las discordias civiles que "ponen en cada piedra del camino una cruz funeraria", pero la naturaleza tiende a equilibrarlo todo: "El helecho de siete lenguas es más patriota que el cabecilla, porque cubre de verde matiz lo que el otro ha manchado de rojo color". Atraviesa Usurbil y Orio y desde las alturas contempla los valles de Zarautz y Loiola. De **Eibar** dice que "en todas sus casas se fabrican armas. [...] Lo hace todo de acero: sus armas y sus hombres; prueba de esto último, el 'Chiquito' de Eibar". Nada más entrar al bocho observa que la ría de Olabeaga domina, "con su ir y venir de vapores", sobre la actividad de **Bilbo**, "esta villa liberal que en la esclavitud del trabajo adquiere el derecho á la libertad". Allí presencia a **Sarasate** en el teatro: "Después de un concierto de Beethoven toca la jota, y tras el 'baile de las brujas' de Bazinni, un capricho vascongado, lleno de remembranzas de 'zortcicos'".

1886 – FIELD:

"El daño causado a este país por la guerra civil va más allá de todo cálculo. [...] Que un país hubiera podido sobrevivir a semejantes presiones es una muestra de su prodigiosa vitalidad".

1886 – HENRY MARTYN FIELD

Clérigo y escritor estadounidense (1822-1907). Viajero impenitente, fue autor de numerosos libros de viajes. En 1886 realiza un recorrido por todo el Estado y en 1888 edita la obra *Old Spain and New Spain*, cuyos capítulos II-IV dedica a su paso por tierra de vascos, de los que se pregunta "*¿where did they come from?*": "Estamos ahora en las provincias vascas, entre aquellos que no son ni de raza ni de lengua española. ¿Quiénes son? ¿Y de dónde provienen?". "Están aferrados a sus montañas, como los suizos, con una pasión inconquistable por su libertad". Habla de su administración, sus exenciones y sus privilegios, asegurando que "no podemos más que sentir admiración por semejante pueblo, a pesar de que sus maneras no sean las más refinadas". A su paso por Hernani en el otoño de 1886, todavía son visibles los estragos del conflicto: "El daño causado a este país por la **guerra civil** va más allá de todo cálculo. El comercio se paralizó, las comunicaciones se interrumpieron, vías de tren y estaciones fueron arrasadas, hasta que nos comentaron que las comunicaciones entre España y Francia se habían visto interrumpidas durante tres años, excepto por mar". Cuenta que los viajeros deben embarcar en Santander para poder pasar a Francia, y afirma: "Que un país hubiera podido sobrevivir a semejantes presiones es una muestra de su prodigiosa vitalidad, a pesar del desgobierno soportado durante siglos y de la desolación y la ruina de las guerras". En el capítulo IV, *The Birthplace of Ignatius **Loyola***, ofrece un largo repaso sobre el santuario y la vida y obra del santo.

1886 – THEODOR LINSCHMANN

Funcionario alemán (1850-1940). Fue un director de biblioteca y pastor protestante que más tarde se salió de la Iglesia para centrarse en su carrera como bibliotecario y poder así profundizar en sus estudios lingüísticos. En 1886 fundó, junto con Hannemann (1884), la *Baskische Gesellschaft* (*Sociedad Vasca*), a la que se unieron **vascólogos** de diversos países. Ese mismo año fundaron en Berlín la **revista** *Euskara. Organ für die Interessen der Baskischen Gesellschaft*, que nació con el propósito de "estimular el interés que el estudio del idioma de los vascos tiene derecho a inspirar, vulgarizar su conocimiento, a fin de aumentar constantemente el número de personas en estado de apreciar esta incomparable lengua y dispuestas a consagrarse a su estudio, someter a sus investigaciones la literatura, las leyendas, las costumbres, los usos, etc. de los vascos y de su país". En su portada ostentaba el lema *Chipitasunean anditasunak lo egiten du!* (*En lo pequeño dormita lo grande*). En 1900 Linschmann colaboró con Schuchardt (1884) para editar una excelente reimpresión del Nuevo Testamento de Leizarraga. En 1919 fue nombrado miembro de Euskaltzaindia.

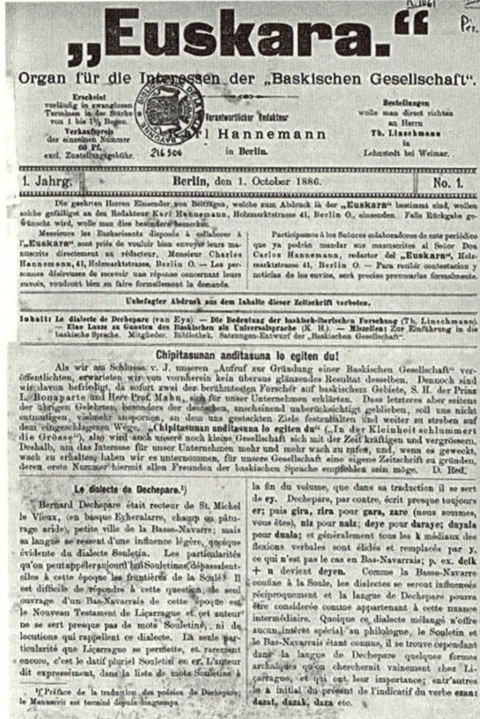

„Euskara."

Organ für die Interessen der „Baskischen Gesellschaft".

Erscheint vorläufig in zwanglosen Terminen in der Stärke von 1 bis 1½ Bogen. Verkaufspreis der einzelnen Nummer 60 Pf. excl. Zustellungsgebühr.

Verantwortlicher Redakteur Karl Hannemann in Berlin.

Bestellungen wolle man direct richten an Herrn Th. Linschmann in Lehnstedt bei Weimar.

1. Jahrg. | Berlin, den 1. October 1886. | No. 1.

Die geehrten Herren Einsender von Beiträgen, welche zum Abdruck in der „Euskara" bestimmt sind, wollen solche gefälligst an den Redakteur Karl Hannemann, Holzmarktstrasse 41, Berlin O., einsenden. Falls Rückgabe gewünscht wird, wolle man dies besonders bemerken.

Messieurs les Euskarisants disposés à collaborer à l'„Euskara" sont priés de vouloir bien envoyer leurs manuscrits directement au rédacteur, Monsieur Charles Hannemann, 41, Holzmarktstrasse, Berlin O. — Les personnes désireuses de recevoir une réponse concernant leurs envois, voudront bien en faire formellement la demande.

Participamos à los Señores colaboradores de este periódico que ya podrán mandar sus manuscritos al Señor Don Carlos Hannemann, redactor del „Euskara", Holzmarktstrasse 41, Berlin O. — Para recibir contestacion y noticias de los envios, será preciso provocarlas formalmente.

Unbefugter Abdruck aus dem Inhalte dieser Zeitschrift verboten.

Inhalt: Le dialecte de Dechepare (van Eys). — Die Bedeutung der baskisch-iberischen Forschung (Th. Linschmann). — Eine Lanze zu Gunsten des Baskischen als Universalsprache (K. H.). — Miszellen: Zur Einführung in die baskische Sprache. Mitglieder. Bibliothek. Satzungen-Entwurf der „Baskischen Gesellschaft".

Chipitasunan anditasuna lo egiten du!

Als wir am Schlusse v. J. unseren „Aufruf zur Gründung einer Baskischen Gesellschaft" veröffentlichten, erwarteten wir von vornherein kein überaus glänzendes Resultat desselben. Dennoch sind wir davon befriedigt, da sofort zwei der berühmtesten Forscher auf baskischem Gebiete, S. H. der Prinz L. Bonaparte und Herr Prof. Mahn, sich für unser Unternehmen erklärten. Dass letzteres aber seitens der übrigen Gelehrten, besonders der deutschen, anscheinend unberücksichtigt geblieben, soll uns nicht entmutigen, vielmehr anspornen, an dem uns gesteckten Ziele festzuhalten und weiter zu streben auf dem eingeschlagenen Wege. „Chipitasunan anditasuna lo egiten du" („In der Kleinheit schlummert die Grösse"), also wird auch unsere noch kleine Gesellschaft sich mit der Zeit kräftigen und vergrössern. Deshalb, um das Interesse für unser Unternehmen mehr und mehr wach zu rufen, und, wenn es geweckt, wach zu erhalten, haben wir es unternommen, für unsere Gesellschaft eine eigene Zeitschrift zu gründen, deren erste Nummer hiermit allen Freunden der baskischen Sprache empfohlen sein möge. D. Red.

Le dialecte de Dechepare.[1])

Bernard Dechepare était recteur de St. Michel le Vieux, (en basque Eyheralarre, champ ou pâturage aride), petite ville de la Basse-Navarre; mais sa langue se ressent d'une influence légère, quoique évidente du dialecte Souletin. Les particularités qu'on peut appéler aujourd'hui Souletines, dépassaient-elles à cette époque les frontières de la Soule? Il est difficile de répondre à cette question; le seul ouvrage d'un Bas-Navarrais de cette époque est le Nouveau Testament de Liçarrague et cet auteur ne se sert presque pas de mots Souletins, ni de locutions qui rappellent ce dialecte. La seule particularité que Liçarrague se permette, et rarement encore, c'est le datif pluriel Souletin en er. L'auteur dit expressément, dans la liste de mots Souletins à la fin du volume, que dans sa traduction il se sert de ey. Dechepare, par contre, écrit presque toujours er; puis gira, zira pour gara, zare (nous sommes, vous êtes), niz pour naiz; deye pour daraye; duyala pour duala; et généralement tous les k médiaux des flexions verbales sont élidés et remplacés par y, ce qui n'est pas le cas en Bas-Navarrais; p. ex. delk + n devient deyen. Comme la Basse-Navarre confine à la Soule, les dialectes se seront influencés réciproquement et la langue de Dechepare pourra être considerée comme appartenant à cette nuance intermédiaire. Quoique ce dialecte mélangé n'offre aucun intérêt spécial au philologue, le Souletin et le Bas-Navarrais étant connus, il se trouve cependant dans la langue de Dechepare quelques formes archaïques qu'on chercherait vainement chez Liçarrague, et qui ont leur importance; entr'autres le a initial du présent de l'indicatif du verbe ezan: dazat, dazak, daza etc.

[1]) Préface de la traduction des poésies de Dechepare; le Manuscrit est terminé depuis longtemps.

1886 – Linschmann. Sociedad Vasca de Berlín. Número 1 de la revista *Euskara.*

1886 – EDWARD SPENCER DODGSON

Vascólogo inglés (1857-1922). Según su propia confesión, Dodgson comenzó a interesarse por el euskera en 1886. Fue un **vascólogo** de renombre que acabó incluso escribiendo poesía en euskera y que prestó especial atención a autores antiguos como Cardaberaz, Leizarraga o Micoleta. Su particular carácter (sus trabajos eran escrupulosos, a la vez que irritantes y en algunos puntos algo excéntricos) le llevó a tener un fuerte enfrentamiento con Azkue, entre otros vascófilos. En un artículo de 1904 escribe: "Para los verdaderos Heuskaldun (dueños del Heuskera), como también para los demás amigos del País Vascongado (Heuskalerria) y de la lengua Heuskéra, á la cual debe su nombre, como lo debe también toda España (Hispania de los Romanos) que quiere decir labio (del Mediterraneo) ó borde (del mundo conocido en la época de los Iberos)...". En otro de 1905 dice: "Si los Vascos son los verdaderos descendientes de los primitivos Españoles; de los Iberos y Celtíberos, sería razón que cesarían de hablar de separatismo; dedicándose más bien a conciliar a los Castellanos que han ocupado el territorio donde hace pocos siglos se hablaba la lengua vascuense". Dodgson, que además de euskera estudió armenio, publicó en el número 15 de la revista *Euskara* (véase Linschmann 1886) de 1894 una pequeña reseña de una página titulada *Les mots basques en arménien*, importante por ser la primera que recoge la posible relación **vasco-armenia**. En él elabora una lista de 50 coincidencias entre ambos.

1886 – MARÍA CRISTINA HABSBURGO-LORENA

Reina de España (1858-1929). Mujer de Alfonso XII y madre de Alfonso XIII, comenzó sus veraneos en Donostia en 1886, justo al año siguiente de enviudar de su difunto esposo. María Cristina, que veraneó en San Sebastián consecutivamente hasta el año de su muerte en 1929 e hizo construir, entre otros edificios, el palacio de Miramar, también mostró una cierta sensibilidad hacia la cultura vasca, ya que se preocupó de recibir unas nociones básicas de **euskera**, como así lo atestigua Gerhard Bähr (1929) en una carta a Schuchardt (1884) de 1922, en la que señala al padre Mortara (1882) como profesor de euskera de la reina, "*dass er Lehrer der Königin Maria Cristina im Baskischen war*". Comenta que, cuando hacia 1920 a la reina se le quedó bloqueado el coche cerca de Pasaia y tuvo que echar mano de unos aldeanos para desatascarlo, les recompensó su ayuda y les dijo "*Artu, sagardua erateko*" ("Tomen, para beber sidra").

1886 – ALMIRALL:

"Para los políticos de Madrid y para aquellos del país que les sirven de eco, el País Vasco es una mancha en España; sus habitantes son retratados como los más atrasados de toda la nación y los más resistentes a las ideas modernas".

1886 – VALENTÍ ALMIRALL

Político, escritor y periodista catalán (1841-1904). Quien fuera la personalidad más importante del catalanismo político de izquierdas y fundador del primer periódico en lengua catalana, es el autor de *España tal como es*, un libro publicado en 1886 que se plantea como una denuncia de la corrupción electoral del sistema político de la Restauración. En el segundo capítulo recoge su travesía por el País Vasco en tren y deja algunas reflexiones: "El relativo bienestar, el aire de civilización y progreso que se respira allí, no se debe a las ventajas naturales, sino al espíritu de orden y al celo en el trabajo de sus habitantes. Y sin embargo –y esto es aún más curioso–, para los políticos de Madrid y para aquellos del país que les sirven de eco, el País Vasco es una mancha en España; sus habitantes son retratados como los más atrasados de toda la nación y los más resistentes a las ideas modernas. [...] Durante las dos guerras civiles contemporáneas, los vascos pusieron en pie de guerra a casi una décima parte de su población total y durante años resistieron a las fuerzas combinadas de la nación. No pretendemos justificar esta conducta, [...] pero no debemos olvidar la situación en la que se encontraban. El carácter dominante y absorbente de los castellanos, enamorados en los últimos tiempos de las ideas y principios de la uniformidad francesa, pero incapaces de darles una aplicación práctica, no podía tolerar la menor manifestación de vida local. [...] Sería un error suponer que los vascos son más fanáticos en la religión y menos ilustrados que las otras razas que pueblan España" (traducido de la edición francesa).

1887 – Comba. Composición con estampas de la costa vasca.

1887 – JUAN COMBA GARCÍA

Pintor, ilustrador y fotógrafo andaluz (1852-1924). A Comba se le considera el cronista gráfico de la Restauración al haber acompañado, en todos sus viajes, tanto a la reina María Cristina como a Alfonso XIII. El jerezano dejó buena muestra de sus estancias con los reyes en el litoral cantábrico en los **dibujos** publicados por el rotativo *La Ilustración Española y Americana*, en los que incluye, sobre todo, retratos de la costa guipuzcoana y botaduras de barcos en los astilleros vizcaínos. La ilustración *Los baños de mar* está compuesta por varios dibujos con la siguiente leyenda: "1. En La Concha de San Sebastián. 2. ¡Agua va! 3. Los mirones de la playa de Biarritz. 4. En Arcachon: del hotel al baño. 5. La primera lección. 6. La cuerda de los apuros, en Bilbao. 7. Un 'match' de natación".

1887 – CARR:

"Había muchas familias [vascas] de California que hablaban esta extraña lengua mongólica, subsistiendo por sí mismos, recelosos de los fandangos españoles".

1887 – HARRY CARR

Periodista y editor estadounidense (1877-1936). En su libro de 1935 sobre la historia de **Los Ángeles**, *Los Angeles City of Dreams*, Carr evoca recuerdos de su infancia, cuando llegó a California en 1887. En el capítulo XVI comenta que la agricultura a gran escala comenzó con la fiebre del oro de 1849 y que el terreno se había dividido en grandes latifundios: "Las ovejas estaban en manos de los vascos cuando yo llegué a California. Posiblemente ninguna raza con menos condiciones para la lucha haya podido defenderse contra los ganaderos. Incluso en mis tiempos posteriores como periodista, los **pastores** vascos [*Basque herders*] y los ganaderos mexicanos se disparaban a la vista en las colinas de Calabasas, donde muchas estrellas de cine tienen actualmente propiedades en la periferia de la ciudad. Los vascos son un pueblo misterioso –un enigma etnológico–, quizá la reliquia de una primitiva invasión goda del sur de Europa que quedó abandonada y aislada en las altas montañas del Pirineo. Había muchas familias de California que hablaban esta extraña lengua mongólica [*Mongoloid tongue*], subsistiendo por sí mismos, recelosos de los fandangos españoles [*keeping to themselves, scornful of the Spanish fandangos*] y ahorrando su dinero. Sus rebaños eran proscritos que pacían en las faldas de las colinas, vagando de pasto en pasto. Los pastores no se volvían locos como afirmaban algunos escritores de revistas. Vivían en unas condiciones extremadamente duras y progresaban en su soledad".

1887 – FERNANDO T***

Autor anónimo que publica en 1888 *Souvenirs d'Espagne. Une course*. Habla de **Hondarribia**. "una pequeña villa, pienso que pobre, con calles estrechas y sucias, paredes agujereadas por la metralla que parecían que se iban a derrumbar sin remedio". Continúa diciendo que la calle Mayor tiene un "notable sello de originalidad": "Las de esta calle no son casas, son 'palacios' y, bueno, yo no seré quien contradiga esa pretensión. En todas las fachadas se ven, bordados sobre grandes superficies, escudos y lemas". En el alto ve cómo se eleva un viejo castillo llamado *palais de Jeanne la Folle (Juana la Loca)*: "Se trata de una mole de muros gruesos pero ruinosos, de varios pisos, con grandes habitaciones, a las que se accede por una escalera recta, cuya parte inferior, si se cree a los guías, se remontaría al propio Carlos V". "En esta tierra grasienta y siempre húmeda, el labrador apenas soporta ninguna fatiga", cuenta. "La excava con una especie de tridente de hierro [sin duda, la laya], sin mango, que sostiene con ambas manos; empuja ligeramente con el pie para levantarla y la tierra cae hacia atrás, desmenuzándose. No es ningún milagro, pero es igualmente curioso y uno puede detenerse a verlo". Llega a **Irun** cansado por el paseo y el calor, entra en una confitería y pide un vaso de vino blanco con unos pasteles. "El vino era pasable, pero los pasteles eran deplorables".

Sobre Don Carlos y la guerra comenta que "en lugar de volver a cruzar la frontera, hizo sonar la trompeta en los profundos valles de Guipúzcoa y Navarra, reunió a sus seguidores y comenzó de nuevo el sangriento festín que en algunos libros se llama la **campaña carlista**. Porque era una fiesta, créanme, no para el campesino, que se resignaba a ver su cabaña carbonizada, ni para el simple soldado, hipnotizado por la señal de la cruz, sino para el ciudadano [*manant*], que se complacía en saquear y emborracharse de brandy, y sobre todo para el noble, que se había cubierto de galones y cortejaba con eficacia a las manolas aristocráticas de las que el campamento era abundantemente abastecido". A modo de broma le comenta a su amiga que, si todavía dudaba que Adán "*ait use de la lange **euscara***" para expresar su primer afecto por Eva, ganándose esta con una manzana la confianza de su marido, "pues bien, desde Irún hasta Rentería, la primera estación del norte de España, no hay más que manzanos. De ello deduzco que en estos mismos valles pudo tener lugar el drama de la caída original. Si no hubiera manzanos, dejaría de lado la leyenda vasca. Pero hay manzanos; eso corta cualquier duda". Llega a San Sebastián para ver desfilar a la reina y describe a la guardia de los **Miqueletes**: "Es la milicia voluntaria de las provincias vascas, un batallón de los ejércitos de antaño que ha sobrevivido a las revoluciones y que se recluta en los montes a la antigua usanza".

1887 – FRANCE:

"Lanzo dos céntimos a una niña que, lejos de recogerlos, se refugia junto a su madre: 'Los vascos no son mendigos', dice orgullosa".

1887 – HECTOR FRANCE

Escritor francés (1837-1908). En 1887 comienza un viaje que le lleva por tierras peninsulares y que reproduce en 1888 en su libro *Sac au dos à travers l'Espagne* (*De mochilero por España*). Su primera impresión del País Vasco es ambivalente: "A lo largo del accidentado camino atravesamos un paisaje maravilloso. [...] Las escasas casas, dispersas aquí y allá, tienen un aspecto pobre y ruinoso, uno de los rasgos característicos de las fincas y pueblos españoles". "Lanzo dos céntimos a una niña que, lejos de recogerlos, se refugia junto a su madre: 'Los vascos no son mendigos', dice orgullosa". La razón de este deterioro material la tiene clara: "Ruinas por todas partes. Vizcaya está llena de ellas. La guerra civil hizo estragos allí. [...] Durante cien años ha corroído al país como una fiebre periódica". Visita Pasaia, Donostia, Loiola y Altsasu para ascender la Sierra de Urbasa y hospedarse en el **Palacio de Urbasa**: "¡Palacio! fue el pomposo nombre con el que se decoró esta destartalada casa de campo", critica. "De hecho, este palacio es una especie de mansión al estilo de las de Argelia, flanqueado por cuatro baluartes cubiertos y que debió de resistir, en la época de las guerras civiles, más de un asalto, puesto que como un viejo requeté muestra, en su miseria, gloriosas cicatrices". Termina en Estella, donde da un repaso a la ciudad vieja y a sus iglesias y sus monumentos.

1887 – MONTEIRO,
sobre la mitología:

"A la luz de su inteligencia modesta pero práctica, han logrado consolidar con admirable armonía los elementos de una ley sabia que quizá no tenga igual en todo el mundo".

1887 – MARIANA MONTEIRO

Apenas hay datos de esta mujer que tradujo al inglés alguna obra de Juan Eugenio Hartzenbusch, el autor del drama *Los amantes de Teruel*. En 1887 publicó un libro de título *Legends And Popular Tales Of The Basque People* (**Leyendas** *y cuentos populares del pueblo vasco*), con ilustraciones de H. Copping. Reúne trece cuentos de 20 o 30 páginas cada uno y de todas las provincias, que incorporan a algunos de los personajes más reconocidos de la **mitología** vasca, como el Jaun Zuria o la Lamia. Monteiro señala en la introducción que estas tradiciones constituyen "*the archives of the people*", "el tesoro de su sabiduría y de sus creencias; el registro de la vida de sus ancestros, los hitos de la grandeza de la historia pretérita". En medio de la vorágine que agita Europa en forma de cambios radicales e imperios que se desmoronan, los vascos, dice, "han sabido salir indemnes de entre las muchas tormentas de devastación, preservando intactas su nacionalidad, instituciones, leyes, idioma y costumbres. [...] A la luz de su inteligencia modesta pero práctica, han logrado consolidar con admirable armonía los elementos de una ley sabia que quizá no tenga igual en todo el mundo". La etnóloga añade que las creencias antiguas surgieron de la fe o de algún sentimiento moral de tal manera que, "tras sus ficciones groseras, brillaba una gran verdad o una virtud profundamente arraigada".

Concluye Monteiro que las leyendas contienen alguna enseñanza moral o provocan una emoción saludable: "En las tradiciones que se han preservado siempre se descubre en su origen o un principio moral o el sacrosanto culto del hogar paterno o el amor apasionado por las montañas. Son los tres sentimientos humanos más grandes y más puros: el amor a Dios, el amor al hogar y el amor al país; las mismas tres virtudes que los romanos habían admirado en los vascos hace dos mil años". Para ella estas tradiciones históricas de un pueblo *sui generis*, "que además posee una lengua a la vez magnífica, original y similar a ninguna otra, una brillante imaginación poética, enardecida por un amor a sus montañas que raya en la idolatría, una fe religiosa profundamente arraigada, sencillos hábitos patriarcales, un progreso extraordinario, indudables virtudes y una administración admirable digna de ser imitada, estoy segura que debe servir de interés al público inglés". Al final del libro presenta un glosario de unas cien palabras (*Irrinzi*, *Tejo*, *Otsondo*...), donde explica algunos de los nombres que aparecen en el libro.

1887 – BRAMBACH:

"Ya desde la primera impresión, advertimos que los cantos y bailes vascos no tienen nada en común con los antiguos y medievales que conocemos por las tradiciones griegas, romanas y eclesiásticas".

1887 – WILHELM BRAMBACH

Filólogo y musicólogo alemán (1841-1932). Fue un licenciado en Filología Clásica y musicólogo que publicó en la revista *Euskara* de Berlín un artículo sobre la **música** vasca: *Ueber baskische Musik*. En él hace un análisis de la colección de melodías vascas publicadas por Juan Ignacio de **Iztueta** en 1826: "Ya desde la primera impresión, advertimos que los cantos y bailes vascos no tienen nada en común con los antiguos y medievales que conocemos por las tradiciones griegas, romanas y eclesiásticas y por los manuscritos de la Europa medieval. De manera que si la música de los vascos se remonta, en su origen, a una lejana antigüedad, está enraizada en unas circunstancias previas completamente diferentes al resto del arte musical occidental". "Incluso el comparativamente corto '**Saut Basque**', que F. Michel [1837] describe como la más importante y popular expresión de la música vasca, es muy peculiar en su estructura y tanto más llamativo cuanto más simple es".

1888 – GEORG GERLAND

Geógrafo y geofísico alemán (1833-1919). En el capítulo A *Die vorromanischen Volkssprachen* (*Lenguas de los pueblos prerromanos*) del libro *Grundriss der romanischen Philologie*, editado por G. Gröber en 1888, Gerland publica un apartado (con una amplia bibliografía) de 20 páginas sobre vascos e **iberos**: *Die Basken und die Iberer*. Explica que los *euskaldunac*, que hablan una lengua llamada *euskara*, son de aspecto bastante "más claro que sus vecinos franceses, siempre muestran un enrojecimiento de las mejillas, no raramente una tez rosada de la piel y sus mujeres son famosas en algunas zonas debido a su color de piel particularmente claro". Después de enumerar una serie de particularidades referentes a su aspecto físico, su indumentaria, su carácter, sus oficios y algunos elementos de su cultura tradicional, como las pastorales, los improvisadores y la literatura popular, concluye que "los vascos no parecen ser un pueblo particularmente misterioso, sino más bien un pueblo que es todavía, en muchos aspectos, bastante antiguo, y en especial el carácter de sus gentes, que muestra muchas características de los pueblos primitivos, incluyendo los que todavía a día de hoy están vivos". Le quita la razón a Vinson (1866) cuando este rechaza la singularidad de los vascos y "no quiere ver en ellos el remanente de una antigua raza poderosa y civilizada que una vez hubiera cubierto toda Europa con sus colonias, no creyendo capaz de tal fuerza expansiva a un pueblo inculto y salvaje". Para Gerland, sin embargo, "las razas salvajes tienen un tremendo poder expansivo; y los vascos son, en cualquier caso, el remanente de una tribu de gran antigüedad que una vez estuvo más extendida. Esto es evidente por todo lo que se ha dicho hasta ahora; también es evidente por su lengua, la más original, extraña e incluso enigmática propiedad de los vascos". Realiza, entonces, una pequeña síntesis de las peculiaridades del idioma, de su sistema fonético, similar al del sur de Francia, de sus influencias sintácticas y de la etimología de sus palabras. Pero "¿de dónde vienen?", se pregunta. Y concluye diciendo que los vascos forman una unidad étnico-lingüística con los iberos, ya que, si los iberos hubieran sido un grupo de pueblos heterogéneos, este hecho habría quedado plasmado hoy en la evolución de la población peninsular. Algo de lo que no hay ningún indicio ("*Davon ist keine Spur*"): "La diferencia entre las antiguas tribus vascas [*altbaskische Stämme*] no eran grandes". "Por tanto, debemos considerar a los vascos como descendientes de una parte de los iberos. [...] Los **pueblos vascoibéricos** son el fundamento desde el que, bajo una esencial influencia romana, han evolucionado el pueblo español y un buen número de tribus del sur de Francia". "Hasta el día de hoy, el destino de España ha estado determinado, en gran medida, por estos rasgos vascoibéricos del carácter del pueblo español ["*dass die Geschicke Spaniens bis jetzt wesentlich durch diese ibero-baskischen Grundzüge des Charakters der hispanischen Völker eingeleitet sind*]".

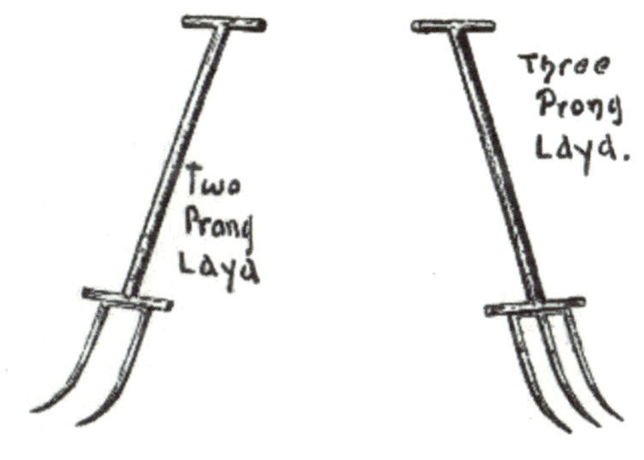

1888 – Liberty. Layas.

1888 – ARTHUR LASENBY LIBERTY Y EMMA LOUISE LIBERTY

Comerciantes, viajeros, escritores e ilustradores ingleses (1843-1917), (1845-1920). Son los fundadores de la tienda Liberty&Code Londres. En 1888 Arthur escribió un libro sobre el rey **Enrique de Navarra** y en 1901 ambos editaron *Springtime in the basque mountains* (*Primavera en las montañas vascas*), donde cuentan (mediante las cartas que mandaban a su familia) el viaje que hicieron por Iparralde y por Navarra en 1897. Una pareja de americanos con suficiente sensibilidad como para apreciar que en **Biarritz** pasaron junto a "importantes villas situadas dentro de amplios terrenos, muchas de ellas edificios bastante imponentes; pero aquellas que no eran simplemente sencillas y sin interés eran pretenciosas o, por el contrario, estúpidamente excéntricas en su diseño". Comentan que el reino de Navarra sirvió a los vascos en su momento para aislarse de otros invasores, lo que les ha servido para mantener su independencia hasta el día de hoy: "*At one period the formation of the once powerful Pyrenean kingdom of Navarre was a means by which one important group of the Basques maintained their isolation from other races. But apart from this there has always existed, and still exists, in the North-West of Spain three independent Basque Provinces, Guipuzcoa, Alava, and Bizcaya, administered under their own primueval laws*". Realizan innumerables excursiones por los alrededores de los pueblos en los que se alojan. Nos cuentan de la pelota, de los mercados, de la iglesia de **Ainhoa** y del caserío de **Elizondo**. Les sorprenden las layas y las herraduras de los bueyes (*ox-shoe*). En su aproximación a **Iruñea** comentan que en su momento fue la capital de un potente reino "*of the Basque monarchy of Navarre*" y que parecía que "había sido extraída de la roca en la que se encontraba y la roca y la ciudad presentaban una perfecta armonía de colores". La entrada por el Portal de Francia, con sus correspondientes centinelas, les produce una gran impresión. Se alojan en el hotel La Perla. Al salir les rodean una manada de mocosos, que al principio mantienen las distancias y luego, cogiendo más confianza, les empiezan primero a manosear, luego a empujar y, al final, a lanzar piedras. Una pareja de oficiales tienen que venir al rescate y acompañarlos como guardaespaldas en su paseo. Visitan la catedral y se quedan con las ganas de asistir a una corrida de toros que consideran una barbaridad, pero añaden: "Confieso con vergüenza que me poseían unas ganas mórbidas de presenciarla". Ven a un grupo de chavales jugando a la pelota y contemplan con curiosidad a las lavanderas del Arga. La cantidad de sábanas colgadas al sol era tal que se preguntan: "¿Hacen la colada para toda España?". Desde Iruñea se dirigen hacia **Agoitz**, donde "nadie hablaba más que vasco o español", y **Auritz**, que analizan con detenimiento durante más de treinta páginas. Muchas de las ilustraciones están realizadas por Emma Louise.

1888 – GABRIEL DE SAINT-VICTOR

En 1889 publica *Espagne. Souvenirs et impressions de voyage*, el relato de un viaje realizado en año anterior por España que, en su final, le acerca hasta Euskal Herria. Llega a **Gasteiz**, "*une des plus jolies villes de l'Espagne*". "La ubicación es hermosa, el paisaje es verde y fresco". Se dirige hacia **Salvatierra** que tiene "el aspecto de una gran ciudad y no es más que una gran fortaleza". Llega a la "encantadora" villa de **Azkoitia** y desde allí coge un coche que le lleva hasta **Loiola**: "Se afirma que el monasterio de Loyola representa el águila de la Casa de Austria, con las alas desplegadas". Pasa entonces a describirlo: "El monasterio está hecho de mármol de las canteras cercanas, que se extrae al aire libre en las laderas del monte Izarraiz. Tres escaleras, de grandiosas dimensiones, una en la fachada y dos en los laterales, custodiadas por leones que el tiempo ha ennegrecido, dan acceso al peristilo de la iglesia...". Desde el tren va observando el paisaje de Gipuzkoa y le sorprende la manera en que los labradores guipuzcoanos remueven la tierra en lugares inaccesibles para los bueyes con sus arados, anotando una buena descripción de la labor: "Estos bravos campesinos vascos se agrupan en familias enteras para cavar los surcos, uniendo sus esfuerzos y fundiendo sus sudores. El instrumento que utilizan está formado por dos varillas de hierro cuadrangulares, unidas en la parte superior por otra varilla transversal del mismo metal: tiene un doble mango de madera, grande y corto, que sirve alternativamente de asa, soporte y palanca. Alineados en fila, codo con codo, hombres, mujeres, niños, levantan este instrumento, '**La Laya**', con los dos brazos y lo hincan con fuerza en el suelo...".

1888 – JOHN READE

Periodista, ensayista y poeta canadiense de origen irlandés (1837-1919). En 1888 publicó en la revista *Transactions of the Royal Society of Canada* una reseña de quince páginas sobre los vascos en **Norteamérica**, *The Basques in North America*. Reade nos advierte de que ya desde el siglo XV se ha venido llamando a las islas atlánticas no muy lejanas a Terranova *Stokafisca*, una variante de *Stockfisch*, tal y como se le llama al bacalao en las lenguas anglosajonas. Algunas de estas islas también recibían el nombre de *Baccalaos*: "Lo más curioso de esta última palabra es que es la voz común de los vascos para 'cod' [bacalao]". Nos remite a los antiguos manuscritos de Lescarbot (1609), Lalemant (1627) y Cartier (1534) y a un antiguo manuscrito conservado por el Gobierno de Quebec en su *Collection de Manuscrits* (Anónimo canadiense, 1690), donde se apunta que cuando el veneciano Sebastian Cabot llegó a las costas de Terranova en 1497 había encontrado el nombre de la voz vasca *bacallaos*: "*should have found there the name Bacallaos, which in the Basque language signifies cod-fish*". Para el siglo XVI, comenta Reade, los vascos estaban ya plenamente instalados en aquellas costas. Menciona sobre todo a Vinson (1866), que rechaza la identificación de los vascos con los iberos y niega la autenticidad de tradiciones como la covada y el *Canto de Lelo* y la relación del euskera con las lenguas amerindias. Comenta, para acabar, que se necesitan más estudios para confirmar esas relaciones.

1888 – CHRISTIANUS CORNELIUS UHLENBECK

Lingüista y antropólogo holandés (1866-1951). Fue un experto en Sánscrito y lenguas indogermánicas y amerindias, reconocido como miembro de honor de Euskaltzaindia por su larga trayectoria como **vascófilo**. Quiso realizar su disertación del doctorado de 1888 sobre la lengua vasca, pero se encontró con el rechazo de sus profesores, dado el poco interés que se mostraba sobre el tema en los círculos académicos. Se centró, sobre todo, en el estudio de la sufijación y la fonética comparada de los dialectos del *Eskuara*, como él lo llamaba. En lo esencial se muestra partidario de las tesis vascoiberistas de Schuchardt (1884), y contrario a la teoría de Winkler (1903) sobre su relación con las lenguas caucásicas: "El vasco presenta hermosos puntos de analogía con el ario al cual por otra parte no le une parentesco alguno".

1889 – Sorolla. *Tipo de Roncal,* 1912.

1889– JOAQUÍN SOROLLA

Pintor valenciano (1863-1926). Después de recibir una beca para estudiar en París y Roma, Sorolla llegó a San Sebastián en 1889, donde estableció el primer contacto con la escena y el paisanaje vasco. A la plasticidad que le ofrecía la luz de la costa y la montaña vasca se unió el hecho de que, por aquel entonces, algunas de las villas costeras se hubieran convertido, ya desde hacía años, en residencia estival habitual de las cortes europeas. Sorolla quiso aprovechar así la oportunidad que le daba de poder encontrar clientes. En 1906 se instaló en Biarritz y Donostia (en la Villa Sorolla, en la falda del Monte Igueldo) para pintar una serie de **cuadros** como *El borracho, Zarauz; Asando sardinas, Zarauz; Bebedor de sidra, Lequeitio; Muchachas en San Sebastián; Guipúzcoa: Los bolos* y una serie de pinturas sobre el valle del Roncal realizadas en 1912: *Navarra: El concejo del Roncal* y varios cuadros firmados como *Tipo de Roncal*.

1889 – MARIE-HENRI D'ARBOIS DE JUBAINVILLE

Historiador y celtólogo francés (1827-1910). Abrió una nueva perspectiva al considerar que determinadas series toponímicas que estudió a fondo (*-usco*, *-asco*, *-asca*) y que influenciaron a estudiosos como Schulten (1926) pertenecían a una población ligur extendida por el mediterráneo que había conquistado los territorios a los iberos de los cuales descienden los vascos. En la segunda edición de su libro de 1889 *Les Premiers Habitants d'Europe* dedica un artículo a los **iberos** (Libro I, capítulo II, apartado 14): "La raza indoeuropea de liguses, ligures o sicules había conquistado parte de Italia a los íberos, y sus ejércitos victoriosos pronto amenazarían a los grandes reyes de Egipto incluso en las orillas del Nilo. Después de África e Italia, los iberos, gradualmente domeñados por la creciente marea de la invasión indoeuropea, iban a perder sucesivamente sus posesiones europeas; en la misma Europa, después de su soberanía, su **lengua** ha desaparecido de todas partes, excepto del pequeño País Vasco; quedan algunos restos lingüísticos de una raza vencida, pero una vez poderosa, que parece haber dominado una vez gran parte de Europa occidental e incluso quizás África". Descarta, además, la derivación del etnónimo *ligures* desde el vasco *iria*, ciudad, y *gora*, alto. La ortografía arcaica *liguses* lo desmiente y "para explicar la primera sílaba de ligures o ligus por ilia, debemos eliminar la i inicial de ilia; y esta osadía no está justificada por ninguno de los ejemplos recogidos por Guillermo de Humboldt", afirma.

1889 – FREDERICK ALBION OBER

Naturalista y escritor estadounidense (1849-1913). Realizó un viaje a España que dejó plasmado en *The Knockabout Club in Spain*. Lo primero que le sorprende al entrar por Irun es el lío de nombres que utilizan para las monedas: pesetas, reales, céntimos, duros, escudos, cuartos, cuartillas y perras gordas. Aunque se encuentra, dice, en esa porción española del país conocida por "*the Basque region*", que alberga a los descendientes de los más primitivos moradores de *Hispania*, "*an unconquered race*": "En medio de la moda y el bullicio de los visitantes de Francia y Madrid, este pueblo conserva sus formas sencillas, sus usos y juegos ancestrales. El juego que más les apasiona es el llamado 'juego de **pelota'**, una especie de cancha del cinco [*five-court*], para el cual tienen un excelente campo de juego junto al centro de la ciudad". Dice que los vascos aúnan caracteres de marinos y montañeses: "*With the Bay of Biscay at their back and the Pyrenees on their flank, the Basques combine the characteristics of the hardy followers of the sea and the sturdy mountaineers*". En **Donostia** el camino hasta el pie del castillo le parece "uno de los paseos más bonitos del mundo, primero a través del casco viejo a lo largo de la ladera, luego por encima de la dársena del puerto y a través de un bosque de finos árboles, finalmente por las pendientes ventosas del mar, con la vista de la hermosa bahía debajo y la gloriosa superficie del océano más allá". En **Pasaia**, por el contrario, observa que "la gente es primitiva, casi arcaica, en sus costumbres y hábitos". Dentro de la iglesia describe el montón de velas (las conocidas como ***argizaiolak***) dispuestas por el suelo: "Vimos el piso cubierto de candelas de cera en rollos, cada candela enrollada alrededor de una pequeña tableta apoyada sobre unas patitas, y donde las cien candelas que sobresalían parecían las cabezas de tantas serpientes enrolladas".

1889 – CLAUSSE:

*"Ya no es España, es otro país,
otra nación, otro tipo de carácter
muy acusado".*

1889 – GUSTAVE CLAUSSE

Arquitecto e historiador del arte francés (1833-1914). En 1889 inicia un viaje por la península (*Espagne, Portugal. Notes historiques et artistiques sur les villes principales de la Péninsule Ibérique*) que le trae hasta Euskal Herria en su último capítulo, el X: "Luego nos adentramos en los encantadores valles del País Vasco, verdes, risueños, salpicados de villas, pueblos y fábricas encajonadas a lo largo de innumerables ríos. Ya no es España, es otro país, otra nación, otro tipo de carácter muy acusado [*Ce n'est plus l'Espagne, c'est un autre pays, une autre nation, un autre type très accusé*]. [...] Para retener a estos montañeses, siempre algo revoltosos, el gobierno español ha tenido que crear un cuerpo especial de tropas reclutadas en el antiguo reino de Asturias y ataviar a sus carabineros con la boina nacional". Se detiene en **Hernani**, "teatro de recientes combates", en el portal de cuya iglesia, dice, aún se aprecian los impactos de las balas de los cañones. Son vísperas de Todos los Santos: "Las mujeres vestidas de negro estaban acuclilladas en el suelo, rodeadas de serpentinas de cera amarilla que ardían con un olor acre y desagradable; los hombres estaban de pie en el coro, con las chaquetas sobre los hombros, cantando a la luz de esas miles de velas". A pesar del parecido que muestran Hernani y **Hondarribia**, "misma calle principal que desemboca en la plaza de la iglesia, mismos palacios decorados con grandes escudos, mismos techos salientes, sostenidos por cornisas estructurales. [...] Han vivido las mismas vicisitudes y soportado los mismos sufrimientos", comenta que, si Hernani todavía está habitada, Hondarribia no es más que "una ruina totalmente desértica".

1889 – GUSTAVE GUICHES

Novelista y dramaturgo francés (1860-1935). En 1893 publica en la revista *La Revue Hebdomadaire* un artículo de nombre *Au Pays Basque*, firmado en 1889. En **Baiona** observa cómo "en una calle abarrotada, muchos transeúntes se dirigen a una 'tienda de vinos' conocida por todos los bayoneses como el 'Peau de Bouc'. Trabajadores del puerto, vascos y navarros, todos con la boina nacional, se agolpaban alrededor de las mesas, fumando cigarrillos y pipas cuyos vapores se espesaban en la noche de la taberna. Ni alboroto ni gritos patrióticos. La mayoría de ellos juegan al '**mus**' o al 'monte' con cartas grasientas en las que el corazón se sustituye por la 'copa', el trébol por el 'bastón', el diamante por la 'rosa' y la pica por la 'espada'". "Los pueblos del País Vasco esparcen sus caseríos por los campos. Se acomodan como la brisa, a voluntad de los amos y de la tierra, encaramados en lo alto de los cerros, enclavados en el lecho de los valles, amenizando la llanura, todos separados entre sí por campos de alfalfa o plantaciones de maíz". Durante una cena escucha en la mesa de al lado cómo alguien alaba "el temperamento aventurero de los vascos, su apego a la fe monárquica y religiosa: 'los vascos, comenta, hacen la guerra por la guerra. No quieren el advenimiento de un rey que disminuya su **independencia**. Quieren la república para ellos y la monarquía absoluta para el resto de España'". Observa cómo en la lonja de pescado "ardientes disputas comienzan con el apasionante tintineo de la lengua vasca. Voces, nombres: ¡Mayder! ¡Ganortio! ¡Magnagna! [*sic*], objeciones y atestados colisionan en un estruendo desconcertante. Un comerciante agarra una merluza entre los brazos, la abraza tiernamente y la besa de lleno en los labios para protestar contra el comprador que cuestionó la frescura del pescado".

Recorre Getaria, Donibane Lohizune, Urruña y Sara, y nos va introduciendo, a través del paisaje y la tradición que se plasma en sus boinas y makilas, en su *irrincin*, en el *euskara* y los nombres de los caseríos, en la arquitectura de las iglesias y el *trinquet*. Nos ofrece Guiches, además, una valiosa información sobre los **bertsolaris**. En Sara ha sido una mujer navarra la que ha ganado un concurso: "Se trata de Sara, la Atenas del país vasco, donde las tradiciones se conservan en su vigor original. Los festejos están en su tercer día. La víspera, en una sesión solemne, se celebró el concurso de improvisación, cuyo premio recayó en una joven de las provincias de Navarra, encargada de defender la rueca y de enfrentarse a un habitante de Sara que hacía apología de la makila".

1889 – HOUSTON STEWART CHAMBERLAIN

Pensador británico (1855-1927). Se casó con la hija de Wagner y se nacionalizó alemán, posicionándose a favor de las teorías pangermanistas precursoras del nazismo. En un momento en el que los jesuitas habían sido expulsados de Alemania, en 1889, publicó su obra *Grundlagen des XIX Jahrhunderts*, en la que asegura, refiriéndose a **San Ignacio de Loyola**: "La lucha contra lo germano tomó cuerpo en uno de los hombres más extraordinarios de la Historia. [...] Es necesario contemplar al enemigo en forma tal que merezca respeto. [...] Este hombre era un vasco, no es solo que naciera en la genuina región vasca de España, sino que además aseguran sus biógrafos que era de la aislada y pura raza vasca, es decir, que pertenecía a una raza humana que no solo no es indogermánica, sino que tampoco tiene parenteso alguno con el grupo indoeuropeo en general. [...] Casi se podría decir que la extraña raza vasca cazada, expulsada, perseguida por los indoeuropeos en su avance, se ha querido vengar por medio de Ignacio de sus vencedores". El temor que siente por los jesuitas como enemigos de su cultura queda patente en su obra *Arische Weltanschauung*, en la que presenta a Ignacio de Loyola, *el vasco*, como un enémigo mil veces más peligroso que el judío. "*Ignatius von Loyola, der Baske, das Kind und der Typus dieser geborenen Feinde unserer Kultur, ist ihr tausendmal gefährlicher als der Jude*".

1889 – LAWSON:

"Europa no tiene nada que se pueda comparar ni en magnitud ni en valor con los yacimientos de hierro de hematita de Bilbao".

1889 – WILLIAM RAMAGE LAWSON

Periodista, economista y escritor británico (1840-1922). Conocido como W. R. Lawson, es el autor de una guía descriptiva, industrial y financiera de la España contemporánea, *Spain of to-day. A descriptive, industrial, and financial survey of the peninsula, with a full account of the Rio Tinto Mines*, publicada en 1890. En el capítulo I relata cómo llega a Euskal Herria por Iparralde en pleno verano de 1889. Explica que Donibane Lohizune, Hendaia y otras ciudades fronterizas, "que solían ser bastiones de los carlistas, parecen haberse retirado del negocio revolucionario. Han pasado página y encuentran mucho más rentable el cultivo de la madera que la política". Atraviesa de pasada Gipuzkoa y llega a **Bilbo**. La primera impresión que le da la ciudad evidencia su vena economista: "No hay más que un Río Tinto en el mundo; las rápidas minas de plata de Almadén son casi igualmente únicas y Europa no tiene nada que se pueda comparar ni en magnitud ni en valor con los yacimientos de hierro de hematita de Bilbao". Aporta datos exactos de las exportaciones de los últimos años a los diferentes países. Continúa diciendo que los yacimientos de hierro de **Somorrostro** se distinguen por su densidad: "Forman enormes cuencas o canteras en los lechos primitivos de piedra caliza. Algunos de ellos se trabajan como 'moldes abiertos', a la manera del principal yacimiento de Río Tinto. Otros solo necesitan ser extraídos de la falda de la colina". "Parece tener todo lo que una comunidad puede desear, tanto en distinción política como en prosperidad comercial. [...] Bilbao, en la vertiente atlántica de la Península, y Barcelona, en la vertiente mediterránea, son las antípodas la una de la otra: la una es una cama caliente del republicanismo y la otra un baluarte del conservadurismo y la lealtad". Se refiere esta última a Bilbao, claro.

1890 – PÉREZ NIEVA:

"La clave del enigma no es ningún misterio; es sencillamente que San Sebastián tiene un Ayuntamiento de verdad, que administra y se interesa por sus vecinos".

1890 – ALFONSO PÉREZ NIEVA

Periodista, escritor y político español (1859-1931). La colección *Biblioteca de viajes* presenta en 1890 un largo artículo de Pérez Nieva titulado *Playas y cíclopes (Notas de viaje)*. Con un lenguaje bastante pomposo, el autor nos adentra, por encima de todo, en los refinamientos del ambiente estival que se vive en **Donostia**: "Imagínese ahora en este escenario todo el Madrid de la Carrera de San Jerónimo y de la acera de las Calatravas; una muchedumbre vestida por Worth, Beçanson y Padrós". Describe las figuras típicas de un día de playa: paseantes de punta en blanco, el mirón de playa que dispone de su propia caseta, los niños "con su rostro de mazorca tostada", la reina custodiada por cuatro o cinco miqueletes de boina roja y el quiosco que resbala como una vagoneta para acercarla al agua. "San Sebastián es acaso la capital más cuidada y limpia que se conoce; en balcones y ventanas no se ve ropa colgada nunca; en el piso no se encuentra jamás ninguna inmundicia, ni por casualidad surge un menesteroso al paso; en toda la ciudad se observa una pulcritud suprema. La clave del enigma no es ningún misterio; es sencillamente que San Sebastián tiene un Ayuntamiento de verdad, que administra y se interesa por sus vecinos...". Menciona el casino con sus salones de juego y tertulias, criados de librea y calzón corto, conciertos de música clásica, corridas de toros hasta donde se arriman los franceses para "ver matar toros de verdad, sin simular tan solo las suertes", el ***Jai-Alai*** donde la vulgar pared es cosa del pasado y "hoy cuentan con un edificio exprofeso", donde el pelotarismo cuenta con su "pecado original" que es la apuesta. Nos describe la crónica del ritmo lánguido que tenían que soportar aquellos veraneantes en su día a día: "Hora de levantarse, las diez. Al baño; primer traje, un rato de 'tijera' en la playa entre las lenguas puras; vueltecita por la alameda. La una: á comer; siesta: sí es tarde de partido á los pelotaris, sino al boulevard y alguna vez que otra en tranvía á Rentería ó Pasajes, por supuesto con segunda toilette. Las cinco: á merendar. Las ocho: cena, tercer vestido; paseo por la acera de la Marina, teatro y casino".

Visita también **Loiola** antes de embarcarse en tren para **Bilbo**: "El ferrocarril central de Vizcaya es una obra arriesgada, atrevidísima, pero no monstruosa; hay posibilidad, pero no probabilidad de estrellarse", afirma. Describe a Bilbao como "una población rica, adinerada, espléndida, trabajadora, de recursos propios, que no necesita para nada del veraneo". De los aldeanos bizkaitarras y gipuzkoarras señala que "ambos tienen por nota típica de su temperamento la seriedad. Se ríen, porque la risa es facultad del hombre, sin la que resulta imposible la vida; pero se ríen á su manera, sin escándalo, sin ruido, silenciosamente, con una parquedad extraña. Celebran el chiste y lo desechan con cierta displicencia inglesa. [...] El eúskaro habla poco, lo necesario para presar su pensamiento. De aquí que parezca adusto, cuando en realidad sólo es grave". El guipuzcoano "más apegado á la tradición, no gusta de hablar sino en su idioma nativo y no dominando el castellano, repugna el expresarse en esta lengua, mientras que al vizcaíno le acontece lo contrario punto por punto". A pesar del continuo contacto con los naturales de las demás provincias "es una manifestación, acaso involuntaria, del bravio amor á la independencia que caracteriza á la altiva raza". Nos deja también la sensación que le produce visitar la gran fábrica La Vizcaya y una detallada descripción de ella: "Yo no sé que exista en la tierra espectáculo alguno que despierte esta hondísima impresión de asombro que se queda indeleble en el espíritu, después de haber contemplado una gran fábrica metalúrgica".

1890 – ÉTIENNE Y LOUIS ANTONIN NEURDEIN

Fotógrafos franceses (1832-1918 y 1846-1914). Descendientes de un **fotógrafo** pionero, los hermanos Neurdein desarrollaron un trabajo que abarcaría toda la geografía francesa y son considerados como dos de los mejores fotógrafos del siglo XIX. Son muchas las imágenes costumbristas que poseen de Iparralde y de la zona fronteriza guipuzcoana: el alarde de Hondarribia, lavanderas en el Urumea, mujeres volviendo del mercado en sus burros, alpargateros, pelotaris o un tiro de bueyes acarreando arena de una playa en el año 1909. En el libro del alemán Otto Stoll (1890) sale la imagen de una joven aguadera vasca realizada por ellos. En la imagen se muestra una estampa de Lezo sin fecha concreta.

1890 – Neurdein. Lezo y Santuario.

1890 – VICTOR STEMPF

Comerciante y lingüista alemán (1841-1909). Stempf fue un comerciante que se instaló en Burdeos y que dedicó sus ratos de ocio a profundizar en el estudio de la lengua vasca. Vascófilo esforzado, colaboró con la revista *Euskara* de Berlín, editó a clásicos como Etchepare, Oihenart e Iztueta y a Bernard D'etchepare lo tradujo al alemán. Fue el primer editor, junto con Vinson, de una pastoral vasca: Saint-Julien d'Antioche (1891). Teórico del **vascoiberismo**, anduvo también empeñado en descifrar las inscripciones ibéricas por medio del euskera. Fue uno de los primeros que mantuvo la pasividad del verbo vasco. A su muerte traspasó toda su biblioteca a su amigo Julio de Urquijo.

1890 – Stoll: *"El estatus de la actual mujer vizcaína no está de ninguna manera supeditado, sino que tiene tanto que mandar como el hombre, si no más".* La foto *Joven vasca con cántaro de agua* de su libro pertenece a la colección de los fotógrafos franceses Hermanos Neurdein (1890).

1890 – OTTO STOLL

Médico, lingüista y etnólogo suizo (1849-1922). Director del Museo de Antropología de Zúrich, Stoll fue un reconocido experto por sus trabajos sobre la sugestión y el hipnotismo en la psicología de los pueblos. En la publicación semanal sobre etnología y antropología editada por Karl von den Steinen, *Das Ausland. Wochenschrift für Erd- und Völkerkunde*, aparece en 1890, a partir del número 35, una serie de artículos firmados por Stoll: *Zur Kenntnis der heutigen Basken* (*Anotaciones sobre los vascos actuales*). Comenta Stoll que el interés por el pueblo vasco radica tanto en el aspecto lingüístico como en el antropológico y etnológico, afirmando que "caracterizan a una población conservadora, aislada por las condiciones externas y especialmente por su lengua, en la que se han conservado muchas costumbres antiguas, que en otros lugares ya sucumbieron a la influencia niveladora del moderno intercambio internacional que va en aumento". Va describiendo distintos aspectos de la cultura vasca: las diferentes especialidades de la **pelota** (*trinquet*, *al remonte*, *rebot*, *sisteras*, *laso*, *Ble*...), la importancia y distribución del caserío, el lanzamiento de barra (***barria***), los ***irrintziak***, las pastorales en las que se bailan el *saut basque*, que llaman *musikua* o ***dansa nausia***, y otros hábitos diarios. Describe a la ***laya*** como "uno de los más viejos aperos de labranza de Europa". Indica que la palabra ha sido también de uso en el idioma castellano y el trabajo que se realiza en conjunto ha dado lugar a dos dichos típicos: "Son de la misma laya" y "Eso es de otra laya". Habla de la religiosidad de los vascos, de los agotes, de los rituales funerarios y de los remedios que se utilizan contra las **brujas**, como echar sal al fuego o tirar dos piedras al mar. De las supersticiones señala: "Un sensato anciano de Zuberoa me contaba que, según su propia experiencia, la urraca trae mal agüero cuando emite su canto a nuestras espaldas, pero bueno cuando lo hace delante. [...] No pocas veces se ve a una lechuza muerta clavada en la puerta de la casa o el establo con las alas extendidas". Habla también de la costumbre vizcaína del ***Senserradia*** (¿cencerrada?), por la cual los candidatos a casarse con enviudados tenían que sufrir toda clase de burlas en forma de murgas y canciones que cantaban sin compasión. "Es seguro", continúa diciendo, "que el estatus de la actual **mujer** vizcaína no está de ninguna manera supeditado, sino que tiene tanto que mandar como el hombre, si no más". "En la escuela se imparte la clase exclusivamente en francés o en castellano y a los jóvenes se les prohíbe terminantemente conversar en vasco. Si se le pilla a un niño hablando en vasco se le deja bajo arresto a pan y agua hasta la noche". "Hasta hacía veinte años", añade, "se aplicaba el castigo del anillo...". Stoll incluso se molesta en indagar qué tiene de cierto el mito de la **covada**. El mismo Unamuno le contesta que ha leído algo sobre ello, pero que no ha oído jamás de nada parecido. Sin embargo, un anciano del campo le comenta que todo eso no es fruto más que de un malentendido: “En el campo suele ocurrir que a las noches la mujer realiza el trabajo del hombre cuando este está agotado, [...] mientras el hombre se acuesta en la cama y toma al recién nacido para ofrecerle su calor corporal”. Realiza un pequeño análisis del euskera por medio de sus números, meses y palabras de parentesco.

1890 – ISAAC TAYLOR

Filólogo y sacerdote anglicano inglés (1829-1901). Es el autor de la obra de 1890 *Origin of the Aryans*, donde propone que la Rusia europea es la patria original de los pueblos indoeuropeos, siendo los celtas los auténticos arios que habrían arianizado a los iberos. Considera a los vascos como descendientes directos de los etruscos. En el apartado IV del capítulo IV, *The Basques*, expone la opinión de que los vascos de ambos lados de la frontera no son de una sola raza, sino que los sitúa (con Broca 1863) entre la **raza dolicocéfala** de Iberia y la braquicéfala de Liguria. A pesar de que en un primer momento el sur de Francia fue habitado por la raza ibera, durante el periodo neolítico fue invadido por la raza braquicéfala: “La probabilidad es que los invasores, que eran un pueblo más poderoso y más civilizado, hubieran impuesto la lengua a la raza conquistada, en cuyo caso los vascos representarían la lengua de los ligures más que la de los iberos”. Vascos y celtíberos son, para el lingüista, una amalgama derivada de este cruce de razas. Los iberos habrían estado también extendidos por Gran Bretaña y tendrían contrastadas afinidades con los **guanches** y egipcios, pueblos hamíticos. Al contrario que Humboldt (1799), comenta que tanto Van Eys (1865) como Vinson (1866) concluyen que la lengua ibera no se explica por medio de la vasca. Se decanta por las similitudes del euskera con las **lenguas turánicas** que constata Sayce (1874): “Estas conclusiones filológicas estarían en concordancia con las evidencias arqueológicas”. Sus afinidades están, por lo tanto, “con el grupo finés de lenguas, representadas por los antiguos habitantes braquicéfalos del centro de Europa”. El euskera sería por tanto una lengua aria.

1891 – Hauser y Menet. *Guernicaco arbola.*

1891 – OSCAR HAUSER Y ADOLFO MENET

Pareja de artistas suizos que constituyeron en Madrid una imprenta de artes gráficas de reconocido éxito, y legaron una serie de colecciones de fotos que se guardan en diferentes instituciones internacionales. Se les consideraba la mejor imprenta en **fototipia**, un procedimiento de impresión que ofrecía gran calidad de imagen. En 1891 realizan una de las mejores fotografías que se hicieron del árbol de Gernika en el siglo XIX. En 1899 publican el álbum *España Ilustrada*, con 200 fotografías de toda la geografía peninsular, donde aparecen fotos del puente del ayuntamiento de Bilbao, los Altos Hornos de Vizcaya, vistas generales de Eibar,

Pasaia, etc. Publicaron también una postal dibujada de título *El Aurresku*, del año 1900.

1891 – HILL JAMES:

"El auténtico vasco es un tipo incondicional, independiente, varonil y trabajador, digno de admiración. No me puedo imaginar un estudio más fascinante que el del origen e Historia, población y costumbres, de este pueblo primitivo e interesante".

1891 – WILLIAM HILL JAMES

Escritor inglés. En 1892 publica *A tandem-trip in Spain. From Biarritz, through the Basque provinces*, la experiencia del viaje junto a un amigo que le trajo hasta Euskal Herria, que recorrió en el mes de abril de 1891. Su primera parada es en **Zarautz**, repleta de hermosas villas. La posada está construida sobre el establo, algo bastante común para el norte de España. La señora, cuenta, "estaba muy orgullosa de su chimenea en el cuarto de arriba que servía de comedor, ya que en España son escasas y solo vimos una en todo el viaje de un mes". Y fue, precisamente, en Durango, como más tarde relata. Continúa hablando de **Azpeitia**, "una pequeña pero curiosamente amurallada villa, con cuatro portales, largas calles pavimentadas y altas casas con numerosas ventanas, de cada una de los cuales asomaba una cabeza mientras traqueteábamos sobre el pavimento". Cuenta que a finales de julio se lleva a cabo, desde todas partes de España, una *romería* o peregrinación a **Loiola** en honor al santo: "Se bailan 'Zorzicos' de manera solemne, tienen lugar corridas de toros y se juega el interesante tenis vasco ('juego de pelota')". Señala algunas variedades como el *trinquet*, *blé*, *rebot* y *chistera*. "La fonda de Artola en **Elgoibar** es lugar de encuentro de todos los *ómnibus*es del país, la comida es buena, la compañía es ordinaria, pero respetable [*rough, but respectable*], y los dormitorios limpios y ordenados". Visita allí la fábrica de acero de damasco que emplea a 80 personas. **Durango** le sorprende gratamente: "Qué pintoresca ciudad es Durango y qué lugar para un artista, con sus montañas y valles, sus rápidos arroyos y sus angostos puentes". Le llaman la atención las pinturas de la fachada de una casa en la calle mayor, con sus motivos de caza, seguramente el ayuntamiento actual. Su primera impresión de **Bilbao** es que "es una ciudad limpia, bulliciosa y de negocios": "Las minas no son minas en el sentido de la palabra, sino simples agujeros, túneles o están escarpadas en la falda de la montaña". Los vagones que sobrevuelan en las alturas para ser descargados en los barcos le recuerdan a los monos que se mecían de árbol en árbol en la India. "No hay nada de interés arquitectónico, desde la desaparición del puente del siglo XII", señala. Contempla a **Balmaseda** como una vieja y atractiva villa: "Las curiosas casas, las tortuosas calles y, sobre todo, los pintorescos viejos puentes sobre las aguas turbulentas bordeadas por gran número de casas, junto con el paisaje montañoso que la circunda, todo ello se combina para convertirse en un paraíso para el artista". El domingo a la tarde hay bailables en la plaza de Balmaseda con una flauta y un tamboril.

Elogia la actitud de los vascos en el trabajo: "Los pequeños propietarios (que son la mayoría) y los campesinos de las provincias vascas son una clase de lo más trabajadora. Sus aperos son de lo más primitivo". Le sorprende que se cultive a mano, removiendo la tierra con la *Laya*, de la que ofrece su manera de proceder y presenta un dibujo muy esquemático. Describe también la grada o landarra: "Una especie de vallado tosco, bordeado con barras de madera y algunas piedras pesadas colocadas sobre él, hace de grada, y una vez vimos una silla sujeta a la grada y a un hombre sentado en ella guiando su pareja de bueyes. [...] Los bueyes se encuentran, generalmente, en unas excelentes condiciones, y sus propietarios parecen estar muy orgullosos de ellos". "Los vascos, como raza, sin embargo, se encuentran a ambos lados de los Pirineos y hay, por consiguiente, vascofranceses, así como vascoespañoles, pero no es fácil de definir con exactitud sus límites, sobre todo en la parte francesa. Además, los vascoespañoles no están únicamente confinados a las tres provincias vascas, sino que se extienden por **Navarra**, cuya parte norte es vasca", añade. Comenta que a los niños se les obliga a atender las clases de la escuela en castellano, dado que el ***escuara*** está prohibido en ellas, bajo la amenaza del conocido castigo del anillo: "Los franceses están muy lejos de tomar la misma consideración con el vasco y su lengua como nosotros lo hacemos con nuestros amigos los galeses". Según este escritor, los vascos constituían, gracias a sus fueros, un imperio dentro de un imperio ("*Imperium in Imperio*"): "Un verdadero vasco es 'primero' un vasco y, después, un francés o un español [*A true basque is a basque 'first', a frenchman or a Spaniard afterwards*]". A falta de banderas, dice, único símbolo que les define es el *Hirur-bat*, o ***Laur-bat***, cuando se incluye a Navarra. "El auténtico vasco es un tipo incondicional, independiente, varonil y trabajador, digno de admiración. No me puedo imaginar un estudio más fascinante que el del origen e Historia, población y costumbres, de este pueblo primitivo e interesante", concluye. En 1896 publica su libro sobre la Guerra de la Independencia *Battles round Biarritz: Garris and the bridge of boats in 1814: with a sketch of the bridge, two maps and instructions as to finding the ground.*

1891 – DIX:

"Los escritores se complacen, al unísono, en difamar la lengua vasca. Su ortografía y sintaxis, sus palabras y frases, sus métodos de construcción se ridiculizan abiertamente".

1891 – EDWIN ASA DIX

Escritor estadounidense (1860-1911). Aprovechando la vuelta al mundo que dio de 1890 a 1892, pasó por Euskal Herria en 1891 dejando anotación de la excursión en su libro *A Midsummer Drive Through the Pyrenees*. Del capítulo II al VI narra su estancia entre nosotros a comienzos de verano. Llega a **Biarritz**, "demasiado moderna para ser pintoresca", a la que describe en varias páginas: "No tiene historia. [...] Vandalismo en forma de arquitectura moderna puede aquí obrar más bien que mal". "En estas pequeñas calas flotan ahora ociosas embarcaciones de recreo, brillantes de pintura y de toldos apagados, y listas para ser tripuladas por sus robustos remeros vascos". Continúa en Baiona: "Si Burdeos es el sol del comercio del suroeste francés, **Baiona** ha sido el planeta más importante, con sus ciudades y aldeas de su amplio distrito como satélites". "Como vascos [se refiere a los del extrarradio] y bayoneses estaban en una continua disputa, sus respectivas soberbias no hacían más que perpetuar el conflicto". "Los vascos abundan en la ciudad y los variados trajes que se ven muestran la influencia de esta extraña raza". "Al cubrirse el vasco, sobre todo, con su rústico saco de terciopelo, faja carmesí, calzones y medias oscuras hasta las rodillas y las sandalias o zuecos de madera que lleva en los pies, su efecto es alegre y pintoresco". Llega a **Donibane Lohizune** en plenas fiestas del patrón: "La catedral es bastante más interesante de lo que nos habíamos imaginado; es una iglesia más vasca que francesa [*it is a Basque rather than a French church*]. [...] Tres balcones de madera oscura laboriosamente tallada, recorren en tres niveles la parte alta de la nave. En ellas los bancos se reservan para los hombres". "Aunque aún estamos en la parte francesa de la frontera, está muy marcada la influencia española, mientras la vasca predomina en ambas".

Rebasa la frontera para realizar una pequeña excursión a Gipuzkoa, y comienza hablando de Donostia: "Es completamente nueva; su predecesora fue quemada cinco veces, una tras otra, la última hecha cenizas por los soldados de Wellington; y es susceptible de ser quemada de nuevo en cuanto Francia y España entren en conflicto por ella". "De las dos partes de la ciudad, la una es nacional y la otra internacional; no se unen, pero colindan soldadas por un paseo central, la 'Alameda'". "Excepto por el idioma y la ubicación, Donostia no es de España, española [*Save in language and location, San Sebastian is not of Spain, Spanish*]. Y, como en Biarritz, apenas hay reminiscencias de su antiguo pasado. Es ordenada, 'cuidada' y moderna y vive estrictamente en el presente". **Hondarribia** representa, en cambio, el lado opuesto: "La una, el centro turístico, es afirmativa y universal; la otra, la vieja, es negativa e individual". "Sin duda, Hondarribia es vieja. Tiene un verdadero tinte español y uno de verdad. Habrá que penetrar mucho en España para encontrar algo más auténtico". Indica que el castillo de Carlos V está en venta: "Recomiendo esta adquisición en Hondarribia. [...] Todos sus alrededores poseen una graciosa harmonía. [...] Es presumiblemente una ganga".

Para Dix "los vascos siguen siendo la raza extrañamente confusa que siempre han sido". Se le hace raro que el asunto sobre el origen de los vascos apenas haya avanzado desde los estudios de Humboldt. Comenta que mientras a otros pueblos se les concedieron también **fueros**, "los suyos fueron los más amplios y duraderos. [...] Los vascos tienen un sólido historial de **independencia**, que los mantiene en no poca estima, tanto ante ellos mismos como ante sus vecinos". Señala que "los escritores se complacen, al unísono, en difamar la **lengua vasca**. Su ortografía y sintaxis, sus palabras y frases, sus métodos de construcción se ridiculizan abiertamente". Dix defiende su sonoridad, aunque admite que sus flexiones son "intrincadas". Para que el lector pueda juzgar por sí mismo, transcribe completa una vieja canción vasca: "*Chorittoua, nourat houa,/ Bi hegalez airian?/ Españalat jouaiteco,/ Elhurra duc bortean...*". Menciona, además, el célebre castigo del anillo para los niños en las escuelas.

1891 – ENRIQUE DE AGUILERA Y GAMBOA

Marqués de Cerralbo, aristócrata, arqueólogo y político carlista (1845-1922). Coleccionista de arte, gracias al cual se pudo fundar el Museo Cerralbo que actualmente se contempla en Madrid, el marqués de Cerralbo fue el representante del pretendiente Carlos de Borbón en España. El día 25 de septiembre de 1891 pronuncia un discurso en la fábrica de boinas del señor Elósegui de Tolosa, donde hace una enconada defensa de los **fueros**: "Guipúzcoa no necesitó ni de letrados, ni de árbitros, ni de tutores que facilitasen su congregación con el Estado castellano; ni exigió, ni pidió siquiera al rey un documento oficial, ni un contrato con su lujo de confirmaciones, de sellos, de firmas ni de testigos; porque en Guipúzcoa sostuvieron con razón que los diplomas se rompen y perecen, y que nada hay más inalterable y seguro en la tierra que la palabra de un rey católico, porque es la firma del honor escrita sobre las puras hojas de la conciencia". El 27 de septiembre se presenta en el Círculo Carlista de Pamplona, el 28 en Estella y el 30 en Viana, pronunciando sendos discursos. La introducción de **Juan Vázquez de Mella**, político asturiano (1861-1928), que compone la mitad del libro *Viaje del Excmo. Sr. Marqués de Cerralbo por Guipúzcoa y Navarra*, resulta un panegírico sobre este ilustre personaje, al que llena de elogios y al que acompaña en el viaje que realiza desde **Tolosa** hasta **Viana**, donde pretende "resumir impresiones y ordenar aquel conjunto de recuerdos halagüeños" de su paso por "la nobilísima tierra euskara". Refiere el credo del marqués, asegurando este que "no se puede ser fuerista sin ser carlista; es decir, no se pueden defender los fueros sin ser católico y monárquico, leal y decidido defensor de la legitimidad, porque la Iglesia y la legitimidad monárquica son en cierto modo el alma de los fueros, su espíritu y lo que les sustenta y sirve de augusto pedestal". En su marcha por la Zona Media de Navarra comenta que "antes de llegar à **Puente la Reina** supimos que poco antes había estallado una colisión con **Mañeru**, por antiguos rozamientos entre estas dos poblaciones, avivadas con ocasión de los juegos de pelota". Camino de **Estella** "notábamos admirados esa progresión ascendente del entusiasmo que enardecía los corazones con más ardientes llamaradas, á medida que avanzábamos en la noble tierra de **Vasconia**".

1891 – CLAUDIO GIACOMINO

Lingüista italiano (1848-1923). Publica en 1891 *Delle relazioni tra il basco e l'antico egizio*. Pretende encontrar en el euskera un rastro palpable de las **lenguas hamíticas**, sobre todo del **egipcio**. Según comenta, sin ser un experto en lenguas hamíticas ni en el euskera, encontró, sin gran esfuerzo, medio centenar de palabras con una reminiscencia vasca. No halla, sin embargo, tantas afinidades con las lenguas caucásicas. En una crítica de Schuchardt (1884) en la revista *Literaturblatt für germanische und romanische Philologie* (1892), el insigne lingüista le echa en cara haber operado con gran cantidad de voces vascas que provienen del latín. Comenta que la osadía es fundamental para la ciencia, pero para lanzarse a la aventura de comparar dos pueblos tan lejanos se necesita tomar el triple de precauciones: *"Schritt für Schritt vorwärts gehen, feste Stellungen und verbindungen gewinnen"*.

1892 – LOUIS COLAS

Arqueólogo normando (1869-1929). En 1892, con solo 23 años, comenzó a ejercer como profesor en el liceo de Baiona. Animado por su compatriota Jullian (1902) comenzó a estudiar las **estelas** funerarias del País Vasco continental. En 1923 publica una importante obra, *La Tombe Basque*, que no pudo tener su continuación debido a la repentina muerte del autor. Del ingente trabajo que tuvo que realizar da una idea el comienzo del prólogo del libro: "Muchos de estos monumentos, y especialmente los más antiguos, están inclinados en todas direcciones y, a menudo, incluso desaparecen en gran parte en el suelo. Cientos de ellos tuvieron que ser exhumados, removidos y luego colocados para ser fotografiados. Y en muchos casos, todo este trabajo se habría desperdiciado. Los musgos que los cubren pueden eliminarse, pero no ocurre lo mismo con los líquenes de varios colores y desigualmente fotogénicos. Tuve que dibujar entonces los monumentos que tenían algún interés. Lo hice con la mayor precisión posible, traté de restablecer la línea con claridad, reproduciendo así la mayor parte del tiempo un contorno geométrico que de ninguna manera pretende dar la impresión de ruina que estas viejas piedras desprenden". La obra contiene, de este modo, cientos de ilustraciones de estelas con todos los motivos posibles. Colas, además, colaboró en la revista *Gure Herria* y fue cofundador del Museo Vasco de Baiona.

1892 – Gordón. Ballena varada en Pasai San Pedro. Los postes y la lona inducen a pensar que fue expuesta al público previo pago.

1892 – ROGELIO GORDÓN

Pintor asturiano (1860-1938). Su familia se trasladó a San Sebastián siendo él niño, por lo que Gordón desarrolló en esta misma ciudad buena parte de su carrera artística. Su obra está fundamentalmente inspirada en el paisaje vasco, evolucionando con posterioridad hacia un postimpresionismo a la manera de Sorolla (1889). En 1892 toma una fotografía de la ballena varada junto a la iglesia de Pasai San Pedro, que seguramente sería expuesta al público previo pago, como era costumbre en la época.

1892 – VICENTE CUTANDA

Pintor español (1850-1925). Casado con una navarra, este **pintor** madrileño clasificado dentro de la corriente del realismo español acabó viviendo por temporadas en el País Vasco, donde desarrolló una carrera artística que le llevó a ganar el primer premio de la Exposición Nacional de Bellas Artes de 1892 por su cuadro *Una huelga de obreros en Vizcaya*, conservado actualmente en el Museo del Prado. Otros cuadros suyos de temática social que giran alrededor de la industria floreciente de los **Altos Hornos** de

1892 – Cutanda. *Oleo Preparativos del 1º de Mayo*, de 1894, en los Altos Hornos de Barakaldo.

Barakaldo fueron: *Despido del trabajo* (1986), *Fuera de combate* (1896), *Durante el descanso* (1897), *Recuerdos del país del hierro* (1893), *Preparativos del 1º de Mayo* (1894), *Contraste* (1904) y *El pulso de los ferrones* (1921).

1893 – LUFFMAN:

"Hemos tenido desastres endémicos; como consecuencia de todo ello no disponemos de excedentes, nos encontramos en el mismo lugar que hace siglos. Es la cruda realidad" (alcalde de Valtierra).

1893 – CHARLES BOGUE LUFFMAN

Botánico, escritor e hispanista inglés (1862-1920). Fue un reconocido arquitecto de jardines que realizó varios viajes por España, que penetró por el País Vasco en 1893. En su libro *A vagabond in Spain* (1895) dedica los tres primeros capítulos a Euskadi y Navarra. Su experiencia en las posadas le resulta nefasta. En **Errenteria** la gente fuma, ronca y los dueños tienen una bronca en plena noche. Su compañero de al lado enciende varias veces el candil para buscar piojos entre las sábanas, "persignándose cada vez piadosamente antes de acabar con ellos". En **Hernani** es todo "*pigs and filth*", cerdos y suciedad. Todo cambia al llegar a **Donostia**, "uno de los más hermosos lugares del viejo mundo". Las mujeres vascas, sin malicia ni hipocresía, le causan impresión al llegar a Navarra: "*They look good. There was no artfulnes or hypocrisy about them; nor were there any meaningless smiles*". Un recuerdo que se le quedará para siempre: el encuentro del tiro que llevaba una carga de barriles de vino, formado por toros, mulas, burros y caballos, "*two black bulls, three grey mules, a rusty-coated Jack donkey and two brown horses*". Continúa hacia Tafalla y **Caparroso**, que le resulta al mismo tiempo "llamativa y peculiar": "En una posición efectiva y de tosco primitivismo, [...] levantan sus viviendas allí donde nada crece, aunque se encuentre a varias millas de la madera y el agua". En **Valtierra** se encuentra con el alcalde, que habla inglés. Este se lamenta de la situación que vive Navarra: "Hemos tenido desastres endémicos; como consecuencia de todo ello no disponemos de excedentes, nos encontramos en el mismo lugar que hace siglos. Es la cruda realidad". Encuentra **Tutera** llena de contrastes: "Escudos de armas y crestones sobre puertas que conducen a pocilgas de cerdos, y antiguas moradas de nobles convertidas en mugrientos lugares de vagabundos y mendigos".

1893 – MARTÍNEZ CAMPOS:

"Navarra tiene a su lado a las tres Vascongadas, y que si se apela a la fuerza contra aquella, harán causa común todos los vascos".

1893 – ARSENIO MARTÍNEZ CAMPOS

Militar y político español (1831-1900). Sin esperar a que, tras los problemas que generaba la Primera República al final de la Segunda Guerra Carlista, una posible campaña política restaurase en España la monarquía, este general fue el responsable que decidió dar un golpe de Estado, proclamando a Alfonso rey de España el 29 de diciembre de 1874. Casi 20 años después, en 1893, la reina regente María Cristina consultó a Martínez Campos sobre la posibilidad de intervenir en Navarra para controlar la **Gamazada**. Lo que había comenzado al grito de "¡Vivan los fueros!" con siete sublevados armados en el fuerte Infanta Isabel de Puente la Reina (dos vecinos de **Obanos** y otros dos de **Gares**), se les acabó yendo de las manos para congregar a 17.000 personas ante el Gobierno Civil de Iruñea y reunir más de 130.000 firmas. Según relata el periodista Echave Susaeta en su libro *El Partido Carlista y los Fueros*, la respuesta del Martínez Campos a la conminación de la regente a tomar parte fue: "Señora: Si se tratase de otra provincia, podíamos pensar en imponer la ley general, empleando la fuerza si fuere preciso; si se tratase de Navarra aisladamente, aún podíamos ir por ese camino, pero debemos comprender que Navarra tiene a su lado a las tres Vascongadas, y que si se apela a la fuerza contra aquella, harán causa común todos los vascos, y con ellos todos los carlistas de España, que provocarían un levantamiento en aquellas provincias para darle carácter general, y en tal caso se encadenará nuevamente la guerra civil". La reina regente desistió y Navarra conservó aquel esbozo de fueros.

1893 – STRONG:

"Son formalmente una república 'de facto'. [...] En las guerras carlistas los vascos se opusieron a la idea de unidad nacional; por tanto, se convirtieron en un obstáculo para el progreso: sus mismos fueros habían sobrevivido a su utilidad y se habían convertido en un instrumento de tiranía. Era mejor que pereciera".

1893 – WM. T. STRONG

Es el autor de un artículo de 15 páginas sobre los fueros de las provincias vascas y Aragón, *The* **Fueros** *of Northern Spain*, publicado en 1893 por la revista americana *The Academy of Political Science*. Realiza una introducción para situar a los fueros como privilegios locales que se fueron otorgando a partir del siglo XI (Nájera, 1035). En la evolución posterior que tuvieron jugó un papel muy importante el sistema feudal establecido en Europa, con la subordinación de las ciudades a la nobleza, "que fue menos importante en España que en Italia o Francia, y que no tuvo efecto ninguno en las provincias vascas". Habla del ansia de libertad ("*love of Freedom*") que siempre ha caracterizado a los vascos y advierte que "ningún contraste puede ser más marcado que el que existe entre estos diligentes labradores y la altiva nobleza de Castilla y Andalucía". "La organización bajo la cual fue dirigido el gobierno prácticamente autónomo de las provincias vascas estaba totalmente impregnada de **democracia** primitiva". Pasa a describir entonces el funcionamiento del proceso de elecciones, con sus juntas, regidores, procuradores, etc. y asegura que tanto Enrique IV como Felipe III y Godoy (1836) quisieron imponer una serie de tasas que fueron rechazadas por los vascos. Cita las principales características de los fueros vascos: libertad de pastos, exención del servicio militar, donativo al rey, libertad de comercio, privilegios de los nobles ("*therefore the basque was a noble*"), etc. Señala que las provincias vascas "son formalmente una **república** 'de facto', y ellos mismos utilizan el nombre de 'república', de la misma manera que lo hicieron los habitantes del Valle de Aspe y que todavía hoy lo hace Andorra". Como ejemplo notable de la autonomía para gobernarse menciona el de los curas, recogido en el Fuero de Bizkaia: "Para que los curas no tengan excusa para aprovecharse de nuestras mujeres e hijas en el futuro, deberán mantener una o dos barraganas en sus casas".

A continuación, Strong hace un análisis de las causas del conflicto carlista: "Aunque se ha afirmado que los vascos, en su apoyo de Don Carlos, luchaban por la libertad civil y religiosa, cabe sospechar que lucharon más por un privilegio que por un principio. Tienen inmunidades que no comparten las demás provincias del reino; y tal situación era incompatible con el espíritu de la época. Parece, por tanto, como si un elemento importante de su actuación hubiera sido el puro egoísmo. [...] Sin embargo, incluso si esto fuera cierto, fue una manifestación tardía, no la regla general de actuación en la historia precedente del pueblo. Cualquiera que sea el punto de vista de la cuestión, hay que hacer una concesión, incluso en su fase tardía, a la ignorancia y la superstición de los vascos. Solo con tal concesión se puede entender la extraña contradicción de 'republicanos que luchan por el derecho divino'. En las guerras carlistas los vascos se opusieron a la idea de unidad nacional; por tanto, se convirtieron en un obstáculo para el progreso: sus mismos fueros habían sobrevivido a su utilidad y se habían convertido en un instrumento de tiranía. Era mejor que perecieran".

1893 – GEORG VON DER GABELENTZ

Escritor alemán (1868-1940). Representante de la literatura del entretenimiento o del placer que se entretuvo con el estudio del euskera. Fue defensor de la teoría **vasco-bereber** al detectar no solo rasgos de parentesco, sino también correspondencias estructurales en la lengua y semejanzas verbales y fonéticas. En su libro publicado en 1894 a título póstumo, *Die Verwandtschaft des Baskischen mit den Berbersprachen Nord-Afrikas: nachgewiesen*, su editor asegura que está fuera de toda duda que ambos idiomas estuvieran emparentados: "*Die Sprachen waren mit einander verwandt, das stand ausser Zweifel*". En 1893 publicó también *Baskisch und Berberisch*.

1894 – PEDRO SATUÉ BLANCO

Fraile, pintor y fotógrafo español (1880-1936). Satué fue un religioso capuchino conocido como Fr. Pedro de Madrid, antes de que abandonara los hábitos y se dedicara a su verdadera vocación: la **fotografía**. Su paso por el Colegio de Lekaroz a partir de 1894 hasta 1918 (de manera intermitente) y las prácticas del arte de la fotografía que allí realizó le abrieron las puertas de una profesión que acabaría ejerciendo en su estudio de Madrid. En 1912 resulta ganador del primer premio en la categoría de **caseríos** vascos en el certamen fotográfico-social celebrado en Iruñea, cuyos motivos debían ceñirse al ámbito vasco-navarro. El trabajo se compone de una colección de 24 fotografías que reproducen 23 caseríos del **Baztan**, con un claro valor artístico, documental e ideológico. También realizó impresiones de numerosas placas del colegio, así como fotografías de la comunidad de religiosos y colegiales.

1894 – Satué. Caserío Lapitzea, Gartzain, valle del Baztan.

1894 – BARING-GOULD:

"Bayona es la capital del País Vasco, y la población de la ciudad se compone de vascos, españoles y judíos, con una única pincelada de franceses".

1894 – SABINE BARING-GOULD

Sacerdote y escritor inglés (1834-1924). Se licenció como maestro de Artes en Cambridge y a partir de ahí se convirtió en un estudioso de las antigüedades y un inagotable escritor que publicó más de mil trabajos lingüísticos, científicos y literarios, así como algunos diseños y pinturas esporádicas. En

1894 publicó *The Deserts of Southern France. An Introduction to the Limestone and Chalk Plateaux of Ancient Aquitaine*, una introducción sobre la historia de la meseta calcárea de la antigua Aquitania. En el capítulo X, *The Dolmen-Builders* (*Los constructores de dólmenes*), expresa su opinión sobre el origen de los vascos. Clasifica el euskera entre las **lenguas turánicas** (apoyándose en Bonaparte), en una rama que aúna a vascos, silures británicos y, quizás, pictos: "Habríamos esperado encontrar a los vascos como representantes puros de los constructores de dólmenes turánicos. Pero no es el caso. La raza vasca no es una raza pura. Sus cabezas son braquicéfalas y dolicocéfalas en proporciones iguales", aludiendo a Broca (1863) para aseverar esto. No se ajusta a la familia de lenguas arias, porque "la lengua vasca nunca ha alcanzado esta condición [de lengua flexiva], no ha avanzado más allá de su estado aglutinativo. [...] Los vascos han adoptado en efecto, un gran número de palabras pertenecientes a una civilización más avanzada que la suya. [...] Debemos considerar a vascos o iberos como los representantes en Europa de una población que ocupó las Galias y España antes de los albores de la Historia". Cita algunos topónimos británicos como *Mendip* y *Oure*, *Ure* y *Ore*, que identifica con las voces vascas *mendi* y *ur*. En 1907 publica *A Book of the Pyrenees*, donde a **Baiona** ni siquiera la considera como francesa: "*Bayonne is the capital of the Basque country, and the population of the town is composed of Basques, Spaniards, Jews, with a sprinkling only of French*". Contempla a **Hondarribia** como una ciudad pintoresca, sucia y maloliente ("*picturesque, dirty town, malodorous*"). **Pasaia**, dice, "demorará al viajero, debido a su pintoresco puerto, cerrado al mar, y la entrada comandada por los castillos", y **Donostia** "ha sufrido tantos asedios que ha perdido su carácter medieval; pero nada puede destruir la belleza natural de su ubicación".

1894 – ELISABETH T. SPRING

En la revista mensual *The Cosmopolitan*, vol. XVII, del año 1894, aparece un artículo de esta autora desconocida de título *An unconquered People* (*Un pueblo indómito*). La viajera se muestra sorprendida, viniendo como llega desde el sur, de las diferencias que percibe con respecto a las otras regiones españolas: "La primera impresión de este pueblo [...] es de una fuerza, nobleza e inteligencia extraordinaria. [...] tan leales como independientes, son hasta el último grado hospitalarios y generosos. [...] Uno los reconoce instintivamente, no solo como hombres de alto nivel, sino como absolutos caballeros, incluso con los trajes más toscos de los montañeros. [...] No hay aspereza ninguna en su contundencia". Después de comentar algunos datos históricos sentencia que "la historia de su firme resistencia es casi increíble". "El aspecto de los reclutas durante la guerra carlista se describe como extraordinaria. Formaban a filas con zapatos, zapatillas, polainas o sandalias; en sus cabezas boinas de todo tipo [...] Parecían llegados de las antípodas, pero ningún soldado cumplió un servicio tan efectivo". Nos habla además de pastorales, leyendas y supersticiones, del *zorcico* y de las figuras representativas de San Ignacio de Loyola y San Francisco Javier.

1894 – Spring. *Lavadero.*

1894 – FRONTÓN BETI JAI DE MADRID

En 1894 se inaugura en Madrid el Frontón Beti Jai, un proyecto del arquitecto cántabro Joaquín de Rucoba, autor también del edificio del Ayuntamiento de Bilbao. No fue el primer frontón que se construyó en la capital (el Jai Alai le precedió en tres años, 1891), pero sí que es el único que se ha conservado intacto hasta la fecha, a pesar de las vicisitudes que le ha tocado vivir. Estuvo en funcionamiento hasta 1919, pero a partir de la Guerra Civil sirvió como comisaría, lugar de ensayo para bandas de música y taller de reparaciones. En el 2011 fue declarado Bien de Interés Cultural y en el 2019 terminaron las obras de restauración que han devuelto al frontón el aspecto original reluciente de sus mejores tiempos. El graderío tiene cuatro plantas y una capacidad para unas cuatro mil personas. Está catalogado como una de las instalaciones deportivas más antiguas del mundo.

1894 – Frontón Beti Jai de Madrid.

1894 – BAZIN:

"La palabra 'Cezen-Zusko' hace girar todas las cabezas. Una bestia enorme se abre paso a través del gentío y lanza chorros de chispas que lo envuelven en una aureola".

1894 – RENÉ BAZIN

Escritor francés (1853-1932). Reconocido novelista francés que recibió el premio de la Academia Francesa a raíz de la aparición de su cuaderno de viaje *Terre d'Espagne*. Dedica los cuatro primeros capítulos a su paso por Euskal Herria. El autor llega a Gipuzkoa el 12 de septiembre de 1894, y entra por **Irun**, "un paisaje clásico pero no por eso menos bello". Son montañas "cultivadas en gran parte, donde las pendientes, inclinadas sobre nosotros, están cubiertas de praderas, de maíz verde y de manzanos". Bazin prueba, además, la sidra que producen. Lo primero que le llama la atención es la fama de hijodalgos universales que ostentan. Le aseguran que "para ingresar en determinados colegios, un vasco solo tenía que aportar dos documentos, la partida de nacimiento de su padre y la de su abuelo, hijos de una de las tres provincias". Pone como ejemplo de hombre vasco de honor al gran almirante Antonio de Oquendo. Describe así a **San Sebastián**: "Es una ciudad pequeña. La recorrimos rápido. Siento que no es muy española [*n'es pas très espagnole*], pero tiene su encanto y me quedaré un tiempo. [...] La única nota española que observo es el curso del paseo marítimo que es un acto de la vida social, una ocasión de encontrarse". Le parece insólito que la reina haya decidido pasar sus veranos en "*plein centre carliste*", en Gipuzkoa, "la Bretaña española", como la llama: "Yo no digo que todos los corazones estén cambiados, ni que los vascos, partidarios de los fueros que destruyen uno a uno a los ministros, voten a favor del gobierno de Madrid. Solamente digo que la reina es respetada por todos. [...] Entre ellos y ella se entablado como una relación personal". El Palacio de Miramar, construido por la reina, le parece la expresión de esa confraternización. Se reúne con Pedro de Soraluce, historiador que le pone al día sobre la importancia que los fueros habían tenido en el devenir de la vida política vasca. En la plaza mayor de Donostia es testigo de una **danza** *típica:* "Se forman parejas de bailarines, un joven y una joven, dos doncellas que depositan sus cestas y se agarran por la cintura, más adelante dos niños de doce años, en otro lugar algunos jóvenes; y el lugar se convierte en un salón de baile donde se rota al compás, elegantes y serios, sombras entrelazadas que se van moderando hacia el final de los soportales. Sé muy bien que la danza es aquí una pasión y un arte [*On sent bien que la danse est ici une passion et un art*]". Todo se disuelve en un instante cuando alguien grita "***¡Cezen-Zusko!***": "La palabra 'Cezen-Zusko' hace girar todas las cabezas. Una bestia enorme se abre paso a través del gentío y lanza chorros de chispas que lo envuelven en una aureola. [...] Galopa y mira, perseguido por el pueblo al que ilumina con destellos rojos, como un animal del apocalipsis".

Acude a la romería de Lezo, a un partido de pelota y al Santuario de Loyola. Llega a Bilbao el 17 de septiembre. La villa ha crecido bastante con respecto a la información que ofrecen las guías. Se dirige a **Portugalete** por un lado de la ría y vuelve por el otro, y advierte que "sus aguas no son puras", aunque suspira: "¡Qué hermosa es la bahía donde fluye! [...] Ahí está Portugalete, a la izquierda, una villa industrial con dos o tres calles y un muelle cubierto de mansiones de lujo para los bañistas de verano; **Las Arenas**, sobre la otra orilla, simple estación balnearia de creación reciente, donde las villas de cubiertas de tejas enrojecen entre los pinos. Entre una y otra, hay un puente de modelo nuevo: no pasas por encima, pasas por debajo". Visita la Universidad de Deusto, "la más lujosa que jamás haya visto".

1894 – LUÍS MOROTE Y GREUS

Periodista y político valenciano (1862-1913). Bajo el epígrafe de *Viaje por España*, durante el año de 1894 se fueron publicando en el periódico *El liberal* diversas crónicas sobre las distintas realidades de la geografía peninsular. Morote fue, junto con José Romero Chacón, el redactor responsable de describir la realidad navarra durante la **Gamazada**, la asonada popular e institucional con motivo del intento de derogación de los restos del régimen foral navarro. A pesar de sus ideas liberales se muestra en consonancia con el espíritu de la Gamazada que defendía elementos tan tradicionales como la autonomía y la foralidad. En **Tafalla** muestra su sorpresa por el fenómeno del ***garapito***, a lo que el alcalde le contesta: "Es raro que exista un impuesto a la salida de los vinos; pero hay que tener en cuenta que es uno de los pocos pero más seguros y saneados ingresos de los Ayuntamientos". Considera que la localidad "está en cultura al nivel de las primeras poblaciones de España". Se quejan, sin embargo, los tafalleses de la incomunicación a la que se ven sometidos, como cuenta Morote: "No hay posibilidad de que desde aquí se comuniquen con el resto de España. Los desvalijamientos de los correos en Marruecos no son nada en comparación de los normales secuestros de la correspondencia. [...] No hay comercio posible, ni vida de relación, ni noticia de parientes y amigos ausentes. [...] ¡Y luego –concluyeron mis amigos de Tafalla– se reirán en la corte de lo que llaman 'cuestiones' de pueblo!". Llega hasta **Erribe-rri**, donde se muestra desolado ante la visión del castillo: "Es tal la tristeza, la soledad, el abandono y el silencio que allí reinan, que no convida a descubrirlo, sino a apartarse de él, como de un esqueleto de piedra, al que han ido descarnándole el tiempo inclemente y la impiedad de los hombres. [...] Hay que resignarse a asistir a su total desmoronamiento". Como por un milagro, sobrevivió...

1895 – ANDRÉ PETITCOLIN

Autor francés (1865-?). Realiza un viaje por toda la costa cantábrica haciendo esporádicas incursiones hacia el interior que plasma en su libro de 1896 *Galice & pays basques*. Llega a **Bilbo** en barco desde Santander el 9 de agosto de 1895: "La bahía ardiente y seca da la impresión de fuerza salvaje, de rigidez inflexible, de dureza; uno siente que la tierra produce hierro y, si nuestros ojos son seducidos, nuestro corazón se mantiene hermético". El espectáculo que ofrece la ría parece, por un momento, querer seducirle: "Tranvías al galope, trenes y barcos lanzados a toda velocidad, servicios bien organizados, todos los inventos modernos combinados y utilizados, fábricas en marcha, una vida, una actividad desbordante, he aquí lo que nos transforma, y podemos creernos en una ciudad industrial de Inglaterra". Pero la imagen se diluye enseguida para mostrar un escenario cuasi apocalíptico, "*Nous entrons dans la cité infernale*": "Entramos a la ciudad infernal; los centenares de chimeneas de altos hornos arrojan torrentes de llamas y humo amarillo que oscurecen el sol; [...] grúas cargando, vagones rodando; las bodegas se llenan de

1894 – Morote. Castillo de Olite. Fuente: Villaamil (1844).

mineral con un ruido ensordecedor. En todas partes los negros núcleos urbanos de los obreros se amontonan de manera precipitada, se han cavado muelles, se han establecido talleres de construcción. Las líneas de ferrocarril, que van en todas direcciones, que vienen de todas direcciones, se cruzan, se entrelazan, se superponen. Hasta donde alcanza la vista, descubrimos barcos...". En el bocho, todo parece de nuevo pausarse: "A la entrada, el sombreado paseo del Campo Volantín está flanqueado por bonitas villas, soberbias mansiones iluminadas por miradores y rodeadas de floridos jardines, donde los industriales acuden a disfrutar de la calma y el descanso tras el ajetreo del horno". Visita la Sociedad Bilbaína, el cementerio y la Basílica de Begoña, antes de continuar hacia Burgos y retornar a **Loiola**, ya "*en plein pays basque*", y anota un par de rasgos distintivos: "Gracias a su inteligencia, su laboriosidad, su trabajo perseverante, los vascos mantienen la fertilidad y la felicidad en su territorio. Las casas solariegas, 'echalteas', construidas al azar, según los deseos del maestro, se pasan de padre a hijo mayor, siempre en la misma familia. Pobres o ricos, todos son nobles, porque todo vasco es un gentilhombre celoso de su origen y de sus tradiciones. La hospitalidad es la misma que en Galicia, pero la limpieza reluciente sustituye a la suciedad sórdida".

1895 – HANS FRIEDRICH GADOW

Naturalista alemán (1855-1928). Gadow, que había publicado importantes trabajos sobre la anatomía y el sistema biológico de los vertebrados, llega al norte de España con su mujer en 1895 para conocer y escribir sobre las costumbres de sus habitantes (*In Northern Spain*, 1897). El capítulo XVI, *A visit to the Dolmen of Alava*, de su libro lo dedica a una visita de reconocimiento a los **dólmenes** de Araba y el XVII a la historia de España, con una referencia especial a las provincias del norte. Cuando llega a ***Suazo***, Álava, cuenta que "la manera propia de preguntar es por 'las sepulturas de los gentiles' o 'las casas de brujas'", que los aldeanos denominan ***sorgineche***. Les recibe en la posada la familia Angulo: "Eran vascos, pero hablaban castellano, ya que la lengua vasca se ha extinguido prácticamente de la provincia de Álava, salvo en lugares remotos de la montaña". La diferencia entre vascos y españoles es notable, dice, tanto física como mentalmente: "*The difference between Basques and other Spaniards is striking, not only physically, but mentally*". El vasco es seco, de pocas palabras, "pasa de largo sin siquiera saludarse". "El corazón de los campesinos sigue amando el símbolo de las tres manos unidas bajo el lema '**irur ac bat**' = tres son uno, una especie de 'tres in uno', con referencia a las tres provincias: Bizkaia, Gipuzkoa y Araba. Y el pueblo aún condensa su credo político en las palabras: 'Dios, Patria y Rey'. No es precisamente el grito que esperarías del germen de una revolución". Encuentra gran cantidad de monumentos (*Capela-mendi, Euscal-mendi*), de los cuales unos veinte continúan intactos. Bastante alejado de la realidad que se conoce hoy en día, Gadow los relaciona con victorias cosechadas por los suevos en las primeras invasiones bárbaras que tuvieron lugar justo antes de la caída del Imperio romano en el siglo V d.C. Se dirige hacia **Salvatierra**, "una pequeña y hermosa villa, situada en una elevación", donde "apenas se habla vasco" y donde visita los dólmenes de *Arrizala* y *Equilaz*. La iglesia de San Miguel de ***Arrichinaga*** en Bizkaia, comenta, cobija una estructura "que se dice que es un dolmen, pero que en realidad no está construida más que para envolver a una enorme roca

1895 – Gadow. *Montículo y sepultura cerca de Zuazo, Araba.*

natural vertical". Dice que en el País Vasco no hay una tradición dolménica y que no la hay allí donde hoy en día se habla euskera. Se trata exáctamente de "una región donde probablemente se han producido luchas prehistóricas entre vascos y celtas". Establece, además, un paralelismo entre los dólmenes del norte de África, los **bereberes** y los **guanches** canarios, según el "punto de vista razonable" que teoriza Gabelentz (1893). Gadow presenta, entonces, su propia hipótesis, en la que presenta a los vascos como una mezcla de un remanente de las tribus armenias que se establecieron en Aquitania y la península ibérica con una posterior invasión desde África (guanches y bereberes): "Es probable que el idioma hablado por estas dos razas mixtas no celtas en la época de los romanos fuera también el resultado de una mezcla".

1895 – RENÉ COLLIGNON

Arqueólogo francés (1849-1917). El primer capítulo de 60 páginas de su libro *Anthropologie du sud-ouest de la France* de 1895 lo dedica a *Les Basques*. Collignon se interesó pronto por el tema de la raza vasca, que estaba entonces muy de moda, y realizó un trabajo de investigación sobre los reclutas vascos del servicio militar. Explica la buena estatura del vasco, no por el bienestar relativo que pudiera haber tenido con respecto a otros pueblos, sino que lo achaca al carácter hereditario de la raza vasca. Del análisis dedujo que los **cráneos** eran anchos por las sienes, que se iban estrechando hasta el mentón muy puntiagudo y que los hombros eran altos y anchos, del tipo cuadrado de las estatuas egipcias. Los más puros eran los vascofranceses, mientras los peninsulares se veían adulterados por influencia goda. Collignon consideraba que los vascos estaban indiscutiblemente unidos "a la gran rama **hamítica** de las razas blancas, es decir a los antiguos egipcios y a varias de las razas conocidas por el público bajo el término general de los **bereberes**. La raza es del norte de África o Europa, y en ningún caso asiática". Su estatura es más mediterránea que alpina y la clasifica como una subespecie de la raza mediterránea que quedó y sobrevivió totalmente aislada generando particularidades propias. En 1899 publicó *La race basque. Étude anthropologique*.

1896 - Hermanos Lumière. Acantilados de Biarritz.

1896 – AUGUSTE LUMIÈRE Y LOUIS LUMIÈRE

Inventores franceses del cinematógrafo (1862-1954 y 1864-1948). Estos dos hermanos franceses que trabajaban en el taller fotográfico de su padre comenzaron en 1892 a desarrollar la técnica de fotografiar imágenes en movimiento. Patentaron el **cinematógrafo** el 13 de febrero de 1895 y ese mismo año presentaron su primera película, *La Sortie de l'usine Lumière à Lyon*. En 1896 rodaron en **Biarritz** un cortometraje de un minuto que titularon *Rochers de la Vierge* (*La roca de la Virgen*), un elemento natural de la costa vasca coronado por una estatua de la virgen. Según palabras del mismo Lumière, "estas rocas, cerca de Biarritz, son muy conocidas. La escena muestra el mar agitado golpear a sus pies. No hay personajes". Tan conocidas eran que los propios habitantes de la costa vasca las bautizaban con nombres.

1896 – ABARTIAGUE:

"Perdieron la autonomía de la que estaban tan orgullosos; se dejan llevar cada vez más irresistiblemente por la corriente de los pueblos de Francia y España".

1896 – LEWY ABARTIAGUE

Ingeniero francés (1866-1944). Se mostró siempre muy interesado por la cuestión vasca y reunió una gran bibliografía sobre los vascos. Se presentó siempre muy activo al participar en conferencias y colaborar con la revista *Euskal Herria*. En 1895 presenta una pequeña memoria en la *Nouvelle Revue*, que publica al año siguiente bajo el título de *De l'Origine des Basques*. En ella presenta las diferentes hipótesis concernientes al euskera y el pueblo vasco (*Eskualdunak*, *pays basque*, en el que incluye las siete provincias) e indaga en sus orígenes, dando pábulo incluso a las teorías que los vinculan con los amerindios y al mito de la civilización **Atlántida**. Comienza diciendo: "Los vascos forman uno de los raros pueblos aislados sobre la faz de la tierra que difieren de sus vecinos en todos los sentidos, y su lengua, rodeada de lenguas indoarias, forma un islote en cierto modo comparable a las cumbres que emergen de las aguas en un país inundado". Termina anotando que los vascos van perdiendo su autonomía para acabar siendo absorbidos por Francia y España: "*Ils ont perdu l'autonomie dont ils étaient si fiers; ils sont de plus en plus irrésistiblement emportés dans le courant des peuples de la France et de l'Espagne*".

1896 – WILLIAM Z. RIPLEY

Economista estadounidense (1867-1941). Fue un economista que dedicó mucho trabajo al estudio de la **antropología racial**, siendo retomado en los años 20 por el nacionalismo más radical para asentar teorías segregacionistas. Primero publicó en 1896 un artículo titulado *The Racial Geography of Europe. A Sociological Study. VIII - The Basques*, y en 1899 completó una obra llamada *The Races of Europe* (*Las razas de Europa*), en la que dedica un capítulo completo de 25 páginas muy bien documentadas a los vascos. Comenta con sorna cómo abusa el euskera de su estructura aglutinante para llegar a formar palabras como ***Azpilcuetagaraycosaroyarenberecolarrea*** que traduce como "*The lower field of the high hill of Azpilcueta*". Ripley habla de los diferentes tipos de cráneos que muestran los vascos, pero asegura que es insostenible tenerlos por descendientes directos del hombre prehistórico de Cromañón: *"In the Basque the head is broad and the face narrow; in the Cro-Magnon it is the head which is narrow while the face is broad"*.

1896 – CEJADOR:

"Si el latín fue su padre, el éuscaro fue la madre del castellano".

1896 – JULIO CEJADOR Y FRAUCA

Lingüista y orientalista aragonés (1864-1927). Jesuita que estuvo al cargo de la cátedra de hebreo de la Universidad de Deusto hasta 1899, donde se familiarizó con la **lengua vasca** y bebió de las teorías de los grandes apologistas vascos como Larramendi y Astarloa. En 1908 comenzó a publicar su extensa obra, *El lenguaje*, un diccionario etimológico en el que hace una frecuente y exagerada referencia al euskera. Cejador, que quería demostrar la unidad de todas las lenguas, descubre elementos del euskera que se hallan repartidos por toda la tierra: el pronombre vasco *ni*, "yo", lo encuentra en el chino y en el quechua. En su obra *Diálogos familiares acerca del éuscaro y del castellano* trata de probar la relación entre **castellano** y euskera: "Aquí hubo una lucha con alguna ó algunas de las lenguas indígenas. [...] Lo está diciendo el que todavía viva la lengua indígena de Iberia, con la que hubo de encontrarse frente a frente el latín. Lo está diciendo el fonetismo castellano, tan opuesto al fonetismo latino y tan semejante al fonetismo del éuscaro. Lo está diciendo el cúmulo de sufijos derivativos y gran parte del vocabulario euscaldún, que forman parte importantísima de nuestra lengua". Para acabar proclamando: "Y esa lengua es el éuscaro: si el latín fue su padre, el éuscaro fue la madre del castellano".

1897 – JOSÉ ORTEGA Y GASSET:

"Ser vasco es, sin más, una renuncia nativa a la expresión verbal".

1897 – JOSÉ ORTEGA Y GASSET

Filósofo español (1883-1995). A Ortega y Gasset (quien escribiera *La rebelión de las masas*) se le considera el filósofo más importante que ha habido en España durante la primera mitad del siglo XX. Su primer contacto con el País Vasco lo entabla ya durante el año académico de 1897/1898, cuando cursa sus estudios en la Universidad del Deusto, antes de recalar en Madrid para doctorarse en la Facultad de Filosofía y Letras. Es difícil situarlo políticamente, aunque algunos lo ubican en algún lugar intermedio entre el socialismo y el liberalismo. Cuando estalló la guerra se exilió del país, y fijó su residencia definitivamente en Lisboa. Ortega y Gasset llegó a temer por los inconvenientes que podían surgir de la organización de una España en regiones, como así lo advierte en su libro de 1921 *España invertebrada*, cuando habla del efecto de los "regionalismos, nacionalismos, **separatismos**", cuyo rumor ya se empieza a oír desde el año 1900, convirtiéndose en un "proceso de desintegración que avanza en riguroso orden, desde la periferia al centro, de forma que el desprendimiento de las últimas posesiones ultramarinas parece ser la señal para el comienzo de una dispersión interpeninsular". Ortega y Gasset plantea así la cuestión del problema regional que afecta a España: "Pocas cosas hay tan significativas del estado actual como oír a vascos y catalanes sostener que son ellos pueblos 'oprimidos' por el resto de España. La situación privilegiada que gozan es tan evidente que, a primera vista, esa queja habrá de parecer grotesca. Pero a quien le interese no tanto juzgar a las gentes como entenderlas, le importa más notar que ese sentimiento es sincero, por muy injustificado que se repute. Y es que se trata de algo puramente relativo. El hombre condenado a vivir con una mujer a quien no ama siente las caricias de ésta como un irritante roce de cadenas. Así, aquel sentimiento de opresión, injustificado en cuanto pretende reflejar una situación objetiva, es síntoma verídico del estado subjetivo en que Cataluña y Vasconia se hallan".

En 1920 los hermanos Zubiaurre realizaron en Buenos Aires una exposición que contó con el aval de Ortega y Gasset que les dedicó un prólogo, de título ***Ramón y Valentín Zubiaurre***, que más parece un menosprecio que un halago: "Los hermanos Zubiaurre son vascos, sordomudos y pintores. Esto quiere decir que hay en ellos tres potencias de mutismo. Ser vasco es, sin más, una renuncia nativa a la expresión verbal. El misterioso pueblo vascongado posee un idioma elemental que apenas sirve para nombrar las cosas materiales, y es por completo inepto para expresar la fluencia fugitiva de la vida interior". Unos años después parece querer enmendar la plana, cuando en 1932 escribe *Los hermanos Zubiaurre*: "No hay tierra en España más cuidadosamente labrada, ni más limpias aldeas, ni ciudades mejor urbanizadas. El vasco acepta rápidamente los inventos mecánicos de la moderna civilización, pero a la vez conserva irreductible en su pecho el tesoro de viejísimas normas religiosas y políticas. Yo no creo que exista en Europa un pueblo de más acendrada moralidad. Rectilíneo de alma como de rostro, el vasco es una de las más nobles variaciones que en Occidente ha dejado la voluble planta de Adán".

1897 – EMILIA MENASSADE

Escritora y pintora francesa (1860-1897). Con la caída del Segundo Imperio francés en 1870, la familia de Jean Pierre Menassade, antiguo oficial del ejército, se instala una temporada en Donostia, donde Emilia desarrollaría una carrera artística (temas florales y bodegones), antes de partir para Asturias primero y Madrid después. En 1897 publica *A travers le* ***Guipuzcoa****: Impressions*, obra que, aunque firmada también por su hermana Ana (1848-1897, profesora de francés de las hijas de la reina María Cristina), la autoría se le otorga en exclusiva a Emilia. El libro pretende ofrecer, tanto al turista francés como al historiador que venga de paso por la tierra, una impresión de lo que puede contemplar en ella, y para ello recoge historias, personalidades, monumentos y costumbres. En la introducción comenta los siguiente: "Dejando atrás el Bidasoa, la delgada corriente de agua que separa dos grandes naciones, uno exclama involuntariamente: '¡Ya estamos en España!'. Es algo innegable, pero sería más exacto decir: '¡Ya estamos en el País Vasco!'. Pero no hay que deducir de esta rectificación que este territorio esté sufriendo su nacionalidad; no, de hecho, todo lo contrario. Como todas las provincias de España, es sinceramente española, pero también, sobre todo y ante todo, es 'baska'. [...] Esta población vasca, ruda, fiera, laboriosa, celosa de su independencia, apegada a sus leyes, a sus antiguas costumbres, a sus viejos privilegios, es la descendiente de los iberos de los primeros siglos. Es la verdadera hija de aquellos orgullosos 'baskos' de la Edad Media que no entendían de tierras más allá de sus montañas, ni de mares más allá del que bañaba su tierra, que solo se reunían por la justicia de sus causas, que solo obedecían al Consejo de los Ancianos y que solo llevaban sus armas, más allá de sus valles, para la defensa de la religión". La obra se divide en varios capítulos sobre los diferentes pueblos de la provincia.

1897 – FERNANDO RUANO Y PRIETO

Político, empresario y ganadero andaluz (1876-?). Fue marqués, diputado a Cortes y miembro de la oligarquía terrateniente jienense, que recibió un gran reconocimiento como agricultor y ganadero. Ruano publicó en 1899 el libro *Anexión del reino de Navarra, en tiempos del Rey Católico*, en el que pretendía legitimar la **conquista de Navarra** llevada a cabo por Fernando el Católico. Comienza hablando de Arturo **Campión** y se queja de "aquella impresión penosa" que produjo en su alma "la lectura de las páginas que llevan por nombre *Los hijos de Aitor*" (refiriéndose a la traducción que hizo Campión de *La leyenda de Aitor* de Agustín Chaho): "¿Por qué el venerable patriarca, con la mano extendida hacia los cielos en actitud profética, maldice al extranjero que traspasa los umbrales de su choza? ¿Por qué la madre infiltra al hijo, que á sus pechos amamanta con la sangre de sus venas, ese recelo que á la postre se trueca en odio contra quien no tuvo la dicha de ver por vez primera sepultarse el sol tras los lejanos picos del Aralar ó del Andía? [...] ¿A qué despertar añejos agravios, que por suerte quedaron extinguidos?". A pesar del respeto que parece le merecen los **fueros**, no se muestra nada complaciente contra quienes los defienden: "El respeto y cariño que á la región se debe no puede confundirse con ese sentimiento hipócrita y miserable que sólo puede albergarse en corazones bajos y corrompidos que, alardeando patriotismo y vociferando amor á sus leyes y á sus costumbres tradicionales, pretende abrir abismos insondables de odio en el corazón de dos pueblos hermanos". Parecen sus intenciones buenas, cuando habla de los viejos rencores que afectan a los navarros: "En mi alma franca y ardiente ni el odio tiene asiento, ni esos pensamientos bajos y rastreros que el poeta supone pueden albergarse nunca. Si tamaña desgracia sobre mí pesase, con mis propias manos me arrancaría eso, que no merecería jamás el nombre de corazón, sino de víscera animal". Hay que hacer notar, sin embargo, como cuenta alguna de sus biografías, que, como juez militar de su pueblo, Arjona, ya después de que finalizara la guerra civil española, fue el responsable de los actos de represión que se sucedieron, ordenando la ejecución de siete militantes del Frente Popular de su pueblo y varias decenas de la región. En 1897 publicó *Don Juan II de Aragón y el Príncipe de Viana: guerras civiles en los reinos de Aragón y Navarra durante el siglo XV*.

1897 – ANÓNIMO FRANCÉS

En 1897 se publica en París una monografía sobre los Pirineos titulada *Les Pyrénées et leurs Légendes*. La obra es una relación de **excursiones** por los Pirineos en la que los últimos capítulos están dedicados a *Bayonne*, *Biarritz*, *La Côte Basque*, *Saint-Jean-de-Luz*, *Hendaye* y *Fontarabie*, y adornados con ilustraciones de escasa calidad. Es una descripción de sus pueblos, sus villas y sus paisajes, aderezada con pequeñas anécdotas. "Los vascos aquí son los dueños, están en casa; siempre que haya alboroto y desbordamiento de vida en algún lugar, es el vasco quien toma la iniciativa. Raza extraña y misteriosa, que lleva felizmente el misterio de sus orígenes. Esos son los vascos que conducen estos carruajes de alquiler tirados por caballos flacos de extraordinario vigor y que necesitan del ruido como sus conductores". "Durante ciertas épocas del año, se acercan a la costa por centenares, por millares; la tropa es precedida de instrumentos nacionales, el pífano y el tamboril [*le fifre et le tambuorin*]", para sumergirse en sus aguas y dar un espectáculo a los espectadores que allí se congregan. No conocen el peligro: "*Qui dit Basque, dit un peu fanfaron*". "Además, esta gente tiene un proverbio muy sabio que dice: 'El mundo se parece al mar: vemos que se ahogan los que no saben nadar'. Es cierto que los proverbios están hechos para contradecirse entre ellos, el Escuara tiene otro: 'El mar no tiene ramas a las que uno pueda aferrarse cuando se está ahogando; la esposa del marinero se casa por la mañana y enviuda por la noche'".

1898 – FERNÁNDEZ VILLEGAS:

***"Los hombres hablaban entre sí en lengua castellana; pero las mujeres, que cocineaban afanosas, se comunicaban en lenguaje vascongado"* (Roncal).**

1898 – FRANCISCO FERNÁNDEZ VILLEGAS

Periodista, crítico teatral y escritor español (1856-1916). Más conocido como Zeda, este periodista emprendió un viaje hacia el norte peninsular en 1898 que narra en *Por los Pirineos (notas de viaje)*. En los ocho primeros capítulos cuenta que inicia su viaje por Navarra en **Fitero**, para alojarse en sus célebres baños y asistir a la inauguración de la plaza de toros. Cuenta que en **Iruñea** les registraron el equipaje "como si penetrásemos en un reino extranjero". "La capital de Navarra es una de las ciudades más tristes de España. [...] El carácter, grave y formal, contribuye no poco á dar á su capital cierta austeridad, que solo se interrumpe, según mis noticias, el día de San Fermín", añade. Camino de **Auritz** el mayoral de coche de caballos entona el ***Guernicako Arbola***: "Extasiados oíamos aquel canto de libertad, cantado en las faldas del Pirineo por un hijo de las libres montañas de Navarra", cuenta. Le piden una jota y se la canta. "Según él mismo nos dice, habla mal, es vasco, y destroza el castellano". Llega a **Luzaide**, "poéticamente recostado en una ladera del monte y protegido por él de los vientos". Cita a Rosny (1881), que se queja de la suciedad de las fondas españolas y de que en las camas hay que dormir con saco, asegurando Fernández Villegas que estas afirmaciones "no rezan con Navarra". Siempre ha encontrado "comida sana y limpia mesa. En cuanto á las camas, puede, sin peligro, prescindirse del talego [el saco]. [...] La ropa de cama, blanca como la nieve, de grueso hilo casero, exhala suave olor a membrillo". Visita la Colegiata de Roncesvalles y emprenden el camino del Roncal por Ochagavía, por la peligrosa bajada de Jaurrieta. En el camino se encuentran a unas mujeres que, "con las faldas rezagadas y envueltas las piernas en trapos para resguardarlas del frío, removían el suelo estéril con el hierro de la laya". Llegaron a **Otsagabia** para hospedarse en la posada: "En ningún lugar de España tiene el hogar tanta importancia como en estos pueblos de los montes navarros". Alrededor de la lumbre, todo el entorno que la rodea "contribuye á poblar la imaginación de aquellos montañeses de quiméricas historias, de leyendas fantásticas, reminiscencias acaso de una mitología olvidada y de consejas de remotos siglos". Mientras los castellanos se conforman con un "Ancha es Castilla", comenta, los habitantes del Pirineo "parece que viven en el seno de los misterios de la naturaleza". Y como muestra, los *aquelarres*. A la puerta de la iglesia de Ochagavía se colocan los objetos perdidos. Le sorprende que nadie se los lleve. En el pueblo de **Erronkari** lo primero que buscan los viajeros es la cocina "en cuyo hogar ardía un buen brazado de leña. En derredor del fuego había hasta media docena de hombres vestidos con el pintoresco traje del Roncal: abarcas sujetas á las pantorrillas por correas entrecruzadas, [...] amplios bombachos, faja morada un poco caída, al hombro chaqueta blanca o roja y en la cabeza redonda sombrero. Los hombres hablaban entre sí en lengua castellana; pero las mujeres, que cocineaban afanosas, se comunicaban en lenguaje vascongado". Roncal, "pocos lugares hay en España que puedan competir en belleza con el valle del Roncal", es también la patria de Julián Gayarre, cuyas cartas revelan "el amor que el célebre cantante tenía á su tierra natal" y con cuyo dinero se levantaron allí varios edificios. Narra, asimismo, los violentos acontecimientos con motivo del uso de unos pastos que derivaron en una guerra local entre baretoneses y roncaleses, y que concluyeron firmando el pacto del **Tributo de las Tres Vacas** que, a día de hoy, seiscientos años después, aún se mantiene.

1898 – Huntington. El autor recoge en su libro sobre el norte de España la estampa *Campesinos navarros* (seguramente de la Ribera) de la colección de Jean Laurent (1864).

1898 – ARCHER MILTON HUNTINGTON

Arqueólogo, poeta e hispanista estadounidense (1870-1955). Después de haber heredado una inmensa fortuna, Huntington ocupó toda su vida en crear un museo en el que fue archivando todos los objetos de arte que adquiría en sus viajes. Desde el primer momento en que tomó contacto con la cultura hispana, se sintió cautivado por el arte tradicional e histórico que exhibía toda la geografía peninsular, y llegó a fundar la *Hispanic Society of America*, en cuyas paredes Joaquín Sorolla (1889) pintó sus célebres murales. Su interés por el País Vasco queda plasmado, no solo en la importante colección de fotografías que conservó, firmadas por artistas extranjeros de la talla de Jean Laurent (1864) o los suizos Hauser y Menet (1891), sino también por los tres poemas que dedicó al pueblo vasco en su libro de 1934 *The Ladies of Vallbona*: *Euskalherria*, *The Boat of Santurce* y *El Arbol*. "¿Habéis visto el árbol de Guernica, el árbol sagrado de Euskadi?/ [...] Así que Guernikako Arbola/ Canción del poeta errante... [*So Gernikako Arbola/ Song of the wandering poet*]". En 1898 publica *A Note-Book in Northern Spain* (*Libro de notas en el norte de España*), en cuyos tres últimos capítulos describe su paso por Nafarroa. Se acerca hasta **Leire** para contemplar el monasterio en obras. La cripta le resulta curiosa y encuentra en ella un montón de huesos acumulados. Al ir a contemplar el lugar donde San Virila durmió su sueño de trescientos años, comenta que "el lugar es todo lo que la imaginación podría reclamar, y hasta que llegue el día en que los turistas vengan a llevarse sus recuerdos, se mantendrá como uno de los lugares más extraños e interesantes de toda España". Para en la limpia posada de Idocin y al llegar a **Iruñea** se ve sorprendido por una parada militar. Su intención no es otra que contemplar una de las joyas del arte islámico: la arqueta de Leire, el famoso baúl árabe tallado en marfil que data de principios del siglo XI. Sin embargo, se va una vez más de Iruñea sin haber conseguido acceder a él. Parte hacia Lizarra atravesando el puente de Gares y acaba yendo a **Orreaga** por Agoitz. Desde allí se dirige a Luzaide y Donibane Garazi, atravesando paisajes que le llevan a recordar: "'Cualquiera que haya estado en el país de los vascos', decía Victor Hugo, 'desea volver a él; es una tierra bendita'". Y añade Huntington de su propia cosecha: "Es un pueblo atractivo para un americano por su espíritu emprendedor y su energía".

1898 – GUY DE MONTGAILHARD

Autor de *Les Pyrénées françaises*, que publicó en 1899 bajo el pseudónimo de Gésa Darsuzy, Guy de Montgailhard (1873-?) consiera que los

1898 – Montgailhard. *Intérprete de tamboril*, en Laruns, cerca de la frontera con Zuberoa. En Euskal Herria a este instrumento se le ha llamado tradicionalmente *ttun ttun, danburi, soinu, rabete o salterio*.

iberos forman con los **aquitanos** un grupo étnico determinado; son los ancestros de los españoles y "*particulièrement des Vascons et des Basques*". "A pesar de sus conquistas e invasiones, los celtas no pudieron expulsar por completo a los iberos de la hermosa y fértil región que se extendía por los amplios valles dispersos desde el curso del Garona hasta la cordillera de los Pirineos. Era una de las zonas más ricas de la Galia, la más frecuentada por los romanos y conocida con el nombre de Aquitania". "En el siglo X, los condados y vizcondados se constituyen fuertemente en pequeños estados, Bearne, Bigorra, Comminges, Foix, Andorra, Rosellón, que irradian de un elemento absolutamente particular y personal: el País Vasco [*qui rayonnent auprès d'un élément absolu-*

ment particulier et personnel: le pays basque]". "Le Pays Basque (en espagnol 'Vascongados', en basque 'Euscaldunac') occupe plus du tiers du département des Basses-Pyrénées en France, et en Espagne les provinces de Guipúzcoa, d'Alava, de Biscaye et de Navarre". Comenta que con la Constitución española de 1812 se comenzó la presión sobre los privilegios vascos, y se produjeron varias guerras desde entonces: "Pero, a pesar de las tendencias de unificación que se perciben en toda Europa, es de esperar que los vascos se resistan durante mucho tiempo a las ideas y tendencias modernas y conserven durante siglos este último vestigio de **independencia** y libertad". En 1898 publica *A travers le Guipuzcoa* en *Revue de France.*

1899 – GEORGES HÉRELLE

Escritor francés (1848-1935). Fue un profesor de filosofía del liceo de Baiona que mostró, a partir de 1899, un gran interés por las **pastorales** de Zuberoa. Es uno de los primeros que estudiaron las pastorales de una manera completa y objetiva. Aporta una lista de 18 pastorales hechas solo por mujeres. En un artículo de 1924 (escribió varios para *RIEV*), *Les Charivaris nocturnes dans le Pays basque français*, analiza las causas de la persistencia de las **cencerradas** vascas en los carnavales, cuando ya van desapareciendo del resto de Francia. Eran estas, según Hérelle, una manera que tenía la juventud de denunciar malos hábitos: "Todavía muy primitivos de espíritu y sentimiento, menos sujetos que sus vecinos de Francia a las necesidades opresivas de la civilización moderna, continúan creyéndose el derecho natural de censurar públicamente a las personas que dan un mal ejemplo, e incluso consideran un deber social infligir este castigo a quienes no respetan las reglas tradicionales de una vida familiar honesta".

1899 – RUBEN DARÍO:

"En Barcelona y en Bilbao es donde usted notará mayor excitación por el ideal separatista; y catalanistas y bizkaitarras tienen razón".

1899 – RUBÉN DARÍO

Poeta y periodista nicaragüense (1867-1916). El que fuera uno de los grandes poetas de la lengua española aseguraba en una crónica periodística para *La Nación* de Buenos Aires del año 1899, a raíz del trauma que le supuso a España la pérdida de las colonias: "Dos ciudades hay que tienen los brazos en movimiento para que coman los otros hermanos: Barcelona y **Bilbao**. Por eso en Barcelona y en Bilbao es donde usted notará mayor excitación por el **ideal separatista**; y catalanistas y bizkaitarras tienen razón. Debería comprender esto, debería haber comprendido hace mucho tiempo la agitación justa de nuestras blusas, la capa holgazana de Madrid".

1899 – PAUL LAFOND

Conservador del Museo de Pau (1847-1918). Además de numerosos artículos de tema vasco, en 1899 escribió ***Garat*** *(Pierre Jean), 1762-1823*, biografía del famoso sacerdote y escritor lapurtarra. En 1913 edita *Le Pays Basque français et espagnol*, una publicación con magníficas ilustraciones que abarca Iparralde, las provincias vascongadas y una buena parte del antiguo reino de Navarra, aunque comenta que esta no es una realidad rigurosa, porque cada año el euskera va retrocediendo. "*Le basque est avant tout Basque, de caractère et de tempérament*", dice, y considera al vasco como un pueblo que ha sabido conservar la tradición de sus padres y que se ha acomodado hasta cierto punto al progreso de la vida moderna. A pesar de ser un pueblo siempre predispuesto a la emigración ("el hábito de los vascos de dejar la propiedad al hijo mayor fuerza a los cadetes a expatriarse"), comenta que es un honor para ellos poder contar el número de generaciones que llevan el nombre de su linaje: "El solar de nacimiento es sagrado y alejarse de él es un sacrificio al que no se acostumbra, y al cual se rinde solo con la esperanza de poder regresar". Habla del papel preponderante que juega la ***Etcheanderia*** y del espacio que se forma alrededor del hogar con el *Zuzulu* (zizeilu/txisilu), *picheras*, *herrade*, *zhartana* (polea) y *makila*. Presenta 14 **excursiones** que van recorriendo la costa vasca primero, para después internarse hacia Durango, Gasteiz, Elizondo, Iruñea, Tafalla, Erriberri y Lizarra, y comenta, con respecto a estas tres últimas, que no se cuestiona su nacionalidad, pero que buena parte de sus habitantes son vascos: *"l'on ne nous chicane pas sur la nationalité de ces villes, si elle ne sont pas absolutamente basques, elles le sont tout au moins par une partie de leurs habitants et confrontent au Pays Basque"*.

Es uno de los primeros que relata su paso por pueblos de la costa que quedan al margen de los caminos principales como son **Mutriku** ("suspendido en las laderas de una colina, con sus antiguos y negros palacios de Idiáquez, de Montablet, su alta y maciza torre de Barrencoles [*sic*], su pesada y oscura iglesia que se jacta de contener un cuadro de Murillo –Cristo en agonía– y dos cuadros de Van Dyck"), **Ondarroa** ("sus marineros son considerados como los mejores de la región. Su sombría iglesia, levantada sobre inmensas arcadas, parece una especie de Leviatán de piedras negras"), Lekeitio, Elantxobe, Bermeo o Plentzia. En muchos de estos pueblos se encuentra con el alborozo que generan las fiestas patronales *"au son de la flûte et du long tambourin, [...] dansent des jotas et des fandango"*, procesiones, cofradías, novilladas, toros de fuego, "pero, en este día solemne, los honores son para el '**aurescu**', la danza clásica, mítica y casi religiosa, podríamos decir, en la cual hombres y mujeres toman parte por separado".

1900 – ESPAGNOLLE:

"Lejos de buscar la abolición del idioma vasco, que es el más bello de Occidente, debemos hacer todo lo posible para mantenerlo intacto en sus diferentes dialectos, ya que las palabras que lo componen son archivos exclusivos de esta interesante nación".

1900 – JEAN ESPAGNOLLE

Clérigo francés (1828-1918). Este abad, que anteriormente ya había publicado un estudio sobre el origen del francés, sacó a la luz en el año 1900 su ensayo sobre el origen de los vascos, *L'Origine des Basques*: "Si los idiomas más desfigurados se asocian a las lenguas de los primeros hombres, ¿qué será del vasco que parece no le haya afectado en nada la afrenta del tiempo?", se cuestiona. "Ciertamente, lejos de buscar la abolición del idioma vasco, que es el más bello de Occidente, debemos hacer todo lo posible para mantenerlo intacto en sus diferentes dialectos, ya que las palabras que lo componen son archivos exclusivos de esta interesante nación". Se pregunta, secundando a Humboldt, si el euskera o **ibero** es "la primitiva lengua de toda España" e incluso del Midi francés. Espagnolle, sin embargo, se pierde después en elucubraciones para concluir que el euskera no es la lengua de Tubal, hijo de Jafet, como pretenden los vascos, sino que estos son "de **origen lacedemonio** y descienden, como los lacedemonianos, del patriarca Abraham". Laconia o Lacedemonia fue una región del sur del Peloponeso de la antigua **Grecia**, cuya ciudad más importante fue la célebre Esparta. El autor pretende sostener que los vascos habitaron aquellas tierras en una época prehistórica. Para ello realiza una comparación de 100 páginas entre el griego y el euskera.

1900 – WILHELM MEYER-LÜBKE

Romanista suizo (1861-1936). Uno de los más destacados académicos de la lingüística románica y autor de una gran *Gramática de las lenguas románicas* en cuatro tomos. Trabajó sobre el indoeuropeo y las lenguas románicas aplicando a estas el mismo método de investigación que se había hecho para las indoeuropeas. Para él era poco lo que se sabía de las lenguas prerromanas: osco, umbro, sardo, galo... Reflexiona sobre las antiguas palabras hispánicas: páramo, nava (cita a Navarra) vega, arroyo, artiga, chaparra, y menciona voces como laya e izquierdo. Asegura que es más difícil determinar lo que el vocabulario español le debe a los antiguos íberos por el hecho de que el vasco actual, así como el antiguo ibérico, sean mucho menos conocidos que los celtas. Habla de un pequeño influjo vascoibero sobre el gascón, aunque Rohlfs (1923) halla bastantes más paralelismos.

1900 – CHARLES W. WOOD

Autor británico de numerosos ensayos sobre la cultura peninsular, incluida una monografía sobre Mallorca, en 1900 publica *The Romance of Spain*, libro que embellece con cantidad de dibujos de gran calidad, entre los cuales destacan los de Hondarribia, Donostia, Azpeitia, Loiola y Gasteiz. Se ocupa de Euskal Herria ya a partir del primer capítulo, al cruzar el Bidasoa: "Si la gloria de **Fuenterrabía** ya ha quedado atrás, ha adquirido un encanto que pocos pueblos españoles poseen. [...] Grandes edificios de piedra imperecedera, antiguos y majestuosos palacios; grandes portales que conducen a patios sagrados para la historia, [...] tejados que sobresalen sobre aleros maravillosos, grandes y profundos; [...] desde muchas de las ventanas sobresalían inmensos ventanales de hierro forjado, ejemplos de un arte ahora desaparecido de todo el mundo". La lenta e inexorable desaparición de todo ello le produce "una imagen de soledad y desolación". "Las horas en Fuenterrabía pasaron como un sueño, transportándonos a la Edad Media del mundo".

Camino de Donostia, las personas que se encuentran en la calzada le parecen "pintorescas y llenas de energía, como si tuvieran alguna tarea que hacer en la vida. Las mujeres, montadas en sus burros, hacían lo imposible por hacer galopar a los astutos animales, pero los burros se mostraban reacios". Termina con un juicio que generaliza a toda la península: "En España las mujeres hacen la mayor parte del trabajo y los hombres miran con aprobación". Describe la capital guipuzcoana como "vulgar": "**San Sebastián** sugería lujo y comodidad, y con el influjo de Fuenterrabía todavía sobre nosotros, parecía desesperadamente vulgar". Echa la culpa a la reconstrucción que se tuvo que hacer a causa del incendio: "Se dice que los soldados ingleses fueron los culpables de la barbarie, irritados quizás por un triunfo

1900 – Wood. *Calle Mayor de Azpeitia.*

largamente pospuesto. Razón por la cual la antigua ciudad ha dado paso a un conjunto nuevo y vulgar". Le parece una ciudad "más interesante de noche que de día". Parte para **Zarauz**, "balneario de moda" cuyo encanto "reside en su mar, que rueda sobre arenas suaves, amplias y expansivas. A lo lejos, una milla tras otra, se extendían los espléndidos contornos de la costa rocosa". Va recorriendo un camino "lleno de interés; no había monotonía ni tiempo para que la mente descansara de las deliciosas impresiones". **Azpeitia** se le presenta como "una ciudad pintoresca, con calles estrechas y aleros colgantes, animada por una multitud de gente vestida de abundantes colores, algunos conduciendo burros muy cargados. Esperábamos una 'ciudad muerta' y la encontramos grande, bulliciosa y próspera. La vieja plaza del mercado, repleta de la artística cerámica de uso diario, era una escena alegre y ruidosa, ya que era día de mercado y el país estaba bien habitado".

El Santuario de **Loyola** no le deja indiferente: "El interior de la iglesia, aunque de mal gusto, está decorado con costosos mármoles, y su inmensidad, silencio y solemnidad le dan autenticidad". El 31 de agosto se celebra la fiesta de San Ignacio: "El primer día se baila en la plaza el '**Zorzico**', ese curioso espectáculo español; el segundo hay una corrida de toros, indispensable para el disfrute de los españoles; el tercero, el 'Juego de Pelota', el tenis español, que pone fin al conjunto", cuenta. Todo le resulta español a Wood, incluso el mismo idioma, al que se refiere como "*Spanish patois*", o sea, dialecto español. Coge el tren a Gasteiz y durante unas horas el escenario se exhibe "majestuoso", rodeados "de paredes de granito de tamaño colosal". "Su plaza del mercado es pintoresca", cuenta de **Vitoria**, "con casas antiguas y caserones moriscos, y su catedral de Santa María, del siglo XII, con un magnífico portal gótico y una larga escalinata". Espera encontrar en Burgos una posada agradable y con las atenciones de Donostia, pero se lleva una tremenda decepción: "Habíamos empezado a aprender que toda la cortesía y galantería que en general se atribuye a los españoles es, más o menos, mitológica y pertenece exclusivamente a las clases altas. Las clases bajas, en este sentido, podrían dar la mano a los alemanes".

1901 – LEE BATES:

"[Soldados] con abrigos azules, bajo los cuales laten corazones de dudosa lealtad. El hijo de Alfonso XII tendrá que lidiar con los vascos cuando se declare la tercera guerra carlista".

1901 – KATHARINE LEE BATES

Profesora, escritora y poeta estadounidense (1859-1929). Autora de numerosa literatura y de uno de los himnos patrióticos más importantes de América, fue también una de las mujeres que luchó en su tiempo por los derechos sociales. En 1901 publica *Spanish Highways and Byways* (*Carreteras y caminos españoles*), en cuya introducción asegura: "Una de nuestras ideas preconcebidas naufragó al principio con la industria de las provincias vascas. Lo del 'español perezoso' ha pasado a ser un proverbio. [...] El español laborioso, sin embargo, ya no puede ser ignorado. Incluso en Biarritz tuvimos que contar con él, ya que la población trabajadora de allí es apenas menos española que francesa". Después de disfrutar de su primera experiencia con el universo vasco en el Frontón Central de Madrid, contemplando un partido de pelota, en el capítulo XXII, *Across the Basque Country*, narra su llegada a Euskal Herria, "nos encontrábamos ahora en Escocia, en un bello páramo de brezos y aulagas", para, partiendo desde San Sebastián, realizar el camino de Santiago. Describe a **Donostia** como a una "ciudad de naturaleza caprichosa, [...] reputada como la más limpia de la Península, y es, en verdad, tan brillante como un guijarro bañado por las olas". "Los vascos son un pueblo floreciente [*thrifty*] y han cultivado al máximo sus escasas hectáreas", continúa. "Los valles están sembrados de maíz y las colinas más bajas están surcadas y abancaladas para una gran variedad de cultivos. [...] Los campos de la cosecha tienen un aspecto limpio y bruñido, como si las mujeres hubieran pasado por ellos con cepillos de fregar". Los caseríos vascos, dice, "tienen, a menudo, un aspecto deslucido y sucio, pero, por muy negras que sean las maderas, hileras de lino limpio ondean airosamente en tejados y balcones".

La chica historiadora que ha venido expresamente a acompañarle en el trayecto a Santiago le pone al día sobre los vascos y asegura que estos "se hacen notar por su apasionado amor por la libertad". Son estos vascos, junto con los "*Basques of Navarre and those now known as French Basques*", los "guardianes de los Pirineos". Continúa hablando de los fueros, "de los que se conserva un registro de 1342", y explica que otorgaban a las provincias vascas una constitución republicana que casi hacía realidad una democracia ideal [*ideal democracy*], con inmunidad de impuestos, salvo para sus propias necesidades, y de servicio militar más allá de sus fronteras". "No es de temperamento servil, y no ha sido hasta nuestra propia generación que las muy apreciadas libertades de los vascos fueron erradicadas". Sostiene que "fueron las guerras carlistas lo que lo cambiaron todo". Los carlistas se han mutado según ella en soldados "con abrigos azules, bajo los cuales laten corazones de dudosa lealtad. El hijo de Alfonso XII tendrá que lidiar con los vascos cuando se declare la tercera guerra carlista, pero se podría dudar de que los fueros que Don Carlos, por supuesto, promete restaurar, vuelvan a anidar en el roble de Guernica".

Precisamente **Gernika** le fascina: "¡Un pueblo tan dulce y tranquilo como este, enclavado en la belleza de las colinas, con la dignidad y el destino de su historia impregnando cada silencioso y vetusto callejón!". Visita la Casa de Juntas y el roble y el guardia ve a su compañera tan entusiasmada con el árbol, del que toma numerosas fotos, que, "profundamente impresionado, la premió con una hoja seca del retoño". Llega por fin a la capital de Bizkaia, "este bullicioso, ruidoso y férreo **Bilbao**, del que los vascos se deleitan". Comenta que no es una ciudad para satisfacer al turista que busque lo pintoresco. La iglesia de Begoña, con sus impresionantes escenas de embarcaciones enloquecidas por tempestades y vendavales, le parece la más bonita de todas las que ha visitado en el País Vasco. El **Puente Colgante** también tiene su pequeño espacio: "Están tan asombrosamente orgullosos de su nuevo puente de hierro, con su transbordador colgante que lleva a los pasajeros de Portugalete a Las Arenas a razón de doscientos por minuto, que lo estampan en sus características joyas".

1902 – ALFREDO TROMBETTI

Profesor italiano en la Universidad de Bolonia (1866-1929). Como comenta en el prólogo de su libro de 1925 *Le origini della lingua basca*, Trombetti comenzó con sus investigaciones con el euskera en 1902; realizó comparaciones lingüísticas y dedujo que este ocupaba una posición intermedia entre el camítico y el **caucásico**. A partir de ahí entablaría una estrecha amistad con Schuchardt (1884), con cuyo asesoramiento contó para la publicación de este minucioso estudio de la **gramática vasca** de 170 páginas. La introducción de su libro es una excelente síntesis histórico-crítica de los estudios realizados hasta entonces por los partidarios de la relación entre las lenguas jaféticas, caucásicas y el euskera (Marr 1920, Winkler 1903...). Tiene una parte dedicada a la gramática y el sistema fonético y otra al léxico, en las que estudia la morfología, la formación de palabras y las flexiones. En el apéndice final precisa la posición del euskera en estas familias y trata sobre la cuestión de la procedencia del ibero. Fue el primero en sostener que el nexo vasco-caucásico era más estrecho que el vasco-semítico, y que ambos podrían estar relacionados con el camítico meridional y con las lenguas sino-tibetanas. Postula un ámbito étnico-lingüístico ibero-caucásico para todo el Mediterráneo antes de la llegada de los indoeuropeos: "*Intorno ai Pirenei si é compiuto un ciclo storico che ha riscontro intorno al Caucaso*".

1902 – JULLIAN:

"Cada época desaparecida parece haber legado a la civilización vasca por lo menos una costumbre imposible de desarraigar".

1902 – CAMILLE JULLIAN

Historiador y epigrafista francés (1859-1933). Fue miembro de la Academia de la Lengua Francesa y escribió durante 20 años la *Histoire de la Gaule* en ocho volúmenes. En el primero se ocupa de Euskal Herria, y afirma que "el problema más difícil que se le presenta a la Historia [francesa] es el del **origen** de los vascos". Presenta, como confirmación de la confusión que este problema genera, unas veinte posibles razas propuestas por investigadores como ascendientes del pueblo vasco. Jullian, sin embargo, no lo sitúa muy lejos de la trayectoria que siguieron sus vecinos más cercanos: "Ibero y ligur bastaría para explicar todo lo que es misterioso en la historia antigua y en los orígenes de los vascos". Señala también que "cada época desaparecida parece haber legado a la civilización vasca por lo menos una costumbre imposible de desarraigar".

1902 – BÖHMER:

"Incluso casi menos español que el país le parecen al forastero la gente que lo habita. [...] Si los guipuzcoanos no son germanos, tampoco son verdaderos españoles".

1902 – HEINRICH BÖHMER

Historiador y teólogo luterano alemán (1869-1927). En 1902 publica *Die Bekenntnisse des Ignatius von Loyola übersetzt* (*Las confesiones de* ***Ignacio de Loyola*** *traducidas*), una obra que ha sido reeditada varias veces (con el nombre de *Ignatius von Loyola)* y traducida a tres idiomas. A Böhmer le llama la atención el carácter singular de la raza guipuzcoana que San Ignacio lleva en sus venas: "Incluso casi menos español que el país le parecen al forastero la gente que lo habita, los robustos y poderosos descendientes de la tribu ancestral ibérica, que se autodenominan euscaldunac y son conocidos por los europeos con el nombre de vascos. En las montañas, donde los contemplas por primera vez, tienen tan a menudo los ojos azules y el cabello rubio que al principio puedes sentirte tentado a confundirlos con descendientes de alemanes que se hayan dispersado. Pero sus rasgos afilados, con la frente ancha y esférica, no concuerdan para nada con esa primera impresión, y tampoco se puede pensar en una mezcla legítima o ilegítima con sangre alemana, sobre todo aquí, en las partes más inaccesibles del país. Pero si los guipuzcoanos no son germanos, tampoco son verdaderos españoles" (*"Aber wenn die Guipuzcoaner keine Germanen sind, so sind sie doch auch keine rechten Spanier"*). Dice de los guipuzcoanos que son pulcros y amables, animosos, perseverantes y incansables en sus quehaceres, de manera que da gusto verlos, ya sea sentados delante de sus casas con sus alpargatas o jugado a la pelota: "Aunque todos entienden el castellano, ninguno quiere ser, en absoluto, español" (*"Sie wollen denn auch, obwohl sie jetzt alle spanisch verstehen, durchaus keine Spanier sein"*). Dice que el punto fuerte de los guipuzcoanos no es tanto el artístico o creativo sino la guerra, la navegación, la conquista, el descubrimiento y la organización de empresas difíciles, o sea, todo aquello "que asusta o intimida a los demás, el peligro, el riesgo, la aventura, la lucha con personas hostiles y fuerzas naturales".

1902 – OCTAVIANO QUIJADA

El historiador Ignacio Olabarri recupera del Archivo Romanones (en *Notas sobre la implantación, la estructura organizativa y el ideario de los partidos del Turno en Navarra, 1901-1923*, revista *Principe de Viana*, n.º 10, 1988) un documento con fecha del 22 de diciembre de 1902, en el que Octaviano Quijada, agente de policía enviado por el ministro de la Gobernación, da cuenta al ministro del estado político y social que se vive en **Iruñea**. En el informe se indica la información confidencial que el Gobierno tenía sobre los navarros: "El régimen foral no se concreta a los preceptos de la ley de 1841, sino que se retrotrae a las facultades que les concedían a los navarros las disposiciones abolidas desde la publicación de dicha ley". La Diputación "prescinde casi en absoluto del Gobierno Civil. [...] Hace nombramientos de secretarios y otros funcionarios, sin atender para nada las propuestas y reclamaciones de los gobernadores. Denomínase la corporación vasco-navarra, no provincial [...] y prueban en todos sus actos el exceso de autonomía, no solo en asuntos económico-administrativos, sino que también en los de carácter político. [...] Como consecuencia natural de ese predominio de las corporaciones navarras, el **separatismo** de la región se fomenta y arraiga". En cuanto al "socialismo que predomina en la capital del antiguo Pompeione de los vasconavarros" destaca "su propensión de ser **autónomos** dentro del Estado nacional; manifestándose siempre ansiosos de recuperar sus fueros y libertades en la medida que la situación política de España les proporcione. El socialismo del Estado tiene allí pocos prosélitos". Y concluye: "El navarro es idólatra de sus costumbres y deshecha a las personas nacidas fuera de su territorio. [...] Los naturales de Pamplona y toda Navarra tienen, en general, miras puramente regionalistas, contrarias al dogma liberal".

1902 – Alford: *"Para mí fue la revelación de la existencia de una vasta cultura europea con raíces comunes y me propuse profundizar en esa idea"*. Foto de grupo de danzas vascas.

1902 – VIOLET ALFORD

Folklorista inglesa (1881-1972). Esta reputada historiadora del **folklore** popular se dedicó desde muy joven y por puro placer a estudiar las danzas folclóricas inglesas. De una de sus primeras estancias en Iparralde comenta: "Ya en 1902, veraneando con mis padres en San Juan de Luz –Francia– descubrí las similitudes entre las **danzas** de Lapurdi y las danzas Morris inglesas que tanto he estudiado. Para mí fue la revelación de la existencia de una vasta cultura europea con raíces comunes y me propuse profundizar en esa idea". Observaba similitudes en palos, espadas, pañuelos, representaciones de animales, máscaras, y también en la indumentaria. Poco a poco fue investigando el porqué de todas esas coincidencias, visitando para ello con frecuencia el Museo Vasco de Bayona, en donde adquirió unos conocimientos básicos de euskera. Con el tiempo, Alford postuló la idea de una raíz común prehistórica para parte de la **música** europea. En su obra de 1928 *The basque Masquerades*, sostiene que todo este tipo de bailes europeos son "los vestigios deformados de un rito de primavera que se olvidó". Para ella no eran otra cosa que una manera de despertar las deidades de la naturaleza. A su juicio los vascos tienen una conciencia tan clerical que la Iglesia se percibe omnipresente, aunque únicamente en el área pública, nunca en la privada: "*The Basques also are so ecclesiastically minded that they bring Church influence into everything they do –in public I mean, in private not at all*". En 1937 editó, junto con **Sylvia Brennan** ("se encarga de copiar o transcribir la música, de anotar los cantos y de describir los distintos tipos de danza"), *Pyrenean Festivals*, una magnífica y exhaustiva obra que les llevó varios años componer. Para ello visitaban cada año, durante un verano entero, cada uno de los valles de las dos vertientes pirenaicas, y entraban en contacto con etnógrafos locales como Barandiaran, Laborde, Caro Baroja, Padre Donostia o el catalán Violant i Simorra (1941). Así, reunían gran cantidad de datos y fotografías sobre todas las fiestas populares. Alford también escribió una novela sobre las aventuras de unos contrabandistas vascos y un libro sobre danzas (*The Traditional Dance*, 1935) con Gallop (1927).

1903 – HEINRICH WINKLER-BRESLAU

Lingüista alemán (1848-1930). Fue un especialista en las lenguas del Ural y miembro de la Academia de las Ciencias de Hungría. Ya como miembro de *Cercle d'Etudes Euskariennes* en 1913 presentó en Bayona una conferencia sobre la relación de euskera con las **lenguas caucásicas** que no tuvo mucha repercusión, pero que fue discutida tanto por Christianus Cornelius Uhlenbeck (1893) como por Henri Gavel (1909). Al comienzo de su trabajo de 1914, *La langue basque et les langues ouralo-altaïques*, aseguraba que estas relaciones son "explicables por una antigua relación de vecindad. Yo mismo he llamado la atención sobre esta vecindad original y, sobre todo, he encontrado muchas palabras que, sin duda, se encuentran tanto en el vasco como en las lenguas altaicas". Al final del trabajo comenta que cree que la relación se formó "en el antiguo dominio de las lenguas finlandesa y turca, cuando los antiguos vascos estaban todavía en Europa Oriental o Asia Occidental, pero esta es una conjetura que podría ser rectificada". Perteneció también a Euskaltzaindia desde la misma fecha de su fundación en 1919.

1903 – BOBADILLA:

"Una lengua es un organismo señor Unamuno. [...] Muchos años y hasta siglos se requieren para que un país se resigne á abandonar del todo su idioma nativo".

1903 – EMILIO BOBADILLA

Escritor, crítico literario y diplomático hispanocubano (1862-1921). Bobadilla fue un reconocido articulista de temperamento ingenioso y polémico (firmaba como Fray Candil) que se afincó primero en Madrid, para terminar después como cónsul cubano en Biarritz, donde falleció. En 1912 publica un libro, *Viajando por España*, que es una colección de artículos donde realiza una semblanza de sus primeros pasos por Euskal Herria. El capítulo *Por los Pirineos* lo firma en 1903. Advierte que viniendo de Biarritz todo "huele á cursi", pero que Donostia es más sencilla y "no se ve la gente obligada á vestirse dos ó tres veces al día". Comenta que los alrededores de la capital "exceden á toda alabanza descriptiva". "La verdura sensual y húmeda de esta parte del país eúskaro" le arranca, según dice, gritos de júbilo. En una casa de Hernani "cantan zortcicos" al son de un piano, y en la plaza principal bailan "el fandango ó el '**chun-chun**'": "Todo en él es regocijo muscular. Aquí la imaginación y los nervios sensitivos nada tienen que hacer. No hay lúbricos meneos de caderas, ni ojos en blanco, ni roces lascivos. Vea usted la pureza bucólica de esas caras, encendidas por el ejercicio y no por la fiebre carnal y el alcohol. A esos ojos no se asoman deseos ni ansias". La **mujer** vasca, asegura, "es sólida, fresca, pujante y arisca. Suele responder á los requiebros masculinos á bofetada limpia. Lo cual no es privativo de la vasca. La plebeya española, en general, es así". Comenta que el **euskera** le resulta, sin embargo, "duro, pedregoso". Ello no es óbice para que reivindique la legitimidad de la lengua. En uno de los muchos artículos que escribió, echa en cara a Unamuno que "en cuanto filólogo aboga por la supresión del vascuence, como si las lenguas pudieran suprimirse de golpe y porrazo. [...] Una lengua es un organismo señor Unamuno. [...] Muchos años y hasta siglos se requieren para que un país se resigne á abandonar del todo su idioma nativo" (comentario del artículo recogido por Joseba Sarrionandia en el libro *Moroak gara behelaino artean?*, pág. 636).

1904 – AZORÍN,
sobre Karrantza:

"No es posible imaginar damas más discretas, más solícitas, más amables".

1904 – AZORÍN

Periodista y escritor español (1873-1967). El alicantino José Martínez Ruíz ha sido uno de los escritores más sobresalientes de la generación del 98. La empatía que siempre mostró hacia el País Vasco fue incubada ya desde su primer viaje en 1904 y le llevó a tomar como pseudónimo el apellido de un libro que acababa de publicar, *Antonio Azorín*, al identificar un nombre homónimo en un caserío de **Markina**, *Altzorin*, y sorprenderle su significado ("lugar del aliso"). Mantuvo desde entonces un trato directo con Baroja, Maeztu, Zuloaga y Unamuno y llegó a exponer su visión sobre el País Vasco en dos de sus libros, *Capricho y Madrid* (1940) y *Ante Baroja* (1946), y en numerosos artículos. En el libro sobre **Baroja** narra su primera aproximación a Euskal Herria como el descubrimiento de la estética barojiana: "Y en un viaje, lento viaje, en el pescante de una diligencia, en una mañana de verano, cubierto el cielo, cielo gris, verde el campo, con verdura extendida por todo el panorama, fui absorbiendo ávidamente, ansiosamente, voluptuosamente, este medio físico que se me iba revelando. La tierra completa el arte: el arte de Pío Baroja". Siempre muestra al paisaje vasco como diferenciado del resto de las regiones de España. "La cara de España es varia", llega a citar. En una de sus paradas hacia su destino preferido de vacaciones, Donostia, pernocta en **Altsasu**, a la que describe como un paisaje "completamente vasco: vegetación frondosa, prados suaves y mullidos, montañas verdes, ambiente dulce, sedante y velado". En su visita al balneario de Karrantza nos habla de la sobriedad de sus mujeres: "En **Carranza** no existen muchachitas indóciles, atolondradas. Todas estas mujeres son graves, llenas, un poco redondas, vestidas de negro. Y no es posible imaginar damas más discretas, más solícitas, más amables". En sus viajes por el País Vasco siempre le despierta afecto la autenticidad de sus habitantes, que apenas entienden el castellano y le miran con sus "ojos chiquitos" y le responden "en una amena y pintoresca jerga, riendo, haciendo gestos de asentimiento con la cabeza".

1904 – BLASCO IBÁÑEZ:

"Hombres de todas las provincias, maketos llegados en invasión, trayendo con ellos lo peor de España, contaminando con sus vicios la pureza del país".

1904 – VICENTE BLASCO IBÁÑEZ

Escritor y político valenciano (1867-1928). Blasco Ibáñez es una de las plumas más ilustres de la literatura española. Es el autor de *Los cuatro jinetes del Apocalipsis*, el libro más vendido en Estados Unidos en 1919, y de una serie de novelas míticas sobre la región valenciana como *Cañas y barro* y *La barraca*, donde denuncia el abandono en la ignorancia a la que se había visto abocado el pueblo. Blasco Ibáñez dedicó también a **Bilbao** una novela donde narra la tensa atmósfera político-social que se vivió en el botxo a principios de siglo. El 11 de octubre de 1903 tiene lugar en Bilbao una peregrinación a la Virgen de Begoña, adonde acuden desde todas las anteiglesias de Bizkaia para celebrar su proclamación como patrona de la provincia. El vecindario anticlerical (republicanos y socialistas) decide organizar una serie de mítines y manifestaciones para contrarrestar aquella efusión de júbilo católico. A la bajada de los peregrinos a la zona del Arenal se suceden una serie de enfrentamientos que acaban propagándose por toda la villa. La violencia anticlerical se ceba contra la iglesia del Sagrado Corazón, la residencia de los Jesuitas y la Universidad de Deusto. El día se salda con un fallecido y numerosos heridos. Para el autor, republicano, anticlerical y antinacionalista declarado, era el argumento perfecto para escribir una nueva novela, ya que él mismo se había visto encarcelado tras un altercado contra una expedición de peregrinos en 1892. Acude a Bilbao, pues, para escribir, de una manera atropellada y más bien mediocre, una crónica contra el nacionalismo rancio e hipócrita de una sociedad que había visto como los carlistas se habían convertido en *bizkaitarras* independentistas. Pone en boca de un tal Urquiola la doctrina que imperaba para salvar la pureza de la raza: "Que no le hablasen á él del populacho de las minas corrompido y sin fe; hombres de todas las provincias, maketos llegados en invasión, trayendo con ellos lo peor de España, contaminando con sus vicios la pureza del país". Blasco Ibáñez presenta en la novela una especie de tesis conspiranoica y un punto misógina, donde esposas (como fieles garantes de la tradición y la moral) y jesuitas planifican una especie de estrategia para controlar el mundo: "Así llegaba desde la sombra [o sea, el jesuita como intruso] á apoderarse de la voluntad de los hombres, los cuales se movían, sin conocer el impulso de sus acciones". Verdad en todo ello es que una clase social inmigrante que intentaba prosperar de malas maneras en los barracones insalubres de la comarca minera tenía que soportar a diario la explotación que tenía lugar por parte de la oligarquía católica vasca. Y así lo denuncia: "La muerte rondaba en torno al mísero populacho"; "El mineral marchaba ría abajo, sin que nadie pensase lo que había costado su arranque del suelo". Capataces, contratistas y usureros componen en la obra un cúmulo de tunantes que contribuyen, además, a la indefensión de aquellos desgraciados. Pruebas de bueyes, *versolaris*, verbenas en los *chacolines* y apuestas de barrenadores (con una larga descripción de una de ellas) se van intercalando en la novela. Pero el fanatismo religioso sobrevuela constantemente sobre el relato, obrándose un pacto entre "los que soñaban con la independencia vasca y los jesuitas que insistían en estos alardes [religiosos] temiendo la propaganda social de las minas y el espíritu antirreligioso de los trabajadores de la villa". La clerecía vasca había jugado un importante papel en la defensa de los fueros durante las guerras carlistas y el autor se hace eco de aquellas leyendas para despacharse a gusto. Blasco Ibáñez prevé un final apocalíptico para Bilbao, que ve amenazado por "un tercer sitio": "La guerra, que hasta entonces había sido en nombre del pasado, se repetiría en defensa del porvenir". En cualquier caso, una vez agotada la veta de hierro, "Bilbao ofrecería alguna vez el aspecto de las ciudades históricas de Italia, [...] melancólicos cementerios de un glorioso pasado".

1904 – GALLICHAN:

"El amor a la patria es encomiable en todas partes; pero un sentido patriótico exagerado se manifiesta a menudo en algunas naciones, incluida la nuestra, en un prejuicio que quizá se pueda describir más adecuadamente como parroquial. No diré más. Los vascos son un pueblo adorable".

1904 – WALTER M. GALLICHAN

Periodista y escritor británico (1861-1946). Nacido en la isla de Jersey, junto a la costa normanda, Gallichan fue un periodista pionero en educación sexual, al publicar varios ensayos sobre sexo y moralidad. Aficionado a la pesca, llega con su mujer al norte peninsular en 1904 para pasar seis meses y publicar *Fishing And Travel In Spain: A Guide To The Angler* (*Pescar y viajar en España. Una guía para el pescador*). El capítulo II se titula *A week in the* ***Bidasoa*** (*Una semana en el Bidasoa*), y en él reseña que "su hermoso valle permanecerá mucho tiempo" en su memoria. El dueño de la fonda en Irun le comenta que ingleses y algunos franceses suelen venir a pescar a *San Esteban* (**Doneztebe**). Se hospeda en el Palacio Reparacea de **Oieregi**, a la entrada del Señorío de Bertiz, donde se suelen alojar muchos ingleses y es conveniente reservar con antelación. Cuando llegaron, cuenta Gallichan, "el dormitorio estaba listo, nos proporcionaron agua tibia y una muchacha vasca elegante y atractiva, llamada María, nos mostró todas las atenciones a la mesa". Con su licencia por cinco pesetas, en su primer día de pesca atrapa un montón de truchas y salmones: "Una manutención y un hospedaje suntuosos, atención y amabilidad, buena pesca y grandiosos paisajes, estos son los atractivos de esta parte del Bidasoa". A modo de lamento señala que "todas las prácticas deplorables y abominables de los cazadores furtivos de España o de cualquier otro país causan un gran daño y amenazan el derecho del pescador a disfrutar de su inofensiva afición. Pero los mayores males son la contaminación de los ríos y el moderno sistema de drenaje de los campos". El Bidasoa, por ahora, se libra de ellos.

Antes de partir para los ríos cántabros tiene tiempo de suscribir una emotiva despedida: "¡Larga vida a los vascos! [*Long life the Basques!*] Son una raza encantadora, hospitalaria, recia y honesta. Su país es de montes nobles, gargantas rocosas y colinas embrolladas, más salvaje que las Tierras Altas de Escocia, pero no diferente a ellas. En su fortaleza e integridad [*hardiness and integrity*], los vascos son escoceses; en su alborozo [*gaiety*] son irlandeses. [...] Una de sus debilidades es el 'patriotismo'. El amor a la patria es encomiable en todas partes; pero un sentido patriótico exagerado se manifiesta a menudo en algunas naciones, incluida la nuestra, en un prejuicio que quizá se pueda describir más adecuadamente como parroquial. No diré más. Los vascos son un pueblo adorable [*a lovable folk*]. Tienen la virilidad y la inteligencia autóctona que genera el progreso. Larga vida a los valientes vascos en la gloriosa región por la que han luchado contra los enemigos desde tiempo de los moros".

1904 – FRITZ HOMMEL

Orientalista alemán (1854-1936). En su libro de 1904 *Grundriss der Geographie und Geschichte des Alten Orients* (*Esbozo sobre la Geografía y la Historia del antiguo Oriente*), fue el primero (descartando el previo examen sin resultados de Schuchardt 1884) que relacionó al euskera con las **lenguas nubias**: "Tendría que estar también el nubio, que todavía necesita ser investigado (cf. p. ej. 'ur' cabeza con vasco 'buru'; 'gēl' rojo, vasco 'gorri'; 'kal' comida, vasco 'hari, kari'; 'ag' boca, vasco 'aho, ao'; 'enga' hermano, vasco 'anai' e incluso bereber 'aña'), relacionado con el vasco (¡con el que también coincide sintácticamente al máximo detalle!); los nubios serían entonces la parte de la población indígena libia del norte de África, incluido Egipto, que fue empujada hacia el sur (Nubia) antes de la babilonización (semitización) del libio-egipcio, o que ya hubieran estado allí asentados, por lo que se habrían mantenido sintácticamente puros".

1905 – DIEGO QUIROGA Y LOSADA

Marqués de Santa María del Villar y fotógrafo español (1880-1976). Comenzó a **fotografiar** a comienzos del siglo XX en el entorno cortesano del rey Alfonso XIII y a partir de los años 20 su carrera tomó un giro que marcaría el camino en las siguientes décadas. Recorriendo todas las regiones peninsulares, sus imágenes se convirtieron, en toda clase de formatos, en la estampa turística de España. Quiroga dedicó especial atención a **Navarra** e itineró, incluso en almadía, por toda su geografía, para documentar la realidad social del momento. Gracias a ello, legó un conjunto de fotos de gran relevancia etnográfica. A pesar de que durante la Guerra Civil desapareció parte de su archivo, dejó una buena colección de fotos de las labores del campo y del monte y de los emblemáticos descensos por el río Esca de los almadieros roncaleses. Parte de su familia era vasca, y él falleció en Donostia en 1976. En el 2001 el Gobierno de Navarra adquirió el fondo que estaba en manos de una familia navarra, con más de doce mil negativos.

1905 – Quiroga. *La moza del cántaro,* Ujué, 1929.

1905 – QUILLARDET:

"Quieren revivir la lengua provincial. Pero aquí hay un obstáculo, solo lo habla el pueblo, la clase media lo ha olvidado y el ferviente 'bizcaïtarra', el vasco 'vasquista', cuando dice no ser español, está obligado a decirlo en castellano".

1905 – MARIE QUILLARDET

Escritora y traductora francesa. Apenas se sabe nada de esta traductora francesa que en 1905 publica *Espagnols et Potugais chez eux*, obra en la que describe el impacto que había tenido el desarrollo industrial en la ciudad de **Bilbao**, que compara con Barcelona. Realiza también un pequeño análisis de la organización social resultante del proceso: "Como contrapartida a Barcelona, la 'ciudad francesa', Bilbao es la 'ciudad inglesa' por su gran colonia inglesa y sus relaciones comerciales con Inglaterra. Embutida en el fondo de una cuenca, siempre bajo la lluvia o bajo un cielo nublado y brumoso como el inglés, difícilmente puede pretender ser hermosa. Sin embargo, agrada por su bulliciosa animación, por sus altas mansiones, sus masivas construcciones como son los bancos, escuelas, muelles, ricas tiendas, establecimientos públicos de todo género; todo ello, con las estaciones, el puerto, los teatros, el constante movimiento de barcos y de ferrocarriles en un espacio tan grande como la mano. La ciudad no goza de grandes perspectivas, pero sus habitantes no tienen que ir muy lejos para encontrar una admirable, la de las colinas de hierro vecinas, el mineral de Somorrostro, de Rubio, tan rico, tan fácil de extraer". "En Bilbao está, por un lado, el multimillonario moderno y, por otro, el proletariado compuesto por inmigrantes de todas partes de España y muy pocos vascos, dos mundos separados y muy distintos, los de arriba, muy alto, y los de abajo, muy bajo. [...] Bilbao no es apto para la clase media, que apenas tiene divertimento alguno; no encontramos, como en Barcelona, vida de ocio, arte o pensamiento: sigue siendo solo una ciudad de negocios. [...] Pero aquí las clases trabajadoras están organizadas para la lucha. Menos cultivados que los obreros catalanes, los mineros de Bilbao son, por lo demás, disciplinados y siguen la dirección de los dirigentes socialistas; en las elecciones de 1901, pusieron a seis socialistas en el consejo municipal. [...] En cuanto a las clases altas, son generalmente 'regionalistas' por las mismas razones que en Cataluña: individualismo más marcado, estatus social más avanzado. También aquí se evoca la superioridad de la raza, el pasado glorioso del país. Cantan el himno *Guernikako arbola* –el árbol de Guernica–; llaman al prefecto, el 'cónsul español'". En este punto la autora francesa, de ideología claramente liberal, echa mano de una serie de artículos de **Unamuno**, donde critica el nacionalismo emergente y la incapacidad de la lengua vasca para convertirse en promotora del progreso cultural: "Quieren revivir la lengua provincial. Pero aquí hay un obstáculo, solo lo habla el pueblo, la clase media lo ha olvidado y el ferviente 'bizcaïtarra', el vasco 'vasquista', cuando dice no ser español, está obligado a decirlo en castellano [*le fervent 'bizcaïtarra', le basque 'basquisant', quand il prétend n'être pas Espagnol, est obligé de le dire en espagnol*]".

1905 – Barrère. *Mapa de Euskaria*.

1905 – HENRY BARRÈRE

Cartógrafo francés (1865-1930). En la Bibliothèque nationale de France (département Cartes et plans, GE C-3358) se encuentra archivado un *Mapa de Euskaria*, editado en París en 1905 por Barrère que había comprado la editorial Maison Andriveau Goujon. El mapa se subtitula también como *Provincias Vascongadas* y presenta dos escudos: el escudo real de Alfonso XIII y el de Vizcaya, con el árbol de Gernika, pero sin los lobos que simbolizaban a la familia Haro y que se venían mostrando desde el siglo XIV, pero que ya había suprimido Sabino Arana, al considerarlos representativos del poder feudal. Se podría definir como el primer mapa político de Euskal Herria con las siete provincias, teniendo en cuenta que el de Louis Lucien Bonaparte (1847) era más lingüístico.

1906 – HENRY CHARLES LEA

Historiador estadounidense (1825-1909). Quien fuera considerado la primera gran autoridad en materia de Inquisición española, publicó entre 1906 y 1907, en cuatro volúmenes, la obra *A History of the Inquisition of Spain* (*Historia de la Inquisición de España*), en cuyo libro VIII, capítulo IX, analiza el caso de la **brujería** vasca. Nos dice Lea que ninguna tierra estuvo más expuesta al contagio de esta locura que España, donde la amenaza de la obsesión por la caza de brujas fue, durante más de cien años, constante. Cita, primeramente, varios casos ocurridos en Navarra: los brotes de 1527 en el valle de Salazar y Roncesvalles, donde fueron ejecutadas 50 personas, y de 1539, donde se constata la primera admisión oficial de que los vuelos de medianoche no eran más que meras ilusiones. Lea señala que esta paranoia de las brujas no era más que una enfermedad de la imaginación creada y estimulada por la persecución que contra ellas se llevó a cabo. Presenta el caso de *Cigarramurdi* (**Zugarramurdi**) no solo como uno de los pánicos habituales desatados en Navarra, sino también como un paso atrás en la línea que se había abierto en la Inquisición de considerar la brujería como un suceso de carácter ilusorio, más que real. Nos habla del tribunal que ofició en Logroño en 1611 y de la discordia que hubo entre Salazar y Frías (1613) y los otros dos miembros, Becerra y Valle, creyentes obcecados con el caso, que no le pusieron las cosas fáciles al primero. Se generó, además, un conflicto notable entre los alcaldes de la corte real navarra y los magistrados que detenían por orden de la Inquisición. La actuación en defensa de las brujas de Pedro de Valencia (1610) y Salazar fue decisiva y causó un importante giro de los acontecimientos. La Inquisición adoptó casi todas las sugerencias que propuso de Salazar y "salvó a su país de la devastación de la locura brujeril que asolaba el resto de Europa". "Toda la epidemia de brujas de Navarra y las Provincias de Vizcaya [*Navarre and the Provinces of Biscay*] fue evidentemente considerada como un delirio", aunque la Inquisición tampoco podía proclamarlo abiertamente, después del trabajo que se había dado el tribunal para defender todo lo contrario. Sin embargo, la Inquisición siguió imperturbable su camino. Comenta Lea que esta ni negó la existencia de la brujería ni modificó las penas del delito, pero hizo prácticamente imposible toda prueba de ella, desalentando así las acusaciones formales. Importante fue, desde luego, la prohibición de diligencias preliminares por parte de sus comisionados y de los funcionarios locales, seglares y eclesiásticos, que resultó eficaz en la prevención del brote de nuevas epidemias. Los papeles de Salazar que manejó Lea estuvieron desaparecidos hasta que el danés Henningsen (1965) los encontró setenta años después.

1906 – Bardoux. *"Un segundo detalle fue sorprendente: la mezcla fraterna de todas las clases"*. Imagen de Mutriku.

1906 – JEAN BARDOUX

Abogado francés (1880-1945). Su cargo de secretario de la Cámara de Comercio de Marsella le otorgó la posibilidad de pasar largas temporadas en el País Vasco, y llegó a publicar dos obras de tema vasco: *Amorebieta, croquis basque* en 1907 y *Dona Maïla, récit de Navarre* en 1908. La primera contiene impresiones sueltas de las excursiones que realizó en 1906 a lo largo de toda Euskal Herria: Jaizkibel, Ermua, la taberna d'Ichouena (un tabernero de Amorebieta), la selva del Irati,

Otsagabia, Iruñea, Bilbo... Vinson (1866) lo define como un libro que refleja muy bien el alma de los personajes y los paisajes vascos, retratados a través de un autor que se abre al diálogo con el pueblo. El segundo, comenta, está "lleno de frescura y una rara sensación de verdad, de un interés poderoso y sostenido. Refleja una considerable cantidad de trabajo y resume mucha lectura, investigación cuidadosa e información paciente. No es una obra de ciencia, ni una novela, ni un relato histórico. Es una serie de pinceladas tomadas de la vida...". En **Bilbao** tiene la oportunidad de asistir a los desórdenes causados por un grupo de jóvenes que quemaron ejemplares de la prensa madrileña debido a su hostil oposición al movimiento vizcaíno en favor del Concierto Económico. Fueron detenidos, pero ante la aglomeración de gente frente el Palacio del Gobernador, tuvieron que ser liberados sin demora, mientras miles de voces cantaban "*la mélodie entraînante et chère à tout Basque de* ***l'Arbre de Guernika***". La policía no intervino. El populacho se retiró inmediatamente tras la victoria obtenida: "Un segundo detalle fue sorprendente: la mezcla fraterna de todas las clases. Al lado de las boinas vascas, que eran la gran mayoría, los jóvenes de la aristocracia no desdeñaban el mostrar su atuendo más elegante". La mirada que guarda sobre el pueblo vasco la resume así: "Todo el mundo sabe que las tres provincias de Álava, Guipúzcoa y Vizcaya, así como una parte de Navarra, son habitadas por los vascos o, como ellos se llaman en su lengua, los Euskaldun. Este pueblo, cuyo origen es enigmático, forma, a pesar de su pequeño nombre, una raza distinta en Europa. Son totalmente distintos de sus vecinos españoles y franceses por su lengua, sus usos, sus tradiciones y, más aún, por el aislamiento de los valles y la naturaleza montañosa del suelo". La obra contiene numerosas ilustraciones de bella factura.

1906 – BLANCHE MC MANUS Y FRANCIS MILTOUN

Escritora y artista estadounidense (1869-1935) y escritor estadounidense (1871-?). El verdadero nombre de Miltoun es Milburg Francisco Mansfield. Este matrimonio es el responsable de una larga serie de libros de viajes que no solo escribieron, sino que también editaron e ilustraron. En 1907 publican *Castles and Chateaux of Old Navarre & the Basque Provinces* (*Castillos de la vieja Navarra y de las provincias vascas*), un relato minucioso que abarca el territorio que perteneció a los antiguos reyes navarros del lado del Pirineo francés, con todas sus fortalezas de aspecto medieval (Carcasona, Pau...). El matrimonio estadounidense parece tener claro que si le preguntas a un vasco si es francés o español te contestará que es vasco o, simplemente, hombre: "*Je ne suis pas Français, je suis Basque; je ne suis Espagnol, je suis Basque; ou,-tout simplement, je suis homme*". "No se puede hablar aquí de dos pueblos", continúan, "es un error, una herejía. Por un lado, como por otro, es la misma **raza**, la misma lengua, el mismo pueblo, tanto en los Bajos Pirineos de la Francia moderna como en las Provincias de Guipúzcoa, Navarra y Vizcaya de la España moderna". "A diferencia de la mayoría de los campesinos de Europa, ya sea en el trabajo o en el juego, marchan con la cabeza bien alta y más allá de una pequeña reverencia grave, casi nunca, si acaso alguna vez, abordan al extranjero con esa cortesía de moda que suele ser habitual en la gente campesina de incluso las regiones más remotas de Francia". Siguen diciendo que a los vascos les encantan los juegos y los bailes de todo tipo, y que "'celebran la **fiesta**' con una vivacidad y una pasión que ningún otro pueblo conoce en mayor medida. Una fiesta vasca, ya sea local o nacional, no es algo para pasar por alto. Se lo toman como una responsabilidad y esperan que todos los demás hagan lo mismo". Sobre la **lengua vasca**, les llama la atención que esta "permite hacer palabras de longitud indeterminada", al igual que el alemán. Ponen como ejemplo *Ardanzesaroyareniturricoborua*, que, según ellos, "significa simplemente: el manantial de la fuente de la montaña cubierta de viñedos [*the source of the fountain on the vineyard-covered mountain*]". En cuanto a nuestras **danzas** comentan que "además del fandango, está el 'salto vasco', una especie de brinco-bote-y-salto que consideran bailar, pero que no es nada, a menos que se pueda decir que baila un saltamontes". El libro contiene una decena de hermosas ilustraciones de Donibane Lohizune, Hondarribia, Hendaia, Biarritz... realizadas por Blanche Mc Manus en 1906.

1906 - Mc Manus/Miltoun: *"Yo no soy francés, yo soy vasco; yo no soy español, yo soy vasco; o, simplemente, yo soy hombre".* Dibujo *The Basques of the Mountains*.

1906 – LORIN:

"El vasco siente la impresión de gobernarse a sí mismo y es de justos reconocer que es digno de ello".

1906 – HENRI LORIN

Sociólogo y diputado francés (1866-1932). Lorin publica dos ensayos sobre la **industria rural** vasca: en 1906 *L'industrie rurale en Pays Basque* y en 1907 *L'industrie rurale en Guipuzcoa*. La conclusión del autor en la primera de las obras es la siguiente: "Un país en donde la vida resulta fácil y cuyos recursos son muy variados constituye, en sí mismo, una rica materia prima para todo tipo de experiencias industriales. Las pequeñas industrias que hemos descrito con anterioridad, las de Hasparren y Mauléon, de una escala totalmente diferente, muestran lo que, en tales condiciones, el esfuerzo del hombre puede aportar a la benevolencia de la naturaleza". En el segundo asegura: "Nos sentimos en presencia de una raza que trabaja y se respeta a sí misma. [...] Poderosamente individualista, el vasco siente la impresión de gobernarse a sí mismo y es de justos reconocer que es digno de ello; si está agobiado en su pueblo natal, emigra; si permanece en el país, está atento a todas las iniciativas, considerándose más apto para imitarlas que para iniciarlas él mismo; al descubrir el mundo, se llama Elcano, en la predicación religiosa, Ignacio de Loyola. Hoy en día, siguiendo las indicaciones que marca la naturaleza, guiado por algunos ejemplos que, por lo general, vienen del exterior, se convierte en trabajador sin dejar de ser rural". Según Lorin, Gipuzkoa ofrece un equilibrio proporcionado entre su actividad industrial y su sentido de libertad individual: *"Guipuzcoa nous offre le spectacle trop rare d'une activité ouvrière intense qui n'a pas réussi à tuer ni à déformer le sens de la liberté personnelle et de la responsabilité des individus"*.

1906 – WIGRAM:

"Navarra era un estado tapón en la época medieval, y cualquiera que no tuviera nada más que hacer solía matar el tiempo invadiéndolo".

1906 – EDGAR THOMAS AIGNER WIGRAM

Aristócrata inglés (1864-1935). Quien fuera sexto baronet de Wigram organizó un viaje al norte peninsular que plasmó en su obra *Northern Spain*. Es además el autor de todos los dibujos que se incluyen. En el capítulo XIV, *Across Navarre*, describe su paso a través de Navarra. Llega desde Burgos a la **Rioja Alavesa**, donde Wigram afirma que “un toque local especial lo dan los pueblos navarros agrupados en lo alto de sus cerros cónicos, como erizos sin cerdas. Navarra era un estado tapón en la época medieval, y cualquiera que no tuviera nada más que hacer solía matar el tiempo invadiéndolo. Los pueblos navarros estuvieron siempre a la defensiva y evidentemente adquirieron la costumbre de acomodarse a su gusto”. Se dirige a **Iruñea** por la Sakana, y asegura sobre la capital navarra que “en general no es muy atractiva para el artista, aunque es un buen ‘punto de partida’ para explorar los alrededores”. “Varias villas conservan las huellas de su antigua prosperidad: Estella, situada con encanto en una hondonada rocosa; Sangüesa, con su noble monasterio; Olite, el antiguo ‘Windsor’ de Navarra”, asegura. Se despide de Nafarroa subiendo por **Orreaga**, para contemplar el lugar de la derrota del poderoso ejército de Carlomagno: “En cuanto a la dolorosa derrota que la concluyó, no fue obra ni de godos ni de moros, sino de los furiosos vascos de las montañas, una nación a la que Carlomagno no había tenido en cuenta y a la que, probablemente, despreciaba. Habían visto saqueado su país, tomada su capital, Pamplona, y ahora, cuando la retaguardia estaba embrollada en las montañas, tuvieron por fin la oportunidad de asaltarlos y vengarse”.

1906 – WILLIAMSON:

“Las provincias del norte, pobladas por misteriosos vascos opuestos a nosotros en sangre y lengua, apenas podría considerarlas España”.

1906 – ALICE MURIEL WILLIAMSON

Periodista y escritora estadounidense (1858-1930). Se mudó a Londres en 1892 donde trabajó como periodista *freelance* para distintos rotativos, escribió una ingente cantidad de libros e incluso fue la guionista de una veintena de películas a partir de 1914. En 1906 realizó un viaje en automóvil por España que ficcionó en su novela *The car of destiny. And its errand in Spain*. Cuenta que, al llegar a Euskal Herria, los viajeros se dejan sorprender por el paisaje: “Dick y yo discutíamos sobre los rasgos distintivos del paisaje sin desentrañar el misterio que lo diferenciaba de otros paisajes”. “Hombres morenos y honorables de chalecos rojos que conducían burros; muchachas de ojos aterciopelados, sin nada más sobre la cabeza que sus brillantes coronas de cabello negro azabache ni tampoco en sus pies y sus tobillos bronceados, a pesar de que llevaran sus zapatos en las manos; sacerdotes vestidos de negro; monjes vestidos de marrón; oficiales diligentes; soldados con rígidos y relucientes gorras y guantes verdes; bueyes con sus melenas de lana en sus clásicas cabezas de color galleta”. Su compañero está de acuerdo en “encontrar el paisaje extraordinario”, pero no saben a qué se debe: “Es un país con ventanas de vidrio pintado, dije. Vidrio viejo, pintado por algún famoso artista que murió en el siglo XIV, y un poco descolorido, o mejor, atenuado por el tiempo. Lo has clavado, dijo Dick. Hay, sobre el cielo, una mirada de vieja ventana de vidrio de catedral en penumbra. Le da a uno una especie de impresión religiosa”. La autora continúa el relato al que aporta su toque novelesco: “A mi padre le había oído hablar a menudo de **San Sebastián**, que, situada en el corazón del País Vasco, había sido el gran centro carlista, y aun cuando habían muerto las esperanzas carlistas, aún conservaba con fuerza sus tradiciones. Pero, carlista de corazón hasta el día de su muerte, no pudo dejar de apreciar el acierto de la reina Cristina, por cuyo deseo se había alzado sobre las aguas de la bahía un palacio real de verano. Debido a este golpe de política inteligente, una ciudad pobre y apesadumbrada se había transformado en el balneario más de moda de España, y una lenta pero segura animadversión se transformó en una próspera autosatisfacción”. Atraviesan Hernani, Tolosa y Gasteiz, antes de salir por Pancorbo hacia Castilla y emitir un último juicio: “Las provincias del norte, pobladas por misteriosos vascos opuestos a nosotros en sangre y lengua, apenas podría considerarlas España [*The northern provinces, peopled by mysterious Basques alien to us in blood and language, I could scarcely look* *upon as Spain*]. Pero en Castilla vi el corazón y el alcázar de mi país natal. Mi padre era andaluz; mi madre Castellana".

1907 – Amat. Escena con dos gaiteros y un tamborilero en la posada de Etsain, en el valle de Anue, tomada en 1920.

1907 – CARLOS AMAT PINTADO

Nacido en Castellón, Amat acabó ejerciendo de médico en Navarra y casándose con una enfermera de Etsain, en el concejo de Anue. Fue un gran aficionado a la **fotografía.** El Gobierno de Navarra conserva un fondo que se compone de 335 fotografías sacadas por Amat entre 1907 y 1935, entre las cuales sobresalen por su volumen las que tomó en Etsain, además de otras del valle de Baztan, Elizondo e Iruñea.

1907 – NABOKOV:

"Conservo desde entonces en una celda de cristal de mi memoria, que mariposa en vasco es 'misericoletea'".

1907 – VLADIMIR NABOKOV

Escritor y traductor ruso nacionalizado estadounidense (1899-1977). Miembro de una rica familia aristocrática de San Petersburgo que se exilió en Alemania con la Revolución rusa y acabó recalando en Estados Unidos, donde desarrolló su carrera literaria, y fue reconocido internacionalmente con la publicación en 1955 de su obra *Lolita*. Entre 1907 y 1909 veraneó en **Biarritz**, y guardó recuerdos que le vinieron a la memoria el 31 de julio de 1948 con la publicación de un artículo llamado *First Love* (*Primer amor*) en el *The New Yorker*: "El proceso del baño se realizó en otra parte de la playa. Bañistas profesionales, corpulentos vascos de traje de baño negro, estaban allí para ayudar a mujeres y niños a disfrutar de los horrores del oleaje, un bañista te colocaba de espaldas a la ola entrante y te tomaba de la mano al tiempo que la masa de agua espumosa y verde que se elevaba y giraba, descendía desde atrás violentamente sobre ti, derribándote con un poderoso golpe. Después de una docena de volteretas, el bañista, reluciente como una foca, conducía a su jadeante, temblorosa y húmeda carga hacia la orilla, sobre la arena plana, donde una inolvidable anciana con canas en la barbilla elegía rápidamente, de entre la ropa colgada del tendedero, una bata de baño. Al amparo de una pequeña cabina, otro asistente te ayudaba a despojarte del bañador empapado y lleno de arena. [...] El asistente, un jorobado de ceño radiante, te acercaba una palangana de agua tibia donde sumergías los pies. De él aprendí, y conservo desde entonces en una celda de cristal de mi memoria, que mariposa en vasco es **'misericoletea'** o, al menos, así sonaba (entre las siete palabras que he encontrado en los diccionarios, la más cercana es 'micheletea')".

1907 – DIEGO RIVERA

Pintor mexicano (1886-1957). Rivera, célebre muralista, líder revolucionario casado con la también artista Frida Kahlo y uno de los **pintores** más importantes que ha dado México, comenzó en 1907 un viaje por Europa que le llevó durante 14 años a los rincones más apartados del continente. Y el primero en el que recaló fue **Lekeitio**, donde se instaló durante el verano para pintar ocho cuadros que estaban en manos de coleccionistas privados y que poco a poco han ido saliendo a la luz. Rivera llegaría a Lekeitio acompañado de su maestro Eduardo Chicharro, gracias a los buenos contactos que este último mantenía en el pueblo (Julián de Tellaeche y Ricardo de Madrazo).

1907 – Rivera. Cuadro de lekeitiarras, *La parte de Pedro.*

1908 – RUDOLF GUTMANN

Rodolphe Goutman, filólogo ruso-estonio (1868-1927). Este investigador de origen alemán escribió varios trabajos de filología comparada entre el euskera y el **finlandés** y las lenguas de los Urales. En la revista *Zeitschrift für vergleichende Sprachforschung auf dem Gebiete der Indogermanischen Sprachen* publicó en 1923 un artículo titulado *Die Basken und die Finnen.*

1908 – CHARLES MARRIOT

Novelista, poeta y periodista británico (1869-1957). Marriot es el autor de un libro de viajes titulado *A Spanish holiday* (*Vacaciones españolas*), una obra que incluye ilustraciones del pintor inglés **Albert Mourton Foweraker** (1873-1942), que le acompañó en el viaje. Cuenta su visita a Euskal Herria a partir del capítulo VI. Se hospedó en **Gernika** antes de partir a pie hacia Lekeitio, y por el camino se topó con grupos de mujeres que acudían al mercado de Gernika, "marchando bravamente con pesados cestos en la cabeza, o con un carro de madera tirado por una yunta de bueyes que parpadeaba suavemente bajo los flecos carmesíes de su yugo cubierto de pieles de oveja, mientras descendían la colina con un movimiento lento y oscilante. [...] En una pequeña y solitaria taberna situada en la parte más alejada de la colina descansamos y bebimos chacolí. El oscuro interior, con el suelo de tierra y toscos bancos y mesas, estaba cubierto por el humo de la leña. Una olla negra estaba suspendida sobre el fuego y una mujer se sentaba junto al hogar abierto meciendo con el pie una cuna de madera". Pernocta en la Fonda de Beitia de **Lekeitio**: "La compañía del almuerzo era de un tipo más culto y elegante que el que nos habíamos encontrado en nuestras comidas habituales. [...] Todo el mundo, excepto el estudiante, procedía de manera relajada e informal, como en actitud de unas vacaciones junto al mar". A Marriot le resulta chocante la diferencia entre la ciudad nueva y la vieja con "las ricas tallas bajo los amplios aleros de las altas casas, los innumerables balcones y la plenitud de color en las prendas que se secaban en ellos". Asegura que "nunca" en su vida había visto tal cantidad de colada desplegada, "el efecto parecía el de la preparación para algún desfile". Sobre la playa advierte que "una escuela de niñas con uniformes rosas bailaba un zortziko sin música. El efecto de sus movimientos silenciosos, con los brazos extendidos y agitados, fue muy extraño". "El Gobierno español", le comenta el dueño de la fonda, "aprecia la prosperidad de las provincias vascas, pero siempre está en guardia contra el espíritu independiente de sus habitantes". El hostelero le dice que "aquí se podía encarcelar a un hombre por hablar". Y añade: "Los caseríos vascos eran pequeños pero rentables, y la mayoría de los agricultores eran propietarios de sus tierras. Eso era algo bueno; no le gustaban los terratenientes". Marriot comenta que "era un vasco puro; su tía, a quien nos presentó, apenas sabía hablar una palabra de español".

1908 – Marriot: *"El Gobierno español, decía [el posadero], aprecia la prosperidad de las provincias vascas, pero siempre está en guardia contra el espíritu independiente de sus habitantes. Aquí se podía encarcelar a un hombre por hablar".* Dibujo *Rincón de Lekeitio* de Albert Mourton Foweraker.

1909 – GAVEL:

"La única falta que puede atribuírsele [al euskera] es una exageración en los métodos sintéticos de conjugar".

1909 – HENRI GAVEL

Romanista y vascólogo francés (1880-1959). Fue profesor del liceo de Baiona y miembro de Euskaltzaindia. Se especializó en la **lengua vasca** y occitana, y publicó artículos en todas las revistas vascas de la época. En 1909 publicó un artículo en contestación a la polémica que llevaban Winkler (1903) y Uhlenbeck (1893) con respecto a la relación del euskera con las lenguas caucásicas. Gavel consideraba, como Uhlenbeck, que es preciso formular reglas concretas para poder demostrar esta relación. Sobre la lengua dijo algo de lo que los *euskaldunberris* siempre nos hemos quejado: "La única falta que puede atribuírsele es una exageración en los métodos sintéticos de conjugar. Pero este defecto empieza a desaparecer, ya que comienza una evolución que avanza más en unas provincias que en otras, pero que se percibe en todas; métodos más analíticos van reemplazando al anterior sistema innecesariamente complicado". En su *Chronique de toponymie* del País Vasco del año 1934 Gavel repara en el hecho de que se designe a los vascos con el apelativo de *vascongados*, que para él podría significar *vasconizados*. La circunstancia de que la zona oeste del País Vasco ostente un dialecto tan diferente le hace sospechar si no habría habido un corrimiento de la lengua sobre el terreno que hoy abarca todo el dialecto vizcaíno.

1909 – HILAIRE BELLOC

Historiador y escritor anglo-francés (1870-1953). Apologista católico de corte antisemita, con una ingente obra escrita, entre cuyos trabajos destaca el ensayo *The Pyrenees*, una guía que recorre los valles pirenaicos y describe sus excursiones y ascensiones e indica buenos lugares de acampada. El apartado I del capítulo IV lo dedica a los valles vascos, *The Basque Va-*

lleys. "Lo mejor es que cuando hayas dormido en **Elizondo**, que es un pueblo muy agradable, cojas el autocar y te dirijas a Pamplona; porque los vascos, que detestan tanto como los escoceses ir a rebufo del mundo, tienen un autocar por esta carretera de montaña". Se dirige por Erro hasta Roncesvalles y de ahí pasa a Zuberoa: "**Tardets** es la ciudad del mercado para todos los vascos de las colinas, y nunca se tiene suficiente, tanto por su paradisíaco hotel, del que hablaré cuando hable de hoteles, como por sus tiendas cosmopolitas y por su amable gente". En **Urdatx-Santa Grazi**, comenta, "el nombre del pueblo es uno de los muchos ejemplos de la forma en que la influencia del sur se superpone a estas colinas. Ya he comentado que la sandalia española se usa hasta el mismo pie de los Pirineos franceses, y también el pellejo de vino, que es común a toda España, además de la mula española. Aquí se pueden ver a los santos españoles llegando también más allá de las cumbres". Llega hasta la garganta de Kakueta, que describe como una maravilla. No consigue pasar al Erronkari, y comenta: "Me han dicho que **Isaba** está entre los mejores de estos pueblecitos vascos de montaña en cuanto a entretenimiento y limpieza, y todos los pueblos y ciudades vascas son limpios".

1909 – MARGE:

"Sus pequeños pueblos se vieron ahogados en la masa de los dos grandes Estados vecinos, se vieron obligados a reconocer a los señores supremos, aunque sigan siendo, ellos mismos, vascos de todos modos".

1909 – PIERRE MARGE

Escritor francés (1874). Se dedicó a escribir los relatos de los viajes que realizaba en su automóvil. En 1909 publicó *Le Tour de l'Espagne en automobile*. Llega a Gasteiz desde Valladolid el 10 de septiembre de 1909: "**Vitoria** luce muy moderna. Sin embargo, es una ciudad muy antigua cuya fundación por los visigodos se remonta al siglo VI. En su afán por parecerse a las ciudades del siglo XX, olvida de buena gana su antiguo origen y, para lucir las casas de relumbrón, deja derruir las últimas piedras de antiguos monumentos que podrían mostrar su gloria. Apenas queda nada de interés para ver en esta ciudad". Ya no es, para Marge, el paisaje español: *"Ce n'est plus le paysage espagnol, c'est la France qui s'approche, c'est un avant-goût des Pyrénées"*. Desde la terraza del hotel en el que se hospeda en **Donostia**, se divisa la bahía: "Mientras tomaba mi café, traté de imaginarme este delicioso lugar antes de que la moda trajera allí el torbellino del mundo elegante: la bahía estaría entonces desierta, solo el pequeño pueblo vasco, tranquilo, sonreiría en el agua levemente. [...] Debe haber sido, entonces, uno de los rincones más hermosos de la tierra". En **Donibane Lohizune** constata que "los habitantes de esta región tienen una mirada viva, un andar atrevido, un aire orgulloso que es un placer ver; tienen un gran parecido con los españoles de las provincias que recorrimos esta mañana, sus hermanos, vascos como ellos". "*Les Basques sont un peuple curieux et énigmatique*", afirma. Están "dispersos en Francia en la antigua provincia de Navarra, en España, en las provincias de Guipúzcoa, Navarra, Álava y Vizcaya. [...] Viéndolos pulcramente vestidos con su traje rojo y azul, vistiendo coquetamente su tradicional boina, pequeños, delgados, ágiles y orgullosos, producen la impresión de gentes hábiles y valientes que, a veces por astucia, a veces por valentía y siempre por orgullo, han sabido preservarse desde los tiempos prehistóricos". Sin embargo, lamenta que "sus pequeños pueblos se vieron ahogados en la masa de los dos grandes Estados vecinos, se vieron obligados a reconocer a los señores supremos, aunque sigan siendo, ellos mismos, vascos de todos modos. Una buena mitad de ellos no quiso llevar el yugo y emigró en masa a las tierras libres de América, de donde, ¿quién sabe?, sus antepasados prehistóricos pueden haber llegado".

1909 – TYLER:

"[La lengua vasca] en Bilbao solo lo habla la gente de una secta llamada Bizkaitarras [...] que parece querer separarse de España y formar un Estado independiente. [...] Parece que su propio idioma está construido de tal manera que quienes lo han hablado de niños deben olvidarlo antes de poder aspirar a dominar otro".

1909 – ROYALL TYLER

Historiador, diplomático y crítico de arte estadounidense (1884-1953). Después de mudarse a Londres en 1898, emprendió varios viajes por Europa y en 1909 publicó *Spain: a Study of her Life and Arts*. Se ocupa de Euskal Herria en el capítulo XIII, *The Basque Provinces and Navarra*, aunque, según dice, con pocas expectativas: "Las provincias vascas, Álava, Vizcaya y Guipúzcoa, interesantes etnológicamente, son tan pobres en arquitectura y otras disciplinas del arte, que no puedo permitirme ofrecerles mucho espacio". "Firmemente establecidos allí, siempre se han mostrado celosos de los extranjeros, devotamente apegados a sus propias instituciones y, lo que es peor, a su propia lengua [*what is worse, to their own language*]. [La lengua] ha hecho del País Vasco un obstáculo absolutamente permeable a las influencias de la civilización". "Su interés en la política española se ha limitado siempre a la preservación de sus propias libertades, la mayoría de las cuales perdieron en las guerras carlistas. [...] A pesar de todo ello muchos vascos emigrados a Castilla han jugado allí un importante papel". Las minas de hierro, comenta, han hecho de **Bilbo** una capital rica donde se distinguen dos grupos opuestos: por un lado, el de la clase trabajadora, y por otro, el de los propietarios, controlados por algunas órdenes como los jesuitas: "El resultado es que aquí, como en Cataluña, las escuelas laicas que existían y daban una buena educación hacia mediados del siglo pasado han sido aplastadas. Nadie se educa adecuadamente si no es de la mano de las congregaciones. Así, la formación y la influencia de las mujeres se unen para evitar la posibilidad de que aparezca el elemento más peligroso: un cuerpo de hombres educados de temperamento revolucionario". Tyler señala, pues, un tipo de conspiración femenino-jesuítica del orden de la que Blasco Ibáñez (1904) había firmado cuatro años antes.

La **lengua**, continúa, tampoco vale para la literatura y solo emergen, en castellano, personalidades como Miguel de **Unamuno** (de quien, por cierto, era amigo), que "se ha librado por poco del linchamiento a manos de sus compatriotas por decirles a la cara [*home truths*] que la lengua apenas puede expresar con gran dificultad ideas abstractas. [...] En Bilbao solo lo habla la gente de una secta [*sect*] llamada Bizkaitarras [...] que parece querer separarse de España y formar un Estado independiente. [...] Parece que su propio idioma está construido de tal manera que quienes lo han hablado de niños deben olvidarlo antes de poder aspirar a dominar otro". Pero, pese a ello, no parece que a Tyler estos *bizkaitarras* le resulten tan negligentes: "En general, es un buen país, agradable y adecuado para caminar, puesto que siempre hay una posada bien equipada y cómoda en cada pueblo o, en su defecto, una cama limpia en cada caserío". Parece que **Nafarroa**, "mayoritariamente habitada por vascos", le causa mejor impresión: "*With Navarre, though it is largely inhabited by Basques, the case is widely different*". "Quiero destacar que el país mantuvo relaciones estrechas con Aragón y Francia antes de ser finalmente absorbida por Castilla", añade. Reseña información de las catedrales de Tutera e Iruñea, "uno de los mejores edificios de estilo gótico tardío de España y que todavía conserva gran parte de su mobiliario original". Señala que fue comenzado por Carlos II de Navarra en 1397 y que sus forjados de hierro son una obra maestra del arte gótico. Admira además el mobiliario, los retablos y la platea del coro. Muestra también una foto de la arqueta de marfil del monasterio de Leire, una joya del arte islámico que se custodia en el tesoro de la catedral.

1910 – MANUEL GÁLVEZ

Poeta, ensayista e historiador argentino (1882-1962). Tres veces candidato al premio Nobel, Gálvez pasó por Euskal Herria durante uno de los dos viajes que realizó por la península en 1905 y 1910. Las anotaciones de su experiencia las publicó en 1913 en *El solar de la raza*, una obra escrita en clave nacionalista y católica, en la que realiza una reivindicación de la tradición y el pueblo español, en una reflexión que surge de la experiencia personal del viaje. Al argentino le sorprende la vitalidad de los valles vascongados, donde "hay ciertos trayectos ferrocarrileros en que el tren va entre fábricas". **Bilbao** es, según él, la muestra más significativa de la pujanza y el desarrollo industrial que se respira en el país: "Las gruesas chimeneas; los grandes buques que cargan el mineral de hierro; el humo que ensucia las casas y el aire, y que, a la noche, [...] finge colosal de llamas de un rojo sordo; el estrépito diario y el silencio en la noche [...] son cosas todas que muestran el hervor de fuerte y rudo trabajo en la burguesa capital de Vizcaya". A pesar de que lugares apartados como **Ondarroa** parecen sorprenderle –conserva íntegro el espíritu de Vasconia–, no le causan, sin embargo, la misma impresión otros paisajes interiores alejados de las grandes urbes. Sobre **Lekeitio**, por ejemplo, cuenta que "las mujeres que aguardan a los pescadores acuerdan sus angustias formando, en las viviendas miserables, como un inmenso y silencioso coro trágico". Por otro lado, la gesta de los **inmigrantes** la tiene siempre presente y considera a los habitantes del solar vasco (incluye a los navarros) como "los fundadores de la energía" del Río de la Plata. Recuerda que los vascos lo habían abandonado todo "por el incierto porvenir lejano que desconocen". Refiriéndose a su patria argentina indica que "el número de los apellidos vascos es incalculable" y "casi no hay en este país hombre descollante –sea en la política, en el arte, en las letras, en la fortuna, en la ciencia–, que no lleve en su sangre algo de vasco". Por todo ello advierte Gálvez "la honda simpatía" que le suscita nuestro pueblo, "su historia, sus leyendas, sus instituciones, su espíritu [y] sus costumbres", sin que ello le impida censurar, desde su ideología hispanófila, las tesis del "fanatismo étnico".

1910 – EDITH A. BROWNE

Periodista británica (1874-?). Es la autora de numerosos libros de viajes, entre los cuales destaca uno de nombre *Spain*, en el que también tiene un pequeño espacio para los vascos en el capítulo llamado *Local Peculiarities* (*Particularidades locales*): "En el noroeste se encuentran las provincias vascas, el hogar de un pueblo que se dice que desciende de los primeros habitantes de España. Los vascos están muy orgullosos de ser la raza más antigua del país; de hecho, todos afirman ser **nobles**, e incluso los pobres ocupantes de una casa de campo en ruinas suelen tener escudos de armas sobre su humilde morada". Comenta de vascos y vascas que son "muy orgullosos e **independientes**, pero muy hospitalarios, y tienen fama de ser totalmente honrados y honestos". Habla de antiguas y pintorescas costumbres, de bailes y diversiones singulares, de una manera distinta de vestir y de una lengua propia, "que se dice que se habló en una época en toda España". "Entre sus curiosas costumbres", continúa, "se encuentra la de ofrecer pan y maíz a los familiares y amigos fallecidos en el aniversario de la muerte". Sus danzas más famosas son "el '**Zorcico**', la '**Carrica**' y la '**Espata**', que se representan con motivo de las fiestas vascas; los extraños movimientos se ejecutan con el acompañamiento de variedades primitivas de la gaita [*bagpipe*], el tamboril y el chistu [*fife*], e intercalan gritos salvajes de alegría [*wild cries of delight*, ¿irrintzi?]". Cuenta que el paisaje "está densamente cubierto por grupos de colinas, ricamente vestidas con robles, castaños y pinos. [...] En medio de un entorno tan ordenado, las casitas encaladas y las casas sólidamente construidas se agrupan en pueblos limpios, con calles rectas que se cruzan en ángulo recto, buenos puentes, una plaza pública ordenada, una escuela, una iglesia y, casi siempre, un frontón [*fives-court*] para la práctica del juego favorito del pueblo, conocido como '**Pelota**'". Sobre Navarra comenta lo siguiente: "Al este de las provincias vascas se encuentra Navarra, también un país de muchas colinas y pocas llanuras. La gente que habita las regiones montañosas es muy parecida a sus vecinos los vascos y hablan la lengua vasca. Los que viven en las llanuras se parecen a sus vecinos del otro lado de la provincia, los aragoneses".

1910 – M. ALLEN

En su libro *The Whalebone Whale of New England*, editado en Boston, habla de los nombres vernáculos de la ballena llamada *North Atlantic Right Whale*, hoy aceptada como *Eubalaena glacialis*. Allen asegura que "en el lenguaje científico se la ha llamado 'Baleine des Basques', la **ballena** vizcaína o vasca, fundamentada en la *Balaena biscayensis* de Eschricht [1860], que entonces se suponía que era una especie distinta. Esta ballena fue perseguida durante mucho tiempo por los balleneros de Vizcaya, que la siguieron incluso hasta los bancos de Terranova, pero su nombre parece ser 'Sardaco Baleac' (que significa ballena que va en bancos), que en francés se traduce como 'Sarde' o 'Sarda' [*but their name for it appears to be '**Sardaco Baleac**' (meaning a whale that goes in schools) which is rendered into French as 'Sarde' or 'Sarda'*]".

1911 – BELL:

"Hay pocos pueblos más merecedores de un estudio que los vascos y pocos países más agradables de visitar y de vivir que las provincias vascas".

1911 – AUBREY FITZGERALD BELL

Hispanista británico (1882-1950). Autor de importantes trabajos sobre España, en 1911 publica *The Magic of Spain*, una colección de pequeños ensayos escritos durante sus vacaciones en la península. Los capítulos III, IV y V los dedica a *Eskual Erria*: "Hay pocos pueblos más merecedores de un estudio que los vascos y pocos países más agradables de visitar y de vivir que las provincias vascas", afirma. Después de contemplar las llanuras estériles de Castilla o Navarra, los pueblos vascos le ofrecen "un delicioso contraste". Atraviesa el Bidasoa, ese río que más que dividir a España de Francia, divide al vasco del vasco ("*divides Basque from Basque*"): "El vasco y el andaluz, por ejemplo, se encuentran tan distantes como el francés y el español". "Tienen un verdadero amor por la independencia local y en el siglo XVIII encontramos dos pueblos de frontera vasca, Bera y Sara, que se denominan en un tratado las 'dos Repúblicas'. El tratado se refería a yerbas, aguas y bellotas". Del **caserío** en general cuenta que "la parte inferior de la fachada tiene un hueco en forma de zaguán y, a un lado de este, una puerta conduce directamente a la espaciosa cocina, con su enorme chimenea y cantidad de vasijas de bronce y cobre bien pulidas, que forma la sala principal de la casa". Asegura que un vasco "nunca es llamado por su apellido, sino por su nombre de pila o un apodo, o el nombre de su casa o propiedad. Etche [casa] es quizás el compuesto más común. Etcheberri [casa nueva] tiene numerosas variantes: Echeverri, Echevarri, Echavarri [...], Chavarri, Echarri, Echave, Xavier, Javer, etc.". Advierte que en Iruñea ya no se habla euskera, "aunque llega casi hasta sus murallas, y hasta hace muy poco tenía una extensión más amplia en Navarra; han sobrevivido nombres de lugares como **Mendigorria** [montaña roja]". "En inglés se ha dicho que la palabra 'jingo' deriva del vasco Jincoa, 'Dios', introducido por las tropas de Wellington después de la Guerra Peninsular. La palabra vasca es una abreviatura de 'Jaungoicoa'", explica.

También habla de la pelota, y asegura que el sonido de esta pegando contra la pared del frontón se escucha "desde el amanecer hasta el anochecer del domingo", "con intervalos de baile al son de la estridente flauta y el tambor del chunchunero [*shrill pipe and drum of the chunchunero*]". A los vascos los describe como "nobles, bien parecidos, graciosos en todos sus movimientos, robustos y astutos, [...] ya sea como agricultores, contrabandistas, soldados o pelotaris". No ve que haya una intención de imponer el espíritu comercial por encima de "su amor por la libertad, como a menudo se ha atribuido a los catalanes". Cuenta que "aman su hermosa tierra, la Eskual-erria, por sí misma y la religión y costumbres de sus antepasados, y los extraños que visitan su país pronto aprenden a amar y admirar su amplio poder curativo y su espíritu de paz ancestral". Describe varios pueblos: **Bera**, "en una hondonada soleada, tiene una fascinación especial"; **Hondarribia** es "de una extraña y encantadora belleza"; "la iglesia de **Gallipienzo** domina una montaña, y es tan sólida y fina que parece empequeñecerla"; **Santsol**, "desde cierta distancia, parece una gran fortaleza de piedra marrón con pequeñas y oscuras grietas (las ventanas sin vidrio)"; **Irunberri** es "como un Toledo en miniatura, en su colina desnuda sobre el río serpenteante, y **Sangüesa**, de piedra amarillo parda, en el Aragón, del mismo color, tiene su iglesia de Santa María magníficamente esculpida y otras hermosas tallas en casas particulares".

1911 – JOSEPH KARST

Orientalista alsaciano (1871-1952). Karst, profesor de la Universidad de Estrasburgo, fue un orientalista que se ocupó, sobre todo, del **idioma armenio** y que entró en contacto con el euskera. Comparó cuestiones relacionadas con la antropología, la etnología y la lengua, y extrajo más de 400 semejanzas entre euskera y armenio. A pesar de la enorme dimensión de estos trabajos, hasta hace bien poco eran prácticamente desconocidos y aún están por examinarse. La mala fama que arrastra la teoría vasco-armenia ha podido contribuir a ello. En 1911 publicó su primer artículo sobre la situación étnica de los armenios (*Zur etnischen Stellung der Armenien*) en el que hace referencia al euskera. En su obra póstuma de 1954 *Essai sur l'origine de Basques, Ibères et peuples apparentés*, comenta las fuentes de las que ha bebido (Azkue, Winkler 1903, Trombetti 1902, Schuchardt 1884, van Eys 1865, Uhlenbeck 1888, Gavel 1909...) y presenta una pequeña bibliografía con los trabajos que escribió sobre nuestra lengua.

1912 – TEODORO BARDAJÍ MAS:

"Si es verdad lo que dijo Dionisio Pérez, que España enseñó a comer a Europa, también tiene que ser cierto que es el País Vasco quien ha enseñado a cocinar a España".

1912 – TEODORO BARDAJÍ MAS

Chef de cocina y escritor aragonés (1882-1958). Fue jefe de cocina de los Duques del Infantado, con quienes pasó largas temporadas en su palacio de Lazkao, y algunos lo consideran el padre de la **gastronomía** española moderna. Publicó en 1935 del libro *La cocina de Ellas*, un referente para la época. En 1912 se casó con una vasca perteneciente a la saga confitera de los Guereca. En el número 28 de la revista *EGAN* del año 1956 aparece una carta suya traducida al euskera por Antonio Arrúe donde dice: "Si es verdad lo que dijo Dionisio Pérez, que España enseñó a comer a Europa, también tiene que ser cierto que es el País Vasco quien ha enseñado a cocinar a España".

1913 – ANTOINE MEILLET

Lingüista francés (1866-1936). Uno de los más importantes lingüistas que ha dado Francia en el siglo XX. Su estancia en el Cáucaso le permitió estudiar el armenio moderno, del que obtuvo la cátedra en la Escuela de Lenguas Orientales. En su calidad de experto en lenguas caucásicas criticó e incluso ridiculizó los trabajos de Karst (1911) sobre la relación **vasco-caucásica**. También escribió algunas críticas a los trabajos lingüísticos sobre el euskera. En 1913 publicó en la revista *Euskalerriaren Alde* el artículo *El euskera y el nubiano. Opinión sobre una hipótesis de Schuchardt*. En el *Bulletin de la Société de Linguistique de Paris* número 26 de 1925 ya comentaba que, para las comparaciones lingüísticas, se contemplan dos momentos:

primero las posibles similitudes a primera vista y después la construcción de una historia precisa de los idiomas considerando una gramática comparativa fundamental para avanzar en el trabajo. Comenta que la relación del euskera con las lenguas caucásicas y hamito-semíticas presupone muchas similitudes, pero también excluye una verdadera demostración debido a la gran cantidad de posibilidades que contiene. En 1924 publica con Marcel Cohen el libro *Les langues du monde*, en el que dedica un pequeño capítulo a la lengua vasca y analiza un poco por encima las divisiones dialectales, la literatura, la fonética y morfología, la sintaxis y el vocabulario.

1913 – SIGMUND FEIST

Pedagogo y lingüista alemán (1865-1943). En el capítulo XVI de su vasto libro sobre los indoeuropeos, *Kultur, Ausbreitung und Herkunft der Indogermanen*, habla de los pueblos vecinos de los indoeuropeos, y nombra en primer lugar a los vascos, a los que dedica siete páginas. Hace un somero repaso de alguno de los tópicos que proliferaban, como su sociedad **matriarcal**, representada por la costumbre de la covada cántabra, su configuración corporal, su lengua y lo conservador que se manifiesta en sus costumbres. Cita como ejemplo el instrumento de la ***laya***, que, como explica, lo continúan utilizando a pesar de no serles desconocido el arado. Para Feist la tipología del vasco se asemeja mucho a la de sus vecinos franceses y españoles, lo que le induce a pensar que, en su momento, esa raza pudo estar más extendida que en la actualidad: "*Da diese Mischungsverhältnisse auch bei der romanisch sprechenden Bevölkerung Südwesteuropas anzutreffen sind, so ist die Annahme gerechtfertigt, dass die Basken als Volksstamm betrachtet einst weitere Verbreitung hatten und nur sprachlich, nicht körperlich der Romanisierung erlegen sind*".

1913 – RUDOLF TREBITSCH

Médico y etnógrafo austriaco (1876-1918). Fue un médico aficionado a las humanidades que acabó dedicándose a la etnografía y lingüística, hasta convertirse en un **vascólogo** que dejó un importante legado para nuestra cultura. A partir de 1906 se dedicó a viajar por los rincones más apartados de Europa, donde realizó una excelente labor de campo y registró más de 4.000 grabaciones en las que utilizaba los medios técnicos más avanzados, algo bastante infrecuente para la época. En 1913 realizó un viaje al País Vasco, en el que tomó **fotografías** y, sobre todo, hizo **grabaciones** de ámbito musical y lingüístico (le interesaron, sobre todo, las diferencias dialectales). Son en total más de 130 minutos: las grabaciones vascas más antiguas que se conservan después de las de León Azoulay (vasco, seguramente) del año 1900. También supo rodearse de importantes colaboradores como Urquijo, Aranzadi, Azkue o Lacombe para que le tradujeran los testimonios que recogía. Al volver a Austria publicó un artículo sobre estas grabaciones, *Baskische Sprach- und Musikaufnahmen*, y dio una conferencia, *Ethnographisches aus dem Baskenlande*. Gracias a los trabajos de investigación de los hermanos López de Arana, en el 2003 se consiguieron recuperar estas joyas etnográficas de la cultura vasca. Uno de sus compromisos más reconocidos fue la dedicación que concedió a la colección vasca del **Museo de Folklore de Viena**, donde llegó a ocupar el importante cargo de consejero del comité.

1913 – VALDOUR:

***"La vida es allí cara: los patronos, los taberneros, los pequeños comerciantes explotan al trabajador lo mejor que pueden"* (La Arboleda).**

1913 – JACQUES VALDOUR

Sociólogo francés (1872-1938). Es el autor de un importante y singular estudio sociológico sobre el proletariado español (*L'ouvrier espagnol. Observations veces*, 1919), en el que incluye un capítulo, el V, dedicado al mundo obrero vasco. La particularidad de este estudio radica en que Valdour pretende analizar ese universo desde dentro, con la finalidad exclusiva de denunciar, desde su perspectiva católica, la perniciosa influencia que el socialismo ejerce sobre la población obrera. Trabajó para ello de pintor en una fábrica de Sestao, de minero en La Arboleda y de mecánico en un taller de Eibar, durante los dos meses de verano de 1913. Se detuvo a examinar cada uno de esos lugares y plasmó lo que vio en diferentes parágrafos. "El barrio obrero de **San Francisco**", comienza, "en la margen izquierda del Nervión, está densamente poblado. Todas las tardes lo invaden los vendedores de 'El Socialista', [...] 'La lucha de clases' y [...] finalmente 'La Barredora', periódico local, anticlerical y pornográfico. Una enorme cantidad de tabernas rebosan de gente los sábados por la tarde y los domingos. Hay en ese barrio numerosas posadas obreras. [...] Casi todos los obreros de Bilbao van vestidos de azul, con camisas azules o negras, calzan alpargatas negras y usan la pequeña boina azul que también llevan comerciantes y burgueses. Las casas son negras, parecen húmedas y sucias. Las viviendas obreras que he visto están descuidadas y mugrientas". Cuenta que su compañero de cuarto, de otra provincia española, está impregnado de ideas revolucionarias: "La tierra de España es también francesa, así como la tierra de Francia es española: ¡No hay más que humanidad!". Y así, poco a poco, va trazando una atmósfera realista, con personajes que encuentra en su día a día. En la calle una mujer reivindica su castellanidad y despotrica contra los vascos: "*Les Basques, c'est un peuple de voleurs (ladrones), de p..., d'hypocritas, d'inquisiteurs! Il n'y a pas pire canaille au monde! Ils vont à la messe! Leur pays est plein de couvents... Moi, je suis Castillane!...*". Cuenta que, aparte de la pelota, no hay más distracción popular que "*le cinematographie*".

Frente a las condiciones infrahumanas que ofrecen barrios de tradición socialista como este, Valdour intenta contraponer el bienestar que ofrecen barrios de obreros católicos. Sube al barrio de la Cruz, construido por una fundación católica, para contemplar la otra cara del proletariado: "La lucha entre patronos y socialistas se lleva con dureza. La patronal de Bilbao ha construido todo un barrio de casas obreras sanas y baratas en la ladera de la colina de Nuestra Señora de Begoña. Es un emplazamiento selecto que reúne las mejores condiciones de luz y ventilación. Un alojamiento formado por tres habitaciones no cuesta más que tres o cuatro duros al mes". Una vez instalado en **La Arboleda** comenta que los mineros son, sobre todo, leoneses y gallegos: "La vida es allí cara: los patronos, los taberneros, los pequeños comerciantes explotan al trabajador lo mejor que pueden. La compañía de minas ha creado un economato donde los bienes se venden a precio de costo para arruinar a sus dos rivales, la cooperativa socialista y la cooperativa católica. Pero, en principio, la mayoría de los trabajadores se niegan a realizar compras allí". "Sus casitas sucias, negras, construidas apresuradamente en madera, en ladrillos o en adobes tan ligeros que a veces la fachada norte está protegida por tablas: callejones dispersos separan estas viviendas estrechas, incómodas, oscuras y mal cuidadas".

1914 – POSSE Y VILLELGA:

"Yo no comprendo a un vasco ateo. No he podido todavía entender cómo hay quienes sueñan con una reintegración foral laica".

1914 – JOSÉ DE POSSE Y VILLELGA

Periodista español (1881-?) Fue un periodista segoviano afincado en Bilbao durante el primer tercio del siglo XX, que dijo: "Dios ha querido traerme desde la hidalga Castilla a esta noble Euskeria para que, como pobre, trabaje". Publicó en 1914 *La Vida Social en el País Vasco*, fruto de las conferencias que dio en Iruñea con motivo de la VI Semana Social que se incluía en las celebraciones que conmemoraban el VII Centenario de la Batalla de las Navas de Tolosa. El festejo tenía un corte social católico, y Posse, que militaba en el **sindicalismo católico**, sostuvo en esas jornadas un alegato a favor de las tradiciones vascas y en contra de la nueva ideología socialista que pretendía, desde algunos pueblos de la Ribera ("agricultores contaminados por el **socialismo**"), acabar con la personalidad y el alma vascas. Contemplaba al socialismo progresista como la antítesis del prototipo de sociedad vasca: "Yo no comprendo a un vasco ateo. No he podido todavía entender cómo hay quienes sueñan con una reintegración foral laica".

1914 – BATCAVE:

"Baile español de carácter voluptuoso e incluso lascivo, que se baila con un ritmo pegadizo, acompañado de guitarra y castañuelas"
(Larousse: fandango).

1914 – LOUIS BATCAVE

Historiador francés (1863-1923). Estuvo ocupado, principalmente, en investigar la historia de Bearne, pero también profundizó en la de Euskal Herria. Colaboró con asiduidad en la *Revue Historique et Archéologique du Béarn et du Pays Basque*, y acumuló una importante colección de temas vascos en su biblioteca. En 1914 publica en *RIEV* el artículo *Le procès du* ***fandango*** *en 1809*, en el que denuncia la prohibición de un baile que el diccionario Larousse había definido como "baile español de carácter voluptuoso e incluso lascivo, que se baila con un ritmo pegadizo, acompañado de guitarra y castañuelas", definición que no modificó hasta 1878. El proceso sobre el fandango se representó en una comedia vodevilesca en la que se comentaba en **Donibane Garazi** la atracción que ejercía sobre la juventud, que "fascinaba a todas las miradas, volvía todas las cabezas y calentaba sus mentes y prendía fuego a sus corazones": *"qu'il se serait tellement mis en pied auprès de la jeunesse de l'endroit, qu'il aurait, à l'aide de ses démonstrations, et exécutions novatrices, fallacieuses et insidieuses, fasciné tons les yeux, tourné toutes les têtes, échauffé tons les esprits, enflammé tous les cœurs"*.

1915 – GABRIEL MARÍA VERGARA Y MARTÍ

Etnólogo, geógrafo y jurista español (1869-1848). En su libro *Carácter y cualidades de los habitantes de las diferentes regiones españolas, según las frases populares empleadas acerca de ellos*, del año 1915, escribe: "Hay una frase que afirma que para el **navarro**, buena es Navarra, si tiene naipes, mujer y jarra; sin embargo, a los que son de esa región les advierte otra que de Navarra, ni mujer ni tronada; de Aragón, ni hembra, ni varón; pero no debe ser, exacta esa afirmación, cuando hay un viejo adagio que aconseja que se prefería doncella navarra, monja catalana, casada valenciana y viuda aragonesa". Y añade: "El aragonés tozudo, el navarro fanfarrón, el andaluz pinturero y el valenciano traidor". El *Atlas geográfico de España* publicado en 1925 reproduce en una de las láminas de las regiones españolas un mapa de *Navarra y las Provincias Vascongadas* elaborado por él.

1915 – Vergara. *Mapa de Navarra y las Provincias Vascongadas* (1925).

1916 – SCHURHAMMER:

"¿Cuál era la lengua materna del santo Francisco Javier, el castellano o el vasco?". "Ellos en su lengua utilizaban el malabar, yo en verdad la celtibérica, comúnmente vascuence".

1916 – GEORG SCHURHAMMER

Jesuita e historiador alemán (1882-1971). Tras haber recuperado su salud después de una visita a la exposición del cuerpo de **San Francisco Javier**, Schurhammer dedicó una gran parte de su vida al estudio de la biografía del santo. En 1916 publicó su primer artículo en *Schweizerische Rundschau*. En 1927 publica en *RIEV* el artículo *Baskische Studenten zur Zeit des hl. Franz Xaver in Paris* (*Estudiantes vascos en París en tiempos de San Francisco Javier*). En él reúne un largo listado de nombres que había recogido al examinar los diferentes pergaminos que se encuentran en la *Acta Rectoria Universitatis Parisiensis* de la Biblioteca Nacional de París: *Franciscus de Nauarre*, *Amadot deldouyn*, *Michael derro*, *Martinus de urterroz*, *Ignacius de loyola*, *franciscus de xabier*, etc. En 1929 publica, también en *RIEV*, *Die Muttersprache des hl. Franz Xaver* en el que se pregunta cuál era la **lengua materna** de San Francisco Javier, si castellano o euskera: "*Welches war nun die Muttersprache des hl, Franz Xaver? Spanisch oder Baskisch?*". Tras una mala interpretación de la traducción al latín de las cartas del santo que había publicado Tursellis en 1596 (normalmente la correspondencia se traducía al latín y se repartía entre las distintas comunidades), se había extendido la falsedad de que esta era el castellano. Sin embargo, ya en la edición impresa en Lovaina treinta años antes de la carta *Epistolae Indicue de Stupendis et Praeclaris Rebus* se testimonia expresamente "*quod illi lingua uterentur Malauar, ego vero Celtiberica, vulgo Vaziquenza*" ("ellos en su lengua utilizaban el malabar, yo en verdad la celtibérica, comúnmente **vascuence**"). En muchas de las cartas repartidas a partir de 1551 (la carta era de 1544) aparece traducido como *bizcaina* o *basquença*. A partir de 1955 Schurhammer publica la vida del santo en varios volúmenes.

1917 – FRONTÓN CEDACEROS DE MADRID

En 1917 se inaugura en Madrid el Frontón Cedaceros (también llamado Frontón Madrid), que como novedad absoluta acogería en su programa los primeros partidos profesionales de **raquetistas vascas** en la capital. Si bien estas ya llevaban desde 1886 acudiendo a otros frontones del Estado, fue el empresario Ildefonso Anabitarte quien las llevó a dar este salto cualitativo que las convertiría en las primeras deportistas profesionales de España. A la Habana llegan el 8 de octubre de 1922; allí cosecharon un éxito sin precedentes y acumularon una gran cantidad de admiradores, mientras en el ámbito local se las trataba con relativo desprecio. La disciplina vivió su época dorada entre 1935 y 1946, cuando se establecieron ocho frontones en Barcelona y cinco en Madrid. El éxito cosechado llegó a tal extremo que en el año de la inauguración del Frontón Barbieri (recogido en prensa por el *ABC* de Madrid el 28/12/1943) había en España 1432 pelotaris profesionales, de los que 698 eran hombres y 734, féminas raquetistas. El número de mujeres, por lo tanto, superaba al de varones. **María Antonia Uzkudun**, *Txikita de Anoeta* (1927-2008), fue la pelotari más famosa de las canchas madrileñas de la posguerra, aunque se han llegado a recopilar hasta 217 nombres de raquetistas de 47 poblaciones vascas que probaron suerte en este deporte y que contribuyeron al sustento de muchas familias, ya que llegaban a ganar tres veces el sueldo de un asalariado normal. Sin embargo, en 1946 el franquismo dejó de conceder licencias y su popularidad comenzó a decaer. El Frontón Madrid ofreció partidos de raquetistas femeninas hasta 1982. En el programa del Frontón Principal Palacio de Barcelona destaca como figura principal la pasaitarra **Belza**.

1917 – Frontón Cedaceros. En 1943, en pleno franquismo, el número de mujeres pelotaris profesionales en el Estado español superaba al de hombres. Anuncio del Frontón Principal Palacio de Barcelona, con la actuación destacada de la pasaitarra Belza (hacia 1960).

1917 – SAMUEL 'SOL' SILEN

Judío estadounidense de origen ruso (1879-1944). Escribió *La Historia de los Vascongados en el Oeste*, después de investigar durante 14 años la vida de las familias vascas que emigraron a **Norteamérica**. Es un listado de nombres y de historias sobre los **inmigrantes** de los siete territorios vascos que llegaron a Nevada, Valley e Idaho, con gran cantidad de información y fotografías de ellos. En la introducción los retrata así: "Los vascos han contribuido notablemente al desarrollo del comercio en el Nuevo Mundo. En las respectivas comunidades donde habitan son factores vigorosos en todo lo que tienda a mejorar las condiciones de su hogar adoptivo. Su clientela es solicitada con empeño por las instituciones bancarias y el comercio en toda clase de efectos. Compran lo mejor, pagan sus obligaciones con prontitud y gozan de crédito ilimitado en el mundo comercial. Tienen altos principios de honor, miles de dólares cambian de manos anualmente entre ellos sin ningún contrato escrito. Son honrados, íntegros, dignos de confianza, leales y fieles en todas las transacciones de la vida. Los Estados del Oeste tienen la suerte de que vayan allí la mayoría de los vascos que llegan a este país, [...] y muchos de ellos que han empezado por desempeñar posiciones humildes han terminado como socios de sus antiguos patronos. Su profunda religiosidad hace de ellos hombres de muy buenos principios morales, que se establecen y forman familias que honran a cualquier comunidad".

1917 – EUGENIUSZ FRANKOWSKI

Antropólogo y arqueólogo polaco (1884-1962). Involucrado siempre con los movimientos progresistas y con la defensa de la educación en el idioma polaco en plena dominación rusa, el estallido de la Primera Guerra Mundial le pilló en pleno viaje a Marruecos. Después de ser nombrado miembro de la Real Academia de la Historia en 1919, se instaló definitivamente en España a partir de 1920, y allí realizó varios estudios sobre ritos agrícolas y funerarios. En Euskal Herria mantuvo una estrecha relación con los investigadores locales y sus trabajos inspiraron a antropólogos como Barandiaran y Aranzadi. Su archivo personal fue destruido durante la Segunda Guerra Mundial. La etnóloga Maria Frankowska comenta: "Uno de los más dolorosos tributos que hubo de pagar Frankowski a la guerra que destruyó su patria, fue la pérdida total de algunos manuscritos, entre ellos una obra a punto de ser impresa, que recogía en sus años de trabajo, en torno al arte popular vasco y las celebraciones y ritos anuales de los mismos junto a toda una serie de profusa documentación de planos, dibujos y fotografías". Se han podido rescatar, por suerte, 46 **fotografías** sobre la vida de los carboneros y pastores del Pirineo navarro que han pasado a formar parte de la Fototeca de Navarra. En 1918 presenta la obra ***Hórreos** y palafitos de la Península Ibérica*, en la que incluye dos de Bizkaia, lo cual constituyó una sorpresa e impulsó la localización de estos. Su trabajo de 1920 ***Estelas** discoidales de la Península Ibérica* es una obra de gran envergadura que todavía a día de hoy es libro fundamental de consulta para muchos estudiosos del tema. Incluye tres capítulos seguidos sobre las estelas del País Vasco (Arguiñeta, sobre todo), de Navarra (Santacara, Estella, Valcarlos...) y del País Vasco francés.

1918 – JACQUES MEURGEY DE TUPIGNY

Historiador y heraldista francés (1891-1973). En 1918 publicó *Les armoiries du Pays Basque*, un trabajo que subtitula como un estudio histórico, crítico y anecdótico sobre los diferentes escudos que forman los blasones del País Vasco, las particularidades y analogías que presentan y las leyendas y las tradiciones que invocan. Meurgey concluye que "este **escudo de armas** corresponde a una necesidad: busca reproducirse en todas las circunstancias de la vida del País Vasco y popularizarse de la manera más amplia, que se vea bordado en carteles y en encuadernaciones y cincelado en frontones. Es un distintivo de comunidad para los vascos de vieja raza que quieren mantener su personalidad y para todos aquellos que combaten las tendencias que ciertos extranjeros pudieran tener para violar el espíritu de este país [*et pour tous ceux qui combattent les tendences que pourraient avoir certains étrangers á violenter l'âme de ce pays*]".

1918 – Meurgey. *Zazpiak bat.*

1918 – ALFONSO XIII:

"'Como verás, Elorrio, este es un pueblo muy poco monárquico'. Y Elorrio: 'Porque es un pueblo demócrata de toda la vida'". "Cultivad vuestra lengua, el milenario y venerable euskera, joya preciadísima del tesoro de la humanidad".

1918 – ALFONSO XIII

Rey de España (1886-1941). En 1918 se crea la Sociedad de Estudios Vascos, Eusko Ikaskuntza, una institución con la que las cuatro diputaciones vascas e Iparralde pretenden investigar y difundir en Euskal Herria el estudio y el conocimiento de la cultura. Al acto fundacional en el I Congreso de Estudios Vascos en Oñati acudieron los obispos de las distintas diócesis y las máximas autoridad civiles y militares. Durante el discurso de clausura, el rey Alfonso XIII se dirigió a los asistentes con estas palabras: "Consagraos al estudio y fomento de todo cuanto pueda contribuir al adelanto y progreso del País, cultivad vuestra lengua, el milenario y venerable **euskera**, joya preciadísima del tesoro de la humanidad, que habéis recibido de vuestros padres y debéis legar incólume a vuestros hijos". Pero si algo merece la pena ser contado de este rey es la deliciosa anécdota narrada por José Bergamín (1978) en una entrevista con Alfonso Sastre (1982) para la revista *Punto y Hora*: Ramón Elorrio, vasco republicano amigo de Bergamín, solía ser amigote de correrías del rey Alfonso XIII allá por los años 20. Un buen día, camino de Madrid en el coche del rey, decidieron hacer un alto para tomar un almuerzo en una campa del monte: "Apareció un pastorcillo, un chico al que convidaron a su refrigerio. Antes de despedirse se les ocurrió: vamos a decirle a este chico quién le ha convidado y se cae del susto. Fue Elorrio el que se dirigió al chaval: '¿Sabes quién es este señor que te ha invitado? Es el Rey de España'. 'Anda', dice el muchacho dirigiéndose al rey, 'tu madre acaba de pasar por aquí hace un rato' (efectivamente el coche de la Reina Madre había pasado poco antes). Y comenta Alfonso XIII: 'Como verás, Elorrio, este es un pueblo muy poco monárquico'. Y Elorrio: 'Porque es un pueblo demócrata de toda la vida'".

1918 – FERRÉOL BUTAVAND

Arqueólogo, lingüista e ingeniero francés (1875-1938). Vivió en África y ejerció como director del puerto de Argelia. A partir de las conclusiones sostenidas por Bonaparte (1847) sobre la relación del euskera con las lenguas ugrofinesas y el desciframiento de la lengua etrusca por Martha, Butavand quiso demostrar en su trabajo *Analogies de l'étrusque avec le basque*, publicado en 1918, el estrecho parentesco lingüístico entre el **etrusco** y el euskera. Para ello analizó la correspondencia de letras, sufijos, verbos, numeración y vocabulario: "La comparación entre el etrusco y el vasco es interesante, ya que complementa en muchos puntos la información proporcionada por las analogías **ugrofinesas**". Según explica, las analogías directas entre estos dos idiomas "son más importantes que entre estas lenguas y los idiomas ugrofineses". Constituirían, por lo tanto, "una variedad especial muy antigua, una especie de prefinlandés meridional [*une clase préfinnoise méridionale*]". El georgiano del Cáucaso, al estar relacionado también con el grupo ugrofinés, tendría algunas analogías con el *euskarien*, como lo llama.

1919 – Douglas/Fedden: *"Su división política se compone, formalmente, de siete provincias hermanas (las siete llamas de las fauces del dragón), el Zazpiak bat"*. Imagen de Donibane Garazi.

1919 – KATHARINE WALDO DOUGLAS Y ARTHUR ROMILLY FEDDEN

Traductora y novelista americana (1870-1939), y artista inglés (1875-1939). Publicaron en 1921 un excelente libro de viajes, escrito por Katherine e ilustrado por Arthur, titulado *The Basque Country*, que muestra, con bellas estampas y un análisis sincero y emotivo, sus observaciones a lo largo de una excursión que les llevó en 1919 exclusivamente por **Iparralde**. A pesar de ello, en portada muestra el ***Zazpiak bat***, el escudo de las siete provincias: "Aunque el País Vasco es una zona muy transitada, no se encuentra ni un solo libro en inglés que pueda contestar a las preguntas que el viajero, fascinado e interesado por este pueblo, quiera hacerse". A día de hoy, comenta Douglas, "el amor por la tierra y el orgullo por la raza persiste, a pesar de todos los cambios políticos". Para empezar, la autora advierte que el País Vasco nace de una **leyenda**, la del dragón que duerme bajo la cordillera pirenaica: "Sus bosques están todavía habitados por criaturas míticas". "Su división política se compone, formalmente, de siete provincias hermanas (las siete llamas de las fauces del dragón), el Zazpiak bat, la 'Eskual Herria' de canciones e historias vascas". Una leyenda dice, además, que los vascos solo adoran un Dios, *Yaun Giocoa*, el Dios de lo Alto, del que emana toda la luz: "'Egia', la verdad, luz del espíritu, 'Etchia', el sol, nuestra luz diaria, y 'Begia', el ojo, luz del cuerpo". Por otro lado, de todo lo que se ha dicho sobre el euskera extrae una conclusión bastante juiciosa: "La verdad es que estás en la libertad de respaldar la teoría que más simpática te resulte".

Habla también de la dignidad con la que los vascos emprenden su vida, que se plasma en la manera que tienen de construir sus hogares (*Etcheonda*): "Estos **caseríos** vascos producen en la imaginación la expresión de una vida patriarcal. Tiene un aire de estabilidad, dignidad y permanencia". "Te servirán, se mostrarán educados y agradecidos, pero no te permitirán compartir con ellos su vida o hablar su lengua, que es como penetrar en sus pensamientos". Sobre **Bayona** dice que es "la más placentera de todas las pequeñas ciudades francesas". En sus encantadoras calles escucha cantar el *Charinoak Kaiolau*, el pájaro cautivo, y el *Errege Jan*. De los hábitos funerarios se fija en la tradición de que sea siempre el vecino (*Chehango*) quien se encargue de las tareas solemnes que acompañan al día de duelo, y también en las estelas discoidales (*Yarleku*) que velan por los muertos, y se pregunta: “Si pudieran hablar”. En **Donibane Lohizune**, dice, “la pesca se lleva en la sangre” y el espectáculo se centra en las sardineras que aguardan la llegada de los barcos de pesca, “tal como lo han hecho durante cientos de años”. Explica que es también la tierra natal de filibusteros como **Michel le Basque**, “cuyas aventuras han sido objeto de canciones y leyendas”. Según se adentran en el Pirineo vasco (Sara, Ainhoa...), el panorama va divergiendo. Son las brujas y los contrabandistas los que acompañan a la crónica del relato. Dedica también un capítulo a las mascaradas y las **pastorales**, “todo lo que queda de los dramas populares de la Edad Media”, y escucha también a los **bertsolaris** (*improvisateur*) cantar sus temas, siempre adecuados a la longitud de sus rimas. La autora termina diciendo que las provincias vascas de Iparralde sacrificaron sus fueros por la revolución francesa. Pone en boca de los vascos de **Zuberoa** lo que en aquel momento sintieron: “En esta reconstrucción tenemos menos que aportar que lo que tiene Francia, ya que nunca perdimos nuestras libertades. La antigua Constitución de Francia era tan buena como la nuestra, pero la perdieron hace mil años. Tenemos la fortuna de no ser pobres; la lujuria no nos ha corrompido; amamos a nuestros padres, madres, mujeres y niños. Nuestra patria tiene un gran valor para nosotros. No hemos olvidado el coraje de nuestros ancestros; sus tradiciones y sus virtudes son las nuestras”.

1919 – Dos Passos: “Y así hasta el siglo XIX, en que las guerras carlistas y la desaparición de los veleros acabaron con la próspera independencia de las provincias vascas y las arrojaron, de una vez para siempre, en la gran corriente de la vida española”. Foto acompañado de Hemingway.

1919 – JOHN DOS PASSOS

Escritor y pintor estadounidense (1896-1970). Fue un intelectual de ideología independiente y de corte socialista que en 1917 recaló en España, donde conoció a muchos de los escritores españoles contemporáneos, entre ellos al socialista José Robles Pazos (traductor de *Manhattan Transfer*), cuyo asesinato en la Guerra Civil por agentes de Stalin causó la desafección de su amistad con Hemingway (1923). A Euskal Herria se acercó por primera vez en 1919, en su segundo viaje tras la Primera Guerra Mundial. De su experiencia de aquellos años veinte dejó una recopilación de ensayos recogidos en el libro publicado en 1922 *Rosinante to the Road Again* (traducido como *Rocinante vuelve al camino*). En el ensayo trata de captar lo que él denomina “*the Spanish gesture*” (el gesto o carácter español), y ahonda en la historia y la cultura española, por la que se siente tan atraído. El quinto capítulo del libro, *Un novelista revolucionario*, se lo dedica a **Pío Baroja**, al que conoció en Madrid y admiraba como escritor y pensador. Con Baroja, Dos Passos se acerca al paisaje vasco: “Así como Bernard Shaw no quiere que le llamen inglés, Pío Baroja no quiere que le llamen español. Es un vasco”. Esta empatía para con Baroja debió de contaminar la simpatía que sentía hacia el pueblo vasco. En el mismo capítulo Dos Passos deja esta declaración: “Las tres provincias eran las únicas que conservaban sus fueros y sus privilegios a través de todo el proceso de **centralización** de la monarquía española, a cruz y hoguera, que los historiadores llaman el gran período de España. Las rocosas ensenadas estaban llenas de astilleros que armaban barcos corsarios y mercantes tripulados por hombres larguiruchos de anchas espaldas, hombres de cara dura, de nariz roja, de enormes manos encallecidas por el batallar de años y años con remos y drizas, hombres que solo temían a Dios y a los genios del mar de su extraña **mitología**, aventureros y fanáticos sin más ley que ellos mismos. Y así hasta el siglo XIX, en que las guerras carlistas y la desaparición de los veleros acabaron con la próspera **independencia** de las provincias vascas y las arrojaron, de una vez para siempre, en la gran corriente de la vida española".

1919 – MARTÍNEZ PAJARES:

"[En el euskera] la palabra se nos presenta como un eco –más o menos fiel– de un pasado remoto: como una supervivencia...".

1919 – ANTONIO MARTÍNEZ PAJARES

Doctor en Derecho. En 1899 ingresó en la Universidad de Oñate (llamada en aquel momento Universidad Católica) para realizar sus estudios de derecho. Allí entraría en un primer contacto con el euskera que le llevaría a publicar en 1919 el estudio *El Vascuence y el* ***beréber****: estudio crítico de algunas de sus afinidades*: "Por muchos elementos que se distraigan del vascuence, siempre le quedarán palabras exclusivamente suyas, inconfundibles con las que expresan las mismas ideas en otros idiomas, y de abolengo remotísimo. La Arqueología en sus relaciones con la Paleontología lingüística; la Antropología, en las que mantiene con la Craneoscopia y la Fisiología y Fonología; y la Sociología, en cuanto examina las primeras manifestaciones y exigencias de la vida humana colectiva, suministran datos y autorizan inferencias que permiten fijar la posición del euskera en el campo de la Lingüística. [...] La palabra se nos presenta como un eco –más o menos fiel– de un pasado remoto: como una supervivencia...". Palabras como *Jaungoiko*, "Señor de lo alto", *betiko*, "lo eterno", *biots*, "dos ruidos", o el mismo *aurresku* ("una resurrección del alma vasca") animan a Martínez Pajares a pensar en una "personificación de las fuerzas mágico-sagradas", una época en la que el hombre pudo contemplar "la maravillosa ordenación de las cosas y referir los acontecimientos naturales a sus orígenes; atribuyendo a éstos cualidades parecidas a las humanas y atisbando –así– el principio de causalidad". El autor comenta que hay que centrarse en elementos monosilábicos, como raíces y onomatopeyas, y en metáforas y simbologías, como las que aportan raíces tangibles como *aitz*, "piedra" (*aizto*, *aizkora*...) o abstractas como *antz*, "parecido" (*antzeztu*, *antzoki*...), y dejar aparte la estructura del idioma que es incorporada posteriormente. Todo ello le lleva a deducir que "el vascuence es el idioma humano de la época neolítica". Realiza en el estudio, además, algunas equiparaciones lingüísticas con el bereber en palabras como *izar/izri*, "estrella", *sua/zimessi*, "fuego", *erre/ergh*, "quemar", etc. En 1921 la Junta de Cultura Vasca de la Diputación de Vizcaya ofreció una conferencia suya de título *Vascos y Ligures*.

1919 – HERMANN URTEL

Académico alemán (1873-1926). Fue miembro de la comisión encargada de estudiar los dialectos de los campamentos de prisioneros en la Primera Guerra Mundial. Allí entró por primera vez en contacto con euskaldunes de Iparralde que despertaron en él el interés por aprender la **lengua vasca**. Emulando a Herder o los hermanos Grimm ("en todas partes se averiguaba lo genuino y lo propio de cada pueblo"), de aquellas conversaciones extrajo gran cantidad de información sobre leyendas, canciones y supersticiones de "la noble y milenaria Vasconia que, situada entre dos cultísimas naciones, ha sabido, sin embargo, conservar sus cualidades y características". En 1919 publica un pequeño tratado de 20 páginas sobre las **onomatopeyas** vascas (*Zur Baskischen Onomatopoesis*), en el que comenta que "esta predilección por esos instantes sonoros nos sugiere la pregunta de si el examen de los símbolos onomatopéyicos nos podría retrotraer a cuestiones que se encuentran directamente relacionadas con la antigua propia esencia de este idioma". Ejerció como **vascólogo** alemán en la Universidad de Hamburgo en 1922/1923, donde Gallop (1927) asistió a varias de sus clases.

1920 – MICHAEL HABERLANDT

Etnólogo e indólogo austriaco (1860-1940). Fundador del Museo Etnográfico de Austria, fue testigo de la radicalización que sufrió el museo en tiempos del nacionalsocialismo,

1920 – Haberlandt. *Vasco, Golfo de Vizcaya, España.*

de cuyo ideario, según se le echa en cara, no supo o no quiso distanciarse. En 1920 publicó *Die Völker Europas und des Orients* (*Los pueblos de Europa y del Oriente*). En el capítulo tercero sobre la población de la península ibérica cita a los vascos y la singularidad de su idioma, su complexión física y su particularidad etnográfica. Señala que esta particularidad, sin embargo, se atribuye solo a los vascos de manera injusta, "ya que tras un análisis más profundo se encuentra repartida por gran parte de España y Francia, pudiendo incluso mostrarse como un rasgo nacional común europeo". "La vida del pueblo vasco", continúa, "ofrece todavía muchas cosas interesantes, pero en su mayoría son elementos que no solo caracterizan a una población conservadora, aislada por condiciones externas, especialmente por su idioma, sino también, de manera similar, a otras partes de la población del sur de Francia y España". Como ejemplo pone a la ***luya***, uno de los aperos más antiguos de Europa, utilizado por ambos sexos, pero que no es exclusivo del País Vasco, sino que se utiliza también en otras zonas del norte de España, de la misma manera que el *Hakenpflug* ("arado de púas", quizá se refiera a la *narria* o la *aréa*, con las púas de hierro curvas) o la *makhila*, convertida en arma por los vascofranceses.

1920 – RUGG:

"Trabajadores del puerto cargando una sola red, de cientos de metros de largo, que desenrollan, hombre tras hombre, extendiéndola a secar en la baranda del puente".

1920 – FRANCIS AUGUSTUS RUGG

Fotógrafo estadounidense. "Después de meses fotografiando escenas de desolación y reflejando los soldados de infantería en acción, anhelaba la oportunidad de viajar con mi cámara por un país pacífico", comienza diciendo en su artículo *In the Land of the Basques* (*En el país de los vascos*) de la revista *The Century*, vol. 101, n.º 1, de noviembre de 1920. Se esfuerza por detectar en **Baiona** el rastro de nuestra cultura, hasta que se topa con dos mujeres hablando vasco en una *pâtisserie*: "La conversación fluida, con sus muchas vocales finales, su multitud de g y k, no se parecía a ninguno de estos [dialectos] y carecía de los sonidos guturales más ásperos que estropean un poco la calidad musical del español". Al coger el tren hacia ***St.-Jean-Pied-de-Port*** y ver las familiaridades que se toman los hombres con las mujeres, se pregunta "si esa naturaleza tan afectuosa era una característica nacional propia del pueblo vasco". Cuando llega a la pensión, el chirrido de los carros, el tintineo de los cencerros y los tiros de todas las clases, incluso "tres mulas, conducidas por un apaño en tándem de un caballo y una enorme vaca", le ofrecen la impresión de haberse sumergido en otra época: "Sería injusto dar la impresión de que el vasco de hoy es del todo provinciano, ya que se ha modernizado en muchos detalles, aunque todavía se aferra con cariño a algunas de las costumbres de sus antepasados". "Había una mirada intelectual, incluso distinguida, en sus rostros [*There was an intellectual, even distin-*

guished, look upon their faces]. [...] un aire de buen humor y buen compañerismo por todas partes", describe. "Los vascos de hoy, aunque despojados de sus antiguos derechos y privilegios, todavía manifiestan las virtudes características de sus antepasados. El espíritu y las tradiciones de su patria se aferran al vasco dondequiera que esté, haciendo que aporte un elemento saludable [*wholesome*] a nuestra civilización moderna".

Al pagar la factura del hotel, no solo le sorprende que no le cobren la *taxe de luxe*, sino que le hacen una rebaja "por ser un comedor tan comedido". Se dirige a **Hondarribia**, "la más encantadora de todas las villas de las provincias vascas de España", donde tiene la oportunidad de asistir al alarde con sus coloridas *cantineras*. Acude también a un partido de pelota en Donostia, demasiado profesional en comparación con el que había visto en Donibane Garazi. Camino de **Lekeitio** presencia "mansiones con su espléndida exhibición de buganvillas, junto a humildes casas campesinas de piedra, con los muros de sus jardines cubiertos por una maraña de zarzamoras silvestres".

1920 – GUILLERMO RITTWAGEN

Funcionario y periodista andaluz (1884-1943). Tuvo que ser un andaluz el primero en interesarse por el estudio del sustrato de la lengua vasca en La Rioja, gracias a su estancia en Logroño en 1918 como miembro de la Comisión del Catastro Urbano. Aunque sus propuestas etimológicas a día de hoy suenan algo excéntricas, por lo menos da una larga lista de topónimos y antropónimos **vasco-riojanos** y observa con acierto el vínculo lingüístico entre ambas comunidades. En 1920 dio una conferencia en Madrid, de la que un año después editó un libro, *Estudios sobre La Rioja*, uno de cuyos capítulos se titula *La influencia vasca*: "Vasconia ejerce una marcada preponderante influencia en las denominaciones geográficas. Bastará mirar un mapa de la Rioja para tropezarse con nombres tan vascos como los que haya en Euskalerria. Y se observará que, aunque el área de extensión de estas denominaciones abarca sensiblemente toda la provincia de Logroño, se localizan sin embargo con mayor abundancia y preferencia en la Rioja alta, que comprende los partidos judiciales de **Haro** y Santo Domingo de la Calzada, que son los más próximos a Vizcaya. Pero en donde se manifiesta más insistentemente la influencia vasca es en la importante población de **Ezcaray** y sus alrededores, donde casi solo se dan nombres de prosapia genuinamente éuskera". Es partidario también del nexo con las lenguas bereberes: "la hermandad **vasco-berberisca**".

1920 – Baeschlin. Caserío Burguieta Atzekua en Gaztelua, Abadiano.

1920 – ALFREDO BAESCHLIN

Arquitecto, pintor y poeta suizo (1883-1964). Baeschlin llegó al País Vasco peninsular a la búsqueda de información para construir una casa de estilo vasco que le habían encargado en Biarritz. Le sorprendió lo poco que había documentado sobre el tema y, como ya hiciera en otras regiones de su patria natal, ya que siempre fue un firme defensor de la **arquitectura** popular, se puso manos a la obra para estudiar sistemáticamente la arquitectura popular vasca. Su implicación (incluso estudió euskera) y la estrecha amistad que sostuvo con la élite burguesa vasca le llevaron a construir otras mansiones como la del palacio de Ajuria Enea en 1920. En el diario *La Tarde* publicó una sección titulada *Apuntes de un viajero*, entre 1927 y 1928. El 10 de febrero de 1928 escribe un artículo sobre el caserío *Burguieta-Arrekua* de Gaztelua, Abadiano, en el que cita que "los mejores libros -dice Pascal- son aquellos cuyos lectores creen que ellos los hubieran podido escribir. Los caseríos vascos, que tan sencillos nos parecen, ¡cuán difícil es imitarlos!, aunque muchos se creen capaces de hacerlo". En otro escrito sobre la desaparecida torre de Sestao, en el que manifiesta su vena poética, comenta: "Los bellos monumentos, legados del pasado, se van uno tras otro. Se mueren. Sin agonía, sin que nos demos cuenta de la proximidad del fin brutal. [...] En mis andanzas por los diversos pueblos del bello país vasco he encontrado a más de uno de esos ancianos mal cuidados, merecedores de mejor suerte. [...] Lo salvan del derrumbamiento sus gruesas paredes, sus esquinales de piedra sillar. Pero las vigas se pudren, las goteras adelantan, sin estorbo, la obra de destrucción y un día leeremos en el periódico: 'Ayer sin causa, aparente, se derrumbó la vieja torre...'". El vaticinio se cumplió, aunque la torre no se derrumbó de puro vieja, sino que fue derribada en 1931 por orden del alcalde de Sestao. Aquellas excursiones le sirvieron para recabar gran cantidad de fotos, planos y dibujos que plasmaría en 1930 en su libro *El caserío vasco*, una magnífica obra que no solo recoge información pormenorizada sobre los diferentes elementos del caserío (pórticos, rejas, heráldica, etc.), sino también de casas torres, hórreos, hornos y ermitas rurales.

1920 – Galle. Grupo de dantzaris de Otsagabia en la plaza de toros, celebrando el Día del Euskera organizado en Pamplona por la Sociedad Euskararen Adiskideak el 27/09/1930.

1920 ca. – JOSÉ GALLE GALLEGO

Fotógrafo español (1898-1983). Después de ejercer como fotógrafo en Madrid y Donostia, Galle se estableció de manera definitiva en Iruñea en los años 20, desde donde fundó el estudio Foto Galle, colaboró con algunos medios de comunicación estatales y cultivó todos los géneros de la fotografía, desde el retrato hasta el reportaje. El fondo compuesto por más de noventa mil negativos y mil placas de vidrio fue adquirido por el Gobierno de Navarra.

1920 – NIKOLÁI MARR

Historiador y arqueólogo ruso (ca. 1864-1934). El más importante lingüista soviético de principios del siglo XX presentó al euskera como parte integrante de la familia lingüística jafética (de Jafet, hijo de Noé) que él se había inventado, y realizó trabajos de investigación sobre el parentesco **vasco-caucásico** (*Sobre el origen jafético de la lengua vasca*, 1920). Escribió también sobre las migraciones vascas, sobre los vínculos con los idiomas de Australia y América y sobre el papel que el euskera jugó en la formación del ambiente etnolingüístico cercano; para ello estudió los sustratos vascos de los romances, como ya hiciera Menéndez Pidal (1922) por esa misma época. El reflejo de sus varias visitas al País Vasco (1920-1926) queda patente en el archivo manuscrito del Instituto Oriental de Leningrado y en los diferentes trabajos que dedicó al euskera ("una lengua siempre sin ganas de morir, con estructura de formación geológica"), la mayoría de ellos recogidos en *Desde la Guria Pirenaica* (1927), en cuyo título hace alusión a una región caucásica de nombre *Guria*: "Los conocidos y desconocidos, viejos y jóvenes, de camino a las aldeas cercanas le saludan todos a un viajero y esto reproduce de nuevo la situación en Guria de mi juventud, cuando la ilustración europea no borraba todavía estas cortesías, los hombres no solo se conocían, sino también se confiaban y se comprendían muchísimo más sin exigir pasaportes tratándose aún de transeúntes desconocidos. En este sentido lo antiguo aquí se ha conservado más". Le sorprende también el emplazamiento de las **iglesias**, "que están siempre en las alturas, como en Guria, es decir en los lugares de los antiguos cultos. Sorprendemos aquí la precisa época de las iglesias armenias del siglo V, en que estas se hacían ya de piedra, pero la cubierta quedaba de madera". Todos sus manuscritos se hallan en el Instituto Oriental de la Academia de Ciencias de Leningrado.

1921 – LOUIS DELLUC

Periodista, dramaturgo y director de cine francés (1890-1924). Para llevar a cabo su primer trabajo profesional como realizador, Delluc visitó diferentes parajes de Francia y acabó eligiendo el pueblo de **Azkaine**, en la muga entre la Baja y la Alta Navarra, por las posibilidades que le ofrecía poder filmar la luz que encerraba aquel paraje entre las montañas y el mar. En 1921 estrenó, junto con René Coiffard, el **documental** *Le chemin d'Ernoa* (*El camino de Ernoa*, 49 min.), con el escenario natural del pueblo y los alrededores de Askain y el trasfondo del contrabando como ficción cinematográfica.

1921 – JAMES TRAVIS JENKINS

Ictiólogo británico (1876-1959). Ocupado en el estudio de la zoología marina, Jenkins es el autor de la obra publicada en 1921 *A History of the Whale Fisheries: From the Basque Fisheries of the Tenth Century to the Hunting of the Finner Whale at the Present Date* (*Historia de la* ***pesca de ballenas****: desde las pesquerías vascas del siglo X hasta la caza de la ballena finlandesa en la actualidad*). Jenkins comenta que, a pesar de la aprehensión de algunos investigadores de conceder a los vascos el estatus de haber sido pioneros en la pesca de la ballena, concediendo este honor a los normandos, sí que es verdad que "no hay evidencia de su evolución hacia una pesquería normalizada como sucedió con los vascos. [...] Hay evidencia documental de la pesquería de Biarritz en el siglo XIII y el sello de la ciudad contiene una representación de una 'chaloupe' arponeando una ballena". Explica que la pesca continúo hasta el siglo XVII, "ya que los primeros arponeros involucrados en Spitsbergen fueron vascos". "Los vascos zarparon a la pesca de la ballena antes de la invención o uso de la brújula náutica. [...] Se dice que habrían alcanzado los bancos de Terranova en 1372. [...] A esta ballena la llamaron Sarda [...] que en la lengua vasca significa que se mantienen juntas en manadas". Parece que Jenkins no le dé al dato de 1372 más que el valor de una mera conjetura. Los vascos, prosigue, "tenían los mejores navíos de la época, razón por la cual estaban más cualificados para cazar la ballena". Termina deduciendo que "los pescadores de Guipúzcoa frecuentaron los bancos de Terranova, pero, ciertamente, no antes de 1530".

1922 – Boissel. Puerto de Donibane Lohizune.

1922 – WILLIAM BOISSEL

El primer contacto del comandante Boissel con Euskal Herria se produce al ser destinado como militar al Regimiento de Infantería de Donibane Lohizune. Una vez jubilado e instalado en Iparralde, su amistad con Veyrin (1926) y el historiador lapurtarra Nogaret le llevó a retomar un proyecto al que ambos llevaban años tratando de dar forma, como era el de la creación de un Museo Vasco. Fue finalmente en el año 1992 cuando se fundó el ***Musée Basque*** de Baiona que, con su *Bulletin du Musée Basque* revitalizó la vida cultural en la región vasca continental. Además de participar en él con una gran cantidad de artículos, Boissel publicó en 1929 un hermoso libro con 108 **fotografías** realizadas por Chevojon y Marc Aubert y texto suyo que tituló *Le Pays Basque. Sites, arts et coutumes. Cent huit planches précédées d'une Introduction*. Las fotografías incluyen a todos los rincones de Iparralde, desde Baiona hasta Maule y la Garganta de Kakueta. Se presentan paisajes, escenas de caseríos, figuras de carnavales como el Katilungorri, objetos de cerámica doméstica...

1922 – 'NATIONAL GEOGRAPHIC'

Entre 1922 y 1995, la revista norteamericana *National Geographic Magazine* publicó un buen número de artículos con referencias a los vascos. En 1922 publicó *The Land of the Basques*, de Henry A. Mac Bride, con 23 fotografías del bilbaíno Manuel Torcida. Hace referencia a la especificidad vasca, a los fueros y al notable desarrollo económico, sobre todo, de Bilbao. Al autor le llaman la atención los anguleros con sus lámparas y los gritos de las cargadoras del muelle, descalzas y mal vestidas. "El **aurresku** es un conjunto de movimientos intrincados de pies, cuerpo y brazos, aún los dedos tienen su parte. [...] Los danzantes parecen hablar con sus pies". En 1924, *A skyline drive in the Pyrenees*, por Robert Moore, un reportaje fotográfico que nos transporta a lo largo de la cordillera pirenaica de este a oeste y muestra preciosas fotos de una **kabalkada**, los desfiles bailados y cantados de Hozta (Baja Navarra). En 1949, *Pigeon Netting-Sport of Basques*, por Irene Bourdett-Scougall (o Scou Rose-Smith), una excelente colección de imágenes sobre la caza con red en las **palomeras** de Sara. En 1954, *Life in the Land of the Basques*, con texto de John Nolan y fotos de Justin Locke. Es el primer gran reportaje sobre el País Vasco, con 40 páginas y 32 ilustraciones, que habla de los vascos de ambas vertientes pirenaicas, de la lengua, los deportes, las brujas, los encierros de Iruñea, etc. En 1966, *Centinelas solitarios del Oeste americano*, por Robert Laxalt (1957), con fotos de William Belknap. Es un gran reportaje de los **pastores** vascos en Estados Unidos, de uno de los cuales Laxalt era hijo. Además de la lengua vasca, que se trata por primera vez en el *National Geographic*, se reproducen algunas fotografías del Festival Nacional Vasco de Elko en Nevada. En 1968, *Land of the Ancient Basques* por Robert Laxalt, con fotos de William Albert Allard, un magnífico artículo de 37 páginas escrito de nuevo por el autor norteamericano de origen vasco. En 1974, *The Enduring Pyrenees*, por Robert Laxalt, de nuevo un recorrido por los Pirineos, desde Catalunya a Euskal Herria. En 1985, *Excavating a 400 Years-Old Basque Galleon*, por James A. Tuck, Robert Grenier y Robert Laxalt, con fotografías de Bill Curtsinger e ilustraciones de Richard Schlecht. En este caso la revista dedica la portada a los **balleneros** vascos, haciéndose eco del reciente descubrimiento del ballenero vasco San Juan que se había hundido en las costas de Labrador en 1656. Y, por último, en 1995, *National Geographic* publica *Europe's first family: the Basques*, con texto de Thomas J. Abercrombie, fotos de Joanna B. Pineo y un mapa de *Basque Homeland* ("**la patria vasca**") con las siete provincias.

1922 – Emperatriz Zita: *"Sin ninguna duda, los años más felices de mi largo exilio de 67 años fueron los siete que pasé en Lekeitio".* Foto con sus ocho hijos en un velero en el puerto de Lekeitio en 1926.

1922 – ZITA DE BORBÓN-PARMA

Emperatriz y reina consorte del Imperio austro-húngaro (1892-1989). Zita, nacida en la Toscana, era hija del último duque de Parma y en 1911 se casó con el archiduque Carlos, futuro Carlos I de Austria y IV de Hungría. Tras la derrota en la Primera Guerra Mundial del potente Imperio Austro-Húngaro, la familia real tiene que partir al exilio. Después de la muerte de Carlos en 1922, embargados todos los bienes que disponían en su país y dilapidadas sus divisas extranjeras durante la guerra, Alfonso XIII se hace cargo de la familia y la deja en manos de Adolfo de Urquijo, senador por la provincia de Gipuzkoa. El conde de Urquijo creó una fundación para adquirir y poner a disposición de la emperatriz el Palacio Munibe en **Etxebarria** y **Markina** (hoy de la Diputación), y el Palacio de Uribarren en **Lekeitio** (ya desaparecido). En su libro *La Emperatriz Zita y Lekeitio*, Arriola Arana pone en boca de Zita las siguientes palabras: "Sin ninguna duda, los años más felices de mi largo exilio de 67 años fueron los siete que pasé en Lekeitio". Cuando en 1929 el primero de sus hijos alcanzó la edad universitaria decidieron dejar Lekeitio y mudarse cerca de Bruselas para residir en un lugar con el adecuado ambiente universitario para su educación. Su hijo mayor, Otto, que llegó a ser miembro del Parlamento Europeo, volvió a visitar Lekeitio en el 2004. Sus recuerdos eran imborrables: "No olvido el castellano y tampoco olvido el euskera que me enseñaron en Lekeitio". En la Biblioteca Nacional de Austria existen 256 fotografías tomadas durante su estancia en Lekeitio.

1922 – MENÉNDEZ PIDAL:

"...sería discutible [...] si debía llamarse vasco al eusquéra toda vez que lo hablan descendientes de pueblos antiguos como los várdulos y caristios que nunca se confundieron con los vascones. Y no sólo esto; los ilérgetes y los cerretanos de Aragón y de Cataluña, [...] hablaban una lengua afin a la de éstos, y más lejos aún, los vacceos de Tierra de Campos".

1922 – RAMÓN MENÉNDEZ PIDAL

Filólogo e historiador español (1869-1968). Este asturiano nacido en Galicia fue una de las personalidades más ilustres de la Generación del 98 y el fundador de los estudios de la lingüística en España. Mantuvo una estrecha relación con Euskal Herria a raíz de la profundización en el estudio del influjo que ejerció el euskera sobre el desarrollo del castellano, y fue nombrado miembro de honor de Euskaltzaindia en 1968. En 1921 imparte en San Sebastián el curso *Introducción al estudio de la* ***lingüística vasca*** (que sería publicado en 1962 bajo el título de *En torno a la lengua vasca*). En él asegura: "Tenéis la fortuna de que vuestro pueblo sea depositario de la reliquia más venerable de la antigüedad hispana. Otras tendrán más valor artístico, serán más admiradas y codiciadas universalmente, pero no hay otra que tenga la importancia de esta lengua". No parece que el lingüista, sin embargo, quiera sacar el idioma de ese estatus de reliquia, ya que sugiere que aprendiendo la "lengua artificiosa unificada", el hoy llamado *batua*, la academia vasca "habría quitado a la lengua la mayor parte de su valor y de su autoridad histórica", y habría sacrificado los tradicionales dialectos "en aras de un producto nuevo, desprovisto de interés arqueológico y sin utilidad alguna para la cultura humana, hecho sólo para el pueril interés de poder decir en una lengua exótica lo que muy bien puede decirse en cualquiera de las dos grandiosas lenguas culturales del extremo occidental de Europa".

En 1922 imparte una conferencia titulada *Influjo del elemento vasco en la lengua española*. En ella revela de manera elocuente una teoría que a día de hoy no es muy bien recibida por la mayoría de los lingüistas españoles actuales: "Bien veo que fué discutido el carácter ibérico del vascuence, pero con más razón sería discutible el punto enteramente contrario, el carácter vasco del eusquéra, esto es, si debía llamarse vasco al eusquéra toda vez que lo hablan descendientes de pueblos antiguos como los **várdulos** y **caristios** que nunca se confundieron con los **vascones**. Y no sólo esto; los ilérgetes y los cerretanos de Aragón y de Cataluña, ya muy alejados de los antiguos vascones, hablaban una lengua afin a la de éstos, y más lejos aún, los vacceos de Tierra de Campos, según he indicado en otra ocasión, hablaban lengua análoga, y análoga era también la de pueblos más alejados, según han observado otros autores, desde hace mucho". Menéndez Pidal es firme defensor de algunas influencias fonéticas como la apical vasca *z*, la pérdida de la *f* y la confusión entre *b* y *v*, que es causa común a Castilla, sur de Francia, Aragón, Cataluña y Portugal. Hay en el discurso una frase reveladora de la soltura con la que se hablaba en aquel tiempo del reino vasco de Navarra, sin que nadie se llevara las manos a la cabeza: "Esa influencia sólo es buenamente concebible dentro del campo de las reacciones étnicas ibéricas o a todo más antes de desaparecer en el siglo XI la preponderancia política que tuvo el reino vasco de Navarra, principalmente por obra de Sancho el Mayor". Coromines (1948) le acusa de no ser suficientemente atrevido cuando fijó la entrada de los romances en sustitución de las hablas éuskaras en el Pirineo central hacia el año 600, bastante antes que en otras zonas como La Rioja o Burgos donde todavía no había desaparecido del todo la lengua vasca hacia el siglo XIII.

1922 – FRIEDRICH BRAUN

En 1922 Braun (1862-1942) publicó *Die Urbevölkerung Europas Und Die Herkunft Der Germanen*, donde en el capítulo II, *Das Urvolkproblem (El problema de los pueblos primitivos)*, da un pequeño repaso de las distintas teorías que pretender aclarar el origen de la **lengua vasca**. Divulgador de la doctrina del ruso Marr (1920), con el que colaboró en algunos artículos, enumera algunos intentos de vincular al euskera con el bereber de Gabelentz (1893), con el nubio de Schuchardt (1884) o con las lenguas ugrofinesas de Gutmann (1908). Para Braun son los testimonios de los autores clásicos y los nombres de lugar los que deben aportar luz al problema. La toponimia enlaza "la región rético-etrusca, de una manera evidente, con la zona más al oeste, con los ligures y los iberos". Pero también existe un nexo vasco-caucásico que, en su punto principal, ha sido bien demostrado por Winkler (1903): "Su trabajo ha sido poco tomado en consideración y claramente subestimado".

1923 – Hemingway. Disfrutando de los Sanfermines durante los años 50.

1923 – ERNEST HEMINGWAY

Escritor y periodista estadounidense (1899-1961). Quien fuera Premio Nobel de Literatura en 1954 mantuvo una intensa relación con Euskal Herria, tierra que frecuentó con asiduidad a partir de 1923, cuando llegó como redactor del diario *Toronto Star*. Al año siguiente visitó los **Sanfermines** con una cámara que le había prestado su amigo Man Ray (1926), el artista afincado en Biarritz. Tres años más tarde, en 1926, publicó su famosa **novela** *The Sun Also Rises* (traducida como *Fiesta*), que narra la historia de varios americanos de la llamada Generación Perdida –pensó incluso en titularla así– que vagaban por Europa en el periodo entre guerras y que acabaron coincidiendo en Sanfermines. La obra obtuvo una repercusión internacional en los países del ámbito anglosajón, pero no llegó a España hasta 1944, por medio de una editorial argentina. En pleno franquismo las críticas fueron muy duras y no se le prestó atención hasta la concesión del Nobel en el año 1954. El libro hace una somera descripción de las fiestas de Iruñea, cuyo comienzo describe así: "Al mediodía del sábado seis de la tarde, la fiesta estalló. No hay otra manera de expresarlo". El argumento se compone de una serie de relaciones amorosas frustradas entre personajes que están inspirados en un círculo de amigos suyos que se buscan la vida en Europa, lejos del ambiente conservador y reaccionario de la sociedad americana. En 1953, treinta años después de su primera visita, llegó a afirmar: “Yo no he hecho grandes cosas por Pamplona. Nunca podré hacer más que lo que Pamplona ha hecho por mí”. No es esta la única obra de Hemingway que trata la cuestión vasca, ya que también aparece en *Death in the Afternoon* (1932), *The Dangerous Summer* (1960) y en una obra póstuma, *Islands in the Stream* (1970).

1923 – ANSELMO DE ANDRADE:

“El gobierno español actúa directamente para que el Euskara desaparezca del todo”. “Los navarros [...] no quieren que se les identifique con el resto de habitantes de España. Los otros son españoles. Ellos, navarros”.

1923 – ANSELMO DE ANDRADE

Político y viajero portugués (1844-1928). Economista y socialista utópico, llegó a ser Ministro de Hacienda. Según se lee en el capítulo *As Provincias Vascongadas* de su libro *Viagem na Espanha* de 1923, ya a su llegada a Bizkaia percibe la diferencia física y cultural con las regiones que ha ido dejando atrás: “Tipo, color, lengua, costumbres, todo cambia. La indumentaria es también diferente”. **Bilbo**, dice, “tiene unos pocos barrios nuevos hermosísimos. Las calles largamente cortadas, las plazas amplias y edificios elegantes, dando una apariencia de ciudad moderna y rica. [...] El aseo de las calles corresponde al aseo de su población, que es laboriosa y honesta”. Según las estadísticas, el crimen es muy escaso y hasta hace poco no había un solo robo. Destaca también la ausencia de mendicidad. En cada bilbaíno, declara, anida un abogado y un sofista. Sin embargo, el aspecto de Bilbao durante la mayor parte del año es “plúmbeo, frío y húmedo”. Afirma tajante: “Los **navarros** están muy orgullosos de sí mismos. No quieren que se les identifique con el resto de habitantes de España. Los otros son españoles. Ellos, navarros”. En la descripción de **Gasteiz** se percibe la poesía que manaba su prosa: “En su interior hay dos ciudades: la vieja tiene calles feas, estrechas y tortuosas, con edificaciones irregulares y toscas, a la que se ligan recuerdos como musgos a troncos secos, y donde otrora moraron reyes y papas. La nueva tiene las calles largas y perfectamente alineadas, las plazas espaciosas y bien arboladas, y las casas grandes y con aspectos nobles, lujosos y modernos”. Pero Andrade también es consciente del problema social que supone la lengua y la tensión que genera Madrid al obstaculizar la conservación de esta: “Hay razones naturales y sociales para que cada vez se utilice menos la **vieja lengua** de los habitantes del País Vasco. Sin embargo, además de eso, el gobierno español actúa directamente para que el Euskara desaparezca del todo”.

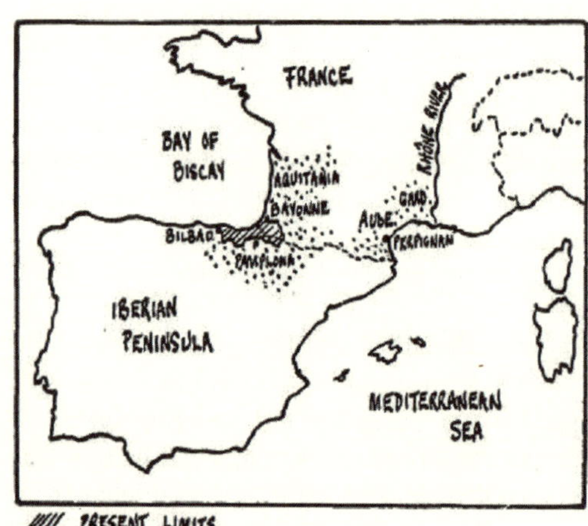

1923 – Lafon. Carta de la antigua extensión del euskera según las estimaciones de Lafon en 1968 (realizada por Urreiztieta-Rivera en 1980).

1923 – RENÉ LAFON

Lingüista aquitano (1899-1974). Lafon ha sido uno de los grandes **vascólogos** que sobresalieron en el territorio francés. Comenzó a entablar contacto con el euskera a partir de 1923, después de obtener una plaza como profesor del liceo de Pau. En 1940, durante su reclusión como prisionero de guerra, conoció a un grupo de vascos que le inician en el ámbito de las variedades dialectales. De sus investigaciones surgieron dos trabajos: *Le système du verbe basque au XVIe siècle*

(1941/43) y *Le système de formes verbales à auxiliaire dans les principaux textes basques du XVIe siècle* (1944). En 1949 fue nombrado titular de la cátedra de Lengua y Literatura Vascas en la Facultad de Letras de Burdeos que el ministro de Educación Nacional había creado el año anterior. Escribió gran cantidad de artículos sobre la lengua vasca en diferentes publicaciones de diversos países. En 1953 fue nombrado miembro de Euskaltzaindia. En 1949 publicó en la revista *Cahiers d'outre-mer* el artículo *Sur les origines des Basques et de leur langue*. En él aducía que la lengua vasca es menos antigua que la raza vasca, que no es autóctona, sino adoptada más tarde de una civilización posterior llegada con los inmigrantes que trajeron la técnica del cobre y los monumentos megalíticos. Habrían llegado del Asia Menor y estarían relacionados con los caucásicos: "*Vers la fin du IIIe millénaire, des immigrants ont apporté avec eux, entre autres nouveautés, la technique du cuivre et celle des monuments mégalithiques. Ces immigrants venaient sans doute d'Asie Mineure, ou d'une région située plus au nord. Leur langue, apparentée à celle que continuent les langues caucasiques actuelles, a donné naissance au basque et à l'aquitain*". En 1954 publicó la obra *Études basques et caucasiques*, en cuya introducción indica que piensa que se debería profundizar más en el estudio comparativo entre el grupo de lenguas **caucásicas** y el euskera, dadas las coincidencias que se entrevén.

1923 – WILLIAM ROLLO

Lingüista escocés (1892-1960). Estudió en la universidad holandesa de Leiden, donde conoció a Uhlenbeck (1888), que fue quien le animó a profundizar en el estudio de la lengua vasca. Tras sendas estancias veraniegas en Euskal Herria en 1923 y 1924, en el caserío Zubiaurre del barrio markinarra de Barinaga, se volvió a Holanda acompañado de una joven que le sirvió de ayuda para continuar estudiando el idioma. En 1925 se doctoró con la tesis de 150 páginas *The Basque Dialect of **Marquina***, en la que transcribe partes de conversaciones, recoge anotaciones fonéticas, morfológicas y sintácticas y recopila un extenso diccionario. En un artículo que contesta al juicio crítico de Azkue, Rollo agradece a Juan Barquín "su delicada manera de explicar las dificultades psycológicas que tiene un lenguaje como el Vascuence para quien ha estudiado antes solamente los lenguajes IndoGermánicos". Sin duda, un meticuloso y pionero trabajo sobre el habla local de un valle vasco, que tiene su predecesor en el que había publicado Schuchardt (1884) sobre Sara en 1922.

1923 – PERE BOSCH I GIMBERA

Historiador, profesor y abogado catalán (1891-1974). Comenzó su carrera investigadora como experto en lengua y literatura helénica, dio más tarde el salto a la arqueología prehistórica y llegó a dirigir la sección de arqueología del Museo de Barcelona, antes de partir para el exilio mexicano. Es de las pocas figuras extranjeras que se solidariza con el grupo vasco de Campión y compañía y se muestra contrario a las tesis esgrimidas por los defensores de la **vasconización tardía**. Su primera relación con el problema etnológico vasco lo tuvo allá por 1923, cuando dio una conferencia en la Sociedad de Estudios Vascos de Bilbao, intentando situar al pueblo vasco en el entramado étnico del norte peninsular. En 1925 publica, en *RIEV*, *La prehistoria de los iberos y la etnología vasca* y en 1933 *Los celtas y el País Vasco*, un largo artículo en el que se reafirma en el carácter no ibérico ni céltico de los ***grupos vascos***, como los llama, asegurando que "se concibe fácilmente que desde su territorio originario, los vascones pudiesen avanzar o retroceder en el Ebro o caer sobre la llanura de Aquitania, pero una conquista de los valles vascos parece inverosímil y el sólo silencio de las fuentes respecto al nombre de los demás pueblos vascos es insuficiente para comprobarla". Señala que incluso los **autrigones**, que es el grupo sobre el que más dudas surgen a la hora de encasillar, se muestran afines a los demás grupos vascos: "La cultura pirenaica se extendió también por el territorio de los autrigones, por lo menos por la parte montañosa del Este de Vizcaya, lo que da también una base positiva para admitir la existencia de un núcleo étnico vasco en el territorio autrigón". "Producen más bien el efecto de indígenas que de celtas, estando arraigado el carácter vasco en muchas de sus cosas, especialmente en la lengua en buena parte de su territorio, aunque pudieron haber sido celtizados con más intensidad que los demás pueblos vascos". En cuanto a la relación de la **lengua vasca** e ibérica, comenta que "incluso si resultase que el vasco es una lengua totalmente ibérica, ello no probaría que los vascos sean iberos, pues habrían podido adoptar la lengua en el transcurso de los siglos y a consecuencia de la relación con los iberos, o con sus antepasados desde el eneolítico en que la cultura almeriense de los últimos rozó los límites de los pueblos pirenaicos". Gimbera habla de una fluctuación del límite vasco a partir de las primeras invasiones celtas del hacia el 1000 a.C. y como consecuencia de las guerras cántabras y la derrota de los celtas a manos de los romanos.

1923 – ANTERO DE FIGUEIREDO

Escritor portugués (1866-1953). Uno de los autores más elegantes del panorama portugués, que ya advierte a la entrada de su libro de 1923 *España. Paginas leonesas, asturianas, vasconças y navarras*: "Viajo con los sentidos afilados, el pensamiento alerta, la fantasía visionaria. Llevo conmigo el Pasado de los pueblos y de las tierras recorridas y las sobrepongo al Presente que observo y escruto". Así lo evidencia cuando cuenta que, en las aceras, en las arcadas, en las terrazas de dos grandes cafés, el Iruña y el Suizo, en la plaza del Castillo de **Iruñea**, se ve una movediza superficie de boinas negras, en cabezas de barbadas caras rojizas, y blusas de tela azul, usada por estos parroquianos, la mayoría artesanos y obreros, que cortan su jornada con un rato de descanso, para unos minutos de conversación política, muy viva y gesticulante. Se juega a las cartas y se mueven fichas de dominó sobre el mármol de las mesas, aparecen duros y pesetas, en una atmósfera repleta de vapores de café y espesa por el humo de cientos de cigarrillos.

1923 – Oakley. *San Juan de Luz.*

1923 – AMY OAKLEY Y THORNTON OAKLEY

Escritora estadounidense (1882-1963) y pintor e ilustrador estadounidense (1881-1953). Los Oakley son un matrimonio bastante conocido por los **libros de viajes** que presentan juntos; Amy (Ewin de apellido de soltera) se encargaba del texto y Thornton de las ilustraciones. En 1923 llegaron a Euskal Herria para tomar notas de lo que sería su libro *Hill-towns of the Pyrenees* (*Ciudades de montaña del Pirineo*). Es un libro muy personal, repleto de anécdotas y leyendas históricas, que retrata la vida diaria del pueblo pirenaico desde el Mediterráneo hasta el Golfo de Bizkaia y que indica alojamientos, rutas y excursiones a seguir. Son tres los capítulos que dedica al País Vasco, del XVII al XIX: *The Country of the Basque*, *The Very Basque Province of Guipúzcoa* y *The Côte d'Argent*.

1924 – ESTHER THOMAS

Pintora inglesa (ca. 1860-?). Esther Lebreton, de nombre de soltera, fue una **pintora** inglesa que realizó también ilustraciones para las publicaciones del Museo Vasco de Baiona. Perteneció al Committee on Spain, un grupo de personas cuyo núcleo principal estaba compuesto por gente del mundo de la cultura americana y británica y que intervinieron para recoger fondos para los damnificados de la guerra civil española. Su obra *L'Adour à Bayonne* es de 1924.

1924 – Thomas. *L'Adour à Bayonne.*

1924 – ERIK 'CHINK' DORMAN-SMITH

Militar irlandés (1895-1969). Fue un militar de carácter poco ortodoxo que acabó conociendo a Hemingway (1923) y al que acompañó en su visita a los **Sanfermines** de 1924. Tal fue la impresión que le causaron que en los siguientes meses publicó sendos artículos en la revista del *Royal Military College* de Sandhurts, de nombre *A Bullfigth at Pamplona* e *Il encierro*. Considera a las fiestas como un carnaval sin tregua, donde los jóvenes, ataviados de blanco, no se dan ni un solo minuto de respiro. Describe las corridas de toros sin condenarlas ni contemplarlas de una manera más cruel que una cacería de zorros, a la que los británicos están bastante acostumbrados. Los prejuicios ingleses, dice, proceden del desconocimiento del toro de lidia, un príncipe criado exclusivamente para luchar y morir en el ruedo. Habla también de los encierros y del divertido espectáculo de los novillos embolados, a uno de los cuales Hemingway intentó hacerle una verónica, resultando embestido. "Todo el mundo es feliz y son solo las ocho de la mañana. ¡España es un país maravilloso!", termina diciendo.

1924 – JEAN D'ELBEE

Historiador y ensayista francés (1882-1966). Director de la revista *La Revue Hebdomadaire* publicó en 1924 una separata de nombre *Lieux d'election au Pays Basque*, donde elige como lugares representativos vascos a **Sara** y **Lezo**, a ambos lados del Pirineo. Acude al santuario de Lezo para suspirar: "¡Qué devoción por su Cristo tienen todos los habitantes de esta parte del País Vasco! Mezclan su feroz energía racial con un ardor y un particularismo ya español". Transcribe a continuación el comienzo del canto de los marineros: "*Guazen guztiyok guazen/ Kristo Lezo Cor guazen, guazen/ Bere aurrean pozez belaunikatzera/ Guazen, Guazen, guztiyok-guazen...*". "Reconocemos aquí", añade, "las extrañas consonancias del viejo lenguaje. Cuando, desde sus profundos y poderosos pechos como órganos, los marineros de Lezo entonan el 'Gurutze Santu Lezoko-Ari', las duras sílabas ruedan y resuenan en sus gargantas como la grava en las playas y las olas en las cavernosas rocas de la costa cantábrica". En 1943 publica *Le Pays Basque français*, una monografía con gran cantidad de fotos que dedica a Iparralde, aunque asegura: "El País Vasco se extiende por las dos vertientes del Pirineo. Es mucho más grande en España, con sus cuatro ricas provincias y sus grandes villas: Navarra, capital Pamplona; Álava, capital Vitoria; Guipúzcoa, capital San Sebastián; Vizcaya, capital Bilbao".

1924 – ADOLF STAFFE

Agrónomo checo-austriaco (1888-1858). En 1924 llega al País Vasco con una beca y en 1926 publica en *RIEV* una *Monografía del* Ganado *Vacuno Vasco* (*Monographie des Baskenrinde*) de 60 páginas. "El área de difusión de la '**raza pirenaica**' se extiende 150 km al oeste de los Pirineos, por lo que este nombre geográfico no es inequívoco, como debería ser para nombre de raza. Los vascos, tanto de la zona cantábrica, como de la pirenaica, la llaman 'del país', la 'nuestra'", explica. "Está en posesión de los vascos de tiempo inmemorial, y de la clara y terminante clasificación de aquella se puede prever una indicación valiosa para la procedencia del pueblo que la cría. Viene muy a favor el que el pueblo vasco ha conservado en gran primitivez e importancia elementos suyos culturales, de modo que debe suponerse en justicia lo mismo de uno de los más importantes, la vaca". Estas son algunas de sus conclusiones: "En su forma no mejorada es pequeña (117 cm. de alzada de espalda), de cabeza fina, osamenta fina, pero, en correspondencia fuerte, profundidad de pecho notablemente grande y fuerte cuarto delantero, dorso arremangado y cuarto trasero débil, ubre pequeña: en resumen la imagen de una raza campesina primitiva. Su color es un pardo rojizo uniforme algo pálido (color trigueño), los lunares son raros; una variedad del noroeste de Navarra (valle de Baztán) es rubia pajiza. [...] Es el único animal de tiro de los vascos, da en su forma no mejorada poca leche (1.400 a 1.700 litros), pero riquísima en nata (4 a 6 % de grasa) y que se consume la mayor parte fresca, pero también se hace queso (bei gazna) con ella". Presenta un mapa de *das Baskenland* con las siete provincias.

1925 – Wilstach. La playa de Biarritz. En primer plano el casino, y villas privadas más allá del reconstruido palacio de la emperatriz Eugenia en la distancia.

1925 – PAUL WILSTACH

Escritor estadounidense (1871-1952). Autor de numerosos libros de viajes que popularizaban la historia regional de su entorno americano, también escribió sobre el continente europeo en varias de sus obras y concretamente sobre la cultura vasca en el capítulo XIV (*The Basque Country*) de su libro *Along the Pyrenees* (*A lo largo de los Pirineos*). Observa que, a diferencia de los catalanes, en el otro extremo de los Pirineos, "los vascos se diferencian de una manera más aparente en su físico moreno, fuerte y vigoroso; en su aversión a mezclarse con ninguna otra raza; en su difícil lengua sin parentesco con ninguna otra; y en su celosa tenacidad de esta lengua entre ellos". Han sabido mantener sus costumbres "a pesar de los variados cambios políticos que los han asolado y los han dividido", añade. Llega a **Baiona**, una villa "limpia y decente": "Los puentes siempre decoran las ciudades y la belleza de Bayona se realza por medio de sus puentes". Visita la catedral y el claustro y asiste a un partido de pelota, en cuyas gradas proliferan los extranjeros. El interés de los vascos se basa más "en jugarlo que en verlo", apunta. Cuando los jugadores se retiran, entra en escena el *Cantara* (así lo llama), el árbitro que canta los tantos y anuncia los partidos: "Solo necesitaba una daga y un trabuco, y una mala disposición, para haber sido el modelo mismo de un pirata moderno". Visita villa Arnaga que había sido construida por el escritor Edmond Rostand y recientemente vendida a un comercial. El país que recorre parece sonreírle ("*smiling country*") con sus montes de juguete que son un adelanto de lo que el viaje promete. Llega a **Donibane Garazi** cuya iglesia, del siglo XV, le parece "una jovencita entre tantas casas antiguas que se desmoronan". Las inscripciones sobre los dinteles le invitan a entrar, como aquel proverbio que declara al caserío vasco "como el hogar de todo el que entre". Asciende hasta Orreaga y baja a **Iruñea**, donde nada le parece comparable a la catedral: "Esta enorme y realmente espléndida catedral excede cualquier expectativa".

1925 – MANUEL GÓMEZ-MORENO

Arqueólogo e historiador español (1870-1970). Gómez-Moreno se introdujo en el mundo de la Arqueología desde muy pequeño, gracias a las exploraciones que realizaba con su padre que era miembro de la Real Academia de Bellas Artes de San Fernando. Antes de cumplir los veinte ya había colaborado con

Hübner (1860) para la realización del corpus de inscripciones de la península ibérica. A partir de 1900 se centró en la realización de varios tomos de los *Catálogos Monumentales y Artísticos de España*, hasta que en 1913 obtuvo la cátedra de Arqueología Árabe de la Universidad Central de Madrid. En los años veinte comenzaron a aparecer sus primeros trabajos sobre el desciframiento de la **escritura ibérica**, que culminaron con el discurso de entrada (*Las lenguas hispánicas*) en la Real Academia Española en 1942. En su artículo de 1925 *Sobre los iberos y su lengua* (publicado en el libro *Homenaje a Menéndez Pidal*) defiende una tesis absolutamente contraria a la sostenida por el ilustre lingüista asturiano Menéndez Pidal (1922): "Las modernas provincias vascongadas, con el distrito de Estella en Navarra, no varían de sus colindantes occidentales por el aspecto de las estelas votivas y funerarias, símbolos, nombres, etc. Sobre todo la nomenclatura personal admite comparaciones de valor definitivo, probatorias de que allí vivían gentes de raza cántabro-astur, sin el más leve rasgo de vasquismo perceptible. Es, por consiguiente, seguro que tan solo después de la época romana sobrevino un corrimiento de vascones allá, como también para Gascuña, hechos documentados muy bien por las crónicas francas y godas en los siglos VI y VII". Las crónicas francas a las que se refiere son las de Gregorio de Tours del 590 que manifestaba que "los vascones, descolgándose de pronto de sus montañas, descienden hasta la llanura". Gómez-Moreno sostiene por primera vez la tesis de la **vasconización tardía** para Euskadi, aunque, según él, su euskaldunización no proviene de territorio galo, sino de la mitad norte de Navarra.

1925 – KURT TUCHOLSKY

Periodista y escritor alemán (1890-1935). Tucholsky es uno de los autores más importantes de la República de Weimar, el periodo de entreguerras alemán, en la que destacó como hombre de izquierdas, inconformista y antimilitarista. Convencido del negro futuro que le esperaba a la sociedad alemana, empleó la sátira y el humor sarcástico para arremeter

Die Bienenklage

Wenn ein Baskischer Bauer stirbt, geht nach einem alten Brauch die Hausfrau an die Bienenkörbe und ruft: „Bienen! Euer Herr ist gestorben!"

1925 – Tucholsky. *El llanto de las abejas: "Según una antigua costumbre, cuando un campesino vasco muere, el ama de casa se acerca hasta el colmenar y clama: ¡Abejas! ¡Vuestro señor ha muerto!".*

contra ella. Las consecuencias para él fueron desastrosas. Con sus libros quemados, sin visado y con sus cuentas confiscadas, desde su exilio sueco dedicó los últimos años de su vida a interceder por el pacifista Ossietzky, el director de su periódico, preso en un campo de concentración, al que acabaron concediendo el premio Nobel de la Paz. En 1925, siendo corresponsal en París, realizó un viaje de recreo por los Pirineos franceses, que después reflejó en el libro *Ein Pyrenäenbuch* (*Un libro pirenaico*, una obra que tuve la oportunidad de traducir y publicar, junto con una biografía del autor, con la editorial Txalaparta en el 2018) y que publicó en 1927 bajo el pseudónimo de Peter Panter. Tucholsky traza un **libro de viajes** totalmente inusual para la época, en el que describe con frescura y humanidad a individuos corrientes y sanciona ferozmente la autoridad del Estado, la Iglesia y la estupidez general imperante en el mundo. No idealiza su mirada hacia el pueblo vasco, pero sí lo muestra aislado, manteniendo, a duras penas, sus milenarias tradiciones. La primera impresión que le causan los vascos es la de contemplar a marineros en mitad del monte: *"Der erste Eindruck ist, mitten im Gebirge: Seeleute. Für dieses Gefühl gibt es keine rationale Begründung"*. "Sus rostros, su modo sereno de proceder, el aplomo que tienen, la libertad interior..., todo ello te lleva a pensar en el mar, en barcas de pescadores, en gente de puerto. Si sus antepasados fueron un pueblo navegante..., quién sabe. Pero la diferencia con los franceses del interior del país es descomunal".

Habla de emigración, nobleza y contrabando y presencia corridas de **toros** ("Una barbarie. Pero si mañana hubiera otra, iría para allá"), **bertsolaris** ("Una especie de guerra de cantos que se declaran entre ellos") y partidos de **pelota** ("El sentido corporal y estomacal de su existencia"). Aunque su viaje se circunscribe a Iparralde, hace una excursión a Orreaga y otra al monasterio de Loyola: "Tras un par de horas de viaje, se abren las montañas y asoma un valle. El coche rueda hacia el monasterio sobre una amplia carretera de acceso. Mi corazón se paraliza de golpe". Con respecto a Iparralde comenta: "Cuatro provincias están en suelo español y tres, en suelo francés. [...] Los vascos no se atienen a la división departamental burocrática francesa que no reconoce en absoluto los hermosos nombres de Bretaña o Normandía, sino que llaman a sus provincias con las viejas denominaciones. Y, a pesar de todo lo orgullosos que estén: no hay nada agresivo en ello, no hay un 'conflicto vasco'. Aquí no hay nadie que quiera ser liberado, porque no hay nadie que se sienta oprimido". Sin embargo, en cuanto rebasa la muga, su sensación es otra: "Pasamos por delante de doscientos gendarmes y trescientos curas. A veces, también se veían personas".

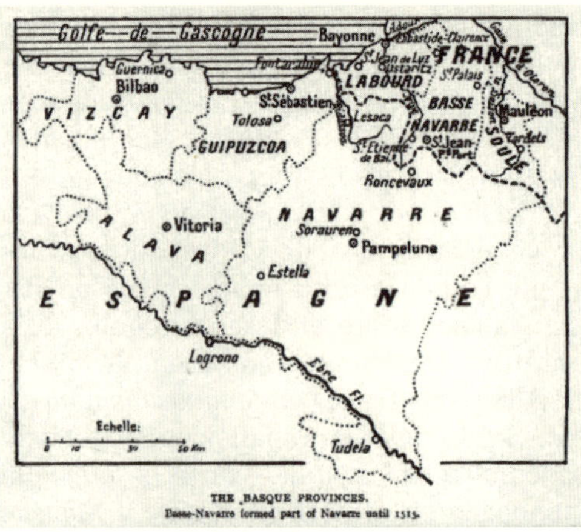

1925 – Ormond. Las Provincias Vascas. La Baja-Navarra formó parte de Navarra hasta 1513.

1925 – PATRICK ORMOND

Publicó en 1925 el monográfico *The Basques and their country*, obra en la que ofrece un repaso sobre distintos apuntes históricos como las invasiones, el reino de Navarra y la campaña de Wellington; describe aspectos costumbristas como la *laya*, el juego de pelota y las **mascaradas** y pastorales; nos relata diferentes **leyendas**, supersticiones y cultos ancestrales; y dedica un capítulo completo a la industria pesquera de Donibane Lohizune y Ziburu. En cuanto a sus orígenes reconoce que no está claro cuáles de todas las tribus de tiempos de los romanos corresponden a los vascos de hoy en día. No tienen una historia propia que pueda retrotraerse más allá del tiempo de los árabes hacia el siglo IX, sus tumbas no han aportado ningún secreto anterior a la cristiandad y de su toponimia, que se supone está extendida hasta Australia y Norteamérica, se presentan muchas teorías, pero nada más que suposiciones. De su **origen** dice que, siendo anterior a los arios, nada se sabe: *"As to the origin of the Basques, French or Spanish, and tribal names apart, most are agreed nowadays that they were here before the arrival of the Aryan-speaking people. But all are not agreed where they originally came from, Africa or Asia, or neither? Nobody yet knows"*. Habla de su nobleza, sus fueros: "Es destacable que la ley proporcionaba mujeres especiales para certificar los nacimientos, matrimonios y muertes, llamadas **'chandras'** (palabra vasca con fama de ser muy antigua). Su testimonio, y no el del sacerdote, era necesario".

1926 – HARRY A. FRANCK

Escritor de viajes estadounidense (1881-1962). Franck era un reputado autor de libros de viajes que en 1910 recorrió el mundo durante año y medio sin llevar un duro encima. En 1926 publica *Four Months Afoot in Spain* (*Cuatro meses a pie por España*), un viaje en el que se enorgullece de haber gastado únicamente 172 dólares. Después de dar toda la vuelta a la península, en el capítulo XIII, *The Land of the Basque*, llega a **Gasteiz**, "a la tierra de los vascos; otro tipo de España [*yet another kind of Spain*]. Vitoria es una ciudad actual, limpia, bulliciosa, casi americana en sus calles y en su arquitectura, y en el aire despierto de los vascongados". Franck, que según él mismo comenta lo que más aborrece es "estar en el lugar adecuado en el momento adecuado", tenía fama de escribir con un lenguaje demasiado directo y contundente. Así describe a los vascos: "El camino me llevó a través de una tierra fértil a pesar de lo pedregosa, formada así por la energía y la diligencia de los vascos, cuyos rasgos fuertes, nariz curvada y audaz, ojos penetrantes y forma robusta se veían por todas partes. Esta nueva raza no tenía casi nada en común con el español del sur [*with the southern Spaniard this new race had almost nothing in common*] y, aunque tan serio de comportamiento como el gallego, no tenía ni su timidez ni su estupidez". Llega a **Bilbo**, "la primera ciudad enteramente moderna que había visto en España; uno se podría haber imaginado estar en Newcastle o Seattle", justo para ser testigo del recibimiento con fuegos artificiales que se le hace al rey Alfonso XIII, donde constata que "el cariño por Alfonso no es una de las características de las masas en esta parte del país". Llega a **Iruñea**, en donde se da una vuelta con el tío de su anfitrión, "un vasco de sesenta años, curtido en la montaña, con la boina universal, que se había retirado recientemente, después de toda una vida de agricultor en las laderas rocosas". Franck le pregunta por el reclutamiento militar: "Se calló de inmediato, sus mandíbulas se endurecieron y en su rostro se reflejó una amarga tristeza. Porque los vascos no están en absoluto reconciliados con la pérdida de sus apreciados 'fueros', o de sus singulares privilegios políticos". Camino de Roncesvalles se encuentra con unas lavanderas "que reían con ganas" en un escenario de bosque tirolés. Llega a **Auritz**, donde al registrarse en la posada la primera pregunta que le hacen es si quiere "comer como cliente o como miembro de la familia". Preguntando por la diferencia, le contestan que es una o dos pesetas: "Por supuesto que cené con la familia, y como un rey, en alegre compañía de campesinos y arrieros de buen humor". En su camino hacia Francia no encontró más que "ancianos, todos vascos, que percatándose de que yo también llevaba boina me saludaban en su nativo 'Eúscarra'".

1926 – Man Ray. Fotograma de *Emak Bakia.*

1926 – MAN RAY

Fotógrafo, cineasta y artista modernista estadounidense (1890-1976). Ray era un fotógrafo que comenzó a explorar el mundo de la fotografía vanguardista, tomando parte de manera informal en movimientos como el dadaísmo y el surrealismo, que se alejaban de la realidad visual convencional. En 1926 se instaló en una gran mansión que asomaba a los acantilados de Biarritz y que fue puesta a su disposición por una princesa rusa para filmar su segunda película ***Emak Bakia***. La película, que se convirtió en una obra de culto del **cine experimental** (junto con las de Buñuel y Dalí), no es más que la concatenación inconexa de imágenes insólitas que no guardan entre ellas ningún hilo argumental. El mismo Ray la definió como "una cinta hecha de improvisaciones". El artista decidió poner a su película el mismo nombre de la casa en la que la había rodado, *Emak Bakia*, que en euskera quiere decir "déjame en paz". En el 2012 el director navarro Oskar Alegría estrenó el documental *Emak Bakia baita*, película de notable éxito internacional que narra la intrincada búsqueda de una mansión cuyo rastro ya hacía mucho tiempo que se había perdido.

1926 – KASIMIR EDSCHMID Y ERNA PINNER

Escritor expresionista alemán (1890-1966) y dibujante y escritora alemana (1890-1987). Viajero inagotable, Edschmid empezó a tomar contacto con la cultura mediterránea en los años 20, y escribió varios libros de viajes que representaban, cuando menos, una nueva forma de narrar la experiencia del contacto directo con los habitantes de los países que visitaba. Algunos autores críticos con él percibieron en su prosa ciertos prejuicios, muy del estilo de los que posteriormente acompañaron al nacionalsocialismo. Sin embargo, sus libros tampoco fueron bien acogidos por los nazis y fueron quemados. En 1926 publicó *Basken, Stiere, Araber* (*Vascos, toros, árabes*), obra ilustrada por la artista Erna Pinner. El libro dedica dos capítulos a los vascos: *Die Amazonen der Silberküste: Biarritz– Baskenland– San Sebastian* (*Las amazonas de la Costa de la Plata. Biarritz, País Vasco, San Sebastián*) y *Ein Match der Pelotari* (*Un partido del pelotari*). Comenta de Donostia que se construyó alrededor de la concha y "tan intimidada por el escaso espacio, que incluso las casas cierran a su vez el puerto de manera hermética. Este balneario, que en cierta medida es bonito, es español hasta hacerte palpitar el corazón [*ist spanisch zum Herzenklopfenmachen*]". "No cabe duda de que la naturaleza vasca guarda aquí cierto resentimiento, cierta irracionalidad, pero también una inmensa dignidad unida en una imagen donde el océano y el paisaje participan a partes iguales, donde el paisaje escasea de finura y el mar de bravura. No hace falta ir muy lejos para encontrar formada en esta naturaleza aquella mentalidad con la que los castellanos se jactan de haber conquistado el mundo y de haberlo vuelto a perder, y que está llena de la misma irracionalidad". A los vascos los define como una "curiosidad europea", de la que se sienten muy orgullosos: "Los vascos guardan en sus museos los tirantes que haya vestido cada vasco famoso". Y pone como ejemplo al boxeador ***Uzcudun***.

Curioso resulta su particular punto de vista sobre las consecuencias de la Guerra Carlista: "Los vascos completaron su última revolución fundando **Biarritz**, que es el resultado más importante de la Guerra Carlista de 1834". Dice que fue Eugenia de Montijo, que hasta entonces veraneaba en Donostia, la promotora de Biarritz: "Los españoles han ensombrecido **San Sebastián**, habiendo podido hacer de ella un luminoso paraíso", mientras los franceses hacen de Biarritz "un pequeño teatro". Cuenta que toda la costa está plagada de balnearios, de los cuales el de **Donibane Lohizune** le parece "el más atractivo de todos". Un campeonato de **pelota** no es menos que un torneo de Wimbledon, comenta. "En los Juegos Olímpicos de París aparecieron de repente estos formidables vascos y cautivaron a todos con sus increíbles movimientos". Presencia un partido donde el actor principal es un cura: "Cuando el abate corre, sus faldas revolotean a su alrededor". Ha llovido y se discute el aplazamiento: "La autoridad de estos jugadores es increíble, ya que se permiten lo que no se atreven a hacer los toreros, a los que se les lincha según el humor que tengan". El lance de la pelota, observa, "tiene algo de la bala de fusil, pero también de la caída de la fruta del árbol, tiene algo del animal enfurecido y de la flecha, de la estocada y de la embestida del ave de presa". Los museos vascos también acogen sus palas en memoria de estos héroes: "Cuando Murillo entregó su daga al abad de la Hermandad de la Caridad de Sevilla para que le permitieran su ingreso, no lo pudo hacer con más dignidad". "Lo que los monumentos del país y los hechos de la Historia dejan entrever de una raza, se eleva con una frescura cristalina en este juego practicado por caballeros consumados: la magia de la naturaleza vasca [...] y el eterno gesto de lucha de esta nación, cuya pasión representa una serie de revoluciones".

1926 – WETZLER:

"El 'Zortziko' es un baile increíblemente difícil, y quizá tan difícil de aprender como la lengua vasca".

1926 – HERMANN HANS WETZLER Y LINI WETZLER

Compositor alemán (1870-1943) y escritora alemana (1876-1933). El matrimonio Wetzler fue el responsable de la producción de la ópera *Die baskische Venus* (*La Venus vasca*) que gozó de cierto éxito en la época y se representó en varias ciudades alemanas a partir de 1928. Lini redactó el libreto y Hermann compuso la música. Fue la única obra que escribieron y se inspiraron, probablemente, en la novela de Mérimée (1840) *La Vénus d'Ille*, situada en el Rosellón catalán y donde aparecen pelotaris provenientes de Navarra. Wetzler acabó consolidado como músico y llegó a dirigir la Royal Philarmonic de Londres. Para Alfred Einstein, crítico musical de la época, "la Venus vasca es una dama inquietante" que aparece en forma de una antigua estatua de bronce, excavada y erigida en el parque de un viejo conde vasco afincado en Iparralde en el año 1820. "La diosa patinada es una especie de mala madonna en la cual uno se rasguña sacando sangre y que devuelve las piedras a la espalda de la persona que se las ha lanzado". Juanita, la amante del joven conde Alfonso, no ve ningún futuro en su relación, porque el aristócrata se va a casar con la condesa vasca Reynalda. Razón por la cual acude a la "Venus vasca" para maldecir al amante infiel. La maldición tiene efecto inmediato. Alfonso comete el error de quitarse el anillo de compromiso para jugar a la pelota con la chistera y lo coloca en el dedo de la estatua de bronce, y esta dobla el dedo de tal manera que Alfonso ya no se lo puede quitar... El matrimonio Wetzler visitó varias veces Euskal Herria, se acercó hasta el monasterio de los capuchinos de **Lekaroz**, donde dos monjes "barbudos y descalzos" tocaron la "flauta vasca con la izquierda y con la derecha el pequeño tambor vasco", mientras los alumnos interpretaban la ***ezpatadantza***. En otra ocasión, en 1926, Hermann hizo bailar en Donostia delante de él a un muchacho con pintas de estibador desaliñado: "aun así me sorprendió. Su habilidad y gracia era realmente indescriptible y extremadamente extraña. El '**Zortziko**' es un baile increíblemente difícil, y quizá tan difícil de aprender como la lengua vasca".

1926 – ADOLF SCHULTEN

Historiador y arqueólogo alemán (1870-1960). Schulten comenzó a estudiar la historia antigua y la arqueología celtibérica en 1902, y los trabajos que realizó en la ciudad de Numancia son considerados como una obra esencial en el terreno de la arqueología española. Se estableció además en España durante el trienio 1946-1949. En 1926, en el transcurso de sus estudios sobre las guerras cántabras (*Los Cántabros y Astures y su guerra con Roma*, 1943), se puso en contacto con Eusko Ikaskuntza y acabó publicando en 1927 *Las referencias sobre los* ***vascones*** *hasta el año 810 después de J.C.* Es uno de los precursores de lo que más tarde se llamaría la tesis de la **vasconización tardía**, pero establece una clara diferencia con respecto a ella: según Schulten, las tribus que hablaron euskera no provenían de Aquitania, sino del sur de Navarra. "Los Vascones, cuyo territorio comprendía primitivamente solo la mitad sur de Navarra, se extendieron más tarde (antes del nacimiento de J. C.) hasta el mar, de tal modo que su territorio ya correspondió al de toda la Navarra. De allí, sin embargo, deben haberse extendido más hacia el oeste, pues, según el pasaje arriba citado [Juan de Biclaro 572], Alava se hallaba también en su poder alrededor del año 580, y todavía hoy el territorio de lengua vasca comprende 3 provincias: Guipúzcoa, Alava y Vizcaya, o sea la región que ocupaban los Várdulos, Caristios y Autrigones. Es probable que la conquista lingüística fué precedida por la política. Esta extensión hacia el oeste debe haberse efectuado después de Ptolomeo [s. II d.C.] (que limita el territorio de los Vascones todavía a Navarra), y antes del año 580". Al contrario que Gómez-Moreno (1925), sitúa la expansión del euskera a partir del sur de Navarra y no del norte.

1926 - Veyrin: *"El caserío vasco se confirma como uno de los elementos donde, en nuestra opinión, el genio de la raza se ha realzado mejor".* Postal de Iparralde pintada por él.

1926 – PHILIPPE VEYRIN

Pintor, historiador y **vascólogo** francés (1900-1962). Nació en Lyon, pero se crio desde pequeño en Urruña. Fue un colaborador de prestigio de revistas vascas, francesas y españolas de la época, y publicó numerosos artículos en los que se mostró siempre partidario de los trabajos científicos y metódicos, y se alejó de las tendencias románticas que todavía imperaban en algunos círculos. En 1942 publicó *Les Basques de Labourd, de Soule et de Basse-Navarre, leur histoire et leurs traditions*, un ensayo que se centra, sobre todo, en la historia de *Eskual Herri* y de sus gentes, aunque recoge también trazos de las costumbres de las siete provincias (literatura oral, canción popular, proverbios, leyendas, juegos, danzas...). Siendo un artista reconocido como era, tenía claro el respeto que le merecía desde un punto de vista etnológico y artístico el **caserío** vasco, que valoraba como el principal rasgo del genio de su raza: "*...la maison basque demeure une des ouvres où s'est le mieux marqué, selon nous, le génie de la race*". En cuanto al alma vasca, comenta que mientras los psicólogos no han podido ponerse de acuerdo para definir su personalidad moral, la literatura no ha hecho más que complicarla en vez de aclararla, para acabar sosteniendo que los vascos mismos siempre han estado más preocupados por buscar la salvación a través de sus prácticas piadosas que por conocerla bien a través del análisis introspectivo. Confiesa también Veyrin la dura vida que ha tenido que soportar el **euskera** hasta hace bien poco, como consecuencia del mal ejemplo dado por las clases dominantes del país que siempre lo han considerado como un idioma inferior ("*qui l'ont toujours considéré comme un langage inférieur*").

1926 – HAWKES:

"En ningún otro momento se evidencia de una manera tan clara la paradoja política y etnológica de los vascos que cuando se reúnen por miles en un pueblo fronterizo para presenciar un gran partido de pelota".

1926 – C. P. HAWKES

Hawkes fue un viajero de origen probablemente británico, autor de numerosa literatura, que en 1926 editó una crónica de su viaje hasta el norte de África, *Mauresques with some Basque and Spanish Cameos*, en cuya parte tercera, *In Euskalderia*, incluye cuatro capítulos sobre los vascos, a saber, *Pastorale Basque*, *Fuenterrabia*, *Euskal Jai* y *Cherrero* (este último sobre las mascaradas). Según explica, al lado del escenario de una **pastoral** se encuentra un conjunto instrumental que se compone de *chirola*, *dulzaina* y *tambourin basque*, que describe como "un tipo de guitarra cuyas cuatro cuerdas no se puntean ni se rasgan, sino que se golpean con una púa" (seguramente se refiera al salterio). "La antigua y misteriosa raza de los 'Euskaldunak' ha preservado durante centurias un formato de drama popular arcaico, exclusivo de ellos pero afín a los misterios que se ejecutaban entre los bretones", continúa. Es una "pintoresca supervivencia de costumbres patriarcales", de "superstición arcaica", que nos transporta a los felices días anteriores al nacimiento de una "sórdida y sucia industrialización". Sus personajes, comenta, "están claramente divididos en justos y villanos". Le sorprenden "la elegante dignidad y la ingeniosa seriedad" con las que se actúa, que los espectáculos duren diez horas, que los chicos actúen de mujeres y que los turcos (*turcs*) sean demonizados. La actuación es acompañada del alboroto propio de la vida rural: canto de gallos, tintineo de cencerros, balido de cabras, chirriar de carros y tonadillas de lavanderas. Al final, como suele ser costumbre, cada pueblo puja por tener el honor de ejecutar el primer *Saut Basque*, la danza vasca. La **mascarada suletina** es otro tipo de función popular y baile local "muy vinculado a las representaciones de la vieja Inglaterra". Sus personajes, dice, se mantienen inmutables de acuerdo con una tradición estricta que se va heredando de padres a hijos. El personaje principal es *Cherrero*: "Es, invariablemente, una montaña de hombre, un divertido granuja lleno de estímulos, de un metro ochenta más o menos, que habría encantado a Rabelais", cuenta. Va nombrando a la "jubilosa farándula" de personajes que van apareciendo, *Zamalzaïn*, *Manichalak*, *Cantinière*, *Kukulleros*, *Gathia*, *Scapin y Bouhameshak*, que forman un desfile que define como "una maravilla de agilidad sincronizada" en la que se lanzan desafíos a modo de danzas y contradanzas.

Habla de **Hondarribia,** que Hawkes ve como "un extranjero en el sombrío [*gaunt*] paisaje del norte de España, [...] un fragmento trasportado hasta aquí desde Andalucía o Castilla. [...] Porque todo el campo que la rodea a ambos lados del Bidasoa no es típico ni de Francia ni de España, sino que es, en su esencia, vasco". El río Bidasoa, dice, no es más que una frontera política: "*divides politically a racially and linguistically united population*". "El ambiente parece evocar no tanto a España y su grandeza decadente, ni a Francia y su imperialismo aprensivo, sino al espíritu atemporal e imperecedero del pueblo vasco", continúa. Observa que la **pelota** es otro de los rasgos característicos de los vascos: "En ningún otro momento se evidencia de una manera tan clara la paradoja política y etnológica de los vascos que cuando se reúnen por miles en un pueblo fronterizo para presenciar un gran partido de pelota". En los alrededores de **Bilbao**, comenta, se conserva un tipo de danza de espadas, "un ejemplo digno de mención de la supervivencia de las tradiciones populares incluso en áreas deterioradas por la moderna industrialización". El baile comienza "con la enarbolación de la bandera vizcaína, que es saludada por los dantzaris postrándose sobre una rodilla".

1926 – FRANK:

"El vasco despierta de su sueño espiritual y entra en España por la misma puerta que España abrió a golpes para invadirle".

1926 – WALDO FRANK

Escritor e hispanista estadounidense (1889-1967). Este ensayista y novelista norteamericano fue un concienciado socialista que empatizó con los pueblos hispano-americanos en contra del Imperialismo. Escribió *Virgin Spain*, que muestra un hondo conocimiento de la psicología y sociología española. Su capítulo sobre los vascos lo encabeza con el título *La comedia del vasco*: "En el Norte, en la costa del Cantábrico y al pie de los Pirineos, que orlan la bahía de Vizcaya, hay un pueblo singular en el que hasta la tierra es distinta de la de España". "Estas tierras tan parecidas a Europa y tan diferentes de España...". De nuestro pueblo le llaman la atención dos elementos importantes: su fusión con el paisaje y el conjunto de tradiciones y creencias. "...la danza es un ejercicio agradable que está cerca de su manera de andar y de hablar. Es una danza de saltos y de brincos, una ondulación de la vida carnal y del sentido, dentro de la norma fija ya de su holgura social". "Nunca faltan la danza, la sonrisa y el cantar". "Cuando cesa el baile y deja de tocar la gaita, continúa solo el tambor, como encantado, ligero, frío, inhumanamente frío. Hace recordar entonces a los genios marinos de los celtas, a las ninfas verdes de cabellera rubia que vivían en las marismas del Norte. Todo parece tan lejos de España como las pendientes escocesas". Para Frank la pérdida de la identidad vasca está directamente vinculada con el predominio que ha tenido la **Iglesia** sobre el pueblo, y da una explicación curiosa para esta influencia: "Se diría que este pueblo pagano se hizo católico solo por las innumerables ocasiones que ofrece el calendario católico con las fiestas de sus santos, para cantar y danzar. Todas las festividades de la Iglesia son fiestas y romerías para el vasco... regocijo que se celebra con carreras, regatas y concursos de fuerza que culminan en los certámenes artísticos del canto y del baile". "La multitud vasca es un cuerpo macizo y elástico, un cuerpo que espera el momento de jugar. Su actitud se asemeja mucho a la actitud de la muchedumbre deportiva de Inglaterra, y no tiene nada del fervor ardiente y sombrío que España lleva a todas partes, hasta a la corrida de toros". Comenta también que a los vascos ha sido la puerta que le ha abierto España, la que le ha sacado de su endogamia cultural: "No tenía más cultura que la primitiva, ni más mundo que un girón de tierra escarpada. España le ofreció una cultura profunda, el mar y los mundos allende el mar, y el vasco despierta de su sueño espiritual y entra en España por la misma puerta que España abrió a golpes para invadirle".

1926 – THÉODORE LEFEBVRE

Geógrafo francés (1889-1943). En 1933 publica en París su **tesis doctoral** de la carrera de Geografía titulada *Les Modes De Vie Dans Les Pyrénées Atlantiques Orientales*, en la que repasa los **modos de vida** rural de los Pirineos atlánticos: *"L'objet de cette étude est la partie des Pyrénées qui s'étend du Pic d'Anie à Bilbao"*. Su labor de trabajo de campo, con sus observaciones, encuestas personales y consulta de archivos, elaboran un valioso análisis que es acompañado de numerosas ilustraciones y mapas que representan de manera gráfica distintos aspectos de la sociedad: hábitat, vegetación, lengua vasca... Lefebvre consagra especial atención a la vida industrial metalúrgica de la región de **Bilbao**, con sus minas y sus altos hornos, evoca la vida marítima de los pescadores que se convirtieron en pioneros conquistadores de mares, describe los trabajos de campo, con ciertos modos de régimen agrario y establecimientos humanos peculiares de nuestro pueblo y repasa la originalidad de la vida pastoril, con mancomunales de propiedad colectiva y movimientos de trashumancia que remiten muy atrás en el tiempo. El autor concluye que no existe una raza vasca, sino solo una mezcla de dolicocéfalos y braquicéfalos y que el **euskera**, con una pobre base primitiva, no se compone más que de una serie de aportaciones extranjeras, consecuencia de la progresiva infiltración de los modos de vida de las regiones periféricas. No cree ni siquiera que exista una casa propiamente vasca. Cuando pasa hacia España o Francia, no aprecia diferencias fundamentales. En una reseña sobre el libro de la revista *Revue géographique des Pyrénées et du Sud-Ouest* (tomo 5, fascículo 3, 1934), sus autores, Cavaillès y Faucher, le echan en cara que, a pesar de negar la particularidad vasca y hablar de ello lo menos posible, incluso evitando dar su nombre al país que estudia, ello es, sin duda, por una especie de escrúpulo y porque quiere liberarse de cualquier influencia que no sea la del medio. Sin embargo, comentan estos autores, es cierto que, a lo largo de su libro, el País Vasco se siente presente y activo. "M. Lefebvre", dicen, "ha hecho una rica aportación al estudio de las cuestiones vascas".

1926 – ARMAND PRAVIEL

Escritor, periodista y abogado francés (1875-1944). Praviel es portador de una excelente literatura que le llevó a ganar dos premios de la Academia francesa en 1915 y 1926. En 1926 publica *Côte d'Argent. Côte et Pays Basques. Béarn* (traducido como *La Costa de Plata y el País Vasco. El Bearne*).

En la obra recorre las principales localidades de la **costa vasca** desde Biarritz hasta Donostia, deteniéndose en admirar sus paisajes y las ciudades balnearias que la han hecho tan famosa y donde el visitante curioso no deja de admirar particularidades propias del pueblo vasco como los toros y la pelota. Penetra después en los valles pirenaicos, dirigiéndose por Sara hasta Roncesvalles: "El corazón del País Vasco no se debe abordar sino con reverencia", comenta. "Al ir para lo interior, caminamos hacia una tierra antigua y llena de secretos, donde vive desde hace siglos sin dejarse penetrar ni adulterar una raza misteriosa, que habla un lenguaje desconocido, una lengua madre, a la que no se hallan, en toda la superficie del globo, más que lejanas afinidades". Llegando al extremo oriental de Euskal Herria, Zuberoa, Praviel disfruta del hechizo que le genera un pueblo que ha mantenido las costumbres puras e inmutables: "Ese pueblo pacífico tiene un gusto persistente por el canto, el baile y el teatro. De muy jóvenes aprenden sus hijos a mover las piernas acompasadamente y a representar en las pastorales". Es el vasco un pueblo que canta sus contradicciones por medio de sus bardos populares, los **bertsolaris**. El país, dice, cuenta "con poetas a cada paso: pero sobre todo poetas anónimos. Ninguno de ellos sospecha siquiera lo que podría ser la literatura. Son leñadores, pastores, cultivadores y, a veces, contrabandistas. En las sidrerías, en las casas familiares, cuando no en las alturas de los pastos, rivalizan entre sí los pastores de Teócrito o de Virgilio". Ingenio, gracia, malicia, brillantez, solivianta al personal, "dispuesto a reír o a aclamar". "Un espectáculo que no se puede ver más que en aquel extraño país: un pueblo ignorante, capaz de interesarse por la poesía, de seguir su ascensión y su extensión y de saborear con ella un verdadero placer renovado sin cesar". Esa poesía se debilita "en cuanto es trasportada fuera del ambiente en que ha sido concebida, fuera de la lengua que le da su intraducible sabor".

1926 – Praviel: *"El corazón del País Vasco no se debe abordar sino con reverencia. [...] Un pueblo ignorante, capaz de interesarse por la poesía".* Dibujo de Donibane Lohizune.

1927 – JOSÉ GARCÍA MERCADAL

Periodista y escritor aragonés (1883- 1975). Mercadal trabajó todas las facetas de la literatura. No solo fue historiador, novelista, crítico literario, biógrafo, viajero y traductor, sino que además fundó un par de editoriales. A pesar de su apoyo al *Manifiesto* que encabezaba Ortega y Gasset, acabó desengañado de la República y pasándose al bando nacional. Es el autor de los volúmenes *España vista por los extranjeros* y descubridor de libros que tratan el tema vasco como el de Wyts de 1574 y el anónimo francés de 1765. Es autor también del ensayo *En zigzag. Por tierras vascas de España y Francia*, un relato de viaje sobre el País Vasco, en el que, a modo de flashes, va realizando pequeños comentarios de su viaje en zigzag, sobre todo, por las costas de Bizkaia, Gipuzkoa e Iparralde. Su primer recuerdo es de Gasteiz: "Impresión de celo, pulcritud y esmero, sensación de pueblo recién acabado donde todo se conserva nuevo, o por lo menos, donde todo se encuentra convenientemente limpio para que nuevo parezca". De allí se dirige, por Zumarraga y Oñati, hacia la costa: **Mutriku**, en donde le parecen "dignos de visitarse algunos vetustos caserones, de piedras ennegrecidas, esparcidos por las diversas calles de la villa, el palacio de Montalibet, el de Idiaquez y el del general Gaztañeta en el que guardaba la magnífica armadura regalada a Churruca por Napoleón, y sobre todo la iglesia parroquial –en cuya sacristía se ve un Cristo agonizante, de Murillo–"; y **Ondarroa**, donde contempla "lo pintoresco de sus altas casas con la ropa del mar tendida en sus balconajes de madera, y la profusión de traineras y barcas de pesca que llenan la ría, el puente viejo, de un solo arco, y su mercado de hierro". Se establece en esa localidad unos días, y allí disfruta de playas, pescas, baños, paseos y puertos. Comenta, sin embargo, que Ondarroa "no es pueblo para muchos días. Huele demasiado". Asiste en la villa marinera a una lucha de carneros: "Es una costumbre bárbara, esta que en vascuence recibe el nombre de '**arijokua**', y bueno fuera que los Ayuntamientos de este país [...] tomasen el acuerdo de irla desterrando". Se embarca en el Euzkadi, "vaporcillo de los que se dedican a la pesca del bonito", para realizar varias excursiones, una de ellas hasta **Elantxobe**: "El ministerio de lo desconocido, el encanto de lo pintoresco. Es difícil encontrar un pueblo donde lo pintoresco nos salga más veces al paso cuando trepamos por sus calles", expresa. Visita el roble de Gernika, la Casa de Juntas y el Museo de Zuloaga, "con ocho Grecos, otros tantos Goyas". Y, para terminar, da un apunte sobre nuestros **bertsolaris**: "El aislamiento en que ha vivido el vascuence hizo negar la existencia de su literatura. [...] La poesía vasca es una poesía llena de sencillez, ingenua, sobria en su expresión, difícilmente comprensible para quien no la gusta allí mismo donde se engendró, ante el paisaje que le dio vida. De la compenetración que existe entre el pueblo y la poesía da fe el favor que gozan, tanto en una como en otra vertiente del Pirineo, sus bardos populares, sus versolaris o improvisadores".

1927 – BENVENUTO TERRACINI

Profesor italiano de la Universidad de Torino (1886-1968). En su obra de 1927 *Osservazioni sugli strati più antichi Della toponomastica sarda*, estudia la toponimia de la isla y divide el **paleosardo** en dos regiones. Según indica, en el sur se hablaría un idioma afro-ibérico, a cuya familia pertenecería el **euskera**.

1927 – Gallop: *"Aquí nacen canciones todos los días. [...] El talento maravilloso de los vascos para improvisar es probablemente la causa principal de su gran fecundidad".*

1927 – RODNEY GALLOP

Diplomático y etnomusicólogo inglés (1901-1948). Trabajó para el Ministerio de Exteriores en varios países de Europa y Latinoamérica hasta que recaló en Euskal Herria. Ya desde pequeño había estado acudiendo con asiduidad a Donibane Lohizune, lo que le permitió entrar en contacto con la realidad vasca y aprender euskera. Sus primeras colaboraciones fueron en 1927/1928 en *Gure Herria* y en el *Bulletin du Musée Basque*, y llegó a colaborar en los trabajos de Violet Alford (1902) y Veyrin (1926). En 1930 publicó *A Book of the Basques* (*Los vascos*, 1948, con dibujos minimalistas de su mujer **Marjorie Gallop**), una magnífica obra que describe al pueblo vasco ("museo viviente de la historia humana") con una agudeza ejemplar, sin recurrir al tópico y escrita con corazón, pero sin caer en el sentimentalismo, más que en contadas ocasiones: "Lealtad y rectitud, dignidad y reserva, independencia y un fuerte sentimiento de raza y de superioridad racial, un grave aspecto templado por un pronunciado sentido del humor y cierta facultad de divertirse, profundo sentimiento religioso y un culto de la tradición llevado casi hasta la adoración ancestral: correlativo todo eso y dirigido por una especie de sencillez profundamente arraigada y un punto de vista valiente y objetivo sobre la vida. [...] acepta sin discutir las opiniones de sus antepasados sobre los problemas esenciales de la vida y de la muerte, y no malgasta más tiempo en inútiles especulaciones". "Son sus recursos naturales los que han determinado la línea divergente de desarrollo seguida por las provincias españolas. Desde el principio de la civilización Vasconia parecía estar destinada a convertirse en un centro industrial. [...] Apenas sorprende que, encontrándose los vascos en una tierra de inmensas minas y posibilidades industriales, [...] hayan desarrollado estas cualidades en más alto grado y hayan sido a la vez transformadas por su medio ambiente". Fruto de estas relaciones internacionales es que "la estimación que los ciudadanos de Brujas sentían por los comerciantes vascos aparece en un documento fechado el 1 de diciembre de 1493, en el que los magistrados de la ciudad conceden a los 'consults et suppôts de la Très noble nation de Biscaye' el derecho de la exención casi completa de las intervenciones judiciales". Como **musicólogo** que es, una buena parte del libro se lo dedica al universo musical vasco: "Habrá pocos lugares en el mundo, donde pueda uno estudiar el nacimiento y crecimiento de una **canción** tan fácil y satisfactoriamente como en el País Vasco. Aquí nacen canciones todos los días, y las viejas, con pocas excepciones, que parecen haber alcanzado su forma definitiva, siempre están resurgiendo como el Fénix, de las llamas, rejuvenecidas y renovadas. El talento maravilloso de los vascos para improvisar es probablemente la causa principal de su gran fecundidad". Reconoce que, aunque sí que hay una parte original propia en la antología musical vasca (canciones de cuna, por ejemplo), el acervo popular denota una gran influencia, fruto de las relaciones con sus vecinos. Dice que el **aurresku** "es de carácter espectacular en parte, por no decir erótico", y cuenta que "la English Folk Dance Society demostró su excesiva delicadeza al persuadir a los vascos a que lo omitieran del programa en el Lyceum Theater y Albert Hall en noviembre de 1927".

También habla de las mujeres vascas, y dice que los hombres "colocan" a estas "a su mismo nivel (o casi), pero en una esfera completamente diferente". La diferencia, explica, está más "en la calidad que en el grado". "Son respetadas en todas partes. Su supremacía en su propia esfera nunca es disputada". Y menciona entonces a unas prematuras sufragistas vascas de Donibane Garazi que en 1789 enviaron una carta a Luis XVI, aludiendo que los mejores administradores públicos deben ser "aquellos que tienen más completa experiencia sobre economía doméstica, es decir, ellas mismas". Cita Gallop al historiador lapurtarra Nogaret cuando comenta que eran las ancianas alcahuetas las ***bertsolaris*** que acostumbraban a llevar noticias de casa en casa, componiendo poemas con un número indefinido de estrofas que cantaban en las largas sobremesas del invierno. Resalta también una extraña costumbre que halla en las **cencerradas** de Zuberoa: a las acusadas de adúlteras se les escenifica delante de su casa una procesión en la que los vecinos del pueblo cabalgan sobre burros vistiendo diversos disfraces. En la antigua Grecia eran las propias adúlteras las que tenían que cabalgar sobre ellos. Como explica, las cencerradas son un tipo de farsa "que está prohibida por las autoridades, principalmente a causa de la calidad rabelesiana de su humorismo", una prohibición que generalmente se burla solicitando un permiso para representar una grave pastoral en la que se intercala la farsa. Concluye afirmando que todas las características de nuestro pueblo demuestran ser "una fusión de elementos adquiridos de sus vecinos, marcados con su propia personalidad y atesorados luego con una tenacidad que los ha conservado hasta mucho tiempo después de la desaparición de los modelos originales".

1927 – NICOLAAS GERARDUS HENDRICUS DEEN

Lingüista holandés (1897-?). Fue alumno del vascólogo Uhlenbeck (1893) y ejerció como profesor en la Universidad de Leiden. Su tesis doctoral, escrita en latín, *Glossaria duo Vasco-Islandica* (1937), versó sobre la evidencia del idioma pidgin **vasco-islandés**. La tesis toma como referencia dos manuscritos islandeses, *Vocabula Gallica* y *Vocabula Biscuica* (véase Anónimo islandés ca. 1670) del siglo XVII encontrados por Jón Helgason y que, por medio de Uhlenbeck, acabaron en manos de Deen. Él mismo se trasladó al

País Vasco en 1927 y se puso en contacto con Julio de Urquijo para analizar los manuscritos que contienen, respectivamente, 519 y 228 palabras vascas y algunas frases cortas como "*Presenta for mi berrua usnia eta berria bura*". El pidgin no es, por tanto, una mezcla entre euskera e islandés, sino entre euskera y diversos idiomas. Deen entregó la tesis en 1937, en plena Guerra Civil, con el deseo de que el País Vasco encontrara la paz y renaciera con fuerza: "*Utinam renascatur pulchrius ac fortius Vasconia et bona cum pace iamiam vivat Hispania*".

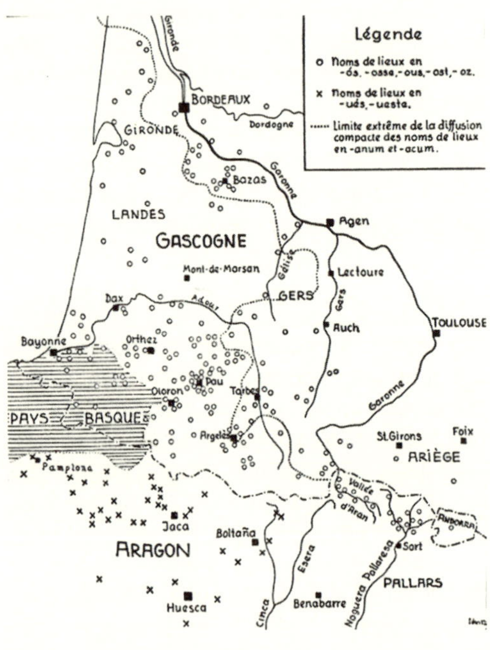

1927 – Rohlfs. Mapa de 1970 con la distribución de los topónimos acabados en -os, de origen prerromano, que coincidirían con la extensión del euskera al principio de la Edad Media.

1927 – GERHARD ROHLFS

Romanista alemán (1892-1986). Fue un romanista que estudió en la Universidad de Berlín el italiano y sus dialectos, el castellano, francés antiguo y retorromano. En 1927 aparece su ensayo *Baskische kultur im Spiegel des lateinischen Lehnwortes* (publicado en *RIEV* en 1933 como *La influencia latina en la lengua y cultura vascas*). Con respecto al nombre Pamplona asegura que "está compuesto de Pompeius y de la denominación vasca de ciudad (ili), como se desprende claramente de una explicación de Estrabón (s. I a.C.). El nombre vasco de esta ciudad es todavía hoy Iruña (entre los vascos franceses Iruñe) donde se reconoce sin dificultad el segundo elemento de Pompelone. Es decir: solamente los mercaderes romanos y los empleados del estado llamaban a la ciudad con el nombre de su conquistador Pompeyo mientras los vascones se atenían al viejo nombre indígena". El **sufijo** vasco *-os* es para Rohlfs una clara muestra del rastro que ha dejado el euskera: "El Alto Aragón, desde el río Aragón, hacia oriente, hasta el río Noguera Pallaresa, contrariamente a los otros países de la región del Ebro, muestra un manifiesto porcentaje de nombres de lugar de claro origen vasco". En 1952 profundizó en la comparación de la toponimia de ambas vertientes del Pirineo (*Sur une couche prèromane dans la toponymie de Gascogne et de l´ Espagne du Nord*). Su mapa, publicado en 1970 en *Le* ***Gascon*** (un importante estudio para la comparación de las lenguas pirenaicas), con la extensión del sufijo (*-os*, *-osse*, *-oz*, *-ues*...) en todo el Pirineo dio bastante que hablar, dado que marcaba la difusión que el euskera tuvo al principio de la Edad Media. Asegura que existe "un torrente inagotable de elementos lingüísticos latinos" en el vasco. Ofrece a continuación un largo listado de palabras vascas de distintos ámbitos (industrial, agrícola, comercial...) que proceden del latín, gracias al contacto mutuo que tuvieron los vascos y romanos. Según Rohlfs, este "latín euskerizado" imprime su sello a toda la región occidental pirenaica que tiene "relación más con el español que con el provenzal", aunque no únicamente, ya que "el romance hablado en el N. de los Pirineos muestra estrechas relaciones con las hablas españolas del S. de los Pirineos, lo cual hace concluir un parentesco seguro del latín ibérico con el latín de la Aquitania". Como se percibe, considera que toda la parte oriental pirenaica estaba bajo el dominio de la lengua ibérica. Acabó siendo un excelente conocedor de la historia de la lengua vasca y colaborador de la *Revista Internacional de Estudios Vascos*.

1927 – ELSNER:

"El mayor insulto que se puede ofrecer a un vasco es confundirlo con una de estas naciones [francesa y española]".

1927 – ELEANOR ELSNER

Escritora inglesa (1905-1984). Entre sus diversas obras de viajes editó en 1927 *The romance of the Basque Country and the Pyrenees*. La cita con la que empieza el libro es una buena carta de presentación sobre lo que nos ofrece, un repaso por un territorio habitado por un pueblo rebosante de un misterio que colmaría cualquier novela de aventuras: "Uno de los ingredientes más necesarios para la verdadera historia de amor es el misterio esquivo, y ningún pueblo en Europa lo posee como el vasco [*no people in Europe possesses this as do the Basque*]". Continúa en el prólogo diciendo que el País Vasco está compuesto por **siete provincias**, de las cuales tres son francesas y cuatro españolas y que han sido prácticamente independientes, unidas y administradas por sus propias leyes: "Los vascos nunca fueron lo que podría llamarse una única nación, ya que cada provincia preservó la completa independencia de las leyes y costumbres, pero las provincias nunca lucharon entre sí y siempre se mantuvieron unidas en su oposición a un enemigo común. Así, aunque romanos, godos y moros las invadieron y, posteriormente, las guerras entre Francia y España asolaron su país, este permaneció intacto". "Estas provincias son todavía unidades prácticamente independientes y administran sus propias leyes. Hasta la Primera Guerra Carlista en 1836 fueron tratadas por España como un país extranjero [*as a foreign country*]". Recorre todo Iparralde y describe sus caseríos, sus **danzas** y el juego de la **pelota**. Percibe en las nuevas generaciones un amor por sus tradiciones que va algo más allá de la percepción de un simple campesino, y resalta cómo cuentan con orgullo que jamás se aliaron ni con franceses ni españoles y que consideran un gran insulto que les confundan con ellos: "*Indeed, the greatest insult one can offer to a Basque is to mistake him for one of either of these nations*".

1927 – DOROTHY CANFIELD FISHER

Reformadora educativa y escritora estadounidense (1879-1958). Esta activista social que fomentó los derechos de las mujeres, la igualdad racial y la educación pública fue considerada por la primera dama norteamericana Eleanor Roosevelt como una de las diez mujeres más influyentes de Estados Unidos. Después de residir durante un año en Euskal Herria y encontrarse totalmente integrada en la vida del pueblo donde residía, a cuya escuela asistían sus hijos, Canfield va reuniendo historias recogidas aquí y allá para componer una obra llamada *Basque People* (*Pueblo vasco*) que fue publicada originalmente en 1927. El libro es pues una colección de **relatos** de ficción ambientados en el entorno de Iparralde, donde va mostrando distintos aspectos originales de nuestro pueblo. En el primero de todos se lamenta de que "toda mención de los vascos pulsa en la mente de los franceses el mismo botón", y pone en boca de una parisina la siguiente pregunta: "¿No es extraño que una raza tan antigua no haya producido ningún arte? Ninguno. No tiene ni una gran música, ni una gran literatura, ni una poesía decente. [...] ¿Cómo puede una raza así andar presumiendo de ralentizar el mundo [*cumbering the earth*]?". Al final del relato, una nativa le responde con otra pregunta que queda en el aire: "¿No hay poesía que no esté escrita, sino viva?". Canfield va yuxtaponiendo en el libro los valores humanos que caracterizan a nuestro pueblo y los distintos conflictos que surgen cuando se enfrentan la tradición y la modernidad. En uno de ellos, *An Ancestral Home* (*Un hogar ancestral*), una profesora de instituto americana, realizando una consulta en una enciclopedia, se topa con la entrada *Vascos* y una serie de palabras (como *bederatzi*) que le resultaban familiares: las había visto escritas en una carta de su abuelo, un marino de origen para ella siempre desconocido. Sin pensárselo dos veces, se planta en el caserío *Gure Chocua* del pueblo *Yende-Onak*, donde todavía vive su tía-abuela. Al pasar el umbral de la puerta sobre el que está cincelada la fecha de 1673 y ver su cara de sorpresa, la vieja anciana le aclara: "Sí, esta es la parte nueva de la casa". La joven constata que en aquel mundo de novedades y misterios no hay una razón concreta por la que se hacen las cosas de una manera, sino una sola contestación para todas: "Porque siempre ha sido así".

1928 – WATSON KIRKCONNELL

Escritor y académico canadiense (1895-1977). Publica en la ciudad canadiense de Ottawa *European Elegies*, un compendio de 100 poemas europeos en 50 lenguas diferentes. Entre ellos elige una poesía escrita en euskera por **Robustiana Mujika Egaña**, conocida como Tene (1888-1981), una **poeta** nacionalista vasca que llegó a ser miembro de honor de Euskaltzaindia en 1975. Kirkconnell extrajo un fragmento suyo de una poesía dedicada al otoño: "*Amaitu dira, bai, neska-mutillen/ itur-ondoko egonak,/ gogorki ditu ba ortik bidaldu/ euriyak edo bisutzak./ Ai, bai luze itunak maitalientzat/ neguko gau illun baltz-baltzak,/ ames egitera deitzen ez ba'leu/ sukalde zarreko suak*".

1928 – ROBSON:

"Los vascos no se distinguen de los demás europeos por ningún factor decisivo. Pero sí es verdad que, si se suma el conjunto de sus características, se distinguen definitivamente de sus vecinos y que tienen, sin duda, un fuerte sentido de la nacionalidad".

1928 – E. I. ROBSON

Escritor de literatura de viajes. En 1929 publica *A Wayfarer in the Pyrenees*, una guía sobre el viaje que había realizado a los Pirineos en 1928, donde incluye un capítulo III completo dedicado a los vascos, *The Basque Country*. Las ilustraciones están realizadas por **J. R. E. Howard**. Llega primero a **Biarritz**, que los entendidos califican "como el balneario marítimo mejor planificado de Europa". Opina que tanto el Museo Vasco de Baiona como el Museo Etnográfico de Donostia "dan una completa idea de la vida vasca que se pudiera contemplar en una exposición". Considera a los vascos como "un pueblo religioso rayano en la superstición". Le llama la atención que no haya ley sálica y que hereden indistintamente hombres y mujeres: "Esto divide a sus familias, pero el lazo familiar se mantiene, no obstante, firme". "Ambos sexos", prosigue, "son fuertes, y los hombres buenos luchadores, lo que quizá explique sus excelencias en el fútbol" (lo llama ***Rugby football*** y es el primero que menciona a los vascos como destacados jugadores de fútbol). En ***Bidarray*** todavía se pueden contemplar, dice, bailes religiosos durante la procesión. No considera a los vascos y sus ascendientes, los vascones, un pueblo que haya ocupado su territorio desde los tiempos del "diluvio", sino que cree que son de reciente introducción: "Vinieron en parte como vienen los vientos, a rellenar un vacío, y en parte como vienen los ríos, a presión". Comenta que en ningún caso la lengua va ligada a la raza o viceversa, y que "los vascos no se distinguen de los demás europeos por ningún factor decisivo", aunque añade que "si se suma el conjunto de sus características, se distinguen definitivamente de sus vecinos y que tienen, sin duda, un fuerte sentido de la nacionalidad [*a very strong sense of nationality*]". Dice también que, aunque bailes, pastorales y **mascaradas** no sean realmente singulares, sí que conservan, como estas últimas, una vieja mezcla de "*ballets, processions and mimicry*", y que incluyen unos instrumentos "encantadoramente primitivos" ("*pleasantly primitive*"). Lee a Webster (1862) para conocer el mundo de la mitología vasca e indica que tiene dos tipos de personajes: "sus ogros y sus hadas" ("*their ogres and their fairies*"), y menciona al *Basa-Jauna* y a la ***Basa-Andre***. Le sorprende un culto a la muerte tan desarrollado y también el juego de pelota, con gran cantidad de variedades que compara con las inglesas del "*fives*". El jaleo de la cancha se diluye "por el ruido terrorífico que emiten los corredores de apuestas que gritan los precios durante los partidos. Es el único tipo de apuestas que se podrían llamar realmente deportivas".

1928 – STARKIE:

"Si reuniera a estos tres vascos [Unamuno, Baroja y Maeztu] no habría intercambio de diálogo, pues no se escucharían unos a otros. Cada uno de ellos afirmaría directamente su verdad y serían tres líneas paralelas que no se encontrarían jamás".

1928 – WALTER FITZWILLIAM STARKIE

Traductor, hispanista y viajero irlandés (1894-1976). Starkie fue un trotamundos de época, como una especie de Jack London europeo, que realizó varios viajes por Europa acompañado de su violín y su música irlandesa, antes de instalarse en España para dirigir entre 1941 y 1952 el Instituto Británico de Madrid. Fue un personaje contradictorio, pero a la vez genial, que entró en contacto con los pueblos gitanos de toda Europa por medio de la música, estudió el caló y mantuvo una estrecha relación con ellos, pero que también coqueteó con el fascismo, entrevistó a Mussolini y se unió después a un grupo de escritores que hacían apología del fascismo. Fue también reconocido como miembro de la Real Academia Española. En 1933 publica *Spanish Raggle-Taggle: Adventures with a Fiddle in Northern Spain* (traducido como *Aventuras de un irlandés en España*), uno de los libros más interesante que he encontrado durante la realización de este trabajo. Su prosa desenvuelta, sus acertadas reflexiones, su vasta cultura, sus opiniones sin miramientos, su lenguaje variado y conciso (fruto de una excelente traducción del poeta Antonio Espina), todo ello conforma una obra que es un regalo para los sentidos. En ella recorre todo el norte peninsular, comenzando por Iparralde, y nos cuenta que ya en el año 1928 se había entrevistado con un **Unamuno** desterrado en su exilio. "Una de las primeras impresiones del viajero en España", comenta, "es la de ver tantos niños y la libertad de que gozan. [...] ¿Cómo es que estos chicos y chicas de ojos grandes, sonrientes, se transforman luego en vascos corteses, lentos y taciturnos?". Starkie, personaje cultivado que tenía suficiente solvencia como para compartir mesa y conversación con personajes de todos los estratos sociales, al llegar a Zumaia toca una melodía vasca a la puerta de la casa de Ignacio **Zuloaga**, para poder ser recibido por él. Zuloaga le habla de su ciudad natal, Éibar, y le muestra un cuadro del Greco (que por cierto le fue robado en la Guerra Civil). Starkie dice del artista que "todo lo humano le interesa, desde el enano de *Éibar* hasta Agustina, la reina de los gitanos". Le comenta Zuloaga que "aunque soy vasco, y vasco patriota, le confieso que nunca trabajo con más gusto que cuando vivo en Segovia, pues allí nunca dejo de encontrar tipos raros y magníficos como modelos". Zuloaga le propone que entre a las tabernas y escuche a los **bertsolaris** que rivalizan en sus improvisaciones sobre los más diversos temas: "Si usted tiene ingenio para inventar canciones satíricas, que son las que más gustan en este pueblo, podrá usted sacar mucho dinero".

Al visitar **Loiola** comenta que cuando entró en el País Vasco "tenía la impresión de que todos los vascos eran fanáticos en materia de religión". Luego ya en Zumaia y Zestoa, considera que, a juzgar por lo que pudo oír en las tertulias, vio que "todavía dura la eterna lucha entre carlistas y clericales, de una parte, y republicanos y liberales por otra". "Aquí, estos encuentros verbales no tienen otra consecuencia que un gran derroche de energía muscular". Describe a vascos borrachos tomando *chiquitos*, a vascos maliciosos y sin modales y a niños de lo más traviesos, peregrina a **Ezkiaga**, lugar de apariciones que fue clausurado al año siguiente; asiste a una corrida; se detiene en **Mutriku**, pueblo del que tiene que salir por patas al cortejar a una tabernera libertina que se mueve al margen de los convencionalismos heredados. Y saborea las fiestas de **Ordizia**: "El vasco abandona toda reserva cuando llega la fiesta de su pueblo, y se muestra alegre y bullicioso". "El 'aurresku' es [...] un rito nacional de la raza vasca", continúa. "Todo en esta danza parece creado para festejar el triunfo del héroe que conquista a su amada. Da saltos, se mueve, lucha con cualquier rival y, finalmente, se lleva a la muchacha raptándola". Contempla el pañuelo que une a los danzaris de modo que no se tocan las manos, como "una delicada prueba de pudor de los vascos". Se tiene que enfrentar, con su amigo gitano Lucas, al resto de músicos ambulantes, pero la ganancia es buena: 21 pesetas. Las tres descaradas taberneras de Mutriku tienen el contrapunto del relato en los tres vascos que surgen en su mente "como la encarnación del espíritu de España con toda su fuerza y lucha". Los tres son: el "quijotesco" Miguel de Unamuno, el "pícaro" Pío Baroja y el "majestuoso" Ramiro de Maeztu. "Si reuniera a estos tres vascos no habría intercambio de diálogo, pues no se escucharían unos a otros. Cada uno de ellos afirmaría directamente su verdad y serían tres líneas paralelas que no se encontrarían jamás".

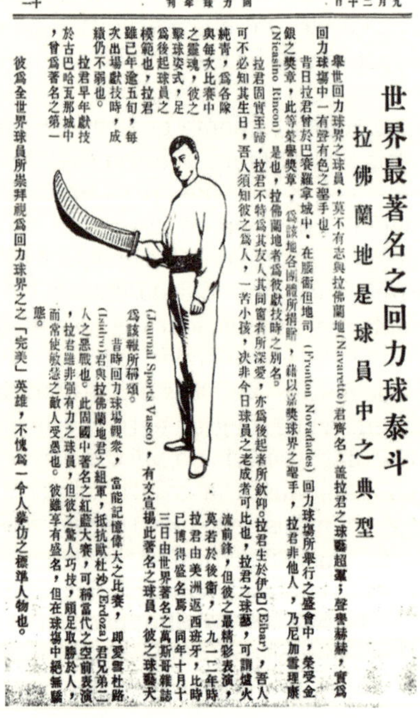
九月二十日 · 回力球年刊 · 十一

世界最著名之回力球泰斗

拉佛蘭地是球員中之典型

舉世回力球界之球員，莫不有志與拉佛蘭地(Navarrette)君齊名，蓋拉君之球藝超羣；聲譽赫赫，實為回力球場中一有聲有色之選手也。

昔日拉君曾於巴賽羅拿城中，在脹衛但地司 (Fronton Novedades) 回力球場所舉行之盛會中，榮受金銀之獎章，此等榮譽獎章，為該地各團體所捐贈，藉以崇獎球界之翹手，拉君非他人，乃尼加雪理康 (Nicasino Rincon) 是也，拉佛蘭地者為彼獻技時之別名。

拉君固實至歸，拉君不特為其友人其同窗者所深愛，亦為後起者所欽仰。拉君生於伊巴(Eibar)，吾人可不必知其生日，吾人須知彼之為人，一若小孩，決非今日球員之老成者可比也，拉君之球藝，可謂爐火純青，為各隊與每次比賽中之靈魂，彼之擊球姿式，足為後起球員之模範也，拉君雖已年逾五旬，每次出場獻技時，成績仍不弱也。

拉君早年獻技於古巴哈瓦那城中，曾為著名之第一流前鋒，但彼之最精彩表演，莫若於後衛，一九一二年時，拉君由美洲返西班牙，比時已博得盛名焉。同年十月十三日由世界著名之萬斯哥雜誌 (Journal Sports Vasco)，有文宣揚此著名之球員，彼之球藝大為該報所稱頌。

昔時回力球場觀衆，當能記憶偉大之比賽，即愛雪杜路 (Isidro)君與拉佛蘭地君之組軍，抵抗歐杜沙(Erdoza)君兄弟二人之惡戰也。此固國中著名之紅藍大賽，可稱當代之空前表演，拉君雖非強有力之球員，但彼之驚人巧技，頗足取勝於人，而常使敏慧之敵人受愚也。彼雖享有盛名，但在球場中絕無驕態。

彼為全世界球員所崇拜視為回力球界之之「完美」英雄，不愧為一令人摹仿之標準人物也。

1929 – Frontón Forum de Tianjin.
Folleto del programa de pelota (1934).

1929 – FRONTÓN JAI ALAI DE SHANGHÁI

El 7 de febrero de 1929 se inauguró en Shanghái, China, el frontón Jai Alai Auditorium promovido por el banquero francés Felix Bouvier y en 1934 se levantó en Tianjin, con el apoyo del Conde Ciano, yerno de Mussolini, un nuevo frontón (S.A.I. Forum), cuya impresionante fachada todavía hoy puede ser admirada. En ambas canchas llegaron a jugar pelotaris famosos como José María Arancibia "Petronio", José Garate y José María Iriondo. En 1937 comenzó el declive del deporte de la pelota vasca, cuando Shanghái fue bombardeada por el ejército japonés, produciéndose el cierre definitivo de los frontones en 1944 y pasando posteriormente a usarse como club de gimnasia o Gran Teatro del Pueblo.

1929 – LEVINSON,
sobre las danzas:
"Encantado, intrigado, repleto de notas preciosas y a tal punto invadido por hipótesis, aproximaciones y ensueños que por poco podría [...] calificar este espectáculo el día más bello de mi vida".

1929 – ANDRÉ LEVINSON

Crítico de danza franco-ruso (1887-1933). Profesor de lenguas romances en la Universidad de San Petersburgo, abandonó Rusia con la revolución de 1918 para instalarse definitivamente en París. Se convirtió con el tiempo en un importante crítico de **ballet** y escribió varias biografías de destacadas figuras del mundo de la danza. En su libro de 1933 *Les visages de la danse* rememora el día que en 1929 acudió al espectáculo ***Fête Basque*** celebrado en el Teatro de los Campos Elíseos. Confiesa que salió "encantado, intrigado, repleto de notas preciosas y a tal punto invadido por hipótesis, aproximaciones y ensueños que por poco podría, parodiando a M. Prudhomme, calificar este espectáculo el día más bello de mi vida". Quedó cautivado por la habilidad que mostraban los dantzaris vascos, "la destreza y el equilibrio basados en una técnica muy desarrollada del salto y de la batería técnica que linda con la maestría", y afirma que aquella "diversión pueblerina llega, en algunos momentos, a los refinamientos más arduos de la danza teatral".

1929 – UNIVERSIDAD DE SONORA

En el Archivo Histórico de la Universidad de Sonora se guarda el Fondo **Emiliana de Zubeldia** e Inda, una importante pianista y compositora navarra, originaria de Jaitz/Salinas de Oro (1888-1987), que recorrió de manera exitosa los principales escenarios del mundo. Habiendo estudiado en París, se trasladó primero a Madrid, para dar después el salto a Nueva York y terminar instalada en México, donde ejerció como profesora de piano y conferenciante sobre la historia de la música en la universidad. El diario argentino *La Prensa* del 28 de agosto de 1929 recoge, con motivo de una visita suya, lo siguiente: "Emiliana de Zubeldía, vascoespañola, en el programa de ayer se presentó como cultora del cancionero de su región de nacimiento, que entre nosotros es conocido por las obras de fray San Sebastián y Ouridi y que tiene en la joven artista una compositora que sabe tratarlo con sumo buen gusto, originalidad y diversidad de maneras, como pudo comprobarse en 'preludios vascos', ocho páginas cortas, impresiones de naturaleza, caracterizadas con motivos de canciones de danzas populares estilizadas con la delicadeza y bien armonizadas. En estos preludios, Emiliana de Zubeldía, sin perder su carácter regional, escribe obras poéticas y evocadoras, en las que se explaya su sensibilidad femenina; en cambio en 'Capricho vasco', 'Zortzico' y el poema 'De mis montañas', a dos pianos, la artista conserva la rudeza, el ritmo vigoroso, la ausencia de sentimentalismo, tan características de la raza; ya no son el sensualismo y la languidez andaluces, ni el melodismo sentimental y diáfano, catalán, sino una expresión viril y ruda de singular encanto y de gran originalidad". En el concierto interpretó también *Aiñhara* y *Chorietan buruzagi*.

1929 – GERHARD BÄHR

Lingüista vascoalemán (1900-1945). Nació en Legazpi (Gipuzkoa) al estar su padre empleado como director de la mina Katabera de Aizkorri. Residió en el País Vasco hasta los 12 años, lo que le dio la oportunidad de poseer unos buenos conocimientos de euskera. Fue nombrado miembro de Euskaltzaindia y presentó la ponencia *Flexiones verbales de uso actual en Legazpia (Goyerri)*. En 1940 se doctoró por la Universidad de Göttingen con la tesis **vascoiberista** *Baskisch und Iberisch*, en la que siguió la huella que había abierto Gómez-Moreno (1925). Fue colaborador habitual de las revistas vascas. Luchó con los nacionalsocialistas en la Segunda Guerra Mundial, y desapareció sin dejar rastro durante la toma de Berlín. El 12 de septiembre de 1943 escribió una carta a Julio de Urquijo en la que le contaba, apenado, lo siguiente: "Hace un mes estuve también en Alemania con motivo del bombardeo de Hannover en el cual perdí mi casa y, lo que más siento, mi biblioteca. ¡No me queda ya un solo libro vasco! Vd. se figurará lo grave que es esa pérdida para mí".

1929 – ÎLE AUX BASQUES

En 1929, la Société Provancher d'Histoire naturelle du Canada compró la Île aux Basques para convertirla en una de las primeras reservas naturales protegidas de Quebec, debido a su gran diversidad ornitológica. Esta diminuta isla, de dos kilómetros de largo y medio kilómetro de ancho, ubicada en el estuario de San Lorenzo frente a la ciudad de Trois-Pistoles, es reconocida como un lugar patrimonial no solo por la riqueza naturalística que posee, sino también por la cultural. La isla contiene una importante variedad de sitios amerindios y fue el primer lugar de **asentamiento vasco** en el actual territorio de Quebec, a fines del siglo XVI. En ella se han encontrado restos de los hornos donde se derretía la grasa de ballena. En 1996 se abrió en Trois-Pistoles un centro museográfico, denominado Basque Adventure Park in America, y otro más pequeño en la isla, con la finalidad de informar al público de esta desconocida página de la historia canadiense. La comisión de lugares y monumentos históricos de Canadá declaró a Île aux Basques como lugar de interés en 2001.

1930 – ERNST VON SALOMON

Escritor y guionista alemán (1902-1972). Fue un activista de la extrema derecha alemana durante la República de Weimar que tomó parte primero como miembro del cuerpo paramilitar que dio el golpe de Estado de Kapp, para acabar colaborando en el asesinato del entonces ministro alemán de exteriores Walther Rathenau, que le costó cinco años de cárcel. El mismo Hindenburg le amnistió por otro asesinato e incluso llegó a poner una bomba en el Reichstag en 1929. A raíz de todo ello su editorial le propuso salir del país hasta que se calmaran los ánimos y fue entonces cuando se instaló en su "querida" **Donibane Garazi** entre 1930 y 1931. Desde allí conspiró también con Sanjurjo para dar el golpe contra la República española de 1932. A partir de 1938 comenzó a colaborar como guionista para películas de propaganda nazi. En 1952 publicó la novela *Boche in Frankreich* (*Un alemán en Francia*), ambientada en Iparralde. En su autobiografía *Der Fragebogen* (*El cuestionario*) comenta que jamás fue tan feliz como durante su estancia en el País Vasco francés. Cuenta que una noche se fue a bailar fandangos con la sobrina de su anfitriona, ataviado como un vasco con boina, alpargatas, camisa, pantalones y faja ("*Baskenmütze, Spadrilles, leinenes Hemd und Hosen von blauer Beiderwand, Schärpe als Gürtel*"): "El **fandango** duró media hora y lo bailamos entero. Ni un solo instante tuve a Majie entre mis brazos, pero ni un solo instante dejé de contemplarla. Cuando terminó el fandango, quedó prendida para siempre en mi corazón". El 15 de abril de 1966 publicaba un artículo en el periódico *Die Zeit* en el que describía al País Vasco como un pueblo dividido en **siete provincias** ("*Vier der baskischen Provinzen liegen in Spanien, drei in Frankreich*"). Dice que se llaman a sí mismos *Euskaldunak*, que significa el pueblo que habla el *Euskara*. Es para él un pueblo que ha mantenido su propio idioma, sin que jamás hubieran realizado el intento de crear un Estado: "*Sie sind ein Volk mit einer eigenen Sprache geblieben, ohne jemals den Versuch unternommen zu haben, ein Staat zu sein*". Termina el artículo expresando su reconocimiento hacia ellos: "El que conoce a los vascos sabe que son libres y robustos, laboriosos y dichosos, y me siento atraído hacia ellos por su cariño y lealtad".

1930 – Champreux. Cartel anunciador, realizado por Iñigo de Bernoville, del documental *Au pays des basques*.

1930 – MAURICE CHAMPREUX

Director de cine francés (1893-1976). Fue el autor de importantes obras del cine mudo francés como *Barrabas* (1919) o *L'orpheline de Paris* (1921). En 1930 rueda *Au pays des basques*, un **documental** de 40 minutos que es considerado como el primer filme sonoro producido en Euskal Herria, así como el primero francés rodado en exteriores. Champreux recorre los parajes vascos recogiendo imágenes de gran presteza visual, creando asociaciones que mezcla con cantos típicos de la tierra. La primera palabra sonora que se cita es *erlea*, lo que denota la fuerte relación espiritual que ha tenido la sociedad vasca con el mundo de las abejas.

1931 – JORGE SEMPRÚN

Escritor y político español (1923-2011). La adinerada familia de Jorge Semprún llevaba veraneando en **Lekeitio** desde el año 1931, cuando en una de sus estancias estalló la Guerra Civil y pasaron a Francia como exiliados en el pesquero *Galerna*. Allí se afilió al Partido Comunista, del que fue expulsado en 1964, iniciando entonces una trayectoria literaria que le aportó notables éxitos. Entabla en París relación con los vascos y vascas exiliadas, como José Antonio **Aguirre**, "un líder de gran carisma entre los vascos", Leizaola, Irujo y la **Pasionaria**, que consideraba "extraordinariamente sectaria, pero de forma natural". En el año 1988 Felipe González le nombró ministro de Cultura. En un artículo aparecido en *El País* el 10 de enero de 2011 comenta cómo recuerda la iglesia, "casi una catedral", el puerto, la playa y la aldea de **Mendexa** donde jugaban a pelota: "Los hermanos éramos muy pelotaris, pero a mano. Todavía recuerdo esos partidos en que se te hinchaba la mano y se te ponía como un guante. Ahora, como éramos veraneantes de familia burguesa, teníamos pelotas de cuero estupendas, que provocaban la admiración de los chicos de Lekeitio, que siempre querían jugar con nosotros por el material. El frontón de entonces era muy rústico, muy primitivo y muy irregular en la piedra o baldosa del suelo". Vuelve 40 años después: "El frontón lo habían rehecho, muy bonito, muy moderno, pero ya no era mi frontón". Todos estos recuerdos los evoca también en su libro de 1977 *Autobiografía de Federico Sánchez*.

1931 – VITTORIO BERTOLDI

Lingüista italiano (1888-1953). En 1931 publicó *Problèmes de substrat*, un trabajo escrito en francés y centrado en la importancia del sustrato que dejan en el idioma las antiguas lenguas. Insistió en la necesidad de distinguir entre el sustrato preindoeuropeo e indoeuropeo teniendo en cuenta factores como la fonética, la estructura y el significado. Fue el primero que intuyó analogías entre algunas palabras y algunas reglas fonéticas vascas y sardas. Propuso entonces un espacio **ibero-aquitano-sardo** para un idioma que tenía la misma raíz: "*Les sens, les sons, les formes, tout port donc à croire à une origine commune dans le cadre du substrat ibéro-sarde*" ("Los sentidos, los sonidos, las formas, todo lleva pues a creer en un origen común en el cuadro de un substrato ibero-sardo"). En 1934 publicó el libro *Calchi baschi dal latino e dal romanzo* en el que comienza diciendo que el euskera continúa viviendo de manera independiente y milagrosa a pesar de todas las influencias que ha tenido.

1931 – MERINO URRUTIA:

"El vascuence se habló en toda La Rioja en época anterior a la dominación romana y árabe".

1931 – JOSÉ JUAN BAUTISTA MERINO URRUTIA

Historiador y político riojano (1886-1982). Nació en Ojacastro, La Rioja, y cuando él contaba tres meses de edad su familia emigró a Bilbao. Fue alcalde de su pueblo entre 1912 y 1913, concejal por Getxo durante la Segunda República y alcalde desde 1946 a 1960. Fue nombrado miembro de Euskaltzaindia en 1964. A partir de su primer libro de 1931 *El **vascuence** en el Valle de Ojacastro (**Rioja Alta**)*, dedicó toda su vida a profundizar sobre el rastro visible que el euskera había dejado tanto en la toponimia actual de La Rioja y el norte de Burgos, como en la documentación antigua. Comenta que la dificultad de desentrañar el misterio del euskera ha llevado a muchos a llamar a la lengua la "esfinge vasca". En la introducción de su edición de 1978 de *La lengua vasca en La Rioja y Burgos*, Merino cree haber "dado argumentos suficientes demostrando que el vascuence lo habló el primer hombre que puso el pie en las tierras riojanas, y no en el siglo X, en cuya época hubo una segunda repoblación en las tierras llanas de La Rioja Alta al desaparecer de ellas los árabes". El substrato que aún se mantiene en La Rioja Alta es, según él, de signo arcaizante y dialectalmente vizcaíno. Para Merino las tribus prerromanas establecidas en La Rioja a la llegada de los romanos (berones, autrigones, vascones, turmódigos, várdulos, caristios) eran de origen vasco o, por lo menos, culturalmente afines. Destaca prefijos como *-uri*, villa, que "es de la época de los autrigones", aunque cierto número de ellos "deben ser de los repobladores posteriores". Resalta también la gran cantidad de hidronimia vasca en las cuencas de los ríos Arlanzón, Tirón y Oja, "producto del elemento vasco aborigen". Toda esta hidronimia demuestra que "el vascuence se habló en toda La Rioja en época anterior a la dominación romana y árabe, pues nadie me dirá que esos nombres puedan atribuirse a épocas modernas". También investigó el nexo etnográfico que se mantiene entre el País Vasco y La Rioja.

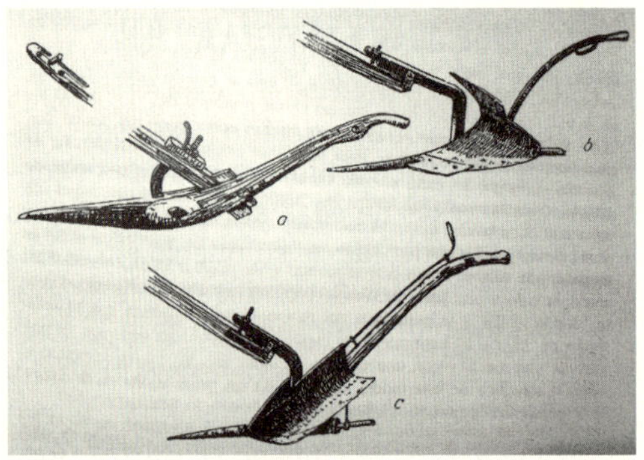

1932 – Bergmann. Tipos de arado del valle del Roncal.

1932 – WERNER BERGMANN

Lingüista alemán. Miembro del Seminario de Lingüística y Cultura Románica de la Universidad de Hamburgo y discípulo del hispanista Fritz Krüger. En 1932 llegó al Pirineo navarro para realizar un trabajo de campo en los valles de Roncal, Ansó y Canal de Berdún, para completar su tesis doctoral *Studien zur volkstümlichen Kultur im Grenzgebiet von Hocharagón und Navarra* (*Estudios sobre la tradición cultural en la zona limítrofe del Alto Aragón* y *Navarra*), que terminó de escribir en 1934 y que fue presentada como un proyecto de la recién constituida Institución Fernando el Católico. Bergmann se propone "reflejar por escrito la cultura popular de una pequeña comarca española del Alto Pirineo, antes de que se pierdan por completo los objetos y palabras antiguas". "El carácter del **valle del Roncal**", comenta, "es muy similar al del valle de Ansó, aunque más salvaje y romántico, especialmente en su parte superior". "Estas carreteras en los altos valles de las montañas, de reciente construcción, son las grandes puertas de invasión por donde penetra el castellano, destruyendo los últimos restos del dialecto aragonés". El trabajo constata que la economía se basa principalmente en la cría de ganado, en la industria forestal y maderera y, cada vez más, en el turismo. Pensiones y casas privadas se han modernizado y se han construido plazas y paseos bien cuidados para agradar al visitante. Objeto de materia es el léxico relacionado con los campos semánticos domésticos de la casa (cuartos, utensilios, trajes tradicionales, etc.), producción textil con cáñamo y lino y todo el ámbito del trabajo de campo, como agricultura, ganadería y explotación forestal (almadías), además de otros públicos como la vida religiosa en torno a la iglesia. El léxico que recoge en el valle de Roncal contiene gran cantidad de voces vascas, pero hasta incluso en Ansó se reconoce el vocabulario vasco: *sabaya* (desván), *zaborra* (piedra menuda de relleno), *bizcarena* (viga del caballete) o *quisquenta* (cerrojo).

1932 – KARL BOUDA

Lingüista alemán (1901-1979). El primer trabajo sobre el euskera de este profesor de la universidad alemana de Erlangen salió a la luz en la revista *Caucasica Leipzig* en 1932: *Zwei baskische Wörter*... (*Dos palabras vascas*). En él exponía ya la teoría **dene-caucásica**, de la que fue un firme defensor, llegando a emparentar el euskera con varios idiomas hablados en Siberia. Bouda, que anduvo siempre tan centrado en las investigaciones lingüísticas sobre el euskera, también tuvo tiempo para publicar en 1949 un interesante cuadernillo de 20 páginas titulado *Land, Kultur, Sprache und Literatur der Basken* (*País, cultura, lengua y literatura de los vascos*), en el que hace un pequeño homenaje al pueblo vasco: "El pueblo vasco es el único en Europa que no ha conocido ni las antiguas diferencias de clase de nuestros Estados civilizados entre 'el caballero distinguido' y el 'proletario', ni conocieron, debido a sus leyes no escritas y por respeto al prójimo, infracciones penales inimaginables". En él habla de su geografía (las siete provincias), sus costumbres, su hogar, sus deportes, la emigración y de la extensión que debió tener el euskera, y comprueba que topónimos como Burdeos (*Burdigala*) y Calahorra (*Kalagurri*) son de origen vasco.

1932 – ERNST ZYHLARZ

Africanista austriaco (1890-1964). En 1945 fue expulsado de la Universidad de Hamburgo por su afinidad con el régimen nacionalsocialista. Estudió árabe, hebreo y los idiomas camíticos. Su teoría parte de la existencia de un grupo de lenguas camíticas, aunque sus investigaciones acabaron por conducirle a un callejón sin salida. Publicó en 1932 un libro sobre la relación del **euskera** con los **idiomas africanos**: *Zur Angeblichen Verwandtschaft des Baskischen mit afrikanischen Sprachen.*

1933 – GEORGES DUMÉZIL

Lingüista e historiador francés (1896-1986). Este reconocido políglota francés (dominaba 30 idiomas clásicos y actuales) fue también un estudioso de las religiones y sociedades que supo considerar las similitudes que subyacían detrás de los mitos de las culturas indoeuropeas. Habiendo sido su abuelo tonelero en Baiona, se interesó también por el caso aislado que suponía la tesis de la lengua vasca y en 1936 publicó un pequeño artículo de diez páginas sobre su relación con las **lenguas caucásicas** (*Langues caucasiennes et basque*) que comienza así: "Queda fuera de toda duda que las lenguas del norte del Cáucaso, las del sur del Cáucaso y el vasco sean tres ramas, las tres únicas supervivientes, de la misma familia". En su trabajo de 1933 *Introduction à la grammaire comparée des languages caucasiennes du Nord*, ya reconocía esta relación, aunque descartaba, no obstante, un posible parentesco con las lenguas kartvelianas del sur de Georgia.

1933 – ALFONSO RODRÍGUEZ CASTELAO

Dramaturgo, médico y político gallego (1886-1950). Considerado como el padre del nacionalismo gallego, el 2 de abril de 1933 participa en un mitin organizado por el ANV en el frontón Euskalduna de Bilbao para promover ***Galeusca***, el movimiento solidario creado entre partidos nacionalistas para promover mayores cotas de autogobierno, donde lanza un largo discurso que es recogido por el periódico del partido *Tierra Vasca* dos días después: "Una **lengua**, amigos de Euskadi, una lengua es una gran obra de arte, hecha con dolor, con sufrimientos, con alegrías de nuestros abuelos, que la recibimos en herencia y que debemos entregar a nuestros hijos enraizada con el espíritu de nosotros. Una lengua es la vida y la esencia de la democracia, y es la ejecutoria de todas las virtudes de un pueblo, y nosotros precisamente por esto, porque amamos la democracia, porque amamos la libertad, porque queremos que nuestra patria sea libre, no para separarse en fronteras sino para darse a la humanidad, por eso nosotros y nada más que por eso, entendemos que nuestra lengua lo es todo y en todos los actos de nuestra tierra no hablamos en otra. [...] Tened la seguridad de que cuando yo vuelva a mi verde tierra de Galicia, he de decirles a todos aquellos muchachos que nos siguen, cuál es vuestro fervor nacionalista, para que les sirva de ejemplo y de estímulo, y tened la seguridad de que, en todo tiempo, sea como sea, cuanto más adversas sean las circunstancias, mejor tendréis toda nuestra simpatía y todo nuestro apoyo, si es que podemos serviros de algo a todos nuestros amigos vascos". Años más tarde recuerda, el 9 de febrero de 1945, en el discurso de un acto de despedida de su amigo Ramón Aldasoro, a quien le debía su visita a Gernika: "No sé qué respeto ancestral me infundió aquel roble muerto, como si dentro de mí se despertara el espíritu de mis antepasados celtas".

1933 – GREGORIO MARAÑÓN

Médico, historiador, escritor y pensador español (1887-1960). Marañón es una de las figuras más emblemáticas de la generación española del 1914 y mantuvo siempre un vínculo muy estrecho con el País Vasco, del que se mostró un profundo admirador. Pero de todas sus debilidades habría una que convendría destacar: la **gastronomía vasca**. Marañón escribió el prólogo para el libro de recetas *La cocina de Nicolasa*, escrita por la markinarra **Nicolasa Pradera**, dueña del restaurante Casa Nicolasa de Donostia. Consciente de la importancia de la alimentación y de las consecuencias vitales que esta tiene sobre nuestra salud, tenía a Nicolasa como ilustre referencia del arte culinario, además de ser asiduo comensal de sus restaurantes de Madrid y Donostia y contribuir a la popularización de su cocina: "Claro es que la cocina cuidada y sapiente tiene, no hay duda, tradición centenaria en estas provincias: porque no se improvisa en pocas generaciones la profunda disposición (casi específica de esta raza) que para el arte gastronómico tienen las mujeres vizcaínas, guipuzcoanas y navarras; mujeres hechas de elementos nobles y antiguos, entre las que coloco esta admirable aptitud cocineril. [...] Es tan recia la fuerza y el estilo de la manera vasca, que aún esos elementos advenedizos o recientes se incorporan con rapidez y para siempre a la escuela". Fruto de sus estancias en la costa vasca son los distintos libros que nos dejó: *El proceso del arzobispo Carranza* (1950), *Cajal, su tiempo y el nuestro* (1950) y *Notas sobre la vida y muerte de San Ignacio de Loyola* (1956). También fue colaborador del *Bulletin du Musée Basque* de Baiona.

1933 – RUDOLF JAN SLABÝ

Lingüista e hispanista checo (1885-1957). Slabý se encontraba de viaje de estudios por España cuando estalló la Primera Guerra Mundial. Con las fronteras cerradas, decidió establecerse en Barcelona, en cuya universidad se pudo dedicar a la enseñanza de las lenguas eslavas. Intelectual de vasta cultura, es autor de más de cien traducciones al castellano y de artículos para la enciclopedia *Espasa*, y publicó en 1953 el diccionario alemán-castellano más importante que ha habido (*Slabý/ Grossmann/ Illig*). En el plano político defendió de manera ferviente la Segunda República y su política cultural. Mostró gran interés por el pueblo vasco, y se convirtió en un **vascófilo** que mantuvo un estrecho contacto con Azkue. En el acta del 2 de noviembre de 1933 de Euskaltzaindia se comenta: "*Eslaby [sic] jaunak Euskalerriari dagozkion lan batzuek argitaratzeko urretxu bezela dago: Los vascos y su cultura. La música vasca en relación al señor Azkue, bañan oraindik ez ditu argitaratu. Ibili gera autuan, zerbaitez jaun auxe goratu nairik bañan ez degu ezer erabaki*". En 1935 fue nombrado miembro correspondiente de la academia vasca. Escribió la entrada *Vascos* de una edición tardía para la enciclopedia checa de Jan Otto (1890).

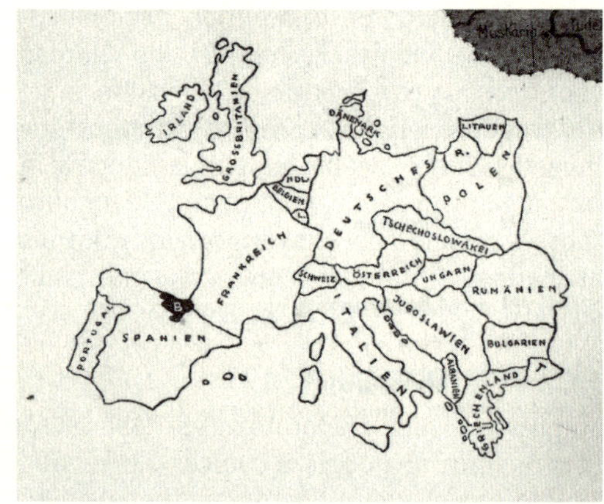

1934 – Ziesemer: *"Jamás fueron los vascos españoles o franceses"*. Mapa del país de los vascos.

1934 – WILHELM ZIESEMER

Germanista alemán (1882-1951). Publicó en 1934 *Das Land der Basken. Skizzen aus der Heimat der ältesten Europäer (El país de los vascos. Bosquejos sobre el hogar de los europeos más antiguos)*, un extenso volumen de 200 páginas y 64 ilustraciones editado dentro de la colección *Völkerkunde in Monographien* (***Etnología** en monografías*) que estudiaba etnias y culturas del ámbito europeo. El autor confiesa en el prólogo que es el primer intento hecho en Alemania de abarcar la cuestión vasca en su totalidad, tomando en cuenta ambos lados del Pirineo, y que hay fundadas razones culturales y lingüísticas para ello, a pesar de no poder disfrutar el territorio de una unidad nacional. Trata los temas por capítulos: historia, raza, lengua, hogar, vestimenta, espíritu emprendedor, música, costumbres, gastronomía. Dedica un capítulo a cada una de las siguientes **personalidades**: San Ignacio de Loyola, Antonio de Trueba, Miguel de Unamuno, Pío Baroja y Sabino de Arana. Y otro a cada una de estas **ciudades**: Bilbo, Gernika, Donostia, Eibar, Gasteiz, Iruñea y Biarritz. Los vascos, cuenta, no fueron jamás ni españoles ni franceses: "*Nie ist der Baske im Grunde seines Wesens kriegslustig und Eroberungssüchtig gewesen; nie ist es ihm eingefallen, den fremden Eindringling weiter als über die gesteckten Grenzen seines Landes hinaus zu verfolgen. Aber um so eifersüchtiger wachte er stets mit starken Armen über die Berge seiner Heimat. [...] Die Basken sind nie Spanier oder Franzosen gewesen*". Según Bähr (1929) es la primera síntesis de carácter divulgativo hecha con la ideología del Tercer Reich, o sea, centrando el foco de interés en la condición de raza prearia y aborigen de Europa.

1935 – ARLT:

"Habitar un tiempo entre esta gente es darse un baño de vida honesta, higienizarse el alma de toda la basura que amontonó en el continente ese torvo trapero que se denomina civilización".

1935 – ROBERTO ARLT

Escritor y periodista argentino (1900-1942). Arlt, considerado, con razón, como uno de los escritores argentinos más relevantes del siglo XX, apareció por Euskal Herria como corresponsal del periódico *El Mundo* en el año 1935, con la intención de continuar la serie de artículos de aire costumbrista que publicaba para el diario. Todas aquellas vivencias han quedado recogidas en el libro de la editorial Txalaparta del 2006 *Aguafuertes vascas*. Su llegada a **Bilbao** desde Santander le produce una honda impresión: "Encajonada por montañas, erizadas de altos hornos, fábricas y palacios, el río Nervión delimita las posiciones sociales de la ciudad". Distingue dos Bilbaos: el de la opulencia y el de las callejuelas con sus casonas de siete pisos "sembradas de ratas y pulgas". Asiste, emocionado, a una prueba de bueyes (*ididema*, la llama): "Anochecido, la fiesta toca a su fin. Los perdidosos, sumados a los gananciosos, beben y cantan. Es el epílogo de toda reunión vasca. Cantos corales". "Habitar un tiempo entre esta gente es darse un baño de vida honesta, higienizarse el alma de toda la basura que amontonó en el continente ese torvo trapero que se denomina civilización", asegura. Dice que la variedad de las **danzas** es "enorme", aunque sean a veces bastante rígidas y forzadas: "Sin embargo, a medida que transcurre el tiempo, la multitud que llena el frontón [de **Portugalete**] se deja tomar por la emoción colectiva: la frialdad del baile se derrite. [...] El tamboril redobla infatigable el ancestral llamado de la tierra y de la selva". El personaje del tamborilero se muestra "ajeno a la algarabía de la zarabanda, hipnotizado quizá por el propio silbo de su caña negra y el sordo tam tam de su tamboril". Un francés que conoció le dijo de los carnavales de Donostia: "Durante estos tres días, he visto una sola persona formal: el tamborilero que contemplaba impávido y sereno tanta alegría". "El diablo", comenta con sorna, "debe hacer muecas sobre esa multitud profundamente católica". A un grupo que viene de Zuberoa le ve utilizar el salterio, "arpa cartaginesa de cuerdas gruesas batidas por un palito", lo llama. Habla de la plástica belleza de los altos hornos, de los palankaris y del **bertsolari**, "poeta espontáneo, frecuentemente inculto", que maneja exclusivamente elementos de la vida real: "Mordaces y satíricos, soliviantan los pueblos. [...] La inspiración poética de algunos de estos bardos es considerable".

Arlt se ocupa también del nacionalismo vasco, "este singular nacionalismo cristiano y antifascista, y que conceptúo uno de los más sorprendentes fenómenos sociales que fermentan en este continente de pequeñas naciones, como ha sido definida España". Le llaman la atención los ***batzokis***, "centros de recreo o instrucción política" que se encuentran en uno de cada dos municipios: "Al batzoki concurre la campesina con sus hijos, el obrero con su mujer, la burguesa con su marido. [...] No solo se estimula la fraternidad entre ambos sexos, sino que, además, se cultiva en ellos un absoluto nacionalismo separatista". Asiste al mitin del *batzoki* de Portugalete ante cinco mil personas: "Yo permanezco estupefacto. El espectáculo de semejante sensibilidad colectiva me desencaja los ojos. [...] Esta frase: 'nosotros no queremos la revolución, queremos la devolución' [de los fueros] hace enrojecer las palmas de las manos de todos los espectadores". Por otra parte, la **religiosidad** de los vascos le parece legendaria: "Aquí se nace, se vive, se juega, se sufre, se ama, se trabaja entre imágenes. Os persiguen en la calle, están donde se vuelve la cabeza; presiden los días, los meses, los años, los siglos". A Artxanda le llama el Monte de Venus y en **Gernika** tiene la sensación "de que el pasado se ha convertido en una película de cristal que cubre las losas de las calzadas. Un paso en falso y se quebrará el encanto antiguo".

Señala también que las **mujeres** de los marineros, acostumbradas a la soledad "se hacen cargo de la casa y no solo la administran sino que también participan en las luchas políticas del pueblo". El lobo marino, en su casa, se transforma en cordero: "Lo que en tierra le rodea es obra de ella". A Arlt, no obstante, le produce cierto resquemor el ambiente nacionalista que encuentra por todas partes, con 12 de los 16 diputados a cortes y donde "un comunista infunde más horror que un parricida". Dice que Unamuno y Baroja son "herejes para las consignas del partido". "Al comienzo de mi estancia me hablaban en un tal lenguaje de España que tuve que rogarles [...] que no me hablaran en ese tono de España". Arlt no parecía consciente de que quedaran apenas seis meses para el golpe de Estado y el bombardeo de Gernika, que desharía de golpe un encanto que se convertiría en leyenda.

1936 – WILLIAM JAMES ENTWISTLE

Hispanista y cervantista inglés (1896-1952). En 1936 publicó *The Spanish Language: Together with Portuguese, Catalan and Basque*, una visión del conjunto de las lenguas de la península ibérica, en la que en el primer capítulo presenta al **euskera** como el elemento aglutinador de **siete provincias** que nunca han mantenido una unidad, razón por la que se llaman *Euskalerri*, el pueblo que habla euskera: "*There are seven independent provinces protected by the Pyrenean ranges, and as they have known no other unity than that of language, they are wont to call themselves by its name: Euskalerri, the people (herri) who speak Euskera*". El idioma, dice, se divide en varios dialectos ininteligibles entre sí, "*Biscayan, Guipuzcoan, Lower and Upper Navarrese, Labourdin and Souletin*" y 25 subdialectos, a los que se les puede seguir el rastro hasta el siglo X, con las Glosas Emilianenses. Ir más atrás, dice, sería penetrar en territorio de conjeturas. Expone entonces una pequeña introducción al euskera, en la que habla del acento que baila entre sílabas, del sistema vocálico y consonántico que coincide con el castellano, así como de algunas palabras del léxico y de las numerosas metátesis en las consonantes (*bage=gabe*). Para Entwistle ha sido el **vocabulario celta** el que ha ayudado al vasco a organizar el suyo, con préstamos como *andrea*, *hartza* o *ekarri*, e incluso el sistema vigesimal vasco podría ser de procedencia celta. Sin embargo, afirma que "casi todos los términos administrativos, ritos y usos cristianos, pensamiento y cultura se extraen del latín", y parte de ese vocabulario tiene un carácter relativamente arcaico. Le sorprende lo intrincado del verbo vasco, que afecta sobre todo a los auxiliares, y su pasividad (el famoso caso ergativo). En cuanto a la extensión remota y actual del euskera, fija los límites en el siguiente marco: "Los vascos han ocupado sus actuales emplazamientos desde tiempos inmemoriales, pero su territorio era antes mucho más extenso. [...] Las actuales fronteras sur y este pasan por Salinas, el norte de Estella y Tafalla, y de allí al noreste hasta el Pic d'Anie. Más allá de esta frontera, sin embargo, hay numerosos nombres de pueblos vascos, como *Ulliberri*, *Echaberri*, *Baigorri*, *Iriberri*, *Bena-*

gorri (que contiene *iri* 'pueblo', *etxe* 'casa', *bai* 'río', *berri* 'nuevo', *gorri* 'rojo'). [...] La frontera estaba determinada por el empuje de la civilización romana a lo largo de la gran vía militar que conducía al valle del Alto Ebro, pasando por Lérida, cerca de Barbastro, Huesca y Zaragoza, de donde ascendía por la margen derecha hasta Logroño, antes de desviarse hacia el oeste". Las últimas huellas hacia el oeste las marcan las fronteras de los Montes de Oca burgaleses y Cantabria. En cuanto a la identificación del euskera con el ibero, dada la similitud que presentan en su toponimia, indica que no pasa de ser una mera hipótesis.

1936 – José R. Ramos: *"Harto de corretear por su mundo, Chirrita ahora desgrana mazorcas y les canta coplas a sus sobrinos".*

1936 – JOSÉ R. RAMOS

La revista cultural semanal *Estampa*, que comenzó su andadura en plena dictadura de Primo de Rivera, se mantuvo en primera línea desde 1928 hasta 1938. Se la consideraba una revista progresista que otorgaba gran importancia a la presencia de la mujer en la sociedad española. En uno de sus artículos se describe la vida la eibarresa **Irene Gaztelurrutia**, que había participado en campeonatos de tiro femenino. Aparecen también otros artículos dedicados a personajes que participaban en campeonatos de aizkolaris (Keixeta) o de pulso (Kortajarena). Pero el más llamativo de todos quizá sea el que se ofrece sobre el bertsolari **Txirrita**, reciente ganador del *certamen de versolaris de San Sebastián*, suscrito por el periodista José R. Ramos el 4 de abril de 1936. Cuenta que a los 15 años huía a menudo de casa de su padre "para ir a tomar lección de los maestros cantores" que la daban "junto a un tonel". Las *kupelas* y los versos siempre tan arrimados. Allí dio "sus mejores conferencias". La primera pregunta parece obvia para un poeta popular: "¿Cuáles son los poetas que más le gustan a usted, Chirrita?". Txirrita no se amedrenta: "¿Poetas dises? ¿Y qué es pues las poetas o eso?". Cuando Ramos le habla de aquellos que escriben libros de versos, Txirrita contesta: "Buenos versolaris no me parese a mi que serán ésos, creo –me dice en su jerga, que yo no acertaría a reflejar bien–. Los versos se hacen cantando. Ni en la papelera de Rentería hay papel bastante para escribir todos los berso-berriak que yo he cantado en mi vida...". Sus desafíos eran famosos y se alargaban hasta bien entrada la madrugada: "Si las estrellas se han marchado, ya andan por la calle las gallinas".

1936 – Le Hénaff. *Euskadi.* Desfile en Donibane Garazi.

1936 – RENÉ LE HÉNAFF

Director de cine francés (1901-2005). Fue un realizador francés que durante los años treinta fue un reconocido representante del realismo poético y que durante 1936 rodó un **documental** en Iparralde que fue estrenado al año siguiente en el Teatro Olympia de París con el nombre de ***Euskadi*** y con la novedad de que fue grabado con técnica en 3D. En una de las imágenes se ve cómo entra por la puerta de la muralla de Donibane Garazi un desfile de dantzaris portando una ikurriña y una bandera republicana. Aunque ya se sabía de la existencia del documental por algunos trabajos que hablaban de él, llevaba 80 años sin localizar y ha sido recientemente descubierto en el Centro Nacional del Cine y la Imagen Animada, en París.

1936 – TARRAGÓ:

"La lucha en Euzkadie, el hermoso País Vasco, es un drama atroz [entre nacionalistas y requetés] que se está representando ante el mundo".

1936 – JOSEP MARIA TARRAGÓ I BALLÚS

Sacerdote catalán (-1985). El padre Tarragó fue el enviado especial del diario católico galo *La Croix* en la zona rebelde durante la **guerra civil** española y autor de una serie de crónicas de claro enfoque franquista. En artículos del 23-25 de diciembre de 1936 nos cuenta que "la idea de salvar a España era algo que electrizaba a Navarra", y que las tropas eran calurosamente recibidas por las calles de Iruñea con misas, procesiones y renovados gritos de "¡viva España!". Llega incluso a defender el recurso a la violencia frente al Gobierno republicano y sus medidas anticlericales: "*Les Navarrais n'ont pas hésité à recourir aux armes, à descendre dans la rue et à présenter leur poitrines découvertes au feu de leurs ennemis*". Y se duele de la postura tomada por los vascos que se adhirieron a la República y "que hacen cada vez menos posible esperar un entendimiento y una reconciliación". Señala que, a pesar de que los labios de los **nacionalistas** vascos y los **requetés** navarros besen el mismo crucifijo, estos viven un drama atroz, el más doloroso episodio que se desarrolla en España: "*La lutte en Euzkadie, le beau pays basque, est un drame atroce qui se joue à la face du monde. Pour nous, catholiques, c'est l'épisode le plus douloureux qui se déroule aujourd'hui en Espagne*". Para Tarragó es esta una guerra del nacionalismo periférico contra el centralismo español. La evolución de su pensamiento, no obstante, le llevó a acabar defendiendo la causa vasca que él consideraba cristiana, demócrata y reformista en lo social. A raíz del bombardeo de **Gernika** y de la crónica que en Francia realizó del suceso el **padre Onaindia**, que había sido testigo ocular del ataque, escribió, bajo el pseudónimo de Victor Montserrat, un libro publicado en París en 1937 en el que se posiciona con los vascos: *Le Drame D'Un Peuple Incompris. La guerre au Pays Basque*. La segunda edición del libro fue prologada por François Mauriac (1937).

1936 – PELLETIER:

"Veo al padre Ariztimuño [el poeta Aitzol] desfigurado, la cara negra e hinchada: no puede ver. Dos guardas le sostienen, le arrastran. Lo van a fusilar en ese estado...".

1936 – JEAN PELLETIER

Comerciante francés. Pelletier era un industrial fabricante de juguetes que se encontraba en el pesquero Galerna que hacía de correo postal en plena **Guerra Civil**, cuando fue apresado por los insurgentes camino de Bilbao el 15 de octubre de 1936. Así lo relata en sus memorias *Six mois dans les prisons du general Franco* (*Seis meses en las cárceles del general Franco*) que fueron publicadas en el periódico *Ce Soir* y a partir del 20 de junio de 1937 en *Euzko Deya* (n.º 59 a 78). Al subir al pesquero le presentan a algunos pasajeros: "El cura Ariztimuño, el doctor Saizar, el pelotari Jurico. [...] El cura Ariztimuño es en efecto una de las personalidades más reputadas de las letras vascas [...] al que se le debe una colección de tres mil poesías publicadas bajo el nombre de **Aitzol**". A las 18:30 son interceptados por un barco pesquero (*chalutier*). Pelletier supone que "su partida había sido revelada a los rebeldes". Debido a la diferencia entre los dos puentes, obligan a todos a saltar una altura de cinco metros: "Cuatro heridos gritan de dolor. Los jóvenes requetés se ríen". Son veinte los prisioneros. Mujeres y niños se quedan en el Galerna. Se dirigen a Pasaia donde son recibidos por los falangistas. "Al amanecer nos despertamos con un sobresalto: el chasquido seco

LE RECIT DE JEAN PELLETIER

SIX MOIS DANS LES PRISONS DU GENERAL FRANCO

« J'ai envers ceux qui sont encore là-bas, envers ceux que la mort menace, que la souffrance use, un devoir humain à remplir : c'est en leur nom plus qu'au mien que j'écris... c'est dans l'espoir qu'une aide efficace leur sera apportée que j'écris.»

1936 – Pelletier. Titular del primer artículo de *Euzko Deya*: *Seis meses en las cárceles del general Franco.*

de una salva disparando desde el otro lado del muro". Los pasajeros vascos varones eran "*passés par les armes sans jugement*". "Usted, tal vez, como francés, todavía tiene una oportunidad", le consuelan. Le encierran en una celda con un comunista y un adolescente. Se pregunta si serán capaces de fusilar al adolescente de 16 años, hijo de un industrial vasco que venía de vacaciones de Inglaterra. "Yo no hice nada. Puede que no me maten", dice el chaval. "Sí, pero tú eres vasco, te odian más que a mí", le espeta el comunista. Le interrogan y el hecho de que llevara planeadores de juguete y que hubiera sido piloto de las fuerzas aéreas francesas durante la primera guerra les resulta sospechoso. Llega un momento en el que el juez de instrucción no se puede contener más y "le arrebata una porra a un guardia y me golpea con todas sus fuerzas, echando espumarajos, gritando e insultando: Sucio Francés [*Sale Francés*]". Le brota sangre por todo el cuerpo y se estremece de dolor. Después de media hora ya no siente el cuerpo: "No me desmayo, no me quejo. [...] Mi cuerpo está lleno de ampollas". Le quieren obligar a firmar una declaración en castellano que ni siquiera entiende. "Me golpean todavía más con las porras hasta que me quedo sin aliento. Pero yo ya no siento nada". Es a la mañana siguiente, al despertar, cuando siente "el enorme volumen de mi cara hinchada pesando sobre mis hombros, llena de inflamaciones, la piel perforada y costras de sangre". Le visita el padre Urriza, capellán de la prisión, para darle la absolución. "¿Viste cómo le aporrearon al padre Ariztimuño?", le pregunta. "No te preocupes por los vivos, me aconseja. Piensa en la hora de tu muerte. Te vas a presentar ante Dios". Le atan las manos y le sacan de la celda. Al pasar por una galería ve "al padre Ariztimuño desfigurado, la cara negra e hinchada: no puede ver. Dos guardas le sostienen, le arrastran. Lo van a fusilar en ese estado... [*ils vont le fusiller dans cet état...*]". "Este odio de los rebeldes a los vascos es más amargo, más vengativo que el que muestran a los republicanos", afirma. "Conocí en Ondarreta a diecisiete sacerdotes [los va citando: Arin, Marquiegui, Guridi...], todos fusilados en la siniestra madrugada, [...] fusilados sin juicio". "Estos jóvenes del País Vasco, de 18 a 30 años, sólidos, brillantes, valientes, se mantuvieron dignos en la derrota como en la lucha", concluye. La publicación se la dedica a todos los marinos del buque Navarra que convivieron con él en la cárcel y fueron ejecutados. En abril de 1937 Pelletier es liberado.

1937 – CORMAN:

"Parecía que allí todos sus habitantes hubieran sido quemados vivos".

1937 – MATHIEU CORMAN

Librero y periodista belga. Este inquieto librero belga de ideología comunista emprende en 1934 un viaje a Marruecos para ser testigo de las políticas colonizadoras de la república francesa en el norte del continente africano. A la vuelta, cuando se encuentra en la tranquila ciudad de Iruñea, le sorprende la noticia de que Asturias se ha constituido como estado comunista independiente y hacia allí se dirige con toda su curiosidad. Después de esta accidentada experiencia que considera como una guerra civil y que plasma en su libro *Incendiarios de ídolos*, vuelve a España como brigadista en 1936 para luchar en la nueva guerra. En mayo de 1937 es ya corresponsal del diario francés *Ce Soir* y se convierte, junto con George L. Steer (1937), Noel Monks (1937) y Christopher Holme (1937), en testigo directo de la destrucción de la villa de **Gernika**, a donde llega horas después del bombardeo y sobre la que elabora un artículo para el periódico, que es publicado el 29 de abril de 1937. Corman, cuyo coche ya había sido ametrallado por aviones de caza cerca de Gerrikaitz, nos cuenta que "parecía que allí todos sus habitantes hubieran sido quemados vivos" y lo describe todo como "un brasero inmenso que lanza gigantescas llamas al cielo, tiñendo las nubes del color de la sangre [*La ville n'est plus qu'un brasier immense, jetant des flammes gigantesques vers le ciel teintant les nuages de la couleur du sang*]. Cualquier intervención era absolutamente imposible debido al terrible calor. Parecía que todos los habitantes fueron quemados vivos [*Il semblait que tous les habitants fussent brûlés vifs*]. Unos cincuenta refugiados quedaron bloqueados. Los gritos de mujeres y niños causaban un dolor atroz. El número de muertos en Guernica es incluso mayor de lo que se ha dicho [...]. Todos los residentes están sin hogar". Los titulares son muy elocuentes: "Aviones italo-alemanes lanzan miles de bombas sobre la villa histórica de los vascos".

LES FLEURS
pour vous Madame
LES MILLIONNAIRES
meurent dans leur lit
par Jean MOURAT

6e édition

Ce soir
GRAND QUOTIDIEN D'INFORMATION INDÉPENDANT

Jeudi 29 avril 1937

Dans les ruines DE GUERNICA

Notre envoyé spécial Mathieu Corman visite les survivants

Les avions italo-allemands ont jeté des milliers de bombes sur la ville historique des Basques

Puis les escadrilles de chasse ont pourchassé les habitants à la mitrailleuse

De nombreuses femmes et d'innombrables enfants ont péri sous les décombres enflammés de leurs demeures

Des milliers de victimes

L'ASSASSINAT de la belle Ingrid fait oublier à Vienne les valses...

Quatre jeunes gens arrêtés ce matin

MAIS LES AVEUX DU PRINCIPAL ACCUSÉ ÉPAISSISSENT LE MYSTERE

L'affaire FORMYSIN a été ramenée à ses vraies proportions

LES CONDAMNATIONS D'ECCLÉSIASTIQUES continuent à Berlin

L'AUTO de grand luxe qui servit aux assassins de Decormis retrouvée A BOIS-LE-ROI

1937 – Corman. Portada del periódico del 29 de abril de 1937 sobre el bombardeo de Gernika.

1937 – GEORGE L. STEER

Periodista británico nacido en Sudáfrica (1909-1944). Hijo del propietario de un periódico de Sudáfrica, acudió a Inglaterra para estudiar en la Universidad de Oxford. En 1935 fue contratado como corresponsal del periódico *The Times* para la **guerra civil** española. Contrariado por la denegación del permiso para visitar el frente de Madrid, llegó a Bilbao en enero de 1937, donde tras presenciar el bombardeo de la villa, entró en contacto con el lehendakari Aguirre, tras lo cual se convirtió en gran admirador de su figura. Su artículo sobre el bombardeo de **Gernika** del 26 de abril de 1937 fue publicado el día 28 por *The Times* y *The New York Times*. El titular era contundente: "*Historic Basque Town Wiped Out; Rebel Flyers Machine-Gun Civilians. Waves of German-Type Planes Fling Thousands of Bombs and Incendiary Projectiles on Guernica, Behind Lines, as Priests Bless Peasants Filling Town on Market Day*". El tono neutral y sin sensacionalismo que utiliza en el artículo causó un gran eco mediático e inspiró a Picasso para pintar su famoso cuadro: "Guernica, el pueblo más antiguo de los vascos y centro de su tradición cultural, fue totalmente destruido ayer por la tarde por los bombardeos aéreos de las tropas insurgentes", comienza. "A las dos de la tarde del día de hoy, cuando entré en Guernica, el panorama era estremecedor. El pueblo ardía de principio a fin. [...] Por la forma en que se desarrolló el ataque, la escala de destrucción que causó y el objetivo al que golpeó, el bombardeo de Guernica no tiene precedentes en la historia militar. Guernica no era un objetivo militar, ni siquiera se llegó a bombardear la fábrica de armamento situada al lado del pueblo. A las cuatro y media de la tarde, estando el mercado lleno, y cuando más campesinos iban llegando, la campana de la iglesia dio la voz de alarma". La táctica empleada, según Steer, estaba bien concebida: una vez que los habitantes se hubieran replegado en sus casas, hicieron "uso de sus bombas incendiarias para destruir las casas y quemarlas con sus ocupantes dentro". Se había pensado en todos los detalles y los caseríos del entorno ardían también en llamas, "como pequeñas velas en las colinas".

"All the News That's Fit to Print."

VOL. LXXXVI.....No. 28,949.

Entered as Second-Class Matter, Postoffice, New York, N. Y.

REBELS GO SLOWLY FOR FEAR OF TRAPS IN DRIVE ON BILBAO

Ahead of Schedule in Rapid Advance, They Pause to Consolidate Positions

IRUN REPORTS NEW GAINS

Insurgents There Say Drive Led by Germans and Italians Is Within 15 Miles of Goal

MADRID IS BATTERED AGAIN

Thirty More Killed on the 16th Day of Shelling—Valencia Is Bombarded From the Sea

By WILLIAM P. CARNEY

Wireless to THE NEW YORK TIMES.

SAN SEBASTIAN, Spain, April 27.—Three days ahead of the prearranged schedule for their offensive on the Bilbao front, the Insurgents consolidated positions today in the El Gueta-Eibar-Marquina sector.

Historic Basque Town Wiped Out; Rebel Fliers Machine-Gun Civilians

Waves of German-Type Planes Fling Thousands of Bombs and Incendiary Projectiles on Guernica, Behind Lines, as Priests Bless Peasants Filling Town on Market Day

By G. L. STEER

Special Cable to THE NEW YORK TIMES.

BILBAO, Spain, April 27.—Fire was completing today the destruction of Guernica, ancient town of the Basques and center of their cultural tradition, which was begun last evening by a terrible onslaught of General Francisco Franco's Insurgent air raiders.

The bombardment of this open town far behind the lines occupied precisely three and one-quarter hours. During that time a powerful fleet of airplanes, consisting of three German types—Junkers and Heinkel bombers and Heinkel fighters—did not cease unloading bombs weighing up to 1,000 pounds and two-pound aluminium incendiary projectiles. It is estimated that more than 3,000 of these projectiles were dropped.

Fighting planes meanwhile plunged low from above the center of the town to machine-gun those civilians who had taken refuge in the fields.

Virtually the whole of Guernica was soon in flames. An exception was the historic Casa de Juntas with its rich archives of the Basque people, where the ancient Basque Parliament used to sit. The famous Oak of Guernica, a dried old stump of 600 years with young new shoots of this century, was also untouched. Here the Kings of Spain used to take an oath to respect the democratic rights of Vizcaya and in return received a promise of allegiance as suzerains with the democratic title of Señor de Vizcaya, not Rey de Vizcaya. [Lord, not King, of the province.] The noble parish church of Santa Maria was likewise undamaged except for the beautiful chapter house, which was struck by an incendiary bomb.

At 2 A. M. today, when the writer visited the town, the whole of it was a horrible sight, flaming from end to end. The reflection of the flames could be seen in the clouds of smoke above the mountains from ten miles away. Throughout the night houses were falling, until the streets were long heaps of red, impenetrable ruins.

Many survivors took the long trek

Continued on Page Four

1937 – Steer: *"Los vascos […] eran terriblemente básicos, inocentes e inexpertos en el arte de la guerra. Pero mantuvieron bien alto el estandarte de la humanidad y de la civilización durante toda la dolorosa Guerra Civil".* Portada del periódico *The New York Times* del 28 de abril de 1937 sobre el bombardeo de Gernika.

El artículo contribuyó al cambio de la visión que se tenía de los vascos a nivel mundial y a que sus hijas e hijos comenzaran a ser admitidos como refugiados por diversos países. Sin embargo, la defensa que hizo para que prevaleciera la verdad sobre el bombardeo le condenó a Steer a ser cesado en el periódico. Una vez que los insurgentes tomaron Bilbao, se trasladó a París, donde escribió *The Tree of Guernica. A Field Study of War* (*El árbol de Gernika. Un ensayo sobre la guerra moderna*, publicado en castellano en Buenos Aires en 1963 y por la editorial Txalaparta en 2002). La obra es un tributo al sufrimiento que tuvo que padecer el pueblo vasco a manos de una agresión fascista liderada por una alianza europea, que se cebó especialmente con las localidades vizcaínas, y en concreto con Bilbao: seis meses de bombardeos aéreos y terrestres de italianos y alemanes, bloqueo marítimo franquista, trabas y desplantes de ingleses y franceses, hambruna, frustración... Steer no oculta su simpatía hacia el **nacionalismo vasco**, siempre tan moderado y sincero –Talón (1961) lo acusa de antiespañolista y fanático de aquella causa–: "Los vascos son un pueblo pequeño", dice Steer, "no tenían muchas armas ni aviones, no recibían apoyo exterior y eran terriblemente básicos, inocentes e inexpertos en el arte de la guerra. Pero mantuvieron bien alto el estandarte de la humanidad y de la civilización durante toda la dolorosa Guerra Civil". "No debe deducirse [...] que mi simpatía hacia los vascos me incapacitara para detectar sus fallas, [...] su extraordinaria incapacidad para atenuar en la retaguardia los efectos psicológicos de la guerra. Los vascos quizá lo prohíban [el libro] cuando regresen a Bilbao. Pero no creo que lleguen a eso. Siempre encararon las críticas sinceras. [...] Por eso les quise y por eso lamento su inoportuno eclipse. Por eso espero la resurrección de la más vieja y honesta democracia europea".

Los **navarros**, sin embargo, decidieron emprender otro camino, según Steer: "Los navarros también son vascos. Los navarros han abandonado la lengua y costumbres de sus hermanos vascos (excepto la terquedad) porque sus tierras no miran hacia los peces del mar, sino hacia las llanuras de Castilla. [...] Los círculos carlistas se habían estado preparando desde tiempo atrás para la última defensa del catolicismo ibérico. [...] Eran hombres de guerra incomparablemente mejores que las milicias urbanas de San Sebastián e Irún". Y sobre la guerra, deja una frase lapidaria: "Se podría definir la guerra como una serie de idioteces colosales que culminan en derrota".

1937 – MONKS:

"Los están aniquilando con el beneplácito del papa. Esto me hace temer por la humanidad".

1937 – NOEL MONKS

Periodista australiano (1907-1960). Trabajó como corresponsal del *Daily Express* en la guerra civil española. Los periodistas que cubrían la guerra siempre andaban intentando sortear la censura del bando rebelde y para ello intentaban no firmar sus artículos. Uno de sus informes, sin embargo, se publicó con su nombre, y fue inmediatamente arrestado en Sevilla, por haber desvelado la participación de tropas alemanas e italianas en la guerra. Se libró posteriormente de ser ejecutado por espía. Tras su expulsión, llegó al País Vasco. El Gobierno Vasco puso a su disposición un vehículo con chofer y pasó por **Gernika** justo antes del bombardeo. El 29 de abril de 1937 el *Daily Express* abría su edición con la foto de una calle de Gernika, todavía humeante tras el bombardeo. El titular rezaba: *First Pictures of Bombed Basque City* (*Primeras fotos de la ciudad vasca bombardeada*). El libro *Nothing but Danger* (*Nada más que Peligro*) de 1940, editado por Frank Hanighen, recoge la crónica de varios corresponsales de guerra que han experimentado vivencias extraordinarias. Entre ellos se encuentra el artículo de Monks *I Hate War* (*Odio la guerra*): "Guernica estaba en bullicio. Era día de mercado. La plaza del mercado estaba abarrotada", comienza diciendo. Al salir del pueblo, el chofer de Iparralde se echó bruscamente a la cuneta y señaló el cielo. Una veintena de bombarderos se dirigían hacia Gernika. Desde la colina oyeron caer las bombas. Cuando llegaron al atardecer el periodista pudo describir la masacre de primera mano, con 800 cadáveres esparcidos y otros 300 que no pudo contar porque ya no eran cuerpos, sino trozos de piernas, manos, brazos y pedazos de carne diseminados: "*I was back in the blackened town at dawn. The flames had died, but the ruins were smoldering. I saw more than eight hundred bodies. An estimated 300 more I couldn't see, because they weren't bodies: they were just hands, legs, arms, heads, bits of flesh. Many bodies had bullet wounds: airplane machine-gun bullets*". Esta primera apreciación de los muertos, 1100, se acercaba bastante a las cifras que se han dado en estudios posteriores. "En la plaza estaban reunidos un centenar de sobrevivientes. [...] Estaban lamentándose, llorando, deambulando de un lado para otro. Algunos tenían sus ropas quemadas. Otros su pelo, sus manos", describe. Still, capitán del mercante Hamersley que consiguió eludir el bloqueo fascista, le comentaba a Monks que no entendía las razones del sufrimiento de toda aquella gente hogareña, industrial y religiosa, que estaba siendo aniquilada con el beneplácito del papa: "*Could you ever meet a finer lot of people in the world than these Basques – home loving, industrious, religious? And they're being wiped out with the blessing of the Pope. It makes me afraid for humanity*". Monks fue el primero que denunció la gran mentira propagandística del Gobierno de Franco que negaba el bombardeo. Después de que sus respectivos periódicos urgieran a los corresponsales a verificar si el incendio no había sido causado por los propios republicanos, comenta lo siguiente: "Me volví a Guernica, verifiqué y volví a verificar. También lo hizo Steer [1937]. También lo hizo Holme [1937]. [...] O estábamos locos los tres o...". Con respecto a la autoría del bombardeo, en el artículo del 11 de mayo del *Daily Express* opina que "los aliados alemanes de Franco en el aire trabajan independientemente de Salamanca. Creo que el castigo de Guernica fue hecho enteramente por su cuenta".

1937 – CHRISTOPHER HOLME

Corresponsal británico de la agencia Reuter, cuyas crónicas sobre el bombardeo de **Gernika** fueron publicadas en varios periódicos de habla inglesa. Después de que Holme partiera desde Bilbao en el momento que se enteró de la noticia, fue el primero que publicó una crónica del suceso en el *Glasgow Herald*, titulada *Basque Town Now Heap of Ruins* (*El pueblo vasco es ahora un montón de ruinas*). Otros periódicos como el *Irish Times* también divulgaron la noticia del ataque a la villa foral el 28 bajo el titular *Destruction of Guernica–President Accuses German Airmen*. Periodistas como Holme se empeñaron en refutar, una y otra vez, las mentiras propagadas por el régimen y las campañas de contrainformación que fueron publicadas, de manera sistemática, por los jefes de prensa de Franco. Fruto de la indignación producida por esta injusticia es el poema *Wings Darkened the Sky, Gernika, April 26, 1936* (*Las alas que oscurecieron el mundo*), publicado por la familia de Holme años después, donde el reportero rememora todas las mentiras que se vertieron sobre aquel fatal ataque aéreo sobre la población indefensa: *"Spokesmen will get up among the well-fed and comfortable/ And tell those dead and the unliving survivors/ What fires they lit to consume their own homes./ What mines they laid to blow themselves up./ What lies they told of an air-fleet which destroyed their world"*. "Portavoces se despertaran entre gente saciada y confortable/ Y contarán a los muertos y a los supervivientes sin vida/ Qué fuegos encendieron para abrasar sus propios hogares/ Qué minas colocaron para volarse a sí mismos./ Qué mentiras contaron de una flota aérea que destruyó su mundo".

1937 – STEVENSON:

"Se prendían aquí y allá fuegos, resultado de bombas incendiarias que, a causa de un defecto cualquiera, no habían explotado al caer el día anterior y que estallaban en el momento de mi visita, bajo el peso de las vigas y la albañilería que se derrumbaban".

1937 – RALPH STEVENSON

Diplomático británico (1895-1977). Stevenson fue un cónsul británico en Bilbao durante la Guerra Civil que siempre se mostró profundamente interesado por Euskal Herria, y fue considerado por el embajador inglés en España, *sir* Henry Chilton (1936), incluso como demasiado pro-vasco. En sus memorias inéditas, Ángel Ojanguren y Celaya, funcionario local del consulado, cuenta cómo se dirige a Bermeo el día 27 de abril de 1937, al día siguiente del bombardeo de **Gernika**, para recoger al cónsul que arribaba en un *destroyer*. Informado de lo ocurrido, en pocos minutos se plantaron en el centro de la ciudad en llamas. Stevenson lo describe, en su informe al Gobierno británico (*Preliminary official report*, *Foreign Office* 371/21291, W 8661, folio 236), de la siguiente manera: "Al desembarcar ayer en Bermeo me hablaron de la destrucción de Guernica. Fui inmediatamente para ver el lugar y, con gran asombro por mi parte, encontré la ciudad, normalmente poblada por unos cinco mil habitantes, y por unos diez mil por el aflujo de refugiados en septiembre, casi completamente destruida. Nueve casas de cada diez no pueden reconstruirse. Muchas ardían aún y se prendían aquí y allá fuegos, resultado de bombas incendiarias que, a causa de un defecto cualquiera, no habían explotado al caer el día anterior y que estallaban en el momento de mi visita, bajo el peso de las vigas y la albañilería que se derrumbaban. El número de las víctimas no puede evaluarse y sin duda nunca lo será de manera precisa. Algunos hablan de mil, otros llegan hasta los tres mil. Un habitante que sufrió todo el bombardeo me dijo que a las cuatro de la tarde aparecieron tres aviones en el cielo y lanzaron bombas explosivas e incendiarias. Luego desaparecieron y diez minutos después llegó un nuevo grupo de cinco o seis aviones, y así sin parar durante varias horas, hasta pasadas las siete de la tarde. En conjunto, ha estimado el número de aviones en 50. Después de dos o tres pasadas, el pánico se apoderó de la población. Hombres, mujeres y niños huyeron de Guernica y treparon a las colinas peladas. Allí, fueron ametrallados sin piedad, aunque con poca eficacia. Pasaron la noche al aire libre mirando su ciudad que ardía. He visto a muchos hombres y mujeres vagar por las calles, buscando entre las ruinas de sus casas los cuerpos de sus seres queridos desaparecidos" (traducción de Herbert Southworth 1975). Como nos confirma este último historiador americano, este parte, que fue entregado al ministro de Asuntos Exteriores británico, *sir* **Anthony Eden**, no se expuso nunca ante el parlamento y el pueblo británicos; permaneció en el circuito cerrado de la diplomacia. En sus memorias de 1962 (*Facing the Dictators – Frente a los dictadores*) Eden confirma que "el 26 de abril, Guernica fue destruida por un bombardeo aéreo con grandes pérdidas de vidas humanas. Fue el primer *Blitzkrieg* [guerra relámpago] de la segunda guerra mundial [*This was the first blitz of the second world war*] perpetrado, según nuestras informaciones, por la aviación alemana".

1937 – GEORGES BERNIARD

Reportero fotográfico francés. *La Petite Gironde* era un periódico francés de tono políticamente neutral que el día 28 de abril ya había publicado un pequeño y escaso adelanto del ataque ocurrido en **Gernika**. El mismo día siguiente envió a su reportero gráfico, que se convirtió en el primer periodista en entrar en Gernika tras la caída en manos de los rebeldes, como nos cuenta Southworth (1975). El 1 de mayo comienza a enviar sus artículos al periódico, en los que cuenta: "A todo lo largo del recorrido [saliendo de Bilbao] no había más que una fila ininterrumpida de campesinos vascos que abandonaban su tierra, llevando, en los vehículos más dispares, sus bienes más preciados". De lo que sucedió después existen varios relatos suyos en el mismo periódico, un libro publicado por otro periodista italiano de nombre Renzo Segàla, que fue testigo de los hechos, y una entrevista suya realizada en 1969 por Pierre Dussauge. "En la primera esquina de la calle aparecieron dos, cuatro, veinte fusiles que nos encañonaron", continúa. Él, su guía y el oficial que le acompañaba, Esteban Urquiaga, que era un reconocido poeta que firmaba

5 HEURES DU MATIN
22e ÉDITION
La Petite Gironde
22 EDITIONS PAR JOUR
LE PLUS FORT TIRAGE DES JOURNAUX DE PROVINCE
MARDI 4 MAI 1937

Le retour à Bordeaux de notre reporter photographe Georges BERNIARD

Malgré l'échec du parti gouvernemental aux élections générales japonaises, le général HAYASHI ne démissionne pas

M. Baldwin démissionnera le 28 mai. M. Neville Chamberlain le remplacera aussitôt

Le Pape est de nouveau très fatigué

VOYAGES DIPLOMATIQUES A ROME. M. von Neurath et M. Mussolini vont examiner tous les problèmes internationaux intéressant l'Allemagne et l'Italie. Ceux de l'Europe danubienne et balkanique seront particulièrement étudiés.

TROUBLE IN PARADISE
HOLLYWOOD EN GRÈVE

1937 – Berniard. Portada del 4 de mayo de *La Petite Gironde*, después de que su reportero gráfico apresado en Gernika fuera liberado. Las fotos fueron tomadas por Raymond Méjat.

con el pseudónimo de **Lauaxeta**, comandante de Intendencia y jefe del Departamento de Propaganda del PNV, que además había sido traductor de García Lorca, fueron capturados. "[Berniard] Estaba pálido como un cadáver y agitaba en la mano derecha un librito marrón. Nos dimos cuenta de que era un pasaporte francés", asegura Segàla en su libro *Trincee di Spagna* publicado en Italia en 1938. Como nos cuenta Southworth, Berniard llevaba encima cartas de recomendación demasiado comprometidas y, aprovechando un sándwich que le ofrecieron, se las arregló para meterlas dentro y tragárselas. Consiguió deshacerse también del carrete de fotos tirándolo al río. Según confesó él mismo, un oficial le informó secamente de que sería fusilado al amanecer. Como cuenta el día 8 de mayo en el periódico *La Petite Gironde*, a pesar de que solo le mantuvieron en libertad vigilada, no las tenía todas consigo: "Pasé, lo confieso, una mala noche. Seguía teniendo miedo y había digerido mal el sándwich de papel".

Raymond Méjat, que pasó esa noche junto a él, es el autor de las fotos que aparecen en la portada del periódico del día 4 de mayo. Según Southworth, Berniard "podía perfectamente enojarse con los vascos. Estos le habían dicho en Bilbao que las tropas de Mola estaban a veinte kilómetros de Guernica y ese error increíble en una estimación militar podía haberle costado la vida, como les costó a sus dos compañeros de viaje [el guía y Lauaxeta]". Berniard asegura en su entrevista de 1969 que el artículo publicado el 4 de mayo, tras su liberación, fue dictado por oficiales rebeldes. Fue, por tanto, la condición para su puesta en libertad. El día 8 comienza comentando que "los vascos de Bilbao quieren ser y son exclusivamente vascos. El día de la rebelión tomaron las armas para defender únicamente su nacionalismo. [...] Disparando contra los navarros, se aliaron con los asturianos. Franco no se lo perdonaría jamás". No entiende cómo, sabiendo el odio que les profesaban los asturianos, que incendiaban ciudades e iglesias, se hubieran aliado con ellos. Fue, sin embargo, el único que se atrevió a decir que hubo un bombardeo aéreo, una acusación que se lo reprocha en su libro el italiano Segàla, lo que parece indicar que sus opiniones no eran bien vistas en ciertos medios: los republicanos, dice, "mienten cuando afirman que Guernica está llena de cadáveres" y "cuando aseguran que no han incendiado esta última ciudad ya mutilada espantosamente, por otra parte, por la aviación nacional [*se défendent d'avoir incendié cette dernière ville déjà affreusement mutilée d'ailleurs par l'aviation natinaliste*]". A pesar de que el comandante y poeta Lauaxeta había intercedido ante algunos sacerdotes que huían de los republicanos y de que el Gobierno Vasco hubiera realizado gestiones para que fuera canjeado por otro prisionero, fue ejecutado. No es difícil imaginarse que hubiera sido torturado, tal y como nos cuenta de otro cura poeta, Aitzol, el comerciante francés Pelletier (1936). Lauaxeta "era de ese tipo de personas con las cuales los rebeldes se complacían en cegar las fuentes de la poesía", apuntó Steer (1937).

1937 – THOMPSON:

"Lo que está sucediendo allí es el exterminio despiadado, a sangre fría y violento de uno de los más singulares pueblos de la tierra: los vascos".

1937 – DOROTHY THOMPSON

Periodista y feminista estadounidense (1893-1961). Dorothy Thompson, que había defendido el amor libre, se había implicado en la defensa del sufragio universal de las mujeres durante los años 20 y entrevistado a Hitler en 1931, fue la primera corresponsal expulsada de Alemania en 1934, tras lo cual se instaló en Nueva York, donde comenzó a publicar una columna, *On the Record*, que le reportó una gran popularidad. Fue portada de *Time* en 1939, que la declaró como la mujer más influyente de EEUU junto con Eleanor Roosevelt. El 30 de abril de 1937 se hizo eco de lo que había ocurrido en **Gernika** cuatro días antes, con un título contundente y acusador que manifiesta claramente la fuerza de su pluma: *Las mujeres y los niños primero*. "Lo que está sucediendo allí es el exterminio despiadado, a sangre fría y violento de uno de los más singulares pueblos de la tierra [*one of the rare peoples of the earth*]: los vascos", expresa. "Es un exterminio que supera cualquier clase de guerra, que viola todas las convenciones establecidas por el hombre. [...] Sentarse y no protestar con todo el arrojo del cuerpo le relega a uno al margen de la comunidad de una sociedad civilizada y cristiana". Presenta a continuación el bombardeo de Gernika con todos los detalles notificados por el corresponsal en Bilbao, Steer (1937), identifica a los aviones alemanes como autores del ataque y subraya que el mismo bombardeo que arrasó con mujeres, niños y ancianos dejó intacto el árbol de Gernika: *"The bombardment which racked away women and children and youths and old men never touched this tree"*. Pero a raíz de la propaganda franquista, Miss Thompson comenzó a experimentar dudas, ya que la prensa católica aseguraba que Gernika había sido quemada por los rojos. Como cuenta Southworth (1975), telegrafió a periodistas en el extranjero "que conocíamos desde hacía años y en cuya honradez y desinterés teníamos plena confianza y les hemos solicitado informaciones estrictamente confidenciales". Todos confirmaron "que los alemanes habían bombardeado Guernica". La periodista concluyó diciendo: "Creo, basándome en el más mínimo fragmento de prueba que pueda tomarse en cuenta, que los alemanes bombardearon y ametrallaron a mujeres y niños en Guernica. Creo que fue un escándalo internacional. Pero ahora no puedo dar un entero crédito a ninguna fuente de información". La verificación de la participación de la Luftwaffe era necesaria, puesto que un ataque de esas características podía generar auténtica alarma entre los aliados.

1937 – FRANÇOIS MAURIAC

Escritor, crítico y periodista francés (1885-1970). Laureado con el Premio Nobel de Literatura en 1952, Mauriac ha sido reconocido como uno de los mayores escritores católicos del siglo XX. En un primer momento se mostró reacio a injerirse en el conflicto que acababa de estallar en España. El alzamiento era considerado en su entorno cristiano como la defensa de una **Iglesia** española que estaba siendo víctima de atroces abusos por un Gobierno republicano que no pudo o no quiso evitar. Pero Mauriac abandona el tono relativamente dialogante que mostraba en el mismo momento que **Franco** ataca al pueblo vasco. Mauriac es consciente de que el movimiento católico vasco tiene una base que no solo es social sino también identitaria. Se podría pensar que el escritor considera al País Vasco como un buen modelo social católico que sería trasportable a Francia. Así lo relata en muchos de los artículos que publicó sobre los vascos: "Lo que no sabemos en Francia es que los tan calumniados sacerdotes vascos habían logrado, casi solos en España, oponer a los sindicatos comunistas revolucionarios y anarquistas un sindicalismo católico de igual potencia" (*Le Figaro* del 17 de junio de 1937, *Pour le peuple basque*). El 30 de diciembre de 1938 publica en el periódico *Paris-soir* el artículo *La Victoire des Basques*, en el que vaticina las dificultades que podría afrontar España en el caso de que no se respetaran en el futuro las **libertades vascas**: "La Iglesia vasca dirigida por un clero social dedicado a las obras populares opone al comunismo esta justicia, esta caridad, este amor que son las únicas armas eficaces del cristiano. Estamos en el derecho a afirmar hoy que, en la medida exacta en que las provincias vascas hayan recuperado sus libertades, España encontrará la verdadera paz [*Nous sommes en droit d'affirmer aujourd'hui que c'est dans la mesure exacte où les provinces basques auront reconquis leurs libertés que l'Espagne retrouvera la paix véritable*]. Estas libertades serían la piedra angular de un buen gobierno, así como su abolición sería la señal de un país obligado a rendirse, es decir, condenado a nuevas e interminables convulsiones. La restauración de Euzkadi en sus derechos marcará finalmente la entrada de España en la paz". Después de que se constituyera en París la Liga Internacional de Amigos de los Vascos (LIAB), Mauriac presidió el Comité de Intereses Generales de Euzkadi.

1937 – HOLBURN:

"Mi intención era endulzar la píldora. Pero si escribí justamente lo que se publicó [que los vascos incendiaron Gernika], hubiese sido preferible que no se hubiese escrito esa frase".

1937 – JAMES HOLBURN

Periodista británico (1900-1988). Holburn llegó a España el 19 de febrero de 1937 como corresponsal de guerra del periódico londinense *The Times*. Tras la toma de **Gernika** por parte de los rebeldes, tres días después del bombardeo, Holburn participa, con otros muchos periodistas, en los tours organizados por el bando franquista con la intención de invertir la agitación causada en el extranjero con motivo de los primeros devastadores testimonios de Steer (1937), Monks (1937), etc., que acusaban a la aviación alemana del bombardeo. El despacho de Holburn (sin firma) que apareció en *The Times* el 5 de mayo, más de una semana después del ataque, es una clara muestra de la dinámica que impuso la censura franquista, favorecida por una línea de periodistas que se encontraban limitados en su trabajo o que comulgaban con la causa. Estos son algunos extractos del artículo: "se piensa aquí que las ruinas que subsisten bastan para sostener el punto de vista nacional, es decir, que los incendiarios que hay con los vascos tienen más relación con la destrucción de Guernica que la aviación del general Franco. [...] Nada puede compararse a los daños sufridos por Guernica, excepto Eibar, que fue destruida en una 80 % por bombas e incendio [de los vascos en retirada]. [...] El hecho de que Guernica [¿se refiere a Durango?], después de una semana de bombardeos de artillería y de aviación, no muestre señales de incendio, apoya la argumentación nacional según la cual los aviones no eran los responsables del incendio de la ciudad [de Guernica], que fue bombardeada intermitentemente durante un periodo de tres horas. [...] no son numerosas las señales distintivas de un bombardeo aéreo. [...] los edificios que siguen en pie no tienen ninguna señal de bombardeo y los pocos cráteres que he examinado eran mayores que todos los que hasta ahora han producido en España las bombas. Dada su localización, es correcto concluir que estos cráteres fueron causados por la explosión de minas que estaban dispuestas de manera artesanal [por los dinamiteros vascos] para cortar las carreteras. [...] resulta difícil creer que Guernica fue blanco de un bombardeo de intensidad excepcional o que fue elegida por los nacionales para experimentar bombas incendiarias, como han pretendido los vascos" (traducción de Southworth 1975).

Este despacho que, como cuenta Southworth, había pasado la censura franquista, desdice muchas de sus afirmaciones, está lleno de contradicciones y coincide con las partes esenciales del primer telegrama de Steer (1937) a favor del bombardeo. El telegrama de Holburn había sido, además, mal redactado por el periódico. Una vez releído su artículo en aquel momento por primera vez tras el bombardeo, Holburn comenta que "el uso de frases como 'la opinión publica aquí' y 'se piensa aquí' traducen mi cuidado en no identificarme con su versión". "Mi intención era endulzar la píldora. Pero si escribí justamente lo que se publicó [p. ej. 'resulta difícil creer que Guernica fue blanco de un bombardeo de intensidad excepcional'], hubiese sido preferible que no se hubiese escrito esa frase". Este telegrama fue después utilizado por la agencia Havas (que tenía el monopolio de las noticias publicadas en Francia) para hacer una cobertura deficiente y sesgada de todo lo acontecido, que obligó a la mayoría de los periódicos franceses a recurrir a la prensa inglesa. Como nos cuenta Southworth, el corresponsal de *Havas* en Bilbo, Fontecha, ni siquiera se dirigió a Gernika para esclarecer los hechos.

1937 – HEWLETT JOHNSON

Deán de Canterbury, sacerdote inglés (1874-1966). Fue Johnson un clérigo de ideología marxista estalinista y presidente de la junta del periódico comunista *The daily Worker*. Después de realizar varios viajes por la antigua URSS se acercó hasta España en abril de 1937 como miembro destacado de una delegación británica que firmó el informe de 35 páginas *Report of a Religious Delegation to Spain*, que pretendía hacer frente a la exitosa propaganda rebelde que aseguraba dirigir una cruzada religiosa ("*religious crusade*")

1937 – Johnson: *"El padre Morilla fue alcanzado en el altar en el momento de la celebración de la misa. Lo encontramos revestido de sus ornamentos sacerdotales, muerto por la explosión de una bomba"*. Fotografía tomada del panfleto editado en París *Durango, ville martyre*, firmado entre otros por el propio Johnson.

durante la **Guerra Civil**. Aseguran encontrar hospitalidad en las grandes ciudades republicanas, incluido **Bilbo**, donde no perciben "ningún signo de levantamiento revolucionario". En Bizkaia "hay una intensa vida religiosa que forma parte integrante de la lucha por la defensa de la República", declara la delegación que lidera Johnson. Se comenta en el informe que la delegación británica, que pretende "transmitir la impresión completa del carácter religioso del pueblo vasco", descubre "cómo su religión se integra en sus actividades sociales y en su ideal social". "Las autoridades vascas estaban alentadas por un fuerte sentido de justicia y equidad, incluso en las discusiones o en el trato con sus enemigos. [...] Se nos permitió relacionarnos con los presos y conversar con ellos en privado. Todos aquellos con los que hablamos fueron unánimes al decirnos que eran bien tratados". Y todo ello en una época en la que Bilbao sufría una gran escasez de alimentos debido al bloqueo marítimo: "Esta semi-hambruna de toda la población, que afecta especialmente a los niños, nos pareció el aspecto más trágico de la situación en el norte de España". Nada más llegar a Bilbao se enteran del "*terrible aerial bombardment*" de **Durango**: "Cuando nos encontrábamos a poca distancia del pueblo vimos seis bombarderos, acompañados por varios aviones de combate, volando hacia el pueblo. Los vimos llegar a Durango y lanzar sus bombas. Vimos explotar las bombas. Cuando los aviones regresaron a territorio rebelde, nos dirigimos al pueblo y vimos por nosotros mismos los daños que habían causado este y el anterior bombardeo. Durango había sido destruido casi por completo". Nos cuenta que la hermana del chofer que los llevó hasta allí murió en el bombardeo. "Al regresar a Bilbao nos enteramos de que una radio rebelde había anunciado al mundo que los rojos habían volado las iglesias de Durango y asesinado a las monjas".

1937 – DUPUY,
sobre la evacuación de los vascos:
"Es lamentable –manifestó Farina– contemplar cómo un general italiano no puede mantener una promesa que ha hecho".

1937 – GEORGES DUPUY

Marino francés. Dupuy fue el capitán del barco británico Bobie que había sido enviado desde Baiona para la evacuación de los **refugiados vascos** desde Santoña, después de que estos hubieran firmado un tratado de paz con los generales italianos. Al final del libro de Steer (1937) *El árbol de Gernika*, este nos relata la descripción que realiza Dupuy sobre aquellos momentos de tensión que se vivieron. El relato del capitán bien podría haber sido alguna carta personal que le escribiera a Steer rememorando aquellos hechos. Es una crónica de primera mano de lo ocurrido en Santoña y suele ser citada por los historiadores de ambos bandos. Dupuy llega a **Santoña** el 26 de agosto de 1937 con dos barcos, el Bobie y el Seven Seas Spray, para comenzar con la evacuación. Comienza relatando que "sobre los muelles había una gran masa de gente depositando sus armas en grandes montones: fusiles, revólveres, ametralladoras, cartucheras de cinturón; de todo. Guardias armados vascos custodiaban el puerto y sus alrededores. Por las carreteras que desembocaban en el puerto iban llegando tropas en correcta formación; una vez desarmadas se dispersaban. [...] En dos de las plazas, los soldados italianos, sentados, cantaban, con sus armas amontonadas a un lado sin nadie que las vigilara. Fui al ayuntamiento, que se hallaba rodeada por una gran multitud de vascos sin armas. [...] me costó abrirme paso hasta la habitación que ocupaban los líderes. Aquella pieza también estaba invadida por la multitud y se veían heridos por todas partes". Comenta de los italianos que "no parecían más agresivos que antes y no se veía ningún uniforme azul de la Falange". No se tenían noticias de Juan de Ajuriaguerra, dirigente del PNV que llevó las negociaciones de la rendición y "a las nueve recibí la orden de iniciar los embarques de aquellos que estaban ya en posesión de una contraseña expedida por sus líderes o del pasaporte del Gobierno de Euskadi. [...] A las diez de la mañana vino un oficial español, vistiendo uniforme del ejército italiano sobre el que lucía el escudo de la Falange, y me ordenó interrumpir el embarque y esperar nuevas órdenes. Le pregunté quién le había encomendado esa misión. Respondió que el coronel Fergosi, comandante de la plaza de Santoña". A partir de ahí se prohibió toda comunicación entre el barco y la tierra:

"El coronel Fergosi me dijo que había recibido órdenes terminantes del Generalísimo Franco de que nadie, vasco o extranjero, abandonara Santoña. Hice hincapié en el hecho de que todos los vascos que se encontraban a bordo de los barcos estaban bajo la protección de la bandera inglesa y que si en adelante no se permitía subir a más, me iría con los que estaban en el Bobie y, naturalmente, en el Seven Seas Spray". La respuesta del mando rebelde fue, sin embargo, definitiva: "No se permitirá a nadie salir de Santoña". Señala que "el mismo oficial español ordenó bajar del Bobie a todos los pasajeros. [...] El sábado, nada más apuntar el nuevo día, vi a los hombres que habían sido desembarcados conducidos por la carretera en dirección a Laredo. Había otros en camiones, sobre los que ondeaba la bandera italiana, que se alejaban por otra carretera. Ignoro su destino. [...] Se me permitió comunicarme con ellos [los vascos] y supe: que no había noticias de Ajuriaguerra, que debía haber dejado Vitoria la tarde anterior; que había cierta esperanza de que negociaciones ahora en curso terminaran en una orden que permitiera a todos subir a bordo. Me pidieron que demorara en todo lo posible la salida por las razones apuntadas". Durante todo ese tiempo Dupuy mantuvo conversaciones con los coroneles Piesch y Farina. Este último, en un momento de franqueza, "expresó toda su amargura y dijo estar sumamente indignado al ver lo que estaba pasando. 'Es lamentable –manifestó Farina– contemplar cómo un general italiano no puede mantener una promesa que ha hecho', y añadió que eso no había ocurrido a lo largo de toda la historia. Me aseguró [...] que el general Mancini no tenía intenciones de entregarlos a los falangistas, quienesquiera que fuesen. [...] A las nueve, un oficial italiano acompañado de cuatro falangistas, también oficiales, subieron a bordo para darnos la orden de partida. Hubo un nuevo registro del barco... y a las diez salíamos a alta mar. El resto de la noche transcurrió sin ningún incidente, excepto la aparición en cubierta de seis hombres que habían conseguido esconderse en las máquinas".

1937 – JEAN HERBETTE

Periodista y embajador francés (1878-1960). La postura de este delegado que ejercía como embajador para un Estado que en principio se mostró en contra del levantamiento militar español es una muestra de la incompetencia que reinaba entre algunos de ellos. El personaje mostraba poca sensibilidad hacia las víctimas civiles y achacaba al Gobierno Vasco parte de su responsabilidad: "El bombardeo [de los rebeldes] se había centrado en fábricas que trabajaban para la guerra, es decir, objetivos estrictamente militares en cuyas proximidades las autoridades locales deberían haber creado una zona de precaución, prohibida a la población civil" (Telégrafo n.º 221 de Herbette al Quai d'Orsay, 17/02/1937). Herbette tampoco dio crédito al relato publicado por el diario *The Times* con motivo del bombardeo de **Gernika** del 26 de abril. Ante la duda de si fue un incendio o un bombardeo, sugiere sin vergüenza "que la idea de quemar una ciudad, cuando ya no se pueda defender, preexiste en la mente de muchos españoles [*l'idée de brûler une ville, quand on ne peut plus la défendre, préexiste dans l'esprit de beaucoup d'Espagnols*]. Así pereció Numancia, y el heroísmo de sus defensores se cita comúnmente como ejemplo en la literatura o en la prensa española" (Despacho n.º 432 de Herbette al Quai d'Orsay, 29/04/1937). En una posición de imparcialidad más que dudosa, Herbette aseguraba que, con la reanudación de la ofensiva rebelde sobre Bilbao, corría más peligro la vida de los presos franquistas que la de los civiles, y afirmaba que aquellos días serían "probablemente los más peligrosos para los rehenes y para las personas atrapadas en Bilbao por medidas de represión o de discriminación política", demandando una liberación de presos para permitir las evacuaciones (Telégrafo n.º 890 de Herbette al Quai d'Orsay, 03/06/1937). Según Preston (2011), con motivo de los asaltos a las cárceles tras los bombardeos hubo unos 300 muertos, aunque los civiles bilbaínos muertos tras seis meses de hostigamiento serían más.

1937 – ROBERT CAPA, GERDA TARO Y DAVID SEYMOUR, 'CHIM'

En el año 2007 se dio a conocer la llamada *La maleta mexicana*, un conjunto de tres cajas con miles de negativos inéditos sobre la **guerra civil** española, cuya realización era adjudicada a estos tres **fotógrafos**, Capa (1913-1954), Taro (1910-1937) y Chim (1911-1956). El curso que siguió la maleta desde su desaparición allá por los finales de los años treinta es realmente rocambolesco. Capa, que era judío, había intentado sacar la maleta de Francia en 1939, pero no lo había conseguido, y el paquete acabó en manos del embajador mexicano, Francisco Aguilar Gonzales, quien lo archivó en su casa, olvidándose literalmente de él. En 1995, tras la muerte de este en México, los negativos llegaron a un pariente cercano, el cineasta Benjamin Tarver, que enseguida fue consciente de la importancia de aquella inesperada herencia. Finalmente, tras varias negociaciones, las cajas fueron donadas al International Center of Photography. La colaboración continua del húngaro Capa y la alemana Taro con su compañero de profesión, el polaco Chim, derivó en un proyecto conjunto sobre la guerra civil española que contenía 4500 instantáneas de un valor documental excepcional que venía a cubrir un vacío en la carrera profesional de estos intrépidos reporteros que habían cubierto la guerra de manera conjunta. La fama que llegó a alcanzar Capa y la relación sentimental que mantenía con Taro, además de la trágica muerte de esta al comienzo de la guerra, atropellada por un tanque republicano, eclipsaron la figura de la fotógrafa alemana, que con aquel descubrimiento cobraba un nuevo valor. Nunca se sabrá, a ciencia cierta, la autoría de muchas de aquellas fotografías. Las imágenes correspondientes a localidades como Bilbo, Gernika, Gatika, Gueñes, Amorebieta-Etxano, Berriatua, Bermeo o Lekeitio fueron tomadas por Chim en el frente vasco entre enero y febrero de 1937.

1937 - Capa/Taro/'Chim'. Foto de David Seymour, *Chim*: *Soldados vascos delante de la Ikurriña. Bilbao. Enero, 1937*. Fuente: Estate of David Seymour / Magnum Photos International Center of Photography.

1937 – GOMÁ:

"Cualquiera que sea el bando autor de la destrucción de Guernica, es un terrible aviso para la gran ciudad [Bilbao]".

1937 – ISIDRO GOMÁ Y TOMÁS

Clérigo y escritor catalán (1869-1940). Partiendo de la base de que quien fuera cardenal primado de España durante la Guerra Civil no concebía el conflicto como una guerra social, sino como una lucha ideológica, el 3 de enero de 1937 Gomá contesta al lehendakari Aguirre, en alusión a los 14 sacerdotes vascos asesinados por los nacionales, "cuente los miles que han sido villanamente asesinados en las tierras dominadas por los rojos" (algunas fuentes cifran en 6.000 el total de curas y monjas muertas, sobre todo por el bando republicano). Unos meses después, en respuesta a una carta del 28 de abril del padre **Alberto Onaindía**, un sacerdote vasco con quien Gomá llegó a tratar un acuerdo de rendición y que fue testigo ocular del bombardeo de **Gernika** ("...tres horas de espanto y de escenas dantescas. Niños y madre hundidos en las cunetas..."), el cardenal manifiesta de manera descarnada la indiferencia que le producen las víctimas civiles del conflicto con la siguiente frase: "Lamento como el que más lo que ocurre en Vizcaya. Hace meses sufro por ello, Dios es testigo. Especialmente lamento la destrucción de sus villas, donde tuvieron su asiento otros tiempos la fe y el patriotismo más puros. Pero no se necesita ser profeta para predecir lo que ocurre". Continúa diciendo que "los pueblos pagan su pacto con el mal y su protervia en mantenerlos". "Me permito responder a su angustiosa carta con un simple consejo. Que se rinda Bilbao que hoy no tiene más solución. Puede hacerlo con honor, como pudo hacerlo hace dos meses. Cualquiera que sea el bando autor de la destrucción de Guernica, es un terrible aviso para la gran ciudad". Es posible que esta última frase le hubiera generado alguna discordia con Franco, ya que este solo admitía una verdad: la de que Gernika fue quemada por los rojos (Archivo Gomá. Documentos de la Guerra Civil. 5: Abril-mayo de 1937. CSIC).

1937 – Prensa rusa. *Krasnyj Sport: "Podemos decir con certeza que los jugadores de fútbol soviéticos jamás se han enfrentado a un adversario tan fuerte"* (selección vasca).

1937 – PRENSA RUSA Y POLACA

La prensa internacional se hizo eco de la gira que llevó a cabo la **selección vasca de fútbol** por distintos países europeos durante la Guerra Civil. La idea partió del lehendakari Aguirre, con el objetivo de darse publicidad y buscar fondos para poder financiar a los refugiados de la guerra. El equipo partió el 24 de abril de 1937, justo dos días antes del bombardeo de Gernika. Lo dirigía Pedro Vallana y lo formaban míticos jugadores vascos de la época como Lángara, Gorostiza, Regueiro, Zilaurren y Blasco. Periódicos como *Komsomol'skaá Pravda* (14 de junio), *Trud* (con el título *Sbornaâ futbol'naâ komanda republiki baskov priezzaet y Sovietskij Soûz*, 11 de junio) o *Krasnyj Sport* (con el título *Maci baslov v SSSR*, 11 de junio) relataron el entusiasmo con el que fue recibido el equipo. Este último periódico señalaba que podían decir "con certeza" que los jugadores de fútbol soviéticos "jamás" se habían enfrentado a un adversario "tan fuerte". La selección vasca, al no estar reconocida por la FIFA, se vio obligada a suspender algunos partidos, pero tuvieron la oportunidad de enfrentarse a grandes potencias como el Lokomotiv y el Dinamo Moscú. Véase Boivin-Chouinard (2009).

1937 – ERNESTO CARRATALÁ GARCÍA

Lingüista y catedrático español (1918-2015). En el año 2010 el académico madrileño Carratalá publica con la editorial navarra Pamiela el libro *Memorias de un piojo republicano*, una obra que narra los míticos acontecimientos acaecidos en 1937 durante la **fuga** del penal de San Cristóbal situado en la punta del monte Ezkaba, a las afueras de Iruñea. Con su lenguaje cuidado y su humor frío, podría decirse que casi aséptico, el profesor nos cuenta la desgracia en la que cayó su familia el primer día de la Guerra Civil: su padre fue el primer militar muerto en Madrid y él mismo fue herido y capturado junto con Jaime y Eduardo, sus amigos de la infancia, una semana después. Todos ellos fueron condenados a muerte y finalmente indultados por ser menores de edad. Los 35 restantes prisioneros de su batallón fueron ejecutados. 2522 días de prisión le esperaban por delante. Desde el penal de Burgos, y para evitar posibles conspiraciones y fugas que siempre estaban en boca de todos, fueron trasladados al de **Iruñea**. La curiosidad por contemplar el mundo exterior y cambiar el paisaje le ensancha los pulmones. El caserío vasco "nos alegraba la vista y nos instilaba algunos ápices de felicidad", expresa. Su alegría se desvanece, sin embargo, el mismo día de la llegada. El **Fuerte de Ezkaba**, acabado de construir en 1910 y que hasta entonces no había sido de mucha utilidad, "está de tal modo embutido en la cumbre del monte que apenas es visible desde las laderas de este", explica Carratalla. "Por una serie de galerías subterráneas llegamos a los rastrillos, transpuestos los cuales accedimos a un espacio rectangular abierto, enmarcado por cuatro cuerpos de edificio que lo limitaban y para los que servía de patio de luces. Lo cruzamos, ya en formación, acompañados por dos guardianes, bajamos a un nivel que podríamos considerar ultrasubterráneo y nos encontramos sumidos literalmente en la penumbra de lo que supimos era la 1ª brigada y constituiría desde entonces nuestro alojamiento". Oscuridad, humedad, chinches, piojos y pulgas en una celda donde "el único insecticida eran las uñas". Y un suelo duro y frío sobre el que dormir, sin petate donde poder acostarse. La alimentación era mísera, "esbozo de rancho", y la higiene inexistente, por lo que todas las semanas morían uno o dos reclusos por enfermedades derivadas de todo ello, como avitaminosis o disentería. La situación era tan desesperante que una fuga era solo cuestión de tiempo.

El 22 de mayo de 1938 tuvo lugar "la evasión sin duda más numerosa y espectacular de la historia penitenciaria de España", una fuga planeada por un grupo de reclusos que únicamente mató a un guardián que no quiso deponer su arma. El caos que se desató fue de tal magnitud (huyeron 795 de los 2487 presos) que muchos creyeron ver en aquel momento la liberación por la victoria triunfal en la guerra: "Dos fugados se personaron inocentemente en la estación de Pamplona y pretendían pagar los billetes a su pueblo con los vales del Fuerte". Los tres amigos de la infancia salieron despavoridos ladera abajo. Ernesto, que había perdido un tiempo precioso buscando a sus compañeros para huir juntos, oyó cómo subían ya desde Pamplona las brigadas de refuerzo y reculó a tiempo. A Jaime le pillaron y Eduardo murió en el intento. De los 795 evadidos, 585 fueron capturados, 207 muertos en la huida, 14 fusilados en la Vuelta del Castillo, 3 indultados y solo 3 alcanzaron la libertad al pasar a Francia. Los **gudaris** vascos "llegaron a tener un conciliábulo para considerar qué partido tomar" y dado que no lo veían claro, "determinaron inhibirse".

1937 – ABEL BONNARD

Poeta y político francés (1883-1968). Bonnard fue un personaje que colaboró con el régimen nazi que llegó a ser ministro de Educación durante el gobierno de Vichy y fue por ello condenado a muerte, razón por la que huyó a España, donde transcurrió su vida hasta su fallecimiento. Junto con **Pierre Labrouche**, pintor bayonés (1876-1956), publicó en 1937 el libro *Navarre et vieille Castille*, con 30 aguafuertes originales de Labrouche. Hacen una incursión por Euskal Herria y plasman con una gran belleza hermosas descripciones y dibujos de localidades de las siete provincias.

1937 – Bonnard/Labrouche. Mutriku.

1937 – JOAN ESTELRICH I ARTIGUES

Escritor y político mallorquín (1896-1958). A pesar de ser de tradición catalanista, con el levantamiento del 36 se puso del lado de los sublevados, indignado por la persecución política y religiosa que se había establecido en las zonas controladas por el Frente Popular. Se exilió en París y dirigió desde allí la propaganda pro-franquista. Amparado por la asociación de Les Amis de la Nouvelle Espagne publicó en 1937 *Le drame du Pays Basque*, una obra que, aunque apareció como edición anónima (por razones de seguridad), fue íntegramente redactada por Estelrich. El libro es una réplica tanto al manifiesto del 8 de mayo de los católicos franceses, liderados por Mauriac (1937), como al libro del padre Tarragó (1936) *Le drame d'un peuple incompris*, que había salido a la luz poco antes. Comenta Estelrich que se había utilizado el nombre de **Gernika** como pretexto, "a pesar de que se ha probado ya que la destrución de la ciudad sagrada de los vascos se debió a los rojos antes de su retirada, continuando así el empleo de la táctica destructiva utilizada ya por ellos, como sabe todo el mundo, en Irun y Eibar". Aunque es verdad que tanto Eibar como Irun fueron destruidas por las tropas republicanas tras la correspondiente evacuación y retirada, también es verdad que en ellas, por lógica, no hubo víctimas, razón por la cual siempre se omiten o se tienden a minimizar los muertos de Gernika. Como bien dice Southworth (1975), "es un grave error de los historiadores neo-franquistas dedicarse a regatear el número de muertos".

1937 – WOLFRAM VON RICHTHOFEN

Militar alemán (1895-1945). A pesar de la prohibición establecida por el Tratado de Versalles de que Alemania pudiera establecer una fuerza aérea, Hitler creó la fuerza aérea Luftwaffe, que puso en práctica por primera vez durante la **guerra civil** española. Se creó entonces la Legión Cóndor, una fuerza aérea compuesta por 140 aparatos y cinco mil voluntarios, cuya misión más llamativa fue la destrucción de la villa de **Gernika**. El coronel Richthofen asumió en 1936 el mando de esta unidad especial, por lo que fue el responsable directo del bombardeo de la villa. En 1939 Richthofen decide recoger por escrito todas sus experiencias en el campo de batalla, conformando un diario –parte fue recogido por Gordon Thomas y Max Morgan-Witts (1975)– del que han salido a la luz algunos fragmentos escritos de manera muy telegráfica, que hacen alusión a los ataques ordenados sobre territorio vasco (*Bundesarchiv, BArch N 671/2, fol.27ss*). El oficial comienza hablando de los ataques a Eibar, Elgeta, Bergara y Ermua. Ya en dirección a Gernika comenta que debe ser cercada y "cosecharse finalmente un éxito

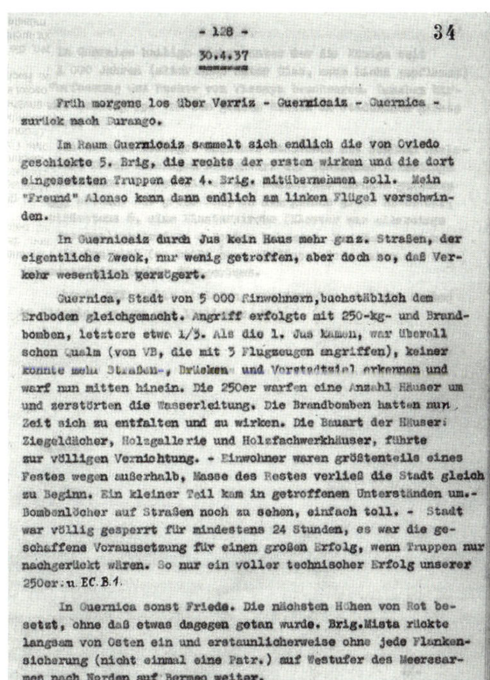

\- 128 - 34

30.4.37

Früh morgens los über Verriz - Guerzicaiz - Guernica - zurück nach Durango.

Im Raum Guerzicaiz sammelt sich endlich die von Oviedo geschickte 5. Brig, die rechts der ersten wirken und die dort eingesetzten Truppen der 4. Brig. mitübernehmen soll. Mein "Freund" Alonso kann dann endlich am linken Flügel verschwinden.

In Guernicaiz durch Jus kein Haus mehr ganz. Straßen, der eigentliche Zweck, nur wenig getroffen, aber doch so, daß Verkehr wesentlich gerzögert.

Guernica, Stadt von 5 000 Einwohnern, buchstäblich dem Erdboden gleichgemacht. Angriff erfolgte mit 250-kg- und Brandbomben, letztere etwa 1/3. Als die 1. Jus kamen, war überall schon Qualm (von VB, die mit 3 Flugzeugen angriffen), keiner konnte mehr Straßen-, Brücken- und Vorstadtziel erkennen und warf nun mitten hinein. Die 250er warfen eine Anzahl Häuser um und zerstörten die Wasserleitung. Die Brandbomben hatten nun Zeit sich zu entfalten und zu wirken. Die Bauart der Häuser: Ziegeldächer, Holzgallerie und Holzfachwerkhäuser, führte zur völligen Vernichtung. - Einwohner waren größtenteils eines Festes wegen außerhalb, Masse des Restes verließ die Stadt gleich zu Beginn. Ein kleiner Teil kam in getroffenen Unterständen um.- Bombenlöcher auf Straßen noch zu sehen, einfach toll. - Stadt war völlig gesperrt für mindestens 24 Stunden, es war die geschaffene Voraussetzung für einen großen Erfolg, wenn Truppen nur nachgerückt wären. So nur ein voller technischer Erfolg unserer 250er: u. EC.B.1.

In Guernica sonst Friede. Die nächsten Höhen von Rot besetzt, ohne daß etwas dagegen getan wurde. Brig.Mista rückte langsam von Osten ein und erstaunlicherweise ohne jede Flankensicherung (nicht einmal eine Patr.) auf Westufer des Meeresarmes nach Norden auf Bermeo weiter.

./.

1937 – Richthofen: *"Guernica, ciudad de 5.000 habitantes, arrasada literalmente hasta los cimientos".* Fragmento de su diario sobre el bombardeo de Gernika.

contra el personal y el material enemigo [*soll endlich ein Erfolg gegen Personal und Material des Gegners herausspringen*]". El día 30 de abril de 1937 apunta: "Guernica, ciudad de 5.000 habitantes, arrasada literalmente hasta los cimientos [*buchstäblich dem Erdboden gleichgemacht*]. El ataque se efectuó con bombas de 250 kilos e incendiarias, las últimas un tercio. Cuando llegaron los Junkers estaba ya todo en calma, [...] nadie podía ya reconocer los objetivos de vías, puentes y suburbios y se lanzó sin más en el centro. [...] Las bombas incendiarias tenían ahora tiempo de esparcirse y surtir efecto. [...] Aún se contemplan los cráteres de las bombas, sencillamente genial. En Guernica un roble sagrado, debajo del cual los reyes juran desde hace mil años la constitución y los derechos de Viscaya. Al lado, la iglesia con el parlamento. De todo el barrio de la periferia no se ha destruido nada". Continúan hacia **Durango**: "Pequeña y bonita ciudad, con hermosos palacios nobiliarios. Tras un doble bombardeo italiano parece una locura. Es como si las bombas hubiesen buscado precisamente las iglesias. [...] En el templo mayor, donde había misa en ese momento, recibió lo menos seis bombas, la iglesia del convento (que era un cuartel rojo) por lo menos cuatro. Solo se mantiene los muros. En el templo mayor hubo muchos muertos (se estima que más de 150). Por razones de propaganda, los rojos no han desescombrado absolutamente nada".

En el epílogo del libro de Southworth (1975) escrito por el historiador Ángel Viñas para la edición de 2013, el autor presenta un informe del 9 de mayo donde el coronel ofrece una versión diferente del bombardeo: se pretendía salvar Gernika de la quema, pero se utilizaron bombas incendiarias para que sirvieran de indicador a la infantería ("*wurden auch bei diesem Angriff aus diesem Grunde einige Brandbomben geworfen*"). En otro informe se desdice y asegura que los pilotos constataron que antes de ese primer ataque, la ciudad ya ardía por varios sitios ("*vor dem ertsen Bombenwurf bereits an vielen Stellen stark brannte*"). Las columnas de humo lo cubrían todo y las unidades principales lanzaron sus bombas al este de la ciudad en tres oleadas. Dice también que, en los días siguientes a la toma de la villa, la aviación roja bombardeó Gernika en cuatro ocasiones (algo que nadie cita, por cierto). Viñas es claro: todos los que emitieron su informe (Richthofen, von Dellmensingen, von Beust y von Knauer) mintieron. Así, como guinda final de su libro, Viñas desvela un informe firmado por Richthofen el 28 de mayo que relata, con su fría prosa, lo realmente ocurrido: "La destrucción de la ciudad se llevó a cabo de tal manera que, durante los primeros ataques, se lanzaron, sobre todo, bombas incendiarias [*Die Zerstörung der Stadt ist in der Weise vor sich gegangen, dass bei den ersten Angriffen vor allem Brandbomben zum Abwurf gelangten*]". Talón (1961) presenta un telegrama de Richthofen del 30 de mayo, en el que se prohíbe el bombardeo y ametrallamiento de **Bilbao** sin un consentimiento expreso del Estado Mayor. Sería, seguramente, por razones de propaganda política, aunque otros como Galland (1937) pretendan hacer ver cierta afectación. Como ya dijo este último cuando se incorporó poco después a la Legión Cóndor: "Nadie hablaba de buen grado de Guernica".

1937 – COWLES:

"Cuando le pregunté qué había sucedido [en Gernika], agitó los brazos en el aire y declaró que el cielo se había ennegrecido de aviones: 'Aviones', dijo, 'Italianos y Alemanes'".

1937 – VIRGINIA COWLES

Periodista estadounidense (1910-1983). En sus memorias de 1941 *Looking for Trouble* (*Buscando problemas*), Cowles narra su carrera como reportera de guerra, en la que llegó a conocer a personalidades como Hitler o Mussolini. Como corresponsal del *Sunday Times* londinense llega a **Gernika** en agosto de 1937 (cuatro meses después del bombardeo) acompañado de Rosales, un jefe de prensa adjudicado por el bando nacional. El hecho de que las memorias no fueran publicadas en España y no pasaran por la censura franquista da un valor y una legitimidad especial al testimonio. Su llegada a la villa la describe así: "Llegamos a Guernica para encontrar un caos desolado de madera y ladrillo, como una antigua civilización en proceso de ser excavada [*We arrived in Guernica to find it a lonely chaos of timber and* *brick, like an ancient civilization in process of being excavated*]". "Solo había tres o cuatro personas en las calles. Un anciano se encontraba de pie dentro de un edificio de apartamentos que conservaba sus cuatro lados, pero su interior era solo un mar de ladrillos. Su trabajo de desescombro parecía el trabajo de toda una vida, porque con cada ladrillo que arrojaba por encima del hombro se detenía y se secaba la frente. Acompañado de Rosalles [*sic*] me acerqué a él y le pregunté si había estado en el pueblo durante la destrucción. Asintió con la cabeza y, cuando le pregunté qué había sucedido, agitó los brazos en el aire y declaró que el cielo se había ennegrecido de aviones: 'Aviones', dijo, 'italianos y alemanes'. Rosalles estaba asombrado. 'Guernica fue quemada', contradijo acaloradamente. El anciano, sin embargo, se mantuvo fiel a su punto, insistiendo en que, después de un bombardeo de cuatro horas, quedaba poco para quemar. Rosalles me alejó. 'Es un rojo', explicó indignado". Poco después, Rosales le comentó a un oficial del Estado Mayor del Ejército del Norte de Franco que los habitantes de la ciudad trataron de decirles "que fue bombardeada, no quemada". El alto oficial sorprendió a todos al responder: "Pero por supuesto que fue bombardeada. La bombardeamos y la bombardeamos y la bombardeamos, y bueno, ¿por qué no? [*But, of course, it was bombed. We bombed it and bombed it and bombed it, and bueno, why not?*]".

1937 – ANDREOTTI:

"Nosotros somos vascos, no españoles".

1937 – G. ANDREOTTI

Periodista italiano. *La Tribuna Illustrata* era el semanario ilustrado del periódico italiano *La Tribuna*. El 4 de julio de 1937 dedica la portada a los niños refugiados vascos en Inglaterra y recoge un artículo de G. Andreotti, titulado ***Bilbao***, con motivo de la caída de la ciudad en manos de los rebeldes. Cuando uno llega a la ciudad, "el pulmón de acero de la España roja", "cree estar en una capital de Norteamérica", dice. "Bilbao es una inesperada visión de España. Parece una ciudad del norte de Europa y no del sur". Afirma que ellos mismos declaran categóricamente que no son españoles, sino vascos: "*Noi siamo baschi, non espagnuoli*". Comenta que es un pueblo misterioso con una lengua sin relación con otras. Menciona varios temas típicos: corrida, pelota, duelos de aizkolaris ("*le gare con l'accetta*"), *mouchico*, *aurresku*, universidad, y ofrece algunos detalles sobre Portugalete y Las Arenas.

1937 – ADOLF GALLAND

Oficial alemán de la Luftwaffe (1912-1996). Galland participó en la guerra civil española como miembro de la Legión Cóndor, aunque no estuviera directamente involucrado en el bombardeo de **Gernika**, ciudad que soportó la primera violación importante del derecho internacional de la guerra por parte de la Luftwaffe alemana. No es pues un testigo directo, pero sí debió de estar al tanto de lo que sucedió poco antes de que él llegara a Ferrol el 8 de mayo de 1937, dos semanas después del trágico suceso. En el capítulo siete de sus memorias de 1953, *Die Ersten und die Letzten* (*Los primeros y los últimos*), nos cuenta del bajo estado de ánimo en el que se encontraba la **Legión Cóndor** y que "nadie hablaba de buen grado de Guernica". Habla de la necesidad de preservar a las poblaciones de los bombardeos, para evitar lo que sucedió en Gernika ("*Das Gegenteil war mit dem Angriff auf die Strassenbrücke bei Guernica erreicht worden*"). Galland no aporta datos significativos sobre el ataque, pero lo importante es que defendiera el bombardeo como un ataque táctico fallido de la Luftwaffe. El ataque no estaba dirigido en realidad contra la población, sino contra un puente, el Puente de Rentería, que servía como ruta de suministro para los republicanos: "El ataque se efectuó bajo malas condiciones de visibilidad, con aparatos de puntería primitivos. Al dispersarse las columnas de humo de las bombas arrojadas por la escuadrilla se comprobó que el puente había quedado indemne; pero que, en cambio, una ciudad situada al lado había sufrido considerables daños. [...] En su conjunto la acción podía considerarse un fracaso, tanto más cuando el objetivo de nuestras operaciones consistía en lograr la destrucción del enemigo, respetando esencialmente la población" (traducción de Vicente Talón 1961). La traducción del libro en castellano, publicada en 1955 bajo el título *Memorias. Los primeros y los últimos*, aporta algunos cambios para sortear la censura y contradice el texto original, pero deja intactos los apuntes sobre el bombardeo de la ciudad por los alemanes. Southworth (1975) sugiere que hubiera habido un acuerdo entre los oficiales y los pilotos de la Legión Cóndor para ocultar la verdadera razón del ataque, el exterminio de la ciudad, haciéndola parecer como un accidente, tal y como lo narra Galland. El historiador Ángel Viñas (véase Richthofen 1937) comenta que todos los informes posteriores al bombardeo mintieron y que incluso una nueva edición alemana de 1961 del diario de Galland fue censurada, eliminándose todas las referencias a Gernika.

1937 – YVONNE CLOUD

Escritora y activista política británica (1903-1999). También conocida como Yvonne Kapp y autora de la biografía de Eleanor Marx, hija pequeña de Karl Marx, Cloud se implicó en el recibimiento que se hizo a los niños y niñas **refugiadas** vascas de la guerra. Publicó un interesante libro, *The basque Children in England*, que recoge las terribles experiencias vividas por ellos durante la **Guerra Civil**. Uno de los relatos, por ejemplo, nos cuenta las penurias de un obrero antes de decidir la expatriación de sus hijos: "La tuberculosis de mi pobre esposa empeoró mucho y la llevé al sanatorio de Plencia, en la costa. Todos los días llevaba a mis hijos a la casa de mi madre en La Peña, donde yo había nacido y crecido. [...] Un día les llegó el rumor de que una bomba había destruido el edificio donde yo trabajaba y mi hijo de diez años corrió hasta allí, a tres kilómetros de distancia, diciendo que quería morir conmigo. [...] Comenzaron a levantarse conmigo a las cinco de la mañana y permanecer todo el día en el refugio antiaéreo del sótano de mi lugar de trabajo. [...] Días después, a mis muchachos les entregaron sus placas de identificación, con su número en la lista de expedición. Mi hijo menor exclamaba feliz: 'Mira papá lo que nos han dado', mientras mi hijo mediano, siempre muy sensible, lloraba: 'No, nos han puesto etiquetas, igual que sacos de garbanzos'. Le di a mi hijo mayor un cuaderno, donde escribí las direcciones familiares, algunos consejos y puse algunas fotos familiares. Esto lo molestó y me rogó que guardara una copia de estas fotos, para que, si volvía con padres mayores y cambiados, pudiéramos estar seguros de que no se lo darían a otra familia".

Uno de los chavales, Imanol A., de **Gernika**, nos ofrece uno de los primeros relatos sobre el bombardeo de la villa: "Cuando los aviones que iban a bombardear Bilbao pasaban

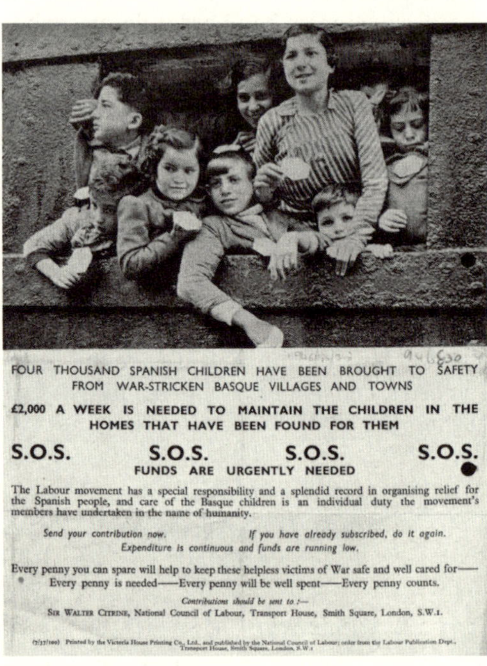

1937 – Yvonne Cloud: *"Los aviones descendieron y los mataron a todos en la zanja, a excepción del crío. Este se puso en pie y empezó a dar vueltas por la pradera llorando. A él también le atacaron. Fue muy duro".* Cartel publicitario para recaudar dinero para la manutención de los niños refugiados vascos. *Cuatro mil niños españoles han sido llevados a un lugar seguro desde los pueblos y ciudades vascas asoladas por la guerra.* Fuente: National Council of Labour.

por la villa, siempre tocaban las campanas. Estábamos acostumbrados. Incluso ese día, cuando todo el pueblo estaba lleno de campesinos y ganado para la feria, las campanas sonaron, pero nadie les hizo mucho caso. De repente se escucharon algunas explosiones. Vi destellos de fuego y humo al otro lado de la villa. ¡A los refugios! ¡A los refugios! La gente empezó a correr en todas direcciones, aterrorizada. [...] Los aviones, cinco aviones, dieron vueltas a nuestro alrededor durante unos veinte minutos, yendo y viniendo. Podíamos sentir el traqueteo de las ametralladoras, pero sin darnos ninguna. Vimos cosas terribles. [...] Vimos cómo una familia conocida de nuestra calle entró en un bosque. Una madre con dos hijos y la anciana abuela. Los aviones dieron vueltas por encima del bosque durante un rato, hasta que los hicieron salir aterrorizados. Buscaron cobijo en una zanja. Vimos cómo la abuela cubría al crío pequeño con el faldón de su delantal. Los aviones descendieron y los mataron a todos en la zanja, a excepción del crío. Al cabo de un rato se puso en pie y empezó a dar vueltas por la pradera llorando. A él también le atacaron. Fue muy duro. Mi amiga y yo no parábamos de llorar, no podíamos ni hablar. Toda la gente estaba siendo asesinada, había cadáveres por todas partes. [...] Sesenta personas murieron en un refugio a medio terminar".

1937 – MAIRIN MITCHELL

Escritora irlandesa y británica (1895-1986). Miembro de la Real Academia de Geografía británica, esta autora, que se tenía por irlandesa, tenía también raíces vascas, ya que su abuela era de Lapurdi. Fue una escritora prolífica que se manifiesta atraída, sobre todo, por los temas marítimos, que proponía de una manera novelada, pero sin dejar de mostrar una ficción fiel a los datos históricos. Llegó a Euskal Herria por primera vez en 1937, de la mano de Barandiaran, a conocer el mundo de los aparejos y vestigios vascos en la mar. De vuelta a su tierra escribió en el *The Irish Press* numerosos artículos sobre las tradiciones vascas y sobre su experiencia vivida como anarquista en la Guerra Civil. El mismo George Orwell alabó sus trabajos. El **universo marino** vasco le cautivó de tal manera que terminó ocupando parte importante de su obra: *The Odyssey of Acurio* (1956), *Elcano, the first circumnavegator* (1958, primer libro escrito sobre Elcano en lengua inglesa; da a conocer al mundo anglosajón un hecho que aún ignora, que este vasco fue el primero que dio la vuelta al mundo), *The Bridge of San Miguel* (1960) y *Friar Andrés de Urdaneta O.S.A. (1508-1568)* (1964). En el primero de sus libros cuenta la historia del piloto Juan de Acurio, contramaestre de La Concepción y marinero de la localidad de Bermeo que consiguió circunnavegar por primera vez la tierra junto con Elcano. Su versión inglesa contiene gran cantidad de refranes vascos escritos en euskera. Acabó instalándose a vivir en 1960 en Bera, Zumaia y Tolosa y mantuvo a lo largo de su vida un estrecho contacto epistolar con Irujo, Leizaola y Mitxelena.

1938 – DUQUESA DE ATHOLL:

"La destrucción de Guernica dejó claro el terrible destino que se cernía sobre Bilbao".

1938 – KATHARINE STEWART-MURRAY

Duquesa de Atholl, aristócrata escocesa (1874-1960). Esta diputada conservadora realiza un viaje a España en abril de 1937, organizado por iniciativa de la diputada laborista Ellen Wilkinson y la independiente Eleanor Rathbone (1938), reconocida sufragista (al contrario que esta, la duquesa nunca defendió el derecho al voto femenino, a pesar de defender los derechos de las mujeres). Una vez de regreso a Inglaterra, las apariciones públicas en favor de la República y en contra del Pacto de No Intervención le crean serios problemas y le obligan a presentar la renuncia a su escaño parlamentario: "El aislamiento de las provincias del norte [...] puso aún más de relieve que en cualquier otro lugar, cómo las victorias de los sublevados se debían casi por completo a la ayuda obtenida de los gobiernos que habían firmado el acuerdo de No-intervención", asegura en su libro de 1938 *Searchlight on Spain* (traducido en 2016 como *Con los reflectores sobre una España en guerra*). Un dato define el éxito del libro: la tercera edición corregida de septiembre de 1938 vendió más de 300.000 ejemplares. En la obra se recoge el analfabetismo y las paupérrimas condiciones de vida en el campo español y se advierte de la responsabilidad de los gobernantes ante semejante miseria. Se le empieza a conocer entonces como la "duquesa roja". Aunque le acuse de seguir la línea comunista, George Orwell dice del libro que, "como historia breve y popular de la guerra española, escrita con sencillez y bien documentada, no es probable que pueda ser mejorada hasta que acabe la guerra" (como comenta Fernando Galván en la introducción del libro). Le echan en cara el doble juego de ser socialista fuera, pero conservadora en casa, y ella se defiende diciendo que es el fascismo el que amenaza al Imperio británico. El tiempo le daría la razón. El capítulo XIV lo titula *La campaña del Norte* y en él denuncia, sobre todo, el bombardeo de **Gernika** y la labor de propaganda del Gobierno de Franco, que intentaba encubrir los bombardeos antes de dar paso a los corresponsales extranjeros: "El efecto de este holocausto sobre la opinión pública mundial fue tan considerable que, como en los casos de Durango y Eibar, las autoridades sublevadas intentaron descargarse de toda responsabilidad. [...] Desde entonces se ha sugerido [...] que los incendios que finalmente la destruyeron fueron provocados por pirómanos vascos o asturianos". Rebate el informe oficial del bando nacional (*Guernica. The Official Report*, véase Talón 1961 y De la Cierva 1970), confrontándolo con las observaciones de los corresponsales que llegaron a la localidad tras el bombardeo (Steer 1937, Monks 1937...). En París conoce a "una joven vasca extremadamente inteligente, la Srta. **Julene de Urzelai** [azkoitiarra afiliada al Emakume Abertzale Batza que emigró a Venezuela] que estuvo en Guernica el 26 de abril", que le describe "cómo vio desde el refugio instalado debajo de la Casa Consistorial el fuego que salía de los tejados de dos bloques de casas y cómo más tarde contempló otras muchas casas que se venían abajo por el fuego". "La destrucción de Guernica", concluye, "dejó claro el terrible destino que se cernía sobre Bilbao, por lo que el gobierno vasco dio de inmediato los pasos para asegurar la evacuación de mujeres y niños. [...] Un último ataque aéreo que tuvo lugar en el momento del embarque mató a once, e impidió que otros cien más pudieran subir al barco". A lo largo del relato aporta algunos datos sobre la masacre causada por los franquistas en el País Vasco: 15 sacerdotes fusilados, 137 encarcelados, 300 exiliados, 13.853 personas ejecutadas o asesinadas, más del 80 % sin ningún juicio, 60.000 prisioneros y 50.000 perseguidos. Sin embargo, añade, "solo 18 personas fueron ejecutadas por las autoridades vascas, todas tras el correspondiente juicio". La duquesa llegó incluso a tener una entrevista con **Dolores Ibárruri** y se vio impresionada por su "cautivadora personalidad", como dejó plasmado en su biografía de S. J. Hetherington: "Pasionaria tenía la maravillosa gracia y la voz de la [actriz Eleanora] Duse, pero era mucho más hermosa, con grandes ojos de un potente color oscuro y pelo negro ondulado. Entró en la habitación como una reina, aunque era hija de un minero, casada con un minero; una mujer que había sufrido la pena de perder a seis de sus ocho hijos". No se puede entender que un libro así haya tardado ochenta años en traducirse. El hecho de que hubiera sido una mujer de origen aristocrático que se hubiera posicionado en favor de la República habría jugado en su contra.

1938 – ELEANOR RATHBONE

Sufragista y política británica (1872-1946). Acompañante de Katharine Stewart-Murray (1938) en su viaje por la España en guerra, esta activista feminista y diputada independiente publicó a principios de 1938 el libro *War can be averted* (*La guerra puede evitarse*), donde relata sus impresiones sobre la **guerra civil** española. Como miembro del Comité Conjunto Nacional de Ayuda a España, es la responsable del pequeño folleto de seis páginas del 16 de julio de 1937 titulado *Comments of Spanish Affairs*, publicado con la esperanza de que "el público obtenga una perspectiva veraz de la guerra de España".

Comienza diciendo, a raíz de la cuestión de los **refugiados vascos** (*"chiefly women, children an old men"*) que se apilan en la costa cántabra, que "una tragedia se avecina en Santander tan terrible o más que la de Guernica". Informa de los obstáculos que pone la marina franquista y de por qué no se le pone remedio ofreciendo protección a todo barco que traslade refugiados. "Estos refugiados nunca hubieran sido expulsados de sus hogares si la política de No Intervención no hubiera logrado evitar que armas y aviones extranjeros llegaran a los vascos, pero no logró evitar que llegaran a los insurgentes". En un párrafo sobre las niñas y niños vascos en Inglaterra (*Basque children in England*) denuncia también el empeño de los insurgentes de declarar a estos como *Bolshevik Agitators*. "Que estos refugiados sean objeto de ataques políticos es deplorable", advierte. Añade que se les quiere devolver a Bilbao, cuando está tomada por Franco: "Hay que tener en cuenta que después de que las fuerzas extranjeras de Franco hubieran ametrallado a conciencia a los refugiados en la carretera de Santander, muchos de estos niños quedaron huérfanos. Es inconcebible que deseen volver al cuidado de alguien que es culpable de la muerte de sus padres. Es obvio que deben ser devueltos según demanda de los padres".

1938 – TOVAR:

"Había que quitar de un lado el 'veneno' que falseaba la Historia, y de otro, había que reconocer la legitimidad, el arraigo y los derechos de la lengua allí donde está, en su casa; más en su casa que ninguna otra".

1938 – ANTONIO TOVAR

Filólogo e historiador español (1911-1985). Tovar es el más reconocido **vascólogo** español y su relación con el País Vasco viene ya desde la infancia, ya que su padre regentaba una notaría en Elorrio. Llegó a veranear en Orio en su juventud y se acabó casando con una vitoriana, Consuelo Larrucea, hija de un amigo de Azkue. En la Guerra Civil discurrió del lado franquista y llegó a ser traductor de documentos en la reunión de Franco con Hitler e intérprete de Serrano Suñer y Mussolini en Italia. En 1942 ganó la cátedra de Latín de la Universidad de Salamanca, donde trabajó codo con codo con Koldo Mitxelena. En *Cuadernos para el Diálogo* (1965) cuenta de manera sincera cómo llegó al euskera y qué determinación le dirige: "Mi curiosidad por las lenguas ya me había inclinado hacia el vascuence, el gran misterio, pero fue por los tiempos en que, en plena guerra civil, trabajé en Burgos, cuando hube de comenzar a plantearme de veras una cuestión que como todas las importantes, tenía sus implicaciones políticas [...]. En la revisión de nuestra historia reciente a que nos entregábamos algunos cuando la guerra civil iba tocando a su fin, el tema de la pluralidad de lenguas entraba también, y los que por educación no éramos centralistas, sentíamos la inquietud del destino de lenguas que representan una tradición y una cultura propias, como el catalán, o algo aborigen y no conquistado todavía por el latín, de los romanos, como el vasco. Desde que comencé en 1938 en Burgos comprándome una gramática de Zamarripa y un diccionario de Azcue, he aprendido algo de vascuence, y he podido completar así el conocimiento de las lenguas peninsulares [...]. Nunca dueño de ningún resorte de mando en esta delicada cuestión, el problema para mí no ha salido de la esfera teórica, pero siempre con el afán de llevarlo a un terreno de pura verdad, ya que he creído que el estudio objetivo y sin partidismo puede hacer luz que suprima toda coacción en esfera social tan íntima como es la de la lengua. Había que quitar de un lado el 'veneno' que falseaba la Historia, y de otro, había que reconocer la legitimidad, el arraigo y los derechos de la lengua allí donde está, en su casa; más en su casa que ninguna otra".

Fue el impulsor en Salamanca de una cátedra de Vascuence. "Publicamos varios trabajos de especialistas españoles y extranjeros, se dieron conferencias, y durante meses yo tenía cada curso la satisfacción de atraer a las clases a estudiantes diversos, entre ellos vascos que hablaban su lengua, pero que desconocían la historia, literatura, dialectos, y los descubrían gozosos, mientras me ayudaban a leer textos", explica. "Aunque para mí el vascuence es un problema histórico, un enigma que da luz sobre la oscuridad de los orígenes de España y de todo el occidente de Europa, no dejo de ver que también es un problema de futuro. Pues la pervivencia de la lengua vasca es también la de un trozo de tradición, de mi tradición propia de español total". Desengañado de la política franquista emigró al extranjero e impartió clases en Argentina, Estados Unidos y Alemania. En 1980 escribió *Mitología e ideología sobre la lengua vasca*, libro que se ha tomado como referencia para analizar muchos de los personajes presentados en este libro. Dicha obra hace un repaso de las teorías enfrentadas entre eruditos vascos y españoles del siglo XVI al XIX, donde se mezclaban mitologías e ideologías sin llegar a promoverse estudios serios y sistemáticos como los que hicieron Bonaparte (1847) y van Eys (1865). En ella comenta, aludiendo a Enrique Flórez (1786), que "comprendió igualmente muy bien que la romanización del sur de Navarra y Álava, fue paralela, y equipara lingüísticamente, a mi juicio, con acierto, a los vascones del Este con los **autrigones** y **várdulos** (y **caristios**) del Oeste". En su artículo de 1975 *Sobre las palabras 'vascones' y 'euskera'* ya comentaba que en el siglo VII "vasco y euskera comenzaron entonces ya a ser sinónimos".

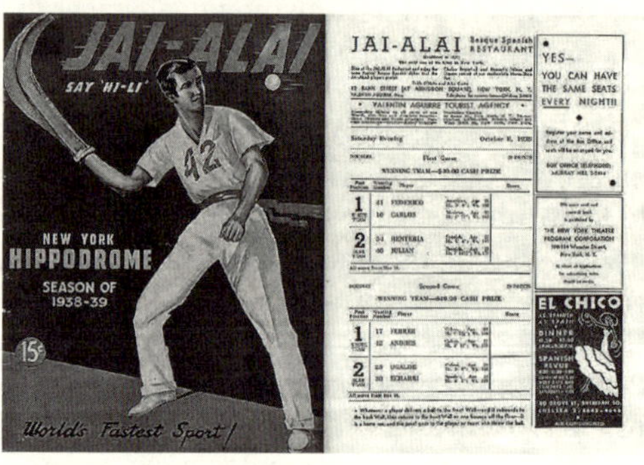

1938 – Frontón Hippodrome de Nueva York. Programa de la temporada 1938-1939.

1938 – FRONTÓN HIPPODROME DE NUEVA YORK

En 1938 un grupo de empresarios vascos compra un antiguo teatro, el Hippodrome, considerado por entonces el mayor teatro del mundo, en la Sexta Avenida de Manhattan. Tras su adaptación como frontón, fue inaugurado con la confianza de que el gobernador autorizase el juego en una época en la que, de hecho, estaban prohibidas hasta las máquinas recreativas. Una vez puesto en marcha con grandes figuras pelotazales del momento (Estanislao Maiztegui *Pistón*, de Mutriku, y Guillermo Amuchastegui, de Ondarroa), el gobernador no accedió a dar su autorización y el frontón tuvo que cerrar en cinco meses.

1938 – CERNUDA:

"Ahora, por favor, no se marche, pero me voy a volver a la pared para que no me vea morir".

1938 – LUIS CERNUDA

Poeta andaluz (1902-1963). Destacado miembro de la Generación del 27, después de luchar en la guerra civil española, Cernuda se exilia en Londres, donde no le resulta fácil encontrar trabajo de profesor y termina aceptando la invitación del **Basque Children's Committee** para ejercer de tutor de los niños y niñas vascas que acababan de llegar como refugiados en el buque Habana. La triste experiencia que vivió en el campamento de North Stoneham le marca de tal manera que en 1938 escribe *Elegía a un muchacho vasco muerto en Inglaterra* (después retitulada como *Niño muerto*), dedicada al joven quinceañero José Sobrino Riaño que, como última absolución, no quiso más que Cernuda le recitara un poema. Según nos cuenta James Valender en el álbum *Luis Cernuda*, el poeta comenta que, al terminar, el chaval le dijo: "Ahora, por favor, no se marche, pero me voy a volver a la pared para que no me vea morir". La elegía finaliza así: "Volviste la cabeza contra el muro/ Con el gesto de un niño que temiese/ Mostrar fragilidad en su deseo./ Y te cubrió la eterna sombra larga./ Profundamente duermes. Mas escucha:/ Yo quiero estar contigo; no estás solo".

1939 – 'El Gráfico'. Isidro Lángara.

1939 – 'EL GRÁFICO'

Revista deportiva argentina (1909-2019). Con 525 goles en partidos oficiales y con el mejor promedio goleador (1,16 goles por partido) de la liga española, **Isidro Lángara** (1912-1992), futbolista pasaitarra del Real Oviedo, hubo de deambular por distintos países sudamericanos a raíz de la guerra civil española. El primer día en que el equipo del San Lorenzo incluyó la novedad de la presentación de este "crack vasco de la selección española", Lángara marcó cuatro goles. En una crónica firmada por Chantecler en el diario *El Gráfico* argentino, el periodista comenta: "Un típico jugador vasco, fornido y atlético", "pero lento en sus movimientos, sobrio y sereno, que después de cada gol que marcaba hacía su regreso al centro del field con los brazos tiesos y algo echado hacia adelante, serio, sin una sonrisa, sin una muestra de satisfacción y orgullo en su rostro, con la naturalidad de quien juzga que no ha cumplido más que con su deber y que lo que hizo no tiene mayor importancia". Guillermo Stábile, el ojeador que lo contrató, señala al respecto: "Isidro Lángara es goles, nada más que goles. Si quieren encontrar en él un hombre que juegue fútbol, que evidencie algún virtuosismo, quedarán decepcionados. No es para atraer la pelota, plantear una jugada; es para resolverlas. Hará un pase largo a un wing y esperará el centro con gran concepto de la colocación. Y cuando tenga la pelota en su poder, el remate no se hará esperar. No es forward para ser juzgado en un match. Es para que se le valorice a través de una temporada y únicamente por los goles que haga. La tarde que no los marque, será un jugador decepcionante. Cuando los marque, sean lindos o feos, lo cierto es que un gol vale uno y que lo de brillante o frío no influye en la cuenta. No tiene movimientos armoniosos. Más bien es pesadote. Pero se ubica. [...] Si juega como lo he visto en Europa, Lángara justificará con números lo que por él se haya pagado". Lángara llegó a San Lorenzo en 1939 y jugó allí hasta 1943. Disputó 130 partidos y marcó 112 goles.

1939 – EDLER VON DER PLANITZ

Militar alemán (1908-1945). Miembro de una importante saga de militares alemanes, von der Planitz fue uno de los mandos que colaboró con las tropas franquistas como miembro de la Legión Cóndor. En 1939 se publica en el cuadernillo especial de *Die Wehrmacht* (*El Ejército alemán*), titulado *Wir kämpften*

1939 – Planitz: *"Durante la ofensiva de Bilbao [...] se emplearon maquinarias de guerra de la Legión Cóndor. Batieron las trincheras en temerarios vuelos rasantes con una terrible avalancha de bombas, de manera que la infantería pudo entonces asaltar el importante enclave".*

in Spanien (*Combatimos en España*), un artículo suyo, *Im panzer vor Bilbao. Aus dem Kriegstagebuch eines deutschen Panzermannes* (*En el tanque frente a Bilbao. Del diario de guerra de un tripulante alemán de tanque*). La acción que cuenta en el artículo se sitúa en los alrededores de ***Larrabezúa***. Allí se cruzan ráfagas contra milicianos "que se deslizan como gatos". Los *panzers* los rodean y capturan. Los prisioneros los toman por italianos y gritan "viva Italia". Preguntan si serán ejecutados: "Tiemblan de miedo, visten harapos y parecen desnutridos y enfermos. Empiezan una vida mejor". Los alemanes bombardean **Derio**, donde confiscan un camión cargado de armamento. El tiempo perdido en el seminario (donde las monjas liberadas les abrazan) es aprovechado por los rojos para volar el puente que conduce a Bilbao. En **Sondika** son disparados desde todos los flancos. Llega a **Bilbao** el 17 de junio de 1937, y conquista las últimas posiciones enemigas que ocupaban los *mineros*, los mejores combatientes, arrasándolas con fuego de artillería. Les atacan de repente con granadas de mano y "se produce una pelea cuerpo a cuerpo como ninguno de nosotros había vivido antes" que dura hasta la noche. Bilbao se rodea entonces de una oscuridad inquietante: "*Morgen wird uns gehören* [Mañana será nuestra]", concluye.

1939 – TOMASA CUEVAS,
sobre la cárcel de Saturraran:

"O te hinchabas o te quedabas con los huesos. Lo más seguro era la muerte, que venía casi a diario".

1939 – TOMASA CUEVAS GUTIÉRREZ

Militante comunista española (1917-2007). Importante líder comunista que fue condecorada en los últimos años de su vida con dos importantes galardones: el Premio Cruz de Sant Jordi y la Medalla al Mérito en el Trabajo. Su verdadero mérito fue, sin embargo, reunir en varios libros la memoria de todas aquellas presas políticas con las que convivió en sus largos años de cautiverio. En el año 2004 se publicaron todos juntos bajo el título *Testimonios de mujeres en las* ***cárceles franquistas***. Se compone de declaraciones recogidas en cinta magnetofónica y transcritas tal cual. Tomasa Cuevas nos desvela la realidad de una auténtica cámara de los horrores, donde se llevaba "su sadismo y su odio a extremos tan tremendos": vejaciones, palizas, ensañamientos, aislamientos, torturas, demencias, castigos, hambre, miseria, ejecuciones, violaciones, suicidios, disenterías, hacinamientos y epidemias. Pero lo peor son las torturas y asesinatos de los hijos e hijas que vivían con las presas políticas: "Ponían un hornillo encendido, los cogían así cruzados los brazos y con el culito cerca de la lumbre; los niños daban unos gritos horrorosos"; "lo cogieron [al niño] por los pies y le machacaron de un golpe la cabeza contra la pared. La madre se volvió loca". Sus peores vivencias las experimentaron en los conventos y seminarios habilitados como penales en Euskal Herria, concretamente en **Saturraran**, **Durango** y **Amorebieta-Etxano** ("o te hinchabas o te quedabas con los huesos. Lo más seguro era la muerte, que venía casi a diario"). "¿Por qué consintió el clero [le llama "el niño mimado" de Franco] que tantísimo convento y tanto seminario se dedicase a prisiones?". Salvo contadas excepciones, las monjas salían bastante mal paradas. A pesar de ello, siente el respeto que tenían por el País Vasco, "derivado en parte de las tres magníficas mujeres vascas, Victoria, María Teresa e Icíar, del primer expediente nacionalista, a quienes habíamos conocido en Ventas [Madrid] y que eran unas maravillosas, valientes y abnegadas compañeras".

Las entrevistadas por la autora van relatando sus vivencias. **Carmen Machado** comenta que allí vio una solidaridad que, en Madrid, "quizás por las circunstancias espantosas de la represión, no había visto"; **Pilar Calvo** asegura que el País Vasco fue el que "mejor" las acogió; para **Antonia García**, en Saturraran "se portaron maravillosamente" con ellas. **Encarna Juárez**, que se había quedado ciega, describe así la situación de Saturraran: "Las comidas eran malísimas. El frío horroroso. No había camas, el suelo era de madera. La mayoría no tenían ropas. Yo, porque una compañera me dio un colchoncillo. Muchas compañeras tenían las mantas en el suelo. Las ventanas de la prisión estaban todas cerradas, porque por las ventanas entraba la brisa del mar. Tenías que ponerte un trapo en la cabeza, porque si no salías chorreando". "La tragedia de estas madres ha sido horrible; estos niños no tenían allí una ración especial, tenían que comer de lo mismo que sus madres. Esto quiere decir que comían muy poco, porque la mayoría de las que estábamos allí no éramos vascas; por lo tanto, tenían las familias que mandarnos los paquetes desde muy lejos y no podían llegar con frecuencia. A muchas ni siquiera les podían mandar nada, les habían arrasado las casas y habían desaparecido todos sus familiares y, además, las agencias que nos mandaban los paquetes nos boicoteaban completamente". Para Tomasa Cuevas el pueblo se preocupaba de cuidarles: "al enterarse de que habían muerto dos pequeños y que otros estaban bastante mal; pasaban algunos cántaros de leche y los repartían entre las madres; eso no se tuvo que agradecer a la dirección de la prisión, sino al gesto hermoso y humano del pueblo de Durango". En aquella coyuntura se compartían tristezas pero también alegrías, y cuenta la anécdota de una mujer que recibió una carta de su hija que terminaba con un escueto "Padre ha muerto". Tras los consabidos sollozos y pésames, vuelven la hoja y se dan cuenta que continuaba al otro lado: "Padre ha muerto… un cerdo de catorce arrobas, hemos hecho la matanza y cuando los chorizos estén secos os mandaremos un paquete".

1941 – MANUEL AGUD

Filólogo argentino (1914-2004). Instalado en Donostia como docente desde el año 1941, este argentino de raíces aragonesas fue el primero que tendió la mano a Koldo Mitxelena para que saliera del oscuro y peligroso mundo que significaba la clandestinidad, consiguiéndole una plaza en el Seminario de Filología Vasca Julio de Urquijo. Colaborador de varios periódicos y autor de una tesis doctoral de nombre *Elementos de cultura material en el País Vasco*, su mérito más destacado fue conseguir sacar adelante, junto con Tovar (1938) y el propio Mitxelena, una obra como el Diccionario Etimológico Vasco, que comenzaron a elaborar en 1953 y cuyo primer volumen salió a la luz en 1988, aunque al final quedó sin terminar. Era también contrario a la teoría vascoiberista, aunque dejara una puerta abierta a la posibilidad de que esta pudiera ser investigada.

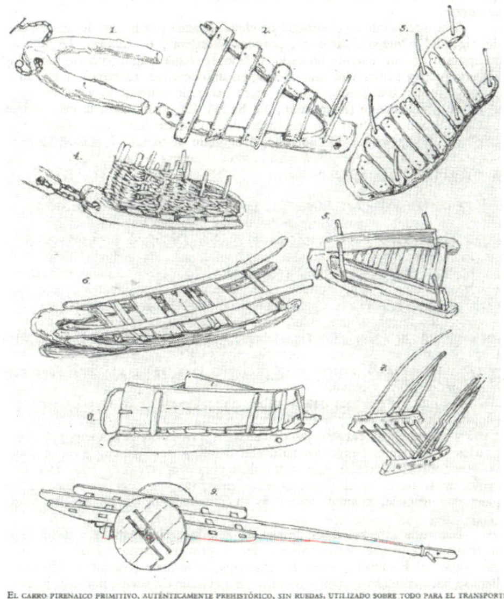

1941 – Violant i Simorra: *"El carro chillón tiene su precedente en estos carros tan arcaicos".*

1941 – RAMÓN VIOLANT I SIMORRA

Etnógrafo y folclorista catalán (1903-1956). Aunque sastre de oficio, su pasión por la **etnología** y la constancia de su labor metodológica le llevó a publicar en 1949 *El Pirineo español. Vida, usos, costumbres, creencias y tradiciones de una cultura milenaria que desaparece*, una panorámica de la cultura material e inmaterial del ámbito pirenaico. En el prólogo Julio Caro Baroja asegura que Violant i Simorra pone de manifiesto la unidad cultural que engloba a todo el Pirineo, dado que analiza a "los habitantes (y sus características raciales, de idioma y de indumentaria); los recursos básicos de su economía, las características de su vivienda, del hogar y de la vida doméstica; la organización familiar en torno al ciclo vital del individuo; la organización social y pecuaria, la caza y la pesca, la vida pastoral y agrícola, base del régimen económico y laboral de sus pobladores; la pervivencia de creencias atávicas, de mitos y supersticiones; las tradiciones cristianas, las representaciones dramáticas (mascaradas y danzas), las fiestas populares... Todo un caudal, en fin, de datos recogidos in situ entre 1941 y 1946, complementado con un extraordinario material gráfico cuyo vigor y coherencia son reflejo del análisis llevado a cabo y de la síntesis obtenida". Violant percibe una unidad originaria que abarca varios aspectos de la sociedad: "La arqueología, la antropología y la toponimia demuestran un cierto parentesco, desde los tiempos más remotos, entre todos los pueblos pirenaicos, en general, y los vascos actuales, hoy arrinconados en una parte del Pirineo occidental. Este es un hecho sobradamente comprobado hoy". La población de los llanos del Prepirineo "siempre se ha distinguido, y sigue diferenciándose aún hoy, del pueblo pirenaico en muchos aspectos, tanto de la cultura material como de la lingüística", afirma. Siguiendo a Barandiaran y Bosch (1923) comenta que se ha de buscar "en el primitivo pueblo francocantábrico oriundo del norte de Europa y a través del pueblo de la cultura asturiense, la formación del gran pueblo pirenaico que poblaba y dominaba toda la cordillera y que extendió la cultura megalítica mucho más acá y más allá de los valles pirenaicos". Del Pirineo navarro presenta una colección de fotografías y una amplia información de los valles de Otsagabia, Zaraitzu, Aezkoa y Erronkari.

1942 – LAPESA:

"El actual dominio de la lengua vasca es un pequeño resto del que hubo de tener en otras épocas".

1942 – RAFAEL LAPESA

Filólogo español (1908-2001). Este miembro de la Real Academia Española perteneció a una hornada de filólogos españoles de principios del XX que consideraban al euskera como una lengua de dimensiones mucho mayores a las actuales. Lapesa, al igual que su maestro Menéndez Pidal, se muestra taxativo al respecto en su libro *Historia de la lengua española*: "El actual dominio de la **lengua vasca** es un pequeño resto del que hubo de tener en otras épocas. [...] los nombres de lugar proporcionan el mejor argumento de que el eusquera o lenguas muy relacionadas con él tuvieron en la Península, antes de la romanización, una extensión muy amplia. Vascos son muchos topónimos repartidos a lo largo del Pirineo, sobre todo desde Navarra hasta el Noguera Pallaresa. [...] Al Suroeste del actual dominio vasco, en el Sur de Álava, Noroeste de la Rioja, y en la Bureba y Juarros, al Este de Burgos abundan topónimos como Ochanduri, Herramelluri, Cihuri... [...] Todavía en tiempo de Fernando III, hacia 1235, los habitantes del valle riojano de Ojacastro estaban autorizados para responder en vascuence a las demandas judiciales. [...] Ahora bien, no es seguro que la expansión vasca por Rioja, Burgos y Soria fuese primitiva; pudo ser resultado de la repoblación durante los siglos IX al XI. [...] Se suele admitir que, en época anterior a la instalación de los cántabros, astures y celtas galaicos, la franja septentrional correspondiente pudo estar habitada por pueblos afines al vasco".

1943 – BRENAN:

"Su lengua es lo único primitivo que tienen".

1943 – GERALD BRENAN

Escritor e hispanista británico (1894-1987). Fue un inagotable viajero que acabó instalado en Andalucía y en 1943 publicó *The Spanish Labyrinth*, una interesante obra sobre los antecedentes sociales y políticos que desembocaron en la **guerra civil** española. Su relación con Euskal Herria debió ser estrecha, ya que se ha dicho que el único amigo íntimo que tuvo fue Julio **Caro Baroja**. Comenta de los vascos que "su lengua es lo único primitivo que tienen" (*"Their language is the only primitive thing about them"*). Toca el tema de la cuestión agraria y del sistema de aparcería que prevalece en el País Vasco, donde se hereda de padres a hijos como si fueran dueños del terreno. La relación entre los aldeanos y los terratenientes es excelente, y aunque el sistema no es tan oneroso para estos últimos, funciona mejor. Brenan establece un vínculo entre este tipo de cooperación y la prosperidad de la que gozan: "*The prosperity of the Basque provinces and the liberal and reasonable spirit which they have developed may no doubt be put down in part to the success they have had in this form of co-operation*". Afirma que la brecha social entre la Iglesia y el pueblo es también bastante reducida: "Las asociaciones católicas se vieron obligadas a admitir su fracaso total, excepto en ciertos distritos del norte de España, Navarra, Castilla la Vieja y las provincias vascas, donde el abismo entre ricos y pobres no era tan infranqueable". Es, según él, un catolicismo moderno, en donde la clerecía no se encuentra envuelta en líos políticos y es ilustrada y nada fanática. De los navarros, por el contrario, comenta que su prosperidad y "el éxito que han logrado con su autogobierno los ha hecho odiar el cambio, por lo que durante los últimos cien años han sido los principales defensores de esa actitud fanáticamente conservadora y religiosa que se conoce como **Carlismo** y que no es más que la hostilidad que muestra una fuerte raza de montañeros y granjeros hacia la vida industrial".

1944 – Brieger. *En el país de los vascos.*

1944 – HERBERT BRIEGER

Director de cine alemán. La obsesión que llegó a desarrollar el régimen nazi por los vascos se plasmó en un **documental** de 12 minutos de nombre *Im Landen der Basken* (*En el país de los vascos*), rodado por un cineasta de prestigio como fue Brieger, miembro de la Academia de Cine alemana que ya había realizado filmaciones sobre diferentes regiones alemanas desde una perspectiva evidentemente **nacionalsocialista**. "El territorio salvaje y accidentado de los Pirineos es la tierra de los vascos", comienza diciendo. Pasa entonces a mostrarnos la trascendencia del caserío vasco, "su casa es su orgullo y la cuida con esmero", para penetrar en su interior, mostrarnos la imagen de un plato típico vasco decorado con la esvástica y lanzar una incógnita: "¿De dónde viene esta gente? Nadie lo sabe". Javier Barajas, coautor de *Una esvástica sobre el Bidasoa*, la película que se ha rodado recientemente analizando el documental de Brieger desde una perspectiva histórica, lo define así: "El atractivo de los vascos para los nazis era evidente: con una lengua misteriosa, un pueblo con un origen desconocido que ellos creían a salvo de las influencias externas, con una cultura propia. En fin, casaba con la idea que acariciaban los nazis de poder crear, tras ganar la guerra, una nueva Europa, redibujar las fronteras europeas con una hermandad de pueblos puros".

1945 – MAXIMIANO GARCÍA VENERO:

"El bilingüismo vasco, como el catalán, gallego, valenciano y mallorquín no son perturbadores de la vida española".

1945 – MAXIMIANO GARCÍA VENERO

Historiador cántabro (1907-1975). García Venero es el primer español que realiza un ensayo minucioso sobre el nacionalismo vasco, *Historia del nacionalismo vasco*. Según cuenta en el prólogo, su primera juventud la pasó en Donostia: "Allí trabajé, luché, me confundí muchas veces con los vascos y nada quebró esa hermandad surtida de las entretelas del corazón". Asegura que nunca sintió odio contra el nacionalismo, pero experimentó dolor, "quizá más intenso que el provocado también por el nacionalismo catalán". "Soy un español que ha estudiado y vivido aquel fenómeno. En carne viva". El libro ofrece primero un repaso histórico por Vasconia y el reino de Pamplona, continúa después analizando la heterogeneidad foral de las provincias, hasta llegar a la merma impuesta a los fueros por los consecutivos Gobiernos españoles. A partir de ahí se introduce en la coyuntura político-social que generó los primeros pasos del nacionalismo hasta acabar en la Guerra Civil. El capítulo IV de la cuarta parte lo dedica a la **lengua vasca**: "Opino, contra los que le confieren estrictos valores museales, que su desaparición sería lamentable. El bilingüismo vasco, como el catalán, gallego, valenciano y mallorquín no son perturbadores de la vida española. La lengua, en sí misma, no prueba nada políticamente".

1948 – COROMINES:

"El vasco de los Pirineos centrales sobrevivió en parte hasta mediados de la Edad Media".

1948 – JOAN COROMINES

Lingüista romanista catalán (1905-1997). El interés que este eminente lingüista mostró por la **lengua vasca** debió de originarse con motivo del estudio de los dialectos románicos del Pirineo, al toparse continuamente con los restos de una lengua que él identificaba con la vasca. En una carta dirigida desde Chicago, donde estaba exiliado, a José Miguel de Barandiarán el 2 de mayo de 1948, Coromines ya le comentaba: "Aunque yo no soy vascólogo, los estudios vascos no podían dejar de inspirarme simpatía en mi condición de catalán; y como lingüista romanista, y especializado en el romance de ambas vertientes del Pirineo, es muy posible que me decida algún día a intensificar el estudio del vasco, que hasta ahora sólo he abordado superficialmente". Su obra *Estudios de Toponimia Catalana* de 1966 es un ensayo que Luis Michelena, en su recensión sobre ella en la revista *BRSVAP* de 1966, considera prodigioso por su amplitud y su profundidad y "la mayor novedad que desde hace bastantes años ha conocido nuestros estudios". En este trabajo Corominas ya nos advierte sobre algunos de los dialectos pirenaicos que debían de ser medio romanos medio vascos: *"le lexique de cet ancien dialecte haut-pallarais a dû être, à peu près, par moitié roman et basque"*. Señalaba entonces que ese dialecto del Pallars del Pirineo de Lérida presentaba los trazos típicos de la fonética histórica vasca, una serie de arcaísmos que nada tienen que ver con antiguas interferencias de otras lenguas. Comenta Corominas que Menéndez Pidal (1922) no se muestra suficientemente atrevido cuando asegura que la romanización del **Alto Pallars** no se produjo en una fecha posterior al año 600, y argumenta que "el vasco de los Pirineos centrales sobrevivió en parte hasta mediados de la Edad Media", concentrándose sobre todo en dos reductos vascos: "una al Noroeste de Jaca y la otra en los valles altos del Pallares".

1948 – ALFRED KANTOROWICZ

Abogado y escritor alemán (1899-1979). Alistado como brigadista en la **guerra civil** española, Kantorowicz publica en 1948 sus diarios de la guerra, *Spanisches Kriegstagebuch*, traducido en 1951 como *Diario de España*. En su apunte del 7 de mayo de 1937 en Torija (Castilla-La Mancha) nos cuenta que le llegan las primeras noticias del bombardeo de Gernika sucedido el 26 de abril. No es un testigo directo, pero las impresiones de lo que le han contado las deja escritas de la siguiente manera: "Escuadrillas alemanas han convertido en ruinas el lugar de peregrinación de los vascos, su santuario nacional. No había ninguna necesidad militar. **Guernica** es un lugar sin defensas, está detrás del frente, sin guarnición militar, solo campesinos vascos, ciudadanos modestos y clérigos viven en la ciudad. Ninguna defensa antiaérea. [...] Eligieron un día de mercado. Enviaron por delante un aparato de reconocimiento y cuando estuvieron concentrados en el mercado un número suficiente de campesinos y campesinas y de niños del pueblo y los alrededores, iniciaron la masacre. Testigos supervivientes informaron de que los aviones alemanes descendieron hasta los 20 metros; un cura contaba que los 'alemanos' –y se santiguaba– se habían dedicado a cazarlo cuando estaba a unos trescientos metros de la ciudad de camino hacia su casa, a pesar de su sotana, que ellos debían conocer muy bien. Se tuvo que arrojar en pleno campo de cabeza tras una gran piedra y esperó la muerte rezando. Unas monjas contaban llorando cómo habían sido cazadas repetidamente por las aves de rapiña en el mismo claustro de su convento y cómo muchas de ellas habían sido segadas y acribilladas por el fuego de las ametralladoras de los 'diablos' –y se santiguaban– y habían muerto sin haber podido recibir los sagrados sacramentos. Las escuadrillas alemanas permanecieron una hora sobre el lugar. Guernica, el santuario católico de los vascos, quedó convertido en ruinas y ceniza. Una gran parte de la población yacía destrozada debajo; los muertos se cuentan por centenares. Si no se quiere aceptar que todos estos pilotos –que han convertido un lugar sin valor de la retaguardia, sus casas, iglesias y conventos, sus campesinos, campesinas, niños, curas y monjas en cenizas y ruinas–, son, en sentido clínico, asesinos en serie patológicos, entonces solo se puede pensar que esta masacre ha sido ordenada por el Estado Mayor alemán como un 'experimento sobre objetos vivientes' para probar los efectos de un bombardeo aéreo radical sobre lugares no defendidos de la retaguardia".

1949 – WILHELM GIESE

Hispanista alemán (1895-1990). Este profesor que desarrolló su carrera docente en la Universidad de Hamburgo en el ámbito de las lenguas románicas fue también miembro correspondiente del Instituto de Estudios Vascos. El conocimiento etnográfico que tuvo de diferentes culturas le permitió realizar interesantes comparaciones con la cultura y la lengua vasca. En una crítica al libro de Hubschmidt (1953) *Sardische Studien* considera al **euskera** como el último resto del idioma hispano-caucásico que fue "adoptado por los vascones y otras tribus". Para Giese muchos elementos ibéricos del vasco no son sino "euroafricanos": "En mi opinión, la influencia ibérica existió solamente en el antiguo territorio de los vascones y sus elementos se extendieron más tarde por una expansión de los vascones sobre las tribus occidentales, pero originariamente todas las tribus, incluidas los vascones, hablaban el vasco arcaico relacionado con el caucásico".

1950 – MAX LEOPOLD WAGNER

Romanista alemán (1880-1962). Vivió en Cerdeña y fue el primero que investigó de manera sistemática el paleosardo y sus dialectos y que realizó trabajos de antropología sobre la cultura sarda. En 1950 publicó su libro *La lingua sarda: storia, spirito e forma*, obra en la que, al investigar el vocabulario indígena que no procedía de los idiomas circundantes mediterráneos, observa ciertas homofonías entre el antiguo **paleosardo** y el euskera. Relaciona una veintena de palabras entre ambos idiomas, algunas de ellas tomadas de Bertoldi (1831). No ve, sin embargo, una relación clara y directa entre el ibero y el sardo.

1950 ca. – Vúletin. Mapa de Euskal Herria.

1950 ca. – ALBERTO VÚLETIN

Historiador argentino (1897-?). Experto en toponimia, recogió en sus trabajos de temática argentina gran cantidad de términos geográficos, incluido el origen etimológico y sus correspondientes equivalencias con las lenguas indígenas de su país. La toponimia, comentaba, "relacionada con la psicología social, con la historia, con la arqueología, con el folklore, con la mitología, con la lingüística, representa un camino auxiliar, pero ineludible, para adentrarse en el alma de lo que fue y de su expresión contemporánea". Quizá fuera esa la razón por la que se interesara también por Euskal Herria. Publicó un interesante **mapa** que abarca las **siete provincias** y que incluye toda la toponimia en euskera. El reverso del mapa contiene además otros dos mapas, uno histórico y otro lingüístico en el que indica la recesión que había sufrido la lengua desde la época de los romanos.

1951 – AIMÉ FÉLIX TSCHIFFELY

Escritor y viajero suizo (1895-1954). Tschiffely es un argentino de origen suizo que visitó Nafarroa en 1951. Llegó a Iruñea en el tren del Plazaola, en plenos **Sanfermines**, y, para imbuirse del espíritu festivo, se vistió "como un vasco". Describe las fiestas con ojos sorprendidos, y destaca la honradez de la gente: "Durante las fiestas de san Fermín nadie ha sido objeto de robo por los honrados vascos y, hasta la cartera de un beodo, cualquier cosa de valor está perfectamente segura". En su libro *Round and About Spain* (1952), habla también de las características de los **navarros** en general: "Aunque cuando los naturales de esta región disfrutan de una instrucción muy superior a los de la misma clase en cualquier otra parte de España, muchos de ellos son asombrosamente supersticiosos, y no pocos creen en brujas. Los vascos, como antes dije, son robustos, vigorosos y atléticos y los más castizos entre ellos mucho más blancos que los demás españoles".

1952 – RAMOS OLIVEIRA:

"Jamás se firmó una paz por separado en condiciones de mayor deslealtad para un aliado, en este caso para las fuerzas militares y la población republicanas no vascas".

1952 – ANTONIO RAMOS OLIVEIRA

Escritor e historiador andaluz (1907-1973). Ya exiliado en México publica en aquel país en 1952 *Un drama histórico incomparable, España 1808-1939*, en cuyo capítulo XVIII, apartado 11, *La Guerra en el País Vasco*, señala que "el terror aéreo alemán alcanzó su máxima intensidad en la destrucción de **Guernica**, y el bloqueo marítimo creó a la población civil una situación de angustia que solo conoció más tarde el resto de la España antifascista". No ve con buenos ojos que los **nacionalistas vascos** se hubieran aislado en su conflicto personal, perdiendo de vista que, además de una guerra, "aquello era una revolución nacional", siendo imposible que se persuadiesen "de que estaba en juego algo más hondo y universal que su Estatuto". "Recelaron más, a todas luces, de los aliados que de los enemigos, sobre todo si aquellos no eran vascos y estos lo eran. [...] mostraron una indulgencia con los fascistas rayana en la frivolidad", añade. Dice que muchos de sus mandos se pasaron al enemigo, y pone como ejemplo al ingeniero Goicoechea que desertó, y se llevó consigo todos los planos del cinturón de fortificaciones de Bilbo. "La sospecha de que los vascos pudieran aparecer como un pueblo sanguinario [...] les inducía [...] a tratarlos [a los fascistas] con cortesía". Una vez que evacuaron a Santander, Ramos menciona al general republicano Gamir Ulibarri, cuando aseguraba que "los vascos se negaron a luchar. No estaban dispuestos a dejarse matar por Santander". "Los jefes del nacionalismo vasco decidieron entonces firmar una paz por separado. [...] Jamás se firmó una paz por separado en condiciones de mayor deslealtad para un aliado, en este caso para las fuerzas militares y la población republicanas no vascas", concluye Ramos Oliveira. En el capítulo 9, sobre la **Primera Guerra Carlista** (apartado 4, *El Norte*), se pregunta por qué el carlismo termina siendo una suerte de ideario regional en el Norte de España. Nos habla de valores éticos, geográficos y costumbristas: "por sus ideas, sus costumbres y su planta física, el vasco es un pueblo esencialmente rústico, una sociedad de aire libre que discute los negocios públicos al pie de un árbol". Sobre los fueros y la reivindicación de autogobierno de la que hablan todos los testigos extranjeros de la guerra que aparecen en este libro entre 1833 y 1839, ni una palabra.

1952 – GEORGE WICKER ELDERKIN

Arqueólogo y filósofo estadounidense (1879-1965). Quien fuera editor jefe de la revista *American Journal Archaeology* y estudiara durante cuatro años Estudios Clásicos en la Escuela Americana de Atenas, escribió sobre la relación que pudieron mantener la **cultura griega** y la vasca. En 1952 publicó la obra *Zagreus in Ancient Basque Religion*. Sobre Zagreo, uno de los dioses centrales de la antigua Grecia que podría tener su origen cretense o egeo, Elderkin comenta lo siguiente: "Una visión del material aquí estudiado parece indicar que el País Vasco tuvo contactos con las lenguas de la Grecia antigua, probablemente con la Grecia micénica y sus vecinos, antes de que los vascos llegasen a su actual país. La semejanza de una palabra vasca con una palabra griega puede ser equívoca, pero cuando ciertas semejanzas se combinan formando un grupo congenérico la evidencia tiene que ser considerada más seriamente. [...] La tumba de Zagreus en Delfos y el teatro dionisíaco son fuentes adecuadas para un material léxico. Este vocabulario contiene al menos las siguientes palabras vascas, incluyendo las propias de zorro, cabra, racimos de uvas, farsa: asari, kerda, aker, adakari, ainu, sikenkeria, khordaka, gothor, alko, lako, molko, morkho, tsolin y pedar. [...] Estas revelan la presencia entre los vascos antiguos de Dionisio o Zagreus como un Dios de significancia para los muertos. [...] La asociación estrecha de Júpiter Puer (Zagreus) con 'Tyche Biskatas' en Praeneste y la luz que arroja sobre los nombres de las provincias vascas es fidedigna de una presencia temprana o de su llegada al País Vasco de cultos, tiempos ha, establecidos en Italia, Grecia y países con los que los vascos habían estado en contacto". En 1958 publicó también *A comparative study of Basque and Greek vocabulaires*.

1953 – JOHANNES HUBSCHMIDT

Romanista suizo (1916-1995). Hubschmidt fue durante muchos años el investigador más importante que se ocupó del sustrato prelatino en los países de habla romance. Trabajó, sobre todo, en el ámbito de la etnolingüística y la etimología y en el sustrato preindoeuropeo de la lexicografía y toponimia. En 1953 publica *Sardische Studien. Das mediterrane Substrat des Sardischen, seine Beziehungen zum Berberischen und Baskischen sowie zum euroafrikanischen und hispano-kaukasischen Substrat der romanischen Sprache*, obra en la que pretende aclarar las relaciones más antiguas entre los idiomas asiáticos y europeos. Para ello se sirve de los nombres sardos de plantas y topónimos y de algunos animales, y los pone en relación con lenguas foráneas como el bereber y el **euskera**. Hubschmidt cree que algunas voces que se consideran celtas y latinas no tienen por qué necesariamente serlo, pudiendo ser preceltas y no indoeuropeas. Insiste durante el trabajo en que las lenguas *euroafricanas*, como las llama, habladas en todo este entorno mediterráneo, tienen un poso antiguo. Ese substrato *euroafricano* está representado por las concordancias que se establecen entre el euskera, el **bereber** y el **paleosardo** y el substrato hispano-caucásico. Así pues, todas las voces prerromanas de Aquitania, Cataluña, España y Portugal no se explican más que por medio de un substrato lingüístico relacionado con la lengua vasca. En su obra *Paläosardische Ortsnamen* (*Topónimos paleosardos*) hace también referencias al euskera como explicación de muchos de los topónimos que se encuentran en la isla de Cerdeña. El reconocido investigador creó, sin lugar a dudas, una sólida base para las futuras investigaciones de la lengua sarda en su relación con la vasca.

1955 – ORSON WELLES

Director de cine estadounidense (1915-1985). Welles es uno de los más importantes realizadores que ha dado el cine, autor de películas como *Ciudadano Kane* (1941), una de las grandes obras maestras del séptimo arte. La

1955 – Orson Welles. *The Land of the Basques: "No, los que viven aquí no son ni franceses ni españoles. Son vascos".*

relación de Orson Welles con Euskal Herria fue tan estrecha como la de Hemingway (1923). Llegó a filmar dos **películas** en la ciudad, *Campanadas a medianoche* y la inacabada *El Quijote*, de la que Jess Franco acabó haciendo un montaje propio final. Después de que Welles hubiera frecuentado los **Sanfermines** ("Pamplona es lo mejor. Desde la Segunda Guerra Mundial no me he perdido un solo encierro") durante años, *El Quijote* presenta 17 minutos de imágenes que nos muestran la fiesta de 1961. Pero el mérito de Welles ha sido el de legar para la posteridad una de las descripciones más entrañables que se hayan hecho sobre nuestro pueblo, el **documental** *The Land of the Basques* (41 min.), realizado en 1955 para la BBC dentro de una serie titulada *Around de World with Orson Welles*. La cinta comienza de manera reveladora: "Esta frontera siempre ha sido más teoría que realidad. Teoría establecida por el gobierno francés y español, cuyos vigilantes aduaneros la patrullan. No, los que viven aquí no son ni franceses ni españoles. Son vascos" (*"The people who live here are neither Spanish nor France. They are Basques"*). Repara en varios elementos de su personalidad: el euskera, la pelota, la txapela, el fandango, las palomeras de Etxalar y el contrabando. La cinta tiene también, por momentos, un carácter ciertamente sensacionalista: "Todos sabemos con seguridad lo que un vasco no es. Además de no ser francés o español, un vasco no es mediterráneo, alpino, magiar, celta, germánico, semítico o escandinavo. No es ni siquiera ario. Nadie sabe quiénes son sus ancestros".

1955 – INGE MORATH

Fotógrafa austriaca (1923-2003). Estuvo trabajando para la agencia de Robert Capa en París y en los años 50 realizó varios viajes por el extranjero, entre ellos el que le trajo a España junto con Bresson y Capa. Con todo el material recogido publicó en 1955 *Guerre à la Tristesse*. Contiene 54 **fotografías** de los **Sanfermines**, en las que retrata el ambiente callejero, las comparsas de gigantes y cabezudos, los encierros, las corridas y los rituales de los toreros.

1955 – Morath. Calle Eslava, mozos y quintos en Sanfermines.

1955 – ANDRÉ MARTINET

Lingüista y vascólogo francés (1908-1999). Miembro de honor de la Academia de la Lengua Vasca, Martinet que destacó por su aportación al campo de la lingüística general, con interesantes trabajos traducidos a más de veinte idiomas. Lo que realmente nos importa a nosotros es que este lingüista francés fue pionero a la hora de establecer algunos fundamentos sobre el **euskera** que a día de hoy siguen teniendo vigencia. En el libro de 1955, *Economie des changements phonétiques. Traité de phonologie diachronique*, editado en Berna, publica el artículo *La reconstruction structurale. Les occlusives du basque*, en el que sienta las bases de la reconstrucción del protovasco. En su estudio *Structures en con-*

tact: le développement des sifflantes en espagnol, demuestra por primera vez la influencia que el euskera tuvo sobre los cambios fonéticos que se gestaron en el castellano al cerrarse la Edad Media. En 1980 escribe para el Congreso Internacional de la Lengua Vasca las ponencias *De la sonorisation des occlusives initiales en basque* y *La phonologie synchronique et diachronique du basque*. Su relación con la cultura vasca fue muy estrecha y es también el responsable de que lingüistas vascos salieran del ámbito local en el que se movían e impartieran clases en la universidad parisina de la Sorbona.

1955 – VIVIAN ROWE

Escritor inglés. Escribió una veintena de relatos de viajes que realizaba por Europa. En 1955 editó en Londres *The Basque Country*, una narración de su experiencia sobre el País Vasco (*Eskualherria*), con fotografías y un mapa con las **siete provincias** en las guardas. Comienza diciendo que "el País Vasco es el hogar del pueblo más misterioso de Europa, aunque ello no sea a primera vista aparente". Los vascos no acarrean con ellos, dice, ningún aura de misterio, sino que son "buenos trabajadores, frugales, aficionados a muchos deportes, a cantar y a bailar". Afirma que Baiona es la puerta de entrada al país de los *Eskualdunak*, aunque no sea realmente una "ciudad vasca", sino más bien cosmopolita. Rowe nos va introduciendo, poco a poco, en el trayecto que, partiendo de la capital labortana, recorre el País Vasco francés. Nos habla de las ***Mascarades***, con sus singulares figuras: *Tcherrero*, *Enseinari*, *Gathuzain*, *Kerestuak*, *Marichala*, *Jauna eta Anderea*, *Laboria eta Etcheko anderea*, *Zamalzain*. "Hay que aceptar que estas danzas vigorosas y únicas son la mayor contribución de los vascos a las artes". Instrumentos como la *tchurula* y el *soïnua* abren paso a las ***Pastorales***, que se representan enteramente por hombres y alguna vez por mujeres. Enumera una larga lista de tradiciones como la esvástica, la laya y la caza de la paloma y otras curiosidades que él denomina *Piperrade*, *Bilçar*, *bertsulari*, *bota*, *Mutchico*, *pottoka*, *frontón* y *calegira*, a las que dedica pequeñas descripciones. Llega después por Orreaga hasta Iruñea ("*whose name in Basque is Irruña or Irrunia*"), una ciudad que, para Rowe, a pesar de su catedral gótica, es una ciudad esencialmente del siglo XVIII. Pretende acercarse hasta las fiestas de **San Fermín**, donde le advierten de que todo está tan ocupado, que hay que compartir cama, una afirmación que se toma con reservas: "El vasco no siempre es inocente de ejercer un poco de humor serio a expensas del extranjero". Después de la vivir las fiestas se acerca hasta Tudela: "Es encantadora, pero no es esencialmente vasca, ya que por raza e idioma es el límite extremo de su tierra", afirma. Discurre por Lizarra, Gasteiz, Durango, Eibar, Azpeitia y toda la costa vasca, desde Donostia hasta Bilbo. "La actitud del hombre vasco hacia la mujer", comenta, "es bastante curiosa. Se observa sobre todo en el caserío vasco, donde la posición de la mujer de la casa es de suprema importancia. Marido, hijos e hijas son gobernados por ella: se le consulta en todos los aspectos. Nada que concierna al funcionamiento de la casa se realiza sin su consentimiento".

1955 – Rowe. Salterio o *soinua.*

1956 – SELMA HUXLEY

Historiadora británica (1927-2020). La trayectoria de esta mujer canadiense de adopción es digna de encomio, al igual que la del primo de su padre, el célebre Aldous Husley. Selma fue una bibliotecaria de Canadá que tuvo acceso a una serie de documentos que hablaban de la **caza de la ballena** por las comunidades vascas en aquellas tierras. Su participación posterior en el proyecto de investigación sobre la fortaleza Louisbourg del siglo XVIII le hizo percibir la enorme presencia que los vascos habían tenido en el desarrollo de la industria ballenera de Canadá. A partir de ahí, sus investigaciones se centraron en descubrir la existencia de una industria ballenera vasca en las costas de **Terranova** a partir del siglo XVI. Llegó a Bilbao en un barco de carga en 1972 con sus cuatro hijos, después de quedar viuda de su marido Brian Barkham, y gracias a una beca privada concedida por un canadiense. Se estableció en **Oñati** durante 20 años. Comenzó entonces a examinar archivos peninsulares a los que apenas se había tenido acceso y que contenían testimonios de aquellos viajes: pólizas de seguros, listas de provisiones, contratos de la tripulación y los documentos civiles originales más antiguos de Canadá, como un testamento y una venta de chalupas. En 1977 recorrió la península de Labrador con la intención de encontrar evidencias materiales que pudieran confirmar lo encontrado en los archivos. Siguiendo las indicaciones que Selma había rastreado en los mapas y cartas marinas, en 1978 un equipo de arqueólogos buceadores (Grenier 1978) descubrió el pecio del galeón San Juan, hundido en 1565 con enormes cantidades de material. Este descubrimiento tuvo una repercusión mundial y actualmente está siendo reconstruido en los astilleros Albaola de Pasaia. La bahía de Red Bay fue declarada Patrimonio de la Humanidad por la Unesco en el 2012. En 1981 Selma recibió la Orden de Canadá. La Asociación de Ikastolas de Bizkaia le hizo un homenaje en el Ibilaldia del 2010 por su labor de promoción del euskera y la cultura vasca.

1956 – ARNALD STEIGER

Romanista suizo (1896-1963). En el cuadernillo 15 de la revista *Vox romanica* de 1956, que él mismo había fundado, Steiger recoge un largo artículo de 15 páginas (*Die baskische Sprache: eine allgemeine Orientierung, La lengua vasca: una orientación general*) en el que comenta que el **euskera** es el resto de un idioma que en su momento dispuso de una extensión bastante más grande que la actual, pero que de ningún modo habría ocupado toda la fachada atlántica como muchos presuponen. Se muestra cauteloso y la falta de un conocimiento más profundo sobre el idioma le impide decantarse por ninguna teoría. La toponimia, comenta, aporta una importante fuente de arcaísmo que aún está poco estudiada y que se extiende incluso hasta Cerdeña. El artículo es una pequeña introducción a la historia de la lengua vasca, de su estructura y de algunas comparaciones con otros idiomas vecinos de las que ha tomado sus préstamos. Concluye que "si la romanización del euskera todavía no se ha logrado plenamente es a causa de una idiosincrasia profunda ajena a esa mentalidad, de su carácter originariamente mixto de lenguas y de su larga evolución lingüística, en el curso de la cual los nuevos elementos no han desplazado ni sustituido a los antiguos. Solo así ha podido resistir el euskera la superioridad cultural de las lenguas romances vecinas durante siglos [*Nur so bleibt das Baskische fähig, der kulturellen Überlegenheit der romanischen Nachbarsprachen seit Jahrhunderten zu widerstehen*]". También en 1956 publica en la revista *Atlantis* un artículo titulado *Die Basken*.

1957 – SÁNCHEZ-ALBORNOZ:

"Los vascones vasconizan la depresión vasca".

1957 – CLAUDIO SÁNCHEZ-ALBORNOZ

Historiador y político español (1893-1984). Como político fue nombrado ministro durante la Segunda República y acabó siendo presidente del Gobierno en el exilio entre los años 1962 y 1971. Desde su perspectiva ideológica apoyó siempre la defensa de las autonomías, al aceptar el doble hecho de la variedad y de la unidad española. No regresó a España hasta 1976, a raíz de la muerte de Franco. Pero la faceta en donde más reconocimiento obtuvo fue la historia, ya que reveló un talento innato para los estudios. Después de que Gómez-Moreno (1925) expusiera por primera vez la tesis de la **vasconización tardía**, Sánchez-Albornoz se destapó como unos de sus mayores promotores. En su libro de 1972 *Orígenes de la nación española* aparece un apéndice de nombre *Los vascones vasconizan la depresión vasca*, en el que contempla ya la vasconización de Euskadi. En el de 1973, *España, un enigma histórico*, expone de la siguiente manera la entrada de los vascones en el territorio actual de Euskadi: "Al entrar en Euzcadi empujaron hacia Castilla a una parte de los várdulos y caristios; algunos se acogieron a los montes –los moradores de Tulonio, ciudad de la llanada de Álava, se refugiaron en la sierra a que dieron nombre– y los que permanecieron en sus antiguas sedes fueron inundados de vasquismo. Como cada tribu hispana al aceptar el latín creó su propio dialecto romance –donde esos dialectos se han conservado hasta hoy, como ocurre en el norte de España, las fronteras dialectales marcan las lindes de las viejas tribus primitivas–, así las tribus vascongadas a partir del siglo V crearon asimismo sus propios dialectos del vasco, también conservados hasta nuestros días". En 1985 publica la obra *Orígenes de la Nación Española. El Reino de Asturias*, en la que continúa insistiendo sobre la idea: "Los vascones se lanzaron a la conquista de la depresión vasca hacia el siglo V. [...] Sobran datos geográficos, toponímicos, lingüísticos, sociales de esa entrada y de la colonización de la Euzkadi de hoy por los vascones". En 1984 publica *Orígenes y destino de Navarra. Trayectoria histórica de Vasconia*, obra en la que asegura que los movimientos bagáudicos que tuvieron lugar en el siglo V y a los que hace directamente responsables a los vascones implican también la expansión de la lengua vasca hacia territorios nuevos.

1957 – ROBERT LAXALT

Escritor estadounidense (1923-2001). De familia de origen vasco, Laxalt es el autor de una extensa obra literaria en la que destaca el libro de 1957 *Sweet Promised Land* (*Dulce tierra prometida*), relato basado en la historia de su padre vasco que ejerció de pastor durante 47 años en las montañas de Nevada. Es el autor también de la prestigiosa novela *A cup of tee in Pamplona*, nominada al **Premio Pulitzer** en la categoría de ficción en 1985. Laxalt fue el impulsor del Centro de Estudios Vascos de la Universidad de Nevada y colaborador para temas vascos de la prestigiosa revista ***National Geographic*** (1922), con la que llegó a publicar tres artículos: *Centinelas solitarios del Oeste americano* (1966), un reportaje sobre los pastores vascos y la lengua vasca; *Land of the Ancient Basques* (1968), un artículo de 37 páginas sobre el pueblo vasco; y *The Enduring Pyrenees* (1974), un recorrido por los Pirineos, desde Catalunya hasta Euskal Herria.

1957 – Laxalt. Mapa de Euskal Herria de la edición de *National Geographic* (1922) de 1968.

1958 – HUBERT KNAPP

Documentalista francés (1924-1995). Decía Knapp que la memoria viva y la cultura oral eran el tesoro más preciado, *“notre Titanic, notre gisement aurifère le plus précieux, notre monument en péril”*. En 1958 Knapp se adentra en el rincón más recóndito del territorio vasco para producir un **documental** de 27 minutos titulado *Croquis en Soule*, en el que retrata con su cámara la vida y las costumbres diarias de los habitantes de **Zuberoa**. Su sensibilidad y su capacidad para encontrar los momentos más íntimos de la vida de estos campesinos le lleva a asistir al ensayo nocturno y secreto de unos pastores que danzan descalzos, con una plasticidad natural, sobre la paja de un establo de vacas. Dirigió además ese mismo año otro documental llamado *Le Curé basque de Greciette* que muestra unas bellas imágenes de fandangos.

1958 – Knapp. Pastores vascos ensayando un baile en un establo.

1958 – PAULETTE MARQUER

Antropóloga francesa (1920-?). En 1958 publica en el *Bulletin de la Société d’Anthropologie* un extenso artículo de 45 páginas de nombre *Les crânes basques de Zaraus (Espagne) et de Saint-Jean-de-Luz (France)* y en 1963 presenta su tesis doctoral *Contribution a l’étude anthropologique du peuple basque et au problème des ses origines raciales*. Las tesis de Marquer están basadas en los estudios **craneológicos** de la población vasca asentada a ambos lados de la vertiente pirenaica y en ambos trabajos pone en tela de juicio las teorías esgrimidas por importantes científicos del siglo XIX como Broca (1863), Collignon (1895) y Aranzadi. Reconocido por su sempiterno aislamiento, el País Vasco, comenta, “siempre ha sido la vía de paso preferida de migraciones e invasiones: un área de contacto muy sensible favorable al intercambio comercial y a las influencias culturales y mezclas raciales. Y, sin embargo, los vascos de hoy, cuyos representantes se encuentran en España, en Guipúzcoa, parte de Vizcaya y Navarra, y en Francia en los tres ‘países’ del Labort, Sola y Baja Navarra, constituyen una de esas pequeñas minorías que deben su vitalidad y el interés en ellos, no a su importancia numérica, sino a la conservación de las características físicas y la permanencia de sus instituciones: se distinguen de sus vecinos inmediatos tanto desde un punto de vista estrictamente etnográfico y lingüístico como antropológico. Y hasta donde podemos llegar, estamos buscando en vano a quién atarlas”. Su conclusión es tajante: “En el estado actual de nuestros conocimientos craneométricos de los vascos antiguos y actuales, no parece que podamos identificar con precisión un conjunto de caracteres que les dé un lugar concreto en la nomenclatura racial europea”. Es más, los vascoespañoles encajan dermatoglíficamente (según los estudios de manos y pies) más bien entre las poblaciones de Portugal y España, y existen diferencias perceptibles con los italianos y otras muestras del Mediterráneo.

1958 – Marquer. Extensión del euskera según el mapa lingüístico de Meillet y Cohen de 1952.

1958 – LEZAMA LIMA:

"Tanto Borges como Cortázar son de raíz vasca. Esto es muy importante para determinar ciertas maneras de su lenguaje, de sus recursos verbales".

1958 – JOSÉ LEZAMA LIMA

Escritor y pensador cubano (1910-1976). Ángel Gaztelu Gorriti (Gares, 1914-Miami, 2003) fue un navarro de Puente la Reina-Gares de buena cuna que emigró a Cuba, donde se ordenó sacerdote y se hizo un nombre como poeta e historiador. El mismo Juan Ramón Jiménez incluyó sus poemas en una antología de poesía cubana. El escritor cubano Lezama Lima se sintió desde un principio especialmente vinculado a Ángel Gaztelu, y lo acompañó en publicaciones que este fue fundando, entre otras el grupo literario *Orígenes* o la revista *Nadie parecía*. Debido a los orígenes vascos de ambos, en un artículo del 9 de abril de 1958 comenta Lezama Lima que juegan con la idea de que escuchan en su interior, aunque escriban en castellano, "el otro idioma, el **vascuence** de sus ancestros". El recurso de ese idioma ancestral que late en el interior de los escritores latinoamericanos de ascendencia vasca lo vuelve a revelar en una conferencia que se recoge en el n.º 11 del semanario uruguayo *Jaque* del 17-24 de febrero de 1984. Hablando del tipo de novela wagneriana que se había impuesto con Joyce, Proust, Mann y Hesse, Lezama Lima comenta que Julio Cortázar lo ataca de manera antitética y propone "el cultivo de lo insignificante". Es entonces cuando el gran pensador cubano señala: "Pero quisiera subrayar más otro tipo de observación. Tanto Borges como Cortázar son de raíz vasca. Esto es muy importante para determinar ciertas maneras de su lenguaje, de sus recursos verbales. Es decir, en el vasco –no olviden el caso de Unamuno, por ejemplo– parece siempre que hay como otro idioma en su interior, un idioma que no es el que toma sus canales y logra acercarse. El vasco siempre parece que tiene un idioma ancestral, en la lejanía, un idioma madre".

1958 – NINETTE DE VALOIS:

"La danza vasca ha sido, seguramente, una de las fuentes de inspiración que ha dado forma al ballet clásico".

1958 – NINETTE DE VALOIS

Coreógrafa y bailarina irlandesa (1898-2001). La que fuera cofundadora del Royal Ballet (Ballet Nacional Inglés) descubrió la gran cantidad de pasos de origen vasco que se encontraban recogidos en los diccionarios de **danza clásica**: "Todo el mundo sabe cuánto le debemos a las danzas vascas, porque la danza vasca ha sido, seguramente, una de las fuentes de inspiración que ha dado forma al ballet clásico". Convencida del sentido y capacidad de los vascos para la danza, convirtió a un zarauztarra, Fermin Aldabaldetreku, *Pirmin Treku*, en primer bailarín del Royal Ballet.

1959 – Groth-Schmachtenberger. *Gasse in Lequeitio, Baskenland* (Callejón en Lekeitio, País Vasco).

1959 – ERIKA GROTH-SCHMACHTENBERGER

Fotógrafa alemana (1906-1992). De 1932 a 1974 trabajó como **fotoperiodista** *freelance* para distintos medios escritos. Viajó a lo largo de toda Europa, fijando su mirada en aspectos como el paisaje, la artesanía y las tradiciones. En 1959 pasó por **Lekeitio** para plasmar el ambiente de su puerto viejo. En la Universitätsbibliothek de Augsburgo se conservan 14 fotografías de su estancia en la villa.

1959 – Krier/Bergeret. *Garazi.*

1959 – JACQUES KRIER Y JEAN-CLAUDE BERGERET

Directores de cine franceses (1927-2008 y 1927-?). Ambos realizaron producciones para la televisión francesa que les aportaron bastante notoriedad, sobre todo a raíz de una serie que descubría rincones perdidos de Francia. En 1959 realizaron el **cortometraje** de 26 minutos ***Garazi***, que refleja formas de vida prácticamente desaparecidas de los pastores vascos de alta montaña. Para ello ascendieron al collado de Arnostegi, cerca de Eiheralar, y rodaron en la borda de Ellande Etchehandy. Mostraron el sencillo modo de vida de aquellos pastores, además de imágenes que nos trasmiten su soledad, el complejo lenguaje por medio del *irrintzi* y el mercado semanal del pueblo de Garazi.

1961 – HUGH THOMAS

Historiador e hispanista británico (1931-2017). Durante los trabajos de investigaciones de este importante historiador hispanista hay, ante todo, dos personalidades vascas que le llaman la atención: la líder comunista Dolores Ibárruri y el tratante de esclavos Julián Zulueta. En 1961 publicó *The Spanish Civil War*, el primer gran relato general escrito sobre la guerra (publicado en París en 1962 por Éditions Ruedo Ibérico bajo el título *Historia de la guerra civil española*). En el capítulo 35 defiende la postura republicana del bombardeo de Gernika por la aviación alemana, que cumplía con las amenazas de Mola, y cifra el número de víctimas en 1654 (dadas por las autoridades republicanas). En la edición de 1976 revisa la cifra a la baja: "murieron muchas personas, tal vez mil". No encuentra una razón especial para el ataque, ya que, según dice, ni los alemanes sabían de la importancia de la villa para los vascos ni los franquistas se esperaban un ataque aéreo tan horripilante. A un conservador declarado como Thomas le llama la atención la figura de la **Pasionaria**: "Iba de pueblo en pueblo por el País Vasco (según una versión), vendiendo sardinas que llevaba en una gran cesta sobre la cabeza. Pero Dolores la Sardinera se casó con un minero de Asturias, uno de los oscuros fundadores del Partido Socialista en el norte de España. Se acumularon las tragedias personales –tres de sus hijas murieron siendo niñas– en un duro ambiente de lucha. [...] Las derechas habían propalado el rumor de que una vez había cortado la garganta a un cura con sus propios dientes. [...] Sin embargo, era una mujer sencilla, directa y enérgica que había estado muchas veces en la cárcel –en tres ocasiones durante la República"–. "La Pasionaria también representaba la idea del sexo femenino revolucionario, una fuerza poderosa en un país que había concedido a la Virgen un puesto especial en la religión". Comenta también el laboratorio en el que habían convertido el pueblo de **Gernika** para que los alemanes pudieran probar sus bombarderos y sus bombas incendiarias: *"The Germans, furthermore, were interested in testing the effectiveness of the new Heinkel*

111, a bomber which had been brought to Spain at the end of march, and also in whether incendiary bombs could have the devastating effect that some experts thought".

1961 – Thomas: *"Las derechas habían propalado el rumor de que [La Pasionaria] una vez había cortado la garganta a un cura con sus propios dientes. [...] Sin embargo, era una mujer sencilla, directa y enérgica que había estado muchas veces en la cárcel".* Foto de Dolores Ibárruri. Fuente: **David Seymour *Chim*** (1937), en Madrid, en 1936, encontrada entre los negativos de *La maleta mexicana*.

En 1997 Thomas publicó un importante libro que es una referencia para todos aquellos que se quieran adentrar en el oscuro mundo de la historia de la **esclavitud**, *La trata de esclavos. Historia del tráfico de seres humanos desde 1440 a 1870*. En el mismo comienzo de la introducción, relata cómo prendió su interés por el mundo del comercio de esclavos, cuando en 1967 conoció la historia de un negrero vasco: "Me interesó especialmente un vasco, **Julián Zulueta**, el último gran negrero de Cuba (si se me permite el adjetivo) y, por tanto, de las Américas, un hombre que comenzó desde muy abajo, comerciando con toda clases de mercancías en La Habana de los años 1830, y que a finales de la década siguiente era un hombre maldito en la mente y en los diarios de a bordo de las patrullas navales británicas que intentaban impedir la trata, pues Zulueta poseía en Cuba sus propias plantaciones de caña de azúcar, a las que llevaba, en rápidos clípers, a menudo construidos en Baltimore, cuatrocientos o quinientos esclavos, directamente desde Cabinda, en la orilla septentrional del río Congo. Como era hombre moderno, Zulueta solía hacer vacunar a sus esclavos antes de que emprendieran el viaje a través del Atlántico, y en la década de 1850 empezó a emplear vapores que podían transportar hasta mil cautivos. Como era católico, hacía bautizar a sus esclavos antes de que abandonaran África". "De la aldea de Barambio en Álava, [...] llegó a Cuba a finales del tercer decenio [del XIX] para trabajar por un tío suyo. [...] Al morir dejó doscientos millones de reales, lo cual le hacía el hombre más rico de España y su imperio, si no se cuenta la riqueza en tierras de las viejas familias de la nobleza andaluza". Son varios los plantadores negreros de café y los mercaderes de esclavos vascos que aparecen en este libro: "Los vascos que en la segunda mitad del siglo XVIII encabezaron la trata española, como Aróstegui y Uriarte, eran comerciantes para quienes la trata era parte importante, pero no predominante de sus negocios". Thomas refiere que la Compañía de Esclavos de Cádiz estaba regentada por un vasco, Miguel de Uriarte, y apoyada por numerosos vascos residentes en la bahía: "Uriarte quería un contrato de diez años para vender esclavos a trescientos pesos por 'pieza' donde a él se le antojara; la estructura de su proyecto era tradicional: de Cádiz zarparían barcos hacia África occidental llenos de mercancías europeas [generalmente armas] que se cambiarían por esclavos". Thomas señala en el capítulo XIV, además, que la **Real Compañía Guipuzcoana** de Caracas (que comerciaba con una cédula real concedida en 1728 a comerciantes vascos por el rey Felipe V), "que ganaba dinero con el transporte de cacao para satisfacer la nueva moda madrileña del chocolate, llevó casi doce mil esclavos al puerto de Caracas entre 1754 y 1765".

1961 – REID:

"Una vez que dejé de intentar reconocer a Euzkadi como parte de Francia o como parte de España, comenzó a parecerme un curioso lugar inconcreto donde nunca podría aplicarse ni el tiempo ni el criterio. [...] Cuanto más tiempo he estado, todo se ha vuelto menos parecido a España".

1961 – ALASTAIR REID

Poeta y académico escocés (1926-2014). Reid fue un traductor de Borges y Neruda que vivió algunas temporadas en España. El 14 de octubre de 1961 publica en la revista *The New Yorker* un artículo de 20 páginas titulado *Letter from Euzkadi* (*Carta desde Euskadi*), en el que hace alusión a las cuatro provincias del norte y los tres distritos franceses como *"the seven provinces of Euzkadi"*. Reid nos cuenta que al entrar en un bar de **Gernika** se le quedan todos mirando sorprendidos, ya que le confunden con un tal Lorenzo, un amigo que estaba de viaje. "¿Tendré algún antepasado vasco? No lo creo", se dice a sí mismo. Uno de ellos le pregunta si no le ayudaría a ganar una apuesta que había hecho con el dueño del bar. Iba a venir el primo de Lorenzo y quería demostrar hasta qué punto se parecían: "Me dijo que me sentara en una silla situada frente a la puerta, que me quitara la corbata y me pusiera su boina". Al entrar el primo, le grita: "¡Lorenzo! ¡Qué pronto has llegado!". Hay que reconocer que, efectivamente, Reid tiene aspecto de aldeano vasco, pero también es verdad que algunos críticos han tachado a veces sus artículos de fantasiosos. La cuadrilla de la taberna le narra con detalle el bombardeo de Gernika, el vuelo rasante de los bombarderos y las bombas incendiarias. Comenta sobre Gernika que su nombre "reverbera de manera familiar gracias a la intercesión del cuadro de Picasso, aunque Picasso solo hubiera querido subrayar la infamia de la aniquilación total de la ciudad por los bombarderos alemanes durante la Guerra Civil española". Más allá de todo ello, añade, Guernica tiene una gran importancia; "una importancia, de hecho, por la que fue elegida para su aniquilación. Fue y es la capital simbólica de la raza vasca". Los vascos, señala Reid, son recordados por sus cualidades de responsabilidad e independencia: "Son todo menos taciturnos. [...] Sus convicciones, creo yo, son profundas y firmes, siempre ocultas bajo la superficie y quedando en su mayoría implícitas. Su humor aflora de manera salvaje". "Se nos toma por españoles", le comentan, "pero todavía trabajamos y vivimos según nuestra propia forma de vida; cuanto más nos acosan desde fuera, más vascos nos volvemos [*the more they plague us from the outside, the more basque we become*]".

La razón principal del odio que Franco siente hacia los vascos la contempla Reid en que, si no fuera por ellos, su pizarra "se vería mucho más limpia de lo que está". La cruzada que quería imponer no tenía sentido en un país tan creyente. En mayo de 1960 342 sacerdotes vascos denuncian al régimen los "continuos encarcelamientos políticos sin juicios, la represión de la verdad y la información y la censura de la palabra escrita"; Reid deduce que una denuncia tan contundente tenía que haber dolido no solo al general sino también a la Iglesia. El autor afirma que en un principio no estaba dispuesto a tomar el nacionalismo vasco como algo serio, "ya que, en la discusión, sorprendía a menudo en el gesto de mis amigos vascos la misma expresión melancólica y lejana que estaba acostumbrado a ver en Escocia, y también porque la historia nos enseña que los vascos han sido, por lo general, nacionalistas más defensivos que agresivos. Pero ahora, sin embargo, he cambiado de opinión".

Un día se encuentra en una casa en **Bilbao**, que describe como una ciudad "memorablemente fea, estrecha, sucia y desorganizada, pero después de haber pasado un tiempo en ella, la fealdad da paso a una sensación de fortaleza pura, una especie de corriente subterránea que rebosa un vigor musculoso". En la reunión de *influential Basques* un amigo le advierte, mirando desde su ventana: "Si no fuéramos vascos, seríamos comunistas, porque todo lo que ves, y no ves, entre Bilbao y el mar es una injusticia grotesca: acerías, astilleros, fábricas propiedad de un puñado de personas, sus ridículas mansiones ocupadas durante unas pocas semanas al año y los trabajadores hacinados en viviendas lúgubres, subempleados, desesperados. [...] Somos muy conscientes del poder que tenemos y del miedo que nos tiene Franco. Cuando llegue su momento, estaremos preparados". Reid concluye diciendo que "en verdad no son tan nacionalistas o separatistas como localistas. [...] Una vez que dejé de intentar reconocer a Euzkadi como parte de Francia o como parte de España, comenzó a parecerme un curioso lugar inconcreto donde nunca podría aplicarse ni el tiempo ni el criterio. [...] Cuanto más tiempo he estado, todo se ha vuelto menos parecido a España [*The longer I have stayed, the less like Spain it has all become*]".

1961 – VICENTE TALÓN ORTIZ

Periodista valenciano (1936). Después de que se hubiera casado con una vizcaína y trabajara ya como redactor para el periódico *El Correo Español*, Talón comienza a viajar a **Gernika** en 1961, donde escucha los primeros relatos de testigos que vivieron el bombardeo. Con el tiempo reconoce haber "entrevistado a docenas de personas, leído infinidad de libros y documentos, recogido toda clase de información", encuadrando el tema "dentro de una perspectiva lo más desapasionada posible". Para publicar su posterior libro de 1970 *Arde Guernica*, en el que niega la versión franquista de los hechos, Talón se encuentra ante la difícil tarea de tener que sortear la censura. El historiador De la Cierva (1970) es el protector que le avala. Para ello plantea una introducción en la que asegura que "las peculiaridades vascas siempre se mostraron perfectamente compatibles con el destino unitario de España". Asegura que el arrepentimiento tardío de Sabino Arana y la dimensión que cobra el término de *Hispanidad* gracias a los vascos no quita que, en el momento crítico del levantamiento, escojan la opción más aventurada que se podía contemplar: posicionarse con la República. El *Informe Herrán* (en inglés *Guernica. The Official Report*) y De la Cierva habían defendido, entre otros autores, los argumentos nacionales que abogaban por una destrucción de la villa foral por parte de los dinamiteros vascos y asturianos, como ya había ocurrido en Irun. Dice Talón que el hecho de retirarse sin haber volado el puente de Rentería y las fábricas de armas es razón suficiente para dudar de esta versión. La documentación que maneja Talón, de corresponsales como Steer (1937), que se había posicionado con los nacionalistas vascos y a quien dedica 25 páginas de dura crítica, o Monks (1937), y los testigos que entrevista (Félix Elzo conduce al general Cabanellas a contemplar *in situ* una bomba sin explotar) aportan evidencias suficientes para pensar en un bombardeo. Afirma que Gernika era un objetivo militar, con sus ocho batallones y una industria armamentística importante: "La tesis de que un bombardeo tenía razones fundamentales sobre las que estructurarse se ha impuesto por completo", afirma, citando a Thomas (1961). De hecho, dice, se estaba sobre aviso y se había suspendido el mercado de los lunes (según Southworth 1975 los testigos desmienten este hecho). Para Talón, el ataque se ejecutó en tres fases: primero bombas ordinarias, después bombas incendiarias y por último el ametrallamiento de la población. Aunque sí que reconoce que el raid se prolongó durante tres horas largas, señala que "nadie coloca por encima de las doscientas el número de vidas perdidas", a pesar de que los primeros informes del Gobierno Vasco hubieran hablado de cerca de dos mil (Leizaola, consejero de Justicia del Gobierno Vasco, precisó en un discurso emitido por Radio Euzkadi el 4 de mayo de 1937 la cifra de 590 heridos de Gernika que murieron en los hospitales de Bilbao y a los que Talón no hace alusión).

Los nacionales entran en Gernika cuatro días después del bombardeo y la villa permanece vacía y en llamas. Es entonces cuando se tienen que enfrentar a la verdad de los hechos. En algunos casos, comenta, les causa verdadero estupor. Nos remite al navarro Jaime del Burgo diciendo que cuando el coronal Juan Bautista Sánchez "afirmó que participaba de nuestros sentimientos y que el general Mola estaba furioso, es que el bombardeo fue de la exclusiva iniciativa de la aviación alemana, que nos hizo un flaco favor". Según Talón, Mola, que estaba al mando del Ejército del Norte, habría quedado al margen de la decisión: "Guernica fue destruida por aviones alemanes que recibían órdenes directas de Berlín y que al cumplir su agresión violaron, gravísimamente, la lealtad jurada al Gobierno de Salamanca". Southworth desestima esta versión y sopesa que absolver a los militares rebeldes fue una buena razón para eludir la censura. Gracias al *Guernica* de Picasso, la villa, asegura Talón, "constituye un modelo único de publicidad política bien llevada, aunque tal vez nadie, ni tan siquiera quienes tendieron las bases del mito, pudieran imaginarse el éxito enorme que esperaba a su campaña" (según Southworth, el eco mediático precedió al cuadro de Picasso). "Sobre Guernica, según se ha dicho, han caído más toneladas de tinta que de bombas. Y es una gran verdad" (quizá habría sido más adecuado decir que han caído más toneladas de mentiras que de bombas, porque si no, da la impresión de que se menosprecia a las víctimas). Añadir dos apuntes que Xabier Irujo deja anotados en su libro de 2017 *Gernika: 26 de abril de 1937*: se tardaron cuatro años en desescombrar Gernika y perdieron la vida más de dos mil personas. Es importante, de cualquier manera, ese primer esfuerzo realizado por Talón para buscar la verdad sobre lo ocurrido en Gernika.

1961 – ALLIÈRES:

"El status más natural de las lenguas es el status dialectal".

1961 – JACQUES ALLIÈRES

Romanista y vascólogo francés (1929-2000). Filólogo de origen vasco nacido en Toulouse, Allières estuvo dando clases en un liceo de Baiona antes de ocupar definitivamente un puesto de profesor en la Universidad de Toulouse. Poseyó un amplio conocimiento de lenguas, y se interesó por el euskera ya desde su juventud. En 1961 publicó un *Petit* atlas linguistique *basque français* que fue inmediatamente señalado por Mitxelena como modélico: "Reúne en sí", comenta, "dos competencias que pocas veces se dan juntas en los lingüistas actuales: una buena experiencia del trabajo de campo, de la encuesta dialectológica, y un dominio, teórico y práctico, de la lengua vasca hablada y escrita del que soy testigo de excepción". Allières había sabido aplicar al caso concreto de la lengua vasca la experiencia que había adquirido realizando el atlas lingüístico de Gascuña. Este **vascólogo** fue siempre muy consciente de la importancia de los **dialectos** vascos y del espacio que estos debían conservar en sus respectivos territorios, y afirmaba "que el status más natural de las lenguas es el status dialectal", que era perfectamente compatible con la adopción de una norma literaria común, pero nunca con la "unificación por imposición". En 1977 publicó una monografía, *Les Basques*, en la que dedica un capítulo al porvenir de los dialectos vascos, en el que asegura que el euskera batua podría llegar a detener el retroceso de la lengua, pero en detrimento de los dialectos. En 1984 le nombraron miembro honorario de Euskaltzaindia.

1962 – HELLMUTH GÜNTHER DAHMS

Historiador alemán (1918-2010). Dahms ya había publicado en 1962 *Der spanische Bürgerkrieg*, un libro que sería publicado en España en 1966 con el título de *La guerra española de 1936* y en el que se esforzaba en minimizar las responsabilidades alemanas durante el conflicto, aunque reconocía la participación de la Luftwaffe alemana en el ataque a **Gernika** ("*Vernichtende Bombenangriffe del 'Legion Condor' (Sperrle), trafen Guernica, Durango und Amorebieta, wo die Zivilbevölkerung schwere Verluste erlitt*"). En la traducción española, curiosamente, se añade a la **Legión Cóndor** "el grupo de combate nacional (González Gallarza)". Es uno de los primeros libros de la España franquista donde el lector puede enterarse de que Gernika fue bombardeada por aviones. Dahms acepta incluso la cifra de muertos de Thomas (1961) de 1654, aunque todavía, ignorando el hecho de las bombas incendiarias que pudieron destrozarlo todo, achaca los incendios a los dinamiteros republicanos. Años después, en el cuaderno número 5 de 1992 de la revista de historia alemana *Damals* (*Entonces*) dedica la portada y su artículo central al pueblo vasco, con un título que parece sugerir un estudio etnológico (con términos mal escritos, *Txistuk*, *Aurrasku*, *Sorzio*...), pero que después no se concreta: *Wege und Irrwege der Basken. Stamm? Volk? Nation?* (*Caminos correctos e incorrectos de los vascos. ¿Tribu? ¿Pueblo? ¿Nación?*). Aunque el artículo muestra un mapa de *Das Baskenland* con las siete provincias, el texto se centra casi exclusivamente en narrar la crónica histórica de la comunidad de Euskadi. Cuenta que la historia de los vascos durante la Edad Media parte de una situación de tribalidad y paganismo que fue absorbida en la órbita de la corona de Castilla. Todo se complicó en el siglo XIX cuando el País Vasco "se convirtió en una región relativamente próspera", mientras Castilla quedaba netamente rezagada. Las guerras carlistas son la consecuencia del conflicto, que más tarde se resume en un movimiento nacionalista emergente. Es sintomático el sesgo político que denota el artículo en el trato que recibe el golpe militar de 1936. Habla de las ejecuciones sumariales de Bilbao por parte de las tropas de izquierdas, y por otro lado contempla a Gernika y Durango como "importantes posiciones" del "campo de batalla". En su libro de 1966 Dahms ya apuntaba que la villa formaba parte de la retaguardia del frente vasco, que había tropas dispuestas para la lucha y fábricas de armas y que era por tanto un objetivo que no se podía pasar por alto. En la revista añade, además, que Euskadi aprovechó el bombardeo como motivo para una "campaña de propaganda". La dictadura franquista la resume, en cambio, con un escueto "purgas [*Säuberungen*] en la política y la administración" de un régimen "autoritario". Para las primeras acciones de la recién creada organización ETA que culminaron con la muerte de Carrero Blanco utiliza, sin embargo, términos bastante menos amables: *Attentat* y *Terroristen*.

1962 – Dahms: *Caminos correctos e incorrectos de los vascos. ¿Tribu? ¿Pueblo? ¿Nación?,* revista de 1992.

1963 – MANUEL ALVAR

Etnolingüista español (1923-2001). Este catedrático es famoso por sus trabajos de campo que fueron publicados en su ***Atlas** Lingüístico y Etnográfico*, cuyos tomos I al IX de 1979 están dedicados a Nafarroa, Aragón y La Rioja. En la obra se recoge información de los nombres de más de mil elementos de los distintos ámbitos de la cultura popular (animales, plantas, aperos, ropa, comida...). Alvar expone en láminas, cada una de las cuales representa un mapa en el que se recogen las variantes léxicas y fonéticas de más de mil objetos o conceptos, en todos y cada uno de los 125 pueblos encuestados en las tres comunidades. De esta manera resulta muy fácil seguir el rastro y la extensión de un vocablo concreto. Las encuestas de Nafarroa se realizaron entre los años 1964 y 1968 por sus colaboradores, el oscense Tomás Buesa y el salmantino Antonio Llorente. En muchos casos las **voces vascas** trazan una línea que recorre la Zona Media de Nafarroa, pero que alcanza a menudo más allá de las fronteras, hasta las comunidades limítrofes de Aragón y La Rioja. En su obra *El dialecto riojano*, publicada en 1969, Alvar afirma: "En los documentos riojanos -por ejemplo- los tratamientos de respeto son con frecuencia de origen vasco. Se repiten hasta la saciedad eita (aita 'padre') y ander(a) 'señora'". Y de manera más categórica: "Hace mil años, todo el occidente de la Provincia de **Logroño** no hablaba romance". O sea, hablaba euskera.

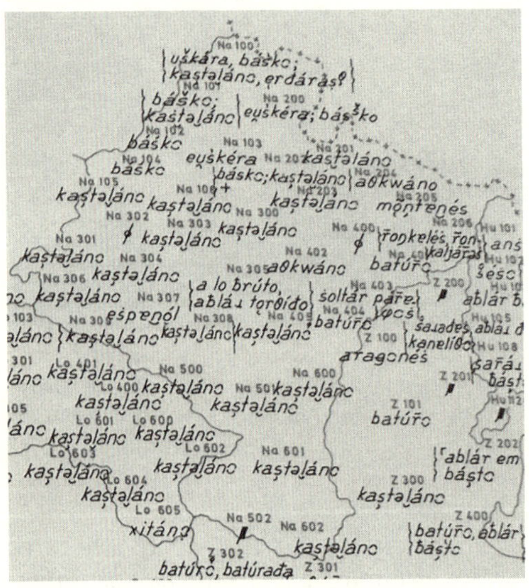

1963 – Alvar: *"Hace mil años, todo el occidente de la Provincia de **Logroño** no hablaba romance"*. En la lámina 5, *Nombre del habla local*, los informantes navarros dicen hablar en 1968 más baturro que español.

1963 – DAN GRENHOLM Y LENNART OLSON

Cineastas suecos. En enero de 1963 estos dos realizadores visitaron Euskal Herria para rodar dos **documentales**, *Basker* (24 min.) y *Bonde i Baskerland* (*Granjeros y País Vasco*, 17 min.), que fueron estrenados en la televisión pública sueca, Sveriges Radio TV. El documental es de carácter etnográfico y muestra la imagen más típicamente representativa de los vascos y las vascas, con escenas de la vida diaria en el caserío que ofrecen bellas estampas sobre algunos de los símbolos de nuestra cultura tradicional: *alboka, txalaparta, aurresku, talo, harrijasotzaile, bertsolari, laya...* Como curiosidades se pueden mencionar las tomas dedicadas al etnógrafo **Barandiaran**, que observa atentamente algunas de las acciones en Ataun, y los ritmos del dúo formado por **Maurizia Aldeiturriaga** a la pandereta y su marido **Venancio Bernaola**, que interpretan una jota en castellano en la cocina de su caserío en Elixabiti (Artea, Bizkaia).

1963 – WILLIAMS ANTHONY DOUGLASS

Antropólogo americano (1939). Nacido en el mismo Reno, Nevada, este reconocido antropólogo, miembro de la American Anthropological Association, fue el creador, en 1967, del Programa de Estudios Vascos de la **Universidad de Nevada**, de la que es profesor emérito y que ha promovido la publicación de gran cantidad de trabajos de temática vasca, muchos de ellos escritos de manera colectiva por reconocidos miembros de este centro como Robert Laxalt (1957), Stanley G. Payne (1974), Robert P. Clark (1979), etc. Ya desde 1963 anduvo ocupado con sus trabajos de campo por la zona de Etxalar (Nafarroa) y Aulesti (Bizkaia), además de con las comunidades de pastores vascos que se instalaron en la zona de Reno. Parte de esa información recogida la haría pública en 1969 bajo el título de *Death in **Murelaga**: the social significance of funerary ritual in a Spanish Basque village* (*Muerte en Murelaga. El significado social del ritual funerario en un pueblo vasco-español*). Una importante aportación a la antropología vasca ha sido su libro *Amerikanuak: the Basques of the New World* (*Amerikanuak: vascos en el Nuevo Mundo*, junto con Jon Bilbao, 1975, con una excelente bibliografía). Tras la llegada de los vascos a **California** a rebufo de la fiebre del oro surgida en 1849, hacia 1865 se comenzaron a hacer convenios contractuales entre rancheros y **pastores** itinerantes de ovejas vascos, de tal manera que estos se quedaban con una parte de los corderos en concepto de pago, estando, en unos cinco años, en condiciones de poseer su propio rebaño de unas dos mil ovejas. Entonces o vendían y volvían, o se establecían comprando terrenos o creando cultivos de cereales y cítricos. El modo de vida del pastor vasco era radicalmente opuesto al de los americanos, por lo que despertaba en ciertos ambientes un sentimiento antivasco, ya que lo contemplaban como "un nómada, un usurpador, un posible intruso y ajeno a los asuntos sociales" que actuaba con codicia y esquilmaba el terreno. Eran, sin embargo, también muchos los que admiraban sus maneras: "El vasco es generalmente un individuo de una inteligencia más que común, dotado de una perspicaz habilidad para los negocios, y suele ser próspero. Son, por lo general, ciudadanos respetuosos con las leyes, serios y cumplidores", comentaba un articulista en un diario de 1913. La editorial del 17 de junio de 1913 del periódico *National Miner* de Nevada aseguraba que estas acusaciones son "crueles, injustas e insostenibles; [...] son siempre austeros, emprendedores y prudentes". Como comenta Douglass, su contribución era, no obstante, fundamental, ya que era muy difícil encontrar americanos que trabajaran en aquellas condiciones. Soledad, depredadores, enfermedades, tormentas de nieve y accidentes ponían a prueba la salud mental de aquellos intrépidos que muchas veces terminaban suicidándose. La legislación cada vez más restrictiva para pastorear en las reservas forestales hizo que hacia 1930 se convirtieran en pastores sedentarios y que con ello se pusiera fin a una época.

El libro ***Australianuak*** (2019) de Douglass es también una valiosa contribución al estudio de la diáspora vasca en el continente australiano desde finales del siglo XVIII hasta el presente. En 1972 publica para la revista *ScholarWorks* de la Universidad de Massachusetts, junto con Milton da Silva (1972), un trabajo de 40 páginas sobre el **nacionalismo** vasco (*Basque Nationalism*). En el ensayo admiten en cierta manera toda la teorización científica sobre el nacionalismo étnico que dice que este se manifiesta en dos casos concretos, por medio de las carencias económicas (*economic deprivation*) o por el aislamiento físico o conceptual (*isolated either physically or conceptually*). Estiman, sin embargo, que en el caso vascoespañol "el movimiento hizo su aparición entre un grupo económicamente privilegiado. [...] El movimiento ha atraído a sus líderes de las clases urbanas educadas y del clero, personas que en virtud de su formación intelectual deberían ser precisamente las más propensas a tener una visión cosmopolita del mundo y a sostener valores universalistas". "No negaríamos que la mayor industrialización, la inmigración de no vascos al área vasca y la difusión de los medios de comunicación plantean serios desafíos a la futura viabilidad del movimiento nacionalista vasco".

1963 – Douglass. *"Pastor en el sur de Idaho junto a su carromato. [...] Los coyotes constituían la mayor amenaza para los rebaños y la venta ocasional de las pieles de aquellos proporcionaba al pastor unos ingresos adicionales".*

1963 – HANS GÜNTHER MUKAROVSKY

Antropólogo y africanista austriaco (1922-1992). Fue un profesor de la Universidad de Viena muy implicado con el desarrollo de las lenguas minoritarias. En su obra de 1963 *Die Grundlagen des Ful und das Mauretanische*, que incluye el capítulo III, *Hauptstück: Ful und Baskisch*, explica las singularidades de la lengua fula (del pueblo fulani subsahariano) por la influencia de un *superestrato*, probable antepasado del **bereber**, relacionado con el euskera.

1965 – PAUL SÉRANT

Periodista y escritor francés (1922-2002). Partiendo de unos primeros libros inspirados en cuestiones más bien exotéricas, Sérant pasó a implicarse en la diversidad regional francesa, apoyando la conservación de las culturas regionales, entre ellas la vasca. En 1965 publicó *La France des minorités*, ensayo en el que analiza la situación de las minorías culturales que todavía sobreviven en el Estado francés. En el capítulo IV, de 30 páginas, *Euzkadi et son Mystère*, subraya "el fuerte sentimiento que tienen los vascos de pertenecer a una comunidad separada de todo lo que les rodea, el orgullo con el que mantienen, a pesar de todos los obstáculos, el fuego de sus tradiciones". Como botón de muestra expone la contradicción de que uno de los pueblos más católicos de Europa luchara contra el poder de la Iglesia que apoyaba a Franco. La consecuencia es una guerra que quedó inmortalizada en el *Guernica* de Picasso. Allí, dice, "*1654 personnes furent tuées* [fueron asesinadas]" (una estimación, desde luego, bastante aproximada para el año que corría). Comenta que la presencia en las filas antifranquistas de un pueblo tan católico y tradicionalista como el vasco desorientaba no solo a los europeos y a los propios vascofranceses, sino incluso a los mismos republicanos "que desconfiaron de ellos durante la guerra". Curiosamente, dice, "los círculos oficiales franceses que manifestaban sus simpatías por los vascos implicados en la lucha contra Franco no hacían la menor alusión a las **reivindicaciones** de la minoría vasca perteneciente al dominio de la República francesa". Estos siempre aceptaron de mala gana "los aspectos de la política nacional francesa que contradecían sus propias tradiciones", razón por la que emigraron.

Dedica Sérant una especial atención al dinamismo de la cultura vasca que promovían figuras como M. Etchamendy o el abogado lapurtarra Maurice Abeberry, miembros del movimiento **Enbata** que reclamaba un Estado vasco. El recientemente surgido movimiento de **ETA** (Euzkadi Ta Askatasuna), dice Sérant, "da muestras de una actividad que la represión policial no logra desalentar [*fait preuve d'une activite que la repression policiere ne parvient pas á decourager*]". Tras el acercamiento francoespañol consensuado durante la Quinta República, las autoridades francesas expulsaron entre 1962 y 1964 a varios "militantes vascoespañoles refugiados en el País Vasco francés", desatando "un verdadero escándalo". Sérant recoge las palabras de Abeberry que asegura que es "la primera vez que un tribunal francés juzga al nacionalismo vasco". El autor ofrece también unos rasgos generales sobre la etnia vasca que comprende unos dos millones de personas y "cuyo vigor y combatividad es imposible de negar". "Ni la República francesa ni el Estado autoritario español pudieron evitar el reforzamiento de los lazos entre los vascos de cada país, y el resurgimiento del nacionalismo en el País Vasco francés se explica en gran parte por esta intensificación de los contactos. Es difícilmente imaginable que los dos grandes poderes que son Francia y España se muestren de acuerdo para reconocer a los ciudadanos vascos el **derecho de autodeterminación**". En cuanto a la enseñanza primaria, el pueblo reivindica la posibilidad de que esta se realice principalmente en euskera, una lengua que, aunque "ha perdido en difusión, ha ganado en fervor". Dice primero Sérant, sin acritud, que los vascos separan raramente la lucha por sus objetivos sociales de la lucha por su autonomía, pero, por otro lado, parece echarles en cara que confundan "la causa de la lengua con aquella por la independencia".

1965 – HENNINGSEN:

"Juanes de Arroqui [...] había sido atado con una soga por la cintura y arrojado al río desde un puente" **(según la tradición una bruja no puede hundirse).**

1965 – GUSTAV HENNINGSEN

Historiador y antropólogo danés (1934). Tras numerosos años de investigación entre 1965 y 1972, profundizando en los archivos y rescatando la memoria de todas aquellas personas que fueron acusados de **brujería** por la **Inquisición**, en 1980 publica su tesis doctoral *The Witches' Advocate. Basque Witchcraft and the Spanish Inquisition* (*El abogado de las brujas. Brujería vasca e Inquisición española*, publicado en 1983), un reputado trabajo a nivel internacional que ha sido traducido a diferentes idiomas. Desde su Dinamarca natal, pasó primero a Galicia y recaló después en Madrid, donde descubrió "la documentación del inquisidor Alonso de Salazar y Frías [1613] sobre el mayor proceso de brujería en la Historia. [...] Desde que dicha documentación fuera descubierta y utilizada por el gran historiador y financiero norteamericano Henry Charles Lea [1906] [...] nadie había sido capaz de volver a localizarla. [...] Con sus dos mil acusados y casi cinco mil sospechosos, el proceso de Logroño es uno de los más copiosos que se han conocido hasta ahora", como él mismo explica. Henningsen intenta con su libro situar a la brujería en su contexto histórico y precisar de manera rigurosa lo que allí aconteció.

El libro resalta el nivel de miedo, desconcierto e histeria colectiva de todo el pueblo vasco, que se vio de pronto involucrado en un proceso en el que participaron hasta niños de seis años que eran encerrados en la casa parroquial hasta que delataban a sus vecinos. Salazar toma un importante protagonismo en el libro, y en el año 2000 le dedica otro libro sobre la caza de brujas vascas: *The Salazar documents: Insquisitor Alonso de Salazar Frías and others on the Basque witch persecution*. El inquisidor quiso interceder por las brujas después de haberlas condenado, y para ello escribió un nuevo *Informe al Inquisidor General* que pasaría a la historia por el nivel de denuncia con respecto a la injusticia que se estaba cometiendo con ellas, como explica Henningsen: "Si dicho proceso llama hoy la atención de los investigadores internacionales es debido al sensacional análisis de las causas y los mecanismos de la persecución, realizado por uno de los jueces directamente involucrados". Según el historiador y antropólogo, "Salazar se había dado cuenta que tan pronto se comenzaba a hablar de las brujas, emergían casos de brujería por todas partes. [...] Comprendió, por tanto, que lo que el pueblo necesitaba no eran cruzadas misioneras ni castigos, sino algo totalmente distinto: silencio". Como bien apuntó en el juicio uno de los testigos, por medio de "violencias, inducimientos y extorsiones" se llegó a crear una histeria colectiva que salpicó a todos los estratos sociales, donde rencores, odios y venganzas salieron a flote para acusar sin ningún tipo de prueba.

Comenta el autor que, a nivel local, curas, comisarios y autoridades torturaban para extraer acusaciones ante la llegada de los inquisidores. Si los acusados se declaraban culpables y abjuraban de sus errores eran liberados de cargas. En estas circunstancias confesaban como experimentado por ellos un batiburrillo de habladurías que habían ido escuchando. "La epidemia onírica de las montañas de Navarra tuvo que ser causada por rumores sugestionadores que llegaron desde Francia, por los sugestionadores sermones de los predicadores y por el no menos sugestionador auto de fe de Logroño, al que concurrieron más de treinta mil almas", explica Henningsen. 12 brujos y 19 brujas navarras fueron encarceladas en Logroño, de las cuales trece murieron en la cárcel y seis fueron quemadas en la hoguera. Se podría decir que, dada la magnitud del juicio y tomando en consideración lo que pasó en el centro de Europa, donde las brujas nutrían el fuego de las hogueras sin tantos miramientos, las penas impuestas fueron relativamente leves. "La construcción levantada por los inquisidores sobre la base de las confesiones fue impresionante", nos confiesa Henningsen. Salazar, "el abogado de las brujas", tuvo que luchar contra viento y marea y se debe a su intercesión que el asunto no fuera a mayores, impidiendo que el proceso no se extendiera más allá de ese primer auto de fe de Logroño.

1965 – BARBERO/VIGIL:

"Si los pueblos prerromanos que habitaban el país vasco español, los várdulos y los caristios, hablaban la misma lengua que los vascones [...] tendríamos [...] una extensión de un nombre étnico a un área geográfica mayor".

1965 – ABILIO BARBERO Y MARCELO VIGIL

En 1965 publican en el Boletín de la Real Academia de la Historia el artículo de 100 páginas *Sobre los orígenes sociales de la* ***reconquista****: cántabros y vascones desde fines del Imperio Romano hasta la invasión musulmana*, un texto que revolucionaría bastante el frío y estancado universo en el que se movía la disciplina de la historia española. En él tratan de establecer "de manera concluyente que a finales del Imperio Romano la región de los cántabros y vascones no había sido asimilada totalmente al Imperio ni al orden social que este representaba. [...] La crisis general del Imperio Romano en su parte occidental facilitó la independencia de estos pueblos septentrionales, cuya oposición al orden social dominante se vería fortalecida por las revueltas armadas campesinas". "En España subsistieron las estructuras sociales primitivas en zonas dominadas por Roma, como lo atestiguan las numerosas inscripciones de la época romana donde las 'gentes' y 'gentilitates' indígenas se manifiestan como algo vigente". Barbero y Vigil relacionan estas particularidades de su organización social con un tipo de **paganismo** que los romanos no pudieron erradicar y a partir del cual se desencadenó en el siglo V un movimiento bagáudico liderado por los campesinos (los *Aracelli* de la Sakana) y que se enfrentó a la Iglesia y al Estado. Los autores se muestran contrarios a la teoría de la vasconización tardía: "Si los pueblos prerromanos que habitaban el país vasco español, los várdulos y los caristios, hablaban la misma lengua que los vascones u otra parecida, no tendríamos en este caso un corrimiento de los vascones hacia Guipúzcoa y Vizcaya como pretende Schulten [1926], sino una extensión de un nombre étnico a un área geográfica mayor. El único corrimiento de pueblos debió ser, pues, el que se produjo hacia Novempopulania".

1965 – JACKSON:

"Entre los nacionalistas vascos y sus enemigos carlistas y castellanos hay una tremenda brecha de actitud en lo concerniente al trato de los seres humanos".

1965 – GABRIEL JACKSON

Historiador e hispanista estadounidense (1921-2019). Después de que en 1942 entrara en contacto con los exiliados españoles en México y deambulara por diversos países europeos (fue acusado de deslealtad a la patria americana por McCarthy), acabó estableciéndose definitivamente en Barcelona en 1983 y concentrando sus estudios en la historia contemporánea de España. En su libro de 1965 *Spanish Republic and the Civil War 1931-1939* (publicado en 1967 como *La república española y la Guerra Civil*) Jackson expone la historia de la Segunda República y la **Guerra Civil** examinando sus causas desde una perspectiva que parte de la propia situación interna que vivía el país, sin extrapolarlo tanto a la coyuntura que se observaba a nivel mundial. El capítulo 22 se titula *The War in the North* (*La guerra en el Norte*) y en él admite el autor que la guerra en el País Vasco tuvo una repercusión internacional, incluso para aquellos que no manifestaban ninguna simpatía por el Frente Popular. Ya a partir del golpe militar se vio que las provincias del norte se disponían a hacer su propia campaña bélica, tanto desde el punto de vista militar, como político y religioso. El poder que recaía en las manos del nacionalismo vasco otorgaba a la guerra que se desarrolló allí un carácter especial. Jackson habla de cómo carlistas e insurgentes contemplaron a los nacionalistas como traidores, de los planes militares que elaboraron los vascos, del cinturón de hierro, de las frustradas esperanzas puestas en recibir una ayuda internacional por parte de Inglaterra, del bombardeo de Gernika causado por los alemanes ("uno de los experimentos de terror calculados más famosos de la historia") y de los intentos de llegar a un acuerdo para la rendición. Comenta que mientras los vascos consideraron un auténtico delito el incendio de Irun por parte de los anarquistas, estos les acusaban de haber abandonado San Sebastián sin combatir. Jackson advierte de la tremenda brecha que existía entre nacionalistas vascos y españoles en lo concerniente al trato humano de los prisioneros: "*Between the Basque Nationalists and their Carlist and Castilian enemies there war a tremendous gulf in attitude concerning the human treatment of human beings*".

1966 – RAYMOND CARR

Historiador e hispanista británico (1919-2015). Carr, que quiso cubrir el vacío que el franquismo había generado en la historiografía española especializándose en la historia contemporánea de España, es el autor en 1966 de *Spain 1808-1939* (traducido en 1969), uno de las primeras síntesis profundas que se hicieron sobre este periodo de la historia española. Concibe el **carlismo**, para empezar, como heredero de "la violencia y la crueldad de la sociedad local", que vivía "en el mundo cerrado y salvaje de los valles pirenaicos", donde "perduraban el bandolerismo y las rencillas familiares tradicionales". Era, según él, la "expresión de lo que tal vez era la corriente más profunda del carlismo: el odio del campo hacia la ciudad, de la montaña al llano". "Los fueros", dice, "eran más una preocupación conservadora que una preocupación carlista". Gente como Muñagorri vieron la posibilidad de conciliar los fueros con la España constitucional y levantaron un ejército con el lema *Paz y fueros* "que 'educó' a la opinión orientándola hacia un acuerdo que garantizara las libertades vascas". El fuerismo carlista se convirtió en **nacionalismo** con Sabino Arana que "insistía en la necesidad de crear una cultura vasca basada en el idioma vascuence" y era "más explícitamente racial que el nacionalismo catalán". "Los carlistas, fuertes en navarra, odiaban su separatismo radical; los socialistas, potentes en Bilbao, denunciaban su catolicismo reaccionario. Pese a todo, el PNV pudo enviar siete diputados a Cortes de 1918". Concluye Carr que las raíces emocionales del separatismo se debían más bien "a una sensación de abandono y a la indiferencia que el centro exhibía para los asuntos de la periferia".

1966 – SMALLWOOD:

"'Ez beldurtu ume; biak hilko gara'. Apenas había terminado de hablar la madre, un avión, descendiendo a veinte metros, los ametralló y los mató".

1966 – WILLIAM SMALLWOOD

Biólogo y antiguo piloto de guerra estadounidense. Conocido como *Egurtxiki* (traducción literal de su apellido), comenzó a estudiar euskera en 1966, cuando pasó cuatro meses con los pastores vascos de Idaho, y puso sus conocimientos en práctica al realizar en 1972 un trabajo de campo que recoge los testimonios de 129 supervivientes del bombardeo de **Gernika**, *The Day Guernica was bombed*, y que tardaron 40 años en ver la luz. Smallwood se juró a sí mismo recoger la información el mismo día que un casero de Gernika le aconsejó no preguntar demasiado para evitar situaciones como la que vivieron dos mujeres que se enfrentaron al cura del pueblo, por decir que el bombardeo había sido causado por los mismos vascos: "Por la mañana, la Guardia Civil acudió a sus casas, les obligaron a salir fuera y les raparon el pelo, frente a sus casas, en plena calle. Después, las pasearon con las manos atadas a la espalda por las calles de Gernika y les condenaron en juicio sumarísimo a 36 meses de reclusión, de los cuales cumplieron 27". Cada uno de los testimonios es una historia directa y estremecedora de lo que sucedió ese día. Un testigo asegura: "Nunca podré olvidar aquel cuadro trágico en el que una mujer llevaba entre sus brazos a un niñito y lo estrechaba contra su pecho. El niño gritaba: 'Amatxo, hiltzera noa' (voy a morir), y la madre envolviendo a su hijito con sus cabellos desgreñados, mientras corría inconsciente al azar, le respondía: 'Ez beldurtu ume; biak hilko gara' (no te asustes niño, moriremos los dos). Apenas había terminado de hablar la madre, un avión, descendiendo a veinte metros, los ametralló y los mató".

1969 – HEIBERG:

"El igualitarismo es un valor firmemente mantenido entre los vascos hoy día y afecta a todos los aspectos del comportamiento social".

1969 – MARIANNE HEIBERG

Socióloga noruega (1945-2004). Heiberg llegó a Euskal Herria como becada para realizar una tesis doctoral y realizó a partir de ahí una importante carrera que le llevó a la dirección de las Naciones Unidas para la ayuda de los refugiados palestinos. En 1969 comienza su acercamiento al País Vasco, pero su estancia más fructífera coincide con la muerte de Franco entre 1975 y 1976. *The Making of the Basque Nation* (1989, traducido como *La formación de la nación vasca*) es un estudio analítico y riguroso (como corresponde a una **tesis doctoral**) sobre el **nacionalismo vasco**, desde la gestación sabiniana de la ideología vasca y la construcción del concepto de nación vasca hasta la realidad política generada a partir de la Segunda República. El programa social del PNV, dice, va ganando adeptos atacando en tres frentes: al centralismo corrupto, a los *jauntxos* carlistas y a la pérdida de *verdaderos* valores vascos. Heiberg se muestra implacablemente objetiva en su discurso sobre la "lógica étnica" de este nacionalismo, hasta el punto de que apenas ofrece ni una sola palabra amable para con él y muchas sentencias categóricas en contra. Mientras "el castellano se denigraba", "se podía demostrar científicamente que el euskera no era adaptable al pensamiento moderno" (tomado de Unamuno) y "la ikastola intentaba formar a niños morales y étnicos y, con ello, asegurar una continuidad moral y étnica". Se muestra al inmigrante como un individuo excluido, ahogado en el ambiente hostil que genera una "línea divisoria moral" que se plasma en el gran número de instituciones paralelas (*batzokis*, cooperativas, *ikastolas*, *txokos*, clubs de montaña...) montadas por y para el pueblo. La socióloga no se detiene a analizar las razones por las que esa sociedad vasca tuvo que recurrir a ese forzado aislamiento del mundo, pero sí reconoce que bien podría haber sido propulsada por "los resentimientos y amarguras ocultos de treinta y cinco años de gobierno franquista". Apenas cita la palabra *represión*, sino que maneja para ella términos más sutiles como "extravagante" y "excesivo y brutal centralismo" o "violenta arremetida". Heiberg nos cuenta, sin embargo, episodios dantescos oídos de sus interlocutores. De la Guerra Civil, cuenta: "También fueron los moros a una 'baserri' situada en el borde del núcleo del pueblo e intentaron violar a una muchacha de 14 años (que ahora lleva el estanco del pueblo). El padre intentó defender a su hija y le dispararon. Murió al instante. La hija corrió hasta su padre. [...] Los moros dispararon de nuevo, destrozando la cabeza del padre y la mano de la hija. [...] La madre de la muchacha fue descubierta en los establos. Los moros la violaron primero y después le atravesaron la espada y los hombros a tiros". Y de la represión posterior: "Fue brutalmente golpeado (un tímpano se le rompió y el otro se le infectó seriamente). Le tuvieron colgado de los brazos durante tres noches con los pies apenas tocando el suelo y le sumergieron repetidas veces en una bañera llena de excrementos y vómito humano hasta que perdió el sentido. Entonces le reanimaron y la tortura continuó". Para concretar el estudio sobre un caso específico y que no quede el trabajo como un análisis teórico y abstracto, Heiberg se introduce en la vida del pueblo de **Elgeta** y su organización social para analizar la noción de nacionalismo como "comunidad moral". Lo realiza, además, en una época en la que la violencia formaba "una parte constante" de su "trabajo de campo". Estudia las figuras del rico, del pobre, del profesional, del chivato; la realidad rural con carlistas, nacionalistas e inmigrantes; la industrialización, la Guerra Civil... Algunos de los episodios que describe son memorables. Como ejemplo, las siete páginas que dedica al fenómeno de las cuadrillas, "modelo de lo que se consideraba la forma ideal de unas relaciones sociales morales y aceptables. Estas habían de ser igualitarias, personalizadas, multifacéticas y basadas en actitudes compartidas, respeto mutuo y confianza". La naturaleza igualitaria de la vida del pueblo, sin jerarquías ni estratos sociales definidos, está representada en ellas, ya que "el igualitarismo es un valor firmemente mantenido entre los vascos hoy día y afecta a todos los aspectos del comportamiento social", explica. Dice también que en esa nueva actividad económica que es la industrialización, el pueblo vasco ha sabido entender que la ineficacia del Estado central es razón para apartarse de él. El vasco es para Heiberg uno de los escasos grupos étnicos que ha adoptado por esta razón la opción nacionalista. A partir de 1960 la Iglesia vasca denuncia la opresión cultural del pueblo, señalando a la Iglesia como cómplice de dicha opresión. Todo ello implica multas, traslados, cárcel, torturas..., emprendiendo una deriva que genera una espiral de protestas entre grupos que tenían capacidad para organizarse en universidades, seminarios y juventudes nacionalistas: "El papel de la Iglesia Católica en el País Vasco es esencial para entender la naturaleza de **ETA**", asegura, aunque añade que ETA "consiguió unir a vascos e inmigrantes [...] en una lucha común contra un Estado despreciado". Al no haberse acercado al objetivo de independencia conseguido, la violencia del ETA se ha convertido, según ella, simplemente en "un ritual indispensable que sirve para cumplir con las funciones cruciales de solidaridad y conservación del grupo". Un "sacrificio de sangre" que da sustancia a "La Causa".

1969 – MANFRED MERKES

Historiador alemán. Merkes fue el primer investigador alemán que sondeó los archivos alemanes para extraer documentación sobre la guerra civil española. Me ha resultado imposible encontrar la edición de su libro de 1969 *Die deutsche Politik im spanischen Bürgerkreig 1936-1939* (*La política alemana en la Guerra Civil española 1936-1939*, una edición revisada y ampliada de su obra de 1961), razón por la que he tenido que extraer los datos del libro de Southworth de 1975. Fue en esta edición de 1969 cuando el autor desarrolla más ampliamente el tema sobre **Gernika**. Merkes recoge seis testimonios, de los cuales dos atribuyen la responsabilidad del incendio a los voluntarios que actuaban con la **Legión Cóndor**, tres asocian la destrucción a un accidente y para uno (Richthofen 1937) es un ataque estratégico contra puentes y carreteras. El coronel Jaenecke señala: "bombas lanzadas con intención de tocar los puentes y los cruces de carreteras. [...] Guernica fue un éxito completo para la Luftwaffe. El único camino de retirada de todas las líneas rojas fue bloqueado por el incendio y por dos metros de escombros que había en las calles". El historiador señala que todos los testimonios (von Beust, Galland 1953...) designan los mismos objetivos. Con ellos quedó definitivamente reconocida la autoría del bombardeo por la Legión Cóndor. Aunque, como bien indica Southworth, todos mienten, haciendo pasar por un accidente lo que fue el aniquilamiento de una villa como "advertencia dirigida a los vascos para el caso de que hubiesen intentado defender Bilbao".

1970 – FRANÇOIS MASPERO

Escritor, periodista y editor francés (1932-2015). Maspero es un autor de izquierdas que comenzó ya desde muy joven a mostrar una actitud anticolonialista, y publicó testimonios referidos a Argelia y al uso de la tortura que allí tuvo lugar por parte del ejército francés. En 1970 sacó a la luz el libro *Batasuna. La répression au Pays Basque*, una recopilación de textos reunidos por él, que está compuesto principalmente por documentos dedicados a la tortura causada por la represión franquista en territorio vasco. "Al borde del siglo XXI", comienza diciendo en el prólogo, "las prácticas de las torturas descritas aquí parecen tan escandalosas y

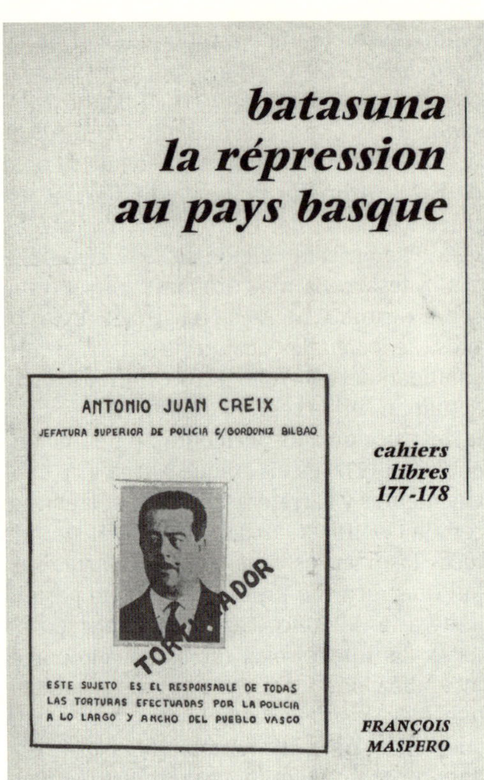

1970 – Maspero. Portada del libro.

extraordinarias, que los lectores pueden estar tentados de dudar de su autenticidad. [...] Somos conscientes que es difícil de creer allí donde se respeta el anonimato de la víctima. Mas el lector ha de darse cuenta del 'estado de clandestinidad' que el pueblo vasco está obligado a vivir". El libro incluye una larga lista de personas torturadas (con las vicisitudes que tuvieron que vivir cada una de ellas), además de nombres de torturadores, todas las prácticas realizadas por ellos y una descripción pormenorizada de los interrogatorios y sus técnicas psicológicas. Enumera y refiere con detalle los siguientes **métodos de torturas**: *le tabouret* (el taburete), *la baguette* (la barra), *la baignoire* (la bañera), *le balancement* (el balancín), *le petit caillou* (el guijarro), *les coups sur les ongles* (los golpes en las uñas), *la pendaison* (el péndulo), *la chaise* (la silla), *la gymnastique* (la gimnasia), *le crayón et l'ouverture de doigts* (el lápiz y la abertura de dedos), *la scie* (la sierra), *les chatouilles* (las cosquillas), *les planchettes* (las tablillas), *la bicyclete* (la bicicleta), *la table d'opération* (la mesa de operaciones), *le robinet* (la tuerca), *ecrasement des doigts* (aplastameinto de dedos), *las chaînes* (las esposas). Dice también que se utilizaban instrumentos como porras de caucho, mangos de pala y mazas.

1970 – SÁNCHEZ CARRIÓN, 'TXEPETX':

"He intentado ser objetivo y científico, pero no puedo disimular, ni lo quiero, de qué lado están mis simpatías".

1970 – JOSÉ MARÍA SÁNCHEZ CARRIÓN

Lingüista murciano (1952). Conocido con el sobrenombre de ***Txepetx***, es uno de los más importantes vascólogos que ha dado Euskal Herria. Licenciado en Filología Anglogermánica, desde joven se interesó por el estudio de las lenguas minoritarias. Tras terminar el primer curso de Filosofía y Letras en la Universidad de Granada en 1970, solicitó permiso para realizar un estudio sobre los límites del euskera en Nafarroa que fue publicado por la Diputación Foral en 1972 (*El estado actual del vascuence en la provincia de Navarra. 1970*). En 1974 publicó *Bilingüismo, disglosía, contacto de lenguas*, un lúcido artículo donde hace alusión al concepto de **bilingüismo social**, que con el tiempo ha demostrado ser de gran provecho en el campo de la sociolingüística. Txepetx pretendía que el euskera encontrara su acomodo en una sociedad bilingüe. En 1983, con tan solo 31 años, es nombrado miembro de Euskaltzaindia. En 1986 presenta su tesis doctoral *Teoría sociolingüística de la recuperación del euskara y teoría social de las lenguas* (reeditado como *Un futuro para nuestro pasado*). En 1999 publica, por encargo del Ayuntamiento de Bilbao, el libro *Aplicación sociolingüística de la territorialidad*, un estudio objetivo en el que se constata que en la ciudad hay un 14,4 % de euskaldunes con bastante más conocimiento que uso del idioma. No oculta que su cariño por nuestra lengua haya podido influir en su trabajo: "He intentado ser objetivo y científico, pero no puedo disimular, ni lo quiero, de qué lado están mis simpatías. Muchos cerriles prejuicios parece que van cayendo y cada vez se va viendo con más evidencia la necesidad de proteger algo que forma la parte más entrañable de nuestro tesoro cultural y lingüístico".

1970 – Michael Raske. Portada del libro *El Estado religioso totalitario.*

1970 – MICHAEL RASKE, KLAUS SCHÄFER, NORBERT WETZEL

Pedagogos y teólogos alemanes (nacidos los tres en 1936). Son los editores en 1970 de un importante trabajo de denuncia sobre la persecución de los católicos en los Estados religiosos totalitarios de Portugal, España y el País Vasco: *Der totalitäre Gottesstaat. Die Lage der Christen in Portugal, in Spanien und im Baskenland*. El capítulo *Das Baskenland*, de 50 páginas, comienzan manifestando que, a raíz de la Guerra Civil, "la singularidad étnica de los vascos entra en conflicto con el centralismo totalitario, las tradiciones democráticas vascas con la dictadura fascista y el catolicismo socio-liberal vasco con el catolicismo conservativo, que en España ha sido elevado a la condición de religión de Estado". La **iglesia vasca** mostró pues, desde un principio, una postura de rechazo hacia el régimen fascista, apoyando a su pueblo y alineándose con los perdedores, como explica este trabajo. Comentan que muchos curas fueron fusilados y expulsados; el Estado y la jerarquía eclesiástica emprendieron, de manera programática, la destrucción de cualquier huella vasca en la lengua, la historia y la tradición política. Narran cómo se impuso entonces una castellanización, con la introducción en los oficios de cantos litúrgicos españoles, como el himno nacional, banderas españolas en el altar y la prohibición de nombres de pila vascos. "Esta trilogía (Iglesia, España, Dios) había sido para los vascos, hasta entonces, totalmente desconocida". Continúan diciendo que durante el régimen la postura del clero vasco no varió: se situó del lado del pueblo. Los vascos continuaron con sus creencias, pero con un fuerte acento anticlerical. Durante los años sesenta la tensión va creciendo: el pueblo vive en la miseria, la represión es continua, y no se garantizan ni las condiciones de trabajo ni los sueldos. Es entonces, según comentan, cuando más de trescientos sacerdotes hacen llegar al Obispado afín al régimen una carta de denuncia. Las consecuencias no tardan en llegar: cientos de ellos son trasladados una y otra vez para que no puedan entablar contactos estrechos con la comunidad y se establecen multas para los sermones que denuncien la opresión y la tortura o retiren la bandera nacional (como en el caso del padre Gabica, que fue el primero en entrar en la cárcel de Zamora). La negativa a pagarlas provoca la retención de sus sueldos. A partir de 1967 comienzan los procesos sistemáticos contra los sacerdotes vascos. La policía irrumpe en los seminarios, detiene y tortura a los curas vascos. Los autores del libro aseguran que "el padre superior Aguirrezabal fue primero torturado por el jefe de la policía Junquera. Aguirrezabal, cuyas manos estaban tan hinchadas que no le podían quitar las esposa, firmó finalmente la confesión de sus 'errores'". Las protestas callejeras se suceden y son disueltas de manera violenta por la policía, produciéndose varias muertes entre los manifestantes. Para finales de 1969 las condenas suman ya quinientos años de cárcel (algunos curas hasta doce años) y dos condenas a muerte.

Explican los autores que el clero vasco pasa entonces de evidenciar una actitud paternalista a unirse a las acciones radicales de **ETA** e identificarse con ellas, lo que genera dudas y divergencias dentro del clero. Los sacerdotes críticos componen, sin duda alguna, una amplia mayoría de la comunidad y así se visibiliza por medio de la doble ocupación del palacio episcopal en 1968, el encierro en el seminario de Derio y las huelgas de hambre. ETA mata entonces a Melitón Manzanas ("conocido como el jefe de los torturadores") en lo que sería su primer atentado premeditado. Los estados de excepción se suceden, y como consecuencia de ello, las multas, detenciones, incomunicaciones, torturas y deportaciones. El trabajo enumera y describe a continuación algunos de los métodos aplicados para las **torturas**: el taburete (*der Schemel*), la gimnasia (*die Gymnastik*), golpes en las uñas de las manos (*Figernagelschlag*), el taladro (*der Bohrer*), el lapicero y la abertura de los dedos, la bañera (*die Badewanne*) o la mesa de operaciones (*Operationstisch*). El libro aporta como testimonio un texto de dos páginas, narrado en primera persona por el párroco Yon Etxabe Garitazelaia (quien después ejerciera como político y escritor), que resume la violencia de los interrogatorios. El artículo termina con el listado de todos los sacerdotes perseguidos.

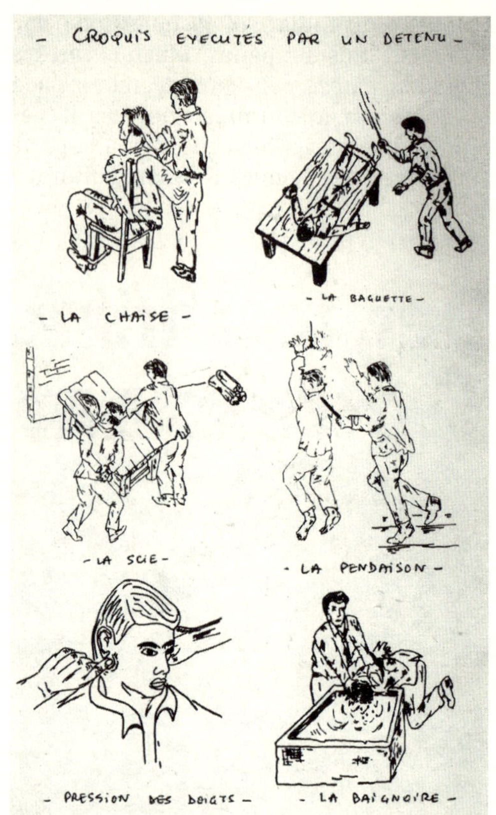

1970 – Mogui. Métodos de torturas. *Croquis ejecutados por un detenido.*

1970 – JEAN PIERRE MOGUI

Escritor francés. Mogui comienza el libro *La Revolte des Basques* con la descripción del entierro del jefe del cuerpo general de la Policía, Melitón Manzanas, que en los círculos nacionalistas era considerado como un "carnicero, una bestia depredadora [*une bête nuisible*]". Los estados de excepción decretados en los últimos meses habían llevado a la sociedad vasca a una situación insostenible, según Mogui: "La policía podía arrestar y mantener en prisión por un tiempo indefinido, o deportar a otra provincia, las personas que ella consideraba como responsables de los problemas de orden público. [...] Más de 500 personas son arrestadas". Mientras la muerte de Manzanas es la excusa perfecta para "una represión feroz", la de Txabi Etxebarrieta (militante de ETA) del mismo año de 1968 se convierte, sin embargo, en "el símbolo de la lucha de los vascos por su liberación". Comenta Mogui que la victoria de Franco se resume para los vascos con el siguiente inventario: "50.000 muertos, 100.000 prisioneros, 200.000 exiliados, 11.000 condenados a muerte (de los cuales mil 'solamente' ejecutados)". Plantea el autor las posibilidades de desarrollo del país aprovechando sus recursos, y las reivindicaciones del movimiento nacionalista **Enbata** surgido en Iparralde, en contraste muy diferente al tipo de lucha clandestina violenta que comienza a germinar con ETA, de la que recoge las maneras de organización y funcionamiento de sus estructuras. Quizá el testimonio más novedoso que aporta el libro sea el último capítulo en el que enumera, uno a uno, los trece métodos distintos de **torturas** aplicados a los detenidos (sacados seguramente del libro de Maspero 1970) y realiza, además, los croquis de cada uno, esbozados por un prisionero.

1970 – RICARDO DE LA CIERVA

Historiador y político español (1926-2015). Quien acabara siendo ministro de Cultura por UCD en 1980, fue también el propagandista oficial del régimen franquista y el encargado de orientar la opinión sobre la historiografía referente a la **guerra civil** española. El final de los sesenta fueron años convulsos en Euskal Herria y sobre ese fondo de agitación social y represión se desarrolló una nueva controversia sobre Gernika. En el diario falangista *Arriba* del 30 de enero de 1970, el historiador admite que **Gernika** fue bombardeada "por un grupo especial de prueba que vino directamente desde Alemania, destruyó Guernica y se volvió a Alemania, sin que nos esterásemos". El autor no solo exonera a Franco, sino también a los dinamiteros asturianos; en desahogo de estos últimos, los separatistas vascos pasan entonces a ser la bestia negra, grupos que habrían contribuido a la destrucción de la villa y que estuvieron "al mando del propio presidente José Antonio de Aguirre". Los muertos no llegan "ni siquiera a una docena", dice. Negar los muertos continuaba siendo la estrategia principal. Apenas un mes después, en una entrevista de *El pensamiento navarro* del 15 de febrero de 1970, el portavoz oficial de Franco reconoce finalmente que "Guernica fue destruida por un bombardeo de la aviación alemana, casi seguro la Legión Cóndor", con una "muy probable" "cooperación negativa y positiva de los comandos de destrucción del Ejército de Euzkadi" –según Southworth (1975), negativa por no ayudar a apagar los incendios y positiva por ayudar a prenderlos–. Como bien señala el historiador americano, De la Cierva y Franco cedían terreno, pero de mala gana. En su *Historia ilustrada de la Guerra Civil española* de 1970 (cuarta parte: *Decisión en el Norte*), el historiador comenta: "El norte republicano es la contrapartida de Navarra en la zona nacional. Su principal defecto fue la falta de solidaridad, el provincialismo. [...] eran, realmente, un ejército poderoso. [...] El punto débil era, en comparación, con el enemigo, el apoyo aéreo". Entonces se propone desentrañar uno de los grandes misterios de la Guerra Civil: "el misterio de Guernica". "Una buena parte de la propaganda posterior ha de atribuirse a la insensata y antehistórica postura de la propaganda nacional de entonces y de los años de la posguerra, empeñada en negar absolutamente el bombardeo de Guernica y en atribuirlo en exclusiva a los incendiarios del ejército republicano en retirada". Cita entonces a Galland (1937), que describe el bombardeo, y el célebre historiador ni siquiera se da por enterado de que no participó en el mismo. Pero es el primer historiador franquista que lo reconoce: "La aviación alemana bombardeó Guernica". Saca a relucir entonces un informe, según comenta, "hasta hoy inédito" que lo cambia todo. Tampoco se da cuenta de que ese *Informe Herrán* ya había sido publicado en Londres en 1938 con el título de *Guernica: The Official Report*. El informe fue un amaño franquista que lo tergiversaba todo. De la Cierva echa mano entonces del adelanto del libro de Talón (1961) que, asegura, aclarará muchos detalles, como efectivamente así fue. Pero De la Cierva sigue empeñado "en la tesis de las dos causas más o menos simultáneas" (el bombardeo alemán y la destrucción por los vascos en lo que era la táctica de *tierra quemada*, como sucedió en Irun).

1970 – DAVYDD J. GREENWOOD

Antropólogo y economista estadounidense (1942). La relación de este profesor de Antropología por la Universidad de Cornell (Ithaca, Nueva York) con Euskal Herria comienza ya en 1970, cuando escribe su tesis doctoral (aún inédita) sobre la **agricultura** vasca: *Agriculture, industrialization, and tourism: the economics of modern basque farming*. A partir de ahí ha publicado gran cantidad de artículos sobre las haciendas vascas, la Cooperativa **Mondragón** y los cambios sociales y culturales que se han sucedido en nuestros pueblos (como *The demise of agriculture in* ***Fuenterrabía***, 1976). También en 1976 publicó *Unrewarding Wealth: The Commercialization and Collapse of Agriculture in a Spanish Basque Town* (*Riqueza inagotable: la comercialización y el colapso de la agricultura en una ciudad vascoespañola*), un libro que narra el devenir de una granja que cambia desde su orientación de subsistencia a una empresa con beneficio comercial que responde a la demanda creada por la industrialización y el turismo. Ve como algo irreversible la atracción, incluso de los labradores más prósperos, por la sociedad industrial urbana que se expande por todos los rincones de la región. Greenwood intenta comprender el difícil equilibrio entre la maximización de la ganancia económica y algunos valores tradicionales como es el de la dignidad del trabajo. Argumenta que el comportamiento humano es una compleja combinación de motivaciones y que los métodos utilizados deben reflejar esa complejidad.

1971 – MILTON DA SILVA

Milton llega a Euskal Herria en el verano de 1971 para realizar un último trabajo de campo para finiquitar su tesis doctoral, escrita con la intención de llenar ese vacío que se advertía en el estudio sobre el nacionalismo vasco. Poco después de que publicara a comienzos de 1972 con Williams Anthony Douglass (1963) un pequeño ensayo sobre el nacionalismo vasco, Da Silva se doctora en mayo de 1972 por la Universidad de Massachusetts con una tesis de título *The Basque nationalism movement. A case study in modernization and ethnic conflict* (*El movimiento nacionalista vasco. Un caso de estudio en modernización y conflicto étnico*), donde repasa el **nacionalismo** vasco desde el carlismo, su evolución hacia el primer nacionalismo de Sabino Arana, durante la Segunda República, hasta la creación de ETA y el Juicio de Burgos. Compone primeramente una perspectiva histórica sobre la relación con ambos estados y cómo, con el desarrollo de los fueros, "la existencia de la **autonomía** vasca fue vista cada vez más con recelo por las coronas francesa y castellana, cada una sospechando que la otra podría seducir a los vascos a la secesión [*each suspecting that the other might seduce the basques into secession*]". Pone como ejemplo la posición neutral que adoptó Gipuzkoa en la Guerra de la Convención de 1793-95. En España se tenía la impresión de que "las diputaciones permanentes de estas provincias se hubieran establecido para oponerse a las medidas del gobierno", especialmente en el área del contrabando, y los fueros comenzaron a ser vistos como concesiones reales. "Los liberales españoles trataron de hacer en 1812 lo que los franceses habían hecho tras la revolución de 1789", y con ello "los vascos estarían en lo sucesivo sometidos al régimen uniforme del gobierno de Madrid". Nos cuenta Da Silva que, a pesar del convencimiento general por parte de los historiadores españoles de que el español fue el primer Estado-nación de Europa, también es verdad que se mantenían sistemas legales y administrativos separados y que la unificación no iba mucho más allá de una uniformidad religiosa: "*it seems that unification of the area did not go very much beyond the demands of religious uniformity*". Razón por la cual el nacionalismo español "nunca obtuvo el mismo grado de pasión y devoción como el alemán o el francés". Como ya concluyera en ese primer trabajo, "en el caso de los vascos las demandas de autonomía no se pueden atribuir a la falta de desarrollo económico, al abandono económico o a la explotación económica. De hecho, dentro de la sociedad española, pueden ser considerados un grupo privilegiado". "Por lo tanto, componen un caso de estudio apropiado que puede sugerir alguna idea teórica sobre la cuestión del nacionalismo étnico". En contraposición a otros nacionalismos de África y Asia, incluso se podría llegar a pensar "que los vascos han sido asimilados por sus respectivos países". Da Silva percibe que, a pesar de los esfuerzos del régimen franquista por seguir viendo a España como una nación y no un Estado, algunos indicios apuntan que "algunos segmentos de la población española pueden estar dispuestos a llegar a un acuerdo con vascos y catalanes" y cree que todavía está por construir una nación española, a pesar de cuatro siglos de castellanización: "*Nation-building remains to be achieved in Spain despite four centuries of Castilianization*".

1971 – BORGES:

"Cuando enumero mis orígenes soy muy cuidadoso en olvidarme de los vascos".

1971 – JORGE LUIS BORGES

Escritor y poeta argentino (1899-1986). Figura clave de la poesía sudamericana y universal, Borges fue un escritor contradictorio y de fuerte carácter que incluso desoyó las advertencias expresas desde Estocolmo de que si acudía a recibir una doctorado *honoris causa* en el Chile de Pinochet, jamás se haría con el Premio Nobel de Literatura. Y, efectivamente, nunca se lo concedieron. En 1971 escribe el cuento *El congreso*, publicado en 1975 en *El libro de arena*, donde uno de sus personajes nos ofrece una buena imagen de lo que se dice que es la opinión de Borges sobre los vascos: "Nunca Fermín Eguren me pudo ver. Ejercía diversas soberbias: la de ser oriental, la de ser criollo, la de atraer a todas las mujeres, la de haber elegido un sastre costoso y, nunca sabré por qué, la de su estirpe vasca, gente que al margen de la historia no ha hecho otra cosa que ordeñar vacas". En una conversación con el poeta argentino **Rodolfo Braceli**, publicada en su libro *Escritores descalzos* del 2010, este, que se muestra orgulloso de su ascendencia vasca, es respondido por Borges de la siguiente manera: "¿Vasco? Yo no entiendo cómo alguien puede sentirse orgulloso de ser vasco... Los vascos me parecen más inservibles que los negros, y fíjese que los negros no han servido para otra cosa que para ser esclavos... Se habla de la voluntad vasca, de la terquedad vasca... ¿y para qué les ha servido? Nada más que para ser españoles o franceses. Han producido unos pintores execrables y un escritor insoportable como **Unamuno**. Lo demás que han producido son buenos pelotaris... Mire, yo tengo sangre vasca también; varios apellidos me delatan ese origen. Sin embargo, pienso que los vascos no han hecho nada, nada; son sólo notables por ser uno de los países más estériles del mundo... cuando enumero mis orígenes soy muy cuidadoso en olvidarme de los vascos...".

1971 – KENNETH MEDHURST

Profesor en ciencias políticas (1938). En 1971 la asociación Minority Rights Group remite desde Londres a Manuel de Irujo el borrador de un informe escrito a raíz de las condenas del **Proceso de Burgos**. Sus autores son Kenneth Medhurst y Ben Whitaker. De este borrador saldrían los artículos publicados más tarde por Medhurst: *The Basques*, 1972, 24 páginas; *Unterdrückung und Widerstand im Baskenland*, 1973, publicado en 1977 por Tilman Zülch en alemán en *Von denen keiner spricht* (*De quienes nadie habla*); y *The Basques and Catalans*, 1977. El trabajo de 1973 comienza presentando a los vascos con la imagen de una curiosa mezcla entre el folclore extravagante y la resistencia política. Todas las provincias de España comparten, en el fondo, el mismo destino: una explotación económica y una **represión** política por parte de un Estado autoritario y centralizado. Pero el resto de comunidades mira a los vascos con recelo y no quieren que a los que "desde su perspectiva están económicamente más favorecidos se les concedan además privilegios políticos". Sin embargo, es en el País Vasco donde se encuentra estacionado un cuarto del total de la policía española. Y eso trae consecuencias que va explicando en el artículo. Asimismo, al contrario que el moderno **nacionalista** catalán, el vasco se manifiesta más bien "romántico y vestido a la antigua. [...] El núcleo duro de sus seguidores lo componía una clase campesina conservadora y rigurosamente católica". Sobre la represión que ha sufrido el idioma nos cuenta la anécdota de una persona a la que pudo entrevistar: "Un vasco (hoy sacerdote) que iba al colegio en los años 40 recuerda haber hablado unas palabras en vasco al jugar al fútbol en la calle, por lo que le llevaron al cuartelillo y tuvo que pagar una multa". El idioma, las diferencias culturales y el nacionalismo regional son las tres razones que esgrime el autor para explicar ese rechazo hacia el inmigrante. Los matrimonios mixtos y una cierta oposición conjunta de nativos e inmigrantes al régimen franquista, que se plasmó en el caso del Proceso de Burgos, suavizan, sin embargo, esta disposición. El conjunto opositor contra el régimen lo forman la **Iglesia** vasca, la oposición política, los sindicatos no oficiales y los intelectuales. "En esta región el clero se contempla como una parte importante de la comunidad y adopta una función de liderazgo en la vida social". Los sacerdotes, comenta, también sufrieron la represión y la tortura, y 16 de ellos fueron ejecutados. Estos están estrechamente ligados a la vida política, y muestran una influencia considerable sobre la clase trabajadora. El autor pone como ejemplo que, en abril de 1971, el obispo de Pamplona había denunciado las evidentes torturas que él había contemplado con sus propios ojos.

Asimismo, Medhurst habla también de la fundación de **ETA** en 1959, compuesta por nacionalistas "románticos" e ideólogos socialistas. Comenta que la maquinaria represiva del Estado centralizador actuó con severidad, y pone en boca de un ministro el siguiente comentario: "Dad a los vascos la mano y los catalanes os cogerán el brazo [*Gib den Basken einen Fingerbreit und die Katalanen werden sich mehrere Meilen nehmen*]". La policía, el ejército, los tribunales especiales y los informantes ejercen por ello un férreo control. "La frecuencia de detenciones indiscriminadas, arrestos ilegales y maltrato de prisioneros son difíciles de valorar, pero todos estos sucesos son, sin duda, comunes". También dice que es frecuente la utilización de drogas para no dejar rastro de torturas. "Bajo esta forma de opresión, muchos vascos creen que viven en un país ocupado, en el que las fuerzas de seguridad son sus enemigos y la clase alta autóctona juega un papel de cómplice". Señala, por último, que una autonomía vasca en el marco de una federación podría ser una buena solución al conflicto.

1972 – RUDOLF PIETER GERARDUS DE RIJK

Lingüista holandés (1937-2003). Rijk se doctoró por el Massachusetts Institute of Technology con la tesis *Studies in Basque Syntax: Relative Clauses*, que atrajo la atención sobre un gran número de lingüistas que se estaban iniciando en la corriente de la gramática generativa que había fundado Chomsky (1994). A partir de esa primera iniciativa, comenzó una serie de investigaciones sobre el euskera que le llevaron, al final de su vida, a ser nombrado miembro de honor de Euskaltzaindia. En 1998 publicó *De Lingua Vasconum: Selected Writings*, que contiene el corpus principal de sus artículos sobre la **lengua vasca**, artículos que, asegura, "nunca hubieran sido escritos sin la entusiasta cooperación de mis numerosos amigos vascos y de mis animosos informantes a lo largo de los años". Su obra más importante es *Standard Basque: A Progressive Grammar*, una **gramática** sobre el euskera batua que salió a la luz en el 2008, preparada por su mujer Virginia de Rijk-Chan, después de que Rijk falleciera en el 2003. Es la primera gramática moderna de orientación pedagógica en inglés para el euskera batua. Introduce al lector de manera progresiva a través de 33 capítulos que cubren temas que van desde la ortografía y la pronunciación hasta las declinaciones y formas verbales y antipasivas. Aporta, además, una valiosa información sobre los distintos dialectos e incluye un numeroso registro de ejercicios para poder practicar sobre las frases y el vocabulario sobre el que se ha trabajado.

1972 – GISÈLE HALIMI

Jurista, feminista y activista tunecina (1927-2020). Aunque de padres judíos, nació en un entorno musulmán, algo que forjó una identidad y un carácter que le llevaron a convertirse en un gran icono en la lucha contra las desigualdades sociales. Abogada del FLN argelino y presidenta de la comisión de investigación sobre los crímenes de guerra estadounidenses en la guerra del Vietnam, se interesó también por la causa vasca en pleno régimen franquista, y asistió al **Proceso de Burgos** de 1970. Desde esta privilegiada posición que le otorgaba su trabajo de observadora, Halimi quedó impactada por una lucha que era prácticamente desconocida en Europa y publicó en 1972 el libro *Le procés de Burgos*, sobre el consejo de guerra que condenaba a muerte a seis miembros de ETA. La publicación, que contenía un prólogo del filósofo francés Jean Paul Sartre (1972), tuvo, gracias al prestigio político de ambos autores, un inmediato eco mundial y sirvió, junto a una numerosa serie de movimientos en apoyo a los presos, para que la pena fuera conmutada.

1972 – SARTRE:

"Hablar su lengua, para un colonizado, es ya un acto revolucionario".

1972 – JEAN PAUL SARTRE

Filósofo francés (1905-1980). Quizá el mayor hito de la vida de esta reconocida eminencia de las letras francesas haya sido el haber rechazado el Premio Nobel de Literatura. Eso lo dice todo de un hombre que fue fundador del existencialismo filosófico y marxista crítico y que se alineó con todos aquellos pueblos que sufrieron la opresión de los imperios. Es por ello que en 1972 se determinó a prologar el libro de Gisèle Halimi (1972) ***Le procés de Burgos***, sobre las condenas a muerte a los presos vascos en la época franquista. El documento de 23 hojas da a conocer los elementos esenciales del problema y las circunstancias político-sociales que generaron el conflicto entre el Estado español y el pueblo vasco, y se sitúa del lado del ideario independentista vasco de corte socialista. Y parte de la culpa de todo lo sucedido se la echa a los propios inculpados, a Francia y a los franceses, que ocultaban "la existencia del hecho nacional vasco", del que también participaban a su lado de la frontera, con una cultura vasca a la que no se le otorgaba ningún tipo de oficialidad. La dictadura franquista, decía, recordaba mucho al nazismo que ellos mismos habían padecido. El problema surgía con una sencilla pregunta: "Cómo admitir que la **nación vasca** existiese al otro lado del Pirineo sin reconocer a 'nuestros' vascos el derecho a integrarse en ella". En el artículo también hay espacio de denuncia para la situación por la que atraviesa la **lengua vasca**: "A ambos lados de la frontera, se pretende hacer creer a una etnia, que su lengua no es más que un dialecto agonizante. [...] Y la prensa inspirada repite con gusto una frase lamentable de Unamuno: La lengua vasca morirá pronto". Según comenta Sartre, los gobiernos habían conseguido que la propia reivindicación natural del euskera como valor cultural a defender estigmatizara a su hablante como una especie de agitador subversivo: "Hablar su lengua, para un colonizado, es ya un acto revolucionario". Para Sartre ni el Partido Comunista centralizador ni el nacionalismo aburguesado son la solución al problema. La insuficiencia que manifiestan estas dos respuestas (PCE y PNV) prueba que "independencia y socialismo, en el caso de Euskadi, son dos caras de la misma moneda".

1972 – LAÍN ENTRALGO:

"¿Quién podría negar que es un mismo mundo –tierra, cielo, nubes, casas, poblados– el que dulcemente le cobija?".

1972 – PEDRO LAÍN ENTRALGO

Médico, historiador y filósofo español (1908-2001). Fue un reconocido médico que acabó como director de la Real Academia Española y recibió el Premio Príncipe de Asturias de Comunicación y Humanidades en 1989. En 1972, por encargo de la editorial Espasa-Calpe, redactó un volumen sobre el concepto de España que lleva por título *A qué llamamos España*. Al comienzo de la obra el autor se sitúa en el centro mismo entre Iparralde y Hegoalde para intentar advertir alguna diferencia entre los dos paisajes a ambos lados de la muga, y percibe el nexo que une a todo el País Vasco: "A uno y otro lado de la raya divisoria, paisaje de helechales, prados de un verde intenso, verdiamarillos campos de maíz, recortadas masas verdinegras, allá donde perdura el bosque primitivo y parece vagar todavía un lejano recuerdo de lamias y aquelarres, suaves valles, alturas a la medida del hombre, que tantas veces una niebla ligera esfuma en blanco o en gris, casas apiñadas o dispersas de ancho tejado obtuso y muros blancos, oblongamente ajedrezados por la pintura roja o azul de las vigas que los sostienen. Inmediatez, transición continua. Desde Ainhoa hasta Arizcun, de Arneguy a Valcarlos, entre una de las riberas del Bidasoa y la que frente a ella se alza, ¿quién podría negar que es un mismo mundo –tierra, cielo, nubes, casas, poblados– el que dulcemente le cobija? Y, sin embargo... Abramos bien los ojos y agucemos nuestra mirada. La zona francesa del País Vasco, desde Bayona hasta donde el Nive y el Nivelle empiezan su curso y hasta donde termina el suyo el Bidasoa, es hoy sede y parte de un pueblo que, sobre amar la vida, ha querido y sabido cultivar con inteligente y morosa delectación, yo diría que con regusto, ese primario amor. Vedlo en los muros de año blanqueados, como para que la mirada goce pasando de su albura impecable al denso verde del campo en torno, y de éste a aquélla. [...] La honda, fuerte, primaria alegría vital del vasco, esa de que todavía siguen brotando sus danzas, sus deportes y sus canciones, ha sido histórica y socialmente configurada aquí por la inteligencia racionalizada y hedonística del francés –una inteligencia en que se funden la visión del mundo según ideas claras y distintas y una degustación veloutee de lo que en el mundo es tangible y comestible–, y el resultado ha sido esta acantonada, deliciosa, bien compuesta mezcla de paisaje y vida humana que el lenguaje administrativo del Estado parisiense ha hecho llamar, geográficamente, 'Bajos Pirineos'".

1973 – ROBERT P. CLARK

El catedrático Robert P. Clark fue director del Departamento de Asuntos Públicos de la universidad americana de George Mason y autor de numerosos libros de temática política. Según él mismo comenta: "Mi matrimonio con [Mirentxu Amezaga] la hija de una exiliada figura política e intelectual nacionalista vasca [Vicente Amezaga Aresti] me abrió una ventana cercana y única a la vida de la gente que albergó este movimiento". Su primer viaje a Euskal Herria lo realiza en 1973, en plena dictadura franquista, y establece relaciones con el entorno más cercano y contacto directo con personas que se declaraban miembros de la resistencia vasca. A partir de aquella primera experiencia, comienza lo que se convertiría en el primer estudio en lengua inglesa que tiene por finalidad intentar esclarecer los entresijos de la compleja realidad social vasca, publicando allá por 1979 el primero de sus tres libros, *The Basques: The Franco Years And Beyond*. Según anuncia en el prólogo, Clark alerta al lector de que parte de la base de que "la posición adoptada por el nacionalismo vasco en general, y por el Partido Nacionalista Vasco en particular, es enteramente legítima, defendible y justificable en el contexto de una sociedad industrial moderna". Y añade: "No considero la autonomía regional como contraria a las necesidades sociales, económicas y políticas de una España industrializada". Es, más bien, todo lo contrario: "Creo [...] en el derecho de los habitantes de las provincias vascas (colectivamente o por separado) de decidir por ellas mismas cuál es la manera más apropiada de organizar ellos su relación con el resto de España".

Cree que el papel jugado por la violencia es una cuestión que no debe ser pasada por alto y se hace una pregunta: "¿Es la violencia ejercida por el gobierno español contra el nacionalismo vasco de una magnitud y duración suficiente como para justificar las acciones insurgentes de **ETA** de finales de los 60 y de los 70? En mi opinión la contestación es inequívocamente sí". La violencia de la transición se vuelve, sin embargo, más nebulosa, "pero esta no se puede apagar como si fuera una lámpara simplemente por el hecho de que haya un nuevo régimen en el gobierno de Madrid". Años más tarde, el autor no se mostraría tan seguro de justificar moralmente la violencia de ETA, después de los cambios del régimen tras la muerte de Franco. Su segundo libro de 1984, *The Basque Insurgents. ETA, 1952-1980*, es un cuidadoso y metódico trabajo con datos que revelan el trasfondo social, cultural y político de los activistas de ETA. En una de sus conclusiones constata que dentro de la banda armada existía una pronunciada antipatía hacia la mujer. En 1990 edita su tercer libro, *Negotiating With Eta-Obstacles To Peace In The Basque Country 1975-88*, donde hace un análisis sobre los más de treinta intentos de negociación para establecer la paz en el **conflicto vasco** desde 1975 hasta 1988. Clark no solo indaga en las causas del fracaso de todas estas negociaciones, sino que además sugiere ideas para poder aumentar las posibilidades de éxito. Aunque no desaprueba la idea de que la negociación con terroristas sea una mala praxis, es optimista al respecto y considera que de estas se podría extraer alguna valoración positiva.

1973 – ROSLYN MAY FRANK

Etnógrafa y **vascóloga** estadounidense. Roslyn Frank es una profesora emérita de la Universidad de Iowa, USA, especializada en estudios como la lingüística cognitiva y la etnoastronomía. Según ella misma comenta en una entrevista a *Euskonews* del 26/09/2009, su interés por el euskera se despertó allá por el año 1973 cuando, enseñando en clase *El Quijote*, se topó con el personaje vasco del libro. Se preguntó entonces por qué, después de tantos años dedicada al estudio de la cultura española, nadie le había contado nunca nada sobre la **lengua vasca**. El misterio de la lengua le fascinó de tal manera que comenzó a venir a Euskal Herria para aprenderla en distintos barnetegis. Su primer trabajo de investigación sobre el euskera fue sobre el numeral ***hamalau***, y se percató de que significaba "algo más que un número". "Todos los vizcaínos se creen hamalau", oía decir. Entonces se enteró del cuento del *hamalau*, una criatura que surge de la relación de una **mujer** del bosque de Irati con un oso. De la relación entre ellos, relata, nace el niño *hamalau* o *hartz-ume*, mitad oso, mitad ser humano, algo que entronca con la creencia de los vascos de que descendían de los osos. Un cuento que, dice ella, está presente en toda Europa. Trabajó también sobre el importante papel que desempeñaba la mujer en la sociedad y para ello rastreó todos los artículos sobre los Fueros de Iparralde del siglo XVI, analizando elementos institucionalizados como la *serora* y las *begiñas* o *braiñas*, mujeres todas ellas ligadas a la iglesia local y que gozaban de una cierta libertad de acción. En 1977 publica *The Role of the Basque Woman as Etxeko-Andrea: "The Mistress of the House"*. En el artículo se demuestra que las leyes que involucran a la mujer como heredera y señora de la casa son precisas e inclusivas y se basan, además, en las realidades de una sociedad en la que los hombres estaban a menudo ausentes, ya fuera en la alta montaña o en la mar. La importancia de la *Etxeko-Andrea* es directamente proporcional a la importancia del *etxe-ondo*, el caserío de donde procede el linaje: "En el País Vasco, los conceptos jurídicos tradicionales que han inspirado las leyes que rigen la sucesión reflejan esta preocupación obsesiva por la conservación del 'etxe-ondo'. Para asegurar la transmisión integral de la casa con sus bienes inmuebles y muebles, las normas sucesorias seguían un patrón de estricta primogenitura, sin distinción de sexos". El tiempo que ha dedicado a nuestra tierra aporta una visión bastante poliédrica de nuestra comunidad. Sus estudios alcanzan ámbitos muy diferentes de la cultura vasca, algo bastante inusual entre los investigadores locales.

1973 – PAT BIETER

Profesor estadounidense (1930-1999). Fue profesor de la Universidad del Estado de Boise durante 40 años. Casó con una vasca, Eloise Garmendia, hija de dos inmigrantes vascos, y a partir de ahí, no solo aprendió euskera, sino que dedicó su vida al estudio de las comunidades vascas en Estados Unidos. En 1973 publicó *The Basques in Idaho*, una de las primeras introducciones que se hicieron en Norteamérica sobre la vida de la **diáspora vasca**, en la que relataba la historia de nuestro pueblo y las razones por las que hubieron de emigrar a América y establecerse en Idaho. Además de estos trabajos pioneros sobre aquellos primeros emigrantes, ayudó a fundar en la Universidad Estatal de Boise el primer programa de estudios vascos en el extranjero.

1974 – NILS HOLMER

Lingüista sueco (1904-1994). Focalizó sus estudios, sobre todo, en el ámbito de las lenguas celtas, aunque también se ocupó de la lengua vasca. En la revista parisina *Studia linguistica* publica en 1976 el artículo *Ibero-caucasian as a linguistic type*. El punto de partida del trabajo de Holmer es la idea del parentesco entre el euskera y las lenguas caucásicas. El autor pretende demostrar (con la comparación del ergativo, conjugaciones, prefijos, etc.) que el vasco y algunas **lenguas caucásicas**, sobre todo el georgiano y hasta cierto punto el sumerio, constituyen un tipo lingüístico más arcaico que el semítico y el indoeuropeo. Según dice, estas lenguas serían, por lo tanto, los vestigios vivos de una rama de las lenguas que se podría llamar ibero-caucásica. En 1964 publicó también *El idioma vasco hablado: un estudio de dialectología euskérica*.

1974 – PAYNE:

"La guerra civil no fue tan solo un conflicto interno entre todo el conjunto de los españoles, sino también una guerra civil entre los vascos de las cuatro provincias".

1974 – STANLEY G. PAYNE

Historiador e hispanista estadounidense (1934). Comenzó su carrera como progresista, y con el tiempo Payne se fue volviendo cada vez más crítico con el relato histórico tradicional predominante de una izquierda que, según dice, tergiversa la historia de España, para acabar defendiendo posiciones más próximas al franquismo. En el 2017 ganó el premio Espasa de Ensayo con su obra *En defensa de España: desmontando mitos y leyendas negras*. En 1974 publicó *El **nacionalismo** vasco. De sus orígenes a la ETA*, una exposición sobre el recorrido de este movimiento hasta la muerte de Carrero Blanco. Engloba los cuatro territorios del sur, incluida Nafarroa, "la región vasca suroriental", cuya capital, Iruñea, era el centro del antiguo territorio vasco. Ve como "insoluble" el problema de los orígenes del pueblo vasco, aunque lo reconoce como diferente a cualquier otra región o grupo étnico, incluidos los várdulos que ocupaban Gipuzkoa (se posiciona pues con la teoría de la Vasconización Tardía). Dice que los fueros, que "representan lo que en tiempos fue la común tradición de la península", continuaron desarrollándose aquí por motivos étnicoculturales y lingüísticos. El siglo XVI fue un periodo de cambios que convirtieron a Bizkaia y Gipuzkoa "en las zonas socialmente más libres y jurídicamente más igualitarias de España". Este entorno rural se levantó en 1833 contra la reina regente que quería abolir los fueros y luchó en favor "de sus propios derechos, de sus valores y de su modo de vida". El nacionalismo es creado en Bilbao por los miembros de una capa intelectual superior que funde nacionalismo y modernización. Payne se muestra siempre bastante neutro a la hora de definir este nacionalismo y parece, por momentos, incluso que simpatiza con él (recordemos que trabajó para el Programa de Estudios Vascos de la Universidad de Nevada, promovido por Douglas 1963). No considera a Sabino Arana un racista biológico, sino una persona más bien empeñada en preservar los valores sociales por medio de los municipios "a los que atribuía la creación original de las 'repúblicas' vascas que se habían confederado libremente" y por los que se restablecerían la justicia y la igualdad social. El nacionalismo continuaba creciendo, estaba basado "en el catolicismo social y tenía un tono económicamente reformista y culturalmente liberal", siendo el clero "quizás el bastión más sólido de la causa". La izquierda los denunciaba como "Gibraltar Vaticanista" y "cavernícolas" y la derecha los acusaba de "bolchevismo judío", reprimiéndolos con fuerza. El día del golpe, y ante la desinformación, el PNV quiso mostrarse "neutral en la lucha por el poder entre la derecha y la izquierda". Una vez que se verificó la rebelión militar, "el PNV se inclinó a favor de la constitucionalidad republicana". "La guerra civil no fue tan solo un conflicto interno entre todo el conjunto de los españoles, sino también una guerra civil entre los vascos de las cuatro provincias".

En Nafarroa y Araba, sin embargo, los nacionalistas fueron arrastrados por los rebeldes por la fuerza y bajo amenaza, mientras en Bizkaia y Gipuzkoa no pudieron impedir muchas de las atrocidades cometidas por la izquierda, y soportaron la ejecución de sacerdotes por ambos bandos. Los nacionalistas no promovieron ninguna colectivización de las tierras como en otras regiones de España y "ningún sector de las fuerzas republicanas españolas se mostró más decidido y tenaz que los vizcaínos en el combate". Su organización era reconocida por todos. Señala que cuando parecía que la centralización iba a eliminar en Europa muchas identidades regionales, las alternativas nacionalistas ofrecieron un alivio a la crisis de identidad generada por la rápida modernización. La intelectualidad radical vasca se convirtió con el tiempo en el elemento más disidente de España debido a una compleja combinación de factores. La insatisfacción general vasca de la clase media, política, trabajadora y religiosa fue contrarrestada por una represión que generó un "grupo nacionalista violento y nuevo, basado en una política juvenil y radical", ETA. Para terminar, le parece dudoso que "tras la emigración no asimilada de décadas recientes" el nacionalismo vasco "sea más vigoroso que en 1936". No acertó. En el capítulo 15 de su libro de 2013 *La guerra civil española*, Payne se decanta, de manera descarada, por el relato franquista de los hechos acaecidos en Gernika: le despoja de su carácter singular y lo califica de objetivo militar. Simplemente, se les fue de las manos. Reduce el número de víctimas a 160.

1975 – LOUIS CHARPENTIER

Escritor y periodista francés (1905-1979). Escribió *Le Mystère basque*, una obra con un amplio contexto esotérico en la que comienza desvelando a los lectores franceses –y a los alemanes en la edición de 1986– quiénes fueron los verdaderos héroes que se enfrentaron al todopoderoso ejército carolingio en la batalla de Roncesvalles: los vascos, un pueblo singular de agricultores, ganaderos y marinos, que a base de guerras e invasiones consiguieron mantener su independencia, un pueblo cuyo origen se le escapa a la historia, pero no a la mitología. A partir de ahí se interna por un océano de fabulaciones que incluye grupos sanguíneos, cráneos, guanches, pirámides y gentiles, llegando a retomar el viejo mito del **origen atlante** de los vascos.

1975 – SOUTHWORTH:

"Es un grave error de los historiadores neo-franquistas dedicarse a regatear el número de muertos" (Gernika).

1975 – HERBERT SOUTHWORTH

Escritor e historiador estadounidense (1908-1999). Si hay un libro que es necesario leer para comprender lo que significó el bombardeo de **Gernika**, ese es *¡Guernica!, ¡Guernica!* (en castellano, *La destrucción de Guernica*) de este historiador americano. Después de su participación en la guerra civil española, se retiró a su mansión francesa, haciendo acopio de una inmensa bibliografía (doce mil volúmenes) sobre esta guerra. Southworth (que se declaró siempre pro-republicano) arremetió en sus libros contra Franco, su clase política y el periodismo internacional que callaba ante sus mentiras. En 1975 presentó en la Universidad de la Sorbona de París una tesis doctoral sobre el bombardeo, que fue publicada en 1977. El ensayo es un ambicioso y meticuloso relato que pretende revelar la verdad, mostrando un desarrollo cronológico de los acontecimientos y manejando una magnitud de datos cuasi mareante. Al desembrollar el intrincado cruce de telegramas, artículos, partes y despachos, el autor intenta desmitificar la versión franquista del ataque. El esfuerzo de Southworth se centra en aclarar tres preguntas: ¿Cómo fue destruida Gernika? ¿Por quién? ¿Por qué?

Viendo el eco que había levantado la masacre a nivel mundial, el autor explica que la oficina de prensa del bando nacional intentó ocultarlo desde el mismo momento que ocupó Gernika, tres días después del desastre, y se lo atribuyó a los dinamiteros asturianos y los separatistas vascos que ya habían quemado Irun y Eibar en su retirada. A partir de ahí, dice, las visitas a Gernika se presentan como una auténtico "tour organizado" y todos los corresponsales tienen que exponerse al control de la censura: "Es sencillamente imposible que todos esos artículos, pasados por la censura franquista, reflejen la verdad. Se contradicen entre sí". Los primeros testimonios de los corresponsales que llegaron la misma tarde del bombardeo desde Bilbao (Steer 1937, Monks 1937, Holme 1937 y Corman 1937) chocan frontalmente con los que acataron el punto de vista de los rebeldes. La prensa internacional se sintió entonces totalmente confundida. En Inglaterra, eminentemente conservadora, el ministro de Asuntos Exteriores, Eden, confesó que "es perfectamente cierto que este asunto ha conmovido profundamente la sensibilidad de este país". En la Francia republicana, por el contrario, la actitud fue muy diferente. Solo un diario francés disponía de un corresponsal en Bilbao y era belga (Corman): "Los corresponsales franceses estaban todos en el bando franquista" y sus reportajes "fueron absolutamente favorables a la causa franquista". En la Francia católica, sin embargo, se removieron conciencias tras las declaraciones del **padre Onaindia**, testigo ocular de la tragedia. Intelectuales católicos como Mauriac (1937) y Maritain tomaron una actitud opuesta a la del Vaticano.

Pero lo que al americano en verdad le indigna es que "más de cien supervivientes del holocausto de Guernica habían relatado a los periodistas que Guernica había sido bombardeada. [...] Estos testigos y sus interlocutores constituían en total un impresionante expediente. Pero todo iba a ser negado y recusado". Los rebeldes omitieron también el tema de las víctimas, ya que la explicación no cuadraba, por razón de que un ejército en retirada siempre destruye después de evacuar al pueblo que está protegiendo y al que no deja abandonado. Considera entonces que "es un grave error de los historiadores neo-franquistas dedicarse a regatear el número de muertos" (se habla de entre doce y doscientos). Aunque en Gernika no hubiera más que dos fábricas de armas, muchos autores pro-franquistas contemplaron a Gernika como "una posición estratégica de importancia considerable". Para Southworth "podemos preguntarnos, dada la pobreza de objetivos militares efectivamente destruidos, y comparándolos con el derroche de proyectiles arrojados, si el bombardeo había pretendido realmente alcanzar a alguno de esos elementos". El porqué del bombardeo se puede buscar entre los argumentos "de quienes sostuvieron que los alemanes habían bombardeado Guernica para experimentar sus aviones o bombas o para quebrantar la moral de los civiles ante tales armamentos". En el plano de esta última hipótesis, el autor se pregunta: "¿No podríamos decir que el aniquilamiento de Guernica fue una advertencia dirigida a los vascos para el caso de que hubiesen intentado defender Bilbao, para advertirles de que su ciudad también sería arrasada e incendiada?". "El hecho de que [los vascos] renunciasen a defender su ciudad", concluye, "¿no estaría ligado, en parte, al ejemplo desmoralizador de Guernica?"

1975 – BLINKHORN:

"El carlismo de 1931 era el movimiento popular de extrema derecha más antiguo de Europa".

1975 – MARTIN BLINKHORN

Historiador británico (1941). Profesor de la Universidad de Lancaster, Blinkhorn es un hispanista especializado en la historia contemporánea española, autor de *Carlism and crisis in Spain: 1931-1939* (traducido al castellano como *Carlismo y contrarrevolución en España 1931-1939*), una tesis doctoral que ahonda en los orígenes de la guerra civil española y del papel que jugó en **carlismo** en ella. "El carlismo de 1931 era el movimiento popular de extrema derecha más antiguo de Europa", comienza diciendo. Desde 1830 aglutinaba al catolicismo tradicionalista español, una minoría de la España rural que se empeñó en "una cruzada contra las novedades dominantes de la época", o sea, urbanismo, industrialización, tolerancia, ateísmo, centralización, liberalismo y socialismo. El carlismo vasconavarro, sin embargo, debe ser considerado aparte, ya que lo entiende como un movimiento de terratenientes y arrendatarios "económicamente acomodados", entre los que se había generado un fuerte nexo de lealtades y tradiciones y cuyas aldeas estaban unidas por el interés compartido en esta "equitativa distribución de la propiedad" generadora de menos conflictos sociales. Fue en este ambiente de "catolicismo sencillo y devoto", donde la clerecía local proporcionó al carlismo liderazgo, siendo el clero el principal motor "de un carlismo cuyos peores excesos en tiempos de guerra se realizaban en nombre de la Iglesia". Frente a las ciudades liberales vascas, la población rural se adhirió al carlismo, no tanto para protestar contra las condiciones presentes, sino "en busca de protección contra el futuro", dice Blinkhorn. Señala que "allí donde la tradición familiar y local era poderosa se heredaba algo más que la simple propiedad". Las desamortizaciones de los liberales que habían beneficiado a los pequeños propietarios vasconavarros trajeron sin embargo más carlismo conservador.

Afirma Blinkhorn que solo hubo entonces un movimiento que tuvo suficiente poder como para amenazar el control del carlismo, un movimiento con exigencias "más modernas, estridentes y francamente separatistas" como era el **nacionalismo vasco**. "Cuando la defensa de los fueros fracasó, perdió terreno en favor de un nacionalismo moderno que expresaba exactamente la verdadera naturaleza de las aspiraciones vascas". A pesar de que la devoción por los fueros unía a ambos, "fue la preocupación por la raza la que, más que cualquier otra cosa, creó una brecha ideológica insalvable entre el nacionalismo vasco y el carlismo", una raza que "no solo era única en su género, sino superior a la española". Manifiesta que el carlismo, que por otra parte era "antisemita" y que en Navarra "fue sobre todo una expresión de patriotismo español", jamás apoyó esta propuesta. "La fuerza declinante de la **lengua vasca** en las dos provincias interiores solo explica parcialmente este fenómeno". Navarra y Álava "sentían económicamente, y lo que es más importante, psicológicamente mayor atracción hacia España que hacia el Atlántico o hacia una mítica nación vasca". Cuando llegó la República en 1931 el carlismo, asegura, estaba en su punto más bajo desde 1870 y el mayor atractivo que le ofrecía la autonomía vasconavarra era poder aislarse de la epidemia anticlerical republicana, y sus temores "ante una estado centralizado dominado por Bilbao y el PNV eran, parcialmente al menos, mitigados por el planteamiento de una alta autonomía provincial dentro de la región como un todo, y también por el reconocimiento de que cada una de las provincias podía abandonar la región autónoma si lo deseaba". Pero los carlistas navarros pretendían formar una alianza "antirrevolucionaria", y "se sentían irritados por las vacilaciones de los nacionalistas vascos en unírseles". "La vuelta de la izquierda al poder [en 1936] lanzó a los carlistas a una frenética preparación de la rebelión" y se mantuvieron en contacto con sus conspiradores. "Más que ningún otro elemento del bando nacionalista, los carlistas consideraban la guerra como un acontecimiento que trascendía el conflicto civil o hasta ideológico: en resumen, que se trataba de una cruzada religiosa. [...] El Requeté se ganó la reputación de ser el elemento más exaltadamente violento dentro de los ejércitos nacionalistas".

1975 – PIER PAOLO PASOLINI

Escritor, poeta y director de cine italiano (1922-1975). Un referente de la cultura italiana, creador controvertido durante su

1975 – Pasolini: *"La enseñanza o la protección del dialecto [...] debería convertirse en algo profundamente revolucionario, como la defensa que hacen los vascos de su lengua"*. Ante la pancarta *"Salvemos la vida de los patriotas vascos"*.

primera etapa como escritor y que, con su salto a la cinematografía, amplió su fama a nivel internacional. De ideología marxista y enemigo de la aculturación que el progreso capitalista ejercía sobre las comunidades locales, Pasolini se implicó con las lenguas minoritarias de Italia y participó en distintas conferencias en las que denunciaba el trágico destino de los dialectos italianos en el nuevo sistema escolar. El 21 de octubre de 1975, pocos días antes de que fuera asesinado en extrañas circunstancias, asistía a una conferencia en la ciudad de Lecce, cuyo debate fue publicado al año siguiente bajo el título de *Volgar'eloquio* (*Vulgar lengua* en la edición castellana de 2017). A la pregunta del profesor Buratti de qué es lo que debería hacer una escuela diferente, Pasolini contesta: "El verdadero problema de nuestros días es que este pluralismo lingüístico y cultural tiende a ser destruido y homologado a través de ese genocidio que hablaba Marx, y que lleva a cabo la civilización consumista, que posee un vasto instrumento de difusión como es la televisión, y en los últimos tiempos también la escuela. [...] La enseñanza o la protección del dialecto [...] debería convertirse en algo profundamente revolucionario, como la defensa que hacen los vascos de su **lengua**, o los irlandeses. Debe llegar al límite del **separatismo**, que sería una lucha extremadamente sana, porque esta lucha por el separatismo no es otra cosa que la defensa de ese pluralismo cultural que es la realidad de una cultura". Pasolini se implicó también en la lucha por las libertades del pueblo vasco, como lo testimonia una fotografía de 1975 que muestra a Pasolini en una manifestación convocada en solidaridad con Euskal Herria, que estaba viviendo la opresión del régimen franquista. En la pancarta que se ve de fondo puede leerse: "*Salviamo la vita dei patrioti baschi*".

1975 – KELLY FAMILY:

"Aquel día mi padre se preguntó: ¿Dónde estoy? ¿A qué tierra he llegado? ¿Quiénes son estas gentes?".

1975 – KELLY FAMILY.

Daniel Jerome, padre de la Familia Kelly, una banda musical que en los años 80 y 90 fue líder de ventas en varios países europeos, emigró con su primera mujer Joanne y sus cuatro hijos de Estados Unidos a Toledo hacia 1960 para abrir una tienda de antigüedades. Al separarse y casarse por segunda vez con Barbara Ann Suoko, con la que tuvo ocho hijos más, estuvieron viviendo en Talavera de la Reina, donde se encargaron ellos mismos de la educación de sus hijos. Una vez establecidos en Ejea de los Caballeros en 1975, cuatro de los hijos comenzaron a hacer pequeñas giras locales, llegando a actuar en algún programa de televisión. John Kelly, uno de los hijos, cuenta en una entrevista su llegada a Pamplona en 1975 con estas palabras: "Estuvimos tocando en las fiestas de los pueblos de Aragón hasta que casualmente llegamos a **Pamplona** con nuestros instrumentos para ganarnos el pan. Entramos en un restaurante llamado 'El mesón del Caballo Blanco' y cantamos varias canciones para los comensales. En el momento de ir a pasar el sombrero, un tal Andoni, que estaba sentado en una mesa nada menos que con Jorge **Oteiza**, el escultor, dijo a un grupo grande de comensales que cantasen para nosotros el 'Agur Jaunak'. Se pusieron de pie y es entonces cuando las notas del 'Agur Jaunak' fueron escuchadas por nosotros por primera vez. Tanto fue el impacto y la perfección de aquellas voces que mi padre acabó llorando de emoción. Aquel grupo de comensales era la Coral de Cámara de Pamplona. Aquel día mi padre se preguntó: ¿Dónde estoy? ¿A qué tierra he llegado? ¿Quiénes son estas gentes?". Después de que en 1980 consiguieran ser número 1 en los Países Bajos y Bélgica, la madre enfermó de cáncer y la familia quiso regresar a su tierra navarra, en concreto a la localidad de **Belaskoain**, para que ella pudiera descansar allí, después de que hubiera tenido a su último hijo. Una vez fallecida y enterrada en el cementerio de Belaskoain, la familia volvió a los escenarios, cosechando triunfos, sobre todo, en Estados Unidos y Alemania. En sus conciertos todavía hoy suelen incluir canciones vascas como el *Agur Jaunak* y el *Txoria txori*.

1975 – Thomas/Morgan-Witts: *"Esta magnífica fotografía fue tomada por el padre Eusebio Arronategui cuando se acercaba a Guernica la primera oleada de Junkers-52. Si el objetivo era el estrecho puente de Rentería, según afirmaron los nazis, ¿por qué volaban los aviones en formación de tres?".*

1975 – GORDON THOMAS Y MAX MORGAN-WITTS

Periodista de investigación galés (1933-2017) y escritor y director británico (1931). Thomas (prolífico escritor que ha vendido más de 45 millones de libros) y Morgan-Witts son los autores de un libro que recibió dos títulos diferentes: *The Day **Guernica** Died* (*El día en que murió Guernica*) en su edición londinense, y *Guernica. The Crucible of World War II* en la neoyorquina. La obra fue uno de los primeros trabajos de investigación que se realizaron para aclarar la cuestión del bombardeo de Gernika, después de que la propaganda franquista hubiera alentado durante años la teoría de haber sido destruida por los propios vascos. El libro es una reconstrucción ficcionada del dramático periodo de tres días que culminó con el bombardeo de la pequeña ciudad vizcaína. Un duro trabajo de investigación les llevó a entrevistar a 40 testigos presenciales, entre los cuales "hubo unánime acuerdo con respecto a lo sucedido", y a 13 miembros de la **Legión Cóndor** que participaron en la misión. Su hallazgo más considerable fue el diario de Wolfram von Richthofen (1937), el comandante responsable del ataque, que encontraron en la casa de su viuda. Los autores del libro no ven en la villa foral, precisamente, un interés estratégico militar: "Sus tres conventos, un monasterio y dos iglesias hacían de la ciudad un importante centro religioso". Sin embargo, como bien señalan todas las fuentes alemanas consultadas, la Luftwaffe bombardeó y ametralló la ciudad durante tres horas y media. "Quizá el ataque más terrible de la historia llevado a cabo contra una población indefensa". Los autores comentan que años más tarde, el jefe de la escuadrilla Freiherr von Beust comentaba que, por aquellos días, "se nos dijo súbitamente que debíamos silenciar todo detalle sobre el ataque aéreo". (A partir de ahí se fraguó la mentira que Southworth 1975 narra en su libro. El puente se convertiría en el chivo expiatorio). Los autores se preguntan: "¿Acaso von Richthofen, en verdad, trataba de que sus 50.000 kg de bombas cayeran solamente en el puente...?". Uno de los pilotos, von Krafft (que también llamaban Dellmensingen Krafft) comenta que "las grandes bombas cayeron junto al puente. Las incendiarias trazaron una especie de lluvia plateada sobre Guernica y cayeron en la ciudad". Los testigos cuentan historias dramáticas. **María Ojanguren** relata que su madre no hacía más que gritar "¡no os separéis; pase lo que pase, no os separéis!". "Creo que pensaba que, si moríamos, sería mejor que muriéramos todas juntas", añade. **Juan Arrián** contempló los aviones "dando varias pasadas y ametrallando sin cesar". **Anto-**

nio Arzanegui "vio cómo **Jacinta [Gómez]** retrocedía por efecto de los impactos recibidos. Sus tres hijos corrieron hacia la madre muerta. Un segundo Heinkel los mató a todos con una prolongada ráfaga de ametralladora". **Augusto Unceta** comenta que "todos sin excepción estaban tendidos boca abajo y mostraban las espaldas acribilladas por las ametralladoras de los aviones". **Juan Silliaco** quedó atrapado: "Muy cerca de mí, entre los escombros, había una joven. No podía apartar mis ojos de ella. Los huesos sobresalían por su vestido. Tenía el cuello retorcido. Yacía con la boca abierta. Vomité y perdí el conocimiento". **María Ortuzar** en un momento "apartó hacia un lado una mano, pero, con horror, se dio cuenta de que se le había enganchado en el cinturón y luego había arrastrado consigo un brazo de alguien". La enfermera **Teresa Ortiz** recordaría las horas siguientes como "una interminable rutina de cortar, serrar y coser". Ninguno era capaz de llevar la cuenta de los muertos, pero los citan por cientos. "Nadie llegaría a saber cuántas víctimas había producido solamente el humo". "La gente decía que se habían recuperado más de 300 cadáveres"; muy pronto, afirman los autores, la cifra "ascendería a más de mil".

1975 – TRASK:

"No quiero ni oír hablar de lo siguiente: su última prueba de que el euskera esté relacionado con el ibérico/ etrusco/ picto/ sumerio/ minoico/ tibetano/ istmo zapoteco/ marciano".

1975 – ROBERT 'LARRY' TRASK

Lingüista y vascólogo estadounidense (1944-2004). Después de licenciarse como químico por una universidad norteamericana y de residir en Ankara, Larry Trask decidió erradicarse en Inglaterra para desarrollar en las islas su carrera profesional. Allí conoció a su mujer, Esther Barrutia, una vasca que pudo ser la causa de su conversión al ámbito de la lingüística. Obtuvo su doctorado en esa rama en 1975 en la Escuela de Estudios Orientales y Africanos: "Mi tesis fue, por supuesto, sobre el **euskera**", declaraba en una entrevisata. Desde entonces Trask se convirtió en un especialista de renombre internacional, uno de los más respetados, sin duda alguna, por todos los lingüistas que han alzado su voz en esa complicada disciplina que es la Filología Vasca. Su fino humor le llevó a anotar en la página web de su ***Diccionario** etimológico vasco* (*Etymological Dictionary of Basque*, 2008) un apunte de advertencia: "Tenga en cuenta. No quiero ni oír hablar de lo siguiente: su última prueba de que el euskera esté relacionado con el ibérico/ etrusco/ picto/ sumerio/ minoico/ tibetano/ istmo zapoteco/ marciano. Su descubrimiento de que el euskera es la clave secreta para comprender las inscripciones de Ogam/ el disco de Festos/ las tallas de la Isla de Pascua/ el Libro de los Muertos egipcio/ la Qabbala/ las profecías de Nostradamus/ el manual de tu PC/ los movimientos de la Bolsa de Nueva York. Su creencia de que el euskera es el idioma ancestral de toda la humanidad/ un remanente del habla de la Atlántida perdida/ el idioma de la civilización desaparecida de la Antártida/ evidencia de visitantes de Próxima Centauri. Definitivamente, nada quiero escuchar acerca de todos esos avances académicos". Para Trask existen una gran cantidad de palabras vascas difíciles de relacionar con ninguna otra lengua vecina. Este léxico incluye la mayoría de las palabras gramaticales, numerales, partes del cuerpo, adjetivos básicos, nombres de colores, plantas y animales, palabras referidas al clima y la geografía, herramientas, materiales nobles, palabras como *hombre* y *mujer*, términos pastoriles y agrícolas y la mayoría de los verbos básicos. Advierte además, en su *Diccionario etimológico*, que no es sorprendente que los vocablos referidos a las leyes, administración, religión, educación, etc., sean préstamos, pero sí que le choca que los términos náuticos no sean nativos, a pesar de la larga tradición marítima de los vascos. Y se hace eco de la gran cantidad de palabras compuestas que existen en el idioma, algunas reconocibles como modernas, pero otras claramente antiguas por sus formas fonéticas. En 1997 publica *The History of Basque*, una obra en la que ofrece un recorrido completo sobre lo que se sabe de la prehistoria de la lengua. Proporciona, además, una larga evaluación crítica de la búsqueda de sus parientes, así como un pequeño esbozo de la lengua y una extensa bibliografía. Como última reseña, cabe resaltar sus dudas sobre la extensión del euskera en la Tardoantigüedad (siglo V), o sea, si ya se hablaba aquí o vino de Aquitania, como asegura la tesis de la vasconización tardía: *"We may wonder whether Basque was already spoken in its historical region at this time, or whether it spread westward only after the collapse of Roman power in the west"*. No aclara, por lo tanto, la duda; la deja en el aire.

1975 – KLAUS A. MAIER

Militar e historiador alemán (1940). Comandante de las Fuerzas Aéreas Alemanas y colaborador del Instituto de Investigación de la Historia Militar, Maier fue, tras Merkes (1969), el primer investigador que examinó los archivos alemanes y que consultó a antiguos miembros de la **Legión Cóndor** para esclarecer el caso **Gernika**. En 1975 publica *Guernica, 26.4.1937. Die deutsche Intervention in Spanien und der 'Fall Guernica'* (*Guernica 26-4-1937: la intervención alemana en España y el 'caso Guernica'*). Comenta que la mayor parte de las actas fueron destruidas en la Segunda Guerra Mundial, pero habían sido utilizadas por la Luftwaffe para su documentación interna y habían sido escritas de manera técnica y objetiva, "lejos del influjo de consideraciones propagandísticas" que después utilizó el régimen franquista y nazi. El autor asegura que algunos grupos de trabajo de la época como Guerra de España (*Wir kämpfen in Spanien*) y Las Luchas en el Norte (*Die Kämpfe im Norden*) ofrecen informaciones sobre Gernika e incluso anuncian un "suplemento especial" sobre el "supuesto bombardeo aniquilador de Guernica", que no ha sido hallado y que, según Maier, jamás se habría realizado. Maier comenta que en la documentación del grupo *Die Kämpfe in Norden* se asegura que el general Sperrle tuvo una violenta disputa con el general Mola sobre la manera de conducir la guerra por la falta de cooperación, el incumplimiento de órdenes y la desidia. El general Mola se defendió, pero los alemanes pretendían buscar otro campo de actividad apropiado para su aviación, donde se establecieran acciones rápidas. Mola, sin embargo, quería destruir la mitad de las fábricas de Bilbao, algo que le achacaron los alemanes, puesto que lo encontraban un sinsentido si Bilbao iba a ser tomada. Mola aseguraba que "con este predominio del sector industrial [de Bilbao y Barcelona] no podía llevarse adelante un saneamiento de España". La mañana del 26 de abril Richthofen envía aparatos con la intención "de obstaculizar al enemigo en su retirada hacia el oeste a través de Guernica". Según este "el cerco de la villa solo se podía verificar mediante un bloqueo a largo plazo. [...] Únicamente una gran concentración de ruinas en las vías garantizaría un bloqueo prolongado". En el "telegrama del Cuartel General de Salamanca al Comandante de la Legión Cóndor, general Sperrle, del 7 de mayo de 1937" se dice: "rojos aprovecharon bombardeo para incendiar población. Investigación constituye maniobra propaganda y desprestigio a España nacional y naciones amigas" (o sea, se reconoce el bombardeo pero se achaca el incendio a los vascos).

En los anexos que presenta, Maier asegura que ninguno de los oficiales que tuvieron parte cercana en el suceso se sirvieron de la tesis "propagada por las autoridades nacionales, que descargaba de culpa a los germanos". Sin embargo, confirma, "sus partes de la época fueron escritos ya bajo la impresión de las repercusiones propagandísticas de la destrucción y de los embrollos diplomáticos con ella provocados". Añade que no se encuentran "en fuentes alemanas, excepción hecha de afirmaciones no probadas, demostraciones de ningún tipo acerca de la destrucción de su ciudad por los vascos". No cree Maier que Gernika fuera el objetivo directo del ataque. Presume que "las tripulaciones alemanas e italianas sentían muy pocas inhibiciones ante Guernica, 'lanzaron en mitad del centro', sencillamente, cuando encontraron sobre el verdadero objetivo [puente, afueras] condiciones demasiado inadecuadas para acertar con precisión". Advierte cómo con las presiones de Alemania y la aprobación de Inglaterra la investigación del caso Guernica acaba muriendo "a nivel diplomático". Maier acudió (junto con Southworth 1975) al simposio celebrado en Gernika en abril de 1977, con motivo de la conmemoración del 40 aniversario del bombardeo. Allí reclamaron ambos la responsabilidad compartida del Gobierno alemán y español y exigieron la apertura de archivos para poder esclarecer el ataque.

1977 – THOMAS/LOGAN:

"La nación vasca nunca se ha integrado plenamente en el Estado español, hecho que, dada la pervivencia de una cultura propia y de una lengua difícil, todavía causa problemas en la actualidad".

1977 – HENK THOMAS Y CHRIS LOGAN

Son los autores de un libro de 220 páginas publicado en Londres en 1982 en colaboración con el Instituto de Estudios Sociales de La Haya: *Mondragón: An Economic Analysis*. Ambos economistas se establecieron en Euskal Herria durante el bienio 1977-1979 y acabaron comprobando que la "nación vasca" nunca había estado integrada del todo en España, algo que, según ellos, todavía se apreciaba en los problemas diarios que esto generaba: *"The Basque nation has never become fully integrated into the Spanish state, a fact which, given the survival of a distinctive culture and a difficult language, causes problems to the present day"*. Al visitar las instalaciones de la **Cooperativa Mondragón** para comenzar el trabajo, algunos de sus directivos les comentaron: "No tenemos tiempo para hacerlo [el estudio] nosotros mismos y, en cualquier caso, es mejor que lo evalúen personas externas". Se proponen entonces realizar el primer estudio que analiza a fondo distintos aspectos económicos de un proyecto cooperativista que toma como base un modelo diferente de economía de mercado dentro del sistema capitalista. Los impulsores que han jugado un papel importante en esta iniciativa económica histórica son *"industrilisation, Basque nationalism and cooperativism"*. Repasan primero cómo el Grupo Mondragón comenzó en 1943 con un pequeño número de cursillos de educación técnica para jóvenes desempleados. A partir de ahí se formaron las primeras cooperativas de finales de los años 50, la expansión de los 60 y la consolidación final de los 70, cuya dimensión acabó por abarcar más de 15.000 cooperativistas (que a día de hoy han aumentado hasta el doble). El trabajo toma en consideración la capacidad que tiene la cooperativa de participar en la creación de empleo y la planificación de la mano de obra, y otros aspectos como la captación de recursos financieros y la planificación de las inversiones, además de estimar los problemas que generan las diferencias de ingresos y los incentivos que pueden derivarse de la propiedad de los trabajadores. Los autores conceden especial importancia a examinar el funcionamiento del sistema de autogestión y la eficacia de la producción y examinan el historial de crecimiento en términos de ventas y de valor añadido, de exportaciones y de inversiones, prestando especial atención a la comparación de los resultados económicos del grupo con los de las empresas privadas. También consideran digno de mención el propio régimen de seguridad social que se establece en la cooperativa: "El Grupo Mondragón ha abordado este problema mediante la creación de una cooperativa independiente que se ocupa de todos los problemas de seguridad social y bienestar".

1977 – SHOTA DZIDZIGURI

Investigador georgiano. Fue un catedrático de lenguas kartvélicas por la Universidad de Tbilisi, Georgia, desde donde se mantuvo siempre estrechamente vinculado con Euskal Herria y entró en contacto con Euskaltzaindia. En julio de 1977 se alojó en Iruñea, y después, en Tbilisi, publicó el libro *Mogzauroba Basketshi* (*Viaje al País Vasco*), traducido por Martínez Salazar. Quedó, como tantos otros, prendado de los **Sanfermines**: "La principal característica de esta fiesta es que nadie queda fuera, excepto enfermos y bebés, toda la ciudad sale a las calles. [...] Las gentes van vestidas con trajes típicos, corren en grupos, cantan antiguas canciones vascas y danzan incansables".

1978 – Grenier: *"Los vascos fueron los inventores de la moderna **caza de ballenas**"*. Cartel editado en 1998 por Parks Canada para divulgar las labores de recuperación arqueológica del pecio hallado en Red Bay en 1978.

1978 – ROBERT GRENIER

Arqueólogo submarino canadiense. Fue el responsable de los trabajos arqueológicos que se realizaron tras el descubrimiento de la **nao San Juan**, hundida en 1565 en la bahía canadiense Red Bay en la península del Labrador. "Los vascos fueron los inventores de la moderna **caza de ballenas**, una auténtica caza. Otros países podían, de cuando en cuando, atrapar una ballena que se había quedado varada en una bahía o aislada en una cueva, pero los vascos fueron los primeros que salieron a alta mar a cazar ballenas y las trajeron a la costa para transformarlas en aceite. Muy profesionales", afirma Grenier. En cuanto a la **txalupa** que recuperaron casi intacta durante la extracción del barco, asegura: "Es fundamental para la historia de la caza de ballenas, porque era el instrumento de caza: muy práctico, muy rápido, ágil y muy capaz en los peores mares. Los barcos vascos eran los mejores del mundo. Muy bien construidos y diseñados. La línea de esta txalupa resulta sorprendentemente moderna y muy similar a las traineras actuales". En el año 2017 presenta en la importante sociedad The Explorers Club de Nueva York, junto con la arqueóloga Latonia Hartery, el proyecto *In the Footsteps of Basque Whalers in Newfoundland and Labrador* (*Tras las huellas de los balleneros vascos en Terranova y Labrador*), un viaje-exploración que llevará a un número reducido de participantes por los antiguos caladeros vascos de América.

1979 – JOSÉ BERGAMÍN

Poeta y dramaturgo madrileño (1895-1983). Decía Javier Sánchez Errauskin, director de la revista *Punto y Hora* donde Bergamín publicaba sus artículos, y al que dedicó un libro de título *José Bergamín: escritos en Euskal Herria*, que los vascos tenemos una deuda pendiente con este **poeta** madrileño y que la mejor manera de solventarla es cultivando el tesoro de su legado. Este escritor abierto a todos los formatos de la literatura es, según la crítica, uno de los más genuinos representantes de la Generación del 27. Sin embargo, Bergamín no lo tuvo fácil en España, donde, durante la Guerra Civil, presidió la Alianza de Intelectuales Antifascistas. Su fuerte personalidad, siempre inconformista y por momentos rebelde, le hizo caer víctima de la desmemoria, como ha ocurrido con todos aquellos que se mostraron críticos con su patria natal. Mantuvo una estrecha relación con Telesforo Monzón, que, según él mismo decía, no ha muerto, "está vivo en su voz", y con Unamuno, del que comentaba que fue su "mejor maestro y amigo espiritual". Desde luego, se podría decir que, si los vascos tienen su Unamuno, España tiene su Bergamín. Su poesía, como su humor, era tensa y afilada. Y sus aforismos, precisos. Definió a Andalucía, tierra de su familia

1979 – Bergamín: *"Euskal Herria es una Marca entre Francia y España. Diferente de las dos [...] y separada de las dos. [...] Su independencia y libertad no son habladurías jurídico-políticas estatales o militares, [...] sino expresión veraz de su lenguaje vivo"*. Foto de la tumba de Bergamín.

burguesa, como "la tierra de pocos, el hambre de muchos". Tras la guerra se exilió en América donde editó el libro de García Lorca *Poeta en Nueva York*. Con la llegada de la democracia retornó al Estado, pero para instalarse en Euskadi y ser enterrado en Hondarribia, "para no darle a mis huesos tierra española", como decía en su poema *Fui peregrino en mi patria*. Cuenta Sánchez Errauskin que el Estado de las autonomías era para él un "ridículo y grotesco nombre": "O mandan las autonomías o manda el Estado". Apoyó el **independentismo vasco** ("¡Separatismo! ¡Pues claro que sí! Y tal vez lo primero de todo"), y escribió para los medios de comunicación de la izquierda abertzale a partir de 1979. Recoge Sánchez Errauskin las palabras de Bergamín sobre la visión que tenía de nuestro pueblo: "Se puede y se debe jugar con fuego, jugar con fuego es incendiar el juego, que es hacerlo hablar su lenguaje propio, la lengua de su llama viva. En Euskal Herria, independiente aunque esté presa (como Cervantes en la cárcel de Sevilla), es hablar el euskera naciente y renaciente que es su lenguaje propio y nacional". "¿Qué es este país tan sorprendente, tan digno de nuestro amor?", le pregunta Sastre (1982) en una entrevista para la revista *Punto y Hora* en 1982, a lo que responde: "Euskal Herria es una Marca entre Francia y España. Diferente de las dos, totalmente diferente, distinta y separada de las dos. Y su independencia y libertad son inseparables de esa separación misma. Es una marca euskaldun. [...] Su independencia y libertad no son habladurías jurídico-políticas estatales o militares, entiéndase, literales de letra muerta, sino expresión veraz de su lenguaje vivo". (Citas tomadas del libro *José Bergamín. Escritos en Euskal Herria*, selección de artículos editados por Sánchez Errauskin).

1980 – ORTIZ-OSÉS:

"La cultura vasca anida un cierto resto latente matriarcal que [...] la coloca en correlación con la prodigiosa cultura aborigen mediterránea matriarcal".

1980 – ANDRÉS ORTIZ-OSÉS

Filósofo y antropólogo español. Nacido en Huesca, Ortiz-Osés se doctoró en filosofía hermenéutica por la Universidad de Innsbruck y es el fundador de la teoría de la hermenéutica simbólica del sentido. En 1980 publica con Franz-Karl Mayr (1980) y E. Borneman el libro *Símbolos, mitos y arquetipos* (*Hermenéutica vasca*), del que resultó en 1988 un segundo libro, *El* ***matriarcalismo*** *vasco*, que se presenta como una introducción al primero. "Pensamos, en efecto, que la cultura vasca anida un cierto resto latente matriarcal que, al tiempo que la define genéticamente, la coloca en correlación con la prodigiosa cultura aborigen mediterránea matriarcal, derruida sin embargo por las famosas invasiones indoeuropeas sobre el 2000 a.C.". Afirman que nuestra cultura es pre-indoeuropea y pre-patriarcal y representaría, por consiguiente, "un último reducto en el contexto de la cultura indoeuropea patriarcal-racionalista". Para Ortiz-Osés, que escribe la primera parte del libro, "el matriarcalismo representa [...] una estructura psicosocial centrada o focalizada en el símbolo de la Madre/ Mujer, el cual encuentra en el arquetipo de la Gran Madre vasca 'Mari' su precipitado como proyección de la Madre Tierra/ Naturaleza divinizada". "El matriarcalismo implica una 'estructura psicosocial' en la que el arquetipo matriarcal femenino impregna, coagula y cohesiona el grupo social de un modo diferenciante". La hermenéutica (ciencia que estudia la comunicación del lenguaje oral y escrito) les va a servir a estos autores para poder interpretar estos temas. Ortiz-Osés comenta que esa estructura no aparece a simple vista, sino como trasfondo antropológico que "subyace aún hoy latentemente en la psique y experiencia profunda vasca de la vida". Continúa el autor diciendo que, aún hoy en día, se sigue dando un cierto equilibrio entre el principio femenino y masculino o, por lo menos, el trasfondo matriarcal sigue teniendo su espacio. La misma cultura popular vasca, con sus relatos y leyendas, es un fiel reflejo de esta dualidad que diferencia entre el inframundo femenino (Lamia, Sorgina, Basajaun...) y el supramundo masculino (representados por héroes civilizatorios). El deshechizamiento del nivel femenino vendrá realizado "en nombre del 'nombre racionalizador' y el 'derecho' romano", que asocia con la "derecha" masculina, enfrentada a una "izquierda" femenina "considerada como peligrosa, siniestra, demoníaca o cargada de energía numinosa". El antropólogo señala que todo ello se plasma en la lengua vasca, ya que la realidad que vive la comunidad se articula por medio del lenguaje, que tiene una energía femenina: "El euskera ofrece una estructura lingüística abierta o 'asuntiva' de la realidad natural, por cuanto pone en primer término, frente a los idiomas indoeuropeos, el objeto, mientras que la 'pasividad' de su verbo posibilitaría una actitud receptiva". Los caracteres de esta estructura matriarcal serían "el naturalismo y el comunalismo".

1980 – MAYR:

"La cultura vasca ofrece una alternativa hoy olvidada respecto a una comprensión humana del propio yo, del mundo y de lo religioso".

1980 – FRANZ-KARL MAYR

Mitólogo y simbólogo austriaco. Este profesor de la Universidad de Innsbruck (Austria) y Portland (Estados Unidos) y discípulo de Heidegger ha escrito importantes trabajos sobre la mitología indoeuropea y su simbología matriarcal y patriarcal. En 1980 publica con Ortiz-Osés (1980) y Borneman el libro *Símbolos, mitos y arquetipos* (*Hermenéutica vasca*), del que resulta en 1988 un segundo, *El **matriarcalismo** vasco*, una obra que se presenta como referencia obligada en el panorama de la antropología simbólica vasca. En su artículo *Hermenéutica de la simbología vasca* Mayr señala la diferencia conceptual entre la sociedad matriarcal y patriarcal: "El viejo 'realismo matriarcal' basado en el dinero natural (fecundidad de los ganados, ganancial no mercantil, prohibición de intereses) con su sentido comunal, se convirtió ya en la Grecia clásica en un 'nominalismo patriarcal' basado en el dinero artificial, intercambiable y cuantificable (moneda como imagen abstracta o nombre para cosas intercambiables), unido a un actitud individualistica". El universo vasco está, según Mayr, repleto de testimonios que él percibe como "primitivos", y que conectan directamente con esa actitud colectiva propia de las viejas comunidades matriarcales como la ausencia de un patriarcalismo religioso cristiano o la obtención igualitaria de derechos en la economía doméstica. Otro importante rasgo a tener en cuenta es la aparición del "objeto" como el punto central de la estructura gramatical, o sea lo que hoy llamaríamos ergativo o voz pasiva ("'El padre le ama' se convierte en 'él es amado por el padre'"): "Las cosas y acontecimientos o sucesos no se captan desde el punto de vista distanciado de un observador o 'conquistador' activo, sino 'desde ellas mismas'. [...] El lenguaje vasco es en este sentido 'hermenéutico', es decir, abierto al mensaje de la realidad". En su intento por vincular el euskera con la versión matriarcal de la religión griega, Mayr se hace eco de las teorías que lo vinculan con las lenguas caucásicas; según estas teorías, el euskera habría entrado en contacto, a través de su emigración por el Asia Menor, con las culturas minoico-micénicas. Enumera entonces una correspondencia entre las palabras del ámbito del vino y la vendimia o cultos como el del toro o el macho cabrío. La ciudad ática Ikaria, explica, "en la antigüedad era conocida por sus bailes de fertilidad alrededor de un macho cabrío", y relaciona este topónimo con la voz en euskera *aker*. "Cuando el arquetipo mítico de lo patriarcal-masculino que ha troquelado a la cultura occidental, así como unidimensionalmente a un cristianismo patriarcal, se encuentra actualmente en crisis, nuestra re-visión de la más vieja cultura de Europa y de su simbolismo –la cultura vasca– ofrece una alternativa hoy olvidada respecto a una comprensión humana del propio yo, del mundo y de lo religioso. De este modo los vascos y su concepción originaria y primigenia de la realidad no nos aparecen como perteneciendo al pasado, sino al futuro del hombre occidental y de la humanidad occidental. Los vascos son el símbolo de una humanidad futura 'integral'".

1981 – SANDRA OTT

Antropóloga estadounidense (1951). Sandra Ott es una **antropóloga** especializada en temas vascos que entró en contacto con Euskal Herria por medio de la Universidad de Nevada, de la que era directora de un departamento. En 1981 publicó *The Circle of Mountains: Basque Shepherding Community* (*El círculo de montañas: una comunidad de pastores vascos*). Sobre la base de una comunidad pastoril en **Urdatx-Santa Grazi** en Zuberoa, Ott analiza la importancia de los vínculos de cooperación dentro de esta sociedad, en un entorno que ella simboliza con la visión del "círculo" de montañas donde los campesinos están integrados de forma tan natural, como si fuera parte del vínculo social que les une. La primera parte del libro profundiza en la historia y organización doméstica y vecinal. La segunda presenta los roles que ejercen los hombres con respecto a las labores que realizan como pastores o queseros. En el epílogo examina cómo han influido las nuevas tecnologías en la comunidad pastoril. En 1987 fue de nuevo hasta Urdatx-Santa Grazi para grabar, junto con el realizador Leslie Woodhead el **documental** *The basques of Santazi*.

1982 – OTAR IOSSELIANI

Director de cine georgiano (1934). A finales de los años cincuenta Iosseliani comenzó a realizar sus primeros trabajos **documentales**, pero, ante las continuas censuras, tuvo que abandonar el mundo del cine para dedicarse a trabajos más prosaicos como la pesquería o los altos hornos. Al volver a retomar su antigua ocupación, Iosselliani tuvo que emigrar a Francia en 1982 como consecuencia de las continuas trabas que, de nuevo, se le imponían desde las instituciones rusas. Su carrera cinematográfica está plagada de éxitos, y alcanzó un merecido reconocimiento en el 2002 con la obtención del Oso de Plata de la Berlinale por su película *Lundi matin*. En 1982 rodó *Euskadi été 1982*, un proyecto de 55 minutos producido para la televisión francesa. En el documental muestra solemnes momentos festivos de dos pueblos de Iparralde: la fiesta del Corpus Christi de **Heleta** y la pastoral *Pete Basaburu* de **Pagola**. Su mirada se centra, sobre todo, en el modo de vida de los campesinos vascos (esquiladores, segalaris) y en sus momentos de esparcimiento (pelota, bailables, partida de mus, etc.).

1982 – SASTRE:

"Euskalherria ha sufrido un grave proceso de desnacionalización, uno de cuyos ejes –y quizá de los más importantes– ha sido de carácter lingüístico. [...] De ahí que el proceso de renacionalización del país tenga que pasar por el necesario trámite de la recuperación de la lengua".

1982 – ALFONSO SASTRE

Escritor, dramaturgo y ensayista español (1926-2021). Sastre, uno de los más grandes dramaturgos que ha dado la cultura española, se asienta en Euskadi en 1976, con la llegada de la democracia. Se siente bien acogido por la izquierda abertzale, en comparación con el mundo frío, hostil y burocrático que se respira en Madrid. En 1982 publica el libro *Escrito en Euskadi. Revolución y cultura*, un conjunto de artículos publicados en los distintos medios de comunicación en los que se manejaba (*Egin*, *Punto y Hora* y *El País*). El libro pretende "aportar algunas ideas procedentes de mis varias luchas y de mis irregulares estudios". Presenta tres artículos publicados en *El País* el 16, 17 y 18 de diciembre de 1980, en los que reflexiona sobre la **violencia**: "Un tema tan complejo que no sabe uno por dónde cogerlo". "Esto es verdaderamente una guerra", afirma. Sastre hace un recorrido por diferentes temas: las mentiras democráticas, las autonomías, la libertad de expresión, la tortura, la figura de Telesforo Monzón, ideologías y Estados. Nos cuenta, además, que a las siete y media de la mañana del 24 de octubre de 1980 llamaron a su puerta. Era la policía. Sastre quiso comprobar la verdad del mandato judicial y hacer una llamada. No les dieron tiempo. De una patada tiraron la puerta. Estuvo "sepultado en un desnudo calabozo", "durante ocho horas", "bajo el imperio de la ley antiterrorista". Bien podían haber sido diez días. Cuatro personas más fueron detenidas en esa operación y "sometidas a violencias físicas". En el libro Sastre también tiene unas palabras para el euskera. Dice que, siendo madrileño, de padre murciano y madre salamantina, carece de sentimientos patrióticos, salvo los referentes al idioma que habla y en el que escribe: "la lengua castellana, que es, digámoslo así mi único tesoro cultural y social". "¿Y qué tiene que decir una persona como yo sobre un tema como este: el aprendizaje del **euskera**?". "Euskalherria ha sufrido un grave proceso de desnacionalización, uno de cuyos ejes –y quizá de los más importantes– ha sido de carácter lingüístico. [...] De ahí que el proceso de renacionalización del país tenga que pasar por el necesario trámite de la recuperación de la lengua".

1983 – ARTHUR MACCAIG

Documentalista estadounidense (1948-2008). Cineasta de origen irlandés que ya había realizado un documental (*Patriot Game*) sobre el conflicto de Irlanda del Norte y que quiso también escrutar el laberinto político en el que se había convertido el País Vasco al comienzo de la democracia, por lo que filmó un documental de 97 minutos titulado *Euskadi hors d'Etat* (*Euskadi fuera de Estado*). Tras un trabajo previo de entrevistas y búsqueda de material audiovisual histórico y música local, compuso una obra que necesitó de un mes de rodaje y seis meses de postproducción. El trabajo repasa la violenta historia política que había vivido Euskal Herria desde comienzos de la Guerra Civil hasta 1983: "Un país tranquilo, apacible, sin historia, una tarjeta postal europea, la normalidad... Pero sobre las fiestas vascas y el folclore planean fantasmas. [...] Una espiral acción, represión, acción que dura desde hace mucho tiempo...". Van desfilando ante las cámaras y expresando su opinión fundadores de **ETA**, miembros antiguos y nuevos de la organización, familiares de secuestrados, torturados, agentes de las fuerzas armadas, dejando en general una imagen bastante real y completa del conflicto armado de aquellos primeros años. Termina el documental con la reflexión de un policía nacional que parece bastante diferente a lo que estamos acostumbrados a oír hoy: "Parte de la juventud vasca está muy frustrada por unos cuantos años que ha podido tener de cierta represión, pero que ETA ahora tiene que seguir porque abandonarlo sería desacreditarse ellos delante de todo el País Vasco".

1983 – ERNESTO SÁBATO

Escritor y pintor argentino (1911-2011). Este célebre novelista, autor en 1948 de la famosa obra *El túnel*, cuya protagonista, María Iribarne, lleva un apellido vasco, firma en 1983 el prólogo del libro del fotógrafo vasco Alberto Schommer *Zero Huts*, con el título de *Una milenaria lucha por la libertad*. En él asegura que, siempre "dado a la ensoñación" y atraído por lo legendario, admira a un pueblo vasco "cuyas raíces se hunden en la prehistoria". "¿Qué relación guardaba [el antiguo pueblo vascón] con aquellos vascos de mi pueblo pampeano, que jugaban en los frontones de pelota, con aquel hombrón de boina negra y faja colorada que nos traía leche fresca cada mañana y hablaba a gritos, en una lengua incomprensible, con un peón de nuestra casa?", se pregunta. En el 2004 publica la obra *España en los diarios de mi vejez*, donde vuelve a reincidir en su fascinación por nuestro pueblo: "Pero ya de grande mi simpatía por el pueblo vasco reconoce otros fundamentos, y muy en especial su milenaria lucha por la libertad. La raza vasca es tan singular en el tiempo que no se le reconocen ascendientes ni descendientes o afines étnicos. Que este pueblo haya sido capaz de mantenerse tan puro a lo largo de siete mil años habla del indomable espíritu que le es propio".

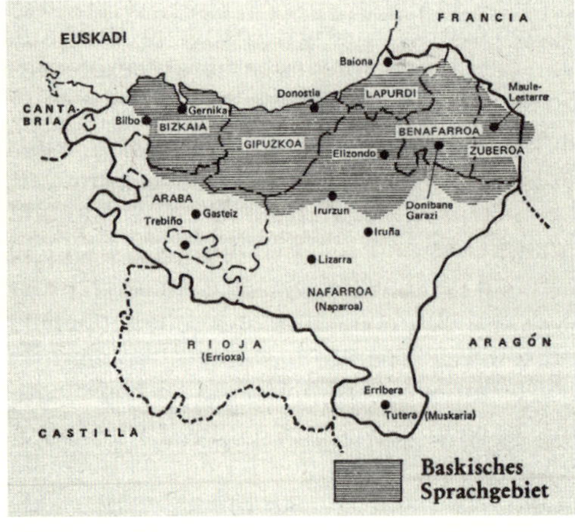

1983 – Lang. Mapa de la *zona vascoparlante*.

1983 – JOSEF LANG

Historiador y político suizo (1954). Para adquirir su doctorado como historiador, Lang finalizó en 1983 una interesante tesis sobre el País Vasco, de título *Das baskische Labyrinth. Unterdrückung und Widerstand in Euskadi (El Laberinto vasco.* ***Represión*** *y resistencia en Euskadi)*, que fue ampliada en la edición de 1988. En el prólogo del libro, el autor, que estuvo implicado en asuntos políticos en su país ya desde 1982 y llegó a ocupar un escaño parlamentario por el partido verde suizo, se declara "trotskista" y se posiciona "del lado de la clase trabajadora, defendiendo una línea de lucha internacional de clases". "En el País vasco", se lamenta para empezar, "era prácticamente imposible trabajar con fuentes, ya que estas estaban en su mayoría prohibidas y eran por ello muy difíciles de detectar. Como elementos disuasorios ejercían además la lengua vasca para los escritores no vascoparlantes y la falta de un seminario, instituto o facultad de Historia que pudiera facilitar el trabajo". El conflicto apenas ofrecía tiempo a los vascos para escribir la historia de su lucha y él se tenía que pelear a solas con esa "peculiar maraña de luchas nacionalistas y sindicales, cuestiones étnicas y lingüísticas, elementos campesinos e industriales, ideologías tradicionalistas e industriales". El autor pretende ahondar en la lógica y dinámica interna que provocó que el País Vasco (incluida Navarra) pasara de ser en el año 1936 la región más tranquila de España a ser la causante, tras 40 años, de los mayores disturbios y enfrentamientos. Quiere responder a la cuestión, "analizando, individualmente y en su contexto, los fenómenos políticos, económicos, sociales, culturales, lingüísticos e ideológicos que componen la problemática vasca". Le llama la atención la relación entre el movimiento nacionalista y socialista, que pasaron de estar totalmente distanciados a solaparse y penetrar el uno en el otro. La primera pregunta que se hace Lang es, viendo la cantidad de emigrantes españoles que había, "¿por qué no se formó un Ulster vasco? [*Warum entstand daraus kein baskisches Ulster?*]". No entiende pues cómo no se creó esa dicotomía tan claramente establecida en Irlanda del Norte entre irlandeses y británicos. Se pregunta también hasta qué punto es cierta la teoría de que la pequeña burguesía compuso la capa dirigente del movimiento nacionalista y cómo aconteció "el **cambio radical**" de una sociedad católico-conservadora a una de las regiones más receptivas del Estado. Lang se prepara para el trabajo de campo, aprendiendo, para empezar, unos conocimientos básicos de euskera. Entonces va exponiendo el terreno sobre el que se desarrollaron estos cambios, consultando panfletos, libros, revistas, periódicos, octavillas, dosieres, documentos internos de los órganos del exilio, etc., y consagrándose a la ardua labor de buscar información en lugares como la biblioteca del seminario de Lazkao, el despacho del abogado Pedro Ibarra, el archivo del librero Juan Carlos Aberasturi, el archivo de un antiguo miembro de ETA en Andoain y otros documentos como un cuadernillo de 20 páginas del líder sindical Valentín Gesalaga de Eibar. Para completar el trabajo entrevista también a 25 personalidades del movimiento nacionalista y socialista.

1983 – KEITH BRADLEY Y ALAN GELB

Ambos economistas ingleses son los autores del libro *Cooperation at Work: The Mondragon Experience*, una obra dedicada a la más grande y posiblemente más exitosa cooperativa de la economía capitalista, "*the largest, most complete and perhaps most successful cooperative in a capitalist economy*". Un ensayo que comienza apuntando directamente: "Buenas relaciones laborales, alta productividad, destacado desarrollo regional, tales son los logros del grupo de cooperativas industriales de Mondragón en las provincias vascas de España". Haber conseguido evitar el conflicto laboral incluso en época de crisis es, para esta pareja de investigadores, el mayor logro de la **Cooperativa Mondragón**. Esta se muestra en los momentos más difíciles como generadora de un apoyo positivo y de un mayor rendimiento del taller. Consideran de vital importancia también el contexto regional donde se ubica el Grupo, "estando estrechamente relacionado con la comunidad en la que se encuentra y depende de ella", y añaden: "La ética juega un papel importante en el mantenimiento de la solidaridad". Creen que este tipo de cooperativas no cuajarían del mismo modo "en sociedades más desarrolladas y deslocalizadas", donde dominan otros modelos industriales como el occidental o el japonés. La cooperativa les parece interesante, sobre todo, desde el punto de vista de regeneración industrial y desarrollo regional, ya que relaciones laborales adversas aceleran la huida de capital y el declive de la economía. A pesar del fracaso de muchas cooperativas industriales y agrícolas del mundo, "Mondragón sugiere que, convenientemente aplicada, la opción cooperativa puede ser mejor", afirman. Los autores esperan que la obra contribuya al debate sobre la dirección que debieran tomar las relaciones laborales.

1984 – COVERDALE:

"El carlismo vasco guarda cierto parecido con las luchas antiimperialistas de los pueblos invadidos por las potencias coloniales. Es la defensa de una cultura frente a una amenaza externa".

1984 – JOHN COVERDALE

Escritor estadounidense. Autor en 1984 del libro *The basque phase of Spain's first Carlist war* (*La fase vasca de la **Primera Guerra Carlista** de España*), Coverdale considera al carlismo como algo más que una simple disputa dinástica y lo encuadra en la transición del antiguo régimen hacia una Europa secular, capitalista y liberal. Lo considera el movimiento contrarrevolucionario más importante del siglo XIX. Comenta que hay que estudiar el carlismo en términos de conflicto económico y social, dado que presenta caras muy diferentes según las regiones. A pesar de la fuerza que ese movimiento tuvo en el norte, donde dispuso de un masivo apoyo popular que "surgió de las condiciones sociales, políticas, religiosas y económicas distintivas del País Vasco, así como de preocupaciones nacionales más amplias", el autor se niega a considerarlo como un problema exclusivo vasco. El estudio, sin embargo, lo centra en este contexto regional hasta la muerte de Zumalacárregui. A partir de entonces esas particularidades que lo hicieron propio se habrían ido diluyendo en una crisis general más amplia. Sobre el idioma señala que "hacia el siglo XIX, gente de Navarra al sur de la línea Estella-Puente la Reina-Tafalla-Lumbier ya no hablaban vasco. Habría fundamentos sólidos para no incluir Navarra bajo el título de País Vasco. Pero los he ignorado por dos motivos. El primero por una mera cuestión estilística, para evitar la repetición constante de frases largas como 'el País Vasco y Navarra'. El segundo es más sustancial. La parte de Nafarroa donde los carlistas se hicieron fuertes coincide con el área en donde se habla vasco. En este libro, por lo tanto, el País Vasco incluye a Navarra". "La idea central de este estudio es que en el País Vasco los carlistas comprendían una muestra representativa de la sociedad tradicional, con sus campesinos, artesanos, clérigos, burócratas y terratenientes. Estas personas se opusieron al gobierno central, por un lado, y a un grupo muy pequeño de liberales indígenas mayoritariamente dominados por comerciantes, por el otro". La conclusión de Coverdale es que no hay un factor concreto que proporcione una aclaración adecuada al conflicto, sino que es una mezcla de todos ellos: "Lo que estaba en juego en la fase vasca de la Primera Guerra Carlista era un estilo de vida [*What was a stake in the Basque phase of the First Carlist War was a way of life*]". Entiende el movimiento carlista vasco como "la reacción de una sociedad tradicional, aún en gran parte intacta, contra los cambios disruptivos que la amenazaban desde fuera (el gobierno) y por algunos aliados de dentro (comerciantes y terratenientes)". En este sentido, opina que el carlismo vasco guarda cierto parecido con "las **luchas antiimperialistas** de los pueblos invadidos por las potencias coloniales": "Es la defensa de una cultura frente a una amenaza externa [*It is the defense of a culture against an external threat*]".

1984 – EDUARDO BLASCO FERRER

Lingüista catalán (1957-2017). Blasco Ferrer es un lingüista catalán que había ejercido como profesor en diversas universidades alemanas y que acabó como catedrático de lingüística sarda en la Universidad de Càller en Cerdeña. Conocedor de las teorías de los germanos Wagner (1950) y Hubschmidt (1953), en su *Storia linguistica della Sardegna* de 1984 Blasco Ferrer apunta ya hacia una posible relación entre la **lengua paleosarda** y el euskera. Tras una reconocida labor y la publicación de sus artículos en las revistas especializadas más importantes, ha sido uno de los lingüistas a los que el vasco Joseba Lakarra ha dedicado más consideración en los últimos años. A pesar de que Blasco Ferrer era consciente de las dificultades que entrañaba reconstruir una lengua a partir de la toponomástica, defendía la validez de una información que, aunque fosilizada, era actual y podía contribuir al esclarecimiento de épocas pasadas. Ayudaba, además, sin duda, el hecho de que el paleosardo hubiera estado activo hasta bien entrada la Edad Media. Tras una larga labor de recogida de datos, el reconstructo del protoeuskera que había ido elaborando Lakarra le había servido para descubrir gran cantidad de raíces semánticas y reglas fonológicas. Aisló, por ejemplo, 60 lexemas antiguos de la lengua sarda entre los que se encuentran algunos que nos resultan tan familiares como *kar-*, *is-* y *ur-*. Las conclusiones que extrae no son, sin embargo, del agrado de Lakarra, que contempla las analogías como derivadas de una homofonía fortuita.

1986 – ROGER COLLINS

Historiador e hispanista británico (1949). En 1986 publicó *The Basques*, una de las obras más importantes escritas por un historiador extranjero sobre los orígenes del pueblo vasco. Desde su imparcialidad histórica, este renombrado hispanista hace, en el prólogo mismo, un buen planteamiento de la cuestión: "Para un historiador de la España altomedieval, como yo, los vascos están siempre presentes, aunque no siempre bien perfilados. [...] ...mientras realizaba los tra-

Mapa 1. Las provincias vascas y sus capitales.

1986 – Collins: *"Aunque su centro de gobierno fuera culturalmente diverso, a este respecto* ***Pamplona*** *podría con toda legitimidad llamarse* ***Reino Vasco****, como vasca fue su primera dinastía reinante".*

bajos que al fin me llevaron a escribir este libro y que necesariamente debían englobar cuanto sucedió tanto al norte como al sur de los Pirineos, descubrí que empezaba a alimentar ciertas reservas. La curiosa verdad del caso parecía ser que la supervivencia vasca no era el producto de una obstinada resistencia, sino que más bien descansaba sobre ciertas estructuras básicas de su propia sociedad. [...] Los vascos no han sobrevivido desde su más remota antigüedad porque hayan marginado al mundo, sino que es esa supervivencia la que representa su mayor y más incuestionable proeza. Para un admirador, como soy yo, de todas sus partes, la gloria de España está en la riqueza de su diversidad regional, histórica y cultural. No son los vascos quienes con menos generosidad han contribuido a esta riqueza". Recoge todo el periodo comprendido desde su aparición en la historia, pasando por los bagaudas y el Ducado de Vasconia, y finaliza en el siglo XII con la creación del reino de Navarra. Hablando de la dinastía Iñiguez se pregunta "¿puede considerarse como un reino vasco la primera institución política generada por los vascos?", a lo que contesta con un rotundo "aunque la institución no lo fuera, y aunque su centro de gobierno fuera culturalmente diverso, a este respecto **Pamplona** podría con toda legitimidad llamarse **Reino Vasco**, como vasca fue su primera dinastía reinante". Lo que Collins intenta es realizar un estudio imparcial del País Vasco, "algo que las tradiciones historiográficas nacionales, tanto de Francia como de España, a menudo se resisten a emprender".

1987 – GIULIO PAULIS

Lingüista sardo (1947). Profesor de la Universidad de Cagliari, en 1987 publica su obra *I nomi di luogo de la Sardegna*, que se convierte en la primera piedra para elaborar una completa base de datos sobre la toponimia sarda. Aunque apenas conceda importancia a la relación del sardo con la lengua vasca, sí que advierte que a los nombres de las **nuragas sardas** (edificios megalíticos anteriores al año mil a.C.) no les encuentra ningún componente etrusco, pero sí vasco, ya que muchas de ellas documentan una base *ur-*, agua: *"È importante notare come, invece, tra gli idronimi sardi sia documentata una base ur, che si confronta con il basco ur 'aqua'"*.

1988 – ALBERTO PIAZZA

Genetista italiano (1941). Piazza, profesor de Genética humana de la Universidad de Turín que trabajaría con reconocidos genetistas como Cavalli-Sforza (1993), lideró en 1988 un equipo de científicos (S. Rendine, N. Cappello, E. Olivetti) para intentar desentrañar el **origen genético** del pueblo vasco, tras lo cual publicó *The Basques in Europe: A Genetic Analysis*. Deduce, primeramente, que en términos genéticos los vascos se encuentran más relacionados con las poblaciones europeas que con las afro-asiáticas. En segundo lugar, que "la diferenciación genética de los vascos modernos de las muestras de la vecina Bearne ocurrió, a más tardar, durante la época de la romanización, hace alrededor de 2.000 años", mientras que la separación genética con el resto de la península ibérica ocurrió hace tres mil años. Por último, asegura, "si los vascos comparten una ascendencia común con las poblaciones de habla caucásica y de África del Norte, las muestras modernas correspondientes (incluida Cerdeña, cuyo componente africano está documentado) muestran tiempos de separación hipotéticos antes de la introducción de la agricultura. Esta evidencia genética apoya la idea de que los vascos son descendientes de una **población paleolítica**". El estudio corrobora la idea que se tiene hoy de que Cerdeña resulta "genéticamente diferente de todas las otras poblaciones de habla indoeuropea, con unos valores que son mayores que los de los vascos, pero en la misma dirección". Genetistas actuales como Iosif Lazaridis (2013) o Carles Lalueza-Fox (2014) corrigen, sin embargo, el origen paleolítico, y consideran a los vascos como población neolítica.

1988 – SULLIVAN:

"ETA ha abandonado el racismo de Arana y define al vasco como alguien que se identifica con la cultura y las aspiraciones vascas. En otras palabras, uno se vuelve vasco haciéndose nacionalista".

1988 – JOHN SULLIVAN

Autor del libro *ETA and Basque Nationalism. The Fight for Euskadi (1890-1986)* (*ETA y nacionalismo vasco. La lucha por Euskadi. 1890-1986*), obra que rastrea la formación de **ETA** y las tensiones creadas por la combinación de sus dos objetivos principales: socialismo y nacionalismo vasco. Sullivan va realizando un repaso que parte del movimiento nacionalista vasco que surgió a finales del siglo XIX, como respuesta a la rápida transformación de la sociedad vasca a causa de la industrialización. La afluencia de trabajadores de habla hispana a los territorios vascos parecía amenazar la estabilidad de la sociedad vasca, según explica. Los inmigrantes fueron absorbidos, de manera paulatina, por la lucha radical, con la creación de sindicatos ilegales y la necesidad de resistir al franquismo por cualquier medio. El autor termina examinando lo que constituyó el germen de ETA en 1951 y los inicios de la lucha armada en 1967. Analiza el Juicio de Burgos y los distintos altibajos que se produjeron en la organización hasta las primeras elecciones democráticas en 1977. En un artículo publicado en el verano de 1997 (*New Interventions*, Vol. 8, n.º. 1, en la *Encyclopaedia of Trotskyism On-Line*) a raíz del asesinato de Miguel Ángel Blanco, Sullivan deja bien clara su postura de lo que significó aquel primer conato nacionalista y el derrotero que tomó el término después: "El nacionalismo vasco era explícitamente racista, católico y reaccionario. Su fundador, **Sabino Arana**, veía a la gente del sur como ateos, inmorales y racialmente inferiores. Su solución para el peligro que representaban para los vascos fue aislarlos de la mala influencia de los 'maketos', fomentando el uso de la lengua vasca, el 'euskera'. El racismo de Arana se ha atenuado, pero no ha desaparecido por completo del Partido Nacionalista Vasco (PNV) que fundó. ETA fue fundada por las juventudes del PNV en 1959, y menos por discrepancias políticas que por la impaciencia ante la falta de resistencia del PNV al franquismo. ETA ha abandonado el racismo de Arana y define al vasco como alguien que se identifica con la cultura y las aspiraciones vascas. En otras palabras, uno se vuelve vasco haciéndose nacionalista".

1988 – WILLIAM FOOTE WHITE, KATHLEEN KING WHITE

Economistas y sociólogos estadounidenses (1914-2000, 1914-2007). Este matrimonio americano necesitó más de diez años de investigación para escribir un ensayo sobre el **Grupo Cooperativo Mondragón** (*Making Mondragon: The Growth and Dynamics of the Worker Cooperative Complex*), la empresa creada en 1956 por Don José María, como ellos le llamaban. En el libro se hace un análisis de este método cooperativista como alternativa a los dos regímenes del sistema económico tradicionales: el de la economía liberal y el del control del Estado. A pesar del escepticismo que ellos mostraban hacia este mundo cooperativo en el ámbito industrial, por la tasa de fracaso relativamente alta que mostraba, los autores observaron que el sistema vasco había crecido en 30 años hasta llegar a las 100 empresas y 20.000 empleados (en el 2017 tenía ya 80.000 trabajadores). Como cuentan, el grupo tuvo que evolucionar para superar conflictos internos y cambios tecnológicos y organizativos, pero mantuvo a pesar de ello los valores económicos y democráticos con los que fue creado.

Außenbau

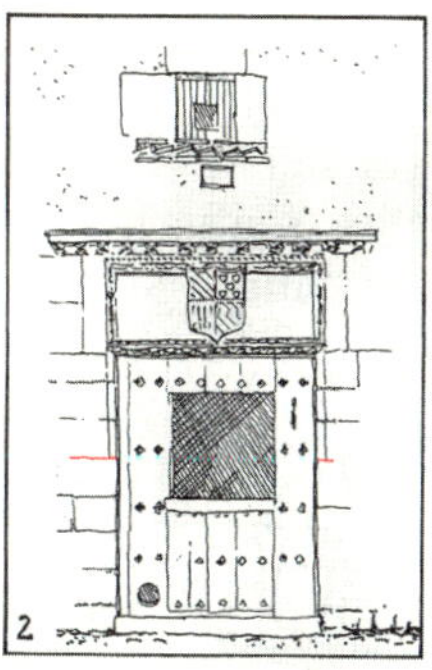

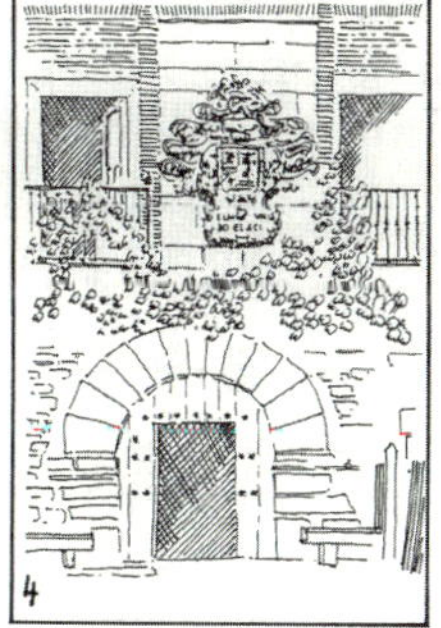

Portale in 1 - Alcoz (Navarra), 2 - Zurbano (Alava), 3 - Carranza (Vizcaya), 4 - Ilarrasa (Alava)

1988 – Mehlhorn. *El caserío vasco*. Portales de Nafarroa, Bizkaia y Araba.

1988 – DIETER-J. MEHLHORN

Arquitecto alemán. En 1988 publica un excelente trabajo sobre el **caserío** vasco: *Das Baskische Bauernhaus. Lebensweise, Siedlung und Haus des Bauern im spanischen Teil des Baskenlandes* (*El caserío vasco. Modo de vida, asentamiento y hogar del campesino en la parte española del País Vasco*). Primero hace una introducción a la historia del país, sus instituciones sociales y agrícolas y el tipo de asentamiento rural. Después pasa a examinar la estructura de la vivienda en las siete provincias, desde las primeras torres medievales de los parientes mayores y sus casas palaciegas hasta los caseríos más populares de las cuatro provincias vascas peninsulares. Estudia la decoración exterior (vanos, puertas, porches), los planos de las plantas, la planificación interior (cocina, alcobas, establos), los aperos de labranza, el mobiliario (baúles, *argizaiolas*) y algunos anexos como molinos, hórreos y lavaderos.

1989 – PETER BAKKER

Historiador danés. En 1989 publica un librillo de 62 páginas titulado *The language of the coast tribes is half basque. A Basque-American Indian Pidgin in Use between Europeans and Native Americans in North America, ca. 1540-ca. 1640* (*La lengua de las tribus costera es medio vasca. El* ***pidgin indígena vasco-americano*** *utilizado por los europeos y las tribus americanas entre 1540 y 1640*). Bakker sostiene que los pescadores vascos estuvieron entre los marineros más numerosos que arribaron a la costa oriental de América del Norte durante estos años. Comerciaron activamente con algunas de las tribus nativas de la costa y de esa interacción surgió un idioma comercial, un pidgin basado en los idiomas vasco e indio americano, desarrollado y utilizado tanto por los indios americanos como por los europeos. Bakker presenta la evidencia histórica y lingüística de los elementos vascos de este pidgin. Algunas voces de las lenguas encontradas en los manuscritos del siglo XVII, como *adisquidé* (para compañero) o *ania* (para hermano) se corresponden con los significados vascos para esas palabras (*adiskide* y *anaia*). En el 2002 publica el artículo *Amerindian tribal names in north america of possible basque origin* en el que vuelve a insistir sobre el tema aportando más datos, centrándose en los etnónimos (*etchemin*) y en algunos sufijos (*Canadaquoa*).

1990 – SARKISIAN:

"Entre el armenio y el vasco existen muchísimas semejanzas. [...] ¿Cómo es posible esto si hay cuatro mil kilómetros de distancia entre ambos pueblos?

1990 – VAHAN SARKISIAN

Filólogo, hispanista y vascólogo armenio (1954-2011). Declarado académico de honor de Euskaltzaindia en el 2002, Sarkisian ha sido el filólogo que más ha trabajado sobre el parentesco **vasco-armenio** y el nexo que demuestran ambos idiomas en mucho de sus aspectos lingüísticos: incapacidad de pronunciar la erre al principio, la no acumulación de más de una consonante (como en *Ingalaterra*), el plural *k*, la ausencia de género o el artículo pospuesto. En palabras suyas: "Soy lingüista y me fijo sobre todo en las semejanzas que existen entre ambos idiomas. Hay más de cien palabras de uso cotidiano que no necesitan ni traductor. Además hay sufijos exactamente iguales que se añaden a las palabras como por ejemplo -tegi (lugar) o -ago (más) y con ello se hace difícilmente calculable el número exacto de coincidencias. ¿De qué número se puede hablar si con un simple sufijo ya se duplica el vocabulario? Entre el armenio y el vasco existen muchísimas semejanzas, incluyendo la fonética, gramática y una parte notoria del vocabulario. Estas coincidencias abarcan sustantivos, adjetivos, verbos... ¿Cómo es posible esto si hay cuatro mil kilómetros de distancia entre ambos pueblos? Se puede entender de dos formas. O bien los vascos se desplazaron desde Armenia a la Península Ibérica, o viceversa; o bien existió en la antigüedad una gran cultura que abarcaría desde los Pirineos hasta el Cáucaso. No le veo otra explicación". Es también el traductor de varias obras del euskera al armenio (*Peru Abarka, Linguae Vasconum Primitiae, etc.*).

1992 – IAN GIBSON

Hispanista irlandés (1939). Gibson, nacionalizado español en 1984, es uno de los hispanistas más reconocidos que han investigado la historia contemporánea de España. En su primer viaje a España en 1957 se enamoró "de toda una península llena de secretos y enigmas". En 1992 publica para la BBC la **serie de televisión** *Fire in the Blood* (*Fuego en la sangre*) en la que da un repaso al paisaje y la historia española y en la que incluye un

1992 – Gibson: *"El País Vasco no se va a ir ni los nacionalistas tampoco. Hay que llegar a un entendimiento como se ha hecho en Irlanda".* Cartel del cuarto capítulo sobre el País Vasco de la serie británica *Fire in the Blood (Fuego en la sangre).*

capítulo cuarto dedicado al País Vasco, *Warring factions* (*Facciones en guerra*). El libro que se elaboró ese mismo año para acompañar a la serie, *Fire in the Blood: The New Spain* (traducido al castellano como *España*), incluye también un capítulo octavo de título *The Basque Country*. Navarra, comienza diciendo, es considerada por los vascos como la "madre" de una nación sin Estado. El país no ha sido "nunca sujeto al sistema feudal, y siempre ha sido un pueblo de campesinos individuales con un fuerte instinto democrático". El *baserri* (caserío), el *auzoa* (barrio) y el *auzolan* (trabajo en comunidad) serían los símbolos que representan esa "felicidad prístina". Mientras el documental nos muestra imágenes de txalapartaris, lucha de carneros, pucheros, bertsolaris y un partido del Athletic, el libro nos sumerge algo más en el debate sobre el catolicismo, el matriarcalismo, los fueros, la industrialización, la inmigración y, en fin, algún que otro comentario clasista (quizá de irlandés protestante) que raya el desprecio al asegurar que el incesto entre hermanos en los valles más apartados ocurría con frecuencia ("*brother-sister incest occurs with some frequency*"). No podía faltar el tema de ETA y Herri Batasuna; Gibson muestra una posición muy crítica con la radicalidad de la violencia de la que él también fue testigo en su Irlanda natal. Acude a **Arrasate**, donde es testigo de las tensiones en el ayuntamiento a cuenta del euskera, se entrevista con familiares de miembros de ETA y graba imágenes de la quema de banderas españolas en un homenaje a etarras muertos. Se reúne con exmiembros de la organización y encuentra dos perspectivas diferentes de encarar el asunto, según se contemple la muerte de Carrero Blanco (admirada incluso por muchos españoles: *"Even Spaniards who abhorred the gun could not fail to admire their courage and resourcefulness"*) o la de Yoyes, a partir de la cual el apoyo a la lucha armada fue decayendo (*"dropping steadily"*). Realiza también una pequeña introducción a la lengua vasca y muestra que es consciente de las dificultades de esta para abrirse paso en los medios de comunicación vascos, a pesar del sostén que tiene en la sociedad. Expresa al final la esperanza de que el fin de la violencia haga florecer el comercio y la industria el País Vasco. Su condición de irlandés protestante le lleva a asegurar en el periódico *El País*, el 19 de septiembre del 2007: "Un problema que lleva siglos, el País Vasco no se va a ir ni los nacionalistas tampoco. Hay que llegar a un entendimiento como se ha hecho en **Irlanda**".

1992 – MICHEL MORVAN

Lingüista francés (1948). Este filólogo francés, que, tras finalizar sus estudios en la universidad, a partir de 1992 se entregó de lleno al estudio de la lengua vasca, fue colaborador habitual de revistas especializadas como *Fontes Linguae Vasconum* o *Euskera*. En 1996 publicó *Les origines linguistiques du basque* y en el 2008 el ***Diccionario etimológico***, en el que concluye que el euskera pertenecía a la familia de las lenguas **caucásicas** y descarta la idea de un origen común con las uralo-altaicas (finlandés, turco, mongol, etc.). Para el lingüista, la lengua vasca se ha mantenido muy estable a través de los siglos y es por esa razón que sea tan fácil seguir el rastro de sus raíces a lo largo de todo el oriente euroasiático, conduciéndonos su rastro hasta idiomas como el burushaski, lengua aislada del norte de Pakistán, o las lenguas drávidas del sur de la India. Morvan pertenece al grupo de lingüistas moderados franceses (como Allières 1961) que encuentran ciertas similitudes entre la lengua vasca y otras lenguas del oriente europeo, algo fuertemente criticado por el núcleo duro de los lingüistas vascos centrados más en la reconstrucción interna del antiguo euskera.

1993 – FRANCISCO BELTRÁN LLORIS

Historiador español. Este catedrático de Historia ha escrito, durante sus investigaciones sobre la historia antigua de la península ibérica, gran cantidad de artículos sobre los **vascones** (como *De etnias y monedas: las "cecas vasconas", una revisión crítica*, junto con Javier Velaza, 2009). Comenta sobre el espacio pirenaico que este presenta, hasta la época de Augusto, una acusada polaridad que se manifiesta más en sus extremos oriental y occidental que en sus vertientes meridional y septentrional. Hay, por tanto, para Beltrán, "un repliegue sobre sí mismo", que va de este a oeste, "con predominio de la cultura material asociada a los Círculos de piedra pirenaicos". Se podría hablar, por consiguiente, de "una caracterización más bien recesiva de la cultura eusquérica en la región". El supuesto "expansionismo vascón" no hay que entenderlo como la dispersión de una etnia, sino como la de un término de difícil definición. Pero mientras el término *vascones* sí parece que se extiende, el protoeuskera va cediendo su espacio desde el lejano este. Dice Lloris que la tierra de los vascones es algo más rústica e incivilizada que su entorno: "Integrada por las Cinco Villas aragonesas, Navarra y La Rioja, [...] no se conoce ningún epígrafe de carácter honorífico o imperial, [...] son frecuentes las decoraciones toscas y de ambiente rural [...], predominan los epitafios y aras votivas de ambiente rural, en los que el porcentaje de toponimia indígena así como en menor medida las menciones de divinidades autóctonas es muy significativo". La posibilidad de que *Ba(r)sko* fuera una ciudad que acuñó monedas con el nombre de *barskunes* y *baskunes*, y no una etnia, ofrece para él pocas dudas, cuando advierte "que las leyendas con monedas vernáculas no eran acuñadas por etnias, sino por ciudades, cuyas minorías dirigentes serían las que seleccionaran tipos y leyendas". Del nombre de la ciudad que emitió moneda de nombre *ba(r)skunes* se habría originado un etnónimo que se fue expandiendo. Sin embargo, Beltrán se muestra, en general, a favor de la vasconización tardía de la depresión vasca, aunque no de Nafarroa, y contrario a las tesis de De Hoz (1993) que reduce el ibero a una mera lengua vehicular hablada solo por las élites en la zona del Ebro.

1993 – JAVIER DE HOZ

Filólogo español (1940-2019). Este experto en lenguas paleohispánicas propuso ya en 1993 (en *Lengua y Cultura en la Hispania prerromana*, de los editores Jürgen Untermann y Francisco Villar 1995) una teoría que tuvo una acogida muy dispar entre los historiadores hispanos: que los **iberos**, que gracias a sus actividades mercantiles habían conseguido extender su imperio desde Alicante hasta Marsella, llegaran a hacer de su lengua "la lengua vehicular" de dicho territorio, "lo que facilitó considerablemente la asimilación de su cultura por otros pueblos de la zona, y como parte de esa cultura, de su onomástica y su escritura". Y parte de ese territorio que culturizaron es el valle del Ebro, un territorio, para De Hoz, de habla ***perieusquérica*** con elementos de tipo vascoide que se interponen entre el ibérico y el vasco. Ello le llevaría a concluir algo que no deja de sorprender: "Que el ibérico, al menos en época histórica, no tuvo nunca como lengua hablada una frontera común con el vasco". Para De Hoz, la lengua ibérica era, por lo tanto, una lengua vehicular, utilizada como lengua escrita, pero no era de uso común entre el pueblo ni en el Ebro ni en Cataluña ni en la costa francesa. Plantea entonces la posibilidad de que ciertos rasgos atípicos de las inscripciones que se han encontrado en el valle del Ebro "correspondan a estratos lingüísticos diferentes del ibérico". Es un estrato antroponímico de difícil precisión, diferente del galo y el ibero, que De Hoz, por situarlo, llama *liguroide*, pero que bien podría ser *vascoide* al mugar con Aquitania, una región de clara ascendencia vascoparlante. Señala que "en el caso de los pueblos a los que podemos atribuir lengua euskera, aquitanos, vascones y buena parte de los pirenaicos, los indicios están a favor de su remota antigüedad en esos territorios".

1993 – LUIGI LUCA CAVALLI-SFORZA

Genetista y biólogo italiano (1922-2018). Es uno de los grandes expertos que ha habido en **genética** de poblaciones y un investigador con la honestidad suficiente como para tener en cuenta para sus estudios históricos una perspectiva que abarcaba el resto de las disciplinas históricas. En 1993 publicó *Genes, pueblos y lenguas*, un libro de gran prestigio que ha tenido una gran influencia en los autores posteriores. La ideología que transmite es antirracista y advierte un problema demográfico serio: "Si la densidad de población no es excesiva, no hay un motivo importante para competir. Pero se diría que hoy hemos sobrepasado los niveles de alarma". Sus estudios sobre los haplogrupos del genoma humano, tanto del cromosoma Y (vía paterna) como del ADN mitocondrial (vía materna), reforzaban la tesis de que la región vasca fue una zona de refugio en la que grupos humanos pudieron sobrevivir durante la Glaciación, y contribuyeron, más tarde, a la repoblación de Europa occidental. En sus trabajos ha tratado, por consiguiente, la cuestión del euskera: "La **lengua vasca** desciende de las lenguas habladas en la primera ocupación de Francia suroccidental y España noroccidental por los hombres de Cro-Magnon". Cavalli-Sforza deduce que los grandes artistas de las cuevas de la región hablaban una lengua de la que desciende el vasco moderno: "*I grandi artisti delle grote parlassero una lingua derivata dai primi europei, da cui discende il basco moderno*". Aunque el ingente trabajo que realizó merece un respeto, los historiadores y genetistas actuales discrepan de la parte que contempla exclusivamente a los vascos como los descendientes directos de los individuos paleolíticos.

1994 – CHOMSKY:

"[La Cooperativa Mondragón] es un pequeño logro de una sociedad más libre y democrática".

1994 – NOAM CHOMSKY

Lingüista, filósofo y activista estadounidense (1928). Chomsky no es solo uno de los lingüistas más destacados del siglo XX, sino también una de las voces críticas más destacadas contra el capitalismo. En una entrevista para un documental (*The Mondragon Cooperatives and Workers' Councils*) reconocía a la Sociedad Cooperativa **Mondragón** como "*one of the most successful industrial commercial installation*", una de las empresas comerciales más exitosas del momento. Su concepción cooperativa, con escuelas, con un sistema social y de salud propio, con un banco y sin inversiones exteriores, es un "*workaround*", una solución alternativa para generar "*a free and democratic society*".

1995 – VILLAR:

"[En el País Vasco español y Navarra] a la llegada de los romanos prácticamente no hay todavía signos de una presencia abundante de lengua euskera".

1995 – FRANCISCO VILLAR

Filólogo andaluz (1942). Villar es un célebre profesor de Lingüística indoeuropea en la Universidad de Salamanca que ha realizado una gran cantidad de publicaciones sobre las lenguas paleohispánicas. Ha dedicado siempre una especial atención a la **lengua vasca**, por ser esta el último resto vivo de aquellas lenguas que habitaron el Neolítico en todo el occidente de Europa. En su obra de 1995 *Estudios celtibéricos y toponimia prerromana* propuso ya una teoría para el etnónimo *vascones* (en las primeras monedas aparece impreso como *barskunes*) que suponía un choque frontal contra lo hasta entonces establecido. Para él la terminación *-nes* aludía al agente que había acuñado la moneda y la leyenda de la moneda venía a significar algo así como "[hecho] por [la ciudad de] Barsku". *Ba(r)sko* era para él, originalmente, una ciudad. Más tarde, en una ponencia del 2001, Villar comienza a ocuparse de las poblaciones que habitaron el continente antes de la llegada de los indoeuropeos y establece ya unas primeras conclusiones sobre la extensión de lo que él entonces todavía llamaba toponimia e hidronimia "indoeuropea" (con una serie de raíces como *uba*, *war-/ur-*, *urc-*, *eis-/ais-/is-*, *bai-*, *-ul-*, etc.) que de ninguna manera se puede confundir con una original paleolítica de la época de los cazadores-recolectores, una teoría que había venido defendiendo el alemán Vennemann (1996) y que según Villar habría desaparecido.

Para Villar las poblaciones de las que descienden los vascos eran comunidades indoeuropeas muy antiguas, de la época neolítica, agricultores nuevos que llegaron hacia el 5000 a.C. y crearon el primer entramado hidrotoponímico de densidad suficiente como para perdurar a través de los sucesivos cambios de lengua. Como Villar tenía claro que habían venido del este, estando extendida esta población por Asia y Europa, los llamó "arqueoindoeuropeos" o "indoeuropeos antes de los indoeuropeos". Villar siguió trabajando sobre esta hipótesis y publicó en el año 2014 *Indoeuropeos, iberos, vascos y sus parientes. Estratigrafía y cronología de las poblaciones prehistóricas*. Villar se sirve de su propio método estratigráfico (aislando lexemas antiguos) para intentar demostrar que el euskera no es un idioma paleolítico de los cazadores y que llegó a la península ibérica a comienzos del **Neolítico** con los agricultores: "Con el Neolítico llegan a Europa distintos impulsos portadores de la nueva economía y sus técnicas, en distintas modalidades de episodios démicos y por distintas vías geográficas". Villar pone estas lenguas en relación con la extensión de la cerámica cardial (ca. 5500-4500 a.C., que se ha encontrado en La Rioja y las Bardenas), y asegura que la implantación de esta cerámica "es compatible con la difusión de las lenguas del macro-grupo eusko-ibérico" en lugares como la península balcánica, Italia, Cerdeña, el sur de Francia, Aquitania y el Levante y el sur de la península ibérica. El acierto de Villar se fundamenta en la deducción, por medio de este método comparativo propio, de un hecho que, a raíz de los estudios genéticos realizados a partir de Lalueza-Fox (2014), se empieza a sugerir en el entorno de la lingüística: el euskera en Euskal Herria es un idioma neolítico llegado desde los Balcanes a través del Mediterráneo.

Sin embargo, a pesar de haber demostrado de manera coherente la llegada de estos a todo el ámbito del occidente de Europa, Villar se muestra partidario de la teoría de la **vasconización tardía** que postularon Gómez-Moreno (1925) y Sánchez-Albornoz (1957): "En efecto, la ausencia de cerámica cardial en territorio vasco, a uno y otro lado del Pirineo, sería congruente con lo escaso y tardío que fue el impacto neolítico en aquella zona. [...] La extensión hasta allí de lenguas de dicho grupo debió de ser el resultado de sucesos démicos posteriores de carácter local. E incluso muy posteriores, como es el caso del territorio del País Vasco español y Navarra en donde a la llegada de los romanos prácticamente no hay todavía signos de una presencia abundante de lengua euskera. [...] Aunque inmediatamente antes y durante la época romana debió de haber infiltración de pequeños grupos, una penetración más numerosa de hablantes de paleo-euskera en Hispania fue un suceso post-romano, en gran medida medieval, que comportó la parcial euskerización secundaria del País Vasco y Navarra, tal como hoy lo conocemos". Villar no se preocupa, sin embargo, en indagar cuál pudo ser el recorrido hecho por el euskera en ese gran espacio temporal que existe entre la desaparición de la cerámica cardial en el 4500 a.C. (que justo había arribado al sur de Euskal Herria) y el supuesto proceso de euskaldunización del siglo V d.C. En su intento por negarlo todo, a lo largo de su carrera Villar ha perseverado en ir desmontando, uno a uno, todos los testimonios que se encuentran de la lengua vasca a este lado de los Pirineos, ya sean cecas (*barskunes*, *arsaos*, *tirsos*...), topónimos (*Iturissa*, *Calagurri*, *Andelo*...), legionarios aragoneses (*Enneges*, *Arranes*...), nativos sorianos (*Sesenco*, *Haurce*...), teónimos (*Larrahe*, *Urde*...) o toda la toponimia actual que para él es exclusivamente medieval.

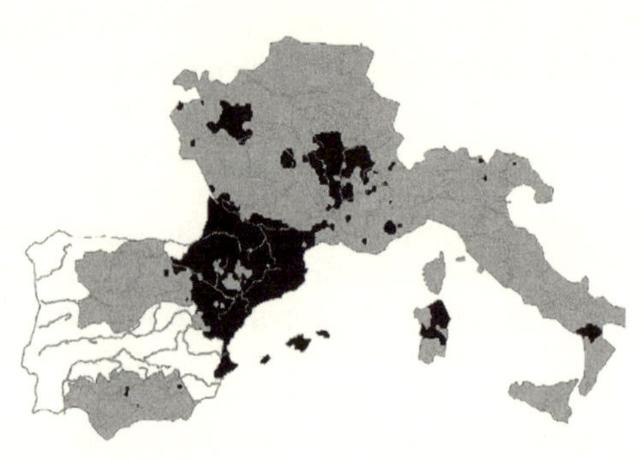

1996 – Bengtson: *"La lengua vascónica estaba extendida por amplias zonas del sur y oeste de Francia, Iberia y algunas partes de Italia, especialmente por Cerdeña".* Mapa actual de la extensión de la voz vasca *suge*, "culebra", con sus variantes y sus derivados en las diferentes hablas locales europeas (2016).

1996 – JOHN BENGTSON

Lingüista histórico y antropológico estadounidense (1948). En 1996 el paleolingüista americano John Bengtson publicó en la revista *Mother Tongue* (*Lengua materna*) una serie de artículos que generaron un gran debate, puesto que añadió a la familia de lenguas dene-caucásicas, primero la lengua vasca y, poco después, el idioma burushaski de Pakistán. Veinte años más tarde, en 2016, realiza, junto con Florent Dieterlen, en el *Journal of Language Relationship*, una importante contribución al estudio de la historia de la lengua vasca, al publicar el artículo *Confirmation de l'ancienne extension des Basques par l'étude des dialectes de l'Europe de l'Ouest romane* (*Confirmación de la antigua extensión del vasco por el estudio de los dialectos del romance de Europa occidental*). Ambos lingüistas se nutren de **trabajos etnolingüísticos** como los de Manuel Alvar (1963) que manejan una gran cantidad de información local para conformar un mapa de la distribución que pudo tener nuestra lengua en el momento de la eclosión del Imperio romano. Para ello se centraron en el análisis de una serie de voces incuestionablemente vascas como *marro*, "carnero", *suge*, "culebra" o "lagartija", o *gapar*, "rosal silvestre", siguiéndoles la pista por todos los diccionarios etnológicos que se hicieron en el occidente de Europa a mediados del siglo XX. Euskadi figura en el mapa en blanco, ya que no forma parte del estudio de ninguna de las fuentes. Estos autores llegan a la conclusión de que la extensión del **protoeuskera** a mediados del primer milenio antes de nuestra era coincidiría, en cierta manera, con los límites que marca la voz actual *suge* (véase el mapa adjunto). Su tesis revela que la lengua vascónica estaba extendida por amplias zonas de la península ibérica, Francia y algunas partes de Italia, especialmente por Cerdeña: "*Our main conclusión is that Vasconic languages were widespread in large parts of Southern and Western France, in Iberia, and in some parts of Italy, especially in Sardinia*". Yo mismo, tras realizar un estudio sobre el euskera de mi valle (*Historia del euskera en Valdizarbe y Valdemañeru*), elaboré un mapa para buscar todas las variantes del nombre de mi pueblo, Gares, que originalmente habría provenido de un nombre común *Garros*, de procedencia vasca desde *harri*, "piedra", y que había estado y está muy extendido por Europa. Curiosamente, comparándolo con el mapa de Bengtson, la distribución de las voces en el occidente de Europa mostraba los mismos espacios y las mismas ausencias geográficas.

1996 – CAMERON WATSON

Historiador británico (1967). Se doctoró en Historia por la Universidad de Ulster y ejerció como profesor en el Centro de Estudios Vascos de la Universidad de Nevada. En el año 2003 publica *Modern Basque History: Eighteenth Century to the Present*, un repaso a la **historia** de Euskal Herria desde el siglo XVIII hasta hoy. Partiendo del acontecimiento histórico de la Revolución francesa, ofrece una visión de las consecuencias que esta tuvo en el devenir de una sociedad vasca que, a pesar del giro violento e industrial que le ofreció el siglo XIX, supo salvaguardar sus principios culturales y sociales, ofreciendo "a aquellos de nosotros con antecedentes culturales históricamente más poderosos una lección importante para comprender la tenacidad de las culturas más pequeñas dentro de nuestro mundo globalizado". Como asegura en el prólogo, el pueblo vasco puede ayudar a los historiadores a conocer el significado de la historia europea moderna tanto como los episodios más distinguidos de los grandes Estados europeos: "*I would advocate that the fortunes of the Basque Country (or Euskal Herria as it is termed in Basque), [...] offer historians just as much insight into the meaning of modern European history as the more widely known events of the large European states*". Ya que el pueblo vasco ha sido en la época moderna una **nación** sin Estado y no posee los guardianes tradicionales de la historia (gobierno unitario, sistema educativo único...) garantes de la verdad histórica, Watson plantea la comunidad étnica vasca como punto de partida para analizar su historia, ya que esta no habría estado nunca unificada y estaría siempre abierta a debate: "La historia vasca está abierta a discusión, debate y argumentación. ¿Existe una historia vasca unificada? ¿O debemos incorporarla dentro de la historia francesa y española como un elemento regional de estos relatos más grandiosos y poderosos?", se pregunta. Apunta también Watson que el uso del **euskera** había sido apoyado durante la década de 1990 por una cultura fuerte y vibrante, "desde la música y la literatura hasta los deportes y los medios de comunicación". "Ahora que la nueva Europa alienta a los ciudadanos a aprender otras lenguas, se podría argumentar que los vascos lo han hecho desde tiempo inmemorial". Concluye que "la cultura vasca se ha tenido que adaptar a otras formaciones culturales (por lo general más dominantes)". Se ha dispuesto de una "habilidad colectiva, forjada por una necesidad histórica, para mantener una identidad cultural, a pesar de perder lo que para muchas otras culturas podrían considerarse marcadores culturales fundamentales" (los guardianes de la historia de los que hablaba antes). Los vascos estarían pues "bien ubicados en la carrera por convertirse en europeos o multiculturales". En el 2007 publicó *Basque nationalism and political violence: the ideological and inte-*

llectual origins of ETA, una actualización de su tesis doctoral de 1996, que refleja una visión más culturalista de la violencia de ETA, como si fuera parte de una tradición violenta implantada en la sociedad.

1996 – Watson: *"Euskal Herria [...] ofrece a los historiadores una perspectiva de la moderna Europa, tanto como los acontecimientos más conocidos de los grandes estados europeos". Un Gudari (soldado nacionalista vasco) con una ikurriña o bandera vasca.* Toma la foto prestada de Sabino Arana Kultur Elkargoa.

1996 – SHARRYN KASMIR

Profesor en el Departamento de Sociología/Antropología en el Knox College de Illinois en Estados Unidos. En 1996 publica *The Myth of Mondragón: Cooperatives, Politics and Working-class Life in a Basque Town*, traducido en 1999 al castellano como *El mito de Mondragón*. En general se suele contemplar al conjunto de cooperativas que rodean al **Grupo Mondragón** como un modelo alternativo líder en oposición a la organización industrial estándar y como un ejemplo de éxito en el mundo de las empresas que permite la propiedad de los trabajadores y su participación en la toma de decisiones democráticas. Kasmir sostiene, sin embargo, que la vasta literatura sobre este fenómeno no considera el aspecto político que subyace en el fondo, e ignora por completo el importante papel que los trabajadores juegan en el aspecto de la lucha social y de clases. El autor muestra el conflicto entre la gerencia y la clase trabajadora y las implicaciones que ello tiene en el entramado social que aglutina a todo ese universo.

1996 – THEO VENNEMANN

Filólogo y matemático alemán (1937). En 1964 se licenció en Matemáticas y Filología Alemana por la Universidad de Marburg y ostentó, durante 30 años, el título de decano de la Facultad de Filología de la Universidad de Múnich. Aunque ya llevaba desde 1996 trabajando en torno a los orígenes de vascos, semitas e indoeuropeos (*Basken, Semiten, Indogermanen. Urheimatfragen in linguistischer und anthropologischer Sicht*), es en el 2003 cuando publica *Europa Vasconica – Europa Semitica*, una obra en la que formula la teoría de la ancestral lengua vasca como antiguo idioma de Europa ("**Teoría del sustrato vascónico**"). En su análisis sobre la hidronimia arcaica centroeuropea (nombres de los ríos), asegura que estos nombres se corresponden a un estado lingüístico anterior al propuesto por referentes como Krahe, Tovar (1938) o Villar (1995), que lo sitúan en el Neolítico y no en el Paleólitico como él. El euskera sería para Venneman el único superviviente de una familia lingüística que extendieron los cazadores-recolectores de las tribus vascónicas desde su refugio pirenaico tras la última Edad de Hielo hacia el 15000 a.C. y que abarcó todo el occidente de Europa. O sea, sería anterior a la llegada de los primeros agricultores desde el occidente de Europa en el V milenio a.C. La persistencia de la numeración vigesimal (numeración sobre una base veinte), algunas voces extendidas como *aran* (valle) y raíces hidronímicas como *ur-*, *is-* e *ib-*, y la extensión del Haplogrupo R1b del cromosoma Y son algunas de las razones que aduce. Es también defensor de la teoría de las lenguas **atlántico-semíticas** que vinieron de África en el 5000 a.C. y que trajeron la cultura megalítica, todas ellas teorías bastante discutidas a día de hoy.

1997 – PEREIRA:

"Los vascos en el sur volvían a asistir a lo que ya habían visto en el norte: subordinación política, económica, social, cultural y lingüística".

1997 – RUI PEREIRA

Periodista portugués (1963). Habiendo trabajado en diferentes periódicos portugueses, Pereira comienza a interesarse por la cuestión vasca a partir de 1997, cuando realiza diversas visitas al País Vasco que culminarían en el 2000 con la publicación del excelente libro *La guerra desconocida de los vascos*, una obra que nos remonta a la situación política de los últimos años de la dictadura franquista y nos conduce hasta la tregua indefinida de **ETA** de 1998. "Me parece, como europeo, muy legítimo cuestionar, [...] las preocupaciones sobre el papel de la Unión Europea respecto a, en este momento, el único conflicto militar nacionalista de grandes proporciones existente en el corazón de sus fronteras", expresa. Añade que Europa muestra, como ya hizo con el caso irlandés, una actitud parcial hacia el caso, "con la gravedad acentuada de hacerse, ahora, acompañar de una actitud beligerante, policial y marcadamente violenta". Pereira contempla el asunto como "un secular problema 'geosocial', étnico y político" latente desde hace más de un siglo, cuando cayó el sistema foral. Defiende esta forma de gobierno aduciendo que la separación de poderes que mostraba este régimen "se anticipó en siglos a las libertades por las que los colonos tuvieron que luchar durante la Revolución norteamericana" (tomando las palabras de Clark 1973). Dice también que, en 1856, "la unificación del sistema de enseñanza español barrió por la fuerza el idioma vasco de las escuelas", y se constató el miedo y el recelo arraigados entre los liberales y jacobinos de "los **nacionalismos** español y francés", ya que "perder el País Vasco podría significar para España un tremendo riesgo de pulverización definitiva". "Los vascos en el sur volvían a asistir a lo que ya habían visto en el norte: subordinación política, económica, social, cultural y lingüística". La Guerra Civil es el siguiente episodio sangriento que tienen que soportar los vascos una vez más. Cuando parecía que, tras la Segunda Guerra Mundial, todo el sistema iba a retornar a su espacio original –recuerda que el mismo De Gaulle comentó que "Francia no olvidará lo que los vascos han hecho por ella"– "los vascos asistirán en el futuro al levantamiento de las sanciones económicas por parte de la ONU a Franco". A partir de los años cincuenta se comienzan a formar una serie de células clandestinas de raíz estudiantil, entre las que Pereira destaca *Ekin* y algunos de sus fundadores, como Julen Madariaga o Txillardegi, que llegaron a tener una relación muy estrecha con EGI, la estructura juvenil del PNV. Explica que en 1958 ETA ya estaba preparada y el PNV se había encargado de desprestigiarla ante EGI.

A partir de este momento, Pereira narra con toda clase de detalles la trayectoria vivida por los dos bandos que confluyeron en este conflicto que el autor persiste en llamar guerra: el del movimiento revolucionario vasco de liberación nacional, con sus verdades en forma de atentados, secuestros y extorsiones, y el de un **Estado policial** represivo que acumula agentes policiales y militares por miles y que utiliza sistemáticamente todos los medios ilegales a su alcance para luchar contra ETA, con sus mentiras en forma de torturas, grupos paramilitares, ejecuciones encubiertas, leyes inconstitucionales, estados de excepción, censuras, control de medios de comunicación, etc. El mecanismo "acción-represión-reacción" se había puesto en marcha. En esta dinámica de confrontación, en 1987, en pleno auge del conflicto, **Herri Batasuna** obtiene los mejores resultados de su historia. "No se trata de una reacción emocional ante la represión, que incluso se había vuelto más selectiva", asegura Pereira. Es, simplemente, "el desdén y la desconfianza" de siempre que manifiesta la gran mayoría de los vascos hacia las instituciones políticas propias que conniven con las españolas. El *Sindrome del Norte* se extiende entre las fuerzas armadas españolas viendo que el conflicto se eterniza. Esta historia llena de controversias, que comenzó con "un puñado de estudiantes" en 1958, "dio lugar, 40 años después, a la formación de amplios espacios sociales de existencia absolutamente fuera de la esfera de control de los poderes formales de la capital", explica el autor. Es, según él, "un estado de espíritu verdaderamente independiente, que sobrepasa en gran medida la corta visibilidad de lo efímero". Son "generaciones que están habituadas a sufrir por razones políticas y, por ende, están preparadas para resistir, defenderse y atacar", son "una especie de testimonio inmemorial".

1997 – DANIELE CONVERSI

Historiador italiano. Licenciado en Antropología Lingüística y Literatura, este profesor de Historia contemporánea y colaborador de la Fundación Ikerbasque recaló en la Universidad del País Vasco en el 2009. En 1997 publica *The Basques, the Catalans and Spain*, ensayo en el que realiza un análisis comparativo entre el **nacionalismo catalán y vasco** para buscar las principales diferencias en su evolución. La parte histórica se ocupa del surgimiento del nacionalismo vasco a partir de la supresión de los fueros y de la definición de identidad nacional, de su evolución durante el régimen franquista, de su reformulación radical y del proceso democrático y la crisis del Estado centralizado heredado del franquismo. La parte teórica trata tres aspectos: la elección de la lengua en contraposición a otros valores fundamentales, la consecuencia de una inmigración a gran escala y las causas y efectos de la **violencia** política. Esta está representada tanto por medio de la fragmentación "interna" cultural, ideológica y política comprendida en los centros radicales como por la confrontación "externa" con el Estado, cuya represión fue la causa no solo de su irrupción, sino también de su expansión. Las afinidades se resumen en que ambos nacionalismos, catalán y vasco, surgieron al mismo tiempo, se encuentran en la vanguardia de la economía española y acogieron mucha inmigración. Pero existen unas diferencias esenciales: la burguesía vasca era más centralista y semi-oligárquica, la industrialización fue más abrupta en Euskal Herria –concentrada en Bilbao, que nunca fue la capital "moral" del País Vasco, sino más bien Donostia o Iruñea–, la supresión de los fueros aconteció cien años más tarde que la de los catalanes, el *ethos* igualitario que acompaña a la sociedad vasca es más marcado, y es además una sociedad más conservadora, tradicional y católica y menos modernizada. "La movilización catalana ha estado centrada en la reivindicación positiva de la cultura del grupo. Por el contrario, desde **Arana**, la política vasca se ha basado en la negación y el enfrentamiento ("*Basque politics has been based on negation and confrontation*"). Esto está relacionado con los dos patrones originales, el 'exclusivismo' vasco y el 'integracionismo' catalán". En el 2000 publica *The Basques, the Catalans, and Spain: alternative routes to nationalist mobilisation.*

1998 – ESTRELLA:

"Una sonata de Mozart o Beethoven no tiene por qué ser más universal que el patrimonio musical vasco".

1998 – MIGUEL ÁNGEL ESTRELLA

Pianista argentino y embajador de la UNESCO (1940-2022). Este pianista, intérprete habitual del vasco Maurice Ravel, se define como gran admirador de la **música** vasca, con la que dice estar muy familiarizado. Desde el primer contacto que tuvo con ella por medio del coro Philippe Oyhamburu, quedó totalmente cautivado y emocionado por el vínculo tan estrecho que se establece con el público. En el libro *Tant que les Basques chanteront* (*Mientras los vascos canten*) se muestra conmovido por "la capacidad humana que tienen los vascos para comunicar a través del canto y la música las cuestiones de la vida cotidiana. En el País Vasco se puede comprobar, se puede sentir que la canción y la música no pertenecen a la 'sociedad del espectáculo', son, simplemente, la expresión natural y espontánea de la vida de un pueblo; ellas son su sustento diario [*le chant et la musique ne relèvent pas de la 'société du spectacle', ils sont, plus simplement, l'expression naturelle et spontanée de la vie d'un peuple; ils sont la nourriture de tous les jours*]". Finaliza diciendo que "una sonata de Mozart o Beethoven no tiene por qué ser más universal que el patrimonio musical vasco".

1999 – GEORGE CHENEY

Nacido en Estados Unidos, Cheney es un educador, escritor y conferenciante, líder reconocido internacionalmente en el ámbito de la comunicación organizativa. Centra su trabajo en la mejora de procesos organizativos y en la búsqueda de un desarrollo económico social y ambientalmente responsable. Además de trabajar para varias universidades americanas, es asociado de las facultades de Humanidades, Ciencias Sociales y Empresariales de la Universidad de Mondragón. En 1999 publica su libro *Values at Work. Employee Participation Meets Market Pressure at Mondragón* (*Valores en el trabajo. La participación de los empleados se enfrenta a la presión del mercado en Mondragón*). En ese ensayo Cheney pretende examinar cómo está respondiendo este conjunto de empresas innovadoras y democráticas a la amplia tendencia hacia la mercantilización y cuál es el efecto de la dinámica organizativa tan peculiar del **Grupo Mondragón** en la era de la globalización del mercado. Analiza el difícil equilibrio que supone para las empresas cooperativas mantener, por un lado, los sistemas de trabajo orientados a las personas, pero, al mismo tiempo, seguir teniendo éxito en la economía que impone el sistema capitalista. El libro no pretende destacar las particulares prácticas del Grupo, sino mostrar su transformación en el nuevo mercado y resaltar la relevancia de eslóganes como *democracia participativa*, *solidaridad* e *igualdad*, comunes de las sociedades cooperativas, convertidos en reivindicaciones que están afectando al modelo del mundo industrializado.

1999 – KURLANSKY:

"No hay palabra que defina peor a los vascos que el término separatistas".

1999 – MARK KURLANSKY

Periodista y escritor norteamericano (1948). Trabajó como corresponsal durante los últimos años del franquismo, sobre todo en las provincias vascas. Fruto de sus numerosos viajes, publicó en los Estados Unidos en 1999 un título que expresa cierta ironía, *The Basque History of the World*, que el grupo Planeta tradujo y editó en el año 2000 como *La **historia** vasca del mundo*. Es un libro de lectura fácil, sin ningún tipo de espíritu crítico, que salta de anécdota en anécdota, sin profundizar demasiado en los acontecimientos históricos, razón por la cual se ha ido convirtiendo en un notable éxito de ventas. Según esa obra, el vasco es un pueblo con una lengua prohibida cuyo origen aún no ha sido descubierto y que parece ser anterior a todas las demás culturas europeas, pero que no dispone, sin embargo, de un espacio geográfico específico en los mapas de Europa. Es por eso que presenta el libro con un mapa dibujando *Los **siete territorios** del País Vasco*, desde el Adur al Ebro. Se explica que los vascos "son un pueblo mítico, casi un pueblo imaginario". "Afincados en siete territorios, a banda y banda de los Pirineos, constituyen una contradicción desconcertante: son la nación más antigua de Europa y no han formado nunca un estado". Kurlansky, como corresponsal bregado en mil batallas y con gran cantidad de premios en su haber, ya en tiempos de la dictadura se había mostrado atraído por la fuerza de un pueblo inconformista. "Como periodista estaba interesado en los vascos porque eran la única noticia, los únicos españoles que se oponían a las claras a Franco". No considera al pueblo vasco, como suele ser habitual, como una sociedad aislada del mundo y encerrada en sí misma: "No hay palabra que defina peor a los vascos que el término separatistas, que ellos rehúsan a utilizar. Si están en una isla, es una isla desde donde se tienden incesantemente puentes hacia el continente. Teniendo en cuenta lo reducido de su población, han hecho aportaciones notables a la historia mundial".

2002 – ELISABETH HAMEL:

"Tres cuartos de nuestros genes provienen de los antiguos vascos".

2002 – ELISABETH HAMEL

Periodista científica alemana. En el 2002 publica con Theo Vennemann (1996) en la revista alemana *Spektrum der Wissenschaft* el artículo *Vaskonisch war die Ursprache des Kontinents* (*El vascónico era el idioma originario del continente*), en el que afirman que "muchos nombres de ríos y lugares europeos contienen palabras vinculadas con el vasco. Los nombres surgieron poco después de la última Edad de Hielo. En toda Europa continúa estando la gente estrechamente emparentada con los vascos, un pueblo preindoeuropeo". El artículo es un adelanto de la "**Teoría del sustrato vascónico**" que Vennemann plantearía al año siguiente y que generaría tanta controversia en toda Europa. En el 2002 Hamel publica, también en la revista *Spektrum der Wissenschaft*, esta vez con Peter Forster, el artículo *Drei Viertel unserer Gene stammen von den Urbasken* (*Tres cuartos de nuestros genes provienen de los antiguos vascos*). La revista mensual *Pour la Science*, edición francesa de la revista estadounidense *Scientific American*, concedió también su espacio a esta teoría divulgando esta hipótesis bajo el título *L'épopée du génome basque*. Para realizar el estudio se analizaron los **ADN mitocondriales** actuales de una muestra aleatoria de 10.000 europeos y se reconstruyó su árbol genealógico. Los resultados muestran que el 75 % de los individuos estudiados poseen huellas de un ADN mitocondrial de tipo vascón: "Concluimos que los habitantes de Europa serían los descendientes de un grupo relativamente localizado de hombres y mujeres que habrían habitado en la región que envuelve el actual País Vasco, hace unos 20.000 años". Estos grupos humanos, según el estudio, "se desplegaron a partir del País Vasco y se extendieron por toda Europa". Señalan además que "su ADN mitocondrial es el más frecuente en el País Vasco, pero se encuentra también, según una especie de 'degradación' (con una frecuencia en disminución), en Alemania, en Italia o en España". Esta teoría de Vennemann ha quedado con el tiempo bastante desacreditada.

2006 – DAVID PETERSON

Historiador galés (1966). Es licenciado en Historia por la Universidad de Oxford y doctor en Historia Medieval por la Universidad de Burgos, con la tesis del 2006 *Frontera y Lengua en el Alto Ebro, siglos VIII-XI*, que fue publicada en el 2009. En ella analiza la situación de **La Rioja** como un limes que surge en el siglo VIII, primero entre el reino de Asturias y Al-Ándalus y después entre Castilla y Nafarroa. Las crónicas, los registros onomásticos y la toponimia hablan de un espacio que en su momento tuvo una relación muy estrecha con el **euskera**, pero en el que se pueden distinguir varios estratos diferentes. El primero es el de la época romana: "Se ha sugerido recientemente que los berones (o por lo menos un grupo anónimo situado en el extremo sur-oriental de su solar) podrían haber hablado un idioma emparentado con el vasco. La afirmación se sostiene en el descubrimiento de varias estelas con onomástica epigráfica no indoeuropea en las cabeceras de los ríos riojano-sorianos Cidacos y Linares, y con algún descubrimiento aislado también en el alto Iregua. La onomástica en cuestión sería Sesenco, Attasis, Onse, Onso y Agirsar. Los expertos están de acuerdo en cuanto al carácter no indoeuropeo de esta onomástica, a diferencia de la mayor parte de la antroponimia del periodo de la Sierra de la Demanda y del solar berón, y tampoco parece descabellado caracterizarla como en parte vasca, o por lo menos vascoide". Peterson considera demasiado débiles los indicios que apuntan a una antigua toponimia e hidronimia vasca al sur del **Ebro**

(*Idubeda*, *Arando*, *Ibeas*, *Urbel*, *Urbión* y *Ura*), aunque dice que se podría pensar en un pueblo berón de estirpe indoeuropea con contingentes vascófonos. Sin embargo, a Peterson lo que le parece arriesgado es "extender este estrato lingüístico a los valles occidentales, donde aparecerá toponimia vasca durante el Altomedievo". Este segundo estrato medieval está, en cambio, "muy próximo al euskera medieval de Álava, y relativamente alejado de las formas aquitanas", y desde luego, "no tiene visos de haber llevado un milenio aislado cuando aparece en la documentación medieval, pues resulta perfectamente comprensible a partir del vasco del norte". Esta onomástica y toponimia vasca medieval obedece, por lo tanto, a dos dinámicas migratorias, según el historiador galés. La primera se expande desde Álava y encaja en el periodo 750-950, y la segunda se establece a partir del siglo XI y está estrechamente vinculada con la monarquía navarra. Peterson está actualmente incorporado al Departamento de Historia Medieval de la UPV.

2006 – STEPHEN OPPENHEIMER

Médico británico (1947). Oppenheimer ha llevado a cabo bastantes trabajos de investigación en el campo de la **genética** y se ha hecho bastante popular con motivo de la publicación de sus libros sobre la Europa prehistórica. En el 2006 publicó *The Origins of the British: A Genetic Detective Story*, un ensayo que explica las sorprendentes raíces culturales actuales de los ingleses, irlandeses, escoceses y galeses. Para ello indaga en su origen y ofrece como novedad un análisis genético del pueblo. En el artículo *Miths of British Ancestry* que se publicó el 21 de octubre de 2006 en la revista *Prospect* con motivo de la divulgación de su libro, Oppenheimer asegura que todo lo que se sabe sobre la ascendencia británica e irlandesa es "incorrecto": "Nuestros antepasados eran vascos, no celtas. Los celtas ni fueron aniquilados por los anglosajones, ni tuvieron tampoco, de hecho, mucho impacto en el acervo genético de estas islas". El autor destruye en el ensayo el mito de la Gran Bretaña celta y va reconstruyendo el pasado de los británicos a través de un estudio genético, climatológico, arqueológico, cultural y lingüístico. En el relato sugiere que los habitantes de las islas puedan estar genéticamente relacionados con el pueblo vasco y el resto de los pueblos que habitaron la costa cantábrica y que se expandieron tras la última glaciación durante la época paleolítica, ya que ambos pueblos muestran marcadores de linaje genético comunes. Las conclusiones de su teoría han sido puestas en tela de juicio por los estudios genéticos de los últimos años.

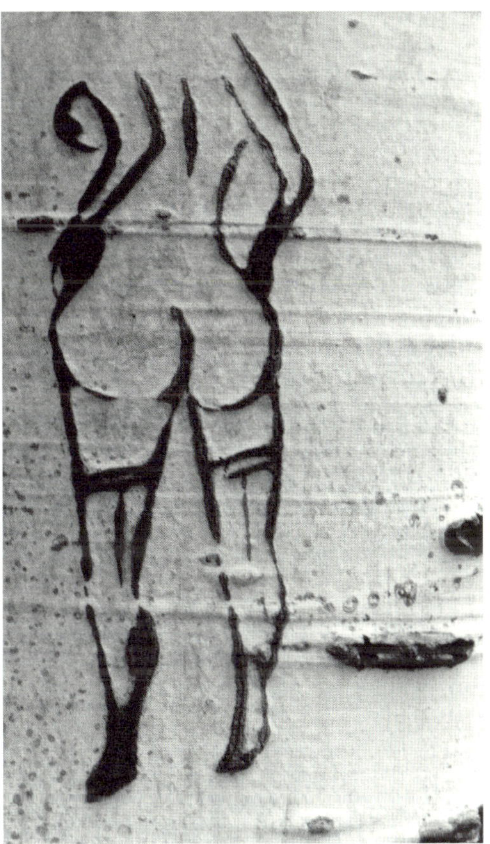

2006 – Great Basin National Park. Grabado sobre álamo realizado por un pastor vasco entre el siglo XIX y XX.

2006 – GREAT BASIN NATIONAL PARK

Nevada fue lugar de inmigración para pastores vascos ya desde principios del siglo

XIX. Cada año, a partir de la primavera, después de que los primeros rayos de sol hubieran fundido las nieves que coronaban los altos, los **pastores** vascos se aventuraban, durante los largos meses del estío, a vagar con sus rebaños por las inmensas alamedas de las montañas. En el año 2006 la reserva natural americana del Estado de Nevada Great Basin National Park comenzó a llevar un número de registro de *the Basque Aspens*, los llamados álamos vascos, conocidos porque sobre sus troncos se personalizaban las historias de aquellos pioneros que documentaban una época que se extiende desde mediados del siglo XIX hasta los años 70 del siglo XX. Las cortezas de los álamos plateados resultaban los lienzos perfectos para grabar con sus navajas anotaciones no solo de su modo de vida, sino también de sus tribulaciones y sus preocupaciones más íntimas. La nostalgia del hogar, las reflexiones diarias sobre las rutinas más elementales y los ideales políticos retratan en ellos la vida de hombres que firman sus obras con nombre y fecha. Muchos de estos grafitos desprenden un aire sensual y erótico, muchas veces con escenas bien explícitas, que revelan sus ansiedades por la ausencia de compañía femenina. La mayoría de los pastores ni siquiera habrían podido contemplar en toda su dimensión aquellas auténticas obras de arte, ya que las hendiduras tardan años en cicatrizar y tomar su verdadero volumen. En los últimos años historiadores, arqueólogos forestales y grupos de aficionados interesados en preservar este extraordinario vestigio del oeste americano están trabajando juntos para llevar una contabilidad de todo ello, antes de que desaparezca, puesto que la vida de estos árboles no suele sobrepasar el centenar de años. También se encuentran este tipo de grabados en el Tahoe National Forest de Nevada y en el Mono National Forest de California. En el año 2008 Joxe Mallea-Olaetxe publicó un libro dedicado a los grabados, *Speaking Through the Aspens. Basque Tree Carvings in Nevada and California*. Su trabajo de investigación le ha llevado a almacenar un registro de más de 20.000 inscripciones.

2007 – FOLEY:

"[El bersolarismo] galvaniza la identidad étnica y nacional a un grado prácticamente incomparable con ninguna otra parte del mundo".

2007 – JOHN MILES FOLEY

Experto estadounidense en literatura oral comparada (1944-2012). Licenciado en Literatura inglesa por la Universidad de Massachusetts, Miles fue el editor de la revista *Oral Tradition* difundida por el Center for Studies in Oral Tradition de la Universidad de Missouri. Esta publicación, que ha ido dando a conocer, poco a poco, todas las tradiciones orales de los distintos pueblos del mundo, dedica, en su volumen 22, n.º 2, del año 2007, una importante edición al **bersolarismo** vasco (*Basque Special Issue*), en el que participan destacados especialistas vascos como Andoni Egaña o Joxerra Garzia. En la introducción, Miles intenta ofrecer al lector poco familiarizado con el País Vasco una imagen de lo que sería una final de un concurso de bertsolaris a nivel de toda Euskal Herria: "Imagínese vendiendo 13.025 entradas para un evento de poesía oral. Imagine, además, un total de 6-7 horas de retransmisiones en vivo emitidas por la televisión regional, según se va produciendo, con extractos, resúmenes y comentarios de expertos de la televisión nacional. Imagínese un evento de un día, el acto final de un drama olímpico de clasificación y eliminación de cuatro años y varias etapas, que galvaniza la identidad étnica y nacional a un grado prácticamente incomparable con ninguna otra parte del mundo. Imagine la confluencia de todos estos fenómenos, y ahí tiene el Bertsolari Txapelketa, el campeonato nacional de Bertsolaritza, el concurso de poesía improvisada de la tradición oral vasca que tuvo lugar en Barakaldo, España, el 18 de diciembre de 2005".

2009 – JOAN FERRER I JANÉ.

Este reconocido lingüista de la Universidad de Barcelona escribe en el *Acta Palaeohispanica 9* del año 2009 un artículo titulado *El sistema de numerales ibérico: avances en su conocimiento.* En él reduce en una tabla los átomos del sistema de numerales **ibérico** y los compara con el euskera. Es la primera vez que un lingüista establece, de manera académica, una conexión entre la lengua vasca y la ibera: (ibero/euskera) 1/2 erdi/erdi; 1 ban/bat; 2 bi(n)/bi; 3 irur/(h)iru(r); 4 lau(r)/lau(r); 5 bors(te)/bortz, bost; 6 sei/sei; 7 sisbi/zazpi; 8 sorse/zortzi; 9 ¿?; 10 (a)bar/(h)amar; 20 orkei/(h)ogei. El sistema numeral es también de base vigesimal: 30 (20 + 10) orkei(ke)(a)bar/hogeitahamar. Ferrer i Jané reconoce que su tesis ya había sido propuesta por **Eduardo Orduña** en el 2005. En el 2013 (*Los numerales ibéricos y el vascoiberismo*) Orduña se manifiesta en favor de la propuesta de que la semejanza de los numerales léxicos con el vasco se explica por parentesco y no por préstamo. Ante las críticas de algunos lingüistas vascos a esta hipótesis que relaciona el posible sistema de numerales ibérico con el sistema de numerales vasco, Ferrer i Jané comenta en el artículo *Los problemas de la hipótesis de la lengua ibérica como lengua vehicular* del 2013. "Lakarra no entra en valorar los argumentos procedentes del análisis interno de los textos ibéricos y argumenta sus objeciones únicamente en el campo de la lingüística histórica vasca. No obstante, Lakarra usa la hipótesis de Javier de Hoz [1993] sobre la consideración del ibérico como lengua vernácula sólo de la Contestania [Alicante] y territorios vecinos, y por lo tanto como lengua vehicular en el territorio ibérico del noroeste peninsular (NE) [...], para argumentar que vasco e ibérico no deberían haber sido lenguas con frontera compartida, lo que dificultaría las relaciones entre ellas, especialmente, según su criterio, los préstamos". No está conforme con el uso de "la hipótesis de De Hoz como si fuera un hecho demostrado o aceptado unánimemente".

2009 – MATHIEU BOIVIN-CHOUINARD

Este estudiante de la Universidad de Quebec en Montreal presenta para su licenciatura en Historia una tesina de 170 páginas sobre la gira que la **selección vasca de fútbol** realizó por territorio soviético en 1937: *Le soccer comme arme antifasciste: une histoire politique, culturelle et sociale de la tournée de l'équipe nationale basque en URSS pendant la Guerre Civile Espagnole.* Comenta que, a pesar de su importancia histórica, es un acontecimiento que aún no había sido estudiado con profundidad y que había sido tocado de pasada en la bibliografía anglosajona (Edelman, O'Mahony) y rusa (Esenin y Merzanov, en los años setenta). Según Boivin-Chouinard, la gira, que había sido organizada por el lehendakari Aguirre desde el exilio con la intención de darse publicidad y recaudar fondos para los exiliados políticos, fue reinterpretada por las autoridades políticas soviéticas e instrumentalizada como un elemento útil para la consecución *"d'objectifs politiques et culturels précis, autant a niveau national qu'international"*. El acontecimiento se convirtió en una fuerza capaz de influenciar el desarrollo particular de movimientos como la **lucha antifascista** que difundiera el modelo cultural del nuevo arquetipo soviético. Véase Prensa rusa y polaca (1937).

2009 – INGO NIEBEL

Historiador y periodista alemán (1965). Niebel publica en el 2009 el libro *Das Baskenland: Geschichte und Gegenwart eines politischen Konflikts*, donde plantea el **conflicto vasco** como una narración épica de la lucha de los vascos por su libertad, y llega a insinuar que esta "ausencia de libertades civiles y políticas en el Reino de España" podría justificar "el retorno a la lucha armada". Niebel ha escrito también un interesante ensayo que penetra en el fondo político, económico y social del conflicto que supuso la Guerra Civil, que se titula *Al infierno o a la gloria. Vida y muerte del ex* ***cónsul y espía*** *Wilhelm Wakonigg en Bilbao, 1900-1936.* Relata en él el particular caso del cónsul austríaco Wakonigg, que fue detenido en Las Arenas cuando embarcaba hacia Alemania con una maleta repleta de documentación confidencial, motivo por el cual fue ejecutado en el cementerio de Derio. El episodio tiene también su carga emocional al ser su yerno Luis Ortuzar miembro destacado del PNV y encargado de crear el cuerpo de policía vasca, Ertzaintza. En el año 2012 publica *Schrei-*

ben für das Baskenland. Journalisten gegen Madrider Lügen, Medienverbote, Folter und Haft (*Escribir para el País Vasco. Periodistas contra las mentiras madrileñas, la prohibición de medios de comunicación, torturas y prisión*), un ensayo sobre el cierre de cuatro medios de comunicación vascos por el Estado español entre 1998 y 2003: *Egin*, *Egunkaria*, Egin Irratia y *Ardi Beltza*.

2009 – NATALIE SABANADZE

Política georgiana (1976). Ha sido embajadora de Georgia en Bélgica y asesora política de la OSCE, alta comisión para las minorías nacionales. La Central European University Press publica en 2009 *Globalization and Nationalism. The Cases of Georgia and the Basque Country*. En esta obra la autora profundiza en el análisis de un hecho que le hace reflexionar, como es el auge de las reivindicaciones de las naciones sin Estado: "Un estudio cuenta unas 35 regiones o grupos étnicos que buscan un mayor grado de autonomía o secesión en el área de la OCDE". Normalmente se entiende al **nacionalismo** minoritario como una fuerza excluyente que camina contra corriente del movimiento globalitario. Sabanadze, sin embargo, defiende una teoría poco ortodoxa sobre la relación entre globalización y nacionalismo contemporáneo, y argumenta que estas dos tendencias pueden fusionar como fuerzas aliadas, como así se plasma en el caso **vasco** y **georgiano**: "*In both Georgia and the Basque Country, nationalism emerges as a force promoting and reinforcing rather than resisting globalization*". Globalización y nacionalismo se muestran, por lo tanto, en ambos casos, como movimientos complementarios más que contradictorios. En estos países apenas se percibe un movimiento político antiglobalización, sino que es en esta misma donde busca los apoyos para sus propios intereses nacionalistas. De hecho, sugiere que el nacionalismo subestatal en la era posterior a la Guerra Fría es un producto de la globalización. Las consecuencias para todas estas minorías que sufren la presión centralista de los estados son evidentes: "Nacionalistas escoceses o vascos, en otras palabras, prefieren tratar con Bruselas que con Londres o Madrid, porque estas dos últimas son vistas como viejos centros de represión y de control". En el libro Sabanadze hace un largo recorrido por la historia del nacionalismo vasco, analizando los cuatro aspectos que lo hacen singular: ideología, movimiento, tradición e institución.

2011 – Preston. Portada de *La muerte de Guernica* en versión gráfica, realizada por José Pablo García.

2011 – PAUL PRESTON

Hispanista británico (1946). Autor de numerosas obras sobre la historia contemporánea española y en especial sobre el franquismo, este reconocido hispanista publica en el 2012 *La muerte de Guernica*, una crónica detallada de lo que fueron tres horas de bombardeo sobre una población civil indefensa que, para escarnio de las víctimas, fue silenciado durante cuarenta años. "La ignominia del bombardeo de **Guernica** no terminó con la horrorosa acusación de que los vascos fueron los que destruyeron la ciudad", relata Preston. "En una sesión plenaria celebrada el 13 de febrero de 1945, el ayuntamiento de Guernica aprobó por unanimidad el nombramiento de Franco como hijo adoptivo, en sentido homenaje de cariño, gratitud y adhesión hacia su persona y todo cuanto representa. [...] En el año 1966 [...] otra corporación municipal concedió a Franco la Medalla de Oro y Brillantes de Guernica". El relato, que ha sido publicado como comic exitoso por el malagueño José Pablo García, es también un pequeño homenaje a la labor de corresponsales como Steer (1937), que también tuvo que sufrir el descrédito de perder su trabajo por manifestarse en defensa de la versión que acusaba a Franco del bombardeo. En la obra de Preston *El holocausto español. Odio y exterminio en la guerra civil y después*, que fue publicada en el 2011 y maneja una bibliografía inmensa, el historiador analiza con todo lujo de detalles la masacre ejercida en España por el bando rebelde, sin dejar de mencionar también todos los excesos de los republicanos. "Si tenéis hambre, comed república" fue el grito de guerra favorito de los amotinados que trataban a las masas que agonizaban de hambre, según cuenta, como una "especie infrahumana". En el capítulo 6, *El terror de Mola*, relata que las grandes corralizas del sur de Nafarroa eran propiedad de la derecha navarra que "figuraba entre las más brutales y dominantes de España" y que, después de que sus tierras hubieran sido ocupadas en 1933, "tenían sed de venganza". "Las ejecuciones al amanecer atraían a multitudes en Pamplona, y con ellas surgían los puestecillos de chocolate con churros". Fueron asesinados "2822 hombres y 35 mujeres" y "otras 305 víctimas murieron por malos tratos o desnutrición en la cárcel". El autor subraya que hubo especial ensañamiento en la Ribera del Ebro. En **Sartaguda** "hubo 84 ejecuciones extrajudiciales" y fueron asesinados varios curas que simpatizaban con la izquierda. El mismo Unamuno calificó a Mola, como promotor de ese régimen de terror, de "monstruo de perversidad, ponzoñoso y rencoroso". En Euskadi las cosas no fueron mejor. En el capítulo 12, *La larga guerra de aniquilación de Franco*, refiere cómo 45 niños murieron en el bombardeo de **Otxandio** y 300 personas en **Durango** y cómo se extendió una represión que "básicamente fue obra de carlistas y falangistas" que se aprovechaban de listas proporcionadas por los derechistas para realizar ejecuciones extrajudiciales: 170 en Araba, 600 en Gipuzkoa, 900 en Bizkaia. El total de sacerdotes muertos por los izquierdistas se eleva a 69, una cifra significativamente menor que en el resto de provincias españolas. La derecha ejecutó a 16, aunque solo en el bombardeo de Durango murieron además 14 monjas. En **Bilbo**, los innumerables ataques aéreos y la ira de una población hambrienta provocaron represalias entre la izquierda, que realizó incursiones en las cuatro cárceles de la ciudad en las que se asesinaron a unas 300 personas: "Miembros del Gobierno Vasco acudieron y consiguieron controlar la carnicería antes de que alcanzase a todos los reclusos". Las octavillas de Mola avisaban: "Si vuestra sumisión no es inmediata arrasaré Vizcaya. [...] Tengo medios sobrados para ello". Una vez caído Bilbao, durante el éxodo de la población hacia Santander, "la Legión Cóndor no dejó de bombardearlos y ametrallarlos". Aunque tras la rendición hubo cientos de prisioneros fusilados, la necesidad de mano de obra cualificada para la industria y "el hecho de que la Iglesia no necesitara aplicar una política de venganza en una provincia mayoritariamente católica" explican que la represión fuera menos severa que en otras zonas. Además de las ejecuciones, exilio, trabajos forzados, multas y confiscaciones, fueron el precio que tuvo que pagar Euskadi por perder la guerra.

2012 – WILLIAMSON,
sobre el hacha vasca:

"Básicamente, hemos cambiado la Historia. [...] Este es un hallazgo absolutamente significativo y asombroso. Es la primera pieza de hierro comercial europea en el interior de América del Norte"
(siglo XV).

2012 – RON WILLIAMSON

Williamson es un arqueólogo del Departamento de Antropología de la Universidad de Toronto, Canadá, fundador de la asociación Archaeological Services Inc., que es la responsable del descubrimiento de un yacimiento arqueológico en la región de los Grandes Lagos en las cercanías de Toronto (Huron-Wendat village). En 2012 el director canadiense Robin Bicknell realiza el documental *Curse Of The Axe* (*El curso del hacha*) que narra el hallazgo de un importante poblado indígena de la tribu de los Huron, compuesto por más de cien casas y una empalizada defensiva formada por tres hileras de troncos de madera, que está datado a principios del siglo XV. Pero el descubrimiento más sorprendente de todos viene dado por una pieza de hierro que se encontró enterrada en una de las casas, y formaba parte de algún tipo de ritual de índole espiritual. Cuando Williamson entrega la pieza a la doctora Andrea Carnevale para que haga un análisis forense con las más avanzadas técnicas, esta profundiza en el proceso de manufacturación y constata dos hechos importantes: el primero es que la pieza es una aleación fundida que no puede datar más que del siglo XV y el segundo es que lleva la **marca del herrero** que la elaboró. En palabras de Williamson, "*Basically we have changed History*": "Básicamente, hemos cambiado la Historia. [...] Este es un hallazgo absolutamente significativo y asombroso. Es la primera pieza de hierro comercial europea en el interior de América del Norte". El **hacha** es datada unas decenas de años antes del primer contacto conocido entre norteamericanos y europeos hacia 1510. La siguiente incógnita que se les abre es: ¿de dónde vino la pieza? Proceden entonces a un minucioso rastreo de marcas de herrero en el instrumental de la Europa medieval. Carnevale comenta que después de meses de investigación se encontró con una colección privada procedente del País Vasco: "*I came across this incredible journal, where they have a private collection of artefacts from Basque Country*". Al abrir una de las fotos se topa con el cuño estampado en una de los cuchillos de carnicero ("*meat cleaver*"). La marca era vasca: "*It was a basque mark*". El siguiente paso en su investigación les conduce primero hasta James Tuck, eminente arqueólogo experto en la historia de los balleneros vascos en la península de Labrador, y, más tarde, a un museo del pueblo guipuzcoano de **Zerain**, donde se entrevistan con Michael Barkham (historiador vasco e hijo de Huxley 1956), que les muestra un instrumento con la misma marca que buscaban: "Esta es la constatación de que el hacha fue manufacturada en el País Vasco". Este conjunto de arqueólogos norteamericanos se han topado, por consiguiente, con uno de los descubrimientos más singulares hechos en América: el testimonio de una pieza de hierro de origen europeo, en poder de las tribus indígenas americanas, muchos años antes de la llegada de Colón a América. Al descubrimiento no se le ha dado, sin embargo, mucha publicidad. La página oficial de Internet canadiense *The Mantle Site* habla más bien de un poblado del siglo XVI, aunque reconoce que comenzó a ocuparse a partir de finales siglo XV.

2012 – RED BAY BASQUE WHALING STATION

La bahía **Red Bay**, en la región de Labrador, frente a la isla de Terranova, fue utilizada por los **balleneros** vascos en el siglo XVI y declarada Patrimonio de la Humanidad en el 2012. El Gobierno de Canadá publicó una exhaustiva obra de 700 páginas (*Red Bay Basque Whaling Station*) sobre esta bahía, por ser conocida como el área que contiene los restos mejor conservados en el mundo de las primeras etapas de la industria que giraba en torno al aprovechamiento de la ballena. "El centro ballenero vasco de Red Bay cuenta la historia de los orígenes de la industria ballenera comercial a gran escala, tal y como fue desarrollada por los vascos en el estrecho de Belle Isle durante el siglo XVI", afirma el estudio. "El vasco es un grupo cultural único que ha conservado una lengua, cultura e identidad que lo diferencia de las poblaciones circundantes. Han vivido en la misma zona del noreste de España y el suroeste de Francia durante miles de años.

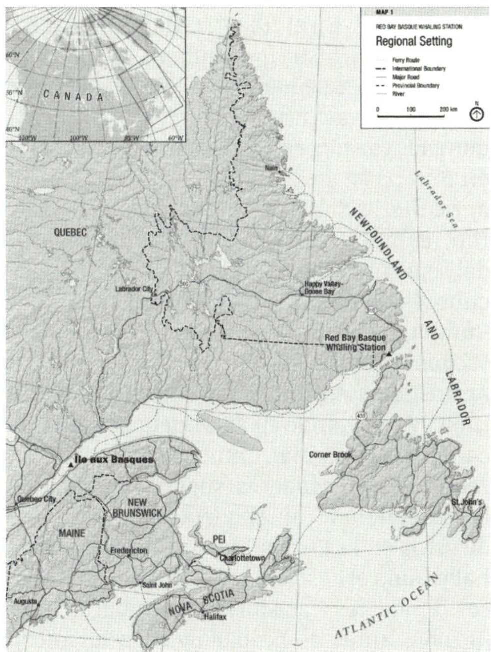

2012 – Red Bay. Mapa de la costa de Canadá en la que aparecen los dos principales lugares dedicados a los balleneros vascos: el centro ballenero vasco de Red Bay, declarado Patrimonio de la Humanidad en el 2012, y la île aux Basques (1929), declarada Lugar de Interés en el 2001.

En este documento, a menos que se especifique lo contrario, 'vasco' se refiere a los balleneros que vinieron desde los puertos españoles y franceses a esta región. Los vascos fueron de los primeros europeos en explotar los ricos recursos naturales del este de América del Norte. Durante la primera mitad del siglo XVI, establecieron la primera empresa ballenera comercial del mundo a gran escala en el estrecho de Belle Isle. El aceite de ballena, como iluminador superior y lubricante de alta calidad, sería demandado internacionalmente durante tres siglos". El elemento clave de la producción de aceite de ballena fueron los hornos de piedra utilizados para convertir la grasa de ballena en aceite. Los arqueólogos han identificado, dentro de la isla que se encuentra a la entrada a la bahía, los restos de quince hornos de extracción de aceite de ballena en once lugares distintos. Después de despellejar las ballenas y cocer la grasa, el aceite era introducido en barricas de madera para su transporte a Europa. El producto final era una especie de cera líquida que sería equiparable a lo que hoy en día llamamos petróleo. En el mismo pueblo de Red Bay se ha habilitado un Centro de Interpretación de la ballena, donde se narra toda la historia de los balleneros que se acercaron hasta allí desde Euskal Herria a partir del siglo XVI. Fue en esta misma bahía de Labrador donde en 1565 naufragó la nao San Juan, un pecio que fue descubierto por Grenier (1978) gracias a los trabajos de investigación de Huxley (1956). Se convirtió en uno de los más valiosos tesoros arqueológicos que se hayan encontrado nunca en Canadá y está siendo reconstruido en los Astilleros Albaola de Pasaia.

2013 – FORNI:

"Es absolutamente irrealista pensar que el euskera fuera una lengua no indoeuropea".

2013 – GIANFRANCO FORNI

Lingüista italiano. Forni lleva años intentando clasificar genealógicamente las lenguas del mundo y dedicando una especial atención a la lengua vasca, sobre la que, hasta el momento, no hay un consenso sobre su parentesco con el resto de idiomas. En el 2013 publica un libro, *Evidence for Basque as an Indo-European Language*, que evidencia la procedencia del euskera de las **lenguas indoeuropeas**, familia de la que proceden todas las lenguas habladas hoy en día en Europa, salvo las del grupo de lenguas ugrofinesas. Es la primera persona que plantea con un estudio serio la posible alineación indoeuropea del euskera. Forni se sirve de la reconstrucción interna y de las leyes fonéticas del protovasco realizadas por Mitxelena y Trask para poder compararlo con la reconstrucción del protocelta, que es la lengua que tradicionalmente ha estado más cercana a la nuestra, desde su llegada a la península hacia el 2000 a.C., vía, según cuenta Forni, península itálica. No hay ninguna necesidad, comenta, de irse al Cáucaso a buscarle parientes. El autor sigue el método comparativo estándar para demostrar que el léxico y la gramática del euskera deriva del PIE, y de las 201 voces básicas del vocabulario que analiza 140 muestran similitudes. "*It is absolutely unrealistic that Basque was a non-Indo-European language*": "Es absolutamente irrealista pensar que el euskera fuera una lengua no indoeuropea, cuando tomó prestado más del 70 % de su léxico básico (incluidos prácticamente todos los verbos) y la mayoría de sus morfemas arcaicos ligados a las lenguas indoeuropeas vecinas. La explicación más probable de las correspondencias regulares entre el euskera y el léxico y la gramática del protoindoeuropeo es que el euskera es indoeuropeo. A qué rama indoeuropea está más cerca el euskera es un tema de estudio adicional, pero no me sorprendería si resultara estar cerca del (italo)celta".

2013 – IOSIF LAZARIDIS

Genetista griego (1976). El **genetista** Lazaridis y su equipo editan en el 2013 el artículo *Ancient human genomes suggest three ancestral populations for present-day Europeans* (*Antiguos genomas humanos sugieren tres poblaciones ancestrales para los europeos actuales*). Son los primeros genetistas en diferenciar tres grandes grupos de genomas ancestrales que contribuyen a la composición del ADN de los actuales europeos. El ANE (Ancient North Eurasians, antiguos cazadores siberianos), WHG (West European Hunter-Gatherers, cazadores-recolectores paleolíticos de Europa) y EEF (Early European Farmers, primeros agricultores europeos). En el gráfico que muestran para cotejar las similitudes entre los diferentes grupos poblacionales de Europa, los **sardos** destacan como una población aislada, con el mayor nivel de influjo de los agricultores europeos. También se puede reseñar el conjunto que corresponde a los vascos de ambas vertientes del Pirineo y a los franceses del sur (lo que correspondería con la región de Aquitania), que configuran un grupo con una mayor mezcla de componente cazador-recolector que la península ibérica e itálica, y algo menor de ANE que el resto de los europeos. En el 2018 Lazaridis publica *The evolutionary history of human populations in Europe*, un pequeño artículo que resume los últimos avances obtenidos y confirma que a los cazadores-recolectores establecidos en Europa se unieron hacia el 6.000 a.C. los agricultores de Anatolia. Los cazadores "fueron reemplazados en gran medida a partir del séptimo milenio antes de Cristo por agricultores de Anatolia a través del sureste de Europa, quienes, poco a poco y de manera inconstante, se fueron mezclando con los agricultores entrantes en el interior de Europa y propagando su ascendencia hasta Escandinavia e Iberia". Comenta que pequeños reductos de cazadores supervivientes "habrían generado un pequeño resurgimiento de estos en la Europa neolítica" (este podría haber sido el caso del reducto pirenaico vasco, donde los cazadores continuaron medrando, antes de acabar de mezclarse con los agricultores). La llegada hacia el 2.500 a.C. de nuevas poblaciones (indoeuropeas) desde la estepa rusa trastocaría de nuevo todo el organigrama genético. Lazaridis se muestra convencido de que antes o después se resolverá el misterio del vínculo entre estos pastores nómadas (indoeuropeos) de la estepa y las poblaciones de Anatolia donde surgieron las culturas de los agricultores: "O se demostrará que los hablantes de Anatolia poseen una ascendencia relacionada con la estepa ausente en los anatolios anteriores (lo que demuestra en gran medida la hipótesis del protoindoeuropeo de la estepa), o no lo harán (desacreditándola en gran medida y apuntando a un Cercano Oriente patria del protoindoeuropeo)".

2013 – KOCH:

"¿Estaba la lengua de los primeros agricultores relacionada con el euskera?".

2013 – JOHN T. KOCH

Es un lingüista estadounidense, profesor especializado en la cultura y la lengua celta en la Universidad de Gales. Koch, que es un excelente conocedor de las lenguas indoeuropeas, contesta al trabajo de Forni (2013), que considera al euskera como lengua indoeuropea, con un artículo de ese mismo año titulado *Is Basque an Indo-European Language?* (*¿Es la lengua vasca una lengua indoeuropea?*). En el trabajo señala que, por de pronto, con los datos disponibles, no se puede determinar si esta lengua "pertenece a una de las ramas indoeuropeas conocidas o representa una rama independiente recién descubierta". Para Koch, si hay una relación o algún tipo de afinidad del euskera con el **protoindoeuropeo**, debería de ser considerada de un estadio anterior, pero no en una relación directa con él. Incluso en el caso de revelarse vinculado al italocelta, "sigue siendo, obstinadamente, el extraño en su nueva familia", asegura. En el 2018 ofrece una conferencia en Viena, que en el 2019 publica como artículo, en la que vuelve a trabajar sobre esta hipótesis, *Formation of the Indo-European branches in the light of the Archaeogenetic Revolution* (*Formación de las ramas indoeuropeas a la luz de la revolución arqueogenética*). En ella plantea la hipótesis –ya dispone de la información que ofrecen los estudios genéticos de Lazaridis (2013)– de que la patria de este protoindoeuropeo ancestral a todos los indoeuropeos sería la zona del **Cáucaso**, pudiendo ser contemplado el anatolio (del que procedería el actual euskera) como la primera rama en separarse. En cualquier caso, presenta una hipótesis para poder encajar al euskera en esta rama: "1. El antepasado prehistórico de la lengua vasca ya estaba en el suroeste de Europa cuando llegaron los indoeuropeos con ascendencia esteparia en la Edad del Bronce Temprano (ca. 4500-4000 a.C.). 2. Ese idioma prehistórico que no es indoeuropeo podría remontarse a los primeros agricultores de Anatolia (llegando ca. 7500 a.C.). 3. Sin embargo, el ADN ibérico muestra una mezcla de cazadores recolectores (WHG), por lo que no se puede descartar de inmediato una continuidad lingüística del Mesolítico o Paleolítico. 4. La evidencia comparativa con otras lenguas anteriores al indoeuropeo en Europa y Anatolia puede ayudar a decidir. En otras palabras, ¿estaba la lengua de los primeros agricultores relacionada con el euskera?". En su libro del 2016 *Celtic from the West 3*, que edita junto con Barry Cunliffe y que ofrece una visión bastante revolucionaria sobre el origen de la cultura protocelta, ya que estudia a los celtas de Iberia como elementos centrales y no periféricos de ese movimiento étnico, Koch analiza el sustrato vasco que subyace en las lenguas celtas.

2013 – JULIETTE BLEVINS

Esta lingüista americana, con una larga experiencia en el campo de la **fonología** y la **lingüística** comparativa e histórica, tiene su primera relación con la lengua vasca en el 2013, cuando un joven estudiante vasco se presenta en su universidad para asistir a un semestre. En la introducción de su libro del 2018 *Advances in Proto-Basque Reconstruction with Evidence for the Proto-Indo-European-Euskarian Hypothesis* (*Routledge Studies in Historical Linguistics*) explica que su investigación comenzó en el 2013, cuando, Ander Egurtzegi, un estudiante de posgrado de la Euskal Herriko Unibertsitatea bajo la supervisión de Joseba Lakarra, llegó para trabajar sobre la fonología histórica vasca. Comenta Blevins que "el semestre fue una intensa inmersión en la fonología histórica vasca y, mientras Ander consideraba los cambios de sonido del período de contacto romance hacia adelante, comencé a explorar alternativas a las vistas tradicionales del estado reconstruible más antiguo de la lengua". Blevins propone una teoría que enlaza el euskera con las **lenguas indoeuropeas**, pero de una manera diferente a como lo había hecho Forni (2013) en el mismo año que había comenzado ella su investigación. A diferencia del italiano, la americana no contempla una relación directa entre ambas familias, sino que sugiere que ambos son herederos de un ancestro común. Según señala el lingüista vasco Joakin Gorrotxategi, Blevins "se ha limitado a reconstruir la fonología del protovasco, sin abordar la reconstrucción de la morfología. Es una práctica común en lingüística comparada iniciar los trabajos de comparación sobre una mínima base de correspondencias morfológicas, si ambas lenguas poseen material morfológico suficiente, como es el caso del vasco y del PIE. [...] Aun reconociendo el interés de ciertos análisis fonológicos y prosódicos y agradeciendo el esfuerzo por una disposición ordenada del material, su hipótesis a favor de una relación de parentesco entre su protovasco y el indoeuropeo no alcanza el nivel de evidencia comparativa suficiente".

2014 – CARLES LALUEZA-FOX

Biólogo catalán (1965). Lalueza-Fox es un especialista en la recuperación de ADN antiguo reconocido internacionalmente que publicó en 1918 una obra de título *La forja genética de Europa. Una nueva visión del pasado de las poblaciones humanas*. Fue el primero que en 2014 extrajo el **genoma** humano completo de individuos que habitaron el comienzo del Neolítico: un hombre 100 % cazador paleolítico encontrado La Braña, León, y una mujer 100 % agricultora neolítica hallada en Cova Bonica, Barcelona, y recién llegada a la península ibérica desde el oriente mediterráneo. Lalueza-Fox comenta que todos estos agricultores (que se extendieron en dos éxodos por el Danubio y el Mediterráneo) formaban un grupo homogéneo que debía proceder de una metapoblación común que habría tenido que estar cerca de la puerta de entrada a Europa, quizá en los Balcanes. El rastro de cazadora con el que llegó incorporado la agricultora de Cova Bonica habría sido adquirido allí durante dos mil años después de llegar de Anatolia. Cazadores y agricultores, sin embargo, no se mezclaron inmediatamente en el occidente europeo. Durante tres mil años se fue incorporando componente cazador al ADN mayoritariamente agricultor, lo que significaba que "hubieran subsistido 'bolsas' de cazadores aisladas por el continente después del triunfo inicial de la agricultura". Una vez cuajada la mezcla entre cazadores y agricultores, llegaron de las estepas rusas grupos humanos (los que trajeron las lenguas indoeuropeas) que se mezclaron en Europa de manera muy desigual. El ADN de sardos y vascos es el que más reticente se muestra a este nuevo influjo, ya que se mantuvieron al margen del contacto con estas migraciones. El genetista comenta de los agricultores que "sus afinidades poblacionales, como todos los primeros agricultores, estaban con los actuales **sardos** y, en menor medida, con los **vascos**. [...] Una de nuestras observaciones era que los primeros agricultores mostraban afinidades con los vascos. Para nosotros el hecho de que los vascos hablaran una lengua preindoeuropea y mostraran afinidades con los primeros agricultores resultaba entonces perfectamente coherente si estos habían llegado durante la Edad de Bronce. [...] Tenían un componente de Yamnaya menor que el resto de las poblaciones ibéricas [...] y solo podía explicarse si hubieran permanecido relativamente aislados de los movimientos de la Edad de Bronce, pero no, desde luego, aislados desde el paleolítico o el mesolítico". Lalueza-Fox nos quiere decir, básicamente, que los cazadores vascos se mantuvieron aislados (una de esas *bolsas* de las que habla) hasta que los agricultores remontaron los valles pirenaicos hasta absorberlos culturalmente (incluido supuestamente el euskera que trajeron). A partir de ahí, volvieron a recluirse de nuevo con la llegada de los indoeuropeos, razón por la que el euskera ha sobrevivido.

2015 – GÜNTHER:

"Una posible interpretación del papel del euskera en este escenario sería que es un descendiente de la lengua (o una de las lenguas) de los primeros agricultores".

2015 – T. GÜNTHER, C. VALDIOSERA Y H. MALMSTRÖM

Aprovechando la información de las recientes investigaciones genéticas sobre individuos antiguos realizadas por Lalueza-Fox (2014) y otros científicos, este grupo de **genetistas** extraen unas conclusiones primarias que dan una idea del cambio radical que se observa con respecto a anteriores investigaciones de análisis sanguíneos. Günther y compañía ponen a los vascos en relación directa con los agricultores de **Atapuerca** (*"This high similarity of modern Basques to El Portalón individuals was surprising..."*): "El alto parecido de los vascos modernos con los individuos de El Portalón era sorprendente, porque los vascos han sido postulados como un resto de población aislada con una estrecha relación con los habitantes del Mesolítico de la región. [...] La lengua vasca (euskara) es una lengua aislada, sin relaciones probadas con ninguna lengua que se hable ahora en Europa o en otros lugares, y, por lo general, se ha concluido que la lengua vasca es una reliquia de la antigua diversidad lingüística preagrícola de Europa, con raíces que se remontan al Paleolítico. Nuestros datos, que sugieren que los vascos remontan su ascendencia genética a los primeros agricultores ibéricos, desafían esta suposición. Sin embargo, las interpretaciones alternativas de la historia lingüística de Europa no están claras. Las restantes lenguas de Europa occidental pertenecen a la familia indoeuropea. El origen de la familia de lenguas indoeuropeas es en sí mismo controvertido, con la mayor parte del debate polarizado entre los defensores de la hipótesis de la estepa, que el indoeuropeo se introdujo en Europa desde el este durante la Edad del Bronce (ca. 4,500 a.C.) y la hipótesis de Anatolia, según la cual la lengua indoeuropea se dispersó de Anatolia durante el Neolítico. [...] Una posible interpretación del papel del euskera en este escenario sería que es un descendiente de la lengua (o una de las lenguas) de los primeros **agricultores**, y algunos estudiosos han postulado que el euskera estaba relacionado con la lengua prerromana de **Cerdeña** (paleosardo). [...] Sin embargo, existe la posibilidad de que el euskera sea un resto de la diversidad lingüística preagrícola". Se pueden señalar dos apuntes sobre el gráfico: 1. Los vascos (tanto peninsulares como continentales), apenas muestran síntomas de haberse mezclado con las invasiones que llegaron con posterioridad (indoeuropeos, celtas, romanos, godos, árabes...). 2. Mientras las mayores afinidades de los sardos se dan con los agricultores puros recién llegados de los Balcanes (NE), los vascos las tienen con los de Atapuerca (ATP), después de un proceso de mezcla que continuó durante dos mil años y que fue aportando más componente cazador paleolítico al genoma agricultor. Por lo que se ve, dejan, sin embargo, una puerta abierta a que el euskera sea un idioma cazador paleolítico.

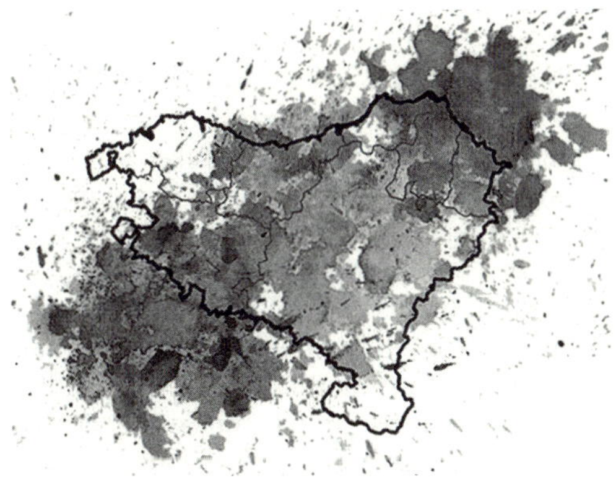

2021 – Flores-Bello/Comas. Al margen del trabajo de investigación, Flores-Bello dibuja, para una mejor visualización, un mapa que representa con colores la estructura genética en el territorio históricamente vascohablante, con el verde simbolizando la ancestralidad vasca y el azul y el rojo, la mezcla con las poblaciones circundantes.

2021 – ANDRÉ FLORES-BELLO, DAVID COMAS ET AL

El 25 de marzo de 2021 se publica en la revista *Current Biology* un importante artículo sobre **genética** vasca, *Genetic origins, singularity, and heterogeneity of Basques*, elaborado por media docena de genetistas, entre los que destacan Flores-Bello y Comas, pertenecientes al equipo del Departamento de Ciencias de la Salud y de la Vida de la Universidad Pompeu Fabra de Barcelona. En el estudio se analizan datos del genoma no solo del área vascohablante, sino también de las regiones vecinas que no hablan euskera. Son 1970 muestras modernas y antiguas, que, según señala el sumario de la investigación, dan como resultado "una clara diferenciación de los vascos respecto a las poblaciones circundantes, con los franco-cantábricos no euskaldunes situados en una posición intermedia. Además, se observa una marcada heterogeneidad genética dentro de los vascos con una correlación significativa con la geografía. Por último, la diferenciación vasca detectada no puede atribuirse a un origen externo en comparación con otras poblaciones ibéricas y de los alrededores. En su lugar, mostramos que dicha diferenciación es el resultado de una continuidad genética desde la **Edad de Hierro**, caracterizada por periodos de aislamiento y falta de flujo genético reciente que podría haberse visto reforzado por la barrera lingüística". El estudio señala, por consiguiente, que hasta la Edad de Hierro los vascos compartieron una genética común con el resto de las regiones circundantes de la península ibérica y Aquitania. A partir de entonces una serie de cambios coyunturales les llevaron a recluirse en sus reductos montañosos (la depresión vasca, el Alto Ebro y Gascuña). El grupo, de manera interna, se manifiesta bastante heterogéneo, mostrando esta heterogeneidad una correlación directa con algunas regiones geográficas que bien pudieran haber delimitado las actuales áreas dialectales. A pesar de que los autores son conscientes de la tradición medieval que se otorga a la eclosión de los dialectos vascos, explican que sus resultados revelan "una estructura genética claramente definida dentro de los vascos que podría haberse formado en épocas anteriores". Se muestran, por lo tanto, en desacuerdo con la visión de la teoría de la Vasconización Tardía que contempla un corrimiento de gentes de origen vasco hacia zonas de población celta que habrían ocupado lo que hoy es Euskadi. El aislamiento final es lo que ha consolidado el grupo y ha librado al euskera de la desaparición.

2022 – 'HERITAGE DAILY'

Publicación independiente inglesa que pertenece al amplio grupo comunicativo Heritage Communications y que fue fundada en el año 2011 para especializarse en disciplinas como la arqueología y la antropología. En su repaso anual de los diez grandes descubrimientos arqueológicos del 2022 sitúa a la **Mano de Irulegi** a la altura de la colección de estatuas de bronce etruscas halladas en Italia y de la inscripción en lengua cananea (de la que desciende el hebreo) del año 1700 a.C., grabada en un peine de marfil. *Oldest text written in the basque language found on the Hand of Irulegi*, el texto escrito más antiguo en lengua vasca encontrado en la mano de Irulegi, titula la revista. El *Heritage Daily* es uno más de los muchos prestigiosos medios de comunicación (como *The Guardian* o *Süddeutsche Zeitung*) que se hacen eco del sensacional hallazgo de esta mano de bronce que data del siglo I a.C. Como explica, la mano "estaba situada sobre una puerta como protección, pero el asentamiento fue quemado y abandonado, dejando el objeto enterrado entre las ruinas de una casa de adobe" que sucumbió en los enfrentamientos que hubo con motivo de las guerras sertorianas. Cuarenta caracteres en alfabeto ibérico en cuatro líneas, de las que, en principio, solo se puede entender la primera, ***sorioneku***, "*good fortune*", como traduce la publicación inglesa, buena fortuna. Es esta la misma suerte que me ha deparado el destino justo antes de acabar el libro. A finales del 2022 se revelaba el descubrimiento de esta sensacional pieza que demostraría que el pueblo vasco ya estaba alfabetizado en su lengua, utilizando su propia grafía (adaptada del semisilabario ibérico), antes de que los romanos pisaran suelo vascón. La mano es un broche de bronce dorado que sobrevuela por encima de las más de 1.200 entradas anteriores para cerrar el ciclo y enlazar con las primeras citas de Salustio (76 a.C.) y Tito Livio (76 a.C.) que narran los acontecimientos que tuvieron lugar, precisamente, en el momento que esa mano quedó enterrada con motivo de la guerra civil entre Sertorio y Pompeyo en el 75 a.C. El poblado indígena de Irulegi, situado sobre una loma que domina la cuenca de Iruñea, no pudo eludir esa confrontación fratricida; tuvo que posicionarse con uno u otro bando y fue arrasado por ello hasta sus cimientos. La mano inscrita que quedó sepultada en el zaguán de entrada de una de las viviendas del poblado da ahora voz a unos vascones que se reivindican como una sociedad avanzada que tenía su propia escritura, lo que presupone una organización socio-política que la equipara con el resto de culturas de su entorno. Los vascones nos hablan y nos escriben en su viejo euskera para mostrarnos su realidad social y los modos de vida a los que estaban aferrados. Aquella mano es un mensaje de bronce envuelto en un sobre de barro seco que nos mandan desde la prehistoria y que ha llegado ahora para ser leído. *Sorioneku. Mila esker.*

2022 – 'Heritage Daily'. Mano de Irulegi,
"el texto escrito más antiguo en lengua vasca".

ÍNDICE DE AUTORES

Cheney, George 1999
Chomsky, Noam 1994
Chronica Gallica 452-511
Chronicon Moissiacense 950
Claretie, Jules 1869
Clark, Robert P. 1973
Clayton, John William 1867
Clausse, Gustave 1889
Cleirac, Étienne 1647
Clerville, Louis-Nicolas de 1670
Cloud, Yvonne 1937
Cock, Henrique 1592
Colas, Louis 1892
Colin, Gustave 1858
Collignon, René 1895
Collins, Roger 1986
Comas, David 2021
Comba García, Juan 1887
Concilio de Letrán, III 1179
Conde, José Antonio 1804
Contarini, Gasparo 1525
Cook, Samuel Edward 1831
Coquebert de Montbret, E. 1806
Cordeiro, Luciano 1873
Cordier, Eugéne 1859
Cordier, Alphonse 1866
Corman, Mathieu 1937
Cornille, Henri 1835
Coromines, Joan 1948
Correa, Luis 1513
Costello, Louisa Stuart 1844
Coutouly, Gustave de 1874
Covarrubias, Sebastián de 1611
Coverdale, John 1984
Cowles, Virginia 1937
Crocket, Sydney 1839
Crónica Albeldense 881
Crónica de Alfonso III 884
Crónica Fontanellense 850
Crónica General de España 1868
Crónica mozárab e 754
Cruel, Rudolf 1864
Crusy, P.-L.-Auguste de 1805
Cruz Cano y Olmedilla, J. de la 1777
Cruz y Bahamonde, N. de la 1798
Cuelbis, Diego 1599
Cueto, Leopoldo Augusto de 1880
Cuevas Gutiérrez, Tomasa 1939
Curros Enríquez, Manuel 1875
Cushing, Caroline E. W. 1829
Cushing, Caleb 1829
Custine, Astolphe de 1831
Custine, Robert de 1838
Cutanda, Vicente 1892
Cuvellier-Fleury, Alfred-A. 1837
Dahms, Hellmuth Günther 1962
Dante Alighieri 1314
Darío, Rubén 1899
Da Silva, Milton 1971
Davillier, Jean Charles 1862
De Hoz, Javier 1993
Dellmensingen Krafft, E. von, véase Richthofen 1937, Thomas/Witts 1975
Delluc, Louis 1921
Dembowsky, Charles 1838
Deen, Nicolaas Gerardus H. 1927
De la Cierva, Ricardo 1970
Depping, Georges Bernard 1811
Desceliers, Pierre, véase Souza 1570
Desdevises du Dèzert, G. 1881
Deserps, François 1562
Deverell, F. H. 1878
Díaz del Castillo, Bernal 1568
Diccionario de la lengua cast. 1803
Diccionario geogr.-hist. de España 1802
Dictionnaire géogr., hist. et crit. 1786
Diderot, Denis 1751
Didier, Charles 1835
Diercks, Theodor Gustav 1883
Diez, Friedrich Christian 1853
Dix, Edwin Asa 1891
Dodgson, Edward Spencer 1886
Domínguez Bécquer, Valeriano 1864
Doré, Gustavo 1855
Dorman-Smith, Erik 'Chink' 1924
Dos Passos, John 1919
Douglas, Katharine W. 1919
Douglass, Williams Anthony 1963
Doussault, M. E. 1873
Dubois, Lucien 1866
Du-Casse, Hermann 1834
Ducuing, François 1869
Dufour, Auguste Henri 1834
Duhamel du Monceau, H. L. 1772
Dumas, Alexandre 1846
Dumézil, Georges 1933
Dupuy, Georges 1937
Dzidziguri, Shota 1977
Eastlake, George 1813
Eden, Anthony, véase Stevenson 1937
Edge, Thomas 1611
Editorial John Murray 1864
Edschmid, Kasimir 1926
Edwards, Edward 1864
Eginardo 830
Ehingen, Jorge de 1457
Elbee, Jean d' 1924
Elderkin, George Wicker 1952
El Gráfico 1939
Eliot, Edward Granville 1834
Ellis, Robert 1875
Ellisen, Adolf 1846
Elsner, Eleanor 1927
Elwes, Alfred 1872
Engels, Friedrich 1849
Ens, Gaspar 1609
Entralgo, Pedro Laín 1972
Entwistle, William James 1936
Ermoldo el Negro 835
Escolano, Gaspar 1611
Eschricht, Daniel 1860
Espagnolle, Jean 1900
Estelrich i Artigues, Joan 1937
Estrabón s. I a.C.
Estrella, Miguel Ángel 1998
Eulogio de Córdoba 851
Evans, Luis de 1837
Evelyn, John 1664
Eys, Willem Jan van 1865
Fabié, Antonio María 1878
Fable, Peter the 1775
Fagot de Bauro, Jacques 1781
Fath al-Andalus 1090
Farnese, Alessandro 1662
Farr, Thomas 1836
Favyn, André 1612
Fedden, Arthur Romilly 1919
Fée, Antoine-Laurent-Apollinaire 1809

Münster, Sebastian	1530
Münzer, Hieronymus	1494
Muret, Jean	1666
Murillo Velarde y Bravo, P.	1752
Nabokov, Vladimir	1907
National Geographic	1922
Navaggiero, Andrea	1526
Nebrija, Antonio de	1492
Neumaier von Ramssla, J. W.	1613
Neurdein, Étienne	1890
Neurdein, Louis Antonin	1890
Newmark, Harris	1858
Niebel, Ingo	2009
Nitardo	842
Nodier, Charles	1834
Nolin, Jean-Baptiste	1700
Notitia Dignitatum	450
Oakley, Amy/Thornton	1923
Ober, Frederick Albion	1889
Oberländer, Richard	1878
Obersteiner, Heinrich	1880
Ocampo, Florián de	1543
Olhanda, Francisco d'	1539
Oliveira Martins, J. Pedro de	1879
Oliver y Hurtado, José	1876
Olson, Lennart	1963
Oppenheimer, Stephen	2006
Orduña, Eduardo, veáse Ferrer i Jané	2009
Ormond, Patrick	1925
Ortega Munilla, José	1886
Ortega y Gasset, José	1897
Örtel, Sebald	1521
Ortiz, Blas	1522
Ortiz de Pinedo, Manuel	1876
Ortiz-Osés, Andrés	1980
O'Shea, Henry	1869
O'Shea, John Augustus	1873
Ott, Sandra	1981
Ozanam, Frédéric Antoine	1852
Padilla, Lorenzo de	1502
Pakenham, Edward	1813
Palencia, Alfonso de	1481
Pallas, Peter Simon	1700
Pannemaker, Stéphane	1878
Pareto, Bartolomeo	1455
Paret y Alcázar, Luis	1783
Parrot, Friedrich	1817
Pasolini, Pier Paolo	1975
Patterson, John	1813
Paula Madrazo, Francisco de	1845
Paula Mellado, Francisco de	1846
Paulino de Nola	383
Paulis, Giulio	1987
Paulo Orosio	420
Payne, Stanley G.	1974
Pelletier, Jean	1936
Pellicer, José Luis	1874
Pemberton, H.	1867
Pereira, Rui	1997
Pérez de Castro Pedro	1853
Pérez de Guzmán, Fernán	1400
Pérez de Villaamil, Jenaro	1844
Pérez Galdós, Benito	1879
Pérez Nieva, Alfonso	1890
Perkins, William	1852
Peterson, David	2006
Petit, Victor	1861
Petitcolin, André	1895
Petit de Meurville, Didier	1857
Petit de Meurville, Louis	1871
Peyron, Jean François	1778
Phillips, Hofrath George	1870
Piazza, Alberto	1988
Picaud, Aymeric	1150
Pielle, Guillaume	1513
Pi i Margall, Francesc	1868
Pinner, Erna	1926
Pirala, Antonio	1868
Planitz, Edler von der	1939
Planté, Adrien	1883
Plinio el Viejo	77
Plüer, Carl Christoph	1764
Plutarco	siglo I
Poitou, M. Eugène	1866
Pöllnitz, Carl Ludwig von	1737
Polverel, Etienne	1704
Pomponio Mela	44
Ponceau, Peter Stephen du	1835
Pontault de Beaulieu, S. de	1659
Ponte, Pero da	1260
Ponz, Antonio	1783
Poole, Jonas	1610
Posse y Villelga, José de	1914
Pott, August Friedrich	1875
Praviel, Armand	1927
Prensa rusa y polaca	1937
Preston, Paul	2011
Prichard, James Cowles	1841
Príncipe, Miguel Agustín	1844
Pruner, Franz Ignaz	1867
Ptolomeo	siglo II
Pulgar, Hernando del	1480
Quandt, Johann Gottlob von	1846
Quatrefages de Breau, J. L. A. de	1847
Quillardet, Marie	1905
Quin, Michael Joseph	1822
Quinet, Edgar	1843
Quiroga y Losada, Diego	1905
Rabelais, François	1534
Rahden, Guillermo von	1833
Ramírez Arcas, Antonio	1833
Ramos, José R.	1936
Ramos Oliveira, Antonio	1952
Ramsay, Claudia Hamilton	1872
Ranelagh, Lord	1837
Rasch, Gustav	1869
Rask, Rasmund	1818
Raske, Michael	1970
Rathbone, Eleanor	1938
Rávena, Anónimo de	670
Reade, John	1888
Real Laboratorio de Mosaicos	1783
Reclus, Elisée	1867
Red Bay Basque Whaling Station	2012
Redinger, David	1739
Regnault, Henry	1868
Regoyos, Darío de	1883
Rehfues, Philippe Joseph von	1808
Reid, Alastair	1961
Relationis Historicae Semestralis	1739
Reyes Católicos	1475
Rhys, John	1884
Rhys, Udal AP	1750
Ribáry, Ferenc	1859
Ribelles, José	1825
Richthofen, Wolfram von	1937
Rigel, Franz Xaver	1807

Temple, Henry John	1837
Terracini, Benvenuto	1927
Teste, Louis	1872
Tetzel, Gabriel	1466
Thevet, M. André	1589
Thiéblin, Nicolás	1874
Thienen-Adlerflycht, K. von	1860
Thomas, Esther	1924
Thomas, Gordon	1975
Thomas, Henk	1977
Thomas, Hugh	1961
Thompson, Dorothy	1937
Thou, Jacques Auguste de	1589
Todescho, Nicolaus	1482
Tofiño de San Miguel, V.	1788
Tollemache, Marguerite	1869
Torres Villegas, Fco. Jorge	1852
Tours, Gregorio d	e 590
Tovar, Antonio	1938
Traggia Uribarri, Joaquín	1802
Trask, Robert Lawrence	1975
Tratado de Utrecht	1713
Trebitsch, Rudolf	1913
Trémoille, Anne-Marie de la	1705
Trench, Frances Chenevix	1844
Treskow, A. C. Gotthilf von	1837
Trombetti, Alfredo	1902
Tschiffely, Aimé Félix	1951
Tucholsky, Kurt	1925
Tyler, Royall	1909
Uhlenbeck, Christianus Cornelius	1888
Universidad de Sonora	1929
Urtel, Hermann	1919
Vaerst, Eugen von	1838
Vagad, Gauberto Fabricio de	1499
Valdés, Juan de	1533
Valdiosera, C.	2015
Valdour, Jacques	1913
Valegio, Francesco	1595
Valencia, Pedro de	1610
Valerio Máximo	siglo I
Vallencey, Charles	1772
Valles, Baron de los	1835
Valois, Ninette de	1958
Vanci, Duché de	1701
Vanden Broeck, Anna	1850
Van der Aa, Pieter	1706
Varvaro Pojero, Francesco	1877
Vaux, Frederic W.	1836
Vayrac, Jean de	1718
Vázquez de Mella, Juan, véase Aguilera	1891
Vecellio, Cesare	1590
Venero, Fray Alonso	1543
Vennemann, Theo	1996
Venturino, Giovanni Battisti	1571
Verboom, Jorge Próspero	1726
Vergara y Martín, Gabriel Mª	1915
Verhaeren, Émile	1883
Vernet, Claude Joseph	1755
Verona, Nicola de	1343
Veyrin, Philippe	1926
Viardot, Louis	1836
Vicente, Gil	1518
Vico, Enea, véase Deserps	1562
Viera y Clavijo, José de	1777
Vigil, Marcelo	1965
Villamartín, Francisco	1872
Villani, Giovanni	1322
Villar, Francisco	1995
Villena, Enrique de	1434
Vincent, Marvin R.	1883
Vinson, Julien	1866
Viñas, Ángel, véase Richthofen	1937
Violant i Simorra, Ramón	1941
Vivian, Richard Hussey	1813
Vocaltha, M.	1835
Volkmann, Johann Jacob	1785
Voltoire	1620
Vulcanius Brugensis, B.	1597
Vúletin, Alberto	1950
Wachenhusen, Hans	1856
Waghenaer, Lucas Janszoon	1584
Wagner, Max Leopold	1950
Walckenaer, Charles A.	1834
Wallis, Severn Teackle	1849
Walton, William	1837
Warren, John Esaias	1849
Waser, Caspar	1610
Watson, Cameron	1996
Webb, James	1874
Webster, Wentworth	1882
Wedel, Lupold von	1580
Weiditz, Christoph	1528
Weigel, Hans	1577
Welles, Orson	1955
Welsch, Hieronymus	1633
Wetzler, Hermann/Lini	1926
Whately, Elizabeth Jane	1865
Whitbourne, Richard	1588
White, William F. / Kathleen K.	1988
Whitney, William Dwight	1867
Wigram, Edgar Thomas A.	1906
Wilkinson, Henry	1838
Wilkinson, Robert	1791
Wilkinson, T. T.	1837
Williamson, Alice Muriel	1906
Williamson, Ron	2012
Willkomm, Heinrich Moritz	1852
Willughby, Francis	1664
Winkler-Breslau, Heinrich	1903
Wilstach, Paul	1925
Wolff, Henry Drummond	1851
Wolzogen, Alfred von	1852
Wood, Charles W.	1900
Woodberry, George	1813
Woodhead, Leslie, véase Ott	1981
Wourdreton, Robert de	1385
Wyts, Lamberto	1574
Zamora, Francisco de	1795
Zaragoza, Justo	1876
Zeiller, Martin	1617
Zeller, Charles van	1837
Ziegler, Alexander	1852
Ziesemer, Wilhelm	1934
Zorgdrager, Cornelis G.	1720
Zósimo	500
Zschokke, Hermann	1880
Zurita, Jerónimo	1563
Zyhlarz, Ernst	1932

ÍNDICE POR MATERIAS

Altaico, uránico: A favor: Keyser (1847), Cruel (1864), Saint-Hilaire (1854, japonés), Judas (1867), O'Shea (1869), Sayce (1874), Taylor (1890), Baring-Gould (1894), Pereira (1902, japonés), Winkler-Breslau (1903), Koşay (1954). Disienten: Hunfalvy (1867), Morvan (1992).

Atlántida: Abartiague (1896), Pereira (1902), Charpentier (1975).

Amerindio: A favor: Steinthal (1850), Charencey (1859), Pruner (1867), Whitney (1867), Gèze (1873), Sayce (1874), Ellis (1875), Hale (1883), Abartiague (1896). Disienten: Ponceau (1835), Schleicher (1850), Reade (1888).

Balleneros, navegación: Balleneros: Navaggiero (1526), Cartier (1534), Soares (1587), Whitbourne (1588), Felipe III (1602), Baffin (1612, arponeros), Gerritz (1613, contratados), Gudmundsson (1615), Bassompierre (1621), Anónimo holandés (1635), Fourneir (1667, bacalao), Schrijver (1689), Anónimo canadiense (1690), van der Aa (1707), Gueroult (1710), Utrech (1713, derechos de pesca), Vayrac (1718, aceite), Zorgdrager (1720), Murillo (1752, aceite), Duhamel (1772), Jefferson (1791), Eschricht (1860, *balaena biscayensis*), Saint-Maurice (1879), Markham (1881), Gelcich (1883), Allen (1910), Jenkins (1921), N. Geographic (1922, dato 1995), Île aux Basques (1929), Barkham (1951), Huxley (1956), Grenier (1978), Williamson (2008), Red Bay (2012). Navegación: Pulgar (1480), Medina (1548), Souza (1570), Lancre (1609), Poole (1610), Cano (1611), Edge (1611), Fotherby (1613), Anónimo español (1631, navios), Teixeira (1634, navios), Cleirac (1647), Gramont (1671), Redinger (1739), Relationis (1739), Diderot (1751), Cadalso (1796), Lingart (1819), Ziegler (1852), Cavanilles (1857), Michelet (1861).

Bersolarismo: Depping (1811), Boucher (1819), Taylor (1823, *trovadores*), Chamisso (1830, Leyenda de Pierre Topet, Etxahun), Michel (1837, reivindicó "el genio poético de los vascos"), Borrow (1838, coplas), Rodríguez Ferrer (1841, *koblakari, versulari*), Stuart (1844, *improvisatore*), Webster (1862), Anónimo francés (1863, *improvisateur*), Reclus (1867), Pirala (1868, *versolaris*), Curros (1875, *Bilintx*), Jiménez (1875, *coblaçari, verzolariz, Bilintx*), Vincent (1883, *coblacari*), Gerland (1888), Guiches (1889, una mujer navarra gana un concurso), Blasco Ibáñes (1904), Douglas (1919, *improvisateur*), Tucholsky (1925), García Mercadal (1926, *versolaris*), Gallop (1927), Praviel (1927), Starkie (1928), Arlt (1935), Ramos (1936, *Chirrita*), Rowe (1955, *bertsulari*), Grenholm (1963), Miles (2007).

Bizkaia (incluyendo otras partes de Euskal Herria): Juan I (1410, Hondarribia), Fra Mauro (1460), Tetzel (1466, Hondarribia), Harff (1496, Nav., *Paskayen lant*), Freducci (1497), Isaac (1503, Ipar.), Contarini (1525, Euskal Herria), Lange (1526, *Pystkaya das Landt*, desde Vitoria hasta Baiona), Wedel (1580, equipara País Vasco y Bizkaia, *Landes Baska oder Buschaie*), Waghenaer (1584, *tlandt von Biscaye y Biscaiae pars*, de Santander a Baiona), Thou (1589, Ipar.), Mariana (1592, *Vizcaya, Guipúzcoa, Álava y las montañas,* o sea Navarra), Hoefnagel (1596, Ipar.), Poole (1610, equipara *basks* y *biscayners*), Baffin (1612, equipara *Basks* y *Biscaines*), Bel (1615, *Biscaya Francesa*), Zeiller (1617, *Land Biskaia*, pero Vizcaya antes era Cantabria), Welsch (1633, Ipar.), Brunel (1655, confina con Tudela), Martin (1669, *Bidart, Elizondo*), Clerville (1670, Ipar.), Herringmann (1670, Tudela), van der Burge (1704, de Laredo a Baiona, *Franse Biscayen*), van der Aa (1707, de Baiona a Asturias), Manier (1726, Baiona), Bullet (1754, Cant./Ipar.), Le Grand Dictionnaire (1786, Cant./Ipar.), De Mier (1801, Ipar.), Fray Servando (1803, Ipar.), Laborde (1808, Euskal Herria), Hennel (1813, Nav.), Kincaid (1813, Villaba), Schauman (1813, Nav.).

Bizkaia (incluyendo Cantabria): Münster (1530), Castro (1534), Vecellio (1590), Mariana (1592), Valegio (1595), Ens (1609), Covarrubias (1611), Janssonius (1635, mapa), Henao (1637), Cantelli (1690, mapa), Florencia (1693), Fer (1694), Nolin (1700), Utrech (1713), Diderot (1751), Murillo (1752)...

Cantabria (incluyendo zonas vascas): Vagad (1499), Münster (1530, *Bizcaia* y *Gallicien*), Castro (1534, Navarra y Vizcaya), el Guevara (1539, Navarra), Zurita (1563, Navarra), Rodríguez de Guevara (1586), Camden (1586, britanos), Vecellio (1590, Vizcaya), Mariana (1592, "Vizcaya, Guipúzcoa, Álava y las montañas", o sea Navarra), Valegio (1595, Bilbao), Scaliger (1599, Navarra e Iparralde), Ens (1609, Bilbao), Covarrubias (1611, *Cantabros se llaman los Vizcaynos, Guipuzcuanos*), Sandoval (1612, Pamplona), Franciosini (1626, Navarra), Janssonius (1635, mapa), Henao (1637, Vizcaya), Blaeu (1662, Navarra), Cantelli (1690, mapa), Florencia (1693, Vizcaya), Fer (1694), Nolin (1700, presenta además un escudo de *Biscaye* y *Navarre* bajo una misma corona), Utrech (1713, *vizcaínos* en latín son cántabros), Vayrac (1718, Navarra), de Isla (1746, Navarra), Diderot (1751), Murillo (1752, *Vizcaínos, Vascongados, Cántabros*), Masdeu (1783, Vasconia), Sanadon (1785), Cadalso (1796)...

Caucásico: A favor: Sparwenfeld (1689), Borrow (1838, tibetano), Rodríguez Ferrer (1841, *jafótica*), Oberländer (1878), Fita (1879), Schuchardt (1884), Müller (1884), Dodgson (1886, armenio), Gadow (1890, armenio), Trombetti (1902, dene-caucásica/tibetano), Pereira (1902), Winkler-Breslau (1903), Karst (1911, armenio), Marr (1920), Braun (1922), Lafon (1923), Bouda (1931), Dumézil (1933), Giese (1949), Hubschmidt (1953), Holmer (1974), Dzidziguri (1977), Mayr (1980, minoico-micénico), Sarkisian (1990, armenio), Morvan (1991), Alonso (1996), Bengtson (1996). Disienten: Uhlenbeck (1888), Giacomino (1891), Pott (1900), Gavel (1909), Meillet (1913, ve similitudes, pero duda).

Danza, música: Lange (1526), Weiditz (1528), Jouan (1566), Cuelbis (1600), Bassompierre (1621), Aguilar (1628), Le Pays (1659), Castillo (1660), Beauchamp (1661), Martin (1669), Gramont (1671), Locke (1679), Aulnoy (1679), Trémoille (1705), van der Aa (1707), Vayrac (1718), Plüer (1704), Viera (1777), Talbot (1778), Laglancé (1778), Peyron (1778), Fagel (1784), Kaufhold (1790), Jovellanos (1791), Fischer (1797), Jariges (1802), Moutier (1803), Rehfues (1808), Bacler (1810), Graham (1813), Schauman (1813), Woodberry

(1813), Breton (1815), Jouy (1817), Hassel (1822), Lüdemann (1822), Lessmann (1823), Taylor (1823), Bourgoing (1823), Briand (1827), Inglis (1830), Loning (1830), Lacour (1834), Anónimo inglés (1834), Hardman (1835), Calà (1835), Moore (1835), Laurens (1835), Morel (1836), Wilkinson (1838), Mahn (1840), Mérimée (1840), Lafuente (1841), Rodríguez Ferrer (1841), Challamel (1842), Anónimo francés (1842), Lady Chatterton (1843), Cañete (1843), Malbos (1843), Villaamil (1844), Trench (1844), Penny Magazin (1844), Achard (1846), Quandt (1846), Paula (1846), Rochau (1847), Anónimo español (1849), March (1851), Ozanam (1852), Bégin (1852), Cénac-Moncaut (1854), Adolphus (1857), Cavanilles (1857), Godard (1862), Bastiano (1863), Caballero (1864), Pirala (1868), Meylan (1873), Castillon (1873), Simón (1873), Gallenga (1874), Petit de Meurville (1871), Pannemaker (1878, dibujo), Cueto (1880), Mac Clintock (1881), Rosny (1881), Regoyos (1883), Vincent (1883), Ross (1885), Bordes (1885), Joanne (1886), Ortega (1886), Brambach (1887), Stoll (1890), Hill James (1891), Bazin (1894), Spring (1894), Anónimo francés (1897), Lafond (1899), Wood (1831), Alford (1902), Mc Mahon (1906), Amat (1907), Marriot (1908), Gavel (1909), Browne (1910), Bell (1910), Trebitsch (1913), Batcave (1914), N. Geographic (1922), Wetzler (1926), Frank (1926), Gallop (1927), Elsner (1927), Starkie (1928), Levinson (1929), Salomon (1930), Arlt (1935), Welles (1945), Knapp (1958), Valois (1958), Grenholm (1963), Kelly Family (1975), Estrella (1998).

Euskal Herria, euskaldun: Faget (1784, *Escauldens*), Humboldt (1799, *euskaldunac, Euskalerria* o *Eusquererria*), Laborde (1808, *Euskaldunia*), Adelung (1809, *Escualdunac*), Arndt (1818, *Euskaldunak*), Rask (1818, *euskaldunan*), Lüdemann (1822, *Hescual-herriac*), Ford (1830, *Euscaldunac, Euscaleria*), Walckenaer (1834, *Escaldounac, Eskalerra*), Dufour (1834 *Escualdunacos*), Lagarde (1835, *Escualdunac*), Anónimo francés (1836, *provinces euscariennes*), Michel (1837, *Escualdunac*), Mazure (1839, *escualdunac*), Rotteck (1839, *Euscaldunac*), Prichard (1841, *Euskaldunes, Euskalerria* o *Eusquererria*), Rodríguez Ferrer (1841, *euscalherria, euskara, euscaldunac*), Berghaus (1846, *Euscaldunac*), Ellisen (1846, *Escualdunac*), Cantú (1847, *Escualdunac*), Latham (1852, *euskaldunac, euskerria*), Dictionnaire (1852, *Escualdunac*), Wolzogen (1852, *Euscaleria)*, Baudrimont (1854, *Escualdunais*), Saint-Hilaire (1854, *euskariens*), Boudard (1859, *Eskualdunac, Eskualleria*), Andersen (1862, *Escualdunac*), Davillier (1862, *Euscaldunac, Euscaleria*), Reclus (1867, *Euskariens*), Crónica General (1868, *pueblo euskaro*), Pirala (1868, *pueblo éuskaro, euscalrriacos*), O'Shea (1869, *Euskariens, eskara, Eskualdunac*), Bladé (1869, *éuscaro*), Cánovas (1873, *euscaros*), Castelar (1874, *euskaros*), Calatrava (1876, *pueblo euscaro*), Zaragoza (1876, *euskaros*), Varvaro (1877, *Euscaleria, Euscaldunac*), Oberländer (1878 *Escualdunac, Euscarien*), Fabié (1878, *éuskaros*), Loti (1881, *Euskalleria, Euzkalerria*), Rosny (1881, *euskarien, Euskarienne*), Mortara (1882, *euskaldunas, Euskal Erria*), Haller (1883, *eskualdunac*), Regoyos (1883, *país Eúskaro*), Hale (1883, *Euskarians*), Altadill (1884, *tierra euskara*), Bordes (1885, Euskal-Herria), Ortega (1886, *eúskaros*), Dodgson (1886, *Heuskaldun, Heuskalerria*), Gerland (1888, *euskaldunac*), Gerland (1888, *euskaldunac*), Otto (1890, *Euskaldunak*), Vázquez (1891, *tierra euskara*), Abartiague (1896, *Eskualdunak*), Cejador (1896, *euskaldún*), Hungtington (1898, *Euskalherria*), Montgailhard (1898, *Euscaldunac*), Böhmer (1902, *euscaldunac*), Winkler-Breslau (1903, *Euskariennes*), Barrère (1905, *Euskaria*), Bardoux (1906, *Euskaldun*), Bell (1911, *Eskual Erria*), Posse (1914, *Euskeria*), Douglas (1919, *Eskual Herria*), Rittwagen (1920, *Euskalerria*), Hawkes (1926, *Euskalderia, Euskaldunak*), Veyrin (1926, *Eskual Herri*), Salomon (1930, *Euskaldunak*), Entwistle (1936, *Euskalerri*)...

Euskera: Landuchio (1562, *ezqueraz*), Voltoire (1620, *Hasquara*), Sanadon (1785, *Huscara*), La Bastide (1786, *escuaraz*), Humboldt (1799, *Euskara, Eusquera, Eskuara*), Coquebert (1806, *escuare*), Adelung (1809, *Euscara*), Depping (1811, *euscara, escuara, eusquera*), Arndt (1818, *Euskera, Uskera*), Ford (1830, *Euscara*), Walckenaer (1834, *eskouara*), Lagarde (1835 *Escuara)*, Michel (1837, *escuara*), Borrow (1838, *Euscarra*), Prichard (1841, *Euskara, Eusquera, Eskuara*), Wadsworth (1845, *Euscara*), Ellissen (1846, *Escuara, Euscara*), Cantú (1847, *Escuara*), Schleicher (1859, *Euskarische Sprache*), Latham (1852, *euskara*), Dictionnaire (1852, *escuara*), Ziegler (1852, *Euscara*), Boudard (1859, *Eskuara*), Thienen-Adlerflycht (1860, *Uskarah*), Andersen (1862, *Escuara*), Davillier (1862, *Euscara*), Vinson (1866, *escuara, euscara*), Pruner (1867, *euskuara*), Reclus (1867, *eúskara*), O'Shea (1869, *eskara*), Phillips (1870, *Euskuara*), Fernández Guerra (1872, *eúskaro*), Gèze (1873, *üskara*), Cánovas (1873, *euscaro*), Curros (1875, *éuscaro*), Jiménez (1875, *euskaros*), Hovelacque (1877, *escuara, euscara, uscara*), Foresta (1877, *euscari*), Varvaro (1877, *Euscara*), Vincent (1883, *eskara, euskara*), Altadill (1884, *euskara*), Joanne (1886, lengua *euskarien*), Baskische Gesellschaft (1886, *Euskara*), Dodgson (1886, *Heuskera*), Fernando T. (1887, *euscara*), Gerland (1888, *euskara*), Guiches (1889, *euskara*), Pérez Nieva (1890, eúskaro), Hill James (1891, *escuara*), Cejador (1896, *éuskaro*), Anónimo francés (1897, *Escuara*), Grant (1916, *Euskarian*), Alfonso XIII (1918, *euskera*), Butavand (1918, *euskarien*), Martínez Pajares (1919, *euskera*), Rittwagen (1920, *éuskera*), Menéndez Pidal (1922, *eusquéra*), Andrade (1923, *Euskara*), Franck (1925, *Eúscarra*), Salomon (1930, *Euskara*), Entwistle (1936, *Euskera*)...

Extensión del euskera: Leibniz (1687, Aquitania), Anguiano (1704, La Rioja), Hervás (1778, Italia), Hassel (1822, Pirineos, Andorra, Gascuña), Ponceau (1835, Europa), Prichard (1841, Italia), Rodríguez Ferrer (1841, Italia), Keyser (1847, Italia e Irlanda), Cantú (1847, Italia), Saint-Hilaire (1854, Italia), Cordier (1859, Cantabria, Lusitania), Hübner (1860, Sicilia, Cerdeña), Ampère (1862, Italia), Vinson (1866, Europa), Whitney (1867, Europa), Luchaire (1874, Aquitania), Foresta (1877, Galicia), Skene (1880, Gran Bretaña), Rosny (1881, Liguria), Rhys (1884, Escocia), Müller (1884, etruscos), Gerland (1888, Europa), Arbois (1889, Europa y África), Taylor (1890, Gran Bretaña), Baring-Gould (1894, Península y Galias), Cejador (1896, el mundo entero), Trombetti (1902, Mediterráneo), Haberlandt (1920, Europa), Rittwagen (1920, La Rioja), Mdez. Pidal (1922, Castilla, Cataluña), Rohlfs (1922, Lleida), Lafon (1923, Ródano), Merino (1931, La Rioja, Burgos), Bergmann (1931, Ansó), Entwistle (1936, Burgos, Lleida), Violant (1941, francocantábrico), Lapesa (1942, Asturias, Burgos, Lleida), Alarcos (1950, La Rioja), Hubschmidt (1953, Aquitania, Península), Steiger (1856, Cerdeña), Alvar (1963, La Rioja), Blasco Ferrer (1984, Cerdeña), Bengtson (1996, Cerdeña, Italia), Peterson (2006, Soria).

Hindú (munda, drávida): Scott (1920), Morvan (1992).

Independencia (para ver todas las citas textuales completas ir a la entrada correspondiente): Nolin (1700, presenta un escudo de *Bis-*

caye y *Navarre* bajo una misma corona), Bowles (1752, sus habitadores son los más amantes del país y los que viven menos sometídos á los poderosos), Bourgoing (1777, su país se supone que está más allá de las fronteras de España / Navarra se considera independiente de las fronteras de Castillla), Peyron (1778, el Ebro sirve de barrera a la libertad que disfrutan en Vizcaya), Jardine (1777, son los únicos asilos que quedan en la península para la libertad / el vizcaíno se ofende ante la denominación de español), Polverel (1784, quienes dudan de que Navarra pueda conservar su independencia no conocen la intrepidez de los vascos ni su amor por la libertad / Francia será la primera en reconocerla como una República), Herder (1784, "espíritu nacional vasco"), Wilkinson (1791, "Estados independientes de Vizcaya y Navarra"), Cadalso (1796, "algunos llaman a estos países las provincias unidas de España"), Humboldt (1799, todos los vascos componen una nación), La Tour (1801, parecen ser más una colonia extranjera trasplantada a Europa que un pueblo francés o español), Jariges (1802, "me recordó que no me encontraba en la libre Vizcaya"), Moutier (1803, Vizcaya es una especie de pequeña República), Rigel (1807, "amor a la libertad"), Anónimo alemán (1808, "mantuvieron con firmeza su libertad e independencia"), Grolman (1808, en ningún otro lugar de Europa se ha mantenido durante tanto tiempo una libertad e igualdad como en Vizcaya), Laborde (1808, "los vascos han formado a través de los siglos una nación distinta, totalmente independiente de sus dueños efectivos"), Rehfues (1808, "la mayor curiosidad actual consiste en los rumores de que se podrían separar de la monarquía española"), Steinmetz (1808, "atalaya y refugio de la laboriosidad y de la libertad"), Fée (1809, "la población de estas montañas no es más española que francesa"; ella es vasca), Gleig (1813, son esencialmente diferentes en casi todos los aspectos tanto de los españoles como de los franceses), Smith (1813, "¡Yo soy navarro! ¡Nací libre de toda invasión extranjera!"), Jouy (1817, "la pequeña nación vasca no se parece a ninguna otra"), Lüdemann (1822, fuera de sus montañas, él no conoce ninguna patria y habla siempre de Francia como de un extraño país), Bourgoing (1823, de esta independencia de las provincias, surgieron resultados inesperados, imposibles de conseguir en un país organizado como Francia), Steward (1825, se distinguen por un alto espíritu de independencia), Caleb Cushing (1829, conservan el espíritu de firme independencia que distinguía a sus progenitores), Ford (1830, "arde en sus corazones un espíritu de nacionalismo"), Loning (1830, la lengua es un recuerdo digno de gloria que testimonia su independencia), Custine (1831, el combate que libran solo terminará en la independencia de Vizcaya), Cook (1831, tan pronto como se aleja uno de las provincias libres se puede decir que la ilustración cesa / "son perfectos republicanos, y de la mejor clase"), Le Play (1833, las cuatro provincias son verdaderas repúblicas), Rahden (1833, "libres como sus montañas, en ellos vive el concepto verdadero y correcto de los derechos humanos"), Nodier (1834, "revelan una nacionalidad individual"), Rosen (1834, "ni siquiera les gusta que les llamen españoles. 'Navarros somos', acostumbran a responder de manera correctiva"), Walckenaer (1834, "en España se habla de 'las naciones bascas' como queriendo diferenciar las distintas territorialidades"), Lataillade (1834, es un régimen de libertad e igualdad / tras el abandono forzoso de sus derechos de nacionalidad que las cuatro provincias puedan federarse y concluir tratados), Henningsen (1834, "los navarros miran a los demás españoles más bien como súbditos que como compatriotas"), Goeben (1834, considera extranjeros al resto de los españoles y como tales los desprecia), Dufour (1834, "muy adictos á sus privilegios, que los hacen en cierto modo independientes"), Hardman (1835, las romerías mantienen el sentimiento de nacionalidad vasca), Cornille (1835, la resistencia de las Provincias Unidas nace de un espíritu de independencia / debían formar un Estado separado), Vocaltha (1835, el espíritu de independencia y de nacionalidad de las provincias vascas), Calà (1835, forman una especie de república), Moore (1835, difieren de España que es una nación de repúblicas), Laurens (1835, se hablaba de proclamar a Zumalacárregui rey de las provincias vascas sin ningún tipo de reserva / debieran formar en sus peñascos infranqueables un reino propio), Viardot (1836, ¿por qué no hacer de ellas una confederación independiente y neutral? / no se han considerado jamás como parte de España; han conservado siempre su nacionalidad), Lord Carnarvon (1836, "que le dejen poseer en paz los antiguos privilegios y costumbres con los que obtuvieron su prosperidad y su bienestar anterior"), Anónimo francés (1836, sería conveniente que el territorio se denominase en adelante reino vasco-navarro), De Bois-Le Comte (1836, la lengua de las naciones vascas atestigua su independencia), Bell (1836, un pueblo que lucha por el principio de legitimidad y el ejercicio de la libertad práctica), Mackenzie (1836, "viven bajo una forma municipal de gobierno que es esencialmente democrática"), Farr (1836, los vascos son extranjeros para España), Höfken (1836, "se alimentan del respeto por sus costumbres, del amor a las viejas libertades"), Wilkinson (1837, es la lucha de un pueblo libre por la independencia / Zumalacárregui estuvo casi determinado a aceptar una corona de Navarra para separarse de España), Cuvellier-Fleury (1837, forman una pequeña Suiza, activa, floreciente y libre, que da la razón a los que sueñan con una España federada), Roscoe (1837, extrae del rudo suelo con qué mantener una vigorosa independencia), Schwarzenberg (1838, "sus leyes e instituciones son casi republicanas, y probablemente tengan razón al defenderlas contra la centralización"), Anónimo inglés (1838, "por sus leyes y sus instituciones locales son tan libres e independientes como cualquier cantón suizo"), Hay (1839, nunca en el pasado se miraron vascos y castellanos como miembros de una misma familia), Mitchell (1839, "los vascos difieren tanto del carácter del resto de España como de las leyes que los gobiernan"), Mérimée (1840, aunque es de ideología liberal señala que entre Burgos y Vitoria hay al menos cuatrocientos años de civilización), Arnim (1841, "no se veía nada de todo aquello que hasta ahora había llamado España"), Challamel (1842, "las palabras 'no soy francés' resuenan en mi oído de manera continua y desagradable"), Haverty (1843, "eran verdaderos Estados unidos a la corona, pero separados por sus fueros y privilegios"), Quinet (1843, se plantea si es la necesidad de independencia la razón por la que emigran), Victor Hugo (1843, se nace vasco, se habla vasco, se vive vasco y se muere vasco; la lengua vasca es una patria), Malbos (1843, son provincias privilegiadas e independientes, cuyos fueros han sido suprimidos arbitrariamente), Príncipe (1844, gobernadas por un sistema harto democrático como para que no simpatizaran con las ideas populares francesas), Galería Militar (1846, "cuasi nacionalidad"), Bordas i Munt (1847, no hicieron una guerra civil, sino una guerra de independencia), Guendias (1847, "se puede considerar la guerra vasca como una lucha por su propia independencia"), Manes (1848, gozaron de derechos y privilegios que las convertían en un estado separado del resto de España), Engels (1849, estos restos de naciones persisten hasta su completa extinción o desnacionalización), Wallis (1848, la libertad de sus privilegios políticos han desarrollado estas cualidades en un carácter local de enérgica independencia / la centralización parece contemplada como el mayor mal), Baxter (1850, los fueros garantizaban su independencia / no reconocían ese principio de centralización que se ha convertido en una obsesión total de Europa), Ziegler (1852, un pueblo libre e independiente como para cerrar un acuerdo con Inglaterra en 1350), Bégin (1852, a los vascos les da igual ser españoles que franceses; les complace la idea de formar una república federal independiente con los aragoneses y los catalanes), Wolzogen (1852, difícil encontrar otro pueblo que haya sabido conservar tan intensamente tal ansia de independencia), Dictionnaire (1852, se componen de siete provincias), Cénac-Moncaut (1854, esta nacionalidad compacta se encuentra destruida por una violenta separación en dos partes que nada puede justificar), Lorinser (1854, los mismos reyes debían jurar que gobernaban sobre un pueblo libre), Germond (1855, los vascos han conformado a través de los siglos una nación distinta totalmente independiente de sus dueños efectivos), Anónimo inglés (1856, "los privilegios de los que estas provincias habían disfrutado simplemente implicaban que sus habitantes eran hombres libres y no esclavos"), Wachenhusen (1856, son como un Estado, una república en sí misma o no dejan que se les recorte ni el más mínimo título de sus privilegios / se mantienen tan independientes de España como de Francia), Roberts (1859, no tienen nada de españoles en su fisonomía o expresión), Boudard (1859, se componen de siete pequeñas provincias), Michelet (1861, sus privilegios los convertían en una especie de república dentro de una monarquía), Godard (1862, "apasionados por la independencia que han podido ser subyugados pero jamás dominados"), Webster (1862, "no hay ninguna región en Europa mejor administrada"), Davillier (1862, probablemente no hay pueblo en Europa que haya conservado con tanta pureza sus viejas tradiciones, su independencia y libertad), Anónimo francés (1863, cuando se le pregunta si es francés, responde: "Soy vasco"), Bastiano (1863, están orgullosos de su viejo árbol, y con razón, ya que es el símbolo de su independencia), Blackburn (1864, San Sebastián no es una ciudad característica española, no es España), Poitou (1866, es el mismo pueblo a ambos lados del Bidasoa / ha conservado intacto su amor por la libertad), Byrne (1866, se niega a reconocer cualquier conexión con las dos naciones y se arroga una individualidad nacional separada e independiente), Cordier (1866, si Bayona ya no es Francia, tampoco es todavía España), Baumstark (1867, nada más perder de vista la catedral de Burgos me pareció encontrarme fuera de España), Crónica General (1868, la unión vasco-navarra es hoy el pensamiento que domina en la Diputación navarra), Pirala (1868, hay barruntos para creer que Zumalacárregui trataba de declarar la independencia de las provincias), Ducuing (1869, celosos de una independencia salvaguardada por sus fueros), Manning (1870, "mantienen una orgullosa independencia de todo control extranjero"), Phillips (1870, "el pueblo se considera uno solo, a pesar de las barreras fronterizas"), Petit de Meurville (1871, "su independencia es lo más importante para él; ante todo, él es vasco"), Teste (1872, lo que mantiene este carácter de sencillez es su organización política, viven de forma aislada e independiente de España), Ramsay (1872, no había nada de lo que se pensara como español; ni siquiera un burro), Meylan (1873, "tienen vida propia, independiente y federativa"), Doussault (1873, ha conservado este gusto por la independencia que es el carácter indeleble del vasco), Cordeiro (1873, "son una región etnográficamente e históricamente distinta del resto de España y de Europa"), Simón (1873, el espíritu de independencia está vivo y nunca han apoyado otra dominación que la de su propio placer), O'Shea (1873, "los vascos amantes de la libertad eran tolerantes e independientes" / "no eran españoles ni de raza, ni de lengua, ni de temperamento, ni de sentimiento"), Carlos de Borbón (1874, "han poseído, desde tiempo inmemorial, los privilegios de la mayoría de las naciones libres"), Castelar (1874, "en el fondo de la guerra vasca, hay una tendencia separatista"), Rojas (1874, representan la nacionalidad por excelencia, la independencia sin trabas, el espíritu de la libertad civil y de la voluntad popular), Gallenga (1874, "una raza de montaña colocada como barrera, inmutable, imposible de asimilar, incompresible; nada de francesa, nada de española"), Bonilla (1875, "para mucha gente en Navarra, un castellano es un extranjero"), Foresta (1877, son conocidos por su amor a la independencia), Oberländer (1878, "han vivido libres en sus caseríos sin ningún tipo de imposición feudal"), Laporte (1878, nunca ha sido esclavizado y todavía lleva el signo de la libertad en la frente), Rosny (1881, "no son ni españoles ni franceses" / "¿Veremos algún día una nacionalidad vasca a ambos lados de los Pirineos?"), Vincent (1883, formaron una confederación de pequeñas repúblicas), Planté (1883, un pueblo no muere cuando con todo el ardor de su orgullosa independencia ama la fe de sus padres), Diercks (1883, "amor a la libertad y a la patria, valentía y sentido de la independencia"), Gelcich (1883, "la harmonía entre vascos de ambos lados de la frontera era tal que no reconocían las fronteras impuestas por ambos imperios"), Altadill (1884, el pueblo del lauburu, sin otra aspiración que su libertad e independencia), Ross (1885, "un fuerte sentimiento de independencia recorre toda la vida de este pueblo"), Joanne (1886, su derecho es el derecho común de la Europa moderna, es la igualdad de todos ante la ley), Ortega (1886, no hay diferencia entre los vascos de Francia y España), Field (1886, están aferrados a su montañas con una pasión inconquistable por su libertad), Dodgson (1886, si los Vascos son los primitivos Españoles sería razón que cesarían de hablar de separatismo, dedicándose a conciliar a los Castellanos que han ocupado el territorio donde se hablaba la lengua vascuence), Clausse (1889, "ya no es España, es otro país, otra nación"), Pérez Nieva (1890, "el bravio amor á la independencia que caracteriza á la altiva raza"), Dix (1891, los vascos tienen un sólido historial de independencia que los mantiene en no poca estima ante sus vecinos / San Sebastián no es de España), Hill James (1891, son un imperio dentro de un imperio), Strong (1896 tienen un ansia de libertad / impregnada de democracia primitiva / "son formalmente una república 'de facto'"), Menassade (1897, son celosos de su independencia, apegados a sus leyes), Montgailhard (1898, es de esperar que los vascos se resistan a las ideas modernas y conserven durante siglos este último vestigio de independencia y libertad), Rubén Darío (1899, "en Barcelona y en Bilbao es donde usted notará mayor excitación por el ideal separatista; y catalanistas y bizkaitarras tienen razón"), Lee Bates (1901, tenían una constitución republicana que casi hacía realidad una democracia ideal), Böhmer (1902, "si los guipuzcoanos no son germanos, tampoco son verdaderos españoles" / "ninguno quiere ser, en absoluto, español"), Quijada (1902, "el separatismo de la región se fomenta y arraiga"), Mc Manus (1906, "yo no soy español, yo soy vasco"), Lorin (1906, "siente la impresión de gobernarse a sí mismo y es de justos reconocer que es digno de ello"), Williamson (1906, las provincias del norte apenas podría considerarlas España), Marriot (1908, el Gobierno español siempre está en guardia contra el espíritu independiente de los vascos), Marge (1909, se vieron obligados a reconocer a los señores supremos de los Estados vecinos, aunque sigan siendo vascos de todos modos), Browne (1910, son orgullosos e independientes), Bell (1911, "tienen un verdadero amor por la independencia local" / no imponen el espíritu comercial por encima de su amor por la libertad), Dos Passos (1919, las guerras carlistas acabaron con la próspera independencia de las provincias vascas y las arrojaron en la gran corriente de la vida española), Andrade (1923, no quieren que se les identifique con el resto de habitantes de España. Los otros son españoles. Ellos, navarros), Hawkes (1926, ¡no es típico ni de Francia ni de España, sino que es, en su esencia, vasco!),

Elsner (1927, "cada provincia preservó la completa independencia de las leyes y costumbres" / el mayor insulto que se puede ofrecer a un vasco es confundirlo con franceses o españoles), Porte (1928, esos heroicos navarros que, con su resistencia, se ganaron la admiración de toda Europa), Robson (1928, tienen un fuerte sentido de la nacionalidad), Ziesemer (1934, "jamás fueron los vascos españoles o franceses"), Arlt (1935, se cultiva en los batzokis un absoluto nacionalismo separatista), Steer (1937, "espero la resurrección de la más vieja y honesta democracia europea"), Welles (1945, "los que viven aquí no son ni franceses ni españoles. Son vascos"), Sartre (1972, cómo admitir que la nación vasca existiese al otro lado del Pirineo sin reconocer a "nuestros" vascos el derecho a integrarse en ella), Clark (1973, creo en el derecho de los vascos de decidir por ellos mismas cuál es la manera más apropiada de organizar su relación con España), Pasolini (1975, la enseñanza del dialecto debe ser algo revolucionario, como lo hacen los vascos, y debe llegar al límite del separatismo), Thomas/Logan (1977, la "Nación Vasca" nunca ha estado integrada del todo en España), Bergamín (1979, "su independencia y libertad no son habladurías jurídico-políticas estatales o militares, entiéndase, literales de letra muerta, sino expresión veraz de su lenguaje vivo"), Sastre (1982, "Euskalherria ha sufrido un grave proceso de desnacionalización").

Indoeuropeo: A favor: Camden (1586, *britannis*), O'Sullivan (1625), Henao (1637), Lhuyd (1707), Diderot (1751), Bullet (1754), Risco (1779, celtíbero), Masdeu (1783), Pallas (1786), Bacon (1830), Rotteck (1838), Bruce-Whyte (1841), Baecker (1860), Espagnolle (1900, griego), Castro (1944), Villar (1995), Forni (2013), Lazaridis et al. (2013), Koch (2013, propone), Blevins (2013). Disienten: Leibniz (1687), Sparwenfeld (1689), Vallencey (1772), La Tour (1801), Goldmann (1807), Prichard (1841), Webster (1862).

Laya: Willughby (1664), Bowles (1752, el primero que la llama *laya*), Baretti (1760), Lee (1777), Talbot (1778), Baumgärtner (1787), Humboldt (1799), Rehfues (1808), Blayney (1811), Buckham (1813), Broughton (1813), Boucher (1819), La Motte (1823), Taylor (1823), Feillet (1834, dibujo), Henningsen (1834), Bell (1836), Burke (1836), Anónimo inglés (1838), Manes (1848), March (1851), Ziegler (1852), Saint-Hilaire (1854), Anónimo inglés (1856), Wachenhusen (1856), Cordier (1859), Whately (1864), Herbert (1866), Malengreau (1866), O'Shea (1869), Elwes (1872), Jiménez Enrich (1875), Oberländer (1878), Desdevises (1881), Regoyos (1883), Lomas (1884), Joanne (1886), Fernando T. (1887), Saint-Victor (1888), Liberty (1888, dibujo), Stoll (1890, dibujo), Hill James (1891), Fernández Villegas (1897), Feist (1913), Haberlandt (1920), Ormond (1925), Rowe (1955), Grenholm (1963).

Minoico, micénico: Elderkin (1952), Mayr (1980), Alonso (1996).

Neolítico: A favor: Hübner (1860, Sicilia, Cerdeña), Schuchardt (1884), Trombetti (1902), Lafon (1923), Terracini (1927, sardo), Bertoldi (1931, sardo), Wagner (1950, sardo), Hubschmidt (1953, sardo), Blasco Ferrer (1984, sardo), Paulis (1987, sardo), Piazza (1988, sardo), Villar (1995), Koch (2013), Lazaridis et al. (2013, sardo), Lalueza-Fox (2014, sardo), Günther et al. (2015, sardo, duda).

Paleolítico: A favor: Vinson (1866), Pruner (1867), Piazza (1988), Cavalli-Sforza (1993), Vennemann (1996), Hamel (2002), Oppenheimer (2006). Disienten: Ripley (1896), Koşay (1954), Marquer (1958), Villar (1995), Günther et al. (2015). Duda: Koch (2013).

Pastorales, carnavales, mascaradas, cencerradas: Pastorales: Humboldt (1799), Michel (1837), Buchon (1839, primera descripción de una pastoral), Anónimo francés (1863), Vinson (1866, primer editor de una pastoral con Stempf en 1891), Byrne (1866), Joanne (1868), Vincent (1883), Gerland (1888), Stempf (1891), Stoll (1890), Spring (1894), Hérelle (1899, primer gran estudioso de las pastorales), León (1906, tesis doctoral), Douglas (1919), Ormond (1925), Hawkes (1926), Gallop (1927), Praviel (1927), Robson (1928), Rowe (1955), Iosseliani (1982). Carnavales: De Isla (1746, *fiestas Bacanales*), Meylan (1873), Stoll (1890, cencerradas), Hérelle (1899, *charivaris*), Alford (1902, carnaval y mascarada), Douglas (1919, mascaradas), N. Geographic (1922, *kabalkada*), Ormond (1925, mascaradas), Hawkes (1926, *Cherrero, Zamalzain...*), Gallop (1927, cencerradas), Robson (1928, mascaradas), Arlt (1935), Violant i Simorra (1941).

Pelota: Lange (1526), Navaggiero (1526), Lancre (1609), Murillo (1752), Plüer (1764), Baumgärtner (1787), Fischer (1797), Jariges (1802), Moutier (1803), Laborde (1808), Bragge (1813), La Motte (1823), Taylor (1823), Bourgoing (1823), Briand (1827), Ford (1830), Lacour (1834), Rosen (1834), Lagarde (1835), Hardman (1835), Calà (1835, pelota), Lagarde (1835), Lichnowsky (1837), Schwarzenberg (1838), Mérimée (1840), Malbos (1843), Trench (1844), Penny Magazin (1844), Paula (1846), Guendias (1847), Rochau (1847), Ziegler (1852), Cénac-Moncaut (1854), Germond (1855), Cavanilles (1857), Colin (1858, dibujo), Webster (1862), Reclus (1867), Joanne (1868), Pirala (1868), Meylan (1873), Castillon (1873), Campion (1876), Oberländer (1878), Pannemaker (1878, dibujo), Cueto (1880), Vincent (1883), Bordes (1885), Joanne (1886), Ortega (1886), Liberty (1888), Ober (1889), Guiches (1889), Pérez Nieva (1890, *Jai-Alai*), Neurdein (1890, foto), Stoll (1890), Hill James (1891), Aquilera (1891), Beti Jai (1894), Bazin (1894), Wood (1900), Lee Bates (1901), Böhmer (1902), Valle-Inclán (1908), Browne (1910), Bell (1910), Valdour (1913), Frontón Cedaceros (1917), Rugg (1920), Wilstach (1925), Ormond (1925), Tucholsky (1925), Edschmid (1926), Wetzler (1926), Hawkes (1926, foto), Elsner (1927), Praviel (1927), Robson (1928), Jai Alai Shangai (1929), Hippodromo (1938), Wolloc (1946), Iosseliani (1982).

Primera Guerra Carlista. Simpatizan con los carlistas: Ford (1830), Bacon (1830), Gurwood (1834), Cornille (1835), Vocalthia (1835), Lagarde (1835), Viardot (1836), Lord Carnarvon (1836), Bois-Le Comte (1836), Burke (1836), Bell (1836), Farr (1836) Walton (1837), Treskow (1837), Cuvellier-Fleury (1837), Roscoe (1837), Borrow (1838), Dembowsky (1838), Schwarzenberg (1838), Custine (1838), Anónimo inglés (1838), Mitchell (1839). Tras la guerra: Victor Hugo (1843), Malbos (1843), Haverty (1843), de Paula (1845, pero con alguna crítica), Achard (1846), Guendias (1847), Ziegler (1852), Ducuing (1869). Critican a los cristinos: Henningsen (1834), Elliot (1834), Anónimo inglés (1835), Vaux (1836). Neutrales: La Motte (1823), Didier (1835), Moore (1835), Mackenzie (1836), Höfken (1836), Temple (1837), Crocket (1839), Pirala (1868). En contra: Southern (1837), Mérimée (1840), Fernández de los Ríos (1845).

Sanfermines: Aguilar (1628), Méndez (1766), Faget (1784), Branet (1797), Cook (1831), Rosen (1834), Cornille (1835), Moore (1835), Anónimo inglés (1838), Cañete (1843), Regoyos (1883), Fdez. Villegas (1898), Hemingway (1923), Dorman-Smith (1924), Welles (1945), Tschiffely (1951), Rowe (1955), Morath (1955, fotos), Rousse (1959), Dzidziguri (1977).

Segunda Guerra Carlista: Simpatizan: Rodríguez Ferrer (1841), Field (1873), Meylan (1873), Castillon (1873), Cordeiro (1873), Simón (1873), O'Shea (1873), Thiéblin (1874), Kennet-Barrington (1874), Mañe i Flaquer (1876), Louis-Lande (1877), Fabié (1878), Field (1886), Aguilera (1891). Neutrales: Ramsay (1872), Coutouly (1874), Bonilla (1875), Capistou (1877), Jiménez (1875), Almirall (1886). En contra: Gresac (1873), Cánovas (1873), Anónimo español (1874), Castelar (1874), Mohr (1874), Gallenga (1874), Curros (1875), Calatrava (1876), Ortiz de Pinedo (1876), Zaragoza (1876), Foresta (1877), Pérez Galdos (1879), Ruano (1897).

Semítico: A favor: Anónimo español (1559, caldeo), Leibniz (1687), La Croze (1712, copto), La Bastide (1786, fenicios), Meylan (1873, bereber), Gèze (1873, bereber), Sayce (1874, acadio), Ellis (1875), Oberländer (1878), Oliveira (1879, bereber), Schuchardt (1884, nubio), Hannemann (1884, fenicio), Taylor (1890, guanche), Giacomino (1891), Gabelentz (1893, bereber), Fernández (1894, fenicio, bereber, caldeo), Collignon (1895, bereber), Gadow (1896, bereber, guanche), Trombetti (1902), Hommel (1904, nubio), Fdez. Amador (1909, caldeo), Mnez. Pajares (1919, bereber), Rittwagen (1920, bereber), Zyhlarz (1932), Hubschmidt (1953, bereber), Mukarovsky (1963, bereber), Charpentier (1975). Disienten: Pott (1900), Klaproth (1828).

Sidra: Tetzel (1466), Navaggiero (1526), Medina (1548), Lancre (1609), Gonzalez (1645, *zagardoa*), van der Burge (1704), Vayrac (1718), Manier (1726), Murillo (1752), Peyron (1778), Grolman (1808), Badcock (1813), Victor Hugo (1843), Fernández (1845), Manes (1848), Guendias (1847, Sagardua), Taine (1858), Davillier (1862, *zagardúa*), Wathely (1864), Herbert (1866), Dubois (1866), Jiménez (1875, *sagardúa*), Oberländer (1878, *zagardua*), Cueto (1880, *sagardúa*), Desdevises (1881), Rosny (1881, *pitarra*), Vincent (1883, *pittara*), Habsburgo-Lorena (1886, *sagardúa*), Sorolla (1889, cuadro), Bazin (1894).

Toros: Padilla (1502), Aguilar (1628), Bonnecase (1655), Castillo (1625), Vanci (1701), Murillo (1752), Méndez (1766), Viera (1777), Volkmann (1785), Branet (1797), Fischer (1797), Jariges (1802), Buckham (1813), Anónimo británico (1813), Woodberry (1813), Hassel (1822), La Motte (1823), Cook (1831), Anónimo inglés (1834), Rosen (1834), Moore (1835), Schwarzenberg (1838), Anónimo inglés (1838), Malbos (1843), Rochau (1847), March (1851), Lorinser (1854), Cénac-Moncaut (1854), Cavanilles (1857), Colin (1858, dibujo), Davillier (1862), Bastiano (1863), Braylens (1865), Clayton (1867), Regnault (1868), Petit de Meurville (1871), Meylan (1873), Doussault (1873), Petit de Meurville (1871), Campion (1876), Planté (1883), Regoyos (1883), Liberty (1888), Pérez Nieva (1890), Hill James (1891), Fernández (1898), Lafond (1899), Wood (1900), National Geographic (1922), Hemingway (1923), Dorman-Smith (1924), Tucholsky (1925), Praviel (1927), Starkie (1928), Welles (1945), Morath (1955, fotos).

Tradiciones: Txakoli: Murillo (1752), Bowles (1752), Baretti (1760), Fable (1775), Talbot (1778), Grolman (1808), Buckham (1813), Taylor (1823), Manes (1848), Lorinser (1854), Davillier (1862), Foresta (1877), Cueto (1880), Desdevises (1881), Blasco Ibáñez (1904), Marriot (1908); irrintzi: Pakenham (1813), Lüdemann (1822, *Irrincina*), Lacour (1834, *Irrincina*), Cénac-Moncaut (1854, *irinzina*), Anónimo francés (1863, *Irrincina*), Monteiro (1887, *irrinzi*), Guiches (1889, *irrincin*), Stoll (1890, *irrintziak*), Browne (1910), Krier (1959); gigantes: Aguilar (1628), Fischer (1797), Jariges (1802), Moore (1835); zezensuzko, toro de fuego: Aguilar (1628), Cénac-Moncaut (1854), Bastiano (1863), Petit de Meurville (1871, *cezenzusco*), Bazin (1894, *Cezen-zusko*), Lafond (1899); fuegos artificiales: Castillo (1625), Trémoille (1705), Achard (1846), Cénac-Moncaut (1854), Regoyos (1883); bota: Zeiller (1617), van der Burge (1704), Branet (1797); lanzamiento de barra: Boucher (1819), Taylor (1823), Perkins (1852), Pirala (1868), Cueto (1880), Joanne (1886), Stoll (1890, *barria*), Arlt (1935, *palankari*); mus: Inglis (1830), Guiches (1889, también al *monte*), losseliani (1982); baile de pollos: March (1851); juego de gansos: March (1851), Cénac-Moncaut (1854), Cueto (1880); traineras: Cénac-Moncaut (1854), Gallenga (1874), Cueto (1880); lucha: Cueto (1880); levantamiento de piedra: Perkins (1852), Cueto (1880), Joanne (1886), Grenholm (1963); bolos: Navaggiero (1526), Fable (1775), Joanne (1886), Sorolla (1889, cuadro); prueba de bueyes: Blasco Ibáñez (1904), Arlt (1935, *ididema*); barrenadores: Blasco Ibáñez (1904); lucha de carneros: García Mercadal (1927, *arijokua*); borona/talo: Medina (1548), Murillo (1752), Bowles (1752), Baumgärtner (1787); aizkolaris: Andreotti (1937).

Ugrofinlandés: A favor: Arndt (1818), Rask (1818), Bonaparte (1847), Charencey (1859), Taylor (1890), Pereira (1902), Winkler-Breslau (1903), Gutmann (1908), Butavand (1918, *etrusco*). Disienten: Schleicher (1850), Morvan (1991).

Vasco (Iparralde): Alfonso X el Sabio (1275, *los vascos e los navarros* tienen idioma propio), Lalain (1502, *Basquéle*), Aragón (1555, *Vazcos*), Zurita (1563, *tierra de vascos*), Jouan (1565), Montaigne (1580), Minut (1587, *terre basque*), Agustín (1587), Lancre (1609, *pays de Basques*), Sandoval (1612, *vascos*, "los que caen á las vertientes de Francia"), Champlain (1613), Lithgow (1620, *basks*), Bassompierre (1621), Cleirac (1647), Cantelli (1690), van der Burge (1704, *Bas[k]innen*), Vayrac (1718, *pays des Basques*), Diderot (1751), Harris (1769, *Pays des Basques*), Humboldt (1799), Volkmann (1785, *Pais de Basque*), Jefferson (1791, *Basques* en el norte, *Biscayans* en el sur), Brandt (1808, *pays basque*), Adelung (1809), Breton (1815), Nodier (1834).

Vasco (incluyendo distintas zonas de Euskal Herria): Alfonso de Palencia (1481, en Vitoria "habitan los vascos"), Lange (1526, *das Landt Baschko*, desde Baiona hasta Lantz), Wedel (1580, equipara País Vasco y Bizkaia, *Landes Baska oder Buschaie)*, Lescarbot (1609), Poole (1610, equipara *basks* y *biscayners*), Baffin (1612, equipara *Basks* y *Biscaines*), Favyn (1612, distingue entre los gascones del Pirineo que son los antiguos vascones y los *basques* de *Biscaye* que eran los cántabros), Fotherby (1613, equipara *basks* y *biska*), Lalement (1627), Molière (1660, presenta en una obra a seis personajes vascos de ambos lados de la frontera), Argaiz (1667), Rochelet (1680),

Leibniz (1687), Anónimo canadiense (1690), Zorgdrager (1720, *Basques of Biscayers*), Manier (1726, *Basque ou Biscaye*), Murillo (1752, equipara *Vascos* y *Vascones*), Duhamel (1772), Polverel (1784), Herder (1784, *Basken*), Faget (1784, *basque* en Pamplona, *Irouna*), Sanadon (1785), La Bastide (1786, *Pays des Basques*), Traggia (1802, *pais vasco*), Rigel (1807, *Baske*), Laborde (1808, *nation basque*), Fée (1809, *basque*), Gleig (1813), Parrot (1817, *Basken*), Jouy (1817, *nation basque*), Hassel (1822, los *Basken* son los antiguos cántabros; los *Vasconen*, los antiguos aquitanos), Lüdemann (1822, *Basken*), Taylor (1823), Champagny (1823, *les pays basques*), Huber (1823), Steward (1825, distingue entre *Biscayans y Basques* en el Pirineo)...

Vasco (incluyendo a toda Euskal Herria): Loning (1830, *Basken*), Cook (1831), Walckenaer (1834), Vocaltha (1835), Laurens (1835, *Basquish*), De Bois-Le Comte (1836), Burke (1836), Höfken (1836), Michel (1837), Vaerst (1838), Custine (1838), Rotteck (1839), Mérimée (1840, *Pays Basque*), Rguez. Ferrer (1841, *provincias vascas / país vascongados*), Stuart (1844, *Basque Country*), Villaamil (1844, *país Vasco / vascongadas*), MacMahon (1845, también *Vascongados*), Berghaus (1846), Rochau (1847, *Baskenlande*), Vanden Broeck (1850, mapa), Latham (1852), Dictionnaire (1852), Bégin (1852), Wolzogen (1852), Willkom (1852), Saint-Hilaire (1854), Anónimo francés (1863, *Pays Basque*), Murray (1864), Wathely (1864), Herbert (1866, *Pays Basque*), Russel (1868), Bladé (1869), Phillips (1870), Campion (1876), Hovelacque (1877), Louis-Lande (1877), Deverell (1878), Fabié (1878), Rosny (1881), Planté (1883, *fédération basquaise*), Altadill (1884), Liberty (1888), Hill James (1891), Aguilera (1891), Martínez Campos (1893), Abartiague (1896, *pays basque*), Fdez. Villegas (1897), Montgailhard (1898), Lafond (1899), Lee Bates (1901), Quijada (1902), Azorín (1904), Gallichan (1904), Bardoux (1906), Mc Mahon (1906), Wigram (1906), Fdez. Amador (1909), Belloc (1909), Marge (1909), Tyler (1909), Browne (1910), Gálvez (1910), Meurgey (1918, *zazpiak bat*), Douglas (1919, *zazpiak bat*), N. Geographic (1922), Mdez. Pidal (1922), Elbee (1924), Staffe (1924, *das Baskenland*), Ormond (1925), Franck (1925), Tucholsky (1925), Veyrin (1926), Gallop (1927), Elsner (1927), Salomon (1930), Bouda (1931), Marañón (1933), Ziesemer (1934), Entwistle (1936), Steer (1937), Bonnard (1937), Welles (1945), Vúletín (1950, mapa), Tschiffely (1951), Rowe (1955), Marquer (1958), Collins (1986), Mehlhorn (1988), Sevilla (1989).

Vascoiberismo: A favor: Sparwenfeld (1689, *ling. Cantabrica/Iberica*), Fréret (1714), Hervás (1778), Herder (1784), Humboldt (1799), Adelung (1809), Depping (1811), Parrot (1817), Rask (1818), Mazure (1838), Mahn (1840), Prichard (1841), Rodríguez Ferrer (1841), Keyser (1847), Steinthal (1850), Diez (1853), Saint-Hilaire (1854), Cordier (1859), Boudard (1859), Hübner (1860), Ampère (1862), Cruel (1864), Pruner (1867), Reclus (1867), Luchaire (1874), Hovelacque (1877, posible), Oberländer (1878), Rosny (1881), Schuchardt (1884), Hannemann (1884), Gerland (1888), Uhlenbeck (1888), Arbols (1889), Stempf (1891), Baring-Gould (1894), Meyer-Lübke (1900), Jullian (1902), Pereira (1902), Gómez-Moreno (1925), Terracini (1927), Bähr (1929), Bertoldi (1930, incluye el sardo), Giese (1949), Alarcos (1950), Ferrer i Jane / Orduña (2009). Disienten: Flórez (1786), Traggia (1802), van Eys (1865), Vinson (1866), Bladé (1869), Fita (1879), Bosch (1923), Entwistle (1936), Agud (1941). Duda: Villar (1995).

Vasconización Tardía: A favor: Gómez-Moreno (1925), Schulten (1926), Sánchez-Albornoz (1957), Payne (1974), Beltrán (1993), Villar (1995). Disienten: Flórez (1786), Prichard (1841), Mdez. Pidal (1922), Bosch (1923), Merino (1931), Tovar (1938), Lapesa (1942, con dudas), Barbero/Vigil (1965), Peterson (2006, con matices), Flores-Bello et al. (2021). Duda: Trask (1975).

Vascuence, vasco, vizcaíno: Picaud (1150, *linguam Blascorum*), Pedro de Alfonso (1344, *vasconço*), Villena (1434, *lengua vyzcaina*), Isaac (1503, *bisquayn*), Navaggiero (1526, *Basquence, biscaino* hasta Gasteiz), Sículo (1530, *langue basque, biscayens*), Valdés (1533, *vizcaína*), Barros (1539, *vasconço*), Amberes (1546, Navarra es reino *vascongado* de lengua), Aragón (1555, *lengua vizcaína o bazcongada* hasta Sangüesa), Anónimo español (1559, *Vazquense*), Lopes de Castanheda (1561, *Bizcainha*), Landuchio (1562, *linguae cantabricae*), Venturino (1571, *Biscaino ò Bascongado*), Morales (1573, *vascuence*), Miranda (1582, *lengua vizcaína, Vizcuenza, vascongada*, en la traducción al francés *langue nauarroise*), 1587 Agustín ("la de los Vascos [de Iparralde] es el Vascuence de Nauarra, y Vizcaya"), Thou (1587, *basque, langue Biscayenne*), Thevet (1589, *langue basque*), 1592 Lhermite ("lengua Vizcaína que ellos llaman Vascongada", *Vascoings*, hasta Estella), Cock (1592, *vascoñada*, hasta Abarzuza), Mariana (1592, *vizcaína*), 1597 Vulcanius (*"Est autem Cantabrica lingua, quae hodie Vizcayna siue Vasconica vocatur [...] nunc verò vulgò Bazque siue Bazcuence appellatur"*), López Madera (1602, *lengua vizcayna*), Luján (1604, lengua *vizcaína*), Cervantes (1605, *lengua vizcaína*), Aldrete (1606, *vizcaíno*), Lancre (1609, *langue basque*), Waser (1610, *Vizcayna*, *Vasconica*, vulgarmente *Bazque*, *Bazcuense*), Mongastón (1611, *vascuence*), Sobieski (1611, hablan vizcaíno en Pamplona), Escolano (1611, *Vazquenze*), Anónimo francés (1612, en Vitoria hablan *"basque qu'ils appellent Bascuence et Bascongada"*), Neumaier (1613), Brerewood (1614, *Cantabrian tong* para Cantabria, *Vasconian tongue* para los Pirineos), Zeiller (1617, lengua *Cantabrische Spraach*, se habla en *"Navarrae Regno, & Alaba regiuncula, ac apud Gasconiae & Cantabriae"*), Fernández de Castro (1620, *vascuence*), Voltoire (1620, *basque*), Heylyn (1621, *basquish*), Ardevines (1621, *vascongado, vizcayno, guipuzcuano*), Howell (1624, *the Bascuence or the Cantabrian tongue*), Anónimo español (1624, *vascongado*), Lodoema (1626, *lengua vascongada*), Wolcch (1633, *Biscaianisch*), Teixeira (1634, *vascuence*), Méndez (1646, distingue entre *Vascuence* de Navarra y *Vizcaína*), Le Pays (1659, *basque*), Castillo (1660, *vascuence*), Sainthill (1661, *Basquence*), Browne (1665, *Basquish, Cantabrian, Bascuenza, visayna 'vizcaína'*), Anónimo islandés (1670, *Vocabula Biscaica*), Rochefort (1672, hasta Urruña se habla *Biscayen*), Aulnoy (1679, hasta Urruña), Leibniz (1687, *lingua vasconica, vasconne, basque, biscaina, biscayenne, cantábrica...*), Sparwenfeld (1689, lengua vizcaína), de la Cruz (1694, *vascuence*), Gemelli (1699, lengua de *Guascogna*), Angulano (1704, *vascuence, vascongado* en La Rioja), Lhuyd (1707, lengua de los cántabros), La Croze (1712, *basque*), Chamberlayne (1714, *Grammaire Cantabrique*), Fréret (1714, *langue basque*), Manier (1726, *biscayen*), Mayans (1737, *vascuence, vascongada*), De la Huerta (1738, *vascuence*), Hensel (1741, *Biscaina, Cantabrica*), Rhys (1749, *basquish, Basque*), Murillo (1752, *vascuence*), Bullet (1754, *basque*), Baretti (1760, *bascuence, vascongada*, "lenguaje que se extiende desde la ciudad de Irún a la de Tafalla por un lado, y a la de Santander por otro"), Greatheed (1765, cántabro), Margarot (1771, *langue basque*), Vallencey (1772, *"Bascongada or Biscayan language"*), Viera (1777, *vascuence*), Hervás (1778, *Bascuenze* o *Cantabro)*, Risco

(1779, *vascuence*), Ponz (1783, *Gascón* o *Bascongado*), Volkmann (1785, tres dialectos, *Biscaysche, Navarrische, Basquische*), Sanadon (1785, *Bascuence, Basque, Huscara*), Flórez (1786, *vascuence*), La Bastide (1786, *langue basque, esc-uaraz*), Pallas (1786, *Basconicae* en el sur, *Basque* en el norte), Baumgärtner (1787, *biskajische Sprache*), Cadalso (1796, *idioma vizcaíno*), de la Cruz (1797, *lengua vascongada*), Humboldt (1799, *vascuence*)...

Tubalismo: A favor: Sículo (1530), Beuter (1550, descendería de una de ellas), Miranda (1582), Mariana (1582), Aldrete (1606), Henao (1637), Méndez (1646), Argaiz (1667), Anguiano (1704), Mayans (1737, no es la única), Masdeu (1783), Sanadon (1785), Hager (1790), Arnas (1808), Espagnolle (1900, descienden de Abraham). Autores que, aunque acepten el mito de Tubal, disienten o dudan de la originalidad de la lengua vasca: Agustín (1582, duda), Ledesma (1626, disiente), Traggia (1802, disiente), Conde (1804, disiente). Disienten: Morales (1573), Flórez (1786).

AGRADECIMIENTOS

A mi madre Pilar y a mi padre Alberto que escribió sobre los vascones.

A mi hija Anta por la paciencia.

A Miguel Pérez de Laborda por el latín y el italiano.

A Victoria Pérez de Laborda y Michalis Varziglianis por el griego.

A Mercedes Pérez de Laborda por el inglés.

A Kai y Anna Fiebag por el alemán.

A Rodrigo Delclaux Abad por el árabe.

A Jaume y Oriol Conesa por el catalán.

A Jordi Vidal y Matilde Hugrel por el francés.

A Oskar Alegría por los fotogramas.

A Koldo Colomo por los libros prestados.

Y a Karol por las horas robadas.

Este libro,
EUSKAL HERRIA. LA MIRADA EXTRANJERA,
se terminó de diseñar, componer y maquetar
un año después de que se revelara el
descubrimiento de la mano de bronce en el
antiguo poblado vascón de Irulegi,
e hiciera resonar en todo el mundo la afirmación
de que el euskera estuvo en nuestras tierras
desde tiempos lejanos.

Aurkeztu dizugun
liburuaren eduki, itxura edo
inprimaketari buruzko
iritzia guri helarazi nahi
izanez gero, bidal iezaguzu.
Zinez eskertuko dizugu.

*La Editorial le quedará
muy reconocida si usted
le comunica su opinión
acerca del libro que le
ofrecemos, así como sobre
su presentación e impresión.
Le agradecemos también
cualquier otra sugerencia.*

EDITORIAL TXALAPARTA S.L.
San Isidro 35
31300 Tafalla
Nafarroa
Tfno.: 948 70 39 34
info@txalaparta.eus
www.txalaparta.eus